World
History
Dictionary

청소년을 위한 세계사 사전

황보종우 편저

초판 1쇄 발행 · 2003. 9. 1.
초판 7쇄 발행 · 2015. 3. 18.

발행처 · 청아출판사
발행인 · 이상용

등록번호 · 제 9-84호
등록일자 · 1979. 11. 13.

경기도 파주시 회동길 363-15 (서패동)
대표 031-955-6031 편집부 031-955-6032 팩시밀리 031-955-6036

ISBN 89-368-0097-3 03900

독자 의견에 항상 귀 기울이고 있습니다.
E-mail : chungabook@naver.com

청소년을 위한

세계사 사전

| 황보종우 편저 |

청아출판사

편저자 서문

학생 시절에 세계사를 공부하면서 처음 접하는 생소한 인명과 지명 때문에 어려움을 느낀 적이 많았다. 일단 시험에 대비해 무조건 암기하면서 넘어갔지만 처음 들어보는 사람 이름과 몇 년도에 무슨 사건이 일어났는지를 억지로 외우다 보니 역사 공부가 재미없고 싫증이 날 수밖에 없었다. 또 그렇게 해서 외운 역사지식은 시험 기간이 지나면 사라져버린다. 남는 것이라곤 어디선가 들어본 것 같은 이름들뿐이다. 이래서는 어디 가서 세계사를 공부했었다고 말하기도 어렵다. 역사에 대한 이해가 빠진 공부를 했기 때문이다.

역사를 공부한다는 것은 이름과 연도를 외우는 것 이상을 말한다. 역사를 안다는 것은 인류가 살아온 과정을 이해한다는 것이다. 사람들은 역사를 거침없이 흘러가는 물결이라고도 하고 끊임없이 이어지는 연결고리라고도 한다. 어제 일어난 사건이 오늘 벌어지는 일에 영향을 미친다는 뜻이다. 그런데 사람 이름과 연도만 외워서는 연결이 되지 않는다. 한 사건이 다음 사건에 미친 영향을 이해하려면 적어도 그 주인공들이 어떤 사람들이었으며 그들의 행동에 있어 전후본말이 어떻게 진행되었는지에 대해 짤막하게라도 알아둘 필요가 있다. 이 책은 그러한 지식이 필요한 사람들을 위해 만들어졌다.

《청소년을 위한 세계사 사전》은 학교에서 세계사를 공부하는 중·고교생들을 1차 대상으로 하였다. 그에 따라 이 책에 실린 인명, 지명, 사건명은 현행 중·고교 세계사 교과서들마다 공통적으로 나오는 것을 우선 대상으로 하였다. 거기에다 인물과 사건에 대한 이해를 돕기 위해 관련 인물이나 비슷한 사건에 대한 설명을 추가하였다. 쉽게 얘기해서 세계사 교과서를 읽다가 처음 보는 인명이 나왔을 때 이 책에서 그 이름을 찾아보면 인물의 생애에 대한 설명 속에서 그와 같은 시대에 살았던 다른 인물들과 사건을 알 수 있고, 다시 해당 항목들을 찾아보는 가운데 자연스럽게 암기가 아닌 이해를 통해 역사를 알 수 있도록 구성하였다. 한 사람의 이름은 외울 수 있지만 그 인생은 암기의 대상이 아니다. 사람의 삶은 이해의 대상이며 그 사람이 살아가는 과정에서 만난 사람들과 체험한 일들을 따라가면서 이해의 폭을 넓혀 가는 것이 역사지식을 풍요롭게 하는 쉽고도 확실한 방법이다.

이 책은 중·고교생들에게 실제적인 도움을 주게끔 구성되어 있다. 하지만 고등학교 때 배운 세계사 실력이 이후에 역사를 이해하는 기본 틀이 된다는 점을 감안하면 문화사를 수강하는 대학생들이나 역사지식이 필요한 사회인들에게도 도움이 될 것이다. 신문이나 텔레비전의 국제 뉴스를 보다가 옛날에 세계사 수업시간에 배웠던 이름이 생각난다면 이 책에서 찾아보기 바란다.

끝으로 많은 사람들의 노력으로 세상에 나온 이 책이 독자들에게 역사에 대한 호기심을 충족시켜 주는 동시에 더 넓고 깊은 역사 이해를 위한 자극이 되기를 바란다.

2003년 여름
편저자 황보종우

차 례

가 .... 9~61

나 .... 62~82

다 .... 83~126

라 .... 127~163

마 .... 164~225

바 .... 226~290

사 .... 291~372

아 .... 373~476

자 .... 477~524

차 .... 525~547

카 .... 548~590

타 .... 591~611

파 .... 612~646

하 .... 647~685

부 록 ✽ 세계문화유산 / 세계사연표 / 세기별 개괄사

일러두기

▶ 이 책은 고등학교 세계사 교과서를 중심으로 세계사의 주요 인물, 민족, 사건, 지명, 왕조, 종교, 결사, 용어, 개념, 사조, 작품, 학설 등을 가나다 순으로 정리한 참고 자료이다.

▶ 이 책의 범위는 지역적으로는 전 세계이며 연대적으로는 선사시대부터 1990년대 후반까지이며 서술 방식은 소항목 중심으로 하였다.

▶ 각 항목별 구성은 표제어(예 : 호치민), 표제어의 한자 표기(胡志明, 서양에 관계되는 항목에서는 제외), 표제어의 원어 알파벳 또는 영어 표기(Ho Chi Minh, 동양에 관계되는 항목은 제외), 표제어(인물)의 해당 연대(1890~1969), 본문 설명으로 하였다.

▶ 숫자 표기는 아라비아 숫자를 원칙으로 하고 필요한 경우에는 로마자를 사용하였다.

▶ 연대는 기본적으로 서력(양력)을 사용하였으며 경우에 따라 음력이나 왕조 시대의 연호도 추가로 표기하였다. 연대 표기에 있어 기원전 시대의 경우에는 BC를 붙였으며, 해당 연대가 기원전에서 기원후에 걸쳐 있을 경우에 한하여 AD를 붙였다.

▶ 외래어 표기는 교과서를 기준으로 하였으며 관용적으로 널리 쓰이는 외래어 표기가 있을 경우에는 이를 병기하였다.

▶ 인물의 이름은 서양인의 경우 성(라스트 네임)으로 표기하고 동양인의 경우는 성과 이름을 함께 표기하였다(예 : 베버(막스), 도요토미 히데요시). 다만 서양인의 경우라도 관용적으로 성과 이름이 함께 표기되는 경우는 이를 따랐다(예 : 레오나르도 다빈치, 마리 앙투아네트).

▶ 중국어의 경우 영문 표기만으로 통일시키기 어려운 것들은 한자 표기를 함께 사용하였다.

▶ 인물 옆에 괄호로 표기한 연대는 출생 및 사망 연대이며 군주나 국가 원수의 경우에는 출생 및 사망 연대를 표기한 후 본문에 재위 기간을 별도로 표기하였다. 왕조에 대해서는 왕조의 성립부터 몰락까지 연대를 표기하였으며 전쟁이나 혁명 등 사건에 대해서는 사건의 발생과 종료 기간을 표기하였다.

▶ 연대가 확실하지 않은 경우는 '?'으로 표기하였으며 대략적인 연대의 경우에는 '~경'으로 표기하였다.

▶ 책 표기는 《 》로 하였으며, 그 외 작품들은 〈 〉로 하였다.

▶ 같은 사항에 대한 두 가지 명칭이나 비슷한 두 개념, 작가와 작품의 경우 ●로 표기하여 해당 항목을 찾아볼 수 있도록 하였다(예 : 허무주의 ● 니힐리즘, 합종연횡 ● 종횡가, 자치통감 ● 사마광).

세 계 역 사 사 전

가격혁명(Price Revolution)

지리상의 발견 결과로 중남미의 은이 에스파냐를 비롯해 유럽으로 유입되어 물가가 급격히 상승한 사건. 은이 유입되면서 자본이 늘어나고 상업을 비롯한 경제활동이 거대화될 수 있는 기반이 되었다. 또한 물가가 3배 이상 치솟고 화폐지대가 실질적으로 인하되는 효과를 가져왔다. 가격혁명으로 인해 유럽에 거대한 자본이 축적될 수 있는 토대가 마련되었고, 상업규모가 확대되고 시민계급이 성장하면서 자본주의 발전을 앞당기는 계기가 되었다.

가리발디(Garibaldi, Giuseppe, 1807~1882)

이탈리아의 독립과 통일에 기여한 혁명가이자 군인, 정치가. 니스에서 선원의 아들로 태어났으며 청년시절에 마치니가 이끄는 청년이탈리아당의 혁명운동에 가담하였다가 수배를 받아 남미로 피신하였다. 남미에서는 리오그란데와 우루과이의 독립전쟁에 참가하여 활약하였다. 이탈리아에서 1848년 오스트리아의 지배에 저항하는 해방전쟁이 일어나자 귀국하여 의용군을 조직하였다. 이후 로마의 혁명공화정부에 참가하여 활동하다가 실패한 후 다시 미국으로 피신하였다. 1854년 귀국한 후 1859년에 사르데냐 해방전쟁이 일어나자 '붉은 셔츠 부대'를 결성하고 이탈리아 남부 지역을 점령하여 사르데냐 왕에게 바침으로써 이탈리아 통일에 결정적 역할을 하였다. 이후 프랑스에서 활약하다가 다시 이탈리아로 돌아와 여생을 보냈다. 이탈리아 통일에 기여한 국민적 영웅으로 평가받고 있다.

가르강튀아와 팡타그뤼엘(Gargantua et Pantagruel)

프랑스 르네상스 초기의 대표작가인 프랑수와 라블레가 지은 풍자문학의 걸작. 전5권으로 되어 있으며, 제1권 《가르강튀아》(1534), 제2권 《팡타그뤼엘》(1532), 제3권 《팡타그뤼엘》(1546), 제4권 《팡타그뤼엘》(1552), 제5권 《팡타그뤼엘》(1564)로 이루어져 있다. 줄거리는 거인 가르강튀아와 그 아들 팡타그뤼엘 부자의 영웅담과 모험을 다루면서 부자의 주변인물들 사이에 벌어지는 사건을 해학과 풍자를 담아 묘사했다. 중세 전설에서 착상을 얻었다는 이 작품은 중세 기사문학의 양식을 따르면서도 그 표현에 있어서는 르네상스시대의 새로운 역동성을 반영하고 있으며 교회에 대한 풍자를 담고 있다. 르네상스 문학의 대표작 중 하나로 평가받고 있다.

▶ 라블레

가마(Gama, Vasco da, 1469~1524)
인도 항로를 개척한 포르투갈의 뱃사람.

1497년에 마누엘 1세의 명에 따라 인도 항로 개척의 원정대장이 되어 4척의 탐험대를 인솔하고 리스본을 출발하였다. 희망봉을 돌아 아프리카 대륙 동해안을 북상하여 마린디에 도착한 후, 이슬람의 수로 안내인인 이븐 마지드의 도움으로 인도양을 횡단하였다. 5월 22일 인도의 캘리컷에 도착, 인도 항로 개척에 성공하였다. 캘리컷에서는 인도양 무역의 독점권 침해를 경계한 이슬람 상인들과 지방 영주들의 적대적 반응으로 곤경을 겪기도 하였으나, 1499년 9월 리스본으로 귀환하는데 성공하였다. 1502년 다시 15척의 대함대를 이끌고 인도에서 이슬람과 힌두 연합함대를 격파하고 코친·카나눌 등지에 상관(商館)을 설치, 인도무역 독점의 기초를 다졌다. 1524년 인도에 갔다가 병을 얻어 코친에서 죽었다. 바스코 다 가마의 항해로 유럽에서 인도로 가는 직항로가 열리게 되었으며, 동서교류에 큰 영향을 주었다.

가마쿠라 막부(鎌倉幕府)
1185년경 미나모토노 요리토모(源賴朝)가 가마쿠라를 근거지로 하여 수립하여 1333년까지 지속한 일본 최초의 무인정권. 미나모토 요리토모가 헤이시(平氏), 기소 요시나카(木曾義仲) 등의 경쟁세력을 제거하고, 1192년 세이이다이쇼군(征夷大將軍)에 임명됨으로써 확고한 가마쿠라 막부가 성립되었다. 가마쿠라 막부는 막부의 최고 지배자인 쇼군(將軍)과 사무라이(武士)의 주종제와 전국적으로 설치된 치안관직인 슈고(守護), 지토(地頭)를 2대 기반으로 하였다. 요리토모가 죽은 뒤 교토(京都) 조정이 막부 타도에 나서 겐코오(元弘)의 난(1331~1333)을 통해 가마쿠라 막부를 무너뜨렸다.

가즈나왕조(Ghaznavid dynasty, 962~1186)
아프가니스탄의 가즈니 지역을 통치한 투르크 계통의 이슬람왕조. 이란 계통

의 사만왕조 출신의 알프티긴이 카불 남쪽 가즈니에서 창건하였으며, 이후 7
대 마흐무드 치세 때 아프가니스탄 전역을 장악하고 인도까지 여러 번 원정
할 정도로 성장하였다. 최전성기 때의 영역이 동쪽은 펀잡의 라호르, 북쪽은
사마르칸트, 서쪽은 이스파한에 이르렀다. 즉 이란 중앙부에서 인도 북부까
지 미쳤다. 마흐무드의 학문·예술 보호정책으로 페르시아 문화예술이 번성
하면서 이슬람 세력의 인도 진출에 중요한 역할을 하였으며 1186년 아프간
계통의 고르왕조에 의해 멸망당했다.

간다라 미술(Gandhara Art)

기원 전후 무렵부터 5세기 사이에 인도 서북부 지방을 중심으로 헬레니즘 문
화의 영향을 받아 생겨난 불교미술 양식. 최초의 불교미술인 동시에 헬레니
즘 문화가 동방으로 전파되는 경로를 보여준다. 불상은 간다라(오늘날 파키스
탄의 페샤와르 지방)에서 처음으로 만들어졌으며, 이것을 일반적으로 간다라
불상이라고 한다. 간다라 불상의 특이할 만한 점은 불상의 용모가 서구적이
며 초기에는 그리스의 영향이 강하다가 후기로 갈수록 인도화되어 가는 경향
을 보인다. 이와 같은 간다라 미술은 대월지족이 세운 쿠샨왕조(40~245년
경)의 카니슈카 왕 때에 가장 활기를 띠었다. 6세기 초 에프탈인의 침입으로
큰 타격을 입고 불교의 쇠퇴와 함께 인도에서는 소멸하였으나, 중앙아시아를
거쳐 중국, 인도, 한국까지 전파되었다.

간디(Gandhi, Mohandās Karamchand, 1869~1948)

인도의 민족운동 지도자이자 비폭력주의 사상가. 인도 서부 포르반다르에서
태어나 힌두교 자이나 파의 교육을 받았다. 18세 때 영국에 유학하여 법률을
공부한 후, 1891년 귀국하여 변호사 활동을 시작하였다. 1893년 남아프리카
로 건너가 남아프리카공화국 정부가 인도인에 대한 차별정책을 실시하는 데
반발하여 인종차별 반대 투쟁단체를 조직하고, 1914년까지 그 지도자로 활동
하였다. 인도로 귀국한 후 민족운동의 지도자로 활동하면서 제1차 세계대전
후 영국이 인도 독립 약속을 지키지 않고 강경진압책을 구사하자 이에 맞서
저항운동을 이끌었다. 간디의 투쟁방식은 영국에 대한 비협력으로 납세거부,
상품불매 등을 통한 비폭력 저항을 위주로 한 것이었다. 여러 차례의 투옥을
거치면서도 영국에 대한 독립투쟁과 함께 인도의 경제적 자립을 위한 국산품
전용운동(스바데시) 및 카스트 제도의 모순 타파에도 노력하였다. 제2차 세계
대전이 일어나자 반영불복종운동으로 다시 체포되어 투옥되었다. 인도가 힌
두교와 이슬람교로 분할 독립되자 소요를 막기 위해 노력하다가 1948년 반이
슬람 극우파의 한 청년에게 암살당했다. 간디의 평화사상과 비폭력·무저항
주의는 후세에 깊은 영향을 주었다.

갈리아(Gallia)

고대 로마인이 갈리아인이라고 부르던 사람들(켈트족)이 살던 지역의 총칭으로 갈리아 키살피나(알프스 이쪽의 갈리아)와 갈리아 트란살피나(알프스 저쪽의 갈리아)로 구분된다. 갈리아 키살피나는 켈트족이 들어와 사는 이탈리아의 북부 지역으로 술라에 의해 로마의 속주가 되었으며, 갈리아 트란살피나는 대서양과 라인강에 둘러싸인 지역으로 카이사르가 갈리아전쟁을 통하여 이 지역에 살던 게르만인, 벨기에인, 켈트인, 이베리아인을 복속시켜 완전히 평정하였다. 이후 4주(갈리아 나르보넨시스 · 갈리아 아퀴타니아 · 갈리아 루그두넨시스 · 갈리아 벨기카)로 나누어져 로마화되었으며 경제적으로도 크게 발전하였다. 그러나 마르쿠스 아우렐리우스 황제 때부터 게르만족의 침입을 받기 시작하였으며, 5세기부터 게르만족이 서고트, 부르군드, 프랑크왕국 등을 세웠다. 이후 7세기 무렵에는 프랑크왕국이 갈리아 전역을 다시 평정하였다.

갈리아 전기(Commentarii de Bello Gallico)

카이사르가 BC 58~51년 사이에 행한 갈리아 원정에 대해 기록한 책. 객관적 서술과 간결한 문장으로 기록적 가치와 함께 문학성을 갖추고 있다. 전 8권이며 7권까지는 카이사르 자신이, 그리고 8권은 카이사르 사후에 부하 히르티우스가 집필하였다. 이 책은 갈리아의 정복을 중심으로 게르마니아, 브리타니아 원정과, 갈리아 · 게르만 인들의 정치, 사회, 종교, 생활관습 등을 기록하고 있어 사료로서 매우 중요한 평가를 받는다.

갈릴레이(Galilei, Galileo, 1564~1642)

르네상스 시기 이탈리아의 천문학자 · 물리학자 · 수학자. 피사에서 태어났으며 피사대학과 파도바대학의 교수로 활동하였다. 진자(振子)의 등시성을 발견한 것을 비롯하여 피사의 사탑에서 행한 실험으로 가속도 운동에 관한 낙체(落體)의 법칙을 발견하였다. 1609년에는 망원경을 발명하여 천체를 관측하였으며, 이를 토대로 코페르니쿠스의 지동설을 지지하였다. 메디치 가의 후원을 받아 연구를 계속했으나 지동설을 주장했기 때문에 종교재판에 회부되어 자신의 학설을 포기할 것을 서약하고 풀려났다. 만년에는 아르체트리에 거주하면서 천체관측을 하다 실명하였다. 1636년 《두 개의 신과학에 관한 수학적 논증과 증명》을 출간하여 근대 역학의 기초를 세웠으며, 수학적 보편성과 실험을 통한 분석을 결합한 연구로 근대 자연과학의 토대를 마련하였다.

감영(甘英, ?~?)

중국 후한(後漢)의 무장으로 대진국(大秦國, 로마)에 파견된 사신. 서역도호(西域都護) 반초(班超)의 부장으로 97년에 사자로 대진국을 향해 출발하여 안식국(安息國, 파르티아)을 거쳐 조지국(條支國, 시리아)까지 갔다가 그곳에서 서해의 항해가 용이하지 않음을 보고 귀환하였다. 그는 여행에서 얻은 서아시아에 대한 지식을 중국에 전하였다. 그가 말하는 대진은 알렉산드리아 혹은 로마, 조지는 안티오키아 혹은 시리아, 서해는 페르시아 만 혹은 지중해라는 여러가지 설이 있다.

감합무역(勘合貿易)

동아시아 지역에서 중국과 주변국간에 이루어진 조공무역의 형태. 전통적으로 중국은 주변국으로부터 조공을 받고 답례품을 주면서 주변국을 중국 중심의 동아시아 질서 속에 끌어들였다. 주변국가들은 중국에 조공을 하는 대가로 답례품을 받아 경제적인 이익을 추구하였다. 이러한 무역형태는 특히 명나라 때 중국과 일본 사이에서 두드러지게 나타났다. '감합'이란 입국을 확인하는 일을 말하며 그 문서를 감합부(勘合符)라 한다. 일련번호가 붙은 감합부의 번호표는 일본 막부에 보내졌으며 장부는 중국에서 보관했다. 사절단이 공물을 가지고 오거나 교역을 하기 위해 입항할 때는 그 규모(선박의 수, 화물, 그리고 인원)가 감합부 기록에 의해 제한되었다. 이와 마찬가지로 중국에서 해외로 파견되는 사신들에게도 동일하게 적용되었다.

갑골문자(甲骨文字)

중국 은(殷)나라 때 점을 치는 데 사용했던 거북이 등딱지나 동물의 뼈에 새긴 문자. 1899년 은나라의 옛 왕도 인 은허(殷墟)에서 발견되었다. 그 내용이 점을 치는 데 관한 것이므로, 이것을 '복사(卜辭)'라고도 한다. 한자의 가장 오래된 형태로 회화적 요소가 많이 보이지만 순수한 그림문자보다는 발전된 형태이며, 상당히 오랜 시기를 거쳐 나온 문자이다. 문자의 수는 대략 3,000자, 그 중 해독된 것은 약 절반에 달한다. 갑골문자는 반경(盤庚) 때부터 은나라 말기까지 약 2백 수십년에 걸쳐 사용되었으며, 보통 5기(期)로 나누어 연구하고 있다. 갑골문자에 담긴 내용은 제사, 군사정벌, 농경, 점성술에 관한 것이며 이를 통하여 은나라 때의 제사·정치·사회·경제 등이 밝혀졌다. 이를 통해 전설의 영역을 벗어나지 못하던 은왕조가 중국에서 가장 오래된 왕조임이 실증되었다.

▶ 갑골문자

강남(江南)

중국의 양쯔강(揚子江) 남부 지역을 가리키는 명칭. 크게는 양쯔강 남쪽 지역 전체를 가리키지만 구체적으로는 양쯔강 하류의 장쑤성(江蘇省), 안후이성(安徽省) 남부 및 저장성(浙江省), 후난성(湖南省) 일대를 가리킨다. 3~6세기 삼국시대의 오(吳)나라를 비롯한 육조(六朝)가 지금의 난징(南京)을 수도로 하면서 개발되었다. 수(隋)·당(唐)시대에 이르러서는 화베이(華北) 지방과 맞먹는 경제력을 가졌으며, 송대(宋代) 이후에는 북방민족의 화베이 침공으로 강남의 중요성이 높아졌다. 기후가 온난하여 벼의 2모작이 가능하기 때문에 벼농사를 중심으로 한 중국 제1의 곡창지대를 이루고 있다. 또 양쯔강 남부의 구릉지대는 중국 제1의 양잠지대를 이루고 있고, 수운(水運)이 발달하였으며, 자원이 풍부하여 도시와 산업이 발달하였다.

강희자전(康熙字典)

중국 청(淸)나라 때 강희제(康熙帝)의 명에 따라 만들어진 자전. 장옥서(張玉書), 진정경(陳廷敬) 등 30명의 학자가 5년 동안 엮은 것으로 1716년 간행되었다. 《설문(說文)》, 《옥편(玉篇)》, 《광운(廣韻)》, 《자휘(字彙)》 등을 참고하여, 12집(集)으로 나누고 119부(部)로 세분하였다. 획수분류의 형식은 이 자전에서 완성되어, 후세의 자전이 이를 따랐다. 49,030자를 214개의 부수별로 분류하였고, 부수마다 획순으로 배열하여 각자에 상세한 자음(字音), 자체(字體), 뜻을 해설하였다. 1827년에 왕인지(王引之)가 《자전고증(字典考證)》을 만들어 2,588조(條)의 오류를 교정하여 출간하였다.

강희제(康熙帝, 1654~1772)

청(淸)나라의 제4대 황제(재위 1661~1722). 순치제(順治帝, 세조)의 셋째아들로, 이름은 현엽(玄燁)이다. 8세 때 즉위하고, 14세 때부터 친정을 시작하였는데, 중국 역대 황제 중에서 재위기간이 61년으로 가장 길다. 1673년에 일어난 삼번(三藩)의 난을 1682년에 완전히 평정하였으며, 1684년에는 타이완의 정성공 세력을 토벌하고, 러시아와 네르친스크 조약을 체결하여 흑룡강 일대에 대한 러시아의 진출을 저지하였다. 이후 외몽고 준가르부와 티베트 원정을 통하여 중국 영토를 크게 확대하였다. 유교의 영향으로 학문을 장려하였으며 《고금도서집성》, 《강희자전》의 출판을 비롯하여 많은 서적을 편찬하였다. 또한

▶ 강희자전

예수회를 중심으로 한 선교사들로부터 서양의 학문과 기술을 도입하게 하였으며, 세제 개편 등의 정책으로 한인(漢人)들을 포용하였다. 청나라는 그의 재위기간에 완전한 통치기틀을 이루어 옹정제(雍正帝), 건륭제(乾隆帝)로 계승되어 전성기를 이루었다.

개방경작제(Open~Field System)

유럽 봉건사회의 농업을 특징짓는 촌락공동체의 경지제도. 당시의 경작 방식은 이포제 또는 삼포제로서 영주와 농민의 경지는 몇 개의 경구(耕區)라고 불리는 큰 밭 속에 섞여 있고, 경구 주위의 목초지, 삼림(알멘데) 등은 농민이 공동이용하였다. 경지 사이에 구분이 없고 수확 후에는 공동방목하므로 농민들이 공동으로 경작할 수밖에 없었다. 그러나 분할상속 및 농업기술의 발전과 보급, 상품경제의 진전으로 농민들 사이에 빈부격차가 생기면서 평등성이 깨지고, 16~17세기에 일어난 농업혁명의 일환인 인클로저 운동과 공유지 분할 등으로 더 이상 유지되지 못하고 소멸하였다.

개원의 치(開元의 治)

중국 당(唐)나라 현종(玄宗)이 다스린 43년간의 선정과 평화의 치세(713~756)를 말하며 당 태종의 정관(貞觀)의 치와 비교된다. 현종은 요숭(姚崇) · 송경(宋璟) · 장구령(張九齡) 등 현명한 재상들의 보좌를 받아 율령, 제도, 법전을 정비하고 부병제의 붕괴에 대처하여 중앙군제를 재건하였다. 또한 절도사에 의한 변방방어체제를 공고히 하였을 뿐만 아니라, 한림원(翰林院) · 집현원(集賢院) 등과 같은 학술연구기관을 정비하여 문화발전에 노력하였다. 또 이 시기에 왕유(王維), 이백(李白), 백거이(白居易) 등 유명한 시인을 배출되었다. 따라서 이 시기가 당나라의 번성기인 동시에 중국 고대문화의 전성기였다. 그러나 당나라 초기의 균전제, 조용조, 부병제 등이 대토지 사유, 화폐경제의 발전, 용병제, 유민의 증가 등의 원인으로 붕괴되면서 사회적 모순이 심화되어 마침내 안사(安史)의 난이 일어나게 되고 당나라는 쇠퇴기에 접어들게 되었다.

개인주의(individualism)

개인을 집단보다 우선시하여 국가나 사회보다 개인에게 더 큰 가치를 두는 사상. 크게 보아 개인주의라고 하지만 정의방식에 따라 이기주의, 이타주의, 실존주의 등을 비롯하여, 사회학설로서의 사회계약설, 경제에서의 자유방임주의 등의 여러가지 사고방식으로 표현된다. 르네상스 이후의 근대 유럽에서 형성되어 발전하기 시작하였다. 종교 면에서는 카톨릭의 계서제(階序制)에 반발하여 프로테스탄트의 개인 중심, 신앙의 내면화가 나타났고, 정치면에서는 국가의 간섭을 지양하고 개개인의 권리와 의무, 또는 개인들 사이의 계약 관계를 중시하게 되었다. 경제면에서는 '보이지 않는 손'이라 불리는 시장의 조절기능을 신봉하는 자유방임주의 형태로 나타났다.

객호(客戶)

소작인이나 토지를 갖지 않은 농민을 가리키는 호적. 객(客)이란 원래 본적지를 떠나 외지에 있는 사람을 가리키는 말이었다. 육조시대 이후 토지없이 호족이나 지주에 예속된 농민을 객이라고 불렀고, 당나라 중기 이후에는 균전제가 붕괴함에 따라 달아난 균전농민이 귀족의 장원에 흘러들어 많은 객호가 발생하였다. 양세법(兩稅法)의 실시에 따라 이와 같은 객호도 현거주지에서 호적에 등록하게 되었는데, 송나라 때 주호와 객호로 구분되면서 객호가 전체의 30% 정도로 나타났다. 송대 농민의 호는 재산 규모에 따라 5등급으로 나뉘지만 객호는 등급에 들지 않으며, 양세나 요역의 의무를 지지 않지만 지역에 따라 신정전 등을 납부해야 했다. 원나라 때 들어서는 호적상의 주호와 객호의 구분이 사라지게 되었다.

갠지스강(Ganges River)

인도 북부를 동서로 가로질러 벵골만(灣)으로 흘러드는 강. 길이가 약 2,510 킬로미터로 중부 히말라야 산맥에서 발원하여 남쪽으로 흐르다가 동쪽으로 방향을 바꿔 힌두스탄 평원을 거쳐 하류에서 브라마푸트라강과 합류, 대삼각주를 형성하고 벵골만으로 흘러든다. 아리아인이 인도대륙에 들어와 정주한 이래로 인도 역사의 중심지가 되었다. 많은 역사적 도시가 갠지스강을 따라 형성되었으며 쌀, 사탕수수 등의 곡물생산이 풍부하여 경제의 중심지가 되었다. 힌두교도들이 '성스러운 강'으로 신성시하며 강물에 목욕하면 모든 죄로부터 벗어난다고 믿는다.

건륭제(乾隆帝, 1711~1799)

중국 청나라 제6대 황제(재위 1735~1795). 옹정제의 넷째아들로 강희제의 손자이다. 이름은 홍력(弘曆)이며 휘(諱)는 고종(高宗)이다. 1736년에 즉위하여 '강희·건륭시대'라는 청나라의 전성기를 이룩하였다. 오랜 통치기간 (1735~1795) 동안 청제국의 영토를 최대로 확장하였으며, 조부 때부터 이어온 재정적 안정을 통해 문화적으로도 꽃을 피웠다. 1755~1760년 여러 차례에 걸친 군사원정을 펼쳐 북동부지방을 비롯하여 신장 지역을 정복하였으며 타이완, 미얀마, 베트남, 네팔 등지까지 원정하였다. 여러 차례의 원정으로 많은 공적을 세운 건륭제는 스스로 십전노인(十全老人)이라 불렀다. 그러나 무리한 군사적 원정으로 국가재정의 고갈을 초래하였다. 문화적으로는 《사고전서(四庫全書)》를 비롯하여 방대한 도서를 많이 편찬하게 하여 반청사상(反淸思想)을 무마하려고 하였다. 만년에는 재정상의 위기와 관리들의 부정부패가 겹쳐 1796년 백련교(白蓮敎)의 난을 비롯해 각지에 반란이 일어나자 1795년 가경제(嘉慶帝)에게 양위했다.

건함경쟁(Flottenkonkurrenz)

20세기로의 전환기에 영국과 독일 사이에 벌어졌던 해군력 확장 경쟁. 독일황제 빌헬름 2세가 강력한 해군 건설을 시도하면서 항상 다른 국가보다 2배의 해군력을 유지하려는 영국과 마찰을 빚게 되었다. 영국은 1905년에 당시의 신기술을 집약한 최대의 전함인 드레드노트급 전함 건조에 착수하였고, 독일도 다음 해에 드레드노트급 건조에 들어갔다. 1908년부터 1911년까지 두나라 사이에 해군협정을 맺으려는 노력이 있었으나 실패로 끝났다. 결국 양국 사이의 긴장이 깊어지면서 1차 대전 발발의 한 원인이 되었다.

걸프전쟁(Gulf War)

이라크가 쿠웨이트를 강제점령함으로써 미국을 비롯한 다국적군이 쿠웨이트해방을 목표로 이라크와 벌인 전쟁. 이라크 대통령 사담 후세인은 1990년 8월 2일 쿠웨이트를 전격 침공하여 점령하고 19번째 속주로 삼았다. 이에 대해 유엔안전보장이사회는 1991년 1월 15일까지 쿠웨이트에서 철군하지 않을경우 이라크에의 무력사용을 승인하는 결의안을 통과시켰다. 이 결의안의 통과로 미국의 주도 하에 대 이라크전에 참전하게 될 33개국 68만 명의 다국적

▶ 걸프전쟁

군이 페르시아만 일대에 집결하였다. 미국은 이라크의 철수시한 이틀 뒤인 1991년 1월 17일 대공습을 단행하여 1개월에 걸쳐 이라크의 주요시설을 대부분 파괴하고 1991년 2월 24일부터 지상전을 개시하여 쿠웨이트를 해방하고 지상전 개시 100시간 만인 2월 28일 전쟁종식을 선언했다. 걸프전쟁의 결과 미국은 사우디아라비아를 비롯한 중동 지역에 주둔하게 됨으로써 중동에 대한 영향력이 강화되었으나 이슬람 원리주의자들의 반미감정은 한층 고조되었다.

검은 간토기(흑도, 黑陶)

채도(彩陶)와 함께 황허 유역에서 발굴된 선사시대의 토기. 황허 유역의 룽산문화를 대표하는 토기로 룽산문화는 흑도문화라고도 불린다. 칠흑색의 빛을 띤 검은 간토기는 항아리, 솥, 주발, 잔, 접시 등 여러 종류가 있으며, 황허 중류와 하류를 중심으로 양쯔강 하류 지역과 랴오둥 반도 및 한반도까지 전파되었다.

게르마니아(Germania)

로마의 역사가 타키투스가 게르만인의 풍습과 사회에 대해 쓴 작품. 로마 제정시대인 98년에 출간되었으며 전체가 46장으로 되어 있다. 오늘날의 라인강 동쪽 지역과 도나우강 북쪽 지역을 대상으로 하여 고대 게르만족의 생활상을 다루고 있기 때문에 중요한 역사적 가치를 띤다. 타키투스가 당시 로마의 타락상을 비판하기 위하여 도덕적이고 소박한 게르만인의 삶을 작품의 대상으로 삼았다고도 한다.

게르만족(Germanic peoples) ˜

인도-유럽어족 중 게르만어를 사용하는 민족의 총칭. 오늘날 스웨덴인·덴마크인·노르웨이인·아이슬란드인·앵글로색슨인·네덜란드인·독일인 등이 이에 속한다. 역사적으로 4세기 민족대이동 이전 원시 게르만 민족을 뜻하는 경우가 많다. 타키투스가 지은 《게르마니아》와 카이사르가 지은 《갈리아 전기》에 게르만족의 생활상이 기록되어 있다. 당시의 게르만인은 키비타스라 부르는 정치적 소단위로 나뉘어져 있었으며, 중요한 문제는 자유민 모두가 모인 민회에서 결정했다고 한다. 경제생활은 농경을 주로 하였으며 농업이 발전함에 따라 점차 빈부의 격차가 나타나기 시작했다. 고대의 게르만사회는 평등한 자유민으로 구성되었으나, 초기 청동기시대부터 계급제가 나타나기 시작하여 기원 전후에는 자유민, 예민, 노예의 세 신분으로 나뉘어졌다.

게르만 민족의 대이동(Völkerwanderung)

원래 스칸디나비아 반도 남부, 유틀란드 반도, 발트해 서해안 지역에 살았던 민족으로 BC 2세기~BC 1세기에 이동을 개시하여 동게르만(동고트인 · 서고트인 · 반달인 · 부르군트인 등)은 동남쪽 흑해 연안으로, 서게르만(앵글인 · 아라만인 · 색슨인 · 프랑크인 등)은 서부 독일 라인강 유역까지 퍼져 나갔으며, 북게르만(덴마크인 · 노르만인 등)은 원주지에 머물렀다. 서게르만족은 켈트인을 밀어내며 갈리아 지방으로 들어옴에 따라 로마인과 접촉하게 되었고, BC 2세기 말 갈리아 남부와 북이탈리아에 침입하였다가 격멸되었다. 이후에도 이들은 갈리아 지역에서 로마와 자주 충돌하였다. 375년 동게르만의 고트족이 아시아에서 침입해온 훈족의 압박을 받아 로마제국의 영토로 침입했고 이어 서게르만의 부족들도 이동을 시작하였다. 이로써 6세기 말까지 여러 곳에 게르만왕국이 생겨났다. 동고트왕국(이탈리아), 서고트왕국(에스파냐), 반달왕국(아프리카 북부), 부르군트왕국(이탈리아 북부), 프랑크왕국(프랑스, 독일), 앵글로 색슨왕국(영국) 등이 생겨났다. 좁은 의미에서 민족대이동은 4세기 말에서 6세기 말까지의 200년간을 가리킨다. 이들 왕국 대부분이 이단인 아리우스파를 신봉하였고 이후 카톨릭을 믿는 프랑크왕국에 의해 통합되었다. 북게르만도 스웨덴 · 노르웨이 · 덴마크의 3왕국을 세웠는데, 북게르만의 일부는 노르만인으로서 8세기부터 유럽 각지를 침략하였다.

게토(ghetto)

주로 특정 인종, 민족 또는 빈민층이 격리되어 사는 거주지역을 말하는 것으로 유럽에서 유대인들이 도시의 특정 지역에 격리된 데서 비롯된 말이다. 역사적으로는 1179년 제3회 라테란공의회에서 기독교도와 유대교도와의 교류를 금지한 것에서 시작되어 12세기 후반 독일에서 유대교도의 강제 격리가 확산되었다. 게토 내부는 유대인들이 공동체를 이루어 살아갔으며 그들에게 시민으로서의 자격은 주어지지 않았다. 2차 세계대전 때에는 나치 독일이 동유럽의 유대인들을 게토에 강제로 수용하였다. 20세기 들어 미국사회의 산업화가 급전되면서 남부 농업지대의 흑인들이 북부의 대도시로 이주하여 만든 흑인 밀집지역 또한 게토라고 부른다.

게티즈버그 전투(Battle of Gettysburg)

미국 남북전쟁의 분기점이 된 전투. 1863년 7월 1일부터 3일까지, 리 장군이 이끄는 남군이 펜실바니아에 침입하여 미드 장군이 이끈 북군과 치열한 교전을 벌였다. 남군은 북군의 방어망을 치열하게 공격하였으나 결국 실패하고 버지니아로 돌아갔다. 이 전투 이후 남군은 수세적 입장에서 남부 방어에만 주력하였고, 북군은 남부에 대한 공세를 강화하므로써 남북전쟁의 분기점이 되었다. 전투가 있은 지 4개월 후, 링컨 대통령은 게티즈버그에서 '국민의, 국민에 의한, 국민을 위한 정치를 지상에서 소멸하지 않도록 하는 것'이 전투에서 숨진 병사들을 기리는 일이라는 연설을 하였다.

견융(犬戎)

중국인들이 융(戎)이라 부른 서방의 이민족 일파. 오늘날 산시(陝西)와 산시(山西) 지역에 살았던 부족으로 견융(犬戎) 또는 견이(犬夷)·곤이(昆夷)라고도 하였다. 견융이라는 이름은 이 부족이 많은 사냥개를 사육하였거나 개를 토템신앙의 대상으로 삼았기 때문에 붙여진 이름이라고 한다. 견융은 주나라와 관계가 깊었는데, 주나라 문왕(文王)은 서융(西戎)의 패자(霸者)로서 주나라왕조의 기초를 쌓았다. 그러나 목왕(穆王)이 견융을 정벌하여 태원(太原)으로 쫓은 이래 주나라는 견융의 잦은 침략에 시달렸다. BC 771년 견융은 신후(申侯)와 연합하여 주를 공격, 유왕을 살해하고 주나라의 수도를 동쪽으로 옮기게 하였다. 그 후 진(秦)의 양공(襄公), 문공(文公)에 의해 토벌되어 복속되었다.

겸애설(兼愛說)

중국 전국시대의 제자백가 중 묵가(墨家)의 시조인 묵적(墨翟)이 주장한 학설. 유가에서 말하는 인(仁)만으로는 불충분하며 모든 사람이 차별없이 서로 사랑하고 이(利)를 나눈다면 천하가 태평하고 백성이 번영하는데, 이는 단순히 세상을 위해서가 아니라 하늘의 뜻이라고 주장하였다. 군신, 부자, 형제 사이의 엄격한 관계로부터 인애를 주장했던 유가와 차이점이 있다. 이 때문에 맹자(孟子)로부터 아버지나 임금을 무시하는 것이라고 비난받았다.

경계무(耿繼茂, ?~1671)

중국 남부 지역 평정에 공을 세운 청나라의 무장. 그의 아버지는 청왕조가 중국 본토에 들어오는 데 공을 세운 경중명(耿仲明)이다. 아버지가 자살한 뒤 그 군대를 거느리고 광둥(廣東)에 주둔하였으며, 1651년 정남왕(靖南王)이 되어 오삼계(吳三桂)·상가희(尙可喜) 등과 함께 중국 평정에 노력하였고, 그 공로로 독립적인 지배를 허락받았다. 1660년에 푸젠(福建)에 이주하여 청나라에 저항하던 세력인 정성공(鄭成功)과 정금(鄭錦)을 격파하였다. 1671년 병으로 물러나, 장남인 정충(精忠)이 뒤를 이어받았다.

경·대부·사(卿大夫士)

중국 주(周)나라시대 신하의 신분을 나타내는 이름. 경은 대부 중에서 유력자가 임명되었는데, 총재(冢宰), 사도(司徒), 종백(宗伯), 사마(司馬), 사구(司寇),

사공(司空) 등의 여섯 장관을 6경이라 부르고 여기에 소사(小師), 소부(少傅), 소보(少保)를 더하여 9경이라고 하였다. 제후의 신하는 대부, 사의 두 계급으로 나누어지며, 사는 경, 대부 아래에서 가신으로 종속된다. 주나라 이후에도 청나라시대까지 9경의 칭호는 존속하였으며, 일반적으로 고위 관료를 경대부로 부르고, 관직에 있는 사람을 사대부라고 부르게 되었다. 또 진한시대 이후로 군주가 신하를 부를 때, 또는 동년배들끼리 서로를 부를 때도 경이란 표현을 사용하였다.

경제외적 강제(non-economic compulsion)

중세시대의 봉건 영주가 농민들로부터 봉건지대를 강제로 징수한 것에서 비롯된 것으로 마르크스의 《자본론》 제3권에서 처음 사용된 말이다. 자본주의 사회에서는 상품교환이라는 경제법칙을 통해 자본가가 이윤을 얻지만, 봉건 사회에서는 영주가 경제법칙이 아닌 지배관계를 통해 농민을 수탈한다는 것이다. 즉 영주 직할지에서의 부역, 공납, 결혼세, 상속세, 이주세, 인두세 등이 과세의 형태로 이루어졌다. 근대 유럽에서 자본주의가 발전함에 따라 봉건지대는 노동지대에서 생산물지대로, 나아가 화폐지대로 변하면서 경제외적 강제 형태도 변화하였으며 점차 사라지게 되었다.

경제표(tableau économique)

1758년 프랑스의 경제학자이자 중농주의(重農主義)의 창시자인 케네가 부의 생산과 분배의 과정을 인체의 혈액순환에 비유하여 만든 경제순환표. 케네는 국민을 농민(생산자), 지주, 상공업자(비생산자)의 3계급으로 나누어 계급간의 경제활동, 상호의존관계, 한 나라의 총생산물이 유통되고 분배되는 관계를 도표로 나타냈다. 케네는 농업만이 생산에 소비된 이상의 잉여생산물을 만들며 농업이 국민경제의 가장 중요한 요소가 된다고 주장하였다. 또한 비생산 계급은 새로운 부를 전혀 생산하지 못한다고 했다. 케네의 경제표는 이러한 종류의 표식화 중에서 최초의 것으로서, 이후 마르크스의 재생산표식이나 지금의 국민경제계산의 여러 표식의 기초가 되었다.

경제협력개발기구(OECD : Organization for Economic Cooperation and Development)

경제성장 유지, 개발도상국의 경제발전 원조, 세계 무역 확대에 공헌이라는 3가지 목적을 위해 선진국이 국제경제 전반에 대해 논의하는 기구. 1948년에 전후 경제재건과 미국의 마셜 플랜을 수용하기 위해 유럽의 18개국이 유럽경제협력기구(OEEC)를 설립하였다. 1961년, 유럽부흥을 위한 미국의 원조라는 목적이 달성됨에 따라 유럽과 북미간에 금융, 통상, 후진국 원조 문제를 논의하기 위해 미국과 캐나다가 가입하여 20개국을 회원국으로 한 경제협력개발기구(OECD)로 확대, 개편되었다. 1990년대 이후 한국, 터키, 그리스, 멕시코 등 비선진국까지 회원국으로 가입하여 2002년 현재 회원국은 30개국이다.

경험론(Empiricism)

▶ 로크

인간의 인식이나 지식의 근원이 경험에 있다는 철학적 견해. 인간의 감각과 성찰을 통해 얻는 구체적 사실을 중시하기 때문에 지식의 근원을 이성에서 찾는 이성론, 합리론과 대립한다. 그리스의 소피스트, 원자론자, 에피쿠로스 학파 등이 경험론의 경향을 보이며 이성주의, 초월주의 경향을 띤 플라톤, 아리스토텔레스 등과 대립하였다. 근대에 들어서는 과학의 발전에 따라 지식은 경험의 결합에 의해 귀납적으로 얻어진다는 과학적 경험론이 발달하였다. 영국에서는 베이컨, 로크, 흄 등이 경험론을 주장하였으며 영국의 경험론이 유럽대륙으로 유입되어 프랑스 계몽사상 및 유물론 그리고 독일 관념론의 형성에 영향을 미쳤다. 20세기에 들어서는 논리실증주의, 프래그머티즘, 분석철학 등이 경험론적 입장을 나타내고 있다.

계급(Class)

한 사회 내부에서 생산수단, 재산, 직업, 신분 등 여러 가지 요소로 인해 생기는 차이에 따라 구분되는 사람들의 집단. 원래 마르크스는 생산수단을 소유한 사람들과 그렇지 못한 사람들 사이에서 발생하는 생산관계의 차이로 계급을 구분하고 두 계급 사이의 모순으로 인해 갈등이 깊어지면서 혁명적 변화가 필연적으로 일어나게 된다고 주장하였다. 그러나 마르크스 이후 단순히 생산수단의 소유 여부로만 계급을 구분지을 수 없으며 다른 여러 요소들을 고려해야 하며, 두 계급 외에도 여러 계급이 존재한다는 다양한 주장들이 나왔다. 오늘날에는 계급의 정의나 계급이 현대사회에 미치는 영향에 대해 여러 견해가 나왔다. 미국의 사회학자 밀스는 지배계급이란 개념 대신 권력엘리트라는 개념을 사용하였고, 막스 베버는 계급과 신분집단을 구별하였는데, 신분집단이 직업적 위세, 문화적 지위, 혈통에 의해 결정되는 데 비해 계급은 경제적 이해에 기반하는 것으로 생각하였다. 오늘날에는 일반적으로 비슷한 사회적 지위를 가진 사람들의 집단이라는 뜻으로 사용되고 있다.

계몽사상(Enlightenment)

18세기 프랑스에서 체계화되어 새로운 지식과 사고방식을 전파하고 사회개혁을 주장하여 프랑스 혁명의 정신적 배경이 된 사상. 독일 관념론의 대가인 임마누엘 칸트가 1784년에 《계몽이란 무엇인가》를 출간한 뒤부터 사상사에서 쓰이게 된 말이다. 계몽이란, 잠들어 있는 인간의 이성을 일깨워 무지와 편견에서 빠져 나오게 하는 것으로 이성이 잠에서 깨어나는 데 방해가 되는 낡은 사고방식과 종교적 관념을 깨뜨리는 것이다. 17세기 영국의 로크, 흄, 홉스 등의 사상가에서 비롯되어, 프랑스에서는 볼테르, 몽테스키외 등이 낡은 관습에 대한 비판과 이성적 사고방식을 제기하였고, 디드로, 달랑베르, 돌바크 등의 백과전서파가 백과전서를 출간하면서 새로운 지식의 보급에 나섰다. 그리고 루소, 콩도르세 등이 보다 비판적이고 급진적인 견해로 계몽운동을 활발히 전개하였다. 독일에서는 레싱이나 칸트가 계몽주의적 견해를 표방하였다. 이러한 면에서 계몽사상은 프랑스 혁명뿐만 아니라 유럽 각국의 시민의식 형성에도 큰 영향을 주었다.

계몽전제군주(Enlightened Despot)

18세기 유럽에서 계몽사상을 기반으로 근대화를 실현하려 했던 절대주의 전제군주. 프로이센의 프리드리히 2세, 러시아의 예카테리나 2세 등이 대표적 계몽전제군주이다. 계몽전제군주의 등장에는 절대주의와 계몽사상이라는 두 가지 배경이 있다. 중세 봉건사회로부터 근대 시민사회로 이행하는 과정에서, 유럽에는 관료제와 상비군을 기반으로 강력한 중앙집권제를 실시하는 절대주의 국가들이 등장하였고, 계몽사상은 절대주의 국가에서 시민계급의 성장을 촉진하였다. 절대주의 왕권은 구체제의 귀족, 교회세력과 새롭게 성장하는 시민계급 사이에서 절대주의를 유지하면서 근대화를 추구하려고 시도하였다. 이러한 계몽전제군주들은 시민계급의 성장과 자본주의 발전이 미흡했던 동유럽의 독일, 러시아 지역에서 나타났으며 프랑스 계몽사상가들을 초빙하여 절대주의 체제 틀 안에서 근대화를 추구하였다.

고개지(顧愷之, 344?~ 406?)

중국 동진(東晋)시대의 화가. 강소성(江蘇省) 태생으로 어린 시절 양주(楊洲)에 살면서 그림을 배우고 364년에 건강(建康, 지금의 南京)에 있는 와관사(瓦官寺) 벽면에 유마상(維摩像)을 그려 화가로서의 명성을 얻었다. 특히 인물화·초상화에 뛰어났는데, 가늘고 세련된 선은 '봄누에가 실을 뽑는 듯하다.'고 하였다. 중국 최초의 정리된 화론(畵論)으로 평가받는 《논화(論畵)》, 《화운대산기(畵雲臺山記)》의 저서를 남겼으며 송나라의 육탐미(陸探微), 양나라의 장승요(張僧繇)와 함께 육조(六朝)의 3대가(大家)로 꼽힌다. 현재 대영박물관에 있는 《여사잠도(女史箴圖)》는 옛날부터 고개지의 작품으로 알려져 있었고 현존하는 중국화 중 가장 오래된 작품으로 알려져 왔으나, 현재는 당나라 때의 모작(模作)으로 보는 견해가 유력하다.

고갱(Gauguin, Paul, 1848~1903)

프랑스의 후기인상파 화가. 파리 출생으로 주식 거래상으로 일하면서 살롱전에 입상하였다. 피사로를 만나면서 인상파를 접하게 되었고, 1880년 제5회 인상파전 참가를 계기로 단골 멤버가 되었다. 또한 세잔과 기묘맹 등과 교류하였다. 그 후 35세 때(1883년) 주식거래상을 그만두고 회화에 전념하였다. 1886년 도시생활을 접고 브르타뉴의 퐁타방으로 이사하면서 고갱 특유의 장식적 화풍을 선보였다. 그해 고흐와 만나 1888년에는 고흐와 함께 남프랑스의 아를에서 함께 살면서 그림을 그렸다. 그러나 두 사람의 성격차이로 불화를 빚다가 고흐가 귀를 자른 사건을 계기로 결별하였다. 그 후 다시 퐁타방으로 가서 《황색의 그리스도》, 《황색 그리스도가 있는 자화상》 등의 작품을 그렸으나 생활고와 문명세계에 대한 염증을 느끼며 원시 자연의 세계를 동경하게 되었다. 마침내 1891년 남태평양의 타히티 섬으로 떠났다. 타히티에서 《네버모어》, 《우리는 어디서 와서 어디로 가는가》, 《타히티의 여인들》, 《언제 결혼하니?》 등의 작품을 남겼다. 강렬하고 새로운 장식적 화풍으로 후세 화가들에게 큰 영향을 미쳤다.

고골리(Gogol, Nikolai Vasil`evich, 1809~1852)

러시아의 소설가이자 극작가. 우크라이나의 소귀족 출신으로, 상트 페테르부르크의 하급관리를 지냈다. 우크라이나 농민의 생활상을 소재로 한 단편소설집 《디칸카 근교 농촌 야화》(1831~1832)를 출간하여 작가로 인정받은 후 낭만주의적인 역사소설 《타라스 부리바》와 《광인일기》, 단편 〈코〉로 명성을 얻었다. 1836년에 희곡 《검찰관》을 발표, 상연하였으나 관료사회의 비리를 폭로한 것이 문제가 되어 로마로 떠났다. 로마에서 대표작 《죽은 혼》 제1부(1841)를 완성하고, 상트 페테르부르크를 무대로 한 걸작단편 〈외투〉(1942)를 써서, '눈물을 통한 웃음'이라는 고골리 문학의 진수를 보였다. 이후 모스크바에서 《죽은 혼》 2부를 완성하려고 했으나 정신적 갈등으로 고통받다가 원고를 태우고 단식 끝에 자살하였다. 고골리의 작품은 러시아 지배층의 도덕적 타락과 관료사회의 모순과 비리를 날카로운 풍자를 통해 사실적으로 그려냈기 때문에 러시아 리얼리즘의 창시자로 불린다.

고금도서집성(古今圖書集成)

중국 청나라 때 강희제의 명령으로 진몽뢰(陳夢雷)가 간행한 것을 옹정제(雍

正帝) 때 장정석(蔣廷錫)이 이어받아 1725년에 완성한 중국 최고의 백과사전이다. 정식 명칭은 《흠정고금도서집성(欽定古今圖書集成)》이며 발간 당시에는 이를 유서(類書)라고 하였다. 총 1만 권에 목록만 40권의 방대한 분량이며, 역상(천문)·방여(지리와 풍속)·명륜(제왕, 백관의 기록)·박물(의학과 종교)·이학(문학)·경제(과거, 음악, 군사) 등 6휘편(六彙編)으로 구분된다. 각 휘편은 다시 32전(典) 6,109부(部)의 항목으로 세분하여 각 항목마다 고금의 서적에서 내용을 뽑아 수록함으로써 해당 항목의 연혁과 변천사항을 잘 알 수 있게 만들었다.

고든(Gordon, Charles George, 1833~1885)

영국의 군인. 1853년~1856년 크림전쟁에 참전하였고, 1860년 애로호 사건 때 영국·프랑스 연합군의 일원으로 베이징 공격과 원명원 화공에 참가하였다. 중국에서 태평천국의 난이 일어나고 태평군이 상해[上海]를 공격하자 미

국인 워드가 상해의 중국인 상인과 관료들의 도움으로 의용군인 상승군(常勝軍)을 만들었으며 고든이 지휘관을 맡았다. 고든은 상승군을 이끌고 이홍장(李鴻章) 휘하의 회군(淮軍)을 도와 태평천국 난을 진압하였다. 그 후 이집트 총독, 수단 총독, 희망봉 식민지 군사령관 등을 역임하고, 수단에서 회교 강경파인 마디(Mahdi) 교도의 반란을 진압하던 중 전사하였다. 런던의 대영박물관에는 고든이 태평군과의 전투에서 모은 문서를 수록한 과등문서(戈登文書)가 있다.

▶ 찰스 조지 고든

고등법원(Parlement)

프랑스 왕정기관 중 하나. 카페왕조(987~1328) 초기에는 궁정회의를 의미하였고, 13세기에 왕회(王會) 내에서 생긴 소송 전문의 한 분과가 고등법원의 기원이다. 이후 독립기관이 되어 최고의 사법기관이 되었을 뿐 아니라 행정권까지 장악하게 되었다. 파리를 비롯하여 지방에 12곳의 고등법원이 생겨났으며, 고등법원의 관직은 매관제였기 때문에 시민 출신의 신흥귀족인 법복귀족들이 많았다. 고등법원들은 각 지방의 독자성을 추구하였기 때문에 왕권과 대립하는 일이 많았다. 특히 루이 14세 때에는 프롱드(Fronde) 난의 원인을 제공했고, 18세기에도 줄곧 왕정을 비판하다가 18세기 말 삼부회 소집을 요구함으로써 프랑스 혁명의 계기를 제공했다.

고딕미술(Gothic Art)

중세 유럽의 미술양식. 시기적으로는 로마네스크 미술에 이어 12세기 중엽부터 북프랑스를 중심으로 발전하면서 정형화되었고, 그 뒤 2세기 동안 유럽 각지에 전파되어 15세기 르네상스 미술이 등장할 때까지 유럽을 풍미하였다. 원래 '고딕' 이란 말은 게르만의 한 부족인 고트에서 파생된 것인데, 르네상스시대의 이탈리아인들이 고트와는 관계없이 '야만적' 이란 뜻으로 중세건축에 적용시키기 시작하였으며, 19세기 이후 서유럽 중세미술의 한 양식을 가리키는 미술용어가 되었다. 고딕미술은 성당건축과 그 장식미술이 주를 이루고 있다. 그 배경으로는 12, 13세기 카톨릭 교회의 번성과 도시의 발전으로 종교적 정신과 신흥 시민계층의 세속적 정신이 한데 모여 도시 한가운데에 대성당을 건축하였던 것이다. 하늘을 찌를 듯한 높은 건축물에 화려한 조각, 스테인드글라스 등으로 장식된 고딕건축은 프랑스의 샤르트르, 노트르담, 영국의 캔터베리, 웨스트민스터, 이탈리아의 밀라노, 독일의 쾰른 대성당 등이 유명하다.

고르바초프(Gorbachyov, Mikhail Sergeyevich, 1931~)

소련의 정치가. 공산당 서기장과 초대 대통령을 역임하였다. 스타브로폴 지방 프리볼리에서 농부의 아들로 태어나 농장에서 일하다 모스크바대학 법학부에 입학하였다. 1955년 모스크바 대학 법학부를 졸업하였다. 고향에서 콤소몰 서기, 지구당 서기 등을 거쳐 1971년 소련 공산당 중앙위원이 되었다.

1980년 정치국원이 되었으며, 1985년 체르넨코 서기장이 사망하자 서기장에 취임하여 '페레스트로이카', '글라스노스트' 정책을 추진하여 국내외로 커다란 영향을 주었다. 1989년 신설된 최고회의 의장이 되었고, 1990년에 초대 소련 대통령에 취임하였다. 개혁개방노선을 추구하며 국제정치무대에서 냉전종식에 기여하였으나 경제개혁의 실패로 1991년 8월 3일간의 쿠데타와 같은 해 12월에 옐친의 주도로 소비에트연방이 해체되고 독립국연합이 탄생하자 대통령직을 사임하였다. 1990년 냉전 종식에 기여한 공로로 노벨평화상을 수상하였다.

▶ 고르바초프

고르왕조(Ghor Dynasty)

아프가니스탄 고르를 중심으로 북서 인도를 지배한 투르크 계통의 이슬람왕조. 구르(Ghur)왕조라고도 한다. 원래는 가즈니왕조에 속한 작은 왕가였으나 가즈니왕조가 쇠퇴하자 12세기 초 기야드 우딘(1162~1203)과 시하브 우딘 형제가 가즈나왕조를 무너뜨리고 고르왕조를 세웠다. 기야드 우딘은 서부로 진출하는 데 주력하였고, 모하메드 고리로 알려진 동생 시하브 우딘은 동부 지역을 맡았다. 모하메드 고리는 약탈을 위주로 한 기존의 인도 침략 대신에 이슬람교를 전파하기 위해 인도 북부로 진출하여 델리 지방을 포함하는 북인도 지방을 평정하였다. 이후 인도 지역은 고리의 부하인 투르크계 장군인 쿠트브 우딘 아이바크에게 위임되었다. 쿠트브 우딘은 델리를 수도로 정하여 인도 최초의 이슬람교 국가인 노예왕조를 세웠다. 이후 고르왕조는 13세기 초 호라즘 샤에게 패배하여 멸망하였다. 고르왕조는 인도에 이슬람교를 전파했다는 점에서 역사적 의의가 크다.

고리키(Gor′kii, Maksim, 1868~1936)

러시아의 소설가. 니주니노브고로트 태생으로 부모님이 일찍 돌아가시고 어린시절을 방랑하며 불우하게 보냈다. 자전적 소설인 3부작 《유년시대》, 《세상 속으로》, 《나의 대학들》에는 어린 시절의 하층 생활을 자세하게 묘사하였다. 그의 작품은 제정 러시아의 밑바닥에서 허덕이는 사람들을 묘사하여 프롤레타리아 문학의 선구가 되었다. 1905년 혁명 때에는 작가들의 항의 운동을 조직하여 투옥되었다가 외국으로 망명하기도 했다. 미국에서 장편소설 《어머니》(1906)를 발표하고 러시아의 전통적인 리얼리즘과 낭만주의를 합쳐 '사회주의 리얼리즘'을 창시하였다. 1934년에 소비에트 작가동맹을 설립하고 초대 의장이 되었다.

고립주의(Isolationism)

'개입주의'와 대립하는 외교정책 또는 경향. 고립주의의 근대적 기원은 영국이 유럽대륙 문제에 간섭하지 않겠다는 '명예로운 고립' 노선에서 찾아볼 수 있다. 이후 미국이 건국되면서 고립주의는 미국 외교정책의 기조가 되었다. 초대 대통령 워싱턴은 1796년 유럽 열강과의 동맹을 거부하였고, 1823년 먼로 대통령은 '먼로주의'를 제창하고 유럽과의 상호불간섭을 선언하였다. 1차 세계대전이 발발하자 윌슨 대통령은 고립주의에서 벗어나 국제연맹 결성과 가입을 주도했으나, 전쟁 후 미국은 다시 고립주의로 돌아갔다. 그러나 2차 세계대전으로 미국은 고립주의를 포기하고 국제무대에서 적극적 개입주의 정책을 택하게 되었다.

고비사막 (Gobi Desert)

몽골 고원 중앙부의 사막. 북부는 몽골, 남부는 중국의 내몽고자치구(內蒙古

自治區)에 걸쳐 있다. '고비'란 몽골어로 '풀이 잘 자라지 않는 거친 땅'이란 뜻이다. 대부분의 지역이 암석사막이며, 모래사막은 적고 넓은 초원지대도 포함되어 있다. 내륙호(內陸湖)와 사구(砂丘)가 있고, 대륙성 건조기후로 기온의 차가 심하며, 연강수량은 200~300㎜이다. 염소 등의 방목 외에 일부 지역에서는 목축의 정착화와 농경이 이루어지고 있다.

고아(Goa)

인도 서해안의 아라비아해와 맞닿은 항구도시. 1510년 포르투갈이 인도에 진출하면서 이곳을 근거지로 삼아 활동하였다. 카톨릭 전도와 무역활동으로 번성하였으나 17세기 이후 네델란드인의 공격과 마라타전쟁으로 타격을 입고 쇠퇴하였다. 1961년 인도로 귀속되었다. 대항해시대에 유럽 세력이 인도에 처음 진출한 거점이라는 점에서 역사적 의미가 있다.

고야(Goya y Lucientes, Francisco Joséde, 1746~1828)

에스파냐의 화가. 마드리드에서 활동하다가 1798년 궁정 수석화가가 되었다. 초기에는 후기 로코코 풍의 화려한 작품이 주를 이루었으나 이후, 벨라스케스, 렘브란트 등의 영향을 받고 독자적인 화풍을 만들어 나갔다. 《카를로스 4세의 가족》, 《옷을 입은 마야》, 《옷을 벗은 마야》 등에서 강한 사실성과 관능적인 여성 표현 등을 보였으며, 1792년 청각을 잃고 나폴레옹의 에스파냐 침입으로 일어난 민족의식 등에 영향을 받아 《1808년 5월 3일》과 연작판화 《전쟁의 참화》에서 폭력과 광기, 허무를 그렸다.

고염무(顧炎武, 1613~1682)

중국 명말청초(明末淸初)의 고증학자. 황종희와 함께 청나라 고증학의 시조로 불린다. 장쑤성 쿤산(崑山) 태생으로 학문이 깊었으나 어머니의 유훈에 따라 청나라의 초빙을 거부하고 화중, 화북 등 남북 각지를 돌아다니면서 견문을 넓히고 각지의 학자들과 교류하며 학문을 연구하였다. 양명학(陽明學)의 철학적 논의에서 벗어나 실증(實證)과 실용(實用)에 뜻을 두어 정확한 증거로 역사적 사실·제도·언어를 실증하는 고증학을 개척하였다. 저서로 《천하군국이병서(天下郡國利病書)》, 《일지록(日知錄)》, 《음학오서(音學五書)》 등이 있다.

고왕국(Old Kingdom)

이집트 역사에서 제3왕조부터 제6왕조를 가리킨다. 제3왕조 때 최초로 계단식 피라미드가 등장하여 이후 많은 수가 건설되었기 때문에 피라미드시대라고 한다. 또한 제3왕조 때 수도가 멤피스로 옮겨졌기 때문에 멤피스시대라고

▶ 피라미드

도 한다. 제4왕조 때에는 새로운 태양신 라(Ra)가 등장하였고, 계단이 없는 피라미드가 건조되었다. 제4~6왕조 때에는 거대한 피라미드가 많이 건조되었는데 이를 통해서 대규모 노동력을 구사할 수 있는 강력한 왕권(파라오)이 확립되었음을 유추할 수 있다. 그러나 거대한 피라미드 건설에 소요되는 막대한 비용 때문에 국가재정의 궁핍을 가져와 왕조는 몰락하였다. 이후 각 지방의 봉건귀족이 할거하는 제1중간기가 도래하였다.

고전경제학(Classic School of Political Economy)

근대 경제학의 역사에서 최초로 등장하여 경제학을 하나의 학문분야로 정립한 경제학파. 아담 스미스, 맬서스, 리카도, J. S. 밀 등의 경제학자가 고전경제학파에 속하며 정통학파라고도 한다. 산업혁명시대의 영국에서 시민계급의 입장을 대변하여 시장 중심의 자유경쟁, 경제적 자유방임주의, 노동가치설 등을 주장하였다. 이 학파의 대표적 저작으로는 아담 스미스의 《국부론》, 맬서스의 《인구론》, 리카도의 《지대론》 등이 있다.

고전주의(classicism)

고대 그리스 · 로마 문화를 이상으로 삼아 이를 재현하고자 했던 근대 예술의 일파. 이성을 중시하고 형식미, 조화, 균형 등을 강조하였다. 문학에서는 17세기 프랑스 희곡에서 고전주의 경향이 나타났다. 이 시기에 활동한 라신느, 코르네이유, 몰리에르를 고전주의 문예의 3대 극작가로 꼽는다. 고전주의 문학은 18세기 말에서 19세기 초 사이에 독일에서 전성기를 맞아 괴테, 쉴러 등이 많은 명작을 남겼다. 18세기 중엽부터는 음악 · 회화 · 조각 분야에서도 고전주의 경향이 나타났다. 하이든, 모차르트 등의 오스트리아 고전파 음악, 다비드, 앵그르 등의 프랑스 고전주의 미술이 출현하였다. 그러나 고전주의의 엄격한 형식미에 대한 반발로 19세기부터는 보다 자유롭고 감성을 중시하며 중세를 이상으로 하는 낭만주의가 출현하였다.

고증학(考證學)

중국 청나라 때의 실증적 학파. 송·명시대의 형이상학적인 성리학, 양명학과 달리 경세치용(經世致用)을 주장하여 실용성을 강조하고, 정확한 음운과 자구해석, 역사적 고증을 통한 고전연구 풍토를 만들었다. 세부적으로 훈고학, 음운학, 금석학, 잡가, 교감학 등으로 분류된다. 청나라 초기의 고염무(顧炎武)·황종희(黃宗羲) 등이 시작하여 오파(吳派)의 혜동(惠棟), 환파(皖派)의 대진(戴震) 등의 학자들이 나왔다. 이들 중에서 오파와 환파가 고증학의 전성기를 이루었는데 오파는 한학(漢學)을 연구하였고, 환파는 음운, 훈고, 수학, 천문, 지리, 수리 등을 연구했다. 청대 중기 이후에는 공양학(公羊學)이 융성하면서 고증학은 쇠퇴하였다.

고흐(Gogh, Vincent van, 1853~1890)

네덜란드의 인상파 화가. 원래 신학도였으나 20대 후반부터 그림에 전념하였다. 처음에는 밀레와 코로의 영향을 받아 〈감자를 먹는 사람들〉 같은 가난한 농민들의 모습을 그렸다. 이후 파리에서 로트레크, 고갱, 쇠라 등과 만나면서 인상파의 영향을 받았으나 점차 자신만의 화풍을 만들어 나갔다. 1888~1890년 사이에 남프랑스의 아를에 머물면서 〈자화상〉, 〈해바라기〉, 〈아를의 여인〉 같은 작품을 그렸다. 친구 고갱과 함께 지내기도 했으나 사이가 나빠져 헤어지고 발작을 일으켜 병원에 입원했다가 권총자살

▶ 고흐

하였다. 강렬하고 거친 필치의 화풍으로 자화상 등의 인물화와, 태양과 해바라기 등의 풍경화를 즐겨 그렸으며, 야수파에 큰 영향을 미쳐 20세기 회화의 선구자가 되었다.

곡물법(Corn Law)

영국에서 곡물, 특히 소맥의 수출입을 규제했던 일련의 법률. 곡물법은 12세기부터 존속했었지만, 1815년~1846년까지 적용됐던 영국곡물법이 대표적이다. 이 법은 지주들의 이익을 위하여 밀의 국내가격을 1쿼터에 80실링 미만이 될 경우 수입을 금하여 높은 가격을 유지했다. 따라서 소비자들은 밀농사에 관계없이 비싼 빵을 사먹어야 했기 때문에 자유무역론자를 중심으로 반대운동이 일어났다. 이에 따라 1839년 코브던, 브라이트 등이 맨체스터에서 반곡물법연맹을 결성하여 의회에 압력을 가해 1846년 필 내각 때 곡물법을 폐지시켰다. 이 사건은 영국 역사상 자유무역을 실질적으로 확립한 계기가 되었다.

공리주의(Utilitarianism)

19세기 영국에서 유행한 윤리학 사상. 벤담이 체계적으로 정리하였으며 밀 부자(父子)가 이를 더욱 발전시켰다. 밀 부자 이후로는 진화론적 윤리학, 영국 분석철학 등에 영향을 미쳤다. 공리주의는 개인주의와 합리주의를 조화시켜 공공의 이익을 증진시키는 것을 행위의 목적과 선악의 판단기준으로 한다. 이러한 논리에서 '최대 다수의 최대 행복이란' 말이 나왔다. 벤담과 밀은 행복이 쾌락과 같은 것이라고 보았다. 벤담의 쾌락이란 계량적으로 측정할 수 있는 '양적(量的) 쾌락주의'였던 것에 비해, 밀은 질적(質的) 차이를 인정하여 '질적 쾌락주의' 입장을 취하였다. 공리주의는 영국 산업혁명에 사상적 배경이 되었으며 19세기 영국의 정치, 법률, 경제에 많은 영향을 미쳤다.

공산주의(Communism)

재산의 사유(私有)가 아닌 공유를 주장하는 사상. 재산의 사유가 도덕적으로 인간을 타락시키며 사회적 문제를 일으키기 때문에 재산공유가 보다 합리적이고 정의로운 사회를 만든다는 이론이다. 고대 유대인 분파, 원시 기독교 및 플라톤의 《국가론》, 토머스 모어의 《유토피아》 등에서 이러한 경향을 찾아볼 수 있다. 공산주의 사상은 유럽에서 프랑스 혁명이 일어난 후 여러가지 형태로 등장하였다. 바뵈프, 블랑키 등 폭력으로 공산주의 사회를 이룰 것을 주장한 혁명적 공산주의와 생시몽, 푸리에, 오언 등의 공상적 사회주의가 등장하였다. 1840년대에 들어 마르크스가 프롤레타리아 계급만이 공산주의 사회를 실현할 수 있는 주체라고 주장하면서 자신의 사회주의는 이전의 공상적 사회주의와 구별되는 '과학적 사회주의'라고 주장하였다. 마르크스는 자신의 과학적, 혁명적 사회주의를 이전의 사회주의 노선과 구별하기 위해 '공산주의'라고 하였다. 러시아의 레닌은 마르크스의 프롤레타리아 혁명론을 받아들여 공산주의를 실현하기 위해서는 프롤레타리아 계급이 권력을 독점해야 한다는 프롤레타리아 독재론을 주장하였다. 그에 따라 마르크스 레닌주의자들은 프롤레타리아 독재론을 인정하지 않는 사회주의는 진정한 사회주의로 인정하지 않게 되었다. 오늘날 공산주의라고 할 때는 마르크스 레닌주의 사상 또는 그 운동을 가리킨다.

공산당선언(The Communist Manifesto)

마르크스와 엥겔스가 공산당의 기본 이론과 실천 강령에 대해 쓴 글. 국제 노동자조직인 '공산주의자동맹' 제2차 대회(1847)의 의뢰로 저술하였으며 1848년 2월 런던에서 독일어로 발간되었다. 전 4장으로 구성되어 있으며 인류의 역사를 계급투쟁의 역사로 규정하고, 프롤레타리아 계급이 혁명적 계급이라고 주장하였다. 그리고 프롤레타리아 계급의 혁명을 이루는 데 있어서 공산주의자가 해야 할 일은 사회질서의 폭력적 전복이라고 주장하였다. 이 선언은 공산주의의 역사관, 사회관, 경제관 및 정치적 목표와 행동강령을 보여준 최초의 문건으로 역사적 가치가 있다.

공상적 사회주의(Utopian Socialism)

▶ 푸리에

프랑스 혁명 이후 19세기 전반기에 걸쳐 유럽에서 나타난 사회주의 사상. 생시몽, 푸리에, 오언 등이 대표적인 공상적 사회주의자들이다. 이들은 자본주의와 사유재산 제도를 비판하고 평등한 이상적 사회를 실현하려고 노력하였다. 그리하여 오언의 뉴 하모니 마을을 비롯하여 여러 차례 실험적 공동체를 운영하였으나 실패로 끝났다. 이후 1840년대에 등장한 마르크스주의자들은 자신들의 사회주의가 역사발전의 법칙에 입각한 '과학적 사회주의'라고 주장하였다. 그러면서 이전의 사회주의자들이 역사의 발전법칙을 모르는 '공상적'인 몽상가들이라고 비하하는 의미에서 '공상적 사회주의'라는 이름을 붙이게 되었다. 공상적 사회주의는 계급간의 폭력투쟁을 선동하지 않고 인도주의에 기반하여 평화적으로 공산주의 사회를 이루려고 한 점에서 마르크스 레닌주의와 차별화된다.

공손룡(公孫龍, BC 320?~BC 250?)

중국 전국시대의 조(趙)나라의 문인. 혜시(惠施) 등과 함께 명가(名家)의 대표적 인물로 꼽힌다. 저서로 〈적부편(跡府篇)〉, 〈백마편(白馬篇)〉, 〈지물론(指物

論》, 〈통변론(通變論)〉, 〈견백론(堅白論)〉, 〈명실론(名實論)〉의 6편이 남아 있지만 위작이라는 설도 있다. '백마비마론(白馬非馬論)', '견백이동론(堅白異同論)' 등을 제시하며 사물의 외관과 본체를 혼동해서는 안 된다는 논리를 폈다. 이러한 논리의 배경은 사회적 변혁이 심했던 춘추전국시대에 이름(名)과 실재(實)가 맞지 않는 경우가 많았기 때문이었다. 따라서 명가는 처음에 혼란한 사회질서를 정립하려는 노력에서 출발하여 지식론·논리학으로 발전하였다. 궤변이라는 비난도 들었으나 사물의 상대성과 보편성에 대한 논리적 분석으로 중국사상사에 자취를 남겼다.

공양학(公羊學)

공자가 만든 《춘추공양전》을 연구하는 학파. 공자의 제자 자하(子夏)가 공양고(公羊高)에게 전했고, 다시 서한(西漢) 때 동중서(董仲舒)와 공손룡(公孫龍) 등이 공양학을 창시하였다. 공양전은 중국이 하나라는 대일통(大一統) 사상을 담고 있었기 때문에 한나라 무제는 정치이론서로 채택하고 또 공손홍을 승상으로 등용하였다. 이에 따라 공양학은 매우 번창하였으며, 이때부터 유학이 국가가 후원하는 관학(官學)으로 성장하게 되었다. 후한(後漢) 때는 하휴(何休)가 많은 업적을 남겼으며, 청나라 중기 이후에는 고증학 대신 공양학이 다시 전성기를 맞게 되었다. 청나라 말기에는 료평(廖平)·강유위(康有爲)·담사동(譚嗣同)·양계초(梁啓超) 등이 하휴의 학설을 더욱 발전시켰다. 청나라 때 공양학이 번성한 배경은 공양학의 세계주의나 혁명사상이 당시 중국의 국내외 정세에 부합하였기 때문이다.

공영달(孔穎達, 574~648)

중국 수말당초(隋末唐初)의 유학자. 하북(河北) 출신으로 수(隋)나라 양제 때 명경과(明經科)에 급제하였고, 당 태종 때 국자학 박사, 국자감 제주(祭酒)를 지냈다. 위징(魏徵)과 더불어 《수사(隋史)》를 편찬하였으며, 642년 당 태종의 명으로 고증학자 안사고(顔師古) 등과 더불어 《오경정의(五經正義)》 170권을 편찬하였다. 이 책은 유교의 오경에 대한 여러 가지 해석을 하나로 통일하여 과거시험 응시자의 수험서가 되었다.

공자(孔子, BC 552~BC 479)

중국 춘추시대의 사상가이며 유가(儒家)의 시조. 이름은 구(丘). 자는 중니(仲尼). 노(魯)나라 창평향(昌平鄕) 추읍(諏邑) 출생이다. 빈곤한 가정에서 태어났으며 학문에 정진하여 50세 이후에 노나라 정공(定公)에게 기용되어 대신이 되었다. 주나라의 창업공신이었던 주공을 이상형으로 삼아 정치에 임했으나, 56세 때 반대파의 공격으로 실각하고 망명을 떠났다. 이후 14년간 문하생들과 여러 나라를 돌아다니며 자신의 사상을 전파하고 각국의 권력자들이 등용해주기를 바랐으나 성과를 얻지 못하고 69세 때 고향으로 돌아갔다. 노나라로 돌아와 제자들의 교육에 전념하면서 주공의 이상을 전하는 《서경(書經)》, 《시경(詩經)》을 편집하면서 노후를 보내다 74세로 세상을 떠났다. 공자의 저서로는 사후에 제자들이 그의 언행을 기록한 《논어(論語)》 7권이 있다. 그의 사상은 '인(仁)'을 중심으로 올바른 사회를 만드는 것이 핵심이며, 그 '인'의 실현을 위해 지켜야 할 덕목으로 예(禮)·효(孝) 등의 실천을 강조하였다. 즉 가족중심의 윤리를 국가 차원으로 확장시켜 적용한 것이다. 공자가 죽은 후 맹자가 유교를 부흥시켰으며, 유교는 한(漢)나라 때부터 국가의 관학으로 채택되어 중국 역대 왕조의 통치철학이 되었다. 또

▶ 공자

한 한국, 일본, 베트남 등 동아시아 지역에 중요한 정치사상으로 영향을 끼쳤다. 중화민국이 들어선 후에 루신(魯迅) 등은 신문화 운동을 주창하면서 공자와 유교를 중국의 봉건악습의 원천으로 공격하였다. 중화인민공화국이 들어선 후에도 비판의 대상이 되었으나 공자의 사상은 오늘날에도 동아시아 사회에 많은 영향을 미치고 있다.

공장제도(Factory System)

산업혁명으로 등장한 대량생산 방식. 산업혁명 이전의 생산방식은 수공업생산−가내공업생산−공장제수공업(매뉴팩처)의 모습으로 발전하였다. 더욱이 유럽의 자본주의가 발달하기 시작한 16~17세기에는 기존의 수공업생산 대신 가내공업 생산이 주류를 이루었다. 그러다가 산업생산 수요가 점점 더 커지면서 가내공업 노동자들이 한 작업장에 모여 작업하는 공장제수공업이 생겨났다. 공장제수공업은 임금노동자를 고용하고 분업을 채택하는 등 근대적 모습으로 발전하였으나 아직 생산도구를 노동자가 소유하는 수공업적 성격이 남아 있었다. 산업혁명으로 등장한 공장제도는 공장제수공업과 같이 한 작업장에 임금노동자들이 모여 분업으로 작업하는 점은 같다. 하지만 노동자의 작업숙련도 보다 기계설비의 중요성이 커졌고, 대규모 생산설비를 자본가인 공장주가 소유·관리한다는 점에서 다른 모습을 보인다.

공포정치(La Terreur)

프랑스 혁명 말기 테러로 통치했던 자코뱅당의 독재정치를 말한다. 1793년 자코뱅당은 지롱드당을 축출하고 공안위원회와 보안위원회, 혁명재판소 등을 장악하였다. 이후 반대파에 대한 무자비한 체포와 처형을 통한 자코뱅당의 독재가 시작되었다. 자코뱅당이 장악한 혁명정부는 대외적으로 유럽 각국과 혁명전쟁을 벌이면서 강압적인 식량징발, 최고가격제 등의 통제경제정책을 시행하였다. 공포정치로 희생된 사람들은 지롱드당, 구귀족층, 그리고 자코뱅당 내부의 반대파 등 약 30만 명이 체포되었고 약 1만 5,000명이 단두대에서 처형되었다. 결국, 지나치게 가혹한 자코뱅당의 독재에 대한 반발로 '테르미도르 반동'이 일어나 자코뱅당의 과격파 지도자인 로베스피에르가 처형됨으로써 1794년 7월 공포정치는 끝났다.

공행(公行)

청나라 때 외국무역을 독점했던 특허상인(行商)들이 결성한 조합. 명나라 때부터 광저우에는 행(行)이라 불리는 무역중개인들이 있었다. 이들이 무역거래 독점을 위해 1720년 조합을 결성한 것이 공행의 기원이다. 공행은 외국과의 무역거래를 독점하였으며 최대의 거래처는 동인도회사였다. 공행 소속의 상인들은 외국무역으로 막대한 부를 축적하며 번영했으나 아편전쟁의 결과 1842년에 체결된 난징 조약으로 공행은 폐지되었다.

공화당(Republican Party)

1854년에 창당되어 현재까지 존속하는 미국의 양대 정당 중 하나. 애초에는 노예제의 확대에 반대하는 세력이 결집한 정당이었다. 링컨을 대통령에 당선시키면서 집권당이 되었고, 남북전쟁 이후 19세기 후반기부터 미국의 자본주의가 발전하면서 산업계를 옹호하는 기득권층 위주의 정당으로 변화했다. 20세기에 들어서는 서민층을 대변하여 복지, 경제 문제에 연방정부가 적극적으로 개입할 것을 주장한 민주당에 반대하는 입장을 취했다. 외교정책면에서 20세기 전반기까지는 고립주의를 주장했으나, 2차 세계대전 이후 냉전이 도래하자 적극적인 반공정책을 주장하면서 개입주의로 돌아섰다.

공화정(Republic)

군주정에 반대되는 정치형태. 주권이 왕 한 사람에게 있는 것이 아니라 소수(귀족정), 또는 다수(민주정)의 국민에게 있다. 역사적으로 그리스의 도시국가, 고대 로마의 공화정, 르네상스시대 이탈리아의 도시국가 등에서 찾아볼 수 있다. 근대 이전의 공화정은 다수에 의한 민주주의 정치형태는 드물고, 소수 귀족 또는 유력자들이 도시국가를 지배하는 정치형태로 많이 등장했다.

근대에 들어와서는 대의제 선거에 의한 민주주의를 받아들여 대통령제 또는 입헌군주제 하의 내각책임제가 공화정 형태의 주류가 되었다.

과거제(科擧制)

중국 및 동아시아 지역에서 관리를 뽑는 시험제도. 역사적으로 한나라 때 추천을 통해 관리를 등용하는 구품중정(九品中正), 구품관인법(九品官人法) 제도가 있었으며, 수나라 이후 과거제도가 정착되었다. 당나라 때는 수재(秀才 : 정치학) · 명경(明經 : 유학) · 진사(進士 : 문학) 등의 과목을 두어 인재를 등용하였다. 송나라 이후에는 과목을 하나로 통폐합하여 진사과만을 보았다. 이후 원나라 때 몽골인의 지배를 받으면서 잠시 중단되었으나, 명 · 청대에 다시 활발하게 시행되었다. 청나라 말기에 서양식 학교가 생기면서 과거제도는 폐지되었다. 과거의 본시험은 향시(鄕試) · 회시(會試 또는 공거(貢擧)라고 함) · 전시(殿試)의 3단계로 구분되었는데, 향시에 합격하면 거인(擧人)이 되며 3년에 1회씩 있는 회시에 응시할 수 있다. 회시에 합격하면 3단계로 궁중에서 시행하는 전시(殿試)를 보고, 전시에 합격한 사람은 진사(進士)라는 칭호를 부여받았다. 진사가 되면 높은 관직에 오를 자격을 부여받는 것이며 수석 합격자를 장원(壯元)이라고 불렀다. 위와 같이 문관을 뽑는 문과 외에 무관을 뽑는 무과(武科)나 기타 관직을 뽑는 과거시험도 있었다.

곽수경(郭守敬, 1231~1316)

중국 원나라 때의 천문학자. 형대(지금의 허베이성) 출신으로 수학에 정통하여 한림태사(翰林太史) · 사천관(司天官) 등의 벼슬을 지냈다. 중국 각 지방의 관개수로 공사를 비롯한 수리관개 및 토목사업을 주관하였고, 역법 개정에도 참여하여 1280년 수시력(授時曆)을 제정하였다. 수시력은 위구르 달력의 영향을 받았으며, 천문관측을 담당한 곽수경이 설계한 천문의기(天文儀器)에는 아라비아의 영향이 많이 나타나 있다.

관료제도(官僚制度, Bureaucracy)

전문관료집단이 국가행정을 담당하는 제도. 유럽의 절대주의시대에 상비군(常備軍, standing army)과 함께 중앙집중적 절대군주제의 기반이 되면서 발달하였다. 절대주의시대에는 절대왕권을 등에 업고 관료가 국가운영의 모든 부문을 장악하였다. 그러나 이후 민주주의 발달과 의회제도 강화로 삼권분립이 실현되면서 관료는 국가행정 부분만을 담당하게 되었다. 중국에서는 진시황이 전국을 통일하고 중앙집중적 군현제를 실시하면서 관료집단이 출현하였다. 이후 송나라 때부터 귀족 세력을 제치고 신흥 사대부 계층이 과거시험을 통해 선발된 관료집단으로 등장하여 국정을 장악하였다.

관세 및 무역에 관한 일반협정(GATT : General Agreement on Tariffs and Trade)

미국의 국제무역기관 설치 제의에 따라 1947년 제네바에서 미국을 비롯한 23개국이 조인한 국제적인 무역협정. 제네바 관세협정이라고도 한다. 국가간의 관세장벽과 수출입 제한 제거, 국제무역과 물자교류의 증진, 고용과 생활수준의 향상 등을 목표로 하고 있다. 이러한 목표를 실현하기 위하여 회원국사이의 관세율 인하 및 최혜국 대우, 수출입 제한의 원칙적 폐지, 수출입 절차 및 대금 지불에 있어 차별 대우의 철폐, 수출 확대를 위한 보조금 지급 금지 등을 협정으로 체결하였다. 이후 국제무역이 발전하면서 1986년 우루과이 수도 몬테비데오에서 개최된 GATT 각료회의에서 종래의 물품무역에서 금융·정보·통신 등 용역무역으로 관세협정 대상을 확대하였다. 이를 우루과이 라운드(UR)라고 부른다. 1994년 4월 모로코에서 개최된 GATT 각료회의에서 각국 대표가 UR 최종의정서에 서명함으로써 UR협상은 종결되고 GATT를 계승할 새로운 세계무역기구(WTO)의 출범이 공식 발표되었다. WTO는 협정체제로 한계가 있어왔던 GATT보다 더 강한 제재력을 가지고 국제무역을 규제하게 되었다.

관습법(慣習法, Common Law)

정식으로 제정된 법률은 아니지만 사회에서 관행적으로 적용되는 규범으로 불문법의 일종이다. 성문법이 발달하기 전에는 관습법이 중요한 역할을 했으나, 근대 이후로 성문법 체계가 정비되면서 그 역할이 줄어들었다. 대륙법 계통의 국가(독일, 프랑스)에서는 성문법주의를 택하기 때문에 관습법의 비중이 낮다. 그러나 영미법계에서는 관습법의 비중이 크며 영국에서는 헌법의 상당 부분이 관습법이다. 관습법은 13세기 이후 지방의 관습에 대하여 국왕재판소에서 적용하는 일반적 관습법으로 영국 영토 전체에 적용되는 보편적 관습법이라는 의미이다. 관습법의 특징으로는 판례를 중시하여 역사적 연속성을 띠며 배심제, 법의 지배 원칙 등이 있다.

관자(管子)

제나라의 재상 관중(管仲, ?~BC 645)이 지은 책. 실제로는 후대의 사람들이 지은 것으로 보인다. 원래 86편이나 현재는 76편만이 전한다. 책의 내용은 제나라의 국민적 영웅으로 칭송되던 명재상 관중의 업적을 중심으로 하고 있다. 관중의 이름은 이오(夷吾), 자(字)는 중(仲)으로 영상(潁上, 오늘날의 안후이성) 출신이다. 젊은 시절에 포숙아(鮑叔牙)의 추천으로 제나라 환공(桓公)을 섬기게 되었으며, 이후 환공을 보좌하여 그를 춘추오패(春秋五覇)의 1인자로 만들었다. 관중과 포숙아 사이의 우정은 '관포지교(管鮑之交)' 라는 고사가 있을 정도로 유명하다. 《관자》에 담긴 사상은 법가사상이며, 〈수지편(水地編)〉 등에는 도가(道家)적인 면도 보인다. 정치의 요체(要諦)는 백성을 부유하게 하고, 백성을 가르치며, 신명(神明)을 공경하도록 하는 세 가지 일이 있는데, 그 중에서도 백성을 부유하게 하는 일이 으뜸이라고 하였다.

관호(官戶)

송나라 때 관료의 집을 관호라고 불렀다. 관호는 호적에서 별도로 구분되며 승려·도사 등과 함께 요역면제(徭役免除)의 특권을 받았다. 송나라 때에 지방의 유력한 호족을 형세호(形勢戶)라 하여 조세 징수상 특별 취급을 하였는데, 형세호란 벼락부자 또는 벼락출세한 자를 말한다. 형세호 중 관리가 된 자를 형세관호(形勢官戶)라고 하며, 관호형세호(官戶形勢戶)로 붙여서 쓰기도 한다.

광무제(光武帝, BC 6~57)

왕망(王莽)이 세운 신(新)을 무너뜨리고 한(漢)왕조를 재건한 후한(後漢)의 초대 황제(재위 25~57). 이름은 유수(劉秀), 묘호는 세조(世祖)이다. 광무제는 한고조(漢高祖) 유방의 9세손으로 왕망의 군대를 격파하고, 25년 낙양(洛陽)에서 즉위하여 한왕조를 재건하였다. 이후 각 지방의 세력가들과 도적떼를 토벌하여 즉위한 지 10여년 만에 전국을 평정하였다. 왕망의 가혹한 정치를 폐지하고 유교를 장려하여 후한시대의 예교주의(禮敎主義) 통치의 기반을 다졌다.

광인일기(狂人日記)

근대 중국의 작가 루신(魯迅)의 소설. 1918년 5월에 당시의 문학혁명을 주도한 〈신청년(新靑年)〉에 발표되었다. 러시아 작가 고골리가 쓴 같은 제목의 소설에서 착상을 얻은 것으로 보인다. 주변 사람들이 자신을 잡아먹으려 한다고 믿는 피해망상증 환자의 일기형식으로 중국의 봉건문화, 가족제도, 유교도덕을 신랄하게 비판하고 신중국 건설을 호소하는 주제를 담고 있다. 유교도덕 비판과 구어문(口語文) 제창을 내건 문학혁명의 대표작품으로 꼽히며 구어문으로 된 근대 중국문학 최초의 작품으로 꼽는다.

▶ 루신

광저우(廣州)

중국 광둥성(廣東省)의 성도이며 광둥이라고도 부른다. 주장강(珠江) 삼각주
에 위치한 항구도시로서 진한 때부터 중국왕조의 군현(郡縣)이었다. 활발한
무역항으로 당나라 때는 아라비아 상인이 많아 시박사(市舶司)를 두고 무역
을 감독하였으며, 명나라 때는 포정사사(布政使司)가 설치되었고, 청나라 때
는 월해관을 두었으며, 18세기 중엽부터 공행(公行)이 등장하였다. 근대에 들
어서는 1757년 이후 유일한 외국무역항으로 유럽과의 무역 중심지였다. 그러
나 아편전쟁 이후로는 상해의 개항과 홍콩 할양 등으로 성장이 지체되었다.
광저우는 아편전쟁 이후 반제국주의 투쟁과 혁명운동의 중심지가 되어, 신해
혁명 직전에 황화강사건(黃花崗事件)이 일어났으며, 신해혁명 이후로 손문(孫
文)이 이끄는 광둥정부(廣東政府)가 생겼났다. 이밖에도 1927년에는 공산당
이 주도한 광둥폭동이 일어나기도 했다.

괴테(Goethe, Johann Wolfgang von, 1749~1832)

독일의 대문학가. 문학 외에 정치와 과학 분야에서도 활동하였다. 프랑크푸
르트 암마인에서 태어나 라이프치히 대학과 스트라스부르 대학에서 법률을
공부하였다. 스트라스부르에서 헤르더를 만나 계몽주의에 저항하여 감성의
해방을 요구하는 독일 낭만주의 운동인 '질풍노도운동(슈트름 운트 드랑)'에
참여하게 되었다. 이 시기에 희곡 《철수(鐵手)》(1773)와 샤롯테와의 연애체험
에 기반한 《젊은 베르테르의 슬픔》(1774) 등을 발표하여 전유럽에 명성을 떨
쳤다. 1775년 바이마르공국에 가서 처음에는 영주 카를 아우구스트의 고문으
로 후에는 장관으로 공직생활을 하였다. 정치활동을 하는 한편으로 지질학,

광물학 등의 연구에도 관심을 가졌다. 1786
~1788년 이탈리아를 여행하면서 질풍노동
운동의 낭만주의 대신 르네상스적 조화를 중
시하는 고전주의의 영향을 크게 받았다.
1794년 쉴러와 만나 예술적 교류를 나누었
다. 대표작으로는 《빌헬름 마이스터의 수업
시대》(1795~1796), 《빌헬름 마이스터의 편력
시대》(1797) 등과 23세 때 착수하여 82세 때
완성한 일생의 대작 《파우스트》 등이 있다.
독일 문학사에서 괴테의 역할은 낭만주의를
넘어 독일 고전주의를 정립한 데 있으며, 독
일에 국한되지 않고 '세계문학'을 제창하여
후세에 큰 영향을 미쳤다.

▶ 괴테

교부(敎父, Father of the Church)

신앙상의 아버지라는 의미로 초기 기독교 교회의 지도자와 사상가들을 부르는 이름. 처음에는 3세기 이전의 기독교 공동체의 지도자로 이단에 맞서 정통교리을 지키며 성스런 생활을 한 인물들을 뜻했으나, 나중에는 중세 이전에 기독교 교회에서 활약한 인물들을 모두 가리키는 뜻으로 확대적용되었다. 그리스 문화의 영향을 받은 그리스 교부와 라틴 문화권의 라틴 교부로 구분되며 교부들의 활동시기는 니케아 공의회(325) 이전의 초기시대, 칼케돈 공의회(451)까지의 번영시대, 이시도르 때까지의 종말시대로 구분한다. 초기시대에는 그리스 교부로 유스티누스, 라틴 교부인 테르툴리아누스 등이 박해자와 이단으로부터 교회를 지켰으며, 번영시대인 니케아 공의회 이후로는 플라톤 철학을 비롯한 그리스 사상을 수용하여 기독교를 체계화한 교부들이 많이 나왔으며 이들의 사상을 교부철학((Patristic Philosophy)이라고 부른다. 이시대의 그리스 교부로는 바실리우스, 닛사의 그레고리우스, 나지안주스의 그레고리우스 등 카파도키아의 3교부와 많은 저술을 남긴 디오니시오스 등이 있고, 라틴 교부로는 암브로시우스 · 아우구스티누스 등이 널리 알려진 인물들이다.

교안(敎案)

아편전쟁 이후 중국 각 지역에서 발생한 기독교 선교사와 중국인 신자들에 대한 박해사건. 구교운동(仇敎運動)이라고도 한다. 애로호 사건 이후 중국에서의 기독교 전교가 공인되자 선교사들은 중국 각지로 들어가 활발한 포교활동을 펼쳤다. 그러나 기독교의 교리는 중국을 지배하고 있던 유교의 원리를 부정하고 기존 사회질서를 흔들게 되었다. 이에 지방의 유력자인 향신(鄕紳)이나 비밀결사단체인 회당(會黨)에서는 선교사와 기독교도들을 폭행, 살해하고 교회를 불태우는 사건이 빈발하였다. 반기독교 감정에서 출발한 외국인 선교사에 대한 박해는 해당국의 군함과 군인의 개입을 불렀으므로 반외세 감정으로 발전하였다. 톈진, 양쯔강 연안 등지에서 대규모 구교운동이 발생하였으며, 이러한 구교운동은 1899~1900년의 의화단운동(義和團運動)으로 이어졌다. 중국에서의 반(反)기독교 및 외국인 혐오, 외세배격 풍조는 20세기에도 계속되어 5 · 4운동 이후의 반기독교운동과 반외세운동으로 이어졌다.

교자(交子)

중국 송나라 때 사용된 세계 최초의 지폐. 관자(關子)라고도 한다. 쓰촨성(四川省) 청두(成都)의 부유한 상인 16호(戸)가 철전(鐵錢)의 사용에 어려움을 느껴 발행한 어음에서 비롯되었다. 교자는 철전에 비해 보관과 운반이 편리하여 널리 쓰이게 되었으며, 1023년 민영에서 관영으로 바뀌면서 법적 유통력을 가지게 되었다. 북송 말기에 서하(西夏)와의 전쟁이 일어나자 재정난을 해결하기 위해 남발하는 바람에 신용과 가치가 떨어져 경제에 큰 혼란이 일어났다. 이에 따라 정부에서는 전인법(錢引法)을 도입하여 교자제도를 개혁하였다. 남송 때에는 다시 전인법이 신용을 잃었기 때문에 회자법(會子法)이 시행되었다.

교초(交鈔)

중국의 금·원 두 왕조에서 송나라의 교자(交子)를 본따 만든 지폐. 중국에서는 북송 때 교자라는 지폐가 등장하였고, 남송 때는 회자(會子)라는 지폐가 활발히 사용되었다. 금나라가 중국 북부를 점령한 후 교자를 본따 교초를 발행하고 동전과 함께 사용하였다. 이후 교초 남발로 가치가 하락하자 신교초(新交鈔)를 발행하고 동전의 사용을 금지하여 교초만을 사용하게 했다. 그러나 민간에서는 오히려 통화로 은을 사용하였다. 원나라도 금나라의 예를 따라 중통원보(中統元寶), 지원통행보초(至元通行寶鈔) 등을 발행하여 유통시켰다. 원나라 때에는 교초가 유일한 법정 통화로 자리잡으며, 중국 지폐제도를 정착시켰다. 명나라 때는 보초(寶鈔)라는 지폐를 발행하였으나 가치폭락으로 실패하고 은(銀)이 유통되었다.

교토(京都)

일본의 고도(古都), 역사도시. 오사카(大阪)에서 동북쪽으로 47㎞ 떨어진 교토분지에 위치해 있다. 794년 간무(桓武) 천황 때 교토로 도읍을 옮기고 헤이안교(平安京)라고 불렸다. 이후 1867년의 메이지유신(明治維新) 때까지 일본의 도성으로 정치적, 문화적 중심지였다. 헤이안(平安)시대에는 정치의 중심지였으나, 1603년 에도막부(江戶幕府)가 생기면서 에도시대에는 정치의 중심이 에도(東京)로 옮겨갔다. 이후 교토는 형식상의 수도로 남았으나 오늘날까지 경제, 문화, 관광의 중심지로 유명하다.

교황(敎皇, Pope)

로마 카톨릭 교회의 최고 지도자이며 로마 주교. 로마교황이라고도 한다. 로마주교는 사도 베드로의 후계자로서 지상에서 그리스도의 대리인이며 카톨릭교회의 중심이라는 의미에서 교황으로 불린다. 서로마제국이 멸망한 후 교황들은 전교사업에 힘쓰면서 프랑크왕국의 왕들과 밀접한 관계를 맺었다. 그리하여 교황 레오 3세가 카롤루스 대제에게 서로마 황제의 관을 씌워줄 정도로 긴밀한 관계를 유지하면서 프랑크왕국을 기독교와 로마카톨릭 교회의 수호자로 만들었다. 이후 프랑크왕국이 분열되면서 신성로마황제의 간섭을 받기도 하였으나, 11세기에 그레고리우스 7세가 교황권을 부흥시켰다. 그레고리우스

7세는 성직서임권 문제를 놓고 신성로마 제국 황제 하인리히 4세를 파문한 '카노사의 굴욕'을 통해 교황권이 황제권보다 우위임을 과시하였다. 11~13세기는 교황권의 절정기로 교황령 및 십일조세에서 나오는 수입을 기반으로 세속정치에 개입하면서 십자군운동까지 일으켰다. 13세기 초 이노켄티우스(이노센트) 3세 때에는 독일, 프랑스, 영국의 왕을 제압하며 교황권이 절정에 달하여 '교황은 해, 황제는 달'이란 비유가 나왔다. 그러나 14세기에는 프랑스

교권의 왕권 지배

왕에 의하여 교황청이 아비뇽으로 옮겨지는 '아비뇽 유수' 사태가 발생하고 두 사람의 교황이 나오는 등 교황권이 약화되었다. 이후 16세기 프로테스탄트 종교개혁으로 로마교황의 힘은 더욱 약회되었다. 현대에는 교황의 세속적 권한이 바티칸에만 국한되지만, 여전히 로마카톨릭교회의 수장이자 카톨릭 신자들의 정신적 지도자이다.

교황당(敎皇黨, Guelfi)

중세 말기 로마교회와 신성로마제국 황제 사이에서 교황을 지지한 세력. 12세기 전반에 독일에서 하인리히 5세가 사망한 후 신성로마제국 황제 선출 문제로 벨펜가(家)와 슈타우펜가(家)가 싸운 데서 유래하였다고 한다. 벨펜가는 벨프당이라 불렸고, 슈타우펜가는 바이블링당이라 불렸는데, 이 싸움의 여파가 이탈리아에까지 미치면서, 벨프와 바이블링이 이탈리아어로 구엘피와 기벨리니로 불리게 되었다고 한다. 이탈리아 북부와 중부의 여러 도시들은 황제의 간섭을 막고 도시자치권을 지키기 위해 베로나 도시동맹·롬바르디아 도시동맹 등을 조직하고 교황과 함께 반황제파(反皇帝派)를 이루었다. 반면에 도시시민층의 세력이 커지고 교황의 힘이 늘어나는 것을 경계한 제후들은 황제당에 속하였다. 처음에는 황제선출 문제가 명분이었으나 점차 도시국가의 주도권을 놓고 신흥시민층과 봉건귀족 사이의 다툼으로, 또는 도시국가 사이의 다툼으로 변질되었다.

교회 대분열(Schisma)

중세 유럽에서 기독교 교회 내부의 분열을 말한다. 가장 대표적인 대분열은 아비뇽 유수(1309~1376) 후에 교황선출 문제를 놓고 생긴 교회분열이다.

1378년 로마에서 우르바누스 6세가 교황에 선출되었지만 프랑스의 추기경들이 선거절차에 이의를 재기하면서 클레멘스 7세를 교황으로 추대하였다. 클레멘스 7세는 아비뇽에 교황청을 차렸기 때문에, 로마와 아비뇽에 두 사람의 교황이 존재하게 되었다. 교황의 정통성 다툼은 콘스탄스공의회(1414)에서 두 교황을 모두 폐위하고 새 교황으로 마르티누스 5세를 선출하면서 해결되었다. 그러나 교황의 권위에 큰 손상을 입었으며, 교황권 대신에 공의회의 권위가 커지고 각국 교회의 독자성이 강화되었다. 이밖에 로마카톨릭교회와 동방정교회가 1054년에 갈라선 것도 대분열이라고 부른다.

구겸지(寇謙之, ?~448)

도교를 체계화한 중국 남북조시대 북위(北魏)의 도사. 허베이성 상곡(上谷) 출신으로 자는 보진(輔眞)이다. 숭산(嵩山)에서 수행하던 중에 태상노군(太上老君)의 계시를 받았다고 자처하며 북위 태무제(太武帝)의 신임을 얻었다. 태무제는 도교에 심취하여 수도를 비롯한 각 지방에 도교 사원을 건립했다. 그는 스스로를 태평진군(泰平鎭君)이라 부르며, 불교를 금지시키고 도교를 국교로 삼았다. 태무제의 불교탄압은 중국 역사상 삼무일종(三武一宗)의 법난(法亂)이라고 하는 네 차례의 불교탄압 중 첫번째에 해당한다. 구겸지 이전에 장도릉(張道陵) 등이 창시한 원시도교(天師道)는 노장사상으로서의 도가와는 달리 황제와 노자 숭배에 신선사상이 접합된 토착종교였다. 이 도교를 구겸지가 유교 및 불교를 도입하여 교리와 교단조직을 정비하여 체계화하였다.

구마라집(鳩摩羅什, 344~413)

중국에서 활동한 인도 출신의 불교 승려. 구마라시바(鳩摩羅時婆)·구마라기바(拘摩羅耆婆), 줄여서 나습(羅什)·습(什), 의역하여 동수(童壽 : 중국명)라고도 한다. 산스크리트어로 씌여진 불교경전을 한문으로 번역한 4대 역경가 중 한 사람이다. 인도 구자국(龜玆國)에서 태어나 7세에 출가하여 소승불교와 대승불교를 두루 공부하였다. 383년 진왕(秦王)이 여광(呂光)을 시켜 구자국을 공략하였을 때 포로가 되어 양주로 갔다. 그 뒤 후진(後秦)이 양주를 쳐서 후진왕 요흥이 401년 구마라집을 장안으로 데리고 가 국빈으로 대우하였다. 구마라집은 서명각과 소요원 등에 머물면서 불교경전을 한문으로 번역하는 역경사업을 벌여 35부 297권(또는 74부 380권)을 펴냈다. 대표적인 역경으로 《반야경(般若經)》, 《법화경(法華經)》, 《유마경(維摩經)》, 《중론(中論)》, 《백론(百論)》, 《대지도론(大智度論)》, 《묘법연화경(妙法蓮華經)》 등이 있다. 구마라집은 중국에 대승불교의 경론을 보급하였는데 특히 삼론(三論) 중관(中觀)의 불교를 전파하여 삼론종(三論宗)의 조사(祖師)로 불린다.

구법당(舊法黨)

북송 때에 왕안석 등의 신법당(新法黨)에 반대하여 사마광 등이 이끈 수구파 정당. 인적 구성으로 볼 때 신법당은 강남 출신의 가난한 집안 출신의 젊은 관리들이 많았고, 구법당은 화북지방의 지주나 상인 출신의 나이든 관료들이 많았다. 이러한 인적 구성의 차이만큼이나 정책노선도 달라서 신법당은 혁신적 정책을 내놓은 반면, 구법당은 기존의 정책을 유지하고자 하였다. 구법당의 대표적인 인물로는 사마광을 비롯하여, 범중엄, 한기, 정호, 정이, 소식, 소철 등이 있다.

구분전(口分田)

노전(露田)이라고도 한다. 중국의 토지제도인 균전법에서 성인남녀에게 분배하여 경작케 하되 세습하지 못하는 토지를 말한다. 구(口 : 人口)에 따라 나눈 전답이라는 뜻이다. 북위 때부터 수·당에 이르기까지 성인남자에게 40무(畝)에서 80무까지의 토지를 지급하고 나이가 들거나 사망할 경우에는 국가가 환수하는 토지제도이다. 균전법에서는 세습이 되지 않는 구분전 외에 영업전(永業田)이라 하여 자손에게 물려줄 수 있는 토지도 있었다. 그 시행여부 및 실상은 사료의 부족으로 인하여 알 수 없으나, 제도 자체는 중국뿐만 아니라 동아시아 여러 지역에 많은 영향을 미쳤다.

구석기시대(Paleolithic Age)

인류가 최초로 문화를 이룬 시대. 인류가 최초로 도구를 사용한 시기부터 신석기시대까지를 말한다. 지질학상으로는 신생대 제4기 홍적세에 해당하는 시기이다. 약 300만~200만 년 전에 시작되어 약 1만 년 전에 끝난 것으로 추정된다. 타제석기(打製石器, 뗀석기), 불의 사용, 동굴 거주, 수렵, 채집, 어로 생활 등의 특징을 갖고 있다. 구석기시대는 다시 그 문화 및 생활의 차이에 따라 전기, 중기, 후기의 3기로 구분된다. 전기 구석기시대는 인류 최초의 도구인 돌덩어리, 나무조각에서부터 박편석기(剝片石器)가 등장하기까지의 시대로, 240만 년 전에 동아프리카에서 인류 최고의 석기문화가 발생하였고 후에 유럽·아프리카 각지에서 3계통으로 분화하여 발달하였다. 이 시기는 지중해가 호수이고 유럽과 아프리카 대륙이 붙어있던 시기로 보인다. 중기 구석기시대는 박편석기가 사용된 박편계 문화로 문화의 중심이 아프리카에서 서남아시아와 유럽으로 이행되었다. 네안데르탈인을 비롯한 호모 사피엔스들이 이 시대에 살았으며, 이 무렵부터 매장법이 행해지고 불의 사용이 보편화되었다. 또한 원시적인 예술, 종교활동도 나타났다. 후기 구석기시대는 크로마뇽인 등의 현생인류의 등장과 함께 약 4만 년 전에 시작되었다. 이 시기에는 박편계 석기에서 칼날석기로 발전하였으며, 그릇, 돌칼, 돌송곳 등과 뼈와

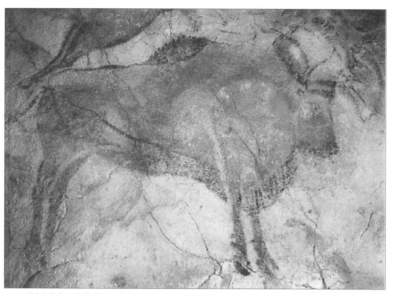

▶ 구석기시대에 그려진 라스코 벽화

뿔, 상아로 만든 공예품이 등장했다. 활이 등장하면서 사냥법은 더욱 발전했으며, 간단한 형태의 가옥이 등장하였다. 또한 동굴 벽에 그림을 그리는 등의 예술활동이 시작되었다. 알타미라와 라스코의 동굴벽화, 빌렌도르프의 비너스상 등의 예술품은 종교적 상징성 및 사회적 정보전달 기능을 위해 만들어졌다고 한다.

구스타브 아돌프(Gustav Adolf, Gustav II, 1594~1632)

스웨덴의 국왕(재위 1611~1632). '북방의 사자(獅子)' 또는 '설왕(雪王)'으로 불리운다. 프로테스탄트 교육을 받고 자랐으며 발트해를 스웨덴의 내해(內海)로 유지하는 정책을 추진하여 러시아, 폴란드, 덴마크와 겨루며 발트해로 진출하였다. 이를 통해서 스웨덴을 북유럽의 강국으로 발전시켰다. 당시 독일의 30년전쟁은 황제군에게 유리하게 진행중이었는데, 아돌프는 황제측이 발트해를 장악할 것을 우려하여 프로테스탄트 보호를 명분으로 참전하였다. 스웨덴은 1630년 포메른에 상륙하여 1631년 틸리가 이끄는 황제군을 브라이텐펠트와 레흐 강가에서 격파하고, 남부 독일로 진격하였다. 이후 1632년 뤼첸 전투에서 발렌슈타인이 이끄는 황제군에 승리하였으나 아돌프는 전투 중에 사망하였다. 아돌프는 유럽 절대주의 체제 형성에 선구적 역할을 하였다. 특히 당시까지 용병에 의존하여 전쟁을 치르던 방식을 버리고 징병제를 통한 상비군(standing army) 제도를 실시하여 유럽 전쟁사에 큰 영향을 주었다.

구양수(歐陽修, 1007~1072)

중국 북송 때의 문인이자 정치가. 자는 영숙(永叔), 호는 취옹(醉翁), 시호는 문충(文忠). 장시성 지안 출신으로 1030년 진사가 되었으며, 한림원학사, 참지정사 등의 관직을 거쳐 태자소사가 되었다. 이후 인종과 영종 때에 걸쳐 많은 활약을 하였으나, 신종 때 왕안석의 신법에 반대하여 관직에서 물러났다. 일찍이 당나라 때의 문인 한유에게서 많은 영향을 받았고, 후에 고문(古文)을 부흥시켜 고문파(古文派)의 총수로 불리우며, 당송팔대가(唐宋八大家)의 한 사람이 되었다. 저서로는 《신당서(新唐書)》, 《신오대사(新五代史)》, 《귀전록(歸田錄)》 등이 있다.

구양순(歐陽詢, 557~641)

중국 수나라 말기, 당나라 초기의 서예가. 자는 신본(信本)이며, 오늘날의 후난성인 임상 출신이다. 수나라 때 수양제 밑에서 태상박사가 되었으며, 그 후 당나라가 들어서자 고종 밑에서 급사중, 태종 밑에서 태자솔경령, 홍문관학사 등의 벼슬을 하다가 발해남에 봉해졌다. 젊어서부터 글씨를 잘 써 유명하였으며, 처음에는 이왕(二王), 즉 왕희지(王羲之)·왕헌지(王獻之) 부자의 글씨를 비롯한 정통파의 영향을 받고 나중에 독자적인 서체를 창시하였다. 여러 가지 서체에 모두 능하였으며 특히 해서에 뛰어났다. 구양순의 해서는 예로부터 해법의 극칙(極則)이라는 평가를 받았다. 우세남, 저수량과 함께 당나라 초기의 3대가로 꼽는다. 현재 남아있는 작품으로는 〈구성궁예천명(九成宮醴泉銘)〉, 〈화도사용선사탑명(化度寺邕禪師塔銘)〉, 〈황보탄비(皇甫誕碑)〉 등이 있다.

구텐베르크(Gutenberg, Johannes, 1397~1468)

활판인쇄술 발명자. 마인츠의 귀족 출신으로 스트라스부르에서 인쇄술을 배운 후 마인츠로 돌아와 인쇄업에 종사하였다. 1450년경에 금은세공사 요한 푸스트와 함께 인쇄공장을 차리고 고딕 활자를 사용하여 《36행 성서》를 인쇄하였고, 이후 보다 작고 개량된 활자를 사용하여 《42행 성서》를 인쇄하였다. 이것이 《구텐베르크 성서》이다. 그러나 1455년 그의 사업은 결국 파산하여 출

The true Effigies of Iohn Guttemberg Delineated from the Original Painting at Mentz in Germanie.

▶ 구텐베르크

자자인 푸스트에게 인쇄공장을 넘겨야 했다. 후일 구텐베르크는 후메리의 원조로 인쇄공장을 다시 시작하였으며, 1460년경 《구텐베르크 성서》를 출판하였다. 그의 생애 및 그가 발명하였다는 인쇄술에 대해서는 여러 가지 이설이 존재한다.

9품중정법(九品中正法)

중국의 삼국시대부터 수나라 초기까지 시행되었던 관리선발제도. 애초의 명칭은 구품관인법(九品官人法)이었으며, 송나라 이후에는 구품중정제(九品中正制)로 명칭이 바뀌었다. 220년에 위나라의 상서(尙書) 진군(陳群)이 건의하여 채택된 제도로서 위나라가 한나라를 흡수한 뒤에 그 관리들을 재능과 덕망에 따라 영입하기 위한 것이었다. 이 제도는 관직을 1품(品)에서 9품까지 구분하고 이 관품(官品)에 따라 중앙정부 관리의 서열을 매긴다. 이어 지방의 주(州)·군(郡)에 중정(中正)이라는 관직을 두어 지방의 현직관리나 자제들을 심사하여 역시 1품에서 9품까지 등급을 매긴다. 이렇게 매긴 등급을 향품(鄕品)이라고 하는데, 이 향품의 등급에 따라 관리로 선발하였다. 대개 향품보다 4품이 낮은 관품에 기용한 후 향품과 같은 급수의 관품까지 승진시키는 것이 관례였다. 애초의 시행목적은 개인의 능력에 따라 관직에 기용되는 것이었으나, 곧 지방의 유력가문의 자제들이 벼슬에 오르는 수단으로 바뀌고 말았다. 그 결과 이 법은 육조시대 귀족가문의 기반을 굳히는 도구로 이용되었다. 이 제도는 남조에서만 시행하였고 북조에서는 시행하지 않았다. 이 제도는 수나라 문제 때 과거제도가 채택되면서 폐지되었다. 그러나 관품제도는 청나라 말기까지 계속 유지되었다.

국공내전(國共內戰)

중·일전쟁 이후 중국에서 국민당과 공산당 사이에 벌어진 내전. 1945년 8월 일본이 항복하자 국민당의 장제스와 공산당의 마오쩌둥은 중경에서 화평교섭회담을 가졌다. 회담의 결과 '쌍십협정(雙十協定)'을 발표하고 내전을 피하고 신중국을 건설한다는 데 합의하였다. 그러나 국민당은 미국의 원조를 받아 군비를 확장하였고, 공산당은 소련군이 점령한 동북 만주지방을 거점으로 세력을 키우게 되었다. 결국 양측은 1946년 전면적인 내전을 일으켰다. 마오쩌둥의 공산당은 소련에게서 넘겨받은 만주를 거점으로 국민당을 압박하였으나 초반 전세는 열세를 면치못했다. 마오쩌둥은 게릴라전을 통하여 점점 세력을 넓히며 국민당을 대만으로 철수시키고 중국을 장악하였다. 1946년부터 1949년까지 벌어진 이 내전의 결과로 장제스가 이끄는 국민당은 중화민국 정부를 대만으로 옮겨가고, 공산당은 베이징에서 중화인민공화국을 수립하였다.

국공합작(國共合作)

중국국민당과 공산당이 두 차례에 걸쳐 맺은 협력관계. 1차 합작(1924~1927)은 1924년 1월 '연소(聯蘇)·용공(容共)·부조농공(扶助農工)'의 3대정책을 내걸고 성립하였다. 그러나 공산당은 국민당 장악이 쉽지 않자 국민당 좌파와 함께 무한(武漢)정부를 세우고, 국민당의 난징정부와 대립하였다. 결국 1927년의 상해 쿠데타를 발단으로 국민당 좌파와 공산당이 결별하면서 합작은 끝났다. 2차합작(1937~1945)은 공산당이 1935년 항일민족통일전선 결성을 제기하고, 국민당이 1936년 12월의 시안 사건과 1937년 7월의 루거우차오 등을 겪으며 기존의 반공노선을 철폐하고 1937년 성립되었다. 처음에는 공산당의 홍군이 국민정부 소속이 되어 팔로군으로 개편되었으나, 국민당의 지시를 따르지 않고 독자적으로 세력확장을 꾀하는 등 대립과 반목이 격화되다가 1945년 중일전쟁 이후 국공내전으로 이어지게 되었다.

국민공회(Convention nationale)

프랑스 혁명기의 의회(1792~1795). 1792년 8월 10일에 파리시민이 봉기하여 왕권이 붕괴한 후 입법의회의 뒤를 이어 9월 21일에 설립된 헌법제정의회다. 국민공회의 의원은 보통선거로 선출하였고, 공화정을 선언하였다. 의원들의 정치성향은 온건파인 지롱드당, 급진파 자코뱅이 중심인 산악당(몽타냐르), 중간파인 평원파(平原派) 등으로 나뉘며, 각 정파가 주도한 시기별로 지롱드파 국민공회, 산악당 국민공회, 테르미도르파 국민공회의 세 시기로 구분한다. 지롱드파 국민공회 시기에는 루이 16세를 처형하여 유럽의 여러 나라와 전쟁상태에 들어갔다. 이후 경제위기와 파리의 과격파들의 소요로 지롱드파가 국정장악능력을 상실하여 상퀼로트(파리의 하층시민 과격파)와 산악당으로 정권이 넘어갔다. 산악당 국민의회에서는 헌법을 제정하고 공안위원회의 독재를 통하여 밖으로는 혁명전쟁을 수행하고 안으로는 공포정치와 통제경제를 실시하였다. 그러나 내부의 갈등으로 '테르미도르의 쿠데타'가 발생하여 테르미도르파 국민공회가 들어섰다. 이 시기는 중간파와 지롱드 및 산악당의 보수파가 연합한 정권이 들어서 산악당의 독재정치를 철폐하였다. 그러나 경제위기로 소요가 발생하자, '1795년 헌법'을 제정하였다. 이 헌법에 따라 5명의 총재로 이루어진 총재정부가 정권을 장악하고 국민공회는 해산되었다.

국민당(國民黨)

신해혁명으로 청나라가 무너진 후, 중국혁명동맹회를 계승하여 생긴 정당. 손문, 장제스 등이 지도자로 활약하였다. 1912년 중화민국이 탄생하고 손문이 총통으로 취임하였으나 북방의 군벌인 원세개에게 총통직을 넘겨주어야 했다. 이에 손문은 비밀결사인 중국혁명동맹회를 공개적 정당으로 개편하여

▶ 쑨원

국민당을 창당하였다. 이 시기의 국민당은 손문의 삼민주의(三民主義)를 정책목표로 하여 공산당을 비롯하여 여러 정파와 계층이 참여하는 정당이었다. 그러나 1925년 손문이 죽은 후 국민당은 우파(장제스)와 좌파로 분열하게 되었다. 1927년 국민당 우파의 장제스는 상해에서 쿠데타를 일으켜, 난징정부를 세우고 반공주의를 표방하였다. 이후 중일전쟁으로 공산당과 잠시 국공합작을 하였고, 제2차 세계대전이 끝나자 국공내전이 발발하였다. 내전의 결과 국민당은 공산당에 패배하여 대만으로 정부를 옮겨갔다.

국민의회(Assemblée Nationale Constituante)

프랑스 혁명 당시 최초의 의회. 1789년 6월 17일~7월 9일에 삼부회의 대표자들이 만든 혁명의회의 이름이다. 루이 16세가 베르사유 궁전에 삼부회(성직자 · 귀족 · 제3신분)를 소집하였으나, 평민으로 구성된 제3신분 의원들은 귀족과 성직자로 구성된 특권의원과의 차별에 반발하며 제3신분 의원들 단독으로 '국민의회'라는 명칭의 의회를 만들기로 결의하였다. 이에 국왕이 삼부회 회장의 폐쇄를 명령하자 제3신분 의원들은 '테니스 코트의 서약'을 통해 헌법을 제정할 때까지 해산하지 않겠다고 맞섰다. 다른 신분의 의원들도 국민의회를 지지하자 국왕도 양보하여 의회는 7월 7일 헌법위원회를 창설하고, 9일에 헌법제정국민의회로 명칭을 개칭하였다. 국민의회는 봉건제 폐지, 인권선언, 정교분리 등을 시행하고 헌법 초안을 만든 후 해체하여 입법의회로 권력을 넘겼다.

국부론(國富論)

영국 고전 경제학파의 창시자인 아담 스미스의 대표작. 원래 제목은 《국가의 부(富)의 성질과 원인에 관한 고찰(An Inquiry into the Nature and Causes of the Wealth of Nations)》이며 전 5편으로 되어 있다. 스미스는 이 책에서 개인의 이윤추구에 근거한 노동이 부의 원천이며 부의 증진은 노동생산력 개선으로 이루어진다고 주장하였다. 그리고, 개인의 노동은 분업에 기초한 생산으로 이루어지고 이는 '보이지 않는 손(invisible hand)'에 인도되어 질서를 낳고, 자본이 축적되어 나라의 부가 증대한다고 주장하였다. 이 책은 자유주의 경제사상을 명쾌하게 정리하였을 뿐 아니라 경제활동에 대한 과학적 분석을 시도하여 고전경제학을 확립한 경제학 연구서이다.

국제적십자위원회(International Committee of the Red Cross)

전쟁시의 부상자를 구호할 목적으로 창립된 국제구호 활동을 하는 민간단체. 스위스인 앙리 뒤낭의 주도로 1864년 적십자 설립을 위한 국제회의를 열어 1864년 8월 제네바 협약(적십자 조약)을 통해 설립되었으며, 스위스의 제네바에 본부가 있다. 제네바 조약은 전쟁 부상자를 치료하는 데서 출발하여 전쟁포로와 민간인 보호로 확대되었다. 현재는 자연재해가 일어난 지역의 구제활동까지 포함한 인도주의적 구호활동을 하고 있다. 이슬람교를 믿는 지역에서는 적신월(Red Crescent)이라는 명칭을 사용한다.

국제연맹(國際聯盟, League of Nations)

제1차 세계대전에서 승리한 연합국들의 주도로 창설된 국제평화기구. 국제평화와 안전의 유지, 경제적, 사회적 국제협력의 증진을 목적으로 하였다. 국제연맹 규약은 집단안보와 국제분쟁의 중재, 무기감축, 개방외교를 원칙으로 삼고 있다. 제1차 세계대전 당시 미국의 윌슨 대통령이 제창하여 1920년 1월 10일에 발족하여 스위스 제네바에 본부를 두었다. 주요기관으로는 총회, 이사회 그리고 사무국이 있으며, 관련기관으로 상설국제사법재판소와 국제노동기구가 있다. 그러나 미국이 불참하고 패전국인 독일, 오스트리아 등의 가입이 배제되어 국제기구로서 한계가 있었다. 미국의 불참과 영국, 프랑스 사이의 마찰, 군사적 제재수단의 부재 등으로 1930년대 이후 독일, 이탈리아, 일본, 소련 등의 침략행위에 제대로 대처하지 못해 무력화되었다. 결국 국제연맹은 1946년에 해체를 결의하고, 국제연맹의 구조와 형식, 목적을 이어받은 국제연합을 발족시켰다.

국제연합(國際聯合, United Nations)

제2차 세계대전 후 창설된 국제기구. 전쟁 방지 및 평화 유지, 모든 분야에서 국제우호관계를 증진하고 인도주의 문제를 목적으로 만들어졌다. 국제연합은 이전의 국제연맹을 계승한 것으로 1945년 미국 샌프란시스코에서 열린 연합국전체회의에서 국제연합헌장이 조인되어 같은 해 10월 24일 발족하였다. 주요 활동은 크게 평화유지활동, 군비축소활동, 국제협력활동으로 나뉘어진다. 조직구성은 총회, 안전보장이

▶ 국제연합 본부

사회, 경제사회이사회, 신탁통치이사회, 국제사법재판소, 사무국의 6개 주요
기구가 있으며, 전문기구로 국제연합교육과학문화기구(UNESCO), WHO(세
계보건기구), IMF(국제통화기금), IBRD(국제부흥개발은행)가 있다. 그 밖에
보조기구로 국제연합환경계획, 국제연합난민고등판무관, 국제연합인권고등
판무관, PKO(평화유지활동) 등이 있다.

국제통화기금(IMF : International Monetary Fund)

국제 통화금융질서를 유지하고 국제수지를 개선하기 위한 국제기구. 1944년
체결된 브레턴우즈 협정에 따라 설립되었으며, 세계은행과 함께 브레턴우즈
기구로 불린다. 통화에 관한 국제협력 촉진, 국제무역의 확대, 고용 및 소득
수준 향상, 생산자원 개발에 기여하는 것을 목적으로 한다. 이러한 목적을 실
현하기 위하여 외환시세 안정, 외환제한 철폐, 외환자금 공여 등의 역할을 수
행한다.

군관구제(System of Themes)

비잔틴제국의 징병 및 지방행정조직. 비잔틴제국에서는 지방 주둔군(테마)을
군단으로 나누고, 그 군단이 주둔하는 지역을 군관구라고 불렀다. 그리고 황
제 직속인 스트라테고스라는 군사령관이 징병과 행정을 담당하였다. 스트라
테고스는 군사권과 민사권을 장악하였으며, 군역 확보를 위해 농민에게 군사
보유지를 주었다. 페르시아를 비롯한 여러 이민족의 위협에 대처하여 6세기
경부터 형성되기 시작하여 11세기에는 전국에 44개의 테마가 있었다. 그러
나 10세기 후반부터 쇠퇴하기 시작하여 군관구 대신 봉건적 영주들이 등장
하였다.

군국제(郡國制)

중국 한나라 때의 지방제도. 봉건제도(封建制度 : 주나라)와 군현제(郡縣制 :
진나라)를 절충한 것이다. 한고조는 중앙과 서북 군사 요충지 등은 직할지로
삼아 군(郡)을 설치하고, 관중(關中) 동남부 지역에는 자신의 일족과 건국공
신을 제후로 봉하여 '국(國)'을 두었다. 이후 고조는 유씨가 아닌 이성(異姓)
제후왕들을 제거하고, 제5대 경제 때에는 오초칠국의 난을 계기로 동성제후
왕국에 대해서도 압박을 가하였다. 이후, 제7대 무제 이후에는 각종 금령을
통하여 제후국을 유명무실화시켜 실제로는 군현제와 같이 되었다.

군국주의(軍國主義, Militarism)

군사적 가치를 숭상하고 군사력에 의한 국위신장을 목적으로 하는 사상과 행
동방식. 고대 그리스의 스파르타, 로마의 군국주의를 비롯하여 근현대의 여

러 군사독재 국가들을 예로 들 수 있다. 근대 유럽에서는 절대주의 체제 하에서 상비군 제도가 발전하였고, 시민혁명기 이후 국민군 개념이 등장하면서 군사문화를 사회전체로 확대적용시킨 군국주의가 체계화되었다. 19세기 후반에서 20세기 전반에 걸쳐 독일, 일본, 에스파냐 등의 군국주의가 유명하다. 20세기 후반기에는 라틴아메리카와 중동지역에서 군국주의적 정권이 들어섰다. 이러한 국가에서는 헌법과는 달리 군부가 정치실권을 장악하고 군사적 가치에 따라 사회를 통제한다.

군기처(軍機處)

중국 청나라 때 옹정제가 만든 정무의 최고기관. 원래 청나라는 명나라의 제도를 본딴 내각과 의정왕대신이 최고기관이었으나, 1729년 중가리아 토벌 때 군사작전의 신속성과 보안유지를 위해 임시로 군기방(軍機房,또는 軍事房, 軍需房)을 설치하였다. 이후 1732년에 이를 판리군기처(辦理軍機處)로 이름을 바꾸고 상설기관이 되었다. 원래는 군사상의 임시기관이었지만, 후에 행정권도 가지게 되면서 정무의 최고기관이 되었다. 이러한 군기처는 황제의 독재권력이 강화되어 나타난 것인데, 1911년 책임내각제가 실시되면서 소멸되었다.

군벌(軍閥)

군사력을 바탕으로 정권을 장악한 군인집단. 일반적으로 군벌이라 하면 청나라 말기 이후 중국의 군벌을 뜻한다. 신해혁명으로 청조가 무너지고 중화민국이 탄생하자 각 지방의 실력자들이 군벌로 등장하였다. 특히 위안스카이는 북양군벌을 이끌고 손문으로부터 중화민국 대총통자리를 넘겨받았다. 위안스카이가 사망하자 안후이파의 돤치루이, 즈리파의 펑궈장, 차오쿤, 우페이푸, 펑톈파의 장쮀린, 산시파의 옌시산 등이 중국 각지에서 할거하였다. 이후 장제스가 이끄는 국민혁명군이 북벌을 단행하면서 1927년 국민정부가 수립되자 군벌들은 해체하거나 국민정부에 흡수되었다.

군인황제시대(軍人皇帝時代)

로마 제정 말기에 군대가 여러 황제를 옹립하고 폐위시킨 시대. 235년부터 284년까지 18명의 황제(공동 통치자 포함 26명)가 제위에 올랐으나, 단 두 명만이 자연사할 정도로 혼란스러운 상황이었다. 세베루스 황제가 235년에 라인강 유역에서 게르만족 토벌 중에 자신의 병사에 의해 살해당한 후, 시리아, 다뉴브, 브리타니아 등 각지의 주둔군이 사령관을 황제로 옹립하였다. 285년 디오클레티아누스가 강력한 전제군주정(도미나투스)을 실시하면서 군인황제시대는 끝이 났다.

군주론(君主論)

▶ 마키아벨리

이탈리아의 정치사상가 마키아벨리의 저서. 근대 정치학 성립에 기여한 정치학의 고전으로 1532년에 간행되었다. 메디치가에 바친 이 책은 국가와 군주에 대한 역사적 고찰을 바탕으로 국가의 통일과 독립을 위해서 군주는 중세의 종교나 도덕에서 벗어나야 하며, 국가를 통치하기 위해서는 권력에 대한 의지, 야심, 용기가 필요하다고 주장하였다. 당시 분열되어 있던 이탈리아를 통일할 강력한 군주의 출현을 바라면서 혼란한 시대에 맞는 통치술을 주장한 것이다. 이러한 역사적 배경과는 달리 후대에는 '마키아벨리즘'이 권모술수의 상징으로 여겨지면서 이 책도 비판을 받게 되었다.

군현제(郡縣制)

중국 진나라 이후에 실시한 중앙집권적인 지방행정제도. 전국을 군과 현으로 나누고 중앙에서 지방관을 파견하여 행정, 징세, 징병을 실시하는 제도이다. 진시황제는 천하를 통일하고 전국을 36군으로 나누어 군 밑에 몇 개의 현을 설치하였다. 원래 현은 제후의 직할지였던 곳이며, 군은 변경에 있는 곳이었으나, 군의 규모가 컸기 때문에 군 안에 몇 개의 현이 설치되었다. 이후 한나라 때 한고조는 급격한 군현제 실시를 피하고 군국제를 실시하였다. 그러나 점차 군현제를 실시하여 무제 때에 중앙을 제외한 지방을 12주(州)로 나누고 자사(刺史)를 파견하였으며, 후한대에는 주군현(州郡縣) 3단계 행정조직이 정비되었다. 이후 수나라 때 주와 군이 세분화됨에 따라 군을 폐지하고 주현제(州縣制)를 실시하였다.

굴원(屈原, BC 343?~BC 277?)

중국 전국시대의 정치가이자 시인. 이름은 평(平), 자는 원(原)이다. 초나라 왕의 일족으로, 회왕과 경양왕을 섬겼다. 회왕의 신임을 얻어 외교와 내치 부분에서 활동하였다. 그러나 제나라와 동맹하여 강국인 진나라에 대항해야 한다는 합종파였던 굴원은 연횡파가 득세하면서 강남의 소택지로 추방되었다. 그 뒤 멱라수에 투신하여 자살하였다. 문학분야에서 초사(楚辭)문학의 창시자로서 〈이소(離騷)〉, 〈천문(天問)〉, 〈구장(九章)〉, 〈어부(漁父)〉 등의 작품이 남아 있다. 굴원은 예로부터 충군애국의 전형으로 알려졌으며 주자학의 성행으로 더욱 숭앙받은 인물이다.

굽타왕조(Gupta dynasty)

갠지스강 유역을 중심으로 인도 북동부에 있던 마가다국을 지배한 왕조. 3세기 중엽부터 쿠샨왕조의 세력이 쇠퇴하자 인도 북동부 지역의 마가다 지방(지금의 비하르 지역)에서 굽타왕조가 등장하였다. 이후 4세기 초 찬드라 굽타 1세가 갠지스강 중류지역까지 진출하고 이어 사무드라굽타가 북인도를 통일하였다. 사무드라굽타의 뒤를 이은 찬드라굽타 2세는 북쪽으로는 네팔, 동으로는 벵골지방, 서쪽으로는 아라비아해 연안, 서북쪽으로 펀잡에 이르는 대제국을 건설하였다. 이후 궁정의 내분과 서북 변경에 에프탈인의 침입 등으로 6세기 말에 멸망하였다. 이 시기는 고전(古典) 인도문화의 최성기에 해당된다. 종교 분야에서 힌두교의 전성기였으며, 불교도 융성했다. 문학, 천문학, 수학이 발전하였으며, 예술 분야에서 헬레니즘 대신 힌두양식이 등장하였다.

권리장전(權利章典, Bill of Rights, 1689)

영국에서 명예혁명이 일어난 후 윌리엄 3세 때인 1689년에 제정된 법률. 대헌장(마그나 카르타), 권리청원 등과 함께 영국 입헌주의의 기반을 다진 문서이다. 법률의 제정이나 폐지는 의회의 동의를 얻어야 하며, 세금 징수나 상비군 유지도 의회의 승인을 얻어야 하고, 선거와 언론의 자유, 잔인한 형벌의 폐지, 의회의 정기적 개최 등이 내용으로 되어 있다. 이로써 영국에서는 절대주의가 끝나고 입헌군주제의 시대가 열렸다. 또한 권리장전은 미국 독립선언, 버지니아 권리장전, 프랑스 인권선언 등에 큰 영향을 미쳤다.

권리청원(權利請願, Petition of Right, 1628)

찰스 1세 때 의회가 국민의 자유를 요구하기 위해 1628년에 만든 법률 문서이다. 찰스 1세가 이를 존중하지 않음으로써 청교도 혁명의 계기가 되었다. 내용은 법에 의하지 않는 체포나 구금의 금지. 의회의 동의 없는 과세나 공채 금지, 민간인을 군법으로 재판하거나 민간인의 집에 군인을 유숙시키는 행위 금지 등으로 되어 있다. 권리청원은 대헌장 및 권리장전과 함께 영국 입헌주의의 기반을 닦은 법률문서로 불린다. 의회가 권리청원을 제출하자 찰스 1세는 이를 승인하기는 했으나 실제로는 존중하지 않았으며, 1629년 의회를 해산하고 11년간 의회 없이 전제정치를 실시하여 청교도혁명의 계기가 되었다.

귀족정치(貴族政治, Aristocracy)

왕정 및 민주정에 대립되는 개념으로 소수가 지배하는 정치체제를 말한다. 이때 지배하는 소수는 일반적으로 세습되는 특권신분을 누린다. 아리스토텔레스는 입헌국가를 군주제, 귀족제, 온건한 민주제의 3가지로 나누고, 전제국가를 참주제, 과두제, 과격한 민주제의 3가지로 분류하였다. 여기서 귀족제는 도덕적, 지적으로 우수한 소수가 지배하는 정치제도이며, 과두제는 부유한 소수의 부호들이 금권으로 통치하는 제도로 구분된다. 고대에는 귀족제가 이상적인 정치형태로 여겨졌으나, 근대 이후 시민혁명의 자유, 평등 이념이 등장하면서 민주주의가 일반화되자 쇠퇴하였다.

균수법(均輸法)

중국의 한무제가 실시한 경제정책의 하나였으나, 오늘날에는 일반적으로 송나라 때 왕안석이 실시한 신법 가운데 첫 번째 정책을 말한다. 균수란 각 지방에서 내는 공물과 수송비를 균등하게 한다는 의미이다. 왕안석이 실시한 균수법은 국가에 필요한 물자를 공급하는 상인들이 중간에서 부당한 이익을 취하지 못하게 하고, 물자수송의 부담을 줄이기 위한 것이었다. 그 내용은 오늘날의 재무부에 해당하는 중앙의 삼사(三司)에서 파견기관인 양주(揚州)의 발운사(發運司)에 중앙정부에서 필요한 물자의 품목과 수량을 통지한 후 현지에서 물품을 조달하게 하는 것이었다. 또한 발운사가 잉여물품을 다른 지역으로 운송하여 수익을 올리도록 하였다. 이렇게 하여 정부의 소비규모를 조절하고, 중간상인의 개입을 배제하며, 백성의 수송부담을 줄이도록 하였다.

균전법(均田法)

중국 남북조, 수·당 때의 토지제도. 북위의 효문제가 처음 실시한 후 북제(北齊), 북주(北周)를 거쳐 수·당시대에 전국적인 제도로 정착되었다. 실시배경은 토지의 황폐화와 농경인구 감소, 귀족 및 호족의 토지사유를 막고 국가의 조세수입을 확보하려는 것이었다. 그 내용은 성인남녀에게 나이가 들면 반환해야 하는 구분전과, 세습할 수 있는 영업전을 지급하고 조용조(租庸調) 등의 의무를 지우는 것이다. 당나라 때에는 균전법과 부병제(府兵制)가 동반 시행되어 토지분배와 병역의무가 동일시되었다.

그노시스파(Gnosticism)

초기 기독교시대에 나타난 이단종파. '그노시스'란 그리스어로 인식, 앎, 깨달음, 지식을 뜻하며 헬레니즘시대의 신비주의 철학에서는 신을 인지하는 것, 즉 영지(靈知)를 뜻하는 말이다. 그노시스파는 신비적 영감이나 계시를 통한 신과의 합일을 중시하였으며, 기독교에 이원론적 우주관과 그리스 신화, 그리고 동방 종교를 혼합하여 세계를 물질계와 영계로 구분하는 이원론을 주장하였다. 〈사도행전〉 8장에 나오는 마술사 시몬, 2세기의 사토르닐로스, 바실리데스, 3세기의 발렌티누스 등이 대표적인 인물들이다. 이러한 교리는 초기 기독교 교회로부터 이단으로 배척을 받으며 3세기 이후 쇠퇴하였다.

그라나다(Granada)

에스파냐 남부 안달루시아 지역의 도시. 756년에 이베리아 반도에 진출한 이슬람 세력이 건설한 도시로 1236년 기독교도가 코르도바를 점령한 뒤로 이베리아 반도에서 이슬람 세력의 마지막 거점이 되었다. 1492년 에스파냐 국토회복 운동으로 부부왕(夫婦王) 이사벨 1세와 페르난도 2세의 공격을 받고 함락되었다. 이베리아 반도에서 이슬람 문화의 중심지였으며 알함브라 궁전을 비롯한 많은 유적이 남아 있다.

그라쿠스 형제(Gracchus, Tiberius Sempronius, BC 169~BC 133, Gaius Sempronius, BC 160?~BC 121)

로마 공화정 말기에 사회개혁에 나섰던 정치가 형제. 귀족 출신이었으나 포에니전쟁 이후 대토지 소유가 증가하고 중소농민이 몰락하는 현실을 개혁하려다 실패하였다. 형인 티베리우스는 누만티아전쟁에 종군한 후 BC 133년에 호민관으로 선출되어 개혁운동을 시작하였다. 이에 따라 공유지 점유에 제한을 두고 허용된 한도 이상의 토지는 국가에서 몰수하여 빈민에게 분배하려는 토지법을 통과시켰다. 그러나 이 법으로 원로원 보수파의 불만을 샀으며 호민관에 재선되려던 중에 반대파와 시가전 끝에 살해당했다. 동생 가이우스는 BC 123년에 호민관에 취임하여 형의 개혁운동을 이어받아 토지문제 해결 및 원로원의 권한 축소를 위해 노력하였다. 그 결과 군사제도의 개혁, 로마의 식민시 건설, 곡물법안 등의 정책을 시행했다. 그러나 이탈리아 동맹시에 시민권을 부여하는 등의 정책을 시행하려다 원로원의 반대에 부딪혀 무력으로 맞서려다 실패하고 자살하였다.

▶ 그라쿠스 형제

그로티우스(Grotius, Hugo, 1583~1645)

'국제법의 아버지', '자연법의 아버지'로 불리는 네덜란드의 법학자. 어려서부터 재능이 뛰어나 16세에 법학박사가 되었다. 이후 변호사 생활을 하면서 국제법을 연구하였고 정치에도 관여하였다. 1619년 종교분쟁에 휘말려 종신형을 받고 복역하다가 1621년 탈옥하여 파리로 갔다. 파리에서 스웨덴 대사 등으로 일하면서 국제법 연구에 전념하였다. 자연법의 원리를 적용하여 국가간에도 법이 있다고 주장하여 국제법을 정립하였다. 주요 저서로 《해양 자유론》(1609), 《전쟁과 평화의 법》(1625) 등이 있다.

그리스 독립전쟁(War of Greek Independence, 1821~1827)

그리스가 오스만투르크의 지배에서 벗어난 독립전쟁. 1453년에 동로마제국
이 멸망한 이래로 그리스는 오스만투르크제국의 지배를 받아왔다. 그러나 그
리스는 민족, 종교, 문화가 투르크와 달랐기 때문에 융화될 수 없었다. 19세
기 들어 유럽에 민족주의가 거세지고 각국에 시민혁명이 일어나자 그리스에
서도 독립운동이 본격화되었다. 그리하여 1814년에 오데사에서 독립을 위한
비밀결사가 조직되었고, 1821년 오스만제국 내에서 반란이 일어나자 이를 틈
타 그리스의 독립을 선언하였다. 당시 유럽에는 낭만주의와 그리스 애호주의
가 유행하였기 때문에 지식인들은 그리스 독립을 지지하였으나, 신성동맹은
독립을 인정하지 않았다. 오스만투르크의 탄압으로 그리스 독립은 무산되는
듯했으나, 러시아가 남하정책 차원에서 개입하고 이에 자극받은 영국과 프랑
스도 개입하여 결국 1827년 나바리노 해전에서 투르크 함대를 물리치고
1829년 런던회의에서 그리스 독립이 승인되었다.

글래드스턴(Gladstone, William Ewart, 1809~1898)

영국의 정치가. 자유당 소속의 자유주의자로 보수당의 디즈레일리와 경쟁관
계였다. 리버풀 출신으로 1833년 하원의원이 되었다. 처음에는 보수당 소속

▶ 글래드스턴

이었으나, 1847년 보수당을 탈당하여 자유당에 입당하였다. 이후 재무장관 등을 역임하면서 자유무역을 위한 관세개혁과 곡물법 철폐에 찬성하는 등 자유주의자로 명성을 얻었다. 자유당 당수가 되어 수상에 취임하면서 디즈레일리가 이끄는 보수당과 맞섰다. 국내 문제로는 아일랜드 자치와 선거법 개정을 위해 노력하였고, 외교문제에 있어서는 평화주의 노선을 주장하여 보수당의 제국주의 노선과 대립하였다.

금(金, 1115~1234)

여진족이 만주와 화북 지역에 세운 정복왕조. 여진족은 10세기 초 이래로 거란족이 세운 요나라의 지배를 받았다. 그러다가 북만주 하얼빈 부근에 있던 여진족 완안부의 세력이 커지면서 그 족장 아구다가 1115년 제위에 올라 국호를 금이라 하였다. 금은 송과 동맹을 맺고 요를 쳐서 1125년 요나라를 멸망시켰다. 이후 금은 송과 대립하게 되어 북부의 연운16주를 놓고 전쟁을 벌여 1127년 송의 수도 변경을 공격하여 휘종과 흠종 두 황제를 사로잡고 중국 북부를 차지하였다. 이후 여진족을 화북지역에 이주시켜 중국식 중앙집권체제를 시행하였으나 내치의 혼란과 몽고군의 공격으로 나라를 세운 지 120년 만인 1234년에 멸망하였다. 금은 맹안모극제(猛安謀克制)라는 독특한 군사행정조직을 활용하였는데, 1모극은 300호에 해당하며 여기서 100명의 병사가 나오고, 10모극이 1맹안을 구성하여 그 수장이 부족민을 통치하는 제도였다.

금병매(金甁梅)

명나라 때 지어진 작자 미상의 장편소설로 중국 4대 기서 중의 하나이다. 전편 100회로 된 장회소설(章回小說)로 주인공은 《수호전(水滸傳)》에 나오는 서문경과 반금련이다. 시대배경은 송나라로 설정되어 있지만 실제로는 명나라 때의 사회를 묘사했다. 줄거리는 두 주인공의 불륜관계를 토대로 명나라 사회상을 예리하게 파헤쳤다. 노골적인 성 묘사로 많은 사람들의 기억 속에 남아 있지만 문학적으로도 높이 평가받고 있다. 금병매라는 제목은 반금련과 서문경의 첩 이병아, 반금련의 시녀 춘매에서 한 글자씩 딴 것이라고 한다. 필사본으로 전해지다가 17세기 초에 판본으로 나왔으며, 〈사화본(詞話本)〉과 〈제1기서본(第一奇書本)〉의 두 가지 판본이 있다.

기미정책(羈縻政策)

역대 중국왕조가 변방 이민족을 통치하던 방법. '기미'란 말과 소를 붙들어 맨다는 뜻으로 변방민족에 대하여 명목상으로만 중국의 통치제도를 실시하고, 현지의 지배자를 행정책임자로 임명하여 실질적으로 자치를 허용하는 제도이다. 중국의 직접지배가 아닌 간접지배 형태이며, 무력을 사용하는 대신

회유하여 통치하는 방식이다. 이러한 기미정책이 가장 왕성했던 시기는 당나라 때로써 서역을 비롯한 각 지방에 도호부를 설치하고 그 밑의 주·현에는 현지의 실력자를 임명하였다. 이러한 기미주가 한때 800여 곳에 이르렀다고 하며 설치지역도 돌궐, 위구르, 거란, 중앙아시아, 티베트, 운남 등 중국 주변의 여러 지역에 미쳤다.

기사(騎士, Knight)

중세 유럽에서 활동한 중무장한 기병 또는 기마무사. 카롤링거왕조 이후로 기병이 군대의 주력이 되면서 기사가 등장하였으며, 봉건 사회의 지배계급이 되었다. 귀족 계층의 아들로 태어나 기사 시종 생활을 하면서 수련을 쌓은 후 기사 서임식(敍任式)을 거친 사람에 한해 정식 기사가 되었다. 크게 보아 기사는 '싸우는 사람'으로서 '일하는 사람(농민)', '기도하는 사람(사제)'과 함께 중세의 3대 신분에 해당된다. 좁은 의미로는 대귀족이 아닌 소규모 영주 이하의 무사를 말한다. 기사는 기사도에 따라 명예와 용기, 충성을 중시하는 삶을 이상으로 삼았으며, 중세 문학작품의 주인공으로 자주 등장하였다. 십자군 운동 때에는 성당 기사단, 병원 기사단, 독일 기사단 등과 같은 기사들만의 조직이 형성되기도 하였다. 15세기 이후 화약무기의 등장으로 전쟁에서 중장기병의 중요성이 사라지면서 기사의 역할도 쇠퇴하였다.

기사도(騎士道, Chivalry)

중세 유럽 기사들의 이상과 행동양식. 봉건제도가 정착한 11세기부터 기사의 역할이 쇠퇴한 15세기까지 기사집단의 규범 역할을 하였다. 기사도의 배경은 게르만 부족사회의 영향과 기독교의 영향을 들 수 있다. 기마무사로서 주군에 대한 충성, 전쟁터에서의 용기, 명예 등과 기독교의 수호자로서 약자를 보호하고 예의를 지키는 것 등이 기사도의 주요 가치이자 실천과제였다. 이러한 기사도의 이상은 시대의 흐름에 따라 변화하면서 형성되어 14~15세기에 정형화되었으며, '기사문학'이라고 불리는 무훈시, 서정시 등에 나타나 있다. 기사의 위상이 쇠퇴한 후에도 기사도는 신사도(gentlmanship)로 발전하여 유럽의 사회와 문화에 큰 영향을 미쳤다.

기사본말체(紀事本末體)

사건의 배경부터 발생, 전개, 종말, 및 후대에 미친 영향까지 일관되게 서술하는 역사 서술 방식. 이전의 역사 서술 방식인 기전체(紀傳體)와 편년체(編年體)의 단점을 보완하기 위해 나온 방식이다. 이 방식은 남송 때인 12세기 말, 원추(袁樞)가 《자치통감(資治通鑑)》을 쉽게 이해할 수 있도록 《통감기사본말(通鑑紀事本末)》 42권을 저술한 것이 그 시초이다. 이후 《송사(宋史)기사본말), 《명사(明史)기사본말》 등의 기사본말체 역사서가 나왔다. 그러나 신유학(新儒學)을 기반으로 하여 정통의 구분과 도덕적 평가에 중점을 두는 강목체(綱目體)에 밀려 역사 서술의 주류를 이루지는 못하였다.

기전체(紀傳體)

중국 고유의 역사 서술 방식. 본기(本紀 : 제왕의 연대기)와 · 열전(列傳 : 신하의 전기)을 중심으로 하여 기전체라고 불린다. 전한 때 사마천이 지은 《사기(史記)》에서 시작되었다. 사마천은 사기에서 본기와 열전 이외에 표(表 : 연표), 서(書 : 제도와 문물의 역사), 세가(世家 : 제후의 역사) 등을 추가하였다. 이후 기전체 서술방식은 반고(班固)의 《한서(漢書)》로 이어져 남북조시대 이후로 중국 정사(正史) 서술의 기본체제가 되었다.

길가메시 서사시(Epic of Gilgamesh)

고대 바빌로니아의 영웅 길가메시의 모험담을 내용으로 한 서사시. 길가메시는 우루크 제1왕조 제5대 왕이며 고대 근동지방의 전설적 영웅으로 알려진 인물이다. 이 서사시는 3,000행에 달하는 대작이며 BC 2000년경에 쓰여진 것으로 추정된다. 현재 남아 있는 판본 중에서 가장 완전한 것은 니네베의 아슈르바니팔 왕의 도서관에 나온 BC 7세기경의 악카드어 사본이다. 이 사본이 1862년에 영국의 조지 스미스에 의해 발견되면서 널리 알려지게 되었다. 줄거리는 반신반인의 영웅 길가메시가 불사(不死)의 비밀을 찾아 떠나면서 겪는 모험에 대한 것으로, 그 내용 중에 노아의 홍수와 유사한 대홍수 설화가 나온다.

길드(guild)

중세 유럽에서 상공업자들의 동업조합(同業組合). 상인들로 구성된 상인길드 및 수공업자들의 동직(同職)길드(craft guild) 두 가지 종류가 있다. 회원 상호간의 상호부조와 권익증진 및 보호를 목적으로 한다. 길드란 원래 성자나 수호신의 공동숭배, 공동주연(共同酒宴), 상호부조 등의 의미를 가지고 있으며 11세기 이후 북해 주변의 여러 도시에서 상공업자들의 조직으로서 모습을 갖추었다. 중세 유럽에서 길드는 도시의 발전이나 자치권 획득에 큰 역할을 하였고, 길드의 유력자가 도시를 장악하는 양상이 나타났다. 경제규모가 커지기 시작한 중세 말부터 경제활동은 더 이상 도시에만 국한되지 않았다. 따라서 폐쇄적이며 배타적이었던 길드는 쇠퇴하고 말았다.

김성탄(金聖嘆, ?~1661)

중국 명말청초(明末淸初)의 문예비평가. 강소성의 소주 출생으로 이름은 인서(人瑞)이며 성탄(聖嘆)은 호이다. 《장자(莊子)》, 《초사(楚辭)》, 《사기(史記)》, 《두시(杜詩)》, 《수호지(水滸誌)》, 《서상기(西廂記)》 등의 여섯 작품을 《성탄재자서(聖嘆才子書)》라 하여 각각의 작품에 대한 비평을 쓰려 하였으나 수호지와 서상기편만을 완성하였다. 이전까지 문학으로 여겨지지 않던 희곡과 소설을 문학비평의 대상으로 삼아 날카로운 비평과 편집을 가하였다.

나

세계역사사전

나라시대(奈良時代, 710~784)

일본 역사에서 나라에 도읍을 두었던 시대. 710년 겐메이천황(元明天皇)이 나라로 도읍을 옮긴 때부터 784년 간무천황(桓武天皇)이 나가오카로 천도할 때까지 7명의 천황이 다스린 75년간을 말한다. 문화사에서는 7세기 후반부터 9세기 초까지를 나라시대로 본다. 《고지키(古事記)》(712)와 《니혼쇼키(日本書紀)》(720)는 이 시대에 쓰여진 일본 고대 역사서이다. 이 시대는 쇼토쿠태자(聖德太子)의 개혁으로 중앙집권적 율령제도가 완성된 시기이다. 문화면에서는 백제와의 교류가 활발하였으며, 백제가 멸망한 후 많은 백제 유민들이 유입되었다. 또 여섯번에 걸쳐 견당사(遣唐使)를 파견하여 중국문화를 받아들이고자 힘썼다.

나로드니키(Narodniki)

19세기 후반부터 러시아 혁명기까지 활동한 혁명운동 분파. 나로드니키란 러시아어로 인민주의자라는 뜻이다. 러시아 황제인 차르체제에 대한 반대와 농민에 대한 애정을 바탕으로 사회주의 사회를 건설하려는 목표를 가지고 활동하였다. 대표적 인물로 라브로프, 미하일로프스키, 게르첸과 체르니셰프스키 등이 있다. 나로드니키들은 1870년대 '토지와 자유파'라는 비밀조직을 만들어 '브나로드(인민 속으로, Vnarod)'라는 슬로건을 외치며 농민 계몽운동에 나섰으나 산업이 발전함에 따라 노동자계급을 중시하는 마르크스주의자들이 세력이 커지면서 나로드니키는 침체되었다. 이들은 20세기 초에 러시아사회혁명당(SL)을 만들었으나 러시아 혁명 이후 쇠퇴하였다.

나세르(Nasser, Gamal Abdel. 1918~1970)

이집트의 정치인. 알렉산드리아 출신으로 육군사관학교를 졸업하고 군인이 되었다. 민족주의 성향이 강하였으며 젊은 장교들을 규합하여 '자유장교단(自由將校團)'을 결성하였다. 1948년 제1차 중동전에 참전하여 패전을 겪고 이

▶ 나세르

집트 사회의 변혁을 결심하고, 1952년 자유장교단을 이끌고 군사 쿠데타를 일으켜 군주제를 몰락시켰다. 1956년 대통령에 선출되어 같은 해 수에즈 운하의 국유화를 선언하였다. 이에 영국과 프랑스가 개입하는 '수에즈 운하 사태'가 일어났으나 미국의 간섭으로 사태는 진정되었다. 범아랍주의를 내세워 1958년 시리아와 합병하여 아랍연합공화국의 대통령이 되었으나 1961년 시리아가 이탈하면서 아랍통일은 실패하였다. 1967년 제3차 중동전쟁 패전의 책임을 지고 대통령직에서 사임하였다가 곧 다시 취임하였다. 1970년에 심장마비로 사망하였다.

나일강(Nile River)

아프리카 북동부 빅토리아호에서 발원하여 이집트를 거쳐 지중해로 들어가는 세계에서 가장 긴 강. 총길이가 6,650㎞에 달한다. 세계 4대 문명의 하나인 이집트 문명을 탄생시킨 강으로 매년 6월에서 10월 사이에 홍수로 범람하여 충적토를 강변에 실어 나름으로써 농업에 적합한 토양을 만들어준다. 이 때문에 고대 이집트에서는 치수 및 관개사업이 발달하였고 중앙집권적 권력의 등장할 수 있었다.

나치스(Nazis)

히틀러를 지도자로 한 독일의 파시스트 정당. 정식 명칭은 국가사회주의 독일노동자당(National sozialistische Deutsche Arbeiterpartei : NSDAP)이다. 독일이 제1차 세계대전에 패하고 극심한 경제난과 사회혼란에 시달리던 당시, 독일민족지상주의, 반유태주의, 반사회주의, 반민주주의, 국가주의를 내세우며 등장하였다. 1919년 독일노동당이라는 군소정당으로 출발하여 1920년 국가사회주의 독일노동자당으로 이름을 바꾸고 1921년부터 히틀러가 지도자로 등장하였다. 1923년 뮌헨에서 폭동을 일으켰으나 실패하고 히틀러는 투옥되었다. 이후 1925년 재건되어 1929년 이후 세계 공황을 틈타 지지층을 확장하여 1933년 히틀러가 수상에 취임하였다. 1934년 힌덴부르크 대통령이 사망한 후에는 히틀러가 총통이 되어 나치당 1당 독재시대가 시작되었다. 나치당은 국내정치에 있어서는 노동조합 금지, 사회주의 탄압, 유대인 탄압 정책을 실시하면서 국가통제경제를 실시하고, 외교에 있어서는 국제연맹 탈퇴, 군대 재무장, 오스트리아·체코슬로바키아의 수데텐 병합 등의 팽창정책을 실시하였다. 결국 폴란드 침공으로 제2차 세계대전을 일으키고 전쟁에서 패배한 후 연합군에 의해 해체되고 금지되었다.

나폴레옹(Napoléon, Bonaparte, 1769~1821)

프랑스의 황제(나폴레옹 1세, 1804~1815). 코르시카섬 출신으로 사관학교를 졸업하고 포병장교로 혁명전쟁에 참가하여 툴롱 항구 탈환작전에서 활약하였다. 왕당파의 폭동을 진압하고 이탈리아 원정에 나서 오스트리아군을 격파하여 명성을 얻었다. 이후 이집트 원정에 나섰다가 귀국하여 1799년 쿠데타를 일으켜 제1통령에 취임하였다. 권력을 장악한 후 로마 교황청과 화약을 맺고 나폴레옹 법전을 제정하는 등 내치를 다졌고, 1804년에 황제가 되었다. 이후 유럽정복에 나서 트라팔가 해전의 패배로 영국 정복은 실패하였으나 오스터리츠, 예나 전투 등의 육전에서는 오스트리아, 러시아, 프로이센을 제압하고 1806년 대륙봉쇄령을 내렸다. 그러나 대륙봉쇄령으로 유럽 각국의 불만이 쌓이는 가운데, 1812년 러시아 원정에 나섰다가 혹독한 추위로 실패하고 연합군의 공격으로 1814년에 나폴레옹은 엘바섬에 유배된다. 1815년 지중해의 엘바섬을 탈출하여 다시 황제의 자리에

나폴레옹

올랐으나 워털루 싸움에서 패하고 대서양의 세인트 헬레나섬에 유배되었다. 이후 유배지에서 회고록을 집필하다 사망하였다.

나폴레옹 3세(Napoléon III, 1808~1873)

프랑스의 황제(1852~1871). 나폴레옹 1세의 조카이며 루이 나폴레옹으로도 불린다. 나폴레옹 1세의 제1제정이 몰락한 후 제정 부활을 위해 운동하다 체e 포되어 복역하다가 영국으로 탈출하였다. 1848년에 프랑스에서 2월혁명이 일어나자 귀국하여 대통령에 당선되었다. 이후 1851년 쿠데타를 일으키고 1852년에는 황제가 되어 제2제정시대를 열었다. 국내정치에 있어 산업자본 가와 노동자 사이에서 절충과 조정을 통한 현상유지를 추구하는 '보나파르티 즘'을 실시하고, 대외적으로 크림전쟁, 멕시코전쟁 등에 개입하였으며, 1870 년 프로이센−프랑스 전쟁에서 프로이센 군대에 패배한 후 퇴위하여 제2제정 은 끝이 났다. 이후 영국에 망명하여 그곳에서 죽었다.

나폴리왕국(Kingdom of Naples. 1282~1860)

중세 이후로 이탈리아 남부를 통치한 왕국. 1130년 노르만의 로제2세가 시칠 리아와 나폴리 두 지역을 병합하여 왕국을 세웠다. 이후 1282년 아라곤가(家) 에서 시칠리아를 장악하면서 분리되었다가 1442년 아라곤가의 알폰소 5세가 나폴리를 빼앗아 두 왕국을 통합시켰다. 이후 1713년에 시칠리아는 사보이가 (家)의 영토가 되었고, 나폴리는 오스트리아에 편입되었다. 그 뒤로 오스트리 아, 에스파냐, 프랑스로 주권이 넘겨졌다가 1815년 에스파냐의 페르디난드 1 세가 양(兩)시칠리아왕국을 수립하였다. 1860년 가리발디에 의해 에스파냐의 프란체스코 2세가 나폴리에서 추방되고 국민투표에 의해 사르데냐왕국에 병 합됨으로써 나폴리왕국은 소멸되었다.

난징(南京)

중국 장쑤성(江蘇省)의 성도(省都). 양쯔강 연안에 자리잡고 있으며 229년에 오나라 손권이 이곳에서 도읍을 정하고 건업(建業)이라고 불렸으며 남북조 때에는 건강(建康)으로 불렸다. 그 뒤 당나라 때에는 금릉(金陵), 백하(白下), 강녕(江寧), 상원(上元) 등으로 이름이 바뀌었다. 주원장이 명나라를 세우고 이곳에 수도를 정하고 응천부(應天府)라고 불렀다. 이후 영락제 때 베이징으 로 수도를 옮긴 뒤에 1441년부터 난징으로 불리게 되었다. 1853년부터 12년 간 태평천국군이 이곳을 점령하고 천경(天京)이라고 하였다. 1912년 손문이 이곳에서 중화민국 임시정부를 수립하였고 1927년에는 국민정부의 수도가 되었다.

난징 조약(南京條約, 1842)

아편전쟁에 패배한 청나라가 난징만에 정박한 영국 군함 콘월리스호 선상에서 영국과 체결한 강화조약. 청나라 전권대사(全權大使)인 치잉, 이리푸와 영국 전권대사 포틴저가 13개조로 된 강화조약에 서명하였다. 조약의 주요 내용은 양국간에 대등한 관계를 유지하고, 불태운 아편의 배상금 및 전쟁비용을 중국측이 지불하며, 광저우, 푸저우, 샤먼, 닝보, 상해 등 5개 항구를 개항하고, 홍콩을 영국에 할양하며, 기존까지 무역을 독점해온 공행(公行)제도를 폐지하고, 관세율을 고정화하는 것 등이다. 조약의 내용은 중국측에 일방적으로 강요된 것이기에 불평등조약이라 불리운다. 이 조약으로 인해 대외무역은 곧 조공을 받는 것이라는 중국인의 전통적 관념이 뒤집히고, 관세자주권을 상실하여 산업발전에 장애가 되었다. 이어 1843년에는 영국과 호문채(虎門寨) 추가조약을 체결하였다. 그 내용은 영사 재판권 인정, 개항장의 조계(租界)설치, 최혜국대우(最惠國待遇), 조관(條款) 등의 특권을 부여하는 것이었다. 이후 1844년에는 유사한 내용으로 미국이 청나라와 망하(望廈)조약을 체결하고, 프랑스도 청나라와 황포(黃織)조약을 체결하였다.

남북전쟁(南北戰爭, 1861~1865)

미국 남부의 7개 주가 독립을 선포함에 따라 이를 인정하지 않은 기존의 미합중국과 남부연합 사이에 벌어진 내전. 1860년 대통령 선거에서 북부와 서부의 반노예제 세력이 만든 공화당의 링컨 후보가 당선되자 남부 7개 주는 연방을 이탈해 남부연합을 결성하고 제퍼슨 데이비스를 대통령으로 선출하였다. 1861년 남군이 사우스캐롤라이나 찰스턴 항구에서 연방군이 주둔한 섬터 요새를 공격하여 전쟁이 시작되었다. 전쟁 초기에 북부는 리 장군이 이끄는 남군에 고전하였으나, 게티즈버그 전투 이후로 공세에 나서 서부와 북부 양 지역에서 남부를 협공하여 마침내 1865년 남군은 항복하고 전쟁은 끝났다. 남북전쟁은 전쟁 중인 1863년에 링컨 대통령의 노예해방선언을 비롯하여 이후 19세기 후반의 미국 역사에 많은 영향을 미쳤기 때문에 제2의 아메리카 혁명으로 불린다.

남종화(南宗畵)

북종화(北宗畵)와 함께 중국 미술의 2대 유파를 이루는 미술 유파. 남화(南畵)라고도 부른다. 화풍을 남북으로 구분한 것은 명나라 말기의 동기창(董其昌)에서 비롯되었다. 북종화가 직업화가들이 그린 장식적이고 세밀한 화풍인데 비해 남종화는 사대부들이 취미로 그린 선이 부드럽고 음영을 강조한 산수화가 주를 이루었다. 동기창은 이러한 화풍을 문인화(文人畵)라고도 부르고 시조를 왕유(王維)로 보았다. 문인화와 남종화는 거의 구별없이 쓰인다.

남해기귀내법전(南海寄歸內法傳)

중국 당나라의 승려 의정(義淨)이 인도에서 중국으로의 여정을 기록한 여행기. 원제목은 《대당남해기귀내법전(大唐南海寄歸內法傳)》이며 전4권, 전문 40장으로 되어 있다. 의정은 671년 광저우에서 출발하여 인도의 나란타 사원에서 불법을 배우고 685년에 귀국길에 올랐다. 귀국하는 도중에 스리비자야에 머물면서 이 책을 비롯해 《대당서역구법고승전(大唐西域求法高僧傳)》 등을 저술하여 691년에 장안으로 보냈다. 인도 및 동남아 지방의 불교 수행과 승려 생활, 사원 조직 등과 함께 해당 지역의 민속과 풍습을 전하고 있는 귀중한 사료이다.

낭만주의(浪漫主義, Romanticism)

고전주의의 뒤를 이어 18세기 말부터 19세기 초에 걸쳐 유럽에서 일어난 문예사조. 고전주의의 합리적이고 균형 잡힌 우아한 미의 개념에 반발하여 개성과 감성의 표현을 중시하였다. 또한 고전주의가 지향한 그리스 · 로마 문명 대신 자국의 역사에서 영감을 찾으려고 하였다. 고전주의가 프랑스를 중심으로 확립된 것이었다면 낭만주의는 독일에서 시작되어 영국, 프랑스 등지로 전파되었다. 독일의 슐레겔 형제, 노발리스, 프랑스의 위고, 영국의 워즈워드, 콜리지 등이 대표적인 낭만파 문인들이다.

낭트 칙령(Edict de Nantes, 1598)

신교도인 위그노에게 신앙의 자유를 허락한 프랑스 국왕 앙리 4세의 칙령. 앙리 4세는 30년에 걸쳐 벌어진 위그노전쟁(1562~1598)을 종식하고 국가의 분열을 수습하기 위하여 직접 신교에서 카톨릭으로 개종하고 신앙의 자유를 인정한 칙령을 반포하였다. 그 주요 내용은 신교도에 대한 처벌조항 삭제, 신교도의 신앙 인정, 재산상속, 대학입학, 평등한 관리 임용, 위그노 지역의 자치 인정 등이었다. 그러나 이후에도 계속된 종교갈등은 칙령의 폐지(1685년)를 낳게 되었고, 이에 따라 약 40만 명의 위그노가 유럽 각국으로 망명하였다. 주로 상인과 수공업자였던 이들의 망명으로 프랑스는 경제적으로 상당한 손실을 입었다.

▶ 앙리 4세

냉전(冷戰, Cold War)

2차 세계대전이 끝난 후부터 독일 통일 및 1991년 소련이 붕괴할 때까지 미국을 비롯한 서방진영과 소련을 비롯한 동구권 사이에 조성된 대립과 긴장관계. 미국의 언론인이었던 월터 리프먼이 냉전이란 표현을 처음 사용하였다. 2차대전 동안 미국, 영국과 소련은 동맹관계였으나, 전쟁이 끝나자 독일에 대한 전후처리 문제와 동유럽 국가들에 대한 소련의 간섭 문제를 놓고 양 진영간에 갈등이 시작되었다. 이와 함께 소련이 이란, 터키 등에서 군사행동을 벌이고 그리스 등지에서 공산 게릴라가 준동하자 미국은 유럽에

▶ 트루먼

서 공산주의 확산을 막기 위해 '트루먼 독트린'을 발표하였다. 이후 베를린 봉쇄 사태, 중국의 공산화, 한국전쟁 등을 거치면서 양 진영간의 적대적 관계는 군사적 대립 양상을 보였다. 이러한 군사적 긴장관계는 군비확장과 핵무기 개발 경쟁을 불렀고, 1962년 '쿠바 핵 위기' 때 무력 충돌 직전에 이르는 최고의 위기로 치달았다. 이후 1970년대에는 핵전쟁을 피하기 위한 정치적 데탕트와 군축회담, 미·중 관계개선으로 인한 세계질서의 다극화 등으로 긴장은 완화되었다. 1980년대 들어서는 소련의 개혁개방정책으로 양 진영의 갈등이 완화되었고, 독일의 재통일과 동구권의 민주화 열기, 소련연방의 해체 등으로 냉전의 원인이 사라짐에 따라 냉전은 해소되었다.

네덜란드 독립전쟁(1568~1648)

네덜란드 북부 7개 주가 에스파냐의 지배로부터 벗어나기 위해 벌였던 전쟁. 16세기 네덜란드는 모직물공업과 중계무역 등 상공업의 발달로 경제적 번영을 누렸고, 종교적으로 북부 지역에 신교가 확산되고 있었다. 그러나 에스파냐의 펠리페 2세는 신교도에 대한 탄압, 네덜란드 도시에 대한 자치권 박탈, 세금 부과 등을 통하여 억압정책을 실시하였다. 이에 대하여 오란예공 빌럼 1세, 에그몬드 백작 등 대귀족이 중심이 되어 1566년 고이센 동맹을 결성하였다. 한편 에스파냐에서는 1567년 알바공을 네덜란드 총독으로 파견하여 '피의 위원회'를 설치하고 공포정치를 통한 가혹한 탄압을 실시하였다. 이에 맞선 네덜란드인의 저항도 격화되어 1570년대 이후로는 독립전쟁으로 전환되었다. 망명에서 귀국한 빌럼 1세의 지휘로 1576년에는 네덜란드의 전체 주가 브뤼셀 동맹을 결성하였다. 그러나 종교 및 경제적 이해관계가 달랐던 남부

와 북부는 신임 총독 파르마공의 이간책으로 남부가 동맹을 이탈하였다. 이에 북부 7개 주는 1579년 위트레흐트동맹을 결성하고 전쟁을 계속하여 1581년 독립을 선언하고 네덜란드 연방공화국을 설립하였다. 이후 1648년 베스트팔렌 조약에서 국제적 승인을 얻어 독립전쟁은 끝이 났다.

네루(Nehru, Pandit Jawaharlal. 1889~1964)

인도의 민족운동가, 정치인. 인도 북부 알라하벳의 부유한 가문 출신으로 영국에서 7년간 유학하면서 케임브리지 대학에서 법학을 공부하고 변호사가 되어 귀국하였다. 1916년 간디를 만나면서부터 국민회의파가 이끄는 인도독립운동에 참여하였다. 여러 차례 체포와 투옥을 거치면서 국민회의파의 지도자가 되었다. 2차 세계대전이 발발하자 영국의 철수를 요구하다 다시 체포되어 투옥되었다. 2차대전이 끝나고 1947년 인도가 인도와 파키스탄으로 분리·독립되면서 네루는 수상 겸 외무장관이 되었다. 그는 동·서양 진영의 어느 쪽에도 가담하지 않는 비동맹주의를 표방하면서 아시아, 아프리카의 제3세계 국가들간의 연대를 강조하였다. 저서로 《세계사 이야기》(1936), 《인도의 발견》(1946), 《마하트마 간디》(1948) 등이 있다.

네르친스크 조약(Treaty of Nerchinsk, 1689)

청나라와 러시아가 네르친스크에서 국경선 확정에 대하여 맺은 조약. 중국이 유럽 국가와 대등하게 맺은 최초의 조약이다. 러시아는 청나라가 개국 초기로 혼란한 점을 틈타 17세기 중반부터 헤이룽강(黑龍江) 방면으로 진출하였다. 청은 삼번의 난을 진압한 후 러시아가 헤이룽강에 구축한 아르바진성(城)을 공격하여 함락시켰다. 그 뒤 청나라는 일시 후퇴하였다가 1689년 다시 아르바진성으로 진출하던 중 휴전조약을 맺게 되었다. 조약 내용은 헤이룽강의 외지류인 아르군, 케르비치 두 강과 외(外) 싱안링 산맥을 국경선으로 확정, 아르바진성 파괴, 월경자 인도, 민간교역 인정 등이다. 이 조약으로 청은 헤이룽강 북부까지 진출하게 되었고, 러시아는 중국과 무역을 지속하게 되었다.

네스토리우스교(景教, Nestorianism)

콘스탄티노플 대주교 네스토리우스(?~451)의 교리해석을 추종하는 기독교 일파. 그리스도의 신격과 인격을 구분하는 이성설(二性說)을 주장하고 마리아를 성모로 인정하지 않았기 때문에 431년 에페소스 공의회에서 이단이라는 판결을 받았다. 네스토리우스는 대주교직에서 쫓겨나 페르시아로 망명하여 그곳에서 교회를 세우고 교세를 확장하였다. 이후 이집트, 시리아, 팔레스타인, 인도 등지로 전파되어 토마스파라 불렸다. 중국의 당나라에도 전파되어 경교(景敎)라 불렸으며, 그 사원을 파사사(波斯寺), 대진사(大秦寺)라 하였다. 한때 박해를 받았다가 원나라 때 다시 융성하였다. 중앙아시아에서는 14세기 때 티무르가 집권하면서 박해를 받아 쇠퇴하였고, 현재는 이라크 북부 등지에 약간의 신도가 남아 있다.

네안데르탈인(Neanderthal Man)

1856년 독일 뒤셀도르프 근처의 네안데르 계곡에서 처음 발견된 중기 구석기 시대의 원시 인류. 시기적으로 플라이스토세(世) 후기의 민델리스 간빙기(間氷期)에서 뷔름빙기까지(약 3만 5000년~10만 년 전)에 걸쳐 있고, 지역적으로는 유럽과 아시아, 아프리카에 걸쳐 분포해 있던 화석인류이다. 1864년 영국의 해부학자 킹이 네안데르 계곡에서 발견된 두개골을 원시 인류의 두개골로 인정하여, 호모 네안데르탈렌시스(Homo neanderthalensis)라고 명명하였다. 그 후 보헤미아, 영국, 프랑스, 벨기에 등을 비롯하여 중국, 이스라엘에서도 비슷한 유골이 발견되었다. 유골은 신장 160㎝ 정도에 두개골이 크고 안와상골(眼窩上骨)이 융기해 있으며 골격이 크고 튼튼하다. 네안데르탈인은 동굴에서 거주하며 불을 사용하였으며, 원시적인 석기와 골각기를 사용하고 예술과 종교행위를 했던 것으로 보인다.

넬슨(Nelson, Horatio, 1758~1805)

트라팔가르 해전을 승리로 이끈 영국의 해군 제독. 12세 때 해군에 입대하여 미국 독립전쟁, 프랑스 혁명전쟁에 참전하였다. 전쟁 중 부상으로 오른쪽 눈과 오른팔을 잃었으나 1798년 나폴레옹이 이집트 원정을 감행하자 나일강 어귀의 아부키르만에서 프랑스 함대를 대파하는 전과를 올렸다. 이후 지중해 함대 사령관이 되어 프랑스 함대를 상대하였으며 1805년 빌뇌브 제독이 이끄는 프랑스와 에스파냐 연합함대를 트라팔가르 해협에서 적진을 양분하는 과감한 작전으로 승리를 거두었다. 그러나 넬슨 자신은 이 전투에서 적탄을 맞아 자신의 기함 빅토리아호에서 전사하였다. 트라팔가르 해전으로 나폴레옹의 영국 상륙 계획은 완전히 무산되었다.

▶ 넬슨

노동당(Labor Party)

보수당과 함께 영국의회를 이끄는 정당. 1900년에 결성된 노동대표위원회가

1906년에 노동당으로 이름을 바꾸고 총선거에서 29명의 의원을 당선시키면서 정계에 등장하였다. 처음에는 노동조합을 대변하는 정도에 그쳤으나, 1918년 조직을 개편하면서 노동조합 중심에서 탈피하여 개인의 입당을 허용하고 사회주의 강령을 내세웠다. 이후 당세가 커지면서 1924년 맥도널드 내각을 출범시켰다. 그러나 세계공황과 맥도널드의 탈당으로 타격을 받다가 2차대전 중 처칠의 연립내각에 참여하였다. 1945년 총선거에서 노동당이 승리를 거두어 애틀리 내각이 출범하였다. 이후 기간산업의 국유화, 사회보장제도의 확대를 통한 복지국가 실현 등의 정책을 추구하였으나 경제사정 악화 등으로 1980년대 이후 대처가 이끄는 보수당에 정권을 내주었다. 1990년대 들어 노동당은 사회주의 정강을 완화하고 보다 유연한 '제3의 길'을 표방하며 블레어 내각을 출범시켰다.

노동지대(勞動地代, labor rent)

봉건지대의 한 형태로서 요역지대라고도 한다. 영주의 장원에 소속된 농노는 자신의 수확물을 바치는 지대 외에 노동력 또한 제공해야 했다. 노동지대는 농노가 영주의 직영지에서 강제노동하는 부역으로서, 농노는 한 주에 4일은 자신에게 할당된 경지를 경작하고 나머지 2일은 영주의 직영지에서 일하였다. 이밖에도 계절별로 특별 부역과 기타 잡역이 있었다. 노동지대는 서유럽에서 장원제가 사라지면서 생산물지대로 변화하였으며, 동유럽과 러시아에서는 근대 이후에도 존속하였다.

노동조합(勞動組合, Labor Union)

자본주의가 발전하면서 산업노동자들이 자신들의 권익을 보호하기 위해 만든 조직. 산업혁명이 최초로 일어난 영국에서 먼저 등장하였다. 유럽에는 중세 시대부터 장인들의 이익을 보호하는 길드가 있었으며 초기의 노동조합은 이러한 숙련공들의 이익을 보호하기 위한 직업별 노동조합(craft union)이었다. 그러던 것이 점차 미숙련 노동자를 포함하는 노동조합(trade union)의 형태로 발전하였다. 현재는 같은 산업에 종사하는 노동자 전체를 포함하는 산업별 노동조합(industrial union)으로까지 확대되었다. 역사적으로 노동조합은 노동운동 발전에 중심 역할을 해왔으며, 조합원의 복지 향상뿐만 아니라 노동자 정당을 후원하면서 근대 이후 정치사에 많은 영향을 미쳤다.

노르만인(Normans)

스칸디나비아 반도 및 덴마크에서 온 게르만족의 일파. 노르만이란 북방인이란 뜻이며 그 밖에 바이킹, 데인인, 바라그인 등으로 불렸다. 이들은 게르만 민족의 대이동 때 원주지에 머물러 있다가 인구증가와 정치상황 변동으로 인하여 8세기경부터 이동을 시작하였다. 노르만인 중 덴마크계는 오늘날의 프랑스 및 영국으로 향하여 롤로가 샤를 3세로부터 센강 하류에 위치한 노르망디 지역을 봉토로 받아 노르망디 공국을 세웠다(911년). 이들은 다시 1066년에 노르망디공 기욤(윌리엄 1세)이 영국으로 건너가 앵글로색슨왕국을 무너뜨리고 노르만왕조를 세웠다. 노르웨이계는 아이슬란드, 그린란드로 향하였으며 그 중 일부는 북아메리카까지 이르렀다. 스웨덴계는 러시아로 건너가서 류릭이 노브고로드 공국을 세웠으며(862년), 일부는 지중해를 건너 시칠리아 섬에 양시칠리아왕국을 세웠다. 노르만의 이동은 상업의 발달뿐만 아니라 정치적으로 중세유럽에 많은 변화를 가져왔다.

노르만 정복(Norman Conquest, 1066)

1066년에 노르망디공 기욤은 영국의 왕위계승권을 주장하면서 영국을 침입하였다. 중장기병과 석궁수로 이루어진 노르만 군대는 보병 중심의 앵글로색슨 군대를 헤이스팅스 전투에서 격파하고, 기욤은 영국왕위에 올라 정복왕 윌리엄 1세가 되었다. 노르만왕조는 봉건제를 유럽대륙에서 영국으로 들여와 앵글로색슨 귀족 대신 노르만 귀족들이 영국의 지배계급으로 자리 잡게 했다. 그 밖에도 노르만 언어와 풍습, 문화 등이 도입되었으며 유럽과 영국의 교류가 활발하게 되었다.

노르망디공국(Normandie Dukedom)

911년 프랑스를 침입한 덴마크계 노르만인을 샤를 3세가 회유하여 센강 하류에 탄생시킨 공국(公國). 많은 노르만인이 이 지역으로 이주하여 실질적인 독립국가가 되었다. 이후 노르망디 공국은 기욤이 영국을 점령하여 정복왕 윌리엄 1세가 되어 노르만왕조를 세웠다. 그가 죽은 뒤 잠시 분리되었다가 영국의 헨리 1세가 재통합하여 1106년 이후 1세기 동안 노르망디는 영국령이 되었다. 그 후 1259년 프랑스의 루이 9세가 노르망디를 프랑스에 편입시켰다. 영국왕실이 원래 프랑스의 노르망디 출신이라는 점은 영국과 프랑스의 왕위계승과 영토에 대한 잦은 분쟁의 요인이 되었다.

노르망디 상륙작전(Normandy Invasion, 1944)

제2차 세계대전 당시 미국과 영국이 중심이 된 연합군이 유럽대륙을 수복하기 위해 프랑스 서해안의 노르망디에 상륙한 작전. 독일이 소련을 침공하면서 소련의 스탈린은 미국과 영국이 유럽대륙에 상륙하여 독·소 전선 외에 제2전선을 형성해줄 것을 강력히 요청하였다. 그러나 영국 수상 처칠 등의 반대로 미·영 연합군은 북아프리카, 시칠리아, 이탈리아 본토에 상륙하였다. 그러던 중 1943년 테헤란 회담에서 북프랑스에 상륙할 것을 결정하였다.

▶ 노르망디 상륙작전

1944년 6월 6일 미국의 아이젠하워 대장을 총지휘관으로 하여 미군, 영국군, 캐나다군이 북프랑스 노르망디 해안의 3개 지점에 상륙하였다. 상륙작전이 성공하자 유럽대륙에는 제2전선이 형성되었으며, 연합군은 프랑스를 거쳐 독일로 진격하였다.

노몬한 사건(Nomonhan Incident, 1939)

만주와 몽고 국경에서 일본 관동군과 소련 및 몽고군 사이에 일어난 국경분쟁. 노몬한 지역의 국경선이 확실치 않자 일본의 관동군은 1939년 5월 이 지역을 점령하였다. 이에 소련군이 기계화 부대를 동원해 일본군을 공격하자 일본도 만주에 있던 병력을 동원하여 공세를 폈다. 이 전투에서 일본군은 2만 명에 이르는 사상자를 내며 대패했다. 제2차 세계대전을 치르고 있던 소련은 동북아시아에서의 전쟁을 피하기 위해 1939년 9월에 정전협정을 체결하고 소련측 주장에 따라 만주 · 몽고 국경선을 확정하였다.

노발리스(Novalis, 1772~1801)

독일 낭만주의 시인. 본명은 프리드리히 폰 하르덴베르크(Friedrich von Hardenberg)이다. 오버비더슈테트의 귀족집안 출신으로 예나 라이프치히 비텐베르크 대학에서 법률, 철학, 역사학, 자연과학 등을 공부하였다. 1798년에 애인 조피 폰 퀸의 죽음으로 죽음과 고독을 동경하는 '마술적 관념론'을 추구하여 〈밤의 찬가〉(1800)와 〈푸른 꽃〉(1802) 등의 작품을 남겼다. 카톨릭 신자였던 노발리스는 종교개혁과 프랑스 혁명을 비난하고 개인의 주관과 감성을 중시하면서 보수적인 성격을 띠는 독일 낭만주의를 대변하였다.

노벨(Nobel, Alfred Bernhard, 1833~1896)

다이너마이트를 발명하고 노벨상을 제정한 스웨덴의 발명가, 기업인. 1863년에 니트로글린과 흑색화약을 혼합한 폭약을 발명하고, 1867년에는 니트로글린과 규조토를 혼합하여 보다 안정된 다이너마이트를 발명하였다. 또한 1887년에는 세계 최초로 무연화약(無煙火藥)을 발명하였다. 이러한 폭약개발로 세계적인 기업인이자 재산가가 되었다. 이후 노벨은 평화를 촉구하기 위해 스웨덴 아카데미에 유산을 기부하여 세계평화를 위해 기여한 사람에게 상금을 주는 기금을 만들었다. 여기다 물리학, 화학, 의학, 문학 분야가 추가되어 최초의 시상식은 1901년에 열렸다. 1968년에 경제학 분야가 추가되었다.

▶ 노벨

노브고로트 공국(Duchy of Novgorod)

러시아 북부 일멘 호수 근처에 위치한 슬라브인이 세운 가장 오래된 도시. 당시 발트해와 흑해를 통해 러시아까지 진출한 스웨덴계의 바이킹을 바랴그인이라 불렀는데, 그 지도자 류리크가 862년 슬라브인을 통합하여 노브고로트 공국을 세웠다. 노브고로트 공국은 러시아 북부 지역을 지배하고 독일 및 스웨덴과 무역을 통해 번성하였다. 정치조직은 귀족과 상인이 결합한 베체(민회)라는 조직에서 공(公)을 비롯하여 관리를 선출하고 재판권을 행사하였다. 노브고로트 공국은 모스크바 대공국과 러시아의 지배권을 놓고 경쟁하다가 1478년에 모스크바 대공국의 이반 3세에 의해 합병되었다.

노빌레스(Nobiles)

로마공화정시대에 새롭게 등장한 귀족집단. 원래 로마에는 공화정이 실시될 당시부터 있었던 구귀족인 파트리키가 있었다. 이 파트리키와 평민인 플레브스 사이의 대립과 갈등으로 인한 사회혼란이 지속되었기 때문에 리키니우스법, 호르텐시우스법 등을 제정하여 신분상의 불평등을 해소하려는 시도가 계속 있어 왔다. 이 평민층 중에서 부유한 계층이 정치에 참여하게 되면서 구귀족 및 이탈리아 도시국가의 상류층과 결탁하여 새로운 귀족층을 형성하여 로마공화정을 지배하였다.

노예무역(奴隸貿易, Slave Trade)

유럽인의 지리상 발견으로 아메리카 대륙과 서인도 제도에 많은 노동력이 필요하게 되자 유럽의 무역상들이 아프리카의 흑인을 노예로 삼아 아메리카로 보낸 무역. 콜럼버스가 서인도 제도를 발견한 이래로 아메리카 대륙에서는 사탕수수, 담배, 인디고 등의 대농장 재배가 성행하였다. 처음에는 인디언을 노예로 삼아 노동력으로 활용했으나 인디언의 수가 줄어들자 스페인과 포르투갈이 거점을 두고 있던 아프리카 서부 해안의 흑인들을 노예로 삼아 아메리카 대륙으로 데려왔다. 이후 네덜란드, 영국 등이 아프리카에 직접 진출하면서 노예무역은 더욱 활발해지고 영국은 영국－아프리카－서인도 제도를 연결하는 삼각무역(三角貿易) 체제를 구축하였다. 삼각무역은 영국에서 무역선에 노예를 사들이는 데 필요한 술과 총, 화약 등을 싣고 아프리카로 가서 노예와 맞바꾼 다음, 노예들을 서인도 제도에 팔고 식민지의 산물을 구입하여 영국으로 오는 무역형태였다. 이러한 노예무역은 많은 이익이 생기는 일이었기 때문에 300년 동안 약 1,500만 명의 아프리카인이 아메리카 대륙으로 보내졌다. 그러나 유럽에서 자본주의와 민주주의가 발전하면서 노예무역에 대한 반대운동이 일어나 1807년 영국에서 노예무역을 금지한 것을 비롯해 각국에서 노예무역을 금지하였고, 이어 노예제도 자체도 서인도 제도에서 1838년에, 미국에서는 1863년 링컨 대통령의 노예해방선언으로 폐지되었다.

노예왕조(奴隸王朝, Slave Dynasty, 1206~1290)

인도에서 델리를 중심으로 생긴 5대 이슬람 술탄왕조 중 첫번째 왕조. 아프간 고원의 투르크계 왕조인 구르왕조가 인도 북부 지역을 점령한 후 구르왕조의 장군 아이바크가 인도 서북부 펀잡 지방을 지배하는 술탄이 되었다. 아이바크의 노예 일투드미시가 1210년에 델리를 중심으로 최초의 이슬람왕조를 세웠다. 이 왕조에는 노예 출신의 왕이 많아 노예왕조라고 불렀다. 이후 노예왕조는 힐지왕조에 의하여 멸망하고, 투글루크 사이이드 로디왕조 등 5대 왕조가 뒤를 이으면서 인도 북부에 이슬람 지배를 정착시켰다가 15세기 중엽에 무굴제국이 뒤를 이었다.

노예제도(奴隸制度, Slavery)

노예 소유를 허용하고 노예 노동력을 이용하는 사회·경제제도. 일반적으로 노예제도는 전쟁포로, 형벌, 혹은 혈통에 의하여 노예신분에 처한 사람에게 법적권리 또는 인격을 부정하고 타인의 소유 및 양도 대상으로 취급하여 강제노역에 종사시키는 제도이다. 그러나 역사적으로 볼 때 시대와 지역에 따라 다양한 성격의 노예제도가 존재하였다. 노예제도는 고대 메소포타미아와 이집트에도 존재하였으며, 함무라비법전에도 등장한다. 이후 그리스의 스파르타에서는 헤일로타이라는 농노 형태의 노예가 있었으며, 아테네에는 상공업에 종사하는 노예가 많았다. 이후 로마에서는 라티푼디움에서 농업에 종사하는 노예를 비롯하여 여러 분야에 종사하는 노예가 있었다. 이 시기의 노예는 주인에 의해 해방되거나 자유인의 신분을 돈으로 살 수 있었고, 그 계층이나 직업도 다양하였다. 중국에서는 서주(西周)시대 이전에 이미 노예가 있었던 것으로 전해지며 고대에는 주로 농경에 종사했으나 당대 이후로 소작제가 일반화되면서 가내노예가 주가 되었다. 이들에게는 어느 정도의 재산 소유 및 법적 보호를 받을 수 있는 권리가 있었고, 주로 혈통에 의해 노예가 되었다. 인도에서는 아리아인의 정복으로 기존 원주민이 노예가 되면서 노예제도가 등장하였다. 이슬람권에서는 노예를 사고파는 노예시장이 각지에 존재하였고, 권력자의 노예는 노예왕조의 경우와 같이 스스로 높은 신분에 오르는 경우도 있었다고 한다. 근대에는 유럽인이 지리상의 발견에 나서면서 아메리카 대륙에 노동력을 공급하기 위해 아프리카 흑인을 노예로 만드는 노예무역이 성행하였으며 19세기에 이르러서는 세계적으로 폐지되었다.

노자(老子, ?~?)

도가사상을 창시한 고대 중국의 사상가. 본명은 이이(李耳)이며 자는 담(聃)으로 노담(老聃)이라고도 부른다. 초나라 고현 출신으로 공자보다 약 100년 뒤의 사람이라고 한다. 춘추시대 말기에 주나라에서 장서실을 관리하는 수장실사(守藏室史)였다. 주나라가 쇠퇴하는 것을 한탄하여 서방으로 떠나다가 도중에 관문을 지키는 문지기의 요청으로 노자도덕경(老子道德經) 상·하 두 편을 써주었다고 한다. 노자는 도(道)와 무위자연(無爲自然)의 개념을 제시하였고 이후 노자의 사상을 장자가 계승하였기 때문에 노장사상이라고 한다. 노자 이후로 도교를 비롯하여 노자를 추종하는 각종 종교집단이 생겨났으나 사상적으로는 밀접한 관계가 없다. 노자사상은 이후 중국에 불교가 들어왔을 때 불교이해의 틀로 활용되기도 하였다.

노장사상(老莊思想)

노자와 장자를 중심으로 하는 도가사상. 유교사상과 더불어 중국에서 자생적으로 생겨난 사상체계이다. 노자와 장자의 도가사상은 유가사상과는 매우 다른 가치체계를 가졌으며, 유가와 달리 형식에 얽매이지 않고 무위자연을 강조하였다. 노자는 도(道)와 덕(德)을 만물의 기본원리로 삼았고 도에서 만물이 생겨나고 운행된다고 보았다. 장자는 유가에서 강조하는 예(禮) 대신 개인의 욕망을 다스림으로써 양생(養生)과 달생(達生)을 주장하고 이러한 경지에 도달하는 방법으로서 무정(無情)과 복성론(複性論)을 제시하였다. 인식론적으로는 반지주의(反知主義)를 주장하였으며 정치철학으로는 소국과민(小國寡民)

론 등의 이론을 제시하였다.

녹영(綠營)
중국 청나라 때 한인(漢人)을 중심으로 조직된 군대. 청나라 고유의 팔기(八旗)와 구별하기 위해 녹색의 군기를 사용하여 녹기(綠旗)라는 이름이 붙었다. 녹기에 소속된 병사를 녹기병(綠旗兵) 또는 한병(漢兵)이라고 불렀다. 주로 청나라에 항복한 명나라 군인들을 대상으로 조직되어 팔기와 함께 청나라 군대의 핵심을 이루었다. 그 조직은 수도와 각 성에 녹영을 설치하고 그 밑에 기병과 보병을 두어 치안유지 업무를 담당하였다. 녹영의 전체 병력은 60만 명에 달하였으며 강희제와 건륭제의 대외전쟁에서 크게 활약하였으나 18세기 말 이후 유명무실화되었다.

▶ 11세기 농촌의 생활

농노(農奴, Serf)
중세 유럽에서 영주의 장원에 예속되어 소작농으로 일한 농민. 농노는 세습적으로 부여받은 토지를 경작하여 생활하였으며 거주이전의 자유나 직업을 바꿀 자유는 없었다. 농노는 자신에게 할당된 토지에서 나오는 산물을 바치는 것 이외에 영주의 직할지를 경작하고 기타 부역을 해야 했다. 그러나 점차 노동지대를 생산물지대와 화폐지대로 대납하게 됨에 따라 농노가 잉여생산물을 축적할 수 있게 되었다. 농노제도는 유럽에 봉건제도가 정착되면서 정형화되었고, 농노는 중세 유럽의 3대 신분인 기도하는 신분(사제), 싸우는 신분(기사)과 함께 일하는 신분(봉건 농민, 농노)을 형성하였다. 13세기~14세기 이후 상품경제가 활성화되고 왕권이 강화되면서 영주의 권한도 축소되어 유상 또는 무상으로 농노해방이 이루어졌다.

농노해방(農奴解放, emancipation of serfs)
유럽에서 12세기~16세기 사이에 농민이 농노제에서 벗어난 일. 중세 유럽의 농민들은 농노 신분으로 장원에 예속되어 영주의 직영지를 경작하는 등 노동지대를 부담해야 했다. 그러나 12세기 후반에 이르자 생산력이 발전하고 화폐경제가 활성화되면서 노동지대를 생산물지대나 화폐지대로 점차 대체하게 되었고, 봉건적 세금과 부역이 사라지게 되었다. 영국에서는 화폐경제가 일찍부터 발전하여 16세기에는 지대를 화폐로 납부하는 독립자영농인 요먼이 등장하게 되었다. 프랑스에서는 11세기 이후 노동지대가 사라졌으나 영국보다는 화폐경제가 늦게 발달하고 귀족층의 지배가 강하여 지대를 생산물로 납부하는 형태가 유지되었다. 서유럽과 달리 동유럽에서는 농노제가 늦게까지 존속되었다. 프로이센에서는 재판농노제라 하여 19세기 초까지 영주제가 존속하였으며, 러시아에서는 1861년 농노해방 때까지 존속하였다.

농업혁명(農業革命, Agricultural Revolution)

두 가지 의미로 쓰인다. 첫번째는 인류가 신석기시대에 접어들면서 수렵 및 채집에 의존하던 경제활동에서 곡물 경작과 가축 사육 위주의 경제활동 단계로 발전한 것을 신석기혁명 또는 농업혁명이라고 부른다. 두번째로는 근대 영국에서 18세기 산업혁명에 따라 공업기술과 함께 농업기술이 발전하고 인클로저운동을 통한 농업구조의 거대화, 합리화 추세에 따라 농업생산력이 증대하고 농업 수익이 늘어나는 등의 제반 현상을 일컫는다.

농정전서(農政全書)

명나라 때 학자인 서광계(徐光啓)가 중국의 농업서적을 집대성하여 편찬한 농업서. 전 60권으로 되어 있으며 서광계가 죽은 뒤 진자룡(陳子龍)이 서광계의 손자를 통하여 1639년에 출간하였다. 책의 구성은 농본(農本), 전제(田制), 농사(農事), 수리(水利), 농기(農器), 수예(樹藝), 잠상(蠶桑), 잠상광류(蠶桑廣類), 종식(種殖), 목양(牧養), 제조(製造), 황정(荒政) 등의 12문(門)으로 되어 있다. 각 부문마다 여러 농업서를 인용하면서 자신의 생각도 반영시켰다. 당시 양쯔강 하류 지역의 상품경제가 발달하고 있던 상황과 서광계 자신이 마테오리치 등에게 배운 서양학문의 경험, 그리고 상업성 농작물 및 서양 수력학과 지리학도 들어가 있다.

누르하치(奴兒哈赤, 1559~1626)

여진족 추장 출신으로 청나라를 세우고 초대 황제가 된 인물. 성은 아인신쥐러이며 묘호는 태조(재위기간 1616~1629)이다. 만주의 건주여진의 추장 집안 출신으로 25세 때인 1583년에 독립하여 10여 년 만에 건주여진을 통일하여 만주 5부를 형성하였다. 이후 몽고와 수교하고 만주문자를 만들었으며 팔기제도를 정비하는 등 세력을 확장하였다. 1616년에 스스로 황제의 자리에 올라 국호를 후금(後金), 연호를 천명(天命)이라고 정했다. 1619년 명나라와 충돌하여 사르프 전투에서 명군에게 대승을 거두었으며 이어 1621년에 랴오양을 점령하였고, 1625년에는 선양까지 이르렀다. 1626년 명나라의 영원성을 공격하던 중 부상을 입고 다시 몽고 원정에 나섰다가 병으로 사망하였다.

뉴딜(New Deal)

1930년대 미국에서 대공황을 극복하기 위하여 프랭클린 D. 루즈벨트 대통령의 주도로 실시한 국가주도의 경제재건정책. 1920년대까지 시행되던 자유방임적 경제정책이 1929년의 주식시장 대폭락으로 시작된 대공황을 해결하지 못하자 정부의 적극적인 개입의 필요성이 대두되었다. 이에 따라 1932년 선거에서 당선된 루즈벨트 대통령은 새로운 정책(뉴딜)을 실시할 것을 공약으로 내걸었다. 뉴딜에 따라 정부가 경제문제에 적극 개입하여 농업조정법, 긴급은행법, 관리통화법, 산업부흥법 등을 통하여 정부의 규제를 강화하였다. 또한 테네시강 유역 개발공사(TVA)를 설치하여 국가주도의 대규모 토목사업을 벌여 실업해소에 주력하였다. 이와 함께 노동자와 빈민에 대한 고용안정과 사회보장책도 제시하였다. 뉴딜을 통하여 연방정부의 기능이 강화되고 대통령이 권한이 커져 이전의 자유방임주의 시대와 많은 차이가 생기게 되었다.

뉴턴(Newton, Isaac, 1642~1727)

근대 자연과학의 기초를 세운 뉴턴역학의 창시자. 수학자이자 물리학자이며 천문학자였다. 잉글랜드 동부 링컨셔의 울즈소프 출신으로 1669년에 케임브리지 대학 교수가 되었고, 1672년에는 왕립학회 회원이 되었다. 초기에는 광학을 주로 연구하였다가 이후 수학연구에 몰입하여 미적분법을 만들었으며,

광학분야에서는 반사망원경을 제작하였다. 이후 역학, 특히 중력에 대하여 관심을 가져 '만유인력의 법칙'을 정립하였다. 1687년 대표작인 《자연철학의 수학적 원리》를 발표하여 만유인력의 법칙과 운동의 3법칙 등을 발표하였다. 이후 하원의원, 조폐국 장관 등으로 공직에 몸 담았으며, 신학에도 관심을 가져 자신의 역학적 우주관으로 신을 이해하였다. 뉴턴은 근대 자연과학의 기초를 다졌을 뿐만 아니라, 그의 역학적 세계관은 18세기 계몽사상에 큰 영향을 미쳤다.

▶ 뉴턴

니벨룽겐의 노래(Das Nibelungenlied)

독일 중세시대 기사문학의 대표작품. 12세기 후반에서 13세기 초에 게르만 민족 대이동시대의 북구 영웅신화를 소재로 쓰여진 작품이며 작자는 미상이

다. 내용은 제1부가 〈지크프리트(Siegfried)의 죽음〉, 제2부는 〈크림힐트의 복수〉로 되어 있다. 네덜란드의 왕자 지크프리트가 니벨룽이란 소인족을 정복하고 용을 퇴치하고 부르군트족의 왕 군터의 동생 크림힐트에게 청혼한다. 군터는 지크프리트에게 이젠란트의 여왕 브룬힐트와 결혼하게 도와달라고 요청한다. 지크프리트는 니벨룽의 보물로 군터를 도와 결혼을 성사시키고 자신도 크림힐트와 결혼한다. 그러나 10년 후 비밀이 드러나 지크프리트는 원한을 품은 브룬힐트의 사주로 암살된다. 이후 훈족의 왕 에첼과 재혼한 크림힐트가 복수를 계획하여 군터 이하 모든 사람을 죽인다는 줄거리이다. 게르만족의 특성이 잘 묘사되어 있기 때문에 독일의 국민문학으로서 지금까지도 널리 읽히고 있다. 이 니벨룽겐의 노래를 소재로 바그너가 〈니벨룽겐의 반지〉라는 악극을 작곡하였다.

니체(Nietzsche, Friedrich Wilhelm, 1844~1900)

독일의 철학자. '초인'을 이야기한 '비극의 철학자'로 불린다. 고전문헌학을 전공하여 바젤 대학 교수로 있으면서 철학자 쇼펜하우어와 음악가 바그너로부터 많은 영향을 받았다. 이후 프로이센-프랑스 전쟁에 종군하였다가 건강이 나빠져 바젤로 돌아왔다. 28세 때 《음악 정신에서의 비극 탄생》에서 그리스 비극을 아폴로적인 것과 디오니소스적인 것 두 가지로 이해하였다. 이후 《반시대적 고찰》(1873~1876)과 《인간적인, 너무나 인간적인》(1876), 《차라투스트라는 이렇게 말했다》(1883~1885) 등에서 당대 유럽 문화와 기독교를 비판하고 '초인사상(超人思想)'을 제시하였다. 이후 《선악의 피안》(1886), 《도덕의 계보학》(1887), 《권력에의 의지》(1884~1888), 《이 사람을 보라》(1908) 등의 저작을 통해 기독교에 기반을 둔 유럽 문명을 계속 비판하고 새로운 대안을 제시하려고 애썼다. 1889년 정신착란을 일으켜 투병 중에 사망하였다.

▶ 니체

니케아 공의회(Councils of Nicaea, 325)

로마제국의 콘스탄티누스 대제가 소아시아의 니케아에서 개최한 기독교 최초의 종교회의. 삼위일체에 대한 논쟁을 종식하고 교회의 내분을 수습하기 위해 개최되었다. 참석자는 약 300여 명으로 대부분 동방교회의 주교들이었다. 이 회의의 결과 성부와 성자가 '동질'이라는 정통파의 교리가 승인되고, 예수

그리스도의 신성을 인정하지 않는 아리우스파가 이단이라는 판결이 내려졌다. 공의회는 이밖에 교회 운영에 대한 12조를 채택하고 2개월 만에 폐회하였다. 이후 니케아에서는 787년에도 한 차례 더 공의회가 열렸다.

니콜라이 1세(Nikolai I, Pavlovich Romanov, 1796~1855)

러시아 황제(재위기간 1825~1855). 황제에 즉위한 직후 일어난 데카브리스트의 반란을 진압하고 비밀경찰과 고문 및 유형제도를 이용하여 혁명세력을 탄압하는 전제정치를 실시하였다. 1833년에 《러시아법대전》을 편찬하고 보호관세정책을 추진하여 러시아 자본주의를 육성하려 하였다. 대외적으로는 오스트리아와 동맹을 맺어 폴란드와 헝가리의 반란을 진압하고 동유럽과 중앙아시아로의 진출을 꾀했다. 신성동맹측의 입장과는 달리 그리스 독립을 지원하였으며 크림전쟁(1853~1856)을 일으켜 지중해로 진출하여 발칸 반도를 장악하려 하였으나 실패하고 전쟁 말기에 사망하였다.

니콜라이 2세(Nikolai II, Aleksandrovich Romanov, 1868~1918)

러시아 로마노프왕조의 마지막 황제(재위기간 1894~1917). 알렉산드르 3세의 맏아들이다. 1891년 일본 방문 중에 피습당한 오쓰사건으로 부상을 입었다. 독일 왕가의 공주인 알렉산드라와 결혼하였으며, 왕세자의 혈우병으로 수도사 라스푸틴을 궁정으로 초빙하여 정치적 문제를 초래하였다. 대외적으로 3국 간섭, 동청철도(東淸鐵道) 부설권을 획득하고 랴오둥반도를 조차하는 등 극동지역으로 적극 진출하였다. 이 때문에 일본과 마찰을 빚어 러·일전쟁이 발발하였다. 러·일전쟁에서 러시아가 패배하자 1905년 혁명(제1차 러시아 혁명)이 일어났다. 혁명이 일어나자 황제는 두마(의회) 설립과 개혁조치를 약속하였으나 혁명이 누그러들자 다시 전제정치로 돌아갔다. 러시아군의 총사령관으로 제1차 세계대전에 참전하였으나 막대한 희생과 반전 분위기가 계기가 되어 1917년 2월혁명이 일어나자 퇴위하였다. 이후 감금되었다가 10월혁명 이후 시베리아로 이송되는 도중에 볼셰비키에 의해 가족과 함께 살해당했다.

니힐리즘(Nihilism)

일반적으로 허무주의(虛無主義) 사상 및 그러한 경향을 말하며, 1860년대 이후 러시아에서 등장한 사상적 경향을 말하기도 한다. 유럽에서 니힐리즘은 19세기 후반에 니체, 도스토예프스키 등에 의해 제시되었고 특히 러시아에서 니힐리즘적 경향이 두드러지게 나타났다. 러시아 니힐리즘은 러시아의 전제정치와 그리스 정교의 사상적 지배에 이의를 제기하였고, 이후 기존 권위에 맞서 투쟁한 무정부주의로 연결되었다.

닉슨(Nixon, Richard Milhous, 1913~1994)

워터게이트 사건으로 대통령직에서 물러난 미국의 제37대 대통령. 캘리포니아 출신으로 변호사로 활동하다가 하원의원으로 정계에 진출하였다. 이후 하원 비미활동위원회(非美活動委員會)에서 행정부 내의 공산주의자 색출활동으로 반공주의자로 널리 알려지게 되었다. 드와이트 아이젠하워 대통령의 러닝메이트로 부통령에 당선되었다. 1960년 대통령 선거에 출마하였다가 민주당의 케네디 후보에게 패배하고 한때 정계에서 은퇴하였다가 다시 복귀하여 1968년 대통령 선거에 출마하여 당선되었다. 이후 당시 미국이 개입하고 있던 베트남전쟁에 대하여 '베트남전쟁의 베트남화'와 '명예로운 철수'를 주장하여 베트남에서 미군철수를 개시하였다. 국제정치 분야에서 헨리 키신저를 기용하여 공산권과의 대화를 시도하는 '데탕트' 노선을 제시하여 미국 대통령으로서 처음 중국을 방문하고 소련과도 화해를 모색하였다. 1972년에 대통령에 재선되었으나 선거운동 과정에서 민주당 선거운동본부를 불법도청한 '워터게이트' 사건이 폭로됨에 따라 의회로부터 탄핵당할 위기에 처하자 사임하여 미국 역사상 처음으로 임기 중에 사임한 대통령이 되었다.

▶ 닉슨

다다이즘(Dadaism)

제1차 세계대전 중에 일어난 예술과 문학 유파 및 그러한 경향. 다다(dada)라고도 부른다. 제1차 세계대전을 피해 스위스의 취리히로 간 휠젠베르크, 알프, 차라, 발 등이 기성 사회와 예술적 권위를 부정하고 조소하는 활동을 시작했다. 이후 독일의 베를린, 하노버, 쾰른 등으로 전파되어 하우스만, 그로스, 메링, 슈비터스, 에른스트 등이 활약하였으며 베를린의 다다이즘은 정치적 성향을 띠어 반전(反戰) 및 혁명운동에 동조하였다. 뉴욕에서는 뒤샹, 맨 레이 등이 전위적 예술운동을 지향하였고, 파리의 다다이즘은 바세, 브르통, 엘뤼아르 등 시인들이 참여하여 나중에 쉬르레알리즘(초현실주의)으로 발전하였다.

▶ 다리우스 1세

다리우스 1세(Darius I, BC 558?~BC 486)

페르시아전쟁을 일으켜 그리스를 침공했던 페르시아 아케메네스왕조의 왕(재위기간 BC 521~BC 486). 다리우스 대왕이라고도 불린다. 왕위를 찬탈한 제사장 가우마타를 죽이고 왕위에 올라 전국을 20주(사트라피)로 분할하고 그 태수(사트라프)를 직접 임명하여 군사와 행정을 장악하였다. 또 도로를 정비하여 역참제를 실시하고, 세제(稅制)를 정비하고 화폐를 주조하는 등 중앙집권적 통치를 실시하였다. 대외적으로 인도 편잡 지방을 정벌하고 북쪽의 스키타이를 평정하였다. 또한 소아시아의 그리스 식민지 봉기를 진압한 것이 계기가 되어 그리스 본토까지 원정에 나서게 되었다. 1차 원정에 실패하였고 2차 원정에서도 마라톤 전투에서 패배하였다.

다마스쿠스(Damascus)

세계에서 가장 오래된 도시의 한 곳. 고대 오리엔트 지역에서 정치, 문화, 교통의 중심지였다. BC 10세기에 아람왕국의 수도였으며 BC 723년에 아시리아에 의해 멸망당했다. 그 후 페르시아, 그리스, 로마제국의 지배를 받다가 동로마제국에 귀속되었다. 기독교가 전파되면서 교구중심지가 되었다가 635년 아랍인이 점령하여 750년까지 칼리프의 소재지가 되어 이후 이슬람 문화의 중심지로 자리잡았다. 1076년에는 셀주크투르크가 점령하였고, 1148년에는 십자군이 공격하였으나 점령하지는 못했다. 십자군전쟁의 와중에 12세기 후반에 살라딘이 세운 아이유브왕조가 이슬람 문화의 전성기를 구가하였다. 그러나 티무르가 이끄는 몽고군이 1401년에 침입하여 다마스쿠스를 철저하게 파괴하고 30만 명의 시민을 학살하였다. 이후 1516년에 오스만투르크의 영토가 되었다가 제1차 세계대전 후 프랑스가 위임통치하다가 제2차 세계대전 후에 철수하고 현재는 시리아 공화국의 수도이다.

다비드왕(David, BC ?~971?)

블레셋의 거인 골리앗을 이긴 성경의 이야기로 유명한 이스라엘의 왕. 사울왕의 부하로 페리시테(블레셋)인과 싸웠다. 사울왕이 죽은 BC 1000년에 유대의 왕이 되었고, BC 994년에 이스라엘의 왕이 되었다. 예루살렘을 수도로 정해 신의 언약궤를 옮기고, 제사제도를 정비하였다. 또한 이스라엘 12부족을 통일하고 예루살렘을 중심으로 유대교를 확립하였다. 다비드왕의 치세에 들어 이스라엘왕국은 기반을 다지게 되었다. 그의 행적은 구약성서의 〈사무엘전후서〉, 〈열왕기〉, 〈역대기〉에 기록되어 있다.

다윈(Darwin, Charles Robert, 1809~1882)

진화론을 창시한 영국의 생물학자. 에든버러대학에서 의학을 공부하다 중퇴하고, 케임브리지 대학에서 신학 및 동식물학을 공부하였다. 1831년 영국의 해군 측량선 비글호에 박물학자로 승선하여 세계를 일주하였다. 이 항해에서 남아메리카와 갈라파고스 제도를 비롯한 남태평양의 여러 섬들과 오스트레일리아를 탐사하면서 각종 동식물 자료를 수집하였다. 이 항해의 결과로 《비글호 항해기》(1839)를 발표하고, 진화론에 대한 연구를 계속하여 1859년에 《종의 기원》을 발표하였다. 다윈의

다윈

진화론은 자연선택에 의한 적자생존과 자연도태를 핵심으로 한 것으로 단지 자연과학뿐만 아니라 19세기의 문화와 사회에 큰 영향을 미쳤다. 다윈의 진화론에 영향을 받은 허버트 스펜서 등은 '사회진화론'을 주장하였다.

다이묘(大名)

일본 에도시대에 바쿠한(幕藩)체제가 등장함에 따라 각 지방의 번주(藩主)를 다이묘라고 불렀다. 다이묘의 기원은 중세 묘오덴제(名田制)에서 찾아볼 수 있으며 한 지방을 장악한 무사들의 우두머리를 다이묘라고 불렀다. 무로마치 막부 때에는 각 지방을 지키는 슈고(守護)를 슈고 다이묘라고 불렀다. 이후 전국시대를 거쳐 새로운 다이묘들이 등장하였고 에도막부(幕府)에서는 1만 석 이상의 영국(領國)을 소유한 영주를 다이묘라고 불렀다. 다이묘는 도쿠가와 가문과의 관계에 따라 신판(親藩), 후다이(譜代), 도자마(外樣) 3계층으로 나누어 차별화하였다. 다이묘는 막부에 대하여 군역의 의무를 비롯한 여러 의무를 졌다. 1871년 메이지 유신으로 다이묘 제도는 폐지되었다.

다이카개신(大化改新)

7세기 무렵에 중국의 율령제를 모방하여 일본에 천황중심의 중앙집권체제를 갖추려고 시도한 일본 고대정치사의 대개혁. 645년 중국 유학 등으로 선진문물을 접한 세력을 중심으로 나카노 오에(中大兄) 황태자(훗날의 천지천황(天智天皇))와 나카토미 가마타리(中臣鎌足)가 이끄는 세력이 당시의 권력자인 소가(蘇我) 일족을 제거하고 개혁조치를 실시하였다. 이들은 연호를 다이카(大化)라 칭하고 수도를 아스카에서 나니와(難波, 오늘날의 오사카)로 옮겼다. 이어 4개조의 칙령을 발표하고 개혁에 착수하였다. 4개조의 내용은 첫째, 호족 등이 사유토지와 사유민(私有民)의 해방. 둘째, 방행정조직의 정비. 셋째, 호적을 작성하여 중국의 균전제(均田制)와 같은 반전수수법(班田收受法) 실시. 넷째, 조용조(租庸調)제에 의한 세제개혁 등이다.

단기의회(短期議會, Short Parliament, 1640)

영국왕 찰스 1세가 스코틀랜드와의 전쟁을 위해 소집한 의회. 1640년 4월 13일에 열려 3주간 지속되었으며, 같은 해 가을에 열린 '장기의회'와 대비하여 단기의회란 이름이 붙었다. 원래 찰스 1세는 1629년에 의회를 해산하고 11년간 전제정치를 실시하였다. 그러나 영국국교회의 교리를 스코틀랜드에 강요하였다가 스코틀랜드 장로파가 이에 반발하여 반란이 일어나자 이를 진압하기 위한 전쟁을 벌였다. 이 전쟁의 군비를 감당하기 위해 찰스 1세는 어쩔 수 없이 의회를 소집해야 했다. 그러나 의회가 전비조달의 승인보다 선박세 문제 등의 불만을 제기하자 찰스 1세는 단기의회를 해산시켰다.

단치히 자유시(Danzig Freistadt)

제2차 세계대전의 발단이 된 발트 남쪽 연안의 독일 항구도시. 현재는 폴란드의 그다니스크이다. 제1차 세계대전 후 베르사유 조약에 의하여 내륙국가인 폴란드에 바다로 나갈 수 있는 통로를 주기 위하여 폴란드 회랑(Polish Corridor)을 설정하였다. 폴란드 회랑의 바다쪽 끝에 위치한 항구도시인 단치히는 주민의 90% 이상이 독일인이었기 때문에 국제연맹이 보호하는 자유시가 되었다. 그러나 바르샤바 조약으로 폴란드가 단치히에 대해 간섭권을 가지게 되었다. 독일에서 나치스가 집권하면서 단치히는 실질적으로 나치의 지배를 받게 되었고, 독일이 폴란드 회랑의 교통권을 요구했다가 거절당한 것이 제2차 세계대전의 계기가 되었다.

단테(Dante, Alighieri, 1265~1321)

《신곡(神曲, Divine Comedy)》으로 유명한 이탈리아의 시인. 르네상스의 선구자로 알려져 있으며 이탈리아어로 작품활동을 하고 라틴어 대신 속어(俗語) 문학을 옹호하였다. 피렌체 출신으로 정치싸움에 휘말려 피렌체에서 추방되어 이탈리아를 유랑하며 작품을 남겼다. 라틴어를 비롯하여 고대의 논리학, 수사학을 공부하였고, 고대 작가들의 문체를 연구하였으며 이탈리아어로 시를 쓰기 시작하였다. 1292년경에 시집 《신생(新生, Vita Nuova)》을 발표하여 젊은 나이에 세상을 떠난 연인 베아트리체에 대한 사랑을 노래하였다. 이후 실존여성인 베아트리체를 이상적인 여성상으로 승화시켜

▶ 단테

대작 《신곡》(1307~1321)을 집필하였다. 《신곡》에는 중세적인 여러 요소가 나타나 있지만 이와 함께 르네상스시대의 도래를 알리는 낭만적이고 인문주의적인 요소가 또한 나타나 있다.

달랑베르(D'Alembert, Jean Le Rond, 1717~1783)

유명한 계몽주의 변호사, 수학자, 물리학자, 철학자, 문인으로 백과전서파의 일원이다. 귀족의 사생아로 태어나 23세 때인 1741년에 과학아카데미의 회원이 되었다. 역학분야를 연구한 《역학론》(1743)을 발표하여 데카르트주의를 배격하고 뉴턴주의를 받아들였다. 그 밖에 역학원리인 '달랑베르의 원리'를 발표하였다. 디드로와 함께 계몽사상가의 중심인물로 여러 방면에서 활동하였

으며, 철학적으로 이신론(理神論)을 주장하여 카톨릭 교회에 비판적인 입장을 취하였다. 1750년에는 디드로와 함께 《백과전서》를 편찬하여 1751년에 제1권을 출간하고, 1772년까지 본문 19권, 도판(圖版) 11권을 계속 간행하였다. 《백과전서》에서 달랑베르는 서론을 비롯하여 과학분야 항목을 집필하고 감수하였다. 1754년 과학아카데미의 회원으로 선출되었다.

달마(達磨, Bodhidharma, ?~528?)

중국 선종(禪宗)을 창시한 인도 출신의 승려. 본명은 범어(梵語)로 보디다르마이며 중국식으로 보리달마(菩提達磨)라고 부른다. 남인도 향지국(香至國)의 왕자 출신으로 남북조, 송, 또는 양나라 때 광조우를 통해 중국에 들어왔다. 이후 북위(北魏)로 들어가 낙양에서 포교했으나 자신의 불법이 받아들여지지 않자 떠났다고 한다. 이후 쑹산(嵩山) 소림사(少林寺)에 들어가 동굴에서 9년 동안 면벽좌선하였다고 한다. 이후 선종의 법통을 제자 혜가(慧可)에게 전수하여 중국 선종을 창시하였다. 달마의 선불교는 당시 중국에 유행하던 경전 중심의 불교와 달리 참선을 중시하는 새로운 불교였다.

담사동(譚嗣同, 1865~1898)

변법자강을 주도한 청나라 말기의 사상가. 자는 부생(復生)이며, 호는 장비(壯飛)이다. 후난성 출신으로 시문에 뛰어났으나 과거에는 급제하지 못했다. 청일전쟁에서 청이 패배하자 신학문에 뜻을 두고 당재상(唐才常) 등과 남학사(南學社)를 열고 〈상보(湘報)〉를 발행하였다. 당시 중국에서는 청일전쟁의 패배와 제국주의 열강의 중국 분할로 인하여 지식인층 사이에 위기감이 커지고 있었다. 그리하여 이전까지 중체서용론(中體西用論)을 중심으로 중국의 전통 이념은 유지한 채 서양의 무기와 기술만을 도입하려는 양무운동(洋務運動)에 대한 비판이 등장하였다. 즉, 중체서용 대신 정치와 사회제도를 개혁해야 한다는 변법자강운동이 등장하였다. 담사동은 후난성에서 이 운동을 이끌었고 황제에게 등용되어 변법운동을 이끌었으나 서태후의 쿠데타로 실패하고 처형되었다.

당(唐, 618~907)

고대 중국의 통일제국으로 한나라에 이어 정치제도 및 문화가 발달했던 왕조. 이연(李淵)이 618년에 수나라를 무너뜨리고 건국하여 장안에 도읍을 정하였다. 건국에 이어 태종 이세민(李世民)이 중앙집권체제를 정비하고 영토확장에 나서 제국의 기초를 다짐으로써 태종의 치세는 '정관의 치(貞觀의 治)'라 불리운다. 제3대 고종이 죽은 후 측천무후(則天武后)가 690년 스스로 황제가 되어 나라 이름을 '주(周)'라 불렀으나 705년에 다시 당왕조가 이어지게 되었다. 이후 현종 때 다시 한번 중흥기를 맞게 되며 이 시기를 '개원의 치(開元의 治)'라 한다.

당밀조례(糖蜜條例, Molasses Act, 1733)

영국의회에서 식민지의 무역을 규제하기 위해 만든 법령이다. 18세기 들어 아메리카 대륙 북부의 식민지, 특히 뉴잉글랜드 지역에서는 서인도 제도로부터 당밀과 설탕을 수입하였다. 그 중에서도 프랑스령 식민지가 영국령 식민지보다 더 많은 당밀과 설탕을 아메리카 대륙으로 수출하여 이익을 올리게 되었다. 이렇게 되자 영국령 서인도 제도의 당밀 농장주들은 본토에 압력을 가하기 시작하였다. 영국의회는 1733년 외국산 럼주, 당밀, 설탕에 대하여 높은 관세를 매기는 당밀조례를 발효시켰다. 이 조치는 북아메리카 식민지의 무역업자와 노예주들로부터 큰 반발을 샀으나 현실적으로는 밀무역이 증가하게 되어 조례의 실효는 크지 않았다.

당삼채(唐三彩)

중국 당나라 때 만들어진 도기. 유약을 바르지 않거나 살짝 구운 바탕에 여러 가지 색깔의 유약을 발라 낮은 불로 구워낸 것이다. 백색, 녹색, 갈색의 3가지 색으로 배합된 것이 많아서 삼채라고 부른다. 도기의 종류는 접시, 잔, 병 외에도 말, 사자, 낙타 등의 동물과 서역 풍속의 인물상, 베개 등으로 다양하다. 이러한 각종 동물상 등은 당나라 귀족들의 무덤 부장품으로 낙양과 서안 등지에서 많이 발굴되었다. 서역인의 모습을 비롯해 보상화(寶相華), 당초(唐草) 무늬 등은 당삼채가 서역과 이란의 영향을 받았음을 보여준다. 이러한 면에서 당삼채는 당나라의 국제적인 귀족문화와 당시 생활상을 보여주는 것이며 동아시아 지역에 전파되어 영향을 미쳤다.

당송팔대가(唐宋八大家)

중국 당나라 및 송나라 때 8명의 문장가, 산문작가를 말한다. 당나라 때의 한유(韓愈), 유종원(柳宗元), 송나라 때의 구양수(歐陽修), 소순(蘇洵), 소식(蘇軾), 소철(蘇轍), 증공(曾鞏), 왕안석(王安石) 등 8명을 당송팔대가라 부른다. 당나라 이전 육조 때에는 화려한 사륙변려체 문장이 유행하였으나, 당나라 때에는 전한 때의 문장을 따라 의미의 전달을 중시하는 새로운 산문운동인 고문운동(古文運動)이 등장하였다. 한유와 유종원이 고문운동의 대표적 문장가였다. 이들의 연구는 북송시대로 이어져 구양수가 이를 더욱 발전시켰다. 소순, 소식, 소철, 증공, 왕안석 등은 모두 구양수의 제자이다. 이들이 '산문'이라는 표현도 처음 쓰기 시작하였다. 당송팔대가라는 명칭은 송나라의 진서산(眞西山)이 처음으로 제시하였고, 당순지(唐順之)가 산문선집 《문편(文編)》

에 당송팔대가의 작품을 수록하였다. 이후 명나라 때 모곤(茅坤)이 《당송팔대가문초(唐宋八大家文鈔)》160권을 편찬하였고, 청나라 때에 심덕잠(沈德潛)이 《당송팔가문독본(唐宋八家文讀本》 30권을 편찬하였다.

당통(Danton, Georges Jacques, 1759~1794)

프랑스 혁명기의 자코뱅파 정치가. 오브현(縣) 아르시스쉬르오브 출신으로 랭스에서 법학을 공부하고 이후 파리로 가서 1785년에 고등법원 서기, 1787년에 왕실고문회 소속의 변호사가 되었다. 1789년에 혁명이 일어나자 마라, 에베르 등과 코르들리에 클럽을 결성하였으며 자코뱅 클럽에도 가입하였다. 이후 뛰어난 웅변으로 자코뱅당 우파의 지도자가 되었다. 1893년에 공안위원이자 자코뱅당 의장이 되어 지롱드파를 체포하고 각지의 반혁명을 진압하며, 대외적으로는 발미 전투를 비롯한 혁명전쟁 수행을 이끌었다. 우파 부르주아를 대변하여 군주제 폐지에 반대하고, 개인재산의 불가침성을 강조하였다. 또한 '관용'을 주장하고 공포정치를 끝낼 것을 촉구하다가 로베스피에르파에 의해 체포되어 1794년 3월에 처형당하였다.

당통

대공위시대(大空位時代, Interregnum, 1256~1273)

중세 후기 독일에서 신성로마제국 황제가 선출되지 않았던 시기. 독일에서는 선제후(選帝侯)들에 의하여 황제가 선출되었으나 점차 제후들의 권한이 강화되고 황제의 권한이 약화되면서 혼란이 일어났다. 1254년 교회로부터 파문당한 프리드리히 2세의 아들 콘라드 4세가 사망하여 슈타우펜왕조가 끊어지고, 1256년에는 프리드리히 대신 황제로 선출되었던 빌헬름마저 사망하였다. 그러자 제후들은 두 파로 양분되어 각자 자신들의 황제를 옹립하였으나 두 황제 모두 외국인(영국왕 헨리 3세의 동생 리처드와 카스티야의 왕 알폰소)이었기 때문에 실제로 독일에는 황제가 존재하지 않게 되었다. 이후 교황 그레고리우스 10세가 주선한 프랑크푸르트 선제회의(選帝會議)에서 합스부르크 왕가의 루돌프 1세가 황제로 선출될 때까지 20년간을 '대공위시대'라 부른다. 대공위시대는 신성로마제국 황제의 권한이 약화되고 독일이 실제적으로 여러 개의 영방국가(領邦國家)로 분열된 시대상을 반영한 것이다.

대공포(大恐怖, La Grande Peur, 1789)

프랑스혁명이 발발한 1789년 7~8월에 농촌지역에서 발생한 농민층의 폭동현상. 당시 도시와 농촌에서 실업자와 부랑민이 증가하고 구제도에 대한 불만이 쌓여 있던 상태에서 혁명이 일어나자, 귀족에 대한 불만, 반혁명에 대한 불안, 부랑자 집단의 습격에 대한 공포 등이 복합적으로 폭발하였다. 농민들은 영주의 저택을 습격하여 토지문서를 불태우고, 무장단체를 결성하여 자위활동에 들어갔다. 농촌에서의 이러한 봉기에 자극받아 국민의회는 1789년 8월 4일에 봉건제 폐지를 결의하였다.

대공황(大恐慌, Great Depression, 1929)

1929년 뉴욕 증권시장의 대폭락으로 시작되어 제2차 세계대전이 일어날 때까지 지속된 세계적인 금융경제공황. 1929년 10월 24일 뉴욕 증권거래소에서 주가가 대폭락하면서 미국을 비롯한 유럽 각국에 공황이 발생하였다. 대공황은 이전에 주기적으로 발생하던 경제공황과는 그 범위나 파급효과가 차원을 달리하는 심각한 공황이었다. 미국에서 과잉생산과 소비자들의 구매력 부족, 주식투기현상으로 인해 발생한 공황은 곧 유럽으로 전파되었다. 제1차 세계대전의 여파에서 벗어나지 못하고 있던 유럽 각국은 미국보다 더 큰 타격을 입고 기업과 은행의 도산 및 실업자가 급증하였다. 결국 영국을 비롯한 각국은 금본위제를 정지하고 식민지를 경제블록으로 묶는 등 공황 극복을 위해 노력하였다. 그러나 경제기반이 불안정했던 이탈리아와 독일에서는 파시즘 정권이 등장하였고, 미국에서는 뉴딜정책을 통해 국가주도의 경제회복을 시도하였다. 대공황은 유럽에 파시즘 정권 등장의 계기가 되었다는 점에서 제2차 세계대전이 일어나게 된 한 가지 원인이었으며, 제2차 세계대전으로 산업생산력이 회복되면서 사라졌다.

▶ 실업대책을 요구하는 시위행렬

대당서역기(大唐西域記)

중국 당나라 때의 승려 현장이 629년 8월에 장안을 출발하여 서역, 아프가니스탄을 거쳐 인도에 갔다가 645년 귀국하여 이듬해 당 태종의 명으로 저술한 책이다. 16년에 걸친 구법여행 동안에 직접 보고 들은 138개 국가의 불교계 상황과 각국의 풍습과 문물을 기록하였다. 책의 기술은 현장이 구술한 내용을 제자인 변기(辯機)가 정리하였으며 646년 12권으로 간행되었다. 당시 서역 불교계의 상황 및 각 지역의 민속을 연구하는 데 있어 매우 중요한 사료이다.

대륙봉쇄령(大陸封鎖令, Blocus Continental, 1806)

나폴레옹 1세가 영국을 경제적으로 봉쇄하기 위하여 내린 칙령. 나폴레옹 1세는 예나 전투와 오스터를리츠 전투에서 프러시아, 오스트리아, 러시아를 격파하고 유럽대륙을 평정한 뒤 1806년 10월에 베를린에 입성하여 대륙봉쇄령을 선포하였다. 그 내용은 영국과의 통상을 금하며, 점령지역 내 영국인을 억류하고 그 재산을 몰수하며 영국 및 영국식민지에서 온 상선이 유럽대륙의 항구에 기항하는 것을 금지하는 내용이다. 베를린 칙령에 대해 영국이 '자유나포령(自由拿捕令)'으로 대응하자 나폴레옹은 1807년 밀라노 칙령을 발표하고 이어 1810년에 트리아농 칙령과 퐁텐블로 칙령을 발표하여 밀무역을 금지시켰다. 나폴레옹의 대륙봉쇄령으로 영국은 타격을 받았으나 신대륙 무역과 유럽대륙과의 밀무역으로 이를 극복하였다. 그러나 유럽 각국은 심각한 경제적 타격을 받아 영국과 밀무역을 할 수밖에 없었다. 결국 나폴레옹 1세는 대륙봉쇄령을 따르지 않는 러시아를 응징하기 위해 대원정을 감행하다 실패함으로써 몰락하게 되었다.

대륙회의(大陸會議, Continental Congress, 1774~1781)

미국 독립혁명 당시 북아메리카 대륙의 13개 식민지가 전쟁 수행 및 전후 각 주의 군사, 외교, 재정 분야의 통일을 이루기 위해 각기 대표자를 파견한 회의. 각 대표자는 자기 주를 대변하여 회의에 참석하였으므로 정부라기보다는 외교회의에 가깝다. 1774년 9월, 제1차 대륙회의가 필라델피아에서 열렸다. 이 회의에서는 아직 독립에 대한 결정은 내려지지 않았고, 영국의 압제로부터 식민지의 자유와 권리를 수호한다는 결의만 이루어졌다. 이어 1775년 5월, 제2차 대륙회의가 열렸으며 이 회의에서는 식민지의 자치회복을 목표로 무력행동선언을 발표하고 조지 워싱턴을 식민지군 총사령관에 임명하였다. 그리고 1776년 7월 2일 독립선언을 채택하여 7월 4일에 공표하였다. 이후 1777년 11월에 연합규약을 제정하면서 1781년부터는 연합회의로 불리게 되었다. 1789년 미합중국 연방헌법이 제정되면서 연방정부가 수립되자 연합회의는 해체되었다.

대리국(大理國)

타이족의 백만(白蠻, 오늘날 중국 다리바이족(大理白族) 자치주의 백족(白族))에 속하는 단(段)씨가 10~13세기에 걸쳐 현재 중국 운남성 이하이 지역에 세운 국가. 백만은 당나라 때에는 남조국이라는 나라를 세웠으며 송나라 때 대리국을 세웠다. 대리라는 명칭은 인근 뎬창산(點蒼山)에서 대리석이 많이 나기 때문에 유래하였다 한다. 대리국은 중국문화의 영향으로 불교를 숭상하였으며 송나라에 조공을 바쳤다. 몽고 헌종 때 쿠빌라이에 의해 멸망되었다.

대명률(大明律)

중국 명나라 때의 법전으로 이후 명나라와 청나라의 기본법전이 되었다. 전 30권으로 되어 있으며 명률이라고도 한다. 명나라 홍무제(洪武帝)가 1367년에 제정한 이래 여러 차례에 걸쳐 수정되었다. 대명률은 과거부터 전해지던 당률(唐律)을 개정하여 행정관청인 6부에 따라 율도 6부로 나눈 후 명례(名例)를 추가하여 7율로 만들었다. 법률적으로 보다 엄격하게 형벌을 집행하였으며, 입법 이전의 범죄까지 소급 적용하였다. 또한 원나라 때의 배상주의 원칙의 영향을 받아 실형과 함께 배상금을 징수하였다. 대명률은 명나라 이후 중국의 기본법률이었을 뿐만 아니라 조선, 일본, 안남 등지에 많은 영향을 미쳤다.

대서양헌장(大西洋憲章, Atlantic Charter, 1941)

1941년 8월 14일 미국 대통령 루즈벨트와 영국 수상 처칠이 대서양 해상에 정박한 영국 군함 프린스 오브 웨일즈호 선상에서 회담을 하고 제2차 세계대전에서 미국과 영국 양국의 기본방침을 발표한 헌장. 헌장의 내용은 8조로 되어 있다. 그 내용은 미국과 영국은 영토 확장을 원치 않는다. 영토변경은 거주민의 의사에 따른다. 침략지역의 주권회복 및 주민자치를 보장한다. 통상과 자원에 대한 기회균등을 보장한다. 노동조건 개선 및 경제발전과 사회장을 위한 국제적 협력을 실시한다. 인류가 공포와 결핍으로부터 해방되도록 한다. 공해상에서 항해의 자유를 보장한다. 침략국가의 무장을 해제시키고 집단안전보장체제를 도입하여 군비를 감축한다 등이다. 대서양헌장은 이후 연합국의 전쟁 수행목표가 되었으며 전쟁이 끝난 후 국제연합헌장의 기초가 되었다.

▶ 웨일즈호 선상에서 회담을 하고 루즈벨트와 처칠

대승불교(大乘佛敎)

대승의 교리를 기반으로 한 불교사상 및 종파. 불교는 석가모니 사후 100년 간은 통일되어 있었으나 그 후로는 분열되어 20개가 넘는 부(部)로 나뉘어졌다. 대승불교는 석가 사후 500년이 지난 BC 1세기경 이러한 부파불교(部派佛敎) 말기에 기존의 불교를 소승(小乘：Hinayana)이라고 비판하면서 등장한 새로운 불교 사상운동이었다. '대승'이라는 말은 큰(maha) 수레(yana)라는 뜻으로 일체중생(一切衆生)을 모두 제도(濟度)하는 것을 목표로 삼았다. 대승불교의 사상적 바탕은 《반야경(般若經)》, 《법화경(法華經)》, 《화엄경(華嚴經)》 등이었으며 용수(龍樹)가 대승불교 철학을 확립한 이래 무착(無着), 세친(世親) 등이 그 사상을 계승하였다. 대승불교는 인도 굽타왕조 때 전성기를 이루었으며 이후 7세기 중엽부터 밀교가 성행하였다. 12세기 말부터는 이슬람교와 힌두교에 밀려 쇠퇴하였으나 중국에 전파되고 동북아시아 전역에서 '북방불교(北方佛敎)'의 주류가 되었다.

대약진운동(大躍進運動)

1950년대 말 중국정부가 추진한 경제성장정책. 1958년 마오쩌둥(毛澤東)은 '사회주의 건설의 총노선'을 제시하고 경제의 대약진과 인민공사(人民公社)를 설립하자는 전국적인 대중운동을 실시하였다. 농업을 집단화하고 마을마다 제철소를 만드는 등 기계보다는 인력에 의존하는 노동집약적 산업화를 추구하였다. 그러나 소련의 원조가 끊기고, 자연재해가 겹친데다 농민의 태업과 반항으로 대약진 운동은 실패하였다. 결국 1960년대 들어 류사오치(劉少奇)와 저우언라이(周恩來) 등이 사태수습에 나서며 공사를 폐지하고 일부 토지를 농민에게 돌려주는 정책을 실시하였다. 마오쩌둥은 대약진운동 실패의 책임을 지고 일시 권좌에서 물러났으나 문화대혁명이 일어나자 다시 권좌에 복귀하여 류사오치 등을 숙청하였다. 이와 같이 대약진운동은 중국 공산당 지도부 내부 권력투쟁의 계기가 되었다.

대운하(大運河)

중국 수나라 때 시작하여 원나라를 거쳐 명나라 때 완공된 중국 동부를 남북으로 가로지르는 대운하. 베이징에서 시작하여 허베이, 산둥, 장쑤, 저장을 지나 항저우까지 연결된 운하로서 하이허, 황허, 화이허, 양쯔강, 첸탕강을 서로 연결한다. 정치 중심지인 화북 지방과 물산이 풍부한 강남지방을 연결하는 대운하는 일찍이 진한시대부터 운하건설이 시작되었다. 이후 수나라 때 낙양을 중심으로 남북을 연결하는 운하가 완성되었다. 이후 송나라 역시 운하 주변인 카이펑에 도읍하였으며, 원나라 때는 지금의 북경인 대도에 도읍을 정하였기 때문에 운하가 매우 중요해졌다. 그 뒤 명나라 때 현재와 같은

대운하가 완성되었다. 청나라 말기부터 해운이 발달하면서 운하를 통한 내륙
수운은 쇠퇴하였다.

대월(大越)

고대 베트남의 이름. 베트남은 BC 2세기 한나라 무제에 의해 정벌되어 이후
1,000여 년간 중국의 지배를 받았다. 당나라 때는 베트남 지역에 안남도호부
(安南都護府)를 설치하였기 때문에 안남이라는 이름이 생겨났다. 10세기 들
어 중국에서 오대십국의 혼란기에 안남에서 정무령(丁武領)이 독립하여 나라
이름을 대구월(大瞿越)로 정했다. 이후에 전려왕조(前黎王朝)를 거쳐 1010년
이왕조(李王朝)가 성립하면서 1054년부터 나라이름을 대월로 바꾸었다. 1163
년 송나라가 이 왕조의 6대 영종을 안남왕으로 봉하자 나라이름도 다시 안남
으로 고쳤다. 이후 진왕조 때인 1285년 다시 국호를 대월이라 고쳤다. 진왕조
를 찬탈한 호왕조가 한때 대우(大虞)라고 하였으나, 려왕조가 다시 대월로 고
쳤다. 1804년 구엔왕조의 세조가 국호를 월남(베트남)으로 바꿀 때까지 존속
하였고, 이후 대남으로 바꾸었다가 다시 월남이 되었다. 대월사기를 비롯하
여 여러 역사서들이 대월이란 이름을 사용하였으며, 대월과 대남을 한 글자
씩 따서 월남(越南)이라는 이름이 만들어졌다.

대월지(大月氏)

전국시대 말기에서 진한시대까지 중앙아시아에서 활동한 이란 또는 투르크계
민족. BC 3세기 말에 신장 동부에 살던 월지(月氏)족이 흉노에게 쫓겨 서쪽
으로 이동하여 아무다야르강 연안에 대국가를 세우고 아무다야르강 남쪽의
박트리아(大夏)까지 지배하였다. 이때 한나라가 흉노를 함께 공격하기 위해
장건을 대월지에 파견하였다(BC 139년). 대월지는 흉노를 공격하자는 제안을
거절하고 박트리아 지방을 다스리는 데 전념하였다. 그리하여 파미르 힌두쿠
시의 남북에 토착제후인 다섯의 흡후(翕侯)를 두어 통치하였다. 그러다가 1세
기경 다섯 흡후의 하나인 쿠샨(貴霜翕侯)이 강성해지면서 대월지 대신 쿠샨
왕조가 성립하였으나 중국에서는 쿠샨왕조도 또한 대월지라고 불렀다.

대진(大秦)

한나라 때 중국에 사신을 보낸 서방의 대국. 후한의 환제(桓帝 : 146~167)
때 대진왕 안돈(安敦)의 사자(使者)가 바다를 통해서 중국으로 왔다고 한다.
그러나 대진국의 실체에 대해서는 확실하지 않다. 시리아, 안티오키아, 메소
포타미아, 또는 로마제국 등의 여러 가지 설이 있다. 남북조 때에는 상상의
나라로 여겨졌으며 당나라 때에는 네스토리우스교가 중국에 들어오면서 그리
스도의 탄생지로 여겨졌다. 이후 송나라 때에는 아바스왕조의 수도인 바그다

드를 대진이라고 불렀다. 대진이란 중국과 같은 규모를 가진 서방의 대국이란 뜻이다.

덕치주의(德治主義)

도덕으로 국민을 교화하여 통치한다는 유가의 정치사상. 덕치라는 말은 《논어》에서 나온 것으로 요순(堯舜)시대의 정치를 이상으로 삼았다. 당시에 유행했던 순자의 성악설이나 법가사상의 패권주의의 정치론과는 달리 통치자의 도덕성을 통하여 사회구성원들의 자발적 참여를 끌어낸다는 사상이다. 이러한 덕치의 사상은 맹자의 왕도정치와 민본사상으로 이어졌다. 맹자는 인간 본성이 선하다는 성선설을 주장하고 통치자가 인의도덕(仁義道德)을 실천하는 덕치를 주장하였다. 또한 통치자가 덕치를 행하지 않을 경우 민심이 멀어진다는 혁명론을 제기하였다.

덜레스(Dulles, John Foster, 1888~1959)

1950년대 미국의 냉전외교를 주도한 정치인, 국무장관. 제1차 세계대전 후 파리평화회의에서 미국 대표단의 고문으로 활동하였다. 이후 공화당의 외교 전문가로 활약하면서 제2차 세계대전 후 샌프란시스코에서 체결된 대일강화조약의 체결에 관여하였다. 1953년 아이젠하워 행정부가 출범하면서 국무장관에 취임하였다. 국무장관으로서 강경한 반공노선을 펼쳐 공산화된 유럽을 민주화시킨다는 취지의 롤백정책(roll back policy)이라든가 힘의 과시 앞에서만 공산주의자들은 양보한다는 벼랑끝 전술(brinkmanship) 등을 주장하였다. 서독과 일본의 재무장 및 유럽과 아시아에서의 집단안전보장체제 강화를 위해 동남아시아조약기구(SEATO)와 중동조약기구(METO)를 만들려고 노력하였다.

▶ 덜레스

덤바턴오크스회의(Dumbarton Oaks Conference, 1944)

제2차 세계대전 중에 열린 연합국의 전쟁수행 회의로서 전후 새로운 국제기구 설립을 논의하였다. 미국 워싱턴 교외에 있는 덤바턴오크스에서 미국, 소련, 영국, 중국 대표가 모여 전쟁 후에 평화보장을 위한 국제기국 설립을 제안하는 덤바턴오크스 제안을 의결하였다. 덤바턴오크스회의에서 새 국제기구의 명칭을 국제연합(The United Nations)이라 정하였으며, 덤바턴오크스 제안은 샌프란시스코 회의를 거쳐 국제연합 헌장이 되었다.

덩샤오핑(鄧小平, 1904~1997)

▶ 덩샤오핑

현대 중국의 혁명가, 정치인. 쓰촨성 출신으로 프랑스 유학 시절 파리에서 공산주의 운동에 참여하였다. 모스크바 중산대학에 유학한 후 귀국하여 1927년부터 광시에서 공산당 활동을 하였다. 1933년에 마오쩌둥을 따라 장정(長征)에 참여하였고 이후 팔로군에서 정치위원으로 일했다. 중화인민공화국이 수립된 후 정무원 부총리 등을 거쳐 1955년에 정치국 위원이 되었다. 그러나 1966년 문화대혁명 때 마오쩌둥에게 반대했다는 이유로 류사오치 등과 함께 주자파(走資派)로 몰려 숙청당했다. 이후 1973년에 총리 저우언라이의 추천으로 복권되어 국무원 부총리가 되었다가 1976년 1월에 저우언라이가 죽자 저우언라이의 정적이던 4인방에 의해 다시 추방되었다. 그러나 1976년 9월, 마오쩌둥이 사망하고 화궈펑을 대표로 하는 당간부들이 4인방을 숙청하자 다시 정치무대에 복귀하였다. 이후 화궈펑과의 권력투쟁 끝에 1981년부터 권력을 장악하고 실용주의적인 개혁조치를 단행하였다. 개혁개방을 통한 경제발전을 추진은 베이징에서 민주화를 요구한 대학생들의 시위를 군대를 동원해 무력진압한 1989년 4월 톈안먼 사건으로 잠시 주춤하는 듯했다. 그러나 덩샤오핑은 1990년대 남순강화(南巡講話) 등을 통해 경제발전과 개혁노선을 다시 추구하였다.

데모스테네스(Demosthenes, BC 384~BC 322)

고대 그리스 아테네의 웅변가. 7세 때 아버지가 죽고 후견인들이 유산을 횡령하자 재산을 되찾기 위해 수사학을 배운 것이 계기가 되어 유명한 웅변가가 되었다. 당시 마케도니아가 그리스를 위협하자 마케도니아에 반대하는 운동에 앞장서 마케도니아의 왕 필리포스를 규탄하는 유명한 정치연설을 발표하였다. 알렉산더 대왕의 사후에 다시 반마케도니아 운동을 벌이다가 실패하고 도피하던 중 음독자살하였다.

데모크리토스(Demokritos, BC 460?~BC 370?)

고대 그리스의 자연철학자. 트라키아의 압데라 출신으로 철학, 윤리학, 수학, 천문학 등을 연구하였다. 고대 원자론을 확립하였으며, 진공 속에서 원자들의 운동으로 대지가 생기고 공기, 불, 하늘이 생겼다고 주장하였다. 원자의 크기와 형체가 모두 다르기 때문에 다양한 물질과 생명체가 생겨나며, 이러한 원자는 이합집산을 계속하면서 영원히 운동하기 때문에 세계는 생성과 소멸을 되풀이하게 된다고 주장하였다. 데모크리토스의 학설은 고대 유물론으로 이어졌으며 에피쿠로스, 루크레티우스 등이 데모크리토스의 학설을 계승하였다.

데인인(Danes)

유럽 중세 초기에 잉글랜드를 침략했던 게르만계 바이킹족. 북방인이라는 뜻의 노스만, 스칸디나비아인이라고도 불린다. 데인인은 북게르만족에 속하며 스칸디나비아 반도에서 덴마크 지역으로 남하하였다. 덴마크란 데인인의 나라라는 뜻이다. 이들은 배를 이용하여 유럽 각지를 약탈하였으며 특히 787년 이후 영국을 습격하기 시작했다. 초기에는 약탈에 그쳤으나 점차 영국 내륙에 진출하여 9세기 후반에는 잉글랜드 북동부에 데인로(Danelaw)라고 불리는 자신들의 거주지를 만들었다. 1061년에는 데인인의 왕 크누트가 잉글랜드를 정복한 후 데인왕조를 세웠다. 이후 크누트는 덴마크와 노르웨이의 왕을 겸하며 북해를 둘러싸는 해상제국을 세웠다. 그러나 크누트가 죽은 후 다시 앵글로색슨왕조가 들어섰다. 데인인의 침입에 맞서는 과정에서 영국의 정치적 통합이 촉진되었으며, 항해와 교역에 능한 데인인들의 영향으로 도시와 상업의 발달이 촉진되었다.

데카르트(Descartes, Réne, 1596~1650)

근대 유럽의 합리주의 사상을 기초한 프랑스의 철학자이자 수학자. 프랑스 중부 투렌라에 귀족 집안 출신으로 예수회 계통의 학원에서 공부한 후 프와티에대학에서 법학을 공부했다. 이후 유럽을 두루 여행하였고, 한때 네덜란드군의 장교로 복무하기도 했다. 이후 네덜란드에서 수학을 연구하여 기하학에 대수적 해법을 적용한 해석기하학을 정립하였다. 만년에 《방법서설》(1637), 《성찰록》(1641), 《철학의 원리》(1644) 등을 발표하고 과학적 회의에 입각한 합리주의와 정신과 물질의 이원론을 주장하였다. 이후 네덜란드 칼뱅파의 박해를 피해 스웨덴으로 갔다가 스톡홀름에서 사망하였다. 데카르트는 수학자로서 뛰어난 업적을 남겼을 뿐만 아니라 근대 합리주의 철학의 기초를 다짐으로써 18세기 계몽주의 발전에 기여하였다.

▶ 데카르트

데카메론(Decameron)

이탈리아 작가 보카치오가 1349~1351년 사이에 쓴 단편소설집. '10일간의 이야기'란 뜻을 가지고 있다. 줄거리는 흑사병을 피해 피렌체를 빠져나온 7명의 부인과 3명의 신사들이 하루에 한 가지씩 15일 동안 100가지 이야기를 하는 내용이다. 중세에서 르네상스로 넘어가는 시대에 남녀의 연애, 성직자들의 부패 및 교회제도의 모순을 비롯한 당시의 풍속을 풍자적으로 묘사하였다. 단테의 《신곡(神曲)》과 비교해서 데카메론을 《인곡(人曲)》이라고 하며 보카치오의 문체는 이탈리아 산문의 모범으로 후세의 작가들에게 많은 영향을 미쳤다.

▶ 보카치오

데카브리스트(Dekabrist)

1825년 12월에 러시아에서 농노제 폐지를 목표로 봉기한 혁명세력. 12월에 봉기했기 때문에 12월(데카브리)당으로 불린다. 나폴레옹 전쟁시대에 서유럽 자유주의 사상을 접한 청년장교들이 중심이 되었으며 농노제 폐지와 입헌정치 실시를 목표로 삼고 1816년 구제동맹(救濟同盟)을 조직하고, 1818년에는 복지동맹(福祉同盟)으로 이름을 바꾸었다. 이후 1821년에 정부의 탄압으로 남부동맹, 북부동맹, 통일슬라브동맹의 세 조직으로 나뉘어졌다. 북부동맹은 입헌군주제를 주장하고 남부동맹은 공화제를 목표로 하였으며, 통일 슬라브동맹은 전체 슬라브의 연방제를 주장했다. 1825년 11월에 황제 알렉산드르 1세가 죽자 북부동맹은 1825년 12월 14일에 새 황제 니콜라이 1세에 대한 충성선서식장에서 선서를 거부하고 반란을 일으켰으나 곧 진압되었고 남부동맹과 통일슬라브동맹도 봉기를 일으켰으나 진압되었다. 이 사건으로 5명의 주모자들은 교수형을 당하고 많은 수의 12월 당원들이 유배형을 받았다. 이 사건으로 니콜라이 1세는 전제정치를 강화하였지만, 그와 함께 러시아 사회에 혁명적 기운이 커지게 되는 계기가 되었다.

데탕트(Dletente)

1970년대 미국과 구소련을 중심으로 한 냉전완화의 분위기를 말한다. 데탕트는 프랑스어로 완화 또는 휴식이라는 뜻이다. 1950년대의 냉전은 미국과 소련을 각기 서구와 동구권의 중심으로 하는 양극대립체제였다. 그러나 1960년대 이후 동구권에서는 소련과 중국이 대립하고, 서구에서는 서독과 일본이 성장하고 그 밖에 제3세계의 비동맹세력이 등장하면서 국제정치가 양극화 체제에서 다극화 체제로 변하였다. 이러한 국제정치의 변화에 따라 평화공존을 모색하려는 외교적 노력이 필요해졌다. 미국의 닉슨 대통령과 키신저 국무장관, 중국의 저우언라이 총리, 소련의 브레즈네프 서기장, 서독의 빌리 브란트 수상 등이 외교협상에 적극 참여하였다. 이에 따라 미국과 소련이 전략무기 제한협정(SALT) 교섭에 들어가고, 닉슨 대통령이 모스크바와 베이징을 방문하며 유럽에서는 동서독 간에 각종 협정이 체결되어 데탕트 분위기가 조성되었다. 이러한 데탕트 분위기는 소련의 아프간 침공과 레이건 행정부의 대소 강경노선으로 인해 1970년대 말부터 1980년대 중반까지 잠시 경색되었다가 1980년대 중반 이후 소련의 개혁개방정책 실시로 '신데탕트' 시대를 맞이하게 되었다.

델로스동맹(Delian League, BC 477~431)

페르시아전쟁 이후 아테네의 아리스티데스의 제창으로 결성된 그리스 도시들의 방위동맹. 동맹을 결성한 목적은 페르시아의 습격에 대비하기 위한 것이며 에게해와 소아시아 연안의 그리스 폴리스 200곳이 가맹하였다. 동맹의 자금을 델로스 섬의 아폴론 신전에 보관하고 이곳에서 회의가 열렸기 때문에 델로스동맹이라고 부른다. 각 도시는 페르시아의 침입에 대비하여 함선 또는 군자금을 제공하였다. 델로스 동맹은 BC 454년에 동맹본부와 금고가 아테네로 옮겨지고 동맹의 함대지휘나 자금관리도 아테네인이 맡게 되면서 점차 동맹에 소속된 도시국가들에 대한 아테네의 제국주의적 지배로 변질되었다. 이에 따라 여러 도시국가들이 아테네에 반발하여 봉기를 일으키고, BC 431년 펠로폰네소스전쟁에서 아테네가 스파르타에 항복함으로써 동맹은 해산되었다.

델리왕조(Delhi Sultanate)

13세기에서 16세기에서 인도 델리를 근거로 성립했던 이슬람 5대 왕조를 말한다. 델리는 펀잡 지방과 갠지즈강 수운의 중심지여서 일찍부터 여러 왕조가 들어섰다. 5대왕조는 노예왕조, 할지왕조, 투글루크왕조, 사이드왕조, 로디왕조이다. 5대왕조 중에 로디왕조는 아프가니스탄 계통이며, 나머지 4대 왕조는 투르크 계통이다. 이후 무굴제국의 시조 바부르가 16세기 초에 로디왕조를 무너뜨리고 델리를 중심으로 무굴제국을 수립하였다.

도가(道家)

제자백가 중의 한 유파로서 노자(老子)와 장자(莊子)를 시조로 한다. 유가(儒家), 묵가(墨家) 등과 함께 중국사상의 큰 줄기를 이루었다. 대표적인 도가 경전으로는 《노자(老子)》,《장자(莊子)》,《열자(列子)》 등이 있다. 도가 사상은 전국시대에 출현하여 한나라 초에 걸쳐 형성된 것으로 보이며 종교인 도교(道敎)에 사상적 기반과 숭배의 대상(노자)을 제공하는 등 많은 영향을 미치며 공존하였지만 엄밀하게 구분할 때 도가는 노자와 장자의 사상을 연구하는 철학적 경향이기 때문에 종교인 도교와 구분한다.

도교(道敎)

황제(黃帝)와 노자(老子)를 숭배하는 중국의 다신교적 민간신앙. 도교는 종교이며 노자와 장자의 철학을 중심으로 하는 도가(道家)와는 다르다. 중국에서 고대부터 전해진 신선사상이나 음양오행설 등에 도가 교리를 끌어들인 것이다. 도교의 기원은

▶ 노자

후한(後漢)시대에 장도릉(張道陵)이 만든 오두미도(五斗米道)라고 한다. 이후 중국에 불교가 전래되면서 불교적 영향을 받았으며 북위(北魏)의 구겸지(寇謙之)가 도교의 교리와 조직을 정비하여 천사도(天師道)로 이름을 바꾸었다. 이후 당나라 때 노자가 당나라 황실의 조상이라 하여 번성하였으며, 북송시대에 도장(道藏)이라 하는 불교의 대장경과 같은 경전체계를 갖추었다. 금나라 때에 도교는 일대 혁신기를 맞아 전진(全眞), 태일(太一), 진대도(眞大道) 등의 3대 교파가 출현하였다. 명나라 이후로 교리체계와 교단조직을 갖춘 도교는 쇠퇴하였으나 민간신앙으로서 도교는 오늘날까지도 중국인 사이에서 성행하고 있다.

도리아인(Dorians)

그리스 민족 중에 마지막으로 남하한 민족. 도리스인이라고도 한다. 동방방언군에 속하는 그리스인들이 BC 2000년경부터 서서히 그리스 본토로 남하한 데 비하여 서방방언군에 속하는 도리아인들은 BC 1200년경 철기문명을 가지고 달마치아 및 알바니아 지방으로부터 그리스로 들어왔다. 도리아인의 그리스 진출을 '도리아인의 침입'이라고 부른다. 그리스에 들어온 도리아인들은 미케네 문명을 파괴하고 펠로폰네소스 반도를 중심으로 인근 섬에 많은 도시국가를 건설하였다. 이렇게 세워진 대표적인 도시국가가 스파르타이다. 또한 소아시아, 시칠리아, 이탈리아 남부에 많은 식민시를 세웠다. 도리아인

들은 건축, 도자기, 조각 등에서 독자적인 '도리아 양식'을 도입하여 그리스 문화 발전에 기여하였다.

도스안(Dawes Plan, 1924)

제1차 세계대전으로 독일이 진 배상금 문제를 해결하기 위해 미국의 도스가 내놓은 해결안. 독일이 배상금 지불이 불가능함을 알리자 1923년 프랑스가 독일의 루르 지방을 강제점령하였다. 이를 해결하기 위해 도스를 위원장으로 하는 배상문제 전문가위원회가 구성되어 1924년 런던회의에서 도스안이 체결되었다. 도스안의 내용은 배상금 총액과 지불기간은 정하지 않고 향후 5년 간 연간배상액만을 정하고 그 이후는 독일 경제 상황에 따라 결정하기로 하였다. 도스안에 따라 프랑스는 루르지방에서 철수하고 미국자본이 독일에 투입되어 독일경제 회복의 계기가 되었다. 이후 총배상금 액수 등의 미해결 문제는 1930년의 영안(Young Plan)에 의해 해결되었다.

도스토예프스키(Dostoevskii, Fyodor Mikhailovich, 1821~1881)

19세기 러시아 문학을 대표하는 소설가. 모스크바 출신으로 1846년에 첫 작품인 《가난한 사람들》을 발표하여 명성을 얻었다. 장교로 근무하다가 그만두고 공상적 사회주의에 관심을 가져 《백야》(1848) 등의 작품을 쓰기 시작했다. 1849년 페트라셰프스키 서클 사건에 연루되어 사형선고를 받았다가 집행 직

전에 감형되어 시베리아로 유형당했다. 시베리아 옴스크 감옥에서 4년간 수형생활을 하면서 인도주의적 혁명가에서 슬라브 신비주의자로 변모하였다. 이후 페테르스부르크로 가서 《죽음의 집의 기록》(1861 1862)과 《학대받은 사람들》(1861) 등의 작품을 발표하였다. 발간하던 잡지의 실패로 인한 가난과 질병으로 고통받으면서도 《지하생활자의 수기》(1864), 《죄와 벌》(1866), 《백치》(1868), 《악령》(1871~1872), 《카라마조프 형제들》(1879 ~1880) 등의 작품을 발표하고 인간 내면의 문제를 깊이 탐구하였다.

▶ 도스토예프스키

도시특허장(都市特許狀, Stadtprivileg)

중세시대 유럽에서 왕이나 영주가 도시에 대해 자치와 같은 특권을 부여하는 문서. 특허장은 중세도시가 시민자치를 실현할 법적 근거가 되었다. 이 특허장은 경우에 따라 도시가 영주와 싸워 얻어내거나 영주가 자신이 스스로 건

설한 도시에 특허장을 하사하였다. 특허장의 내용은 당시 영주와 시민간의 세력균형에 따라 정해졌으며 기존에 이미 실현되던 내용을 문서로 하여 관습법을 성문법화한 것이다.

도안(道安, 312~385)

중국 동진(東晉) 때의 승려로서 중국불교의 기초를 다진 학승. 허베이성(河北省) 출신으로 12세에 출가하여 서역(西域)에서 온 승려 불도징(佛圖澄)을 스승으로 모셨다. 전쟁으로 각지를 떠돌다가 혜원(慧遠)을 비롯한 40명의 문하생과 양양(襄陽)에 단계사(檀溪寺)를 짓고 교단을 조직하였다. 379년에 전진왕(前秦王) 부견이 양양을 점령하고 도안을 장안(長安)으로 불러 나라의 고문을 맡겼다. 도안은 장안에서 인도와 서역에서 온 승려들이 소승불교의 경(經), 율(律), 론(論)을 번역하는 것을 도왔으며, 중국사상을 통해서 불교를 이해하려는 격의(格義) 불교를 비판하였다. 또한 한문으로 번역된 최초의 경전 목록인 《종리중경목록(綜理衆經目錄)》을 편찬하고, 승려들의 사원생활 규율을 제정하는 등 후세 불교발전의 기틀을 다졌다.

도연명(陶淵明 (365~427))

중국 동진(東晉), 송나라 때의 시인. 연명은 자(字)이며 이름은 잠(潛)이다. 쟝시성(江西省) 주장현(九江縣) 시상(柴桑) 출신으로 벼슬길에 올랐으나 41세 때 전원생활로 돌아가기 위해 유명한 〈귀거래사(歸去來辭)〉를 남기고 사임하였다. 도연명은 전원 속에서 자연을 노래한 은거시인으로 그의 시풍은 화려한 기교 대신 평이한 어조로 서민생활을 노래한 것이 많다. 시 외에 〈오류선생전(五柳先生傳)〉, 〈도화원기(桃花源記)〉 등의 산문에도 뛰어났으며 《지괴소설집(志怪小說集)》, 《수신후기(搜神後記)》 등의 작품을 남겼다.

도요토미 히데요시(豊臣秀吉, 1536~1598)

1590년에 일본을 통일하고 1592년에 조선을 침략한 전국시대의 무사. 오와리국(尾張國 : 愛知縣)의 하급 무사의 아들로 태어났다. 젊은 시절에는 기노시타 도키치로(木下藤吉郎), 후에는 하시바 히데요시(羽柴秀吉)라는 이름을 썼다. 오다 노부나가(織田信長)의 밑에 들어가 공을 세웠으며 1582년 노부나가가 아케치 미쓰히데(明智光秀)의 배신으로 암살 당하자 미쓰히데를 쳐서 노부나가의 원

▶ 도요토미 히데요시

수를 갚고 권력을 잡은 후 오사카성(大阪城)을 세웠다. 1584년에 도쿠가와 이에야스(德川家康)를 복속시키고 1585년에는 관백(關白)이 되어 도요토미라는 성을 사용하였다. 이후 일본 각지의 영주들을 복속시켜 1590년 일본 전국을 통일하여 전국시대를 끝내고 후대에 에도막부로 이어지는 강력한 중앙집권체제의 기초를 세웠다. 이후 1592년에 임진왜란을 일으켜 조선을 침략하고 전쟁을 지휘하던 중에 사망하였다.

도전(刀錢)

중국에서 춘추전국시대에 사용한 칼 모양의 청동화폐. 도화(刀貨)라고도 한다. 도전의 종류는 명도(明刀) 제도(齊刀) 첨수도(尖首刀) 원수도(圓首刀) 등이 있으며 명도가 가장 많이 사용된 것으로 보인다. 명도와 첨수도는 연(燕)나라, 제도는 제(齊)나라, 원수도는 조(趙)나라의 화폐로 사용되었다. 도전은 포전(布錢)보다 늦게 출현하여 전국시대에 널리 사용되었으며 포전과 달리 국가가 주조권을 가졌다.

도제제도(徒弟制度, Apprenticeship system)

중세 유럽에서 수공업자를 육성하는 제도. 중세시대 유럽에는 도시마다 길드라는 동직조합이 있었으며 길드는 도장인(都匠人), 장인(匠人), 도제라는 3가지 계층으로 구성되었다. 도장인이 되려면 10세 전후의 나이에 도제로서 도장인의 집에 들어가 먹고 자면서 일을 배워야 했다. 도장인은 도제에게 숙식을 제공하며 기술을 가르치고 7년 정도 도제로서 일을 시킨 후 장인으로서 3년 정도 일하게 한다. 장인 기간을 마치면 자신의 작품을 길드에 제출하여 심사를 받은 후에 도장인이 될 수 있었다. 도제제도의 역사는 독일에서는 12세기까지 거슬러 올라가며 도장인이 되려면 의무적으로 도제기간을 거치도록 한 것은 14세기 후반부터이다. 그러나 15세기 이후로는 장인이 도장인이 되기 어려워짐에 따라 후계자 양성이란 본래의 취지가 사라졌다.

도조 히데키(東條英機, 1884~1948)

제2차 세계대전 당시 일본측 전쟁 지도자. 도쿄 출신으로 육군사관학교와 육군대학을 졸업하고 관동군에서 군생활을 하였다. 1940년 제2차 고노에(近衛) 내각의 육군대신이 되어 대중국 전쟁을 확대할 것을 주장하였다. 1941년 전쟁 개전론을 주장하며 제3차 고노에 내각을 해산시키고 자신이 총리가 되었으며 육군 내무대신을 겸임하였다. 1941년 12월 8일 하와이 진주만에 있는 미국함대기지를 공격하여 연합국과 전쟁을 시작하였다. 이후 1943년에는 문부, 상공, 군수대신까지 겸임하였으며 1944년에는 참모총장까지 겸임하였다. 전쟁이 일본에 불리하게 되자 1944년 7월 사퇴하였다. 제2차 세계대전이 일본의 항복으로 끝나자 자살을 기도했으나 실패하고 A급 전쟁범죄자로 극동 국제군사재판에 회부되어 1948년 교수형에 처해졌다.

도찰원(都察院)

중국 명나라와 청나라시대의 정무감찰기관. 중국에서는 한나라 이래로 어사대(御史臺)라는 감찰기관을 두어 관리의 불법행위를 감찰하였다. 명나라 때에도 처음에는 어사대를 두었다가 명 태조(太祖)가 1376년(홍무 14)에 어사대를 도찰원(都察院)으로 고쳐서 좌 우도어사(左右都御史) 부도어사(副都御史) 밑에 다수의 감찰어사(監察御史)를 두어 관리들의 비리를 적발하고 탄핵하며 중대한 형안(刑案)의 심의 등을 맡아보게 하였다. 특히 순안(巡按) 감찰어사를 110명으로 증원하여 지방관의 부정부패를 탄핵하게 하였다. 이에 따라 도찰원은 행정을 맡은 육부(六部), 군사를 맡은 오군도독부(五軍都督府)와 함께 3권분립 체제를 이루었다. 도찰원은 사법기관으로서 형부(刑部), 대리시(大理寺)와 함께 삼법사(三法司)로 불렸다. 그러나 명나라 중기 이후로는 지방장관인 총독(總督) 순무(巡撫)가 도어사를 겸임하여 행정과 감찰을 통합하게 되었다. 청나라에서도 대체로 명나라의 제도를 따라 도찰원을 운영하였다.

도쿠가와 이에야스(德川家康, 1542~1616)

일본 에도막부의 창설자이자 초대 쇼군(將軍). 미카와(三河)의 오카자키(岡崎) 성주 마쓰다이라 히로타다(松平廣忠)의 장남으로 1560년 오다 노부나가(織田信長)와 동맹을 맺고 그의 힘을 빌려 스루가(駿河) 도토미(遠江) 미카와를 영유함으로써 동해 지방에 일대세력을 구축하였다. 1582년 노부나가가 부하 아케치 미쓰히데(明智光秀)의 배신으로 혼노사(本能寺)에서 암살당하자 노부나가의 뒤를 이은 도요토미 히데요시(豊臣秀吉)에게 복속하였다. 이후 히데요시가 관백이 되어 일본을 통일하자 1590년 칸토오(關東) 지방을 봉토로 받았다. 1598년에 히데요시가 임진왜란을 지휘하다가 죽자 1603년 세키가하라(關ケ原)전투에서 히데요시 지지세력을 격파하고 일본의 실권을 장악하였다. 같은 해에 정이대장군(征夷大將軍)이 되고 에도에 막부를 설치하여 에도막부를 창시하였다. 1614, 1615년 두 차례에 걸쳐 오사카(大阪)성을 공격하여 히데요시의 아들 히데요리(秀賴)를 중심으로 한 도요토미의 잔당을 완전히 멸망시켜 일본을 통일하였다.

▶ 도쿠가와 이에야스

도편추방법(陶片追放法, Ostrakismos)

고대 그리스에서 민주정치를 혼란시키고 국가에 해를 끼칠 위험인물을 시민들의 비밀투표로 10년간 해외로 추방했던 제도. 추방된 인물은 시효기간이 끝나면 귀국할 수 있었다. 도편추방법의 기원은 아테네에서 참주의 집권을 방지할 목적으로 클레이스테네스가 도입하여 BC 487~BC 485년에 처음으로 실시되었다. 아테네 외에 아르고스, 시라쿠사에서도 비슷한 제도가 시행되었다. 아테네의 도편추방제도는 국가에 해를 끼칠 위험인물의 이름을 오스트라콘이라는 도자기 조각에 적어 비밀투표를 실시하면 아르콘과 서기가 이를 집계하여 6,000표 이상이 나온 사람을 추방하였다. 도편추방법은 처음에는 민주주의를 지키기 위해 시행되었으나 점차 정치싸움의 도구가 되어 경쟁자를 추방하기 위한 제도로 변질되었다. 그에 따라 페르시아전쟁에서 공을 세운 테미스토클레스, 키몬 등도 추방당하였다. 이후 BC 5세기 말 이래 시행이 중단되었다.

도호부(都護府)

고대 중국에서 이민족이 사는 변경지역을 다스리기 위해 설치한 통치기구. 전한(前漢)시대인 BC 59년에 타림분지(盆地)의 오루성(烏壘城)에 설치한 서역도호부(西域都護府)가 최초의 도호부이다. 당나라의 대표적인 도호부로는 여섯 도호부가 있다. 6도호부로는 안동도호부(安東都護府 : 고구려의 옛 영토인 만주지역 관할), 안북도호부(安北都護府 : 외몽골, 동돌궐 영역 가운데 몽고 사막 이북지역), 선우도호부(單于都護府 : 내몽골, 동돌궐 지역), 안서도호부(安西都護府 : 타림분지 서쪽, 톈산 남방 지배, 중국 서역경략의 상징), 북정도호부(北庭都護府 : 신장성 우르무치 부근, 톈산 북방에서 서투르키스탄 방면 관할), 안남도호부(安南都護府 : 베트남 하노이 인근 위치 인도지나 관할) 등이다. 이 가운데 안서도호부와 북정도호부는 당나라 서역 지배의 상징이었으며 나중에 토번(吐藩)에게 빼앗겨 중국이 서역지배권을 상실하였다. 도호부는 당나라 말기에 들어 이민족들의 반란과 안사의 난 등으로 제 기능을 상실하고 쇠퇴하였다.

도화선전기(桃花扇傳記)

중국 청나라 때의 희곡. 공상임(孔尚任)이 1690년부터 1699년까지 10년에 걸쳐 완성한 작품이다. 명나라 말기, 청나라 초기를 배경으로 남녀의 사랑 이야기에 당시의 시대상을 함께 담은 작품이다. 명나라 말의 문사(文士) 후방역(侯方域)이 기생 이향군(李香君)과 사랑에 빠지나 모함을 받아 난징(南京)을 떠나 도피하게 된다. 이향군은 후방역이 떠난 뒤에 갖은 시련을 겪으며 후방역을 기다린다. 난징으로 돌아온 후방역은 체포되어 옥에 갇히고 이때 청나라 군대가 난징을 함락시키면서 감옥을 탈출한다. 산으로 피신한 후방역은 그곳에서 도교에 귀의한 이향군과 다시 만난다. 이곳에서 두 사람은 도교에 귀의한다는 줄거리다. 《도화선전기》는 홍승(洪昇)의 《장생전(長生殿)》과 함께 청대 희곡의 최고 걸작으로 평가받고 있다.

독일 관념론(獨逸觀念論, Deutscher Idealismus)

18세기 후반에서 19세기 중반까지 독일에서 발전한 관념론 철학 경향. 독일 이상주의 또는 유심론(唯心論) 철학이라고도 부르며 독일의 전체 학문분야에 큰 영향을 끼쳤다. 독일에서는 계몽주의와 프랑스 혁명의 영향으로 근대적 인간과 사회에 대한 고찰이 일어났으며 독일관념론은 이러한 국제정세에서 독일적인 문화주의의 산물이라고 할 수 있다. 독일 관념론의 창시자인 칸트는 유럽대륙의 이성중심주의와 영국의 경험론을 종합하여 자신의 비판철학을 체계화하였다. 칸트는 주관적 관념론 대신 선험적이며 객관적인 관념론을 수립하고 근대적 이성의 기초를 다졌다. 칸트에 이어 피히테는 통일적 원리로서 '자아'를 내세웠고, 셸링은 무한한 신적(神的) 창조적 원리로서의 '자연'을 내세웠다. 이후 헤겔은 칸트의 이론과 실천을 통합한 변증법을 제시하여 독일 관념론을 완성단계로 만들었다. 헤겔 이후로는 기존의 독일관념론과는 다른 경향이 등장하였다. 쇼펜하우어 등의 비합리 철학이 등장하면서 니체와 키에르케고르 등으로 이어지는 니힐리즘으로 발전하였고, 헤겔 좌파로 불리는 포이에르바흐, 마르크스, 엥겔스 등은 유물론을 주장하면서 유심론적인 독일 관념론을 비판하였다.

▶ 헤겔

독일 관세동맹(獨逸關稅同盟, Deutsche Zollverein, 1834)

독일 자본주의 발전과 통일의 기초가 된 영방국가들 간의 관세동맹. 1834년 프로이센의 주도로 프로이센이 중심이 된 프로이센 관세합동과 바이에른, 뷔르템부르크가 중심이 된 남독일 관세동맹, 하노버, 작센, 프랑크푸르트, 브레멘 등이 중심이 된 중부독일 동맹 등 3개 관세동맹이 합동하여 총 18개국이 참여한 독일관세동맹이 설립되었다. 관세동맹으로 인하여 동맹국 간의 관세가 없어지고 자유통상, 화폐, 어음, 도량형, 교통제도 등의 국내경제가 통일되었다. 이와 함께 1835년부터 독일에 철도가 부설되면서 독일 국내시장이 중공업을 중심으로 한 자본주의 발전이 가능한 규모로 성장하였다. 대외적으로는 공동관세를 정하여 국내산업이 성장하도록 보호하였다. 이후 관세동맹의 참가국이 늘어 1840년대에 들어서는 오스트리아를 제외한 독일내 거의 모든 영방국가와 자유도시가 참여하였다.

독일농민전쟁(獨逸農民戰爭, Deutscher Bauernkrieg, 1524~1525)

유럽 종교개혁기에 독일 남서부 지방을 중심으로 일어난 대규모 농민반란. 독일 남서부는 작은 영방국가들로 나뉘어져 있었는데 이 지역에서는 15세기 말부터 봉건제가 강화되고 농민층의 빈부격차가 심해져 가는 상황이었다. 1517년 루터의 종교개혁 운동이 시작되자 이에 자극받은 농민들이 1524년 튀링겐 지역의 농민들을 시작으로 잇달아 봉기하였다. 농민들은 '12개조 요구서'를 내걸고 공납과 부역의 감면, 공유지 사용제한 철폐 등을 요구하였다. 처음에는 루터가 농민들의 폭력을 규탄하면서도 영주들에게도 반성을 촉구하였고, 영주들도 군사력이 부족하여 이들의 요구를 받아들이는 듯했다. 그러나 1524년부터 헤센백(伯) 필립이 이끄는 슈바벤 동맹군이 농민군을 공격하고 농민군 내부에서 영주제 폐지와 토지공유를 주장하는 뮌쩌파가 등장하자 루터도 무력진압을 지지하였다. 이후 농민군이 슈바벤 동맹군에 패하여 반란은 진압되었다. 이후 독일 남서지역에는 영방군주들의 봉건적 권위가 강화되었다.

독점자본주의(獨占資本主義, Monopoly Capitalism)

19세기 후반 이후로 자본주의가 고도로 발전함에 따라 등장한 금융자본의 지배단계. 자본주의가 발전하고 자본이 거대화되고 집중화됨에 따라 시장경제에 의한 자유경쟁이 이루어지던 산업자본주의 단계가 끝나게 되었다. 독점자본주의시대는 소수의 대기업이 카르텔, 트러스트, 콘체른 등을 형성하여 생산과 시장을 독점하며 산업자본이 은행자본과 결합하여 금융자본을 형성하게 된다. 이러한 독점 금융자본은 세계시장을 지배하면서 선진국의 과잉생산물을 해외로 수출할 뿐 아니라 자본의 수출을 통하여 제국주의의 경제적 기초를 이룬다. 역사적으로 19세기 말에서 20세기 초 사이에 독점자본주의가 등장하였다. 이후 독점자본주의는 대공황으로 자본주의의 위기가 발생하자 국가독점자본주의로 발전하여 파시즘 지배의 기반이 되었다.

돈키호테(Don Quixote, 1605, 1615)

에스파냐의 작가 세르반테스가 기사도와 중세를 풍자적으로 묘사한 소설. 원제목은 '재기(才氣) 발랄한 향사(鄕士) 돈 키호테 데 라 만차(El Ingenioso Hidalgo Don Quixote de la Mancha)'이다. 전편과 후편으로 나뉘어 전편은

1605년, 후편은 1615년에 출간되었다. 줄거리는 에스파냐의 시골 기사 아론 소 기하노가 기사도 이야기에 심취한 나머지 스스로를 중세의 기사 돈 키호 테 데 라 만차라고 부르고 산초 판자라는 종자를 데리고 기사수업을 떠난다. 이상의 세계에 사로잡힌 주인 돈키호테와 현실적인 종자 산초 판자가 함께 여행하면서 겪는 모험을 풍자적으로 묘사하고 있다. 풍자적인 묘사와 함께 주인공 두 사람의 성격대비를 통한 뛰어난 인물묘사로 소설문학의 걸작으로 불린다.

돌궐(突厥)

6세기 중엽부터 200년간 몽고 고원과 알타이 산맥 지역을 중심으로 활동한 투르크 계통의 민족 또는 그들의 국가. 돌궐이라는 이름은 투르크라는 뜻의 몽고어에서 온 말이다. 돌궐은 BC 3세기 말 무렵부터 철륵(鐵勒), 고차(高車), 정령(丁零)이라는 이름으로 중국측 기록에 나타난다. 552년에 알타이 산맥에 살던 철륵의 일족인 아사나씨(阿史那氏)의 족장 토문(土門 : 만인의 長이라는 뜻)이 유연 철륵을 격파하고 독립하여 일리가한(伊利可汗)이라 칭하였다. 토문의 동생 디자불로스는 서방으로 진출하여 서투르키스탄의 에프탈을 무너뜨렸다(563 567). 이후 돌궐의 세력권은 동으로 만주, 서로는 중앙아시아, 북으로는 예니세이강 상류까지 미쳤다. 그러나 583년에 돌궐이 내부분열을 일으켜 몽골 고원은 동돌궐, 중앙아시아는 서돌궐로 갈라졌다. 동돌궐은 중국이 수나라에서 당나라로 넘어가는 혼란기를 이용하여 강력한 세력으로 성장했으나 630년 당나라의 공격과 철륵의 각 부족이 독립하는 바람에 멸명하였다. 이후 동돌궐은 당나라의 기미정책에 따라 간접지배를 받다가 50년 후 다시 독립했으나 이번에는 내분으로 744년에 철륵의 일파인 위구르에게 멸망당했다. 서돌궐은 비잔틴제국과 협력하여 사산조 페르시아를 공격하는 등 위세를 떨치다가 둘로 분열하였다. 이후 당나라가 중앙아시아에 진출하면서 붕괴되어 당의 지배를 받았다.

돌턴(Dalton, John, 1766~1844)

영국의 화학자이자 물리학자. 컴벌랜드 출신으로 1792년 맨체스터대학의 수학 및 자연철학 교수가 되었다. 이후 1800년에 교수직을 사임하고 연구에 전념하였다. 돌턴은 오랜 기간 기상관측을 하면서 〈기상학상의 관찰과 논문 (Meteorological Observation and

▶ 돌턴

Essays)》(1793)을 발표하였다. 또한 자신이 색맹이었기 때문에 색맹의 연구에도 많은 업적을 남겼다. 돌턴은 기체에 관해서도 연구하여 1805년에 《혼합기체의 흡수작용(Absorption of Gases by Water and Other Liquids)》을 발표하였다. 돌턴이 이 책에서 제시한 기체의 부분압력(部分壓力)의 법칙은 지금까지도 '돌턴의 부분압력의 법칙'으로 불리고 있다. 또한, 원자론을 화학 분야에 도입한 '화학의 신체계(新體系)'(3부, 1808 1827)를 발표하고 '배수비례(倍數比例)의 법칙'을 발견하였다(1804).

동고트왕국(Kingdom of Ostrogoths, 493~554)

게르만족의 한 분파인 동고트족의 테오도리쿠스가 이탈리아에 건설한 왕국. 동고트족은 2, 3세기에 흑해 북서 해안에 거주하면서 자주 로마령을 침입하였으며 서고트족을 비롯한 많은 부족을 정복하였다. 그러나 370년경 동방에서 온 훈족에게 정복당했다가 훈제국이 멸망한 후 오늘날의 헝가리인 판노니아 지방으로 이주하였다. 488년 동고트족의 왕 테오도리쿠스가 부족을 이끌고 이탈리아에 침입하여 오도아케르를 물리치고 493년에 이탈리아 전체를 정복하고 라벤나를 수도로 삼아 동고트왕국을 세웠다. 테오도리쿠스는 로마 문화를 수용하여 로마, 게르만 국가를 건설하고자 하였으며 로마법전과 비슷한 '테오도리쿠스 칙령'을 반포하였다. 그러나 동고트족이 아리우스파 기독교를 믿었기 때문에 로마 카톨릭과 마찰이 있었으며 테오도리쿠스 사후에 내분이 일어나 555년에 동로마제국에게 멸망당하였다.

동남아시아국가연합(ASEAN : Association of Southeast Asian Nations)

아세안(ASEAN)으로 불리는 동남아시아 국가들 간의 지역협력기구. 1961년에 말레이시아, 필리핀, 태국 등 3국이 설립한 동남아시아연합(ASA)이 발전적으로 해체함에 따라 1967년 방콕에서 열린 인도네시아, 말레이시아, 필리핀, 싱가포르, 태국 등 5국의 외무장관회의에서 동남아시아 지역의 경제, 사회 발전 및 평화적인 국가개발 분담을 목표로 설립되었다. 이후 1984년 브루나이, 1995년 베트남이 가입하여 가맹국이 7개국으로 늘어났다. 초기에는 경제발전 등이 주목표였으나 1970년대 이후 동남아 정세가 변하면서 점차 지역안보에 중점을 두는 기구로 성격이 변하였다.

동림당(東林黨)

명나라 말기에 활약한 정치당파. 동림학파라고도 한다. 만력제(萬曆帝, 1572~1620) 초기에 장거정(張居正)의 강압정치에 반대한 고헌성(顧憲成)은 추원표(鄒元標) 조남성(趙南星) 등의 관료집단이 장거정이 죽은 뒤에도 내각 및 내시집단과 대립하다가 황태자 책봉과 인사문제로 정계에서 추방당하였다. 이후 고헌성, 고윤성(顧允成), 고반룡(高攀龍) 등은 고향인 장쑤성(江蘇省) 우시(無錫)에서 북송(北宋)의 유학자 양시(楊時)의 동림서원(東林書院)을 재건하고, 강학(講學)을 열었다. 이들은 강학을 통해 재야에서 정치활동을 하였는데 이들을 동림당이라 부른다. 동림당은 천계제(天啓帝) 초에 정권을 잡았다가 반동림당이 환관 위충현(魏忠賢)과 결탁하면서 정쟁에서 패하여 와해되고 동림서원도 폐쇄되었다. 이후 동림당 운동은 명나라 말의 복사(複社)로 이어졌다.

동맹회(中國革命同盟會)

쑨원(孫文)이 조직한 중국혁명운동 조직으로 후에 국민당의 모태가 된 조직. 정식명칭은 중국혁명동맹회(中國革命同盟會)이다. 손문은 1894년 흥중회(興中會)를 조직하고 청나라를 타도하고 합중정부(合衆政府)를 창립하는 것을 목표로 삼았다. 흥중회는 유학생을 중심으로 세력을 확대하였고 화흥회(華興會) 광복회(光復會) 등의 혁명단체와 합병하여, 1905년 도쿄(東京)에서 중국혁명동맹회(中國革命同盟會)로 발전하였다. 동맹회는 중국 최초로 명확한 강령을 가진 혁명단체로 삼민주의를 강령으로 하고, '청의 타도, 중화 회복, 민국 창립, 지권(地權) 평균'을 주장하였다.

이후 동맹회는 혁명을 준비하여 1911년 우창(武昌) 봉기를 계기로 임시정부가 수립되었고 1912년에 중화민국(中華民國)이 탄생하였다. 손문은 총통으로 취임하였으나, 바로 북방군벌과 열강의 후원을 얻은 위안스카이(袁世凱)에게 총통직을 넘겨주어야 했다. 이후 손문은 비밀결사인 중국혁명동맹회를 공개적 정당으로 개편하고 위안스카이 일파의 어용정당 공화당(共和黨)에 맞서기 위해 국민당(國民黨)을 결성하였다.

▶ 쑨원

동방견문록(東方見聞錄)

이탈리아 베네치아의 상인 마르코 폴로가 쿠빌라이 시대 중국에 다녀 온 모험담을 루스티첼로가 받아 적은 여행기. 정식 명칭은 《세계의 기술(記述)》로 알려졌다. 마르코 폴로는 1271년에 베네치아를 출발하여 중동과 중앙아시아를 거쳐 원나라의 상도(上都)에 이르러 쿠빌라이(세조) 칸을 섬겼다. 이후 중국 각지를 여행하고 다시 바닷길로 1295년에 베네치아로 귀국하였다. 귀국 후에 전쟁에 참가했다가 제노바의 감옥에 갇히게 되었는데, 감옥에서 만난

▶ 마르코 폴로

루스티첼로에게 자신의 모험담을 구술한 것을 루스티첼로가 받아 적어 1298~1299년 사이에 《동방견문록》을 집필하였다. 여러 가지 신비한 이야기가 첨가되어 있지만 중앙아시아와 중국에 대한 지리적 사실을 유럽에 알린 점에서 역사적 의미가 있는 책이다.

동방무역(東方貿易, Levanthandel)

10세기 말 유럽의 상업부흥에서 16세기 대항해시대 때까지 이탈리아 도시국가들이 지중해를 무대로 한 유럽과 아시아 사이의 중계무역. 레반트무역이라고도 하는데 레반트란 이탈리아어로 태양이 뜨는 지역, 동방을 의미한다. 유럽과 아시아를 연결하는 중계무역은 고대 오리엔트의 페니키아인, 아랍인으로부터 시작되어 로마시대에 크게 번성하였다. 이후 로마제국이 멸망하고 유럽에 중세시대가 시작되면서 쇠퇴하였다가 10세기 말부터 상업이 부흥하면서 다시 번성하였다. 유럽에서도 이탈리아 북부의 여러 도시들, 제노바, 피사, 베네치아 등이 동지중해에서 흑해 연안을 무대로 중개무역을 벌였다. 그 중에서도 베네치아는 십자군 운동을 계기로 제노바와 피사를 누르고 동방무역을 독점하였다. 이후 베네치아는 1년에 두 차례 무역선단을 알렉산드리아 등지에 보내어 중개무역을 하면서 큰 이익을 올렸다. 그러나 15세기 이후로는 오스만투르크제국이 세력을 확대하고 영국과 피렌체가 동방무역에 진출하는 한편, 바스코 다 가마가 인도로 가는 신항로를 발견하면서 동방무역은 쇠퇴하였다.

동인도 회사(東印度會社, East India Company)

중상주의시대 유럽 각국이 인도와의 무역을 위해 설립한 독점무역회사. 포르투갈, 프랑스, 네덜란드, 영국 등이 동인도에 설치하였으며 단순한 무역뿐 아니라 정치 및 군사적으로도 활동하였다. 유럽 각국의 동인도 회사들은 동인도의 특산품인 후추, 커피, 사탕, 쪽, 면포 등의 무역독점권을 얻기 위해 서로 대립하였다. 이중 네덜란드와 영국의 동인도회사가 두각을 나타냈다. 네덜란드인들은 인도에 먼저 진출해 있던 포르투갈인들을 물리치고 동인도의 여러 섬을 지배하여 향신료 무역을 독점하였다. 그러나 영국과의 전쟁에서 패하여 주도권을 상실하고 영국 동인도회사가 인도무역을 지배하게 되었다. 1600년에 설립된 영국 동인도회사는 플라시 전투를 통하여 인도에 진출한 프랑스 세력을 물리치고 인도무역을 독점하면서 인도를 영국의 식민지로 만들기 시작했다. 영국 동인도 회사는 면직물을 중심으로 인도무역을 지배하다가 1765

년 벵골지방의 조세징수권을 무굴제국의 황제로부터 넘겨받아 벵골의 지배자가 되었다. 이후 1858년 세포이의 난을 거치면서 인도가 영국 국왕의 직접통치를 받게 되면서 동인도회사는 해산하였다. 중상주의시대에 활동한 전근대적 상업조직인 유럽각국의 동인도회사들은 유럽의 세계진출과 자본축적에 크게 기여하였다.

동중서(董仲舒, BC 170?~BC 120?)

중국 한무제(漢武帝)시대의 유학자. 한무제가 유교를 중심으로 한 사상통일정책을 펴는 데 기여했다. 허베이성(河北省) 광촨현(廣川縣) 출신으로 일찍부터 《공양전(公羊傳)》을 익혔으며 경제(景帝) 때는 박사가 되었다. 《춘추번로(春秋繁露)》 등의 저서를 지어 공양사상에 의거해 춘추를 해석하고자 하였다. 전한(前漢)시대의 금문학(今文學)의 입장에서 인간과 자연의 상관관계에 의거해 정치를 규정하였다. 이에 따라 임금이 하늘의 뜻을 거스르면 이변이나 재앙이 일어난다는 재이설(災異說)을 주장하였다. 무제(武帝)가 즉위하여 인재를 등용할 때 현량대책(賢良對策)을 올려 인정을 받고, 전한의 새로운 교육 및 사상통일정책을 주도하였다. 오경박사(五經博士) 제도 및, 유가(儒家)를 중심으로 한 사상과 교육의 통일은 동중서의 정책에서 나온 것이다. 그러나 뒤에 자신의 학설로 말미암아 투옥되기도 했다.

동진(東晉, 317~419)

삼국시대(三國時代) 조조(曹操)가 세운 위(魏)나라의 승상(丞相) 사마의(司馬懿)의 아들 사마염(司馬炎)이 위나라로부터 나라를 선양(禪讓)받아 진왕조를 세우고(西晉, 265~316) 오(吳)나라를 병합하여 천하를 통일하였다. 이를 서진이라 한다. 그러나 서진은 왕권이 약화되고 군사권을 쥔 제후들이 팔왕(八王의) 난(300 306)을 일으키는 등 국정이 혼란에 빠졌다. 이러한 때 북방 유목민족이 침입하여 서진은 멸망하였다. 그후 왕실의 일족으로 남쪽에 주둔하고 있던 장군 사마 예(司馬睿)가 화북에서 피난 온 귀족과 강남 토착세력의 지지를 받아 317년에 진왕조를 재건하고 이를 동진이라 하였다. 동진은 양쯔강(揚子江) 이남의 땅을 영토로 하여 건업(建業 : 南京)을 수도로 하였다. 이후 동진시대에는 화북의 옛 영토를 되찾지는 못하였지만 강남을 무대로 시인 도연명(陶淵明), 서예가 왕희지(王羲之), 화가 고개지(顧愷之) 등이 활약한 화려한 귀족문화시대를 열었다. 이후 동진은 419년 공제(恭帝) 때 군벌(軍閥) 유유(劉裕 : 南朝의 宋武帝, 재위 420 422)가 왕위를 찬탈하여 멸망하였다.

동치중흥(同治中興)

청나라 말기 동치제(同治帝)시대에 중국의 정세가 잠시 안정되어 국가기능이 회복된 시기. 동치제가 즉위하면서 서태후(西太后)가 섭정(攝政)정치를 실시하고 외교관계는 공친왕(恭親王)이 주도하면서 외국과의 화친을 추구하면서 국제정세가 안정되었다. 국내적으로는 태평천국(太平天國)의 난이 진압되어 안정을 되찾았다. 태평천국의 난을 진압하는 과정에서 등장한 증국번(曾國藩), 이홍장(李鴻章), 쮀쭝탕(左宗棠) 등의 한인 관리들은 양무운동(洋務運動)을 적극적으로 추진하여 서양의 군사기술을 비롯한 문물 도입을 위해 노력하였다. 또한 군수산업을 비롯한 공업의 진흥, 통신 운수의 개선, 학당 설치, 유학생의 해외파견 등을 실시하여 국가발전을 시도하였다.

동프랑크왕국(Francia Orientalis)

프랑크왕국이 베르덴조약과 메르센 조약으로 분할되면서 성립한 왕국. 이후에 독일왕국이 되었다. 독일인 왕인 루트비히가 초대 국왕이 되었으며 게르만적 성격이 강했다. 그러나 왕국 내의 프랑켄 작센 알라마넨 바이에른 등 여러 부족의 독립성이 강하여 실질적으로 국왕선거권을 가졌다. 2대 국왕인 카를 3세(876~887)는 한때 서프랑크왕을 겸해 전 프랑크왕국의 왕이 되었다. 그러나 노르만인의 파리 포위 때 패배를 당하여 폐위되었다. 이후 카롤링 왕가의 혈통은 끊어지고 작센 공(公) 하인리히 1세가 왕으로 선출되면서 작센왕조시대가 열렸다. 서프랑크왕국에 해당하는 프랑스에서는 국왕을 중심으로 봉건적 지배관계가 성립한 데 반하여, 동프랑크왕국에 해당하는 독일 지역에서는 각 부족국가의 연합체 형식으로 독일제국이 성립하게 되었다.

두마(Duma)

러시아에서 1905년부터 1917년까지 존속했던 의회. 1905년 러시아 혁명이 일어나자 니콜라이 2세가 '10월 선언'을 발표하고 의회를 설치할 것을 약속함으로써, 1906년에 개회하였다. 이후 1917년 2월 혁명이 일어날 때까지 4회의 선거를 실시하여 의원을 선출하였다. 그러나 국정의 중요기능은 황제가 보유하고 선거권 또한 계층별로 차별을 두었다. 제1차 및 2차 두마는 입헌민주당, 노동당 등의 야당이 과반수를 차지하여 반정부적 성격이 강했으며 정부에 의해 강제해산되었다. 제3차 두마는 스톨리핀의 선거법 개혁으로 극우 10월달 계열이 과반수를 차지하게 되었다. 제4차 두마는 다시 입헌민주당이 득세하여 1917년 2월 혁명 이후 임시정부를 지배하였으나 10월 혁명 후 소비에트가 등장하면서 소멸하였다.

두보(杜甫, 712~770)

중국 당나라 때의 시인. 자는 자미(子美)이며 호는 소릉(少陵)이다. 중국을 대표하는 시인으로 시성(詩聖)이라 불렸으며, 또 이백(李白)과 함께 이두(李杜)

라고도 불린다. 허난성(河南省)의 궁현(鞏縣) 출신으로 23세 때 진사 시험에 실패하고 여행길에 나서 이백, 고적(高適) 등과 사귀게 되었다. 40세 때 벼슬길에 올랐으나 44세 때 안록산의 난이 일어나 반란군의 포로가 되었다가 탈출하였다. 그후 다시 관직 생활을 하였으나 48세 때 관직을 버리고 쓰촨성(四川省)의 청두(成都)에 정착하여 시외의 완화계(浣花溪)에다 초당을 세웠다. 이후 수년간 청두의 절도사 엄무(嚴武)의 막료(幕

▶ 두보

僚)로서 생활하다가 54세 때, 귀향할 뜻을 품고 청두를 떠나 양쯔강(揚子江)을 따라 배를 타고 내려가다가 둥팅호(洞庭湖)에서 59세를 일기로 병사하였다. 두보는 이백과 함께 중국을 대표하는 시인으로 불리며 오언율시(五言律詩)와 칠언율시(七言律詩)의 완성자로 불린다. 두보의 시는 장식적인 수사를 배제하고 당시의 사회상과 개인의 감정을 사실적으로 표현하였다. 대표작으로 《북정(北征)》, 《추흥(秋興)》, 《병거행(兵車行)》 등이 있다.

두우(杜佑, 735~812)

중국 당나라 때의 정치가, 역사가. 자(字)는 군경(君卿)이며 장안(長安) 출신이다. 두우는 귀족집안에서 태어나 과거를 거치지 않고 관직에 올랐으며 여러 관직을 거쳐 덕종(德宗), 순종(順宗), 헌종(憲宗) 등 3제(帝)에 걸쳐 재상(宰相)을 지냈다. 정치가로서 탁월한 능력을 발휘하였을 뿐 아니라 학문적으로도 뛰어난 지식인이었다. 역사가로서 개원(開元)시대 말에 유질(劉秩)이 주례(周禮)를 본받아 편찬한 《정전(政典)》35권을 보완하기 위하여 30년에 걸쳐 《통전(通典)》200권을 편찬하였다. 《통전》은 상고(上古)시대부터 당의 현종(玄宗)시대까지 역대의 제도를 9부분으로 분류하여 수록한 역사서이다. 《통전》은 당나라의 사회, 경제제도 연구에 중요한 사료로 오늘날까지 전해진다. 이 밖에 《통전》을 간추린 《이도요결(理道要訣)》을 지었다고 하나 오늘날에는 전해지지 않는다.

둔전제(屯田制)

중국의 토지제도. 국가가 관유지나 새로 확보한 변방의 영토에 농민을 집단적으로 투입하여 경작하게 하는 제도로서 진(秦), 한(漢)시대로부터 청(淸)나라 때까지 시행되었다. 둔전제는 영토 방위나 국가의 재원 확보를 위해 실시되었으며 군인이 경작하는 군둔(軍屯)과 민간인이 경작하는 민둔(民屯)으로 구분되었다. 이 외에 명나라 때에는 상둔(商屯)이 있었다. 둔전제의 기원은 진시황(秦始皇)이 오르도스 방면에 설치하였다는 설과 한무제(漢武帝) 때 돈황(敦煌) 등지에 설치한 것이 시초라는 설이 있다. 후한(後漢)시대부터 서역지방에 둔전이 설치되어 병사들이 자급자족하도록 하였으며 국내에도 둔전이 설치되기 시작했다. 삼국시대(三國時代)에 위(魏)나라의 조조(曹操)가 백성을 모집하여 황무지를 경작시키는 등 민둔을 설치하였다. 이후 진(晉)나라 때에는 둔전법의 성격을 이어받은 점전과전법(占田課田法)을 실시하였다. 당나라 때에는 둔전법을 균전법(均田法)과 함께 실시하였으며, 당 말기에는 둔전을 영전(營田)이라 하여 농민을 고용하여 경작하는 형태로 변질되었다. 송나라 때에는 영전이 더욱 발달하였으며 명나라에 들어서는 민둔, 군둔 외에 상둔이 추가되었다. 명나라는 위소제도(衛所制度)에 의한 병농일치를 추구하였기 때문에 둔전을 중요시하였다. 청나라 때에 들어서는 둔전이 점차적으로 민전으로 변화되었다.

둔황(敦煌)

중국 간쑤성(甘肅省) 북서부에 있는 도시. 고비사막 고원지대의 오아시스 도시로서 중국과 중앙아시아를 연결하는 실크로드의 관문이다. 고대 동서교역 및 문화교류의 거점이자 중국 서역경영의 거점이었다. 둔황은 교역뿐 아니라 불교가 중국에 전해진 경로에 위치하여 천불동(千佛洞)이라는 석굴사원으로 유명하다. BC 1세기 초에 한무제(漢武帝)가 둔황을 서역 진출의 전진기지로 삼아 둔전을 설치하였다. 이후 계속 중국의 지배를 받다가 8세기 말에 토번(吐蕃)이 점령하였다가 다시 당나라에 귀속되었다. 11세기 초 서하(西夏)의 지배 아래 들어간 뒤로 쇠퇴하였다. 이후 돈황은 잊혀졌다가 청나라 말기에 영국의 고고학자 스타인과 프랑스의 펠리오가 둔황에서 2만여 점의 고문서와 회화를 발견함으로써 동양학과 불교미술 연구에 큰 진전을 거두게 되었다.

▶ 둔황의 골굴사

뒤낭(Dunant, Jean Henri, 1828~1910)

국제 적십자사를 창립한 스위스의 인도주의 운동가. 스위스 제네바 출신으로 1858년 이탈리아 통일전쟁 당시 솔페리노 전투로 인한 부상병들의 참상을 목격하고 구호활동에 참여하면서 적군과 아군의 구별없이 부상자를 구호할 국제기구를 구상하게 되었다. 1862년 솔페리노의 체험을 담은 《솔페리노의 회상》을 출간하고 전쟁시에 피아의 구별없이 부상자를 구호할 중립민간국제기구의 필요성을 촉구하였다. 뒤낭의 노력으로 1864년 국제적십자사가 창립되고 1864년에는 제네바조약이 체결되었다. 뒤낭은 적십자 설립에 노력한 공로로 1901년 제1회 노벨 평화상을 수상하였다.

▶ 뒤낭

뒤러(Durer, Albrecht, 1471~1528)

독일 르네상스 미술의 대표작가인 독일의 화가이자 판화가. 뉘른베르크 출신으로 목판과 동판 기술을 배우고 남서독일과 이탈리아 등지를 여행하면서 판화제작을 공부했다. 1498년부터 목판의 연작 〈묵시록〉, 〈대수난〉 등의 작품을 제작했으며 1500년경부터 인체해부를 연구하여 〈동방박사의 예방〉 등을 제작했다. 1504년에는 〈아담과 이브〉를 제작했다. 1505년 다시 이탈리아를 여행하면서 〈장미관의 성모〉, 〈젊은 베네치아 여인〉 등의 작품을 남겼다. 이 여행 이후에 뒤러는 이탈리아 르네상스의 원근법과 독일 후기 고딕양식의 구성을 결합하여 독일 르네상스 미술의 양식을 만들었다. 독일로 돌아온 후 1513 1514년 동판화의 3대 걸작 〈기사(騎士) 죽음 악마〉, 〈서재의 성(聖) 히에로니무스〉, 〈멜랑콜리아〉 등을 제작하였다. 이후 작센 선제후와 막시밀리안 황제의 궁정화가로 일하면서 네딜란드 여행 후에는 종교적 작품을 제작하였다. 저서로 《인체비율》이 있다.

뒤르켐(Durkheim, Emile, 1858~1917)

프랑스의 사회학자. 에피날 출신으로 유대계 집안에서 태어나 고등사범학교를 졸업하였다. 독일에 유학하였다가 1887년 보르도대학 교수가 되고 이어 1902년부터 소르본대학에서 《사회학연보》를 창간하였다. 이후 뒤르켐학파로 불리는 사회학 학파를 창시하고 콩트의 실증주의를 적용하여 사회학의 과학적 방법론을 확립하였다. 뒤르켐은 사회학의 대상을 작용양식과 존재양식이라는 두 가지 사회적 사실로 규정하였다. 주요 저서로 《사회분업론》(1893), 《사회학적 방법의 규준》(1895), 《자살론》(1897), 《종교생활의 원초형태》(1912) 등이 있다.

뒤마(大뒤마, Dumas, Alexandre(pere), 1802~1870)

프랑스의 극작가이자 소설가. 프랑스 북부 엔현(縣)의 빌레르 코트레 출신이다. 낭만주의 극작가로 출발하여 1829년에 〈앙리 3세와 그 궁정〉으로 성공을 거두었다. 1830년 7월 혁명이 일어나자 루이 필리프를 지지하는 정치운동에 참여하였다. 이후 여러 편의 희곡과 함께 유럽 각지를 여행하면서 기행문을 저술하였다. 중년 이후로는 프랑스 역사를 소재로 한 역사소설을 쓰기 시작하였다. 1844년 대중지에 《삼총사》를 연재하여 큰 인기를 끌었으며, 삼총사의 후편으로 1845년에 《20년 후》와 1848년 《브라질론 자작(철가면)》을 써서 삼총사 3부작을 완성하였다. 약 250편의 작품을 남겼으며 그 중에서도 1844년에서 45년 사이에 쓴 《몽테크리스토 백작》이 특히 유명하다.

뒤마(小뒤마, Dumas, Alexandre(fils), 1824~1895)

프랑스의 극작가이자 소설가. 대뒤마의 아들로 소뒤마라고도 한다. 파리 출신으로 대뒤마와 벨기에 부인 사이에 사생아로 태어났다. 1848년에 소설 《춘희》를 출간하여 크게 성공을 거두었다. 이후 《춘희》를 희곡으로 만들어 역시 대성공을 거두고 극작가로도 활약하였다. 극작가로서 처음에는 낭만주의 작품을 썼으나 점차 사실주의 경향의 작품으로 방향을 바꾸었다. 남성 이기주의와 사회적 관습에 희생당하는 여인들의 문제를 사실적으로 묘사하였다. 대표적인 작품으로 《드미몽드》(1855), 《금전문제》(1857), 《사생아》(1858), 《여성의 친구》(1864) 등이 있다. 1866년 이후 아카데미 프랑세즈 회원으로 활동하였다.

듀이(Dewey, John, 1859~1952)

미국의 실용주의 철학자이자 교육학자. 버몬트주 벌링턴 출신으로 존스홉킨스대학에서 학위를 받고 미네소타, 미시간, 시카고, 컬럼비아대학 교수를 역임했으며 컬럼비아대학의 명예교수를 지냈다. 철학자로서 듀이는 제임스의 실용주의(프래그머티즘)를 연구하여 도구주의(인스트루멘털리즘)적인 실용주의를 자신의 철학으로 내세웠다. 철학 저술로서 《논리학적 이론의 연구》(1903), 《사고의 방법》(1933), 《논리학–탐구의 이론》(1938), 《경험으로서의 예술》(1934) 등을 남겼다. 듀이는 교육학자로서도 많은 업적을 남겼다. 그의 교육관은 학교를 사회개조의 모체로 보고 학생들의 창의력을 키울 수 있는 교육을 강조하였다. 교육학 저서로 《학교와 사회》(1899), 《민주주의와 교육》(1916) 등을 남겼다.

드가(Degas, Edgar, 1834~1917)

프랑스의 화가. 본명은 Hilaire Germain Edgar De Gas이다. 파리 출신으로 라모트에게 그림을 배웠으며 라모트의 스승인 앵그르로부터도 가르침을 받아 고전파 회화를 공부하였다. 이탈리아를 여행하면서 르네상스 거장들의 작품을 공부하고 모사하면서 10년간 화가로서 수업을 쌓았다. 이 시기에는 고전

▶ 드가의 〈발레 학교〉

파의 영향을 받은 〈보나의 초상〉, 〈디오 부인〉, 〈꽃을 든 여인〉 등의 초상화
를 주로 그렸다. 1865년 살롱에 〈오를레앙시(市)의 불행〉이란 작품을 출품하
였다. 이후 고전파 대신 자연주의 문학이나 마네의 인상파의 영향을 받아 근
대생활을 소재로 한 작품을 그리기 시작했다. 한때 인상파전에 출품하면서
활동했으나 이후로는 인상파와 다른 자신만의 사실주의 화풍을 추구했다. 드
가는 당시 파리의 생활상을 대상으로 하여 조형의 입체감과 인물의 순간적
동작을 잡아 묘사하는 기법으로 그림을 그렸다. 경마, 무희, 목욕하는 여인
등을 즐겨 그렸으며 특히 무희를 즐겨 그렸다. 만년에는 시력이 나빠지면서
조각을 하여 걸작을 만들어냈다. 대표작으로는 〈압생트〉(1876), 〈대야〉(1886),
〈무대 위의 무희〉 연작 등이 있다.

드골(De Gaulle, Charles Andr Joseph Marie, 1890~1970)

프랑스의 군인, 정치가. 릴 출신으로 생시르 육군사관학교를 졸업하고 제1차
세계대전에 참전하였다. 전쟁 중에 중상을 입고 독일군의 포로가 되기도 하
였다. 전쟁 후에는 폴란드에서 반소비에트 운동을 하다 1921년에 귀국하여
군생활을 계속하였다. 제2차 세계대전이 일어나고 프랑스가 독일에 항복하자
런던으로 망명하였다. 드골은 런던에서 자유프랑스 전국위원회를 결성하고
프랑스 국내의 레지스탕스와 연합하여 대독항전을 계속하였다. 1943년에는

알제리 국민해방위원회 위원장으로 취임하였으며 1944년에 연합군이 파리를 해방시키자 귀국하여 임시정부의 수반이 되었다. 이후 1947년부터 53년까지 프랑스 국민연합을 조직하여 우파 정치인으로 활동하다가 은퇴하였다. 그러나 1958년 알제리 사태로 정국이 혼란해지자 다시 복귀하여 1959년에 대통령에 취임하였다. 대통령으로서 드골은 1962년 국민투표로 알제리를 독립시켜 알제리 문제를 해결하고 '위대한 프랑스' 노선을 주장하여 나토 탈퇴, 독자적 핵무장 등 독자적 외교, 군사노선을 추구하였다. 이후 1968년 5월 사태로 정국이 혼란해지자 1969년 국민투표에서 패하여 대통령직을 사임하였다. 저서로 《칼날》 등의 군사이론서와 《회고록》, 《자서전》 등이 있다.

드라비다인(Dravidian)

아리아인이 들어오기 전에 인도에 살던 민족. 인도 유럽계 언어와 다른 드라비다어를 말하는 여러 민족을 말하며 인도 남부와 실론 북부, 그 밖에 인도 여러 지역에 흩어져 사는 민족이다. 드라비다족은 인도 남부를 중심으로 높은 수준의 문화를 발전시켜, 인도 북부의 아리아족과 함께 인도문화의 근간을 이루었다. 드라비다족은 머리색과 눈동자가 검고 머리가 장두형(長頭型)의 지중해 인종으로 농경생활을 하였으며, 여신과 소를 숭배하고 거석문화가 있었다. 역사적으로 인도 북서부의 모헨조다로를 비롯한 인더스 도시문명의 유적으로 볼 때, 원래는 드라비다인이 인도 북부에 거주하다가 아리아인이 침입하면서 인도 남부로 밀려난 것으로 보인다.

드라콘(Drakon, BC 7세기 후반)

고대 아테네의 입법자. BC 621년 또는 624년경에 아테네에서 드라콘법이라는 최초의 성문법을 제정하였다. 드라콘법은 소송절차나 형벌의 규정을 포함한 법전으로서 기존의 관습법을 성문법화한 것이다. 형법의 적용이 지나치게 가혹하여 사형을 가하는 일이 많았기 때문에 '피로 쓰여진 법'이라 불렸다. 이후 솔론시대에 살인에 관한 법 이외에는 폐지되었다. 살인에 관한 법률은 BC 409~408년에 재공포되어 그 대리석 비문의 일부가 현존하고 있다. 살인을 고의와 과실의 두 종류로 구분하고 살의(殺意) 유무의 판정을 국가에서 내리도록 하여 피의 복수와 같은 피해자측의 자의적 보복을 제한하였다. 과실로 인한 살인일 경우는 가해자를 국외추방하고 피해자측이 합의하면 귀국을 허락하였다. 고의적 살인의 경우에는 피해자 친족들이 피의 복수를 하도록 허락한 것으로 보인다.

드레이크(Drake, Sir Francis, 1545?~1596)

엘리자베스 1세 시대 영국의 항해가, 해군제독. 데번셔 출신으로 대서양을 항해하면서 에스파냐 함대와 서인도 방면의 에스파냐 기지를 공격하여 많은 전리품을 약탈했다. 1577년 에스파냐의 해상무역을 공격하기 위해 약탈선단을 이끌고 마젤란 해협을 지나 태평양에 이르러 칠레, 페루 해안을 따라 에스파냐 항구를 약탈하면서 다시 인도양과 희망봉을 거쳐 영국으로 돌아왔다. 이로써 마젤란에 이어 두 번째로 세계일주 항해에 성공하였다. 에스파냐의 펠리페 2세는 드레이크를 해적으로 규정하여 인도할 것을 요구했으나 엘리자베스 여왕은 드레이크를 기사작위를 내렸다. 이후 1587년 카디스에서 에스파냐 함대에 화공(火攻)을 가하고, 1588년에는 부제독으로 무적함대(아르마다)와 해전을 벌여 승리하였다. 1595년 서인도 제도를 공격하던 중 열병에 걸려 사망하였다.

드레퓌스 사건(Dreyfus Affair, 1897~1898)

프랑스 제3공화정에 정치적 위기를 초래했던 간첩사건. 1894년 프랑스 참모 본부에 근무하던 유태계 포병대위 드레퓌스가 독일 대사관에 군사정보를 팔았다는 혐의로 체포되어 종신형 판결을 받았다. 그 후 군 수뇌부가 드레퓌스가 진범이 아니라는 것을 알면서도 진상을 은폐하고 있다는 사실이 폭로되고 진범이 드러나게 되었다. 그럼에도 불구하고 군부는 진범인 에스테라지 소령을 당시 반유태주의와 군국주의 분위기를 틈타 형식적인 재판 끝에 사면하였다. 이에 소설가 에밀 졸라는 '나는 탄핵한다' 라는 제목의 공개장을 발표하면서 프랑스 전체가 드레퓌스 지지파와 반대파로 양분되었다. 드레퓌스 지지파는 자유주의 지식인, 사회당, 급진당이 참여하여 인권옹호와 군국주의 반대를 명분으로 인권동맹을 결성하였다. 반대파는 국수주의자, 교회, 군부, 우익 정치인이 결집하여 반유태주의, 국가질서, 군의 명예를 명분으로 프랑스 조국동맹을 결성하였다. 결국 드레퓌스는 재심에서 무죄판결을 받았으며, 이 사건을 계기로 프랑스에서 공화정의 기반이 확고해지고 좌파가 결속하게 되었으며, 교회와 군부세력이 위축되었다.

▶ 드레퓌스 사건

드보르자크(Dvorak, Antonin, 1841~1904)

체코 출신의 작곡가. 민족적 낭만주의 작품으로 유명하다. 프라하 근교 출신으로 17세 때 오르간 학교에서 음악을 공부하고 이후 비올라를 연주했다.

▶ 드보르자크

1862년 프라하 가설극장의 비올라 연주자가 되었고, 1866년 극장의 지휘자로 부임한 스메타나의 영향으로 민족적 음악풍을 살린 작품을 발표하여 널리 알려지게 되었다. 1891년 프라하 음악원 교수가 되었고 드보르자크의 실내악이나 관현악이 외국에서도 연주되면서 영국과 미국 등지를 방문하였다. 1892년 미국을 방문하고 다음 해 미국에서의 인상을 소재로 교향곡 9번 〈신세계〉를 작곡하였다. 1901년 프라하 음악원 원장이 되고 음악가로서 널리 인정받았다. 스메타나가 체코 민족풍의 음악을 주로 한 데 비해 드보르자크는 슬라브풍뿐 아니라 미국체류 중에 접한 흑인과 인디언 민족음악도 받아들여 독특한 음악세계를 구축했다. 신세계 교향곡 외에 첼로 협주곡과 오페라 〈루살카〉 등의 대표작 외에 수많은 교향곡, 교향시, 바이올린, 첼로 협주곡 등을 남겼다.

드뷔시(Debussy, Claude Achille, 1862~1918)

프랑스의 작곡가. 파리 근교 출신으로 독특한 화성과 예민한 감각으로 가장 프랑스적인 음악을 한다는 평을 받았다. 1872년 파리음악원에 입학하여 1884년 칸타타 〈방탕한 아들〉로 로마대상을 받았다. 로마대상을 받은 후 로마에 2년간 체류하면서 〈봄〉, 〈선택 받은 소녀〉 등의 작품을 만들었다. 이후 〈현악 4중주곡〉, 〈목신(牧神)의 오후에의 전주곡〉(1894) 등의 작품을 발표하면서 다양한 음악을 접하고 말라르메, 루이스 등 상징파 시인들과 교류하였다. 이러한 교류를 통해 자신만의 새로운 화성과 음색을 추구하여 서양음악사의 새 장을 열었다. 드뷔시의 새로운 시도는 그의 작품 〈녹턴〉, 오페라 〈펠레아스와 멜리장드〉, 관현악 〈바다〉, 피아노 〈전주곡집〉 등에 잘 나타나 있다.

들라크루아(Delacroix, Feridinand Victor Eugene, 1798~1863)

프랑스의 화가. 파리 교외 출신으로 외교관의 아들로 태어났다. 16세부터 고전파 화가인 게랭에게 그림을 배웠다. 그러나 고전주의 대신 낭만주의를 선택하여 역동적 구도와 강렬한 색채를 구사하여 영웅적인 인간의 고뇌와 격정을 표현하려 하였다. 1822년 낭만주의 화풍으로 그린 첫 작품 〈단테의 작은 배〉를 발표하고 1824년에는 〈키오스섬의 학살〉을 발표하였다. 화가로서 미켈란젤로, 고야, 루벤스 등의 영행을 받았으며 문학적으로 단테, 세익스피어, 바이런, 스코트의 작품에 영향을 받고 빅토르 위고와 교유하면서 낭만주의 운동을 주도하였다. 그러면서 〈사르다나파르의 죽음〉(1827), 〈민중을 이끄는 자유의 여신〉(1831) 등의 작품을 발표하였다. 이후 모로코 여행을 통하여 낭만주의 화풍에 동방의 민속화풍을 접목하여 〈알제의 여인들〉(1834) 같은 작품을 남겼다. 그림 외에 《예술론》 등의 미술 이론서도 남겼다.

디드로(Diderot, Denis, 1713~1784)

백과전서파로 알려진 프랑스의 계몽사상가. 랑그르 출신으로 법학을 공부하다가 철학과 문학으로 방향을 바꾸어 파리로 가서 10여 년간 교사와 번역일을 하면서 스스로 공부했다. 1746년 《철학적 사색》을 출판하였고, 1749년에는 무신론적인 성향의 《맹인서한》을 출판하였다. 이 때문에 잠시 투옥되기도 했다. 이후 1746년에 영국에서 나온 체임버스 백과서전의 번역을 의뢰받은 것이 계기가 되어 새로운 《백과전서》의 기획에 착수하게 되었다. 백과전서는 디드로의 친구 달랑베르를 감수자로 하여 볼테르, 몽테스키외, 루소 등 당대의 계몽사상가를 총동원하였고 디드로 자신도 서문을 비롯하여 여러 항목을 집필했다. 이리하여 1751년 백과전서의 제1권을 출판하였으며 1772년에 17권으로 완결을 보게 되었다. 《백과전서》는 계몽주의 사상의 성과물로서 당시 큰 반향을 일으켰다. 디드로는 《백과전서》 외에도 많은 철학, 문학 저서를 남겼다. 대표적인 철학서로 《달랑베르의 꿈》, 《달랑베르와 디드로의 대화》, 《자연해석에 관한 사색》 등이 있고 소설 《라모의 조카》, 《운명론자 자크》 등이 있다. 이밖에 희곡, 연극, 회화에 대한 비평을 남겼다. 디드로의 사상은 당대 자연과학의 성과를 반영하여 무신론과 유물론의 입장을 취했으며 이러한 입장에서 당시 사회에 대한 비판을 가했다.

▶ 디드로

디아도코이(Diadochoi)

그리스어로 '후계자'라는 뜻으로 알렉산더 대왕이 죽은 후 그 뒤를 계승한 마케도니아 장군들을 말한다. 알렉산더가 대제국을 세우고 갑자기 죽자 안티파트로스는 유럽총독으로 마케도니아를 통치하고 페르딕카스는 제국의 섭정(攝政), 프톨레마이오스는 이집트, 리시카토스는 트라키아, 안티고노스는 리키아와 프리지아, 셀레우코스는 메소포타미아와 페르시아 지방을 장악하였다. 알렉산더의 후계자 자리를 놓고 디아도코이들 간에 벌어진 전쟁은 50년을 끌었으며 결국 이집트, 시리아, 트라키아, 마케도니아의 4왕국으로 정립되었다. 이 디아도코이들이 죽은 후 BC 280년경부터는 디아도코이의 후계자들인 '에피고노이'들이 등장하였다. 디아도코이시대에는 알렉산더시대에 시작된 그리스 문화의 확산 및 토착 문화와의 융합을 통한 헬레니즘화가 더욱 확장되었다.

디아스(Dias, Bartholomeu, 1450?~1500)

아프리카 남단에 있는 희망봉을 발견한 포르투갈의 선장. 1847년 아프리카에 있다는 기독교를 믿는 전설의 국가 '프레스터 존 왕의 나라'를 찾기 위해 2척의 선단을 이끌고 아프리카 서해안으로 떠났다. 아프리카 남쪽 끝에 이르러 케이프타운 남쪽 끝 케이프 포인트를 '폭풍의 곶'이라고 이름을 붙였다. 후에 포르투갈 국왕 주앙 2세가 선원들의 공포를 덜어주기 위해 '희망봉'으로 이름을 바꾸었다고 한다. 이후 디아스는 아프리카 무역에 종사하면서 바스코 다 가마의 항해를 인도하였고 브라질로 항해하다가 희망봉 앞바다에서 태풍을 만나 사망하였다.

디오게네스(Diogenes, BC 400?~BC 323)

고대 그리스 키니코스학파의 철학자. 흑해 남쪽 연안의 그리스 식민시 시노페 출신으로 시노페의 디오게네스로도 불린다. 고향 시노페에서 가짜 돈을 만들었다는 죄목으로 쫓겨나 아테네로 와서 안티스테네스의 제자가 되었다고 한다. 디오게네스는 결혼제도와 국가제도를 부정하고 세계시민으로 살 것을 주장하였으며 기존의 관습을 반자연적인 것이라고 비판하며 물질적 욕망을 버리고 자급자족적인 삶을 살라고 주장하였다. 이러한 철학에 따라 디오게네스는 의복 대신 베를 몸에 두르고 통 속에서 사는 등의 기행으로 '통 속의 디오게네스'로 알려졌다. 알렉산더 대왕이 일광욕을 하던 디오게네스를 만나 소원을 묻자 햇볕을 가리지 말아달라고 했다는 일화로 유명하다.

디오클레티아누스(Diocletianus, Gaius Aurelius Valerius, 245~316)

콘스탄티누스와 함께 로마 제정을 강화한 로마 황제. 이탈리아 디오클레아 출신의 피해방민의 아들로 태어나 군에 들어가 284년에 황제가 되었다. 황제로서 디오클레티아누스는 군인황제시대의 혼란이 제위(帝位) 상속이 명확한 기준이 없고, 제국의 규모가 한 사람이 다스리기에 너무 커진 데 있다고 보고 제위 상속법의 확립, 제국의 분할지배, 황제 권력의 강화라는 세 가지 정책을 실시하였다. 그리하여 로마제국을 동과 서로 나누고 각각 정식황제(아우구스투스)와 부황제(케사르)를 두어 모두 4명의 황제가 동로마와 서로마를 다스리도록 했다. 디오클레티아누스 자신은 동로마를 담당하고 갈레리우스를 부황 제로 삼았고, 서로마는 황제 막시미아누스가 부황제 콘스탄티우스 클로루스 와 함께 다스리도록 하였다. 이와 함께 문무를 분리하여 중앙집권적 관료국 가 체제를 정비하였고 황제에 대한 오리엔트적 숭배를 도입하여 황제권을 강 화하였다. 또한 전통 수호 차원에서 많은 다신교 신전을 세우고 303년에 기 독교 대박해를 가했다가 실패하고 퇴위하였다.

디포(Defoe, Daniel, 1660~1731)

영국의 문필가, 언론인. 상인의 아들로 태어나 상업에 종사하다가 군 생활을 하기도 했다. 휘그적이고 비국교도(國敎徒)적 입장에서 팜플릿을 발간하여 네덜란드계인 윌리엄 3세에 대한 편견을 풍자한 〈순수한 영국인〉(1701), 국교 문제를 다룬 〈비국교도 대책 첩경〉(1702) 등을 발표하였다. 〈비국교도 대책 첩경〉 때문에 한때 투옥되었으나 출옥하여 1704~1713년에 주간지 〈리뷰〉를 발간하고 경제평론도 하여 《영국 상업의 계획》 같은 저서를 남겼다. 그러는 한편으로 소설을 쓰기 시작하여 1719년에 걸작 〈로빈슨 크루소〉를 발표하였 다. 난파 당해 무인도에 표류한 크루소의 모험담을 그린 이 소설은 당시 영국 시민계급의 모습과 개인주의 사상을 담고 있다. 이외에도 〈해적 싱글턴〉, 〈몰 플랜더스〉, 〈록사나〉 등의 작품이 있다. 이들 작품은 악당의 일대기를 다룬 '악당 소설'이 많고 사실적 묘사로 영국 최초의 근대소설로 평가받고 있다.

디젤(Diesel, Rudolf, 1858~1913)

디젤기관을 발명한 독일의 엔지니어. 파리에서 태어났으며 프랑스-프로이센 전쟁 때 영국으로 이주하였고 뮌헨 공과대학을 졸업하였다. 이후 파리에서 냉동기 제조회사의 기계기사로 일하면서 1892년 내연기관에 관한 특허를 획 득하고 1893년에 《합리적 열기관의 이론과 구조》라는 저서를 출판했다. 디젤 의 이론에 따라 1897년에 디젤기관이라는 새롭고 효율적인 내연기관이 제작 되었다. 이후 세계각국에서 디젤기관을 채용하게 되었다. 이후 디젤기관의 개량에 고심하다가 1913년 영국 해군성 초청으로 런던으로 항해 하던 중 실 종, 사망하였다.

디즈레일리(Disraeli, Benjamin, 1804~1881)

빅토리아시대 수상을 지낸 영국의 정치인. 런던 출신으로 유대계 상인의 아 들로 태어났으나 기독교 신자가 되었다. 정치에 입문하기 전에는 풍자적인 정치소설을 썼다. 1837년 보수당 소속으로 하원의원에 당선되어 정치활동을 시작하였다. 보수당 내에서 '청년영국당'이란 젊은 의원들 그룹을 이끌면서 곡물법 폐지에 반대하는 등 보호무역주의의 옹호자로 나섰다. 이후 세 차례

▶ 디즈레일리

재무장관을 역임했으며 1867년에는 제2차 선거법 개정을 실현시켰다. 1868년에 잠시 수상이 되었고 이후 1874년에 다시 집권하여 1880년까지 집권하였다. 빅토리아 여왕의 신임을 받아 제국주의 정책을 추진하였다. 1875년 수에즈 운하주를 사들여 이집트에 진출하였고, 1877년에는 빅토리아 여왕을 인도의 여황제로 만들었다. 러시아의 남하정책을 경계하여 러시아-터키 전쟁에서 터키를 지원하고 1878년 베를린회의에서 러시아의 남하정책을 좌절시키고 사이프러스 섬을 획득하였다. 디즈레일리는 글래드스턴과 함께 빅토리아시대 의회 양당 정치를 발전시켰다.

디킨스(Dickens, Charles John Huffam, 1812~1870)

영국의 소설가. 영국 남부의 포츠머스 출신으로 런던으로 이주하였다. 관리의 아들로 아버지가 빚을 지고 투옥되어 초등학교만 마치고 12세 때부터 공장에서 일하였다. 공장생활을 하면서 자본주의 발전기 영국 대도시의 이면을 직접 체험하였다. 15세 때 변호사 사무실 사환으로 취직하고 이후 여러 직업을 거쳐 신문사 기자가 되었다가 1836년 〈보즈의 스케치〉를 발표하면서 작가로서 활동을 시작했다. 1837년에 〈피크위크 페이퍼스〉를 발표하고 1838년에 〈올리버 트위스트〉를 발표하여 성공을 거두었다. 이후 〈크리스마스 캐럴〉 등의 작품을 발표하면서 자신이 어린 시절 체험한 사회 하층민의 실상을 사실적으로 묘사하면서도 작품 속에서 인도주의를 표방하였다. 이후에도 〈데이비드 카퍼필드〉, 〈하드 타임즈〉, 〈두 도시 이야기〉, 〈위대한 유산〉 등의 많은 작품을 썼으며 후기에는 한 개인의 일대기가 아니라 사회 각계각층의 다양한 사람들을 묘사한 파노라마적 작품들을 주로 썼다. 이외에 단편소설과 수필 등을 남겼다.

딜타이(Dilthey, Wilhelm, 1833~1911)

생(生)의 철학을 창시한 독일의 철학자. 헤센 비브리히 출신으로 하이델베르크대학과 베를린대학에서 신학, 철학, 사학을 배우고, 바젤, 키일, 브레슬라우, 베를린대학 교수를 역임하였다. 철학자로서 형이상학에 반대하여 생의 철학을 주창하였는데, 헤겔의 이성주의, 주지주의를 비판하고 역사적 생의 구조를 내재적으로 파악할 것을 주장하였다. 딜타이의 생의 철학은 이후 니체에게 많은 영향을 주었고 현대 실존철학에도 영향을 주었다. 딜타이는 자연과학과 다른 정신과학의 영역을 정립하기 위해 노력하였으며 철학분야에서 또한 해석학 연구에도 업적을 남겼으며 철학에만 국한되지 않고 문학, 역사 분야까지 두루 연구하였다. 대표작으로 《정신과학 서설》, 《체험과 시》, 《정신과학에 있어서의 역사적 세계와 구조》 등이 있다.

돤치루이(段祺瑞, 1865~1936)

근대 중국의 군벌(軍閥). 안후이성(安徽省) 출신으로 위안스카이(袁世凱)의 심복이 되어 베이양신군(北羊新軍)의 재건을 위해 노력하였다. 1911년 신해혁명(辛亥革命)이 일어나자 위안스카이와 함께 황제의 퇴위를 요구했으며 1912년 육군총장, 1913년에는 국무총리가 되어 위안스카이 독재정권에 기여하였다. 그러다가 1916년 위안스카이가 황제가 되려 하자 이에 반대하여 사직하였다. 이후 위안스카이가 죽자 대총통 리위안홍(黎元洪)의 국무총리 겸 육군총장으로 권력을 잡았다. 그러나 베이양군벌(北洋軍閥) 내부에서 돤치루이가 이끄는 안휘파와 화중(華中)에서 세력을 잡은 펑궈장(馮國璋)의 즈리파(直隷派)가 대립하게 되면서 군벌전쟁을 거듭하게 되었다. 이후 펑궈장이 대리총통이 되고 돤치루이는 국무총리가 되어 일본의 중국진출에 협력하였으며 광둥의 혁명정부를 탄압하였다. 1920년 안직전쟁(安直戰爭)과 1924년 봉직전쟁(奉直戰爭)을 치르면서 임시집정에 취임했으나 1926년 장쮜린(張作霖), 펑위샹(馮玉祥)과 충돌하여 정계를 은퇴하였으며 장제스(蔣介石)가 이끄는 혁명군의 북벌 완료와 함께 세력을 잃었다.

라마교(Lamaism)

티벳에서 발전한 불교의 일파. 라마란 지와 덕을 갖춘 고승(上人)을 말하며 티벳 불교의 승려를 라마라고 부른다. 티벳에 불교가 전래된 것은 7세기 초 토번(吐藩)시대에 송첸감포(松贊岡保) 왕(?~649) 때 중국 당나라와 네팔 출신의 두 왕비가 각각 중국과 인도 불교를 영입하면서부터다. 이후 불교가 본(Bon)교라는 토착종교와 혼합되어 토착화되어 갔다. 이후 8세기 중엽에 인도로부터 파드마삼바바(Padmasambhava, 蓮華生)란 승려가 티벳에 밀교(密教)를 전하면서 티벳불교가 밀교화되었다. 1038년 인도에서 온 아티샤가 티베트 밀교를 개혁하였고 13세기에 원나라의 국교가 되었다. 이후 라마교가 중국의 국교가 되면서 기강이 문란해지자 총카파란 개혁자가 등장하였다. 총카파의 종파는 겔루크파인데 노란 모자를 썼기 때문에 황모파(黃帽派)라 불리운다. 총카파의 2대 제자부터 법왕(法王) 달라이라마로 불리게 되었다. 1951년 중국군이 티벳에 침입하여 티벳은 중국영토가 되었으며 14대 달라이라마는 1959년에 인도로 탈출하였다.

라마야나(Ramayana)

고대 인도의 대서사시. 산스크리트어로 쓰여졌으며 〈마하바라타〉와 함께 고전 산스크리트 문학을 대표하는 장편 서사시로 전 7편, 2만 4천 송(頌)으로 이루어져 있다. BC 3세기의 시인 발미키의 작품으로 전해지고 있으나 실제로는 BC 4세기~AD 4세기에 걸쳐 여러 사람을 거쳐 완성된 것으로 보인다. 라마야나의 줄거리는 코살라국의 왕자 라마의 무용담을 다룬 것으로 라마는 비쉬누 신의 화신이며, 그 밖에 라마의 아내 시타, 동생 바라타, 원숭이 왕 하누마트, 악귀 라바나 등의 등장인물이 여러 가지 이야기를 펼치면서 서사시를 진행해 나간다. 라마야나는 12세기 이후 인도의 여러 언어로 번역되어 인도 문화에 큰 영향을 끼쳤으며, 인도 문학의 풍부한 소재의 원천이 되었다. 또한 중국, 티벳, 동남아 등지로 전해져 문학과 미술의 소재로 활용되었다.

라마크리슈나(Ramakrishna Paramahansa, 1836~1886)

19세기 후반 인도 힌두교를 개혁한 종교가. 본명은 가다다르 카토파댜야이며 벵골주의 브라만 집안 출신이다. 힌두교의 승려이지만 기독교, 이슬람교를 공부하였다. 이후 베단타 철학에 기초를 두고 모든 종교에는 똑같은 진실성이 있으며 궁극적으로 하나라는 깨달음을 얻었다. 라마크리슈나는 카스트제도를 비판하고 종교와 사회제도 개혁을 역설하였다. 라마크리슈나는 캘커타를 중심으로 가르침을 펴 많은 제자를 길렀으며 라마크리슈나의 제자 중에 비베카난다(1862~1902)는 스승의 사상을 해외로 전파하여 라마크리슈나 미션을 설립하고 세계각지에 가르침을 전하였다. 라마크리슈나의 사상은 힌두교를 현대화하여 인도 민족운동의 배경이 되었을 뿐 아니라 보편성을 추구하여 모든 종교의 협력을 추구했다는 점에서 세계적인 의의가 있다.

▶ 라마크리슈나

라부아지에(Lavoisier, Antoine Laurent, 1743~1794)

프랑스의 화학자. 파리의 귀족 출신이다. 처음에는 법학을 공부했다가 이후 화학연구로 전환하였다. 1768년 25세 때 '페리칸의 실험'으로 아리스토텔레스 이래의 원소변환설의 오류를 밝혀냈다. 이후 연소(燃燒)를 산화(酸化)현상으로 설명하는 새로운 연소이론을 세우고 산소(酸素)에 관한 연구를 하였다. 이 발견으로 사람이 산소를 마시고 이산화탄소를 방출한다는 것이 밝혀졌다. 또한 라부아지에는 라플라스와 함께 빙열량계(氷熱量計)를 고안하여 호흡이 연소와 동일한 것이라는 점을 밝혀내어 열화학(熱化學)의 기초를 닦았다. 이와 같이 새로운 화학이론을 발표하기 위해 1787년에 《화학 명명법》을 출판했으며 1789년에는 《화학교과서》를 출판하였다. 교과서의 내용으로 질량불변의 법칙, 원소개념의 정의 및 33개의 원소표가 실려 있었다. 1789년 프랑스 혁명이 일어나자 귀족인 라부아지에는 징세 청부인으로 고발되어 1794년 단두대에서 사형을 당하였다.

라블레(Rabelais, François, 1494?~1553)

프랑스의 작가, 인문학자, 의학자. 프랑스 르네상스 문학의 걸작 《가르강튀아와 팡타그뤼엘》로 유명하며 몽테뉴와 함께 16세기 프랑스 르네상스 문학의

▶ 가르강튀아와 팡타그뤼엘

대표작가이다. 투렌 출신으로 젊었을 때 수도원 생활을 하였으나 이후 여러 곳을 다니면서 학문을 익혔고 의사 자격을 얻었다. 의학자로서 고대 의학서의 주석판과 논문을 출판하여 인정을 받았으나 1532년 중세 전설에서 힌트를 얻은 《제2의 서(書) 팡타그뤼엘》을 출판하여 작가 생활을 시작하였다. 이후 의사 생활을 하면서 1534년에 《제1의 서 가르강튀아》를 발표하고 이후 계속 집필하여 사후에 《제5의 팡타그뤼엘》까지 출판되었다. 《가르강튀아와 팡타그뤼엘》 연작은 거인왕(巨人王) 아버지와 아들 2대의 모험담을 줄거리로 하여 중세 교회와 사회제도에 대한 비판을 담고 있다. 이 때문에 여러 차례 고발당하였으며 종교계로부터 비난과 박해를 받았다. 인문주의 작가로서 라블레는 영국의 셰익스피어, 에스파냐의 세르반테스와 같은 평가를 받고 있다.

라스코동굴(Grotte de Lascaux)

구석기시대 벽화가 발견된 프랑스의 동굴. 프랑스 도르도뉴현(縣) 몽티냐크 마을 근처의 베제르 하곡(河谷)에 있는 동굴. 이 동굴에서 1940년에 마을 소년들에 의해 동물 그림이 그려진 많은 벽화가 발견되었다. 라스코 동굴의 벽화는 800점 이상으로 흑색, 갈색, 황색 등의 다채색을 사용하여 들소, 야생마, 사슴, 염소 등이 그려져 있으며 주술사로 보이는 인물도 그려져 있었다. 벽화가 그려진 연대는 마들렌 중기에서 후기 사이로 보인다. 라스코 동굴벽화는 알타미라 동굴벽화와 함께 프랑코 칸타브리아 미술의 가장 유명한 구석기시대 회화로 평가받고 있다.

라신(Racine, Jean Baptiste, 1639~1699)

프랑스의 극작가. 코르네유, 몰리에르와 함께 프랑스의 3대 고전극 작가로 불린다. 샹파뉴 지방의 라 페르테밀롱 출신으로 포르 루아얄 수도원에 들어가 엄격한 장세니즘 교육을 받았으며 그리스 고전을 공부했다. 19세 때 파리로 가 시를 지으면서 몰리에르 등 문인들과 교류했다. 1664년 희곡 〈테바이드〉를 발표하면서 극작을 시작했다. 데뷔작은 실패했으나 1665년 〈알렉산드르〉가 호평을 받고 1667년 〈앙드로마크〉가 성공하면서 극작가로서 자리를 잡았다. 이후 유일한 희극 〈소송광(訴訟狂)들〉에 이어 계속해서 정념비극(情念悲

劇)을 집필하여 〈브리타니쿠스〉, 〈베레니스〉, 〈미트리타트〉, 〈이피제니〉 등을 발표하였고 1677년에 대표작 〈페드르〉를 발표하였다. 라신의 작품은 고대 세계를 배경으로 인간의 내적 숙명으로 연애정념에 휩싸여 파멸하는 인간상을 묘사하였으며 삼일치(三一致)의 법칙을 지켜 고전극 형식을 완성하였다.

라우레이온(Laureion)

고대 그리스의 은(銀) 광산. 라우리온(Laurion) 또는 라우리움(Laurium)이라고도 한다. 그리스 중부 앗티카 지방의 수니온 곶 부근에 위치한 아테네의 광산으로 주로 은을 산출하였으며 납도 산출하였다. 미케네시대부터 라우레이온 광산에서 채굴이 시작되었으며 BC 5세기경 은의 대광맥이 발견되어 아테네의 경제발전에 크게 기여하였다. 이후 펠로폰네소스전쟁 때 스파르타에게 빼앗긴 일도 있었다. 라우레이온 광산은 고대로서는 최고의 채굴기술이 동원되었으며 많은 노예를 이용하여 채굴하였다.

라이트형제(형 Wilbur Wright, 1867~1912, 동생 Orville Wright, 1871~1948)

최초로 동력 항공기 비행에 성공한 미국의 발명가 형제. 형제가 기계완구와 자전거점을 운영하다가 독일의 릴리엔탈이 글라이더로 활공비행을 시도한 소식을 듣고 비행기 연구를 시작하였다. 1900년부터 노스캐롤라이나주의 키티호크에서 글라이더 시험비행을 시작하였다. 그 후 데이턴에서 비행기 모형 연구 및 키티호크에서 글라이더 시험비행을 계속하다가 글라이더 기체에 직접 만든 가솔린 기관을 장착하고 1903년 12월 17일 키티호크에서 역사상 처

▶ 라이트 형제가 만든 비행기

음으로 동력비행기 비행에 성공하였다. 이후 현제는 비행기 기체와 엔진 제작에 전념하면서 각지를 순회하여 비행시범을 보였다. 이후 형제가 비행기 제작회사를 설립하여 비행기 제작에 전념하였다.

라이프니츠(Leibniz, Gottfried Wilhelm von, 1646~1716)

독일의 철학자, 수학자, 정치학자. 라이프치히 출신으로 어려서부터 신동으로 불렸다. 15세 때 라이프치히대학에서 법률과 철학을 공부하고 예나대학에서 수학을 공부하였다. 뉘른베르크의 알트도로프 대학에서 법학학위를 취득하여 잠시 대학교수가 되었으나 곧 사퇴하였다. 이후 법률고문과 외교관 등으로 정치활동을 하면서 런던과 파리를 방문하여 뉴튼, 스피노자, 호이겐스, 보일 등과 교류하면서 자연과학을 연구하였다. 1670년 《구체적 운동의 이론》, 《추상적 운동의 이론》을 출판했으며 1684년에 뉴튼과 별도로 미적분법을 창시하였으며 위상해석학의 발달에 기여하였다. 역학 분야에서는 데카르트를 비판하고 '활력' 개념을 도입하였다. 철학에서는 데카르트, 스피노자의 철학을 넘어서서 1686년에 '보편학'의 구상을 체계화한 《형이상학 서설》을 출판하였다. 이후 하노버 가문의 궁정고문 등으로 일하면서 여러 가지 연구활동을 했다. 법학자, 정치가로서 독일 통일을 위해 노력하였으며 1700년 베를린 과학아카데미를 설립하고 초대 원장이 되었다.

라이프치히 전투(Battle of Leipzig)

1813년 10월에 나폴레옹이 이끄는 프랑스군을 상대로 오스트리아, 프로이센, 러시아 연합군이 승리를 거둔 전투. 제국민(諸國民)전쟁이라고도 한다. 당시 나폴레옹은 러시아 원정의 실패로 타격을 입은 상태였으며 연합국 3국은 그해 5월부터 해방전쟁을 시작하였다. 나폴레옹은 8월 말에 드레스덴에서 연합군을 격파하였으나, 10월 라이프치히에서는 연합군에게 결정적으로 패하고 다음해 연합군이 파리를 점령하는 계기가 되었다.

라인강(Rhein River)

알프스 산지에서 발원하여 유럽대륙을 가로질러 북해로 흘러드는 중부유럽 최대의 강. 유럽에서 경제, 문화적으로 가장 발달한 지역을 관통하는 강이다. 본류의 길이가 약 1,326km이며 유역면적이 224,000km²에 이른다. 라인강은 스위스, 리히텐슈타인, 오스트리아, 독일, 프랑스, 네덜란드 등 여러 나라를 거쳐 흐르지만 독일을 흐르는 부분이 가장 길어서 독일의 상징이며 독일 역사의 주요 무대가 되었다. 주요 지류로 네카, 마인, 란, 루르, 알레, 모젤강이 있다. 역사적으로 로마시대에 로마제국의 북동 국경선을 이루었으며 중세시대에는 신성로마제국의 수상교통의 중심지였다. 산업혁명 이후 증기선의 등장으로 수상교통이 증가하였고 1868년 국제하천으로 항해의 자유가 선언되었다. 제1차 세계대전 후에 라인강을 관리할 국제위원회가 구성되었으나 나치스가 집권하자 위원회를 거부하였다. 이에 라인강을 둘러싸고 프랑스의 마지노선과 독일의 지크프리트선이 대립하게 되었다. 제2차 세계대전 후 독일의 경제부흥을 '라인강의 기적'이라고 부를 정도로 독일을 대표하는 강이다.

라인란트 재무장(Rheinland)

1936년 나치 독일군이 라인란트에 진주한 사건. 제1차 세계대전 후 베르사유 조약에 의하여 라인강 서안(西岸) 지역은 15년간 연합군이 보장 점령하며 라인강 동안 50㎞ 지역은 비무장지대로 규정하였다. 프랑스는 라인란트를 정치적으로도 독일에서 분리시키려고 했으나 독일계 주민들의 저항으로 실패하였다. 이후 1925년 로카르노 조약으로 라인란트는 영구 비무장지대가 되었으며 연합군은 1930년에 철수하였다. 그러나 나치스가 집권하자 1935년에 재무장을 추진하고 1936년에는 로카르노 조약을 일방적으로 파기하고 라인란트로 군대를 진주시켰다. 그러나 연합국은 이에 대해 아무런 대응을 취하지 못하였다.

라지푸트족(Rajput)

인도 북서부 라자스탄주를 중심으로 여러 왕조를 세웠던 아리아족. 5세기 중기에 중앙아시아에서 인도 북서부로 침입하여 인도화된 민족으로 대부분 힌두교를 믿는다. 이들은 봉건제와 같은 신분제와 기사도(騎士道)와 같은 의식이 있는 영주국가(領主國家)를 여러 곳에 세웠다. 라지푸트족은 8세기에서 12세기에 걸쳐 라지푸트시대라 불린 전성기를 누렸으나 통일된 세력이 되지 못했기 때문에 결국 이슬람교도에 의해 정복당하였다. 1192년 라지푸트족의 영주국가들은 고르왕조에게 정복당했으며 이후 무굴제국이 인도 북부를 장악하면서 무굴제국의 지배를 받았다. 이후 무굴제국이 영국 동인도회사의 지배를 받으면서 라지푸트왕국들도 영국의 지배를 받다가 인도의 독립과 함께 라자스탄주가 되었다. 라지푸트 왕족들의 문예 보호 정책으로 많은 건축과 공예, 라지푸트 회화라 불리는 독특한 미술 양식이 발전하였다.

라테란 공의회(Lateran Councils)

중세시대 로마의 라테란 대성당에서 가진 종교회의로 모두 5차례에 걸쳐 열렸다. 1123년 공의회는 성직서임권 논쟁에 결론을 내리고 보름스 협약을 확인하여 교회와 국가와의 관계를 정립했다. 1139년에 열린 제2회 공의회는 교황 인노켄티우스 2세가 소집하여 반대파와 이단 처리 문제를 논의했다. 1179년에 열린 제3회 공의회는 교황선거 절차를 확정하였다. 1215년에 열린 제4

회 공의회는 인노켄티우스 3세가 소집하였으며 이단 처벌, 성지회복을 위한 십자군 원정, 신자들이 1년에 1회 이상 고해성사와 성찬식에 참가의무 규정, 화체설(化體說)을 교회의 공식교리로 인정하여 성찬식의 빵과 포도주가 그리스도의 피와 살이며 이를 받는 것이 구원의 필수조건으로 규정하였다. 제4회 공의회에는 주교들 뿐 아니라 왕과 제후들도 참석하여 교황권의 절정기를 상징적으로 보여주었다. 1512년에서 1517년에 걸쳐 진행된 제5회 공의회는 교회개혁을 위한 마지막 시도로 소집되었으나 참가자가 적어 교황권이 공의회보다 우선한다는 것을 확인하는 데 그쳤다.

라티푼디움(Latifundium)

고대 로마의 대토지 소유제도. 라틴어로 '광대한 토지'란 의미이다. 로마가 세력을 확장하는 과정에서 획득한 이탈리아 반도의 국유지를 귀족과 부유층이 차지하면서 대토지소유제가 발달하게 되었다. 장기간의 전쟁으로 토지가 황폐해지고 이농현상이 생기면서 중소 농민층은 몰락하게 되었다. 중소 농민의 몰락은 로마 내부의 빈부격차를 심화시키고 자영농을 중심으로 한 군대제도를 와해시켰다. BC 3세기 말 로마가 포에니전쟁에서 완전히 승리하여 지중해 세계를 제패하게 되면서 노예 공급원이 확보되자 노예를 대규모로 동원한 대토지소유제가 더욱 발달하게 되었다. 이후 공화정 대신 제정이 들어서고 노예가 줄어들면서는 소작인 제도가 확산되었다.

라틴제국(Latin Empire, 1204~1261)

1204년 제4차 십자군이 비잔틴제국의 수도 콘스탄티노플을 점령하여 일시적으로 세운 제국. 원래 십자군은 이집트를 공격 목표로 하였다가 경제적 이익을 노린 베네치아 상인들의 농간으로 콘스탄티노플을 점령하게 되었다. 십자군은 라틴제국을 세운 후 플랑드르 백작 보두앵을 황제로 삼았다. 황제가 된 보두앵은 십자군 기사들에게 소아시아 북부와 트라키아 지방에 봉토를 나누어주고 봉건 통치를 실시하였으나 경제권은 베네치아인들이 장악하였다. 그

▶ 라티푼디움에서 생산된 곡물을 나르는 모습

러나 1261년 니케아를 수도로 한 비잔틴 황제 미카엘 8세가 콘스탄티노플을 수복하여 라틴제국은 멸망하였다.

라파엘로(Raffaleo Sanzio, 1483~1520)

르네상스기의 화가. 이탈리아 우르비노 출신으로 레오나르도 다 빈치, 미켈란젤로와 함께 르네상스 3대 화가로 불린다. 일찍 부모님을 여의고 페루지노 밑에서 그림을 배웠다. 1500년경에 〈삼미신(三美神)〉, 〈콘네스타빌레의 성모(聖母)〉 등을 그렸다. 1504년에 피렌체로 가서 프라 바르톨로메오, 다 빈치, 미켈란젤로 등의 기법을 공부하면서 페루지노의 영향에서 벗어나 피렌체파(派) 화풍으로 전환하였다. 이런 화가들의 영향을 받아 〈카르디넬로의 성모〉, 〈자화상〉 등을 그리면서 라파엘로 그림의 기본 구도인 삼각형 구도를 완성하였다. 1509년 교황 율리우스 2세에 의해 로마로 불려가서 바티칸 궁전에 〈성체의 논의〉, 〈아테네의 학당〉, 〈파르나소스〉, 〈삼덕상(三德像)〉의 벽화를 그렸다. 그 외에 〈폴리뇨의 성모〉, 〈작은 의자의 성모〉, 〈성 시스트의 성모〉 등 많은 성모상을 그렸다. 라파엘로의 그림은 르네상스 고전예술의 완성인 동시에 바로크 양식의 단서가 엿보인다. 이후 서양 미술사에서 많은 영향을 미쳐 19세기 전반까지 고전적 규범으로 여겨졌다.

라퐁텐(La Fontaine, Jean de, 1621~1695)

프랑스의 우화작가, 시인. 샹파뉴 출신으로 신학교에 들어갔다가 그만두고 법학을 공부하였다. 이후 부친의 직업을 이어 산림공무원으로 근무하다가 1664년 궁정에 나가면서 파리의 유력인사들 집에서 기거하면서 시와 우화를 지었다. 1668년 이솝우화를 운문으로 지은 《우화시집》 제1권을 발표하고 이어 1694년까지 전부 12권을 발표하였다. 이 우화집은 동물을 의인화하여 인간 세상에 대한 절묘한 풍자를 담고 있으며 음악적인 싯귀로 프랑스 문학사에 남는 작품이 되었다. 우화집 외에도 서정시와 희곡 작품도 남겼다.

란가쿠(蘭學)

일본 에도시대에 네덜란드를 통하여 전해진 서양의 과학과 의학지식 등을 연구했던 학문. 에도시대 도쿠가와 막부는 기독교의 확산을 막기 위해 서양에 대한 쇄국정책을 실시했다. 서양 국가 중에서 유일하게 교류가 허락된 네덜란드를 통해 서양의 과학기술이 전해졌고, 당시 성장하던 상인층을 중심으로 서양학문을 연구하는 난학자들이 등장하였다. 란가쿠는 의학, 천문역학, 세계지리학의 3분야로 나누어지며 다시 의학에서 식물학, 약학, 화학 등이 세분화되고, 천문역학에서 물리학 등이, 지리학에서 서양역사를 비롯한 인문, 사회과학 연구로 세분화되었다. 란가쿠는 서양의 과학기술을 받아들여 서양에 맞서기 위한 실용적 목적에서 연구되었으며 난학자들을 통해 일본 근대화의 정신적 기반이 이루어졌다.

▶ 람세스 2세

람세스 2세(Ramses II, BC ?～BC 1234?)

고대 이집트 제19왕조의 제3대 왕. 세티 1세의 아들로 세티 1세의 정책을 이어 북으로는 팔레스타인, 남으로는 이디오피아 정복에 나섰다. 재위 5년째에 근동지역의 카데시에서 히타이트 군대와 대전투를 벌였다. 이후 16년간 소모전을 벌이다가 신흥 앗시리아 세력에 대비하여 화약을 맺고 이집트는 시리아를 포기하였다. 람세스 2세는 신전 건축으로 유명하여 아비도스, 테베, 누비아의 아부심벨 등에 여러 신전과 장례전(葬禮殿), 신문(神門) 등을 비롯한 많은 건축물을 세웠으며 파라오로서 권위를 과시하였다. 람세스 2세는 대표적인 오리엔트적 전제군주로서 그의 시대는 이집트왕조의 전성기였다.

랑케(Ranke, Leopold von, 1795～1886)

'근대 역사학의 아버지'로 불리는 독일의 역사가. 라이프치히대학에서 신학과 철학을 배우고 프랑크푸르트에서 고등학교 교사로 근무하면서 1824년에 《라틴 및 게르만 여러 민족의 역사 1494~1514》를 발표하였다. 랑케는 이 책에 부록으로 실린 '근대 역사가 비판'을 통해 근대적 학문으로서 역사학의 방법론을 수립하려 하였다. 이 저작이 인정을 받아 1825년 베를린대학 교수가 되어 이후 50년간 동 대학에서 강의하면서 많은 저작을 남기고 후진을 양성하였다. 베를린 대학 교수로 재직하면서 프로이센 국사 편수관 등을 지냈고, 여러 차례 이탈리아로 사료수집 여행을 떠났다. 랑케의 역사서술은 원사료에 충실하면서 사실을 있는 그대로 기술하는 객관적 역사학을 표방한 것이었다. 대표작으로 《남유럽의 제군주(諸君主)와 제민족》, 《로마 교황사》, 《종교개혁시대의 독일사》, 《프로이센사》, 《16~17세기 프랑스사》, 《16~17세기 영국사》 등이 있다. 랑케의 주요 저작은 모두 16~17세기를 배경으로 유럽 각국의 역사를 다룬 것으로 그의 세계사관(世界史觀)을 볼 수 있다.

랭보(Rimbaud, Jean Nicolas Arthur, 1854~1891)

프랑스의 상징파 시인. 베를렌, 말라르메와 함께 프랑스 상징주의의 대표적 시인이다. 벨기에 근처 아르덴현 샤를빌 출신으로 어린 시절부터 시를 쓰기 시작했다. 랭보의 작품 대부분은 15세에서 20세 사이에 쓴 것이다. 1871년 베를렌의 초청으로 파리에 가서 동성애 관계를 맺고 동거생활을 하다가 비극적으로 헤어지고 고향으로 돌아갔다. 이때의 체험을 담아 산문시 〈지옥에서 보낸 한 철〉을 썼다. 이후 문학활동에 흥미를 잃고 유럽과 아시아, 아프리카 여러 지역을 다니면서 무역에 종사하다가 프랑스로 돌아와 마르세유에서 37세로 사망하였다. 랭보의 시는 예지와 감수성, 강한 직관과 강렬한 야성을 중시하였다. 대표작으로는 〈보는 사람의 편지〉(1871), 〈일뤼미나시옹〉(1872) 등이 있다.

량치차오(梁啓超, 1873~1929)

청나라 말기와 중화민국 초기의 계몽사상가, 언론인, 정치가. 자는 자는 탁여(卓如), 호는 임공(任公) 또는 음빙실주인(飮氷室主人)이다. 광둥성(廣東省) 신후이(新會) 출신으로 캉유웨이(康有爲)에게 육왕심학(陸王心學), 서학(西學), 공양학(公羊學) 등을 배웠다. 1895년 캉유웨이를 따라 베이징에서 강학회(强學會)를 설립하고 각국 서적의 번역과 신문, 잡지 발행 등 혁신운동을 하면서 탄쓰퉁(譚嗣同)과 함께 변법자강운동을 주도하였다. 무술 정변이 일어나자 중심인물로 활동하다가 운동이 실패하자 일본으로 망명하여 언론활동을 통해 계몽운동을 벌였다. 량치차오는 언론인으로서 베이징의 〈만국공보(萬國公報)〉와 상해 〈시무보(時務報)〉의 주필로 활동하였으며, 마카오(澳門)에서 〈지신보(知新報)〉, 일본에서는 〈청의보(淸議報)〉, 〈신민총보(新民叢報)〉를 발간하였다. 중화민국이 수립되자 사법총장, 재정총장 등을 역임하였으며 만년에 은퇴하여 교육과 저술에 전념하였다. 대표작으로 《음빙실전집(飮氷室全集)》, 《음빙실총서(飮氷室叢書)》, 《청대학술개론(淸代學術槪論)》, 《중국역사연구법(中國歷史硏究法)》, 《중국문화사(中國文化史)》 등이 있다.

러다이트운동(Luddite Movement, 1811~1817)

19세기 초 영국 중부와 북부의 직물, 편물 공업지대에서 발생한 기계파괴운동.

▶ 1811년에 제작된 러다이트 포스터

신원을 알 수 없는 네드 러드라는 인물을 지도자로 하여 전개된 운동이기 때문에 러다이트라는 이름이 붙었다. 산업혁명 진행기에 직물업계에 기계가 도입되고 나폴레옹전쟁으로 인한 경제불황으로 불만을 가진 노동자들이 기계를 파괴하게 되었다. 처음 노팅엄의 편물공장에서 시작되어 곧 북부의 여러 주로 퍼져나갔다. 러다이트 운동은 기계제 대공업의 등장으로 실직하게 된 수공업자와 매뉴팩처 노동자들이 벌인 반자본주의 운동으로서 기계를 대상으로 한 점이 특이하다. 이 운동은 정부의 강력한 진압정책으로 와해되었고 이후 1816년에 다시 일어났다가 곧 종식되었다.

러시아혁명(Russian Revolution, 1905, 1917)

러시아에서 1905년과 1917년에 일어난 두 차례의 혁명. 경우에 따라서는 1917년 10월 혁명만을 의미하기도 한다. 프랑스 혁명 이후 유럽 각국에 혁명의 기운이 퍼지면서 러시아에도 혁명사상이 유입되었으며 데카브리스트의 난을 시작으로 혁명운동이 시작되었다. 이후 아나키스트, 나로드니키 등이 등장하고 마르크스 사상을 따르는 러시아 사회민주노동당이 창건되었다. 1905년 러시아가 러일전쟁에 패배하자 러시아 대중의 불만이 폭발하면서 1차 혁명이 일어났다. 그러나 1905년 혁명은 황제가 자유주의 개혁을 약속하면서 무마되었다. 1914년 제1차 세계대전이 발발하고 연합군에 참가한 러시아군이 큰 패배를 당하자 군과 민중의 불만이 다시 폭발하여 1917년 2월 혁명이 일어나게 되었다. 2월 혁명으로 황제 니콜라이 2세는 퇴위하고 케렌스키가 이끄는 임시정부가 정국을 주도하였다. 러시아 사회민주노동당 볼세비키(강경파)파의 지도자 레닌은 망명지 스위스에서 페테르스부르크로 귀국하여 트로츠키와 함께 볼세비키를 이끌고 1917년 10월에 임시정부를 전복시켜 10월 혁명을 성공시켰다. 혁명에 성공한 볼세비키는 권력을 임시정부에서 노동자, 농민, 병사 소비에트로 넘겼다. 이후 러시아는 장기간의 내전을 거친 끝에 반혁명파를 축출하고 소비에트공화국이 성립하였다.

러 · 일전쟁(露日戰爭, Russo-Japanese War, 1904~1905)

1904년에서 1905년에 걸쳐 러시아와 일본이 한반도와 만주 지역에서 벌인 전쟁. 청일전쟁 이후 러시아와 일본은 조선과 만주를 놓고 서로 대립해왔다. 러시아는 1895년 청일전쟁이 끝난 후 일본이 랴오둥 반도(遼東半島)를 차지하려는 것을 삼국간섭을 통해 좌절시켰다. 이어 1896년 동청철도 부설권을 얻어내고 1898년에는 뤼순(旅順)과 다롄(大連)을 조차하여 만주를 장악하였다. 조선에 대해서도 을미사변 후 친러시아 정권을 수립하도록 조종하였다. 이에 일본은 1902년 영국과 영일동맹을 맺고 영국 및 미국과 연합하여 러시아의 남하를 저지하려 하였다. 러시아가 조선의 용암포(龍巖浦)를 차지하고 뤼순에 극동총독부를 설치하자 일본과 러시아 사이에 만주와 조선 문제를 놓고 협상이 벌어졌다. 그러나 협상이 실패로 돌아가고 1904년 2월 8일에 일본 함대가 뤼순군항을 기습공격하면서 전쟁이 시작되었다. 기선을 제압한 일본군은 압록강변에서 러시아군을 격파하고 만주로 진출하였으며 뤼순을 점령하였다. 이어 해전에서도 러시아의 발틱 함대를 쓰시마 해협에서 전멸시켰다. 이후 미국 디어도어 루즈벨트 대통령의 중재로 1905년 9월 포츠머드 조약이 체결되었다. 러일전쟁으로 러시아는 만주와 한반도에서 물러나야 했을 뿐 아니라 국내에서 혁명이 발생하였다. 한편 일본은 조선을 병합할 수 있게 되었고 만주에 남만주 철도회사를 설립하면서 만주를 장악하였다. 이에 미국이 반발하면서 장차 중국을 놓고 미국과 일본의 대립이 시작되는 계기가 되었다.

런던군축회의(軍縮會議, London Naval Conference, 1930)

1930년 런던에서 열강이 모여 해군 군비를 감축하기 위해 가진 회의. 런던해군군축회의라고도 한다. 제1차 세계대전 이후 워싱턴회의에서 열강들 간의 주력함 보유 비율을 정했으며 1927년 제네바 해군군축회의에서 보조함 문제가 해결되지 않았으므로 1930년에 런던에서 군축회담을 재개하였다. 런던회의 결과 주력함의 수는 미국과 영국이 각기 15척씩, 일본은 9척으로 결정되었다. 보조함은 미국과 영국이 각기 10, 일본은 7의 비율로 결정되었다. 하였다. 이후 1936년에 제2차 군축회의가 열렸으나 일본이 보유량 균등을 주장하면서 탈퇴하였다. 이후 회의가 유명무실해지면서 제1차 세계대전 이래의 군비축소 노력은 실패하게 되었다.

레닌(Lenin, 1870~1924)

러시아의 혁명가. 본명은 울리아노프(Vladimir Ilich Ulyanov)이다. 볼가 강변의 심비르스크 출신으로 알렉산더 3세 암살 계획에 가담했다가 처형당한 형의 영향으로 혁명운동에 참여하게 되었다. 카잔대학에서 법률을 공부하고 1893년경부터 페테르스부르크의 마르크스주의 그룹을 지도하기 시작했다. 나로드니키 등 여타 혁명운동 조직과 사상투쟁을 벌이며 1895년 '노동자계급 해방투쟁동맹'을 조직하였다가 체포되어 시베리아로 유형당했다. 이후 러시아 사회민주노동당의 볼세비키파를

▶ 레닌

이끌면서 1905년 혁명 직후 일시 귀국하였다가 1907년 다시 스위스로 망명하였다. 1917년 러시아에서 2월 혁명이 일어나자 독일이 제공한 비밀열차를 타고 귀국하여 그해 10월에 무장봉기로 임시정부를 전복하고 소비에트 의장에 취임하였다. 이후 내전을 지휘하면서 신경제 정책(NEP) 정책을 추진하고 1919년 국제 공산주의 조직인 코민테른을 창설하였다. 1922년 뇌일혈 발작으로 은퇴하여 투병하다가 1924년 사망하고 스탈린이 뒤를 이어 당서기장이 되었다.

레오나르도 다빈치(Leonardo da Vinci, 1452~1519)

르네상스시대 이탈리아를 대표하는 예술가이자 과학자. 피렌체 교외의 빈치 마을 출신으로 어려서부터 수학, 음악, 미술에 뛰어난 재능을 보였으며 자연을 깊이 관찰하는 습성이 있었다. 14세 무렵부터 피렌체에서 조각가 겸 화가인 베로키오의 공방에 들어가 원근법, 해부학 등을 배우고 자연묘사를 공부하였다. 이 시기에 〈수태고지(受胎告知)〉, 〈성히에로니무스〉, 〈그리스도의 세례〉 등의 사실주의적 작품을 그렸다. 30세 무렵에 밀라노로 가서 밀라노의 전제군주 스포르차의 군사기술자로 일하면서 각종 대포제작 및 요새축성(要塞築城) 분야에서 활동하였다. 또한 〈동굴의 성모〉, 〈최후의 만찬〉과 같은 그림을 그리고 조각, 건축, 디자인까지 두루 활동하였다. 과학 분야에서는 시체를 해부하여 생리학을 연구하고, 빛과 그림자를 연구하였으며 조류의 비상(飛翔)을 관찰하여 비행의 원리를 발견하는 등 다방면에 걸쳐 활동하였다. 이후 프랑스군이 밀라노를 공격하자 1500년에 밀라노를 떠나 피렌체로 돌아갔다. 피렌체에서는 〈모나리자〉를 그렸으며 체자레 보르지아 군대의 토목기사로도 종군하였다. 1506년 프랑스 치하의 밀라노로 돌아가 루이 12세의 화가 겸 기술자로 일하면서 〈동굴의 성모〉 제2작과 〈성 안나〉 등을 그렸다. 이후 만년에는 로마와 프랑스의 앙부아즈 등에서 머물렀으며 앙부아즈에서 자신의 과학연구를 담은 방대한 수기를 집필하고 사망하였다. 레오나르도 다빈치는 르네상스시대의 이상형인 '전인(全人 : 다방면에 재능을 가진 보편교양인)'을 상징적으로 보여주는 삶을 살았으며, 예술과 과학 분야에서의 업적으로 후대에 큰 영향을 미쳤다.

▶ 레오나르도 다빈치

레오 3세(Leo III, 675?~741)

비잔틴제국의 황제(재위 717~741). 이사우리아왕조의 창시자이다. 시리아 북부의 게르나마케이아 출신이다. 유스티니아누스 2세의 국내 식민정책으로 트라키아로 이주하였다. 이후 애나토울리아 군관구의 사령관이 되어 유스티니아누스 2세가 유형당하였다가 탈출하였을 때 황제를 도왔다. 유스티니아누스 2세가 죽고 테오도시우스 3세가 즉위하자 반기를 들고 황제를 퇴위시킨 다음 스스로 황제가 되어 이사우리아(시리아)왕조를 창건하였다. 즉위한 해에 아라비아군이 비잔틴제국의 수도 콘스탄티노플을 포위하였으나 1년 동안 버티면서 '그리스의 불'로 알려진 신무기를 사용하여 물리쳤다. 또한 740년의 아크로이온 전투로 비잔틴과 이슬람 간의 전투를 종식시켰다. 국내정치에 있어 군관구를 분할하여 후대의 군관구 제도의 기초를 다졌으며, 에클로게 법전을 편찬하였다. 에클로게 법전은 유스티니아누스 법전으로 대표되는 로마법과 구별되는 비잔틴법 형성의 계기가 되었다. 종교면에서 726년과 730년에 우상숭배 금지령으로 성상 논쟁을 일으켜 교회 동서분열의 빌미를 제공했다.

레욱트라 전투(Battle of Leuctra, BC 371)

에파미논다스가 이끄는 테베군이 그리스 중부 보이오티아의 레욱트라 평야에서 스파르타군을 물리친 전투. 레욱트라 전투의 승리로 테베가 그리스 세계의 패권을 장악하였다. 펠레폰네소스전쟁 이후 스파르타는 아테네를 누르고 그리스의 패권을 장악하였다. 이후 스파르타가 BC 386년에 페르시아와 '안달키다스 화약'을 맺자 테베는 이에 반발하였다. 이에 따라 스파르타와 테베 양군은 레욱트라 평야에서 일전을 벌이게 되었다. 이 전투에서 테베의 장군 에파미논다스는 전통적인 그리스 중장 보병의 전술 대신 사선진법(斜線陣法)을 채택하여 스파르타 중장보병을 격파하였다.

레판토해전(Battle of Lepanto, 1571)

지중해의 제해권을 놓고 유럽의 신성동맹과 오스만투르크군이 일전을 벌여 유럽측이 승리한 해전(海戰). 지중해 동부를 장악하고 있던 투르크가 키프로스 섬을 점령하면서 지중해 서부로 진출을 시도하였다. 이에 교황 피우스 5세, 에스파냐의 펠리페 2세, 베네치아, 제노바가 연합하여 신성동맹을 결성하였다. 신성동맹의 돈 후안 데 아우수트리아가 지휘하는 208척의 연합함대는 그리스 서해안의 코린트만 레판토 앞바다에서 알리 파샤가 지휘하는 230척의 투르크 함대를 격파하였다. 레판토 해전은 악티움 해전에 버금가는 대해전이었으며, 오스만투르크의 지중해 장악을 저지한 해전이었다. 이 해전 이후로 에스파냐는 무적함대(아르마다)를 육성하여 지중해와 대서양을 장악하게 되었다.

레피두스(Lepidus, Marcus Aemilius, BC 90?~AD 13)

로마 공화정 말기에 안토니우스, 옥타비아누스와 함께 제2차 삼두정치(三頭政治)를 결성한 로마의 정치가. 에스파냐 지역의 총독을 지냈으며 카이사르파(派)에 속해 법무관, 집정관을 지냈다. 카이사르가 암살당한 후 안토니우스를 지지하였다가 BC 43년에 안토니우스, 옥타비아누스와 함께 삼두정치를 결성하고 에스파냐, 갈리아, 아프리카 등지를 장악하였다. 이후 삼두정치에서 제외되고 장악하던 지역도 상실하였으며 종신 대신관(大神官)으로 여생을 보냈다.

렉싱턴전투(Battle of Lexington, 1775)

미국 독립전쟁의 첫 번째 전투. 1775년 영국의 식민지 정책에 반발하는 애국파(patriots)가 메사추세츠 식민지 보스턴 근교 콩코드에 무기와 탄약을 비축하기 시작했다. 이에 영국군이 무기를 압수하고 애국파의 지도자 헨콕과 애덤즈를 체포하기 위해 출동하였다. 그러나 애국파가 이 사실을 알고 민병을 규합하여 영국군 선발대를 렉싱턴에서 저지하여 독립전쟁 최초의 전투를 벌였다. 이어 콩코드로 진출한 영국군 본대와 민병대 사이에 콩코드 다리에서 치열한 교전이 벌어져 영국군이 후퇴하였다. 이로 인해 제2차 대륙회의는 대영전쟁을 수행하기 위해 혁명정부를 구성하게 되었다. 이리하여 렉싱턴, 콩코드 전투는 미국 독립전쟁의 도화선이 되었다.

▶ 렉싱턴전투

렘브란트(Rembrandt Harmenszoon van Rijn, 1606~1669)

네덜란드의 화가. 레오나르도 다 빈치와 함께 17세기 유럽 회화를 대표하는 화가이다. 라이덴 출신으로 14세 때부터 미술을 공부하면서 암스테르담에서 라스트만의 문하에 들어갔다. 라스트만에게서 당시 유행하던 카라바지오 스타일의 명암법을 배웠다. 1631년 암스테르담에 거주하면서 〈톨프 박사의 해부〉를 그린 이래 초상화가로 유명해졌다. 그러나 초상화에 만족하지 않고 인간의 내면을 탐구하는 종교화나 신화를 소재로 한 그림, 자화상 등을 많이 그려다. 1642년에 그린 〈야경〉을 그리면서 특유의 명암효과를 사용하여 대담한 화면 구성을 시도하였다. 만년에는 극심한 재정난으로 빈곤하게 여생을 마감했다. 렘브란트의 대표작으로는 〈엠마오의 그리스도〉(1628), 〈야곱의 축복〉,

〈자화상〉, 〈세 그루의 나무〉, 〈세 개의 십자가〉, 〈병자를 고치는 그리스도〉 등이 있다.

로댕(Rodin, Auguste, 1840~1917)

프랑스의 조각가. 파리 출신으로 14세 때 국립공예실기학교에 입학하면서 조각을 공부했다. 20세 때부터 조각가의 조수로 작업하기 시작했다. 1870년 프로이센-프랑스 전쟁에 참전한 후 벨기에서 7년간 건축장식공으로 일하며 유럽 각지를 여행하였다. 1875년 이탈리아 여행에서 미켈란젤로의 작품을 보고 영향을 받았다. 1878년 파리로 돌아와 〈청동시대〉를 출품하였다. 이후 사실적 표현과 함께 내면적 깊이를 추구하여 〈지옥의 문〉(1880~1900), 〈생각하는 사람〉, 〈아담과 이브〉, 〈칼레의 시민〉, 〈발자크상〉, 〈키스〉 등의 생동감 넘치는 작품을 제작하였다. 로댕은 건축의 장식으로 여겨지던 조각을 독자적 예술형식으로 발전시켜 근대 조각을 창시하였다.

▶ 로댕의 〈생각하는 사람〉

로마(Roma)

이탈리아 반도 티베르 강가에 라틴인이 건설한 도시국가로부터 성장하여 이탈리아 반도 전역을 장악하고 이후 유럽과 근동, 아프리카 지역을 장악한 대제국이 된 국가. 로마의 건국신화에 따르면 트로이전쟁의 영웅 아에네아스의 자손 로물루스가 BC 753년에 건설하였다고 한다. 로마 건국 초기에는 에트루리아의 지배를 받았다. BC 509년 로마인은 에트루리아인 왕을 몰아내고 공화정을 수립하였다. 이후 로마의 세력이 커져 BC 272년 타렌툼을 함락시킨 것을 비롯하여 이탈리아 반도를 통일하게 되었다. 이탈리아 통일 이후 로마는 지중해로 진출하여 카르타고와 세 번에 걸쳐 포에니전쟁을 벌여 BC 146년 최종적으로 승리하였다. 카르타고 정복에 이어 BC 31년에는 이집트까지 정복하여 지중해를 완전히 장악하였다. 이 과정에서 로마 군대의 기반이던 자영농은 몰락하고 대농장이 등장하였으며 공화정으로는 늘어난 영토를 효율적으로 다스리기 어려워졌다. 이리하여 두 차례의 삼두정치를 거쳐 BC 31년 옥타비아누스가 악티움 해전에서 안토니우스를 무찌르고 원로원으로부터 아우구스투스(존엄한 자) 및 프린켑스(제1인자)라는 칭호를 부여받음으로써 로마 제정이 시작되었다. 로마제정은 영토확장을 거듭하여 서쪽으로는 영국, 북쪽으로는 라인강, 동쪽으로는 아르메니아와 메소포타미아, 남쪽으로는 사하라 사막까지 이르렀다. 그러나 2세기 말부터 쇠퇴하기 시작하여 황제권의 약화, 게르만족의 침입 등으로 군인황제가 번걸아 들어서는 등 혼란기를 맞이하였다. 3세기 말 디오클레티아누스가 제정을 혁신하여 로마제국을 동서로 나누고 4명의 황제가 통치하도록 하였으며 뒤이어 콘스탄티누스 황제가 수도를 콘스탄티노플로 옮기고 기독교를 공인하는 등 국정쇄신을 이어갔으나 게르만 민족의 대이동 와중에 476년 서로마제국은 멸망하였다. 이후 동로마제국은 1453년 오스만투르크의 침입으로 멸망하였다.

로마네스크 양식(Romanesque Style)

10세기에서 12세기 사이에 고딕 미술에 앞서 유럽 전역에서 유행했던 건축, 조각, 미술양식. 이탈리아 롬바르디아 지방과 프랑스를 시작으로 유럽 전역에 퍼져 나갔으며 로마네스크라는 이름은 로마 건축에서 파생했다는 뜻이다. 로마네스크 건축양식은 바실리카 양식과 비잔틴, 이슬람, 켈트, 게르만 등 여러 양식으로부터 영향을 받아 만들어졌다. 로마네스크 양식은 십자군이나 성지순례를 통한 교류과정에서 이루어졌으며 수도회를 통하여 전파되었다. 남유럽에서는 10세기부터 로마네스크 양식이 등장하는데 비잔틴과 이슬람의 영향이 강하게 보인다. 북유럽에서는 11, 12세기부터 남유럽과 다른 중후하고 조각을 사용한 로마네스크 양식이 등장하였다.

로마법대전(Corpus Juris Civilis)

유스티니아누스 황제의 명령으로 편찬된 로마법의 집대성. 유스티니아누스 이전에 테오도시우스와 콘스탄티누스 황제도 로마법 편찬사업을 벌인 바 있다. 유스티니아누스 황제는 트리보니아누스 황제 등 10명의 학자들에게 명하여 역대 황제의 《칙령집》, 여러 학자의 학설을 수집한 《학설휘집(學說彙集)》을 만들었다. 여기다 법학도를 위한 교과서로 《법학제요(法學提要)》를 더하여 3부작으로 편찬하였다. 이후 《신칙법》 또는 《추가법》이 더해져서 4부작이 되었다. '로마법대전' 이라는 이름은 《로마 교회법 대전》의 예를 따서 대전이라 이름붙인 것으로, 유스티니아누스 황제가 통치하는 전역에서 시행되었다. 이후 동로마제국의 법으로 남았다가 11세기에 이탈리아 볼로냐대학에서 로마법 주석이 강의되었으며, 이를 배운 학생들을 통해 전 유럽으로 퍼져나갔다.

로마카톨릭교회(Roman Catholic Church)

사도 베드로의 후계자인 로마 주교를 교황으로서 교회의 지도자로 받드는 기독교 교파. 카톨릭이란 말은 보편적 또는 세계적이란 뜻의 그리스어 가톨리코스에서 나온 말이다. 로마 카톨릭은 로마제국이 동과 서로 나뉜 이후 총대주교의 지위를 주장하는 콘스탄티노플 주교와 대립하면서 프랑크왕국과 제휴하여 서유럽 교회를 장악하였다. 이후 동방정교회(그리스 정교회)와 우상숭배 논쟁 등으로 대립을 계속하다가 1054년에 최종적으로 분리하였다. 로마 카톨릭은 교황을 중심으로 철저한 위계질서를 확립하였다. 사도권의 계승자인 교황 밑에 주교, 사제가 있으며 교회의 중요한 문제는 공의회에서 결정하였다. 로마 카톨릭은 성직 서임권 투쟁 등을 거쳐 세속권력을 압도하는 등 막강한 세력을 과시하였으나 중세 이후 세속화와 부패 문제가 발생하면서 각 지방에서 이단운동이 일어나고, 프로테스탄트 종교개혁이 일어남으로써 타격을 입었다. 이후 카톨릭 종교개혁과 해외선교 등으로 교회를 재건하여 현재에 이르고 있다.

로베스피에르(Robespierre, Augustin de, 1758~1794)

프랑스 혁명기 자코뱅당의 지도자. 공포정치를 주도한 인물이다. 프랑스 북부 아라스 출신으로 파리에서 법학을 공부하고 아라스로 돌아와 변호사가 되었다. 1789년 삼부회 의원에 선출되었고 혁명기에 자코뱅당에 가입하였다. 1792년 국민공회에 선출되면서 당통, 마라와 함께 산악파의 지도자가 되었고 과격파를 이끌고 지롱드당과 투쟁하였다. 지롱드당을 축출하고 산악파 독재가 시작된 후 공안위원회를 주도하며 공포정치를 추진하였고, 반혁명 세력뿐 아니라 자코뱅당의 좌파인 에베르, 우파인 당통파까지 숙청하였다. 그러나 지나친 공포정치와 급진정책으로 부르주아 공화파 의원들의 반발을 샀고, 1794년 7월 27일 테르미도르 반동으로 생쥐스트 등과 함께 처형당했다.

로욜라(Loyola, Ignatius de, 1491~1556)

카톨릭 종교개혁의 일환으로 예수회를 설립한 에스파냐 군인 출신의 수도사. 에스파냐 바스코 지방 로욜라 성주의 아들로 태어났다. 군인으로 팜플로나 전투에서 프랑스군과 싸우다 중상을 입었다. 치료를 받던 중에 《그리스도전》과 《성인전》을 읽고 감명을 받아 그리스도의 병사가 되기로 결심하였다. 이후 파리대학에서 신학과 철학을 공부하면서 사비에르와 파베르 등의 수도사를 규합하여 나중에 '예수회'가 되는 모임을 결성하였다. 예수회는 1540년에 로마 교황으로부터 공인받고 1541년에 로욜라가 예수회 총장이 되었다. 예수회는 군대식 규율과 복종을 강조하고 회원을 아시아, 아프리카 등 세계 각지로 파견하여 해외포교에 힘썼다. 예수회의 활약은 프로테스탄트의 종교개혁에 자극을 받은 카톨릭 종교개혁의 일부분이며 학문 연구와 해외 포교로 카톨릭 쇄신에 기여하였다.

로이드 조지(Lloyd George, David, 1863~1945)

제1차 세계대전 당시의 영국 수상. 맨체스터 출신으로 어려서 교사인 아버지를 잃고 독학으로 변호사가 되었다. 1890년 27세의 나이로 자유당 소속 하원

의원으로 정계에 진출하였다. 웨일스 민족주의와 비국교도를 옹호하였으며 제국주의 정책에 반대하였다. 1899년 보어전쟁이 일어나자 반전운동에 나섰다. 이후 재무장관으로 부유층에 대한 증세법과 사회복지제도의 토대가 되는 여러 법안을 입법하였다. 제1차 세계대전이 일어나자 애스퀴드 연립내각의 군수 장관, 육군장관 등을 역임하였으며 1916년에 수상이 되어 영국의 전쟁 참여를 지휘하였다. 전쟁이 끝나고 파리 평화회의에 전권대표로 참석하여 윌슨과 함께 프랑스측의 독일에 대한 가혹한 배상요구를 경감시키기 위해 노력하였다.

▶ 로이드 조지

로이힐린(Reuchlin, Johann, 1455~1522)

독일의 인문주의자(人文主義者). 바덴 출신으로 여러 대학 및 프랑스와 이탈리아에 유학하여 그리스어, 라틴어, 헤브라이어 등을 공부했다. 특히 유대 밀교인 카발라에 관심을 가지고 연구하였으며 헤브라이어로 성서를 연구하고 《헤브라이어 입문》과 같은 책을 출판하였다. 이 때문에 당시 유대인을 기독교도로 개종시키기 위한 유대 관련 서적 말살 운동에 휘말려 고발당하였다. 이에 로이힐린을 지지하는 학자들이 《몽매한 사람에게 주는 편지》라는 풍자적인 글을 출판하였다. 결국 로이힐린의 주장이 로마교황청의 지지를 얻어 승리하였다. 로이힐린은 독일의 인문학을 헤브라이어 연구로까지 발전시키는 데 크게 기여하였다.

로잔회의(Conference of Lausanne, 1932)

독일의 제1차 세계대전 배상금 문제에 대한 마지막 회의. 독일의 배상금 지불 문제는 도스안(案)과 영안(案)으로 일시 해결되었다. 그러나 1929년부터 세계 공황이 발생하면서 독일 경제위기로 인해 대책이 필요해졌다. 이에 1932년 스위스 로잔에서 18개국이 모여 회의를 열고 독일이 영국, 프랑스 등 유럽 연

145

합국에 지불해야 하는 배상금을 감면하는 대신, 미국이 유럽 연합국에 받을 전시채무를 탕감해주는 협정이 성립되었다. 그러나 미국은 로잔 회의에 참가하지 않았으며 이에 따라 로잔 협정의 비준이 지연되는 와중에 독일에서 나치스가 집권함에 따라 결국 배상금 문제는 해결되지 못했다.

로카르노 조약(Pact of Locarno, 1925)

1925년 스위스의 로카르노에서 유럽의 안전보장을 위해 체결된 여러 조약. 1924년 국제연맹이 채택하였으나 비준되지 못한 제네바 의정서의 정신을 계승하여 체결된 5개의 조약과 2개의 협정으로 이루어져 있다. 그 중에서도 영국, 프랑스, 독일, 이탈리아, 벨기에 5개국 간의 집단안전보장조약과 라인란트의 영구비무장화 보장 등이 중요 내용이다. 로카르노 조약이 체결됨으로써 독일은 1926년에 국제연맹에 가입하였다. 그러나 1936년 히틀러는 일방적으로 로카르노 조약을 파기하고 라인란트 재무장을 실시함으로써 제2차 세계대전으로 가는 길을 열었다.

로코코양식(Rococo Style)

17세기 바로크 양식의 뒤를 이어 18세기 전반에 유럽에서 성행했던 장식적인 공예, 미술, 건축양식. 루이 16세 양식이라고도 한다. 프랑스에서 시작되어 독일과 오스트리아 등지로 퍼져 나갔다. 로코코라는 말은 조개 껍데기 장식을 의미하는 프랑스어 로카유에서 나왔다고 한다. 로코코는 원래 귀족사회의 실내 장식 또는 공예품을 가리키는 말이었으나 차츰 18세기 전반기의 유럽 예술을 가리키는 말로 그 의미가 확대되었다. 앞선 시대의 바로크 양식이 장중한 남성미를 지녔다면 로코코 양식은 가볍고 곡선을 많이 사용하는 장식적인 여성미를 보여준다. 로코코 양식은 실내장식, 가구, 부채, 인형 등의 각종 공예품, 포츠담의 상수시 궁 등의 건축에 잘 나타나 있다.

로크(Locke, John, 1632~1704)

영국의 철학자이자 정치사상가. 영국의 경험론 철학과 계몽주의의 창시자로 불린다. 브리스톨 근교 링턴 출신으로 옥스퍼드대학에서 철학, 자연과학, 의학을 공부하였다. 샤프츠베리 공의 주치의 겸 비서로 정계에 입문하였다. 이후 샤프츠베리 공과 함께 정치활동을 했으며 왕정복고 때 네덜란드로 망명했다가 명예혁명이 일어난 후 귀국했다. 망명생활을 하면서 여러 학자들과 교류를 통해 자신의 사상을 정립하였다. 철학자로서 로크는 데카르트의 본유관념설을 배격하고 인식의 기원을 경험에서 찾는 〈인간오성론〉(1690)을 발표하였다. 정치사상가로서는 자연상태를 만인에 대한 만인의 투쟁으로 본 홉스의 전제주의론에 반대하였다. 로크는 자연상태는 평화와 협력의 상태라고 주장하면서 인민주권론과 국가와의 계약설을 제시하였다. 로크의 정치사상은 프랑스로 전파되어 몽테스키외의 삼권분립론, 루소의 계약설 등에 큰 영향을 미쳤다.

롤랑의 노래(La Chanson de Roland)

11세기에 쓰여진 프랑스의 대표적인 무훈시(武勳詩). 작자는 미상이다. 총 4,002행이며 각 행은 중세어 10음절 시구(詩句)로 되어 있다. 줄거리는 다음과 같다. 에스파냐 원정에서 돌아오던 샤를마뉴 대제의 군대의 후위부대가 피레네 산맥 롱스포의 험로(險路)에서 사라센군의 기습을 받는다. 후위부대를 이끌던 롤랑은 최후까지 용감하게 싸우다 전사한다. 이에 샤를마뉴 대제는 배신자 가늘롱과 사라센을 토벌하여 응징하지만 롤랑의 애인 오드도 롤랑의 전사 소식을 듣고 죽는다. 롤랑의 노래는 기사도를 다룬 무훈시의 대표적 작품으로서 기사의 용맹함, 국왕에 대한 충성, 신에 대한 경건과 이교도에 대한 응징, 그리고 기사와 귀부인의 사랑 이야기가 모두 들어 있다. 또한 프랑스 카페왕조의 정치적 통일을 문학적으로 표현한 작품이다.

▶ 롤랑의 노래

롬멜(Rommel, Erwin Johannes Eugen, 1891~1944)

제2차 세계대전 당시 아프리카 전선에서 활약한 독일의 장군. 교육자 집안 출신으로 제1차 세계대전에 소위로 참전하여 산악사단에서 활동하였다. 이후 나치스에 가담하여 1938년에 히틀러의 친위대장이 되었다. 1939년 독일 국방군을 지휘하여 폴란드를 침공하여 제2차 세계대전을 시작하였다. 1940년에는 기갑사단장으로 프랑스 전선에서 전격전에 참여하고 1941년에는 북아프리카의 독일군 아프리카 군단을 지휘하게 되었다. 사막전에서 연승을 거두어 '사막의 여우'로 불렸다. 1942년 원수로 승진하였으나 그해 엘 알라메인 전투에서 몽고메리가 지휘하는 영국군에 패해 북아프리카를 떠나야 했다. 이후 서부전선 방어를 맡았고 부상으로 요양 중에 히틀러 암살미수사건에 연루되어 자살하였다.

뢴트겐(Röntgen, Wilhelm Konrad, 1845~1923)

X선을 발명한 독일의 물리학자. 프로이센의 레네프 출신으로 취리히 공과대학에서 수학과 화학을 공부하였다. 졸업 후 스트라스부르크 대학, 기센 대학,

뷔르츠부르크 대학, 뮌헨 대학 등의 교수를 지냈다. 1895년 X선을 발견하여 1901년 제1회 노벨 물리학상을 받았다. X선 발견은 이후 원자물리학과 결정구조 연구 및 의학과 공학 분야에서 크게 활용되었다.

루거우차오 사건(蘆溝橋事件, 1937)

베이징 교외 루거우교(노구교)에서 중국군과 일본군이 충돌하여 중일전쟁의 발단이 된 사건. 루거우차오는 베이징 남서쪽 융딩강(永定河) 부근에 있다. 1937년 7월 7일 이 부근에서 야간훈련을 하던 일본군이 중국군으로부터 사격을 받았다고 주장하였다. 일본군은 병력을 출동시켜 루거우차오를 점령하였다. 이 사건은 7월 11일에 현지협정을 맺고 해결되는 것처럼 보였다. 그러나 일본 정부가 강경한 태도를 보이면서 중국에 군대를 증파하여 7월 28일에 베이징과 텐진을 공격하기 시작하였다. 이로써 루거우차우 사건을 시발점으로 중일전쟁이 발발하였으며 중국에서 항일감정이 격화되면서 제2차 국공합작의 계기가 되었다.

루덴도르프(Ludendorff, Erich Friedrich wilhelm, 1865~1937)

제1차 세계대전 당시에 독일군을 지휘한 장군. 전쟁 발발 전에는 참모본부 작전과장이었으며 대전이 일어나자 동프로이센에 배치된 제8군 참모장으로 사령관 힌덴베르크를 보좌하였다. 1914년 8월 탄넨베르크에서 러시아군을 대파하여 힌덴부르크와 함께 독일 국민의 우상이 되었다. 1916년 8월 힌덴부르크가 참모총장이 되자 참모차장이 되어 전쟁수행을 지휘하였다. 총력전을 주장하면서 수상 베트만 홀베크를 퇴임시키고 군사독재를 실시하였다. 독일의 패배가 확실시 된 1918년에 사직하고 잠시 스웨덴에 망명하였다. 대전 후에는 극우 정치인이 되어 1923년 뮌헨 쿠데타에 참가하였고 1925년에는 나치스당 후보로 대통령선거에 출마하였다. 이후 나치스와 별도로 독자적인 반공, 반유대주의 단체를 이끌었다.

루르점령(Ruhr 占領)

제1차 세계대전에서 패배한 독일이 전쟁배상금 지불유예를 요청하자 프랑스와 벨기에가 독일의 공업지대인 루르를 무력점령한 사건. 제1차 대전이 끝나고 베르사유 조약에 따라 독일은 1921년까지 금화 200억 마르크를 지불하도록 결정되었다. 그러나 연합국이 미국에 진 전쟁채무를 갚기 위해 1921년 런던회의에서 독일이 지불할 배상금을 1320억 금화마르크로 증액하였다. 이에 독일이 지불유예를 요청하자 1923년 1월 프랑스와 벨기에가 독일 최대의 철, 석탄 산지이자 중공업지대인 루르지방을 무력으로 점령하였다. 이로 인해 독일 경제가 파탄위기에 처했으며 점령된 루르의 노동자와 기업가들이 단결하여 저항에 나섰다. 이에 미국과 영국이 중재에 나서 1924년 도스 안으로 배상금 문제는 일단 해결되고 프랑스군도 루르에서 철수하였다.

루벤스(Rubens, Peter Paul, 1577~1640)

플랑드르의 화가. 플랑드르 바로크 미술의 대표적 화가이다. 아버지가 정치적 이유로 독일 베스트팔렌의 지겐에 있을 때 그곳에서 태어났다. 아버지가 죽자 10세 때 고향 안트베르펜으로 돌아왔다. 15세 때부터 그림을 공부하여 23세 때인 1600년에 이탈리아로 유학을 떠났다. 이탈리아에서 고대미술과 르네상스 미술을 공부하고 후기 르네상스 화가인 티치아노와 틴토레토 등의 영향을 받았다. 이탈리아에서 만토바 공작의 궁정화가로 일하다 어머니가 위독하다는 소식을 듣고 고향으로 돌아왔다. 플랑드르로 돌아와서는 알브레흐트 대공의 궁정화가가 되었고 종교화, 역사화, 초상화, 풍속화 등 많은 작품을 그렸다. 대표작으로는 바로크 미술의 걸작인 〈마리 드 메디시스의 생애〉, 〈최후의 심판〉, 〈미의 세 여신〉, 〈사빈인의 약탈〉 등을 비롯해 많은 작품을 남겼다.

루소(Rousseau, Jean Jacques, 1712~1778)

프랑스의 계몽사상가, 작가. 스위스 제네바 출신으로 시계공의 아들로 태어났다. 정규 교육을 받지 못하고 독학으로 공부하였다. 1742년 파리로 나와 계몽사상가들과 교류하였다. 1750년 디종 아카데미의 현상논문에 〈학문과 예술론〉이 당선되어 계몽사상가로 알려지게 되었다. 이후 《인간 불평등 기원론》(1755), 《정치경제론》(1755) 등의 작품을 출판하여 자신의 사회관, 자연관을 주장하였다. 계몽사상을 다룬 글 외에 서간체 연애소설 《신 엘로이즈》(1761)와 소설형식을 통해 자신의 교육론을 피력한 《에밀》(1762) 등의 작품을 썼다. 1962년에는 또한 《사회계약론》을 출판하여 자유와 평등을 주장하였다. 루소의 정치사상은 로크의 계약설에 영향을 받아 로크보다 더 급진적인 주권재민론을 내세웠다. 《에밀》에서 주장한 신학관련 내용 때문에 고발당하여 영국 등 유럽 각국으로 피신해 다녔다가 1770년 파리로 돌아와 고독한 생활을 하면서 《고백록》(1766~1770), 《고독한 산보자의 몽상》(1777~1778) 등의

▶ 루소

작품을 집필하다가 사망하였다. 루소는 '자연으로 돌아가라'는 신조를 내걸고 자연상태의 인간본성은 선한 것이었으나 인간 자신이 만든 각종 사회제도와 문명 때문에 부자유스럽고 불행한 상태에 빠졌다고 주장하였다. 그러므로 이를 극복하기 위해서는 자연을 통한 인간성 회복이 필요하다고 역설하였다. 이러한 루소의 사상은 당대 계몽사상가들 중에서도 급진적인 것이었으며 그의 문학작품은 낭만주의의 선구적 작품들로 평가되고 있다.

루쉰(魯迅, 1881~1936)

근대 중국의 문학가이자 사상가. 본명은 저우수런(周樹人)이며 루쉰은 필명이다. 저장성(浙江省) 사오싱(紹興) 출신으로 난징의 강남수사학당(江南水師學堂)에 입학하여 신학문을 공부하였다. 1902년 일본에 유학하여 센다이 의학전문학교에 입학하였으나 중국인의 국민성 개조가 더 시급하다고 생각하여 문학으로 방향을 바꾸었다. 1909년 귀국하여 교육자로 활동하다가 1918년 문학혁명을 주도하면서 〈광인일기〉를 발표하였다. 루쉰은 이 작품을 통하여 중국의 봉건적 가족질서와 유교숭상의 폐해를 통렬하게 공격하였다. 이어 창작집 《눌함(訥喊)》, 산문시집 《야초》 등을 발표하였다. 《눌함》에는 〈공을기(孔乙己)〉, 〈고향〉 등의 단편소설과 그의 대표작 〈아큐정전(阿Q正傳)〉 등이 실려 있다. 루쉰은 창작 뿐 아니라 외국 작품을 번역하여 중국에 소개하고, 중국 고전문학을 연구하여 《당송전기집(唐宋傳奇集)》 등을 펴내기도 했다. 특히 소비에트 문학작품을 번역하여 프롤레타리아 문학을 중국에 소개하는 역할을 했으며 좌익작가연맹을 지도하기도 했다. 이 밖에 목판화(木版畵) 운동을 장려하여 현대중국의 신판화 운동의 토대를 다졌다. 죽기 직전에는 항일투쟁을 위한 문학계의 통일전선을 주장하였다.

루스벨트(Roosevelt, Franklin Delano, 1882~1945)

뉴딜 정책을 실시하여 대공황에 대처하고 제2차 세계대전에서 미국을 이끈 제32대 미국 대통령. 뉴욕주 하이드파크 출신으로 하버드 대학을 졸업하고 컬럼비아 대학에서 법학을 공부한 후 변호사가 되었다. 이후 민주당 상원의원, 윌슨 행정부의 해군차관 등을 역임했다. 1920년에 민주당 부통령 후보로 출마했으나 낙선하였다. 39세 때인 1921년에 소아마비에 걸렸으나 이를 극복하고 다시 정계로 복귀하였다. 1928년 뉴욕주 주지사로 당선되면서 빈곤과 복지문제에 주정부가 적극 대처하는 정책을 폈다. 이어서 1932년 민주당 대통령 후보가 되어 대공황의 해결책으로 '뉴 딜(New Deal)' 제시하였다. 대통령에 당선된 후 뉴딜 정책을 실시하여 '전국산업부흥법', '농업조정법' 등을 입법하고 '테네시 계곡 개발공사(TVA)' 등을 설치하면서 경제문제에 대한 정부의 적극개입과 사회보장제도 확립의 기반을 다졌다. 외교면에서는 라틴아메리카 각국에 대하여 선린외교 정책을 실시하였다. 유럽에서 제2차 세계대전이 발발하자 1941년 처칠과 '대서양 헌장'을 발표하였다. 1941년 12월 일본이 진주만을 기습하자 미국의 참전을 결정하고 이후 카사블랑카, 카이로, 테헤란, 얄타 등에서 연합국 수뇌들과 만나 전쟁 수행 및 전후 세계 구상을 협의하였다. 1945년 4회 연속 대통령 재임 중에 뇌일혈로 사망하였다.

루스벨트(Roosevelt, Theodore, 1858~1919)

20세기 전환기의 혁신주의 시대에 개혁정치를 이끈 미국의 제26대 대통령. 뉴욕시 출신으로 프랭클린 D. 루즈벨트 대통령의 친척이다. 뉴욕 명문가 출신으로 하버드 대학을 졸업하였다. 뉴욕주 의원, 경찰총장 등으로 활약하였으며 1896년에 해군 차관보가 되어 해군력 증강을 위해 노력하였다. 미국-스페인 전쟁이 일어나자 의용병 '러프 라이더즈'를 조직하여 쿠바에 출정하였다. 1900년 매킨리 대통령 밑에서 부통령이 되었다가 매킨리가 암살당하여 대통령직을 계승하고 1904년에 재선되었다. 대통령으로 국내문제에 대해서는 혁신주의를 적용하여 석탄, 철도 및 금융 트러스트를 규제하고 노사분규 중재를 위해 노력하였다. 외교적으로는 중남미에 대해 먼로주의를 확대해석

▶ 루스벨트

하여 무력개입도 불사하는 소위 '큰 몽둥이 정책(Big Stick Policy)'을 실시하였다. 이 정책에 따라 베네수엘라 문제, 카리브 해 문제에 개입하고 파나마 운하 건설을 실현시켰다. 이 밖에도 러일전쟁의 중재, 모로코 문제 중재에도 노력하여 1907년 노벨 평화상을 받았다. 임기를 마치고 은퇴하였다가 다시 복귀하여 제3당인 혁신당을 결성하여 1912년 대통령에 출마하였다가 민주당의 윌슨에게 패하였다.

루시타니아호 사건(Lusitania Incident, 1915)

제1차 세계대전 중인 1915년 5월 7일에 아일랜드 연해에서 영국 여객선 루시타니아호가 독일 잠수함에 의해 격침된 사건. 침몰한 루시타니아호에 타고 있던 사망자 1,192명 가운데 미국인이 128명이었다. 이에 따라 미국의 여론이 악화되었으며 그 뒤에도 독일이 무제한 잠수함 작전을 계속하자 1917년 미국이 제1차 대전에 참전하게 된 계기가 되었다.

루이 14세(Louis XIV, 1638~1715)

프랑스 부르봉왕조의 전성기를 이루며 '태양왕'으로 불렸던 전제군주. 프랑

스 절대주의의 상징적 군주이다. 루이 13세의 아들로 태어나 5세에 즉위하였다. 왕의 나이가 어려 모후 안 도트리슈가 섭정이 되고 마자랭이 재상으로 정무를 장악하였다. 이때 대귀족을 중심으로 한 프롱드의 난이 일어나 루이 14세는 몇 차례나 파리를 떠나 피신해야 했다. 프롱드의 난이 진압되고 마자랭이 죽은 후부터 루이 14세의 친정이 시작되었다. 고등법원의 권한을 축소시키고 재상제를 폐지하여 국왕이 직접 정무를 감독하였다. 또한 각 지방에 지사를 파견하여 관료제를 전국적으로 확대시켰다. 이와 같이 절대주의 왕정을 강화하여 '짐이 곧 국가다'라고할 정

▶ 루이 14세

도였다. 대외적으로는 프랑스의 '자연국경설'을 주장하고 이를 실현하기 위해 여러 차례 전쟁을 일으켰다. 플랑드르전쟁(1667~1668), 네덜란드 전쟁, 아우크스부르크동맹 전쟁(팔츠계승전쟁), 에스파냐 왕위계승 전쟁 등을 벌였다. 그러나 이와 같은 잦은 대외전쟁은 프랑스 재정의 빈곤과 영국의 세계적 우위를 가져왔다. 또 국내적으로 1685년에 낭트 칙령을 폐지하고 위그노를 비롯한 신교도를 탄압하여 많은 신교도들이 프랑스를 빠져나가 국가적 손실을 초래하였다. 정치, 경제 면에서는 이와 같은 문제가 있었으나 문화 면에서는 베르사유 궁전을 중심으로 세련된 문학, 예술이 융성하였다.

루이 16세(Louis XVI, 1754~1793)

프랑스 혁명기에 처형된 부르봉왕조의 왕. 루이 15세의 손자이며 오스트리아의 왕녀 마리 앙투아네트와 결혼하였다. 1774년 루이 15세의 뒤를 이어 왕위에 올랐다. 그러나 프랑스의 국정은 이미 루이 15세 당시부터 심각한 문제를 안고 있었다. 루이 16세는 국가재정 문제를 해결하기 위해 1789년 5월 175년 만에 삼부회를 소집하였다. 이 삼부회에서 국민의회를 결성하고 7월 14일 파리 시민이 바스티유 감옥을 습격하면서 프랑스 혁명이 시작되었다. 혁명 후 왕은 파리로 이송되어 감시를 받다가 1791년 6월에 가족과 함께 국외로 탈출하려다 바렌에서 체포되었다. 이후 국민공회에서 반역자로 판결하여 1793년 1월 단두대에서 처형되었다.

루이지애나 구입(Louisiana Purchase, 1803)

미국이 나폴레옹으로부터 북아메리카 대륙 중남부에 있는 광대한 프랑스령 루이지애나를 구입한 사건. 원래 1783년 파리 조약으로 미국의 영토는 미시

시피강에서 대서양 사이로 정해졌으며 미시시파강 너머 로키산맥 까지의 영
토는 에스파냐 영토였다. 나폴레옹이 에스파냐를 정복함에 따라 이 지역도
프랑스 영토가 되었다. 당시 미국 대통령이던 제퍼슨은 남부로 가는 교통로
인 미시시피강의 항해권을 확보하기 위하여 프랑스주재 미국대사 리빙스턴에
게 루이지애나 구입을 지시하고 특명대사로 먼로를 파견하였다. 나폴레옹은
멀리 떨어진 영토를 관리하기가 어렵고 영국과의 전쟁비용을 마련해야 했기
때문에 1803년에 루이지애나 전역을 1500만 달러를 받고 미국에 넘겨주었
다. 루이지애나 구입으로 미국 영토가 두 배로 확장되었으며 서부개척의 중
요한 계기가 되었다.

루이 필리프(Louis Philippe, 1773~1850)

1830년 7월 혁명으로 왕위에 올랐다가 1848년 2월 혁명으로 축출된 프랑스
의 왕. 오를레앙 가문 출신으로 왕족 신분이지만 프랑스혁명을 지지하여 혁
명군 장교로 복무했다. 왕정이 폐지된 후 각지를 유랑하다가 1814년 왕정이
복고되면서 귀국하였다. 1830년 7월 혁명이 일어나자 티에르, 라파에트, 라
피트 등에 의해 '프랑스 국민의 왕'으로 추대되어 왕위에 올랐다. 당시 프랑
스는 산업혁명의 발전기로서 루이 필리프 정권은 부르조아를 대변하였다. 그
러나 경제불황으로 인한 사회혼란과 외교상의 실패로 인해 1848년 2월 혁명
이 일어나자 왕위를 포기하고 영국으로 망명하여 여생을 그곳에서 보냈다.

루크레티우스(Lucretius, Carus Titus, BC 94?~55?)

로마의 시인이자 철학자. 철학자로서 에피쿠로스의 유물론적 세계관에 영향
을 받아 그리스적 유물론을 주장하였다. 그 내용은 데모크리토스의 원자론을
기반으로 한 유기적인 세계관이며 자연은 합리적 법칙에 따라 움직이며 영혼
이나 신 같은 초자연적 존재는 없다고 주장하였으나 당시에는 받아들여지지
않았다. 유작으로 철학적 내용을 담은 교훈시(敎訓詩)인 《만물의 본성에 대하
여》 6권이 전해진다. 이 책을 집필하던 도중 정신착란을 일으켜 자살하였다.

루터(Luther, Martin, 1483~1546)

독일의 종교개혁가, 신학자. 작센 주 아이슬레벤 출신으로 에르푸르트 대학
에서 법률을 공부했다. 대학에 재학하던 도중 아우그스티누스 수도회에 들어
가 수도생활을 하며 신학을 공부하였다. 1511년 비텐부르크 대학 교수가 되었
다. 1517년 면죄부 판매에 반대하는 95개조 반박문을 제시하여 종교개혁의
발단을 제공하였다. 이후 로마교황으로부터 파문당하고 1521년 카알 5세가
주최한 보름스 국회에 소환되어 법의 보호에서 제외되는 처분을 받았다. 그
러나 루터는 작센 선제후(選帝侯) 프리드리히의 보호를 받아 은신하면서 신

약성서를 독일어로 번역하였다. 성서 번역은 독일어의 통일과 발전에 크게 기여하였다. 이후 루터는 카톨릭 세력 및 종교개혁 급진파들과 계속 논쟁을 벌이면서 종교개혁에 앞장섰다. 독일 농민전쟁이 일어나자 처음에는 농민층에 동정적이었으나 결국 영주측의 무력진압을 지지하였다. 루터의 종교개혁 운동은 유럽에서 프로테스탄트 세력이 확장되는 계기가 되었으며 이후 많은 종교전쟁과 개혁 운동의 출발점이 되었다.

룽먼석굴(龍門石窟)

중국의 대표적 불교미술품으로 장식된 석굴. 허난성 뤄양(洛陽) 남쪽에 있는 석굴 사원이다. 석회암으로 된 암벽에 많은 동굴이 있으며 여기에 많은 불상과 조각, 석탑이 있다. 북위(北魏)가 다퉁(大同)에 수도를 정했을 때 원강(雲崗)석굴을 만들었으며 494년에 효문제(孝文帝)가 뤄양으로 수도를 옮기면서 룽먼에 석굴사원을 만들기 시작하였다. 이후 5세기 말에서 7세기 후반까지 북위에서 수, 당, 송나라에 이르기까지 석굴을 만들었다. 원강석굴의 불교미술은 조각적인 데 비해 룽먼석굴의 불교미술은 회화적이며 서방적인 색채가 적고 중국 고유의 양식이 보인다.

룽산문화(龍山文化)

중국 화북지역의 신석기문화. 양사오문화(仰韶文化)의 뒤를 이어 나타났다. 산둥성(山東省) 리청현(歷城縣) 룽산전(龍山鎭) 청쯔야(城子崖) 유적이 대표적 유적으로 룽산문화라는 명칭도 여기서 나왔다. 산둥, 허베이, 허난, 산시 등 황하 중·하류 지역에 나타나며 농경과 가축사육, 수렵의 흔적이 보인다. 칠흑색의 검은 간토기(黑陶)와 간석기, 골각기, 패기(貝器)등이 출토되었다. 룽산문화는 검은 간토기가 대표적 유물로서 흑도문화라고도 부른다.

류사오치(劉少奇, 1898~1969)

문화혁명기에 반마오쩌둥파로 몰려 숙청된 중국의 정치인. 후난성(湖南省) 출신으로 1920년 사회주의청년단에 가입하면서 혁명운동에 가담하였다. 이후 상해 5.30 사건을 주동하고 러시아 동방대학에 유학하였다. 노동운동을 지도하면서 중국공산당 중앙위원을 비롯한 요직에 올랐다. 사회주의 이론가로 명성을 얻어 중화인민공화국이 수립된 후 1959년에 마오쩌둥에 이어 국가주석이 되었다. 그러나 기술 우선, 엘리트 중시와 같은 사회주의 건설노선을 주장했기 때문에 마오쩌둥과 갈등을 빚었다. 이 때문에 1966년 문화대혁명이 일어나자 '반(反)마오쩌둥파의 수령', '중국의 흐루시초프'라는 비판을 받고 주자파(走資派) 수정주의자(修正主義者)로 몰려 숙청당했다. 덩샤오핑이 집권하면서 1980년 사후복권되었다.

르네상스(Renaissance)

14세기에서 16세기에 걸쳐 서유럽에서 고전 학문과 예술의 부흥을 중심으로 한 문화적 경향 및 해당 시기. 르네상스란 학문 또는 예술의 재생, 부활을 의미한다. 르네상스는 크게 이탈리아를 중심으로 한 남유럽 르네상스와 네덜란드, 독일을 중심으로 한 북유럽 르네상스로 나뉜다. 이탈리아 르네상스는 이탈리아가 지중해 무역을 독점하면서 경제가 발달하고 비잔틴제국과 중동에서 고전문화를 받아들이기 쉬웠던 상황 속에서 일어났다. 이탈리아 르네상스는 주로 고전에 대한 주석 및 고전 예술로부터 영향을 받은 예술운동이 두드러졌다. 대표적인 작가로 단테, 페트라르카, 보카치오, 세르반테스 등이 있으며 대표적인 예술가로 지오토, 마사치오, 레오나르도 다 빈치, 미켈란젤로, 라파엘로 등이 있다. 이탈리아 르네상스 시기에 나타난 대표적 정치사상가로는 마키아벨리가 있다. 이탈리아 르네상스의 기운이 알프스 산맥 이북의 북유럽에 전해져 휴머니즘과 정치, 종교에 대한 문제제기로 발전한 것이 북유럽 르네상스이다. 북유럽 르네상스는 고전문화의 자극과 당시 도시의 발전이 결합되어 특유의 사상과 예술로 나타났다. 북유럽 르네상스의 대표 작가로는 에라스무스, 셰익스피어, 토마스 모어, 초서, 몽테뉴, 라블레 등이 있으며 예술가로는 루벤스, 반다이크, 브뤼겔 등이 있다. 북유럽 르네상스가 제기한 인간성과 자연에 대한 탐구는 이후 종교개혁시대로 이어졌다.

▶ 르네상스 시기의 영국의 학교 교육

르누아르(Renoir, Pierre Auguste, 1841~1919)

프랑스의 인상파 화가. 리모주 출신으로 어려서 도자기 공장에서 일하면서 도자기에 그림을 그리는 일을 하였다. 1862년에 글레이르 밑에서 그림을 배우면서 피사로, 세잔 등 인상파 동료들과 사귀게 되었다. 1874년 인상파 제1회 전람회에 〈판자 관람석〉을 출품하고 계속해서 인상파 전람회에 출품하면서 화려한 색채표현을 보였다. 이 시기의 대표작으로 〈르 물랭 드 라 갈레트〉(1876), 〈샤토에서 뱃놀이하는 사람들〉(1879) 등이 있다. 이후 1881년 이탈리아를 여행하고 폼페이 벽화에서 감동을 받아 담백한 색채에 화면구성을 중시하는 고전적 화풍으로 바꾸었다. 〈목욕하는 여인들〉(1884~1887) 등이 이 시대의 작품이다. 이후에는 인상파에서 탈피하여 선명한 원색대비로 구성된 독창적인 색채표현과 풍만한 관능성을 묘사하였다. 이 시기에 〈나부〉(1888) 등의 대표작이 있다.

▶ 르누아르의 〈머리 빗는 여인〉

리그베다

인도에서 가장 오래 된 문헌인 브라만교의 경전인 4베다 중의 첫째. 원래 이름은 리그베다 상히타로서 신들에 대한 찬가를 집대성한 것이다. 전 10권에 1028의 찬가로 이루어져 있다. 리그베다는 펀잡지방에 자리 잡은 아리아 문화가 낳은 작품이다. 그 내용은 베다의 여러 자연신, 특히 전쟁의 신인 인드라에게 바치는 노래와 결혼식, 장례식, 우주창조 등으로 이루어져 있다. 리그베다의 언어는 인도 유럽어의 가장 오래된 형태를 보여준다. 언어학, 문학, 종교학 분야의 연구에 귀중한 자료이다.

리다자오(李大釗, 1889~1927)

중국의 사상가, 중국 공산당의 설립자. 자는 슈창(守常)이며 필명은 밍밍(明明)이다. 허베이성(河北省) 출신으로 텐진(天津) 북양학당(北洋學堂)과 일본 와세다(早稻田)대학 문과를 졸업하였다. 귀국 후 베이징(北京)대학 문과대학 교수 겸 도서관 주임이 되어 '사회운동사'를 강의하였다. 또한 〈신청년〉 등을 통하여 러시아 혁명과 마르크스주의를 소개하였다. 당시 5.4 운동과 신문화 운동을 지도하면서 1921년 중국공산당 창당에 참여하고 1922년에는 국민당에 입당하였다. 이후 화베이(華北)지역의 중심인물로서 국공합작을 이루기 위해 활동하였다. 손문이 죽은 뒤 국민당과 공산당의 지도자로 활동하다가 1927년 4월 장쮜린(張作霖)의 러시아 대사관 수색사건 때 체포되어 총살당하였다. 저서에 《리다자오선집(李大釗選集)》과 많은 논문이 있다.

리디아(Lydia)

고대 소아시아 서부지역에 있던 왕국. 수도는 사르디스이다. 교통의 요충지로서 페르시아제국의 '왕의 길'이 지나는 곳이었다. 그리스 및 소아시아 연안에 많은 그리스 식민시들과 활발한 교류가 있었다. 크로이소스(BC 660~546)왕 때 전성기를 이루어 영토를 소아시아 연안까지 확장하였으며 그리스

문화를 적극적으로 받아들였다. 이후 페르시아 키로스 왕의 공격을 받아 페르시아의 속주가 되었다. 페르시아가 멸망한 후에는 셀레우코스왕조의 땅이 되었다가 로마의 속주가 되었다. 리디아왕국은 그리스문화와 동방문화를 융합한 독특한 문화로 유명하다.

리리싼(李立三, 1896~1967)

중국 공산당 지도자. 후난성(湖南省) 리링현(醴陵縣) 출신으로 1920년 근공검학회(勤工儉學會)로 프랑스에 유학하여 파리에서 공산당 활동을 하였다. 1925년 5.30 사건 당시 상해 노동운동을 지도하였으며 1927년 중국공산당 중앙위원이 되었다. 이후 공산당의 지도자로서 1930년 '하나의 성(省) 또는 몇 개 성에서의 우선 승리' 노선을 제시하고 창사(長沙)를 점령하였다가 실패하였다. 이후 마오쩌둥 등으로부터 '리리싼 노선'을 청산하라고 비판받고 지도부에서 물러나 러시아로 갔다. 1946년 중국으로 돌아와 중앙위원회 위원 등을 지내다 1967년 문화대혁명 때 비판을 당하고 자살하였다.

리바이어던(Leviathan, 1651)

영국의 철학자 홉스가 사회계약설의 입장에서 절대주의를 이론화 한 책. 1651년에 '교회 및 시민 공동체의 내용, 형태, 권력'이란 부제를 달고 출판되었다. 리바이어던이란 구약성서 '욥기'에 나오는 거대한 괴물이며 홉스는 교회권력에서 해방된 국가를 리바이어던에 비유했다. 홉스는 자연상태의 인간은 자기보존을 위한 자연권을 마음대로 행사하기 때문에 '만인에 대한 만인의 투쟁' 상태에 빠지게 되며 이를 극복하기 위해서는 이성에 의해 자연권을 제한하고 사회계약에 의해 자연권을 주권자에게 인도해야 한다고 주장하였다. 이때 이 주권자는 이성이 요구하는 보편적 자연법을 실현하며, 계약을 실행하기 위해서 계약을 초월하여 존재해야 하므로 절대적인 존재가 된다는 논리를 펼쳤다.

리비아(Libya)

고대 그리스, 로마에서 북아프리카지역을 리비아라고 불렀다. 선사시대부터 이집트와 관련이 깊었으며 제22왕조의 지배자는 리비아 출신이었다. 호메로스, 헤시오도스시대에는 막연하게 북아프리카를 의미했다. 내륙에는 베르베르 유목민이 살았으며 지중해 연안지역은 페니키아인, 카르타고인, 그리스인, 로마인의 식민지가 되었다.

리비우스(Livius, Titus, BC 59~AD 17)

《로마사》를 지은 로마의 역사가. 이탈리아 북부의 파도바 출신으로 황제 아우구스투스의 신임을 받았다. 로마 건국에서 아우구스투스의 세계통일에 이르는 역사를 기술한 《로마사》를 40년에 걸쳐 저술하였다. 《로마사》는 총 142권으로 되어 있으며 현재 제1~10권, 제21~45권 등 35권만이 남아 전해진다. 편년체로 쓰여진 《로마사》는 로마인의 도덕과 힘을 찬양하는 낭만적 입장에서 과거부터 전해지는 전승을 문학적으로 표현한 작품으로 사료비판에 의한 객관적 역사서술은 아니지만 문학적 표현의 뛰어남으로 인정받고 있다.

리빙스턴(Livingstone, David, 1813~1873)

아프리카에서 활동한 영국의 선교사. 스코틀랜드 블랜타이어 출신으로 1840년 런던 전도협회 의료 선교사로 남아프리카에 파견되었다. 이때부터 3차례에 걸쳐 아프리카 오지에서 탐험과 전도사업을 하였다. 1852~1856년에는 케이프타운에서 출발하여 아프리카 대륙을 횡단하면서 빅토리아 폭포와 잠베지강을 발견하였다. 1858년 영국 영사로 아프리카에 돌아가 니아사 호수(말라위)를 탐험하고 노예무역 금지를 위해 노력하였다. 1864년 귀국했다가 1866년 다시 아프리카로 가서 나일강의 발원지를 찾는 탐험에 나섰다. 1871년 콩고강 지류에 이르러 열병에 걸렸다가 탕가니카 호수의 우지지에서 미국의 신문기자 스탠리가 이끄는 수색대를 만났다. 이후 스탠리와 함께 탐험을 계속하다가 1873년 이질에 걸려 방궤울루 호수 근처 마을에서 죽었다.

리살(Rizal, José, 1861~1896)

필리핀의 독립운동가, 작가. 루손섬 칼람바 출신으로 에스파냐 마드리드 대학에 유학하였다. 에스파냐에서 언론활동을 통해 식민통치개혁을 촉구하였다. 1886년 소설 〈나에게 손대지 말라〉를 발표하고 이어 1891년에 〈체제전복〉을 발표하여 작가이자 개혁운동의 대변자로 알려졌다. 1892년 귀국하여 필리핀 민족동맹을 결성하였다가 체포되어 다피탄섬으로 유형되었다. 이후 무력항쟁을 시도하다가 체포되어 1896년 마닐라에서 처형당했다. 리살은 작품과 정치활동을 통해 필리핀 민족주의의 정신적 기반을 제시하였으며 이후 필리핀 민족주의 운동은 나기날도 등에 의해 계승되었다.

리슐리외(Richelieu, Armand Jean du Plessis, 1585~1642)

루이 13세의 재상으로 프랑스 절대왕정의 기초를 다진 정치가. 파리 출신으로 파리대학에서 신학을 공부하였다. 1606년에 주교가 되었으며 1614년 삼부회에 성직자 대표로 참가하여 루이 13세의 모후 마리 드 메디시스에게 발탁되었다. 루이 13세가 친정(親政)에 나서자 잠시 축출되었다가 1624년 궁정에 복귀하여 왕의 고문관으로 활약하였다. 1627년에는 라로셀의 신교도를 굴복시켰으며 1630년에는 반대파 귀족들을 숙청하였다. 이후 절대권력을 쥐고 각

▶ 리슐리에

지방에서 국왕의 지사를 파견하고 고등법원의 권한을 축소하고 삼부회를 열지 않는 등 중앙집권적 관료제를 통한 절대주의 왕정을 이룩하였다. 대외적으로는 30년전쟁에 개입하는 등 프랑스 세력의 확장을 위해 노력하였다.

리스트(List, Friedrich, 1789~1846)

독일 역사학파 경제학의 창시자. 독일 남부 뷔르템부르크 로이틀링겐 출신으로 독학으로 관리 채용시험에 합격하여 관리가 되었으며 1871년 튀빙겐대학의 행정학 교수가 되었다. 1819년 독일 관세 통일을 위한 상공업 동맹을 결성하였다가 뷔르템부르크 정부로부터 파면당하고 미국으로 건너갔다. 미국에서는 보호관세의 필요성을 주장하고 아담 스미스의 자유주의 경제를 비판하고 보호무역에 입각한 국가주의 경제론을 제시하였다. 1830년 귀국하여 독일 통일, 보호관세, 철도 건설 등을 위해 노력하였다. 그러나 뜻을 펼치지 못하고 파리와 아우구스부르크 등지에서 저작활동을 하다 자살하였다. 리스트는 국민생산력 발전에 따른 경제발전단계론을 제창하여 경제학에 역사학적 방법을 도입하여 독일 역사학파의 선구자가 되었다. 대표작으로 《정치경제학의 국민적 체계》(1841), 《독일인의 정치적, 경제적 국민통일》(1845~1846) 등이 있다.

리스트(Liszt, Franz von, 1811~1886)

헝가리의 작곡가이자 피아니스트. 라이딩 출신으로 어려서부터 피아니스트로 활약하였다. 1823년부터 빈과 파리에서 음악을 배우고 프랑스와 영국을 순회하는 연주여행을 시작했다. 여행 도중에 1830년 7월 혁명을 겪고 페티스, 쇼팽, 파가니니, 베를리오즈 등과 음악교류를 하였다. 1838년부터 1847년까지 유럽 전역으로 연주여행을 계속했고 1847년부터 바이마르 궁정악장으로 활동했다. 1861년 결혼을 위해 로마로 갔다가 결혼에 실패하고 수도원에 들어가 이후 카톨릭 종교음악을 연구하였다. 이후 1869년 바이마르로 돌아왔다가 1875년부터 부다페스트 국립음악원장이 되었다. 연주자로서 피아노 연주에 있어 확대연주와 다이내믹한 기교를 완성하였고, 관현악 악기 편성의 변화, 문학적 환상을 도입한 교향시 창작, 표제음악 확립이라는 업적을 남겼다. 대표작으로 〈헝가리 광시곡〉, 〈순례의 해〉 등 여러 편의 피아노 협주곡과 교향시를 남겼다.

리카도(Ricardo, David, 1772~1823)

영국의 고전 경제학의 완성자. 네덜란드계 유대인 상인의 아들로 런던에서 태어났다. 증권 중개인으로 막대한 재산을 모았으며 아담 스미스의 《국부론》(1776)과 맬서스의 《인구론》(1798)을 읽고 경제학에 흥미를 갖게 되었다. 이후 나폴레옹전쟁 때 은행권의 가치하락으로 일어난 지금논쟁(地金論爭)으로 경제학 연구에 뛰어들었다. 1871년에 대표작인 《경제학 및 과세의 논리》를 발표하고 아담 스미스의 이론을 발전시킨 투하(投下) 노동가치설을 제시하였다. 분배론에서는 차액지대론(差額地代論)을 제시하였으며 임금에 대해서는 임금

▶ 리카도

생존비설(賃金生存費說)을 주장하였다. 이로써 임금, 이윤, 지대의 소득관계를 밝히고 무역에 있어서는 비교생산비설을 주장하였다. 이와같이 리카도는 아담 스미스에서 시작된 고전 경제학을 완성하였으며 리카도의 학설은 다시 J.S. 밀과 마르크스에 의해 계승되어 자유주의 경제학과 마르크스 경제학으로 발전되었다.

리쿠르고스(Lykurgos)

고대 그리스 스파르타의 전설적 입법자(立法者). 실존인물인지 알 수 없으며 실존인물이라면 BC 8~7세기경의 사람이었을 것으로 보인다. 스파르타를 비롯한 펠로폰네소스 지역에서 리쿠르고스란 이름의 신을 숭배하였던 것으로 보아 그가 신이었다는 주장도 있다. 이와 같은 전설의 인물 리쿠르고스는 델포이의 아폴론 신전에서 신탁(神託)을 받고 토지의 균등 분배, 원로회의 설치, 민회의 개최, 귀금속 사용 금지, 공동식사, 소년소녀교육, 가족제도 등의 군국적 법률을 제정하였다고 한다.

리키니우스-섹스티우스법(Lex Licinia-Sextia)

고대 로마의 신분법. 호민관 리키니우스와 섹스티우스가 제안하여 BC 367년에 통과되었다. 이 법은 정치와 경제면에서 중요한 내용을 담고 있다. 정치면에서는 집정관 2명 중 한 명을 평민에서 선출하며 신관(神官) 중에 평민을 선출하는 등의 내용이 담겨 있으며, 경제면에서는 국유지 점유면적을 1인당 500유게라(1유게라는 약 2~3에이커)로 제한하고 국유지 방목가축의 수를 제한하였다. 정치적으로 이 법은 귀족이 평민에게 양보하여 대외전쟁을 앞두고 내부결속을 다지기 위한 것으로 해석된다. 경제적으로도 신분에 따른 차이를

줄이고 공동체의 강화를 위한 조치들이 포함되었으나 미봉책에 불과하였다. 그에 따라 BC 2세기경에 그락쿠스 형제의 개혁운동이 일어나게 되었다.

리튼조사단(Lytton Commission, 1932)

만주사변을 조사하기 위하여 국제연맹이 파견한 리튼을 단장으로 한 조사단. 1931년 9월 일본이 만주사변을 일으키고 중국을 침략하자 국제연맹을 그 해 12월에 영국의 리튼 경을 단장으로 하는 조사단을 파견하였다. 리튼 조사단은 1932년에 일본과 만주, 중국 등지에서 조사를 실시하고 10월 2일에 조사 결과를 발표하였다. 이 보고서는 만주사변을 일본의 침략행위로 규정하고 만주국을 인정하지 않았다. 이에 일본은 만주국의 독립을 요구하며 반발하다가 국제연맹이 리턴 조사단 보고서를 채택하자 1933년 국제연맹을 탈퇴하였다.

리홍장(李鴻章, 1823~1901)

중국 청나라 말기의 북양대신(北洋大臣)으로 양무운동(洋務運動)을 주도했던 정치가. 자는 소전(少荃)이며 호는 의수(儀戒)이다. 안후이성(安徽省) 출신으로 태평천국(太平天國)의 난을 진압한 증국번(曾國藩)에게 배웠다. 태평천국의 난이 일어나자 고향에서 단련(團練 : 의용군)을 이끌고 싸우다 1859년에 증국번의 막료가 되었다. 이후 1862년 장쑤순무(江蘇巡撫)가 되어 상해 방어를 위해 의용군 회군(淮軍)을 거느리고 태평군을 격파하였다. 그후 1870년 직례총독(直隸總督) 겸 북양대신이 되어 25년간 그 지위를 유지하였다. 이 기간에 리홍장은 양무파 관료의 지도자가 되어 서양 열강의 지지를 받으며 군수공업을 비롯한 공업육성에 나섰다. 특히 유럽 열강 및 조선, 일본, 러시아와의 관계를 비롯한 외교문제를 장악하여 1858년 톈진조약, 1895년 시모노세키 조약, 1896 청·러 밀약, 1900년 베이징 조약, 1901년 신축조약 등을 체결하였다.

린네(Linné, Carl von, 1707~1778)

스웨덴의 식물학자. 원래 웁살라대학에서 의학을 공부하고 후에 식물학을 공부하였다. 이후 영국, 네덜란드에 머물렀다가 1738년 스톡홀름으로 돌아와 웁살라대학의 의학 및 식물학 교수가 되었다. 식물을 분류하는 과학적 이명법(二名法)을 제정하여 생물분류법의 기초를 세웠다. 또한 식물원 개혁, 자연사 박물관 설립에도 기여하였다. 대표작으로 《자연의 체계》(1758)가 있다.

린뱌오(林彪, 1906~1971)

중국의 군인, 정치가. 후베이성(湖北省) 황강(黃岡) 출신이다. 1926년 황푸(黃織)군관학교를 졸업하였으며 중국공산당에 입당하여 활동하였다. 난창(南昌)

폭동에 가담한 이래로 게릴라 활동에 참가하였다. 1934~1935년에 마오쩌둥과 함께 국민당군의 추격을 피해 장정(長征)에 참가하였으며 제2차 국공합작후 팔로군 사단장이 되었다. 1945년 이후 만주에서 소련군의 지원을 받아 만주를 장악하였다. 중화인민공화국이 성립한 후 군의 요직을 거쳤고 당중앙위원회 정치국 상임위원, 국무원 부총리, 국방부장 등을 지냈다. 1967년 문화대혁명이 일어나자 군대를 배경으로 마오쩌둥, 장칭(江靑)과 함께 권력을 장악하고 마오쩌둥의 후계자로 지명되었다. 그러나 1971년 실각하고 쿠데타를 계획하다가 실패하자 비행기로 탈출하여 소련으로 도망가다가 몽골지방에서 비행기 추락으로 사망하였다.

린저쉬(林則徐, 1785~1850)

중국 청나라 말기의 정치가. 자는 소목(少穆)이며 호는 사춘노인(假村老人)이다. 푸젠성(福建省) 출신으로 지방관을 지내면서 치수사업에 공적을 세워 1837년에 후광(湖廣)총독이 되었다. 황제 도광제(道光帝)에게 아편을 엄금할 것을 권하였으며 1839년 흠차대신(欽差大臣 : 특명파견대신)으로 임명되어 광둥(廣東)지역의 아편무역을 단속하게 되었다. 광둥에 부임한 린저쉬는 영국 상인들의 아편을 몰수하여 아편 2만 상자를 불태우고 아편상인들을 국외로 추방하였다. 이 사건으로 인해 영국과 아편전쟁이 벌어지게 되었다. 청나라 조정이 강화 분위기로 기울자 린저쉬는 전쟁도발의 책임자로 몰려 관직을 박탈당하고 유배당했다. 이후 복직하여 1850년 태평천국의 난을 진압하기 위해 흠차대신 겸 광시순무(廣西巡撫)에 임명되어 부임하던 중 병사하였다.

릴케(Rilke, Rainer Maria, 1875~1926)

보헤미아의 시인. 보헤미아 프라하 출신으로 군사학교를 다니다 중퇴하고 프라하와 뮌헨에서 문학을 공부하였다. 1897년 루 안드레아스 살로메를 만나 함께 러시아를 여행하면서 깊은 영향을 받았다. 1902년 파리로 가서 조각가 로댕의 비서가 되어 로댕으로부터 작품활동에 많은 영향을 받았다. 1919년부터 스위스에 거주하다가 사망하였다. 릴케의 전반기 시는 자신의 인생과 인간에 대한 불안을 담은 것이었으며 러시아 여행을 통해 신비주의적 종교색채를 띠게 되었다. 파리에서는 로댕의 영향을 받아 조각과 같은 객관적인 시를 쓰기 시작했다. 이후 1910년 무렵부터는 인간 존재의 긍정을 기원하는 작품들을 주로 썼다. 대표작으로 소설 〈말테의 수기〉, 〈두이노의 비가〉 등과 《구시집》, 《신시집》 등의 많은 서정시집이 있다.

링컨(Lincoln, Abraham, 1809~1865)

남북전쟁을 북부의 승리로 이끌고 노예해방선언을 발표한 미국의 제16대 대

▶ 링컨의 선거운동 모습

통령(1861~1865). 켄터키주 출신으로 인디애나, 일리노이 등으로 옮겨 다니며 어렵게 고학하였다. 1837년 변호사가 되었으며 1834년 일리노이 주의회 의원으로 정계에 진출하였다. 1858년 일리노이 상원의원 선거에 공화당 후보로 출마하면서 전국적으로 알려져 1860년 대통령 선거에 공화당 후보로 지명되었다. 링컨이 당선되자 남부 여러 주가 합중국을 탈퇴하여 남부연합을 결성하였다. 링컨은 연방을 유지하고자 했으나 1861년 4월 남군의 섬터 요새 공격으로 남북전쟁이 시작되었다. 전쟁 초기에 전세가 북부에 불리해지자 링컨은 1863년 노예해방 선언을 발표하였다. 이후 그랜트 장군을 북군 총사령관으로 기용하여 남군을 압도하여 1865년 9월 남군 총사령관 리 장군의 항복을 받아냈다. 링컨은 온건한 전후정책으로 남부 각 주를 조속히 연방에 복귀시킬 구상을 하였으나 1865년 4월 14일 워싱턴포드 극장에서 연극 관람 도중 남부 출신의 배우 존 부스에게 저격당해 숨졌다.

마

마가다왕국(Magadha)

인도 비하르 주 남부에 있던 고대왕국으로 불교를 보호한 것으로 유명하다.
브리하드라타가 창시하였다고 전해지며 BC 6세기 밤비사라왕 때 강성해져
북인도의 강국이 되었다. 이후 샤이슈나가왕조가 세워졌다가 난다왕조로 넘
어갔다. 알렉산더 대왕이 인도 북서부에 원정할 당시 난다왕조는 갠지스강
유역을 장악한 강국이었다고 한다. 이후 마우리아왕조의 찬드라 굽타가 난다
왕조를 무너뜨리고 인도 북부를 통일하였다. 찬드라 굽타의 손자인 아소카
왕은 인도 남부로 세력을 확장하여 대제국을 건설하고 불교를 보호하고 장려
하였다. 아소카 왕 이후 마우리아왕조는 쇠퇴하여 BC 185년 마우리아왕조가
멸망하면서 마가다왕국도 사라지게 되었다. 이후 320년에 굽타왕조의 찬드
라 굽타가 등장하여 굽타제국을 세웠다.

마그나 카르타(大憲章, Magna Carta, 1215)

1215년 영국에서 실정에 항의하는 귀족들의 요구로 존 왕이 승인한 문서. 대
헌장(大憲章)이라고도 한다. 존 왕이 귀족들의 기득권을 무시하고 프랑스와
의 전쟁을 위해 무거운 세금을 부과하자 귀족들이 런던 시민들과 함께 존 왕
을 압박하여 대헌장을 승인하게 만들었다. 전문은 63개조로 되어 있으며 그
내용은 교회의 자유, 봉신들
의 동의 없는 군자금 징수 금
지, 순회 재판권의 제한, 도시
특권의 재확인, 인신의 자유
보장 및 대헌장의 준수를 감
시할 25인의 귀족 위원회 구
성 등이다. 주요 내용은 귀족
들의 권리를 보장하는 것이
지만 이후 국왕의 전제정치를

▶ 마그나 카르타

견제할 수 있는 근거가 되었으며 근대 영국 헌법의 기초가 되었다.

마네(Manet, Edouard, 1832~1883)

'인상파의 아버지'로 불리는 프랑스의 화가. 파리 출신으로 루브르 박물관에서 할스, 그레코, 벨라스케스, 고야 등의 작품을 모사하면서 미술을 공부했다. 1861년 살롱에 입선했으나 이후 여러차례 낙선하였다. 이후 1863년 살롱에 출품했다 낙선한 작품을 모아 전시한 낙선전시회에 〈풀밭 위의 식사〉를 출품하고 1865년에는 〈올랭피아〉로 살롱에 입선하였다. 이 작품으로 모네, 피사로, 시슬레 등 젊은 화가들에게 큰 영향을 주어 인상파가 형성되는 계기가 되었다. 마네의 화풍은 벨라스케스, 고야로부터 배운 어두운 색조에 파리의 도회적 감각을 살려 밝은 색감으로 화면을 구성하였다. 판화 작업도 하여 〈피리부는 소년〉, 〈졸라의 상〉 등의 작품을 남겼다.

마누법전(Code of Manu)

고대 인도에서 만들어진 가장 오래되고 가장 권위있는 법전. 전부 12장 2,684조이며 산스크리트 운문으로 쓰여졌다. 마누는 인류의 시조를 뜻한다. 고대 인도의 법은 오늘날의 법률 뿐 아니라 종교, 도덕, 습관 등을 포함하며, 마누 법전에서는 우주의 시초에서부터 시작해서 여러 가지 관습법을 포함해 종교, 도덕적 내용을 다루고 있다. 마누 법전은 BC 2세기에서 AD 2세기 사이에 현재와 같은 형태를 갖춘 것으로 보이며 동남아시아 지역으로 인도문화가 전파됨에 따라 마누 법전도 동남아 각 지역의 법전에 영향을 미쳤다.

마니교(摩尼敎, Manichaeism)

3세기경에 페르시아인 마니가 창시한 이원론적 종교. 마니교는 조로아스터교, 기독교, 불교, 바빌로니아 원시 신앙 등의 영향을 받았다. 마니교의 교리는 세계를 선과 악, 광명과 암흑으로 구분하는 이원론을 핵심으로 한다. 이와 같이 선과 악이 뒤섞인 세계에서 광명을 암흑으로부터 분리하기 위한 사자로서 마니가 왔다는 것이다. 마니교는 한 때 사산조 페르시아에서 번성했으나 조로아스터교단으로부터 이단시되어 박해를 받았다. 그러나 마니교의 교세는 외부로 널리 확장되어 중동과 유럽, 중앙아시아를 거쳐 7세기 말에는 당나라에까지 전파되었다. 마니교는 이러한 광범위한 전파과정에서 동양과 서양의 문화와 종교를 소개하고 교류시키는 역할을 하였다. 이후 이슬람교가 등장하자 그 세력이 위축되어 13~14세기경 소멸하였다.

마라(Marat Jean Paul, 1743~1793)

프랑스 혁명기 산악당의 지도자. 스위스 뇌샤텔 출신으로 보르도에서 의학을

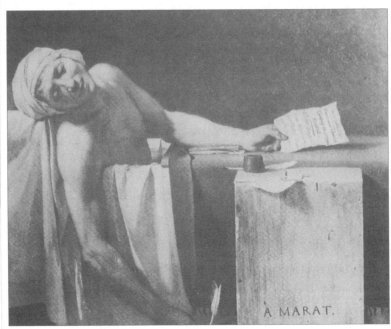

▶ 마라의 죽음

배우고 런던과 파리에서 개업하였다. 1775년 의학박사 학위를 받았다. 파리에서 급진파 정치사상에 관심을 가지고 1789년 2월 삼부회 소집에 앞서 '인권선언 초안'을 발표하였다. 1789년 7월 프랑스 혁명이 일어나자 그 해 9월에 〈인민의 벗〉지를 창간하여 부르조아에 반대하고 상퀼로트를 지지하는 선전활동에 나섰다. 1792년에 파리코뮌의 지도자가 되었고 국민공회 의원으로 선출되면서 산악당의 지도자로 활동하였다. 철저한 급진주의와 가혹한 정책으로 1793년 지롱드파 의원 축출에 앞장섰으며 1793년 7월에 암살당했다.

마라타동맹(Maratha confederacy)

마라타족은 인도 서 고츠 산악지대를 중심으로 오랫동안 독자성을 지켜온 마라타어를 사용하는 힌두교도들이다. 17세기 후반 뛰어난 지도자 시바지가 무굴제국 군대에 저항하였으며 1720년경부터 마라타족 호족층의 연합정권으로 동맹이 성립하였다. 이후 페샤와르의 바지 라오가 동맹을 이끌고 인도 중부는 물론 북부와 남부로까지 세력을 확장하였다. 18세기 들어 무굴제국이 붕괴하자 마라타 동맹이 영국과 직접 맞서게 되었다. 1775년부터 1818년 사이에 3차례에 걸친 마라타전쟁을 치른 끝에 영국은 마라타 동맹을 와해시키고 그 영토를 영국령으로 병합하였다.

마라톤 전투(Battle of Marathon, BC 490)

페르시아전쟁 때 그리스 아티카 북동해안의 마라톤 평야에서 밀티아데스가 이끄는 그리스군 중장보병이 페르시아군을 크게 무찌른 전투. 페르시아 다리우스 대왕의 군대가 마라톤에 상륙하자 밀티아데스가 이끄는 1만 명의 중장보병부대가 이에 맞섰다. 이 전투의 승리로 그리스 중장보병의 위력이 입증되었다. 일단 물러난 페르시아군은 다시 바다에서 아테네시를 공격하려 하였으나 아테네군이 육로를 통해 이미 복귀한 사실을 알고 본국으로 철수하였다. 이 전투로 페르시아군은 6,400명을 잃었으나 그리스군 전사자는 192명에 그쳤다고 한다. 이 전투에서 그리스의 청년 페이디피데스가 승전보를 알리기 위해 마라톤 평양에서 아테네까지 약 42킬로미터를 달려 승리소식을 전하고 숨을 거두었다는 일화에서 마라톤 경주가 유래하였다고 한다.

마르실리우스(Marsilius 1280?~1343)

중세 유럽에서 세속권력의 정치사상을 세운 이탈리아 출신의 사상가. 파도바 출신으로 파도바 대학과 파리 대학에서 법학, 철학, 신학, 의학 등을 배웠다. 이후 파리에서 의사로 일하다가 1313년 파리대학 총장이 되었다. 1324년에 교황권을 축소하고 교회의 정치개입을 배제하고 세속정부를 확립하려는 취지로 《평화 옹호자론》을 저술하였다. 이 때문에 1327년 파문당하고 교황과 대립하던 독일 황제 루트비히 4세에게로 망명하였다. 이후 황제의 측근으로 반교황투쟁과 이탈리아 원정에 기여하였다. 마르실리우스의 반교황, 세속정부론은 유럽 정치사상의 발전에 큰 영향을 미쳤다.

마르코니(Marconi, Guglielmo, 1874~1937)

무선전신(無線電信)을 발명한 이탈리아의 발명가. 볼로냐 출신으로 리보르노 공과대학을 다녔다. 1895년 헤르츠의 전자파를 사용한 무선전신을 발명하였고 1897년에 런던 마르코니 무선전신사를 설립하여 도버해협에서 영국, 프랑스 사이의 무선통신에 성공하였다. 이어 1901년에 영국과 캐나다 사이에 대서양 횡단 무선 통신에 성공하였다. 이후 무선통신은 선박 등에서 널리 사용되기 시작했다. 무선 통신 외에도 수평지향성 안테나 등 많은 발명을 하였으며 1909년 노벨 물리학상을 받았다. 1919년 파리 평화회의에 이탈리아 전권대표로 참가했으며 1929년 후작이 되었다.

마르코스(Marcos, Ferdinand E, 1917~1989)

필리핀의 정치가. 마닐라 출신으로 필리핀 대학에서 법학을 공부하였다. 태평양전쟁 당시 바탄에서 일본군 포로가 되었다가 탈출하여 게릴라를 조직하여 대장으로 활약하였다. 1949년 자유당 소속으로 하원의원에 당선되고

1959년 상원의원이 되고 자유당 총재가 되었으며 1963년에 상원의장이 되었다. 1965년 국민당으로 이적하여 대통령에 당선되었다. 이후 21년간 대통령으로 독재정치를 하였다. 1986년 아키노 상원의원 암살과 부정선거로 인해 군 일부마저 등을 돌리고 봉기하자 하와이로 망명하였다.

마르코 폴로(Marco Polo, 1254~1324)

베네치아에서 쿠빌라이 칸 치하의 중국까지 여행한 이탈리아의 상인. 1271년 동방무역상인 아버지 니콜로와 숙부 마테오를 따라 베네치아를 출발하여 중국으로 향했다. 소아시아와 페르시아를 거쳐 톈산남로(天山南路)를 따라 파미르 고원, 타림 분지, 타클라마칸 사막을 경유하여 쿠빌라이의 여름 궁전이 있는 상도(上都)에 도착했다. 이후 17년 간 원나라에 머물면서 쿠빌라이의 신하로서 중국 각지를 여행했다. 이후 일 한국으로 시집가는 원나라 공주 코카친을 안내하는 역할을 맡아 푸젠성(福建省) 취안저우(泉州)에서 출발하였다. 이후 동남아를 거쳐 인도양을 항해하여 이란의 호르뮤즈에 도착한 다음 그곳에서 베네치아로 돌아왔다. 귀국한 후 마르코 폴로는 베네치아와 제노바의 전쟁에 참가했다가 포로가 되었다. 옥중에서 동방에서 겪은 일을 구술한 것을 이야기 작가 루스티켈로가 기록하여 《동방견문록(東方見聞錄)》을 출판하였다. 《동방견문록》에는 13세기 중동, 중앙아시아, 중국의 지리와 역사, 민속 등이 실려 있으며 아시아를 보는 유럽인의 시각에 큰 영향을 미쳤다.

마르쿠스 아우렐리우스(Marcus Aurelius, 121~180)

로마 오현제(五賢帝)의 한 사람이며 스토아 철학자이기도 했던 로마제국의 황제(161~180). 안토니누스 피우스 황제의 양자로 161년에 로마 황제로 즉위하였다. 즉위한 후에는 제국의 변경을 침범하는 메소포타미아의 파르티아인, 도나우 강변의 마르코만니, 쿠아디, 야치게스 족 등과 싸워야 했으며 결국 도나우 강변의 진중에서 병으로 죽었다. 이와 같이 전쟁을 지휘하는 중에 스토아 철학자로서 《명상록》을 집필하였다. 아우렐리우스의 철학은 스토아 철학자 에픽테토스의 영향을 받았으며 인간의 영혼은 세계영혼의 한 부분이라고 간주하였다.

마르크스(Marx, Karl Heinrich, 1818~1883)

마르크스주의의 창시자인 독일 출신의 경제학자, 사회주의 운동가. 라인주 트리어에서 유대인 변호사의 아들로 태어났다. 1835년 본 대학에 입학하였다가 다시 1836년 베를린 대학에 입학하여 법학, 역사, 철학 등을 공부하였다. 베를린에서 헤겔 철학파의 좌파인 청년헤겔파에 속하게 되었다. 1841년 예나 대학에서 철학으로 박사학위를 받고 1842년 〈라인신문〉의 편집장이 되었다.

▶ 마르크스

〈라인신문〉이 폐간되자 파리로 가서 〈독불년지(獨佛年誌)〉를 발행하였다. 파리에서 프랑스 사회주의를 연구하고 1847년 런던에서 결성된 공산주의 자동맹에 가입하면서 엥겔스와 함께 동맹의 강령인 《공산당 선언》을 집필하였다. 1848년 유럽에 프랑스 2월 혁명의 여파로 혁명적 기운이 높아지자 각지에서 혁명운동에 참여했다가 실패하고 런던으로 망명하였다. 이후 대영박물관 도서관에서 경제학을 공부하면서 《경제학 비판》, 《자본론 제1부》(1867) 등을 출판하였다. 마르크스의 사상은 헤겔 변증법과 포이에르바하의 유물론, 프랑스 사회주의, 영국 고전파 경제학 등의 영향을 받았다.
마르크스는 이러한 사상을 자기식으로 적용하여 철학분야에서는 변증법적 유물론, 역사관에서는 사적 유물론(史的唯物論), 경제학 분야에서는 사적유물론을 적용한 정치경제학(政治經濟學)의 체계를 만들었다. 마르크스 사상은 프랑스 혁명 이후에 등장한 여러 종류의 사회주의 사상을 이론적으로 다듬은 것으로 이후 유럽 사회주의, 공산주의 운동의 이념적 토대가 되었다.

마리 앙투아네트(Marie Antoinette, 1755~1793)

프랑스 혁명기에 루이 16세와 함께 처형된 왕비. 오스트리아의 여왕 마리아 테레지아의 딸이다. 1770년 프랑스와 오스트리아 사이의 정략결혼으로 1774년 프랑스 왕비가 되었다. 외국 출신으로 사치스런 생활을 한다는 소문으로 대중의 불만을 샀다. 프랑스 혁명이 일어나자 베르사유에서 파리로 거처를 옮겨야 했으며 가족과 함께 탈출을 시도했다가 실패하고 1792년 8월 10일의 시민봉기로 탕플탑에 유폐되었다. 이후 국민공회에서 국고를 낭비한 죄와 오빠인 오스트리아 황제 레오폴트 2세를 통해 무력간섭으로 혁명을 타도하려 했다는 혐으로 유죄판결을 받아 1793년 남편 루이 16세와 함께 단두대에서 처형되었다.

마리우스(Marius, Gaius, BC 156~86)

로마 공화정 말기의 군인통치시대를 연 장군이자 정치가. 아르피눔 출신으로

7차례에 걸쳐 집정관을 지냈다. BC 107년에 아프리카로 원정을 가서 누미디아의 유구르타와의 전쟁에서 승리하였다. 이때부터 로마의 전통적 자영농-중장보병 제도를 개혁하여 군 입대 자격이 없는 빈민들을 모아 복무케하고 제대할 때 토지를 주는 직업군인제도를 만들었다. 이렇게 형성된 직업군대는 지휘관의 사병이 되었으며 정치적 영향력의 원천이 되었다. 이후 BC 102년과 101년에 게르만의 튜톤족과 캄브리족의 침입을 저지하였다. BC 101년에 호민관 사투르니누스와 동맹하여 집정관이 되었다가 선동정치를 하던 사투르니누스가 봉기를 일으키자 이를 진압하였다. BC 88년에 로마가 소아시아의 미트리다테스왕과 전쟁을

마리우스

벌이게 되자 군 지휘권을 놓고 술라와 대결하여 한 때 아프리카로 피신했다가 술라가 동방으로 출정한 사이 이탈리아로 돌아와 로마에서 술라파를 학살하고 7번째로 집정관이 되었다가 곧 병으로 사망했다. 마리우스가 죽은 후 술라가 로마로 돌아와 독재관이 되어 무력통치를 실시하였다.

마셜 플랜(Marshall Plan)

제2차 세계대전이 끝난 후 미국이 주도한 유럽부흥계획. 트루먼 행정부의 국무장관 G.C. 마셜이 1947년 6월 하버드 대학교 강연에서 제안하여 마셜 플랜으로 불린다. 1948년 4월 트루먼 대통령이 실시하여 서유럽 16개국이 원조를 받아들였다. 제1차년도에 53억 달러를 투입하였으며 1915년 말까지 114억 달러를 투입하여 제2차 세계대전 이전의 공업 수준을 30% 이상 넘어서는 성과를 거두었다. 미국은 당시 소련과의 냉전 구도에서 서유럽 국가에 공산주의가 침투하는 것을 저지하고 미국의 잉여생산품과 과잉자본의 배출구로서 유럽에 경제원조를 실시하였으며 소기의 성과를 거두었다.

마스트리히트 조약(Treaty of Maastricht, 1991)

유럽공동체(EC)에서 정치, 경제 통합을 지향하는 유럽연합(EU)으로 발전하기 위한 계기가 된 조약. 1991년 12월 10일 네덜란드 마스트리히트에서 유럽공동체 국가 정상들 사이에 합의되어 1992년 2월 7일 유럽공동체 외무장관 회의에서 정식으로 조인되었다. 이후 각국의 비준을 거쳐 1993년 11월에 발효되었다. 조약의 내용은 유럽중앙은행 창설, 단일통화 유로(Euro)사용을 위한 경제통화 동맹 및 공동방위정책, 유럽시민권 도입, 사회산업 정책의 단일

화 등이다. 이밖에 회원국 간의 경제격차를 해소하기 위한 기금조성과 유럽 의회의 권한 강화 등을 규정하였다.

마야 문명(Maya Civilization)

고대 아메리카 대륙에서 멕시코와 과테말라 지역을 중심으로 번성했던 원주민 문화. 원래 마야족은 주로 옥수수, 콩, 호박을 경작하는 농경민족으로 6세기경까지 온두라스와 과테말라 지역에 도시국가를 이루어 거주하였다. 이후 8~10세기 무렵에 유카탄 반도 북부로 이주하여 우즈말, 치첸 잇사, 파야판 등의 도시국가를 건설하였다. 이후 북쪽 멕시코 계곡에서 툴테크족이 침입하여 13세기 초에 마야를 점령하였다. 마야족은 귀족에 의한 신권정치체제를 가졌으며 씨족단위로 토지를 공유하여 농경생활을 하였다. 거대한 석조건물과 피라미드 신전을 세우고 금 · 구리 세공품을 만들었으며 상형문자를 사용하였다. 특히 천문, 역학이 발달하여 태양력과 간지력(干支曆)을 사용하였다. 청동기는 사용되지 않았으나 금 · 은 제품은 널리 사용하였다. 마야문명은 1532년 에스파냐인의 침략으로 파괴되었다.

마오리인(Maori)

유럽인이 뉴질랜드에 도착하기 전에 거주하던 원주민. 마오리인은 폴리네시아의 해양 종족으로 14세기 무렵에 동부 폴리네시아 지역에서 이주해 온 것으로 보인다. 이후 1769년에 영국의 쿡 선장이 뉴질랜드에 도착하기 전까지 독자적인 문화를 발전시켰다. 마오리인은 주로 고구마, 타로, 얌 등의 작물을 원시적인 농경법으로 경작하였으며 대가족 단위 친족집단으로 토지소유를 하였으며 사회신분과 분업이 존재하였다. 나무와 돌을 이용한 공예 및 조각작품이 발달하여 화려하게 장식한 부족의 집회소가 유명하다. 종교는 다신교이며 많은 터부를 가진 봉건적 사회를 이루었다. 오늘날에는 뉴질랜드 사회에 적응하여 4/5가 도시에 거주하며 현재 마오리인은 뉴질랜드 인구의 8.8%를 구성하고 있다.

마오쩌둥(毛澤東, 1893~1976)

중국 공산당의 지도자. 후난성(湖南省) 샹탄현(湘潭縣) 사오산(韶山) 출신으로 농민의 아들로 농사일을 하다가 사범학교를 졸업하였다. 1918년 베이징으로 가서 베이징대학 도서관 주임인 리다자오(李大釗)의 조교로 일하면서 마르크스주의를 접하게 되었다. 1922년 7월 중국공산당 창립대회에 참가하였고 1924년에 공산당 중앙위원이 되었다. 1927년 제1차 국공합작이 깨어지자 농민군을 이끌고 징강산(井岡山)에 들어가 근거지로 삼고 주더(朱德)의 군대와 합류하였다. 이후 1931년 장시성(江西省) 루이진(瑞金)의 중화 소비에트정부

중앙집행위원회 주석이 되었다. 1934년 국
민당군의 계속된 압박을 피하기 위해 루이
진을 벗어나 산시성(陝西省) 옌안(延安)까
지 이르는 장정(長征)을 감행하였다. 마오
쩌둥은 장정을 이끄는 과정에서 공산당의
지도권을 장악하였다. 제2차 국공합작이
성사되자 홍군을 8로군(八路軍)으로 개편
하여 항일투쟁에 나섰다. 태평양전쟁이 끝
나자 1945년 장제스와 일시 화평을 맺었다
가 1946~1948년에 걸쳐 내전을 치른 끝에
중화인민공화국을 수립하였다. 이후 국가
주석, 국방위 주석을 겸임하다가 대약진

▶ 마오쩌둥

운동이 실패로 돌아가자 1959년 국가주석직을 사임하고 당 주석직만 유지하
였다. 이후 1964년까지 류샤오치(劉少奇) 등에게 권력을 넘겨주었다가 1966
년 문화대혁명이 일어나면서 1968년 류사오치 일파를 숙청하고 국가 주석으
로 복귀하였다.

마우리아왕조(Maurya Dynasty, BC 317~180)

인도 최초로 통일제국을 세운 왕조. 마우리아라는 이름은 '공작(孔雀)'을 뜻
한다고 한다. BC 317년에 찬드라굽타가 마가다국의 난다왕조를 무너뜨리고
마가다국을 정복하였다. 이후 찬드라굽타는 카우틸랴를 재상으로 기용하여
갠지스강을 중심으로 뱅골 지방에서 아라비아해에 이르는 통일제국의 터전을
만들었다. 찬드라 굽타의 손자 아소카 왕 때에는 동남쪽의 칼링가 지방을 포
함하는 대제국을 이루어 마우리아왕조의 전성기를 누렸다. 아소카 왕은 불교
를 적극적으로 장려하여 인도 뿐 아니라 외국에도 불교를 널리 전도하였다.
아소카 왕시대에는 제국의 광대한 영토를 '자아나파다'라는 행정구역으로 나
누고 태수를 파견하여 통치하였으며 여기에 불교를 통치이념으로 삼아 중앙
집권적 고대제국을 완성하려 하였다. 그러나 아소카 왕 사후 마우리아왕조는
쇠퇴하여 BC 180년에 멸망하였다.

마이어(Mayer, Julius Robert von, 1814~1878)

에너지 보존의 법칙을 발견한 독일의 물리학자, 의사. 하일브론 출신으로 튀
빙겐 대학에서 의학을 공부하여 의사로 개업하였다. 그 후 동인도회사에 소
속된 의사로 자바로 가는 배에 승선했다가 열대지방에서 겪은 체험을 통해
에너지 보존의 법칙을 발견하였다. 1842년 에너지 본존의 법칙에 대한 논문
을 발표하였다. 마이어가 발견한 에너지 보존의 법칙은 다윈의 진화론과 함

께 19세기 세계관의 변화를 이끌었다. 대표작으로 〈힘의 양적 · 질적 규정에 관하여〉(1841), 〈무생물계에서의 힘의 고찰〉(1842), 〈생물운동 및 물질대사〉(1845), 〈태양빛과 열의 발생〉(1846), 〈천체의 역학에 관한 기여〉(1848), 〈열역학〉(1867) 등이 있다.

마자랭(Mazarin, Jules, 1602~1661)

▶ 마자랭

프랑스 절대주의 형성에 기여한 명재상(名宰相). 이탈리아 페스치나 출신으로 1634년 로마 교황의 사절로 파리에 갔다가 루이 13세의 재상 리슐리외에게 발탁되어 1639년 프랑스에 귀화하였다. 리슐리외에 의해 추기경이 되었으며 리슐리외와 루이 13세가 죽은 뒤 어린 루이 14세가 즉위하여 모후 안 도트리슈가 섭정이 되고 마자랭이 재상으로 임명되었다. 재상으로서 국외적으로는 베스트팔렌 조약으로 알사스를 얻었고 독일의 분열을 지속시켜 약체화시키고 피레네 조약으로 에스파냐와 합스부르크 왕가를 견제하였다. 국내적으로는 고등법원과 대귀족에 맞서 절대왕정을 수립하기 위해 노력하였다. 이 때문에 프롱드의 난이 일어나 두 차례나 국외로 망명하기도 했다. 문화적으로도 음악, 미술 등을 장려하였다.

마자르인(Magyars)

오늘날 헝가리의 주류민족이며 우랄어족 핀우고르어파에 속하는 마자르어를 사용하는 민족. 원래 우랄 산맥 서남쪽 볼가강 중류 유역에 거주하다가 5세기경 동방으로부터 온 세력에 밀려 이동한 것으로 보인다. 이후 여러 곳에서 거주와 이동을 계속하다가 895년 카르파티아 산맥을 넘어 현재의 헝가리 땅으로 들어왔다. 그 후 다시 비잔틴제국과 독일 지역으로 진입하려다 하인리히 1세, 오토 1세 등의 반격을 받아 좌절되었으며 점차 기독교를 받아들여 정주생활을 하게 되었다. 마자르인은 원래 목축을 하였으나 이동하는 과정에서 농경생활을 접하게 되었으며 인종적으로는 투르크, 타타르, 슬라브, 게르만 등 여러 종족의 혼혈이다.

마젤란(Magellan, Ferdinand, 1480~1521)

최초로 세계일주 항해에 성공한 포르투갈의 항해자. 포르투갈령 인도 총독의 부하로 동남아에서 근무하였고 아프리카 인도 항로에서도 일하였다. 이후 1517년 포르투갈을 떠나 에스파냐로 갔다. 이후 1519년 국왕 카를로스 1세의 승인을 얻어 유럽에서 서쪽으로 항해해서 몰루카제도에 이를 계획으로 선박 5척을 이끌고 세비야에서 출발하였다. 대서양을 지나 남아메리카 동해안을 따라 내려가 해협을 빠져나와 대양에 이르자 이곳을 마젤란 해협과 태평양으로 명명하였다. 이곳에서 3척으로 줄은 함대를 이끌고 3개월 간 태평양을 항해하여 1521년 괌 섬에 도착하였다. 이후 필리핀 군도에 도착하였으나 그곳에서 원주민과 전투 중에 사망하였다. 마젤란의 함대 중에서 1척 만이 1522년 세비야로 귀향하였다. 마젤란의 항해를 통해 지구가 둥글다는 것과 아메리카와 아시아가 연결되지 않은 별개의 대륙이라는 점이 분명해졌다.

마지노선(Maginot Line)

제1차 세계대전 후에 프랑스가 독일의 침입을 막기 위해 벨기에 국경에서 스위스 국경까지 설치한 방어진지. 마지노선은 길이 750킬로미터에 1927년부터 1936년까지 160억 프랑의 공사비를 들여 만들었으며 당시의 육군 장관 마지노의 이름을 따 마지노선이라 명명하였다. 프랑스는 라인란트 주둔군을 철수시킨 후 지하요새와 대전차 방어시설을 갖춘 마지노선을 만들어 독일의 침략위협에 대비하였다. 이에 맞서 독일도 지크프리트선을 구축하여 대응하였다. 1940년 독일이 프랑스를 침공하자 마지노선은 벨기에쪽 측면이 돌파당하고 공중공격에 취약한 면을 보여 곧 함락되었다.

마치니(Mazzini, Giuseppe, 1805~1872)

청년 이탈리아당을 결성하여 이탈리아 통일을 위해 노력한 혁명가. 제노바 출신으로 제노바 대학을 졸업하고 변호사가 되었다. 오스트리아로부터 이탈리아의 독립과 통일을 위해 1827년 카르보나리당에 가입하였다. 1830년 반란기도죄로 체포되었다가 석방되어 마르세유로 망명하였다. 이후 비밀결사 위주의 카르보나리당 대신 일반민중에 의한 혁명운동을 일으키고자 1831년 청년이탈리아당을 결성하였다. 청년이탈리아당은 자유, 독립, 통일을 표방하고 이탈리아를 공화정으로 통일하려 시도하였다. 이후 동지 3,000명을 이끌고 사보이로 진입하려다 실패하고 스위스로 갔다. 1834년 스위스에서 청

▶ 마치니

년유럽당을 결성하다 1837년 다시 런던으로 망명하였다. 1848년 밀라노 독립운동에 참가하였고 1849년 로마공화국 정부의 삼두정치의 한 사람이 되었다가 100일 만에 실패하자 다시 런던으로 돌아갔다. 이후 이탈리아 통일운동이 점차 카부르가 이끄는 사르데냐왕국 중심으로 되면서 공화정을 지향한 마치니의 영향력은 줄어들었으나 저작활동 등을 통하여 계속 독립과 통일을 위해 노력하였다.

마카오(Macao, 澳門)

포르투갈인들이 정착하여 중국 진출 기지로 삼은 광둥성 주장강(珠江) 삼각주 남단의 반도에 위치한 도시. 1553년 포르투갈인들이 중국관리들에게 뇌물을 주고 거주권을 얻은 이래 포루투갈의 아시아 진출의 거점이 되었다. 1841년 영국이 중국으로부터 홍콩을 얻기 전까지 중국에 진출한 유럽세력의 유일한 창구역할을 하였다. 마카오를 통하여 유럽의 종교, 과학, 기술 등이 중국으로 전해졌고 외교창구 역할을 하였다. 1887년에 청나라와 포르투갈이 조약을 맺어 마카오는 포르투갈 식민지가 되었다. 1986년 베이징에서 마카오 반환협정이 체결되어 1999년 12월 20일 중국이 마카오에 대한 주권을 회복하였으며 이후 마카오는 홍콩에 이어 두 번째로 중국의 특별행정구가 되었다.

마케도니아(Macedonia)

그리스 반도 동북부, 발칸 반도 중부에 위치한 지역. 신석기시대부터 인류가 살았고 청동기시대부터 통일된 문화가 형성되었으마 그리스 미케네 문명과는 큰 교류가 없었다. 원주민은 일리리아 트라키아인으로 BC 1100년경 북방에서 침입한 도리아인이 마케도니아를 장악하였다. BC 5세기에 일어난 페르시아전쟁에서는 페르시아측에 가담하였으며 펠로폰네소스전쟁 때는 스파르타에 가담하였다. 이후 BC 359년 필립포스 2세 때 국력이 커져 그리스를 지배하게 되었다. 그의 아들 알렉산더 대왕 때 헬레니즘 세계를 지배하는 대제국으로 발전하였다. 그러나 알렉산더 사후 제국은 붕괴하고 BC 2세기부터 로마의 속주가 되었다가 4세기부터 비잔틴제국의 속주가 되었다. 이후 슬라브족이 진출하여 불가리아와 세르비아왕국을 세웠으며 14세기 말부터 오스만투르크의 지배를 받았다. 이와 같이 여러 민족과 종교가 뒤섞이면서 발칸 문제는 점점 복잡해졌다. 1912년에 일어난 발칸전쟁으로 마케도니아는 오스만투르크로부터 해방되었으나 그리스, 세르비아, 불가리아 3국으로 분열되었다. 이후에도 국경분쟁과 민족분쟁이 계속되고 있다.

마키아벨리(Machiavelli, Niccolo di Bernardo dei, 1469~1527)

르네상스시대 이탈리아의 정치사상가, 역사학자. 피렌체 출신으로 메디치가가 몰락하고 공화정부가 들어서자 1498년부터 고위직에 올랐으며 외교사절로도 활동하였다. 1512년 메디치가가 다시 피렌체를 장악하자 관직에서 물러나 독서와 저술에 전념하였다. 대표작으로 《로마사론》(1531), 《군주론》(1532), 《전술론》(1521), 《피렌체사》(1532) 등이 있으며 희곡작품으로 〈만드라골라〉(1524)가 있다. 마키아벨리의 정치사상은 중세질서가 무너지는 르네상스시대를 배경으로 안팎으로 내전과 외침에 시달리는 이탈리아가 통일되기 위해서는 정치를 도덕과 분리하여 강력한 통치를 펼칠 군주를 필요로 한다는 것이었다. 마키아벨리의 사상은 근대 정치사상의 출발점이 되었다. 오늘날에는 마키아벨리즘이 권모술수에 의한 통치로 알려져 있으나 마키아벨리의 실제 의도와는 다른 것이다.

마테오리치(Matteo Ricci, 1552~1610)

중국에서 선교활동을 하면서 유럽의 과학기술을 전한 이탈리아인 예수회 선교사. 중국 이름은 이마두(利瑪竇)이다. 1571년 예수회에 가입하여 1578년 인도 고아에 도착하고 1582년에 마카오에 도착하였다. 다음 해 광둥, 난징을 거쳐 1601년 베이징에 도착했다. 이후 베이징에서 교회당을 세우고 포교활동을 했다. 마테오리치는 기독교의 중국 전도 대상을 지식인층으로 정하고 유럽의 학문을 중국에 소개하여 관심을 끌고자 했다. 이탈리아에서 유행한 암기법(暗記法)을 소개하고 유클리드의 《기하학 원본》을 번역하고 세계지도인 〈곤여만국전도(坤興萬國全圖)〉를 제작하였으며 기독교를 소개한 《천주실의(天主實義)》를 지었다. 이와 같은 학술활동으로 서광계(徐光啓), 이지조(李之藻) 등의 고위관료와 지식인들을 개종시킬 수 있었다.

마티스(Matisse, Henri, 1869~1954)

독특한 색채를 구사하여 20세기의 대표적 화가로 불리는 프랑스의 화가. 북프랑스 카토 출신으로 파리에서 모로에게 미술을 배우면서 루오, 마르케, 피사로, 세잔, 드랭, 블라맹크, 쇠라 등과 교류하였다. 1904년부터 생트로페에 머물면서 드랭, 블라맹크 등과 함께 강렬한 색채를 사용하는 야수파(포비즘) 운동을 시작하였다. 야수파 운동은 20세기 미술사에 큰 영향을 미쳤다. 이후 형체를 단순화하고 보색관계를 이용하여 신선한 색채를 깨끗한 느낌의 화풍으로 독자적인 영역을 만들었다. 대표작으로 〈독서하는 여인〉, 〈목련꽃을 든 오달리스크〉 등이 있다.

마하바라타(Mahabharata)

〈라마야나〉와 함께 산스크리트어로 쓰여진 고대 인도의 2대 서사시의 하나. 전부 18편에 10만 수가 넘는 시로 이루어져 있다. 〈마하바라타〉는 바라타족의 전쟁을 노래한 대서사시란 뜻이다. 줄거리는 바라타족에 속한 쿠르족과 반두족의 불화로 18일간의 큰 싸움이 벌어져 반두족이 승리한다는 것이지만 여기에 수 많은 설화, 신화, 전설이 삽입되어 있다. 힌두교의 3대 경전 중 하나인 바가바드기타도 포함되어 있다. 비야사가 편찬하였다고 전해지나 한 사람의 작품이 아니라 민족 서사시로 구전되어 오다가 4세기경에 현재와 같은 형태를 갖춘 것으로 보인다. 〈마하바라타〉는 산스크리트어 뿐 아니라 드라비다어를 비롯한 인도의 여러 방언으로 번역되어 인도인의 정신문화에 큰 영향을 미쳤다. 또한 동남아 각국에 전해져 각국어로 번역되고 공연되었다.

마호메트(Mahomet, 570?~632)

이슬람교의 창시자. 아라비아 반도의 상업도시 메카의 명문 쿠라이시 부족 출신이다. 아버지가 일찍 사망하여 어렵게 자랐으며 젊은 시절 대상을 따라 시리아 등지로 여행하였다. 595년 15년 연상의 미망인 하디자와 결혼하였다. 이후 상인으로 대상에 참가하여 각지를 여행하면서 유대교나 기독교의 교리를 접하였던 것으로 보인다. 610년 40세가 되었을 때 메카 교외의 히라산에서 명상하던 중 알라의 계시를 받았다고 한다. 이후 예언자로서 포교를 시작하였다. 마호메트는 아라비아 반도에서 이전까지 숭배되던 우상숭배와 다신교를 부정하고 유일신 알라 앞에 모든 인간이 평등하다고 설교하였다. 마호메트의 이러한 주장은 종교적일 뿐 아니라 사회개혁적인 것이었기 때문에 메

카 지배층으로부터 탄압을 받게 되었다. 이 때문에 마호메트는 622년 신도들과 메카를 탈출하여 야스리브(훗날의 메디나)로 탈출하였다. 이를 헤지라(聖遷)라고 하며 이슬람력(曆)의 기원이 된다. 마호메트는 메디나에서 이슬람세력을 키우며 메카측과 몇 차례 전투를 벌이다 마침내 630년에 메카에 입성하였다. 이후 마호메트는 2년 후 메디나에서 사망했으나 그가 창시한 이슬람교와 이슬람제국은 중동, 아프리카, 아시아, 유럽 등 세계각지로 전파되면서 세계사적인 변화를 가져왔다. 알라의 예언자로서 마호메트가 한 계시와 설교는 《코란》에 기록되어 전해진다.

▶ 마호메트

막사이사이(Magsaysay, Ramon, 1907~1957)

필리핀의 정치인. 서부 루손의 삼바레이스주 출신이다. 농민의 아들로 태어나 1932년 필리핀 대학을 졸업하였다. 태평양전쟁 중에 서부 루손섬의 항일 게릴라를 이끌었다. 전쟁이 끝나자 1946년 자유당 소속 하원의원으로 정계에 진출하였다. 1950년에 국방장관이 되어 공산주의 게릴라인 '후크발라하프(후크團)' 을 진압하여 명성을 떨쳤다. 1953년 국민당 소속으로 대통령에 당선되어 친미반공 정책을 펼쳤다. 1957년 세부섬에서 돌아오는 길에 비행기 추락 사고로 사망하였다. 이후 막사이사이의 업적을 기리기 위한 막사이사이 재단이 설립되어 막사이사이상을 제정하였다.

만(Mann, Thomas, 1875~1955)

독일의 작가. 뤼베크의 부유한 상인 집안 출신이다. 아버지가 사망한 후 집안이 몰락하여 가족 모두 뮌헨으로 이사하였다. 만은 보험회사 견습사원으로 일하면서 뮌헨대학에서 문학, 미술사 강의를 들었다. 1901년 부유한 상인 가문의 몰락을 그린 장편소설 《부덴부르크가의 사람들》을 발표하여 세계적인 명성을 얻었다. 이어 독일 제국주의시대 지식인의 내면을 다룬 《토니오 크뢰거》(1903), 단편 〈베네치아에서의 죽음〉(1912), 〈마의 산〉(1924) 등을 발표하면서 새로운 휴머니즘과 세계시민사상을 역설하였다. 1929년에 노벨 문학상

▶ 토마스 만

을 받았으며 히틀러가 집권하자 스위스와 미국 등지에서 망명생활을 하면서 저술과 강연 등 반나치 활동을 했다. 전쟁이 끝난 후 〈파우스트 박사〉(1947), 〈선택받은 사람들〉(1951) 등을 발표했으며 1952년 스위스로 돌아와 그곳에서 죽었다. 만은 소설 외에 많은 평론과 수필을 남겼으며 그의 작품은 20세기 독일 문학의 최고봉으로 평가받고 있다.

만델라(Mandela, Nelson Rolihlahla, 1918~)

남아프리카 공화국의 인권운동가, 정치인. 템부족 족장의 아들로 태어나 포트헤어대를 거쳐 위트워터스 랜드 대학을 졸업하였다. 1944년 아프리카 민족회의(ANC)를 창설하고 1952년에 요하네스버그에서 법률상담소를 열고 아파르트헤이트(인종분리) 반대운동에 나섰다. 1960년 샤프빌 학살을 계기로 무

장투쟁에 나섰다가 1964년 종신형에 처해졌다. 이후 1990년까지 27년을 복역하면서 인종차별과 인권운동의 상징이 되었다. 석방 후 ANC 의장으로 드 클레르크 정부와 협상을 통해 인종문제를 해결하고자 노력하였다. 1993년 드 클레르크와 공동으로 노벨상을 수상하였으며 1994년에 남아프리카 공화국 최초의 흑인 대통령으로 선출되었다. 자서전 《자유를 향한 머나먼 여정》 (1995)이 있다.

만리장성(萬里長城)

중국의 역대왕조가 북방민족의 침입을 막기 위해 세운 성벽. 길이가 2,700킬로미터에 이른다. 장성이라고도 한다. 전국시대 흉노의 침입을 막기 위해 세우기 시작했으며 진(秦)나라의 시황제가 기존의 성벽을 연결하여 랴오둥(遼東)에서 린타오(臨洮)까지 장성을 구축하였다. 이후 한(漢)나라의 무제(武帝)가 장성을 서쪽으로 연장시켜 돈황의 위먼관(玉門關)까지 늘렸다. 이후 수나라 때 북방민족의 침입으로 장성은 현재 위치로 물러났으며 명나라 때 몽고의 침입을 막기 위해 동쪽의 산해관(山海關)에서 서쪽의 가욕관(嘉?關)까지 확대하여 오늘날까지 남아있다.

만민법(萬民法, Ius Gentium)

고대 로마제국에서 모든 자유민에게 적용된 법. 원래 로마에는 시민에게 적용되는 시민법과 시민 이외의 사람에게 적용되는 만민법이 있었다. 시민법이 일종의 특별법이라면 만민법은 보통법에 해당하였다. 로마의 영토가 외국으로 확대되면서 만민법의 중요성이 커지게 되었다. 로마제정에 이르러 모든 자유민에게 시민권이 부여되자 시민법과 만민법의 구분이 사라지게 되었으며 만민법은 키케로 등에 의해 자연법(自然法)과 결부되어 자연법사상에 포함되었다.

만엽집(萬葉集)

고대 일본에서 가장 오래된 가집(歌集). 630년에서 760년 사이에 와카(和歌) 4,500수를 모두 20권에 걸쳐 수록하였다. 나라(奈良)시대 중국문화가 유행하던 시기에 그 영향을 받은 작품들이 많다. 《만엽집》을 편찬한 사람이나 시대는 정확하지 않으며 표기는 만요오 가나(萬葉假名)을 사용하였다. 대표적인 가인으로는 누카다노 오키미(額田王) 가키노모토노 히토마로(柿本人麻呂), 야마노우에노 오쿠라(山上憶良), 오토모노 야카모치(大伴家持) 등이 있다. 《만엽집》은 시기적으로도 오래된 가집일 뿐 아니라 고대 일본의 문학, 사상, 생활상을 연구하는 데 매우 귀중한 자료이다.

만주국(滿洲國, 1932~1945)

1931년 일본 관동군(關東軍)이 만주사변(滿洲事變)을 일으킨 후 만주에 세운 괴뢰국가. 일본은 청나라의 마지막 황제인 선통제(宣統帝) 푸이(溥儀)를 집정(執政)으로 추대하여 신경(新京 : 지금의 長春)을 수도로 삼아 1932년에 만주국을 수립하였다. 원래 연호는 대동(大同)이었으나 이후 1934년에 제정(帝政)으로 바꾸면서 연호를 강덕(康德)으로 고쳤다. 만주국은 일본·조선·만주·몽골·중국의 오족협화(五族協和)와 왕도낙토(王道樂土)를 표방하였다. 그러나 실제로는 일본의 군사기지로 관동군 사령관이 주만대사(駐滿大使)를 겸하면서 관동군의 무단정치를 시행하였다. 경제면에서는 일본이 만주철도를 장악하고 일본인의 농업이민을 장려하였으며 통제경제 하에서 닛산(日産) 콘체른이 진출하여 개발 및 군수산업을 독점하였다. 1945년 8월 소련이 만주를 침공하자 만주국은 붕괴하고 일본으로 달아나려던 푸이는 소련군에 체포되었다.

만주사변(滿洲事變, 1931)

1931년 9월 18일 만주 봉천(奉天 : 瀋陽) 외곽의 류탸오거우(柳條溝事件)에서 발생한 만주철도 폭파사건을 계기로 일어난 일본 관동군의 만주침략. 일본은 중국의 국권회복운동과, 세계공황으로 인한 경제위기, 소련의 5개년 개획의 성공 등에 위기감을 느껴 관동군 참모 이타가키 세이시로(板垣征四郎) 대좌 등이 중심이 되어 만주를 무력으로 점령할 계획을 세웠다. 이를 위해 철도 폭파사건을 일으키고 이를 구실로 군사행동에 나서 만주 전역을 점령하였다. 이에 중국정부가 국제연맹에 제소하니 국제연맹은 리튼 조사단을 파견하여 조사에 나섰다. 리튼 조사단의 보고에 따라 국제연맹은 일본이 만주에서 철수할 것을 권고했으나 일본은 오히려 1933년 국제연맹을 탈퇴하였다. 이후 일본은 정당정치에서 파시즘 체제로 전환하고 중일전쟁과 태평양전쟁으로 이어지는 침략행위를 계속하였다.

만주족(滿洲族)

중국 동북부 만주지역에 사는 퉁구스계의 민족. 주로 산림지대에 살았으며 역사적으로 숙신(肅愼)·읍루(挹婁)·물길(勿吉)·말갈(靺鞨)·여진(女眞) 등의 이름으로 알려졌다. 원래 북만주에는 읍루 민족이 거주하였는데 5세기에 이르러 물길이 등장하여 몇 개의 부족으로 나뉘면서 말갈이라 불렸다. 7세기에 중국의 수나라가 만주를 지배하다가 고구려 유민과 속말말갈(粟末靺鞨)이 연합하여 발해(渤海)를 세웠다. 그러다 시라무렌 유역에서 거란이 일어나 발해를 무너뜨리고 요(遼)나라를 세웠다. 한편 말갈 7부(七部)의 하나인 흑수부(黑水部)에서 여진족이 금(金)나라를 세워 요나라를 무너뜨렸다. 이후 금나라는 중국 북부로 진출하였으나 몽고에 의해 패망하고 만주는 몽고의 지배를 받았다. 몽고에 이어 중국을 장악한 명나라는 만주의 여진족을 지배하였는데 당시 여진족은 건주(建州), 해서(海西), 야인(野人)의 3대부로 나뉘어져 있었다. 이 중에 건주여진 출신의 누르하치가 만주족을 통일하고 후금(後金) 즉 청(靑)나라를 일으켜 중국 전역을 지배하는 대제국을 수립하였다.

말라카왕국(Malacca)

말레이 반도의 남단 서안의 말라카 해협에 위치한 말라카를 중심으로 15세기에 번성한 이슬람 국가. 시리 비자야의 한 왕자가 건국하였다고 한다. 말라카는 동아시아와 인도양을 연결하는 요지로 왕이 이슬람교로 개종하여 이슬람 국가가 되었다. 이후 이슬람계 상인들이 모여들어 동남아시아 향료 등을 서방으로 운송하는 무역 중심지로 발전하였다. 15세기 중엽 말라카왕국은 말레이 반도의 영토를 확장하고 말라카 해협 건너 수마트라 동부에도 거점을 확보하였다. 그러나 1511년 포르투갈에 점령되어 패망하였다. 이후 말라카는 포르투갈의 동아시아 진출거점이 되었다가 1641년 다시 네덜란드인이 점령하였고 나폴레옹전쟁 후에는 영국령이 되었다. 싱가포르가 발전하면서 중요성을 상실하였다.

맘루크왕조(Mamluk Dynasty, 1250~1517)

이집트와 시리아 일대를 지배한 투르크계 이슬람왕조. 맘루크란 백인 노예를 뜻하는 아랍어이며 10세기 이후부터 서아시아 지역에 등장한 투르크계의 노예군대를 말한다. 아이유브왕조 밑에서 군사령관을 지낸 노예용병 출신 아이베크가 아이유브왕조를 무너뜨리고 세운 왕조를 맘루크왕조라 부른다. 맘루크왕조는 다시 바하리 맘루크왕조(1250~1390)와 부르지 맘루크왕조(1382~1517)의 전후 2기로 구분된다. 맘루크왕조는 제4대 술탄 바이바르스(1260~1277) 때 왕조의 기틀을 다졌다. 이때 몽고군의 진격을 막아내고, 소아시아 지역의 십자군 세력을 몰아내었다. 이후 시라아, 키프로스, 아라비아 반도를 아우르는 강성한 제국을 건설하였다. 그러나 포르투갈의 신인도 항로 발견 후 관세수입이 격감하고 맘루크 군의 내분으로 왕조가 쇠퇴하다가 오스만투르크에게 병합되었다.

매뉴팩처(Manufacture)

자본주의 생산 초기에 가내 수공업 대신 등장한 공장제 수공업. 가내 수공업과 마찬가지로 생산기술은 수공업에 의한 것이지만 임금 노동자를 고용하여 대규모 생산을 하였다. 또한 '분업에 의한 협업'을 통하여 생산력이 증대하고 기계제 생산에 필요한 조건을 갖추게 되었다. 매뉴팩처는 두 가지 과정을 통해 등장하였다. 첫 번째는 자본가가 하나의 생산물을 완성하는 데 필요한 여러 종류의 독립 수공업자를 하나의 작업장에 모아서 형성된 경우이다. 두 번째는 같은 직업, 또는 비슷한 직업에 종사하는 수공업자들이 분업체제를 형성하면서 만들어진 경우이다. 매뉴팩처는 또한 생산물의 종류에 따라 두 가지 형태로도 구분할 수 있다. 이종적(異種的) 매뉴팩처는 서로 다른 여러 가지 기술이 필요한 제품을 한 데 모아 조립하는 형태이며, 유기적(有機的) 매뉴팩처는 상호 연결성이 있는 단계적 제작이 가능한 경우이다. 영국에서는 1550년경부터 1770년대까지 소위 '본래적(本來的) 매뉴팩처시대'로서 산업혁명 이전까지 가내 수공업과 병존하면서 공장제도의 출현을 위한 사회적 기반을 형성하였다.

매카시즘(McCarthyism)

1950년대 초 미국을 휩쓸었던 반공주의. 공화당 소속 위스콘신주 상원의원인 죠셉 매카시의 이름에서 나온 말이다. 매카시는 1950년 2월 한 연설에서 국무성에 근무하는 공산주의자들의 명단을 가지고 있다는 근거 없는 연설을 통해 반공주의 공격을 시작했다. 이후 의회에서 비미활동위원회를 통하여 반국가적 공산주의 활동에 연루된 혐의로 외교관, 학자, 영화인 등을 소환하여 청문회를 열었다. 이 와중에 많은

▶ 죠셉 매카시

사람들이 근거 없이 공산주의자 또는 미국의 이익에 저해되는 활동을 하였다는 비난을 받았으며 미국 정부의 외교노선에도 큰 변화를 가져왔다. 트루먼 행정부와 아이젠하워 행정부는 공산주의 위협에 소극적이라는 비판을 받을까 두려워 대소련 강경노선을 표방하였다. 그러나 점차 매카시의 과장된 폭로와 인신공격의 실체가 드러난데다 근거없이 육군을 고발한 사실이 밝혀져 1954년 매카시는 상원의 비난결의를 받았다. 이후 반공주의 열기는 진정되었으나 많은 무고한 희생자들이 피해를 입었다.

맥도널드(MacDonald, James Ramsay, 1866~1937)

영국의 정치가. 스코틀랜드 어촌 출신으로 초등학교를 졸업하고 독학으로 공부하였다. 1894년 독립 노동당에 입당하고 1900년에는 노동대표위원회 서기장이 되었다. 1906년에 하원의원에 당선되었으며 1911년에는 독립노동당에서 이름을 바꾼 영국 노동당의 당수가 되었다. 제1차 세계대전에 반대하여 사임

하였다가 1924년 자유당의 지지를 얻어 총리가 되어 최초의 노동당 내각을 조직하였다. 총리로서 유럽의 전후 처리와 평화유지, 국내적으로 주택문제와 실업해결에 노력하였다. 1929년 다시 총리로서 런던군축회의 등 평화유지에 노력하였고 1931년 보수당, 자유당과 함께 거국일치내각을 만들어 오타와협정, 제2차 런던군축회의, 런던세계경제회의 등을 실현시켰다.

맥아더(MacArthur, Douglas, 1880~1964)

미국의 군인. 아칸소주 리틀록 출신으로 남북전쟁과 미서전쟁에서 활약한 아서 맥아더의 아들이다. 1903년 육군사관학교를 졸업하고 제1차 세계대전에 참전하였다. 1936년 필리핀군의 고문으로 근무하였으며 제2차 세계대전이

일어날 당시 미국 극동군 사령관으로 재직 중이었다. 일본군의 필리핀 공격으로 바탄반도에 고립되어 있다가 오스트레일리아로 탈출하였다. 이후 연합군 남서태평양 방면사령관으로 대일작전을 지휘하였다. 뉴기니, 필리핀 탈환작전을 거쳐 1945년 8월에 일본의 항복을 받고 일본점령군 사령관을 지냈다. 1950년 한국전쟁이 일어나자 유엔군 최고사령관으로 인천상륙작전을 지휘하여 북한군을 압록강까지 몰아붙였다가 중국군의 개입으로 후퇴하였다. 이후 만주폭격 문제로 트루먼 대통령과 대립하다 해임되었다.

▶ 맥아더

맬서스(Malthus, Thomas Robert, 1766~1834)

《인구론》을 쓴 영국의 고전파 경제학자. 잉글랜드 서리 출신으로 케임브리지 대학을 졸업하고 목사가 되었다. 1805년 이후로 동인도 대학의 경제학 교수로 재직했다. 맬서스가 목사로 재직할 당시인 1798년에 집필한 《인구론》은 빈곤과 악덕이 근원이 과잉인구에 있으며 이것은 사회제도의 변혁으로 해결할 수 없는 냉엄한 자연법칙의 결과라는 주장을 담고 있다. 이것은 프랑스 혁명의 영향을 받은 고드윈 등의 급진적이고 무정부주의적인 자본주의 비판에 반론을 제기하기 위해 쓰여진 것이다. 맬서스에 따르면 인구는 기하급수적으로 증가하지만 식량은 산술급수적으로 증가하기 때문에 여기서 기근, 빈곤, 악덕이 발생한다고 보았다. 이 밖에 경제학 분야에서는 과소소비설(過小消費說)의 입장에서 공황 발생의 가능성을 주장하였는데 이 입장은 후에 케인스에 의해 재인식되어 높이 평가되었다.

맹안모극제(猛安謀克制)

중국 금(金)나라 때의 군사 및 행정제도. 원래 금나라가 세워지기 이전부터 여진족의 부족내 군사제도였던 것을 1114년 금 태조가 정비하여 행정기능까지 추가시켰다. 맹안이란 여진어로 '천호장(千戶長)'을 뜻하며 모극은 '족장'을 뜻한다. 행정제도로서 맹안모극제는 300호를 1모극부로 하고 10모극부를 1맹안부로 하였다. 이때 모극부의 장(長)인 모극과 맹안부의 장인 맹안은 세습된다. 군사제도로는 1모극부에서 100명의 병사를 모아 1모극군을 이루고 10모극군이 1맹안군이 되는 병농일치제도이다. 금나라 초기에는 모든 민족에게 적용되다가 한인(漢人)과 발해인 등은 주현제도(州縣制度)에 따라 통치하고 여진과 거란인에게만 맹안모극제가 적용되었다. 이후 많은 여진인이 만주에서 화북지방으로 이주함에 따라 점차 사라지게 되었다.

맹자(孟子, BC 372?~289?)

공자(孔子)와 함께 유학(儒學)을 정립한 전국시대(戰國時代)의 사상가. 성명 맹가(孟軻). 자는 자여(子輿) 또는 자거(子車)이다. 공자가 태어난 곳에서 가까운 산둥성(山東省) 쪼우셴현(鄒縣)에 있었던 추(趨) 출신이다. 맹자의 어머니가 어린 맹자를 교육시키기 위해 노력한 맹모삼천지교(孟母三遷之教)가 유명하다. 맹자는 공자의 손자인 자사(子思)의 문인에게서 유학을 배웠다. 이

▶ 맹자

후 전국시대의 제자백가(諸子百家)의 일원으로 BC 320년경부터 각국을 주유하며 크게 쓰이기를 바랐다. 그러나 맹자가 주장한 성선설(性善說)에 기반하여 인의(仁義)를 강조하는 왕도정치(王道政治), 덕치주의(德治主義)는 당시 부국강병과 외교적 수완을 필요로 하던 제후들에게 크게 받아들여지지 못하였다. 결국 맹자는 뜻을 이루지 못하고 만년에는 고향에서 교육과 저술에 노력했다. 이 맹자의 말씀을 모아 후세에 편찬한 것이 《맹자》 7편이다. 맹자는 공자의 사상을 이어받아 전국시대의 시대적 분위기에 따라 과감하게 역성혁명(易姓革命)을 주장했으며 유교를 윤리학, 정치학체계로 정립하였다.

먼로주의(Monroe Doctrine)

1823년 미국의 제5대 대통령 제임스 먼로가 천명한 미국 외교정책의 기조. 1823년 12월 2일 의회에 보내는 연두교서(年頭教書)에서 제기된 것으로 이후 20세기에 이를 때까지 미합중국 외교정책의 기조가 되었다. 그 요지는 아메리카 대륙의 문제에 대한 유럽의 간섭을 배격한다는 것이다. 이는 당시 러시

▶ 제임스 먼로

아의 태평양 진출과 라틴아메리카 각국에 대한 유럽의 간섭에 대응하기 위한 것이었다. 먼로주의는 미국의 초대 대통령인 워싱턴이 제시한 고립주의를 더욱 명확히 한 것으로 미국의 유럽에 대한 불간섭, 유럽의 미국에 대한 불간섭, 아메리카 대륙에 식민지 건설 반대 등의 3원칙이 골자이다. 먼로주의는 유럽제국이 라틴아메리카를 비롯한 서반구에 대해 간섭하는 것이 미국의 이익을 위협하는 것이라고 천명한 것이다. 이후 디어도어 루즈벨트 대통령은 먼로주의를 확대해석하여 라틴아메리카 각국에 대한 미국의 무력개입을 정당화하는 근거로 이용하였다.

메디아왕국(Media)

고대 오리엔트 세계에서 카스피해 남서쪽의 산악국가. 민족, 언어적으로 페르시아(이란)인의 일파이다. BC 2000년경에 우르미아 남쪽에서 말을 사육하는 유목민으로 프라오르테스왕(BC 675?~653?)에 최초로 이란 지역 대부분을 통일하였다. 이후 프라오르테스의 아들 캭사레스왕은 BC 612년에 신바빌로니아와 동맹하여 아시리아의 수도 니네베를 함락시켜 아시리아제국을 붕괴시켰다. 이후 메디아는 서쪽으로 진출하여 리디아왕국으로부터 소아시아 동반부를 점령하였다. 이로써 메디아의 영토는 이란 대부분과 우라르투 고원을 비롯하여 서쪽은 카파도키아에서 동쪽은 인더스강 유역까지의 대제국이 되었다. 그러나 아스티아게스왕(BC 585~550) 때인 BC 549년에 속국이었던 페르시아의 키루스 2세에게 패하여 메디아왕국은 멸망하였다.

메디치가(Medici Family)

이탈리아의 금융업 가문으로 피렌체 공화국과 토스카나 공국을 지배했으며 이탈리아 르네상스의 후원자로 유명하다. 피렌체 동북부 무젤로 지방 출신이며 14세기부터 명문으로 등장하여 피렌체 정치무대에 등장했다. 코시모 데 메디치(1389~1464) 때 민중의 지지와 상업자본에 힘입어 피렌체를 장악하고 공화국 발전에 기여하여 '국부(國父)'의 칭호를 얻었다. 메디치가는 유럽 16개 도시에 은행을 세우고 교황청의 재정을 장악하였고, 가문의 재산을 시를 위해 사용하고 르네상스 학자와 예술가를 후원하였다. 코시모의 손자 로렌초 데 메디치 때에 이르러 메디치가의 전성기를 구가하면서 미켈란젤로 등 예술가를 후원하여 르네상스 문화가 화려하게 발전하는 데 기여했다. 그러나 로렌초의 아들 피에트로 때 실정과 프랑스의 침입으로 피렌체로부터 추방당하였다(1494). 이후 메디치가는 1512년 피렌체로 복귀하였으며 교황 레오 10세, 클레멘스 7세 등이 메디치 가문에서 나왔다. 메디치가의 일가인 코시모는 1569년 토스카나 대공(大公)이 되었으며 이 가문에서 프랑스 왕 앙리 4세의 왕비인 '마리 드 메디시스'가 나왔다. 이후 메디치가는 1737년 마지막 대공 가스토네 때까지 토스카나를 지배하였다.

메로빙거왕조(Merovingian Dynasty)

프랑크왕국 최초의 왕가(481~751). 메로빙거라는 이름은 프랑크족에 속하는 살리족의 족장 메로비스에서 왔다고 한다. 메로비스의 손자 클로비스(481~511)는 살리족, 리브아리족, 상(上) 프랑크족을 병합하여 프랑크왕국을 건설하였다. 이후 클로비스는 로마의 잔존세력을 몰아내고 갈리아 전역을 지배하였으며 서고트왕국과 부르군트왕국을 토벌하고 독일 남서부까지 영토를 확장하였다. 이후 클로비스는 카톨릭으로 개종(496)하고 로마 카톨릭 교회와 제휴를 모색하였다. 그러나 게르만족 고유의 재산 균분 상속 때문에 클로비스 사후 네 아들들에게 왕국을 분할 상속하였다가 클로타르 2세 때 다시 통일되었다. 그러나 분국왕(分國王)들이 다투는 사이 대토지를 소유한 귀족 세력이 강대해져서 점차 귀족 중에 세력이 가장 큰 궁재(宮宰)가 정치적 실권을 장악하게 되었다. 이리하여 분국 아우스트라시아의 궁재 카롤링거 가문이 성장하여 전체 프랑크왕국의 궁재를 겸하였고 751년 카롤링거 가문의 피핀이 왕위를 찬탈하여 메로빙거왕조는 단절되고 카롤링거왕조가 프랑크왕국을 지배하게 되었다.

메르센 조약(Treaty of Mersen)

870년에 동프랑크 국왕 루트비히 2세와 서프랑크 국왕 카를 2세 사이에 체결된 로렌 분할 조약. 869년 베르덩 조약으로 로트링겐을 차지한 로타르의 아들 로타르 2세가 죽자 카를 2세가 로트링겐을 병합하였다. 이에 루트비히가 반발하여 양국은 870년 네덜란드 아헨 북서쪽의 메르센에서 조약을 맺었다. 조약에 따라 모젤강과 마스강 하류의 선을 따라 로트링겐과 프리슬란트를 분할하여 동쪽은 동프랑크가 차지하고 서쪽은 서프랑크가 차지하기로 합의하였다. 조약은 독일과 프랑스 쌍방의 속어로 기록되었으며 독일과 프랑스 양국 성립의 시초로 간주된다. 이후 880년 리베몬 조약으로 로트링겐 서쪽까지 동프랑크에 귀속되었고 프랑크왕국이 독일과 프랑스 두 나라로 완전히 분리되는 것은 카롤링거왕조가 단절된 후에 이루어진다.

메리 1세(Mary I, 1516~1558)

신교도를 탄압하여 '피의 메리'로 불린 영국 튜더왕조의 여왕(재위 1553

~1558). 메리 튜더라고도 한다. 헨리 8세와 제1왕비 캐서린 오브 아라곤의 딸이다. 열렬한 카톨릭 신자로서 이복동생 에드워드 6세 치하에서는 박해를 받았다. 여왕에 즉위한 다음 해 카톨릭을 수호하는 에스파냐의 펠리페 2세와 결혼하여 카톨릭 부활에 나섰다. 이 과정에서 신교도를 박해하여 크랜머, 래티머 등 약 300명의 신교도를 처형하였기에 '피의 메리'로 불린다. 남편의 나라 에스파냐를 원조하여 프랑스와 전쟁을 벌였다가 영국이 유럽대륙에 확보하고 있던 마지막 거점인 칼레를 상실하였다.

메리 2세(Mary II, 1662~1694)

▶ 메리 2세

명예혁명으로 영국의 국왕이 된 스튜어트 왕조의 여왕(재위 1689~1694). 제임스 2세의 장녀로 1677년 네덜란드 총독인 오렌지 공 윌리엄(후일의 윌리엄 3세)과 결혼하여 네덜란드로 갔다. 1688년 명예혁명이 일어나자 휘그와 토리 양 당의 초청에 응하여 1689년 남편과 함께 귀국했다. 이어 의회가 제시한 '권리선언'을 수락하고 부부가 공동으로 왕위에 올랐다. 왕권신수설에 기초한 절대왕정을 버리고 의회정치의 우위를 인정하여 입헌군주제의 기초를 세웠다. 천연두에 걸려 32세로 사망하였으며 후손이 없어서 윌리엄 3세가 사망한 후에는 누이동생 앤이 왕위를 계승하였다.

메리 스튜어트(Mary Stuart, 1542~1587)

스코틀랜드의 여왕(재위 1561~1568). 제임스 5세의 딸로 생후 6일 만에 부친이 사망하여 즉위하였다. 잉글랜드에 맞서기 위해 프랑스와 연대하기 위하여 1548년 프랑스 황태자와 약혼하였다. 이후 프랑스 궁정에서 카톨릭 교육을 받으며 자랐다. 1558년 결혼한 이듬해 남편 프랑수아 2세가 왕위에 올랐으나 1561년 남편이 사망한 후에 스코틀랜드로 귀국하였다. 1565년 카톨릭 교도인 사촌동생 단리 경과 결혼하여 신교파의 반감을 샀으며 1567년에는 남편을 암살한 보스웰 백작과 결혼하여 귀족들이 반란을 일으켰다. 이후 아들 제임스 6세(후일의 영국왕 제임스 1세)에게 양위하고 구금되었다가 잉글랜드로 탈출하여 엘리자베스 1세에게 갔으나 역시 구금되었다. 1586년 카톨릭 교도가 엘리자베스 여왕을 살해하려 한 배빙턴 음모사건에 연루되어 참수되었다.

메소포타미아 문명(Mesopotamian Civilization)

오리엔트 세계에서 티그리스강과 유프라테스강 유역을 중심으로 발전한 고대 문명. 나일강 유역의 이집트 문명, 인더스강 유역의 인더스 문명, 황허(黃河) 유역의 황허 문명 등과 더불어 세계 4대 문명에 속한다. 메소포타미아의 북부는 앗시리아, 남부는 바빌로니아라 불린다. 바빌로니아는 다시 북부의 악카드, 남부의 수메르로 나뉜다. 신석기시대에 최초의 촌락이 형성되기 시작하여 BC 4000년경에 수메르인이 메소포타미아 남부에 도시국가를 건설한 것이 문명의 시초이다. 수메르인은 도시문명을 세우고 설형문자, 60진법, 태양력 등을 사용하였다. 수메르인에 이어 BC 2350년경 아카드인이 이 지역을 장악하고 중앙집권적 제국을 세웠다. 이후 아카드제국이 쇠퇴하면서 구티인과 엘람인의 왕조가 등장했다가 아무르인이 제1바빌론 왕조를 세운다. 바빌론왕조의 함무라비왕은 함무라비 법전을 제정하고 달력과 도량형을 통일하며 아카드어를 공용어로 사용하였다. 이후 BC 1530년경 인도~유럽인종에 속하는 히타이트가 셈족의 바빌론왕조를 무너뜨리면서 혼란시대가 이어지다가 앗시리아가 오리엔트 전역을 통일하는 대제국을 세운다. 앗시리아는 BC 612년에 메디아에 의해 멸망하고 다시 칼데아가 신바빌로니아를 건설한다. 그러나 칼데아는 BC 538년에 페르시아에 의해 무너지고 이로써 문명의 중심은 메소포타미아에서 이란 고원으로 이동한다. 메소포타미아 지역은 넓은 평원과 큰 강을 끼고 있어 항상 이민족의 침입과 왕조의 교체가 빈번하였다. 이 과정에서 문명의 발전과 전파가 활발하게 이루어졌으며 이는 세계사적으로 큰 의미가 있다.

▶ 메소포타미아의 상형문자

메이지유신(明治維新)

1867~1868년에 걸쳐 에도막부(江戸幕府)체제가 무너지고 텐노(天皇) 중심체제로 변화한 근대 일본의 정치적, 사회적 변혁. 1853년 미국 동인도 함대 사령관 페리 제독이 미국 대통령의 친서를 가지고 일본에 온 이래 서구 열강의 개항압력은 거세져 갔다. 이에 도쿠가와(德川)가문이 지배하는 에도막부는 1854년 미일 화친조약을 비롯하여 유럽 각국과 통상조약을 체결하였다. 그러나 이때부터 외세와 타협한 막부에 대한 반감을 가진 지방세력이 결집하기 시작하였다. 오쿠보 토시미치(大久保利通), 사이고 타카모리(西鄕隆盛) 등의 유신파(維新派)는 1866년 막부를 패퇴시키고 1867년에 막부의 통치권을 텐노

에게 반환하는 대정봉환(大政奉還)을 실시하였다. 이어 1868년에 보신전쟁 (戊辰戰爭)으로 에도막부를 폐지하고 1871년 폐번치현(廢藩置縣)을 단행하여 국가통치제도를 근대화하였다. 메이지정부는 서구 열강과 맞서기 위해 부국 강병을 목표로 행정, 군사, 교육 분야에서 각종 개혁을 실시하였다. 메이지 유신으로 일본은 근대적 통일국가로 변신했으며 경제적으로 자본주의가 성립 하고 정치적으로 입헌정치가 이루어졌다. 대외적으로는 제국주의 국가로 변 신하여 한반도와 만주, 중국에 대한 침략정책의 시초가 되었다.

메이플라워 서약(Mayflower Compact, 1620)

1620년 11월 11일 메이플라워호를 타고 유럽에서 아메리카 대륙으로 건너 온 필그림 파더즈(Pilgrim Fathers)들이 메사추세츠 주 플리머스에 상륙하기 전 에 선실에서 맺은 서약. 영국에서 박해를 피해 네덜란드로 피신한 분리주의 교회 신도들(청교도 급진파)로 이루어진 필그림 파더즈는 애초에 버지니아를 상륙지로 하였다. 그러나 목적지였던 버지니아에 도착할 수 없게 되어 버지 니아 회사로부터 받은 특허장을 사용할 수 없게 되자, 승선자(乘船者) 중 성 인남자 전원의 서약으로 자주적 식민지정부를 수립하고 다수결 원칙에 따라 운영하며 공정하고 평등한 법률을 제정하여 이에 복종할 것을 서약하였다. 이 청교도적 사회계약은 플리머스 식민지의 기본법이 되었고 이후 미국 정치 사상에 큰 영향을 끼쳤다.

메카(Mecca)

사우디아라비아의 헤자즈 지방에 있는 이슬람교의 성지(聖地). 홍해 연안에서 80킬로미터 정도 떨어진 계곡에 위치하여 예부터 인도양, 지중해 연안 및 메 소포타미아와 홍해 연안으로 향하는 육상교통로의 역참으로 유명했다. 성경 에는 아브라함이 그의 아들 이스마엘과 그 어머니 하갈을 살게 한 곳으로 나 온다. 상업도시이면서 카바 신전이 있어 아라비아인의 신앙의 중심지이기도 했다. 570년에 마호메트가 이곳에서 태어나 이슬람교를 창시하였다. 이후 박 해를 피해 메디나로 갔던(헤지라) 마호메트가 632년 이슬람 군대를 이끌고 메카를 점령하였다. 이로부터 메카는 이슬람교의 제1성지가 되었다. 전 세계 의 이슬람교도는 하루에 다섯 번씩 메카를 향해 예배하고 일생에 한 번은 메 카를 순례하기를 원한다.

메콩강(Mekong River)

티베트에서 발원하여 인도차이나 반도를 거쳐 남중국해로 흐르는 동남 아시 아 최대의 강. 총 길이 4,020km에 달한다. 중국의 칭하이성(靑海省)에서 윈 난성(雲南省)을 거쳐 라오스, 캄보디아를 거쳐 베트남으로 들어간다. 베트남에서 메콩 삼각주를 형성하며 비옥한 수전경작지대(水田耕作地帶)를 형성한다. 9개의 강의 갈라지기 때문에 베트남에서는 메콩강을 구룡강(九龍江)이라고도 부른다. 인도차이나 수상교통의 중심지이다.

메테르니히(Metternich, Klemens Wenzel Nepomuk Lothar von, 1773~1859)

빈 회의를 주도하며 유럽의 반혁명을 이끈 오스트리아의 정치가. 라인 지방 코블렌츠의 귀족가문 출신이다. 1795년 전 재상 카우니츠의 손녀와 결혼하면서 뛰어난 용모와 언변으로 정계에 진출하였다. 나폴레옹시대에는 드레스덴, 베를린, 파리 공사를 거쳤으며 1809년 외무장관이 되어 오스트리아 황녀 마리 루이즈를 나폴레옹의 황후가 되게끔 주선하였다. 1813년 대(對)프랑스 동맹을 주도하여 나폴레옹을 제압하였다. 이후 빈 회의를 주도하면서 유럽 외교계를 이끌었다. 정치적으로 프랑스 혁명 이전으로 돌아가자는 정통주의 노선을 취하여 독일연방의회, 신성동맹, 4국동맹을 이용하여 유럽에 변혁을 일으키려는 민족주의와 자유주의 운동을 억압하였다. 이를 '메테르니히 체제'라 부른다. 그러나 메테르니히 체제는 그리스 독립과 7월 혁명으로 무너지고 1848년 3월 혁명이 일어나자 메테르니히는 실각하여 영국으로 망명하였다. 후에 귀국하여 황제 프란츠 요셉 1세의 정치고문으로 일했다.

▶ 메테르니히

멕시코전쟁(Mexican War, 1846~1848)

1846년 영토 문제로 미국과 멕시코가 벌인 전쟁. 미국은 1845년 텍사스를 병합하였다. 이후 노예제도와 목화재배의 확대를 원하는 남부 대농장주들의 요청에 따라 미국정부는 멕시코 정부에 영토 매수교섭을 벌였으나 실패하였다. 이러한 와중에 1846년 국경선에서 양국 군대의 충돌사건이 일어나 전쟁으로 확대되었다. 미군은 뉴멕시코와 캘리포니아를 점령하고 멕시코 시티까지 함락시킴으로서 승리하고 1848년 과달루페~이달고 조약을 체결하였다. 멕시코전쟁의 결과로 미국은 태평양에 접한 서부 영토를 얻게 되었으며 장차 중남미에 대한 진출의 발판을 마련하였고 국내정치적으로는 남부 정치세력이 힘을 얻게 되었다.

멘델(Mendel, Gregor Johann, 1822~1884)

유전법칙(遺傳法則)을 발견한 오스트리아의 성직자이자 식물학자. 실레지아 출신으로 1843년 성토마스 교회 수도사가 되었다. 1847년에 사제가 되었고 빈대학에 유학하여 과학을 공부하고 교사가 되었다. 1856년부터 교회 뜰에서 완두로 인공교배(人工交配) 실험을 하여 1860년 멘델법칙을 발견하였다. 이 결과를 1865년 발표하였으나 인정받지 못하였다. 그러나 사후에 멘델의 법칙이 재인식되어 유전학의 창시자로 평가를 받게 되었다. 대표작으로 《식물의 잡종에 관한 실험》이 있다.

멘델스존(Mendelssohn~Bartholdy, Jakob Ludwig Felix, 1809~1947)

독일의 작곡가. 함부르크의 유복한 유태인 가정 출신이다. 1811년 베를린으로 이사하여 일찍부터 음악교육을 받았다. 9세 때 피아니스트로 데뷔하고 17세 때 관현악곡 〈한여름 밤의 꿈〉 서곡을 작곡하였다. 베를린 대학에 입학하여 당대의 지식인들과 교류하고 1829년에는 바흐의 〈마태 수난곡〉을 100년 만에 재연하였다. 이후 유럽 각지를 연주여행하면서 작곡활동을 하였다. 1843년 슈만과 함께 라이프치히 음악학교를 설립하였다. 멘델스존은 고전주의 낭만파 음악을 대표하는 작곡가로서 대표작으로는 〈이탈리아교향곡〉(1833), 〈스코틀랜드교향곡〉(1842), 서곡 〈핑갈의 동굴〉(1830), 협주곡 〈바이올린협주곡〉(1844), 피아노곡집 〈무언가(無言歌)〉(48곡, 1829~1845) 극음악(劇音樂), 〈한 여름밤의 꿈〉(서곡 1824, 기타 부분 1842), 〈안티고네〉(1840) 외에 합창곡·독창곡 등이 있다.

멘셰비키(Mensheviki)

러시아 혁명기에 레닌의 노선에 반대했던 마르크스주의 우파(右派). 멘셰비키란 러시아어로 소수파(少數派)란 뜻이다. 1903년에 열린 러시아 사회민주노동당 제2차 대회에서 입당자격과 조직규율 문제를 놓고 당이 양분되었다. 이때 레닌이 다수파 볼셰비키를 이끌면서 엄격한 규율과 중앙집중적 조직을 주장했다. 반면에 마르토프가 이끄는 소수파 멘셰비키는 보다 자유로운 조직운영을 주장하였다. 멘셰비키는 합법적 마르크스주의 노선을 취하여 후진국 러시아에는 먼저 부르주아 혁명이 일어나야 한다고 규정하였다. 이에 따라 의회에서 자유주의 부르주아와 연대할 것을 촉구하였다. 제1차 세계대전이 일어나자 멘셰비키는 조국방위주의 입장을 취하였으며 1917년 2월 혁명이 일어나자 사회혁명당과 함께 임시정부에 참여하여 케렌스키 내각을 지지하였다. 1917년 볼셰비키가 10월 혁명을 일으키자 무장봉기와 프롤레타리아 독재에 반대하여 반혁명 활동을 벌이다 와해되었다.

멜란히톤(Melanchthon, Philipp, 1497~1560)

독일의 루터파 종교개혁가. 인문주의자 로이힐린의 친족으로 로이힐린과 에
라스무스의 영향을 받았다. 1518년 비텐부르크 대학의 그리스어 교수가 되면
서 루터의 영향을 받아 그의 협력자가 되었다. 1519년 라이프치히 논쟁에서
루터를 지지하였고 이후 라이프치히 대학으로 자리를 옮겼다. 1521년 《신학
요강(神學要綱)》을 저술하고 1530년에는 《아우크스부르크 신앙고백》을 기초
하였다. 로이힐린은 원래 인문주의자였으며 신교와 구교의 화해를 모색하였
기 때문에 루터와 차이점이 있었다. 로이힐린은 가급적 카톨릭과 신교의 일
치점을 확대하기 위해 노력하면서 프로테스탄티즘과 인문주의를 조화시키려
고 하였다. 이 밖에 학자로서 독일의 교육제도 개선에도 기여하였다.

면죄부(免罪符, Indulgence)

카톨릭 교회가 로마 교황의 이름으로 죄를 면제해준다고 발부한 증명서. 로
마 카톨릭 교회는 원래 성지참배(聖地參拜)나 여타 종교적 목적으로 헌금(獻
金)을 받고 죄를 사해주는 제도가 있었다. 이렇게 얻은 헌금은 교회의 재산으
로 귀속되었다. 그런데 중세 말기에 성당 건설과 포교에 많은 자금이 필요해
지면서 면죄부가 남발되기 시작했다. 1517년에 레오 10세는 성베드로 대성당
을 건립하기 위해 면죄부를 판매하였다. 이에 당시 비템부르크 대학 교수였
던 마르틴 루터는 면죄부 판매를 반박하는 〈95개조 항의문〉을 공표하여 이것
이 독일 종교개혁의 계기가 되었다. 이후 트리엔트 공의회(1545~1563)에서
면죄부의 남용을 규제하였으며 면죄부는 점차 사라지게 되었다.

▶ 면죄부 판매

멸만흥한(滅滿興漢)

중국 청(淸)나라시대에 한족(漢族)의 혁명 구호. 배만흥한(排滿興漢)이라고도 한다. 만주족이 지배하는 청나라를 무너뜨리고 한족의 국가를 다시 세우자는 뜻이다. 그런 뜻에서 청나라 초기에 일어났던 청을 타도하고 명(明)나라를 수복하자는 반청복명(反淸復明) 운동의 정신을 계승한 것이라 하겠다. 멸만흥한 운동은 천지회(天地會), 홍문회(洪門會), 삼합회(三合會) 등의 비밀결사를 통해 이어졌으며 18세기 말 백련교(白蓮敎)의 난이나 19세기 중엽의 태평천국(太平天國)의 난도 비슷한 성격을 띠었다. 중국의 근대화를 목표로 한 흥중회(興中會), 화흥회(華興會), 광복회(光復會) 등의 청년조직도 모두 멸만흥한 사상을 계승하였다. 중국 국민당의 전신인 중국혁명동맹회(中國革命同盟會) 또한 손문(孫文)의 삼민주의(三民主義)를 채택하면서 1905년 당강6조(黨綱六條)를 작성하였는데, 제1조에 멸만흥한을 내걸었다. 1911년 신해혁명(辛亥革命)의 성공으로 한족은 숙원을 달성하여, 만주족의 지배는 끝났다.

명(明, 1368~1644)

몽고족이 세운 원(元)나라를 무너뜨리고 한족(漢族)이 세운 국가. 후에 만주족이 세운 청(淸)나라에 의해 무너졌다. 명의 태조 주원장(朱元璋)은 14세기 중엽 원나라가 쇠퇴해가는 시기에 홍건적(紅巾賊)의 난에 가담하였던 인물이다. 이후 주원장은 백련교도(白蓮敎徒)의 후원으로 양쯔강(揚子江) 유역을 장악하였다. 이어 1368년 금릉(金陵：南京)에서 즉위하여 국호를 '명', 연호를 '홍무(洪武)'라 하였다. 같은 해 원나라를 북쪽으로 몰아내고 중국 전역을 장악하였다. 태조가 죽고 손자인 혜제(惠帝)가 즉위하자 북경에 주둔하던 연왕(燕王)이 정난의 변(靖難의 變)을 일으켜 즉위하니 성조(成祖：처음에는 太宗) 영락제(永樂帝)이다. 영락제는 수도를 북경으로 옮기고 강남과 북경을 연결하는 대운하를 조성하는 등 국가의 기틀을 세웠다. 이 시기에 정화(鄭和)가 대선단을 이끌고 인도양과 아프리카 동해안까지 이르는 대항해(1405~24)를 하여 중국의 해외진출의 시초가 되었다. 그러나 이후 1449년 몽골의 한 부족인 오이라트부(部)에 의해서 영종(英宗)이 포로가 되는 토목의 변(土木의 變)이 일어났다. 뒤이어 무종(武宗：正德帝)과 세종(世宗：嘉靖帝)때에는 환관 정치로 인한 내란과 도교(道敎)를 광신과 지나친 토목공사로 인한 재정파탄, 북쪽으로는 몽고, 남동해안에는 왜구가 침범하는 이른바 '북로남왜환(北虜南倭患)'으로 국가의 위기가 찾아왔다. 신종(神宗：萬曆帝)때에 명재상 장거정(張居正)을 등용하여 일조편법(一條鞭法)을 시행하는 등 개혁을 시도하였으나 장거정이 죽자 실패하였다. 1627년 의종(毅宗：崇禎帝) 때에는 각지에서 농민반란이 일어나는 가운데 산시(陝西)의 이자성(李自成)이 북경을 함락시켜 의종은 자살하고 명나라는 무너졌다. 이후 이자성은 명나라 장군 오삼계(吳三

桂)와 청군에게 토멸되고, 청나라가 중국을 장악하게 되었다. 명나라 때에는 관제를 정비하여 군주제를 확립하였으며 경제적으로 상업과 무역이 발달하여 많은 양의 은(銀)이 유입되어 화폐로 통용되었다. 문화적으로는 양명학(陽明學)이 등장했으며 소설, 희곡, 예술 등에서 서민문화가 크게 발달하였다.

명가(名家)

중국 전국시대(戰國時代) 제자백가(諸子百家)의 한 유파. 명(名)이란 언어 또는 개념을 뜻하며 세상이 혼란한 것은 이 명과 실(實 : 실질, 내용)이 일치하지 않는 까닭이라고 주장하여 명실합일(名實合一)을 촉구한 논리학파이다. 이 학파의 대표적 인물은 공손 룡(公孫龍)·등석(鄧析)·윤문(尹文)·혜시(惠施) 등이다. 특히 공손 룡의 백마비마론(白馬非馬論)과 견백론(堅白論)은 고대 그리스의 소피스트와 같은 궤변론(詭辯論)으로 유명하다. 명가의 논리는 궤변론이라는 비판도 있으나 중국 사상사에 있어 논리학 발달에 공헌하였다.

명도전(明刀錢)

중국에서 전국시대(戰國時代)에 사용된 칼 모양의 화폐. 언도(匽刀) 또는 이도(易刀)라고도 부른다. 첨수도(尖首刀)에서 전화된 것이며, 표면에 '명(明)' 자 비슷한 표지가 주출(鑄出)되어 있어서 명도전이라고 부른다. 자루에는 3줄의 직선무늬가 있고 끝에는 고리 모양으로 되어 있다. 연(燕)·제(齊)·조(趙)에서 사용되었고, 중국의 허베이성(河北省)과 한국의 청천강(清川江) 이북 지방에서 주로 발견된다. 이를 통해서 연나라가 이 지방에 세력을 뻗쳤다는 것을 알 수 있다.

명사회(名士會, Assemblee des Notables)

구제도(舊制度)하의 프랑스에서 삼부회(三部會)에 대신한 신분제의회(身分制議會). 삼부회가 열리지 않을 때 국왕의 자문기관 역할을 하였다. 백년전쟁 중에 삼부회를 지배하던 시민계급이 개혁을 요구하다 반란을 일으켰다. 이에 국왕 샤를 5세는 삼부회를 대체하여 1367년과 1369년에 명사회를 개최하였다. 여기서 명사란 유력한 성직자, 귀족, 상층 시민 중에서 국왕이 지명한 사람들이었다. 이후 부르봉 왕가의 절대왕정이 확립되면서 거의 열리지 않다가 루이 16세 때 다시 열렸다. 그러나 1788년 네케르가 개최한 마지막 명사회에서 삼부회 개최를 요구함에 따라 프랑스 혁명의 시발점이 되었다.

명예로운 고립(Splendid Isolation)

유럽대륙 내부문제에 간섭하지 않는다는 영국의 전통적 정책. 영국은 우세한 경제, 군사력과 지리적 조건으로 인해 유럽대륙에서 세력균형이 이루어지는 한 어느 나라와도 동맹을 체결하지 않는다는 정책을 유지했다. 이에 따라 19세기 유럽대륙에서 독일~오스트리아~이탈리아의 3국동맹과 프랑스·러시아의 2국 동맹이 대립하여 세력균형을 유지하였으므로 영국은 이에 개입하지 않고 제국주의 정책에 주력했다. 그러나 20세기에 들어오면서 명예로운 고립의 한계가 드러나 1902년 일본과 영일동맹(英日同盟)을 맺고 1904년 프랑스와 영프협상(英佛協商)을 체결하였다. 이어 리서아와도 협상을 체결하여 유럽에서 3국 협상체제를 구축하였다.

▶ 제임스 2세

명예혁명(Glorious Revolution, 1688)

영국에서 입헌군주제의 기초를 다진 시민혁명. 청교도혁명(淸敎徒革命) 이후 왕정복고(王政復古)로 왕위에 오른 찰스 2세와 그 뒤를 이은 제임스 2세는 카톨릭 부활 정책과 전제주의(專制主義)를 실시하여 국민의 불만을 샀다. 이러한 와중에 제임스 2세의 왕자가 탄생하여 카톨릭 지배가 이어질 것이 확실시되었다. 그러자 의회의 양대 정당인 토리당과 휘그당의 지도자가 협의한 끝에 제임스 2세의 전 부인의 장녀로 개신교도인 메리(후의 메리 2세)와 그 남편인 네덜란드 총독 오렌지공 윌리엄(후의 윌리엄 3세)에게 군대를 이끌고 영국으로 오도록 초청장을 보냈다. 1688년 11월 윌리엄과 메리 부부가 군대를 이끌고 영국에 상륙하여 런던으로 진격하자 제임스 2세는 12월에 프랑스로 탈출하였다. 런던에 입성한 윌리엄과 메리 부부는 1689년 2월 의회가 제출한 권리선언(權利宣言)을 승인하고 고동으로 왕위에 올랐다. 이 권리선언으로 영국에서 절대주의는 사라지고 입헌군주제가 정착되기 시작했으며 '국왕은 군림하나 지배하지 않는다'는 전통이 확립되었다.

모네(Monet, Claude, 1840~1926)

프랑스의 인상파 화가. 파리 출신으로 르아브르에서 자랐으며 19세에 파리의 아카데미 스위스에 들어가 피사로와 사귀었다. 이후 글레르 밑에서 루느아르, 시슬레, 바질 등과 사귀면서 그림을 공부하였다. 1870년 프로이센-프랑스 전쟁이 일어나자 런던으로 피신하였다. 이때 런던에서 터너, 컨스터블 등의 영국 풍경화를 접하면서 색채의 분해를 기본으로 하는 인상파 양식을 구상하게 되었다. 1872년 귀국하여 센 강변의 풍경을 그리면서 인상파 양식을 만들어 갔다. 그러던 중 1874년 〈해돋이~인상〉이란 작품을 출품하면서 모네를 중심으로 하는 화가 집단에 인상파란 이름이 붙게 되었다. 이후 1886년까지 인상파 전시회를 열면서 많은 작품을 출품하면서 인상파의 지도자 역할을 하였다. 대표작으로 〈짚가리〉, 〈수련(睡蓮)〉, 〈소풍〉, 〈루앙대성당〉, 〈템즈강의 경치〉 등이 있다.

모딜리아니(Modigliani, Amedeo, 1884~1920)

독특한 인체묘사로 유명한 이탈리아의 화가. 리보르노의 유대인 가문 출신으로 피렌체와 베네치아에서 미술학교를 다녔다. 이후 파리에 살면서 작품활동을 하였다. 1908년 앙데팡당전(독립 미술가 전시회)에 출품하고 현대적인 화풍을 선보였다. 제1차 세계대전 무렵부터 자신의 독자적인 화풍을 세워 1917년 베르트 베유 화랑에서 최초의 개인전을 열었다. 모딜리아니의 작품은 대부분 초상화와 누드화로서 목이 길게 묘사된 여인상이 유명하다. 그의 인체 묘사는 간결하면서 평면적이며 강렬한 붉은 색채와 애수 띤 얼굴표정이 매력적이다. 모딜리아니가 보여준 관능적 아름다움에는 섬세하고 우아한 이탈리아적 개성이 보인다. 화상(畵商) 폴 기욤, 즈보로브스키 등이 생활을 도왔을 뿐 생전에는 크게 인정받지 못하다가 요절하였다. 대표작으로 〈첼로를 켜는 사람〉, 〈의자에 앉은 나부(裸婦)〉, 〈모딜리아니 부인〉 등이 있다.

▶ 모딜리아니

모란정환혼기(牡丹亭還魂記, 1598)

중국 명나라시대의 희곡작품. 탕현조(湯顯祖)의 작품으로 1598년에 간행되었다. 만명(晚明)의 곤곡(崑曲) 전성기를 대표하는 작품이다. 줄거리는 남안태수(南安太守)의 딸 두여랑(杜麗娘)이 꿈에 버드나무 가지를 본 서생을 만나 다음날 모란정 가에 선 매화나무에서 어제의 서생의 모습을 보고 감상이 지나쳐 몽유병자가 되어 죽는다. 광동(廣東)의 서생 유몽매(柳夢梅)는 과거에 응시하기 위해 상경하던 중 남안에서 병으로 쓰러진다. 이때 꿈에 여랑의 영혼이 나타나 숙소 근처의 무덤을 파보라 이른다. 유몽매가 무덤을 파보니 그 안에서 여랑이 소생하여 두 사람이 맺어진다는 내용이다. 유교적인 질서가 엄격하던 시대에 죽음을 통해 행복을 추구한 한 여인의 삶을 다룸으로써 당시 사회에 큰 충격을 준 작품이다. 모란정환혼기는 명대 곤곡 전기(傳奇) 문학에 새로운 경지를 열었으며, 명대는 물론, 청말(淸末)에 이르기까지 극장에서 계속 상연되었다.

모로코 사건(Moroccan Crises, 1905~1506, 1911)

20세기 초 유럽 열강이 아프리카를 식민지화하는 과정에서 프랑스와 독일이 모로코에 대한 이권을 놓고 벌인 분쟁. 모로코에 대한 기득권을 주장하는 프랑스에 대해 독일이 이의를 제기하여 두 나라 사이에 극도의 긴장관계가 형성된 사건이다. 모로코는 대서양과 지중해를 연결하는 요충지로서 프랑스가 영향력을 행사하던 곳이었다. 1905년 프랑스가 모로코의 내정개혁을 요구하자 독일 황제 빌헬름 2세가 모로코의 탕헤르항을 방문하여 모로코의 영토보전과 문호개방을 요구하는 연설을 하였다. 독일이 프랑스에 적대적인 모로코 술탄을 지지하였기 때문에 프랑스와 독일 사이에 긴장관계가 형성되었다. 이 제1차 모로코 사건을 탕헤르 사건이라고 부른다. 이 사건을 해결하기 위해 1906년에 알제시라스 국제회의가 열렸으며 영국이 프랑스를 지지하였기 때문에 프랑스의 모로코 진출이 인정되었다. 제2차 모로코 사건으로 알려진 아가디르 사건은 1911년 모로코의 베르베르인 반란을 진압하기 위해 프랑스가 군대를 파병하자 독일을 군함을 파견한 사건이다. 이 사건 역시 영국이 프랑스를 지지하여 독일이 한 발 물러섰다. 협상결과 독일은 프랑스가 장악하고 있던 콩고 북부를 받는 조건으로 모로코에 대한 프랑스의 보호권을 인정하였다. 결국 1912년 프랑스는 모로코를 보호국으로 만들었다.

모범의회(模範議會, Model Parliament, 1295)

영국 최초의 중세 신분의회(身分議會). 1295년 에드워드 1세가 귀족의 전횡(專橫)을 막고 중산계층인 기사(騎士)와 도시서민(都市庶民)층의 지지를 얻어 징세제도를 확립하기 위하여 소집하였다. 에드워드 1세는 1265년 몽포르 의회에 기초를 두고 귀족, 고위성직자 약 120명 외에 각 주교구의 하급 성직자 2명, 각 주의 기사 2명, 각 도시의 시민 2명의 의회의 구성원으로 소집하였다. 이후 귀족은 상원(上院), 기사와 서민은 하원(下院)을 각기 구성하게 되었다. 이로부터 영국에서 의회는 항구적인 것이 되었으며 훗날의 의회구성에 모범이 되었다 하여 19세기에 모범의회란 이름이 붙여졌다.

모병제(募兵制)

중국 당(唐)나라 때에 병농일치제(兵農一致制)인 부병제(府兵制)가 무너지면서 실시한 직업군인제도. 원래 당나라는 서위(西魏 : 535~556) 우문태(宇文泰)가 실시한 병농일치제인 부병제(府兵制)를 계승하여 실시하였다. 그러나 현종(玄宗)의 개원(開元)시대 말기에 균전제(均田制)를 기반으로 한 기존 사회질서가 안록산(安祿山), 사사명(史思明)의 난(亂)으로 무너지면서 부병제 대신 모병제를 실시하게 되었다. 안록산의 반란을 진압하는 과정에서 전국 곳곳에 절도사(節度使)를 두어 몇 개의 군진(軍鎭)을 합친 번진(藩鎭)을 다스리게 하였다. 이에 많은 절도사들이 마음대로 대규모의 병력을 모병하여 왕실의 명을 듣지 않는 독자세력으로 성장하였고, 결국 당왕조 몰락의 원인이 되었다.

모스(Morse, Samuel Finley Breese, 1791~1872)

무선전신기를 발명하고 모스 부호를 창안한 미국의 발명가. 메사추세츠 찰스타운 출신으로 예일대학을 졸업하였다. 대학 졸업 후 초상화가로 일하였으며 내셔널 디자인 아카데미를 창시하고 뉴욕대학 미술교수를 역임했다. 1832년부터 전자기학(電磁氣學)에 관심을 가져 연구를 시작하고 1835년에 전신기(電信機)를 발명하였다. 이어 1837년에는 전신용 알파벳 기호를 만들었는데 이것이 훗날 모스부호로 발전되었다. 1844년 워싱턴과 볼티모어 구간의 공개 통신시험에 성공하였다. 모스는 전신분야에서의 업적 뿐 아니라 은판사진(銀板寫眞)을 미국에 소개하기도 하였다.

모스크(Mosque)

이슬람교의 예배당. 아랍어의 마스지드가 유럽에 전해지면서 영어의 모스크로 변한 것이다. 마스지드는 '이마를 땅에 대고 절하는 곳'이란 뜻이다. 내부 구조는 간단하며 그림 등의 장식이 없다. 구조는 회랑(回廊)을 거쳐 안뜰에 청정(淸淨, 우즈아)의식을 행하는 샘물이나 수반이 있고 건물 내부 정면으로 메카 방향(키브라)을 나타내는 벽감(壁龕, 미흐라브)과 설교단(민바르)가 있다. 회랑 한쪽에는 1~6개의 탑(미나레트)이 높이 솟아 있고, 예배시각이 되면 예배당을 지키는 무아딘이 탑에 올라가 예배를 권유하는 '아잔'을 소리높여 낭송한다. 예배시간이 되면 이슬람 교도들은 자리에 앉아 《코란》을 외면서 예배를 드린다. 대표적인 모스크로 다마스쿠스의 우마이야 모스크, 예루살렘의 바위돔, 코르도바의 메스키타 등이 있다.

▶ 모스크

모스크바대공국(Grand Principality of Moscow, 14~15세기)

러시아 여러 나라를 통일하여 러시아제국의 기초를 닦은 중앙집권적 봉건국가. 원래는 류리크왕조의 지배를 받았다. 이후 13세기부터 경제성장으로 북동러시아의 강자로 성장하였다. 1328년 트베리와의 싸움으로 이반 1세(칼리타)가 블라디미르 대공이 되어 타타르 칸(汗)에게 바치는 러시아인들의 공물을 거둬들이는 지위를 얻었다. 이후 이반 1세의 아들 세묜 고르디가 '전체 루시(Rus' : 러시아의 고대 명칭)'의 대공이 되었다. 1380년 이반 1세의 손자 드미트리 돈스코이가 리트바 대공국과 트베리를 무너뜨리고 몽고에 도전하였다. 드미트리 돈스코이는 쿨리코보전투에서 킵차크한국을 격파하여 루시에서의 선거권을 확보하고 몽고, 타타르의 지배에서 벗어날 계기를 마련했다. 이후 이반 3세는 트베리, 랴자니를 병합하고 노브고로드를 무너뜨린 다음 킵차크 한국의 종주권을 부정하여 몽고 타타르 지배로부터 벗어났다. 이반 3세는 그리스 왕녀와 결혼하여 비잔틴제국의 후계자를 자처하고 전 루시의 군주로 군림하였다. 이후 공포정치를 펼쳐 '뇌제(雷帝)'로 불린 이반 4세는 스스로를 차르라 부르며 귀족층을 누르고 군주의 절대권을 강화하여 차리즘을 성립시켰다.

모스크바원정(Russian Campaign of 1812)

실패로 끝난 나폴레옹의 러시아 침공. 러시아는 나폴레옹의 대륙봉쇄령(大陸封鎖令)으로 큰 피해를 입자 봉쇄를 어기고 영국과의 무역을 다시 시작하였다. 이에 나폴레옹은 1812년 프랑스군 16만을 포함한 40만 대군을 편성하여 러시아를 침공하였다. 나폴레옹의 대군은 폴란드를 거쳐 모스크바 근처 보로지노에서 쿠트조프가 이끄는 러시아군을 격파하고 1812년 9월 2일 모스크바에 입성하였다. 그러나 러시아군은 퇴각하면서 초토전술(焦土戰術)을 실시하여 모스크바는 대화재로 잿더미가 되었다. 식량부족과 추위에 시달린 나폴레옹 군대는 10월에 모스크바에서 퇴각하였으나 빨치산과 러시아군의 추격을 받고 추위와 기아에 시달린 끝에 2만 명만이 귀환하였다. 모스크바원정의 실패로 나폴레옹의 위세는 크게 떨어졌으며 유럽에서 해방전쟁이 일어나 1813년 10월 라이프치히 전투의 패배로 나폴레옹 지배는 무너졌다.

모스크바회담(Moscow Conference, 1943)

제2차 세계대전 중에 전후처리(戰後處理)를 위해 미국, 영국, 소련의 외무장관이 모스크바에서 가진 회담. 이 회담의 결과 전후에 국제평화기구를 설립한다는 '모스크바 선언'을 중국 대사를 더하여 4국 선언으로 발표하였다. 연합국측은 모스크바 선언을 통해 국제연맹을 대신할 세계평화유지기구에 대한 기본적 원칙을 처음으로 공식 표명하였다. 이 밖에 독일의 무조건 항복을 요구하고 독일의 전후처리 문제에 대한 입장을 조율하였다. 또한 모스크바 회담에서 영국과 미국은 유럽에 제2전선(영국군과 미국군의 프랑스 상륙)을 열겠다는 의지를 소련측에 전달하였다.

모어(More, Thomas, 1477~1535)

영국의 인문주의자, 정치가. 런던의 법률가 존 모어의 아들로 태어나 옥스퍼드 대학과 링컨 법학원에서 공부했다. 르네상스 문화의 영향을 받아 콜레트나 에라스무스와 교류하였다. 링컨 법학원을 졸업한 후 변호사로 활약하였으며 1504년 하원의원으로 정계에 진출하였다. 이후 헨리 8세와 대법관 울지의 신임을 받아 네덜란드 사절, 하원의장 등을 지냈다. 1515년 네덜란드에 있으면서 이상적 국가상을 그린 《유토피아》를 쓰기 시작하여 1516년에 완성하였다. 그는 탁월한 수완과 식견으로 헨리 8세의 신임을 얻어 1529년에는 대법관(大法官)에 임명되었으나, 왕의 이혼에 끝내 동의하지 않고 1532년 관직에서 물러났다. 1534년 반역죄로 런던탑에 갇혔다가, 1535년에 단두대의 이슬로 사라졌다.

모역법(募役法)

중국 송(宋)나라 때 왕안석(王安石)이 추진한 신법(新法) 가운데 하나이다. 송나라 때는 농촌의 조세징수, 치안유지 등을 향촌의 지주나 자작농 같은 유지(有志)들에게 순번으로 맡기는 차역법(差役法)을 실시하였다. 이들의 부담이 지나치게 무거워 개선책이 필요해지자 왕안석은 차역법을 모역법으로 개혁하였다. 모역법에 의해 조세관리나 운반 등의 역(役)을 진 사람이 면역전(免役錢)을 내면 국가에서 백성을 모집해 봉급을 주고 일을 시키도록 바뀌었다. 그러나 이 과정에서 종래까지 차역을 면제받던 관호(官戶) · 사관(寺觀) · 상인 등으로부터 약 반액의 조역전(助役錢)을 내게 했으므로 이들의 반감을 사 정치적 반대운동이 일어났다. 모역법은 백성에게 직업의 자유를 허용하고 사회의 분업화를 촉진하는 결과를 가져왔다.

모차르트(Mozart, Wolfgang Amadeus, 1756~1791)

오스트리아의 음악가. 잘츠부르크 출신으로 4세 때부터 음악을 연주하고 작곡을 시작하였다. 음악가였던 아버지와 함께 6세 때부터 유럽 각지로 연주여행을 다녔다. 연주여행을 통해 각지의 음악가들로부터 교육을 받으며 이탈리아에서는 10대의 나이로 오페라를 작곡하였다. 잘츠부르크로 돌아와서는 대주교의 궁정음악가로 활동하다가 대주교와의 불화로 사직하고 빈으로 이주하였다. 빈에서 오페라 〈하렘에서의 탈출〉(1782)을 비롯해 교향악과 현악 4중주곡 등을 작곡하였다. 그러나 결혼 후 점점 생활이 어려워 졌다. 그런 와중에도 〈피가로의 결혼〉(1786), 〈돈 조반니〉(1787)등의 오페라를 작곡하였다. 1788년에는 3대교향곡으로 알려진 〈제39번 E장조〉, 〈제40번 G단조〉, 〈제41번 C장조 : 주피터교향곡〉을 작곡하였다. 이후 몇 차례 연주여행을 하였으나 건강이 나빠지기 시작하여 1791년 9월 대작 오페라 〈마술피리〉를 완성하고 〈레퀴엠〉을 의뢰받아 작곡 도중에 미완성인 채로 12월 5일 빈에서 세상을 떠났다. 모차르트는 성악과 기악의 모든 영역에 걸쳐 작품활동을 했으며 하이든과 함께 빈 고전파 양식을 확립하였다. 근대 화성(和聲), 특히 전조(轉調) 방식을 처음으로 확립하였다.

모파상(Maupassant, Henri Rene Albert Guy de, 1850~1893)

프랑스의 자연주의 소설가. 노르망디 미로메닐 출신이다. 12세 때 부모가 별거하여 어머니 밑에서 성장하였다. 1870년에 프로이센-프랑스 전쟁에 참전하였다가 패전을 체험하고 전쟁을 혐오하게 되었다. 이후 문학에 뜻을 두고 해군부, 문교부 등에 취직하면서 어머니의 친구인 플로베르에게 창작지도를 받았다. 플로베르의 소개로 졸라 등의 문인들과 교류하면서 소시민, 하급관

리들의 삶을 소재로 한 작품을 쓰기 시작했다. 1880년 졸라가 발간한 〈메당 야화(夜話)〉에 단편 〈비계덩어리〉를 발표하면서 문단에 등장했다. 이후 《메종 텔리에》(1881), 《피피양》(1882) 등 단편집을 발간하였고 장편으로는 《여자의 일생》(1883), 《벨 아미》(1885), 《죽음처럼 강하다》(1889) 등을 썼다. 만년에는 염세적(厭世的) 경향이 심해지고 정신질환을 앓다가 정신병원에서 사망했다. 모파상의 작품은 인간군상에 대한 예리한 통찰과 사실주의적 묘사, 탄탄한 구성 등으로 프랑스 자연주의 문학의 대표작으로 평가받고 있다.

▶ 모파상

모헨조다로(Mohenjodaro)

하랍파와 함께 고대 인도의 인더스 문명을 대표하는 도시 유적. 모헨조다로는 '죽음의 언덕'이란 뜻으로 파키스탄의 인더스 강 하류 지역(하랍파는 인더스강 상류지역)에 있다. 도시는 10미터 정도의 구릉에 위치하여 동서남북으로 뻗은 대로에 의해 바둑판처럼 구획되어 있고 서쪽 중앙에서 성채가 발견되었다. 성채 안에는 사원, 목욕탕, 창고, 회의장 등의 건물이 있다. 이러한 세밀한 도시계획으로 볼 때 도량형의 통일과 철저한 관리가 이루어졌음을 알

▶ 모헨조다로

수 있다. 출토된 유물로는 채문토기(彩文土器), 청동제 무기, 공구, 아직 해독
되지 못한 문자를 새긴 인장(印章), 장신구 등이 출토되었다. 이를 통해서 메
소포타미아 지역과 비교할 만한 고대 도시문명이 있었음을 알 수 있다.

몰리에르(Moliere, Jean Baptiste Poquelin, 1622~1673)

프랑스 고전주의 희극을 완성시킨 극작가. 파리출신으로 21세 때에 아마추어
극단을 조직하여 파리에서 공연하였으나 실패하고 지방 순회공연에 나섰다.
1653년부터 리옹에 근거지를 두고 극작을 시작하였다. 1658년 다시 파리로
복귀하여 1659년에 귀족여성의 풍속을 비웃는 희극 〈웃음거리 재녀(才女)들〉
로 성공을 거두었다. 이후 〈타르튀프〉(1664), 〈돈 주앙〉(1665), 〈인간혐오〉
(1666), 〈수전노〉(1668) 등의 작품을 계속 발표하였다. 1673년 〈기분으로 않는
사나이〉를 공연하던 도중 쓰러져 사망했다. 몰리에르는 성격희극(性格喜劇)
에 뛰어났는데 그의 성격희극은 당시 사회의 풍속, 특히 귀족사회의 풍속을
비판적으로 묘사하였다. 단지 풍속 묘사에만 그치지 않고 인간의 위선과 인
물의 심리를 묘사하여 오늘날까지 많은 영향을 주고 있다.

몽골(蒙古, Mongolia)

몽골 고원 일대에 거주하는 알타이어계(語系)의 몽골어를 사용하는 민족이
세운 국가. 원래 몽골족은 몽골 고원 북동부의 초원과 삼림이 접한 지대에서
유목과 수렵 생활을 하며 살았으나 9세기 중엽 이후 점차 남하하여 부족국가
를 세웠다. 이후 13세기 초에 칭기즈칸(成吉思汗)이 전 몽골을 통일하여 몽골
제국을 세웠다. 이때부터 몽골족의 확장이 시작되어 중국을 비롯한 유럽과

아시아에 걸친 대제국을 건설하였다. 징기스칸이 세운 제국은 그의 사후에 킵차크 한국(아랄해 북방과 남러시아 스텝지대), 차가타이 한국(중앙 아시아와 신장 지방), 오고타이 한국(서북 몽골), 일한국(아랍지역), 그리고 중국의 원(元)나라로 나뉘어졌다. 이후 원나라는 지나치게 라마교를 숭상하는 등 국력을 낭비하다가 14세기 중엽에 명나라에 의해 북쪽으로 밀려나 북원(北元)이라 칭하였다. 동북 몽골지역에서 명맥을 유지하던 몽골은 서몽골의 오이라트부(瓦剌部)가 강성해지면서 1449년 명을 침공하여 영종(英宗)을 사로잡기까지 하였다. 명나라에 이어 청나라가 들어서자 태종(太宗)때에 내몽고는 청나라에 복속되었으나 외몽고는 독립을 유지하였다. 이후 오이라트의 후예 중 가르부가 강대해져 청과 전쟁을 벌였으나 패배하여 청의 지배를 받게 되었다. 20세기에 들어서는 중국과 러시아의 세력다툼 속에 시달리다가 현재 내몽고는 중국의 자치구로, 외몽고는 독립된 공화국이 되었다.

몽테뉴(Montaigne, Michel Eyquem de, 1533~1592)

프랑스의 르네상스 사상가. 보르도 근교의 몽테뉴성 출신이다. 원래 부유한 상인 가문으로 증조부 때 귀족이 되었다. 몽테뉴는 어려서부터 라틴어 고전 교육을 받았고 1557년부터 보르도 고등법원의 참사관으로 근무하였다. 1568년부터 아버지의 뒤를 이어 몽테뉴 영주가 되었으며 1571년 법관직을 사직하고 독서와 저술에 전념하였다. 그러나 신구파 종교전쟁의 와중에 1577년 나바르왕 앙리(후일의 앙리 4세)의 시종으로 활약했으며 1580년에 그동안 써온 수필을 모아 《수상록》을 간행하였다. 이후 1581년에 보르도 시장에 추대되었으며 1586년에 몽테뉴성으로 돌아가 《수상록》의 개정, 증보 작업을 계속하였다. 몽테뉴는 진보를 인정하는 낙천적 회의주의자로 '나는 무엇을 아는가?' 란 유명한 경구(警句)를 남겼다. 프랑스 모럴리스트 문학의 기원을 열었을 뿐 아니라 프랑스의 대표적인 르네상스 사상가로 파스칼 등에게 큰 영향을 주었다.

몽테스키외(Montesquieu, Charles Louis de Secondat, 1689~1755)

《법의 정신》으로 유명한 프랑스의 계몽사상가, 법률가. 보르도의 법관귀족 가문 출신이다. 보르도에서 법률을 공부하고 파리에 나가 많은 사상가, 학자들과 교류하였다. 보르도 고등법원의 평정관으로 근무하였으며 1716년부터 과학 아카데미에서 자연과학 연구에 몰두하기도 하였다. 1721년에 프랑스 사회를 풍자한 서간체 소설 《페르시아인의 편지》를 익명으로 출간하였다. 그후 유럽각국을 여행하면서 영국에는 3년간 체류하였고 파리에서 살롱에 출입하면서 계몽사상가로 활동하였다. 1734년 《로마인의 성쇠원인론》을 간행하고 1748년에는 10년에 걸쳐 저술한 대작 《법의 정신》을 간행하였다. 《법의 정신)은 영국에서의 체험을 통해 나온 작품으로 프랑스에 3권분립 사상을 소개하였다.

몽테 코르비노(Monte Corvino, Giovanni da, 1247~1328)

원(元)나라 말기에 중국에서 포교한 이탈리아 출신의 카톨릭 선교사. 남이탈리아의 몽테 코르비노 출신으로 프란체스코 교단에 들어갔다. 1294년 교황 니콜라스 4세의 명령으로 일 한국을 거쳐 호르무즈에서 바닷길로 원나라의 수도인 대도(大都, 오늘날의 베이징)에 도착하였다. 대도에서 원나라의 보호를 받아 카톨릭 회당을 건립하고 30년 이상 포교에 종사하여 5,000명 이상의 신자를 만들었다. 1307년에 동아시아 최초의 카톨릭 대주교로 임명되었다. 몽테 코르비노가 죽은 후에는 중국에서 카톨릭교세가 약화되었다.

몽포르(Montfort, Simon de, 1208?~1265)

영국의 귀족, 정치가. 프랑스의 명문 몽포르가 출신으로 어머니가 영국인이다. 1230년 영국으로 건너가 레스터 백작 영지를 계승하고 헨리 3세의 여동생과 결혼하였다. 그러나 이후 헨리 3세가 마그나 카르타의 취지를 어기고 불법 징세를 하자 불만을 가진 귀족들을 규합하여 왕에게 맞섰다. 그리하여 1258년 왕권을 제한하고 귀족, 성직자가 국정을 감독하도록 규정한 '옥스퍼드 조례'를 국왕이 승인하도록 만들었다. 1261년 귀족들 간의 내분이 일어나자 이 기회를 틈타 국왕은 다시 옥스퍼드 조례를 무시하였다. 그러자 몽포르는 1262년 다시 병력을 일으켜 1264년 루이스 전투에서 왕을 포로로 삼았다. 그런 다음 1265년에 귀족, 성직자 외에 각 주와 도시의 대표자로 기사와 시민도 참가한 의회를 소집하였다. 이것이 영국의회의 기원이 되었다. 이후 몽포르는 왕자 에드워드와 글로스터공 등의 왕당파와 이브섬에서 전투를 벌이다 전사하였으나 몽포르가 소집한 의회는 에드워드 1세 때 제도화되었다.

무굴제국(Mughul Empire)

16세기 전반부터 19세기 중엽까지 인도를 지배한 이슬람왕조. 무굴제국의 시조 바부르는 중앙아시아에서 아프가니스탄으로 들어와 카불을 점령하였다. 이후 1526년 인도를 침공하여 델리왕조를 무너뜨리고 무굴제국을 세웠다. 이후 바부르의 아들 후마윤 때 아프간 계통인 수르왕조의 세르 샤에게 패하여 페르시아로 도망쳤다가 1555년 다시 델리를 수복하였다. 제3대 황제인 악바르 때 북인도, 라자스탄, 구자라트, 벵골 지방까지 지배하고 이슬람 지배체제를 확립하였다. 이 시기에 무굴제국의 정치, 경제, 사법제도의 기틀이 잡혔다. 이후 제5대 샤자한과 6대 아우랑제브에 이르기까지 무굴제국의 전성기를 구가하였으며 특히 아우랑제브 황제 때는 남인도까지 세력을 확장하였다. 그

▶ 무굴제국의 이슬람 대표 건축물인 타지마할

러나 아우랑제브 말년에 이슬람 통치에 대한 힌두교도의 반발로 마라타왕국
이 데칸지방을 근거지로 성립하였다. 이후 18세기 말에 이르자 마라타 동맹
은 데칸에서 델리주변까지 세력을 확장하였고, 시크와 페르시아까지 무굴제
국을 침범하였다. 이와 같이 약화된 무굴제국은 영국이 마라타 동맹 등을 격
퇴함에 따라 벵골 등 인도 동부 지방을 영국에 할양하였다. 그러던 중에
1857년에 '세포이의 반란'이 일어나자 영국은 이를 구실로 무굴왕조를 폐지
하였다.

무굴회화(Mughul Art)

인도 무굴제국의 궁정회화 양식. 무굴회화는 중국화의 양식이 13세기에 몽고
에 의해 페르시아로 들어갔다가 티무르왕조를 거쳐 무굴제국 때 인도로 전해
진 것이다. 무굴제국의 2대 황제 후마윤이 페르시아에 망명해 있던 동안 사
귄 페르시아 화가들을 카불 궁전으로 초빙하여 무굴회화가 비롯되었다. 이후
3대 황제 악바르 때에 중국, 페르시아 양식과 인도 양식이 융합되어 독특한
회화양식으로 발전하였다. 궁정 귀족의 초상화, 수렵도, 꽃과 새의 모습을 투
시적 원근법과 음영을 이용하여 사실적으로 묘사하면서도 낭만적 분위기를
보인다. 무굴회화는 이후 수도 파테푸르 시크리 성벽회화 등을 통해 발전하
다가 6대 아우랑제브 황제의 회화 단속으로 쇠퇴하였다.

무기대여법(武器貸與法, Lend-Lease Act, 1941)

제2차 세계대전 중인 1941년 3월에 미국이 제정한 군수물자 원조법. 당시 전쟁에 참전하지 않았던 미국은 연합국을 원조하기 위해 대통령이 미국 방위에 필요하다고 생각하는 각국에 군수품을 대여할 권한을 부여하였다. 무기대여법은 미국이 사실상 연합국 측으로 참전한 것을 의미하여 미국 참전 후에는 무기대여가 더욱 활발해졌다. 1945년까지 무기대여법에 의해 약 500억 달러의 군수물자가 연합국에 공급되었다. 이중 영국이 60%, 소련이 22%를 받았다. 무기대여법은 트루먼 대통령이 1945년 8월 21일로 적용중지를 선언하였고 이후 차관(借款)의 형태로 바뀌었다.

무로마치막부(室町幕府, 1336~1573)

중세 일본의 쇼군(將軍) 아시카가(足利)가 교토(京都)를 본거지로 하여 15대 230년 동안 존속한 무가정권(武家政權). 아시카가 막부라고도 한다. 일본 역사상 남북조(南北朝)를 통합하고 가마쿠라 막부의 제도를 계승한 막부정권을 세웠다. 무로마치란 이름은 3대 쇼군(將軍) 요시미쓰(義滿)가 무로마치(室町)에 새로 궁전을 지었기 때문에 생긴 이름이다. 무로마치막부는 쇼군의 세력이 약하고 각지방의 슈고(守護)를 아시카가 가문에서 임명하여 이 슈고들을 통하여 지배하였다. 특히 오오닌(應仁)의 난(1467)이후에 쇼군의 권한은 명목상의 것으로 격하되었다. 따라서 무로마치 정권은 슈고들의 연합정권이자 분권적 성격을 띠었다. 이 슈고들은 남북조 통합과정에서 점차 영지 전체를 지배하는 봉건영주와 같은 성격을 띠는 슈고 다이묘(守護大名)으로 전환되었다. 이와 같이 무로마치막부는 가마쿠라 막부(?倉幕府)에서 볼 수 있었던 고대적 성격이 사라지고 최초의 봉건 국가적 성격을 보였다고 할 수 있다. 이 시대의 특징은 중앙권력의 약화, 상업발달과 서민층의 성장, 무사, 신흥 상인, 농민 층의 지지를 받는 신문화인 무가문화(武家文化), 송(宋), 원(元) 문화의 일본화를 들 수 있다.

무솔리니(Mussolini, Benito Amilcare Andrea, 1883~1945)

이탈리아의 정치가, 파시스트 당수. 히틀러와 함께 대표적인 파시즘 독재자로 꼽힌다. 이탈리아 북동부 프레다피오 출신으로 사범학교를 졸업하고 초등학교 교사로 근무했다. 이후 스위스에서 이탈리아 사회당에 입당하여 사회주의 운동에 참여했다. 1912년 사회당 기관지 〈아반티〉 편집장이 되었다. 그러나 제1차 세계대전이 일어나자 참전론을 지지하여 사회당에서 제명당했다. 이후 오스트리아 전선에 병사로 참전하여 부상을 입었다. 제1차 세계대전이 끝나고 1919년부터 제대군인과 우익주의자를 결합하여 극우 강령과 '검은 셔츠대'라는 행동대를 만들어 급진적 국가주의를 강령으로 하여 반사회주의 운

▶ 무솔리니

동을 벌였다. 무솔리니의 파시스트 운동은 정부와 자본가 단체로부터 지지를 얻어 무솔리니는 1921년 국회의원에 당선되고 파시스트당을 창당하여 당수가 되었다. 이어 1922년 로마진군으로 정권을 잡고 강력한 독재정치를 시작하였다. 이후 국내적으로 파시즘 통치를 실시하고 1935년 에티오피아 침략 등 제국주의 정책을 실시하였다. 1937년 독일, 일본과 방공협정(防共協定)을 체결하였다. 제2차 세계대전이 일어나자 추축국(樞軸國)의 일원으로 참전하였으나 1943년 7월 연합국의 시칠리아섬 상륙 후 실각하여 체포되었다. 이후 감금상태에 있다가 1943년 9월 독일군에 의해 구출되어 북이탈리아 공화국을 수립하여 나치스의 괴뢰역할을 하다가 밀라노에서 빨치산에게 체포되어 총살되었다.

무술정변(戊戌政變, 1898)

광서제(光緖帝)가 주도한 무술개혁(戊戌改革)에 반발하여 서태후(西太后) 등 보수파가 일으킨 쿠데타. 청일전쟁에서 청나라가 패배하자 광서제는 1898년 6월 변법자강운동(變法自疆運動)의 중심인물인 캉유웨이(康有爲), 량치차오(梁啓超)를 등용하여 무술개혁을 단행하였다. 이에 따라 관청의 정리, 과거 및 학교제도의 개혁, 실업의 진흥, 관보(官報) 발행 등의 입헌정치를 실시하고자 하였다. 그러나 서태후를 중심으로 한 보수파가 1898년 9월에 정변을 일으킴으로서 무술 개혁은 100일 만에 실패로 끝났다. 무술정변으로 광서제는 궁중에 유폐되고 캉유웨이, 량치차오 등은 해외로 망명하였다. 정권을 잡은 서태후는 개혁정책을 폐지하고 수구파 정책으로 복귀하였다.

무위의 화(武韋의 禍, 690~705)

중국 당나라 때에 두 황후(皇后)의 정치 개입으로 일어난 혼란. 무는 당 고종(高宗)의 황후인 측천무후(則天武后)이며 위는 고종(高宗)의 아들인 중종(中宗)의 황후 위씨(韋氏)를 말하며 두 황후의 이름을 따서 무위의 화(또는 무위의 난)라고 부른다. 측천무후 무씨(武氏)는 태종(太宗) 후궁(後宮)의 여관(女官) 출신으로 태종 사후에 비구니가 되었다가 태종의 아들 고종의 비가 되었다. 이후 무씨는 655년에 황후가 되어 병약한 고종을 대신하여 정권을 잡고 고종의 사후에 중종(中宗)·예종(睿宗)을 내세웠다. 그러다 690년에 예종을 폐위시키고 스스로 황제가 되어 국호를 주(周)로 고쳤다. 그러나 705년 장간지(張柬之) 등의 정변으로 주나라는 무너지고 다시 당나라로 돌아갔으며 무후는 얼마 후에 병사하였다. 이후 중종이 즉위하였으나 중종의 황후 위씨도 정치에 개입하여 중종을 독살하고 유제(幼帝)를 세웠으나 예종의 아들 이융기(李隆基, 후일의 현종(玄宗))에 의해 살해되었다.

무적함대(無敵艦隊, Invincible Armada)

1588년 에스파냐의 펠리페 2세가 영국을 공략하기 위해 편성한 대함대(大艦隊). 원래는 병력, 특히 해군력을 나타내는 에스파냐어이다. 에스파냐는 아메리카 대륙 발견으로 카를로스 1세, 펠리페 2세 때에 전성기를 구가했다. 그러나 영국의 엘리자베스 여왕이 에스파냐 지배에 맞서 봉기를 일으킨 네덜란드를 후원하고 영국의 무장상선들이 에스파냐 선박을 약탈하자 펠리페 2세는 영국의 카톨릭 교도를 이용하여 엘리자베스 여왕을 암살하려는 음모를 후원하였다. 1586년 이 계획이 실패로 끝나자

▶ 펠리페 2세

펠리페 2세는 영국원정을 결심하였다. 펠리페 2세는 메디나 시도니아 공작을 사령관으로 전함 127척, 수병 8,000명 육군 1만 9000, 대포 2,000문으로 구성된 대함대를 만들어 1588년에 영국을 향해 출격시켰다. 이에 영국은 하워드경을 사령관으로 하고 호킨스, 드레이크 등의 우수한 선장들을 배치하여 전함 80척과 병력 8,000명으로 맞섰다. 영국함대는 1588년 8월 7일 포츠머드, 칼레 연안에서 영국군의 공격을 받아 큰 피해를 입고 퇴각하던 중에 폭풍우를 만나 겨우 50척 만이 본국으로 귀국하였다. 무적함대의 패배로 에스파냐는 대서양 제해권을 상실하여 아메리카 대륙 식민지를 잃어버릴 위기에 처했으며 영국이 해상의 주도세력으로 등장하고 네덜란드가 독립하는 계기가 되었다.

무정부주의(無政府主義, Anarchism)

국가, 사회, 종교 등의 권력과 권위를 부정하여 인간의 자유를 추구하려는 사

상. 권력 또는 정부나 통치의 부재(不在)를 뜻하는 고대 그리스어 'an archos'에서 유래하였다. 스토아 학파의 제논이나 중세의 이단운동에서 무정부주의적 성격이 보인다. 19세기 들어 소시민(프티 부르주아)층의 이데올로기로서 사회주의의 한 갈래로 발전하였다. 근대 무정부주의의 창시자는 권력과 불평등에 반대하여 자율적 협동을 강조한 고드윈으로 알려져 있다. 이어 시티르너가 개인의 절대적 자유를 주장하고 프루동은 사유재산은 도둑이라고 규정하며 착취와 계급이 없는 계약적 사회를 건설하기 위하여 개인주의적 무정부주의를 주장하였다. 이후 무정부주의는 점점 혁명적 성격을 띠면서 바쿠닌은 마르크스주의에 반대하면서 집산주의(集産主義)적 무정부주의를 주장하였고 크로포트킨은 공산주의적 무정부주의를 주장하였다. 이와 같은 혁명적 무정부주의는 19세기에 노동운동이 성장하면서 발전했다. 그러나 점차 마르크스주의에 압도당하고 쇠퇴하였다. 잔존한 무정부주의자 가운데 일부는 생디칼리즘으로, 또 다른 일부는 테러집단으로 변신하였다.

무제(武帝, BC 156~BC 87)

중국 전한(前漢)의 제7대 황제. 성명은 성명 유철(劉徹)이며 시호 세종(世宗)이다. 무제 때에 이르러 중앙집권적인 군현제(郡縣制)가 본격적으로 시행되었다. 추은령(推恩令)을 내려 제후들을 제거하였으며 전국을 13주(州)로 나누고 주마다 자사(刺史)를 두어 지방통치를 감독하게 하였다. 향거이선법(鄕擧里選法)을 적용하여 신진관리를 등용하였다. 사상적으로는 유교를 통치이념으로 삼아 오경박사(五經博士)를 두어 유학을 장려하였다. 대외적으로는 장건(張騫)을 대월지국(大月氏國)으로 파견하여 흉노(匈奴)를 같이 공격할 계획을 시도하였고, 이를 통해 서역의 상황이 중국에 알려지고 중국의 서역, 중앙아시아 진출이 본격화되었다. 또한 남으로는 월(越)나라를 병합하고 동으로는 한반도를 공격하여 한4군을 설치하였다. 이같은 군사작전과 대운하 건설 등으로 소요되는 비용은 세금을 신설하고 소금(鹽)·철(鐵)을 전매하고 균수(均輸)·평준법(平準法)을 제정하였다. 이의 부작용으로 부정과 부패가 늘고 백성의 생활이 어려워져 말기에는 농민반란이 일어났다. 무제의 치세는 중앙집권화와 중앙아시아 등으로의 세력 확장으로 고대제국의 전형을 보여주었다.

무제한잠수함전(無制限潛水艦戰, Unrestricted Submarine Warfare)

제1차 세계대전 당시 독일이 영국으로 가는 군수물자와 식량을 차단하기 위해 실시한 잠수함을 이용한 해상봉쇄작전. 독일은 1915년 초부터 잠수함을 이용하여 영국의 보급선을 차단하려고 시도하였다. 그러던 중에 독일이 사전 경고 없이 잠수함을 이용하여 여객선 루시타니아 호를 격침시켜 많은 미국인이 사망하자 미국정부의 강력한 항의로 잠시 무경고 격침전술을 중단하였다.

그러나 1917년 독일은 다시 영국 해역을 항해하는 선박은 중립국 선박을 포함하여 사전경고 없이 격침시키겠다는 무제한 잠수함전 선언을 하였다. 독일은 해상봉쇄로 영국을 6개월 이내에 항복시킬 수 있을 것으로 예상했다. 그러나 영국이 봉쇄를 극복해 냈을 뿐 아니라 미국내 여론이 악화되어 미국이 참전하는 계기가 되었다. 또한 연합국측이 독일 잠수함에 대비하여 호송선단(護送船團)체제를 갖추었기 때문에 무제한 잠수함전은 기대했던 효과를 얻지 못하고 실패로 끝났다.

무훈시(武勳詩, Chansons de Geste)

11~15세기에 걸쳐 프랑스에서 국왕과 봉건제후의 무훈을 찬미한 서사시. 무훈시의 종류로는 이슬람교국과의 전투, 유럽 통일과 프랑스를 찬양한 〈샤를대제의 무훈〉, 우유부단한 국왕에 대해 봉건제후의 입장을 대변한 〈기욤의 무훈〉, 반역을 주제로 한 〈동 드 마이앙스의 무훈〉 등 3가지 계열로 나눌 수 있다. 힘과 용기에 대한 찬미, 충성심과 희생에 대한 찬양이 위주이며 12세기 후반부터는 여성이나 사랑을 강조한 내용도 나타난다. 이러한 무훈시는 고전문학과 민중문학, 게르만족의 원시신앙과 기독교, 역사적 사실과 창작의 혼합으로 발생한 것으로 보인다.

묵가(墨家)

중국 전국시대의 사상가 묵자(墨子)의 사상을 계승한 집단. 이들은 묵자의 사상을 신봉하여 묵자의 사상을 담은 《묵자》 53편을 편집하였다. 그 내용은 겸애설(兼愛說)을 주장하여 박애(博愛), 반전(反戰), 절검(節儉), 금욕(禁慾)을 강조하였다. 묵자의 사상은 공자의 유가사상과 함께 전국시대에 크게 성장하면서 유가사상에 대해 비판적 입장을 취했다. 묵가집단은 거자(巨子)를 지도자로 하여 농촌을 중심으로 활동하였으며 전국시대 말기에 3파로 분리되었다고 한다. 진(秦)나라가 중국을 통일한 후에는 탄압을 받았으며 전한(前漢) 무제(武帝) 때 유교일존(儒敎一尊) 정책으로 완전히 소멸하였다.

묵자(墨子, BC 480~BC 390)

'겸애설(兼愛說)'을 주장한 전국시대의 사상가 묵적(墨翟) 또는 그의 저서를 말한다. 노(魯)나라 사람으로 송(宋)나라에서 벼슬을 하였던 것으로 알려져 있다. 저서로는 그의 후학들이 편집한 《묵자(墨子)》 53편이 남아있다. 묵자는 겸애설을 주장하였는데 겸애는 자신과 자신의 집과 국가를 사랑하듯이 다른 사람과 그의 집과 국가 또한 사랑하라는 가르침이다. 이렇게 묵자는 공자(孔子)의 인(仁)을 차별애(差別愛)라 비판하고 무차별 박애(博愛)의 겸애설을 주장한 것이다. 묵자는 겸애설에 기반하여 전쟁을 배격하고 평화, 비전(非戰)론을 주장하였다. 이를 위하여 방어술(防禦術)과 축성술(築城術)을 가르쳤다. 또한 근검과 금욕을 강조하고 장례를 간소하게 치르면 음악을 허식이라 하여 배격하는 비악론(非樂論)을 제시하였다.

문선(文選)

중국 남북조(南北朝)시대에 양(梁)나라의 소명태자(昭明太子) 소통(蕭統)이 편찬한 시문선집(詩文選集). 전 30권으로 되어 있다. 춘추(春秋)시대부터 양나라에 이르기까지 130여 명의 시(詩), 부(賦) 및 표(表), 논(論) 등 문장 등 800여 편을 39종으로 나누어 실었다. 이 중에서 시가 443수로 가장 많으며 시대별로는 진(晉)나라 작품이 가장 많다. 《문선》은 육조문화(六朝文化)를 대표하는 작품으로 이후 수나라와 당나라 때 주(注)가 작성되었는데 그 중에서 당나라 때 이선(李善)의 주가 가장 유명하다.

문인화(文人畵)

직업화가가 아닌 사대부(士大夫) 계층이 그린 그림을 말한다. 직업화가들의 그림과 함께 중국 회화사(繪畵史)의 2대 조류를 이룬다. 사부화(士夫畵)라고도 부른다. 후한(後漢)시대부터 사대부로서 그림을 잘 그린 사람들에 대한 기록이 나오며 5대(五代)에서 북송(北宋)시대까지가 문인화의 전성시대라고 할 수 있다. 문인화는 원래 특정한 양식이 없었으나 원(元)나라 말기에 이르러 '원말 4대가'의 출현으로 산수화 양식의 전형이 완성되었다. 이를 남종화(南宗畵) 또는 남화(南畵)라고 한다. 명나라 말기에 이르면 남종화가 다른 화파(畵派)를 압도할 만큼 유행하였다. 명나라 말기의 문인화가인 동기창(董其昌)

▶ 왕유의 산수화

은 그의 저서 《화지(畵旨)》에서 문인화의 계보를 정리하였다. 여기서 문인화의 시조는 당(唐)나라 때의 시인이며 그림에도 능했던 왕유(王維)가 되고, 그후 동원(董源)·거연(巨然)·이성(李成)·범관(范寬)·이공린(李公麟)·왕선(王詵)·미불(米芾)·미우인(米友仁) 등으로 이어지다가, 원말(元末)의 4대가인 황공망(黃公望)·왕몽(王蒙)·예찬(倪瓚)·오진(吳鎭)과 명나라의 문징명(文徵明)·심주(沈周) 등이 문인화의 계통을 이어받는 것으로 정리하였다.

문자의 옥(文字의 獄)

중국 청(淸)나라 강희(康熙)·옹정(雍正)·건륭(乾隆) 황제시대(1662~1795)에 사상통제 정책에 따라 일어난 필화(筆禍)사건. 이민족인 만주족(滿洲族)의 청 왕조에 대한 한인 지식인들의 반발을 억누르기 위해 취해진 조치이다. 강희시대의 장정룡의 '명사(明史)'의 옥, 대명세(戴名世)의 '남산집(南山集)'의 옥, 옹정시대의 '증정(曾靜)·여유량(呂留良)'의 옥, 건륭시대 호중조(胡中藻)의 '견마생시초(堅磨生詩?)'의 옥, 왕석후(王錫候)의 '자관(字貫)'의 옥, 서술기(徐述夔)의 '일주루시집(一柱樓詩集)'의 옥 등이 대표적이다. 문자의 옥 사건은 건륭시대에 들어 이전 황제들의 회유, 설득적 태도와 달리 강압정책을 쓰면서 가장 많이 일어났다. 건륭제는 금서령(禁書令)을 공표하고 명말청초(明末淸初)시대에 대한 저술을 엄격히 통제하였다. 이와 같은 통제정책으로 건륭 이후에 고증학(考證學)이 발달하게 되는 계기가 되었다.

문제(文帝, 541~604)

수(隋)나라를 세운 초대황제. 성명은 양견(楊堅), 묘호는 고조(高祖)이다. 후한의 학자·정치가 양진(楊震)의 자손으로 서위(西魏) 12대 장군의 한 사람인 수국공(隋國公) 양충(楊忠)의 아들이다. 한인(漢人) 출신이 아니라 선비족(鮮卑族)이거나 선비족과 혼혈인 무장(武將) 집안 출신으로 보인다. 양견의 딸이 북주(北周) 선제(宣帝)의 비(妃)가 되면서 외척으로 정치에 개입하기 시작했다. 580년에 자신의 외손자인 정제(靜帝)가 어린 나이로 즉위하자 완전히 정권을 장악하고 581년에 정제의 선양(禪讓)을 받아 수나라를 세웠다. 이후 북방의 돌궐(突厥)을 압박하고 남방으로 진출하여 587년에 남조(南朝)의 양(梁)나라를 무너뜨리고 589년에는 남조의 진(陣)나라를 무너뜨려 3세기 만에 중국을 통일하였다. 또한 고구려를 침공하였으나 실패하였다. 통일 이후 '개황율령(開皇律令)'을 제정하여 제도를 정비하고, 과거제를 실시하여 귀족세력을 억제하는 등 중앙집권제를 강화하였다. 그가 정한 관제·균전제(均田制)·부병제(府兵制) 등은 당나라 율령(律令)의 기초가 되었다. 재위 24년 만에 사망하였는데 아들 양제(煬帝)에게 암살당했다 한다.

문하성(門下省)

중국에서 왕명(王命)의 출납을 맡은 기관. 문하성의 역할은 신하가 올린 상주(上奏)의 심의와 중서(中書)가 기초한 조칙(詔勅)을 심의하는 것으로서 문하성의 심의를 거쳐야 효력을 발휘하게끔 되었다. 따라서 문하성의 권한이 막강하였으며 문하성의 장관인 시중(侍中)은 문벌귀족의 명문 출신이 임명되었다. 후한(後漢)시대에는 시중시(侍中寺)라 부르다가 진(晋)나라 때부터 문하성이라 하였다. 이후 남북조시대에 남조에서는 중서성(中書省) 장관과 함께 재상(宰相)의 역할을 분담하였으며 북조에서는 각 성중에서 가장 중요시되었다. 당나라 때에는 3성의 하나로 재상의 직임을 맡았으며 송(宋)나라 때에는 중서성과 문하성의 직분을 합친 정사당(政事堂)이 설치되어 재상의 직무를 수행했다. 이후 원나라 때 폐지되었다.

문화대혁명(文化大革命, 1966~1976)

1960~70년대 중국에서 일어난 마오쩌둥을 지지하는 급진 사회주의 대중운동. 마오쩌둥은 1950년대 말 자신이 주도한 대약진운동이 실패로 끝나자 권좌에서 물러나야 했다. 그러나 마오쩌둥은 1960년대 초부터 반대파인 류사오치(劉少奇), 덩샤오핑(鄧小平) 등을 자본주의 수정파로 공격하기 시작했다. 1965년 상해시 당서기 야오원위안(姚文元)이 베이징시 부시장 우한(吳晗)이 쓴 역사극 해서파관(海瑞罷官)이 마오쩌둥의 대약진운동을 비판하다가 실각한 국방부장 펑더화이(彭德懷)를 옹호하는 것이라고 비판하였다. 이를 계기로 1966년 8월 중국공산당 중앙위원회에서 마오쩌둥이 '프롤레타리아 문화대혁명에 관한 결정안 16개조'를 발표함으로써 본격적인 문화대혁명이 시작되었다. 이후 마오쩌둥을 지지하는 청년층으로 구성된 홍위병(紅衛兵)들은 전통적 가치와 부르주아적인 것을 공격한다는 명분으로 각지에서 기존 당간부를 공격하고 파괴행위를 일삼으며 권력을 장악하려 하였다. 혼란이 커지자 1967년 마오쩌둥의 지시로 린뱌오(林彪) 휘하의 인민해방군이 문화대혁명에 개입하였다. 이후 린뱌오가 쿠데타를 기도하다 사망하고 1973년 덩샤오핑이 저우언라이(周恩來)의 추천으로 정계에 복귀하면서 문화대혁명은 퇴조하였다. 1976년 마오쩌둥이 사망하자 뒤를 이은 화궈펑(華國鋒)은 문화대혁명기의 권력집단이던 4인방(四人幇 : 王洪文·張春橋·江靑·姚文元)을 체포함으로써 문화대혁명은 끝났다.

뮌처(Munzer, Thomas, 1490?~1525)

독일 종교개혁기의 농민전쟁 지도자. 튀링겐 슈톨베르크 출신으로 신학을 공부하였다. 초기에는 루터의 개혁운동을 지지하다가 1520년 츠비카우의 목사로 부임하여 그곳에서 프로테스탄트 급진파인 재세례파(再洗禮派)의 영향을

받았다. 1521년 츠비카우에서 추방된 후 1523년 보헤미아의 알슈테트에서 포
교하면서 급진적인 사회개혁운동에 나서게 되었다. 비밀결사를 조직하고 제
후와 루터파를 비판하는 문서를 발표해 다시 추방당했다. 이때부터 뮌처는
남독일 농촌을 순회하면서 농민봉기를 촉구하여 1525년 뮐하우젠 시를 장악
하고 농민전쟁을 시작했다. 1525년 4월 농민군은 헤센 백작 필립의 공격을
받아 패배하고 뮌처는 체포되어 참수(斬首)당했다. 뮌처의 사상은 '신의 직접
적 계시'를 유일한 종교체험으로 삼는 주관적 신비주의로 착취없는 신의 왕
국을 지상에 실현시켜야 한다는 것으로 농민전쟁의 이념이 되었다.

뮌헨 회담(Munchen Conference, 1938)

1938년 9월 나치 독일이 체코슬로바키아의 수데텐란트를 할양할 것을 요구
하자 이를 수습하기 위해 뮌헨에서 독일, 프랑스, 영국, 이탈리아 4개국이 가
진 회담. 독일이 체코슬로바키아에 대해 독일계 주민이 많이 사는 수데텐란
트를 할양할 것을 요구하자 영국과 프랑스는 유화적 입장을 취해 수데텐란트
를 독일에 양보하도록 결정했다. 뮌헨회담은 제2차 세계대전 이전에 영국과
프랑스가 취했던 독일에 대한 유화적 입장을 상징적으로 보여주는 사건으로
유명하다. 이 회담으로 영국 수상 체임벌린과 프랑스 수상 달라디에는 평화
의 구제자로서 명성을 얻었으나 독일은 다음 해인 1939년 3월 협정을 파기하
고 체코슬로바키아를 보호국으로 삼았다.

미국 독립선언(Declaration of Independence, 1776)

1776년 7월 4일 제퍼슨이 기초하고 대륙회의에서 승인하여 공포된 미국 독
립선언서. 1775년 영국군과 아메리카 식민지군이 무력충돌을 일으킨 후 제2
차 대륙회의에서는 1776년 5월 각 식민지에 새정부 수립을 권고하고 각 식민
지는 새 헌법을 제정하는 등 독립상태에 들어갔다. 독립선언문은 전문(前文)
과 독립선언을 한 결론 부분 외에 2부로 나뉘어져 있다. 전반부에는 로크의
자연법 사상에 입각한 총론이 실려 있다. 그 내용은 모든 인간은 자유와 평등
의 양보할 수 없는 권리를 가지며 정부는 이 권리를 보존하기 위해 조직되었
기에 통치받는 사람들의 동의를 구해야 하며 정부가 이 권리를 파괴할 경우
정부를 바꾸는 것이 통치받는 사람들의 권리라는 것이다. 후반부에는 영국
국왕 조지 3세의 학정을 27가지 조목에 걸쳐 열거하였다. 독립선언은 대외적
으로 외국의 지원을 얻고 대내적으로 독립에 반대하거나 소극적인 보수파를
누르기 위한 것으로 기존에 유행하던 사상을 결집하여 표출한 것이다.

미국독립혁명(美國獨立革命, American Revolution, 1775~1783)

아메리카 대륙의 13개 식민지가 본국인 영국의 지배에 맞서 독립을 위해 수

▶ 미국의 독립선언

행한 전쟁 및 그에 따른 건국과정. 원래는 영국 의회의 식민지 과세권(課稅權)에 대한 식민지 각 주의 반발에서 비롯되었다. 그러다가 자치를 위해서는 독립이 필요함을 깨닫고 1776년 대륙회의에서 독립선언을 함으로써 본격적인 혁명이 시작되었다. 전쟁 초기에 식민지 민병으로 구성된 대륙군은 정규군인 영국군에 밀려 거듭 패배하였다. 그러나 1778년 프랑스가 식민지 편에서 참전하고 이어 에스파냐도 가세하여 대륙군을 지원하였다. 거기에다 유럽 각국이 무장중립동맹을 결성함에 따라 전쟁은 영국의 내전에서 국제전으로 확대되었다. 조지 워싱턴이 이끄는 대륙군을 군세를 정비하고 프랑스군의 지원을 받아 결국 1881년 10월 요크타운에서 콘월리스가 이끄는 영국군의 항복을 받아냄으로써 영국군을 아메리카 식민지에서 축출하였다. 이후 1883년 파리 조약으로 영국은 아메리카 식민지의 독립을 승인하였다. 이에 따라 식민지 각 주는 새로운 정부를 구성하는 과업에 착수하였다. 이 과정에서 왕당파 지주의 토지 몰수 및 분배, 봉건제도의 폐지, 신앙의 자유 확립 등의 사회개혁 조치들도 아울러 시행되었다.

미드웨이 해전(Battle of Midway, 1942)

1942년 하와이 북서쪽 미드웨이 근해에서 미해군이 일본군 연합함대를 격파함으로써 태평양전쟁의 전세를 미국에 유리하게 바꾼 전환점이 된 해전. 1942년 6월 5일 일본군은 야마모토(山本) 해군대장이 지휘하는 전함 11척, 항공모함 8척, 순양함 18척 등 연합함대 주력과 나구모(南雲) 중장 지휘하의 기

동부대를 합친 350척의 대병력을 동원하여 미드웨이섬을 공격하고 미해군 함대를 섬멸하기 위한 작전을 시작했다. 그러나 오히려 미국 항공모함 함대의 역습을 받아 나구모 함대는 주력 항공모함 4척과 병력 3,500명, 항공기 300대를 상실하는 참패를 당하였다. 이후 일본군은 항공모함 부족으로 제공권을 상실함에 따라 사실상 태평양 해역의 주도권을 미 해군에게 넘겨주게 되었다. 이에 따라 그때까지 일본의 공세로 이어지던 태평양전쟁이 미군을 비롯한 연합군의 공세로 바뀌는 전환점이 되었다.

▶ 미드웨이 해전

미드하트 헌법(Midhat Constitution, 1876)

오스만투르크제국에서 제정된 최초의 근대적 헌법. 이 헌법을 초안한 미드하트 파샤의 이름을 따서 미드하트 헌법이라 부른다. 미드하트 파샤는 1860년 대의 '신(新) 오스만인'이라 불린 지식인 위주의 개혁운동을 이끌었던 인물로 아브둘 하미드 2세 때 재상을 지냈다. 신오스만인 운동이 술탄의 전제정치 대신 입헌정치를 구상하고 개혁운동을 벌인 결과 1876년 술탄 아브둘 아지즈가 개혁운동의 압력에 굴복하여 퇴위하였다. 뒤이어 즉위한 아브둘 하미드 2세가 입헌체제를 받아들임으로써 1876년 12월 23일에 새 헌법이 반포되었다. 새 헌법은 언론, 출판, 종교의 자유, 주거 및 재산권의 불가침, 의회제도에 입각한 책임내각 등을 규정하였다. 그러나 1877년 6월 러시아-터키 전쟁 발발로 헌법시행이 정지되고 의회는 해산되었다. 이후 미드하트 헌법은 1908년 청년투르크당의 혁명으로 부활되었으며 1924년 터키공화국의 성립 때까지 존속하였다.

미-서전쟁(美西戰爭, Spanish-American War, 1898)

1898년 쿠바 문제를 놓고 미국과 스페인 사이에 벌어진 전쟁. 1895년 쿠바에서 에스파냐 지배에 항거하는 봉기가 일어나자 미국언론이 에스파냐군의 가혹행위를 보도함으로써 미국내 여론은 쿠바에 동정적인 분위기였다. 이밖에 경제적으로도 미국은 쿠바에 많은 투자를 한 상태였기 때문에 미국의 개입을 촉구하는 분위기가 형성되었다. 또한 당시 미국에는 제국주의적 주장이 막 등장하던 시기였기 때문에 쿠바를 에스파냐로부터 해방시켜야 한다는 여론이 높았다. 결국 1898년 스페인 공사 데 로메가 미국의 매킨리 대통령을 비난한 편지가 미국 신문에 공개되고 쿠바에 파견된 미국 군함 메인호가 원인불명의 폭발로 격침되자 1898년 4월 매킨리 대통령은 에스파냐에 선전포고하였다. 미국은 쿠바 뿐 아니라 필리핀의 마닐라 만 등 곳곳에서 에스파냐 영토를 공격하여 전투는 4개월 만에 끝났다. 그 해 12월 파리 조약으로 쿠바는 독립하고 푸에르토리코, 필리핀, 괌 등이 미국 영토가 되었다. 미서전쟁은 미국이 세계대국으로 성장하려는 시기에 나타난 팽창주의를 잘 보여준 사건이다.

미얀마(Myanmar)

1989년 이전까지 버마(Burma)라는 국호로 불렸다. 지리적으로 상부 버마와 하부 버마로 나뉜다. 주요 민족은 티벳, 버마 어군에 속하는 버마인이며 그 밖에 카렌족, 샨족, 몬족 등이 있다. 8세기경에 표족(驃族)왕조가 등장했다가 9세기에 멸망했다. 이후 10세기 초부터 현재의 주요 민족인 버마족이 남하하여 11세기가 되면 이라와디강 중류 유역에 파간왕조를 세우고 남쪽의 몬족 지대와 샨 고원까지 지배하였다. 11세기 중엽에는 버마에 소승불교가 유입되어 문화사적으로 큰 변화를 가져왔다. 파간왕조가 전 버마를 지배하다가 1287년 원나라의 쿠빌라이 칸의 침략을 받아 무너지고 아바왕조가 상부 버마를 지배하다가 16세기에 버마족의 퉁구왕조가 일어나 버마 뿐 아니라 타이 북부와 라오스까지 장악하고 1569년에는 타이의 아유티아왕조까지 침공하였다. 그러나 퉁구왕조는 잦은 군사원정과 내분으로 약화되어 몬족에게 멸망당하였다. 이후 1752년에 버마족의 알라웅파야가 몬 족을 격파하고 버마를 통일하였다. 알라웅파야왕조는 한 때 타이를 정복하고 청나라 군대를 물리치는 등 전성기를 누리다가 1824년부터 1885년까지 영국과 3차례에 걸친 전쟁 끝에 영국의 식민지가 되었다. 버마를 식민지로 만든 영국은 인도인을 이주시켜 버마를 통치했기 때문에 버마 민족주의를 자극하여 아웅산 등이 독립운동을 이끌었다. 이후 2차대전 때는 일본의 지배를 받다가 1948년 독립하였다. 그러나 현재까지도 카렌족 등 소수민족의 반발과 군부통치 문제를 안고 있다.

미주 기구(美洲機構, Organization of American States)

아메리카 대륙 내 국가들 간의 지역적 협력을 위한 정치기구. 1948년 콜롬비아의 수도 보고타에서 설립되었다. 1890년 말에 조직된 범미주연합(Pan American Union)을 확대 발전시켜 지역집단안전보장 기구로 출범하였다. 설립배경에는 공산주의 세력의 아메리카 대륙 침투를 저지하려는 목적이 있었다. 회원국간의 상호협력과 분쟁조정, 경제, 문화, 사회적 협력 증진을 목표로 한다. 2000년 현재 가맹국은 미국과 캐나다를 비롯해 중남미 국가 35개국이며 주요 기구로는 미주회의, 외무장관 자문 회의, 이사회, 미주연합 등이 있다.

218

미케네 문명(Mycenean Culture)

고대 그리스에서 에게 문명 후기에 번성했던 문명. 원래 그리스 본토에는 테살리아 문화라는 초기문화가 있었으나 BC 200년경부터 북부 산지에서 남하해온 아카이아인이 본토 남부 여러 곳에 작은 왕국을 건설하였다. 미케네, 티린스 등의 이 소왕국들은 BC 1600년경부터 크레타 문명을 받아들이면서 활발한 해상활동을 전개하였는데 이로부터 미케네시대가 시작된다. 이후 미케네가 점차 크레타를 압도하면서 BC 1500년경에는 지중해 동부의 해상권과 교역권을 모두 장악하였다. 미케네 문명은 크레타 문명으로부터 많은 영향을 받았으나 밝고 화려하며 개방적인 크레타 문명에 비해 미케네 문명은 상무적(尙武的)이며 장중한 그리스적 성격을 띠었다. 이후 BC 1200년경부터 그리스 본토에 도리아인이 남하하기 시작하여 이들에 의해 BC 1100년경에 미케네를 비롯한 여러 도시가 파괴되면서 미케네 문명은 종말을 맞이하고 그리스 역사상의 암흑시대가 시작되었다. 역사적으로 미케네 문명은 그리스 문화의 초기 단계에 발전된 오리엔트 문명을 그리스에 전파하는 역할을 하였다.

미켈란젤로(Michelangelo, Buonarroti, 1475~1564)

르네상스시대 이탈리아의 화가, 조각가, 건축가, 시인. 피렌체 교외 카프레세 출신으로 13세 때 조각가 기를란다요의 제자가 되어 미술을 공부하기 시작했다. 이후 조각가 베르톨도의 밑에서 공부하면서 메디치가(家)의 고대 조각을 공부하였다. 이때부터 르네상스 사상을 접하면서 사보나롤라를 통해 교회개혁을 필요성을 느끼고 인문주의자들과 교류하였다. 1492년 메디치가가 몰락하고 프랑스군이 피렌체에 침입하자 볼로냐로 피신하였다가 1496년 로마로 가서 활동하게 되었다. 로마에서 〈피에타〉, 〈다비드〉 등의 조각작품을 제작하였다. 이후 1508년에는 시스티나 대성당의 천정 벽화를 의뢰받아 1512년에 완성하였다. 이후 피렌체에서 활동하다가 1529년 피렌체가 교황과 메디치가 연합군에게 함락되면서 미켈란젤로의 작품세계도 활기찬 인간표현 대신 인생의 고뇌와 절망을 표현하는 쪽으로 바뀌었다. 1541년 시스티나 성당의 내부 벽화로 〈최후의 심판〉을 완성했는데 이 작품은 르네상스에서 바로크 양

▶ 미켈란젤로의 〈최후의 심판〉

식으로의 이행을 보여준다. 이후 파올리나 성당 벽화, 성베드로 성당의 건축 감독을 맡았으며 마지막 작품인 3개의 〈피에타〉 조각군은 쓰러지는 그리스도를 둘러싸고 슬퍼하는 인간군상의 모습을 통해 작가의 심정을 잘 표현한 작품이다.

민네징거(Minnesinger)

중세 독일의 궁정에서 활동한 연애시인. 민네징거들은 초기에는 귀족, 기사 출신들이었으나 말기에는 서민 출신의 음유시인들도 등장하였으며 시를 짓고 곡을 붙여 하프 반주와 함께 노래하였다. 민네징거들의 작품은 독일 기사문학을 대표하는 것으로서 남프랑스 프로방스 지방의 음유시인인 트루바드루 등의 연애시에서 영향을 받았다. 이후 12세기 중엽부터 독일에서 궁정기사문화가 발달하면서 귀부인과 기사 사이의 연애감정을 노래하는 작품으로 자리 잡았다. 민네징거들은 12~13세기에 가장 활발하게 활동했으며 14세기 이후로 쇠퇴하였다.

민족국가(民族國家, National State)

근대에 들어 민족을 기준으로 설립된 국가. 같은 언어와 문화, 민족성, 역사를 가진 민족을 중심으로 하여 수립된 국가이다. 중세 말부터 상업의 발달과 자본주의의 발전과정에서 출현하였다. 유럽에서는 중세 말부터 국왕의 권한이 커지는 절대주의가 등장하면서 각 국가별로 통합이 강화되었다. 여기에 자본주의가 발전하면서 시민계급이 형성되고 시민계층이 정치적 자유를 요구하면서 시민혁명으로 이어졌다. 이러한 시민혁명의 결과 입헌정치가 실시되어 영국에서는 17세기, 프랑스에서는 18세기 말 이래로 민족국가의 틀을 형성하였다. 이후 분열되어 있던 독일과 이탈리아도 19세기 들어 국가의 통일을 지향하는 민족주의 운동과 정치적 자유를 바라는 자유주의 운동이 함께 발전하여 19세기 후반에 각기 민족국가를 세우게 되었다. 또한 유럽의 제국주의 식민통치를 받던 아시아, 아프리카 각국은 식민통치가 끝난 후 독립하여 역시 민족국가를 수립하였다. 그러나 이 과정에서 민족 간의 분쟁으로 인한 내전과 한 지역 내에서 주도권을 장악하려는 민족국가 간의 경쟁이 심화되는 모습을 보이고 있다.

민족자결주의(民族自決主義, National Self Determination)

각 민족은 다른 민족의 간섭에서 벗어나 스스로의 정치적 운명을 결정할 권리가 있다는 주의. 개인이 기본인권을 가진 것과 마찬가지로 민족 공동체도 민족 자결권이라는 집단적 기본권이 있다는 주장이다. 제1차 세계대전 말기인 1918년 미국의 윌슨 대통령이 주장한 '14개조'에서 제시되어 약소민족의 환영을 받았다. 1차 세계대전이 끝난 후 중부유럽과 발칸 반도의 여러 민족들은 민족자결주의 원칙에 따라 독립하게 되었다. 또한 식민지 지배를 받던 아시아, 아프리카의 피억압 민족들의 민족해방운동에 근거를 제시하였다. 이에 따라 제2차 세계대전이 끝난 후 유럽 국가의 지배를 받던 식민지들이 독립하는 데 근거가 되었으며 국제연합헌장에도 기재되어 국제법상의 원칙이 되었다. 그러나 발칸 반도와 같이 한 지역 내에 여러 민족이 혼재하는 경우 민족분규와 인종청소라는 극단적 부작용을 초래하는 원인이 되고 있다.

▶ 윌슨

민족주의(民族主義, Nationalism)

민족에 의한 국가의 통일, 발전을 실현하고자 하는 사상 및 정치, 문화 운동. 민족주의는 근대 유럽 각국이 민족국가로 성장하는 과정에서 구체화되었으며 19세기 후반부터는 전세계적으로 확산되었다. 유럽에서는 16세기 이후 기독교 세계의 통일이 무너지고 로마 교황의 권위가 약화되면서 각국의 왕권이 강화되는 절대주의 체제가 등장하였다. 이후 상업과 자본주의 발전으로 시민계급이 형성되면서 절대왕정 대신 입헌주의를 지향하는 시민혁명이 일어나면서 민족주의는 자유주의와 함께 19세기의 주요한 사상이 되었다. 이러한 민족주의는 세계보편적인 이념이나 문화 대신 각 민족 고유의 언어, 문화, 생활습관을 중시하고 이를 통해 국가를 통일하고 단합을 유지하려 하였다. 당시까지 분열돼 있던 이탈리아와 독일이 통일되는 데는 민족주의에 입각한 민족국가 수립이라는 사상적 배경이 있었다. 이후 유럽의 민족주의는 제국주의시대에 들어 같은 종족, 언어, 역사, 문화를 갖는 사람들을 한데 묶는다는 '범게르만주의', '범슬라브주의'와 같은 형태로 변질되었다. 한편 유럽국가들의 식민통치를 받던 아시아, 아프리카 식민지에서도 민족주의에 입각하여 식민통치를 벗어나 독립된 민족국가를 세우려는 운동이 활발하게 전개되었다. 제1차 세계대전 이후 민족자결주의에 입각해 중부유럽과 발칸의 여러 민족이 독립하고 제2차 세계대전 후 아시아, 아프리카의 여러 민족이 독립하는데는 이러한 민족주의 사상과 운동이 큰 역할을 하였다. 그러나 한 지역 내 여러 민족이 혼재하는 발칸 반도 등지에서는 민족분규와 내전의 원인이 되고 있으며 민족국가 사이의 전쟁의 요인이 되고 있다.

민주당(民主黨, Democratic Party)

공화당과 함께 미국의 양당정치를 이끌어가는 정당. 1792년 제퍼슨이 동부 상공업계층을 이익을 대변하는 '페더럴리스트파'에 맞서 남부와 서부 농민의 이익을 대변하고자 만든 '공화파'에서 비롯되었다. 이후 여러 가지 명칭으로 불리다가 잭슨 대통령시대인 1830년대부터 민주당이란 명칭을 사용하게 되었다. 이후 민주당은 남부 노예주의 이익을 대변하는 정당으로 노예제도를 서부로 확장하려 하였다. 결국 1860년 대통령 선거에서 공화당의 링컨에 패배한 후 남북전쟁 일어나고 이로부터 19세기 말까지 민주당은 소수당으로 남아야 했다. 그러나 19세기 말 이후부터 민주당은 노동자와 서민, 서부와 남부를 대표하여 혁신주의를 지향하는 정당으로 변신하였다. 1912년 윌슨을 대통령에 당선시키고 대공황시대에는 프랭클린 루즈벨트를 당선시켜 뉴 딜 정책을 실시하였다. 제2차 세계대전 이후의 민주당은 국제주의와, 사회복지, 인종차별 해소를 위해 노력하는 정당으로 트루먼, 케네디, 존슨, 카터, 클린턴 등을 대통령에 당선시켰다. 민주당은 계층별로는 노동자, 유색인종, 서민층, 지역별로는 서부와 남부, 대도시 지역에 지지기반을 가지고 있으며 공화당과 경쟁하면서 미국의 양당정치를 이끌고 있다.

민주정(民主政, Democracy)

민주정의 어원은 고대 그리스어의 Demos~Kratia에서 왔다. 이 말은 왕정이나 과두정과 같이 주권이 소수에 있는 것이 아니라 보다 많은 수의 대중에게 있는 정치체제를 의미한다.

고대 그리스의 민주정은 최고 결정기관으로 민회(民會)를 두고 공직자의 임명과 파면하는 등 감독업무를 수행하였다. 이때 민회에 참석하여 투표권을 행사할 수 있는 것은 성년 시민 남자에 국한되었다. 이와 같은 그리스 민주정은 BC 5세기 아테네의 페리클레스시대에 완성되어 다른 폴리스로 전파되었으며 BC 4세기에는 선동에 휘말리는 중우정치(衆愚政治)로 변질되었다. 이후 근대 유럽에서 절대왕정을 타도하고 시민혁명을 이루는 과정에서 민주정이 다시 등장하였다. 영국의 청교도 혁명, 명예혁명, 미국 독립혁명, 프랑스 혁명 등의 결과 탄생한 민족국가는 입헌주의 의회정치에 입각한 대의제(代議制) 민주정을 실시하였으며 점차 참정권자의 범위를 늘려 현재와 같이 성인 남녀 전체가 투표권을 갖는 단계에 이르렀다.

민회(民會)

고대 그리스 로마에서 시민들로 구성된 정치기구. 그리스에서는 호메로스의 서사시에 아고라, 아테네에서는 에클레시아, 스파르타에서는 아펠라 등으로 불렸다. 왕정, 귀족정, 과두정, 민주정시대에 걸쳐 그리스에 존재하였다. 왕정

및 귀족정시대에는 그 권한이 미약하였으나 민주정시대에 와서 국정의 최고 결정기관이 되었다. 아테네 민회에서는 관리를 임명하고 전쟁의 시작과 종결, 행정 및 재정, 사법을 비롯한 국가업무를 결정하였다. 이러한 사항들은 모두 투표로써 결정되었다. 로마시대에는 귀족회(comitia curiata), 병사회, 구민회(comitia tributa), 평민회 등 4가지 형태의 민회가 존재하였다. 민회의 결정이 법적인 효력을 가지려면 원로원의 비준이 필요하였다. 위와 같은 민회 중에서 평민회는 평민만으로 구성되어 호민관이 소집, 주재하였다. 처음에 평민회의 의결은 평민에만 해당되었으나 BC 287년 호르텐시우스법으로 평민회의 결정이 법으로 유효함이 인정되어 전 시민을 대상으로 하게 되었다. 로마 공화정 말기에는 로마로 몰려 든 무산시민(無産市民)에 의해 민회가 좌우되는 현상이 일어났다. 이 때문에 티베리우스 황제시대에 정무관의 선출권한을 원로원으로 이양하였으나 민회 자체는 3세기까지 존속하였다.

밀(Mill, John Stuart, 1806~1873)

영국의 철학자, 경제학자, 사회사상가. 런던 출신이다. 경제학자이자 벤담주의자인 아버지 제임스 밀(Mill, James)에게 엄격한 조기 교육을 받으며 자랐다. 1823년 동인도 회사에 들어가 근무하면서 문필활동을 시작하였다. 이후 1856년에 동인도 회사를 그만두고 1865~68년에 걸쳐 하원의원으로 활동하였으며 여성운동 등 여러 사회개혁운동에도 참가하였다. 밀은 초기에는 벤담의 영향을 받아 공리주의(功利主義) 협회를 만드는 등의 활동을 했으나 1826년 우울증에 걸린 것이 계기가 되어 감성을 경시하는 이성만능의 공리주의에 회의를 품게 되었다. 이후 밀은 행복을 측정하는 데 있어 양뿐 아니라 질을 고려해야 한다고 주장하여 '만족한 돼지 보다는 불만족한 소크라테스가 났다'고 규정하였다. 이러한 사상적 전환을 거쳐 밀은 이상주의적 사회개혁운동 및 연구에 전념하였다. 경제학자로서 밀은 스미스나 리카도 등의 영국 고전파 경제학을 계승하고 여기에다 콩트의 실증주의를 가미하여 1848년에 《경제학 원리》를 저술하였다. 논리학자로서 귀납법 체계를 완성

▶ 밀

하고 《논리학 체계》(1843)를 저술하였다. 이 밖에도 《자유론》(1859), 《공리주의》(1863), 《해밀턴 철학의 검토》(1863), 여성운동의 대표작인 《여성의 종속》(1869), 《자서전》(1873) 등을 저술하였다.

밀교(密教)

일반 불교를 현교(顯敎)라 하고 비밀불교(秘密佛敎) 또는 밀의(密儀)종교를 밀교라 한다. 불교에서는 진언(眞言)밀교라고도 한다. 인도에서는 대일여래(大日如來)로부터 금강살타(金剛薩陀), 용수(龍樹), 용지(龍智)를 거쳐 금강지(金剛智)와 선무외(善無畏)에게 전수되었다고 한다. 시대적으로는 대승 불교의 후기에 해당하며 그 사상적 배경은 대승불교의 화엄(華嚴)사상 · 중관파(中觀派) · 유가행파(瑜伽行派)사상 등에 바라문교의 요소를 혼합한 것으로 대일경(大日經), 금강정경(金剛頂經)을 근본경전으로 한다. 인도의 밀교는 이후 여러 갈래로 나뉘는 데 그 중에 이슬람교의 영향을 받아 남녀간의 성적인 합일을 중시하는 탄트라 밀교가 생겨났다. 이 탄트라 밀교는 인도에서 티베트, 네팔 등지로 전파되었다. 중국에는 서진(西晉)시대에 주술적, 신비주의적인 잡밀(雜密)이 들어왔으며 716년 선무외, 720년에 금강지가 중국에 도래하면서 순수밀교인 순밀(純密)이 전해졌다.

밀라노칙령(Milan Edict, 313)

313년에 서로마 황제 콘스탄티누스가 동로마 황제 리키니우스와 함께 밀라노에서 발표한 칙령. 기독교 문제에 관한 부분은 속주 총독에게 보내는 서한 형식으로 되어 있다. 기독교 박해를 폐지하고 기독교 신앙의 자유를 최초로 공인하였다. 신앙과 교단 결성의 자유를 인정하고 신도들의 복권 및 몰수 재산의 반환을 명기하여 다른 종교와 같은 대우를 규정하였다.

밀레(Millet, Jean Francois, 1814~1875)

농촌과 농민의 풍경을 주로 그린 프랑스의 화가. 노르망디 그레빌 출신이다. 1837년 파리로 가서 들라로슈 밑에서 그림을 배웠다. 초기에는 관능적이고 육감적인 그림을 그리다가 도미에 등의 사실주의 화풍에 영향을 받아 자신의 화풍을 바꾸었다. 이후 1848년 살롱에 출품한 〈곡식을 키질하는 사람〉을 시작으로 농민생활을 주로 그리게 되었다. 1848년에 파리 교외의 바르비종으로 이사하고 스스로 농사를 지으면서 농촌과 농민의 생활을 그리기 시작했다. 밀레는 풍경보다는 농민의 삶의 모습을 그리는 데 치중하였으며 종교적 느낌이 감도는 우수에 찬 분위기를 표현하였다. 대표작으로 〈씨뿌리는 사람〉(1850), 〈이삭줍기〉(1857), 〈만종〉(1859) 등이 있다.

밀레토스 학파(Milesian School)

BC 6세기경에 소아시아의 그리스 식민지인 이오니아의 밀레토스에서 생긴 그리스 최초의 철학 학파. 이 학파는 기존의 신화적 관점에서 벗어나 만물의 본질을 물질에서 구하는 일원론을 주장하였다. 탈레스는 만물의 생성과 소멸의 본질이 '물'이라고 주장하였으며 탈레스의 제자 아낙시만드로스는 '무한한 것'이라고 주장하였다. 아낙시만드로스의 제자 아낙시메네스는 '공기'라고 주장하였다. 밀레토스 학파는 만물의 근원을 자연을 관찰하여 찾으려고 함으로써 자연과학적인 자연철학을 주장하였으며 일원론, 물활론(物活論), 우주론 등의 체계를 갖추었다.

밀턴(Milton, John, 1608~1674)

《실낙원》을 쓴 영국의 시인. 런던 출신으로 청교도 가정에서 자랐으며 청교도 교육과 함께 르네상스 인문주의 교육을 받았다. 케임브리지 대학에서 고전을 공부했으며 이후 시를 쓰는 데 전념하였다. 1638년 유럽대륙을 여행하고 파리와 이탈리아에서 르네상스 문화를 접하는 한편 반(反)카톨릭적인 신념을 굳히게 되었다. 1639년 영국 국내의 정치상황이 악화되자 귀국하여 사립학교를 열고 저술을 하면서 청교도 혁명과 크롬웰의 공화정을 옹호하는 글을 썼다. 이 시기에 교육과 출판의 자유를 주장한 《아레오파지

▶ 밀턴

티카》(1644)를 저술하였으며 이후 크롬웰의 비서관이 되어 공화제를 옹호한 글을 썼다. 찰스 1세의 처형을 정당화한 《왕과 위정자의 재임권》을 비롯해 《우상파괴자》(1649), 《영국 국민을 위해 변호하는 서(書)》(1651, 1654) 등을 썼다. 1652년 과로로 실명하고 1660년 왕정복고가 이루어지자 공직을 떠나 시쓰기에 전념하였다. 이 시기에 만년의 3대 걸작인 대서사시 〈실낙원〉(1667), 〈복낙원〉(1671), 〈투사 삼손〉(1671) 등을 썼다. 밀턴은 자유와 민주주의, 공화정을 위해 노력하였으며 영국의 르네상스 문화와 청교도주의를 결합시키는 데 기여하였다.

밀티아데스(Miltiades, BC 554?~BC 489?)

마라톤 전투에서 페르시아군을 무찌른 아테네 출신의 장군, 정치가. 아테네의 명문 피라이다이 출신이다. BC 524년경에 같은 이름을 가졌던 아저씨 밀

티아데스의 뒤를 이어 트라키아의 케루소네소스에 파견되어 그곳을 지배하였다. 페르시아 왕 다리우스 1세의 스키타이 원정시에 반란을 일으켜 그리스 식민시를 독립시키려다 실패하고 BC 493년에 아테네로 피신하여 정치인이 되었다. BC 490년에 장군에 선출되어 마라톤 싸움에서 결정적인 승리를 거두었다. 이후 BC 489년에 팔로스 섬에 원정하였다가 실패하고 크산티포스로부터 고소당해 거액의 벌금을 물고 얼마 후 원정에서 입은 부상으로 사망했다. 그의 아들이 유명한 정치가 키몬이다.

바가바드기타(Bhagavadgita)

힌두교 3대 경전의 하나. 산스크리트어로 쓰여진 종교시이며 '신의 노래'라는 뜻이다. 고대 인도의 대서사시인 《마하바라타》 제 6권 〈비스마파르바〉의 23장에서 40장에 실린 철학적이고 종교적인 시 700 편을 말한다. 《바가바드기타》의 내용은 비슈누신의 화신인 크리슈나가 최고신으로 등장하며 카르마(업)에 의한 윤회에서 해탈하는 방법에 대해 설명하고 있다. 크리슈나를 숭배하는 바가바타파 종교가 브라만교에 혼합되고 여기에 우파니샤드, 상키아, 요가, 베단타 철학 등 복잡한 사상이 포함되어 있다. 《바가바드기타》에 대한 많은 주석서가 있으며 오늘날에도 힌두교도의 성전으로 인도인의 정신문화에 많은 영향을 끼치고 있다.

바그너(Wagner, Wilhelm Richard, 1813~1883)

독일의 작곡가. 라이프치히에서 태어나 드레스덴에서 어린 시절을 보냈다. 라이프치히 대학에서 음악과 철학을 공부하고 여러 곳에서 극장 관현악단의 지휘자로 일했다. 1842년 오페라 〈리엔치〉가 드레스덴에서 상연되면서 드레스덴 궁정 오페라 극장의 지휘자가 되었다. 1849년 드레스덴에서 혁명이 일어나자 이에 가담했다는 혐의로 체포령이 내려져 스위스의 취리히로 피신하였다. 1864년 추방이 해제되면서 뮌헨으로 갔다가 다시 1865년 스위스 루체른 교외로 이주하였다. 이후 작곡과 악극 상연에 전념하다가 요양차 베네치아

▶ 바그너

에 갔다가 사망하였다. 대표작으로 〈탄호이저〉(1845), 〈로엔그린〉(1850), 〈트리스탄과 이졸데〉(1861), 〈니벨룽겐의 반지〉(1876), 〈파시팔〉(1882) 등이 있다. 바그너는 작곡 외에 많은 음악론도 집필하였다. 그는 북유럽의 신화와 전

설을 소재로 하여 사회 전계층을 대상으로 하는 국민예술, 종합예술을 강조하였다.

바그다드(Baghdad)

티그리스 강 중류에 위치한 도시로 오늘날 이라크의 수도. BC 2000년대의 기록에도 바그다드라는 지명이 나타나지만 762년 압바스왕조의 2대 칼리프인 만수르가 이곳으로 수도를 옮기면서 발전하였다. 이후 바그다드는 하룬 누르라시드와 마아문시대인 8세기 말에서 9세기 사이에 중국 당나라의 장안(長安), 동로마의 콘스탄티노플과 같은 세계 최대의 대도시가 되었다. 바그다드는 이슬람 세계의 정치, 경제, 교통, 문화의 중심지 역할을 하게 되었다. 1258년 몽골군의 침입으로 압바스왕조가 무너지고 바그다드는 폐허가 되었으며 1401년에는 티무르의 침략을 받아 파괴되었다. 이후 1638년부터 오스만투르크의 영토가 되었다가 제1차 세계대전 중인 1917년에 영국군이 점령하였다. 1921년 이라크가 독립하면서 다시 수도로 재건되었다.

바닷길(The Silk Voyage)

중국에서 인도양을 거쳐 페르시아만에 이르는 해상 교역로. 바닷길을 통하여 인도 및 중동 지역과 중국 사이의 교류가 이루어졌다. 중국에서는 비단과 도자기 등을 수출하고 중동 지역에서는 유리와 향신료 등을 수출하였다. 또한 중국에서 인도로 불법을 공부하러 가는 승려들도 바닷길을 이용하였다. 동진(東晉)의 법현(法顯)과 당(唐)나라의 의정(義淨) 등이 인도에서 중국으로 돌아올 때 바닷길을 이용하였다. 15세기에 이븐 마지드가 남긴 기록에 따르면 바닷길은 페르시아만의 호르무즈섬에서 출발하여 서북 인도의 신드에 도착한다. 그런 다음 인도 서해안을 남하하고 실론섬을 지나 미얀마, 말레이 반도를 따라 내려가다가 남해무역의 중심지 말라카에 도착한다. 말라카에서 싱가포르, 타이, 캄보디아, 참파를 거쳐 중국의 광저우(廣州) 취안저우(泉州)에 도착하게 된다.

바로크 양식(Baroque Style)

16세기 말부터 18세기 전반까지 유럽 카톨릭 국가에서 유행했던 예술양식. 르네상스 이후에 출현한 양식이다. 16세기 르네상스 양식이 자연주의, 고전주의적이었다면 바로크는 감각적 효과를 추구하는 동적이고 격정적인 양식이다. 바로크란 말은 변칙적이고 이상한 것이란 뜻으로 처음에는 비난적인 의미였으나 19세 이후로는 르네상스의 퇴보가 아닌 독자적인 양식으로 평가받고 있다. 16세기 말부터 1660년 이전까지를 초기 또는 성기(盛期) 바로크라고 하며 그 이후를 후기 바로크라고 부른다. 이미 16세기 초부터 미켈란젤로의 그림에서 격정적인 화풍이 보이고 이후 코렛지오, 티치아노, 틴토레토 등의 베네치아파를 중심으로 초기 바로크시대가 열렸다. 종교개혁시대에 바로크는 반종교개혁의 수단으로 카톨릭 국가의 종교미술에 적용되었다. 이탈리아에서 시작된 바로크는 에스파냐, 플랑드르, 네덜란드로 전파되었는데 루벤스와 벨라스케스가 대표적인 화가이다. 이와 함께 절대주의 왕정의 궁정이나 귀족의 저택을 장식하는 데 이용되어 루이 14세 시대의 프랑스에서 후기 바로크 양식이 발전하였다. 과장이 심하고 화려하며 강렬한 빛과 색채를 구사하는 바로크 양식은 그림 뿐 아니라 건축, 조각, 가구, 음악, 문학에도 영향을 끼쳐 그 시대를 대변하는 양식이 되었다.

바르바로이(Barbaroi)

고대 그리스인이 이방인들을 부른 이름. 바르바로이라는 말의 뜻은 '알아들을 수 없는 말을 중얼거리는 사람'이란 뜻이다. 그리스인들은 자신들을 헬레네스라 부르고 오리엔트 지역의 사람들을 바르바로이라고 불렀는데 처음에는 멸시하는 의미가 있었으나 BC 4세기 이후 헬레니즘시대의 세계시민사상(cosmopolitanism)이 널리 퍼지면서 그런 의미가 약화되었다.
로마시대에는 주로 게르만인을 가리켜 바르바로이라 불렀으며 반면에 그리스인은 로마인을 바르바로이로 불렀다.

바르샤바 조약기구(Warsaw Treaty Organization, 1955~1991)

소련을 중심으로 동유럽 공산권 8개국이 바르샤바에서 체결한 군사동맹조약기구. 냉전시대에 서독의 재무장과 북대서양조약기구(NATO) 가입에 대항하기 위해 1955년 소련 폴란드 동독 헝가리 루마니아 불가리아 알바니아 체코슬로바키아의 8개국이 폴란드의 바르샤바에 모여 결성한 조직으로 이후 알바니아는 소련과의 의견대립으로 1968년에 탈퇴하였다. 동맹조약의 목적은 소련이 외부적으로 미국과 서유럽에 맞서 군사력을 통합하고 내부적으로 사회주의 동맹국들간의 단합을 유지하고 통제하기 위한 것이었다. 조약에는 통합군 사령부를 설치하고 소련군의 회원국 영토 주둔을 인정하고 있다. 조약의 유효기간은 20년으로 1985년에 다시 유효기간을 20년 연장하였다. 그러나 1990년에 독일이 통일하면서 동독이 탈퇴하고 1991년 4월 1일에 바르샤바 조약기구는 해체되었다.

바부르(Babur, Zahir al-ud-Din Muhammad, 1483~1530)

인도 무굴제국의 창시자. 칭기즈칸과 티무르의 후예이다. 티무르제국이 무너지고 그 후손인 우마르 샤이흐가 투르키스탄의 페르가나왕국을 다스렸는데 바부르(사자)라는 별명을 가진 그의 아들 자히룻딘 무함마드가 아프가니스탄

카불에 신왕국을 세웠다. 1526년 바부르는 인도 로디왕조의 내분을 틈타 인도를 침략하였다. 바부르 군대는 우수한 화포를 이용하여 로디군을 물리치고 수도 델리를 점령하였다. 이어 라지푸트족과 벵골왕의 군대 또한 물리치고 갠지스강 유역을 장악하고 인도 북부를 점령하고 무굴제국을 세웠다.

▶ 함무라비 법전

바빌로니아(Babylonia)

고대 메소포타미아의 티그리스강과 유프라테스강 사이 남부의 평야지대에서 성립한 고대제국. 메소포타미아 지역에서는 BC 4000년대에 수메르인이 도시국가를 건설하기 시작하였다. 이후 BC 2800년경에 셈족인 아카드인이 이 지역을 장악하여 사르곤 1세가 통일국가를 건설하였다. 그 뒤 BC 2500~2000년경에 셈 인종 계통의 아모리인이 바빌론을 중심으로 세력권을 넓혀서 바빌론 제1왕조를 세웠다. 이 왕조의 6대왕 함무라비(BC 1728~1686)는 바빌로니아를 통일하고 시리아와 팔레스티나까지 이르는 대제국을 건설하였다. 함무라비는 중앙집권제도를 확립하고 운하와 도로를 정비하였으며 마르두크신을 중심으로 종교개혁을 실시하였다. 이와 함께 각종 산업과 교역도 번성하여 바빌론이 오리엔트의 중심도시가 되었다. 또한 이 시대에는 세계에서 가장 오래된 법전으로 불리는 함무라비 법전이 반포되고 달력이 통일되었으며 아카드어를 국어로 하고 수메르인이 만든 설형문자를 사용하여 문화적으로도 바빌로니아의 전성기를 구가하였다. 그러나 이후 국력이 쇠퇴하여 BC 17세기 이후 캇시트, 미타니, 히타이트인의 침입을 차례로 받았으며 BC 9세기에 아시리아에 병합되었다. BC 612년에 바빌로니아는 다시 메디아, 이집트, 리디아와 함께 아시리아제국을 무너뜨렸다. 이로부터 칼데아인들이 세운 신바빌로니아는 옛

날의 영화를 회복하고 네부카드네자르왕(BC 604~562) 때에 세계적 상업도
시가 되었고 바벨탑과 공중정원 등을 건설하였다. 그러나 BC 538년에 동방
의 이란 고원에서 일어난 페르시아에 의해 멸망되었다.

바스티유(Bastille)

프랑스 혁명의 상징이 된 17~18세기 국사범(國事犯)을 수용하던 요새. 원래
성채를 의미하는 보통명사였으나 1370년 백년전쟁 당시 파리 방위를 위해 국
왕 샤를 5세의 명령으로 파리 교외 생탕트완에 성채를 지으면서 이곳이 바스
티유로 불리게 되었다. 17세기 루이 13세 때 재상 리슐리외가 이곳을 감옥으
로 만들어 귀족이나 부르주아지, 문필가 등의 국사범들을 투옥하였다. 이에
따라 바스티유는 절대왕정의 탄압의 상징으로 여겨졌고 1789년 7월 14일 파
리 시민들이 바스티유 감옥을 습격, 점령하게 되었다. 바스티유 감옥 습격은
프랑스 혁명의 본격적인 시작을 알리는 사건이 되었다.

▶ 프랑스 혁명 당시의 바스티유 감옥

바실리카(Basilica)

로마시대에 유행한 건축 양식. 왕궁을 의미하는 그리스어 바실리케에서 나온
말이다. 로마시대에는 시장에 부속건물로 지어진 회당을 말하였다. 이 건물
은 법정, 시민집회소, 상거래소 등으로 쓰였다. 건축물의 구조는 장방형 외벽
으로 둘러싸고 외벽 안쪽에 열주식회랑(列柱式回廊)이 있고 중앙에 장방형의

뜰이 있다. 기독교가 공인된 후에는 가정집이나 카타콤에서 하던 집회를 바실리카식 성당에서 가지게 되었다. 바실리카식 성당은 4세기 이후 로마의 바실리카 형식과 구조를 기초로 하여 카타콤 안의 예배소나 로마인의 저택 일부 등을 도입하여 성당에 맞도록 개조하였다. 바실리카식 성당은 입구에서 제단으로 바로 통하며, 많은 사람을 수용할 수 있는 회당을 갖추었기 때문에 중세시대 성당 건축의 주류가 되었고 이후 로마네스크나 고딕식 성당으로 이어졌다.

바울로(Paulus, 10?~67?)

초대 기독교 교회에서 이방인을 대상으로 전도한 사도. 길리기아의 다소 출신의 유대인으로 본명은 사울이다. 바울로는 그리스 문화의 교육을 받은 로마시민으로서 초기에는 바리새파 유대교인으로 기독교인에 대한 박해를 주도하였다. 그러던 중 기독교인을 잡으러 다메색으로 가다가 신비체험을 겪고 기독교로 개종하였다. 이후 예루살렘 교회의 승인을 받고 이방인에게 전도하기 위해 3차례에 걸쳐 대전도 여행을 떠났다. 전승에 의하면 네로 황제 때 박해를 받고 로마에서 순교했다고 한다. 전도과정에서 쓴 《로마서》, 《고린도 전후서》, 《갈라디아서》 같은 바울로의 저작이 신약성서의 많은 부분을 차지하고 있다. 바울은 초기 기독교 최대의 선교사이자 이론가로서 기독교 형성에 중추적 역할을 한 인물이다.

바웬사(Lech Walesa, 1943~)

폴란드의 노동운동가, 정치인. 폴란드 포포보에서 태어나 직업학교를 졸업하고 1967년 그단스크 레닌조선소의 전기공이 되었다. 1980년 조선소 파업을 주도하고 자유노조 연대(솔리다리티)를 결성하였다. 1981년 폴란드 군부가 계엄령을 선포하면서 체포되었다가 1982년 석방되었고 1983년 노벨평화상을 받았다. 이후 1989년 자유노조 위원장에 복귀하고 1990년에는 폴란드의 초대 직선 대통령이 되었다. 1995년 대통령 선거에서 패배하고 정계에서 은퇴하였다. 바웬사의 자유노조 운동은 동구권 사회주의 국가에서는 혁명적인 운동이었으며 폴란드가 사회주의를 포기하고 개혁, 개방으로 전환하는 데 크게 기여하였다.

바이런(Byron, George Gordon, 1788~1824)

영국의 낭만주의 시인. 런던의 명문가 출신으로 1798년 제 6대 바이런 남작이 되었다. 이후 케임브리지 대학 재학 때부터 시를 쓰기 시작했다. 유럽을 여행하고 런던 사교계의 총아로 생활하면서 1809년 상원의원이 되었다. 1812년 유럽 남부와 그리스를 여행하면서 《차일드 해럴드의 편력》을 출판하여 자유분방하고 이국적인 시풍으로 명성을 얻었다. 1816년 영국을 떠나 스위스에서 지내면서 〈맨프렛〉(1817), 〈타소의 비탄〉, 〈마제파〉(1819), 〈돈 주안〉(1819 1823) 등의 작품을 썼다. 1823년 그리스 독립군을 도우러 갔다가 1824년 미솔롱기온에서 말라리아에 걸려 사망하였다. 바이런의 작품은 서정적인 풍자와 극적 구성을 갖춘 서사시로 사회의 위선을 공격한 낭만주의 문학의 대표작으로 꼽힌다.

바이마르공화국(Die Republik von Weimar, 1919~1933)

독일에서 제1차 세계대전이 끝나고 1918년 혁명이 일어난 후 수립되어 1933년 나치스 정권이 등장할 때까지 존속했던 공화국. 독일혁명이 일어나자 혁명정권은 사회주의 혁명을 추진하려던 스파르타쿠스단을 군부를 동원하여 진압하였다. 그런 다음 1919년 바이마르에서 국민의회를 소집하고 사회민주당, 중앙당, 민주당이 연합하여 바이마르 연합정부를 수립하고 베르사유 조약을 승인하였다. 이 정부는 바이마르 헌법을 제정하고 에베르트를 대통령으로 선출하고 18연방으로 구성된 공화제를 수립하였다. 바이마르 정부는 좌익과 우익 극단주의자들과 전쟁배상금 문제로 어려움을 겪었다. 그러나 슈트레제만 등의 외교적 노력으로 로카르노 조약, 영안, 도스안 등으로 루르 점령과 배상금 문제를 해결하고 국제연맹에 가입하는 등 점차 안정을 찾아갔다. 1925년 힌덴부르크가 대통령에 취임한 이후 바이마르 공화국은 우경화되었고 1929년 세계대공황의 여파로 경제사정이 악화되자 나치스가 급성장하여 1932년 선거에서 제1당이 되었다. 1934년 힌덴부르크가 사망하자 나치스는 총통제를 수립하고 연방제를 폐지하여 바이마르 공화국은 사라졌다.

바이킹(Viking)

8세기에서 11세기에 걸쳐 스칸디나비아와 덴마크에서 바다와 강을 이용해 서유럽과 러시아 등지에 나타난 북게르만족에 속하는 노르만족. 바이킹이란 이름은 스칸디나비아와 덴마크에 많이 있는 비크(협강 : 峽江)에서 유래한 것으로 비크를 근거지로 하는 전사 및 상인이란 뜻이다. 바이킹은 게르만족의 원시종교를 믿었으며 농업과 어업에 종사하며 항해술이 능하였고 〈사가〉와 〈에다〉 같은 북유럽 신화문학을 남겼다. 8세기 무렵부터 왕권이 강화되고 통일국가가 형성되고 인구증가로 토지가 부족해지면서 소부족의 족장들이 무리를 이끌고 북해와 발트해 연안에서 경우에 따라 약탈과 교역을 하기 시작했다. 이후 9세기에서 11세기에 걸쳐 잉글랜드, 노르망디, 시실리, 나폴리, 러시아, 아이슬란드, 그린란드 등 유럽 각지로 이주하여 정착하여 현지문화와 융화되었다. 바이킹은 중세유럽역사에서 상업과 교통의 발전에 크게 기여하였다.

▶ 바이킹의 배

바쿠닌(Bakunin, Mikhail Aleksandrovich, 1814~1876)

러시아의 무정부의 혁명운동가. 트베리의 귀족가문 출신으로 상트페테르크부르크 포병학교를 졸업하고 포병장교가 되었다. 1834년 군대에서 나와 모스크바로 가서 헤겔철학을 공부하였다. 1843년 파리로 가서 프루동과 교제하면서 혁명적 범슬라브주의와 무정부주의 사상에 빠지게 되었다. 1848년 프랑스 2월 혁명에 참여하고 1849년에는 드레스덴에서 폭동을 주도한 혐의로 체포되어 러시아 정부로 이송되었다. 사형을 선고받았으나 감형되어 시베리아에서 유형생활을 하다가 1861년 탈출하였다. 이후 유럽 각국의 혁명운동에 참여하고 스위스에 거주하면서 제1인터내셔널에서 마르크스파와 대립하였다. 1872년 헤이그 대회에서 마르크스파에 패배하고 베를린에서 죽었다. 바쿠닌은 급진적 무정부주의 사상의 이론적 기초를 다졌으며 유럽 각국의 혁명운동에 크게 영향을 미쳤다. 저서로 《신과 국가》(1871), 《국가와 무정부》(1873) 등이 있다.

바쿠후(幕府)

일본 가마쿠라(鎌倉)시대로부터 에도(江戶)시대에 걸쳐 무인정치(武人政治)가 이루어졌던 최고 실력자의 정부. 막부란 원래 중국에서 장군이 출정 중에 천막을 치고 머물던 곳을 의미한다. 일본에서는 근위대장의 거처란 뜻으로 사용되다가 나중에는 근위대장을 가리키는 말이 되었다. 이후 미나모토노 요리토모(源賴朝)가 가마쿠라에서 무가정치(武家政治)를 실시하면서 1190년에 우근위대장(右近衛大將)이 되자 요리토모의 처소를 막부라고 불렀다. 이어서 요리토모가 1192년에 정이대장군(征夷大將軍)이 되면서 장군 자체를 가리키게 되었다. 에도 후기에 이르러서는 무가정권 그 자체를 뜻하는 말로 사용되었다.

바투(Batu, 1207?~1255)

칭기스칸의 손자로 킵차크 한국을 세우고 초대 칸이 된 인물. 1227년 아버지 주치(朮赤)의 영지를 물려받고 1236년에 몽고를 출발하여 유럽원정에 나섰다. 볼가강을 건너 블라디미르 공국을 점령하고 노브고로드 공국을 우회해서 남하하여 1240년 당시 러시아의 수도이던 키에프를 점령하였다. 이후 러시아 남부를 거쳐 폴란드, 독일까지 침공하였다. 1241년 슐레지엔의 리그니트에서 슐레지엔 공 하인리히가 이끈 유럽연합군을 격파하고 헝가리까지 침입했으나 오고타이 칸이 사망했다는 소식을 듣고 군대를 돌렸다. 이후 1242년에 볼가강 부근에 사라이를 건설하고 그곳을 수도로 하여 킵차크 한국을 세웠다. 킵차크 한국은 러시아 제후국에 징세관을 파견하여 공납을 징수하였다.

바티칸(Vatican)

이탈리아 로마시 북서부 언덕에 위치한 교황국가. 로마시대에 네로 황제가 기독교도를 학살하였고 사도 베드로가 묻힌 곳이다. 6세기 초 심마쿠스 교황 때 처음으로 교황청이 세워졌다. 1307년까지 역대 교황은 라테란 궁에서 거주하였으나 이후에는 바티칸이 교황궁으로 되었다. 19세기 이탈리아 통일운동(리소르지멘토) 당시에 중부 이탈리아의 교황령이 몰수되어 교황청과 이탈리아왕국이 대립하게 되었다. 이후 1929년에 무솔리니와 피우스 11세 사이에 라테란 조약이 체결되어 바티칸시국이 수립되었다.

바흐(Bach, Johann Sebastian, 1685~1750)

독일의 작곡가, 오르간 연주자. 아이제나흐 출신으로 그의 가문은 200년 이상 음악가 집안이었다. 어려서부터 음악을 배웠으며 1700년에 북독일 뤼네부르크의 교회 합창대에서 교육을 받았다. 1702년 고등학교를 졸업하고 바이마르에 가서 에른스트 대공의 궁정악단 단원으로 일했으며 이후에는 여러 교

▶ 바흐

회와 바이마르 궁정예배당의 오르간 연주자가 되었다. 1717년에 괴텐의 레오폴드 공작의 궁정악장이 되었으나 교회음악 작곡을 위해 1723년 라이프치히 성토마스 교회의 합창대 지휘자로 취임하여 이후 27년간 교회음악가로 생활하였다. 바흐는 바로크 음악의 완성자로서 북독일과 남독일, 이탈리아와 프랑스 음악의 영향을 한데 종합하여 자신의 작품 속에 표현하였다. 또한 대위법 체계의 완성에 기여하였다. 일생 동안 수많은 칸타타, 수난곡, 미사, 오르간, 클라비어 협주곡, 무반주 소나타 등을 작곡하였다. 대표작으로는 〈토카타와 푸가〉, 〈전주곡과 푸가〉, 〈코랄 전주곡〉, 〈바이올린 협주곡〉, 〈브란덴부르크 협주곡〉, 〈요한 수난곡〉, 〈마태 수난곡〉, 〈나 단조 미사〉, 〈평균율 클라비어 곡집〉 등이 있다.

박물지(博物誌, Histoire Naturalis)

로마시대의 군인, 정치가이자 박물학자인 플리니우스(23~79)가 자연계의 여러 현상에 대해 종합적으로 기술한 책. 전 37권으로 되어 있으며 티투스 황제에게 바친 대백과전서이다. 그 내용은 100명의 저술가를 동원하여 천문, 지리, 인간, 동물, 식물, 광물, 보석 등 약 2만 개의 항목으로 되어 있다. 특히 동물 식물 광물의 이용에 대한 기술이 중요하게 다루어져 있으며 기타 풍속에 대한 설명도 있어 고대 문화 연구에 중요한 자료가 되고 있다.

박트리아(Bactria, BC 246~BC 138)

헬레니즘시대에 힌두쿠시 산맥과 아무다리야 강 중간에 있던 그리스계의 왕국. 이 곳은 교통의 요충지로서 오늘날의 아프가니스탄 북부와 투르키스탄 남부에 해당하는 지역이다. 원래 페르시아제국의 영토였으나 알렉산더 대왕이 정복하였다. 알렉산더가 죽은 후에는 그의 부하 장군이 셀레우코스 1세가 세운 시리아왕국에 속하게 되었다. 헬레니즘이 전파되면서 이 지역에도 그리스풍의 도시가 많이 건설되었다. 시리아왕국이 쇠퇴하면서 BC 255년에 태수 디오토투스가 반란을 일으켜 박트리아왕국을 세웠다. 이후 인도의 마우리아 왕조가 쇠퇴한 틈을 타서 힌두쿠시 산맥을 넘어 인도를 침공하여 인더스 강 유역을 장악하는 대제국을 세웠다. 그러나 본국에서 장군 유크라티데스가 반란을 일으키고 왕권다툼이 일어나면서 서쪽으로 파르티아의 침입을 받고 북쪽에서 들어온 대월지(大月氏)에게 정복되고 말았다. 박트리아는 인도에 헬레니즘 문화를 전파하였고 이 과정에서 그리스 문화와 불교가 교류하면서 간다라 미술이 형성되었다.

반고(班固, 32~92)

《한서(漢書)》를 지은 중국 후한(後漢) 초기의 역사가. 자는 맹견(孟堅)이며 산시(陝西)성 셴양(咸陽) 출신이다. 서역도호(西域都護)를 지낸 반초(班超)의 형이다. 반고는 명제(明帝) 때 사관(史官)에 임명되어 전한(前漢)시대의 역사를 기록한 《한서》를 편찬하였다. 《한서》는 반고가 죽은 후에 그의 누이동생 반소(班昭)에 의해 완성되어 사마천의 《사기》와 함께 2대 역사서로 불리게 되었다. 반고는 《한서》 외에 《백호통의(白虎通義)》를 저술하였다. 이후 화제(和帝) 때 두헌(竇憲)이 이끄는 흉노 원정군에 참가하였는데 92년에 두헌이 반란을 일으켜 이 사건에 연루되어 옥에서 사망하였다. 반고는 또한 사부(詞賦)에 능하여 〈양도부(兩都賦)〉라는 유명한 작품을 남겼다.

반다이크(Van Dyck, Sir Anthony, 1599~1641)

플랑드르(벨기에)의 화가. 안트베르펜에서 태어나 루벤스의 조수가 되어 그림을 배웠다. 1621년에 영국으로 건너가 제임스 1세를 위해 그림을 그렸고 1622년에는 이탈리아로 갔다. 이탈리아에서는 베네치아파인 티치아노의 영향을 많이 받았으며 이탈리아 각지를 여행한 후 프랑스를 거쳐 플랑드르로 돌아왔다. 당시 에스파냐의 지배를 받던 플랑드르에서는 루벤스와 반다이크 화파가 번성하였다. 1632년에 다시 영국으로 가서 궁정수석화가로 찰스 1세의 초상화를 비롯한 많은 초상화를 그렸다. 반 다이크의 초상화는 플랑드르는 물론이고 영국, 네덜란드, 독일의 초상화에 많은 영향을 주었다. 대표작으로는 〈마기의 예배〉, 〈승천〉, 〈책형〉, 〈성아우구스티누스〉, 〈수태고지〉, 〈성모〉, 〈남자의 초상〉 등이 있다.

▶ 반다이크의 〈찰스 1세〉

반달족(Vandals)

1세기 무렵 오데르 강 상류에 있던 루기족을 중심으로 한 게르만 혼성 부족. 이들은 3세기 후반에 도나우강 중하류로 이동하였다가 4세기 중엽 이후에는 로마의 지배를 받는 판노니아에 정착하였다. 이후 409년 민족대이동기에 고데기젤왕이 부족을 이끌고 갈리아로 침입하였다가 프랑크족에게 패하여 피레네 산맥을 넘어 이베리아 반도로 들어갔다. 416년 서고트족이 이베리아 반도를 침략하자 반달족은 가이세릭왕이 부족을 이끌고 아프리카로 건너가 로마 총독을 살해하고 439년에 카르타고를 수도로 반달왕국을 세웠다. 이후 로마를 약탈하는 등 침략을 계속하다가 지배층의 내분이 생겨 약화되었다. 이 틈을 타 동로마 황제 유스티니아누스가 파견한 장군 벨리사리우스가 이끄는 원정군에 의해 534년에 멸망하였다.

반둥 회의(Asian-African Conference, 1955)

1955년 4월 아시아와 아프리카 대륙의 독립국 대표들이 인도네시아 반둥에서 가진 회의. 아시아-아프리카 회의라고도 부른다. 과거 유럽의 식민지였다 독립한 아시아 아프리카 국가들이 백색인종의 참여를 배제하고 유색인종만으로 모인 회의로서 제3세계 비동맹 세력이 결집하는 상징적 회의가 되었다. 인도네시아, 스리랑카, 미얀마, 인도, 파키스탄 5개국이 발기하여 29개국 대표단이 참석하였다. 회의의 목적은 아시아 아프리카 국가간의 협력과 냉전에 대한 중립선언, 식민주의 종식을 촉구하기 위한 것으로서 국제연합 등에서 발언권 증진을 목표로 한 것이었다. 회의결과 참가한 각국은 '반둥 10원칙'을 발표하고 아시아 아프리카의 중립 및 협력을 다짐하였다.

반량전(半兩錢)

중국 진나라와 한나라 때 사용한 동전. 모양은 둥글고 가운데 네모난 구멍이 있으며 '반량'이라는 글자가 새겨져 있다. 반량전에는 진나라 때 만들어진 진반량과 한나라 때 만들어진 한반량이 있다. 진반량은 BC 221년 진시황제가 중국을 통일하면서 만든 것이며 한반량은 BC 186년과 BC 175년 두 차례에 걸쳐 발행되었다.

반아이크 형제(Van Eyck, Hubert, 1370?~1426, Van Eyck, Jan, 1395?~1441)

르네상스 미술에서 플랑드르파를 창시한 형제 화가. 유화 물감을 완성하였다. 이들 형제는 주로 브뤼지와 강에서 작품활동을 하였으며 눈에 보이는 자연그대로의 사실적 표현에 정확하고 움직임이 없는 신비적이고 종교적인 분위기의 작품을 그렸다. 또한 플랑드르에서 초상화 장르를 확립하여 후세에 영향을 주었다. 이들 형제의 대표작으로 형의 그림으로는 성요한 성당의 제단화가 있고 동생의 그림으로는 〈무덤가의 세 마리아〉, 〈젊은 남자의 초상〉, 〈헨트 제단화〉, 〈아르놀피니 부부 혼례도〉 등을 비롯한 많은 초상화와 종교화가 있다.

반초(班超, 33~102)

서역도호로써 서역을 경영한 중국 후한시대의 장군. 《한서》를 지은 역사학자 반고의 동생이다. 자(字) 중승(仲升)이며 산시성(陝西省) 셴양(咸陽) 출신이다. 원래 학문에 뜻을 두었다가 군인이 되었다. 73년에 두고(竇固)를 따라 흉노(匈奴)토벌의 별장(別將)으로 종군하였다. 반초는 이후 31년간 서역에 머물면서 선선, 호탄을 비롯한 톈산남로(天山南路)의 오아시스 국가들을 정복하였다. 또한 부하 감영(甘英)을 대진국(大秦國)에 파견하여 페르시아만에 이르기까지 여러 지방의 정보를 수집하였다. 이후 흉노와 서역 여러 나라가 한나라에 반란을 일으키자 카시가르, 사초, 쿠차, 악수, 온숙 등 여러나라를 정복하였다. 이 공로로 91년에 서역도호(西域都護)에 임명되었다. 이후에도 파미르 동서를 통틀어 50개국을 관할하고 정원후(定遠侯)에 봉(封)하여졌다. 102년에 낙양으로 귀국하여 한 달 후에 사망하였다. 반초가 죽은 지 수 년 후에 서역제국은 다시 한나라의 지배를 벗어났다.

발루아왕조(Valois, 1328~1589)

카페왕조에 이어 프랑스를 지배한 왕가. 1285년 필립 3세가 그의 아들 샤를에게 발루아 백작령을 하사한 데서 비롯되었다. 1328년 카페왕조의 마지막 왕 샤를 4세가 죽고 왕실에 왕위를 계승할 남자가 없자 발루아 백작 필립 세가 즉위하여 발루아왕조가 시작되었다. 이후 발루아왕조는 직계 발루아 왕가(1328~1498), 오를레앙 발루아 왕가(1498~1515), 앙굴렘 발루아 왕가(1515~1589)로 이어졌다. 발루아왕조 시대에는 백년전쟁을 치러 영국군을 물리치고 통일국가의 기반을 다졌으며 이탈리아전쟁을 치렀다. 이후 흑사병, 쟈크리의 난과 같은 농민반란 등으로 혼란을 겪었으나 잃었던 국토를 수복, 통일하고 국왕의 권한이 강화된 시기였다. 발루아왕조 말기에는 이탈리아 르네상스의 영향으로 문화가 발전하고 프랑스에서 종교개혁이 일어나 위그노전쟁을 치러야 했다. 1589년 앙리 3세의 죽음으로 발루아왕조는 13대 만에 끝나고 부르봉왕조로 이어졌다.

발자크(Balzac, Honore de, 1799~1850)

프랑스의 사실주의 소설가. 투르 출신으로 소르본 대학에서 법률을 공부하고 공증인 사무소에서 실습을 했다. 그러나 문학에 뜻을 두어 습작을 하면서 인쇄 출판업에 나섰다가 실패하고 부채 때문에 고생하였다. 1829년에 소설 〈올빼미 당〉으로 문단에 등장하고 이후 〈외제니 그랑데〉(1833), 〈고리오 영감〉(1834) 등의 작품으로 명성을 얻었다. 1835년에는 그를 돌봐 준 연상의 애인 베르니 부인을 소재로 〈골짜기의 백합〉을 썼다. 시민혁명으로 부르주아가 귀족을 제치고 사회를 지배하기 시작한 시대에 발자크는 과학과 진보를 찬양하고 부르주아 사회의 모습을 사실적으로 묘사하는데 주력하였다. 〈인간희극〉에서는 전 96편에 걸쳐 인물 재등장법을 구사하여 19세기 초 프랑스 부르주아 사회를 총체적으로 묘사하고자 시도했다. 오늘날 발자크는 스탕달과 함께 근대 사실주의 문학의 대표적 작가로 불린다.

발칸 반도(Balkan Peninsular)

유럽 남부에 위치하여 지중해로 돌출한 반도. 발칸이라는 이름은 반도 북동부의 산맥에서 온 것이다. 고대 그리스인들이 이 반도를 거쳐 그리스로 남하한 것으로 보이며 6세기 이후로 슬라브인과 터키인이 들어왔다. 알렉산더 대왕 때 마케도니아의 지배를 받았으며 이후 로마, 비잔틴, 투르크, 베네치아 등의 지배를 받다가 근세에는 오스만투르크의 지배를 받았다. 그러나 19세기 후반부터 오스만투르크의 세력이 약화되고 러시아가 발칸 반도에 진출하고자 시도하면서 발칸 반도에는 슬라브 민족주의가 거세게 일어나고 그리스, 세르비아, 불가리아, 루마니아, 몬테네그로 등 민족 국가들이 생겨났다. 이리하여 민족 간의 대립과 이를 배후지원하는 강대국들의 간섭으로 제1차 세계대전 전의 발칸 반도는 '유럽의 화약고'로 불리게 되었다. 1908년 오스트리아가 보스니아, 헤르체고비나를 병합하자 세르비아는 러시아와 협력하여 오스트리아에 대항하였다. 이후 일어난 투르크에 대한 발칸전쟁으로 세르비아는 알바니아를 얻었으나 알바니아가 오스트리아의 지원으로 독립하자 세르비아와 오스트리아의 관계는 더욱 악화되었으며 결국 1914년 6월 사라예보에서 세르비아 청년이 오스트리아 황태자 부부를 암살하여 제1차 세계대전이 발발하게 되었다. 1차 대전 이후 민족자결주의 원칙에 따라 발칸 반도에는 많은 독립국가들이 생겨났으나 민족분규는 그치지 않았다. 제2차 세계대전 이후 발칸 반도는 남부의 그리스와 독자노선을 채택한 유고슬라비아를 제외한 지역이 소련의 영향권에 들어갔다. 1980년대 말 이후 소련의 지배가 약화되자 발칸 반

▶ 오스트리아 황태자 암살 직전의 모습

도에서는 다시 배타적 민족주의가 일어나 분리독립과 민족분규가 다시 발생
하였다. 유고슬라비아는 슬로베니아 크로아티아 보스니아헤르체고비나 마케
도니아 세르비아 몬테네그로 등으로 갈라져 국가간, 민족간, 종교간 분쟁이
계속되고 있다.

발칸전쟁(Balkan Wars, 1912~1913)

1912년에서 1913년 사이에 발칸 동맹과 오스만투르크 사이에 일어난 제1차
발칸전쟁과 이후 발칸동맹국들 사이에 일어난 제2차 발칸전쟁으로 나뉜다.
1908년 오스트리아가 보스니아, 헤르체고비나를 병합하자 러시아는 발칸 반
도의 여러 나라를 규합하여 오스트리아의 진출을 저지하고자 시도하였다. 그
결과 1912년 불가리아, 세르비아, 그리스, 몬테네그로 4개국으로 발칸동맹이
성립하였다. 발칸제국은 투르크가 이탈리아와 전쟁 중인 틈을 타서 투르크에
선전포고를 하였다(제1차 발칸전쟁). 이 전쟁의 결과 투르크는 마케도니아와
트라키아를 발칸동맹에 양도하였다. 제2차 발칸전쟁은 마케도니아와 트라키
아를 분배하는 과정에서 발칸동맹국 사이에 생긴 내분으로 일어났다. 1913년
불가리아가 세르비아와 그리스를 공격하자 루마니아와 투르크가 불가리아 공
격에 가담하여 결국 불가리아가 항복하였다. 이 전쟁의 결과 불가리아는 1차
발칸전쟁으로 획득한 영토를 잃고 세르비아, 러시아와 적대적 관계가 되었으
며 세르비아는 오스트리아의 간섭으로 아드리아해로 나가는 출구를 잃었기
때문에 오스트리아와 적대관계가 되었다. 발칸전쟁은 발칸 반도 각국의 민족
주의, 영토확장 정책과 유럽 강대국의 이해관계가 얽혀 일어난 전쟁으로 이
후 일어난 제1차 세계대전의 계기가 되었다.

백거이(白居易, 772~846)

중국 당나라 때의 시인. 자는 낙천(樂天)이며 호는 취음선생(醉吟先生), 향산
거사(香山居士)이다. 산시성(山西省) 출신으로 800년에 진사에 급제하였고
이후 한림학사, 형부시랑을 거쳐 840년 형부상서가 되었다. 정치적으로 유배
생활을 하는 등 많은 굴곡을 겪고 문학과 불교에 뜻을 두게 되었다. 백거이의
시는 평이한 시구의 사실적 표현으로 일찍부터 대중의 사랑을 받았다. 대표작
으로 장시(長詩), 〈장한가(長恨歌)〉, 〈비파행(琵琶行)〉, 〈신악부(新樂府)〉, 〈백
씨장경집(白氏長慶集)〉(50권, 824), 〈백씨문집(白氏文集)〉 등이 있다.

백과전서파(百科全書派, Encyclopedistes)

18세기 계몽주의시대 프랑스에서 1751~1772년에 걸쳐 《백과전서》를 편찬한
계몽사상가 집단. 계몽사상가 디드로, 달랑베르 등이 주도하여 과학, 예술,
기술 등 당시의 학문적 성과를 집대성한 백과사전을 기획하였다. 볼테르, 루

소, 몽테스키외, 케네 등 많은 계몽사상가들이 필진으로 참여하였으며 1751
년 제1권을 출간하였다. 그러나 이성을 중시하고 교회와 신학에 대해 비판적
입장으로 보였기 때문에 탄압을 당하고 발행금지를 당하기도 하였다. 그러나
디드로 등의 노력으로 1772년까지 본문 19권, 도판 11권의 대사전을 완간하
였다. 귀족에서부터 평민에 이르기까지 프랑스 사회의 각계각층에서 참여한
이 《백과전서》에는 필자에 따라 다양한 입장이 실려 있으나 절대왕정과 교회
에 비판적인 입장과 개혁을 촉구하였다는 점에서는 공통적이었다.

백년전쟁(百年戰爭, Hundred Years' War, 1337~1453)

중세 말기 유럽에서 영국과 프랑스가 벌인 전쟁. 1066년 영국을 정복한 노르
만왕조는 프랑스에 많은 영토를 보유하고 있었기 때문에 이것이 영국과 프랑
스 사이에 분쟁의 원인이 되었다. 1328년 프랑스 카페왕조의 샤를 3세가 후
계자 없이 사망하자 샤를 3세의 사촌인 발루아 가문의 필리프 6세가 프랑스
왕위에 올랐다. 그러자 영국 국왕 에드워드 3세는 자신의 모친이 샤를 4세의
누이라는 점을 들어 왕위상속을 주장하였다. 에드워드 3세가 프랑스왕의 지
배하에 있는 모직물 공업지대 플랑드르에 대한 양모수출을 중단하자 프랑스
는 보복으로 프랑스 내 영국 영토인 포도주 생산지 기엔을 몰수하였다. 이리
하여 1337년 전쟁이 시작되었다. 프랑스는 크레시(1346), 프와티에(1356) 전
투에서 대패하여 국왕 쟝 2세가 포로가 되었다. 이후 프랑스는 영국의 계속
된 침공과 흑사병, 에티엔 마르셀의 난과 쟈크리의 농민반란(1358)에 시달리
다 샤를 태자가 간신히 사태를 수습하였다. 샤를은 왕위에 오른 후 잃어버린

▶ 쟌다르크

영토를 거의 수복하였다. 그러나 샤를
이 죽자 프랑스 귀족들은 알마냑파와
부르고뉴파로 양분되어 내분이 일어났
고 이 틈을 타서 영국왕 헨리 5세가
1415년 노르망디에 상륙하여 아쟁쿠르
전투에서 프랑스군을 격파하고 프랑스
왕위계승권을 획득하였다. 이후 프랑스
는 수세에 밀렸으나 쟌다르크 등의 노
력으로 1429년 오를레앙, 1436년 파리
를 탈환하고 결국 칼레를 제외한 프랑
스 영토를 모두 되찾았다. 백년전쟁으
로 인하여 프랑스에서는 상비군 창설
등 왕권이 강화되었고, 영국도 백년전
쟁 직후 일어난 장미전쟁을 거치면서
절대주의 왕정이 성립하였다. 또한 영

국과 프랑스 두 나라의 국민적 정체성이 형성되는 중요한 계기가 되었다.

백련교(白蓮敎)

중국에서 송나라 이후로 나타난 미륵신앙을 중심으로 한 민간신앙. 남송시대 고종 때 모자원(茅子元, ?~1166)을 교조로 하는 백련종(白蓮宗)이 일어났다. 백련종 일파는 미륵불이 나타나 지상에 극락세계를 세운다는 미륵하생(彌勒下生) 신앙을 내세워 하층 민중을 파고들었으며 종교적 비밀결사를 형성하였다. 이리하여 정부의 탄압을 받자 백련교도의 난이 원나라 때 홍건적(紅巾賊)의 난을 비롯하여, 명시대에 여러 차례 일어났다. 청나라시대에는 가경조(嘉慶朝) 때인 1796년에 후베이성(胡北省)에서 대규모 백련교도의 난이 일어났다. 후베이성에서 일어난 백련교도의 난은 곧 허난, 산시, 쓰촨, 간쑤 등으로 확대되어 9년 간 계속되었다. 이 반란은 조직과 목표가 없는 게릴라전에 그쳤으며 청나라 군대가 진압에 실패하자 지방 지주층이 조직한 의용군인 향용(鄕勇)이 진압에 나섰다.

백화문학운동(白話文學運動)

20세기 초 중국에서 일어난 문학혁명의 일환. 당나라 때까지 쓰이던 문어(文語) 대신 시대적 변천에 따라 송나라에서 원나라 사이에 새롭게 일상어로 쓰이게 된 말이다. 명나라시대에는 백화를 사용한 《수호지》, 《금병매》 등의 백화소설 작품이 등장하고 청나라시대에는 《유림외사》, 《홍루몽》 등이 나와 널리 읽혔다. 백화문학이 본격적으로 발전한 것은 1911년 신해혁명에 따른 문학혁명 이후부터이다. 문학혁명은 과학과 민주주의를 목표로 하여 전통사상인 유교를 비판하면서 아울러 구어체인 백화 사용을 강조하였다. 천두슈(陳獨秀) 리다자오(李大釗) 후스(胡適) 등 지식인들이 잡지 《신청년(新靑年)》을 중심으로 문학혁명을 이끌었으며 루쉰(魯迅)의 〈광인일기(狂人日記)〉와 같이 구어문을 사용해 전통사상을 비판한 문학작품들도 등장하였다.

밸푸어 선언(Balfour Declaration, 1917)

1917년 11월 영국의 외무장관 밸푸어가 팔레스타인에 유대민족국가 건설을 승인한다는 것을 약속한 선언. 밸푸어가 유대민족국가 건설운동인 시오니즘을 재정적으로 후원하던 국제적 금융가 로스차일드에게 보낸 편지에서 밝힌 내용이다. 영국은 제1차 세계대전을 수행하면서 중동의 군사기지인 팔레스타인을 지키기 위해 유대인의 협력을 얻고자 위와 같은 선언을 한 것이다. 그러나 한편으로 영국은 맥마흔 선언으로 오스만투르크 영토 내의 아랍민족의 독립을 승인하였기 때문에 유대민족과 아랍민족에게 모두 독립을 약속하는 공약을 하였다. 이에 따라 제2차 세계대전 후 분쟁의 원인이 되었다.

범게르만주의(Pan-Germanism)

제1차 세계대전 이전의 독일 민족주의 운동. 독일제국을 중심으로 모든 게르만 민족의 단결과 생활권 확보를 위한 대외진출을 촉구한 사상 및 운동을 말한다. 19세기 후반기 이래 유럽에서 제국주의가 확산되면서 범슬라브주의에 맞서는 개념으로 등장하였으며 독일의 제국주의 정책인 3B정책(베를린—비잔티움—바그다드), 해외 식민지 획득, 해군력 강화, 게르만 민족의 우수성 강조, 오스트리아와 합병을 목표로 내세웠다. 1891년에 창립된 '전독일협회'를 비롯한 조직들이 활동하였으며 제1차 세계대전 이후로 사라졌다. 그러나 범게르만주의는 히틀러와 나치스 당의 성장에 깊은 사상적 영향을 주었다고 할 수 있다.

범미주의(Pan-Americanism)

남북 아메리카 각국의 단결과 협력을 촉진하려는 운동. 1826년 남아메리카의 독립운동가 시몬 볼리바르의 제창으로 파나마 회의를 개최하였으나 의견일치를 보지 못하였다. 이후 미국이 미주회의를 제창하여 1889년 워싱턴에서 제1회 미주회의가 열렸다. 이후 상설기구로 미주연합이 설립되어 분쟁해결, 관세장벽 철폐, 통신, 교통 분야의 개선 등을 목표로 하였으나 실효를 거두지는 못하였다. 1930년대부터 미국 대통령 루즈벨트가 선린외교정책을 추진하면서 파시즘의 위협에 대한 공동방위를 추구하여 1930년대 후반부에 열린 미주회의들에서 상호방위, 불가침 협정이 채택되었다. 이것은 이후 1940년대에 집단방위체제로 발전하였다. 1948년 콜롬비아 보고타에서 '미주기구헌장(보고타헌장)을 채택하면서 미주연합을 발전적으로 계승한 미주기구(OAS)가 발족하였다. 그러나 1960년대 이후에는 쿠바를 비롯한 중남미 각국의 사회주의화와 군사독재, 공산 게릴라 준동으로 인한 정치불안과 경제사정 악화 등으로 범미주의는 큰 역할을 하지 못하고 있다.

범슬라브주의(Pan-Slavism)

슬라브 민족의 통일을 목표로 하는 사상과 운동. 그 기원은 18세기 말 이후에 유행한 슬라브 민속학에서 찾을 수 있으며 원래는 슬라브 문화의 우수성을 주장한 낭만주의 운동이다. 이후 언어통일운동에서 슬라브 민족의 정치적 통일에 이르기까지 다양한 형태로 전개되었다. 이러한 범슬라브주의는 크게 둘로 나눌 수 있다. 하나는 오스트리아와 오스만투르크의 지배로부터 슬라브 민족을 해방시켜 연방제로 통합하려는 유럽 범슬라브주의이며 다른 하나는 러시아제국을 중심으로 슬라브 민족을 통합하려는 러시아 범슬라브주의이다. 러시아 범슬라브주의는 러시아가 제국주의 정책을 실시하여 발칸 반도와 지중해로 진출하면서부터는 제국주의 세계정책 운동으로 변했다. 이 때문에 발칸 반도에서 독일, 오스트리아의 범게르만주의와 충돌하여 제1차 세계대전이 발발하게 되었다. 1차 대전 이후에는 각지의 슬라브 민족이 독립국가를 세움으로써 정치적 범슬라브주의는 약화되었다.

범아랍주의(Pan-Arabism)

아랍민족의 통일을 지향하는 사상과 운동. 아랍어 사용자들 사이에 고대 아라비아 문명의 영광을 재현하려는 문화적 및 정치적 통일국가를 건설하려는 민족주의 운동이다. 이 운동에는 아랍의 종교인 이슬람교가 아랍인들을 결집하는 구심점으로 작용한다. 범아랍주의는 아라비아가 오스만투르크의 지배를 받던 20세기 초부터 일어나 제1차 세계대전 중에 본격화 되었다. 후세인이 이끄는 아랍세력은 영국의 지원을 받아 오스만투르크에 맞서 반란을 일으켰다. 그러나 전쟁 후 영국이 후세인에 대한 약속을 이행하지 않음으로써 일단 좌절되었다. 제2차 세계대전이 끝난 후 세계적으로 식민지 독립과 민족국가 수립이 이루어지면서 범아랍주의도 다시 활성화되었다. 1945년 아랍연맹이 창설되었으며 이스라엘에 맞서는 과정에서 이집트와 시리아가 범아랍주의를 주도하였다. 1958년 시리아와 이집트가 합병하여 아랍연합공화국을 결성하여 범아랍주의가 실현되는 듯 했으나 1961년 시리아가 탈퇴하면서 좌절되었다. 이후의 범아랍주의는 아랍 산유국들이 석유를 무기화하면서 이스라엘에 압박을 가하는 정치적 측면을 띠었다. 1980년대 이후로는 이슬람교를 중심으로 서구에 맞서는 리비아, 아프간 같은 국가와 사우디의 이슬람 급진파 등에 의해 종교적 성전의 수단으로 선전되고 있다.

법가(法家)

중국 전국시대의 정치사상가 집단으로 제자백가의 일파이다. 법가는 유가의 예(禮)의 통치에 반대하고 엄격한 법의 적용과 관료제를 통한 국가강화를 주장하였다. 이와 같은 법가의 사상은 진나라의 천하통일 및 중앙집권적 통일제국 건설에 크게 기여하였다. 법가는 관료조직 이외의 수직적 사회조직을 인정하지 않았기 때문에 가족을 중시한 유가와 달랐다. 또한 법은 왕이 제정하지만 일단 제정한 법은 왕이라도 이유 없이 어길 수 없다는 논리적인 법실증주의를 주장하였다. 대표적인 법가 사상가로는 진(秦)나라의 재상으로 법치주의를 구현한 상앙(商鞅), 법가 사상을 이론적으로 집대성한 한비자(韓非子), 진(秦)나라가 중국을 통일하는 데 기여한 이사(李斯) 등이 있다.

법무관(法務官, Praetor)

로마 공화정시대의 정무관직. BC 306년에 집정관(콘술)과 더불어 도시법무관직이 설치되어 로마에서 일어나는 재판을 담당하였다. 법무관의 임기는 1

년이며 2명이 선출된다. 법무관은 집정관을 보좌하고 집정관이 부재시에 원로원과 병사회를 소집하고 입법권을 행사하였다. 로마가 외국과의 관계가 복잡해지자 BC 242년에 외국인 문제를 담당하는 법무관직을 신설하고 사르데냐와 에스파냐 등 속주를 담당하는 법무관직도 신설하였다. 이에 따라 BC 227년에 4명, BC 197년에 6명이 되었다가 술라시대에 8명으로 늘어났다. 로마 제정시대에는 그 권한이 축소되어 원로원에서 선출하고 소규모 재판사건만 맡게 되었다.

법복 귀족(法服貴族, Nobless de Robe)

절대주의시대 프랑스에서 주로 법률계통의 관직을 통해 귀족이 된 신흥귀족층을 말한다. 절대왕정이 구귀족층을 견제하기 위해 고등법원 등의 관직에 시민(부르주아)층을 채용하였는데 이들 시민들은 돈으로 관직을 사들여 특권신분인 귀족에 오르게 되었다. 법관귀족들은 처음에는 구귀족층인 대검귀족(帶劍貴族 : 칼을 차고 다닐 특권을 가진 귀족)들과 대립하였으나 18세기에는 서로 협력하여 왕권에 대립하였기 때문에 프랑스 혁명이 일어나는 계기가 되었다.

법의 정신(L'Esprit des lois, 1748)

프랑스의 계몽사상가 몽테스키외가 '3권분립'을 주장한 대표적 저서. 전 2권으로 되어 있다. 몽테스키외는 《법의 정신》에서 법을 선험적 이론이 아니라 각 국가의 경험을 통해 살펴보아야 한다고 주장하고 영국의 제도를 본받아 권력이 입법권, 행정권, 사법권으로 3권으로 분립되어야 한다고 주장하였다. 이를 통해서 프랑스 사회에 영국의 정치제도를 소개하였으며 절대왕정의 개혁을 촉구하는 주장에 이론적 기반을 제공하였다. 몽테스키외는 20년에 거쳐 《법의 정신》을 준비하였다고 하며 1748년에 이 책이 출간되었을 때 금서목록에 올랐으나 2년 동안 22판을 찍을 만큼 대단한 호평을 받았다. 몽테스키외의 3권분립론은 프랑스에 국한되지 않고 미국독립혁명 등에 영향을 주었으며 19세기 자유주의 발전에 기반을 제공하였다.

▶ 몽테스키외

법현(法顯, 337?~422?)

중국 동진(東晉)시대에 인도에 유학하여 《불국기(佛國記)》를 지은 승려. 산시성 핑양 출신이다. 법현은 당시 중국 불교계에 경전은 많이 번역되어 있으나 계율(戒律)이 들어와 있지 않음을 안타깝게 여겨 399년에 60세가 넘은 나이로 6년간의 여행길에 나서 히말라야 산맥을 넘어 북인도로 들어가 마투라, 사위국, 석가국 등을 거쳐 후 중부 인도에 도착하였다. 인도에서 불교유적을 순례하고 계율경전을 얻은 후 동인도를 거쳐 스리랑카로 가서 다시 경전을 구하고 바닷길로 413년 산둥성에 도착하였다. 귀국한 후에는 15년 간 30개국을 다닌 여행기 《불국기》를 저술하고 건강(建康)에서 경전 번역사업에 종사하였다. 《불국기》는 당시 인도와 중앙아시아의 실정을 연구하는 귀중한 자료로 활용되고 있다.

베네딕투스(Benedictus, von Nursia, St, 480?~543?)

서유럽 수도원 운동을 시작한 이탈리아 출신의 성직자. '수도생활의 아버지'로 불린다. 로마 북방의 누르시아 출신이다. 로마에서 문학을 공부하면서 비잔틴 수도 공동체의 영향을 받아 수비아코 산 근처의 동굴에서 은둔 수도생활을 하였다. 이후 529년경에 로마와 나폴리의 중간에 위치한 몬테 카시노에 수도원을 세우고 '베네딕투스 계율'을 남겼다. 이후 서유럽의 거의 모든 수도원들이 이 계율을 채택하였다. 계율의 내용은 수도원의 제도, 수도사의 선발, 징계, 기도, 수도원장의 선출, 수도원의 운영에 대한 것이며 이를 따르는 수도회를 베네딕투스회라고 부른다.

베다(Veda)

고대 인도의 신화를 집대성한 것으로 힌두교의 성전이다. '베다' 란 지식(知識) 또는 종교적 제의에 대한 지식을 의미한다. 베다는 《리그 베다》, 《사마 베다》, 《야주르 베다》, 《아타르바 베다》 4가지로 구분된다. 《리그 베다》는 여러 신을 제식을 지내는 장소로 불러들이는 내용이며, 《사마 베다》는 제식에서 부르는 노래이다. 그리고 《야주르 베다》는 제식의 진행, 《아타르바 베다》는 주술에 대한 내용이다. 또한 《아타르바 베다》에는 우파니샤드 철학의 내용이 담겨있다. 베다의 성립연대는 가장 오래된 《리그베다》로부터 고대 우파니샤드의 성립까지를 대체로 BC 20세기~BC 5세기 사이로 잡고 있다. 《베다》는 고대 아리아인의 종교와 철학, 문화 등과 같은 고전문화를 이해하는 데 매우 중요한 자료이다.

베두인(Bedouin)

아라비아 반도를 중심으로 중동, 북아프리카 일대에 거주하는 아랍계 유목민족. 베두인들은 자신들이 아브라함의 후예인 '참된 아라비아 사람'이라고 여긴다. 베두인은 남북 두 파로 나뉘어져 있으며 낙타, 양, 염소를 기르는 유목생활을 하면서 사막 주변에 사는 민족들과 교역을 하거나 때때로 약탈을 하기도 한다. 대부분 이슬람교를 믿고 있다. 베두인 사회는 부계 확대가족제로서 여러 가족으로 구성된 부족을 단위로 유목생활을 한다. 오늘날에는 점차 그 수가 감소하고 있다.

▶ 베르그송

베르그송(Bergson, Henri, 1859~1941)
프랑스의 철학자. 파리 출신으로 고등사범학교를 졸업하고 고등학교 교사로 재직하다가 콜레주 드 프랑스의 철학교수가 되었다. 베르그송의 철학은 프랑스 유심론의 전통을 이어받고 다윈, 스펜서 등의 진화론의 영향을 받아 생명의 창조적 진화를 주장하였다. 베르그송은 자연과학으로 이루어진 현대문명의 문제를 치유하기 위해서는 형이상학이 필요하다고 주장하였다. 또한 정적이고 폐쇄적이며 도그마에 사로잡힌 '닫힌 사회' 대신 동적이고 개방적이며 직관이 넘치는 '열린 사회'로 나가야 한다고 주장하였다. 이러한 베르그송의 철학은 현대 문화에 많은 영향을 미쳤다. 대표작으로 《시간과 자유》(1880), 《물질과 기억》(1896), 《창조적 진화》(1907), 《사상과 움직이는 것》(1934) 등이 있다.

베르길리우스(Vergilius Maro, Publius, BC 70~BC 19)
로마의 대시인. 아우구스투스 황제가 로마제국을 통일하고 번영을 누리던 시대에 활약했다. 이탈리아 북부 만투바 근교 출신으로 로마에서 철학과 수사학을 공부하고 법률가를 지망했다가 문학으로 바꾸었다. BC 37년에 이탈리아 및 시칠리아의 목가적 생활을 노래한 〈에클로가에(전원시)〉로 명성을 얻었으며 BC 30년에는 '농경시'로 더 큰 성공을 거두었다. 이후 11년에 걸쳐 장편서사시 〈아에네아스〉를 집필하였다. 트로이의 영웅으로 로마를 건국한 전설의 영웅 아에네아스를 노래한 이 작품으로 베르길리우스는 애국심과 교양, 시적 재능을 갖춘 로마의 국민시인으로 추대되었다.

베르덴 조약(Treaty of Verdun, 843)

프랑크왕국의 분할을 결정한 조약. 카롤루스 대제의 아들 루트비히 경건왕이 사망하자 왕국을 놓고 장남 로타르, 차남 카를 2세, 3남 독일인 왕 루트비히가 843년 베르덴 조약을 체결하여 왕국을 분할 상속하였다. 베르덩 조약의 내용은 장남 로타르가 중부제국(로트링겐 부르군트 북이탈리아), 차남 카를 2세가 서프랑크왕국(서프랑키아, 아키텐, 가스코뉴, 셉티마니아), 3남 루트비히가 라인강 동쪽의 동프랑크왕국을 각각 차지하였다. 이를 통해 훗날의 독일, 프랑스, 이탈리아의 원형이 처음으로 이루어졌다. 중부제국은 로타르의 사후 다시 3분되어 곧 단절되었으나 동프랑크는 911년까지, 서프랑크는 987년까지 카롤링거왕조의 왕통이 계속 이어졌다. 이후 동프랑크는 작센왕조의 독일왕국으로, 서프랑크는 카페왕조의 프랑스왕국으로 각각 계승되었다.

베르디(Verdi, Giuseppe, 1813~1901)

이탈리아의 오페라 작곡가. 후기 낭만파의 대표적 음악가이다. 이탈리아 북부 파르마 출신으로 부세트와 밀라노에서 음악을 공부하였다. 1842년 상연된 오페라 〈나부코〉로 큰 인기를 얻었으며 이후 오스트리아의 지배를 받는 이탈리아인들의 민족감정에 호소하는 〈에르나니〉(1844) 등의 작품으로 인기를 얻었다. 대표작으로 〈리골레트〉, 〈일 트로바토레〉, 〈춘희〉, 〈가면무도회〉, 〈운명의 힘〉, 〈아이다〉 등이 있다. 베르디의 오페라는 이탈리아 가극의 특징인 성악의 아름다움을 펼치면서 또한 극적 전개와 심리묘사가 뛰어나 음악과 극이 통일적으로 표현되어 있다.

베르사유 체제(Versailles System, 1919~1933)

제1차 세계대전이 끝나고 승리한 연합국측이 베르사유 조약을 통하여 실현시킨 새로운 국제질서. 베르사유 조약 자체는 미국 대통령 우드로 윌슨이 제안한 14개조 평화원칙을 기초로 한 것이다. 그러나 미국과 소련, 독일이 국제연맹에 가입하지 않게 되면서 사실상 베르사유 체제는 영국과 프랑스 등 유럽의 승전국들이 독일과 오스트리아, 발칸 반도 국가 등에 대해 강요하는 형태가 되었다. 독일에 대한 막대한 전쟁배상금 요구와 재무장 금지를 골자로 했던 베르사유 체제 하에서 패전국 독일이나 조약에 불만을 품은 이탈리아 등은 베르사유 체제를 반대하게 되었다. 소련은 베르사유 체제가 자본주의를 옹호하는 것으로 규정하고 코민테른을 통하여 이에 맞섰다. 한편으로 발칸 반도를 비롯한 동유럽에는 많은 민족국가가 베르사유 체제 하에서 독립하였다. 이후 1920년대에는 도즈안, 영안 등으로 배상금이 경감되고 로카르노 조약(부전조약)으로 유럽의 국제질서가 안정되는 듯 했다. 그러나 1929년 시작된 세계대공황으로 독일은 배상금 지불능력을 상실하고 이후 나치스가 집권하면서 1935년 독일이 재무장하고 배상금 지불을 이행하지 않음으로써 베르사유 체제는 무너졌다.

베르사유 평화조약(Treaty of Versailles, 1919)

제1차 세계대전이 끝나고 파리 평화회의의 결과 1919년 6월 28일 31개 연합국과 독일 사이에 체결된 조약. 모두 15편 440조로 되어 있다. 이 조약에는 독일에 대한 제재 뿐 아니라 국제연맹 규약(제1편)도 포함되어 있다. 이 조약을 중심으로 하는 1920년대와 1930년대의 국제질서를 베르사유 체제라고 한다. 베르사유 조약으로 독일은 해외식민지를 모두 잃고 알사스, 로렌을 프랑스에 반환하며 영토의 일부를 덴마크, 벨기에, 리투아니아, 폴란드, 체코슬로바키아에 할양하며 단치히는 자유시로서 국제연맹의 관리를 받는 등 영토의 13%, 인구의 10%를 상실했다. 또한 군비를 제한하여 육군과 해군의 규모가 축소되고 공군과 잠수함을 가질 수 없게 되었으며 참모본부와 징병제도도 폐지되었다. 라인강 좌안은 비무장 지대로 연합국이 점령하였다. 그 밖에 1921년까지 총 200억 마르크의 전쟁배상금을 지불하도록 요구되었다. 베르사유 조약은 국제연맹이라는 새로운 국제평화기구를 창설하는 등 국제정치사에 중요한 역할을 하였으나 미국이 이에 불참하고 프랑스 등이 지나치게 가혹한 조건을 독일에 요구함으로써 독일의 혼란을 초래하는 등 문제점을 안고 있었다.

▶ 1919년 6월 28일, 윌슨, 클레망소, 로이드 조지가 강화조약을 서명한 후 베르사유 궁전을 나오고 있다.

베를렌(Verlaine, Paul Marie, 1844~1896)

프랑스의 시인. 상징주의 집단인 데카당의 대표적 인물이다. 로렌주 메즈 출신으로 7세 때 파리로 이사하여 파리대학에서 법학을 공부하다 중퇴하고 파리 시청에서 근무하면서 시를 쓰기 시작했다. 22세 때인 1866년에 첫 시집 《토성인의 노래》를 출판하고 1869년에 두 번째 시집 《화려한 향연》을 출판하였다. 1870년 프로이센-프랑스 전쟁에 참전하고 파리 코뮌의 봉기를 지원하였다. 이후 시인 랭보와 동거하다가 1873년 싸움 끝에 권총을 발사하여 랭보에게 부상을 입히고 2년간 교도소 생활을 하였다. 출소 후에는 시골 학교의 교사로 재직하다 동성애와 술 때문에 쫓겨나 어려운 만년을 보내다 쓸쓸이 사망하였다. 베를렌은 시를 음악과 결부시켜 리듬과 하모니를 중시하였다. 일생동안 20편의 시집을 출판했고 평론집 《저주받은 시인들》 회상기 《나의 감옥》, 《참회록》 등의 저서가 있다.

베를린 봉쇄(Berlin Blockade, 1948~1949)

제2차 세계대전 후 독일의 수도 베를린이 동·서로 나뉜 상태에서 소련이 연합군이 점령한 서베를린을 봉쇄한 사건. 2차 대전으로 베를린은 미국, 영국, 프랑스, 소련 4개국이 분할하여 점령하게 되었다. 1948년 3월에 서방 점령국들이 화폐개혁을 실시하자 소련은 이에 대한 반발로 서베를린으로 가는 교통과 전기를 끊고 봉쇄에 들어갔다. 그러자 미국과 영국은 '하늘의 요새'로 불리는 폭격기 편대를 동원하여 11개월 동안 대공수작전을 펼쳐 서베를린에 생필품을 공급하였다. 결국 1945년 5월 소련이 봉쇄를 해제하였으나 이 사건으로 동서간의 냉전은 더욱 심화되고 독일의 분단이 고착되는 사태를 초래했다.

베를린회의(Congress of Berlin , 1878)

1878년 독일의 수도 베를린에서 비스마르크의 초청에 의해 열리게 된 국제회의. 1878년 러시아-투르크 전쟁으로 산스테파노 조약이 체결되어 발칸 반도에 슬라브 민족국가들이 독립함에 따라 러시아 세력이 발칸 반도와 지중해로 남하할 수 있게 되었다. 이에 대해 발칸 반도에 이해관계를 갖고 있는 영국이 오스트리아와 러시아 세력이 지중해로 진출하는 것을 경계하며 잦은 충돌이 발생하였다. 이러한 충돌은 급기야 국제적 위기 상황으로 이어졌다. 이에 독일 수상 비스마르크가 중재에 나서며 베를린에서 회의를 개최하였다. 회의 결과 산스테파노 조약을 폐기하고 새로운 베를린 조약이 성립되었다. 루마니아, 세르비아, 몬테네그로 등 슬라브 민족국가의 독립은 인정되었으나 영토는 축소되었고 투르크 영토 내에 자치령 형태의 슬라브 국가들이 등장하였다. 베를린 회의 결과 영국은 외교적 승리를 거두었고 이후 투르크와 방위조약을 맺고 키프로스를 얻었다. 러시아는 발칸 반도에 진출하려던 계획이 좌절되어 독일, 오스트리아와 적대관계가 되었다. 이 때문에 발칸 반도에서는 범게르만주의와 범슬라브주의의 대치하여 결국 제1차 세계대전으로 이어지게 되었다.

베버(Weber, Karl Maria Friedrich Ernst von, 1786~1826)

독일 낭만파 음악의 창시자. 홀슈타인주 오이틴 출신이다. 1800년 오페라 〈숲속의 처녀〉를 작곡하여 상연하였고 1811년 〈아부 하산〉을 작곡하였다. 1813년 프라하 오페라 극장 지휘자가 되었다가 1817년 작센 왕의 초청으로 드레스덴으로 옮겨갔다. 1821년 베를린에서 〈마탄의 사수〉를 처음 상연하여 독일의 국민음악으로 호평을 받았다. 이로부터 베버는 모차르트와 베토벤의 전통을 계승하여 독일음악 역사의 낭만파시대를 열었다. 1823년에는 오페라 〈오이리안테〉를 작곡하여 역시 호평을 받았으며 1826년 런던에서 오페라 〈오베론〉을 초연한 후 사망하였다. 오페라 외에 〈무도에의 권유〉 등의 피아노 독주곡 및 관현악곡이 있다.

▶ 베버

베버(Weber, Max, 1864~1920)

근대 사회학 발전에 기여한 독일의 사회학자. 독일 에르푸르트 출신이다. 국회의원의 아들로 태어나 하이델베르크, 베를린, 괴팅겐 대학 등에서 법학, 철학, 역사학, 경제학을 공부하였다. 이후 역사를 전공하여 베를린대학, 프라이부르크대학, 하이델베르크대학의 교수로 재직하였다. 1889년부터 심한 신경쇠약으로 요양하다가 1902년경부터 다시 연구를 시작하였다. 이때 가치판단과 사회과학방법론을 확립하고 자본주의 발전과 프로테스탄티즘을 결부시켜 연구한 《프로테스탄티즘의 윤리와 자본주의 정신》(1904~1905)을 출판하였다. 제1차 세계대전이 일어나자 야전병원에 지원하여 복무했으며 전쟁 후에는 뮌헨대학 교수로 있으면서 독일 민주당에 들어가 정치적 계몽운동을 하다 사망하였다. 베버는 당시 유행하던 역사학파나 마르크스주의와 달리 객관적인 사회과학연구를 추구했으며 현대 사회과학분야에 큰 영향을 미쳤다.

베버리지(Beveridge, William Henry, 1879~1963)

영국의 사회보장제도 확립에 기여한 경제학자. 인도 랑푸르에서 태어나 옥스
퍼드 대학에서 공부하였다. 실업문제를 연구하면서 직업소개소 창설 등에 참
여하였다. 제1차 세계대전 중에는 군수성과 식량성에 근무하였고 1919년 런
던 정치경제대학 학장을 거쳐 1937년 옥스퍼드대학 유니버시티 칼리지 학장
이 되었다. 제2차 세계대전이 일어나자 처칠 내각에 들어가 1942년 〈베버리
지 보고서〉를 발간하여 사회보장제도를 입안했다. 이를 토대로 가족수당법,
국민보험법, 국민업무재해보험법, 국민보건서비스법, 국민부조법, 아동법 등
이 입안되어 '요람에서 무덤까지'라는 광범위한 사회보장제도가 정착되었다.

베스트팔렌 조약(Peace of Westfalen, 1648)

독일 30년전쟁을 종결시킨 조약이며 유럽 역사상 최초의 국제회의이다. 이
조약의 결과 프랑스, 스웨덴, 브란덴부르크가 영토를 확장했으며 스위스와
네덜란드는 독립국이 되었고 독일의 제후들은 영토에 대한 주권과 외교권,
조약체결권을 인정받았다. 종교적으로 1555년의 아우크스부르크 종교화의가
승인되어 캘빈파도 루터파와 같이 인정되었고 카톨릭 제후와 프로테스탄트
제후가 동등하게 인정되었다. 이 조약은 근대 최초의 국제조약으로 이후
1815년 빈체제가 등장하기까지 17, 18세기의 유럽국제관계를 규정하였다. 또
이 조약으로 독일제국의 분권화 경향이 강화되었고 합스부르크 왕가는 쇠퇴
하고 브란덴부르크가 강성해져졌다. 프랑스의 부르봉왕조는 이 조약으로 이
익을 얻었으며 스웨덴은 쇠퇴하였다.

베스푸치(Vespucci, Amerigo, 1441~1512)

이탈리아의 항해사, 탐험가. 피렌체에서 태어나 메디치가를 위해 일했다.
1491년 스페인에 파견되어 1497년에서 1503년 사이에 남아메리카, 브라질
등 신대륙에 여러 차례 항해하였다. 천문학자로도 활약하였다. 1507년 독일
의 지리학자 발트제뮐러가 출판한 《세계지 입문》에서 신대륙을 아메리고 베
스푸치를 기념하여 '아메리카'로 부른 뒤부터 아메리카 대륙이란 이름으로
불리기 시작했다.

베오그라드 회의(Beograd Conference, 1961)

1961년 유고슬라비아의 수도 베오그라드에서 4대륙 25개국의 대표가 모인
중립국 회의. 제2차 세계대전 이후 독립한 신흥국가들이 강대국의 외교노선
에서 벗어나 연대를 통한 독자노선을 모색하기 위한 회의였다. 이 때문에 비
동맹회의 또는 제3세력 회의라고 불린다. 회의는 유고슬라비아의 티토 대통
령과 인도의 네루 수상의 대립, 반공주의와 용공문제, 식민지 반대투쟁과 평

화운동의 비중 문제 등으로 합의에 이르지 못하였다. 그러나 티토, 네루, 낫세르 등은 1961년 카이로에서 회의를 개최하여 제3세계국가들의 비동맹 독자노선을 계속 모색하였다.

베이징 조약(北京條約, 1860)

청나라가 베이징에서 외국과 체결한 여러 조약을 모두 베이징 조약이라고 부른다. 그 중에서 중요한 것은 청나라가 1860년에 영국, 프랑스, 러시아와 개별적으로 체결한 세 조약이다. 1858년 톈진조약(天津條約)의 비준과정에서 생긴 불화로 영국과 프랑스 연합군이 베이징으로 진격하여 원명원(圓明園)을 불태우는 등의 사태가 일어나자 청은 영국, 프랑스와 베이징에서 조약을 체결하였다. 이 조약은 톈진조약을 보충, 수정하여 외교사절의 베이징 주재, 톈진 개항, 배상금 지불 등을 결정하였다. 청과 러시아의 조약은 영국, 프랑스와의 강화를 주선한 댓가로 연해주 지방을 러시아에게 양도하는 내용이다. 이 조약을 계기로 청나라 조정에서는 수구파가 물러나고 조약체결을 주도한 공친왕(恭親王)을 중심으로 한 대외화친파(對外和親派)가 득세하였다. 공친왕은 외교 전문기관인 총리아문(總理衙門)을 설치하였다. 이후 청나라는 태평천국의 난을 진압하는 과정에서 서구세력의 원조를 받으면서 서구의 군사기술을 통해 중국을 부흥시키자는 '중체서용(中體西用)'론이 등장하고 태평천국의 난을 진압하는 과정에서 권력을 장악한 한인 관료들을 중심으로 '양무운동(洋務運動)'이 일어났다.

베이컨(Bacon, Francis, 1561~1626)

영국 경험론의 창시자이자 영국 르네상스의 선구자인 철학자, 문인, 정치가.

▶ 베이컨

런던에서 태어나 케임브리지 대학에서 법학을 공부하였다. 엘리자베스 여왕시대에 의회의원이 되었고 제임스 1세 시대에 검찰총장, 추밀고문관, 대법관을 지내고 1621년 자작이 되었다. 그 해에 부정사건으로 관직과 지위를 박탈당하고 정계에서 물러나 연구와 집필에 전념하였다. 베이컨은 인간의 인식을 방해하는 편견인 4가지 우상(종족의 우상, 동굴의 우상, 시장의 우상, 극장의 우상)을 제시하여 학문을 하는 새로운 방법으로 귀납법을 제시하였다. 귀납법은 실험과 관찰을 중시하는 근대 과학의 방법론 확립에 기여하였다. 베이컨은 또한 문필가로서의 재능이 뛰어나 영국 르네상스의 선구자 역할을 하였다. 대표작으로 《수필집》(1597), 《학문의 진보》(1605), 《노붐 오르가눔(1620), 《뉴 아틀란티스》(1627) 등이 있다.

베이컨(Bacon, Roger, 1214?~1294)

'근대과학의 선구자'로 불리는 영국의 신학자, 철학자, 과학자. 서머셋주 일 체스터 부근에서 태어나 프란체스코회 수도사가 되었다. 옥스퍼드와 파리 대학에서 공부하고 옥스퍼드 대학에서 강의하였다. 스콜라 철학의 공리공론에 반대하여 관찰과 실험을 중시하다가 교회로부터 비난을 받고 10년 간 투옥되었다. 수학, 광학, 연금술, 점성술 등에 관심을 가져 근대과학의 선구자로 '경이의 박사'로 불렸다. 베이컨은 수학의 논리적 추리보다 경험을 더 중시하였고 관찰과 실험을 중시하였다. '실험과학'이라는 말은 베이컨으로부터 나왔다. 또 그는 철학에도 경험적 방법을 도입하여 철학과 신학을 구분하였다. 대표작으로 《오푸스 마유스》, 《오푸스 미누스》, 《오푸스 테르티움》 등이 있다.

베토벤(Beethoven, Ludwig van, 1770~1827)

독일의 음악가. 본에서 태어나 음악가인 아버지 밑에서 4세 때부터 연습하여 7세 때 피아노 연주회를 열었다. 궁정악사로서 일하다가 1792년 빈으로 이주하여 하이든, 살리에리 등에게서 음악을 공부하였다. 1795년부터 피아노 연주자로 데뷔하고 작곡가로서도 명성을 얻게 되었다. 1800년경부터 귀가 어두워져 작곡에만 전념하였으며 작품을 팔아 생활하는 최초의 음악가로서 안정적인 생활을 할 수 있었다. 1820년부터는 완전히 청력을 상실하였음에도 불구하고 정력적인 작곡활동으로

▶ 베토벤

많은 이들을 감동시켰다. 베토벤은 하이든, 모차르트와 함께 빈 고전파의 3대 음악가로 꼽힌다. 그는 하이든과 모차르트가 완성한 소나타 형식을 발전시켰으며 그의 후기 작품들은 낭만주의로의 이행을 예고하는 것이었다. 대표작으로 〈교향곡 3번 영웅〉, 〈5번 운명〉, 〈6번 전원〉, 〈9번 합창〉 등 교향곡 9곡이 있고 피아노 소나타곡 32곡(〈비창〉, 〈고별〉, 〈환상〉 등) 피아노 협주곡 5곡(〈황제〉 등) 현악 4중주곡 16곡, 오페라 〈피델리오〉, 〈장엄 미사〉, 〈바이얼린 소나타〉, 〈바이얼린 협주곡〉 등이 있다.

베트남(越南, Vietnam)

인도차이나 반도 동부에 위치한 국가. 중국 남부에 거주했던 낙월(駱越)이 베트남인의 선조라고 한다. BC 111년 한나라 무제가 정벌한 후 약 1000년간 중국의 지배를 받아 군현이 설치되었다. 당나라 때에는 이곳에 안남도호부(安南都護府)가 설치되었다. 938년 중국이 오대송초(五代宋初)의 혼란기일 때 중국의 원정군을 물리치고 독립하여 이후 여러 왕조가 교체되었다. 15세기 초에 명나라 영락제(永樂帝)가 다시 베트남을 정벌하여 동화정책을 실시했으나 다시 여(黎)왕조가 나라를 수복하고 18세기까지 베트남을 통치하였다. 그러나 원(阮)왕조 때인 1884년에 선교사 박해사건을 구실로 침공한 프랑스에 의해 식민지가 되었다. 식민지하의 베트남인들은 독립을 쟁취하기 위해 노력했다. 제2차 세계대전이 끝나고 베트남은 프랑스와 인도차이나전쟁을 벌인 끝에 프랑스 세력을 물리치고 독립을 달성하였다. 이후 남북으로 분단되었다가 베트남전쟁을 거쳐 1975년 북베트남에 의해 다시 통일되었다. 현재의 베트남은 1990년대 이후 '도이모이(刷新)'라는 기치를 내걸고 개혁개방과 경제발전, 국제사회로의 복귀를 위해 변화하고 있다.

베트남광복회(1912)

1911년 중국에서 일어난 신해혁명에 자극을 받아 결성된 베트남 독립운동 단체. 판보이차우(潘佩珠 1867~1940)가 중심이 되어 결성하였다. 판보이차우는 1904년 프랑스 식민통치에 저항하는 단체인 유신회(維新會)를 결성하고 1905년 일본으로 건너가 일본의 도움을 얻어 베트남 독립을 성취하려고 시도하였다. 이 시기에 그는 중국에서 망명한 량치차오(梁啓超) 등과 교류하면서 《베트남 망국사》 등을 지어 젊은 유학생들을 중심으로 세력을 규합하였다. 그러나 일본정부의 추방령으로 1909년 일본을 떠났다. 1911년 중국에서 신해혁명이 일어나자 광둥으로 가서 1912년 베트남 광복회를 조직하였다. 이후 광복회는 중국 각지에서 베트남 독립운동을 전개하였으며 판보이차우는 1924년 상해에서 체포되어 하노이로 호송되어 재판에서 사형을 선고받았으나 감형을 요구하는 민중운동이 일어나 종신연금으로 감형되었다.

베트남전쟁(Vietnam War)

제2차 세계대전이 일어나고 일본군이 베트남에 진주하자 호치민(胡志明)을 비롯한 많은 베트남 민족주의자들이 중국에 망명하여 베트남 독립동맹(베트민)을 결성하고 1945년 전쟁이 끝나자 베트민을 중심으로 베트남 민주공화국을 수립하였다. 그러나 구종주국 프랑스가 베트남에 대한 지배권을 되찾으려 하면서 다시 전쟁이 일어났다. 1946년부터 1954년에 걸친 인도차이나전쟁 끝에 프랑스군은 디엔비엔푸에서 대패하였다. 제네바 휴전조약의 결과 베트

▶ 베트남전쟁

남은 북위 17도선을 경계로 남과 북으로 분단되었다. 이후 북베트남에는 호치민이 이끄는 사회주의 정권(월맹)이 수립되고 남베트남에는 고딘디엠이 이끄는 베트남 공화국이 수립되었다. 1960년대 이후 월맹의 조종을 받는 베트남 민족해방전선(베트콩)이 남베트남의 혼란을 틈타 게릴라 활동을 벌여 남베트남의 상황이 악화되었다. 그러자 미국은 1965년 '통킹만 사건'을 계기로 베트남에 참전하였고 한국을 비롯한 연합군도 참전하였다. 그러나 게릴라전에 지친 미국이 1973년 파리 휴전협정을 맺고 철수하자 월맹은 곧 공세를 재개하여 1975년 월맹군이 사이공을 점령하면서 베트남은 다시 통일되었다.

벤담(Bentham, Jeremy, 1748~1832)

공리주의를 창시한 영국의 철학자. 런던에서 태어나 옥스퍼드 대학에서 공부하고 변호사가 되었다. 그러나 변호사를 그만두고 연구에 전념하면서 《도덕과 입법 원리에 대한 서론》(1789) 등의 저서를 통해 '최대 다수의 최대 행복'의 실현을 추구하는 공리주의를 주창하였다. 벤담은 쾌락을 조장하고 고통을 방지하는 능력이 도덕과 입법의 기초라고 주장하면서 쾌락을 객관적 척도를 사용하여 수량적으로 측정하려고 시도하였다. 벤담은 행복을 증가시키기 위해서 정치, 경제적으로 자유방임주의를 실시해야 한다고 주장하였으며 분배의 평등 또한 강조하였다. 벤담의 공리주의는 당대의 사상가들 뿐 아니라 정치운동에도 많은 영향을 주었다.

벨(Bell, Alexander Graham, 1847~1922)

전화기를 발명한 미국의 과학자. 스코틀랜드 에딘버러에서 태어나 에딘버러 대학을 졸업하고 런던대학에서 의학을 공부하였다. 이후 캐나다를 거쳐 1871년 미국으로 건너가서 보스턴에서 농아교육을 하면서 전기통신을 연구하였다. 그리하여 1876년 자석식 전화기의 특허를 얻었다. 이어 1877년에 벨 전화회사를 설립하고 전화기 발명으로 볼타상을 받았으며 상금으로 볼타 연구소를 설립하여 농아교육을 지원하였다. 벨은 전화기 외에도 축음기의 개량, 비행기 연구, 과학잡지《사이언스》창간 등 많은 업적을 남겼다.

벨라스케스(Velazquez, Diego Rodr guez de Silva, 1599~1660)

에스파냐의 화가. 세비야에서 태어나 에레라와 파체코에게 그림을 배웠다. 파체코의 딸과 결혼하고 1622년 마드리드로 가서 궁정화가가 되어 펠리페 4세의 초상화를 비롯한 많은 걸작을 그렸다. 1628년 이탈리아를 여행하고 돌아온 후 베네치아 파의 영향을 받았으며 왕족, 신하 및 궁정의 어릿광대에 이르기까지 많은 초상화를 남겼다. 대표작으로 〈왕녀 마리아 안나〉, 〈교황 인노켄티우스 10세〉, 〈브레다 성의 항복〉, 〈궁정의 시녀들〉, 〈거울을 가진 비너스〉, 〈직녀들〉 등이 있다.

변경백(邊境伯, Markgraf)

프랑크왕국과 중세 독일제국에서 변경(마르크) 지방의 행정과 군사를 담당한 지방관. 일반 지방관인 그라프보다 더 높은 권한을 가졌다. 카를 대제 때 국경 방위를 위해 처음 임명되었다가 이후 독일 작센왕조 때 증설되어 데인인, 슬라브인, 헝가리인등의 습격에 대비하였다. 변경백은 봉건제도가 발전하면서 그 권위가 점차 커져 12세기 초 브란덴부르크, 오스트리아의 변경백이 제국 제후의 위치로 승격된 것을 비롯해 중세 말기에는 공과 비슷한 지위를 가졌다. 변경백제도는 독일에서 시작되어 영국, 프랑스, 이탈리아, 에스파냐로 전파되었다.

변법자강운동(變法自疆運動)

중국 청나라 말기에 캉유웨이(康有爲), 량치차오(梁啓超) 등이 주도한 개혁운동. 무술변법(戊戌變法)이라고도 부른다. 청나라 말에 증국번(曾國藩), 리홍장(李鴻章) 등이 중국의 사상을 중심으로 유럽의 과학기술만을 받아들이자는 중체서용(中體西用)의 논리에 따라 양무운동(洋務運動)을 전개하였다. 그러나 새로운 지식인층은 양무운동의 한계를 지적하면서 근본적인 국가체제의 개혁을 주장하게 되었다. 캉유웨이는 청일전쟁에서 중국이 패하자 보국회(保國會)를 조직하여 변법운동을 추진하였고 량치차오는 헌법제정, 국회개설, 과거

제도 개혁, 신문발행, 신식학교 설립, 전족과 변발 금지 등을 주장하였다. 이들의 주장은 고관들의 후원을 얻어 1898년 광서제(光緖帝)는 변법파를 등용하여 개혁을 실시하였다. 그러나 서태후(西太后)를 비롯한 보수파의 쿠데타로 개혁은 백일만에 실패로 돌아가고 캉유웨이와 량치차오는 해외로 망명했다. 그러나 이후로도 헌법제정과 국회개설을 위한 입헌운동이 전개되었으며 손문(孫文)의 혁명운동으로 이어졌다.

병가(兵家)

춘추전국시대에 활약한 제자백가의 일파로서 병법과 전략, 용병술을 전문으로 한다. 손무 또는 손빈이 지었다는 《손자(孫子)》와 오기(吳起)가 지었다는 《오자(吳子)》가 병가의 대표적인 병법서로 널리 알려져 있다. 후세에는 무경칠서(武經七書)라 하여 《손자(孫子)》, 《오자(吳子)》, 《사마법(司馬法)》, 《위료자(尉료子)》, 《삼략(三略)》, 《육도(六韜)》, 《이위공문대(李衛公問對)》이 대표적인 병법서로 꼽혔다. 병가는 군대를 움직이는 용병술만 다룬 것이 아니라 국가의 통치와 외교에 대해서도 다루기 때문에 총체적인 국가생존전략을 연구한 것이라 하겠다.

보갑법(保甲法)

중국 송나라 때 왕안석(王安石)이 만든 신법(新法) 가운데 하나. 1070년에 시행되었다. 그 목적은 농촌에서 민병대를 조직하여 우선 농촌 치안을 유지하고 점차적으로 모병제를 대신하여 병농일치를 실현하여 외적의 침입에 맞서려는 것이었다. 보갑법은 농촌의 5가구를 1보(保), 50가구를 1대보(大保), 500가를 1도보(都保)로 하여 각기 대표를 임명하고 치안유지와 사건신고를 담당하게 하였으며 화북지방부터 군사훈련을 실시하였다. 이 정책은 요나라와의 전쟁에 대비해 군사비를 절감하고 군사력을 강화하려는 왕안석의 부국강병책의 일부였으나 민병화에 따른 농민의 반발과 구법당의 반대로 군사훈련 등은 실패로 끝났다. 이후에도 보갑법은 징세단위 등으로 존속하여 명, 청시대까지 존속하였다.

보나벤투라(Bonaventura, 1221?~1274)

이탈리아의 스콜라 철학자이자 프란체스코 교파 수도사. 토스카나에서 태어나 프란체스코 수도회에 들어가 파리대학에서 공부하였다. 1253년에 파리대학의 신학교수가 되었으며 1257년에 프란체스코 수도회 총장이 되어 수도회조직 정비와 발전을 위해 노력하였다. 1273년 추기경과 알바노의 주교가 되었다. 보나벤투라는 새로 도입된 아리스토텔레스 철학과 아우그스티누스로부터 내려오는 신비적 사색을 함께 받아들였다. 그는 신학을 철학보다 우위에 두면서도 철학과 신학이 인간을 신에게로 인도하는 상보적인 방법이라고 생각하였다. 대표작으로 《명제집 주해》, 《하느님께 이르는 정신의 여행》 등이 있다. 1482년에 성인으로 시성되었다.

보나파르티즘(Bonapartism)

나폴레옹 1세와 나폴레옹 3세의 정치체제를 가리키는 말이다. 봉건귀족의 지배에서 시민계급의 지배로 넘어가는 역사적 과도기에 등장한 독재정권이다. 절대왕정이 봉건시대의 전제권력이라면 보나파르티즘은 자본주의시대에 아직 정치적 힘이 미약한 시민계급을 대신하여 등장한 독재권력이다. 정치적 힘이 미약하여 의회정치를 통한 지배가 어려운 금융자본가 등은 절대권력을 가진 독재자를 후원하여 자신들의 이익을 실현하려 한다. 또한 봉건제에서 해방된 농민층도 자본주의에 대한 반감과 프롤레타리아 운동에 대한 공포심에서 강력한 독재자를 지지하게 된다. 마르크스는 보나파르티즘이 부르주아지와 프롤레타리아트 양 계급의 세력균형을 이용하여 보수적 농민이나 중산계급의 지지를 얻어 등장한 독재정치체제라고 규정하였다. 따라서 보나파르티즘 정권은 표면적으로는 어떤 계층도 대변하지 않으며 모든 계층의 이익을 대변하는 것처럼 선전하지만 실지로는 타협과 거래를 통해 독재권력을 유지하는 과도기적 정치체제이다.

보니파키우스 8세(Bonifacius VIII, 1235?~1303)

중세시대 로마 교황. 귀족 출신이며 교회법 학자였다. 1294년 교황이 되어 교황권의 확대, 강화를 위해 노력하였으며 헝가리, 폴란드, 시칠리아 문제에 간섭하여 교황의 권위를 떨쳤다. 프랑스 왕 필립 4세가 경제난을 극복하기 위해 프랑스 내의 교회토지에 세금을 부과하려 하자 교황권의 우위를 주장하는 여러 회칙을 발표하여 왕권과 충돌하였다. 그러나 프랑스 왕이 3부회를 열어 귀족, 성직자, 평민의 지지를 얻어 교황을 부정하자 보니파키우스 8세는 이에 파문으로 맞섰다. 그러자 1303년 필립 4세는 교황을 아나니에서 납치하여 감금하고 퇴위를 강요하였다. 보니파키우스 8세는 그 해 석방되었으나 로마에서 사망하고 이후 교황권은 쇠퇴하였다.

보댕(Bodin, Jean, 1530~1596)

프랑스의 정치사상가, 법학자. 앙제에서 태어나 툴루즈 대학에서 법학을 공부하고 파리에서 고등법원 변호사가 되었다. 앙리 3세의 신임을 받아 궁정 변호사를 거쳐 왕실 고문 변호사가 되었다. 1576년에 삼부회의 제3신분 대의원이 되었고 그 해에 《국가론》 6권을 저술하여 정치학 이론을 체계화하였다. 보댕의 《국가론》은 근대 주권론의 출발점이 국가주권의 절대성을 강조하여 종교로부터 국가의 독립을 주장하였다. 또한 종교전쟁의 무익함을 지적하고 신교에 대한 관용을 주장하였다. 1566년에 《역사를 쉽게 이해하는 방법》을 써서 해박한 지식을 보여주었다. 보댕은 1566년에 《역사를 쉽게 이해하는 방법》을 써서 해박한 지식을 보여주었으며 근대 역사학의 발전에 기여하였다.

보들레르(Baudelaire, Charles Pierre, 1821~1867)

프랑스의 시인, 비평가. 파리에서 태어나 의붓아버지 밑에서 자라 문학을 지망하였다. 보헤미안적인 생활을 하며 24세 때 미술평론가로 데뷔하여 문예비평, 시, 단편소설 등을 발표하고 에드거 앨런 포의 작품을 번역하여 프랑스에 소개하였다. 1857년 대표작인 시집 《악의 꽃》을 발표하여 상징주의 문학에 큰 영향을 미쳤으며 19세기 후반의 퇴폐적인 사회상을 독자적인 감각으로 표현한 독특한 문학세계를 보여주었다. 대표작으로는 《악의 꽃》을 비롯하여 만년에 쓴 산문시집인 《파리의 우울》 미술평론집인 《심미섭렵》, 수기인 《내심의 일기》 등이 있다. 보들레르의 《악의 꽃》은 발표당시에는 검열에 걸려 삭제되고 벌금을 물었으나 다음 세대인 베를렌, 랭보, 말라르메 등의 상징파 시인들에게 큰 영향을 미쳤다.

▶ 보들레르

보로부드르(Borobudur)

자바섬 중부에 있는 인도네시아의 불교 건조물. 8세기에서 9세기에 걸쳐 자바섬을 지배하던 사일렌드라왕조시대인 9세기 전반에 건조된 것으로 보인다. 사일렌드라왕조의 역대 왕들은 대승불교(大乘佛敎)의 보호자로서 대규모 불탑과 사원을 많이 조영하였다. 보로부드르는 총 9층으로 된 석조건축물로서 꼭대기에는 종 모양의 큰 탑이 있고 인도불교의 관념에 따라 세워졌지만 다른 곳에서는 찾아볼 수 없는 독특한 형태와 구성을 보여준다. 건물에는 각종 불상과 불교설화가 조각되어 있다. 오랫동안 땅속에 묻혀 있다가 1814년 영국인이 발견하여 재건했다.

보름스 국회(Piet of Worms, 1521)

독일 보름스에서 열린 신성로마제국의 국회. 마르틴 루터에 대한 심문과 법률적 보호 철회조치로 유명하다. 독일 황제 카를 5세가 주최한 회의에서는 합스부르크 왕가의 세습영토 계승, 제국 정청 및 대심원 설치 등의 안건 이외에 루터의 종교개혁운동을 다루었다. 루터는 이 회의에 소환되어 심문을 받았으며 자신의 주장을 철회하라는 요구를 받았으나 이를 거절하였다. 루터는 심문을 받은 후 작센의 선제후인 프리드리히 현공의 후원으로 바르트부르크 성에 은신하면서 성서를 독일어로 번역하였다. 한편 황제는 1521년 5월 보름스 칙령을 발표하여 루터를 이단자로 선고하고 루터 및 그 지지자들에 대한 법의 보호를 철회하고 루터가 지은 저서를 소각하고 출판을 금지할 것을 포고하였다.

보름스 협약(Concordat of Worms, 1122)

중세 유럽의 성직자 서임권 문제를 해결하기 위하여 1122년 신성로마제국 황제인 하인리히 5세와 교황 칼리스투스 2세 사이에 맺은 협정. 이 협정으로 1076년부터 시작된 서임권 투쟁은 일단 해결되었다. 그 내용은 양측의 주장을 절충한 타협적인 것으로서 주교와 대수도원장은 교회법에 따라 선출하며 황제는 정치적 권리만을 행사한다는 것이었다. 또한 지역별로 차이를 두어 신성로마제국 황제는 독일 국내에서 성직자를 임명할 수 있으나 그 외 지역에서는 교황이 서임권을 가졌다. 따라서 황제의 권한이 약화되는 결과를 가져왔기 때문에 이후에도 시타우퍼왕조에서는 계속 서임권 투쟁을 벌이게 되었다.

보마법(保馬法, 1072)

중국 송나라 때 왕안석이 실시한 신법 가운데 하나로 북방 기마민족의 침입에 대응하기 위한 말 확보책이다. 송나라는 거란, 서하 등과 전쟁을 벌였으므로 기병이 필요했지만 말의 수입이 끊긴 상태였다. 이에 따라 자체적으로 필요한 말을 공급하기 위해 보갑제(保甲制)에 따른 보갑 중에서 말을 기를 사람을 모집하여 말을 지급하여 사육시키도록 하였다. 그러나 말이 죽었을 때 사육자가 배상을 해야 했기 때문에 농민의 부담을 가중시켜 얼마 지나지 않아 폐지되었다.

보수당(保守黨, Conservative Party)

영국의 의회정치를 이끄는 양대정당 가운데 하나. 17세기 혁명시대에 등장한 토리당의 후신이다. 이후 산업혁명과 자유주의 사상의 등장을 거치면서 1830년경부터 지주와 귀족의 이익을 대변하는 정당으로 자리 잡았다. 반면 토리당과 경쟁관계였던 휘그당은 신흥상공업 계층을 대변하는 자유당으로 변신하였다. 이후 노동당이 등장하면서 자유당이 몰락하자 보수당은 자유당 세력을 흡수하여 현재 노동당과 보수당이 영국의 의회정치를 이끄는 양대정당으로 자리매김하고 있다. 보수당의 정책은 기존질서의 유지이지만 역사적으로 휘 그당, 자유당의 잔존세력들을 흡수하면서 융통성 있는 정책을 채택하였다. 영국의 베버리지 사회보장제도 역시 보수당 정권 하에서 추진된 것이다.

보쉬에(Bossuet, Jacques Benigne, 1627~1704)

프랑스의 신학자, 역사가. 리용에서 태어나 파리에서 신학을 공부하고 예수 회에 가입하여 1669년에 주교가 되었다. 1670년부터 루이 14세의 황태자를 가르치면서 황태자의 교육을 위해 《세계사론》 등을 썼다. 이 책은 역사를 신 의 섭리의 구현으로 보는 기독교 역사관을 담고 있다. 《세계사론》과 함께 《성 서의 말씀에서 이끌어낸 정치술》도 저술하였다. 1682년 보쉬에는 프랑스 교 회의 독립과 절대군주제를 옹호하는 4개조의 '왕권신수설'을 발표하였다. 또 한 낭트칙령을 폐지하는 데 관여하고 《프로테스탄트 교회의 변천사》를 저술 하여 프로테스탄티즘을 공격하였다. 보쉬에는 또한 설교와 연설에도 뛰어난 재능을 보여 《연설의 소명에 대한 교훈집》을 저술하였다.

보스턴 차 사건(Boston Tea Party, 1773)

미국 독립혁명 직전에 동인도 회사의 차 독점권에 항의한 보스턴 시민들이 동인도 회사의 선박을 습격한 사건. 1773년 영국수상 노스가 아메리카 식민 지 상인의 차 밀무역을 금지시키고 동인도 회사에 독점권을 부여하는 관세법 을 제정하였다. 이에 보스턴의 반영국 급진파인 '자유의 아들들' 일부가 1773년 12월 16일 인디언으로 가장하고 동인도 회사 선박 2척을 습격하여 차

▶ 보스턴 차 사건

를 바다에 던져버리는 사건이 일어났다. 이에 영국정부는 보스턴 항만조례를 비롯하여 식민지 탄압조치를 강화하고 군대를 주둔시켜 손해배상을 요구하였다. 그러나 보스턴 시민들은 이를 거부하고 메사추세츠 하원도 이를 지지하여 이 사건은 미국독립혁명의 직접적 계기가 되었다.

보안위원회(保安委員會, Comite de Surete Gnerale)

프랑스 혁명 당시에 국민공회 안에 설치되어 치안, 경찰 부문을 담당한 상임위원회. 1792년 10월 2일에 설치되었으며 12인의 위원으로 구성되었으며 공안위원회와 경쟁관계에 있었다. 그러나 1793년 9월 이후 공안위원회가 보안위원을 임명하게 되면서 공포정치에 협력하여 혁명재판소를 감독하였다. 그러나 공안위원회가 권력을 강화하면서 보안위원회의 불만이 커졌고 로베스피에르 정권에 반감을 가지게 되었다. 결국 1795년 10월 로베스피에르파를 몰아낸 테르미도르 반동 때 보안위원회가 일익을 담당하였다.

보어전쟁(Boer War, 1899~1902)

영국과 남아프리카 보어인 국가 사이의 전쟁. 19세기 후반의 남아프리카에는 영국이 케이프 식민지를 세우고 그 북방으로는 네덜란드인의 자손인 보어인이 세운 트란스발 공화국과 오렌지 자유국이 있었다. 1867년 트란스발에서 금광이 발견되고 오렌지 강변에서 다이아몬드가 발견되자 영국은 이 지방을 병합하고자 시도하였다. 1899년 영국은 트란스발 공화국내에 있는 영국인의 권리를 요구하는 협상이 실패하자 전쟁을 시작했다. 영국은 트란스발과 오렌지자유국을 점령하고 병합을 선언했으나 그 후 2년 동안 보어인의 게릴라전을 진압하는데 많은 병력과 자금을 소모해야 했다. 결국 보어인들을 강제수용소에 수용하는 소개정책을 실시하여 1902년 두 공화국을 영국령 남아프리카로 편입시켰다. 이 전쟁으로 영국은 많은 군비지출을 해야했고 국제여론의 비난을 받았으며 국내에서 반제국주의 운동이 일어나게 되었다.

보에티우스(Boethius, Anicius Manlius Torquatus Severinus, 470?~524)

카톨릭 성인에 시성된 로마의 철학자, 신학자. 로마의 기독교 귀족 가문에서 태어나 아테네와 알렉산드리아에서 공부하였다. 동고트족의 왕 테오도리쿠스 밑에서 집정관, 최고행정사법관 등의 고위직을 지냈다. 520년에 테오도리쿠스를 배반하고 동로마제국과 내통한 혐의를 받은 알비누스를 변호하다가 자신도 반역혐의로 감옥에 갇혔다가 처형되었다. 1883년 교황 레오 13세에 의하여 성인으로 시성되었다. 보에티우스는 고대 그리스 철학자와 과학자들의 저서를 번역하여 중세시대에 전하였으며 신플라톤학파의 철학자로서 투옥기간 중에 《철학의 위안》을 지었다. 보에티우스의 주요 업적은 아리스토텔레스의 《범주론》을 번역, 주석하여 스콜라철학에 큰 영향을 끼쳤으며 《음악론》과 《산술론》을 지어 중세 음악과 산술의 기초를 세웠다.

보일(Boyle, Robert, 1627~1691)

▶ 보일

영국의 화학자, 물리학자. 아일랜드의 귀족 집안에서 태어나 독실한 청교도 신자가 되었다. 이튼 스쿨에서 공부하고 유럽을 여행하다가 갈릴레이의 저서를 읽고 자연과학을 연구하게 되었다. 1646년에 과학자들의 모임인 '인비저블 칼리지'에 가입하고 실험과학에 몰두하였다. 1650년 최초의 화학서적인 《독약을 의약품으로 바꾸는 일에 관해서》를 저술하였으며 왕립협회의 전신인 옥스퍼드 그룹에 참여하였다. 이후 기존의 학설을 비판적으로 검토하고 실험을 통한 실증으로 1661년에 《회의적 화학자》를 저술하고 1662년에는 '기체의 부피는 압력에 반비례한다'는 보일의 법칙을 발표하였다. 또한 원소에 대한 고대 그리스 자연철학의 관념을 넘어서서 근대적 원소개념을 정립하는데 기여하였다. 이러한 연구를 통해서 보일은 근대화학을 독립적 학문으로 정착시켰으며 왕립협회 회원과 회장으로 선출되었다.

보티첼리(Botticelli, Sandro, 1445~1510)

이탈리아 르네상스시대의 화가. 피렌체에서 태어나 필리포 리피와 베르키오, 플라이월로에게 그림을 배웠다. 리피의 인간적이고 감성적인 화풍과 피렌체 사실화, 풍경화에다 자신만의 미묘한 곡선과 감상적인 애수를 띈 독자적 화풍을 창조하였다. 또한 당시 르네상스 인문주의자들로부터 고전문학을 접하여 이를 자신의 그림에 반영하였다. 그의 초기 작품인 〈성세바스티아노의 순교〉는 사실적인 묘사가 돋보이는 반면, 〈봄〉에서는 뛰어난 서정성을 보여주었고, 〈비너스의 탄생〉에서는 장식적인 효과를 탁월하게 구사하였다. 후기에는 메디치가의 이교주의적 정책과 피렌체의 세속적 타락을 비판한 도미니크파 수도원장 사보나롤라의 설교에 깊은 영향을 받아 종교적인 소재를 신비적인 분위기로 표현한 그림을 주로 그렸다. 〈비방〉, 〈신비의 탄생〉 등이 그러한 작품들이다.

보카치오(Bocccaccio, Giovanni, 1313~1375)

《데카메론》으로 유명한 르네상스시대의 이탈리아 인문주의자. 피렌체 상인의 아들로 파리에서 태어났다. 1323년에 나폴리로 가서 나폴리 대학에서 법률을 공부하면서 문학에 뜻을 두었다. 1340년에 피렌체로 돌아와서 페트라르카와 친교를 맺고 피렌체에 페스트가 퍼진 경험을 소재로 1353년에 이탈리아어로 쓴 《데카메론》을 완성하였다. 인쇄술도 없고 종이도 귀하던 시대에 설화형식의 단편소설집인 《데카메론》은 폭발적 인기를 얻었으며 그 문체는 보카치오 산문으로 후세에 큰 영향을 주었다. 단테의 《신곡(神曲)》에 대비하여 《데카메론》은 '인곡(人曲)'으로 불린다. 이후 보카치오는 종교에 귀의하여 수도원에 들어가 라틴어 연구서를 집필하였다. 1373년에 피렌체로 돌아와 단테의 《신곡》을 강의하다가 은퇴하여 첼타도르에 머무르다 사망하였다.

보헤미아왕국(Bohemia)

체코 서부에 해당하는 지역으로 슬라브계의 체코인, 슬로바크인, 모라비아인이 거주하고 있다. 켈트인과 게르만인을 거쳐 6세기부터 체코인이 들어왔으며 9세기에 체코 귀족인 프르셰미슬 가문이 왕국을 세웠다. 11세기경부터 독일인들이 이주하면서 독일화 되었고, 1306년에 프르셰미슬 왕가의 대가 끊기고 독일계 룩셈부르크 가문이 지배하기 시작했다. 15세기에 일어난 종교전쟁인 후스전쟁은 독일의 지배에 저항하는 체코 민족주의 운동이었다. 룩셈부르크 가문이 단절된 후 체코는 16세기부터 오스트리아의 합스부르크 가문의 지배를 받았으며 20세기까지 합스부르크 가문에서 보헤미아의 왕이 나왔다. 그러나 19세기 후반부터 유럽에 민족주의가 거세지면서 1918년 마사리크 등의 노력으로 체코슬로바키아 공화국이 수립되었다가 1993년 체코와 슬로바키아로 분리되면서 보헤미아는 체코에 속하게 되었다.

복사(復社)

중국 명나라 말기에 동림당(東林黨)을 계승하여 현실정치를 비판한 지식인 문학, 정치집단. 1629년에 고학부흥(古學復興)을 주장하며 장쑤성(江蘇省) 창서우(常熟)에서 결성된 응사(應社)를 중심으로 하여 전국적으로 조직되었다. 동림당을 계승하여 당시 환관들이 주도하던 정국을 비판하였기 때문에 소동림(小東林)이라고 불리웠다. 숭정(崇禎) 황제 말년에 동림과 내각이 등장하면서 한 때 정치적 실권을 잡았다가 실패하였다. 명나라가 멸망한 뒤에는 복사 출신의 많은 지식인들이 청나라에 대한 저항운동에 참여하였다.

본초강목(本草綱目, 1596)

중국 명나라 때 본포학자 이시진(李時珍)이 저술한 의학서. 본문 52권, 부도 2권으로 되어 있으며 저자 혼자서 30년에 걸쳐 집대성한 것으로 1,871종의 약재를 기술해 놓았다. 이 책은 기존의 중국의학서를 집대성한 것일 뿐 아니라 서양학문의 영향도 받았다. 전편(全篇)을 수부(水部), 화부(火部), 토부(土部), 금석부(金石部), 초부(草部), 곡부(穀部), 채부(菜部), 과부(果部), 목부(木部), 복기부(服器部), 충부(蟲部), 인부(鱗部), 개부(介部), 수부(獸部), 인부(人部) 등 16부 60류로 나눈 다음 정명(正名)을 강(綱)이라 하고, 별명을 목(目)이라 하였다. 여기에다 각 약품을 약효에 따라 상, 중, 하로 나누고 약품에 대하여 8항목으로 나누어 설명을 달고 약 8,000여 가지 처방을 기술하였다. 이 책에는 주로 남방의 약품에 대해 실려 있으며 본초학(의약학)을 대표하는 책으로 널리 알려져 있다.

볼셰비키(Bol sheviki)

러시아에서 1917년 10월 혁명을 이끈 러시아사회민주노동당 다수파. 1903년 런던에서 개최된 러시아사회민주노동당 제2차 당 대회에서 당원자격 및 투쟁방식을 둘러싸고 내분이 생겼을 때 레닌을 중심으로 하는 다수파(볼셰비키)에서 비롯되었다. 이 대회에서 소수파 멘셰비키가 서구 마르크스주의의 영향을 받아 러시아에서 부르주아 혁명이 먼저 일어나야 한다고 주장한 반면 볼셰비키는 소수의 직업혁명가 집단이 이끄는노동자, 농민 등 무산계급에 의한 정권탈취를 주장하였다. 이후 볼셰비키는 1912년 멘셰비키와 갈라서서 독립하였으며 제1차 세계대전이 일어나자 전쟁을 지지한 멘셰비키와 달리 제국주의 전쟁을 내전으로 변모시키자고 주장하였다. 1917년 2월 혁명이 일어나자 망명중이던 레닌이 귀국하고 볼셰비키 세력을 확장하여 10월 혁명을 일으켜 정권을 장악하였다. 이후 볼셰비키는 당명을 러시아 공산당으로 고쳐 1991년 소련연방이 붕괴할 때까지 러시아를 지배하였다.

볼타(Volta, Allessandro, 1745~1827)

전기에 관한 연구로 유명한 이탈리아의 물리학자. 코모에서 태어나 코모 왕립학원에서 공부하고 전기현상에 대해 연구하였다. 1769년에 〈전기화의 인력에 관하여〉란 논문을 발표하고 1775년에는 전기쟁반을 만들었다. 코모 왕립학원의 교수를 거쳐 1779년부터 파비아 대학의 교수로 재직하였다. 1791년 갈바니의 실험을 보고 자극받아 1800년에 볼타의 열전퇴(熱電堆)를 고안하여 화학작용에 의하여 전류를 만드는 데 성공하여 전지를 발명하였다. 볼타의 연구는 후대의 전기연구에 크게 기여하였으며 전압의 측정단위인 볼트(V)는 그의 이름에서 따온 것이다.

볼테르(Voltaire, 1694~1778)

프랑스의 대표적인 계몽사상가, 문학가. 파리에서 태어나 예수회 학교에서 공부하였다. 1717년에 오를레앙공의 섭정을 비판하는 시를 썼다가 바스티유

▶ 볼테르

감옥에 투옥되었다. 석방된 후 1726년에 영국으로 건너가 1729년까지 머물렀다. 프랑스로 귀국한 후에는 《철학서간》을 발표하여 영국을 이상화하고 프랑스 사회를 비판하였다. 그 후 애인 샤틀레 후작 부인의 후원을 받으면서 과학과 철학 연구에 전념하였고 1750년에는 프로이센왕 프리드리히 2세의 초청을 받아 포츠담 궁에서 3년간 머물렀다. 이 시기에 역사서 《루이 14세의 세기》를 저술하였다. 만년에는 신변안전과 사상의 자유를 위해 스위스 제네바를 거쳐 한적한 시골마을인 페르네에 정착하여 '페르네의 장로' 란 별명으로 불렸다. 볼테르는 프랑스인 특유의 재치있는 문장으로 계몽사상과 과학적 사고를 통해 절대왕정과 교회를 비판하였으며 희곡, 시, 소설, 역사 방면에서 뛰어난 저작을 남겼다. 대표작으로 《관용론》(1763), 《풍속시론》(1756) 철학소설 《캉디드》(1759), 《철학사전》(1764) 등이 있다.

봉건제도(封建制度, Feudalism)

중국, 일본 등 동아시아와 중세 유럽에서 나타난 사회, 정치제도. 봉건이란 용어는 중국 주나라 때의 국가체제를 말하며 봉건제도는 군현제도와 반대되는 개념이다. 중국의 봉건제도는 군주가 신하에게 봉토를 준다는 점에서는 유럽과 유사하지만 군주와 신하가 가부장적 혈연관계로 얽혀있는 점이 유럽과 다르다. 일본의 봉건제도는 1185년 가마쿠라 막부 수립 이후에 시작되어 막부가 각 지방에 치안을 담당하고 토지를 관리할 슈고(守護)와 지토(地頭)를 임명하고 토지를 하사한 데서 비롯되어 전국시대에는 각 지방마다 영주인 다이묘(大名)들이 실질적으로 그 지방을 다스리게 되었다. 이와 같이 동아시아 봉건제가 혈연관계 또는 명령에 무조건 복종해야 하는 관계인데 비해 중세유럽의 봉건제도는 군주와 봉신 사이에 쌍무적 계약관계로 볼 수 있다. 즉 군주가 봉신에게 영토를 하사하고 보호해주는 대신 봉신은 충성서약을 하고 군주에게 군사적 봉사를 제공해야 하는 관계였다. 이를 통해서는 맨 위로는 국왕으로부터 아래로는 하급 기사에 이르기까지 피라미드 형 계서제의 정치질서가 형성되었다. 봉건제도는 고대 게르만 사회에서 계승된 종사(가신)제도와 은대지제도가 결합된 것으로 사회경제적으로는 장원제도를 기반으로 한 것이다. 봉신이 일단 장원을 하사받으면 장원 안에서 최고 재판권과 외부의 간섭을 받지 않을 불입권을 가졌다.

봉건지대(封建地代, Fedual Rent)

봉건사회에서 토지소유자인 영주가 농민이나 수공업자로부터 징수하는 지대를 말한다. 봉건지대에는 노동지대, 생산물지대, 화폐지대의 세 가지 종류가 있다. 노동지대는 봉건시대의 초기에 등장한 형태로서 농민이 일주일에 며칠은 자신의 농지를 경작하고 나머지 기간은 영주의 직영지에서 무상으로 노동하는 부역형태이다. 생산물지대는 12, 13세기 이후에 나타난 형태로서 농민이 자기 농지에서 수확한 생산물을 지대로 물납하는 형태를 말하며 화폐지대는 봉건사회 말기에 나타난 형태로서 생산물지대 대신 화폐로서 지대를 납부하는 것이다. 각 단계는 봉건영주의 권력이 얼마나 강한가에 따라 나타난 것이며 화폐지대 이후에는 봉건 사회가 점차 해체되면서 자본주의로 넘어가게 된다.

봉토(封土, Fief, Lehen)

중세 유럽의 봉건제도에서 군주가 가신에게 지급하는 토지 또는 각종 권리와 금전. 원래 12세기 말까지 베네피키움(은대지)라는 말이 사용되다가 13세기 이후로는 페우둠(재화), 레엔이라는 말로 대치되었다. 봉토는 보통 토지를 말하지만 그 외에 수익을 얻을 수 있는 세금 징수권이나 시장 개설권, 재판권을 비롯한 각종 권리 또는 관직도 포함되며 11세기 이후에는 봉건 왕정이 발달하면서 많은 가신을 확보하기 위하여 화폐 봉토가 등장하였다. 봉토는 가신이 주군에게 충성선서를 하면 지급되는 것으로 주군과 가신 양측 모두가 권리와 책임을 가지는 쌍무적 계약관계이다. 이것은 원칙적으로는 선서를 한 가신의 대에 그치지만 9세기 후반부터 세습화되었다.

부남(扶南)

코친차이나와 크메르(캄보디아) 사이에 있는 인도차이나 반도 남동부, 메콩강 하류에 있던 국가. 2세기 초에 메콩강 하류 유역에서 수립되어 3세기 초에는 현재의 태국 내륙 지방, 말레이 반도 방면까지 진출하였다. 수도 비아다푸라의 외항인 오케오의 도시유적에서 인도의 불상과 로마황제의 금화 등의 유적이 발견된 것으로 보아 중국, 인도 뿐 아니라 페르시아와 그리스, 로마 문화의 영향을 받은 것으로 보인다. 중국측 기록으로는 삼국시대의 오나라 사신이 부남을 방문하고 남긴 기록이 남아있다. 부남은 7세기까지 해상무역으로 번성하다가 7세기 초 북방의 진랍국(眞臘國)에게 압박되어 남쪽의 나라바라 나가라로 천도하였으며, 왕조가 4차례 바뀐 후 7세기 중반에 멸망하였다.

부르군트왕국(Kingdom of Burgund 443~534)

동게르만족에 속하는 부르군트족이 세운 국가. 원래 부르군트족은 오데르 강과 비슬라강 중류에 거주하다가 3세기부터 군디카르의 영도 하에 남서쪽으로 이동하여 413년에 라인강 중류지역의 보름스를 수도로 왕국을 세웠다. 그러나 436년에 훈족의 공격을 받아 멸망하였다. 이 사건은 후에 오페라 〈니벨룽겐의 노래〉의 소재가 되었다. 이후 남은 부르군트족이 군디카르의 손자 군데리크를 따라 서쪽으로 이동하여 443년 제네바를 중심으로 론, 손 지방에 왕국을 세웠다. 이후 군데리크의 사후에 왕국이 분할상속 되었다가 군도바드왕 때 다시 통일 되었으며 서고트족으로부터 프로방스 지방을 빼앗고 부르군트 법전을 편찬하는 등 전성기를 누렸다. 그러나 500년에 프랑크왕국의 클로비스에게 패하여 복속 당했다. 부르군트족은 아리우스파 기독교를 믿었기 때문에 로마 속주민과의 융화가 곤란하여 군도바드의 아들 지기스문트는 520년 경에 카톨릭으로 개종하였다. 그 뒤 프랑크족의 잇단 침입을 받고 지기스문트의 아우 군디마르 때 멸망하였다.

부르봉왕가(House of Bourbon, 1589~1830)

프랑스 및 에스파냐 왕가. 원래 부르봉공(公) 가문이었다가 1589년 앙리 4세가 왕위에 오르면서 프랑스의 왕가가 되었다. 이후 부르봉 왕가에서 루이 13세, 루이 14세, 루이 15세, 루이 16세 등이 프랑스 왕위에 올랐다. 1792년 프랑스 혁명으로 한때 중단되었다가 나폴레옹이 몰락한 후 루이 18세, 샤를 10세가 부르봉 왕가를 계속 이어갔다. 1830년 7월 혁명으로 프랑스의 부르봉 왕가는 끝이 났다. 그러나 에스파냐에서는 루이 14세의 손자인 필립이 1700년에 에스파냐 왕 펠리페 5세로 즉위한 이래 1931년 공화혁명으로 알폰소 13세가 퇴위할 때까지 부르봉왕가가 계속되었다. 또한 에스파냐의 부르봉 왕가 일족이 나폴리 왕과 양시칠리아 왕위도 계승하였다.

부르셴샤프트(Burschenschaft)

1815년 해방전쟁 후 독일 대학생들이 만든 단체. 1815년 해방전쟁에 의용병으로 참전했던 학생들이 예나대학에서 처음 결성한 학생단체로서 곧 독일 전역으로 확산되었다. 부르셴샤프트는 처음에는 출신지별 단체를 대신하여 결성된 모임으로 정치성이 없었으나 점차 자유와 독일통일을 지향하면서 비인체제의 반동정치와 대립하게 되었다. 이들은 1817년 바르트부르크 숲에서 종교개혁 300주년 기념과 라이프치히 전승기념 축제를 개최하고 전독일 부르셴샤프트를 창설하여 세를 확장하였다. 이후 부르셴샤프트 내의 급진파가 득세하면서 반동 문인 코쩨부를 암살하고 또다른 암살사건이 일어나자 메테르니히가 주도한 카를스바트 결의로 부르셴샤프트는 금지되고 자유통일운동에 대한 탄압이 심해졌다. 이후에도 부르셴샤프트는 명맥은 유지하였으나 정치적 영향력은 상실하였다.

부르주아지(Bourgeoisie)

원래 중세 유럽 도시의 시민을 가리키는 말이지만 근대에 들어와서는 유산계급, 자본가를 뜻하게 되었다. 부르주아라는 말은 '성벽 안에 거주하는 사람들'이란 뜻으로 중세 도시의 발전과 함께 성장한 상인, 수공업자 계층을 가리키는 말이다. 상업의 발전으로 부를 축적한 부르주아지는 봉건 지배층에 맞서 정치적 힘을 키우기 시작했으며 결국 부르주아 혁명(시민혁명)으로 정치권력을 장악하게 되었다. 영국의 시민혁명, 프랑스 혁명 등이 이러한 부르주아 혁명의 성격을 띠고 있다. 산업혁명 이후 근대 자본주의가 정착하면서 부르주아지는 자본가 계급을 뜻하게 되었다.

▶ 상인 귀족

부르주아 혁명(Bourgeois Revolution)

봉건국가가 근대국가로 전환되는 과정에서 일어나는 정치혁명. 시민혁명이라고도 부른다. 부르주아 혁명의 주체는 부르주아, 시민계층이다. 유럽에서는 상업과 도시의 발전으로 경제적 힘을 키운 시민계층이 정치적으로 진출하는 17~18세기에 주로 일어났다. 영국의 청교도 혁명, 명예혁명, 미국 독립혁명, 프랑스 혁명, 7월 혁명 등이 부르주아 혁명에 해당된다. 독일과 일본 등지에서는 19세기에 들어 봉건 지배층과 부르주아 사이의 타협으로 불완전한 부르주아 혁명이 일어났다. 그러나 독일과 일본에서는 일단 봉건 지배층과 부르주아 사이에 정치적 타협이 이루어진 후에는 국가주도로 자본주의가 급속하게 발전하였다. 시민계층이 미약했던 러시아나 중국에서는 부르주아 혁명 대신 프롤레타리아와 농민이 주도한 혁명이 일어났으며 서구의 식민지가 되었던 국가들에서는 20세기 이후에 부르주아 혁명에 해당하는 과정이 진행되었다.

부르크하르트(Burckhardt, Jakob, 1818~1897)

문화사 연구로 유명한 스위스의 역사가. 바젤에서 태어나 바젤대학을 졸업하고 베를린 대학에 유학하여 랑케에게서 역사학을 배웠다. 1857년 바젤대학의 역사학, 미술사학 교수가 되어 일생동안 재직하였다. 처음에는 중세를 연구하다가 몇 차례에 걸쳐 이탈리아를 방문한 후 고전문화 연구로 방향을 바꾸었다. 대표작 《이탈리아 르네상스 문화》를 통하여 르네상스 연구에 크게 기여하였으며 르네상스란 용어를 역사적 용어로 만들었다. 이외에 《그리스 문화사》, 《세계사적 고찰》 등의 저작이 있다.

부베(Bouvet, Joachim, 1656~1730)

중국에서 활동한 프랑스 출신의 예수회 선교사. 중국 이름은 백진(白晉), 백진(白進), 명원(明遠)으로 불렸다. 루이 14세가 파견한 선교단의 일원으로 1687년 중국에 갔으며 청나라 강희제를 만나 서양의 과학기술, 천문, 역학, 의학, 화학, 약학 등에 대해 강의하였다. 1693년 프랑스로 귀국했다가 1699년에 다시 중국에 가서 예수회 활동을 계속했다. 대규모 실측을 통해 만든 지도인 〈황여전람도(皇輿全覽圖)〉를 만드는 데 종사하였고 《강희제전(康熙帝傳)》을 저술하였다.

부병제(府兵制)

중국 당나라에서 6세기 중반부터 8세기 초반까지 시행한 병농일치의 군사제도. 전국에 430개의 절충부(折衝府)를 설치하여 3년에 1회씩 21세에서 59세 사이의 정남 가운데서 3명당 1명씩 징집하여 근무하게 하였다. 부병으로 징집되면 개인의 장비와 식량을 각자가 마련하는 대신 국가에서 정남 1인당 100묘의 토지를 지급하는 균전법(均田法)을 시행하고 복무기간에는 조(租) 용(庸) 조(調) 등의 세금을 면제하였다. 부병들은 평시에는 생업에 종사하다가 농한기에 부에 소집되어 훈련을 받으며 1, 2개월 씩 교대로 수도의 경비에 임하게 되며 복무기간 중 1회는 변경의 진에 가서 근무하게 된다. 당나라 고종 무렵부터 부병제를 경제적으로 뒷받침하던 균전제가 와해됨에 따라 부병제도 유명무실해 졌으며 이에 따라 중앙과 변경을 지키기 위하여 용병제(傭兵制)를 채택하게 되었다.

부역(賦役, Labour Service)

정치 지배자가 피지배층의 노동력을 무상으로 동원하는 수취제도. 동양에서는 요부(徭賦), 잡역(雜役), 호역(戶役), 역역(力役) 등으로도 불렀으며 조, 용, 조 가운데 용에 해당한다. 중국에서 부역의 기원은 선진시대(先秦時代)까지 거슬러 올라가지만 당나라 말기 이후로는 화폐납부로 변질되었으며 16, 17세기 이후에는 부역이 토지세 징수와 결합되어 청나라 때에 이르면 지정은(地丁銀)제도가 실시되어 노동력 징발과 토지세 징수가 하나로 합쳐졌다. 서양에서는 봉건시대에 농노가 영주의 직영지를 경작하는 농경부역과 기타 잡역이 있었으며 이를 노동지대라 불렀다. 이러한 노동지대는 서유럽에서는 장원제도의 붕괴와 함께 소멸하여 생산물지대 또는 화폐지대로 변하였으며 동유럽에서는 근대 초기까지 존속하였다.

부역황책(賦役黃冊)

중국 명나라 때의 호적 기록부. 표지가 황색이기 때문에 황책이라고 불린다. 1370년 홍무제가 전란으로 상실된 호적을 정비하기 위해 호적 정비에 착수하였으며 1381년 이갑제(里甲制)를 실시하면서 전국적으로 작성하였다. 부역황책은 호적이면서 동시에 조세와 요역을 할당하는 기록부 역할을 했다. 10년마다 이갑제를 재편성하면서 부역황책도 다시 작성하였는데 명나라시대에는 27회 작성되었으며 청나라로 이어졌다.

부청멸양(扶淸滅洋)

1898년 의화단 사건 당시 의화단에서 내건 구호. 청나라를 부흥시키고 서양 세력을 몰아내자는 뜻이다. 의화단은 원래 산둥(山東) 즈리(直隸) 장쑤(江蘇) 북부 등지에서 유행하던 비밀결사인 의화권교(義和拳敎)에서 나온 것으로 서양 제국주의 세력과 기독교에 대한 반제국주의, 반기독교 운동을 전개하였다. 부청멸양이라는 구호에 대해서는 해석에 따라 차이가 있다. 부청이라는 말은 청나라를 지지하고 부흥시킨다는 뜻이지만 크게 보아서는 중국 자체를 지킨다는 의미도 될 수 있다. 부청멸양이라는 구호를 앞세운 의화단은 선교사와 중국인 신자들을 살해하고 교회를 불태우는 반기독교 운동에서 시작하여 세가 커지면서는 반제국주의 운동으로 확대발전하였다.

북경원인(北京原人, Sinanthropus pekinensis)

원시 화석 인류의 하나. 1927년 중국 베이징 서남쪽 교외 저우커우뎬(周口店)의 석회암지대에서 두개골과 이빨이 발견되었다. 1929년에는 완전한 두개골이 발견되었다. 북경원인은 자바원인과 함께 원인의 중요 표본이 되었다. 북경원인의 특색은 현대인과 비교할 때 유인원과 비슷한 점이 많지만 유인원을 넘어서 인간의 특징을 많이 보여주고 있다. 북경 원인 유적지에서는 이밖에 타제석기가 발견되었고 불을 사용한 흔적도 보인다.

▶ 북경 원인

북대서양 조약기구(North Atlantic Treaty Organization, NATO)

냉전 시대 소련과 동구권의 군사적 위협에 대처하기 위해 만든 미국과 서유럽의 지역 집단안전보장기구. 1949년 4월 4일에 조인된 북대서양 조약을 성립근거로 하여 벨기에, 캐나다, 덴마크, 아이슬란드, 이탈리아, 룩셈부르크, 네덜란드, 노르웨이, 포르투갈, 영국, 미국, 프랑스 등 12개국이 가입하여 출범하였다. 제2차 세계대전이 끝난 후 동유럽은 소련의 영향권에 들어갔으며 서유럽 국가들은 경제사정 악화와 사회주의 운동으로 혼란을 겪고 있었다. 이에 미국은 서유럽 국가를 강화하여 동구권의 위협에 대응하기 위해 경제적으로는 마샬플랜을 실시하여 서유럽을 원조하였고, 군사적으로는 북대서양 조약기구를 통하여 지역안보를 추구하였다. 북대서양 조약기구의 최고기구는 각국의 장관급으로 된 상설이사회이며 그 밑에 각국의 참모총장으로 구성된 군사위원회가 있다. 현재 본부는 벨기에 브뤼셀 근교에 있다. 창설 이후 1952년 그리스, 터키가 가입하고 1955년에는 서독, 1982년에는 스페인이 가입하였다. 프랑스는 나토 회원국이지만 1966년 나토 통합군에서 탈퇴하였다. 이밖에 냉전이 끝난 후에는 체코, 폴란드, 헝가리 등 구 동구권 국가들도 가입하였다. 이와 같이 냉전이 끝남에 따라 과거의 적국들도 가입함에 따라 북대서양 조약기구의 설립취지도 변경되었다. 현재는 유럽의 지역안정을 위해 유고 사태에 개입하는 등 집단안전보장기구로서 새로운 활로를 모색하고 있다.

북방전쟁(北方戰爭, Northern War, 1700~1721)

발트해의 지배권을 놓고 스웨덴을 상대로 러시아, 폴란드, 덴마크, 작센, 프로이센이 벌인 전쟁. 스웨덴은 30년전쟁으로 발트해 연안을 지배하게 되었다. 러시아의 표트르 1세는 발트해의 항구를 원하였고 폴란드 국왕 겸 작센 선제후인 아우그스트 2세는 라보니아 지방을 병합하고자 하였으며, 덴마크는 스웨덴을 견제하고자 하였다. 이 세 나라가 비밀 동맹을 맺고 1700년 대스웨덴전쟁을 개시하였다. 그러나 스웨덴 왕 카알 12세는 우선 덴마크를 항복시키고 1700년 11월에서 나르바 전투에서 러시아군을 참패시켰다. 이후 스웨덴군은 폴란드와 작센을 침공하고 우크라이나까지 진출하였으나 1709년 폴타바 전투에서 러시아군에 패하여 전세는 역전되었다. 폴타바 전투에서 패배한 카알 12세는 오스만투르크로 피신하여 투르크군을 개입시켰다. 그러나 표트르 1세는 러시아와 화평을 맺고 1714년 한고 해전에서 스웨덴 함대를 격파하고 발트해의 제해권을 장악하였다. 결국 1718년 카알 12세가 전사함으로써 1720년 스톡홀름 조약과 1721년 뉘스타트 조약으로 전쟁은 종결되었다. 이 전쟁으로 스웨덴은 발트해의 제해권을 상실하였으며 러시아는 유럽의 강대국으로 등장하였다. 표트르 1세는 '대제'로 불리게 되었다.

북위(北魏, 386~534)

중국 북조(北朝) 최초의 국가. 선비족(鮮卑族)의 탁발부(拓跋部)가 세웠으며 원위(元魏) 또는 후위(後魏)라고도 한다. 탁발부는 원래 시라무렌강 유역에 정주하던 족속으로 4세기 초에 산시성 북부로 이주하였다. 이후 315년에 부족장 탁발의로(拓跋倚盧)가 서진(西晉)으로부터 대왕(代王)으로 봉해졌다. 이 대국은 376년에 전진(前秦)에 의해 멸망되었다가 전진이 무너진 틈을 타서 386년에 탁발규(拓跋珪)가 부족을 정비하고 국가를 재건하여 국호를 위(魏)라고 하였다. 탁발규는 후에 도무제(道武帝)가 되었다. 도무제는 내몽고를 평정하고 오르도스의 흉노세력을 격파한 다음 후연(後燕)의 침입을 물리치고 오히려 중원에 진출하여 398년에 산시성 다퉁(大同)을 점령하였다. 이때부터 위나라는 부족제를 철폐하고 중국식 관료제도를 도입하고 부족의 유력자 및 한인 호족들을 등용하니 이것이 북조 귀족제(貴族制)의 시초가 되었다. 이후 북위는 태무제(太武帝) 때인 439년에 5호 16국(五胡十六國)시대를 끝내고 강북지역을 통일하였다. 이후 효문제(孝文帝) 때 수도를 뤄양(洛陽)으로 이전하였다. 효문제는 한화정책을 실시하였으며 봉록제(俸祿制) 삼장제(三長制) 균전법(均田法) 등의 제도를 실시하고 구품관제(九品官制)를 정비하였다. 또한 불교를 장려하여 윈강(雲崗), 룽먼(龍門) 석굴 등 불교미술 유적을 남겼다. 그러나 한화정책에 저항감을 가진 구부족세력의 불만이 커지면서 국가가 혼란에 빠지게 되었다. 524년에는 하급 군인 대우를 받던 북진(北鎭) 반란이 일어났다. 이 반란은 진압되었으나 이를 계기로 북방군인들의 세력이 커지게 되어 군벌 이주영(爾朱榮)이 국가의 실권을 장악하게 되었다. 이주영이 죽은 후 고환(高歡)과 우문태(宇文泰)가 세력다툼을 벌이는 과정에서 북위는 동위와 서위로 분열되었으며 동위는 550년에 고환의 아들 고양(高洋)에게 빼앗겨 북제(北齊)가 되었고, 서위는 556년 우문태의 아들 우문각(宇文覺)에게 빼앗겨 북주(北周)가 되었다.

북제(北齊, 550~577)

중국 북조(北朝)왕조의 하나. 북위(北魏)에서 갈라진 동위(東魏)의 권력자 고양(高洋)이 세운 왕조이다. 고양은 효정제(孝靜帝)를 밀어내고 국호를 제(齊)라 칭하고 도읍을 업(鄴)에 정하였다. 북제는 하북 평야를 중심으로 방대하고 물산이 풍부한 영역을 통치했다. 국가의 실권이 선비족 군대에 있었기 때문에 북위에 비하여 급격한 한화(漢化) 정책은 억제하였으나 왕실과 귀족층의 한화는 계속되었다. 그러나 내정문란과 돌궐과 연합한 북주(北周)의 공격을 받아 위기에 처했다. 576년 북주의 무제(武帝)가 산시성 지역을 공격하고 이어 업을 함락시켜 북제는 멸망하였다.

북종화(北宗畵)

남종화(南宗畵)와 함께 중국 미술의 이대 유파를 이루는 화파(畵派). 명나라 때 동기창(董其昌)이 처음 구분하여 명명하였다. 남종화와 북종화의 분리는 남북조 시대부터 비롯되었다 하며 주로 사대부 문인화가들이 그린 수묵화를 남종화로 보고 전문화가인 화원(畵院) 화가들이 그린 채색화를 북종화라 부른다. 북종화의 창시자는 이사훈(李思訓), 이소도(李昭道) 부자이다. 이 부자는 육조시대의 세밀한 필법을 이어받았으며 색채를 잘 묘사하였다. 이소도는 부벽법(斧劈法), 협엽법(夾葉法)을 사용하여 돌과 나무를 표현하였으며 비단에 금가루(金粉)를 뿌린 다음 청록색으로 바탕을 냈는데, 이것이 북종

▶ 곽희의 〈조춘도(早春圖)〉

화의 특징으로 청록산수(靑綠山水), 금벽산수(金碧山水)라 한다. 북종화는 이사훈 부자 이후로 오대(五代)의 조간(趙幹), 북송(北宋)의 곽희(郭熙), 유송년(劉松年), 조백구(趙伯駒), 이당(李唐)으로 이어졌으며 남송(南宋)시대에는 마원(馬遠), 하규(夏珪)로 이어졌다. 역사적으로 오대, 송, 원시대에는 북종화가 주류였다가 명대부터 남종화가 유행하였고 북종화는 지나치게 기교적 측면에 집착하여 비판을 받았다.

북주(北周, 557~581)

중국 북조시대의 왕조 가운데 하나. 북위가 서위와 동위로 분열된 후 서위의 실력자였던 우문씨(宇文氏)가 세운 왕조. 북위(北魏) 말에 군벌 이주영(爾朱榮)의 부장이었던 우문태(宇文泰)가 서위의 효무제(孝武帝)를 옹립하고 실권을 장악하였다. 우문태가 죽은 후 그 아들 우문각(宇文覺)이 뒤를 이었을 때 그 사촌 우문호(宇文護)가 서위의 공제(恭帝)를 위협하여 우문각에게 양위하도록 하여 북주를 세웠다. 이후 북주는 북위시대의 한화(漢化)정책 대신에 북방민족의 소박한 정치를 지향하였고 돌궐과 결탁하여 북제(北齊)를 압박하였다. 이후 제3대 무제 때 실력자 우문호 일족을 제거하고 부병제(府兵制)를 강화하였으며 북제를 쳐서 화북 지방을 통일하였다. 무제가 죽은 후 아들 선제(宣帝)가 뒤를 이었으나 외척양견(楊堅)이 실권을 장악하고 왕위를 찬탈하여 수(隋)나라를 세웠다. 북주는 북조시대의 공통점인 한화정책과 문벌귀족주의 대신 고대 주(周)나라를 이상형으로 삼아 그 제도를 도입하여 귀족제를 수정

하려고 한 점에서 특이성을 보이며 이후 수, 당으로 이어지는 통일제국의 근원이 되었다는 점에서 중요성이 있다.

분서갱유(焚書坑儒)

진시황(秦始皇)시대에 유생들을 생매장하고 서적을 불태운 사건. 진나라는 전국을 통일한 후 법가(法家) 노선을 통치이념으로 채택하였다. 그러나 유가를 비롯한 전국시대의 사상가 집단이 각자의 주장을 계속했기 때문에 통일국가에 걸맞는 사상통제의 필요성이 제기되었다. 시황제 34년인 BC 213년에 함양궁(咸陽宮)에서 개최된 연회에서 순우월(淳于越)이 주나라의 봉건제도를 찬양하고 시황제의 통치를 비난하는 사건이 일어났다. 이에 시황제는 승상 이사(李斯)의 권고에 따라 전국의 서적을 불태우는 분서를 감행하였다. 전국적으로 진기(秦記)를 제외한 모든 역사책과 의약, 점복, 농업서 이외의 모든 민간서적을 모아 불태우게 한 이후 BC 212년에는 함양(咸陽)에 있는 유생을 체포하여 결국 460여 명이 구덩이에 매장되는 형을 받았다. 이 사건은 불로장생약을 구할 수 있다는 방사들의 사기사건을 징벌한 것이었으나 역시 유가를 비롯한 여러 사상에 대한 탄압조치였다.

불교(佛敎, Buddhism)

불타(佛陀)의 가르침이란 뜻. 석가모니(釋迦牟尼)를 교조로 하여 그가 설파한 가르침 및 그 가르침에 따라 수행하는 종교를 말한다. 석가모니(BC 566~486)는 오늘날의 네팔인 카필라바스투의 샤카족 왕자로 태어났으며 본명은 고타마 싯다르타이다. 불교는 석가모니가 깨달음을 얻은 후 보편적인 인간애를 강조하고 카스트 제도의 타파와 인간평등을 강조하는 설법을 행하였다. 불교는 석가모니의 설법을 듣기 위해 모인 대중들이 교단으로 조직화 되면서 석가 생존에 종교의 틀을 갖추었다. 불교는 석가모니의 사후 100년 동안의 원시불교시대에는 교단이 통일되었으나 이후 20부로 분열되는 부파불교시대가 등장하였다. 포교과정에서 마우리아왕조의 아소카 왕 등이 불교를 후원하여 버마, 스리랑카 등으로 전파되었다. 이후 불교는 인도에서 스리랑카, 버마를 거쳐, 타이, 캄보디아, 동남아시아로 전파되었으며 티벳, 몽고, 서역, 중국, 한국, 일본으로도 전파되었다. 부파불교시대 말기에 용수(龍樹, 170~280?)등이 철학적 성찰로 기존 불교를 소승(小乘)이라 비판하면서 대승(大乘)운동을 시작하였다. 이후 대승불교는 굽타왕조시대에 전성기를 맞이하였으나 7세기 중엽부터 밀교화하기 시작했고 12세기 말부터 이슬람교와 힌두교에 밀려 인도에서는 쇠퇴하였으나 동남아시아와 동북아시아 지역에서는 계속 발전하였다. 동남아 지역에는 주로 소승불교가 전해진 반면 동북아시아 지역에는 대승불교가 전파되었다. 한 편 티벳에서는 불교가 밀교된 라마교가 발전하였다. 중국에서는 《구마라집(鳩摩羅什)》이 도래한 이래 역대 왕조의 후원을 받으며 경전 번역을 통해 불교를 전파하기 시작하였다. 이후 서역 승려와 현장(玄奘) 등의 인도 유학승을 통해 많은 불교종파가 등장하였다. 당나라시대에 이르면 선종(禪宗)이 등장하면서 불교가 중국화되기 시작했다. 이후 원나라시대에는 티벳 불교인 라마교가 국교가 되었다. 불교는 불교사상 자체 뿐 아니라 기존의 유교, 도교 사상에 많은 자극을 줌으로써 동아시아 각국의 문화에 큰 영향을 끼쳤다.

불국기(佛國記)

중국 동진(東晋)시대의 승려 법현(法顯, 337~422)이 중앙아시아와 인도, 동남아시아를 여행한 후 남긴 여행기. 《고승법현전(高僧法顯傳)》 또는 《동진법현기(東晉法顯記)》라고도 한다. 법현은 399년에 히말라야 산맥을 넘어 북인도로 들어가 마투라, 사위국, 석가국 등을 거쳐 후 중부 인도에 도착하였다. 인도에서 불교유적을 순례하고 동인도를 거쳐 스리랑카로 가서 바닷길로 413년 산둥성에 도착하였다. 귀국한 후에는 15년 간 30개국을 다닌 여행기 《불국기》를 저술하였다. 《불국기》는 당시 인도와 중앙아시아의 실정을 연구하는 귀중한 자료로서 현장법사(玄奘法師)의 여행기인 《대당서역기(大唐西域記)》와 더불어 당시 인도의 불교계 사정과 현지 풍속 등을 연구하는 데 활용되고 있다.

불도징(佛圖澄, 232~348)

중국에 불교를 전파한 서역 출신의 승려. 불도등(佛圖橙)이라고도 한다. 중앙아시아 쿠차(龜玆 : 庫車) 출신으로 북인도 카슈미르에서 불법을 공부하고 310년에 중국 뤄양(洛陽)에 도착하여 불교를 포교하기 시작하였다. 불도징은 여러 가지 이적을 보이면서 후조왕(後趙王) 석륵(石勒)의 후원을 얻어 불교를 전파하면서 역대 왕의 고문으로 활약하였다. 석륵이 죽은 후 왕이 된 석호(石虎) 역시 불도징을 스승으로 모셨다. 불도징의 포교사업으로 38년 동안 893곳의 사찰이 건립되었고 1만여 명의 제자를 배출하였으며 많은 북방민족을 교화하였다. 불도징의 문하생 가운데 도안(道安), 축법태(竺法汰), 법화(法和), 법상(法常) 등 동진(東晉)시대를 대표하는 승려들이 나왔다.

불평등조약(不平等條約, Unequal Treaty)

국가간의 쌍무호혜적 조약이 아니라 강대국이 약소국에게 일방적으로 강요하여 체결된 조약, 협정, 선언 등을 불평등조약이라 부른다. 근대 유럽의 여러 나라는 아시아, 아프리카 국가들에 대해서 무력을 앞세우며 이러한 불평등조약을 강요하였다. 대표적인 불평등조약으로는 터키가 유럽 국가들과 체결한 영사재판 조약, 아편전쟁의 결과로 영국과 중국이 체결한 난징조약, 그리고 일본의 일방적인 강요로 조선과 체결된 강화도조약 등이 있다. 불평등 조약의 내용은 치외법권이 적용되는 외국인 조차지(租借地), 조계(租界)의 설치, 일방적 최혜국(最惠國) 대우, 협정 관세율의 적용, 영사재판권, 외국군 주둔권, 외국인의 관세관리권, 철도부속지의 설정 등이다. 이러한 불평등 조약은 제국주의 국가가 식민지 병합을 위한 수단으로 이용하거나 혹은 약소국을 종속시키기 위해 이용되었다.

브라만교(婆羅門敎, Brahmanism)

고대 인도에서 《베다》를 경전으로 성립한 브라만 계급의 종교. BC 1500년경에 인도에 침입한 아리안족의 민족종교로서 특정한 창시자나 교리, 의식체계가 없으며 애니미즘에서 다신교, 일신교, 범신교 등 다양한 종교관이 혼합되어 있다. 브라만교의 경전은 《리그베다》, 《사마베다》, 《야주르베다》, 《아타르바베다》의 4베다와 베다의 주석 및 제사에 관한 규정을 담은 《브라므나》, 《아란야카》 철학서 《우파니샤드》 등을 계시경전이라 한다. 그 외에 6종의 보조학(음성, 제식, 문법, 어원, 운율, 천문)과 《마하바라타》, 《라마야나》의 2대 서사시, 《마누법전》 등의 성전문학이 있다. 브라만 계급은 브라만교의 제식을 담당하는 제사장계급으로서 특권을 누렸으며 이와 함께 고도의 철학적 사유체계를 발달시켰다. 브라만교는 8~9세기경에 아리안족 외의 민간종교를 흡수하고 《푸라나》, 《다르마 샤스트라》 등의 여러 성전을 전거로 하여 힌두교로 발전하였다.

브람스(Brahms, Johannes, 1833~1897)

독일의 음악가. 함부르크에서 태어나 10세 때 음악회에 나갈 정도로 피아노와 작곡에 소질을 보였다. 코셀과 마르크센에게 피아노와 작곡을 배웠으며 이후 피아니스트와 합창단 지휘자로 생활하였다. 1853년 슈만 부부를 만나 재능을 평가받고 본격적으로 음악계에 진출할 계기를 얻었다. 1857년에는 데트몰트 궁정의 피아니스트로 일하면서 작곡을 계속하였다. 이후 함부르크, 빈 등지에서 합창단 지휘자로 초빙되었으며 여러 작품을 발표하였다. 브람스는 오페라를 제외

▶ 브람스

한 모든 분야의 작품을 창작하였으며 특히 피아노와 실내악 및 가곡에 뛰어났다. 대표작으로 〈독일 레퀴엠〉(1868), 〈승리의 노래〉(1871), 〈제1교향곡〉(1876), 〈바이올린 협주곡 D 장조〉, 〈바이올린 소나타〉, 〈대학축전서곡〉(1879), 〈비극적 서곡〉, 〈피아노 협주곡 제2번〉 등을 작곡하였다. 1896년 슈만의 부인이며 브람스의 친구였던 클라라가 병으로 사망하자 브람스 자신도 건강이 쇠약해진 가운데 〈4개의 엄숙한 노래〉, 〈11의 코랄전주곡〉 등을 작곡하고 1897년 사망했다. 브람스는 후기 낭만파에 속하지만 고전파의 성향이 많았던 작가였으며 독실한 개신교도로서 종교적이고 죽음에 대한 성찰을 담은 장중한 작품을 많이 발표하였다. 브람스의 음악은 이후 리하르트 슈트라우스, 드보르자크 등에게 큰 영향을 끼쳤다.

브란덴부르크(Brandenburg)

엘베강과 오데르강 사이에 있는 독일의 제후국. 게르만 민족의 대이동 후에 슬라브 족이 이 지역에 정착했으며 카롤루스 대제, 하인리히 1세, 오토 대제 등이 토벌을 시도했다. 928년 독일의 하인리히 1세가 이를 정복하였고 1134년에 황제 로타르 2세가 이 지역을 아스카니 가문에 하사하여 브란덴부르크 변경백(나중에 선제후가 됨)으로 만들고 개척과 포교에 나섰다. 이후 비텔스바하 가문과 룩셈부르크 가문이 이어받았다가 1415년부터 호엔촐레른 가문이 선제후로서 브란덴부르크를 통치하였다. 이후 브란덴부르크는 대선제후 프리드리히 빌헬름 때 이르러 동프로이센, 포메른 등을 병합하여 영토를 확장하고 융커 세력을 기반으로 하는 절대주의 체제를 확립하였다. 이후 1701년 프리드리히 3세가 프로이센 왕이 되면서 브란덴부르크는 프로이센왕국의 주로 편입되었다.

브란트(Brandt, Willy, 1913~1992)

독일 통일에 기여한 서독의 정치가. 뤼베크에서 태어나 사회민주당원으로 활동했다. 나치스가 집권하자 노르웨이, 스웨덴으로 망명하였다. 제2차 세계대전이 끝난 후 독일로 귀국하여 독일 국적을 회복하고 1949년 사회민주당 소속으로 서베를린 시의원으로 정계에 진출하였다. 이후 1957년 서베를린 시장을 거쳐 1964년에는 사민당 당수가 되었다. 1966년 기독교 민주동맹과 연립내각을 구성하고 외무장관에 취임하였으며 1969년에는 자유민주당과 연립내각을 형성하여 수상에 취임하였다. 수상으로서 '동방정책'을 표방하여 동독을 국가로 인정하였으며 폴란드, 소련에 대한 긴장완화정책을 추구하였다. 동방정책의 공로로 1971년 노벨 평화상을 수상하였다. 1974년 자신의 비서가 연루된 동독 간첩단 사건으로 사임하였다.

브레스트-리토프스크 조약(Brest-Litovsk Treaties, 1918)

제1차 세계대전 말기에 러시아가 단독으로 동맹국측과 체결한 강화조약. 폴란드의 브레스트-리토프스크에서 독일, 오스트리아, 터키, 불가리아와 조약을 체결하였다. 1917년 10월 혁명으로 러시아의 정권을 장악한 볼셰비키는 소비에트 정권을 유지하기 위해 무배상, 무병합, 종속민족의 자결권을 원칙으로 협상을 제의하였다. 이에 따라 1917년 12월 5일부터 교섭이 시작되었다. 독일이 가혹한 조건을 제시했기 때문에 회담은 일시 중지되었다. 그러나 독일군이 공격을 재개하여 페트로그라드 부근까지 진격했기 때문에 볼셰비키는 어쩔 수 없이 독일측 조건을 받아들여 조약을 체결하는 데 동의했다. 이 조약으로 러시아는 폴란드, 발트해 연안 제국, 그루지야를 포기하고 핀란드와 우크라이나의 독립을 승인하였으며 트랜스코카시아 지방을 터키에 할양하였다. 또 독일에 60억 마르크의 배상금을 지불하게 되었다. 브레스트리토프스크 조약으로 독일은 동부전선의 병력을 서부전선으로 돌려 전쟁을 계속할 수 있었다. 또한 미국과 영국, 프랑스, 일본 등은 러시아의 전쟁 이탈을 응징하기 위해 대소 간섭전쟁을 일으켰다. 그러나 1918년 독일혁명이 일어나자 소비에트 정부는 이 조약의 폐기를 선언하였고 결국 베르사유 조약에서 무효화되었다.

브레턴우즈 협정(Bretton Woods Agreements, 1944)

제2차 세계대전 중에 미국 뉴햄프셔주 브레턴우즈에서 44개국 대표가 모여 체결한 경제협정. 국제통화기금(IMF), 세계은행, 국제무역기구 등 세 가지 국제기구의 설립을 위한 협정이 중심내용이다. 이 협정의 목적은 제2차 세계대전 이후에 각국의 통화를 안정시키고, 무역을 활성화하며 전쟁으로 피해를 입은 지역과 미개발 후진국의 개발을 위한 국제투자를 조정하여 세계평화를 위한 경제적 기초를 확립하기 위한 것이다. 이 협정에 따라 1946년 6월에 세계은행, 1947년 3월에 IMF가 업무를 개시하였다. 브레턴우즈 협정에 의거하여 설립된 국제통화 금융체제를 브레턴우즈 체제라고 한다.

브루투스(Brutus, Marcus Junius, BC 85~BC 42)

카이사르 암살을 주도한 로마 공화정 말기의 정치가. 8세 때 아버지가 죽은 후 소(小) 카토의 지도를 받아 원로원파에 속했다. 공화정 말기의 내란 중에 폼페이우스파에 가담하였다가 BC 48년 팔사로스 싸움에서 패배하였다. 그러나 카이사르의 사면을 받고 BC 46년에 키살피나의 총독이 되었고 BC 44년에는 법무관이 되었다. 그러나

▶ 브루투스

카이사르의 독재 반대를 명분으로 BC 44년 카시우스 등과 함께 카이사르를 암살하였다. 이후 마케도니아로 피신하였다가 BC 42년에 안토니우스, 옥타비아누스의 군대와 필리피에서 싸우다가 자살하였다.

브뤼메르쿠데타(dix-huit Brumaire, 1799)

프랑스 혁명력 8년 브뤼메르월 18일에 나폴레옹이 쿠데타를 일으켜 총재정부를 무너뜨리고 집정독재정부를 수립한 사건. 브뤼메르 18일 쿠데타라고 한다. 테르미도르 반동으로 정권을 장악한 부르주아지는 우파인 왕당파와 좌파인 자코뱅파 사이에서 균형을 유지하려 하였다. 그러나 부르주아지 자체의 힘이 미약하였기 때문에 군대에 의지할 수밖에 없었고 결과적으로 군대의 힘이 커지게 되었다. 이러한 배경에 시에예스 등이 총재정부를 전복할 계획을 세우고 이집트 원정 중이던 나폴레옹이 홀로 귀국한 것을 계기로 탈레랑, 뤼시앙 등과 함께 쿠데타를 계획하였다. 1799년 11월 9일 나폴레옹은 군대를 동원하여 파리를 장악하고 총재정부의 지도자들을 감금, 사퇴시키고 원로원을 협박하여 총재정부 해체를 승인시켰다. 그런다음 임시통령정부를 수립하여 나폴레옹 시에예스 뒤코스 등 3명이 임시통령에 선출되었다. 얼마 후 나폴레옹은 제1통령에서 종신통령이 되었다가 1804년 황제에 즉위하였다.

블라디미르 1세(Vladimir I, 956?~1015)

동방정교를 러시아의 국교로 삼고 비잔틴 문화를 받아들인 키예프 대공. 키예프 대공 스뱌토슬라프의 아들로 노브고로트공이 되었다가 부친 사후인 980년에 키예프 대공이 되었다. 이후 플로츠크 제후국을 예속시키고 변경의 동슬라브족을 토벌하였으며 남쪽의 유목민의 공격을 막아내고 폴란드를 침공하는 등 활발한 군사작전을 벌였다. 비잔틴 군대의 폭동을 진압하는데 도움을 주고 비잔틴 황제의 여동생 안나를 아내로 맞이하였다. 이를 계기로 동방정교를 러시아의 국교로 삼았다. 동방정교와 함께 비잔틴 건축이 도입되고 그리스 수도사들이 슬라브 문자를 고안하였으며 성직자들로 하여금 종교서적을 번역하고 연대기를 저술하게 하였다. 영웅시 〈발리나〉는 이 시대에 키예프 공국을 습격한 유목민과 러시아 용사들의 전투를 노래한 것이다.

블록경제(Block Economy)

몇 개의 국가 또는 본국과 식민지가 결합하여 공동경제권을 형성한 것. 원료 공급 및 상품 소비지 역할을 하는 식민지 또는 국가와 원료 수입 및 상품 생산을 하는 본국 간에 형성된다. 이러한 블록경제는 특혜관세제도나 쌍무적 통상방식을 통하여 결속을 강화하였으며, 1929년의 세계 대공황 이후 영국이 영연방 경제회의(오타와 협정)를 통해 영국과 자치령, 속령 국가들을 특혜관세로 결속시킨 데서 비롯되었다. 이후 미국을 중심으로 아메리카 대륙 국가들이 결속한 아메리카 블록과 프랑스 본국과 식민지를 결합한 프랑스 블록 등이 형성되었다. 독일도 1936년부터 발칸 반도 국가들과 위성국가 권역을 형성하였다. 아시아에서 일본은 만주를 침략하여 일본 만주 블록을 형성하고 이후 중일전쟁과 태평양전쟁을 일으키면서 대동아공영권(大東亞共榮圈)을 형성하였다. 이러한 블록경제는 블록내부에 대해서는 경제적 특혜를 부여하지만 블록 외부와는 배타적 관계가 형성된다. 이에 따라 1930년대의 국제위기 발생의 한 원인이 되었다.

비단길(Silk Road)

중앙아시아 내륙을 통과하는 고대 동서교역로. 중국의 특산물인 비단이 이 길을 통해 서방으로 전해졌다 하여 비단길이라 부른다. 비단길을 통해 비단 외에 불교, 조로아스터교, 네스토리우스교, 마니교 등 서방종교와 간다라 미술 등이 전해졌다. 비단길은 중국 서부의 관문인 둔황(敦煌)에서 시작되어 타클라마칸 사막의 북변을 통과하는 서역북도(西域北道)와, 남변을 경유하는 서역남도(西域南道)로 나뉘어 진다. 이후 파미르 고원을 넘어 이란, 시리아, 이집트에까지 이른다. 비단길은 타클라마칸 사막 주변의 오아시스 국가들의 대상무역으로 유지되었으며 막대한 무역이익 때문에 비단길의 지배권을 차지하기 위해 중국과 서역 국가들 사이에 쟁탈대상이 되었다. 중국은 BC 2세기 후반 후한의 한무제 때부터 비단길에 큰 관심을 가져 장건(張騫)이 비단길을 따라 서역국가에 사신으로 파견되었다(BC 139 BC 126). 이후 7세기 중엽 당나라 때에는 타림 분지에 안서도호부(安西都護府)를 설치하면서 비단길을 장악하였다. 그러나 '안녹산(安祿山)의 난'(755)과 티베트군의 진출로 당나라는 비단길의 지배권을 상실하였으며 8세기 중엽 이후 위구르인이 서역 동부를 차지하면서 비단길은 쇠퇴하였다. 여기에 이슬람 상인들이 남방 해상의 바닷길을 이용하고 16세기 이후 유럽인들이 해상으로 중국에 진출하게 되면서 비단길은 동서간의 국제 교역로로서의 위상을 상실하였다.

비스마르크(Bismarck, Otto Eduard Leopold von, 1815~1898)

근대 독일 통일에 기여한 독일 정치가. '철혈정책'으로 유명하다. 프로이센 쇤하우젠에서 융커의 아들로 태어났다. 괴팅겐 대학과 베를린 대학에서 법학을 공부하였고 이후 공무원으로 근무하다 1847년 프로이센 의회 의원에 당선되어 정계에 진출하였다. 1848년 베를린에서 3월혁명이 일어나자 반혁명파로 활동하였고 1851년 프랑크푸르트에서 열린 독일연방의회에 프로이센 대표로 참석하였다. 이때부터 비스마르크는 독일 통일을 위해서는 오스트리아를 배제해야 한다는 '소(小)독일주의' 통일관을 가지게 되었다. 이후 러시아

▶ 비스마르크

주재 대사와 프랑스 주재 대사를 거치면서 국제적 외교감각을 지닌 정치인으로 성장하였다. 1862년 빌헬름 1세의 지명으로 총리에 취임하였다. 총리 취임 후 첫 연설에서 군비확장을 주장한 〈철혈정책〉 연설로 큰 반향을 일으켰다. 철혈정책에 따라 의회의 반대를 무릅쓰고 군비를 확장하여 1864년, 1866년 전쟁에서 승리하여 오스트리아를 제압하고 프로이센-프랑스 전쟁(1870~1871)에서 승리하여 독일 통일을 이룩하였다. 이후 비스마르크는 1871년부터 1890년까지 독일제국의 총리로서 유럽 외교무대를 주도하면서 강대국간의 세력균형을 유지하기 위해 노력했다. 3제동맹, 독일-오스트리아동맹, 3국동맹, 이중보호조약 등 수많은 동맹과 협상관계를 체결하였고 1877년 러시아-투르크 전쟁이 발발하자 베를린 회의를 주재하여 '공정한 중재자' 역할을 하였다. 국내적으로 1872년부터 남부 독일의 카톨릭 교도를 억압하기 위한 문화투쟁을 벌였으며 1878년 사회주의자 진압법을 제정하여 사회주의 탄압에 나섰으나 성과를 거두지는 못하였다. 독일의 자본주의 발전과 식민지 획득을 장려하여 아프리카에 독일 식민지를 획득하기도 했다. 1890년 빌헬름 2세와의 정책갈등으로 사직하였다.

비시정부(Gouvernement de Vichy, 1940~1944)

제2차 세계대전 중 프랑스가 독일에 패배한 뒤 독일이 점령하지 않은 프랑스 영토에 수립된 친독일 정권. 1940년 6월 13일 독일군은 파리에 입성하고 프랑스 본토의 2/3을 점령하였다. 제1차 세계대전 당시 프랑스군 지휘관이었던 페탱은 히틀러와 정전협정을 체결하고 나치스에 협력할 것을 선언한 다음 프랑스 남부의 온천도시 비시에 정부를 수립하고 비점령 지역을 통치하였다. 페탱 정부는 제3공화국 헌법을 폐지하고 신헌법을 수립하였으나 독일 점령군의 괴뢰정권이라는 비난을 받았다. 결국 페탱 정권은 프랑스 국민의 지지를 얻지못한 채 독일의 패배와 함께 와해되었으며 전후 페탱을 비롯한 비시 정부의 각료들은 반역죄로 처벌을 받았다.

비옥한 초승달지대(Fertile Crescent)

인류 최초로 신석기 농경문화를 이룩한 서남아시아 오리엔트 지역. 팔레스티나, 메소포타미아 북부에서 이란 고원에 걸친 지역이다. 이 지역에는 티크리스강과 유프라테스강을 따라 비옥한 충적평야 지대가 발달하였고 농경과 목축이 병행되었다. 고고학적으로 서남아시아 지역은 카림샤히르-자모르 문화기, 하수나 문화기, 할라프 문화기, 우바이드 문화기를 거치면서 발전하였다. 이라크 북부의 카림샤히르-자모르 문화기에는 농경에 이용한 것으로 보이는 석기와 가축으로 보이는 동물의 뼈가 출토되었으며 BC 6500~BC 5000년경 부터 관개에 의존하지 않는 초기 농경의 흔적이 보인다. 이런 점으로 보아 이 시기에 농경과 목축이 시작된 것으로 보인다. 이어 하수나 문화기에는 북메소포타미아 일대에서 시작된 농경-목축 문화가 팔레스티나, 시리아, 이란고원 등지로 확대되었으며 토기가 널리 사용되었고 방추차가 발굴된 것으로 보아 방적도 시작되었다. 할라프 문화기에 이르면 신석기 문화가 비옥한 초승달 지대 서부로 전파되고 원시적 관개 농경이 시작되었다. 벽돌로 만든 건물이 축조되고 선박이 등장하면서 교역이 시작되고 금속이 사용되기 시작한다. 우바이드 문화기에 이르면 농경촌락사회가 발전하여 도읍으로 성장하고 청동기시대로 이어진다. 이 시기에 키그리스강과 유프라테스강 유역 관개시설이 확충되면서 계급사회와 신전이 등장하고 고대 도시문명이 본격화 된다.

비자야나가르왕조(Vijayanagar, 1336~1649)

14~17세기에 걸쳐 인도 남부 마드래스 지방에서 번성했던 힌두왕국. 퉁가바드라 강변의 비자야나가르(승리의 도읍)를 수도로 하여 이슬람 세력에 의해 밀려난 힌두인을 규합하여 세력을 키웠다. 그리하여 마드래스, 마이소르, 코친, 트라반코르 등 인도 남부 전역을 통일하였다. 정치적으로 상가마, 살루바, 툴루바, 아라비두 4왕조가 교체되는 가운데 페르시아, 중국, 아프리카, 포르투갈과의 통상으로 많은 부를 축적하였다. 특히 보석과 향료의 산지로 유명하였다. 툴루바왕조를 창시하였다. 툴루바왕조의 크리슈나데바 라야(재위 1509~1529)때 전성기를 맞아 영토를 확장하고 포르투갈인과도 우호관계를 맺었다. 그러나 1565년 북방의 무슬림 연합군에게 대패하여 멸망하였으며 이후 쇠퇴하였다.

비잔티움(Byzantium)

아시아와 유럽을 가르는 보스포루스 해협 남쪽에 위치한 도시. 로마제국의 수도가 되면서 콘스탄티노플(Constantinople)이라 불렸으며 1453년 오스만 투르크가 이곳을 정복한 후에는 이스탄불(Istanbul)로 개명하였다. BC 8세기에서 BC 660년경까지 메가라왕국의 수도로서 메가라로 불렸다가 그리스 귀족에 의해 멸망되어 비잔티움으로 개칭되었다. 이때부터 그리스 식민도시로서 해협 통행세 징수와 교역으로 번성하였다. 페르시아전쟁으로 그리스 도시동맹에 가입하였고 로마시대에는 로마의 속주가 되었다. 330년에 로마황제 콘스탄티누스가 도시를 정비하고 성벽을 확장한 후 로마제국의 수도를 이곳

콘스탄티누스

으로 옮기고 콘스탄티노플(콘스탄티노폴리스)이라 개명하였다. 이후 비잔틴제국의 수도이자 동방정교회의 본부이며 비잔틴 문화의 중심지로 발전하였다. 1204년 제4회 십자군이 한 때 점령하여 비잔티움을 수도로 라틴제국을 건설하였으나 1261년 비잔틴제국이 다시 탈환하였다. 그러나 이후 쇠퇴하여 1453년 오스만투르크의 술탄 메메드 2세가 비단티움을 점령하고 이스탄불로 이름을 바꾸었다. 이후 이스탄불은 이슬람 문화의 중심지가 되었고 비잔틴제국의 학자들이 이탈리아로 이주하면서 르네상스의 한 계기가 되었다. 오스만투르크는 실레이만 1세(1520~1566) 때 전성기를 구가했으나 19세기 이후 오스만투르크가 약화되면서 서구 열강의 쟁탈지로 시련을 겪었다. 제1차 세계대전이 일어나자 터키는 독일에 가담하여 참전했다가 패전하고 연합군이 이스탄불을 점령하였다. 1923년 케말 아타튀르크가 혁명을 일으켜 터키공화국을 수립하고 수도를 앙카라로 이전하였다. 그러나 오늘날에도 이스탄불은 터키의 경제, 문화 중심지이자 세계적 역사 유적으로 남아 있다.

비잔틴 문화(Byzantine culture)

비잔틴제국시대에 그리스 문화와 기독교를 융합하여 발전한 문화. 약 1000여 년간에 걸쳐 서유럽 문화와 이슬람 문화 사이에서 성장하였다. 문학과 사상 분야에서는 독창적이라기 보다 그리스 고전의 주석과 모방이 성행하였고 역사서술에 있어서도 그리스, 로마 역사가들의 영향을 받은 프로코피오스의 《전기(戰記)》, 《건축기》 등이 있다. 신학 분야에서는 그리스 철학의 영향으로 여러 가지 이단운동과 단성설(單性說) 같은 신학사상과 우상숭배 논쟁 등을 거치면서 동방의 신비주의 사상과 그리스 사상이 혼합되었다. 비잔틴 문화는 예술과 건축 분야에서 많은 성취를 이루었는데 교회건축 분야에서 비잔티움의 성소피아 성당 같은 걸작품이 등장하였다. 미술에 있어서는 교회당을 장식하는 모자이크 벽화와 모자이크를 대신해 등장한 프레스코 벽화 및 이콘이 성행하였다. 비잔틴 문화는 그리스 고전문화를 계승, 보존하여 서유럽에 전함으로써 르네상스의 원동력이 되었으며 발칸과 러시아에 거주하는 슬라브 민족에게 높은 수준의 문화를 전파함으로써 양방향으로 영향을 미쳤다.

비잔틴제국(Byzantine Empire, 330~1453)

중세 동유럽, 소아시아 지역에서 발전한 국가. 동로마제국이라고도 한다.

330년 콘스탄티누스 1세가 로마제국의 수도를 비잔티움으로 이전하면서 비잔틴제국을 창시하였다. 이후 서로마제국이 멸망하면서 유일하게 로마제국을 계승한 중세제국으로서 1000여 년간 번성하였다. 비잔틴제국은 초기에는 로마의 정치이념과 제도를 물려받았고 문화적으로는 기독교와 그리스 문화가 혼합되었다. 그러나 잦은 외침과 내란을 거치면서 비잔틴제국만의 독특한 사회제도를 만들어 내었다. 7세기에 헤라클레이오스 황제가 군관구제(軍官區制)를 실시하고 중소농민을 기반으로 하는 사회를 건설하였다. 이어 공용어로 그리스어를 채택하고 서방보다 동방을 중시하는 외교정책을 구사하였다. 이어 8세기에 우상숭배 논쟁을 겪으면서 서유럽과 유대가 단절되었고 발칸과 러시아 슬라브족을 기독교로 개종시키면서 비잔틴 문화를 전파하였다. 그러나 11세기 이후 중소농민 중심의 사회체제가 붕괴하고 국가기강이 흔들리기 시작했다. 여기에 밖으로 이슬람, 십자군, 슬라브 세력의 외침으로 비잔틴제국은 몰락하기 시작했다. 결국 1453년 오스만투르크제국의 술탄 메메드 2세가 비잔티움을 함락시키면서 비잔틴제국도 멸망하였다. 비잔틴제국은 군사적으로 취약했으나 문화적으로는 고대 그리스 문화를 보존하여 서유럽에 전수하였으며 슬라브족에게도 높은 문화를 전파하였다.

비전(飛錢)

당(唐), 송(宋)시대에 사용된 송금 어음제도. 편전(便錢), 편환(便換)이라고도 부른다. 당나라 중기 이후로 상품경제가 발달하면서 당시의 주요 화폐인 동전이 무게가 많이 나가므로 사용과 운반이 불편하였다. 이에 비전을 사용하게 되었다. 당나라 때에는 번진(藩鎭)이 수도에 둔 진주원(進奏院), 정부의 재정 기관인 삼사(三司), 환관과 같은 정부기관이나 관리, 또는 부유한 상인들이 비전을 발행하였다. 현금을 비전으로 바꾸려면 각전(刻錢)이라 불리는 수수료를 내고 어음 첩(帖)을 교부받았다. 지불인은 수취인이 지참하는 첩과 어음 발행인이 보낸 첩을 대조한 후 현금을 내주게 되어 있었다. 당나라 현종 때 정부가 비전 발행을 독점하였고, 세금과 차의 전매수입 등 재정의 중앙집중에 크게 기여하였다. 송나라 때는 편전무(便錢務)라 불리는 관청이 발행업무를 전담하였다. 송나라의 교자(交子) 회자(會子) 등의 지폐는 이러한 어음에서 발달한 것이다.

비코(Vico, Giambattista, 1668~1744)

이탈리아의 철학자이자 역사가. 역사주의의 창시자. 나폴리에서 태어나 1699년부터 나폴리 대학의 수사학 교수로 재직했으며 1734년에 나폴리 왕실의 역사 편찬관이 되었다. 학자로서 플라톤과 타키투스를 주로 연구했으며 베이컨과 그로티우스에게 영향을 받았다. 철학자로서 데카르트 철학에 반대하고 사유가 아니라 행위에 진리의 기준을 두어 인간역사에 관심을 가졌다. 1725년에 발표한 대표작 《여러 민족의 공통성질에 대한 신과학원리》를 발표하고 자신의 독특한 역사관을 주장하였다. 그에 따르면 인간의 정신활동에서의 감각, 표상력(表象力), 이성의 3단계에 호응하여, 역사 속에도 세 시기가 있다. 세 시기는 원시적 무의식 상태인 신의 시대, 시적이며 종교적 의식을 갖는 영웅시대, 법의 철학적 원리를 인식하는 인간시대이다. 이러한 비코의 역사철학은 당시에는 많은 비판을 받았으나 후일 괴테 등에게 영향을 미쳤으며 근대에 들어 크로체 등에게로 계승되었다.

비토리오 에마누엘레 2세(Vittorio Emanuele II, 1820~1878)
사르데냐의 왕(재위 1849~1861)이며 이탈리아의 초대 국왕(재위 1861~1878). 1849년 오스트리아에 패전하고 퇴위한 부왕 카를레 알베르트의 뒤를 이어 사르데냐 국왕으로 즉위하였다. 즉위 후 입헌군주제를 유지하면서 카부르 등을 수상으로 기용하여 개혁을 단행하면서 근대화를 추진하였다. 이를 통해서 사르데냐는 이탈리아 통일운동의 주체가 될 수 있었다. 외교적으로 영국, 프랑스와 협력관계를 구축하고 크림전쟁에 참전하여 국제적 위상을 높였다. 이에 따라 사르데냐는 1859년 나폴레옹 3세가 오스트리아를 공격할 때 롬바르디아를 얻었으며 1860년 가리발디의 협력으로 시칠리아, 나폴리 등을 병합하였다. 비토리오 에마누엘레 2세는 1861년 토리노에서 열린 제1회 이탈리아 의회에서 이탈리아 국왕의 칭호를 받았다. 이후 1866년 사도바에서 오스트리아를 대패시키고 베네치아를 할양받았으며 1871년 로마를 병합하여 이탈리아 통일을 완수하여 국부(國父) 또는 성실왕(誠實王)이라 불리었다.

비파기(琵琶記)
명나라 때의 희곡. 전 42막이다. 원말명초(元末明初)에 원저우(溫州) 지방에서 유행하던 남희(南戱)를 고명(高明)이 작품화한 것이다. 줄거리는 진류(陳留) 사람 채옹(蔡邕)이 과거를 보기 위해 상경하자 아내 조오랑(趙五娘)이 시부모를 봉양한다. 과거에 급제한 채옹은 재상의 사위가 되어 부귀영화를 누리지만 조오랑은 시부모를 모시며 고생한다. 시부모가 사망한 후 조오랑은 비파를 연주해 노자를 벌며 남편을 찾아 서울로 온다. 그리하여 새 아내의 주선으로 채옹과 조오랑은 상봉하고 일부 이처가 행복하게 살게 된다는 내용이다. 이 작품은 조오랑의 고난과 채옹의 호사한 생활을 대조시키면서 이야기 진행과 곡사(曲辭)가 뛰어나 남곡(南曲)의 대표작으로 불린다.

빅토리아 여왕(Victoria, Alexandria, 1819~1901)
영국의 여왕(재위 1837~1901). 조지 3세의 넷째 아들인 켄트 공 에드워드의 딸이다. 하노버 왕가의 마지막 군주로 백부인 윌리엄 4세의 뒤를 이어 18세에 즉위하였고 1840년 사촌인 앨버트공과 결혼하였다. 즉위 당시에는 휘그당에 우호적이었으나 점차 앨버트 공의 영향으로 토리당에 가까워졌다. 1862년 앨버트공이 42세로 사망한 이후에는 보수당 당수 디즈레일리를 지지하였고 디즈레일리에 의해 1877년 인도의 여황제(女皇帝)로 즉위하였다. 영국 여왕으로서 다스린 19세기 중, 후반 64년을 빅토리아시대라 부르며 이 시기에 영국 자본주의가 세계적 우위를 차지하고 국내적으로도 디즈레일리와 글래드스턴으로 대변되는 양당제 의회정치가 자리잡았다. 선거법 개정을 비롯한 자유주의적 개혁조치로 중산층의 사회적 지위가 신장되었다. 그러나 집권 후반기부터는 영국의 우위에 대한 도전이 시작되어 이에 대응으로 적극적인 제국주의 정책으로 전환한 시기였다. 여왕의 지위는 '군림하되 통치하지 않는다'는 것이었으나 영국 번영의 상징으로 국민의 사랑을 받았다.

빈 체제(Wiener System)

나폴레옹이 패배한 후 빈 회의를 중심으로 한 전쟁처리와 복구를 위한 19세기 전반의 유럽 국제관리 체제. 그 중심은 1814년 쇼몽 조약을 통한 영국, 러시아, 오스트리아, 프로이센의 4국 동맹과 1815년 러시아, 프로이센, 오스트리아의 세 군주가 체결한 신성동맹이다. 이 체제는 프랑스 혁명과 나폴레옹이 유럽에 끼친 혼란을 정리하고 군주제를 유지하며 강대국의 세력균형을 통한 안정을 추구하는 복고적 정통주의를 표방하였다. 이에 따라 오스트리아의 수상 메테르니히가 주도하여 자유주의 사상과 이탈리아, 독일의 통일운동에 탄압을 가하였다. 그러나 19세기 중반부터 자유주의와 민족주의 운동이 활발해지면서 라틴 아메리카 각국이 독립하고 1830년 7월 혁명, 그리스와 벨기에 독립으로 빈 체제는 약화되었다. 결국 1848년 유럽 각지에서 일어난 혁명으로 빈 체제는 무너졌다.

빈 회의(Congress of Wien, 1814. 9~1815. 6)

나폴레옹이 패배하여 추방된 후 프랑스 혁명과 나폴레옹전쟁의 전후처리를 위해 빈에서 개최된 회의. 유럽 각국의 군주와 정치인들이 모여 유럽의 전후질서를 논의하였다. 참가한 각국간의 이해가 엇갈렸기 때문에 '회의는 춤춘다. 그러나 나아가지 않는다.'라는 비판을 받았다. 1815년 3월 나폴레옹이 엘바섬을 탈출하자 한때 혼란이 있었으나 나폴레옹이 워털루 전투에서 패전하기 직전인 6월에 최종 의정서를 조인하였다. 최종의정서의 주요 내용은 프랑스 혁명 이전의 왕조로 복귀하자는 정통주의와 유럽 강대국의 세력균형 유지를 원칙으로 하여 프랑스, 에스파냐, 나폴리, 포르투갈의 구왕조를 복위시킨다. 프랑스는 1792년 이전의 국경선으로 돌아간다. 러시아는 폴란드의 대부

▶ 빈 회의

분을 획득하며 폴란드왕국을 세워 러시아 황제가 왕위를 겸한다. 오스트리아는 네덜란드 및 남독일을 포기하고 북이탈리아를 획득하며 프로이센은 바르샤바 대공국의 일부와 작센과 라인 지방을 얻는다. 영국은 몰타, 실론, 케이프 식민지를 얻는다. 스위스는 영세중립국이 된다. 독일에서는 프랑크푸르트에 독일연방의회를 설치하여 오스트리아가 의장국이 된다 등이다. 빈회의는 베스트팔렌 조약, 유트레히트 조약 등의 뒤를 이어 유럽의 국제관계의 근본 원칙이 되었으며 이를 실시할 빈체제를 탄생시켰다.

빌헬름 2세(Wilhelm II, 1859~1941)

제1차 세계대전 당시의 독일 황제(재위 1888~1918). 카이저라고 부른다. 아버지는 프리드리히 3세이며 어머니는 영국의 빅토리아 여왕의 딸이다. 1888년 황제에 즉위한 후 유럽대륙 내에서 세력균형을 통한 독일의 지위유지를 추구하는 비스마르크의 정책에 반대하여 그를 해임하였다. 이후 빌헬름 2세는 직접 정권을 장악하고 해외진출을 통한 적극적 세계정책을 구사하였다. 독일의 이러한 세계정책은 해외시장 개척, 아프리카 식민지 획득, 해군력 강화로 이어져 영국, 프랑스와 마찰을 빚은 끝에 1905년 모로코 사건과 1908년 데일리 텔레그라프 사건을 일으켰다. 이후에도 빌헬름 2세는 범게르만주의에 입각하여 군비를 확장하고 영국을 가상적국으로 삼아 베를린-비잔티움-바그다드를 연결하는 3B 정책을 추구하였다. 3B 정책을 통해 발칸과 근동에서 세력확장을 시도하는 바람에 러시아의 반감을 사 결국 독일의 국제적 고립을 초래하였다. 1914년 제1차 세계대전에서 독일은 오스트리아를 편들어 참전하였고 전쟁의 패색이 짙던 1918녀 11월 독일혁명이 일어나자 퇴위하여 네덜란드로 망명하였다. 이후 네덜란드에서 회상록 등 많은 저서를 집필하였다. 주요 저서로 《사건과 인물, 1878 1918》(1922)이 있다.

세 계 역 사 사 전

사고전서(四庫全書, 1781)

중국 청나라 건륭제(乾隆帝) 때 편찬한 총서(叢書). 모두 3,458종의 7만 9582 권을 수록하였으며 경(經) 사(史) 자(子) 집(集)의 4부로 분류 편집하였다. 각 부를 1고(庫)로 하여 수장하였기 때문에 사고전서라는 이름으로 불리게 되었다. 건륭제(乾隆帝)가 1772년에 편찬소(編纂所)인 사고전서관을 개설하고 총 찬관(總纂官)인 기윤(紀昀)을 비롯하여 대진(戴震) 소진함(邵晉涵) 주영년(周 永年) 등이 편찬작업을 주도하였다. 이후 10년 동안 책을 모아 1781년에 《사 고전서》를 출판하였다. 청왕조는 수집된 책 중에서 왕조에 해로운 책은 금서 (禁書)로 지정하여 소각하거나 파기하였다. 이와 같이 청왕조는 학문을 장려 하면서도 정권에 해로운 내용은 통제하는 정책을 구사하였다.

4국동맹(四國同盟, Quadruple Alliance, 1815)

나폴레옹이 몰락한 후 유럽대륙의 평화유지를 위하여 영국, 러시아, 오스트 리아, 프로이센 4국이 1815년에 체결한 동맹. 동맹의 목적은 공동의 관심사 나 유럽의 질서유지를 위해 빈체제를 유지하고 혁명운동 진압을 위해 공동으 로 무력개입하는 데 있었다. 1822년 베로나 회의에서 영국이 에스파냐 혁명 에 대한 개입에 반대했기 때문에 협력관계는 단절되고 동맹은 해체되었다.

사기 ● 사마천

사대부(士大夫)

중국의 상류 계층을 말한다. 사대부란 말의 어원은 중국 고대 사회의 신분층 인 천자(天子) 제후(諸侯) 대부(大夫) 사(士) 서민(庶民)의 5계급 가운데 사와 대부를 합친 것이다. 천자와 제후는 황제와 왕이며 사와 대부는 그 밑은 신하 로서 지배층을 이룬다. 이것이 고대 봉건사회가 무너진 후에도 계속 남아 관 료, 지배층이란 뜻으로 쓰이게 되었다. 한나라 때 이후로 관직이 세습되면서 사족(士族)이라 불린 지배계층이 귀족화되어 육조(六朝)시대에는 문벌귀족이 사회지배층이 되었다. 그러나 송(宋)나라 때부터는 세습귀족(世襲貴族) 대신 과거(科擧)에 의한 관료계급이 형성되었다. 이들은 농공상(農工商)에 종사하지 않는 독서인, 지식층이며 하급관리가 아닌 과거 출신의 문인관료를 뜻했다. 중국 문화는 사대부 문화로 불리며 사대부는 지식과 학문을 독점하고 여론을 주도하는 계층이었다.

4인방 ◐ 문화대혁명

사라센 문화(Saracenic Civilization)

7세기부터 13세기까지 아라비아에서 발전한 이슬람 세계의 문화. 이슬람 문화 또는 아라비아 문화라고도 한다. 사라센 문화는 아라비아 지역에만 국한된 것이 아니라 오리엔트시대 이래의 서아시아 문화전통에 인도, 그리스 문화가 혼합되어 문명의 전파와 발전에 세계사적 역할을 한 문화이다. 사라센 문화의 근간은 이슬람교와 아랍어이다. 사라센의 학문은 신학, 법학, 문법학, 역사학 등 이슬람 고유의 학문과 철학, 수학, 천문학, 의학 등 외래 학문으로 나뉜다. 철학에 있어서는 플라톤, 아리스토텔레스의 철학을 보존하여 유럽에 재전파하였다. 역사학, 지리학 분야에서는 마수디, 이븐 할둔, 이븐 바투타 같은 아랍인 학자들의 연구와 여행으로 큰 발전을 이루었으며 의학, 수학, 천문학 등의 자연과학도 발전하였다. 문학에 있어서는 궁정문학과 이란, 인도, 아랍의 설화를 집대성한 《천일야화》 같은 작품이 나왔다. 예술 분야에서는 돔형 건축과 아라베스크 무늬, 이란 양식의 화풍이 발전하였다. 사라센 문화는 이란, 인도, 중국의 문화를 유럽에 전하는 창구 역할을 하여 종이, 화약, 나침반 등을 유럽에 전파하였다.

사라센제국(Saracens, 622~1258)

7세기에서 13세기 사이에 아라비아 반도를 중심으로 서쪽으로는 아프리카, 에스파냐까지, 동쪽으로는 인도에까지 이르는 이슬람제국. 단일 왕조가 아니라 이슬람을 믿는 여러 왕조와 국가를 사라센제국이라 부른다. 사라센이란 말은 원래 그리스, 로마인들이 시리아 초원의 유목민을 사라세니(Saraceni)라고 부른 데서 비롯되었다. 이후 이 말이 이슬람 교도 전체를 가리키는 말로 변모한 것이다. 마호메트(570?~632)가 7세기에 이슬람교를 창시한 이래 아라비아 반도를 통일하였으며 마호메트 사후에 그의 후계자인 칼리프들이 정복사업에 나서 동으로는 이란까지, 서로는 이집트까지 이르는 대제국을 건설하였다. 이 정통 칼리프시대(632~661)는 아부 바크르, 우마르, 오스만, 알리 4대로 끝나고 이후 옴미아드왕조(661~750)가 시리아의 다마스쿠스를 도읍으로 하여 들어섰다. 옴미아드왕조는 정복사업을 계속하여 8세기 들어 서쪽으로는 아프리카를 거쳐 에스파냐까지 진출하고, 동쪽으로는 아프가니스탄을 거쳐 인도에까지 진출하였다. 옴미아드왕조는 지나친 아랍 민족주의로 인해 비아랍 민족의 불만을 사 이란인 개종자를 중심으로 하여 압바스왕조(750~1258)가 바그다드를 중심으로 성립하였다. 당시 옴미아드왕조 일부는 에스파냐로 탈출하여 후옴미아드왕조를 이어갔다. 이후 사라센제국은 동·서 칼리프제국으로 분열되었다. 동칼리프제국은 바그다드를 중심으로 이란적 색체가 강하고 아랍 민족지상주의 대신에 세계주의적인 이슬람 세계를 건설하였다. 그러나 10세기 이후 내분을 겪다가 몽고의 침입으로 멸망하고, 이후 투르크족이 이슬람제국의 명맥을 이어갔다. 한편 에스파냐의 코르도바를 중심으로 한 서칼리프제국은 유럽 그리스도교 국가들의 반격으로 15세기에 이베리아 반도에서 퇴출당했다.

사라예보 사건(Assassination of Sarajevo, 1914. 6. 28)

1914년 6월 28일 오스트리아 황태자 페르디난트와 황태자비가 사라예보에서 세르비아 청년 두 명에게 암살된 사건. 범인들은 범슬라브주의 신봉자들로 대세르비아주의를 지향하는 흑수단(黑手團) 소속 세르비아군 장교의 지원을 받았다. 이들은 1908년에 오스트리아에 합병된 보스니아의 중심도시 사라예보에서 오스트리아 영내의 슬라브인 혁명을 유발하기 위해 황태자 부처를 암살하였다. 사건이 일어나자 오스트리아 정부는 이 사건의 책임을 세르비아 정부에 추궁하고 세르비아에 선전포고를 하였다. 그러자 세르비아를 지지하는 러시아가 참전하고, 오스트리아를 지원하는 독일도 전쟁에서 참전하면서, 프랑스, 영국까지 전쟁에 휘말려 제1차 세계대전이 발발하게 되었다.

사르데냐왕국(Regno di Sardegna)

이탈리아 북부의 왕국. 수도는 토리노이다. 사보이 가문의 비토리오 아메데오 2세가 1718년에 사보이, 피에몬테, 롬바르디아 일부, 사르데냐를 포함하는 왕국을 건설하였다. 당시 이탈리아에는 리소르지멘트(국가통일운동)의 분위기가 강하였는데 1831년 카를로 알베르토가 사르데냐 국왕으로 즉위하면서 이러한 시류를 타고 1848~1849년에 오스트리아와 전쟁을 벌였으나 실패하였다. 그러나 알베르트의 아들 비토리오 에마누엘레 2세는 수상 카부르의 보좌와 가리발디 장군의 협력으로 통일운동에 나서 1861년 통일을 이루고 이탈리아 국왕에 즉위하였다.

사르트르(Sartre, Jean~Paul, 1905~1980)

프랑스의 철학자, 작가. 파리에서 태어나 에콜 노르말 철학과를 졸업하고 교수 자격을 획득하였다. 철학교사로 근무하다가 1933년 독일에 유학하여 하이데거와 후설의 현상학을 공부하였다. 이후 현상학 논문을 발표하고 1938년에 소설 《구토》를 발표하여 명성을 얻었다. 1939년 제2차 세계대전이 일어나자 참전하여 포로가 되었다가 탈출하여 파리로 돌아와 작가생활을 계속하였다. 이 시기에 철학서 《존재와 무》(1943)를 발표하고 무신론적 실존주의를 주장하였다. 이후 소설 《자유의 길》(1945~49)을 발표하였고 전쟁이 끝난 후에는 잡지 《현대》를 창간하여 실존주의 문필활동을 벌였다. 사르트르의 실존주의 철학은 1940년대와 1950년대의 시대적 경향을 반영한 것으로 개인주의와 염세주의 경향이 있지만 제2차

▶ 사르트르

세계대전이 끝난 후에는 《실존주의는 휴머니즘이다》(1946) 같은 저술을 통해 사회운동에 관심을 보이기도 했다.

사마광(司馬光, 1019~1086)

북송(北宋)시대의 정치가, 역사학자. 자는 군실(君實)이며 속수선생(涑水先生)으로도 불린다. 호는 우부(迂夫), 우수(迂戒)이다. 산시성(山西省) 출신으로 1038년 진사(進士)에 합격한 뒤부터 한림학사(翰林學士)와 어사중승(御史中丞) 등의 벼슬을 거치며 승진을 거듭하였다. 그러나 1067년 왕안석(王安石)의 신법(新法) 개혁에 반대하여 사퇴하고 지방으로 내려갔다. 이후 뤄양(洛陽)으로 가서 편년체(編年體) 역사서 《자치통감(資治通鑑)》을 집필에 전념하여 1084년 마침내 전 20권의 《자치통감》을 완성하였다. 《자치통감》은 연도(年度)의 흐름에 따라 기술하는 편년체 서술방식에 따라 주(周)나라부터 오대(五代)에 이르기까지 1362년간(BC 403~960) 동안의 역사를 1년씩 묶어 편찬한 것이며 후대의 역사서술에 큰 영향을 미쳤다.

사마의(司馬懿, 179~251)

삼국시대 위(魏)나라의 대신. 자는 중달(仲達)이다. 하내군(河內郡 : 河南省) 온현(溫縣)의 호족 출신이다. 조조(曹操)의 밑에 들어가 조조의 아들 조비(曹丕 : 文帝)와 명제(明帝) 제왕(齊王) 등 3대 황제를 섬겼다. 위나라가 촉(蜀)나라, 오(吳)나라와 혼전을 벌이던 삼국시대에 230년 촉한(蜀漢)의 제갈량(諸葛

亮)의 원정군을 막아냈으며 234년에는 제갈량과 오장원(五伏原)에서 대치하여 촉군을 막아냈다. 238년에는 요동(遼東)을 정벌하여 요동태수 공손 연(公孫淵)을 멸망시키고, 요동을 위나라의 영토로 삼았다. 242년에 오나라를 공격하고 화이허강(淮河) 유역에 광대한 군둔전(軍屯田)을 설치하였다. 249년에 쿠데타를 일으켜 정권을 장악하였고 결국 그의 손자 염(炎, 武帝)이 왕권을 찬탈하여 위나라를 멸망시키고 서진(西晉)을 세웠다.

사마천(司馬遷, BC 145?~BC 86?)

전한(前漢)시대의 역사가. 자 자장(子長)이며 태사공(太史公)으로 불린다. 용문(龍門 : 현재 韓城縣) 출신이다. BC 111년에 태사령(太史令)이던 부친 사마담(司馬談)이 죽자 그 자리를 계승하였다. 《사기》의 집필 도중인 BC 99년에 흉노에게 항복한 친구 이릉(李陵)을 변호하다가 궁형(宮刑)을 받아 거세당하였다. 그러나 《사기》의 집필을 계속하여 BC 90년 《사기》 130권을 완성하였다. 《사기》는 중국 역대 왕조의 정사(正史) 서술의 모범이 된 기전체(紀傳體) 서술방식을 최초로 채택하였으며 상고시대의 황제(黃帝) 때부터 한나라 무제 태초년간(BC 104~BC 101)에 이르기까지 중국과 그 주변민족의 역사를 저술한 통사(痛史)이다. 《사기》의 내용은 제왕의 연대기인 본기(本紀) 12편, 제후왕을 중심으로 한 세가(世家) 30편, 역대 제도 문물의 연혁에 관한 서(書) 8편, 연표인 표(表) 10편, 개인의 활동을 다룬 전기 열전(列傳) 70편, 총 130편으로 구성되었다. 사기는 신화나 전설을 배제한 객관적인 사료선택과 합리적인 기술방식, 탁월한 문장력으로 중국 고전 역사서의 대표작으로 불린다.

사만왕조(Saman Dynasty, 874~999)

중앙아시아의 이란계통 이슬람왕조. 사산왕조의 이란계 귀족인 사만의 증손자 나스르 빈 아마드(나스르 1세)가 타히르왕조가 약화된 틈을 타서 서부 스텝지대인 트란스옥시아나에서 독립하였다. 나스르 1세의 아우 이스마일(892~907)은 수니파의 지지자로서 압바스왕조의 칼리프에게 충성을 맹세하여 호라즘을 점령하고 900년에 사파르왕조(867~903)를 무너뜨리고 호라산을 병합하였다. 이어 나스르 2세(913~142) 때 이란 본토를 차지하고 이슬람세계 동부의 대표적인 세력으로 자리잡았다. 10세기 말 시르다리야 강 서쪽에서 침입해 온 카라한왕조의 투르크족에게 밀려 멸망하였다.

사보나롤라(Savonarola, Girolamo, 1452~1498)

이탈리아의 종교개혁 운동가. 북이탈리아 페라라 출신으로 1475년 도미니크회 수도원에 들어갔다. 1491년 피렌체의 산마르코 수도원 원장이 되어 공화주의와 정치적 자유주의를 주제로 한 설교를 하여 당시 피렌체의 지도자로렌초 데 메디치를 비판하고 교회와 속세의 부패를 공격하여 인기를 얻었다. 1494년 사보나롤라가 '하느님의 노여움'이라고 예언한 프랑스 국왕 샤를 8세의 이탈리아 원정으로 메디치 가문은 피렌체를 탈출하여 망명하였다. 이에 사보나롤라는 신정정치(神政政治)와 민주주의를 혼합한 방식으로 피렌체를 통치하였다. 그러나 교회의 권위에 도전하다 교황 알렉산더 6세로부터 파문을 당하고 피사전쟁의 실패와 메디치 가문의 모략으로 결국 1498년 화형을 당하였다.

사비에르(Xavier, Francisco, 1506~1552)

예수회 교단의 선교사. 한자명은 방제각(方濟各)이며 '동양의 사도'로 불린다. 에스파냐 북부 나바라왕국 출신으로 파리대학에서 공부하였다. 1524년에 파리에서 만난 이그나티우스 데 로욜라와 함께 예수회를 창설하였다. 1541년 선교를 위해 인도로 출발하였다. 이후 인도의 고아를 근거지로 실론, 말라카 제도에서 포교에 전념하였다. 1549년에는 일본에 도착하여 2년 4개월 간 체재하면서 최초로 일본에 그리스도교를 전파했다. 1552년 중국에 선교하기 위해 광둥(廣東)에 도착했으나 열병으로 사망하였다. 1623년에 성자로 시성(諡聖)되었다.

▶ 사비에르

사사명 ◐ 안사의 난

사산조 페르시아(Sasanian Persia, 226~651)

페르시아의 왕조. 배화교(조로아스터교)의 제주(祭主)이며 이 왕조의 시조인 사산의 이름을 따 사산조라 한 것으로 보인다. 226년에 사산의 손자 아르다시르 1세가 파르티아왕국을 무너뜨리고 건국하였다. 사산조 페르시아는 고대 페르시아제국과 이슬람 페르시아 사이의 중세기에 해당한다. 사산조 페르시아는 고대 페르시아제국을 세운 아케메네스왕조와 같이 이란 남부 파르스 지방을 기반으로 하여 성립되었으며 그 전통을 이어받았다 할 수 있다. 이에따라 조세제도를 정비하고 고대의 속주(屬州) 제도를 부활시켰다. 종교적으로는 이란의 민족종교인 배화교를 이념으로 하는 신정국가적 형태를 띠었으며 신권(神權)적인 왕 밑에 귀족, 사제, 관리, 서민의 네 계급이 있었다. 그중에 귀

족과 사제가 지배층으로 사회를 통치하였다. 7세기 초부터 사라센제국의 침
략을 받다가 651년에 사라센제국에 복속되었다.

사서대전(四書大全)

명나라 때 편찬된 사서(四書)의 주석서(註釋書). 전 36권으로 성조(成祖) 때
한림학사 호광(胡廣) 등이 칙명(勅命)에 의하여 편찬하였다. 명나라는 유학의
부흥에 힘써 송나라 주자학(朱子學)의 집대성에 노력을 기울였다. 《사서대전》
은 주로 주희(朱熹)의 주석에 대한 송(宋)나라 유학자들의 설을 모은 것으로,
《오경대전(五經大全)》, 《성리대전(性理大全)》과 함께 과거시험의 교재로 사용
되어 일종의 사상통제의 수단으로 쓰였다.

사서오경(四書五經)

유가(儒家)의 기본경전. 사서란 《논어(論語)》, 《맹자(孟子)》, 《대학(大學)》, 《중
용(中庸)》을 말하며 오경이란 《시경(詩經)》, 《서경(書經)》, 《역경(易經)》, 《예기
(禮記)》, 《춘추(春秋)》를 말한다. 《논어》는 공자의 언행록이며 《맹자》는 맹자
의 대화를 중심으로 한 언행록으로 한(漢)나라 때 이후로 중요하게 여겨져 왔
다. 《대학》과 《중용》은 원래 《예기》 가운데 한 부분으로 송나라 때부터 중시
되어 주희(朱熹)의 《사서집주(四書集注)》 이후로 유가의 기초경전으로 취급되
었다. 이에 반해 오경은 한나라 대부터 중시된 유교의 근본경전이다. 《시경》
은 춘추시대 황허강 중류 지방의 민요와 의식에 쓰였던 노래를 모은 중국에
서 가장 오래된 시집이다. 《서경》은 상서(尚書)라고도 하며 고대의 황제들이
내린 조칙(詔勅)의 기록이다. 《역경》은 '주역(周易)' 또는 '역(易)'이라고도 부
르는데 주(周)나라시대의 점술서인 동시에 우주론적 철학을 담고 있다. 《예
기》는 '주례(周禮)' '의례(儀禮)'와 함께 삼례(三禮)라고 하며 일상생활의 예
절과 관혼상제의 절차와 법도를 다룬 책이다. 《춘추》는 중국 노(魯)나라에 전
해오는 사관의 기록을 바탕으로 공자가 BC 722년, 즉 은공(隱公) 원년부터
BC 481년(애공 14)까지의 기록을 편년체로 엮어 놓은 역사서이다. 오경은 당
(唐)나라 때 공영달(孔穎達), 안사고(顔師古) 등이 편찬한 주석서 《오경정의
(五經正義)》가 나오면서 현재 형태로 통일되었다.

사실주의(寫實主義 realism)

19세기 유럽에서 발생한 문학, 예술 사조. 유럽 근대 예술사에서 고전주의,
낭만주의에 이어 나타났다. 사실주의는 고전주의, 낭만주의에 대한 비판과정
에서 발생하여 있는 그대로의 현실을 중시하였다. 이러한 사실주의의 정신적
배경은 19세기 시민계층의 성장과 이들의 자연과학적 사고와 실증주의였다.
사실주의는 먼저 미술에서 프랑스의 쿠르베 등의 작품을 통해 나타났으며 이

어 문학에서 발자크, 스탕달, 플로베르 등의 프랑스 사실주의 작가들이 사회에 대한 관찰을 담은 소설을 출판하였고 영국에서는 찰스 디킨스가 유사한 경향의 소설작품을 썼다. 사실주의는 특히 근대 러시아 문학에 영향을 미쳐 고골리, 톨스토이, 도스토예프스키 등이 러시아 사실주의를 이루었다. 이후 문학에서의 사실주의 경향은 에밀 졸라 등의 자연주의 소설로 계승되었다.

사쓰마번(薩摩藩)

조슈번(長州藩)과 함께 도쿠가와 막부 타도와 메이지 유신을 주도한 규슈(九州) 남부의 번. 가고시마번(鹿兒島藩)이라고도 한다. 사쓰마는 일본의 남쪽 끝에 위치하였기 때문에 서양세력과의 교류가 활발하였으며 왜구(倭寇)의 중심지였다. 일본이 개항한 후 사쓰마번은 조슈번과 함께 정국을 주도하였으며 1866년 사쓰마에서 막부타도운동을 주도하던 오쿠보 도시미치(大久保利通), 사이고 다카모리(西鄕隆盛) 등은 조슈번과 동맹을 맺고 1868년 보신전쟁(戊辰戰爭)을 통해 막부를 타도하였다. 이후 조슈번과 함께 메이지 정부를 장악하였으나 사이고 다카모리 등이 사퇴하면서 1877년 세이난전쟁(西南戰爭)을 일으켰다가 메이지 정부군에 패배하였다.

사우디아라비아(Saudi Arabia)

아라비아 반도의 이슬람왕국. 아라비아 반도는 마호메트가 이슬람 교를 창시한 이래 이슬람제국의 중심지였다. 그러나 옴미야드왕조 때 수도가 시리아의 다마스쿠스로 옮겨지면서 아라비아 반도는 12세기 이래 이집트의 지배를 받았으며 16세기부터 오스만투르크의 지배를 받았다. 18세기 중엽에 반도 중부 네지드에서 이슬람 복고파인 와하브파(派) 종교운동이 일어나고 부족장인 이븐 사우드 가문이 와하브파를 정치적으로 후원하면서 변화가 일어나기 시작했다. 제1차 세계대전이 끝난 후 압둘 아지즈가 영국의 지지를 얻어 1927년에 건국하여 1932년에 국호를 사우디 아라비아로 정하였다. 사우디 아라비아는 아랍세계의 구심으로서 아랍 민족주의와 친미정책 사이에서 균형을 유지하기 위해 노력하고 있다.

사이고 다카모리(西鄕隆盛, 1827~1877)

근대 일본의 정치가. 사쓰마번(薩摩藩)의 하급 무사(士族) 집안 출신으로 오쿠보 도시미치(大久保利通)와 함께 사쓰마번을 중심으로 막부(幕府) 타도 운동을 벌였다. 1868년 보신전쟁(戊辰戰爭) 때 막부군을 설득하여 에도성(江戸城, 지금의 도쿄)을 무혈항복시켜 도쿠가와(德川)막부 시대를 끝내고 메이지 유신을 열었다. 이후 메이지 정부에 참여하였다가 1873년 자신이 제기한 정한론(조선 정벌론)이 받아들여지지 않자 관직에서 물러나 귀향하였다. 이후 사쓰마에서 반정부 세력의 우두머리가 되었다. 중앙정부와 저항하여 1877년 세이난(西南)전쟁을 일으켰다가 패배하고 자결하였다.

사이공 조약(Treaty of Saigon, 1862, 1874)

19세기 후반 프랑스에 의해 베트남이 식민지화된 조약. 1859년 선교사 살해사건을 구실로 프랑스와 에스파냐 연합군이 다낭과 사이공을 비롯한 남부지역을 점령하여 구엔왕조(阮王朝)를 항복시키고 1862년 제1차 사이공 조약을 체결하였다. 이 조약으로 코친차이나(베트남 남부) 동부의 3성(省)이 프랑스에 할양되었다. 이후 프랑스가 통킹(東京)에 진출하고 중국으로 진출하기 위해 송코이강(紅河)을 탐사하자 구엔왕조는 흑기군(黑旗軍)을 동원하여 이를 저지하려 하였다. 이에 프랑스군은 하노이 및 베트남 북부의 여러 도시를 점령하고 1874년 제2차 사이공 조약을 체결하였다. 이 조약으로 프랑스의 인도차이나 식민지화가 시작되었다.

사이렌드라왕조(Syilendra Dynasty)

8세기경 인도네시아 자바섬에서 일어난 불교 왕조. 사이렌드라란 산(山)의 왕이란 뜻으로 제2대 파난카란왕(760?~780?)이 이 칭호를 부여받았다. 사이렌드라왕국은 대승불교를 후원하여 8세기 후반에 불교사원 보로부두르를 건설하였다. 이후 850년경에 수마트라섬의 팔렘방을 중심으로 남중국해 무역을 통해 부를 축적한 인도계 문화국가인 스리비자야(Sri Vijaya)와 합병하였다. 이로써 남중국해를 지배하는 강력한 해상제국이 등장하였다. 그러나 16세기 이후로는 이슬람 세력이 동남아시아를 석권하였고 근대에 들어서는 유럽 세력이 동남아시아의 해상무역을 독점하고 이 지역을 식민지화하였다.

사자의 서(Book of the Dead)

▶ 테베에서 발굴된 '사자의 서'

고대 이집트 무덤에서 발굴된 파피루스 두루마리. 신왕국시대부터 로마시대까지 귀족이나 부자의 무덤에서 발견된다. 파피루스나 가죽에다 성각문자(聖刻文字 : 히에로글리프) 신관문자(神官文字 : 히에라틱문자) 민중문자(民衆文字 : 데모틱문자)를 이용하여 기록하였다. 그 내용은 죽은 자의 안녕과 행복을 비는 주문과 신들에 대한 서약 등이 적혀 있어 이집트인들의 내세관(來世觀)을 연구하는 데 중요한 자료이다.

사카모토 료마(坂本龍馬, 1835~1867)

막부 타도와 메이지 유신의 기틀을 마련한 일본의 지사. 토사번(土佐藩)의 하급무사 집안 출신이다. 이후 1861년 다케치 즈이잔(武市瑞山)이 주도한 존왕양이(尊王攘夷)운동에 가담하였다. 사쓰마번(薩摩藩)의 반막부 지도자인 사이고 다카모리(西鄕隆盛)를 찾아가 그의 협력으로 나가사키(長崎)에 해운 무역소를 설립하였다. 경쟁관계였던 사쓰마번과 조슈번의 화해를 주선하여 1866년 양번의 연합을 성사시켰다. 1867년 토사로 돌아가서 해원대(海援隊)를 조직하여 활약하였고 막부가 정권을 천황에게 이양한 대정봉환(大政奉還)을 성공시켰다. 이후 교토에서 유신사업을 하던 중 막부파 자객단의 습격을 받아 피살당했다.

사탕조례(砂糖條例, Sugar Act, 1764)

영국의회가 7년전쟁의 비용을 감당하기 위해 아메리카 식민지의 사탕수입에 세금을 부과한 조례. 1733년의 당밀조례를 계승한 것으로서 법적 강제조치가 수반되었으므로 식민지에 대한 영국의 중상주의 규제가 강화된 것이었다. 아메리카 식민지에서 보스턴을 비롯한 북부 상업 식민지가 이에 반발하였으며 식민지인들은 '대표 없는 곳에 과세 없다'는 논리를 펴게 되었다. 사탕조례는 이후의 인지조례(Stamp Act) 차조례(Tea Act) 등과 함께 미국 독립혁명의 원인이 되었다.

사통(史通, 710)

당나라 때의 역사학자 유지기(劉知幾)가 중국의 역사학 이론과 비평에 대하여 저술한 책. 내편(內編) 10권 36편, 외편(外編) 10권 13편, 합계 20권 49편으로 되어 있다. 유지기는 20세 때에 진사에 급제하고 수사국(修史局)에 들어가 측천무후(則天武后)시대에서 현종(玄宗) 초에 걸쳐 사관(史官)으로 재직하면서 고종 측천무후 중종 예종 등의 실록과 《당서(唐書)》, 《성족계록(姓族系錄)》을 편찬하였다. 《사통》의 내용을 보면 내편에는 기전체나 편년체 같은 역사서의 체계에 대하여 논술하였고 외편에서는 역대 사서의 연혁과 장단점에 대하여 비평하였다.

사티리콘(Satyricon, 1세기 중엽)

로마시대의 소설로 가장 오래된 작품. 로마 네로 황제의 측근이었던 페트로니우스가 저자로 전해진다. 고대 소설의 대부분이 모험이나 연애를 다룬 것인데 비하여 이 작품은 사실적인 풍속 소설이며 문학사적으로 악한소설(惡漢

小說)의 선구가 되는 작품이다. 현재 남아있는 것은 제15, 16장 뿐이다. 줄거리는 주인공 에코르피우스가 동료인 아스큐르토스와 미소년 기톤과 함께 이탈리아 남부를 방랑하는 내용이며 당시 사회 하층민들의 생활상이 묘사된다. 그 중 트리말키오의 향연 부분에서는 노예 신분에서 벼락부자가 된 트리말키오가 베푼 화려한 연회를 사실적이며 풍자적으로 묘사하고 있는데 이는 네로 황제의 사치스런 생활을 풍자한 것이라 한다.

사파비왕조(Safavid Dynasty, 1502~1763)

이란의 시아파 이슬람왕조. 이란 서부 아르다빌에서 예언자 마호메트의 혈통을 계승했다고 주장하는 신비주의 교단이 이스마일 1세(재위 1502~1524) 때 서부 이란의 트루코만과 호라산의 우즈베크족을 격파하고 타브리즈를 수도로 하여 사파비왕조를 열었다. 사파비왕조는 아라비아풍의 술탄이란 칭호 대신 페르시아어의 존칭인 '샤'를 사용하였으며 이란 민족주의를 지향하였다. 그러나 시아파인 사파비왕조는 수니파인 오스만투르크, 무굴제국, 우즈베크 등과 계속 대립하였다. 제5대 압바스 1세(재위 1587~1629) 때 이스파한으로 천도하고 영국인의 도움으로 군사제도를 정비하여 오스만투르크를 물리치고 영토를 회복하였다. 그러나 압바스 1세가 죽은 후 다시 오스만투르크의 침입을 받았으며 17세기 후반에는 쇠퇴하여 1736년 아프간족의 침입으로 멸망하였다.

사포(Sappho, BC 612?~?)

고대 그리스의 여류 시인. 에게해 레스보스섬의 미틸레네 출신이다. 귀족 가문 출신으로 레스보스 섬의 아이오리스 방언으로 소녀나 청년에 대한 정열적인 애정을 담은 서정시를 주로 지었다. 남편이 죽은 후 소녀들을 모아 음악과 시를 가르쳤다고 전해진다. 사포는 많은 작품을 남겼으나 현재 전하는 것은 장편시 〈아프로디테 송가〉 외에 몇몇 단편만이 전해진다. 그리스에서는 10번째의 시여신(詩女神)으로 불리며 호메로스와 더불어 대표적 시인으로 평가받고 있다.

사회계약론 ○ 루소

사회민주주의(社會民主主義, social democracy)

사회주의를 혁명 대신 의회민주주의를 통하여 구현하려는 주의나 운동을 말한다. 마르크스주의자들이 사회주의 실현을 위해 폭력혁명과 프롤레타리아 독재를 주장하는 반면, 사회주의자들은 폭력이 아닌 민주적 방법을 통해 사회주의를 실현하려 하였다. 원래 19세기 후반에서 제1차 세계대전 이전까지 사회민주주의라는 용어는 사회주의와 같은 의미로 쓰였으며 마르크스, 엥겔스나 그 뒤를 이은 마르크스주의자들도 사회민주주의라는 이름을 사용하였다. 그러나 제1차 세계대전을 계기로 사회주의자들의 국제단체인 제2 인터내셔널이 분열하면서 폭력혁명과 프롤레타리아 독재를 주장하는 사회주의자들은 공산주의라는 이름을 쓰기 시작했다. 그리고 사회민주주의는 마르크스나 레닌의 주장과 다른 방식으로 사회주의를 실현하려는 주의나 운동을 가리키는 말로 바뀌게 되었다.

사회보장(社會保障, social security)

실업자 및 노약자, 빈민을 구제하기 위한 제도. 미국에서 프랭클린 루즈벨트 대통령의 뉴딜정책에 따라 1935년 사회보장법(Social Security Act)이 실시되었는데 이때부터 사회보장이란 말이 널리 쓰이게 되었다. 영국에서는 이미 1601년 엘리자베스 여왕의 구빈법(Poor Law)를 비롯하여 토지를 잃은 농민과 도시빈민을 구제하기 위해 각종 입법과 제도가 마련되고 구호소와 작업장이 설치되었다. 영국에서는 1909년 웹 부부가 사회보험의 확충을 주장하는 보고서를 발표하였으며 1911년에는 세계최초로 실업보험을 포함하는 국가보험법(National Insurance Act)을 실시하였다. 그러나 본격적인 사회보장이 실시된 것은 제2차 세계대전 이후이다. 영국에서는 1942년 발표된 베버리지 보고서를 기초로 전후 가족수당법(1945) 국민산업재해보험법(1946) 국민보험법(1946) 국민보험 서비스법(1946) 아동법(1946) 국가부조법(國家扶助法, 1948) 외 6개 입법으로 구성되는 체계적인 사회보험제도가 출범하였다. 이후 사회보장제도는 '요람에서 무덤까지'라는 표어대로 국민 전체의 기본적 생계유지와 교육, 의료, 복지를 구현하는 제도로 확대발전하였다.

사회주의(社會主義, socialism)

사회주의란 생산수단의 공동소유, 공동관리를 주장하는 주의나 운동을 가리키는 말이다. 재산의 공동소유를 주장하는 주의나 운동은 고대부터 존재했으나 사회주의는 자본주의 사회의 문제점을 해결하기 위해 등장한 것으로 자본주의 이전의 집단소유운동과 구별된다. 사회주의는 자본주의가 발전한 근대 유럽에서 무정부주의, 길드 사회주의 등 여러 가지 형태로 등장하였는데 19세기 초에는 프랑스의 생시몽, 푸리에, 영국의 오언 등이 공동소유와 계획경제를 주장하면서 사회주의 공동체운동을 펼쳤다. 19세기 중반에 등장한 마르크스는 이전의 사회주의를 공상적 사회주의라고 비판하면서 자신의 사회주의를 과학적 사회주의라고 주장하였다. 마르크스에 따르면 인류의 역사는 원시공산제에서 중세 봉건제를 거쳐 근대 자본주의에 이르렀으며 자본주의는 사회주의를 거쳐 공산주의로 넘어가는 것이 역사의 법칙이라고 주장하였다. 제

1차 세계대전을 계기로 러시아에서 혁명이 일어나면서 폭력혁명과 프롤레타리아 독재를 지지하는 세력은 공산주의로, 그리고 이에 반대하는 세력은 사회주의 또는 사회민주주의로 구분되었으나 경우에 따라서는 공산주의와 사회주의가 같은 의미로 쓰이기도 하였다.

사회진화론 ◐ 스펜서

산스크리트어(Sanskrit)

인도 유럽 어족의 일파인 인도, 이란 어파에 속하는 인도의 고어. 일상언어가 아니라 표준 문장어이다. 산스크리트란 완성된 언어, 순수한 언어를 의미하며 한자로는 범어(梵語)라고 한다. 산스크리트어라고 하면 일반적으로는 BC 4세기경의 문법학자 파니니가 정리한 문법책《아시타디야이이》에 따른 고전 산스크리트어를 가리킨다. 산스크리트어는 복잡하고 풍부한 굴절어가 문법적 특징이며《마하바라타》,《라마야나》에 쓰인 서사시체,《칼리다사》'에 쓰인 미문체 등 여러 문체가 있으며 힌두교 경전은 물론 불교와 자이나교의 경전도 산스크리트어로 기록된 것이 많다.

▶ 산스크리트어

산스테파노 조약(Treaty of San Stefano, 1878. 3. 3)

러시아 투르크전쟁(1876~1877)의 결과로 체결된 강화조약. 이 조약으로 세르비아, 몬테니그로, 루마니아가 독립하고 대불가리아 자치 공국(公國)의 건설이 승인되었다. 새로 독립한 국가들이 러시아의 영향권에 들어감에 따라 러시아는 실제적으로 발칸 반도를 장악하여 지중해로 진출하게 되었으며 범슬라브주의가 강화되었다. 이에 발칸 반도와 지중해에 기득권을 가진 영국과 오스트리아가 반발하여 조약의 개정을 요구하였다. 결국 독일 수상 비스마르크의 중중재로 1878년 6월 베를린 회의가 열려 산스테파노 조약에 상당한 수정이 가해졌다. 그러나 발칸 반도를 둘러싼 분쟁은 완전히 해결되지 않은 채로 제1차 세계대전 발발의 원인이 되었다.

산업혁명(産業革命, Industrial Revolution)

18세기 중반부터 일어난 기술혁신과 공업화 및 그에 따른 사회변화를 말한다. 산업혁명의 진원지인 영국은 일찍부터 매뉴팩처가 발달하였으며 상업과 무역이 성행하였다. 또한 엔클로져 운동과 농업혁명으로 대규모 노동력을 쉽게 동원할 수 있었다. 또한 식민지 경쟁에서 에스파냐, 포르투갈, 네덜란드와 프랑스를 물리침으로써 전세계적인 상품시장을 확보할 수 있었다. 이러한 상품수출과 생산의 필요성 때문에 1760년대 이후 새로운 기술과 기계의 발명으로 섬유산업에서부터 기술혁명이 일어났다. 하그리브스의 제니 방적기(1764), 아크라이트의 수력 방적기(1768), 크럼프턴의 뮬 방적기(1779)에 이어 이러한 기계에 동력을 제공하기 위해 와트가 증기기관(1768)을 발명하였으며 이 증기기관의 도입으로 인해 섬유산업 뿐 아니라 제철 및 석탄산업까지 발전하였고 스티븐슨이 증기 기관차(1825), 풀턴이 증기선(1807)을 발명함으로써 교통혁명까지 일어났다. 프랑스는 영국보다 늦은 19세기 초반부터 그리고 독일은 19세기 중반부터 본격적인 산업혁명에 들어갔다. 기술과 교통혁명으로 인해 사회구조에도 변화가 나타났다. 기존의 귀족 중심의 정치체제가 무너지고 자본가와 시민계층이 선거법 개정, 투표권 확대 등으로 정치를 주도하게 되었다. 또한 대규모 노동자 집단의 도시 유입으로 인해 빈곤과 실업, 교육, 의료 등 각종 사회문제가 발생하였으며 노동운동이 본격화 되었다. 대외적으로는 산업혁명에 성공한 유럽 국가들이 우월한 기술력을 이용하여 아시아와 아프리카 각국을 상품 수출 시장이자 원료 공급지로서 식민지화하는 제국주의시대가 본격화되었다.

산킨고타이(參勤交代)

일본의 에도막부(江戶幕府)시대에 지방 다이묘(大名)들의 부인이나 장남을 볼모로서 에도에 거주하고 다이묘들은 격년제로 에도와 자신의 영지를 왔다 갔다 하게 한 제도. 막부의 중앙권력을 강화하고 지방 다이묘들을 감시하기 위한 제도로 에도막부의 3대 장군 이에미쯔(家光)가 최초로 실시하였다. 다이묘들의 에도 왕래에 따라 교통로가 정비되고 물자의 유통과 도시의 발달이 촉진되는 효과도 있었다.

살라딘(Saladin, 1138~1193)

이집트 아이유브왕조의 창시자. 티그리스 강변의 쿠르드족 출신으로 1169년경에 파티마 왕조의 재상이 되었다. 1171년 파티마왕조를 무너뜨리고 압바스왕조의 칼리프로부터 술탄의 칭호를 받았다. 이후 시리아와 예멘을 정복하고 북아프리카에서 메소포타미아에 이르는 대제국을 세웠다. 1187년 투르크군을 이끌고 십자군이 세운 라틴제국의 근거지인 예루살렘을 점령하였다. 이어 십자군과 3차

▶ 살라딘

례에 걸쳐 악카를 놓고 격전을 벌여 십자군을 압박하였다. 그 결과 제3회 십자군의 수장인 영국의 리처드 1세와 휴전협정을 맺어 예루살렘을 포함한 팔레스티나 지역을 확보하였다. 이로써 살라딘은 이슬람 교도들에게 성전의 영웅으로 칭송되었으며 인도주의적 태도로 중세 기사도 작품에도 언급되었다.

살라미스해전 ● 페르시아전쟁

삼각무역(三角貿易 triangular trade)

3개 국가 사이에서 이루어지는 무역형태이다. 18세기에 영국령 아메리카 식민지에서 성행하였다. 북미대륙의 식민지와 서인도 제도의 식민지, 영국 본국 간에 곡물, 육류, 목재 등 원재료(북미대륙)와 공산품(영국), 사탕수수, 노예(서인도 제도) 등을 서로 교역하였다. 삼각무역은 노예무역으로 불리는데, 영국에서 노예를 사기 위해 필요한 럼주와 총기, 화약을 싣고 아프리카에 가서 노예를 사 서인도 제도와 북미대륙에 팔고, 그 돈으로 북미 대륙의 물건을 사서 영국으로 돌아오는 형태였다. 이 밖에 영국, 인도, 중국간의 삼각무역은 영국이 중국에서 수입하는 차 비용을 충당하기 위해 영국의 면제품을 인도에 팔고 인도의 아편을 중국에 수출하는 형태로 이루어졌다. 이는 중국에 심각한 무역 역조와 국민 건강 문제를 일으켜 결국 아편전쟁의 원인이 되었다.

삼국간섭 ● 시모노세키 조약

삼국동맹(三國同盟, Dreibund, 1882~1915)

19세기 말부터 제1차 세계대전 직전까지 독일, 오스트리아, 이탈리아 3국간에 체결된 비밀 상호방위동맹. 독일과 오스트리아는 1879년 2국 동맹을 체결하였고, 이탈리아는 1881년 프랑스가 튀니지를 점령하자 이에 반발하여 1882년 독일, 오스트리아에 접근하여 동맹을 체결하였다. 동맹의 내용은 가맹국이 다른 국가, 특히 이탈리아가 프랑스로부터 공격을 받을 경우, 독일과 오스트리아가 전력을 다하여 원조하며 독일이 같은 공격을 받을 경우에는 이탈리아가 원조한다는 것이었다. 삼국 동맹은 20세기 들어 유럽 각국의 식민지 쟁탈전이 가열됨에 따라 삼국협상과 격렬히 대립하게 되었다. 그러나 이탈리아는 제1차 세계대전이 발발하자 동맹국 원조의무는 방어전쟁의 경우에만 해당된다는 점을 구실로 중립을 선언하였다.

삼국지연의(三國志演義)

중국 원나라시대의 작가 나관중(羅貫中)이 위(魏)·촉(蜀)·오(吳) 3국시대를 배경으로 지은 역사소설. 중국 4대 기서의 하나로 원제목은 《삼국지통속연의

(三國志通俗演義)》이며 《삼국지평화(三國志平話)》라고도 부른다. 원나라시대에는 역사를 소설 형식으로 각색한 연의(演義)가 유행하였다. 이를 나관중이 개작하고 역사적 사실을 덧붙여 《삼국지 연의)로 만들어 낸 것이다. 이후 청나라 때 모종강(毛宗崗)이 개정본을 써서 현재는 모종강본이 정본이 되었다. 줄거리는 유비(劉備) 관우(關羽) 장비(張飛) 3인이 도원결의로 의형제를 맺고 여기에 군사 제갈 공명(諸葛孔明)을 모셔 촉(蜀)나라를 세우고 조조(曹操)의 위나라, 손권(孫權)의 오나라와 대립한다는 내용이다. 전쟁묘사와 함께 등장인물들의 성격묘사가 뛰어나다.

삼국협상(三國協商, Triple Entente)

1907년에 완성된 영국, 프랑스, 러시아 간의 연합체계이다. 삼국협상이란 조약이 존재한 것이 아니라 러시아 프랑스 2국 동맹(1893), 영국-프랑스 협상(1904), 영국-러시아 협상(1907)의 체결로 인하여 형성된 것이며 독일, 오스트리아, 이탈리아의 3국동맹에 대항한 것이다. 이 협상으로 독일의 우세는 끝나고 3국 협상국이 독일을 포위하는 형태가 되었다. 제1차 세계대전이 일어나자 3국 협상국은 독일과 오스트리아를 상대로 전쟁을 하게 되었으며 1917년 러시아에서 혁명이 일어나면서 러시아가 일방적으로 전쟁을 중단하면서 3국 협상체제는 무너졌다.

삼두정치(三頭政治, triumvirate)

로마 공화정 말기에 두 차례에 걸쳐 각기 세 사람의 실력자가 공동으로 정권을 운영한 정치형태. 제1차 삼두정치는 BC 60년에 평민파 수령인 카이사르, 장군 품페이우스, 부호 크라수스 세 사람이 맺은 비공식 동맹이다. BC 54년에 품페이우스와 정략 결혼한 카이사르의 딸이 죽고 BC 53년에 크라수스가 동방 파르티아전쟁에서 전사하자 삼두정치는 깨어지고 BC 48년 카이사르가 품페이우스를 패배시키고 독재를 시작하였다. 제2차 삼두정치는 BC 44년에 카이사르가 암살된 후 BC 43년에 안토니우스, 옥타비아누스, 레피두스가 결성하였다. 이후 BC 36년 레피두스가 실각하면서 안토니우스와 옥타비아누스가 권력 싸움에 들어갔다. BC 31년 악티움 해전에서 옥타비아누스가 안토니우스를 물리치고 단독으로 권력을 장악하였으며 이로써 로마는 공화정에서 제정으로 넘어가게 되었다.

삼민주의(三民主義)

근대 중국의 혁명가 손문(孫文)이 내세운 혁명 이론이자 중국 국민당의 강령. 민족(民族), 민권(民權), 민생(民生)의 3주의로 이루어져 있다. 민족주의는 중국 내부의 한족, 만주족, 몽고족, 회족(回族), 장족(藏族)의 상호 평등 및 대외적으로 이들이 하나의 중국 민족으로 외국의 침략과 불평등 조약에 대처하는 것을 의미한다. 민권주의는 민주정치의 실현을 위해 국민이 선거, 파면, 창제(創制), 복결(複決)의 4대 권리를 가짐으로써 인민의 권력과 정부의 권력이 균형을 유지하도록 하였다. 민생주의는 국민의 생활안정을 위한 사회주의적 성격의 주장으로서 자본의 억제와 지권의 평균을 제시하였으며 최종목적은 대동세계(大同世界)의 실현에 있다고 하였다.

삼번의 난(三藩의 亂, 1673~1681)

청나라가 중국을 통일할 때 협력한 명나라 출신 세 장수가 일으킨 반란. 삼번이란 윈난(雲南)의 평서왕(平西王) 오삼계(吳三桂), 광둥(廣東)의 평남왕(平南王) 상가희(尙可喜), 푸젠(福建)의 정남왕(靖南王) 경중명(耿仲明)을 말한다. 이들은 모두 한족 출신으로 청나라를 도운 공로로 분봉되었는데 각자 번부(藩府)를 설치하고 군사, 재정권을 가졌다. 이후 강희제(康熙帝)는 상가희가 요동으로 은퇴하자 이를 구실로 철번(撤藩)을 명령하였다. 이에 1673년 오삼계가 윈난에서 반란을 일으키고 1674년경계무의 아들 경정충(耿精忠)이, 1676년에는 상가희의 아들 상지신(尙之信)이 반란을 일으켰다. 그러나 강희제의 확고한 진압정책으로 1681년 윈난성이 함락되면서 9년에 걸친 반란은 진압되었다.

삼부회(三部會, 14세기 초~1789)

프랑스 혁명 이전 왕정시대의 신분제 의회. 정식 명칭은 전국 삼부회로 성직자(제1신분), 귀족(제2신분), 평민(제3신분)의 3신분으로 구성된다. 1301년 필립 4세가 사제, 귀족, 도시 대표를 소집하여 개최한 것이 시초이며 국왕이 세금을 징수하기 위한 협조를 얻기 위해 소집하는 경우가 많았다. 삼부회가 왕권을 제약할 소지가 있었기 때문에 절대왕정이 확립된 1614년 이후로는 열리지 않다가 프랑스 혁명 직전인 1788년에 귀족들의 요청으로 다시 열리게 되었다. 1789년 5월 5일에 개최된 삼부회는 신분제 의결과 인원수 의결 방식을 놓고 특권 신분과 제3신분 사이에 격론이 벌어졌으며 6월 17일 제3 신분을 중심으로 국민의회가 설립되면서 프랑스 혁명은 시작되고 삼부회는 사라지게 되었다.

3B 정책(3B Policy)

1880년대부터 제1차 세계대전에 이르기까지 독일의 제국주의 근동정책. 3B란 베를린, 비잔티움, 바그다드를 말하며 이 세 도시를 연결하는 철도를 부설하고 이 지역에 대한 정치적, 경제적 이권을 확보하려는 정책이다. 독일의 3B 정책은 영국의 3C 정책을 위협하였으며 러시아의 발칸 반도 및 지중해로의 남하정책이나 프랑스의 이권과 대립하는 것이었기 때문에 갈등의 원인이 되었다. 독일은 1910년대 초부터 유럽 각국과 근동 지역에 대해 타협을 시도했으나 성공하지 못하고 결국 제1차 세계대전의 한 원인이 되었다.

3성 6부(三省六部)

중국 당나라시대의 중앙정부 체제. 중서성(中書省), 문하성(門下省), 상서성(尙書省)의 3성과 이부, 호부, 예부, 병부, 형부, 공부(吏戶禮兵刑工)의 6부로 되어 있다. 중서성은 황제의 비서역으로 황제가 내리는 칙령을 기초하고 문하성에서 이를 심의한 후 상서성이 6부로 하여금 시행하게 하는 제도이다. 이 제도는 한나라 때부터 시작되어 당나라 때 이르러 완비되었으며 송나라 때 사라졌다가 이후 6부 제도만 다시 실시되어 청나라 때까지 존속하였다. 중서성의 장관은 중서령(中書令), 문하성의 장관은 문하시중(門下侍中), 상서성의 장관은 상서령(尙書令)이라 하여 이들이 재상(宰相)으로 최고 결재권을 가졌다. 당나라 이후 송나라 때까지 황제의 힘이 커지면서 3성제도는 유명무실해졌다.

3C 정책(3C Policy)

19세기 말 20세기 초 영국 제국주의의 기본 정책. 3C란 남아프리카의 케이프타운, 이집트의 카이로, 인도의 캘커타를 말하며 이 세 지역을 연결하는 것이 영국 제국주의의 기본 노선이었다. 영국은 일찍이 식민지 경영에 나서 1858년 인도를 직접통치하고 인도로 가는 교통로를 확보하기 위해 1875년 수에즈운하의 주식을 사들이고 이집트에 대한 영향력을 강화하였다. 또 이집트의 카이로에서 남아프리카의 케이프타운까지 아프리카를 종단하려고 시도하였다. 그러나 영국의 3C 정책은 독일의 3B 정책과 충돌하였다. 이와 같은 영국 제국주의와 독일 제국주의 간의 대립이 결국 제1차 세계대전으로 이어지게 되었다.

30년전쟁(Thirty Years' War, 1618~1648)

근세 유럽에서 주로 독일을 중심으로 일어난 신교도와 카톨릭 간의 종교전쟁. 종교전쟁으로서 최대의 규모이자 신교도와 카톨릭을 분쟁을 마무리하는 전쟁이었으며 단순히 종교 뿐 아니라 전쟁 당사자들의 정치적 이해관계도 복잡하게 얽힌 전쟁이었다. 대체로 4기로 구분하는 데 제1기(1618~1620)는 보헤미아의 신교도들이 카톨릭 교도인 황제 페르디난트 2세에 반발하여 팔츠 선제후인 프리드리히 5세를 국왕으로 추대하면서 일어났다. 1620년 바이서베르크 전투에서 신교도가 패배하여 프리드리히 5세는 네덜란드로 망명하고 보헤미아 신교도에 대한 탄압이 시작되었다. 제2기(1625~1629)에는 덴마크

▶ 30년전쟁

왕 크리스찬 4세가 영국, 네덜란드의 지원을 받아 1625년 신교도 세력의 총
수로서 독일에 침입하였다. 그러나 발렌슈타인과 틸리가 이끄는 황제군에게
패배하고 1629년 뤼베크 조약으로 화해가 이루어졌다. 황제는 '배상령' 을 내
려 종교제후의 영지를 회복시키고 루터파(다른 신교도파 제외)를 공인하였다.
제3기(1630~1635)는 스웨덴 왕 구스타브 2세(구스타브 아돌프)가 프랑스의
지원을 얻어 신교도를 옹호를 명분으로 독일에 침입하였다. 스웨덴군은 황제
군을 라이프치히에서 물리치고 발렌슈타인이 이끄는 황제군과 대치하였으나
1632년 뤼첸전투에서 구스타브 2세가 전사하였다. 이후 전투는 소강상태에
빠지고 1634년에는 황제군의 발렌슈타인도 모반혐의로 암살되면서 1635년
황제와 신교도의 총수인 작센 선제후 사이에 프라하 평화조약이 성립되었다.
제4기(1635~1648)는 신교도를 지원하던 프랑스가 스웨덴과 연합하여 직접
독일을 침공하고 에스파냐에도 선전포고하면서 시작되었다. 양측은 접전을
벌이다가 평화협상을 벌인 끝에 1648년 베스트팔렌 조약을 체결하고 30년전
쟁을 마무리 지었다. 이 조약으로 독일 제후국 내의 카톨릭, 루터파, 칼뱅파
는 각기 동등한 지위를 얻어 종교전쟁은 끝이 났다.

3월혁명(三月革命, March Revolution, 1848~1849)

독일의 시민혁명. 1848년 프랑스에서 2월 혁명이 일어나자 그 영향으로 3월
13일 빈에서 폭동이 일어나고 메테르니히는 영국으로 망명하였다. 이어 3월
18일에는 베를린에서도 시위가 일어나 합동의회 소집과 검열폐지 및 출판의
자유를 요구하였고 군대가 발포하면서 혁명으로 발전하였다. 이에 황제가 유
화조치를 취하고 자유주의 내각이 성립되었다. 5월 18일에는 통일과 헌법제
정을 위해 프랑크푸르트 국민의회가 소집되었다. 그러나 1848년 말부터 보수

파의 반격이 시작되어 10월에 빈에서 반혁명이 일어나고 베를린에서도 11월에 반혁명이 일어났다. 1849년 국민회의가 군대에 의해 해산되면서 혁명은 끝났다.

3제동맹(三帝同盟, Three Emperors' Alliance, 1873)

독일, 오스트리아, 러시아 3국의 황제 사이에 체결된 동맹. 독일 수상 비스마르크는 프랑스 프로이센전쟁에서 승리하여 독일을 통일한 후 독일제국의 안정을 위해 프랑스를 외교적으로 고립시키려고 계획하였다. 이에 따라 오스트리아와 러시아를 끌어들여 유럽대륙에서 프랑스를 고립시킬 동맹을 체결하였다. 이후 발칸 반도에서 오스트리아와 러시아가 충돌하면서 1881년 신 3제동맹이 결성되었다. 그러나 1885년 불가리아 사건으로 러시아와 오스트리아가 다시 대립하면서 3제동맹은 1887년에 깨어졌다.

삼포식 농업(三圃式農業, Three Field System)

중세 유럽의 개방경지제도(開放耕地制度)에 따른 농지 경작법. 8세기에서 19세기에 이르기까지 유럽 전역에서 실시된 경작법이다. 삼포식이란 경작지를 3등분하여 그중 1/3은 겨울 경작지, 다른 1/3은 여름 경작지, 나머지 1/3은 지력을 회복하기 위한 휴경지로 활용하는 방식이다. 대체로 10월에 휴경지가 된 땅은 다음 해 봄까지 목초지로 방치하였다가 4~6월 동안 가축을 방목한 후 경작지로 활용할 준비를 하여 겨울 경작지로 10월에 파종하고 다음 해 8월에 수확한다. 그런 다음 9~11월까지 방목하고 그 다음 해에는 여름 경작지로 4월에 파종하여 9월에 추수한 후 10월부터 다시 휴경지로 돌린다. 18세기 경부터 클로버, 감자 등 휴한작물(休閑作物) 재배가 보급되면서 삼포제도는 개량 삼포제(改良三圃制)로 변경되었다.

삼합회(三合會, Triad)

중국 청나라시대의 한인 비밀결사. 천지회(天地會) 또는 삼점회(三點會)라고도 불리며 첨제회(添弟會) 소도회(小刀會) 등과 함께 홍문(洪門)으로 불린다. 주로 광둥성(廣東省)을 중심으로 한 화난지방에서 세력이 강하였다. 삼합회는 주로 교통, 운송, 광산업에 종사하는 노동자, 수공업자, 영세상인, 실업자 등 도시 하층민과 재야 지식인, 농민으로 구성되었으며 가족관계가 아닌 사람들이 의형제를 맺어 상부상조하는 집단이었다. 삼합회는 정치적으로 청나라를 몰아내고 명나라를 부흥시키자는 반청복명(反靑復明) 노선을 추구하였고, 종교적으로는 소림사 설화를 바탕으로 하였으며, 대외적으로 외국세력을 혐오하는 배외주의(排外主義)와 그리스도교를 공격하는 구교운동(仇敎運動)의 중심세력이었다. 삼합회는 백련교(白蓮敎)의 난 이후 반청운동의 중심세력이 되었으며 청나라 말에 가로회(哥老會)와 함께 손문(孫文)의 흥중회(興中會) 및 중국혁명동맹회(中國革命同盟會)의 세력 기반이 되었다.

상가희 ❖ 삼번의 난

상비군(常備軍, standing army)
전시가 아닌 평시에도 편성되어 유지되는 군대를 말한다. 정규군(正規軍)이라고도 한다. 역사적으로 근대 유럽에서 절대주의 왕정이 시작되면서 국왕의 군대로서 활성화되었다. 유럽 절대주의 초기에는 용병으로 된 상비군이 나타났으나 곧 각국 국민으로 구성된 정규군으로 상비군이 조직되었다. 이러한 상비군은 용병이나 민병보다 애국심과 군기, 무장이 뛰어나기 때문에 유럽 각국이 모두 상비군 제도를 채택하게 되었다. 이와 같이 상비군은 관료제와 더불어 절대왕정을 지탱하였으며 이후 근대국가의 필수제도가 되었다.

상승군 ❖ 고든

상앙(商鞅, ?~BC 338)
중국 전국시대(戰國時代)의 사상가. 위(衛)나라 공족(公族) 출신으로 위앙(衛鞅) 또는 공손앙(公孫鞅)이라고도 한다. 진(秦)나라 효공(孝公)의 신하가 되어 2회에 걸쳐 대개혁을 단행하였다. 부국강병을 목표로 형법, 가족법, 토지법을 개혁하여 진나라가 중국을 통일할 수 있는 기틀을 다졌다. 대가족을 분산시키고 인조제(隣組制)를 실시하여 연대책임을 지웠다. 개간을 장려하여 토지제도를 개혁하고 군현제(郡縣制)를 실시하였으며 세금징수제도를 개혁하였다. 이러한 개혁의 공로로 열후(列侯)에 봉해지고 상(商) 지방을 봉토로 받으면서 상앙이라 불렀다. 상앙은 엄격한 법치주의 정치를 펴 왕실귀족들 사이에서 큰 반감을 일으켰기 때문에 효공이 죽자 혜문왕(惠文王) 때 체포되어 거열형(車裂刑)에 처해졌다. 상앙의 학설을 전하는 책으로 《상자(商子)》 또는 《상군서(商君書)》 등 5권이 있다.

상업혁명 ❖ 가격혁명

상제회 ❖ 태평천국

상파뉴(Champagne)
12~14세기에 걸쳐 유럽대륙의 대교역지로서 정기시(定期市)가 열렸던 곳. 프랑스 북동부에 위치해 있으며 현재의 상파뉴아르덴주(州)와 일치한다. 이탈리

아와 플랑드르를 연결하는 남북 교통로이자, 독일과 에스파냐를 연결하는 동서교통로의 교차점이었다. 여기에다 지리적으로 유럽의 중심지에 위치한 만큼 교역의 중심지로서의 여건을 두루 갖춘 곳이다. 상파뉴의 정기시는 1년에 6회 개최되었으며 플랑드르와 영국의 양모, 모직물, 이탈리아의 상인이 가져오는 동방(東方)의 향료, 북부 이탈리아의 견직물, 독일의 마직물, 북부 유럽의 모피(毛皮), 에스파냐의 피혁, 프랑스의 포도주 등이 주로 거래되었다. 그러나 14세기 이후는 해상 항로의 발달과 전쟁으로 인하여 쇠퇴하였다.

상해사변(上海事變, 1932, 1937)

중국 상해 지역에서 일본과 중국 사이에 벌어진 무력 충돌. 1931년 9월 만주사변이 일어나면서 중국 전역에 반일감정이 높아졌다. 상해에서 일본 승려가 살해되는 사건이 일어나자 일본은 1932년 1월 23일 해군 육전대를 상륙시켜 조계(租界)를 경비하였고 1월 29일에 중국군과 전투가 벌어지자 2월에 육군 3개 사단을 파견하여 중국 제19로군과 전투를 벌였다. 일본은 1932년 5월에 국민정부와 정전 협정을 체결하고 조계 수비병력 외의 일본군은 철수하였다. 제2차 상해 사변은 1937년 7월에 일본이 베이징 근교에서 루거우차오 사건을 일으켜 중국 침략을 본격화하면서 발생하였다. 일본 육군이 상해에 상륙하였으며 이로써 중일전쟁이 본격화하는 계기가 되었다.

상해 쿠데타(上海, Shang~hai Coup d'Etat, 1927)

중국 국민당 우파의 지도자 장제스(蔣介石)가 국공합작(國共合作)을 깨고 일으킨 반공 쿠데타. 1924년 국민당과 공산당의 합작이 이루어졌으나 손문(孫文)이 사망한 후 양 세력간의 대립이 격화되었다. 장제스는 1926년 7월부터 국민혁명군의 총사령관으로 군벌들을 타도하기 위한 북벌을 개시하였다. 1926년 9월에 우한(武漢)을 점령하고 1927년 3월에 상해와 난징(南京)을 점령하였다. 이때 북벌에 가담한 공산당이 우한 정부를 세우고 난징을 점령하고 상해 노동자를 무장시키자 외국 세력은 국민당 우파에게 거액의 자금을 지원하며 반공활동을 촉구하였다. 이에 장제스는 1927년 4월 12일 상해와 난징에서 쿠데타를 일으켜 좌익세력을 무장해제 시켰다. 이 사건으로 국공합작은 깨어지고 장제스는 국민당의 실권을 장악하였다.

상형문자(象形文字, Hieroglyph)

고대 이집트의 문자. 히에라틱 문자와 함께 고대 이집트 3천년 역사를 통해 사용되었다. 원래 상형문자는 표의문자(表意文字)이지만 시간이 지나면서 음을 나타내는 표음문자와 수식어 등이 혼용되었다. 상형문자는 음표문자(音表文字)와 결정사(決定詞)로 구성되며 음표문자는 단음, 복음, 3음으로 이루어

▶ 상형문자

진다. 상형문자는 장식적인 성격이 강하고 소재(돌, 나무, 파피루스)에 따라 달라지기 때문에 상하좌우 어느 쪽으로든지 쓰여진다. 주로 신전이나 무덤의 기둥이나 벽면, 오벨리스크 등에 왕의 업적이나 사후세계 및 신에 대해 기록할 때 쓰였다. 나중에는 오직 신전의 벽에만 새겨졌기 때문에 히에로글리프(神聖文字)라고 불린다.

1820년대 프랑스의 샹폴리옹이 상형문자 해독에 성공하였다.

색목인(色目人)

중국 원나라 때 서역인(西域人)을 의미하는 법제 용어. 제색목인(諸色目人)의 줄인 말로서 '여러 가지 종류의 사람들'이라는 뜻이다. 색목인에는 위그르, 탕구트 등 20여 부족이 포함되었다. 원나라는 백성을 첫째, 몽고인과 색목인, 둘째, 한인(漢人 : 金나라 치하의 강북의 중국인, 거란, 여진인), 셋째, 남인(南人 : 南宋 치하의 강남의 중국인)으로 구분하여 신분제도를 세우고 다르게 대우했다. 색목인은 준 지배층으로 정치, 경제 부문에서 크게 활약하였으며 몽골 지배층은 우수한 중국 문화와 색목인 문화를 대립시켜 중국을 통치하였다.

샌프란시스코 조약(Treaty of San Francisco, 1951)

일본과 48개 연합국이 제2차 세계대전을 종결짓기 위해 맺은 조약. 1951년 9월 8일 미국의 샌프란시스코에서 조인되고, 1952년 4월 28일 발효되었다. 이 조약은 미국과 소련의 대립으로 인해 계속 지연되다가 1951년 9월 4일 조약 서명을 위한 회의(샌프란시스코 강화회의)를 열었으며, 주최국 미국과 영국을 포함한 52개국 중 체코슬로바키아 소련 폴란드를 제외한 49개국이 이 조약에 서명하였다. 조약은 1945년 포츠담 선언의 원리에 의해 메이지 유신 이후 일본이 병합한 영토 전부를 포기하고 군비를 철폐하며 배상금을 지불할 것을 결정하였다. 또한 이 조약과 동시에 미국과 일본은 미일안전보장조약을 체결함으로써 일본이 냉전시대에 서방진영에 편입되게 되었다.

샌프란시스코 회의(San Francisco Conference, 1945)

1945년 4월 25일에서 6월 26일에 걸쳐 미국 샌프란시스코에서 연합국 50개국 대표가 참여하여 열린 국제회의. 1944년 덤버턴 오크스 회의에서 결정된 국제 연합 설립 원안 및 1945년 2월 얄타 회의에서 토의된 세부사항에 대해 최종적 결정을 내렸다. 이 결정이 국제연합헌장으로 채택되었으며 이로써 국제연합이 설립되게 되었다. 이 밖에 제2차 세계대전의 전후 처리와 국제평화 문제에 대한 논의가 이루어졌다.

생디칼리슴(Syndicalisme)

19세기 말 20세기 초에 유행한 노동조합 중심주의. 의회주의를 부정하고 노동조합을 혁명의 주체로 본다. 사보타주, 보이콧, 스트라이크(파업) 등 노동자들의 직접행동으로 자본주의를 타도하고 최종적으로는 총파업으로 혁명을 이루고 자본주의를 타도한다는 주의 또는 운동을 말한다. 혁명 후의 사회는 생산수단을 공유한 생산 소비조합의 자유 결합을 목표로 하였다. 생디칼리슴은 프랑스에서 1880년경부터 비롯되어 유럽 각국으로 퍼져 나갔다. 생디칼리슴은 혁명 방법이나 혁명 후의 사회구상이 무정부주의적이기 때문에 아나코 생디칼리슴이라고도 불린다.

생산물 지대(生産物地代, rent in kind)

봉건지대의 한 형태. 물납지대 또는 현물지대라고도 부른다. 봉건사회의 기술과 생산력이 발전함에 따라 지대를 농산물, 가금류, 유제품, 섬유제품 등으로 납부할 수 있게 되어 농민이 잉여생산물을 축적할 기회가 되었다. 그러나 아직까지 농민의 생산활동이 장원을 중심으로 한 폐쇄적 자연경제였으므로 상품유통을 통한 외부와의 상업적 관계를 맺지는 못하였다. 봉건지대는 초기의 노동지대 단계에서 후기로 갈수록 지대를 금납화 하게 되는 화폐지대 단계로 나아간다. 따라서 생산물 지대는 노동지대와 화폐지대의 중간 단계라고 할 수 있다.

생시몽(Saint-Simon, Comte de, 1760~1825)

프랑스의 공상적 사회주의 사상가. 백작가문의 장남으로 파리에서 태어나 18세 때인 1799년 미국 독립전쟁에 참가한 후 귀국하였다. 프랑스 혁명이 일어나자 로베스피에르의 공포정치 시기에 투옥되었다가 총재정부가 들어서자 석방되었다. 그 후 국유지 매매로 거부가 되어 과학연구에 몰두하였다. 생시몽은 인류의 역사를 끊임없이 진보하는 것이라 보고 종교적 도덕적 노력으로 사회주의적 이상을 실현할 것을 주장하였다. 그는 자신의 학설을 '신그리스도교'라 부르고 새로운 사

▶ 생시몽

회는 설득을 통하여 평화적으로 실현되어야 한다고 주장하였다. 그의 주장은 공상적 사회주의라는 비판을 받았으나 후대의 사회주의 운동에 큰 영향을 미쳤다. 또한 생시몽의 실증적 사회연구 태도를 제자인 콩트가 계승하여 실증주의 사회학을 창시하였다.

생제르맹 조약(Saint Germain Treaty, 1919)

제1차 세계대전 후 파리 평화회의에서 연합국과 오스트리아가 맺은 강화 조약. 1919년 9월 10일에 파리 서쪽 교외 생제르맹에서 조인되었다. 조약의 내용은 오스트리아, 헝가리 이중제국을 각기 별개의 공화국으로 분리시키는 것을 확인하고 기타 소수민족들의 독립과 영토 할양, 육군을 3만으로 제한하고 오스트리아와 독일의 합방을 금지하는 내용으로 되어 있다. 이 조약에 따라 체코슬로바키아, 폴란드, 헝가리, 유고슬라비아 등의 독립국이 탄생하고 오스트리아는 면적과 인구가 전쟁 전의 1/4로 줄어들었다.

샤자한(Shah Jahan, 1592~1666)

인도 무굴제국의 제5대 황제(재위 1628~1657). 데칸 고원 남부에 이르는 광대한 대제국을 이룩하여 무굴제국의 전성기를 구가하였다. 수도를 델리로 옮기고 델리 왕궁을 건축하였으며 왕비 뭄타즈 마할의 죽음을 애도하여 아그라에 타지마할 묘를 지었다. 그러나 말년에 지나친 낭비와 사치, 무거운 세금 등으로 왕조의 기강이 문란해진 끝에 샤자한이 병에 걸리자 아들들 사이에 왕위 계승 다툼이 일어나 셋째 아들 아우랑제브에 의해 1659년 유폐되었다가 사망하였다.

샤쿤탈라(Sakuntala)

인도의 시인 칼리다사(4~5세기)가 지은 희곡. 산스크리트어로 쓰여진 운문 음악극이며 전 7막으로 되어 있다. 원제목은 '추억의 샤쿤탈라'이다. 인도의 대표적인 고전희곡으로 대서사시 《마하바라타》와 힌두교 성전 《파드마 프라나》에서 소재를 얻어 칼리다사가 각색한 것이다. 줄거리는 브르족의 왕 도프샨타가 사냥을 나갔다가 산중에서 천녀(天女) 샤쿤탈라를 만나 사랑을 나눈다. 왕은 성으로 돌아가면서 샤쿤탈라에게 정표로 반지를 준다. 샤쿤탈라는 이후 선인(仙人) 두루바사스의 저주를 받아 왕이 그녀를 알아보지 못하게 된다. 그러나 몇 년 후 잃어버렸던 반지가 나타나면서 기억을 되찾은 왕이 다시 샤쿤탈라와 만나 행복하게 산다는 내용이다.

서고트족(Visigoth)

게르만 민족의 하나인 고트족의 분파. 원래 고트족은 스칸디나비아 반도 출신이며 그 중에 다뉴브 북안에 정착한 것이 서고트 족으로 3세기 중엽 이후로 로마령을 침입하며 약탈행위를 하다가 370년경에 훈족이 서진하자 서고트족은 376년에 로마 영토인 모에시아로 이주하여 이것이 민족 대이동의 계기가 되었다. 이후 서고트족은 378년 아드리아노플 전투에서 비잔틴제국의 황제 발렌스(364~378)를 전사시켰으나 이후 테오도시우스 황제(364~378)의 화친정책에 따라 로마와 동맹을 맺고 트라키아 지방에 정착하였다. 그러나 다시 로마와 대립하여 알라리크(370~410)를 왕으로 선출하여 그리스 각지를 약탈한 후 이탈리아에 침입하였다. 알라리크가 죽은 후에는 아타울프가 왕이 되어 412년 남부 갈리아를 점령하고 에스파냐 북부까지 침입하였다. 이후 서고트왕국은 711년 아프리카에서 건너 온 이슬람 교도의 침입을 받아 멸망하였다.

서광계(徐光啓, 1562~1633)

중국 명나라 말기의 학자, 정치가, 카톨릭 신자이다. 자는 자선(子先)이며 호는 현호(玄扈), 시호가 문정(文定)이며 세례명은 포오로(保祿)이다. 상해 출신으로 예부좌시랑(禮部左侍郞), 상서(尙書)를 거쳐 대학사(東閣大學士)가 되었다. 일찌기 난징(南京)에서 예수회 선교사를 만나 1603년 그리스도교에 입교하였다. 이후 베이징에서 마테오 리치의 지도를 받아 그리스도교와 서양식 천문, 역학(曆學), 수학, 수리(水利), 병기 등 실용과학을 배웠다. 1608년 상해에 카톨릭 교당을 세웠으며 마테오 리치와 공동으로 유클리드 기하학을 번역하여 《기하원본(幾何原本)》(6권)이라는 이름으로 출판하였다. 또한 중국농서(農書)를 집대성한 《농정전서(農政全書)》(60권)를 완성하였다. 그 밖에 아담 샬과 함께 서양 역학에 따라 《숭정역서(崇禎曆書)》를 작성하는 등 서양학문을 중국에 도입하는 데 기여하였다.

서상기(西廂記)

중국 원대(元代) 잡극(雜劇 : 元曲)의 대표작. 작자는 왕실보(王實甫)이다. 13세기 후반부터 14세기 초에 걸쳐 잡극이 지금의 베이징을 중심으로 발전하던 시기의 작품이다. 잡극은 가곡을 중심으로 하고 중간에 대사를 넣었으며, 노래는 주역이 독창하였다. 송대부터 유행하기 시작해 몽고제국에서 주로 대도(大都, 베이징)를 중심으로 북방에서 행하여 북곡이라고도 하며, 남방의 남곡과 혼합되어 자유스럽고 복잡하게 발달하였다. 서상기의 내용은 당대(唐代)의 전기(傳奇) 소설인 《앵앵전(鶯鶯傳)》 가운데 〈회진기(會眞記)〉에 나오는 이야기이다. 재상의 딸 최앵앵과 백면서생 장생(張生)과의 사랑 이야기로시대에 따라 비극적 이별 또는 행복한 재결합 등으로 줄거리가 바뀌었다.

서역(西域)

중국인들이 중국 서쪽 지역의 여러 나라를 가리킨 말. 넓게는 중앙아시아, 이란, 소아시아, 시리아, 이집트, 인도, 티벳까지 가리킨다. 좁은 뜻으로는 동투르키스탄의 오아시스 도시 국가들이 있던 타림분지(현재의 신장웨이우얼자치구)를 가리킨다. 서역이라는 말은 《한서(漢書)》에 처음 나타나며 타림분지의 오아시스 국가들을 '서역 36국'이라 불렀다. 이 당시에는 서방 교역로의 범위가 여기까지였기 때문이며 이후 중국인의 지리 지식이 발전하면서 서역의 범위도 점차 확대된 것으로 보인다. 한나라 때 타림분지는 흉노(匈奴)의 세력권이었으나 전한(前漢)시대에 흉노의 세력을 물리치고 서방제국과의 교통 무역을 보호하기 위해 BC 59년에 서역도호부(西域都護府)를 설치하였다. 이 무렵 타림분지 북연(北緣)의 도시국가를 연결한 북도(北道)와 남연의 도시국가를 연결한 남도(南道)가 서방으로 통해 있었는데, 그것이 '비단길(실크로드)'의 기원이다. 당나라 때에는 돌궐(突厥)을 쳐서 서역을 장악하고 북정(北庭) 안서(安西) 양 도호부를 설치하였다.

서유기(西遊記)

중국 명나라시대의 구어(口語) 장편 소설. 중국 4대기서(四大奇書)의 하나다. 오승은(吳承恩)의 작품이라고 한다. 당나라 황제의 칙명으로 불경을 구하러 인도에 가는 삼장법사와 그 부하 손오공, 저팔계, 사오정이 주인공이다. 삼장법사 일행이 여행 중에 온갖 고난을 겪으며 마침내 인도에 도착해 불경을 가져오고 그 공로로 성불한다는 내용이다. 이 내용은 7세기 당나라 현장법사가 인도로 불경을 구하기 위해 여행한 사실을 바탕으로 하여 이미 당나라 말기에 전설화 되었으며 원나라 때에는 연극으로 만들어졌다가 명나라 때 오승은이 기존의 여러 작품들을 재구성해 오늘날과 같은 형태로 만든 것으로 보인다.

서인도제도(West Indies, 西印度諸島)

남북 아메리카 대륙 사이에 많은 섬들로 이루어진 호상열도(弧狀列島). 1492년 콜럼버스가 산 살바도르섬에 상륙하여 그곳이 인도의 일부라고 오해한 데서 '서인도'라는 명칭이 생겨났다. 콜럼버스 이래로 16세기 중반까지 에스파냐가 서인도 제도를 장악했으나 점차 영국, 네덜란드, 프랑스 등이 식민지 쟁탈전에 뛰어들었다. 신대륙에서 가장 빨리 개척이 이루어진 지역으로 사탕수수, 잎담배 재배가 성행하고 노예무역이 활발하게 이루어졌던 곳이다. 특히 영국은 1672년에 왕립아프리카 회사를 통해 영국 아프리카 서인도를 연결하는 이른바 삼각무역(三角貿易)을 경영하여 큰 이익을 보았으며 서인도제도는 영국 중상주의 식민제국의 중추역할을 하였다.

서임권 투쟁(敍任權鬪爭, Investiturstreit)

중세 유럽에서 성직자 임명권을 둘러싸고 벌어진 투쟁. 주로 11세기 후반에서 12세기에 걸쳐 신성 로마제국 황제와 교황 사이에 벌어진 투쟁을 말한다. 중세시대에 세속군주가 성직자 임명에 개입하게 되면서 성직매매나 속인의 성직 취임이 이루어지면서 교회의 기율이 문란해졌다. 이에 10세기 후반부터 클뤼니 수도원을 중심으로 개혁운동이 일어났고 11세기 중엽 이후에는 그레고리우스 개혁으로 발전하였다. 1075년 교황 그레고리우스 7세가 속인에 의한 성직자 임명을 전면부정하자 신성 로마제국 황제 하인리히 4세는 이를 무시하였다. 그러자 교황이 황제를 파문하고 1077년 독일 제후들이 황제에게 등을 돌림에 따라 하인리히 4세는 '카노사의 굴욕'을 치르고 용서를 받을 수 있었다. 그러나 1080년에는 황제가 이탈리아를 침공하여 교황을 추방하면서 사태가 역전되었다. 결국 1122년 보름스 협약을 통해 서임권 투쟁은 마무리되었다. 협약의 내용은 성권(聖權)과 속권(俗權)을 분리하여 교황의 권리를 대폭 인정하는 것이었고 이후 십자군 운동이 발생하면서 교황의 권위가 대폭 신장되게 된다.

서태후(西太后, 1835~1908)

청나라 함풍제(咸豊帝)의 비(妃)이자 동치제(同治帝)의 생모인 자희황태후(慈禧皇太后) 엽혁나랍씨(葉赫那拉氏). 함풍제가 죽고 동치제가 6세에 즉위하자 공친왕(恭親王)과 손잡고 반대파를 제거하고 권력을 장악하였다. 이후 섭정에 나서 1875년 동치제가 죽자 광서제(光緒帝)를 옹립하고 섭정을 계속하였다. 1898년 광서제가 입헌파 캉유웨이(康有爲)를 기용하여 개혁을 시도한 무술변법(戊戌變法)을 실시하자 서태후는 쿠데타를 일으켜 100일 동안의 개혁정치를 중단시키고 광서제를 감금하는 무술정변(戊戌政變)을 일으켰다. 1900년에는 의화단(義和團)을 이용하여 외국세력에 대항하려 했으나 오히려 8개국 연합국의 침략으로 베이징을 떠나 시안(西安)으로 피신했으며 이후 배상을 해야 했다. 이 사건 후로 보수파의 세력이 약화되었을 뿐 아니라 청왕조의 권위 자체가 무너지고 중국은 열강의 반식민지가 되어갔다.

서프랑크왕국 ✪ 프랑크왕국

서하(西夏, 1038~1227)

중국 북서 지역(지금의 甘肅 오르도스 지방)에 존속한 탕구트족 국가. 탕구트족의 일파인 탁발부(拓拔部)가 세운 나라이다. 탕구트족은 처음에 쓰촨성(四川省) 서부에 거주하다가 티베트의 토번왕국(吐蕃王國)에 밀려 칭하이(靑海)에서 닝샤(寧夏) 간쑤(甘肅)로 이동하였다. 1028년 이원호(李元昊)가 간쑤를 장악하고 대하(大夏) 황제라 칭하였으나 송나라에서는 서하라고 불렀다. 서하는 1044년에 송나라와 화약을 맺어 신하의 예를 취했다가 점차 요나라 편에 섰다. 요나라가 금나라와 싸우게 되자 서하는 1124년부터 금나라의 신하국이 되어 송나라를 공격하였다. 동서교통의 요충지로 무역이 활발하고 농경과 유목이 두루 이루어졌으며 서하 문자로 쓰여진 법전도 남아있다. 유교와 불교를 받아들여 서하문화를 발전시켰으나 몽고군의 침입으로 멸망하였다.

석가모니(釋迦牟尼, Sakyamuni, BC 563 ?~BC 483 ?)

▶ 석가모디

불교의 창시자. 성은 고타마, 이름은 싯다르타이다. 석가모니(샤카무니)란 '샤카족의 성자'란 뜻으로 '석가'라고도 부른다. 깨달음을 얻은 '붓다', 또는 '부처', 진리를 구현한 사람이라는 뜻의 '여래', 이 세상에서 존경받는 분이란 뜻의 '세존' 또는 '석존'으로도 불린다. 히말라야 기슭의 카필라성 근처에서 정반왕과 마야부인 사이에서 태어났다. 석가는 인간의 생로병사의 고뇌를 보고 번민한 끝에 29세에 처자를 버리고 출가하여 마가다국의 왕사성, 부다가야 부근의 숲 등에서 6년간에 걸쳐 고행과 사색에 들어갔다. 사색 끝에 사제(四諦 : 苦, 集, 滅, 道)와 연기(緣起)의 법칙을 깨달아 '바른 깨달음'을 얻었다. 석가의 깨달음은 아리안족의 브라만 사상에 기초한 것이면서도 그것을 뛰어넘는 사상사적 혁신을 일으킨 것으로서 석가의 사회적 입장 또한 기존의 카스트 제도를 부정하는 등 사뭇 혁신적인 것이었다. 이후 북부 인도를 중심으로 45년간 설법을 펼쳐 불교 교단을 형성하였다. 80세에 이르러 전도 여행 중에 사망하였다. 석가의 사후 불교 교단은 제1차, 제2차 결집을 통해 조직을 정비하고 아쇼카 왕 때 제3차 결집으로 율(律)과 경(經) 체제를 갖추었다. 이후 불교는 원시불교와 부파불교시대를 거쳐 대승 불교로 발전하였으며 인도에서 스리랑카, 동남아 각국으로 전파되었고 중앙아시아를 거쳐 중국, 한국, 일본 등 동아시아 지역으로 전파되었다.

선대제(先貸制度, putting-out system)

상인이 농민이나 수공업자에게 생산에 필요한 원료와 도구를 제공하고 일정한 대가를 미리 치르고 제품 공급을 독점하는 형태의 가내공업. 15세기 중반 이후부터 17세기 중엽까지 주로 영국에서 성행한 제도이다. 아직 근대적 산업형태가 등장하기 전의 공업형태이다. 사회적 분업과 지역적 분업의 발전에 따라 상인의 위치가 높아지면서 생산자가 상인에게 예속된 결과 이러한 제도가 등장하였다. 선대제 형태에서는 가내공업에 종사하는 사람이 실질적인 임금노동자가 되고 상인은 산업자본가의 역할을 하게 된다.

선린외교정책 ○ 루스벨트

선비(鮮卑)

남만주에서 몽골지방에 걸쳐 살았던 유목민족. 흉노족의 지배를 받다가 1세기 말에 흉노의 세력이 약해지자 후한(後漢)과 협력하여 흉노를 공격하기도 하였다. 흉노가 멸망한 후에는 그 잔족세력과 몽고의 여러 민족을 정복하여 2세기 중엽에 국가를 건립하였다. 이후로 내몽고를 중심으로 세력을 키워 북으로는 정령족(丁令族)과 대립하고 남으로는 후한을 자주 침략하였다. 모용(慕容) 걸복(乞伏) 독발(禿髮) 탁발(拓跋) 등 여러 부족으로 분열하여 각각 중국문화를 받아들이면서 점차 중국 북부로 진출하였다. 5호16국(五胡十六國) 가운데 연(燕 : 모용씨) 진(秦 : 걸복씨) 양(凉 : 독발씨)은 모두 선비족이 세운 나라이다. 그 뒤에 탁발씨가 북중국에 들어와 만리장성 지대 및 북중국 전체를 차지하고 북위(北魏, 386~534)를 세워 북조(北朝)의 기틀을 다졌다.

선우(單于)

흉노의 최고 군주를 부르는 칭호. 선우의 지위는 흉노의 핵심 부족이자 지배씨족인 연제씨(攣鞮氏)가 독점하였다. 전임 선우가 죽으면 그 유언에 따라 후계자를 결정하고 부족장 회의에서 최종 승인하였다. 흉노가 멸망한 후 등장한 선비(鮮卑), 저(氐), 강(羌) 등의 국가에서도 사용되었다. 그러나 5세기 들어 몽고지방에 유목국가를 세운 유연(柔然)이 그 지배자를 칸(可汗)이라 칭하면서 선우란 칭호는 사용하지 않게 되었다.

선제후(選帝侯, Kurf rst)

13세기 이후 독일에서 황제를 선출할 자격을 가진 제후. 독일 황제의 지위는 선거제를 원칙으로 하여 혈통에 의한 자격을 갖춘 사람들 중에 유력한 제후가 선출되었다. 13세기에 들어서는 마인츠 쾰른 트리어의 3대 대주교(大主教), 라인 궁중백(宮中伯), 작센공(公), 브란덴부르크 변경백(邊境伯)의 3대 제후가 선거 제후회의를 주도하였다. 이후 1290년부터는 보헤미아의 왕이 참가하여 전부 7명의 선제후가 선거권을 독점하였다. 이들 7선제후는 1356년 금인칙서(金印勅書)를 통해 황제선출 절차와 선제후의 권리를 성문화하였다.

선종(禪宗)

중국에서 형성된 불교의 일파. 인도에서 온 달마대사(達磨, ?~528? 또는 536?)가 520년경 중국에 들어와 쑹산(嵩山) 소림사(少林寺)에서 창시하였다고 한다. 달마대사는 이심전심(以心傳心), 불립문자(不立文字), 교외별전(敎外別傳), 직지인심(直指人心), 견성성불(見性成佛)을 종지(宗旨)로 삼아 자신의 깨달음을 제자 혜가(慧可)에게 전수하였다. 달마의 가르침은 2조(二祖)인 혜가, 3조 승찬(僧璨), 4조 도신(道信), 5조 홍인(弘忍)으로 전수되다가 당나라 초기에 들어 신수(神秀)의 북종(北宗)과 혜능(慧能)의 남종(南宗)으로 양분되었다. 혜능 문하에서 회양(懷讓), 행사(行思), 신회(神會) 등의 고승들이 배출되어 장시(江西), 후난(湖南) 일대에서 크게 세력을 떨쳤다. 오대(五代)에 들어 위산, 임제, 조동, 운문, 법안의 5종이 성립하여 송나라 이후로는 정토종(淨土宗)과 함께 불교의 주류가 되었다. 사대부 중에도 선종의 영향을 받은 이가 많았기 때문에 성리학이나 양명학의 성립에도 큰 영향을 미쳤으며 한국과 일본에도 전해져 불교사상의 변화를 주도하였다.

▶ 푸이

선통제(宣統帝, 푸이(溥儀), 1906~1967)

중국 청나라의 마지막 황제(재위 1908~1912)이자 일본이 세운 만주국의 왕(재위 1934~1945). 광서제(光緖帝)의 동생 순친왕(醇親王) 재풍(載灃)의 아들. 1908년 3세로 광서제의 뒤를 이어 선통제(宣統帝)라 칭하였다. 1911년 10월 신해혁명(辛亥革命)이 일어나고 1912년 중화민국이 수립되자 1912년 2월에 위안 스카이(袁世凱)에 의해 퇴위되었다. 1924년 펑위샹(馮玉祥)의 쿠데타로 베이징을 빠져나와 톈진(天津)의 일본 조계(租界)에서 생활하였다. 만주사변(滿洲事變)이 일어나자 일본군에 의해 끌려와 1934년 만주국의 왕이 되었다. 1945년 만주국이 붕괴하자 일본으로 탈출하려다가 소련군에게 체포되었다. 1950년 중국으로 송환되어 수감되었다가 1959년 특사로 풀려나 정원사로 일하다가 사망하였다.

설문해자(說文解字)

중국 후한(後漢)시대의 허신(許愼)이 편찬한 전 15권으로 된 사전이다. 100년에 완성하였으며 한자 9,353자를 540부(部)로 분류하고, 각 글자의 자의(字義)와 자형(字形)에 대한 해설을 실었다. 자형의 구조 분석에는 육서(六書 :

指事 象形 形聲 會意 轉注 假借)의 원칙을 적용하였다. 《설문해자》는 중국 문자학의 역사에 있어 획기적인 저작으로 이 책에 사용된 분류법은 오늘날까지 계승되고 있다.

설형문자(楔形文字, cuneiform script)

BC 3000년경부터 메소포타미아를 중심으로 고대 서아시아 여러 민족이 3000년 간 사용한 문자의 총칭. 고대 바빌로니아 남부의 수메르인이 처음 발명하였다. 처음에는 둥근 형태의 그림 문자였으나 점토판에 갈대 줄기나 철필로 새기면서 문자의 선이 쐐기형으로 변했기 때문에 설형문자라고 부른다. 바빌로니아 남부를 통일한 셈 계통의 아카드인들이 설형문자를 채택하여 아카드어를 표기하였고 이후 셈계의 아무루인, 앗시리아인 뿐 아니라 인도 유럽어계의 힛타이트인, 페르시아인, 엘람인 등이 사용하였다.

▶ 설형문자

섬라 ◐ 타이

성리대전(性理大全, 1415)

중국 명나라 때 기존의 성리학설을 분류 집대성하여 편찬한 책. 전 70권이며 호광(胡廣) 등 42명의 학자가 황제의 명을 받아 편찬하여 1415년(영락 13년)에 완성하였다. 《사서대전(四書大全)》, 《오경대전(五經大全)》과 함께 '영락삼대전(永樂三大全)'이라 불린다. 책의 출간목적은 성리학을 국가 교학으로서 확립하기 위한 것이며 과거시험의 교재로 이용되었다. 책의 내용은 권1에서 권25까지는 원서(原書)를 수록하였으며 권26 이하는 항목을 정하여 주제별로 여러 학설을 분류 편집하고 주로 정자와 주자(程朱)의 설을 중심으로 수록하였다.

성리학(性理學)

중국 송나라 때 체계화된 신유교 철학. 도학(道學), 이학(理學), 성명학(性命學), 정주학(程朱學), 주자학(朱子學)이라고도 한다. 중국에서는 당나라 때 고대 경전을 해석하는 훈고학(訓詁學)이 유행하면서 오경정의(五經正義)에 의하여 경학(經學)이 정립되었다. 이후 불교, 특히 선종이 큰 영향력을 발휘하면서 유학자들에게도 영향을 주었다. 유학자들은 선종의 영향을 받는 한편으로 불교에 맞설 대안으로 유학을 새롭게 정립하고자 시도하게 되었다. 이리하여 송나라 때 들어 범중엄(范仲淹), 구양수(歐陽脩) 등이 훈고학을 비판하고 새로운 학풍을 제창하였다. 이후 북송시대에 정호(程顥)와 정이(程) 형제, 주돈이, 장재(張載), 소옹(邵雍) 등이 여러 학설을 주장하였다. 이러한 제 학설을 남송시대에 주희(朱熹 : 朱子)가 집대성한 것이 성리학이기 때문에 주자학이라고도 부른다. 성리학은 이(理) 기(氣)의 개념을 구사하면서 우주(宇宙)의 생성(生成)과 구조(構造), 인간 심성(心性)의 구조, 사회에서의 인간의 자세(姿勢) 등에 관하여 기존의 훈고학을 뛰어넘는 사상적 발전을 이루었다. 그 핵심은 태극설(太極說), 이기설(理氣說), 심성론(心性論), 성경론(誠敬論), 등으로 설명된다. 성리학은 중국은 물론 한국, 일본 등 동아시아 각국으로 전파되어 국가 및 사회 운영원리이자 질서로 채택되었으며 사상적으로도 큰 자극과 발전을 일으켰다.

성상금지령(聖像禁止令, iconoclasm, 726)

726년에 비잔틴 황제 레오 3세(재위 717~741)가 야훼 그리스도 성모마리아 순교자 성자 등의 이른바 성상(聖像)에 대한 숭배금지를 명한 것. 성화상 파괴령 또는 우상 파괴령이라고도 한다. 초기 그리스도교에서는 우상숭배가 이단시되었으나 4세기경부터 점차 성상숭배의 관습이 생겨났다. 레오 4세는 신학상의 이유와 당시 성장하던 수도원 세력을 억압하기 위한 정치적 목적에서 성상숭배금지령을 내렸다. 그러나 비잔틴제국 내의 교회들이 이에 대해 저항하였기 때문에 성화상논쟁이 일어났다. 그 후 787년 니케아 공의회에서 성상 파괴를 이단으로 규정하였으나 813년 즉위한 레오 5세가 다시 성상금지령을 내림으로써 논쟁이 다시 일어났다. 결국 레오 5세가 죽은 후 843년에 황후 테오도라가 주재한 주교회의에서 성상금지령을 철회하여 최종적인 결론을 내렸다. 레오 3세가 성상금지령을 서방교회에도 적용하려고 했기 때문에 로마 교황이 이에 반발하여 동, 서 교회 분열의 원인이 되었다.

성선설(性善說)

중국 사상사에서 사람의 본성 논쟁 중에서 사람의 본성이 선한 것이라는 학설. 맹자(孟子)가 주장한 중국철학의 전통적 주제인 성론(性論)에 해당한다. 공자는 사람의 성에 대해서 논하지 않았으나 맹자는 사람은 선이 아닌 것이 없다고 규정하였다. 맹자에 따르면 사람의 본성은 덕성(德性)으로 높일 수 있는 단서(端緒)를 천부의 것으로 갖추고 있다. 측은(惻隱), 수오(羞惡), 사양(辭讓), 시비(是非) 등의 마음이 4단(四端)이며 그것은 각각 인(仁), 의(義), 예(禮), 지(智)의 근원을 이룬다. 이런 뜻에서 성(性)은 선(善)이다. 이와 같이 맹자는 공자(孔子)의 인(仁)사상을 선한 성에 기반을 둠으로써 뒤에 예질서(禮秩

序)의 보편성을 증명하는 정치사상으로 바꾸었다. 송나라시대에 성리학이 체계화되면서 대체로 성선설이 받아들여졌다.

성실재판소(星室裁判所, Court of Star Chamber)

영국 절대주의시대의 사법 재판소. 웨스트민스터 궁전의 '별의 방(星室)'에서 형사특별재판을 열었기 때문에 성실재판소라는 이름이 붙었다. 튜더왕조와 스튜어트왕조 전반기에 활발한 활동을 했으며 보통법재판소(普通法裁判所 : Common Law Court)에서는 다루기 곤란한 정치적 범죄나 신분이 높은 범죄자 등을 다루었다. 이후 16세기에 왕권이 강화되면서 성실재판소의 권한도 강화되었으며 정치적 반대자를 처벌하는 절대주의 왕권의 도구가 되었다. 1641년 장기의회에서 폐지되었다.

성악설(性惡說)

맹자의 성선설에 대하여 순자(荀子)가 반론을 제기하여 생겨난 학설이다. 중국 사상사에 있어 인간의 본성 논쟁 가운데 한 학설로서 순자에 따르면 인간의 본성이 선하다면 교화할 필요도 없고 세상은 저절로 평화로울 것이다. 그러나 현실은 그렇지 않으므로 사람의 본성은 선이 아니다. 그래서 성인이 나타나 예의제도를 만들어 악을 교정해야 한다는 것이다. 순자의 성악설은 이사(李斯) 한비자(韓非子) 등 법가에 계승되었다. 송나라시대 들어 성리학이 체계화되면서는 성선설이 주가 되고 성악설은 배척되었다.

세계무역기구(World Trade Organization : WTO)

관세 및 무역에 관한 일반협정(GATT) 체제를 대신하여 세계무역질서를 유지하고 우루과이 라운드(UR) 협정 이행을 감시하는 국제기구. GATT 체제는 1947년에 설립되어 국제무역질서를 유지해 왔으나 시대변화에 따른 문제점 때문에 이를 해결하기 위해 1986년부터 UR 협상이 시작되었다. 세계 각국은 UR 협상을 통해 가트 체제의 문제를 해결하고 새로운 다자간 국제무역기구를 만들기 위해 협상을 거듭한 끝에 1995년 세계무역기구가 출범하였다. 2000년 현재 136개 회원국이 가입해 있으며 스위스 제네바에 본부를 두고 있다.

세계시민주의(世界市民主義, Cosmopolitanism)

국가나 민족을 초월하여 세계를 무대로 한 개인으로 살아가려는 사상 또는 세계국가를 실현하려는 사상이나 운동. 세계주의라고도 한다. 어원은 그리스어의 코스모스(세계)와 폴리타스(시민)의 합성어이다. 세계시민주의는 헬레니즘시대, 특히 스토아 학파의 중심 사상이었다. 스토아 학파는 그리스의 폴리스 중심사상을 버리고 이성이 유지되는 세계에는 하나의 법, 하나의 국가가 있을 뿐이며 인간은 모두가 동포라는 세계시민주의를 주장하였다. 그리스도교 역시 신 앞에서 모든 인간의 평등을 주장하면서 세계주의를 주장하였다. 세계시민주의는 단지 헬레니즘시대에만 국한되는 것이 아니며 오늘날에도 중요한 사상으로 부각되고 있다.

세계은행(International Bank for Reconstruction and Development : IBRD)

제2차 세계대전 후 경제부흥과 후진국 개발을 위해 설립된 국제연합 산하의 국제금융기관. 국제부흥개발은행이라고도 한다. 1944년 브레턴우즈 협정에 따라 1946년부터 유엔의 전문기관으로 각국의 전쟁피해 복구와 개발을 위해 설립되었다. 이후 세계은행은 개발도상국의 공업화를 위한 장기자금 융자를 주로 하고 있다. 미국 워싱턴에 본부를 두고 있으며 1999년 현재 181개국의 회원국이 가입하여 있다.

세네카(Seneca, Lucius Annaeus, BC 4?~AD 65)

▶ 세네카

로마 제정시대의 스토아 철학자. 에스파냐의 코르도바에서 기사계급의 아들로 출생하였다. 수사학으로 유명한 대(大)세네카의 아들로 소(小)세네카로 불린다. 로마에서 자라면서 변론술과 철학을 배워 웅변가로 성공하였다. 재무관직에 올랐으나 한 때 코르시카 섬으로 추방되었다가 로마로 돌아와 네로의 가정교사가 되었다. 54년 네로가 즉위하자 섭정이 되었으나 65년 가이우스 칼푸르니우스 피소의 반란사건에 연루되어 자살하였다. 대표작으로 윤리에 대한 문제를 다룬 《대화편》, 스토아 철학을 논한 《도덕서한》 중세시대에 자연 연구의 교재로 쓰인 《자연의 제 문제》 등과 《메데아》, 《오이디푸스》 등 9편의 비극과 풍자시 등을 남겼다.

세르반테스(Cervantes (Saavedra), Miguel de, 1547~1616)

에스파냐의 소설가. 소설 《돈 키호테》(1605)의 작가이다. 마드리드에서 로페스 데 세빌랴의 개인학교에서 공부하고 1559년 이탈리아로 가서 아크콰비 추기경의 시종이 되었다. 이탈리아에서 스페인 군대에 입대하여 1571년 레판토 해전에 참가하였다. 여러 차례 전투에 참가하였으며 1575년 귀국하던 중 해적의 습격을 받아 1580년까지 알제리에서 노예생활을 하였다. 마드리드로 돌아와 1585년에 소설 《라 갈라테아》를 출판하고 이후 20~30편의 희곡을 발표하면서 여러 가지 직업을 전전하였다. 1605년 《돈 키호테》 제1부를 출판하고 1651년에 제2부를 출판하였다. 그 동안 12편의 중편을 모은 《모범 소설집》(1613), 장시 《파르나소에의 여행》(1614), 《신작 희곡 8편 및 막간희극 8편》(1615) 등을 출판하였다. 1616년 4월 23일 마드리드에서 사망하였다. 《돈키호테》는 중세에서 근대로 넘어오는 과도기적 작품이며 당시 유행하던 기사 이야기를

▶ 세르반테스

패러디하였다. 특히 돈키호테와 산초 판자라는 대비되는 성격을 가진 두 인물에 대한 뛰어난 성격묘사가 돋보이는 작품이다.

세르비아왕국(Serbia, 1878~1918)

남슬라브인에 속하는 세르비아 민족이 발칸 반도에 세운 왕국. 6세기경부터 슬라브 민족이 거주하였으며 9세기경부터 비잔틴제국에 속하였다. 12세기에 비잔틴제국에 반발하여 독립하였으며 스테판 두샨(재위 1331~1355) 치세에 전성기를 누렸다. 1459년부터는 오스만투르크의 지배를 받았다. 19세기 들어 오스만투르크의 세력이 약화되고 유럽의 민족주의가 확산되면서 세르비아인도 '대(大)세르비아주의'를 내걸고 독립운동에 나섰다. 결국 1867년 투르크군을 철수시키고 밀로슈 오브레노비치 4세를 왕으로 추대하였다. 1875년 보스니아, 헤르체고비나의 반란 때 투르크와 싸워 패배하였으나 범슬라브주의를 지원하는 러시아의 후원으로 산스테파노 조약과 베를린 회의를 거쳐 독립을 보장받았다. 1908년 보스니아, 헤르체고비나가 오스트리아에 병합되고 1914년 세르비아 청년이 오스트리아 황태자 부처를 암살함에 따라 제1차 세계대전이 발발하였다. 제1차 세계대전 중 세르비아는 독일, 오스트리아, 불가리아에 점령되었으나 전쟁이 끝난 후 세르비아가 중심이 되어 세르비아-크로아티아-슬로베니아왕국이 성립하였다. 이것이 후에 유고슬라비아로 발전하였다.

세브르 조약(Treaty of Sevres, 1920)

제1차 세계대전 후 승리한 연합국과 패전국 오스만투르크제국 사이에 체결된 강화조약. 1920년 8월 10일 프랑스의 세브르에서 체결되었다. 조약의 결과 오스만투르크는 기존 식민지를 연합국의 위임통치 및 아랍국가의 독립으로 인해 잃게 되었고 투르크 본토도 분할하게 되었다. 또한 다르다넬스, 보스포루스 해협과 마르마라해가 비무장화 및 국제화되고 군비를 제한당하였다. 이와 함께 외국군대가 주둔하고 외국의 내정간섭과 치외법권을 인정하는 등 투르크에 불리한 내용으로 되어 있었다. 이 조약에 대한 반발로 케말 파샤를 중심으로 하는 민족운동이 일어나 1922년에 술탄정부를 폐지하여 터키 공화국을 수립하였다.

세잔(Cezanne, Paul, 1839~1906)

프랑스의 화가. 남프랑스의 엑상프로방스에서 태어났다. 1861년 파리로 나가 루브르 미술관에서 들라크로와, 루벤스 등의 작품을 공부하였으며 피사로, 기요맹, 마네 등과도 친교를 맺어 인상파 화가들과 어울리게 되었다. 1874년 제1회 인상파전에 작품을 출품하여 인상파 화풍을 보여주었으나 제3회 인상파전 이후로는 자신만의 화풍을 추구하여 단순화한 구도와 형상에 거친 붓놀림을 보여주었다. 이러한 화풍은 후에 야수파와 입체파에 큰 영향을 주어 세잔이 근대회화(20세기 회화)의 아버지로 불리게 되었다. 1879년 이후로는 고향에 돌아와 작품에 몰두하였으며 이 시기에는 인상파의 외광묘사(外光描寫)에서 탈피하여 자연에 대한 공간구성에 노력하여 자연을 단순화된 기본적 형체로 집약하여 묘사하는 화풍을 보여주었다. 대표작으로 〈목맨 사람의 집〉, 〈에스타크〉, 〈카드놀이하는 사람들〉, 〈목욕하는 여인들〉, 〈생트빅투아르산〉 등이 있으며 정물과 초상화에도 뛰어난 작품을 많이 남겼다.

세포이 항쟁(Sepoy Mutiny, 1857~1859)

영국의 식민지배에 대한 인도 병사(세포이)들의 반란. 세포이란 페르시아어로 군대란 뜻이며 영국 동인도회사가 모집한 벵골 원주민 병사들을 말한다. 동인도 회사는 인도를 거의 정복하였으나 그 과정에서 반영감정이 쌓이게 되었다. 1857년 초, 인도의 종교적 관습에 어긋나는 소와 돼지의 기름을 탄약통에 사용한다는 소문이 돌면서 1857년 5월 10일 델리 근교에서 병사들의 반란이 일어나 수도 델리를 점령하였다. 사태의 원인은 병사들에 대한 영국인 장교의 차별대우였으나 곧 영국의 지배에 반대하는 민족운동으로 발전하였다. 반란은 세포이들로부터 각지의 농민으로 파급되었으며 지역적으로 인도 북부 갠지스강 유역에서 인도 중부와 서부로 확산된 끝에 전인도의 2/3가 반란에 휩쓸리게 되었다. 영국은 본국에서 군대를 증파하여 1859년 4월까지 주요 반

▶ 세포이 항쟁

란을 진압하였다. 또한 이 사건을 계기로 동인도 회사를 폐지하고 인도정청
(政廳)을 설치하여 인도를 영국의 직접지배 하에 두었다.

셀주크 투르크(Seljuk Turks)

중앙 아시아의 유목민인 오구즈 또는 구즈 투르크멘이라는 민족의 일파인 셀
주크족이 세운 왕조. 10세기 말에 족장 셀주크가 중앙 아시아로부터 아랄 해
북동 연안으로 이주하여 수니파 이슬람교에 귀의하였다. 셀주크의 손자 투그
릴 베그(1037~1063)는 아프가니스탄과 이란을 지배하는 가즈니왕조를 몰아
내고 1040년 이란을 병합하였으며 이어 아바스왕조 칼리프의 요청으로 이라
크의 바그다드로 진출하여 시아파인 부와이왕조를 몰아내고 1055년 칼리프
의 보호자로서 술탄이란 칭호를 받았다. 제2대 술탄인 알프 아르슬란과 제3
대 술탄인 말리크 샤 치세에 발전을 거듭하여 시리아, 팔레스티나, 소아시
아, 중앙아시아를 정복하고 이집트의 파티마왕조를 복속시켜 서아시아 전역
을 장악하였다. 셀주크 투르크는 비잔틴제국을 압박하여 이로 인해 서유럽에
서 십자군 운동이 일어나는 계기를 제공했다. 셀주크 투르크시대는 이란과
아라비아의 선진 문화가 발전한 시기로서 서아시아 문화사에 있어 중요한
시기이다.

셈족(Semites)

셈어를 말하는 여러 민족의 총칭. 구약성서에 나오는 노아의 아들 셈의 자손

에서 나온 민족이라고 한다. 셈어에는 아카드어, 아무르어, 가나안어, 아람어, 아랍어, 에티오피아어가 있으며 주로 서남아시아, 북아프리카 및 동아프리카에 거주한다. 셈족은 혈연적 단결심이 강한 부족 공동체를 이루어 살았으며 사막지대에서 주로 유목과 상업에 종사하였다. 이들의 원거주지는 아라비아 일대로 추정되며 이곳으로부터 북쪽과 서남쪽으로 이주한 것으로 보인다. BC 3000년경 시리아, 팔레스티나를 거쳐 티그리스, 유프라테스 강가로 이동한 셈족의 일파인 아카드인들이 메소포타미아 문명을 일으켰다. BC 2600년경에 사르곤이 최초의 셈계 왕국인 아카드왕조를 이루었으며 이후 바빌로니아와 아시리아에서도 셈족왕조가 나타났다. 이어서 가나안인, 페니키아인, 헤브라이인, 아람인 등이 이동하였다. 특히 아람인은 서아시아 일대에 분포하여 페르시아제국에서도 공용어로 아람어를 사용하였다. 7세기 들어 마호메트가 이슬람교를 창시하고 아랍인들이 아시아, 아프리카, 유럽에 걸치는 대제국을 건설하였다.

셔먼 반(反)트러스트법(Sherman Anti~Trust Act)

1890년 미국 연방의회에서 미국의 각 주(州)간 및 국제거래에서 독점이나 거래제한을 금지하기 위해 제정한 법률. 전부 8개조로 되어 있으며 당시에 유행하던 트러스트 결성 풍조에 대처하기 위한 것이었다. 그러나 법조문의 해석에 이견이 많아 제조공업 및 생산제한에는 적용되지 않았으므로 미국 철강회사(US 스틸) 등 많은 트러스트의 결성을 저지하지 못하였고 또 노동운동을 단속하는 데 이용되기도 하였다. 위와 같은 결함에도 불구하고 셔먼 법은 미국 반독점법의 기원으로 이후에 제정된 클레이턴법이나 연방거래위원회법과 함께 세계 각국의 독점규제법의 모델이 되었다.

셰익스피어(Shakespeare, William, 1564~1616)

▶ 셰익스피어

영국의 시인이자 극작가. 영국 중부의 스트라포드 어폰 에이번에서 태어났다. 1585년 고향을 떠나 런던으로 가서 극장에서 일하면서 배우가 되었다가 이후 극작가가 되었다. 이후 20년 간 극작가로서 명성과 부를 얻고 고향으로 은퇴하여 여생을 보냈다. 셰익스피어의 희곡작품은 총 37편으로 4시기로 구분한다. 제1기(1591?~1595)는 습작시대로 〈헨리 6세〉, 〈리처드 3세〉와 같은 역사극과 〈실수의 희극〉과 같은 희극 작품, 그리고 비극 〈로미오와 줄리엣〉 등이 이 시기의 작품이다. 제2기(1596?~1600)는 희극

과 사극의 완성기로서 심리 관찰의 걸작품이 많다. 〈십이야〉, 〈헨리 4세〉, 〈줄
리어스 시저〉 등이 이 시기의 작품이다. 제3기(1601~1609)는 심각한 비극의
시기로 〈햄릿〉, 〈리어왕〉, 〈맥베드〉 등 4대 비극이 있다. 제4기(1610~1611)는
〈겨울 이야기〉, 〈템페스트〉 등의 작품이 있다. 세익스피어는 시인으로도 유명
한데 특히 〈14행 시집〉이 유명하다. 그의 작품은 인간 심리에 대한 깊은 통찰
을 보여주었으며 근대 영어의 성립에 큰 기여를 하였다.

셸리(Shelley, Percy Bysshe, 1792~1822)

영국의 낭만파 시인. 잉글랜드 필드플레이스에서 서섹스 귀족의 아들로 태어
났다. 이튼 학교를 거쳐 옥스퍼드 대학에 진학하였다. 재학 중인 1811년에 〈무
신론의 필요성〉이란 팜플렛을 발간하였다가 퇴학당하였다. 이후 런던으로 가
서 무정부주의자이며 자유사상가인 고드윈과 친교를 맺고 1813년 혁명시 〈매
브 여왕〉을 발표하였다. 이 무렵에 시인 바이런, 키츠 등과 사귀게 되었다. 이
시기에 서사시 〈고독한 영혼〉(1816), 〈이슬람의 반란〉(1818), 〈첸치 일가〉
(1819), 〈사슬에서 풀린 프로메테우스〉(1820) 등을 발표하였다. 그의 작품은
권위에 대한 반항의식과 자유와 정의를 추구하는 이상사회에의 동경, 정열적
혁명을 노래하였다. 1820년부터 이탈리아 피사에 정착하여 〈서풍의 노래
〉(1820) 등의 서정적 작품을 남겼다. 이러한 작품으로 셸리는 영국 낭만주의
시대의 3대 시인의 한 사람으로 평가받고 있다.

셸링(Schelling, Friedrich Wilhelm Joseph von, 1775~1854)

독일의 철학자. 뷔르텐베르크주 레온베르크에서 태어났다. 여러 대학에서 신
학, 철학, 수학, 자연과학을 배웠으며 프랑스 혁명이 열기를 토하는 시대 분
위기 속에서 헤겔, 횔덜린 등과 함께 공부하며 교유하였다. 1798년 예나대학
의 교수가 되었고 이후 뮌헨 대학을 거쳐 1831년 헤겔이 죽자 그 후임으로
베를린 대학의 교수가 되었다. 철학사에서 셸링은 칸트와 피히테를 계승하여
헤겔로 이어지는 독일 관념론에 속한다. 초기에는 헤겔과 피히테의 영향을
받았으나 점차 내면적이고 신비적으로 변하였고 종국에는 신화와 계시철학에
심취하여 격정적인 낭만주의 철학의 대표자가 되었다. 대표작으로는 《선험적
관념론의 체계》(1800), 《인간적 자유의 본질에 관한 철학적 고찰》(1809) 등이
있다.

소명태자 ◐ 문선

소비에트(soviet)

러시아 혁명 시기에 생긴 노동자, 병사, 농민의 회의, 권력기구. 소비에트라

는 말은 회의, 평의회를 의미하는 러시아어에서 나왔다. 1905년의 제1차 러시아 혁명 당시 노동자 대표 소비에트가 그 시초이다. 1917년 2월 혁명이 일어나자 페테르스부르크에서 노동자, 병사 대표 소비에트가 결성되어 군사력을 장악하고 임시정부와 이중권력을 형성하였다. 이어 1917년 6월 전국 각지의 노동자, 병사대표 소비에트가 통합되었으며 레닌이 이끄는 볼셰비키가 소비에트의 다수파가 되었다. 레닌은 소비에트 공화국만이 프롤레타리아 독재의 유일한 국가형태라고 주장하면서 '모든 권력을 소비에트로'라는 슬로건을 내걸었다. 1917년 볼셰비키가 일으킨 10월 혁명으로 소비에트는 국가권력을 완전히 장악하였으며 노동자, 병사 대표 소비에트에 농민대표 소비에트가 합류하여 노, 병, 농 소비에트가 발족하였다. 이리하여 소비에트 대회를 최고권력기관으로 하는 소비에트 공화국이 수립되었다.

소비에트사회주의공화국연방(USSR : Union of Soviet Socialist Republics, 1922~1991)

1917년 러시아 10월 혁명으로 생겨난 사회주의 다민족 연방 공화국. 소련(蘇聯, Soviet Union)이라고도 부른다. 연방을 이루는 공화국은 러시아, 우크라이나, 벨로루시, 우즈베크, 카자흐, 아제르바이잔, 몰다비아, 키르키스, 타지크, 아르메니아, 투르크멘, 그루지야, 에스토니아, 라트비아, 리투아니아의 15개 공화국이다. 러시아 혁명으로 권력을 잡은 볼셰비키는 1918년부터 1922년까지 내전을 통해 반대파를 진압하고 1922년 12월 30일 제1회 연방 소비에트 대회에서 각 공화국을 구성 단위로 하는 소비에트 사회주의 공화국 연방을 결성하였다. 1991년 보수파의 쿠데타 시도를 계기로 공산주의 포기와 공산당 해체가 단행되었으며 각 공화국이 독립하여 연방은 해체되었다. 연방해체 후 에스토니아 라트비아 리투아니아 등 발트3국을 제외한 12개 독립공화국이 1992년 1월 1일을 기해 독립국가연합(CIS : Commonwealth of Independent States)을 형성함으로써 소련은 정식으로 해체되었다.

소승불교(小乘佛敎)

소승이란 '작은 수레'란 뜻으로 많은 사람이 함께 깨달음의 세계로 건너갈 수 있는 큰 수레가 못된다는 의미이다. 이러한 의미의 소승이란 이름은 BC 2~1세기에 새롭게 등장한 대승불교 진영에서 기존의 불교를 비판적으로 평가하면서 붙인 이름이다. 불교 교단은 석가모니 열반 후 100여년이 지나면서 상좌부(上座部)와 대중부의 2파로 나뉘고 다시 이후 100년 동안 대중부 계통의 5부, 상좌부 계통의 11부로 분열하여 도합 18부의 부파가 생겨났다. 각 부파는 자파의 정통성을 주장하기 위해 기존의 불경에 대한 편집과 주석을 가하여 부처님의 가르침과 승가의 계율을 담은 경장(經藏)과 율장(律藏)이 성립되었다. 여기에 경과 율에 대한 주석을 담은 논장(論藏)을 추가하여 3장을 이루었다. 소승불교 중에 상좌부 계통은 인도에서 스리랑카를 거쳐 동남아로 전해져 현재 스리랑카, 미얀마, 타이, 라오스 등지에서 전해지고 있다.

소식(蘇軾, 1036~1101)

중국 북송시대의 시인. 자 자첨(子瞻), 호 동파거사(東坡居士), 애칭(愛稱) 파공(坡公) 파선(坡仙), 식(軾)은 그의 이름이며 흔히 소동파라고도 부른다. 소순(蘇洵)의 아들이며 소철(蘇轍)의 형으로 대소(大蘇)라고도 불리었다. 1056년 진사를 거쳐 관직에 나섰다가 왕안석(王安石)의 신법(新法) 개혁을 비판하여 항저우(杭州) 등 여러 지방의 지방관으로 좌천되었다. 1709년에는 필화사건으로 투옥되었으며 이후 후베이성(湖北省)의 황주(黃州)의 동파(東波)로 유배되었다. 철종(哲宗)이 즉위하면서 구법당이 득세하자 한림학사(翰林學士), 시독(侍讀) 등의 벼슬에 올랐으며 신법당이 다시 세력을 잡자 중국 최남단의 하이난섬(海南島)으로 유배되었다. 그곳에서 7년 동안 귀양살이를 하고 돌아오던 중 사망하였다. 문인으로서 당송팔대가(唐宋八大家)의 한 사람이며 시(詩), 사(詞), 고문(古文)에 능하고 서화(書畵)에도 뛰어난 솜씨를 보였다. 소식의 시는 선이 굵고 철학적 요소가 강하였으며 대표작으로 유명한 〈적벽부(赤壁賦)〉가 있다. 《동파전집(東坡全集)》을 남겼다.

소아시아(Asia Minor)

아시아 대륙의 서쪽 끝 지중해와 흑해 사이에 돌출한 반도. 아나톨리아(Anatolia)라고도 부르는데 그 어원은 그리스어로 '태양이 떠오르는 곳' 또는 '동방의 땅'을 의미한다. 소아시아는 유럽과 아시아를 연결하는 위치에 있어 많은 민족이 이곳에서 흥망을 거듭하였다. BC 1900년경에 아시리아인의 식민 도시가 생겨났으며 BC 1680년대에는 히타이트왕국, BC 1200년대에는 프리지아왕국이, BC 100~750년까지는 토착세력인 리디아가 일어났다. BC 546년 아케메네스왕조의 페르시아제국의 키로스왕이 침입하여 소아시아 전체를 차지하였다. BC 334년에는 마케도니아의 알렉산더 대왕이 침입하여 헬레니즘 세계에 편입되었으며 알렉산더가 죽은 후에는 그 후계자가 세운 셀레우코스왕국에 속하였다가 이후 폰투스, 페르가몬 등의 왕국으로 분열되었다. BC 133년에 로마의 동방 속주가 되었다. 이어 동로마, 비잔틴제국의 영토가 되었으며 11세기까지 근동지역은 대부분 이슬람 세력이 장악하였으나 소아시아만은 비잔틴제국의 영역으로 남았다가 1071년 셀주크 투르크제국이 침공하여 아랍세계로 넘어갔다. 1300년대 말 오스만투르크의 영역이 되었다가 제1차 세계대전 후 현재의 터키 공화국 영토가 되었다.

소진(蘇秦, ?~BC 317)

중국 전국시대(戰國時代, BC 5세기~3세기)의 종횡가(縱橫家). 동주(東周, 허난성(河南省)) 뤄양(洛陽) 출신이다. 장의(張儀)와 함께 귀곡자(鬼谷子)에게 가르침을 받았다. 당시 진나라와 한(韓)나라가 거의 해마다 전쟁을 벌여 산둥(山東)의 여러 국가들이 진나라의 침입을 두려워했다. 이에 소진이 6국 합종(合縱)의 이익을 설득하여 BC 333년 연나라에서 초나라에 이르는 남북선상(南北線上)의 6국의 합종에 성공하였다. 이로써 소진은 혼자서 6국의 상인(相印 : 재상의 인장)을 가지게 되었고, 스스로 무안군(武安君)이라 칭하여 이름을 떨쳤다. 그러나 장의가 진나라와 6국이 개별동맹을 맺는 연횡책(連衡策)을 구사하여 6국 합종은 해체되었다. 장의와 함께 전국시대 책사(策士)의 1인자로 꼽힌다.

▶ 소크라테스

소크라테스(Socrates, BC 469~BC 399)

고대 그리스 아테네의 철학자. 청년 시절에는 이오니아 학파의 자연 철학을 연구하였다. 그러나 자연계에 대한 인식의 가능성과 그 의미에 회의를 느끼고 인간 자신의 문제를 연구하게 되었다. 특유의 문답법으로 거리에서 일반 시민들과의 대화를 통해 '무지에 대한 자각'을 일깨워 '앎에 대한 사랑(愛知)'으로 나아갈 수 있도록 도왔다. 주로 '덕'이나 '용기' '경건함' 등의 본질을 사람들에게 묻고 참된 지식으로 나갈 수 있도록 도왔다. 그러나 이런 활동이 일부 시민들의 오해와 반감을 초래하여 '국가의 신을 부인하고 청년들을 타락시켰다'는 이유로 재판에 회부되어 사형선고를 받고 독이 든 잔을 마시고 죽었다. 소크라테스의 제자들을 소크라테스파(派)라 부르는데 그 중 플라톤이 뛰어난 제자였던 것으로 보인다. 우리가 오늘날 아는 소크라테스의 모습은 플라톤이 지은 《소크라테스의 변명》, 《향연》 등의 대화편을 통해서이다.

소포클레스(Sophocles, BC 496~BC 406)

고대 그리스 아테네의 3대 비극 시인 한 사람. 부유한 무기 제조상의 아들로 태어나 용모와 재능이 뛰어나고 집안이 기사 신분으로 좋은 교육을 받았다. 정치인으로도 입신하여 BC 443년에 델로스 동맹의 재무장관에 임명되어 페리클레스와 함께 10인 지휘관에 선출되었으며 BC 413~BC 411년의 아테네 내란기에 국가 최고위원 10인에 선출되었다. 극작가로서는 28세 때인 BC

468년 비극 경연대회에 응모하여 스승인 아이스킬로스를 꺾고 우승한 이후로 123편의 작품을 썼고 24회(또는 18회) 우승하였다고 한다. 그는 기존의 2인극체제에서 최초로 3인극을 도입하고 합창단의 수를 늘리고 배경그림과 소도구를 채용하는 등 공연방식을 개선하였다. 비극작가로서 아이스킬로스가 신의 정의를 믿은 데 비해 소포클레스는 신의 전능과 인간의 무력함을 받아들였기에 그의 작품에 나오는 인물들은 영웅이 아니라 인간미를 띠고 있다. 현재 남아있는 작품은 7편으로 《아이아스》, 《안티고네》, 《오이디푸스왕》, 《엘렉트라》, 《트라키스의 여인》, 《필로크테테스》, 《콜로노이의 오이디푸스》 등인

▶ 소포클레스

데 이중 《오이디푸스왕》과 《안티고네》가 비극으로 유명하다.

소피스트(Sophist)

BC 5세기 후반에서 BC 4세기에 걸쳐 그리스 도시를 순회하며 수사학과 지식을 가르친 직업적 교사들. 소피스트란 원래 '현자(賢者)'를 가리키는 말이지만 '궤변을 일삼는 무리' 또는 '궤변학파'란 의미로도 불렸다. 소피스트들은 아테네를 중심으로 그리스 각지를 돌아다니면서 변론술(웅변술)과 출세에 필요한 지식을 가르쳤다. 이는 당시 민주정치 체제 하에서는 연설을 잘 하는 것이 출세에 유리했기 때문이었다. 소피스트들은 확고한 철학적 견해가 없었고 주로 토론에서 승리하는 법을 위주로 가르쳤다. 이러한 태도는 비판적 정신을 발달시키는 데 기여한 면도 있으나 지식이나 진리의 상대성을 지나치게 강조하여 기존의 도덕률에 대한 회의나 경시 풍조도 일으켰다. 대표적인 소피스트로 아브데라의 프로타고라스, 레온티니의 고르기아스, 엘리스의 히피아스, 케오스의 프로디쿠스 등이 유명하다.

속주(屬州, Provincia)

로마가 이탈리아 이외 지역에 영유한 지배지. 원래 명령권을 가진 정무관(政務官, 프라에토르)의 권한 및 지배범위를 가리켰다. 제1차 포에니전쟁 이후로 이탈리아 반도 이외 지역에 설치한 지배지를 관할하기 위해 정무관의 수가 늘어나면서 그 정무관의 관할지역이란 뜻으로 속주(프로빈키아)라고 부르게 되었다. 포에니전쟁으로 로마는 BC 3세기에 시칠리아, 사르데냐, 코르시카,

에스파냐를 획득하였으며 동방에서는 BC 2세기에 마케도니아, 아카이아, 아프리카, 아시아를 차지하였다. 또한 유럽의 갈리아 지방을 로마 속주로 만들었다. BC 1세기에는 시리아, 킬리키아, 일리리쿰이 로마 속주가 되었고 BC 30년에는 이집트가 로마 속주가 되었다. 아우구스투스시대에는 다뉴브 강 유역이 속주가 되었다. 이후 로마의 유럽 속주는 한 때 엘베강 유역까지 확대되었다가 이후 라인강을 국경선으로 유지하였다.

손사막(孫思邈, 581~682)

중국 당나라 때의 신선가(神仙家), 의학자. 산시성(陝西省) 출신으로 독서를 좋아하고 노장백가(老壯百家)의 설에 조예가 깊었다. 수(隋)나라의 문제(文帝), 당나라 태종(太宗) 고종(高宗) 등으로부터 벼슬을 권유받았으나 사양하고 산 속에 은거하여 저술에 몰두하였다. 당나라시대의 대표적 의학서인 《비급천금요방(備急千金要方)》(650 659?) 30권과 《천금익방(千金翼方)》 30권을 남겼다. 특히 이 책에서 의가의 윤리를 논설한 점이 뛰어나다. 의서 외에도 많은 책을 지었으며 불교와 도교도 연구하였다고 한다.

손자(孫子, ?~?)

중국 춘추전국시대의 병법가. 본명은 손무(孫武). 러안(樂安) 출신으로 BC 6세기경 오(吳)나라의 왕 합려(闔閭)의 밑에 들어가 군대를 지휘하여 초(楚) 제(齊) 진(晉) 등의 나라를 굴복시켜 합려로 하여금 패자(覇者)가 되게 하였다고 한다. 손자가 지은 전략서 《손자》는 단순히 전술만을 다룬 것이 아니라 내치와 외교의 양 측면에서 국가 경영의 핵심과 인사의 성패에 대해서도 폭넓게 다루고 있다. 《손자》는 후세의 무장들에게 널리 애독되었다. 손무의 손자 손빈(孫殯) 또한 병법가로서 이름이 높았으며 자신의 전략서를 남겼다.

솔로몬왕(Solomon, ?~BC 912?)

이스라엘왕국의 왕. 예루살렘에서 태어나 아버지 다윗의 뒤를 이어 왕위에 올랐다. 종래의 부족제를 무시하고 전국을 12개의 행정구역으로 나누어, 장관을 파견하여 징세나 부역의 사무를 맡게 하였다. 경제적으로는 이집트, 페니키아, 아랍 등과의 통상을 장려하였고, 조선소(造船所)와 제동소(製銅所)도 설치하여 부를 축적하였다. 솔로몬은 이집트의 왕녀와 결혼하고 여러 국가와 문화교류에 적극적으로 나섰으며 이교 신앙에 개방적이었는데 예루살렘 신전 건축도 이러한 문화교류의 영향으로 이루어진 것이다. 예루살렘 신전은 페니키아의 자재와 기술로 지어진 웅장한 신전으로, 신전에 '계약의 궤(법궤, 언약궤)'를 안치하여 종교적인 중심을 확립하였다. 이로써 '솔로몬의 영화'로 불리는 이스라엘의 전성기를 이루었다. 그러나 국내 부족간의 대립을 해소하지 못하고 징병, 징세, 부역 등에 대한 불만이 커져 솔로몬의 사후 이스라엘 왕국이 남북으로 분열하게 되었다. 구약성서의 《아가》와 《잠언》이 솔로몬의 작품으로 전해진다.

솔론(Solon, BC 640?~BC 560?)

고대 그리스 아테네의 정치인, 입법가, 시인. BC 594년에 집정관 및 조정자로 선출되었다. 당시 아테네는 빈부격차가 극심하여 부채 때문에 땅을 잃거나 노예로 팔려가는 사람이 많아 계층간 갈등이 심각하였다. 솔론은 이로 인해 생긴 사회불안을 해결하기 위해 '솔론의 개혁'으로 알려진 개혁조치를 시행하였다. 우선 부채증서를 말소하고 사람을 담보로 저당하는 금전대부를 금하여 채무노예가 생기지 않도록 하였다. 또한 시민을 재산 정도에 따라 4등급으로 나누고 상위 3등급은 관직에 오를 수 있게 하였으며 최하급 테스에게는 민회와 재판에

▶ 솔론

참여할 권리를 주었다. 옛날부터 전해온 아레오파고스 회의는 그대로 존속시켰지만 이와 별도로 전부터 있었던 4부족 제도에 기초를 둔 400인 평의회를 신설하였다. 법률 면에서는 BC 621년에 공포된 드라콘 법 가운데 살인에 대한 조항을 제외하고는 모두 폐지하고 새로운 법을 만들었으며 이것이 후일 아테네법의 기초가 되었다. 그러나 솔론의 개혁에 대해 빈민층은 토지개혁을 통한 토지의 재분배가 이루어지지 않아 불만을 품었으며 부유층은 대부금의 포기와 노예 해방으로 인해 불만을 품었다. 이 때문에 해외로 여행을 떠났다. 그러나 귀국 후에도 분쟁이 격화되어 얼마 후 페이시스트라토스가 참주가 되었다.

송(宋, 960~1279)

당나라가 무너진 뒤 생긴 오대십국(五代十國) 가운데 후주(後周)의 장군 조광윤(趙匡胤 : 太祖)이 세운 나라. 처음에는 카이펑(開封)에 도읍했다가 1126년 정강(靖康)의 변(變)으로 강남(江南)으로 옮겨 임안(臨安 : 杭州)으로 천도하였다. 이에 따라 카이펑시대를 북송(北宋), 임안시대를 남송(南宋)이라 한다. 조광윤은 황제에 오른 뒤 문치주의(文治主義)를 실시하여 군인세력을 억누르고 황제의 독재에 의한 중앙집권체제를 만들었다. 황제의 독재권력을 유지하

기 위한 군대와 관료제를 유지하기 위해 막대한 비용이 필요하였으므로 차, 소금, 술, 백반 등 생필품을 국가전매로 하여 이를 충당하려 하였다. 그러나 그 결과 밀매가 성행하여 비밀결사가 형성되어 반란의 온상이 되었으며 외부 민족을 자극하는 결과를 가져왔다. 태조의 뒤를 이은 태종(太宗)은 북중국의 연운(燕雲) 16주를 되찾기 위해 거란족이 세운 요(遼)나라와 싸움을 벌였으나 오히려 요나라의 침입을 받았다. 인종(仁宗) 때는 소금의 수입금지에 불만을 품은 서하(西夏)와도 전쟁을 벌여 군사비 증대로 경제위기가 발생하였다. 인종의 뒤를 이어 즉위한 신종(神宗)은 이 위기를 극복하기 위해 왕안석(王安石)을 등용하여 신법(新法)을 실시하였다. 신법은 전쟁으로 몰락한 중소농민과 영세상인층을 육성하기 위한 정책이었으나 기득권 계층의 반발과 함께 신법당과 구법당 사이의 정쟁으로 인해 실효를 거두지 못하였다. 이러한 상황에 여진(女眞)족이 세운 금(金)나라가 요나라를 멸망시키고 1127년에는 송나라의 수도 카이펑을 점령하여 휘종(徽宗)과 흠종(欽宗) 두 황제를 포로로 잡았다. 이를 정강의 변(靖康의 變)이라 하며 이로써 9대 168년간의 북송(北宋)시대가 끝나고 남송(南宋)시대가 이어진다. 남송시대에는 빼앗긴 북방영토를 되찾기 위해 노력했으나 성과가 없었으며 고종 때 재상(宰相) 진회(秦檜)가 악비(岳飛) 등 군벌을 누르고 금나라와 화평을 맺어 현상유지를 추구하였다. 남송시대에는 황제권이 약화되고 재상의 권한이 커져 진회, 한탁주(韓侂胄), 사미원(史彌遠), 가사도(賈似道) 등의 재상들이 실권을 장악하였다. 이와 같이 정치의 혼란과 경제난을 겪던 남송은 북방의 신흥세력으로 서하와 금을 멸망시킨 몽고(蒙古)에 의해 9대 152년 만에 멸망하였다.

송응성(宋應星, 1587~1648?)

중국 명나라 말기의 대표적인 기술서적인 《천공개물(天工開物)》(1637)의 저자. 자는 장경(長庚)으로 장시성(江西省) 펑신현(奉新縣) 출신이다. 1615년에 향시에 합격하여 관직에 나섰으며 1644년 공직에서 물러나 저술에 전념하였는데 현재 남아있는 것은 《천공개물》뿐이다. 《천공개물》은 명나라 때 발전한 산업기술을 바탕으로 중국 전래의 방적, 제지, 조선 등의 제조기술을 삽화를 곁들어 수록한 책으로 이 시대의 농업과 공업의 역사를 연구하는 자료로 쓰이고 있다. 전 3권으로 되어 있으며 상권은 천산(天産)에 관하여, 중권은 인공으로 행하는 제조에 관하여, 하권은 물품의 공용(功用)에 관하여 서술하고 있다.

송챈감포(Srou-btsan sgam-po, 581~649)

티베트의 정치적 통일과 민족문화 형성을 이룬 초대 국왕. 정식 명칭은 치손챈(棄宗弄讚)이며 송챈감포는 그 칭호이다. 580년경 13세에 라싸(拉薩)의 동남쪽 총계 지방의 왕으로 즉위하여 토번왕조(吐蕃王朝)를 통일하고 남서쪽으로는 히말라야 산맥을 넘어 인도, 네팔로 진출하고 동으로는 중국의 시안(西安)까지 위협할 정도로 세력을 떨쳤다. 라싸를 수도로 삼아 그곳에 포탈라궁(宮)을 세웠으며 불교를 숭상하여 티베트 민족문화를 불교화하였다. 643년 처음으로 당나라에 사자를 보내었고 641년에는 당나라 태종의 양녀 문성공주(文成公主)를 왕비로 맞이하였고 또 네팔 국왕의 딸 티쓴을 왕비로 맞았다. 이 두 왕비가 각기 불교를 티벳에 전파하였다고 한다.

쇤베르크(Schonberg, Arnold, 1874~1951)

오스트리아의 작곡가. 12음 기법을 창안하여 20세기 초반기 음악에 큰 영향을 끼쳤다. 빈에서 유대인 상인의 아들로 태어나 독학으로 음악을 공부하다가 나중에 Z)린스키로부터 대위법(對位法)과 작곡이론을 배웠다. 베를린과 빈에서 작곡 교수로 재직하다가 나치스 정권이 들어서면서 미국으로 망명하였다. 작곡에 있어 처음에는 바그너와 말러의 낭만주의 음악의 영향을 받았으나 점차 조성(調性 : tonality)을 무시하고 불협화음을 사용하는 12음 기법을 창시하였다. 이 12음 기법으로 입체파(큐비즘), 초현실주의(쉬르레알리즘) 등과 함께 20세기 초반기의 예술과 문화에 새로운 경향을 도입하였다. 대표작으로 교향시 〈구레의 노래〉(1900~1911), 〈달의 피에로〉(1912), 〈피아노를 위한 모음곡〉(1921), 〈관현악을 위한 변주곡〉(1928) 등이 있으며 저서로 《화성악》(1911) 등이 있다.

쇼(Shaw, George Bernard, 1856~1950)

영국의 극작가, 소설가, 비평가, 사회주의자. 에이레의 더블린에서 태어났다. 1876년 런던에 나와 문학과 연극을 공부하였으며 헨리 조지의 연설을 듣고 사회문제에 관심을 가져 사회주의를 신봉하게 되었다. 이후 시드니 웹 등이 설립한 온건좌파 단체인 '페이비언협회'에 가입하여 사회주의를 합법적이고 존경받을 만하며 실제적인 방법으로 구현하기 위해 활동하였다. 입센의 연극을 연구하여 1891년 《입센주의의 정수》를 출판하였으며 같은 해에 희곡 〈홀아비의 집〉으로 극작가로 데뷔하였다. 이어 1893년에 매춘부를 소재로 여성의 입장을 변호한 〈워렌 부인의 직업〉으로 극작가로서 입지를 다졌다. 이후 40여 년간 〈시저와 클레오파트라〉(1898), 〈인간과 초인〉(1903) 등 40여 편의 희곡을 발표했다. 신랄한 풍자와 해학이 넘치는 작품으로 1925년 노벨 문학상을 수상하였다.

쇼스타코비치(Shostakovich, Dmitrii Dmitrievich, 1906~1975)

러시아의 작곡가. 페테르스부르크 출신. 13세에 페테르스부르크 음악원에 입

학하여 피아노와 작곡을 공부하였다. 19세 때인 1925년에 졸업작품으로 〈제1
교향곡〉을 발표하여 세계적인 주목을 받았다. 쇼스타코비치의 초기 작품은
스트라빈스키의 원시주의와 베르크의 표현주의 계열의 영향을 받았다. 이 시
기의 대표작으로 〈제2교향곡〉(1927), 〈제3교향곡〉(1929), 〈피아노 전주곡집〉
등이 있다. 그러나 이후에는 점차 러시아의 민족 전통을 현대적으로 표현하
는 방향으로 변하였다. 1934년 발표한 〈므첸스크의 맥베스부인〉이 사회주의
리얼리즘에 입각한 공산당 예술운동에 역행한다 하여 비판을 받았고 1945년
발표한 〈제9 교향곡〉도 부르주아적이라는 비판을 받았다. 그러나 이러한 비
판을 견뎌내고 전부 12개의 교향곡을 발표하고 오라토리오 〈숲의 노래〉
(1949)와 합창곡 〈10의 시〉(1951) 등을 발표하여 현대 러시아의 대표적 음악
가로 평가받고 있다.

▶ 쇼토쿠 태자

쇼토쿠 태자(聖德太子, 574~622)

일본 아스카(飛鳥)시대의 정치인. 요오메이
천황(用明天皇)의 둘째 아들로 요오메이 천
황이 죽자 배불파와 숭불파 사이에 정쟁이
생겼고, 쇼토쿠 태자는 숭불파인 소가씨를
지원하여 승리하였다. 이로써 593년 황태
자로 책봉되고 숙모인 스이코(推古) 천황의
섭정(攝政)이 되었다. 595년 고구려승 혜자
(惠慈)와 백제승 혜총(惠聰)이 일본에 건너
오자 혜자를 스승으로 모시고 불교를 배워
5계(五戒)를 받고 불교를 지원하였다. 고구
려의 기술자들을 초청하여 일본 최초의 절
법흥사(法興寺)를 짓고 이어 법륭사(法隆
寺), 사천왕사(四天王寺) 등을 건립하였다.
쇼토쿠 태자는 불교를 중심으로 신도와 유교의 좋은 점을 합치려고 하였다.
이러한 신불유습합사상(神佛儒習合思想)은 외래문화의 장점만을 골라 받아
들이는 일본의 전통으로 자리를 잡았다. 정치적으로는 유교 사상을 바탕으로
17조 헌법을 만들어 천황의 지위를 절대화하였으며 관위 12체계를 제정하여
국가제도를 정비하고 중국 수나라에 견수사(遣隋使)를 파견하였다. 이 밖에
도 일본사를 편찬하는 등 아스카(飛鳥) 문화를 발전시켰다.

쇼팽(Chopin, Frederic Francois, 1810~1849)

폴란드의 작곡가, 피아니스트. 바르샤바에서 태어났으며 아버지는 폴란드 태
생의 프랑스인이다. 어려서부터 피아노를 배우고 바르샤바 음악원에 입학하

여 공부하면서 폴란드 민속음악을 접하였다. 1832년 파리에서 독주회를 가져 피아니스트이자 작곡가로서 인정받았다. 이후 파리를 무대로 음악활동을 하였고 1837년에는 연상의 여류 작가 조르쥬 상드를 만나 연인관계가 되었다. 그러나 가정불화로 1846년 상드와 헤어지고 폐결핵이 악화되어 1849년 파리에서 사망하였다. 쇼팽의 작품은 가곡, 첼로 소나타, 피아노 삼중주곡도 있으나 대표작은 200곡에 이르는 피아노곡이다. 쇼팽의 피아노곡은 세련된 프랑스풍의 왈츠와 야상곡, 폴란드의 민속 춤곡인 폴로네즈와 마주르카, 독창적인 성격과 정열, 음영을 표현한 연습곡, 전주곡, 스케르쵸 등으로 구분되며 '피아노의 시인' 이라 불린다.

쇼펜하우어(Schopenhauer, Arthur, 1788~1860)

독일의 철학자. 1809년부터 괴팅겐 대학에서 철학과 자연과학을 공부하였다. 1811년 베를린 대학으로 학교를 옮겼으며 피히테, 실라이에르마허의 강의를 듣고 칸트와 플라톤을 연구하였고 1813년 예나대학에서 학위를 받았다. 이후 바이마르에 살면서 괴테와 친교를 맺었고 동양학자 마이어를 통해 인도의 우파니샤드 철학을 소개받았다. 드레스덴으로 이사하여 4년 간 집필한 끝에 1819년 《의지와 표상으로서의 세계》를 발표하였다. 1820년 베를린 대학의 강사가 되었으나 헤겔의 명성에 밀려 사직하고 이탈리아 여행에 나섰다가 1831년부터 프랑크푸르트암마인에 정주하였

다. 쇼펜하우어의 철학은 칸트의 인식론을 계승하여 세계는 인간의 표상이며 세계의 본질은 내적 의지에 있다고 주장하였다. 이 의지는 삶에 대한 의지이며 이로 인해 생겨나는 인과적 연쇄에서 벗어나기 위해서는 의지를 부정하는 무욕구의 상태가 필요하다고 주장하여 인도 철학에서 말하는 해탈과 열반의 영향을 보여주었다. 헤겔이 죽은 후 쇼펜하우어는 독일 사상계의 대표적 인물이 되었으며 19세기 후반의 철학자 니체, 작곡가 바그너 등에게 큰 영향을 미쳤다.

▶ 쇼펜하우어

수(隋, 581~618)

남북조(南北朝)로 갈라져 있던 중국을 통일한 왕조. 북주(北周)의 외척 양견(楊堅 : 文帝)이 권력을 장악하고 외손자인 정제(靜帝)로부터 581년 양위를

받아 나라를 세우고 수(隋)라 하였다. 이어 589년 남조(南朝)의 진(陳)을 멸망시켜 중국을 통일하였다. 주(州), 군(郡), 현(縣)의 3단계 지방행정단위를 주, 현으로 간소화하고 모든 지방관을 중앙에서 임명하며 유명무실한 구품관인법(九品官人法)을 철폐하고 과거제도를 창시하였다. 중앙 관제는 3성 6부제도를 실시하고 부병제(府兵制)를 시행하였다. 대외적으로는 장성(長城)을 축조하여 터키계(系) 돌궐(突厥)의 침입에 대비하였으며, 598년에는 요서(遼西)를 침범한 고구려를 정벌하려다 실패하였다. 문제의 뒤를 이어 진을 토벌한 둘째 아들 진왕(晉王) 광(廣)이 아버지 문제를 살해하고 왕위에 올라 양제(煬帝)가 되었다. 양제는 중국을 남북으로 연결하는 대운하(大運河)를 건설하고 뤄양(洛陽)에 동도(東都)를 조성하였으며, 토욕혼(吐谷渾)과 돌궐을 토벌하였다. 이어 611~614년에 걸쳐 돌궐과 손을 잡을 가능성이 있던 고구려를 3차에 걸쳐 원정하였으나 실패하였다. 이와 같은 대규모 토목공사와 군사원정 때문에 불만이 쌓여 각지에서 반란이 일어나게 되었다. 617년 타이위안(太原 : 山西省) 유수(留守) 이연(李淵)이 군사를 일으켜 장안(長安)을 점령하고 618년 당(唐)을 건국하였다.

수니파(Sunni)

이슬람교의 다수파. 수나파 또는 정통파라고도 부른다. 수나(Sunna)란 마호메트의 언행, 규약, 관습을 말하며 시아파가 마호메트의 사위인 제4대 칼리프인 알리만을 정통 칼리프이자 마호메트의 후계자로 인정하는 데 비해 수니파는 이슬람 공동체 내에서 전승(하디스)을 인정하고 4명의 정통 칼리프를 모두 마호메트의 후계자로 인정하며 사법학파(四法學派)의 한 파에 속하는 사람들을 말한다. 오늘날 시아파가 이란을 중심으로 약 3,000만 4,000만 명이 되는 데 비해, 수니파 교도의 수는 약 4억으로 아랍 이집트를 중심으로 이슬람의 주류를 형성하고 있다.

수데텐 문제(Sudeten Problem)

제2차 세계대전 발발 직전에 독일과 맞닿은 체코 북서부 보헤미아 수데텐 지방의 귀속을 둘러싼 국제분쟁. 수데텐 지역은 독일민족이 다수 거주하는 지역으로 체코인과 대립하였다. 1930년대 독일에서 나치스가 등장하자 수데텐에서도 1935년 헨라인이 나치스주의적인 수데텐 독일당을 창당하고 제1당이 되었으며 1938년에는 수데텐 지방의 자결권을 요구하였다. 체코 정부가 이를 받아들이자 수데텐 독일당은 독일로의 귀속을 주장하였고 독일에 유화정책으로 대하던 영국과 프랑스는 이를 묵인하였다. 1938년 9월 영국, 프랑스, 이탈리아, 독일의 지도자가 뮌헨에 모여 회담(뮌헨회담)을 가지고 수데텐을 독일에 할양하였다.

수도원운동(修道院運動, Monasticism)

그리스도교의 신앙공동체 운동. 수도원은 4세기경 이집트 지역에서 홀로 수도하던 은수사들에서 비롯되었다. 수도원운동은 동방을 거쳐 유럽으로 전파되었다. 이탈리아에서는 누르시아의 베네딕투스가 6세기에 몬테 카시노 수도원을 세우고 청빈, 정결, 순명의 생활로 하느님을 찬미하고 세상에 봉사하는 수도원 운동을 시작하였다. 베네딕투스가 정한 '베네딕투스 계율'은 이후 유럽 수도원 생활의 기초가 되었다. 수도원은 교육사업에 종사하면서 고전 문화를 계승보존하고 황무지 개간과 자선사업에 나서는 등 중세유럽의 정신문화의 구심점이 되었다. 이후 수도원 운동이 세속화되어가고 많은 재산을 소유하게 되자 10세기에 베네딕투스파의 클뤼니 수도원을 중심으로 수도원 개혁운동이 일어났으며 11세기 이후로는 탁발수도회가 개혁운동을 이어받았다. 아시시의 프란체스코가 창설한 프란체스코회와 도미니쿠스가 창설한 도미니크회가 대표적인 탁발수도회이다.

수마트라(Sumatra)

인도네시아 서부 대 순다 열도 서쪽의 큰 섬. 수마트라는 동서 교통의 요충지인 말래카 해협에 위치하였기 때문에 고대로부터 인도 문화의 영향을 많이 받았으며 7세기 후반에는 동남부의 팔렘방을 중심으로 불교 국가인 스리비자야왕국이 번성하였다. 스리비자야는 팔렘방을 중심으로 서북의 말라유(잠비) 및 해협 건너 말레이 반도 일부까지 장악하였다. 말래카 해협의 동서 교통의 요지를 장악하여 각국의 상선이 드나들었으며 중국과도 활발히 교류하여 송나라 때는 삼불제(三佛齊)란 이름으로 불리웠다. 스리비자야는 9세기 중엽 사일렌드라왕조가 지배하며 11세기 초까지 전성기를 누렸으나 그후 쇠퇴하여 14세기 후반에 자바의 마자파히트왕조에 의해 멸망되었다. 그후 포르투갈인들이 말래카를 장악하였으며 네덜란드, 영국 등이 수마트라에 진출하였고 1872년 수마트라 조약으로 네덜란드가 수마트라를 지배하였다. 1945년 인도네시아 공화국이 독립하면서 그 일부가 되었다.

수메르(Sumer)

바빌로니아 남부, 티그리스, 유프라테스 강 하류의 지역, 민족 및 문명의 이름. 오늘날의 이라크 영토이며 오리엔트 세계 최고의 문명이 생긴 지역이다. 메소포타미아의 남동쪽 끝부분에 위치하여 BC 5000년경부터 농경이 이루어졌으며 BC 3000년경에는 오리엔트 세계 최고의 문명이 형성되었다. BC 2500?~BC 2360의 우르 제1왕조시대에 이미 수메르에는 여러 도시 국가들이 서로 싸우고 있었다. 이 시대를 초기왕조시대라 부르며 우르크 왕 루갈작기시가 수메르를 통일하였으나 BC 2300년경에 셈족 계통의 아카드의 사르

▶ 수메르의 군대

곤왕에게 멸망되어 도시 국가시대는 끝났다. 이후 수메르는 180년 간 아카드의 지배를 받다가 다시 독립하여 우르 제3왕조(BC 2065~1955?)가 등장하였다. 이 왕조는 강력한 관료적 통일 국가를 이룩하였으나 5대 만에 동방의 엘람에게 멸망되었다. 수메르 문명은 무늬 없는 토기, 설형 문자, 신전 양식, 원통형 인장, 양모 의류, 12진법, 태음력, 수메르 법전 등을 발명하고 사용하였으며 〈길가메시 서사시〉 같은 문학 작품을 남겼다. 이를 통하여 수메르 문명은 서남 아시아 문명의 기초를 제공하였던 것이다.

수시력(授時曆)

1280년 중국 원나라에서 공표된 달력. 원나라 초기에는 금(金)의 대명력(大明曆)이 쓰였는데, 세조가 중국을 평정한 후 1276년에 곽수경(郭守敬) 왕순(王恂) 허형(許衡) 등에게 새로운 달력의 편찬을 명하여, 1281년 수시력이라는 새로운 역이 만들었다. 이는 역대 중국 달력 중 가장 정밀한 것으로 인정된다. 수시력은 유럽에서 만든 그레고리우스력과 일치하며 아라비아 달력의 영향을 받았다는 설도 있으나 중국의 전통 역학의 성과라고 할 수 있다.

수상록 ● 몽테뉴

수에즈 운하(Suez Canal)

지중해와 홍해, 인도양을 연결하는 운하. 길이 162.5 킬로미터로 프랑스인 레셉스에 의하여 1869년 가을에 완성되었다. 1854년 이집트 태수 마호메트 사이드 파샤가 프랑스인 페르디낭 드 레셉스에게 운하 개착권을 주어 공사에 착수하였다. 영국은 자국의 기득권을 유지하기 위해 이에 반대하였으나 결국 이집트와 프랑스 정부의 출자로 1859년부터 공사에 착공하여 1869년 11월에

개통하였다. 운하가 완성되
자 운하 개통에 반대하던 영
국이 태도를 바꾸어 1875년
에 이집트 정부의 주를 매입
하여 이집트를 사실상 종속
국으로 삼고 1914년부터는
보호국으로 만들었다. 1952
년 이집트에서 나세르의 혁
명이 성공하면서 나세르가

▶ 수에즈 운하

애스원 댐 건설자금을 마련하기 위해 그 해 7월에 운하를 국유화하자 그해
10월 이스라엘, 영국, 프랑스가 이집트를 침공하여 수에즈 운하를 장악하였
다. 그 뒤 국제 연합의 중재로 영국과 프랑스는 철수하였으며 수에즈 운하는
이집트의 소유가 되었다.

수장령(首長令, Acts of Supremacy, 1534)

영국의 국왕을 '영국 국교회(國敎會)의 지상에 있어 유일 최고의 수장'으로
규정한 법률. 영국 국왕 헨리 8세가 왕비 캐서린과의 이혼을 원하였으나 로
마 교황으로부터 승인을 받지 못하자 로마 교회로부터의 이탈을 결의하였고
교황이 헨리 8세를 파문하자 영국 의회는 수장령을 통과시켰다. 이 법으로
영국 국교회는 로마 교회로부터 분리되어 영국 국왕을 교회의 장으로 하여
재편성되었다. 그 후 메리 여왕시대에 일시적으로 카톨릭으로 복귀하였으나
1559년에 엘리자베스 1세가 통일령을 발표하여 유일 최고의 수장을 '유일 최
고의 통치자'라는 칭호로 바꾸어서 영국 국교회의 기초를 다졌다.

수카르노(Sukarno, 1901~1970)

인도네시아의 정치인. 1926년 반둥 공과대학을 졸업하고 건축기사로 일하다
가 1928년 인도네시아 국민당을 조직하고 민족운동에 나섰다. 1929년 네덜
란드 당국에 체포되어 1932년까지 투옥되었으며 출옥 후에도 민족운동을 하
다가 1933년에 다시 체포되어 10년간 유형 생활을 하였다. 1942년 일본군이
인도네시아를 점령하면서 석방되었다. 그 후 일본에 협력하면서 인도네시아
의 독립을 위해 노력하였다. 1949년 헤이그 협정으로 독립을 인정받고 1950
년 인도네시아 공화국의 초대 대통령에 취임하였다. 1955년 제1회 아시아·
아프리카 회의(반둥회의)를 주최하여 비동맹 중립외교의 주역으로 나섰다.
1957년부터는 서구식 의회정치 대신 '교도 민주주의(guided democracy)'를
주창하고 1963년에 종신 대통령이 되었으나 1967년에 대통령직을 수하르토
에게 넘겨주고 물러났다.

수코타이왕조(Sukhothai, 1257~1350)

타이족이 세운 최초의 왕조. 타이족은 중국 남부의 윈난(雲南)에서 남하하였으며 13세기에 크메르왕국이 쇠퇴하자 타이족이 크메르 영내인 타이 중부의 도시 수코타이를 탈취하여 왕조를 세웠다. 수코타이왕조의 제3대 왕인 람캄행(wodnl 1277~1317)은 중국, 인도, 크메르의 문물을 받아들이고 말레이, 캄보디아까지 영역을 확장했으며 중국의 원나라와도 수교하였다. 중국에서는 이 나라를 섬(暹)이라고 불렀다. 이 시대에 원나라의 도공을 데려와 독특한 스완카로크 도자기를 만들어 내고 크메르 문자에 자극을 받아 타이 문자를 제정하였다. 그러나 람캄행이 죽은 후 쇠퇴하여 14세기 후반에 아유티아왕조의 지배하에 들어갔다.

수평파(水平派, Levellers)

영국 청교도 혁명 때 의회파(議會派) 가운데 급진파. 주로 소상인, 장인, 도제, 농민 등을 대변한 당파로 평등파라고도 불렀다. 이들은 1646년경 런던에서 릴번, 오버튼, 월윈 등에 의해 조직되기 시작했으며, 1647년 의회에 제출한 성문 헌법인 인민협정을 발표하고 보통 선거제, 종교의 자유, 소비세와 십일세(十一稅)의 폐지, 독점 금지, 지조(地租) 징수를 위한 입법 등을 주장하였다. 수평파는 이러한 주장을 내세우며 크롬웰 등 독립파의 군인들과 대립하다가 무력으로 탄압을 당하였다. 그러나 제2차 내란이 발발하면서 일시적으로 독립파와 제휴하여 국왕을 처형하고 공화국을 수립하는 등 영국의 민주화에 큰 공헌을 하였다. 그러나 1649년 봄에 이르러 아일랜드 파병에 반대하며 반란을 일으켰으나 크롬웰에게 무자비하게 탄압 당하며 지도부가 살해되면서 쇠퇴하였다.

수하르토(Suharto, 1921~)

인도네시아의 군인, 정치가. 인도네시아 육군 대학을 졸업하고 태평양전쟁 중인 1943년에 일본군의 전투 보조 부대 장교로 참전하였다. 이후 인도네시아 독립전쟁 때 수카르노와 함께 싸웠고 전후 장성으로 승진하였다. 1965년 쿠데타 때 반란군을 진압하고 육군 사령관이 되었으며 1966년에는 수카르노 대통령으로부터 대권을 이양 받고 1968년 대통령이 취임하였다. 수하르토 정권은 전임자 수카르노가 비동맹 외교를 주도한 데 비해 미국을 비롯한 서방 국가와 협력체제를 구축하였으며 이를 '신체제'라 부른다. 수하르토는 대통령으로 1998년까지 32년간 장기집권 하다가 1998년 5월에 인도네시아에 일어난 소요와 폭동 사태로 인해 대통령직을 하비비 부통령에게 이양하고 은퇴하였다.

수호지(水滸誌)

중국 명나라 때의 장편 구어(口語) 소설. 원나라 말, 명나라 초기(元末明初)의
시내암(施耐庵)이 쓰고, 나관중(羅貫中)이 손질한 것으로 중국 4대 기서(奇書)
중의 하나이다. 시대 배경은 북송(北宋) 휘종(徽宗) 때로 송강(宋江)을 중심으
로 한 노지심(魯智深) 이규(李逵) 무송(武松), 임충(林只) 양지(楊志) 등 108명
의 호걸들이 산동성(山東省) 양산(梁山) 호숫가의 양산박(梁山泊)이란 산채를
근거지로 조정과 관료의 부정부패를 응징하여 백성의 칭송을 받는다는 이야
기다. 송강 등 36명이 작당하여 반란을 일으킨 것은 《송사(宋史)》와 《선화유
사(宣和遺事)》에 나오는 실제 이야기이며 이 것이 민간의 영웅담에서 야담이
나 연극으로 발전하여 명나라 중기에는 소설로 정착된 것으로 보인다.

순자(荀子, BC 298?~BC 238?)

중국 전국시대 제자백가의 한 사람. 또는 그의 저서를 말한다. 성은 순(荀)이
고 이름은 황(況)이며 조(趙)나라 출신이다. 순경(荀卿) 또는 손경자(孫卿子)라
고도 불린다. 제(齊)나라 직하(稷下) 학파의 마지막 인물이 되었다. 후에 제나
라를 떠나 초(楚)나라 재상 춘신군(春申君) 밑에서 난릉(蘭陵) 수령을 지냈으
며 BC 238년에 은퇴하여 난릉에서 교육과 저술에 전념하다가 여생을 마쳤
다. 순자의 사상은 공자(孔子) 자하(子夏)를 스승으로 하고 유가(儒家)의 실천
도덕을 바탕으로 하여 보다 합리적인 실천론을 제시하였다. 맹자(孟子)가 성
선설(性善說)을 주장한 데 비해 순자는 중용(中庸)을 바탕으로 성악설(性惡
說)을 제시하였다. 성악설은 중용을 선으로 보고 인간의 본성이 약하기 때문
에 방임해 두면 중용에서 벗어나는 경우가 많으므로 예(禮)를 중시하는 예치
주의(禮治主義)로써 다스려야 한다는 뜻이다. 이와 같이 형식적인 예를 중시
하는 순자의 사상에서 법가(法家) 사상이 생겨났다고 한다. 법가의 대표적 사
상가인 한비(韓非)와 이사(李斯)가 순자의 제자라는 설도 있다.

술라(Sulla (Felix), Lucius Cornelius, BC 138?~BC 78)

로마 공화정 말기의 군인정치가. BC 107년에 마
리우스의 부장으로 유구르타전쟁에 종군하여
명성을 떨쳤다. 이후 BC 104~BC101년에 걸
쳐 게르만족 토벌전쟁에서 마리우스의 부장
으로 참전하였다. BC 90~89년의 이탈리아
동맹 도시전쟁에도 참전하여 삼니움족을 쳐
서 공을 세웠으며 BC 88년에 집정관(콘술)에
선출되었다. 그러나 술라의 명성이 높아지면서
이를 경계하는 마리우스와 경쟁관계가 되었

술라

다. 소아시아 폰투스국의 미트리다테스왕이 로마에 대항하자 술라가 직접 원정군을 이끌고 출정하였다. 술라가 로마를 비운 사이 마리우스파가 로마를 장악하자 군대를 돌려 로마로 귀환하여 마리우스파를 축출하고 독재관(딕타토르)이 되어 반대파를 살해하고 그 재산을 몰수하는 등 공포정치를 펴 정국을 장악한 후 민회와 호민관의 권한을 제한하고 귀족 계층이 주를 이루는 원로원 중심의 반동 정치를 폈다. BC 79년에 독재관을 사임하고 캄파니아로 은퇴하여 이듬해 사망하였다.

술레이만 1세(Suleiman I, 1496?~1566)

오스만투르크제국의 제10대 술탄(재위 1520 1566). 셀림 1세의 아들로 즉위와 동시에 동유럽을 공격하여 베오그라드, 부다페스트를 점령하였다. 이후 비인을 포위했다가 실패하고 프랑스 국왕과 베오그라드 조약으로 동맹을 맺고 독일 황제와 싸웠다. 에게해의 로도스섬을 점령하고 아프리카의 알제리를 점령하여 지중해의 제해권을 장악하였으며, 이란과 싸워서 바그다드를 점령하고 아라비아 반도를 장악하여 아시아, 유럽, 북아프리카에 걸친 대제국을 건설하고 20여 민족을 지배하였다. 내정 면에서 제국의 행정제도와 교육 및 법제도를 정비하고 문예를 진흥하고 많은 건축물을 지어 터키 문화의 전성기를 구가하였다.

술탄칼리프제(Sultan Caliph)

술탄이란 아라비아어로 왕, 또는 지배자를 뜻하며 이슬람교의 정치와 종교의 최고 권위자인 칼리프가 제국의 일부 지역을 통치하는 정치적 지배자에게 수여하는 칭호이다. 875년 아바스왕조의 칼리프 무타미드(재위 870~892)의 동생이 처음으로 술탄 칭호를 받았다. 아바스왕조의 멸망 후 칼리프는 무력화되어 군인 술탄의 뜻에 따를 수밖에 없게 되었다. 이후 13세기에 투르크 계통의 가즈니왕조를 거쳐 셀주크 투르크왕조의 투그릴 베그가 술탄이 되어 모든 이슬람 지역을 장악하고 칼리프를 무력화시켰으며 소아시아의 루므셀주크왕조, 이집트의 맘루크왕조, 오스만투르크제국이 술탄이란 칭호를 사용하였다. 오스만투르크제국의 제9대 술탄인 셀림 1세가 1517년 이집트의 부르지 맘루크왕조를 멸망시키고 그 왕조의 비호를 받던 아바스왕조 최후의 칼리프로부터 그 지위를 이양 받았다. 이어서 술레이만 1세가 1538년에 정식으로 칼리프에 지명되어 정치, 종교의 최고 지배자가 되었다. 제1차 세계대전 후 폐지되었다.

쉬르레알리즘(초현실주의, surrealism)

프로이트의 정신분석에 영향을 받아 억압된 무의식을 예술로 표현하려한 20

세기의 문학, 예술사조. 1924년 앙드레 브르통이 '쉬르레알리즘 선언'을 발표하면서 본격적인 활동을 시작하였다. 쉬르레알리즘은 이성의 지배를 받지 않는 꿈과 공상의 세계를 중시하였다. 또한 20세기 예술사에서 제1차 세계대전 직후에 출현한 다다이즘의 뒤를 이었다. 다다이즘이 기성의 전통과 질서에 대한 파괴를 예술운동의 방향으로 삼았다면 쉬르레알리즘은 프로이트 정신분석의 영향으로 사회의 제약을 받지 않는 새로운 개인의 세계를 추구하였다. 미술 분야에서는 탕기, 뒤샹, 자코메티, 달리 등을 들 수 있으며 문학 분야에서는 브르통, 아라공, 엘뤼아르, 수포, 페레, 데스노스, 크르베르 등이 《쉬르레알리즘 혁명》이란 잡지(1924~1929)를 통해 활동하였다.

슈만(Schumann, Robert, 1810~1856)

독일의 음악가. 작센 지방의 츠비카우에서 태어났다. 1828년 라이프치히 대학에 진학하여 법학을 공부하다가 피아노 교사 비크를 만나 피아노를 배우면서 음악으로 방향을 바꾸었다. 주로 피아노곡을 작곡하여 〈나비〉(1832), 〈파가니니의 카프리치오에 의한 연습곡〉(1835), 〈사육제〉(1834), 〈교향연습곡〉(1834), 〈어린이 정경〉(1838) 등의 작품을 작곡하고 음악평론 분야에서는 잡지 〈음악신보〉를 발간하여 낭만주의를 주장하였다. 1840년 스승 비크의 딸 클라라와 결혼하였고 이 해부터 피아노곡 대신 가곡(리트)를 작곡하기 시작하였다. 하이네의 시를 붙인 〈가곡집〉, 〈미르테의 꽃〉 아이헨도르프의 시를 붙인 〈가곡집〉, 〈여자의 사랑과 생애〉, 〈시인의 사랑〉 등이 이 시기의 가곡 작품집들이다. 이어 1841년부터는 교향곡을 작곡하고 1842년에는 실내악에 몰두하여 현악 4중주곡, 피아노 4중주곡, 피아노 5중주곡 등을 발표하였다. 그러나 1833년부터 정신장애를 보이기 시작하여 창작에 몰두하는 한편 우울증으로 고통 받았으며 1854년 망상에 빠져 라인강에 투신했다가 구조되어 이후 정신병원에서 투병하다가 1856년 사망하였다.

슈말칼덴동맹(Schmalkaldischer Bund, 1531~1547)

독일의 프로테스탄트 제후와 제국도시가 황제 칼 5세에 대항하여 독일 중부의 슈말칼덴에서 결성한 방위동맹. 1531년 2월 헤센 백작 필립, 작센 선제후 요한을 비롯한 프로테스탄트 제후와 마데부르크, 브레멘 등의 도시 사이에 6년 기한으로 체결되었다. 황제측은 프랑스와의 전쟁과 투르크의 침입 때문에 일시 탄압을 늦추었으며 슈말칼덴 동맹은 1535년 동맹을 10년간 연장하고 1536년 안할트, 포메른, 뷔템부르크, 아우크스부르크, 하노버, 함부르크 등의 도시가 가맹하여 독일의 프로테스탄트 세력이 거의 모두 결집하였다. 이에 황제는 1544년 프랑스와의 강화를 체결한 후 슈말칼덴 동맹에 공세를 취하여 1546~1547년에 슈말칼덴전쟁이 벌어졌다. 이 전쟁으로 프로테스탄트측은 내분이 일어나 1547년 뮐베르크 전투에서 패배한 후 동맹은 와해되었다.

슈바이처(Schweitzer, Albert, 1875~1965)

독일의 프로테스탄트 신학자, 음악가, 의사. 알자스 출신으로 스트라스부르 대학에서 철학과 신학을 공부하였다. 졸업 후에는 목사, 대학 강사, 파이프 오르간 연주자로 활약하다가 아프리카 의료 선교를 결심하고 1913년 프랑스령 적도 아프리카(오늘날의 가봉공화국)로 가서 오고웨 강변 랑바레네에 병원을 열었다. 제1차 세계대전이 일어나자 프랑스 당국에 억류되어 본국으로 송환되었으나 아프리카 생활의 회상기 《물과 원시림 사이에서》(1921)를 출판하여 세계적 명성을 얻었다. 전후 랑바레네로 돌아가서 병원을 다시 열었으며1952년 노벨 평화상을 수상하였다. 신학자로서 종말론과 사도 바울을 연구하여 학문적 업적을 이루었으며 철학자로서는 칸트를 연구하고 1920년에 《문화철학》을 출판하여 '생명에의 외경(畏敬)'을 인간 윤리의 표현으로 규정하였다. 슈바이처는 뛰어난 오르간 연주자이자 오르간 개량에도 업적을 남겼으며 바흐 연구에도 성과를 남겼다.

▶ 슈바이처

슈베르트(Schubert, Franz Peter, 1797~1828)

오스트리아의 작곡가. 독일 낭만파 음악을 대표하는 작곡가로 '가곡의 왕'으로 불린다. 오스트리아 리히텐탈 출신으로 11세 때 궁정예배당의 소년 합창단원이 되어 음악교육을 받았다. 여기서 작곡을 공부하고 16세 때 교원양성학교를 다닌 후 교사가 되었다. 이후 교사, 가정교사로 일하면서 활발한 작곡 활동을 하였으나 인정받지 못하고 1828년 31세의 젊은 나이로 사망하였다. 슈베르트는 짧은 생애에 비해 여러 장르에 걸쳐 많은 음악을 작곡하였다. 그 중에서도 600곡 이상의 독일가곡을 작곡하였으며 시적인 표현과 피아노 반주의 효과적 구사로 독일가곡의 예술성을 높이는 데 크게 기여하였다. 대표작으로 〈아름다운 물방앗간의 처녀〉(1823), 〈겨울 나그네〉(1827) 등의 가곡집에 실린 〈실을 잣는 그레트헨〉(1814), 〈들장미〉(1815), 〈마왕〉(1815) 등의 가곡이 있으며 교향곡 〈미완성 교향곡〉(1823), 〈교향곡 제9번〉(1828)과 현악

4중주곡 〈죽음과 소녀〉(1824) 피아노
5중주곡 〈숭어〉(1819) 등이 있다.

슈만 플랜(Schuman Plan, 1950)

'유럽 석탄 철강 공동체(ECSC)'의 별
칭으로 1950년 프랑스의 외무장관 슈
만이 구상한 독일과 프랑스의 석탄,
철강 공동관리 계획이다. 슈만 플랜
이 발표되자 이탈리아와 베네룩스 3
국이 추가로 참가하여 1952년 8월에
발족하였다. 조약의 유효 기간은 50
년이며 1953년부터 유럽세를 부과하
여 공동 시장을 개설하였다. 가맹국

▶ 슈베르트

간에는 석탄, 철강의 공동시장을 형성하여 생산, 분배, 가격, 노동 조건을 공
동 관리하여 능률적인 유럽사회 건설을 목표로 하였다. 이로써 유럽 통합 운
동의 경제적 지주가 되었으며 이후 유럽 경제 공동체(EEC)의 모체가 되었다.

슈타인-하르덴베르크 개혁(Stein-Hardenbergische Reformen)

1807년부터 실시된 프로이센의 근대화를 위한 개혁. 프로이센은 1806년 나
폴레옹 1세의 프랑스군에 참패를 당하고 1807년 틸지트 조약을 체결하여 국
가의 위신이 쇠퇴하였다. 이에 봉건 농노제 국가이던 프로이센을 근대국가로
변화시키기 위해 정부 주도의 개혁이 추진되었다. 당시 국가 지도자이던 슈
타인은 1807년 10월 칙령으로 세습 예농제를 폐지하여 농민을 해방시켰으며
도시조례에 의해 직업의 자유를 부여하고 도시 자치권을 인정해주었다. 또한
거액의 배상금을 지불하기 위해 재정을 혁신하고 중앙행정기구를 개혁하였
다. 10년 후 하르덴베르크가 개혁을 계승하여 길드의 독점 폐지, 상업자유의
확립 등 부르주아 중심의 경제자유주의를 추구하였으나 봉건지주(융커)세력
의 권한을 상당부분 인정하였기 때문에 개혁이 미진하였다. 이밖에 샤른호스
트와 그나이제나우가 군사제도를 개혁하여 일반 병역 의무제도를 채택하였으
며, 훔볼트가 교육개혁을 실시하여 민족주의 고취와 국력증진을 중심으로 한
교육제도 개선에 주력하였다. 이 개혁으로 독일의 근대화 및 다른 유럽 열강
들과 경쟁할 수 있는 기반을 다지게 되었다.

슈펭글러(Spengler, Oswald, 1880~1936)

독일의 역사철학자. 하르츠 지방 블랑켄부르크에서 태어났다. 할레, 뮌헨, 베
를린 대학에서 자연과학, 역사, 미술 등을 공부하였으며 1908년부터 함부르

크의 김나지움 교사로 일하다가 1911년부터 뮌헨에서 저술에 전념하였다. 제 1차 세계대전이 끝난 후 대표작 《서구의 몰락》(제1권 1918, 제2권 1922)을 출판하여 유럽 문화의 몰락을 예측하였다. 슈펭글러는 문화를 하나의 유기체로 보고 문화도 생성, 발전, 몰락한다고 주장하였다. 이러한 주장은 당시 1차 대전과 러시아 혁명으로 사상적으로 혼란을 겪던 유럽 지성계에 큰 반향을 일으켰다. 그러나 슈펭글러는 자신의 문명사관은 단순한 비관주의가 아니라 쇠퇴와 몰락이라는 조건을 받아들이며 살아가는 '영웅적 비관주의'에 그 본질이 있다고 주장하였다. 슈펭글러의 다른 저서로는 《인간과 기술》(1931), 《정치론집》(1932) 등이 있다.

슐레스비히-홀슈타인 문제(Schleswig-Holstein question)

슐레스비히와 홀슈타인 두 공국(公國)의 귀속 문제를 놓고 독일과 덴마크 사이에 일어난 분쟁. 두 공국은 독일과 국경을 접하고 있으며 1460년 이후 덴마크의 지배를 받았으나 주민의 대부분은 독일인이었다. 프로이센은 두 공국의 항구를 얻기 위해 1848년 군대를 파견하였다. 그러나 발트해 연안으로 독일이 진출하는 것을 경계한 영국, 러시아, 프랑스의 간섭으로 프로이센은 철수하였다. 이후 크림전쟁으로 러시아가 위축되고 프랑스 외교가 변한 것을 계기로 1864년 프로이센 수상 비스마르크는 오스트리아와 공동으로 덴마크에 선전포고를 하였다. 프로이센과 오스트리아 연합군은 덴마크군을 격파하고 슐레스비히는 프로이센이, 홀슈타인은 오스트리아가 통치하게 되었다. 이후 1866년 프로이센-오스트리아 전쟁으로 두 공국은 모두 프로이센 영토가 되었다.

슐레지엔(Schlesien)

중부 유럽의 오데르강 상류 및 중류지역이다. 중세 이래로 보헤미아(체코)와 폴란드가 번갈아 이 지역을 차지하였으며 14세기부터 1742년까지 보헤미아의 일부였다. 그러나 1740년 오스트리아 왕위 계승문제를 놓고 프로이센의 프리드리히 2세가 오스트리아에 대해 슐레지엔을 요구하면서 군대를 출동시켰다(오스트리아 계승전쟁). 프로이센군은 오스트리아의 마리아 테레지아 군을 격파하고 1742년 슐레지엔을 차지하였다. 이후 오스트리아는 슐레지엔을 되찾기 위해 다시 군대를 파견하였으나 역시 패배하여 슐레지엔은 확고하게 프로이센 영토가 되었다.

슐리펜 계획(Schlieffen Plan)

독일의 육군참모총장 슐리펜(1833~1913)이 러시아 및 프랑스와의 양면전쟁에서 승리하기 위해 1891~1906년간에 세운 작전계획. 이 작전의 우선순위는 러시아가 전쟁 개시 후 병력동원에 6~8주가 걸릴 것으로 보고 그동안 독일 육군은 전 병력을 서부전선에 투입하는 것이었다. 벨기에를 우회하여 프랑스 북서부를 침공한 다음 파리를 우회하여 프랑스군을 프랑스 동부에서 신속하게 격파한 후 다시 병력을 동부전선으로 돌려 러시아와 대적하게 되어 있다. 막상 제1차 세계대전이 일어났을 때는 러시아가 예상외로 신속하게 병력을 동원한 데다, 독일군의 프랑스 북서부 침공 병력규모가 작전계획보다 적었고 진격속도도 예정보다 느린 바람에 목적을 달성하지 못하였다.

스리비자야왕국 ○ 수마트라

스미스(Smith, Adam, 1723~1790)

영국의 철학자, 경제학자. 고전 경제학파의 창시자이다. 스코틀랜드 커콜디 출신으로 글래스고 대학과 옥스퍼드 대학에서 공부하였으며 1751년부터 글래스고 대학에서 논리학과 도덕철학을 강의하면서 1759년 《도덕감정론》을 출판하여 전유럽에 알려졌다. 1764~66에 프랑스를 여행하면서 볼테르, 케네, 튀르고, 네케르 등과 만나 프랑스 계몽사상을 접하였으며 케네로부터 경제학적으로 큰 영향을 받았다. 귀국 후 《국부론》 집필에 몰두하여 1776년 출판하였다. 스미스의 경제학은 도덕철학 체계의 일부로서 법학 및 윤리학과 연관되어 이해해야 하는 것이었다. 경제행위의 동기는 인간의 이기심이며 이에 대한 제약은 '보이지 않는 손'이라는 시장의 수요공급법칙에 따라 이루어져 궁극적으로는 개인의 이기심이 공공의 복지에 기여한다고 주장하였다. 이러한 주장은 당시 영국의 중상주의 통제경제가 자유방임주의로 전화되어 가던 시대적 분위기를 반영한 것으로 부를 화폐로 규정한 중상주의를 반박하고 부는 토지와 노동의 생산물이라고 규정하였다.

스와라지-스와데시 운동(Swaraji-Swadeshi Campagin)

1906년 인도에서 일어난 반영(反英) 자치운동. 스와라지는 자치를 뜻하는 힌디어로서 영국의 지배를 벗어나 자치령으로서 정치조직을 획득하기 위한 운동이다. 스와데시는 모국(母國)을 뜻하며 국산품 애용운동이다. 1905년 인도 총독 커즌이 벵골분할법을 선포하자 이에 반발하여 인도 민족주의 운동이 일어났으며 그와 동시에 경제적으로는 영국제품의 배척운동이 일어났다. 1906년 인도 국민회의는 캘커타 대회에서 스와라지, 영국제품 불매운동, 민족교육, 스와데시 등 4대 목표를 결의하였다. 이 중에서 스와데시 운동은 인도 민족산업의 발전에 기여하였으며 1920년대 간디에 의해 더욱 적극적으로 전개되었다.

스위프트(Swift, Jonathan, 1667~1745)

▶ 스위프트

영국의 풍자 소설가. 아일랜드의 더블린에서 태어나 더블린 트리니티 칼리지를 졸업하였다. 졸업 후 정치가이자 외가 친척인 템플 경의 비서가 되었다가 1694년 아일랜드의 성 패트릭 성당의 부감독이 되었다. 이후 정치에 관심을 가지고 논쟁적인 팜플렛을 집필, 출판하였으며 1714년 앤 여왕이 사망하고 정적이던 휘그당이 득세하자 아일랜드로 낙향하였다. 1721년 영국의 정치, 종교, 사회를 풍자한 《걸리버 여행기》를 발표하여 큰 반향을 일으켰다. 이 밖에 구교와 신교의 대립을 그린 《통 이야기》(1696) 고대와 근대의 싸움을 그린 《책의 전쟁》(1697) 등의 신랄한 풍자소설을 남겼다. 만년에는 정신분열증으로 고통 받다가 죽었다.

스코투스(Duns Scotus, Johannes, 1266~1308)

영국의 스콜라 철학자. 스코틀랜드에서 태어나 프란체스코회 학교에서 교육을 받고 1291년에 프란체스코 교단의 사제가 되었다. 이후 1293~1296년에 걸쳐 파리와 옥스퍼드 대학에서 아리스토텔레스 철학과 신학을 공부하고 파리, 쾰른, 옥스퍼드 대학에서 강의하였다. 스콜라 철학자로서 프란체스코 교단의 전통적인 아우구스티누스주의를 대표하여 토머스 아퀴나스의 주장을 따르는 토머스 학파와 논쟁을 벌였다. 그는 이성에 대한 의지의 우위를 주장하였으며 신의 섭리는 이성으로 논증할 수 없는 것이라 하여 철학과 신학을 분리시켰다. 주도면밀한 논리를 구사하여 '정묘(精妙)한 박사'로 불렸으며 스코투스 학파의 창시자이다.

스콜라 철학(Scholasticism)

중세 유럽에서 그리스도교를 체계화하려 했던 철학. 스콜라란 교회나 수도원의 부설학원을 말하며 이후에는 이곳과 유럽 각지의 대학에서 연구하는 학문을 스콜라학이라 부르게 되었다. 스콜라 철학의 역사적 발전은 3단계로 나뉘어 진다. 첫째 시기는 샤를 대제시대부터 12세기까지 스콜라 철학의 초기로서 이 시기에는 교회의 교권이 이성보다 우월함을 강조하고 아우구스티누스의 호교사상을 플라톤주의 관념으로 설명하려 하였다. 스코투스 에리우게나, 안셀무스 등이 이 시기의 대표적 스콜라 철학자들이다. 두 번째 시기는 13세기 스콜라 철학의 전성기로 아랍 문명권에서 역수입된 아리스토텔레스 철학의 영향으로 신앙과 이성의 조화 문제와 함께, 보편이 실재하는지(실재론), 아니면 개체만이 실재하고 보편은 단순한 이름에 지나지 않는지(명목론)에 대한 논쟁이 일어났다. 이 시기에 토마스 아퀴나스는 아리스토텔레스의 철학을 기존의 스콜라 철학에 융화시켰으며 이에 비해 보나벤투라는 전통적인 아우구스티누스적 신비주의 경향을 고수하였다. 이 시기는 철학이 신학과 대등하거나 독립적인 지위를 추구하기 시작한 시기이다. 세 번째 시기는 14세기의 스콜라 철학의 말기로서 명목론이 유행하면서 신앙과 이성의 조화가 상실되어 신학과 철학이 분리된 시기이다. 이 시기의 대표적 스콜라 철학자로서 유명론자인 오컴, 신학과 철학을 분리시킨 둔스 스코투스, 신비주의자 에크하르트가 있다.

스키타이(Scythian)

BC 6세기부터 남부 러시아의 초원지대에서 활약한 최초의 기마유목 민족들을 한데 부르는 이름. 이들은 유목과 농경을 병행한 반유목민이었으며 BC 7세기에 소아시아, 시리아 방면을 침범하였으며 트라키아, 카프카즈를 정복하였다. BC 6세기에는 근거지를 아조프해 북부로 옮기고 카르파티아 산맥을 넘어 도나우강 중류까지 진출하였다. 스키타이인들은 흑해 연안의 그리스 식민 도시를 통하여 통상을 하였다. 주로 모피, 곡물, 말, 노예를 수출하고 직물, 술, 올리브 기름, 가구, 금은 장식품을 수입하였다. 이를 통하여 이란계통의 스키타이 문화는 그리스 고전문화와 혼합되었으며 동방의 여러 문화에 영향을 끼쳤는데 그 영향이 동북아시아까지 이른 것으로 보인다.

스키피오(Scipio (Africanus Major), Publius Cornelius, BC 236~BC 184)

고대 로마의 장군, 정치가. '대(大) 스피키오'로 불린다. 제2차 포에니전쟁에 참전하여 BC 216년에 군단 사령관으로 칸나에 전투에 참전하였다. BC 210년에 민간인 신분으로 집정관 대행의 권한을 받아 에스파냐에서 카르타고군을 격파하였다. 이때 새로운 전술을 도입하고 무기를 개량하는 한편 시민군 위주인 기존의 로마군을 반직업적인 군대로 개편하여 로마군의 전력을 증강시켰다. BC 205년에는 집정관으로 아프리카 공격을 결정하고 시칠리아 섬으로 건너갔으며 BC 204년에 아프리카를 침공하였다. BC 202년 자마 전투에서 한니발이 이끈 카르타고군을 무찔러 제2차 포에니전쟁을 끝내고 '아프리카누스'란 칭호를 얻었다.

스탈린(Stalin, Iosif Vissarionovich, 1879~1953)

소련의 제2대 지도자. 레닌의 후계자로 소련공산당 서기장, 수상, 대원수를

▶ 스탈린

지냈다. 그루지야 티플리스의 고리에서 태어나 그리스도 정교회 신학교에 들어 갔다가 쫓겨났다. 1898년 사회민주노동당에 들어가 티플리스와 바쿠에서 노동 운동에 종사하였다. 이후 체포, 유형, 도피생활을 하면서 1905년부터 레닌과 알게 되었고 1912년에 당 중앙위원이 되어 혁명신문 《프라우다》의 발간을 주도하였다. 1913년 체포되어 시베리아에 유형되었다가 1917년 2월 혁명이 일어나자 페테르부르크로 돌아왔다. 정치국원으로 군사혁명위원회를 이끌면서 10월 혁명에 참여하였고 혁명 후에는 민족인민위원으로 소비에트 연방 결성에 노력하였다. 1922년에 공산당 서기장이 되었고 1924년 레닌이 사망한 후에는 권력을 계승하여 일국(一國) 사회주의 이론을 제시하고 5개년 계획으로 공업화와 농업 집단화를 추진하였으며 스탈린 헌법을 제정하였다. 정치적으로 반대파인 트로츠키, 지노비예프 등 많은 볼셰비키들을 숙청하여 독재권력을 확립한 다음 1941년 수상(인민위원회 의장)이 되었다. 제2차 세계대전 중에는 국가방위위원회 의장 및 최고 사령관이 되어 영국, 미국 등 연합국과 공동으로 독일에 맞섰다. 1945년에 대원수가 되었으며 2차대전이 끝난 후 동유럽을 위성국가로 만들어 미국에 대항하여 냉전을 주도하였다. 1953년 뇌일혈로 급사하였다.

스탕달(Stendhal, 1783~1842)

프랑스의 소설가. 그르노블에서 태어나 1799년 파리로 나와 희곡을 공부하다가 육군부에 들어가 나폴레옹 원정군을 따라 알프스를 넘어 이탈리아 원정에 종군하였다. 1806년에는 군에 복직하여 나폴레옹의 모스크바 원정에 종군하였으며 나폴레옹이 몰락한 후에는 이탈리아로 가서 밀라노에 정착하였다. 이탈리아 각지를 여행하면서 오페라와 미술감상에 몰두하여 《하이든, 모차르트, 메스타시오의 생애》(1814), 《이탈리아 회화의 역사》(1817), 《로마, 나폴리, 피렌체》(1817), 《나폴레옹의 생애》(1876 출판) 등을 저술하였다. 1821년 귀국하여 파리에서 문필생활을 시작하여 《연애론》(1822), 《라신과 셰익스피어》(1823~1825) 등을 발표하여 낭만주의 운동의 대표자가 되었다. 1830년부터 소설 창작에 몰두하여 프랑스 혁명 이후 자신이 체험한 역사의 변천을 진보주의 시각으로 서술한 《적과 흑》(1830), 《파르므의 수도원》(1839) 등을 발표하였다. 이 소설들은 탁월한 연애심리소설일 뿐 아니라 발자크의 작품과 함께 19세기 사실주의의 기초가 되었다.

스토아학파(Stoicism)

헬레니즘, 로마시대의 철학 학파. BC 315년경 키프로스섬 출신의 제논이 아테네의 스토아 포이킬레(柱廊)에서 가르쳤다 하여 그 학파를 스토아 학파라고 부르게 되었다. 스토아 철학자들은 그리스 도시국가에 국한되지 않고 헬레니즘시대 지중해 여러 곳에서 등장하였으며 전통적인 그리스 철학을 절충하여 수용하면서도 이와 대립하는 새로운 면이 있었다. 스토아 철학은 이후 BC 2세기경에 로마에 전해졌다. 로마에서는 변형되어 통속적인 도덕철학으로 유행하여 세네카, 에픽테토스, 마르쿠스 아우렐리우스 등의 스토아 철학자가 나타났다. 스토아 철학은 윤리학, 자연학, 논리학으로 구성되어 있으며 이 세 학문은 서로 연관되어 철학을 이룬다. 그 논지는 인간은 자신의 이성으로 자연의 이성과 법칙을 통찰하며 내면의 독립성을 유지하는 가운데 덕이 생겨 행복을 얻는다는 것이다. 스토아 학파는 인간이 모두 이성을 가진 존재로 선천적으로 평등하다고 보았기 때문에 세계시민주의를 표방하였다.

스튜어트왕가(House of Stuart, 1603~1714)

중세 말에서 근대에 걸쳐 스코틀랜드와 영국을 통치한 왕가. 스튜어트 가문은 1371년부터 스코틀랜드 왕가가 되었다. 1603년 영국 튜더 왕가의 엘리자베스 여왕이 후손 없이 죽자 스튜어트 왕가의 제임스가 영국왕 제임스 1세로 즉위하게 되었다. 이로써 스코틀랜드와 잉글랜드가 결합하여 대브리튼왕국의 기초가 확립되었다. 그러나 제임스 1세와 그 아들 찰스 1세는 왕권신수설을 신봉하여 의회를 무시하였기 때문에 1640년 청교도 혁명이 일어나게 되었다. 이후 1649~1660년 동안은 크롬웰이 호국경에 취임하여 스튜어트 왕가의 통치가 일시 중단되었다. 크롬웰이 죽은 후 왕정복고로 찰스 2세가 즉위하였으나 그와 동생 제임스 2세가 전제정치를 시도하자 그 결과 1688년 명예혁명이 일어나 제임스의 2세의 장녀 메리와 그 남편인 네덜란드 총독 윌리엄이 메리 2세와 윌리엄 3세로서 영국을 공동통치하게 되었다. 1702년 앤 여왕이 즉위하였으며 1714년 후사 없이 사망하자 왕위계승권은 제임스 1세의 손녀인 하노버 선제후비 소피아에게 돌아갔으며 그 아들이 조지 1세로 즉위하여 하노버 왕가가 영국을 통치하게 되었다.

스트라빈스키(Stravinsky, Igor Foedorovich, 1882~1971)

러시아 출신의 미국 작곡가. 림스키코르사코프에게 작곡을 배웠으며 1908년 관현악곡 〈불꽃〉으로 러시아 발레단의 디아길레프에게 인정을 받고 러시아의 전통적 민족 음악을 힘차고 소박하게 표현한 발레 음악 〈불새〉(1910), 〈페트루슈카〉(1911), 〈봄의 제전〉(1913) 등을 작곡하여 파리에서 발표하였다. 스트라빈스키의 음악은 형식주의와 합리주의에 반발하여 큰 반향을 일으켰으며 현대 음악의 기반을 제공하였다. 러시아에서 혁명이 일어나자 조국을 떠나 망명하여 프랑스 국적을 얻었다. 이후 제2차 세계대전이 일어나자 미국으로 망명하여 미국 국적을 얻었다. 미국에서 〈3악장 교향곡〉(1945), 〈미사〉(1948) 등을 작곡하고 재즈음악도 작곡하였다. 만년에는 종교음악과 12음계 음악도 작곡하였다.

스티븐슨(Stephenson, George, 1781~1848)

증기기관차를 발명한 영국의 발명가. 탄광 기관부의 아들로 태어나 14세부터 아버지를 도와 광산에서 일하면서 탄광에 대한 지식을 쌓았다. 1822년 스톡턴, 달링턴 철도의 기사에 취임하여 1823년 뉴케슬에 세계 최초로 기관차 공장을 설립하였으며, 1824년에는 스톡턴~달링턴 구간에 세계 최초로 여객용 철도를 부설하였다. 1825년 자신의 공장에서 제작한 로커모션 1호의 시운전에 성공하여 철도수송시대를 열었다. 1824년부터 리버풀~맨체스터 구간에 철도를 부설하고 1829년 공개경주에서 스티븐슨의 로켓호가 우승하여 1830년부터 정식 개통하였다. 이후 영국 각지와 벨기에, 에스파냐의 철도 부설에 고문으로 활약하였다. 증기 기관차의 발명으로 기술 혁명이 절정에 달하였으며 영국 및 세계 경제에 큰 영향을 미쳤다.

▶ 스티븐슨의 증기기관차

스파르타(Sparta)

고대 그리스의 도시국가(폴리스). 라케다이몬이라고도 불린다. 아테네와 함께 2대 도시국가를 이루었다. BC 11세기경 펠로폰네소스 반도에 침입한 도리스인이 원주민을 정복하고 폴리스를 세웠다. 폴리스의 영역을 확대하는 과정에서 사회의 계층화가 이루어져 정복자인 자유민 스파르타인과 피정복민인 헬로트, 반자유민인 페리오이코이 계층이 나타났다. BC 8, 7세기에 메세니아를 병합하였고 BC 6세기부터는 펠로폰네소스 동맹을 결성하여 그리스의 주도권을 장악하였다. 정복전쟁을 통하여 토지가 소수에게 집중되어 사회적 위기가 발생하자 전설적 인물인 리쿠르고스가 토지의 재분배 및 부국강병을 위한 여러 가지 개혁을 실시하여 '리쿠르고스 제도'라는 국가제도를 만들었다고 한다. 스파르타의 정치제도는 군주제, 귀족제, 민주제를 절충한 것으로 두 사람의 왕 밑에 원로회와 민회가 있고 민회에서 선출한 5명의 장관이 국정을 담당하였다. 남자는 집단생활을 하면서 중장보병으로서 군사훈련에 전념하였으며 농업은 헬로트들이 전담하였다. BC 5세기 초 페르시아전쟁 때는 아테네에 주도권을 빼앗겼으나 BC 5세기 후반 아테네와의 펠로폰네소스전쟁에서 승리하여 그리스의 주도권을 장악하였다. 그러나 BC 4세기부터 여러 폴리스가 이반을 일으킨 끝에 테베의 공격을 받고 그리스의 주도권을 상실하였다.

스파르타쿠스의 난(Spartacus revolt, BC 73~BC 71)

로마 공화정 말기에 일어난 노예반란. 검투사(글라디아토르)의 반란이라고도 한다. BC 73년에 트라키아 출신의 검투사 스파르타쿠스가 카푸아의 검투사 훈련소를 탈출하여 각지에서 탈출한 노예를 규합하여 반란을 일으켰다. 스파르타쿠스가 이끄는 노예들은 로마의 2개 군단을 격파하고 남부 이탈리아를 장악하였다. 당시 이탈리아는 노예제도의 최전성기로 트라키아인, 갈리아인, 켈트인, 게르만인 노예들과 노예제 대농장 때문에 몰락한 무산자들이 반란에 합류하여 그 수가 9만에서 12만까지 이르렀다고 한다. 이들은 남부 이탈리아에서 시칠리아로 건너가려다 해적과의 협상에 실패하여 건너가지 못하고 BC 71년 남부 이탈리아의 루카니아에서 크라수스가 이끈 로마군에 의해 격파되었다. 이 전투에서 스파르타쿠스는 전사하고 포로가 된 노예 6,000명은 십자가형에 처해졌다.

스펜서(Spencer, Herbert, 1820~1903)

사회진화론으로 유명한 근대 영국의 철학자. 더비에서 태어났다. 비국교도 집안 출신이었기 때문에 정치, 사회, 종교의 권위에 불신을 품고 극단적 개인주의 및 자유방임주의 성향을 보였다. 교사, 철도기사, 신문기자를 거쳐 1848년경제지 《이코노미스트》의 편집자로 있다가 1853년 백부의 유산을 상속하여 저술에만 전념하였다. 다윈의 생물 진화론의 영향을 받아 전우주와 인간사회의 도덕원리를 진화의 원리로 규명하고자 하였다. 스펜서는 사회를 하나의 유기체로 보았으며 진화의 원리를 적용한 사회진화론을 제시하였다. 대표작으로 《종합철학체계》(1862~1896) 전 10권과 《교육론》(1861), 《사회학연구》(1873) 등이 있다.

스피노자(Spinoza, Baruch de, 1632~1677)

네덜란드의 철학자. 암스테르담에서 포르투갈계 유대인 상인의 아들로 태어났다. 처음에는 유대학교에서 유대신학을 공부하다가 유대교의 범주를 넘어

▶ 스피노자

서 아라비아, 르네상스, 데카르트 사상을 공부하여 1651년부터 자신의 독자적 사상을 표방하다가 1656년에 유대교단으로부터 파문당했다. 이후 각지를 돌아다니며 〈신, 인간 및 인간의 행복에 관한 짧막한 논문〉, 〈지성개선론〉, 〈데카르트 철학의 원리〉(1663) 등을 발표하였다. 1670년부터 헤이그에 정착하여 렌즈연마를 생업으로 삼고 대학으로부터의 교수 초빙을 거절한 채 독신으로 연구에 몰두하였다. 1673년 《신학 정치론》을 익명으로 출판했으나 무신론자로 공격을 받아 고초를 겪고 15년 간 준비한 대표작 《에티카(윤리학)》의 출판마저 금지 당했다(사후에 출판). 스피노자의 철학은 범신론적 일원론의 입장을 취하여 '신은 곧 자연'이라고 보았으며 신에 대한 지적 사랑을 윤리의 극치라고 주장하였다. 그의 사상은 독일 관념론에 큰 영향을 끼쳤다.

슬라브족(Slavs)

인도유럽어족의 슬라브어파에 속하는 여러 민족. 보통 동슬라브인(러시아, 우크라이나, 백러시아인), 서슬라브인(폴란드, 체코, 슬로바키아인), 남슬라브인(세르비아, 크로아티아, 슬로베니아, 마케도니아, 몬테네그로, 불가리아인)으로 구분한다. 슬라브족의 조상은 고대에 아시아로부터 이동하여 8세기에는 발칸 반도 전역에 진출하였다. 이 시기에 3대 지파로 분파되었다고 한다. 슬라브인은 게르만인보다 늦은 9세기 이후에 그리스도교를 접하고 국가를 형성하게 되었으며 동슬라브와 남슬라브 일부(불가리아, 세르비아)는 비잔틴제국과 동방정교회의 영향을 받아 키릴문자를 사용하며 다른 남슬라브인(크로아티아, 슬로베니아)과 서슬라브는 신성로마제국과 카톨릭의 영향을 받아 라틴문자를 사용하게 되었다. 슬라브족이 세운 봉건국가들은 이후 서슬라브는 유럽제국의 지배를 받고 남슬라브족은 투르크에 정복되었다. 동슬라브족은 9세기에 키예프공국을 세워 이후 러시아제국으로 발전하였다.

시리아(Syria)

지중해 동부 연안 소아시아의 한 지역. 넓게는 타르소스, 와숙칸니, 예루살렘을 연결하는 삼각 지대 전체를 말한다. 이란, 아라비아 양대 이슬람 문명의 모태가 되는 시리아 문화권이라 불린다. 시리아 지역은 오리엔트 3대 문화의 중심지인 크레타, 이집트, 바빌로니아의 중심에 위치하여 동부 지중해와 오리엔트 무역의 중심지였다. 따라서 BC 2000년경부터 여러 상업 도시국가가 번성하였으며 정복 민족인 힉소스의 거점이 되었고 이후 이집트의 영토가 되었다가 BC 11세기부터 이스라엘왕국이 수립되었다. 이 이스라엘왕국에서 유대왕국이 갈라져 나왔으며 두 왕국은 각기 BC 8세기에 앗시리아와 BC 7세기에 신바빌로니아에게 멸망되었다. 이후 시리아는 페르시아의 영토가 되었다가 알렉산더 대왕의 정복으로 시리아왕국 셀레우코스의 통치를 받으면서 그리스 문화가 유입되었다. BC 64년부터 로마의 속주가 되었다가 동로마제국의 영토가 되었으며 7세기부터는 사라센제국, 16세기에는 오스만투르크제국의 지배를 받았다.

시모노세키조약(下關條約, 1895)

청일전쟁의 전후처리를 위해 일본 시모노세키에서 일본 전권대사 이토 히로부미(伊藤博文)와 청의 전권대사 이홍장(李鴻章)이 맺은 강화조약. 마관조약(馬關條約)이라고도 한다. 1895년 4월 17일에 맺은 강화조약은 전부 11조항으로 되어 있으며 중요 내용은 1) 청은 조선이 자주독립국임을 인정하고 2) 청은 랴오둥반도(遼東半島)와 타이완(臺灣) 및 펑후섬(澎湖島) 등을 일본에 할양한다. 3) 청은 일본에 배상금 2억 냥을 지불한다. 4)청의 사스(沙市) 충칭(重慶) 쑤저우(蘇州) 항저우(杭州)의 개항과 일본 선박의 양쯔강(揚子江) 및 그 부속 하천의 자유통항 용인, 그리고 일본인의 거주 영업 무역의 자유를 승인할 것 등이다. 이 조약이 조인되자 러시아, 독일, 프랑스 3국이 일본에 대해 랴오둥 반도를 반환할 것을 요구한 삼국간섭이 일어났다. 이에 일본은 랴오둥 반도를 반환하였으나 한반도를 세력권으로 확보하여 대륙진출의 기반을 다졌다.

▶ 이토 히로부미

시민사회(市民社會, civil society)

근대 이후에 시민계급이 주도권을 잡은 사회. 봉건적 신분예속 관계를 폐지하고 법 앞에서 만인이 평등하고 자유로운 인간관계 확립이 그 구성원리이다. 17세기 이후 유럽에서 시민혁명을 통하여 성립한 근대사회를 경제적으로는 자본주의, 정치적으로는 민주주의, 사회적으로는 시민사회라고 부른다. 시민사회라는 용어는 17세기 영국에서 교회와 절대왕정에 대한 항거의 과정에서 성립하였다. 이를 로크, 퍼거슨, 스미스, 벤덤 등의 사상가들이 체계화하였다. 시민사회는 자유롭고 평등한 개인들 간의 계약에 의해 구성되며 국가는 시민사회로부터 권력을 위임받아 통치하며 행정을 담당한다. 따라서 시민사회의 기본원리는 개인주의, 자유주의, 그리고 국가주의에 반대하여 세계주의를 지향한다. 시민사회가 형성되는 과정은 각국의 사정에 따라 다르다. 영국, 프랑스에서는 상공업 계층이 득세하면서 시민혁명을 통해 정부를 장악한 반면, 독일, 러시아 등지에서는 국가의 주도로 산업화를 통한 근대화 과정에서 시민 계층이 형성되었다.

시민혁명 ⊙ 부르주아혁명

시박사(市舶司)

중국에서 해상무역 사무를 총괄한 관청. 무역세의 징수, 상품판매허가증 교부, 외국선박의 출입을 관장하였다. 당나라 현종(玄宗) 때 처음으로 광조우(廣州)에 설치하였으며 남해무역이 발전한 송나라 때부터 실질적으로 개혁 정비되었다. 1102년에 광조우와 그 밖의 항구도시에 제거(提擧)시박사와 그 출장소인 시박무(市舶務)를 설치하였다. 원나라는 송나라의 제도를 계승하였으며 명(明)나라는 해금(海禁)정책을 써서 밀무역 중심이 되었기 때문에 남해무역은 광둥(廣東) 한 항구로 축소되었다. 청(淸)나라 때에는 해관(海關)이 설치되어 시박사는 폐지되었다.

시벨리우스(Sibelius, Jean, 1865~1957)

핀란드의 작곡가. 헬싱키 음악원에서 음악을 공부하였다. 음악원을 졸업한 뒤 베를린과 빈에 유학하여 음악을 공부하였다. 1892년 헬싱키 음악원의 작곡과 바이올린 교수가 되었고 핀란드의 국민적 대서사시 〈칼레발라〉를 소재로 한 교향시 〈클레르보〉, 〈엔사가〉 모음곡 〈칼레발라〉를 작곡하여 민족주의 작곡가로서 작품활동을 시작하였다. 이어 〈투오넬라의 백조〉, 〈4개의 전설〉 교향시 〈핀란디아〉, 〈제1교향곡〉 등을 작곡하여 유럽에 널리 알려졌다. 시벨리우스의 음악은 북유럽의 신비스런 자연과 조국 핀란드에 대한 애정에서 우러나오는 민족적 음악이면서도 근대적이고 세련된 유럽풍을 갖추고 있어 높은 평가를 받고 있다.

시아파(Shia)

이슬람교의 한 분파. 시아란 분파란 뜻으로 정통파인 수니파 외의 분파들을 가리키는 말이다. 마호메트의 사위인 알리(제4대 칼리프)의 자손이 정당한 칼리프 계승권을 가졌다고 주장한다. 시아파의 분파로는 수니파에 가까운 자이드파와 12이맘파 7이맘파(이스마일파) 등이 있는데, 7이맘파에서는 암살교단으로 악명높은 니자리파와 시리아 레바논에 현존하는 도루즈 교도와 같은 특이한 유파가 생겨났다. 시아파의 성립은 정치적인 동기에서 비롯되었으나 나중에는 동방기원의 이교적 요소나 수피즘과 같은 신비주의가 유입되었다. 페르시아인의 대부분이 시아파이며 16세기부터 페르시아의 국교가 되었다. 현재도 이란의 이슬람 교도 대부분이 시아파이며 전이슬람 교도의 약 8%를 차지하고 있다. 순니파와 교리상의 근본적 차이는 없으나 관습, 의식에 상당한 차이가 있다.

시안사건(西安事件, 1936)

1936년 12월 12일 동북군 사령관 장쉐량(張學良)이 공산군 토벌을 독려하기 위해 산시성(陝西省) 시안(西安)에 온 장제스(蔣介石)를 감금하여 국공내전(國共內戰) 정지와 항일(抗日)을 위한 거국일치를 요구한 사건. 만주 군벌 출신인 장쉐량은 서북군 총사령관 양후청(楊虎城)과 산시성에 주둔하면서 산시성 북부의 공산당 지구를 공격하고 있었으며 장제스는 항일보다 공산당 토벌과 내전종식을 우선하여 전투를 독려하기 위해 직접 시안에 오게 되었다. 이를 기회로 장쉐량과 양후청은 장제스에게 내전의 중지와 항일 애국범의 석방, 국민정부 개조 등 8항목을 요구하였으나 거부당하자 그를 감금하였다. 장제스가 억류되자 공산당의 저우언라이(周恩來), 장제스의 측근인 쑹즈원(宋子文)이 교섭에 나서 장제스는 12월 25일에 석방되었다. 시안 사건의 결과로 제2차 국공합작이 이루어져 항일 통일전선이 결성되었다.

시역법(市易法)

중국 북송(北宋)시대의 재상 왕안석(王安石)이 제정한 신법(新法)의 하나. 중소상인을 보호하기 위하여 제정된 법이다. 당시 큰 도시에는 상공업 조합인 행(行)이 발달하여 정부가 필요로 하는 물자를 조달하였다. 그런데 이 행을 몇몇 호상(豪商)들이 장악하여 중소상인에 대한 고리대금업과 매점매석으로 폭리를 취하였다. 이에 주요 도시에 시역무(市易務)를 설치하여 중소상인의 물자를 매입해주거나 자금을 대여해주었다. 시역법이 실시되자 폭리를 취할 수 없게 된 호상들은 구법당(舊法黨)의 관료와 결탁하여 황제의 후궁을 움직여 결국 왕안석을 실각시켰다.

시오니즘(Zionism)

유대인의 국가를 세우려는 유대 민족주의 운동. 유대인이 하나의 민족이라는 이념을 바탕으로 전 세계에 흩어져 사는 유대인들이 모여 유대인의 고향인 팔레스타인에 유대 국가를 건설해야 한다는 주의 또는 운동을 말한다. 시오니즘은 19세기 후반 중부유럽 및 동유럽에서 시작되었으며 이를 실제 운동으로 구체화한 것은 오스트리아의 언론인 헤르츨(1860~1940)이다. 20세기 초 러시아, 오스트리아, 독일 유대인들이 시오니즘 운동에 참가하여 팔레스타인으로 이주하였다. 그러나 시오니즘 운동 내부의 논쟁과 당시 팔레스타인 지역을 지배하던 터키 정부의 간섭, 그리고 팔레스타인 원주민들과의 마찰로 인해 어려움을 겪었다. 이러한 상황에서 영국의 시온주의자들이 노력하여 1917년 팔레스타인에 유대인 민족국가 건설을 지지한다는 영국의 벨푸어 선언을 이끌어 내었다. 제1차 세계대전 후 팔레스타인은 영국의 위임통치를 받았으며 1948년 위임통치의 만기와 함께 유대인 국가인 이스라엘 공화국이 성립하였다.

시칠리아(Sicilia)

이탈리아 반도의 남서쪽에 위치한 지중해 최대의 섬. BC 8세기 무렵 동부에 그리스인이, 서부에는 페니키아인이 식민도시를 건설하였다. BC 5세기에는 시라쿠사가 지중해 최대의 그리스 식민도시를 이루었다. 포에니전쟁 후에는 로마의 속주가 되었다. 6세기에는 비잔틴제국의 영토가 되었다가 9세기에 이슬람의 침입이 시작되어 11세기까지 이슬람 지배를 받았다. 1130년 노르만의 로제2세가 시칠리아와 나폴리를 병합하여 시칠리아왕국을 건설하였다. 1194년 독일의 슈타우펜가가 왕위를 이어받았으며 프리드리히 2세 치하에서 비잔틴, 이슬람, 노르만의 전통이 융합된 독특한 문화가 발전하였다. 이후 프랑스의 앙주가, 에스파냐의 아라곤가, 사보이가가 시칠리아를 차지했다. 1738년 에스파냐 부르봉 가문이 시칠리아를 차지하고 1816년에 시칠리아, 나폴리를 통합하여 양(兩)시칠리아왕국을 건국했다. 1860년 가리발디의 원정에 의해서 이탈리아왕국에 병합되어 오늘날 이탈리아의 일부를 이루고 있다.

시크교(sikhism)

16세기 초 인도 서북부 펀잡 지방을 중심으로 나타난 힌두교와 이슬람교가 절충된 종교. 창시자 나나크(1469~1539)가 인도 각지를 순례하면서 종교인들과 대담을 나누고 메카를 순례한 끝에 창시하였다. 시크교의 교리는 힌두교의 신애(信愛 : 바크티)신앙과 이슬람교의 신비사상(神秘思想)을 융합한 것으로 알라와 비슷한 유일신에 귀의하여 신에 대한 사랑과 현세에서의 선행을 통하여 인간이 구원을 얻는다고 주장하였다. 시크교는 힌두교의 번잡한 의식과 미신, 카스트 제도를 배격하고 인간의 절대평등을 주장하였기 때문에 하층 카스트 중에서 많은 신자가 생겼다. 무굴제국으로부터 박해를 받아 이에 맞서는 과정에서 시크 교단은 군사집단화 되었으며 무굴제국이 쇠퇴한 후에는 영국과 맞서 1845년 시크전쟁을 벌였으나 패배하여 1849년 영국의 지배를 받게 되었다.

시황제(始皇帝, BC 259~BC 210)

중국 최초로 통일제국을 세운 진(秦)나라의 황제. 진의 31대 왕으로 성 영(嬴). 이름 정(政)이다. BC 247년 13세의 나이로 즉위하였다. BC 238년 친정을 시작하여 여불위(呂不韋) 등을 쫓아내고 이사(李斯) 등을 등용하여 강력한 부국강병책을 추진하여 BC 230~BC 221년에 한(韓) 위(魏) 초(楚) 연(燕) 조(趙) 제(齊) 나라를 차례로 멸망시키고 천하통일의 위업을 달성하였다. 통일 후 왕의 칭호를 고쳐 황제라 하고 스스로 시황제가 되었다. 봉건제도를 폐지하고 군현제를 실시하여 전국을 36군(뒤에 48군)으로 나누고 중앙집권적 관료국가를 수립하였다. 그 밖에 화폐, 문자, 도량형, 수레바퀴의 폭, 의관, 달력을 통일하고 전국적인 도로망을 건설하여 통일국가의 기초를 다졌다. 대외적으로는 만리장성을 쌓아 흉노를 막고 영남(嶺南)지방을 개발하였으며, 대내적으로 법가사상에 입각하여 사상통제를 실시하고 분서갱유(焚書坑儒)를 단행하였다. 즉위 37년에 동방 순회 중에 병사하였다.

▶ 시황제

신경제정책(Novaya Ekonomicheskaya Politika : NEP, 1921~1927)

소련에서 전시공산주의 체제에 뒤이어 실시된 경제정책. 소련은 내전과 외국의 무력개입에 대처하기 위해 전시공산주의를 실시하여 농민층의 불만과 국민경제의 파탄을 가져왔다. 이에 레닌을 비롯한 공산당 지도부는 사회주의에 자본주의 요소를 도입한 과도기적 정책으로 신경제정책을 실시하였다. 이에 따라 식량징발을 중단하고 그 대신 식량세를 징수하며 잉여농산물 판매를 허용하고 소규모 상거래 및 기업활동의 자유를 인정하였다. 이로써 시장기능을 정상화시키고 농업과 공업의 활성화를 추구하였다. 이 정책으로 소련 경제는 제1차 세계대전 이전 수준으로 회복되었으며 이에 따라 1928년부터 농업과 공업의 사회주의화, 집단화를 추구하는 제1차 5개년 계획이 실시되었다.

신(新, 8~23)

왕망(王莽)이 전한(前漢)을 멸하고 세운 왕조. 왕망은 한나라 황실의 외척으로 벼슬이 대사마에 이르렀다. BC 1년에 9살의 평제(平帝)를 왕위에 즉위시켜 자신이 실권을 장악하였으며 AD 5년에는 평제를 독살하고 9년에 국호를 신이라 하여 나라를 세웠다. 왕망은 복고주의를 내세워 '주례(周禮)'를 본떠 중앙과 지방의 관제를 고치고 정전법(井田法)을 모범으로 하는 한전(限田)정책을 실시하고 노비매매를 금지하였다. 경제정책에 있어 물가의 균형책과 전매제도(專賣制度)를 실시하고 여러 차례 화폐를 주조하였다. 이 때문에 사회가 혼란해지고 지방 호족들이 반발하였고 대외정책에서도 실패를 거듭하다가 후한(後漢)의 광무제(光武帝)에게 멸망하였다.

신곡(神曲) ➡ 단테

신국론(神國論) ➡ 아우구스티누스

신도(神道)

일본의 고유 민족종교. 고대사회에서 농경의 풍요를 비는 제식에서 비롯되었다. 각 촌락에서 신사를 세우고 주술적 자연신을 섬겼으며 경전이나 교리가 없는 제식중심의 종교였다. 13세기에 이세 신궁(伊勢神宮)의 신관이 불교 이론을 빌려 이세 신도를 만들면서 신도라는 사상체계가 비롯되었으며 이후 지식인들이 만든 여러 가지 신도가 등장하였다. 신사는 원래 각 촌락의 신앙의 대상이었으나 다이카 개신(大化改新) 이후로 신지관(神祇官)이 설치되어 국가의 통제가 시작되었다. 메이지 유신 후 신사에 대한 숭배가 천황제에 대한 지지와 동일시되어 널리 장려되었다.

신모범군(新模範軍, New Model Army)

영국 청교도혁명 중에 크롬웰이 편성한 국민군. 신형군(新型軍)이라고도 한다. 당시 의회군은 군기가 엄정하지 못하고 지휘부인 귀족과 장로파들이 전투에 소극적인 탓에 큰 전과를 거두지 못하였다. 이를 비판하며 등장한 독립파의 지도자 크롬웰은 1644년 마스턴 무어 전투에서 신앙심이 두터운 자작농을 중심으로 철기대(鐵騎隊)를 조직하여 승리를 거두었으며 이 경험을 바탕으로 1645년 2월 2만 2천 명의 신모범군을 조직하여 전투 목적을 주지시키고 엄한 훈련과 규칙적인 봉급 지급으로 강한 군대로 육성하였다. 신모범군에는 청교도 독립파가 많아 신앙의 자유를 위해 싸우려는 의식이 강했다. 신모범군은 1645년 6월 네이즈비 전투에서 승리를 거두고 1646년 제1차 내란 종식에 결정적 기여를 했다.

신문화운동(新文化運動)

1910년대 중국에서 낡은 도덕에 반대하고 과학과 민주주의를 기치로 한 새로운 문화를 창조하자는 사상, 문학운동. 천두슈(陳獨秀), 리다자오(李大釗), 후스(胡適) 등 베이징 대학교수들과 루쉰(魯迅) 등 작가들이 중심이 되어 잡지 《신청년(新靑年)》, 《신조(新潮)》 등을 중심으로 유교 비판, 백화(白話)문학 운동을 펼쳤다. 이를 통해서 많은 청년, 학생들의 지지를 얻었으며 점차 문학혁명에서 반제국주의, 반봉건주의 운동으로 발전하여 1919년 5 · 4운동의 이끌어 내었다. 1920년대 들어 천두슈, 리다자오 등은 마르크스주의자가 되고 후스는 실용주의 노선을 취하면서 신문화운동 세력은 분열되었으나 중국 근대 문학 확립에 큰 기여를 하였다.

신바빌로니아 ◑ 바빌로니아

신법(神曲) ◑ 왕안석

신분제 의회 ◑ 삼부회

신사층(紳士層)

중국 명, 청시대의 사회 지도층. 유교적 교양을 갖춘 지식인이자 지주 계층이라는 점에서 송시대의 사대부와 같은 성격을 가지고 있다. 현역 관료나 퇴직 관료 또는 향시에 합격하고 관직에 나가지 않은 거인(擧人), 생원(生員) 등이 신사층을 이룬다. 이들은 지방 향촌의 지주로서 향촌사회의 정치, 경제, 문화, 교육을 주도한 지도층이었다. 사회지배층으로서 요역을 면제받는 특권을 누렸으며 예비 관료집단으로서 지방관과 함께 향촌사회에 큰 영향력을 미치며 사회적 특권계층을 형성하였다.

신석기시대(新石器時代)

석기시대의 마지막 단계. 구석기, 중시기시대의 다음이며 금속기시대로 이어진다. 연대상으로 약 1만 년 전 지질학상 홀로세(世)인 제4빙기가 끝난 후빙기(後氷期)이다. 이 시대 초기에 인류가 수렵채집 단계를 벗어나 농경을 시작하였으며 농경을 통해 정착생활, 인구증가, 부의 축적을 가져와 사회기구까지 변화시켜 역사시대로 가는 기초를 마련하였다. 이를 '신석기혁명' 또는 '농업혁명'이라고 부른다. 생산경제의 발전 뿐 아니라 기술의 진보도 일어나 식량을 저장하기 위한 토기가 발명되었고 간석기(마제석기)가 사용되었으나 바구니 제작, 방직기술이 나타났다. 문화적으로 농경의 발달은 풍요를 비는 지모신 신앙이나 사체 매장 등을 가져왔다. 신석기시대 말기에는 곳에 따라

▶ 빗살무늬토기

자연동(구리)을 이용하여 도구를 만드는 금석병용(金石倂用) 시기로 접어든 곳도 나타났다. 오리엔트에서는 BC 6, 7000년경에 보리 재배가 시작되었으며 이집트, 메소포타미아의 큰 강 유역에서도 농경촌락이 형성되었다. 유럽에서는 BC 3000년경부터 농경문화가 시작되었고 대서양 연안지방에는 거석(巨石)문화가 등장하였다. 농경 목축에 의한 생산경제 단계를 이룩한 서남아시아 지역의 신석기문화를 선무늬토기(線文土器)문화라 하여 '신석기 A군(群)문화'라 부르며, 스칸디나비아반도에서 시베리아, 몽골, 만주, 한국 북부 등지로 연결되는 빗살무늬토기(櫛文土器)문화 지역은 채집, 수렵, 어로를 주로 하는 획득경제단계로서 이들 문화를 '신석기 B군(群)문화'라 부른다.

신성동맹(Holly Alliance, 1815)

나폴레옹전쟁 후 러시아의 알렉산드르 1세가 제안하여 러시아, 프로이센, 오스트리아 군주 사이에 맺어진 동맹. 국제평화와 질서유지를 목적으로 하였으며 터키 술탄과 로마 교황, 영국 국왕을 제외한 유럽의 모든 군주가 참가하였다. 이 동맹은 그리스도교의 박애정신을 근본으로 각국 군주들이 서로 화목하고 국민들에게 자애를 베풀 것을 선언하였으나 정치적 효력은 없었다. 오스트리아 수상 메테르니히는 빈 체제를 유지하기 위해 4국동맹과 신성동맹을 각국의 자유주의와 민족주의 운동을 탄압하는 데 이용하였다. 1825년 그리스 독립을 둘러싼 유럽 각국의 의견충돌로 와해되었다.

신성로마제국(Holy Roman Empire, 962~1806)

중세부터 19세기 초까지 존속한 독일 국가. 962년 오토 1세가 황제가 된 때부터 1808년 프란츠 2세가 퇴위할 때까지 독일에서 왕이 즉위하면 이탈리아로 가서 교황으로부터 신성로마황제의 지위를 부여받았다. 이로써 고대로마제국을 계승하고 그리스도교회와 일체가 된다는 뜻에서 신성로마제국이란 칭호가 생겨났으며 이와 같은 제권과 교권의 결합으로 황제는 교회의 지배권을 가지고 국내의 제후들을 다스릴 수 있었다. 그러나 황제의 성직 서임권은 하인리히 4세 이후 교황에게 넘어갔으며 중세 말기부터 독일 국내는 제후들의 세력이 강하여 영방 국가로 분열되었다. 황제 선거권은 13세기 말부터 7명의 선제후가 장악하였고 1437년부터는 오스트리아의 합스부르크 왕가가 황제의 지위를 세습하였다. 종교개혁시기에 30년전쟁의 결과로 체결된 베스트팔렌 조약에서는 영방국가체제가 인정되어 제국은 사실상 해체되었고 1806년 나폴레옹이 장악한 라인동맹의 16영방이 제국을 탈퇴하자 합스부르크 왕가의 황제가 제위를 사퇴하여 신성로마제국은 소멸되었다.

신왕국(新王國, BC 1567?~BC 1085?)

고대 이집트의 제18왕조부터 제20왕조를 말한다. 이 시대에 아시아까지 영토를 확장하여 제국시대라고도 부른다. 중왕국시대 이후에 힉소스가 침입하여 200년(BC 1780~BC1570)간 이집트를 지배하였으며 18왕조 초기의 왕들이 힉소스 지배를 무너뜨리고 다시 팔레스타인, 시리아, 남방의 누비아로 진출하여 제국시대를 열었다. 투트모스 3세 시대에는 카데시 왕이 지휘하는 동맹군을 메기도에서 격파하여 유프라테스 강 연안까지 진출하여 이집트 역사상 최대의 영토를 차지하였다. 그러나 국내적으로 아몬신을 모시는 신관들의 세력이 커지면서 아멘호텝 4세는 이를 견제하기 위해 태양신 아톤 숭배를 국교로 정하였으나 왕의 사후 실패로 돌아갔다. 18왕조의 뒤를 이은 19왕조시대에는 람세스 1세가 히타이트를 카데시전투(BC 1286)에서 막아내어 파라오의 위세를 떨쳤다. 그러나 이후 아시아 세력의 침입과 신관 세력의 왕위 찬탈로 신왕국시대는 끝이 났다.

신정정치(神政政治, theocracy)

정치 지배자가 자신을 신 또는 신의 대리인으로 자칭하여 절대권력을 행사하는 정치체제. 신권정치라고도 한다. 정치권력과 종교권력이 융합되어 있으며 고대 이집트의 파라오나 로마제국의 황제 등이 이러한 신정정치를 행사하였다. 근세에 들어서는 유럽 절대왕정이 왕권신수설을 내세워 국왕의 권력을 신성시 하였으며 종교개혁기의 제네바(칼뱅이즘)나 아메리카 대륙의 매사추세츠 식민지(청교도) 등에서 프로테스탄티즘에 입각한 신정정치적 체제가 나타났다. 일반적으로 근대 이후로는 종교와 정치가 분리되면서 신정정치 체제는 사라지게 되었다.

신청년 ○ 신문화운동

신축 조약(辛丑條約, 1901)
중국이 의화단 사건의 처리를 위해 열강과 체결한 조약. '베이징 의정서'라고도 한다. 영국, 미국, 러시아, 일본 등 11개국과 체결한 조약으로 그 내용은 독일, 일본 등에 사죄사(謝罪使)를 파견하고 반외세운동을 금지하며 4억 5000만 냥의 배상금을 지불하고 베이징에 공사관 구역을 설정하며 외국 군대를 상주시키고 베이징 주변의 포대를 파괴하는 등의 불평등 조약이다.

신학대전 ○ 아퀴나스

신해혁명(辛亥革命, 1911~1912)
중국에서 청왕조를 무너뜨리고 중화민국을 수립한 혁명. 청왕조가 아편전쟁과 의화단 사건으로 열강에 굴복하고 국력이 쇠퇴하자 반청운동이 활발해졌다. 1905년 반정부 세력이 한데 모여 중국 혁명동맹회(革命同盟會)를 결성하였다. 동맹회는 화교, 해외 유학생들이 참여하여 민주공화제를 지향하는 반청무장투쟁을 시도하였다. 1911년 청 조정이 철도 국유령을 발표하고 철도를 담보로 재정난을 해결하려 하자 각지에서 반대운동이 일어났다. 청조가 쓰촨의 폭동을 진압하기 위해 후베이신군(湖北新軍)을 동원하자 10월 10일 우창(武昌)에 주둔하던 신군이 혁명을 일으켜 군정부(軍政府)를 조직하였다. 이후 1개월 안에 16개 성이 호응하여 독립을 선포하고 1912년 1월 1일 손문(孫文)을 임시 대총통으로 한 난징(南京)정부가 수립되어 손문의 삼민주의(三民主義)를 그 지도이념으로 한 중화민국이 발족하였다. 이에 청조는 베이양(北洋)군벌 위안스카이(袁世凱)를 시켜 혁명세력을 진압하려 하였으나 위안스카이와 손문세력의 협상 끝에 청 황제를 퇴위시키고 위안스카이가 대총통에 취임하여 청왕조의 지배는 끝나고 중국에 공화국이 성립하였다.

실락원 ○ 밀턴

실러(Schiller, Johann Christoph Friedrich von, 1759~1805)
독일의 시인, 극작가. 괴테와 함께 질풍노도(슈트름 운트 드랑)운동, 고전주의 문학시대에 활약하였으며 국민시인으로 불린다. 역사극에 뛰어나 《발렌시타인》, 《빌헬름 텔》 등의 작품을 남겼다. 사관학교를 졸업하고 군의관으로 복무하면서 1781년 《군도》를 발표하여 슈트름 운트 드랑의 대표작으로 평가받았다. 이후 역사연구에 몰두하여 《네덜란드 쇠망사》, 《30년전쟁사》 등을 발표하였으며 칸트의 미학을 연구하여 《소박한 문학과 감상적인 문학》, 《숭고에 대하여》 같은 미학 서적을 저술하여 독일 고전주의 문학이론을 발전시켰다.

실존주의(實存主義, existentialism)

20세기 중반에 합리주의와 실증주의에 반발하여 독일과 프랑스에서 나타난 철학사상. 20세기 초의 '생의 철학'이나 현상학을 계승하여 제2차 세계대전 후에는 문학, 예술분야로 확대되었다. 대표적인 실존철학자로는 야스퍼스, 마르셀(유신론적 실존주의), 사르트르(무신론적 실존주의) 등을 들 수 있다. 실존은 보편적 본질에 대하여 특히 인간 개개인의 존재를 강조한다는 의미에서 사르트르는 인간에게는 실존이 본질에 선행한다고 주장하였다. 그 기원을 하이데거, 야스퍼스, 니체, 도스토예프스키, 키에르케고르, 포이에르

▶ 카뮈

바흐까지 거슬러 올라가 찾기도 한다. 실존주의 문학가로는 사르트르, 카뮈, 카프카 등이 있다.

실증주의(實證主義, positivism)

19세기에 일어난 실험과 관찰을 학문의 기반으로 삼는 주의 또는 학문 방법론. 자연과학의 방법을 철학에 적용하려고 한 생시몽에서 비롯되어 콩트가 실증철학을 확립하였다. 19세기 자연과학의 발달과 유물론의 등장을 배경으로 나타났으며 1920년대부터는 빈 학파의 철학자들이 논리학과 수학을 도입한 새로운 실증주의를 제창하였는데 이를 논리 실증주의라 부른다. 이후 논리실증주의는 분석철학으로 발전하였다.

실재론 ● 스콜라철학

심사율(審査律, 1673)

영국에서 국교도가 아닌 사람의 공직 취임을 금지한 법률. 찰스 2세 때 영국 의회가 제정하였다. 모든 관리는 국교회의 의식에 따라 성찬을 받고 카톨릭

의 화체설을 부인하며 국교회의 수장인 영국 국왕에게 충성을 맹세해야 했다. 이 법률은 찰스 2세의 카톨릭교 정책을 방지하려는 것이었다. 이 때문에 자주 정치분쟁을 일으켰으며 1828년에 폐지되었고 1829년에 카톨릭 교도 해방령이 발표되었다.

14개조 선언(Fourteen Points, 1918)

제1차 세계대전 말기에 미국의 윌슨 대통령이 전후 처리 문제에 대해 발표한 평화원칙. 윌슨 대통령은 미국의 참전 목적이 국제사회의 공정한 평화수립에 있음을 밝히기 위해 1918년 1월 8일 의회에 14개조 평화원칙을 발표하였다. 이 선언은 1919년 파리 평화 회의의 기본원칙이 되었다. 그 내용은 ① 강화조약의 공개와 비밀외교의 폐지, ② 공해(公海)의 자유, ③ 공정한 국제통상의 확립, ④ 군비의 축소, ⑤ 식민지 문제의 공평무사한 해결, ⑥ 프로이센으로부터의 철군과 러시아의 정치적 발달에 대한 불간섭, ⑦ 벨기에의 주권 회복, ⑧ 알자스 로렌을 프랑스로 반환, ⑨ 이탈리아 국경의 민족문제 자결(自決), ⑩ 오스트리아~헝가리제국 내의 여러 민족의 자결, ⑪ 발칸제국의 민족적 독립 보장, ⑫ 터키제국하의 여러 민족의 자치, ⑬ 폴란드의 재건, ⑭ 국제연맹 창설 등이다. 그러나 윌슨의 이상주의는 국제정치의 현실주의 때문에 좌절되어 국제연맹의 창설 외에는 실질적으로 실현되지 못하였다.

십이표법(十二表法, lex duodecim tabularum, BC 450)

로마에서 가장 오래된 성문법. 12동판법(銅板法)이라고도 한다. 로마 공화정 초기의 관습법은 귀족만이 그 지식을 독점하여 평민들의 불만을 샀다. 이에 호민관 테렌틸리우스의 제안으로 BC 451년에 10명의 입법관을 선출하여 10표법을 제정하였으나 여전히 불만이 많아 입법관을 다시 선출하여 2표법을 추가하여 12표법으로 완성하였다고 한다. 그 내용은 민사소송 수속, 가부장의 권한, 유산 및 후견, 소유권 취득, 불법 행위, 시민권 박탈, 귀족과 평민의 결혼 금지 등이다. 이 법은 가혹한 채무법과 귀족과 평민의 결혼 금지 등으로 귀족에 유리한 내용이 많아 여전히 평민층의 불만을 샀다.

십자군(十字軍, crusades, 1096~1270)

서유럽의 그리스도 교도들이 성지 예루살렘을 이슬람 교도들로부터 탈환하기 위해 일으킨 8차례의 대원정. 11세기에 셀주크 투르크가 비잔틴제국을 압박하자 비잔틴제국의 황제가 로마 교황에게 구원을 호소하였다. 이에 교황 우르바누스 2세는 1095년 프랑스의 클레르몽에서 종교회의를 열고 십자군 원정을 결의하였다. 이 원정은 종교적 동기 외에도 하급 영주들의 새로운 토지에 대한 욕구, 기사들의 모험심, 이탈리아 상인들의 경제적 욕구, 봉건제에서

벗어나려는 농민들의 욕구 등 다양한 동기가 한 데 어울려 이루어진 것이었
다. 제1차 원정은 예루살렘 탈환에 성공하여 예루살렘왕국을 세웠으나 그 후
2, 3차는 실패하였으며 제4차는 본래의 목적에서 벗어나 콘스탄티노플을 점
령하고 라틴제국을 세웠다. 그 밖의 원정도 역시 실패하였으나 이 원정의 결
과 교황권이 쇠퇴하고 봉건제후와 기사층이 몰락하였으며 봉건체제가 흔들리
면서 국왕의 권위가 커지는 결과를 가져왔다. 또한 동서교역과 이슬람문화와
의 교류가 확대되는 결과도 가져왔다.

쑨원(孫文, 1866~1925)

근대 중국의 혁명가. 자는 일선(逸仙)이고, 호는 중산(中山)이다. 광둥성(廣東
省) 샹산(香山)에서 빈농의 아들로 태어나 소년시절 하와이로 갔다가 홍콩에
서 의학교를 졸업하고 의사가 되었다. 1894년 청일전쟁 때 하와이에서 흥중
회(興中會)를 조직하고 1895년 광저우에서 봉기하였으나 실패하고 일본, 영
국으로 망명하였다. 1905년 러일전쟁이 일어나자 도쿄에서 중국혁명동맹회
를 결성하고 삼민주의를 강령으로 삼았다. 이후 미국에서 화교들을 상대로
혁명의 필요성을 역설하다가 1911년 신해혁명이 일어나자 귀국하여 중화민국
의 임시 대총통에 취임하였으나 곧 위안스카이에게 자리를 넘겼다. 이후 위
안스카이와의 충돌로 1914년 일본으로 망명하여 중화혁명당을 결성하고
1917년 광둥 군정부를 수립하였으며 1918년 상해에서 중국 국민당으로 이름
을 바꾸었다. 이 시기부터 소련과 연합을 시도하였으며 1924년 북벌을 시도
하였으나 1925년 베이징에서 병사하였다.

세계역사사전

아고라(agora)

고대 그리스 도시국가(폴리스)의 중심 광장. 아크로폴리스가 종교, 정치의 중심지라면 아고라는 시장이며 일상생활의 중심지이다. 주변에 관청과 신전 및 주랑(柱廊)이 세워져 있으며 그 안에 가게들이 들어 있다. 폴리스의 시민들은 아고라에 모여 정치와 사상을 토론하였다고 한다. 로마에도 포룸(forum)이라고 부르는 아고라에 해당하는 것이 있다.

아구다(阿骨打, 1068~1123)

중국 금(金)왕조의 창시자. 성 완옌(完顔). 묘호 태조(太祖). 이름 민(旻). 아르추카수(按出虎水) 완옌부 출신이다. 1113년에 완옌부 족장이 되어 여러 여진 부족을 통합하였다. 1114년 요나라에 반기를 들어 군사를 일으켰다. 요군을 격파하고 1115년 금나라를 세우고 황제의 지위에 올랐다. 그후 요군과 전투를 벌이면서 요동반도를 점령하고 송나라와 동맹을 맺고 요나라를 협공하였다. 1122년 연경(燕京 : 北京)을 함락시키고 송과의 약속에 따라 연경 일대를 송나라에 넘겨주고 차하르 방면에서 요나라 황제를 추격하던 중 병에 걸려 사망하였다.

아그라(Agra)

인도 우타르프라데시주 서부 야무나강 유역의 도시. 악바르에서 아우랑제브 치세 때까지 무굴제국의 수도였다. 1564~1658년 약 1세기 동안 수도로서 북부 인도를 지배했다. 요새화된 왕궁과 타지 마할 등 무굴 건축과 미술 유적이 다수 보존되어 있으며 영국의 인도 지배 시대부터 현재까지 갠지스강 서쪽 끝부분의 교통과 상업의 중심지이다.

아기날도(Aguinaldo, Emilio, 1869~1964)

필리핀의 독립운동 지도자. 1895년 비밀결사 카티푸난당을 결성하여 1896년 혁명이 일어나자 필리핀 독립을 선언하고 1897년 혁명정부의 대통령이 되었다. 그러나 새로 필리핀 총독이 된 프리모 데 리베라의 회유정책으로 1897년 말 타협하고 홍콩으로 망명하였다. 1898년 미국과 스페인 간에 전쟁이 일어나자 미 해군의 지원으로 귀국하여 혁명정부를 조직하고 대통령에 취임하여 1899년 필리핀 공화국을 성립시켰다. 그러나 필리핀이 미국 영토가 되자 반미항쟁을 지도하다 체포되었으며 이후 정계에서 은퇴하였다. 제2차 세계대전 때는 일본과 협조하여 독립을 쟁취하려 하였다.

아낙사고라스(Anaxagoras, BC 500?~BC 428)

고대 그리스의 자연 철학자. 밀레토스 출신으로 탈레스의 뒤를 이은 밀레토스 학파의 철학자이다. 만물의 생성, 소멸을 부정하고 만물은 처음부터 존재하였으며 그 자체의 운동을 통하여 나타난 것이라고 주장하였다. 이렇게 형성된 대지는 원통형이며 우주의 중심에 정지해 있다고 보았다. 만물 중에서 지성이 가장 순수한 것이며 지성의 작용으로 만물이 분화되고 사물의 질서가 잡혔다고 주장하였다. 지도를 작성한 최초의 인물로도 알려져 있다.

아담 샬(Schall von Bell, Johann Adam, 1591~1666)

중국에서 활약한 독일 출신의 예수회 신부. 중국식 이름은 탕약망(湯若望). 1611년 예수회에 들어가 1622년에 중국으로 건너왔다. 서안에서 전도하다가 1630년 북경으로 불려가서 여러 가지 천문관측기구를 만들고 서광계(徐光啓)의 후원으로 천문학 서적인 《숭정역서(崇禎曆書)》를 번역하여 숭정황제에게 바쳤다. 뛰어난 천문학과 기계학 지식으로 인정을 받았으며 이를 통해 황실과 관료층에서 많은 신자를 얻었다. 명나라가 망하자 청나라 조정에서 흠천감(欽天監 : 천문대장)을 맡아 이듬해에 〈시헌력(時憲曆)〉을 작성하였다. 베이징에 서양식 대성당을 건축하였으나 강희제 때 수구파 천문학자들의 모함으로 1665년에 반역죄로 체포되어 옥사하였다.

▶ 아담 샬

아데나워(Adenauer, Konrad, 1876~1967)

독일의 정치가. 서독의 초대 수상. 쾰른 출신으로 1917년부터 1933년까지 쾰른 시장을 지냈다. 바이마르 공화국 시기에 중앙당 지도자로 활약하였으나

1933년 나치스에 의해 파면당하고 두 차례 투옥되었다. 제2차 세계대전 후 기독교 민주당을 창당하여 당수가 되었고 제헌의회 의장으로 독일연방공화국(서독) 수립에 노력하여 초대 총리가 되었다. 이후 1963년까지 수상직에 재임하면서 '라인강의 기적'이라 불리는 경제성장을 이룩하였다. 확고한 반공, 반소련 정책을 고수하였으며 친서방 정책을 구사하여 나토에 가입하고 프랑스 및 미국과의 우호관계를 개선하였으며 서독군의 재무장을 실시하였다.

아라곤왕국(Aragon)

중세 에스파냐의 왕국. 고대에는 로마 영토였으며 5세기 게르만 민족의 대이동 시기에 서고트족이 침입하였고 8세기부터 무어인의 지배를 받았다. 이후 국토 회복운동 중에 1035년 라미로 1세가 아라곤왕국을 무어인의 지배로부터 독립시켰다. 1237년 카탈루냐를 병합하고 지중해의 발레아레스 제도와 발렌시아를 정복하였다. 1469년 아라곤의 왕자 페르난도와 카스티야의 공주 이사벨이 결혼하고 1479년 페르난도가 왕위에 올라 카스티야와 아라곤은 통합되었으며 에스파냐 통일 국가의 기초가 되었다. 1516년 새로운 에스파냐왕국의 일부로 편입되었다.

아라베스크(arabesque)

아라비아풍의 장식무늬를 말한다. 식물의 줄기와 잎을 도안화하여 당초 무늬나 기하학 무늬로 배합시킨 것이다. 이슬람은 우상숭배를 금지하기 때문에 사원의 벽면 장식이나 책의 장정, 공예품 등에 아라비아 문자를 도안화하고 거기에 식물 무늬, 기하학 무늬를 배치하여 특유의 장식 미술을 만들었다. 르네상스 이후 유럽에도 전파되어 유행하였다.

아라비안 나이트(Alf laylah wa laylah)

천일야화(千一夜話)로 알려진 이슬람 설화문학. 6세기경 사산왕조 때 페르시아 전래의 《천 가지 이야기》가 아랍어로 번역되었고 여기에 인도, 아라비아, 이집트 등 이슬람 각지의 설화가 덧붙여져 15세기경 현존하는 형태로 완성되었다. 다양한 유래와 복잡한 구성으로 이루어져 있으나 아랍어와 이슬람 사상으로 통일되어 있다. 줄거리는 사산왕조의 샤푸리 야르왕이 아내에게 배신당한 후 세상의 모든 여성을 증오하여 하룻밤을 같이 보낸 후 다음날 아침에 죽여버린다는 설정 하에 그 나라 대신의 딸 세헤라자데가 왕에게 매일 밤 재미있는 이야기를 들려주어 1천 1일 밤 동안 계속한 끝에 왕의 마음을 돌려 행복한 여생을 보낸다는 내용이다. 18세기 이후 유럽어로 번역된 이래 전 세계적으로 알려지게 되었다.

아라비파샤(Arabi Pasha, 1839~1911)

이집트의 독립운동 지도자. 우라비 파샤라고도 부른다. 농민 출신의 군인으로 1876년부터 영국과 프랑스의 경제 장악과 내정 간섭이 심화됨에 따라 군 장교들의 비밀결사를 중심으로 민족주의 단체인 국민당을 이끌고 두 차례 반란을 시도하였다. 1882년 육군장관이 되어 독립과 입헌정치 확립을 위한 국민운동과 반외세운동을 일으켰다. 이에 영국과 프랑스는 무력간섭으로 나와 아라비 파샤의 군대를 제압하고 이집트를 장악하였다. 아라비 파샤는 체포되어 실론 섬에 유배되었다가 1911년 이집트로 돌아온 후 곧 사망하였다. 이후 이집트는 영국의 실질적 지배를 받다가 제1차 세계대전의 발발하면서 영국의 보호국이 되었다.

아라파트(Arafat, Yasser, 1929)

팔레스타인 민족해방운동의 지도자. 예루살렘에서 출생하여 카이로대학을 졸업하고 토목기사가 되었다. 1961년 쿠웨이트에서 알파타(팔레스타인 민족해방운동)를 결성하고 1969년 팔레스타인 민족해방기구(PLO)의 의장이 되었다. 이후 팔레스타인의 대표로 국제적 인정을 받게 되었다. 1982년 이스라엘의 레바논 침공 이후 한때 시련을 겪었으나 다시 지도력을 발휘하여 1988년 가자지구와 요르단강 서안지구를 영토로 하는 팔레스타인 독립국을 선포하였다. 1993년 9월에 이스라엘의 라빈 총리와 팔레스타인 자치원칙선언을 주요 내용으로 하는 평화협정을 체결하였고 1994

▶ 아라파트

년에는 라빈총리와 페레스 외무장관과 함께 노벨 평화상을 공동수상하였다. 1996년 팔레스타인의 초대 대통령 선거에서 대통령으로 선출되었다.

아르콘 ◐ 집정관

아르키메데스(Archimedes, BC 287?~BC 212)

그리스의 수학자, 물리학자. 시칠리아 섬의 그리스 식민도시 시라쿠사 출신으로 알렉산드리아에서 공부하였다. 수력천상의, 나선 양수기, 지렛대의 원리, 수학에서 원과 구의 면적, '아르키메데스의 원리'로 불리는 부력의 법칙 등을 발견하였다. 제2차 포에니 전쟁(BC 218~BC 201) 당시 시라쿠사를 침공한 로마군에 맞서 투석기, 기중기 등의 무기를 고안하였다. 시라쿠사가 함락될 당시 로마군에게 피살되었다.

아리스토텔레스(Aristoteles, BC 384~BC 322)

고대 그리스의 철학자. 스타게이로스 출신으로 17세 때 아테네로 가서 플라톤의 아카데미아에 들어가 플라톤이 죽을 때까지 20년 간 머물렀다. 그 후 각지에서 연구와 교육을 하면서 알렉산더 대왕의 개인교사를 하였다. BC 335년에 아테네로 돌아가 리케이온에서 자신의 학원을 열었다. 아리스토텔레스의 연구는 실증주의 경향이 강하여 스승 플라톤의 이데아론이나 윤리학, 정치학설을 비판하였다. 형이상학, 논리학, 윤리학, 정치학, 심리학, 시학, 미학, 생물학 등 다양한 분야의 학문을 연구하여 각 분야의 기초를 쌓았다. 그는 이러한 여러 분야의 학문을 형이상학을 통하여 파악함으로써 철학과 과학을 결합시켰다. 저서로 《에우데모스》, 《철학에 대하여》, 《시학》, 《정치학》, 《오르가논(논리학)》, 《니코마코스 윤리학》, 《자연학》 등이 있다.

아리스토파네스(Aristophanes, BC 445?~BC 385?)

고대 그리스의 희극작가, 시인. 아테네 출신으로 페리클레스 시대(BC 495~BC 429)에 태어나 펠로폰네소스 전쟁 중에 극작가로 활동하였다. 보수적 입장에서 신식 철학, 소피스트, 전쟁과 선동 정치가에 반대하는 입장에서 시사 문제를 풍자한 희극을 많이 썼다. 평화주의적 입장에서 클레온과 같은 호전적 선동정치가를 공격하는 작품을 많이 썼는데 44편의 작품 제목이 알려져 있으나 현존하는 것은 11편뿐이다. 〈아카르나이의 사람들〉, 〈기사〉 등의 작품으로 클레온을 비판하였고 〈구름〉에서는 소크라테스를 소재로 신식교육을 비판하였다. 〈여자의 평화〉에서는 반전평화주의를, 〈개구리〉에서는 에우리피데스와 아이스킬로스를 대상으로 삼았다. 그의 작품은 기지와 해학, 기발한 상상력과 서정이 담겨 있으며 당시 지도자나 서민의 생활상이 잘 묘사되어 있다.

아리아인(Aryan)

인도 게르만 어족의 일파로 중앙아시아에서 이주하여 인도, 이란에 정착한 민족. 아리아라는 말은 '고귀한'이란 뜻으로 아리아인들이 스스로를 부르는 말이다. 넓게는 인도, 유럽인을 뜻하는 의미로 쓰인다. 중앙아시아 고원지대에서 유목생활을 하다가 BC 20~15세기 무렵부터 아프가니스탄을 통하여 인도 펀잡지방으로 이주하였다. BC 1000년 무렵부터 갠지스강 유역으로 이동하여 철기문명, 카스트제도, 베다 경전 등 인도 고대문화의 기초를 이룩했다. 아리아인의 일부는 이란 지방으로 이동하여 페르시아제국을 건설하였다.

아리우스(Arius, 250?~336?)

고대 그리스도교의 이단인 아리우스파의 창시자. 리비아 출신으로 안티오키아에서 신학을 배우고 알렉산드리아 교회의 사제가 되었다. 스승 루키아노스의 가르침에 따라 단순한 유일신론의 입장에서 성부, 성자의 동질성을 부인하고 그리스도의 인간성을 강조하여 아타나시우스파의 삼위일체론에 반대하였다. 이 때문에 321년 알렉산드리아 교회 회의에서 이단으로 판정되었으며 에우세비오스의 도움으로 항소하여 전교회 차원의 논쟁을 야기하였다. 아리우스는 결국 325년 니케아 공의회에서 이단으로 확정되었다. 그 뒤에도 로마제국 내에서 영향력을 발휘하다가 381년 콘스탄티노플 공의회에서 최종적으로 배척되었다. 그러나 아리우스파는 게르만 부족들 사이에 널리 전파되어 큰 세력을 떨쳤다.

아무르인(Amorite)

서(西)셈족의 일파. 아모리인이라고도 한다. 원래 시리아의 가나안 주변에서 유목생활을 하다가 BC 3000년부터 메소포타미아로 이주하여 유프라테스강 중류지역에 정착하고 수메르 문화를 받아들여 발전하였다. BC 2100년에 숨아붐이 바빌론을 수도로 하여 아모리왕조를 세우고 악카드를 지배하여 바빌론 제1왕조가 되었다. 함무라비왕 때에 바빌로니아 전역을 지배하고 함무라비 법전을 제정하는 등 높은 문명을 이룩하였다. BC 18세기에 멸망하였으며 아무르인은 이후 팔레스타인과 시리아에 작은 왕국을 이룩하고 상업활동에 종사하였다.

아문센(Amundsen, Roald, 1872~1928)

노르웨이의 탐험가. 1893년부터 선원이 되어 1897년 남극탐험에 참가하였다. 1903~1906년 오슬로를 출발하여 대서양에서 북극해를 거쳐 태평양으로 나와 샌프란시스코에 도착하여 북서항로 개척에 성공하였다. 북극점 탐사를 준비하다가 1909년 미국인 피어리가 북극점에 도착하자 목표를 남극으로 바꾸어 1910년 남극 탐험에 나섰다. 영국의 스코트 탐험대와 경쟁하면서 탐사에 나서 1911년 스코트보다 35일 앞서 남극점에 도달하였다. 이후 비행정과 비행선을 이용한 북극 횡단 비행에 성공하였으며 1928년 노빌레 북극 탐험대가 조난당하자 구조하러 갔다가 행방불명되었다.

아바스왕조(Abbasids, 750~1258)

옴미아드왕조 이후 동방 이슬람 세계를 지배한 왕조. 749년 예언자 마호메트의 아저씨인 아바스의 증손 사파흐가 쿠파에서 칼리프임을 선언하고 이듬해 옴미아드왕조 최후의 칼리프가 피살되어 아바스왕조가 성립하였다. 옴미아드왕조는 지나친 아랍민족 중심주의 때문에 많은 반발을 샀기 때문에 아바스왕조에서는 그러한 차별을 철폐하였다. 옴미아드 왕가의 일부는 에스파냐로 도피하여 후(後)옴미아드왕조(756~1031)를 수립하였다. 아바스왕조는 수도 바그다드를 중심으로 번성하여 제5대 칼리프인 하룬 알라시드(재위 786 809)와 그의 아들 마문 시대에 전성기를 이룩하였다. 이 시기에 그리스 문화와 이란 문화를 받아들여 궁정문학, 이슬람 예술, 학문이 발전하고 상업과 교통이 활발해졌다. 그러나 다음 칼리프 대부터 투르크계 용병들이 정권을 장악하여 칼리프는 유명무실해졌으며 지방 각주가 반독립상태가 되면서 혼란을 겪다가 1258년 칭기스칸의 손자 훌라구가 이끄는 몽고군에 의해 바그다드가 점령되어 멸망하였다.

아베로에스(본명 : Ibn Rushd, 1126~1198)

중세 이슬람의 철학자. 에스파냐 코르도바의 귀족집안 출신으로 신학, 법학, 철학, 의학을 공부하였다. 이슬람 철학을 집대성 하였으며 아리스토텔레스의 저작에 주석을 달아 13세기 유럽의 스콜라 철학자들에게 큰 영향을 미쳤다. 그리스 합리주의를 기반으로 철학 서적 《파괴의 파괴》를 저술하였으며 의학서로 《의학 개론》 천문학 서적으로 프톨레마이오스의 《알마게스트》를 요약하였다. 13세기 이후 라틴 세계에 아베로에스파(派)라는 학파를 탄생시켰는데, 이 파는 15~16세기에 파도바대학을 중심으로 매우 융성하였다. 이 파의 자연주의적 경향은 그 후의 경험과학 발전에도 크게 이바지하였다.

아벨라르(Abelard, Pierre, 1079~1142)

중세 유럽의 스콜라 철학자. 낭트 부근 르팔레에서 귀족의 아들로 태어나 파리에서 기욤으로부터 논리학과 수사학을 배웠다. 파리에서 교사로 일하면서 여제자 엘로이즈와의 연애사건으로 유명해졌다. 엘로이즈와의 편지를 모은 《재앙의 역사》, 《아벨라르와 엘로이즈》는 전유럽에 걸쳐 널리 읽혀졌다. 철학자로서 유명론과 실재론의 중간 입장인 개념론을 택하였으며 변증술을 신학에 적용시키려 하였다. 그는 교부들 간의 의견 차이를 통해 해답을 구하려 하였으며 이 방법은 아퀴나스에게 전해졌다. 1121년 저서가 분서(焚書) 선고를 받고 수도원에서 감금 생활을 하다가 사망하였다.

아비뇽 유수(Avignonese Captivity, 1309~1376)

중세 말에 교황이 프랑스 남부 아비뇽으로 거처를 옮긴 사건을 말한다. 고대 유대인의 바빌론 강제이주 사건을 본떠 '교황의 바빌론 유수'라고도 한다. 교황의 절대권을 주장하던 보니파키우스 8세가 프랑스왕 필립 4세에 의해 아나니 사건(1303)으로 패배하였다. 그 후 선출된 클레멘스 5세는 로마로 가지 못하고 남프랑스 아비뇽에 교황청을 설치하였다. 이후 그레고리우스 11세가 로마로 복귀할 때까지 7명의 교황들이 아비뇽에 머물면서 프랑스왕의 간섭을 받았다. 1378년 로마로 돌아간 그레고리우스 11세가 사망하자 로마와 아비뇽에서 두 사람의 교황이 즉위하는 교회분열 사태가 일어나 아비뇽 교황청은 1417년까지 존속하였다.

아서왕의 전설(Arthurian Legends)

중세의 대표적 기사문학. 아서왕은 6세기경의 브리튼의 전설적 인물이며 켈트민족의 영웅이다. 아서는 웨일스 남부에 살던 브리튼 부족의 왕자로 부친 유더왕이 색슨인에게 살해되자 왕위에 올라 보검 엑스칼리버를 가지고 색슨인을 토벌하였다. 이후 그를 따르는 원탁의 기사들과 여러 나라를 정복하였으나 부하 모드레드의 배신으로 중상을 입고 전설의 섬 아발론으로 갔다고 한다. 이 이야기에다 원탁의 기사 란슬럿의 무용담, 트리스탄과 이졸데의 사랑 이야기, 파시벌과 그리스도의 성배(聖杯) 이야기 등이 결합되어 전해지다가 1485년 토머스 맬러리가 지은 《아서왕의 죽음》이 출판되면서 오늘날과 같은 형태로 전해지게 되었다.

아소카왕(Asoka)

인도 마우리아왕조의 제3대 왕(재위 BC 272?~BC 232?). 한역불전(漢譯佛典)에는 아육왕(阿育王) 아수가(阿輸迦)로 기록되어 있다. 재위 기간 중에 인도 남동부의 칼링가 지방을 정복하여 데칸 고원 남부를 제외한 전인도 통일에 성공하여 인도 최초의 통일제국을 이루었다. 이후 정복전쟁 대신 평화주의를 지향하여 법(다르마)에 의한 종교적, 도덕적 가치를 숭상하는 정책을 폈다. 강력한 중앙정부를 통하여 불교를 후원하였으며 아소카 왕 시대에 불교는 경전과 교단을 체계화하여 인도 외부로 전파되어 국제적 종교로 발전하였다.

아스카시대(飛鳥時代)

일본의 역사시대. 스이코(推古) 천황(재위 593~628)과 쇼토쿠태자(聖德太子)의 섭정시대(攝政時代)를 중심으로 한 전후 시기이며 불교의 일본 전래로부터 645년의 다이카 개신(大化改新)까지가 이에 속한다. 당시 야마토(大和) 조정의 황실이 나라분지(奈良盆地) 남쪽 아스카(飛鳥)지방에 있었기 때문에 이런 명칭이 붙었다. 아스카시대는 한국과 중국에서 각종 불교와 유교를 비롯한 각종 제도와 문물을 수입하여 관료제를 확립하고 유교사상을 바탕으로 한 헌법을 제정하였다. 이를 통해 천황의 권한을 높이고 율령제 국가의 기틀을 다졌으며 문화적으로 불교문화와 불교미술이 크게 발전하였다.

아시리아(Assyria)

메소포타미아 북부 아슈르를 수도로 한 셈족 국가. 바빌로니아에 속해 있다가 BC 2000년경 독립하여 BC 1300년경에는 니네베로 수도를 옮겼다. BC 731년 바빌로니아를 무너뜨리고 BC 722년에는 유대와 이스라엘왕국을 정복하였으며 이때 사르곤 2세가 사르곤왕조를 수립하고 시리아, 팔레스타인, 이집트를 정복하여 오리엔트 최초의 통일제국을 이룩하였다. 강력한 군사력과 관료제도, 역전제도를 활용하여 광대한 영토를 지배하였으나 피정복민에 대하여 가혹한 억압과 수탈정책을 실시한 결과 각지에서 반란이 속출하였다. 결국 BC 612년에 칼데아, 메디아, 스키타이 연합군이 수도 니네베를 파괴하여 아시리아제국은 멸망하였다. 아시리아는 바빌로니아 문명의 영향을 받았으며 이 문명은 이후 칼데아인이 일으킨 신바빌로니아왕국에 전해졌다.

아시카가 ● 무로마치 막부

아우구스투스(Augustus, BC 63~AD 14)

로마 제정의 초대 황제. 본명은 가이우스 옥타비아누스. 어머니가 카이사르의 조카딸로 카이사르의 보호를 받았으며 BC 44년 카이사르가 암살된 후 유서에서 후계자로 지정되었다. 카이사르의 세력을 넘겨받아 BC 43년 안토니우스, 레피두스와 제2차 삼두정치(三頭政治)를 형성하였고 안토니우스와 함께 필리피 전투에서 부르투스와 카시우스를 격파하고 로마 속주를 3등분하여 안토니우스가 동방, 옥타비아누스가 서방, 레피두스가 아프리카를 장악하였다. 레피두스가 탈락한 후 안토니우스와 대립을 벌여 BC 31년 악티움 해전에서 안토니우스를 격파하고 로마의 지배자가 되었다. 원로원으로부터 아우구스투스(존엄자)라는 칭호를 받았으며 공화정의 명목을 유지하면서 시민 가운데 1인자인 프린켑스로서 원수정을 시작하였다. 내정에 있어 사회기강과 군기확립에 노력하고 로마시를 새롭게 조성하였으며 외정에 있어서는 파르티아를 물리치고 유럽에서는 엘베강까지 진출했으나 AD 9년 토이토부르크 숲 전투에서 패배하여 다시 라인강까지 후퇴하였다. 티베리우스를 양자로 삼아 권력을 이양하였다.

▶ 아우구스투스

아우구스티누스(Augustinus, Aurelius, 354~430)

초기 그리스도교 교회의 최대 교부. 북아프리카(누미디아)의 타가테스 출신으로 아버지는 로마제국의 관리였고 어머니가 독실한 그리스도교 신자였다. 카르타고에 유학하여 수사학을 배웠으며 젊은 시절에 방탕한 생활에 빠졌으며 한 때 마니교에 심취하였다. 386년에 밀라노의 주교 암브로시우스를 만나 그리스도교로 개종하고 388년 고향에 돌아와 사제가 되었으며 395년에 히포의 주교가 되었다. 《고백록》, 《신국론》, 《삼위일체론》을 비롯한 여러 신학, 철학 저서를 남겼다. 고대문화의 마지막 대사상가이자 새로운 중세문화의 선구자로 평가받고 있으며 중세 신학에 큰 영향을 미쳤다.

아우랑제브(Aurangzeb, Mohi al-Din Alamgir, 1618~1707)

무굴제국의 제6대 왕(재위 1658~1707) 5대 황제 샤 자한의 셋째 아들로 데칸 태수로 있으면서 농업을 장려하고 페르시아인 징세관을 기용하여 데칸을 통치하였다. 아버지 샤 자한이 병석에 눕자 형제간의 왕위싸움을 거쳐 부왕을 유폐시키고 왕위에 올랐다. 엄격한 정통파 이슬람 교도로서 이교도 개종에 열성적이었기 때문에 각지에서 반란이 일어나 남부의 마라타족이 일으킨 반란을 진압하기 위해 25년이나 직접 원정에 나섰으나 게릴라전에 말려 실패하고 원정 중에 사망하였다. 악바르 대제가 구축한 통일제국을 최대로 확장하였으나 이미 이 시기에 붕괴의 조짐들이 나타나기 시작하였다. 아우랑제브가 죽은 후 무굴제국은 급속히 와해되기 시작하였다.

아우스터리츠 전투(Battle of Austerlitz, 1805)

나폴레옹이 오스트리아와 러시아의 동맹군을 격파한 전투. 프랑스, 오스트리아, 러시아 황제가 참전하여 삼제회전(三帝會戰)이라고도 한다. 1805년 초 영

▶ 아우스터리츠 전투

국, 오스트리아, 러시아가 제3차 대(對) 프랑스 동맹을 결성하고, 10월에는 영국이 트라팔가 해전에서 승리를 거둠으로써 나폴레옹은 영국 상륙을 단념하고 대신 빈을 점령하였다. 오스트리아 황제 프란츠 1세는 모라비아의 아우스터리츠(현재 슬로바키아 영토)에서 러시아 황제 알렉산드르 1세와 합류하여 8만의 동맹군을 형성하였다. 나폴레옹은 7만의 프랑스군으로 동맹군의 중앙을 돌파하여 대승을 거두어 러시아군을 폴란드로 퇴각시키고 오스트리아와는 프레스부르크 화약을 맺어 제3차 대 프랑스 동맹을 붕괴시켰다.

아우크스부르크 화의(Augsburger Religionsfrieden, 1555)

독일 종교분쟁을 조정하기 위해 소집된 제국의회의 결의. 이 결의로 루터파가 카톨릭과 동등하게 인정되었고 제후와 제국도시는 신앙을 선택할 권리를 가지게 되었다. 카톨릭 제후가 루터파로 개종할 때는 지위와 영토를 상실하며 카톨릭 후계자가 임명된다. 또한 영주의 신앙에 따라 주민의 신앙도 결정되고 이를 원치 않는 자는 다른 곳으로 이주할 수 있게 보장하였다. 이 전쟁으로 일단 종교개혁 이래의 대립은 해결되었으나 루터파만 승인을 받고 칼뱅파는 제외되었음으로 대립의 불씨를 남겼다. 결국 이 때문에 30년 전쟁의 발생원인이 되었으며 칼뱅파는 1648년의 베스트팔렌 조약을 통해서 승인을 받았다.

아유티아왕조(Ayuthia, 1350~1767)

타이족의 왕조. 정식 명칭은 프라나콘시아유타야왕조이다. 태국 중부 차오프라야강 하류의 아유티아를 수도로 하여 라마티보디 1세가 수코타이왕조를 항복시키고 영토를 확장하였다. 이후 국정을 정비하고 외교적으로 1376년 중국 명(明)나라로부터 타이 국왕이 새인(璽印)과 의대(衣帶)를 받고 섬라(暹羅)라 호칭되었고 포르투갈을 비롯한 유럽인들을 많이 등용하였다. 미얀마의 아라운파야왕조와 여러 차례 전쟁 끝에 1766년 미얀마군의 공격을 받고 수도 아유티아가 함락되어 1767년 멸망하였다.

아이스킬로스(Aeschylos, BC 525?~BC 456)

고대 그리스 아테네의 3대 비극시인 중의 한 사람. 데메테르 여신을 받드는 엘레우시스의 신관 집안 출신이다. 페르시아 전쟁에 참전하였으며 비교적 늦게 성공하였으나 30년 간 13회의 성공을 거두어 그리스 전역에 명성을 떨쳤다. 모두 90편의 비극을 쓴 것으로 전해지지만 현재는 7편만이 전해진다. 비극 배우를 1인에서 2인으로 늘여 대화를 시킴으로써 그 형식을 바꾸고 예술성을 높인 종교적 비극을 주로 썼다. 대표작으로 〈페르시아 사람들〉, 〈아가멤논〉, 〈코에포로이〉, 〈에우메니데스〉로 이루어진 《오레스테이아》, 3부작 《구원을 바라는 여인들〉, 《포박된 프로메테우스》 등이 있다.

아유브왕조 ◐ 살라딘

아이젠하워(Eisenhower, Dwight David, 1890~1969)

미국의 군인, 정치가, 제34대 대통령(재임 1953~1961). 텍사스 출신으로 육
군사관학교를 졸업했다. 제2차 세계대전 때
인 1942년 북아프리카 방면 연합군사령관,
1943년 유럽연합군 최고사령관이 되어 노
르망디 상륙작전을 지휘하는 등 연합군의
승리에 기여하였다. 1944년 원수가 되었으
며 이후 컬럼비아대학 총장, 나토 최고사령
관 등을 거쳐 1952년 대통령 선거에 공화당
후보로 출마하여 당선되었다. 재임 중에는
한국전쟁과 인도차이나 전쟁의 휴전을 이끌
어냈으며 수에즈 운하 문제 등을 수습하였
다. 국내적으로는 기업위주 정책을 폈으며
'평온한 50년대'라 불리는 미국의 전성기에
걸맞는 대통령으로 평가받고 있다.

▶ 아이젠하워

아이훈 조약(愛琿條約, Treaty of Aihun, 1858)

러시아와 청나라가 맺은 조약. 러시아는 1689년 네르친스크 조약에 따라 헤
이룽강(아무르강) 지방으로 진출할 수 없게 되어 있었지만 19세기 중반 시베
리아 총독 무라비요프가 이 지역의 탐색을 강행하였다. 당시 청나라가 태평
천국(太平天國)의 난과 영국과의 애로호(號) 사건으로 곤경에 처한 틈을 타서
러시아가 이 조약을 강용하였다. 조약에 따라 헤이룽강 좌안은 러시아 영토
가 되었으며 우수리강 동쪽의 연해주는 양국의 공동관리가 되었다. 그러나
1860년 베이징 조약으로 연해주도 러시아 영토가 되었다.

아인슈타인(Einstein, Albert, 1879~1955)

독일 태생의 유대인 물리학자. 독일 울름에서 태어났으며 스위스 공과대학
물리학과를 졸업하고 베른 특허국에서 근무하였다. 1905년 특수 상대성이론
을 발표하여 기존의 뉴턴역학 체계에 일대 변동을 초래하였으며 시간과 공간
의 개념을 변화시켜 20세기 철학과 문학에도 큰 영향을 미쳤다. 이 이론은
또한 원자폭탄 개발의 가능성을 보여주었다. 1913년 베를린대학 교수가 되었
으며 1916년 일반 상대성이론을 발표하여 그 공로로 1921년 노벨 물리학상을

수상하였다. 독일에서 나치스가 정권을 잡자 1933년 미국으로 옮겨 상대성이론을 확대한 통일장이론 연구에 몰두하였다. 제2차 세계대전이 일어나자 원자폭탄 개발의 필요성을 강조하였으며 시오니즘 운동을 후원하였다.

아일랜드 공화국군(IRA, Irish Republican Army)

아일랜드의 무장독립운동 단체. 현재는 북아일랜드와 아일랜드 공화국의 통일을 주장하는 무장단체이다. 1913년 조직된 군사조직 아일랜드 자원군의 후신으로 1916년 더블린 봉기 이후 본격적으로 알려졌고 1919년 아일랜드 국민회의 수립 이후 공식명칭이 되었다. 1922년 아일랜드 자유국의 성립과 함께 분열하여 아일랜드의 완전통일을 주장하는 무력단체가 그 이름을 계승하였다. 1949년 아일랜드 공화국 독립이후 영연방인 북아일랜드에서 유혈사태를 일으켰고 1969년부터 영국군이 주둔하자 영국군을 대상으로 테러활동을 벌였다. 1994년 IRA의 정치조직인 신페인당이 무조건 휴전을 선언한 이래 현재는 잠정적 평화 상태이다.

아잔타 석굴(Ajanta Caves)

인도 서부의 고대 불교 석굴사원. 마하라슈트라주 타프티강 지류 유역의 언덕에 조성된 29개의 석굴사원이다. 인도의 남북을 잇는 교통 요지에 위치하여 불교 전파에 따라 BC 2세기부터 AD 8세기까지 석굴사원이 조성되었다. 승려가 거주하는 승방과 불탑을 모신 예배당으로 나뉘어져 각기 다른 구조를 보인다. 석굴은 조성시기에 따라 3가지로 분류되는 데 제1기는 BC 2세기에서 AD 2세기에 걸쳐 조성되었으며 부파불교 시대에 만들어졌기 때문에 불상은 보이지 않는다. 제2기는 5~6세기 바카타카왕조 시대에 대승불교 세력이 조성하여 불상이 보인다. 제3기는 6~8세기 굽타왕조 시대로 굽타 양식의 불상과 불화가 보이며 이 양식은 중앙아시아를 거쳐, 중국, 한국, 일본으로 전해져 불교미술사상 중요한 가치를 지닌다.

아즈텍족(Aztecs)

중부 아메리카 멕시코 고원에 강대한 국가를 건설한 부족. 멕시카족이라고도 한다. 14세기경 현재의 멕시코시티 자리에 테노치티틀란이란 도시를 건설하여 15세기 초부터 1520년 페르난도 코르테스가 이끄는 에스파냐군에게 정복되기까지 대제국을 건설하였다. 아즈텍족은 아즈텍 문명이라 불리는 독자적 문명을 발전시켰다. 이들은 원래 유목민이었으나 멕시코 고원에 정착한 후 옥수수 농경을 시작했고 평민과 귀족 양대계층으로 구별된다. 아즈테크족은 전쟁포로를 신에게 희생물로 바치는 습속이 있어 산 제물이 될 포로를 얻기 위해 자주 전쟁을 벌였다.

아카드(Akkad)

고대 오리엔트에서 활동한 민족의 이름이자 국가명. 아카드인은 셈족의 한 갈래로 BC 2350년 사르곤이 수메르인의 도시국가들을 정복하여 메소포타미아 최초의 통일국가를 건설하였다. 이후 남부 메소포타미아(바빌로니아)의 북부를 아카드, 남부를 수메르라고 부르게 되었다. 아카드왕국은 BC 2350∼BC 2150년 동안 8대에 걸쳐 메소포타미아 북부를 지배하며 시리아, 팔레스타인, 아시리아, 엘람을 침공하였으며 수메르 문명과 셈족 문화를 혼합시켜 후세에 전하였다. 이들은 벽돌을 사용한 가옥을 만들었고 설형문자로 셈어 기록을 남겼으며 뛰어난 예술작품을 만들었다. BC 2150년경 이란고원에서 침입해온 구티족의 침공으로 멸망하였다.

아케메네스조 페르시아(Achaemenid Persia, BC 550∼BC 330)

고대 페르시아의 왕조. 이란 남서부 파르스 지방을 본거지로 서아시아 전역을 통일하였다. BC 550년 파르스 지방에서 아리아 계통의 페르시아 부족장 아케메네스의 손자 키로스가 메디아를 무너뜨리고 이란 고원을 평정하였다. 이어 리디아왕국을 점령하고 소아시아 연안의 그리스 식민도시를 장악하였으며 바빌로니아에 침입하여 칼데아왕국을 정복함으로써 서아시아를 통일하고 아케메네스왕조를 세웠다. 이 왕조는 다양한 피정복 민족을 관용정책으로 통치하여 페르시아의 평화를 이루었으며 각 민족의 문화를 인정하였다. 이때 이란 지역에서는 왕실의 보호 아래 조로아스터교가 성행하였다. 키로스의 아들 캄비세스는 이집트를 정복하였고, 다리우스 1세 때는 전영토를 22개의 속주로 나누어 각 주에 태수(사트라프)를 파견하였으며 이들을 감시하는 '왕의 눈, 왕의 귀'라 불리는 순찰사들을 파견하여 지방행정을 감독하였다. 이 시대에 도로를 정비하고 역참시설을 완비하였으며 페니키아인을 중심으로 해상교통도 활발해졌다. 다리우스와 그 아들 크세르크세스 1세는 여러 차례 그리스 원정(페르시아 전쟁)을 시도하였으나 실패하고 다리우스 3세 때에는 마케도니아의 알렉산더 대왕의 원정군의 침공을 받았다. 알렉산더 원정군은 가우가멜라 전투에서 페르시아군을 격파하고 다리우스는 신하에게 암살되어 아카메네스왕조는 몰락하였다.

아퀴나스(Aquinas, Thomas, 1225?∼1274)

중세 유럽의 대표적 스콜라 철학자. 이탈리아 로카세카 출신으로 도미니크 수도회에 들어가 파리와 쾰른에서 알베르투스 마그누스 밑에서 공부하였다. 파리대학과 로마, 나폴리 등지에서 신학교수로 활동하였으며 리옹 공의회에 참석하러 가던 도중 병으로 사망하였다. 스콜라 학자로서 방대한 저서를 남겼는데 고전에 대한 주석 분야에서는 《주해》, 《명제집 주해》 및 아리스토텔레스 등 고대 사상가들의 저작에 대한 주석집을 남겼다. 철학 분야에서는 《신학대전》, 《대이교도 대전》의 양대 저작을 남겼으며 그 밖에 여러 종류의 토론집을 남겼다. 아퀴나스는 아리스토텔레스 철학을 그리스도교 사상과 조화시켜 이성과 신앙의 조화를 추구하였다. 그는 여러 학문 영역을 종합하여 중세사상을 완성하였지만 동시에 신 중심 입장을 고수하면서도 이성을 통한 인간의 상대적 자율성을 확립하여 인간중심적, 세속적 근대 사상의 출발점을 제시하였다.

아Q정전 ○ 루쉰

아크로폴리스(acropolis)

고대 그리스 도시국가(폴리스)의 중심부에 위치한 언덕. 본래는 폴리스라고 불렸으나 폴리스가 도시국가를 뜻하게 되자 아크로(높은)라는 형용사가 붙어 아크로폴리스가 되었다. 수비하기 좋은 언덕에 성벽을 쌓았는데 그리스 도시국가가 전사집단의 사회였기 때문에 방어가 용이한 지점을 선택한 것이다. 아크로폴리스에는 폴리스의 수호신을 모시는 신전이 세워져 도시국가의 종교적 중심지가 되었다.

▶ 아크로폴리스

아키노(Aquino, Corazon, 1933~)

필리핀의 정치가. 루손섬 타를락주의 대부호인 코후앙코 가문 출신으로 1955년 B.S. 아키노와 결혼하였다. 1972년 상원의원이던 남편이 마르코스 정권에 의해 투옥되자 남편을 대신해 정치활동에 나섰으며 1980년 남편과 함께 미국으로 망명하였다. 1983년 필리핀에 돌아온 남편이 마닐라 공항에서 암살되자 정치일선에 나서 야당의 단일 대통령후보가 되었다. 1986년 대통령 선거에서 조작으로 패배한 뒤 시민불복종운동을 일으켜 마르코스를 하야시키고 대통령이 되었다. 이로써 마르코스 독재를 종식시키고 이후 필리핀의 평화적 정권 교체의 길을 열었다.

아타나시우스(Athanasius, 295~373)

니케아 공의회시대의 그리스도교 교부. 알렉산드리아 출신으로 325년 니케아 공의회에 참석하여 아리우스파를 이단으로 규정하고 삼위일체설을 확립하는 데 기여하였다. 328년 알렉산드리아의 주교가 되었으며 아리우스파와의 갈등 때문에 5번이나 교구장을 박탈당하고 17년 동안 유배생활을 하였다. 추방 기간 중에 로마로 피신하여 로마 교회와 아타나시우스의 주장이 결합하게 되었다. 《반이단론》을 비롯하여 아리우스 논쟁에 관한 많은 저술을 남겼다.

아테네(Athenae)

스파르타와 함께 고대 그리스를 제패한 도시국가. 그리스 문화의 중심지인 아티카 지방의 중심부에 위치해 있다. 에게해 원주민이 살던 곳에 그리스인 제1차 남하인 이오니아인이 정착하였다. 이후 제2차 남하 시에 별 영향을 받지 않고 몇 개의 작은 왕국이 형성되었다가 BC 8세기경부터 귀족들이 도시국가를 형성하여 아티카 전역을 통일하였다. 귀족 중에서 집정관(아르콘)이 나와 통치하였으며 아르콘 출신으로 아레오파고스 회의를 구성하였다. 상공업이 발달하고 해외 식민활동이 활발하여 소아시아에 여러 그리스 식민시를 건설하였다. 화폐경제의 발달과 대토지 소유 증대로 귀족과 평민 간의 대립이 심화되자 드라콘의 성문법 제정(BC 621), 솔론의 개혁(BC 594), 페이시스트라토스의 참주권 수립(BC 561), 클레이스테네스의 개혁(BC 508) 등으로 갈등을 조정하고 민주정 문화를 발전시켰다. BC 5세기에는 페르시아의 침입(페르시아 전쟁)을 받았으나 마라톤 전투와 살라미스 해전을 통해 페르시아를 물리쳤다. 이후 아테네는 델로스 동맹을 형성하여 그리스의 맹주가 되었다. 그러나 아테네의 독주에 대한 동맹국들의 불만과 스파르타와의 갈등으로 인해 BC 431년에 스파르타와 펠로폰네소스 전쟁이 일어났다. 오랜 전쟁 끝에 BC 404년 아테네는 스파르타에 패배하였다. 이후 아테네는 마케도니아의 지배를 받다가 로마의 속주가 되었다. 로마제국이 몰락한 후에는 비잔틴제국의 영토가 되었으며 15세기부터 투르크에 점령되었고 1834년 그리스가 독립한 후 수도가 되었다.

아틸라(Attila, 406?~453)

훈족의 왕(433~453). 5세기 전반 민족대이동기에 헝가리 트랜실베니아를 본거지로 주변의 게르만족과 동고트족을 굴복시켜 동으로는 카스피해에서 서로는 라인강에 이르는 지역을 지배하였다. 동로마를 위협하여 조공을 바치도록하였고 서로마제국에 침입하여 서로마, 서고트, 프랑크 동맹군과 싸워 카탈라우눔 전투에서 패배하고 퇴각하였다. 452년에 북부 이탈리아 여러 도시를 침공하다가 교황 레오 1세의 간청으로 퇴각하였다. 그후 동로마 침공을 시도하다가 급사하였고 그의 사후 대제국도 붕괴하였다.

아파르트헤이트(Apartheid)

남아프리카의 흑백분리정책. 분리, 격리를 뜻하는 아프리칸스어에서 왔다. 백인우월주의에 근거한 인종차별정책으로 1948년 네덜란드계 백인(보어인)을 지지기반으로 하는 국민당 단독정부수립 후 강화되었다. 흑인과 백인의 거주지구를 분리하고 흑인에게 참정권을 부여하지 않고 경제적 수탈의 대상으로 이용하였다. 이 때문에 국제사회의 비난을 샀으며 1976년 6월 소웨토(요하네스버그 주변의 흑인집단거주지역) 폭동 이후 흑인들의 투쟁도 격렬해졌다. 1994년 흑인 지도자 넬슨 만델라가 남아프리카 공화국의 대통령에 취임하면서 아파르트헤이트 정책은 완전히 폐기되었다.

아편전쟁(阿片戰爭, Opium War), 1840~1842)

아편문제를 둘러싸고 일어난 청국과 영국간의 전쟁. 청국은 쇄국제도를 시행하여 대외무역을 광둥(廣東)의 특권 상인단체인 공행(公行)을 통해서만 허가했다. 영국은 중국의 차와 비단을 수입하여 무역역조에 시달렸기 때문에 인

▶ 아편전쟁

도의 아편을 중국에 수출하였다. 그 결과 중국의 은이 대량 유출되면서 심각한 재정파탄 현상이 일어났고 관청과 군대에 아편중독환자가 급증하여 청조에 심각한 위협이 되었다. 이에 도광제(道光帝)는 강경한 아편금지론자인 임칙서(林則徐)를 흠차(欽差)대신으로 광저우에 파견하여 아편밀수를 근절하고자 하였다. 임칙서가 영국상인으로부터 아편을 몰수한 사건이 계기가 되어 전쟁이 일어나게 되었다. 1840년 8월 영국 함대가 베이징의 입구인 다구(大沽) 톈진(天津)을 위협하자, 청조는 임칙서를 파면하고 휴전협상에 나섰다. 그러나 협상이 결렬되자 1841년 영국은 양쯔강으로 침입하여 난징(南京)을 위협하였다. 이에 청조는 영국의 요구를 수용하여 1842년 난징 조약을 체결하였다. 난징조약과 추가 조약인 후먼조약(虎門條約)으로 청국은 영국에 홍콩을 할양하고 광저우, 샤먼(廈門), 푸조우(福州), 닝포(寧波), 상하이(上海)를 개항하고 영사주재권 인정, 전쟁배상금 지급, 치외법권과 최혜국대우를 인정하였다. 이어 1844년 미국이 난징조약과 유사한 내용으로 청조와 왕샤조약(望廈條約)을 체결하였으며 유럽 각국도 같은 조약을 청조와 체결하여 중국의 반식미지화가 시작되었다.

아프가니스탄(Afghanistan)

이란 고원의 동북부인 아프간 대지에 위치하여 북은 중앙아시아, 동남은 파키스탄, 서로는 이란과 인접한 국가. 서아시아, 중앙아시아, 인도로 연결되는 문화교류, 통상, 군사상의 요충지이다. 페르시아의 영향을 받다가 알렉산더 대왕의 원정으로 이곳에 헬레니즘 문화가 전해졌으며 BC 2~3세기경 그리스계의 박트리아왕국 시대에 불교가 전해져 헬레니즘 미술을 영향을 받았다. 이 영향은 BC 1세기의 쿠샨왕조 시대에 간다라 미술로 발전하였다. 이후 파르티아와 사산조 페르시아의 지배를 받다가 이슬람의 영향권에 들어갔으며 투르크계의 가즈니왕조와 구르왕조 시대에 인도를 침공하여 인도 최초의 이슬람왕조인 델리왕조를 수립하였다. 이후 티무르가 이끄는 몽고군의 침입을 받았으며 1526년에 티무르의 후손 바부르가 델리의 왕위에 올라 무굴제국을 세웠다. 이후 아프가니스탄은 무굴제국과 이란계 사파비왕조가 분할 지배하다가 1747년에 두라니왕조가 성립하면서 아프간에 민족국가가 성립하였다. 19세기에 아프가니스탄은 영국과 러시아의 쟁탈전의 대상이 되었으며 이 때문에 2차에 걸쳐 아프간 전쟁이 일어나 영국의 보호국이 되었다. 1919년 영국으로부터 독립하였으며 1973년 쿠데타로 왕정이 폐지되고 공화정이 수립되었다. 1980년대에는 소련의 침입을 받았으며 1989년 소련군이 철수한 이래 반군파벌들 간의 내전이 일어났다. 1996년 이슬람 원리주의 세력인 탈레반이 정권을 장악했으며 2001년 미국과 반군세력들에 의해 탈레반이 축출된 후 임시정부 수립 등 국가 재정비 과정을 겪고 있다.

아후라마즈다(Ahura Mazdah)

고대 페르시아의 종교인 조로아스터교의 최고신. 아후라는 '신'을 마즈다는 '지혜'를 뜻한다. 광명세계를 창조하고 절대적 지배자로서 선을 돕고 악을 징벌한다. 아케메네스조 페르시아시대에 유일신으로 숭배되었으며 뒤에는 아리만(암흑의 신)과 대결하며 이 세계를 움직이는 2대 원리의 하나로 여겨졌다.

아헨조약(Treaty of Aachen, 1668, 1748)

독일 라인강 하류의 아헨에서 체결된 조약. 1668년 네덜란드 전쟁에 대한 종결과 1748년의 오스트리아 왕위계승 전쟁의 종결을 확약한 조약이다. 네덜란드 전쟁은 프랑스가 네덜란드를 침략하고 네덜란드가 영국 및 스웨덴과 연합하여 이에 대항한 전쟁으로 프랑스는 아헨조약으로 남플랑드르 일부를 제외한 점령지를 반환하였다. 오스트리아 왕위계승 전쟁은 마리아 테레지아의 왕위 계승에 불복한 선제후들 및 에스파냐, 프랑스, 프로이센이 오스트리아, 영국, 러시아와 싸운 전쟁으로 아헨조약으로 각국은 마리아 테레지아의 왕위 상속을 인정하고, 프로이센이 슐레지엔을 차지하였다. 이 조약으로 프로이센은 강국으로 성장하였지만 오스트리아와 갈등관계가 되어 이후 7년전쟁(1756~1763)이 일어나게 되었다.

악바르(Akbar, 1542~1605)

인도 무굴제국의 제3대 황제(재위 1556~1605). 무굴제국의 사실상 창시자이다. 부왕 후마윤이 급사하여 14세에 즉위하였다. 40여 년간 정복전쟁으로 영토를 확장하여 아소카왕에 버금가는 대제국을 건설하였다. 소수인 이슬람이 다수인 힌두교도를 지배하는 상황에서 힌두인을 회유하기 위해 라지푸트의 귀족 가문인 자이푸르 가문으로부터 왕비를 맞이하고 힌두교도에 대한 차별 조치를 철폐하여 동맹세력으로 끌어들였다. 북인도 전역을 지배하였으며 중앙집권적 관료조직을 정비하였다. 종교적 신비주의자로서 각 종파를 절충한 '신성종교'를 만들고 자신을 신의 대행자로 칭하였으나 큰 호응을 이끌어내지는 못하였다. 이슬람 양식에 힌두 양식을 가미한 많은 건축물을 남겼으며 무굴왕조 특유의 궁정 미술을 남겼다.

악비(岳飛, 1103~1141)

중국 남송(南宋)의 무장. 자 붕거(鵬擧). 농민 출신으로 금나라의 침입으로 북송이 무너질 무렵 의용군에 입대하여 전공을 쌓아 무한(武漢)과 양양(襄陽)을 거점으로 후베이(湖北) 일대를 장악한 대군벌(大軍閥)이 되었다. 당시에는 군벌과 관료 사이에 대립이 심하였으며 군벌 사이에도 경쟁이 치열하였다. 금나라와의 화평을 주장하는 재상 진회(秦檜)는 군벌들 간의 불화를 틈타서 군벌의 사병을 중앙군으로 개편하였다. 이때 악비는 중앙의 통제에 반항하다가 누명을 쓰고 투옥되어 옥사하였다. 사후인 1178년에 무목(武穆)이라는 시호를 받고 1204년 악왕(鄂王)으로 추봉되었다. 관우와 함께 중국민족의 영웅으로 존경받고 있다.

악티움 해전(Battle of Actium, BC 31)

로마의 제2차 삼두정치가 깨어진 후 동방을 장악한 안토니우스와 서방을 장악한 옥타비아누스(아우구스투스)가 그리스 북서부의 악티움 앞바다에서 치른 대규모 해전. 이 해전에서 옥타비아누스는 부장 아그리파의 활약으로 안토니우스와 이집트의 클레오파트라의 연합함대를 격파하고 로마의 지배권을 얻었다. 안토니우스는 클레오파트라와 함께 이집트로 달아났다가 이듬

▶ 악티움 해전의 로마 군함

해 알렉산드리아에서 죽고 옥타비아누스가 로마의 영역 전부를 장악하게 되었다.

안남 ● 베트남

안녹산 ● 안사의 난

안드라왕국(Andhra, BC 3세기~AD 3세기)

데칸 고원을 중심으로 세력을 떨친 고대 인도의 왕국. 왕조 이름은 사타바하나이고 안드라는 부족의 이름이다. BC 2세기 전반에 서인도까지 진출했으며 인도 서해안의 여러 항구를 중계지로 한 동서 무역으로 큰 부를 축적했다. 로마제국과의 무역도 활발했고 동업조합과 은행업이 발달하였다. 남인도 특유의 공예미술을 아마라바티에 남아 있는 불교 유적이나 그 밖의 유적 유물을 통해 볼 수 있다. 또 인도 서정시의 걸작인 〈사타사이〉나 인도 최초의 소설집인 《브라하트카타》 등의 작품도 이 시대에 나왔다.

안사의 난(安史의 亂, 755~763)

중국 당(唐)나라 현종(玄宗) 때 안녹산(安祿山)과 사사명(史思明) 등이 일으킨 반란. 현종 치세 때 당의 국력이 절정에 달하고 문화적으로도 발전했으나 내

부적으로 당나라 초기의 율령제(律令制), 균전제(均田制) 및 조용조(租庸調), 부병제(府兵制) 등이 와해되고 있었다. 정치적으로는 재상 이임보(李林甫)와 양귀비(楊貴妃) 일족인 재상 양국충(楊國忠) 등이 국정을 장악하면서 사회불안이 커졌다. 징병제가 와해되면서 변경을 수비하는 절도사들이 대규모 용병을 지휘하는 막강한 세력으로 발전하였다. 안녹산은 호인(胡人)과 돌궐인의 혼혈아로 동북 국경을 지키는 절도사였는데 755년 양국충이 안녹산을 모반 혐의로 소환하려 하자 안녹산은 20만의 대군을 이끌고 뤄양(洛陽)으로 진격하였다. 이에 평원태수(平原太守) 안진경(顏眞卿) 등이 반군을 맞아 싸웠으나 안녹산은 756년 장안(長安)을 점령하고 황제가 되었다. 그러나 757년 안녹산 아들 경서(慶緒)에게 암살되고 경서는 안녹산의 부장 사사명(史思明)에게 살해되고 사사명은 다시 아들 조의(朝義)에게 살해되어 반군은 혼란을 겪다가 763년 위구르군의 도움을 얻은 당군에게 진압되었다. 안사의 난으로 중앙집권제와 그 담당세력인 귀족층이 큰 타격을 입어 세력을 상실하고 각 지방에 파견된 절도사가 군대를 장악하여 군사적 지방분권화 현상이 일어났다. 경제적으로 균전제의 조용조 세법은 양세법(兩稅法)으로 바뀌었으며 중국 고대국가의 율령 지배체제가 근본적으로 변질되어 중국의 사회 발전에 역사적인 분기점이 되었다.

안셀무스(Anselmus, 1033~1109)

중세 유럽의 스콜라 학자. '스콜라 철학의 아버지'로 불린다. 북이탈리아 출신으로 노르망디 베크의 베네딕투스 수도원에 들어갔다. 그곳에서 30년간 기도와 사색에 몰두하였으며 1903년 캔터베리 대주교가 되었다. 윌리엄 2세와 헨리 2세의 간섭에 반대하여 성직서임권 투쟁을 벌이다 2회에 걸쳐 국외추방을 당하였다. 《모놀로기움》,《진리론》,《신은 왜 인간으로 태어났는가》 등의 저작을 남겼으며 '믿기 위해 이해하는 것이 아니라 이해하기 위해 믿는다'라고 하여 신앙을 이해하기 위한 이성을 옹호하였다.

안진경 ○ 안사의 난

안토니우스(Antonius, Marcus, BC 82?~BC 30)

로마 공화정 말기의 정치가. 가비니우스의 부하로 동방원정에 참전했으며 케사르의 부장으로 갈리아 원정에 참가했다. BC 49년 호민관이 되었으며 케사르의 심복으로 활약하였다. 케사르가 암살되자 그 세력을 물려받으려 하였으나 케사르의 양자 옥타비아누스(아우구스투스)의 출현으로 실패하고 BC 43년 말에 옥타비아누스, 레피두스와 제2차 삼두정치를 결성하였다. BC 42년 필리피 전투에서 브루투스와 카시우스를 제압했으며 로마의 동방 속주를 지배하였다. 옥타비아누스의 누이와 결혼했으나 이집트의 여왕 클레오파트라와 사랑에 빠져 옥타비아누스와 대립하게 되었다. 결국 BC 31년 악티움 해전에서 옥타비아누스 함대에 대패하여 이집트로 피신했다가 다음해 알렉산드리아에서 자살하였다.

▶ 안토니우스

알라리크(Alaric, 370?~410)

서고트족의 초대 왕(재위 395~410). 다뉴브강 하류의 서고트족 족장으로 로마 황제 테오도시우스와 동맹을 맺었다가 테오도시우스가 죽자 왕으로 추대되어 동로마를 침입하였다. 이후 비잔틴제국의 황제와 화약을 맺고 일리리쿰(아드리아해 東岸) 총독이 되었다. 400년 이후 자주 이탈리아를 침공하였으며 410년에는 게르만 족으로서는 최초로 로마시를 약탈하였다. 아프리카를 침공하다가 익사하였다.

알렉산더 대왕(Alexandros the Great, BC 356~BC 323)

마케도니아의 왕(재위 BC 336~BC 323). 필리포스 2세의 아들로 알렉산드로스 3세라고도 한다. BC 338년의 카이로네이아 전투에 참가하였고 부왕이 암살되자 20세의 젊은 나이로 왕위에 올랐다. 그리스 도시국가들의 반란을 진압하고 BC 334년 페르시아 원정을 위해 소아시아로 건너갔다. 그라니코스 전투와 이수스 전투(BC 333)에서 페르시아의 다리우스 3세가 이끄는 군대를 대파하고 소아시아, 시리아, 페니키아, 이집트를 정복하여 이집트에 알렉산드리아 시를 건설하였다. BC 330년 메소포타미아로 진격하여 가우가멜라에서 다리우스의 대군을 격파하고 페르시아제국을 무너뜨린 후 진격을 계속하여 메디아, 파르티아 등 이란 고원지대를 점령하고 박트리아, 소그디아나를 거쳐 인도의 인더스강 유역까지 진군하였다. 여기서 군대를 돌려 BC 324년에 페르세폴리스에 되돌아왔다. 이후 아라비아 원정을 준비하다가 33세의 나이로 급사하였다. 알렉산더가 죽은 후 대제국은 마케도니아, 시리아, 이집트 등 셋으로 갈라졌으나 그리스 문화를 전파하여 오리엔트 문화와 융합된 헬레니즘 문화 형성에 크게 기여하였다.

알렉산드르 2세(Aleksandr II, 1818~1881)

러시아의 황제(재위 1855~1881). 니콜라이 1세의 맏아들로 1861년 농노제를 폐지하여 '해방황제'로 불린다. 크림전쟁 중에 즉위하여 농노해방, 1864년 지방자치조직인 젬스트보 개혁, 사법, 교육제도 개혁, 1870년 도시의 자치 허용, 1874년 국민개병제 실시 등 여러 가지 자유주의적 개혁을 실시하였다. 그러나 한편으로는 폴란드 독립운동 진압, 지방자치권 제한, 정부 내 자유주의자 추방, 나로드니키 탄압 등을 실시하여 차르체제를 유지하려 하였다. 1873년 독일, 오스트리아와 3제동맹을 맺었고 러시아·투르크전쟁(1877 1878)에서 승리하여 베사라비아를 차지했으며 중앙아시아에서 아프가니스탄까지 진출하였다. 극동에서는 청나라와 아이훈(愛琿)조약(1858)과 베이징(北京)조약(1860)을 맺어 우수리강 동쪽 연해주를 차지하였으며 알래스카를 미국에 팔고 일본과 거래하여 쿠릴열도를 사할린과 교환하였다. 1881년 나로드니키의 일파인 '인민의 의지당'의 폭탄테러로 사망하였다.

알렉산드리아 ○ 알렉산더 대왕

알리(Ali, 600?~661)
이슬람교단의 제4대 정통(正統) 칼리프(재위 656 661). 메카에서 태어났으며 마호메트의 종제(從弟)이다. 마호메트의 딸과 결혼하여 마호메트의 유일한 후손을 남겼다. 제4대 칼리프로 선출되었으나 옴미아드 가문을 비롯한 메카의 유력자들의 반대로 시리아, 이집트를 잃고 이라크의 쿠파로 갔다가 거기서 암살되었다. 이슬람 교도 중에 시아파는 알리를 마호메트의 유일한 후계자로 인정한다.

알사스－로렌 문제(Alsace－Lorraine dispute)
알사스와 로렌 두 지방의 소유권을 놓고 독일과 프랑스 사이에 벌어진 분쟁. 두 지방은 프랑크왕국에 속하였다가 870년 메르센 조약으로 동프랑크왕국에 귀속되었다. 그후 알자스는 1697년에, 로렌은 1776년에 프랑스 영토가 되었다. 두 지방은 석탄과 철의 매장량이 풍부하고 군사전략상 요충지로서 중요성을 가졌다. 1870년 프로이센~프랑스 전쟁의 결과 이 두 지방의 대부분이 독일에 병합되었다. 그러나 주민의 대부분이 문화적으로 프랑스화 되었기 때문에 많은 반발이 일어났으며 프랑스 정부는 알사스, 로렌의 회복을 국가적 목표로 삼아 유럽 평화를 위협하는 요인이 되었다. 제1차 세계대전 후에 프랑스로 반환되었으나 제2차 세계대전 중 다시 독일에 편입되었다가 전쟁이 끝나면서 프랑스령이 되었다.

알제리전쟁(Algerian War, 1954~1962)
프랑스 식민지배를 벗어나기 위한 알제리인들의 독립전쟁. 알제리는 1830년 프랑스 식민지가 되었으며 제2차 세계대전 중에는 비시정부를 통하여 독일의 지배를 받다가 1942년 연합군이 상륙하여 대독항전의 거점이 되었다. 전후 민족주의 운동이 일어나 1954년 알제리민족해방전선(FLN)이 무장봉기를 시작하여 독립전쟁이 시작되었다. 프랑스는 대규모 병력을 투입하여 진압을 시도했으나 성공하지 못하고 정권이 교체되기에 이르렀다. 1958년 집권한 드골 정부는 은밀하게 교섭에 나서 1962년 에비앙 협정이 체결되어 알제리는 완전 독립하였다. 1963년 9월 벤 베라가 알제리 공화국의 초대 대통령에 취임하였다.

알키비아데스(Alkibiades, BC 450?~BC 404)

아테네의 군인, 정치가. 페리클레스를 후견인으로 성장했으며 스파르타와의 전쟁을 주장하여 BC 420년 장군으로 선출되었고 BC 415년에는 시칠리아 원정에 나섰다. 그러나 신을 모독한 죄로 본국 소환령이 내려지자 스파르타로 망명하여 아테네와의 전쟁 수행에 조언을 하였다. BC 412년에는 이오니아로 건너가 아테네의 동맹시들을 이반시켰으나 스파르타왕 아기스 2세와 불화가 생겨 사형판결을 받고 페르시아로 피신하였다. 411년 사모스의 아테네 해군 지휘관에 임명되어 헬레스폰트 해역을 장악하였고 BC 407년 아테네로 귀환하여 육, 해군 총사령관이 되었으나 BC 404년 스파르타군에 패배하고 프리지아에서 스파르타 첩자에게 암살되었다.

▶ 알키비아데스

알타미라 동굴(Altamira cave)

에스파냐 북부 칸타브리아 주에 위치한 구석기시대 후기 벽화가 발견된 동굴. 1879년 5세 소녀에 의해 발견되었다. 구석기시대 후기 마들렌기(약 1만 2만 년 이전)의 것으로 추정되며 매머드, 들소, 사슴, 멧돼지, 사자 등이 흑, 적, 갈색의 색채와 벽면의 요철을 이용해 표현되어 있다. 생생한 묘사와 색채, 입체감으로 구석기시대 회화 중 최고의 걸작으로 불리며 당시의 예술활동 및 수렵의 방법, 무기, 신앙 등을 알 수 있는 자료다.

알투시우스(Althusius, Johannes, 1557~1638)

독일의 정치학자, 법학자. 사회 계약설의 선구자로 유명하다. 베스트팔렌 출신으로 로마법과 철학을 공부하고 교수로서 가르쳤다. 1586년 헬보른 시의 고등법원 학교 교수가 되었고 1604년 이후 엠덴시의 시장으로 재직하였다. 1603년 저서 《체계적 정치학》을 발표하고 칼뱅주의 입장에서 반군주권 이론을 역설하였다. 사회 구성의 기초를 계약에서 찾고 이 계약을 사회계약과 통치계약으로 구분하여 사회단체를 가족, 조합, 도시, 주, 국가의 5단계로 나누었다. 각 단체는 작은 단체의 계약적 연합으로 국가는 다원적 사회구성의 하나라고 보았다. 또 주권은 공동체로서의 인민에 속한다는 인민주권론과 저항권을 인정하였다. 근대 대륙법 개념론의 선구자로 평가받고 있다.

알프레드 대왕(Alfred, 849~899)

색슨족의 왕. 잉글랜드 웨섹스의 왕으로 데인족의 침입을 받아 870~871년의 토벌에는 실패하고, 878년의 격렬한 싸움에서는 크게 이겼다. 이어 런던을 점령하고 앵글족과 색슨족을 복종시켜 전 잉글랜드의 왕으로 승인 받았다. 893년부터 다시 데인족의 침입을 받았으나 897년까지 완전히 격퇴하였다. 이로써 데인족을 북동부로 몰아내고 기사군을 편성하였으며 해군을 창설하였다. 행정조직을 재편하여 주(州)제도를 창시하고 고대 앵글로색슨의 법률을 집대성하여 법전을 편찬하였다. 또한 교육을 장려하여 라틴어 고전의 영역사업을 추진하고 《앵글로 색슨 연대기》를 편찬하는 등 문화적으로도 큰 업적을 남겼다.

암브로시우스(Ambrosius, 340~397)

초기 그리스도교 교부. 독일 출신으로 로마에서 수사학을 공부하고 370년에 북이탈리아의 지방장관이 되었다. 밀라노에 있을 당시 아리우스파와 카톨릭 간의 분쟁을 수습하여 374년 밀라노 주교에 선출되었다. 이후 니케아 정통파의 입장에서 교회 행정, 설교, 교회 음악 육성자로서 큰 역할을 하였으며 수도원 제도의 발전에도 기여하였다. 〈성직에 대하여〉를 비롯한 많은 신학 논문과 서한, 성가를 남겼다. 청년 시절의 아우구스티누스가 그의 설교를 듣고 그리스도교로 개종하였다고 한다.

암흑시대(暗黑時代. Dark Ages)

유럽에서 고대 로마제국의 몰락에서 15세기 르네상스 이전까지의 중세시대를 가리키는 용어. 정치, 경제적으로 혼란하고 학문과 문화예술이 발전하지 못한 암울한 시기였다는 의미로 쓰인다. 따라서 중세는 고대 로마시대나 근대에 비해 상대적으로 퇴보되었으며 정체된 시기였다는 의미이다. 오늘날에는 중세사 연구의 성과에 힘입어 중세시대가 독자적 문화를 갖춘 시대였음이 드러나면서 잘 쓰이지 않고 있다.

앙라제(Enragés)

프랑스 혁명 당시 가장 과격했던 당파. 1792~1793년에 걸쳐 식량부족, 생활

난이 극심할 때 앙라제라고 불린 무리들이 파리의 하층민(상 퀼로트)들을 선동하여 생필품에 대한 가격통제, 곡물징발, 빈민을 위한 정부 지원, 최고 가격법 등을 주장하며 자주 폭동을 일으켰다. 주요 지도자는 자크 루, 테오필 루크레르, 잔 바를레 등이다. 이들은 공동체적 소유와 토지 균등분할을 주장하였으나 일관된 사상과 강령이 없고 조직이 미약하여 로베스피에르가 이끄는 공안위원회에 의해 진압되었다. 앙라제파의 주장은 이후 에베르파로 계승되었다.

앙리 4세(Henri IV, 1553~1610)

프랑스의 국왕(재위 1589~1610). 부르봉왕조의 창시자. 신교도로서 위그노 전쟁에서 활약했으며 1572년 신교도와 카톨릭의 화의를 위해 파리로 가서 프랑스 왕 샤를 9세의 여동생 마르그리트 드 발루아와 결혼하였다. 그 직후 파리에서 신교도를 학살한 성 바르톨로메오의 학살 사건이 발생하여 간신히 죽음을 면하고 궁정에 연금되었다. 1576년 탈출하여 신교도 지역으로 피신하였으며 신교도의 수령으로서 1589년 앙리 3세가 죽은 뒤 프랑스 국왕으로 즉위하여 부르봉왕조의 창시자가 되었다. 1593년 카톨릭으로 개종하고 1598년 낭트 칙령을 발표하여 신교도의 권리를 보장하여 프랑스의 종교 내전을 종식시켰다. 1610년 구교도 광신자에 의해 암살당했다.

앙시앙 레짐(Ancien Régime)

프랑스 혁명 이전의 구제도를 말한다. 넓게는 근대 이전의 정치, 사회제도를 가리키는 말로 쓰이며 좁은 의미로는 절대왕정 말기의 체제를 말한다. 당시 사회는 제1신분인 성직자, 제2신분인 귀족, 제3신분인 평민으로 각 신분은 다시 내부적으로 분화되어 차별과 갈등을 겪고 있었다. 이 체제는 정치적으로는 절대왕정이 지배하였고 문화적으로는 카톨릭이 지배하고 있었다. 그러나 경제적으로는 상업과 산업의 발달로 시민계급이 성장하였고 계몽주의 사상이 등장하면서 사회비판적인 견해가 많이 나오게 되었다. 이와 같은 앙시앙 레짐의 모순과 갈등은 1789년 프랑스 혁명이 시작되면서 타파되었다.

앙카라 전투(Battle of Ankara, 1402)

티무르와 오스만 투르크의 바야지트 1세가 벌인 전투. 앙고라 전투라고도 한다. 바야지트 1세가 티무르편으로 돌아선 소아시아의 제후국을 공격함에 따라 전쟁이 시작되었다. 1402년 7월 두 군대는 앙카라 북서쪽의 치부카바드에서 전투를 벌였는데 오스만 투르군 군의 일부가 티무르 군에 투항하고 바야지트 1세는 말에서 떨어져 포로가 되었다가 다음 해에 병사하였다.

▶ 앙코르 와트

앙코르 와트(Angkor Wat)

크메르의 앙코르 문화 유적. 앙코르는 왕도(王都)를 뜻하고 와트는 사원을 뜻
한다. 12세기 전기의 수르야바르만 2세가 세운 것으로 처음에는 힌두교의 사
원으로 비시누신과 국왕을 모셨으나 후에 불교사원이 되었다. 건물, 장식, 부
조의 면에서는 바라문교의 양식이 보인다. 사원은 인도의 영향도 있지만 건
물의 형태나 석조 장식 면에서 앙코르왕조의 독자적 양식이 보인다. 15세기
앙코르왕조가 멸망하면서 정글 속에 묻혔다가 1861년 프랑스 박물학자에 의
해 발견되었다.

앙코르왕조(Angkor Dynasty, 802~1434)

캄보디아의 왕조. 캄보디아에는 6세기까지 인도 문명의 영향을 받은 부남(扶
南)왕국이 해상무역으로 번영을 누렸다. 이후 북방에서 일어난 진랍(眞臘)이
부남을 병합하여 인도차이나 반도의 대국이 되었다. 8세기 초 진랍왕국은 분
열하였고 802년에 자바에서 온 자야바르만 2세가 다시 통일을 이루어 앙코
르 지방에 도읍을 정하고 앙코르왕국을 세웠다. 앙코르왕국은 12세기까지 번
성하였으며 앙코르톰, 앙코르와트 등의 건축물을 조성하여 크메르 미술의 전
성기를 이루었다. 13세기부터 타이인의 압박을 받다가 14세기에 아유타야왕
조의 세력이 커지자 1434년 앙코르를 포기하고 남쪽의 프놈펜 지방으로 이동
하였다.

애로호 전쟁(Arrow War, 1856~1860)

영국 · 프랑스와 청나라의 전쟁. 애로호 사건, 제2차 아편전쟁이라고도 한다.

1856년 광둥항에 정박 중이던 영국 국적으로 중국인이 소유한 애로호에 중국 관헌이 승선하여 중국인 해적을 체포하였다. 영국은 이 과정에서 영국 국기가 끌어내려진 일을 구실로 사과와 배상을 요구하고 프랑스와 함께 전쟁을 시작하였다. 영국과 프랑스 연합군은 광둥을 점령하고 1858년에는 텐진을 점령하여 청나라와 텐진 조약을 체결하였다. 1859년 영국과 프랑스의 조약비준 사절이 텐진에서 저지되자 다시 전쟁이 일어나 영국, 프랑스 연합군은 1860년 베이징을 침공하여 명원(名園) 및 원명원(圓明園) 등 궁전을 약탈, 방화하였다. 이에 청조가 굴복하여 1860년 베이징 조약을 체결하고 사과와 배상 및 그리스도의 중국 내륙 포교를 허가하였다.

앤 여왕 전쟁 ○ 에스파냐 왕위계승 전쟁

앨퀸(Alcuin, 735?~804)

중세 초기의 학자. 라틴어 이름으로는 알퀴누스라고 부른다. 영국 출신으로 카롤링거 르네상스의 중심인물이다. 당시 고대 문예연구의 중심지였던 요크에서 교육을 받았다. 781년 프랑크왕국의 카롤루스 대제의 초청으로 아헨궁정학교의 지도를 맡았으며 대제의 고문으로 카롤링거 르네상스라 불리는 학문진흥에 기여하였다. 796년 은퇴하여 투르의 성마르티누스 수도원장이 되었다. 고대 학예를 기초로 자유칠과(自由七科 : 인문법학 수사학 변증학 기하학 산술학 천문학 음악)를 선정하고 이를 신학의 예비학과로 편성하여 중세 대학의 교양학부 체계를 창시하였다.

앵글로색슨(Anglo-Saxon)

5세기에 독일 북서부에서 영국으로 건너온 게르만족의 일파. 오늘날 영국 국민의 근간을 이룬다. 앵글족과 색슨족은 독일 실레스비히에서 베저강 서부에 거주하다가 지속적으로 증가하는 인구문제로 인하여 5세기 중엽부터 북해를 건너 잉글랜드 동남 방면으로 이주하였다. 이들의 이주로 로마 문화의 영향은 사라지고 앵글로색슨족의 소국가가 형성되기 시작하였다. 이들 소국가들은 서로 경쟁하며 웨일스인을 몰아내면서 7왕국 시대를 열었고 6세기 말에는 로마 카톨릭이 전파되면서 왕권과 결탁하였다. 이 중에서 웨섹스왕국이 강력해지면서 9세기에 알프레드 대왕이 잉글랜드의 대부분을 통일하였다. 그러나 9세기부터 시작된 데인인의 침입으로 1016~1042년 데인인의 왕 카누트(크누트) 세력의 침입으로 앵글로색슨왕조는 무너졌다. 이후 잠시 앵글로색슨 왕이 들어섰다가 1066년 노르망디공 윌리엄의 영국 정복으로 노르만 정복시대가 시작되었다.

야마토 조정(大和朝廷)

고대 일본을 통일한 왕조. 4세기부터 일본을 점차 통일하여 일본역사의 고대 시기를 열었다. 이 시대는 긴키내(近畿內)를 중심으로 하여 오진왕릉(應神王陵), 닌토쿠왕릉(仁德王陵) 등 거대한 무덤군이 조성되어 고분시대라고 부른다. 이 긴키내의 야마토를 중심으로 하여 기타큐슈(北九州)까지를 포괄하는 통일국가가 생겨나서 점차 전국을 지배하게 되었으며, 세습제를 확립한 오키미(大君 : 王)가 군림하였다. 야마토 조정은 중국 및 한국에서 한자, 정치제도, 불교, 유학, 각종 기술이 전해져 국가로서의 틀을 갖추어 나갔다.

야수파(野獸派, fauvisme)

1900년대에 나타난 미술 유파. 구스타브 모로의 제자인 마티스, 마르케, 루어, 망갱, 뒤피, 블라멩크 등이 주축을 이루어 1905년부터 1908년 사이에 자연스럽게 그룹을 형성하였다. 이들은 신인상파의 고갱, 고흐, 로트랙 등을 이어받고 아카데미즘에 반발하여 원색을 사용한 강렬한 색채와 굵은 필치를 사용하였다. 이들의 회화론은 그림이 대상의 묘사가 아니라 독자적인 조형성을 가진 자율적 세계라고 주장하여 20세기 최초의 예술혁명을 이루었다.

야스퍼스(Jaspers, Karl Theodor, 1883~1969)

독일의 철학자, 의학자. 원래 법학을 공부하고 이어 의학을 전공하였다. 1913년 《정신병리학 총론》을 발표하여 과학적 심리학 인식을 제기하였다. 1916년

부터 하이델베르크대학의 심리학 교수가 되었으며 1919년 《세계관의 심리학》을 출판하였다. 이때부터 심리학에서 철학으로 관심을 돌려 1921년 철학교수가 되었으며 10년간의 연구 끝에 1932년에 《철학》 3권을 저술하였다. 그의 철학은 《현대의 정신적 상황》(1931)에서 보여준 바와 같이 20세기 서구사회의 각종 문제와 정신적 위기를 진단하여 과학문명의 병폐와 인간의 불안을 다룬 실존철학의 선구적 면모를 보여주었다. 1937년 나치스에 의해 추방되어 스위스로 망명하였다가 제2차 세계대전 후에 귀국하였다.

▶ 야스퍼스

야요이문화(彌生文化, BC 200~AD 300)

일본 선사시대에 수도작(水稻作)을 기초로 한 최초의 문화. 도쿄(東京)의 야요이초(彌生町) 유적에 발견된 토기가 학계의 관심을 끌어 야요이식 토기라

불려지고 나아가 이 문화 전체가 야요이 문화로 불리게 되었다. 이 문화는 식량채집을 기초로 한 전단계의 조몬문화(繩文文化)와 달리 농경생활을 하였으며 금속기를 사용하였다. 사회제도상으로도 촌락생활이 발전하여 계급관계가 나타나고 이를 통해서 고대사회가 형성되었다. 야요이 문화는 조몬 문화가 성장한 것이 아니라 대륙으로부터 한반도를 거쳐 키타큐수(北九州) 지방으로 전해지고 이것이 다시 키나이(畿內) 지방으로 전해져 일본 각지로 전파된 것으로 보인다.

얄타 회담(Yalta Conference, 1945)

1945년 2월 크림 반도의 휴양지 얄타에서 미국의 루즈벨트, 영국의 처칠, 소련의 스탈린 등 세 지도자가 가진 회담. 제2차 세계대전의 전쟁 수행과 전후처리 문제, 국제연합 창설 등 중요한 결정이 이루어졌다. 독일에 대한 무조건 항복 요구, 독일의 분할점령과 비무장화, 전쟁 책임자 처벌과 배상, 폴란드의 국가 수립문제를 논의하였다. 또 소련이 독일 항복 3개월 이내에 대일전쟁에 참전하고 그 댓가로 사할린과 쿠릴 열도의 일본 귀속, 뤼순(旅順) 조차권 회복, 다렌항(大連港)의 국제화(國際化) 등을 얻는 비밀협정을 체결하였다. 1946년 이 회담의 내용이 공개되어 루즈벨트가 소련에 지나친 양보를 했다는 비판이 일었다.

▶ 얄타 회담

양귀비(楊貴妃, 719~756)

당나라 현종(玄宗)의 비(妃). 원래 현종의 제18왕자 수왕(壽王)의 비(妃)였으나 현종의 무혜비(武惠妃)가 죽은 후 현종의 눈에 들어 745년 귀비(貴妃)가 되었다. 이후 오빠인 양국충(楊國忠)을 비롯한 양씨 일족이 높은 관직에 올라 정치를 좌우하였다. 755년 안녹산(安祿山)이 양국충과의 불화로 반란을 일으킨 안사의 난이 일어나자 현종과 함께 쓰촨(四川)으로 도피하였다. 피신 중에 양씨 일족에 대한 불만을 가진 호위병들이 양국충을 죽이고 양귀비도 죽일 것을 강요하여 목을 매어 죽었다. 후일의 시인 백거이(白居易)는 양귀비와 현종을 사랑을 다룬 〈장한가(長恨歌)〉를 지었다.

양명학(陽明學)

중국 명나라 중기의 유학자 왕수인(王守仁, 1472~1529)이 창시한 신유가철학(新儒家哲學). 왕수인이 주자학(朱子學)과 불교를 공부하고 자신의 독자적인 사상체계를 세워 창시한 철학으로 그의 호인 양명(陽明)을 따서 양명학이라 부른다. 육상산(陸象山)의 철학과 함께 심학(心學)으로도 불린다. 그 근본사상은 심즉리(心卽理), 치양지(致良知), 지행합일설(知行合一說)로서 마음은 기(氣)이고 마음이 갖춘 도덕성은 이(理)라고 한 주자의 견해와 달리 마음이 곧 이(理)이며 마음의 선천적인 앎의 능력이며 본체인 양지(良知)를 이룩하면 사물을 바르게 파악할 수 있다고 하였다. 또한 인식과 실천은 하나라는 지행합일설(知行合一說)을 주장하였다. 양명학은 중국에서는 귀적파(歸寂派), 수정파(修正派), 현성파(現成派)로 삼분(三分)되어 발전되었으며, 한국과 일본에도 전파되었다.

양무운동(洋務運動)

청나라 말 관료를 중심으로 한 근대화 운동. 증국번(曾國藩) 이홍장(李鴻章) 좌종당(左宗棠) 등 한인(漢人) 관료와 공친왕(恭親王) 등 왕족을 중심으로 서양의 과학 기술을 받아들여 중국을 부강하게 만들고자 하였다. 이에 따라 각지에 조선소와 무기 제조창을 설치하고 신식 군인을 양성하는 육해군 학교와 외국어 학당을 설치하였다. 이 운동은 중체서용(中體西用), 즉 중국의 전통문화와 제도를 유지하면서 서양의 기계문명만을 도입하려 했기 때문에 군사 중심의 근대화에 치중하여 정치와 사회체제의 근대화는 소홀히 하였다. 이 때문에 프랑스, 일본과의 전쟁을 통해 그 취약성이 드러나고 이어서 입헌왕정을 통한 전반적 개혁을 추구한 무술변법(戊戌變法)운동으로 대체되었다.

양사오문화(仰韶文化)

중국 황허(黃河) 중류의 신석기문화. 1921년 허난성(河南省) 뤄양(洛陽) 서쪽의 양사오에서 스웨덴의 안데르손 박사가 발견하였다. 화북지방에서 일어난 최초의 농경문화로서 채도가 특색이어서 채도문화(彩陶文化)라고도 한다. 채도 외에 간석기와 뗀석기 및 돌식칼 등이 발견되었다. 주로 조를 재배하고 돼지와 개를 사육한 것으로 보인다. 그 밖에 방추차(紡錘車), 뼈로 된 봉침(縫針) 등이 출토되었다.

양세법(兩稅法)

중국의 조세제도. 780년 당나라의 덕종(德宗) 때 기존의 조용조법(租庸調法) 대신 제정되었다. 조용조법은 균전제(均田制)에 따라 자급자족적인 소농경제를 대상으로 한 것이었으나 당나라 중기 이후 상품경제와 대토지 소유가 늘고 자영농이 소작농인 객호(客戶)가 되면서 사회구조가 변화되어 양세법을 신설하게 되었다. 그 내용은 현거주지 본위로 징세하며 요역을 폐지하고 화폐로 세금을 납부하는 것을 원칙으로 하여 여름과 가을 2기로 나누어 징수하게 되어 있었다. 이 제도는 안사의 난 이후 국가재정 복구를 위한 실시한 것으로서 이로써 본적지를 떠나 세금을 내지 않던 객호들에게 세금을 물리게 되었다. 한편으로 토지 사유와 상업의 자유를 인정했다는 의미도 있다. 이 제도는 명나라가 일조편법(一條鞭法)을 실시할 때까지 역대 세법의 원칙이 되었다.

양제 ◯ 수

양쯔강(揚子江)

중국의 중앙부를 동서로 가로지르는 중국 최대의 강. 길이 5,800km. 유역면적 180만km2. 장강(長江)이라고도 한다. 티벳 고원에서 발원하여 쓰촨성, 윈난성을 거쳐 험준한 싼샤(三峽)를 지나 후베이성, 장시성, 안후이성을 거쳐 장쑤성(江蘇省)으로 들어가 난징(南京), 전장(鎭江) 등 두 도시를 거쳐 상해(上海) 시역에서 바다로 흘러든다. 황하 유역보다 늦게 개발되었으나 삼국시대부터 개척되기 시작하여 송나라가 남쪽으로 천도한 후로 경제의 본거지가 되었다.

어린도책(魚鱗圖册)

중국의 토지대장. 송나라 이후 특히 명나라 때부터 조세 징수의 기초로 활용되어 청나라 때까지 사용되었다. 토지를 세분한 모양이 물고기의 비늘과 같다고 하여 어린도책이라는 이름이 붙었다. 세분된 토지에는 그 형상, 자호, 번호, 위치, 지목, 소유자와 조세역이 기재되어 있다.

에게문명(Aegean civilization)

지중해 동부 에게해 지역을 중심으로 번영한 청동기 문명. 크레타 섬, 로도스 섬, 그리스 본토의 남부, 소아시아의 트로이까지 미친 해양문명으로 유럽 최초의 문명이다. 에게 문명은 다시 크레타로 대표되는 남방계 도서 문화와 미케네로 대표되는 북방계 본토문화로 나뉜다. 좋은 자연조건과 해상교통으로 당시의 선진문명인 오리엔트 문화권과 접촉하여 발전하였다. BC 3000년경부터 독자적인 청동문명을 형성하고 BC 2000년경에는 크레타 문명이 이 지역을 주도하였으며 이어서 미케네 문명이 전 지역을 통일하였다. 19세기 말부터 20세기 초에 걸쳐 슐리만이 트로이, 미케네를 발견하고 에번스가 크레타섬의 크노소스를 발굴하여 그 존재가 알려지게 되었다.

▶ 크노소스

에도막부(江戶幕府, 1603~1867)

일본 근세에 도쿠가와 이에야스(德川家康)가 천하통일을 이루고 에도(江戶 : 현 도쿄)에 수립한 부케정권(武家政權 : 1603~1867). 도쿠가와 막부라고도 한다. 전국의 다이묘(大名)를 통솔하는 막번체제(幕藩體制)를 갖추어 중앙집권체제를 완성하였다. 막부의 직제는 다이로(大老)라는 비상근 최고직 1명과 그 밑의 상근 최고직인 로추(老中) 4, 5인 그리고 그 밑으로 와카도시요리(若年寄)가 로추를 보좌하는 한편 하타모토(旗本 : 만 석 이하의 직속 무사)를 감독하였다. 관리는 반가타(番方 : 武官)와 야쿠가타(役方 : 文官)로 구분되었으며, 17세기 이후는 쇼군(將軍) 직속의 소바요닌(側用人)을 두어 이들이 세력을 휘둘렀다.

에도시대(江戶時代, 1598~1867)

일본의 역사시대 구분의 하나. 도쿠가와 이에야스(德川家康)가 정권을 잡은 때부터 대정봉환(大政奉還)으로 에도 막부가 무너질 때까지 약 270년간을 말한다. 이 시기는 에도 막부에 의해 일본 전역이 통일되어 중앙의 막부가 지방의 다이묘오를 통솔하는 막번(幕藩)체제가 형성되었다. 또한 도시와 상공업이 발달하여 농촌이 화폐경제권에 통합되면서 사회변화가 일어났다. 이와 함께 도시에서는 죠오닌(町人)문화라는 도시문화가 발전하였다. 막번체제에 의해 무사계층이 도시에 모여 살게 되면서 도시가 발달하였고 이에 따른 상공업과 도시의 발달은 무사계층의 경제적 기반인 농촌을 압박하고 화폐경제권에 통합시켜 농민층의 계층분화가 일어남으로써 결국 막번체제의 기반이 흔들리기 되었다. 외교적으로 쇄국정책을 고수하던 막부는 서양 세력의 압박과 국내의 사회적 불안을 통제하지 못하고 결국 사쓰마, 조슈 등 지방 세력에 밀려 권력을 천황에게 이양하면서 에도시대는 끝나게 되었다.

에드워드 3세(Edward III, 1312~1377)

영국 플랜태저넷왕조의 왕(재위 1327~1377). 즉위 초에는 모후 이자벨라와 권신 모티모가 권력을 쥐었으나 1330년 모티머를 처형하고 국정을 장악하였다. 스코틀랜드 전쟁을 승리로 이끌고 프랑스 카페왕조의 단절을 계기로 프랑스 왕위 계승권을 주장하여 백년전쟁을 일으켰다. 아들인 에드워드 흑태자의 활약으로 크레시 전투(1346)와 푸아티에 전투(1356)에서 승리를 거두고, 브레티니 화약(1360)으로 서남 프랑스와 칼레를 얻었다. 1369년 다시 프랑스를 침공했으나 이번에는 프랑스 국민의 저항에 밀려 철수하였다. 내정면에서는 모직공업의 발전을 장려했으며 로마교황에 맞서 영국의 종교개혁가 위클리프를 보호하였다.

에드워드 6세(Edward VI, 1537~1553)

영국 튜더왕조의 왕(재위 1547~1553). 헨리 8세의 아들이다. 10세의 나이로 즉위하여 16세에 세상을 떠났다. 열렬한 신교도로서 카톨릭에 반대하여 종교개혁을 적극 추진하였다. 이 시기에 영국 국교회가 크게 성장하였으며 특히 1549년의 통일령과 일반 기도서의 제정 등이 중요한 업적이다.

에디슨(Edison, Thomas Alva, 1847~1931)

미국의 발명가. 초등학교를 중퇴하고 어머니로부터 교육을 받았다. 전신기사로 일하다가 1868년 전기 투표기록기를 발명한 것을 시작으로 1877년 축음기, 1879년 백열등, 1891년 영사기 등을 계속 발명하였다. 평생 발명을 계속하여 1,200종이 넘는 특허를 획득하였다.

에라스무스(Erasmus, Desiderius, 1469~1536)

네덜란드의 인문주의자. 로테르담 출신으로 사생아로 태어나 수도원에서 자랐으며 파리대학에서 신학을 연구하였다. 카톨릭 교회에 비판적 경향을 가지게 되었고 주로 그리스와 라틴의 고전문학을 연구하고 영국과 이탈리아를 자주 여행하였다. 1509년 런던의 토마스 모어의 집에서 《우신예찬》을 집필하여 철학자, 신학자들의 무지와 위선을 조롱하였다. 케임브리지대학에서 그리스어를 가르치다가 1513년 이후 독일에 정주하면서 인문주의자로서 고전문학

▶ 에라스무스

과 그리스어로 된 신약성서의 번역을 통해 카톨릭 교회의 문제를 극복하고 새로운 방향을 제시하였다. 루터의 종교개혁 운동에 대해 처음에는 동정적이었으나 카톨릭 교회를 비판은 할지언정 행동으로 뒤집으려는 데는 반대하였기 때문에 신구 양파로부터 비난을 받았다. 인문주의의 대가로서 근대 자유주의의 선구자였으며 특히 라블레 등 16세기 프랑스 문화와 사상에 큰 영향을 미쳤다.

에라토스테네스(Eratosthenes, BC 273?~BC 192?)

헬레니즘 시대의 수학자, 천문학자, 지리학자. 아프리카의 키레네 출신으로 아테네에 유학한 뒤 이집트 알렉산드리아 도서관의 관장이 되었다. 수학, 천문학자로서 정확한 측량을 실시하여 해시계로 지구 둘레의 길이를 처음으로 계산하였으며 《성좌 이야기》라는 책을 썼다. 지리학자로서 체계적 지리학의 성립에 기여하여 대표작 《지리학》 3권에는 지리학사, 수리지리학, 및 각국 지지(地誌)와 지도 작성의 자료가 포함되어 있다. 지리상의 위치를 위도 경도로 표시한 것은 그가 처음인 것으로 알려져 있다. 고대 희극 및 호메로스 연구와 시, 수필에도 뛰어났다.

에스파냐 내란(Spanish Civil War, 1936~1939)

에스파냐 좌익정부에 대해 우익 군부가 쿠데타를 일으켜 발생한 내란. 1936년 좌익의 여러 분파가 인민전선을 형성하여 2월 총선거에서 승리하자 프랑코 장군 등 군 수뇌부는 쿠데타를 계획하여 7월 에스파냐령 모로코에서 거사를 시작하였다. 프랑코군은 독일과 이탈리아로부터 지원을 받아 8월에 모로코에서 에스파냐 본토로 상륙하여 9월 말에는 본토의 2/3을 점령하고 수도 마드리드를 포위하였다. 인민전선 정부는 정교분리와 농지개혁을 내걸고 노동자, 농민의 지지를 얻었으며 프랑코군은 군부, 왕당파, 교회, 대지주, 대자본가 계층의 지지를 얻었다. 또한 독일과 이탈리아가 프랑코를 지원하고 소련을 비롯하여 각국의 좌파들이 국제의용군으로 참여하여 이 내란은 국제적 성격을 띠기 시작했다. 프랑코군은 1936년 프랑코를 수반으로 하는 국민정부를 수립하고 1937년에는 팔랑헤당의 일당 독재를 규정하여 파시스트 체제를 확립하였다. 인민전선정부는 수도를 바르셀로나로 옮겨 항전하였으나 1939년 프랑코군이 바르셀로나를 점령하고 마드리드에 입성함으로써 내란은 끝이 났다.

에스파냐 왕위계승 전쟁(War of the Spanish Succession, 1701~1714)

에스파냐의 왕위계승을 놓고 프랑스, 에스파냐, 영국, 오스트리아, 네덜란드 사이에 벌어진 전쟁. 에스파냐왕 카를로스 2세가 후사 없이 죽자 프랑스왕 루이 14세의 손자인 필립 앙주공이 펠리페 5세로 즉위하였다. 이에 에스파냐 와 프랑스의 제휴에 반대한 영국, 네덜란드, 오스트리아 3국이 동맹을 맺고 전쟁을 일으켰다. 전쟁 초기에는 프랑스군이 우세하였으나 1704년 블렌하임 전투 이후 동맹군이 승기를 잡았고 이어 영국은 지브롤터를 점령하였다. 1713년 위트레히트 조약의 체결로 전쟁은 끝이 났다. 이 전쟁은 아메리카 식 민지에서도 행해졌는데 이는 앤 여왕 전쟁이라고 불린다.

에우리피데스(Euripides, BC 484?~BC 406?)

고대 그리스 아테네의 3대 비극시인 중 한 사람. 아낙사고라스에게 배우고 프로타고라스, 소크라테스 등과 교제하여 그 영향을 받은 것으로 보인다. BC 455년에 극작가로서 데뷔했으며 총 92 편의 작품을 남겼다. 만년에는 아테네 를 떠나 마케도니아에 머물다가 그곳에 서 죽었다. 현재 총 19편의 작품이 전해 진다. 에우리피데스는 소포클레스나 아 이스킬로스보다 후대에 활동했으며 작 품의 주된 주제는 신화나 전설에서 가 져왔으나 등장인물들을 영웅화하지 않 고 살아있는 인간으로 묘사하였으며 특 히 여성 심리 묘사가 뛰어났다. 대표작 으로 〈메데이아〉, 〈트로이의 여인〉, 〈안 드로마케〉, 〈엘렉트라〉, 〈페니키아의 여 인〉, 〈박카이〉 등의 작품이 있다.

▶ 에우리피데스

에퀴테스(equites)

고대 로마에서 원로원 의원 다음의 신분. 라틴어로 기사(騎士)를 뜻하며 원래 는 말의 구입과 사육에 비용이 들기 때문에 국가의 원조를 받아 말을 타고 전 쟁에 참전하는 사람을 뜻했으나 점차 일정한 재산과 자격을 갖춘 계층의 의 미로 변질되었다. 제2차 포에니 전쟁 이후 군사적 기능을 상실하고 징세 청 부인, 금융업자, 대상인 계층이 되었다. 이에 따라 기사 계층은 일종의 상업, 금융자본가 계층이 되어 공화정 말기에는 원로원과 대립하였다. 제정기의 여 러 황제는 원로원을 견제하기 위해 기사 계층을 중용했으며 3세기에는 속주 의 관직 및 군사 지휘권까지 차지하였다.

에트루리아인(Etruscans)

고대 이탈리아에 거주했던 민족. 초기 로마의 정치와 종교에 큰 영향을 미쳤다. BC 4세기 초까지 이탈리아 반도의 정치와 문화를 주도했다. 에트루리아인의 기원에 대해서는 토착설, 북방설, 동방설 등 세 가지 설이 있으며 동방소아시아에서 도래했다는 설이 유력하다. 해안지대로부터 내륙지대로 진출하여 북쪽으로는 포강 유역, 남쪽으로는 한 때 로마까지 세력권에 들어갔었다. 시칠리아, 코르시카, 사르디니아까지 진출하여 그리스, 카르타고 세력과 충돌하였다. BC 4세기 이후로 로마에 의해 정복되기 시작하였다. 관직, 종교, 제사, 토목, 건축, 검투사 경기 등 여러 면에서 로마에 큰 영향을 주었다.

에페소스공의회(Council of Ephesos, 431)

소아시아의 에페소스에서 열린 종교회의. 그리스도의 신격을 둘러싼 논란을 해결하기 위해 테오도시우스 2세가 소집한 3차 공의회이다. 이 회의에서 그리스도의 신성을 부정하고 마리아가 신의 어머니임을 부정한 콘스탄티노플의 총대주교 네스토리우스가 이단으로 결정되어 파문, 추방되었다.

에포로이(ephoroi)

고대 그리스에서 스파르타를 비롯한 도리아 계통 도시국가의 감독관. 매년 5명의 시민이 선출되어 행정, 사법, 도덕, 교육에 대한 권한을 가지는 최고관직으로 왕, 관리, 전체시민을 감독할 수 있다. 왕 이하의 관리를 법정에 소환할 권리를 가졌고 게루시아(장로회), 아펠라(민회)를 소집, 주재하고 외교와 군대파견권을 가졌다. 스파르타에서는 리쿠르고스 또는 테오폼포스가 이 제도를 만들었다고 하며 클레오메네스 3세 때(BC 227년경) 일시 폐지되었다가 곧 부활되어 AD 200년까지 존속하였다.

에프탈인(Ephthalitai)

고대 중앙아시아의 유목민족. 서양 사료에는 Haytal, Hephtalites로 표기되며 중국 사적에는 염달, 읍달, 활(滑) 등으로 기록하였다. 5세기 중엽부터 7세기 중반까지 투르키스탄과 아프가니스탄을 통일하고 서북인도에 세력을 떨친 이란계 민족이다. 처음에 사산왕조에 협력하여 동방 로마령을 침공하여 광대한 영토를 획득하였다. 이후 중국과도 교류하여 동서무역으로 이익을 남겼다. 530년경 마가다국에 침입하였다가 격퇴되어 캐시미르로 퇴각하였고 567년 사산왕조와 돌궐의 목간가한(木杆可汗) 연합군에게 멸망하였다.

에피쿠로스학파(Epicurean school)

스토아 학파와 함께 헬레니즘 시대의 대표적 철학 학파. 아테네의 철학자 에

피쿠로스(Epikuros, BC 342?~BC 270)가 창시한 학파로서 쾌락설을 주창하여 쾌락을 최고선으로 규정하였다. 이 쾌락은 단순한 감각적 쾌락이 아니고 덕의 함양으로 얻을 수 있는 마음의 평화라고 설명하였다. 또한 데모크리토스의 원자론적 자연관을 받아들여 죽음과 더불어 혼을 구성하는 원자는 해체되며 감각작용은 정지된다고 주장하여 죽음의 공포를 해소시키려 하였다. 이 학파는 개인주의적이며 세계주의적인 인생관이 만연하던 헬레니즘 시대에 마음의 위안을 찾던 사람들에게 큰 호응을 얻었다. 에피쿠로스 이후로는 로마의 루크레티우스(BC 94 BC 55?)가 《만물의 본성에 대하여》라는 책을 써서 에피쿠로스 철학을 보급하였다.

엔리케 항해왕(Henrique O Navegador, 1394~1460)

포르투갈의 왕자. 신항로 발견의 후원자로 유명하다. 아프리카 서해안과 대서양의 탐험을 후원하고 북서 아프리카, 카나리아, 아조레스, 마데이라 제도에 대한 식민사업을 추진하였다. 1422년 이후 아프리카 서해안의 보쟈도르곶에 탐험대를 보내 서아프리카 항로를 개척하였다. 천문, 지리, 항해에 대한 각종 정보를 수집하여 아프리카 희망봉 우회의 기초를 다졌으며 근세 초 포르투갈의 지리상 발견과 상업패권에 기여하였다.

▶ 엔리케

엘 그레코(Greco, El, 1541?~1614)

에스파냐의 화가. 크레타섬 출신으로 그레코란 이름은 그리스 사람이란 뜻이며 본명은 도메니코스 테오토코폴로스이다. 베네치아에서 티치아노에게 그림을 배웠으며 틴토렛토, 미켈란젤로 등의 영향을 받았다. 로마에 체류하다가 에스파냐의 톨레도로 가서 평생을 보냈다. 에스파냐 바로크 미술의 선구자 역할을 하였으며 주로 종교화와 초상화를 그렸다. 깊은 명암과 색체, 길쭉한 인체묘사로 에스파냐 신비주의를 대표하였다. 대표작으로 〈오르가스 백작의 매장〉, 〈그리스도의 세례〉, 〈성모 승천〉, 〈톨레도의 풍경〉 등이 있다.

엘로라 석굴(Ellora Temples)

인도 마하라슈트라주 엘로라 마을 근처의 석굴 유적. 아우랑가바드 서북방으로 32km 떨어진 지점에 있는 바위산에 석굴 34개가 조성되어 있다. 남쪽의 12개 석굴은 7세기 전반의 불교 유적이며 중앙의 17개 석굴은 7세기 후반에서 9세기 후반 사이에 조성된 힌두교 석굴이다. 북쪽의 5개 석굴은 9~12세기에 걸쳐 조성된 자이나교의 석굴이다. 각 석굴마다 우수한 부조와 신상 조각, 벽화로 장식되어 있다. 한 석굴에 세 종교의 사원이 모여 있는 세계적으로 유래를 찾아보기 힘든 곳이다.

엘리자베스 1세(Elizabeth I, 1533~1603)

영국의 여왕(재위 1558~1603). 헨리 8세와 두 번째 왕비 앤 불린 사이에서 태어났다. 어머니가 처형된 후 왕위 계승권을 박탈당하고 이복 언니 메리 1세가 집권한 후에는 런던탑에 유폐되는 등 고초를 겪다가 메리 1세가 죽은 후 25세에 즉위하였다. 오랜 치세 기간 동안 독신으로 지내며 영국 절대주의의 전성기를 이루었으며 국민들의 존경을 받았다. 종교적으로 수장령과(首長令)과 통일령(1558)을 반포하여 국교회를 중심으로 종교적 통일을 이룩하였으며 그레셤의 제안을 받아들여 통화개혁(1560)을 단행하고 도제조례(徒弟條例, 1563)에 의하여 노동시간 임금 등을 정하였으며, 빈민구제법(1601)에 의하여 인클로저 운동과 수도원 해산으로 토지를 잃은 농민을 도왔다. 독점부여로 각종 산업을 육성하는 중상주의 정책을 실시하였으며 1588년 스페인의 무적함대(아르마다)를 격파하여 영국이 대양을 제패하는 기초를 다졌다. 이후 동인도 회사 설립(1600)과 북아메리카 버지니아 식민지 개척 등 영국의 세계진출이 이루어졌다.

엘베강(Elbe River)

중부 유럽을 경유하여 북해로 흘러드는 강. 체코슬로바키아 서부에서 발원하여 북쪽으로 흘러 독일 북부의 도시들을 지나 함부르크에서 북해로 흘러든다. 1919년 베르사유 조약에서 국제하천으로 지정되었으나 뮌헨 조약 이후 독일이 이를 파기하였다. 1945년 4월 엘베강 중류 토르가우에서 미영 연합군과 소련군이 서로 만난 것으로 유명하다.

엠페도클레스(Empedokles, BC 493~BC 433)

고대 그리스의 자연 철학자. 시칠리아섬 출신으로 정치가, 의사로서 크게 활약하였다. 민주정을 위해 기여하였으며 왕위를 제의받았으나 사퇴하였다. 철학자로서 다원론을 주창하여 만물은 흙, 물, 공기, 불의 4원소로 구성되었으며 이 원소들이 사랑과 미움의 두 가지 힘이 작용하여 결합, 분리됨으로서 만물의 생성과 소멸이 일어난다고 주장하였다. 그의 물질관은 후일의 원자론 철학의 기초가 되었다.

엥겔스(Engels, Friedrich, 1820~1895)

독일의 사회주의자. 마르크스의 협력자로 경제학, 역사학, 철학, 자연과학 등

마르크스주의 확립에 기여하였다. 독일의 라
인주 바르멘에서 방적 공장주의 아들로 태어
났다. 가업을 잇기 위해 1842~1844년 영국
에 체류하면서 자본주의의 문제점을 접하고
사회주의자가 되었다. 1842년 마르크스와
처음으로 만나고 1845년 공동으로 《독일 이
데올로기》를 집필하여 유물사관을 주창하였
다. 1847년 공산주의자 동맹을 창설하고
1848년 마르크스와 함께 《공산당 선언》을
집필하였다. 1848년 프랑스와 독일에서 혁
명이 일어나자 독일로 건너가서 〈신 라인 신
문〉을 발행하며 혁명활동을 하다가 다시 런

▶ 엥겔스

던으로 돌아갔으며 제1인터내셔널의 총무로서 국제노동운동과 마르크스주의
보급에 기여하였다. 1883년 마르크스가 사망하자 유고를 정리하여 《자본론》
2, 3권을 편집하였으며 제2인터내셔널의 지도자로서 국제노동운동에 기여하
였다.

여사잠도(女史箴圖) ◐ 고개지

여조(黎朝)

베트남의 왕조로 레왕조(黎王朝)라고 한다. 전려(前黎, 980~1009)왕조와 후
려(後黎,1428~1527, 1533~1789)왕조가 있다. 전려왕조는 베트남이 중국 지
배를 벗어나 국가의 기틀이 잡히기 전에 성립한 단기 왕조의 하나로 여환(레
호안, 黎桓)이 창시하여 송나라의 침입을 격퇴하고 참파를 공격하여 복속시켰
으나 3대만에 멸망하였다. 후려왕조는 여이(레러이, 黎利)가 명나라의 지배에
서 벗어나 세운 왕조로 국호를 대월(다이베트, 大越)라 하고 베트남 역사상
가장 강성한 전성기를 누렸으나 1527년 11대 공제(恭帝)가 막등용(莫登庸)에
게 제위를 빼앗겨 왕조는 일시 단절되었다. 이후 1533년 장종(莊宗)이 1592
년 하노이를 탈환하여 막씨왕조를 물리치고 여왕조를 부흥시켰다. 그러나 실
권은 왕조 부흥에 공을 세운 정씨(찐씨, 鄭氏)에게 넘어갔다. 이 정씨 세력과
위에 지방의 완씨(구엔씨, 阮氏)세력이 대립하다가 베트남은 동경왕국(東京王
國)과 광남국(廣南國)으로 분열되었다. 이후 1773년 타이손(西山)당의 난이 일
어나자 완씨와 정씨가 다 같이 멸망하고 여왕조는 얼마간 명맥을 이어가다
민제(愍帝)가 청나라에 망명함으로써 1789년 멸망하였다.

여진 ◐ 만주족

역전제(驛傳制)

고대 제국에서 중앙과 지방 사이의 연락, 관리의 이동 등 교통과 통신을 위해 설치한 기관. 중국에서는 당나라 때부터 역전제도를 갖추어 중요 교통로를 따라 30리마다 역을 설치하였다. 이후 역대 왕조마다 역전제를 갖추었으나 특히 원나라 때 발전하여 역참(驛站)제도를 갖추어 공문서의 전달 및 출장중인 관리에게 교통편과 숙식을 제공하였다. 고대 오리엔트의 페르시아제국에서도 이와 유사한 역전제도를 갖추어 제국의 통치에 이용하였다.

연금술(鍊金術, alchemy)

비금속을 주술적 방법으로 귀금속으로 변화시키는 일종의 자연학. 헬레니즘 시대에 알렉산드리아에서 시작하여 이슬람 세계에서 체계화 된 다음 중세 유럽에 전파되었다고 한다. 유럽에서는 14~16세기에 걸쳐 많은 연금술 서적이 나왔다. 중국에서도 도교의 도사들이 불로장수의 단(丹)을 만드는 연단술이 있었으며 이를 중국연금술이라고 한다.

연운 16주(燕雲十六州)

936년 석경당이 거란의 도움으로 후당(後唐)을 멸망시키고 후진(後晉)을 세우면서 그 대가로 거란에 할양한 땅. 지금의 베이징(北京) 다퉁(大同)을 중심으로 만리장성의 남쪽에 있는 16주(州)를 말한다. 이후 한족 국가와 분쟁의 불씨가 되었으며 후주(後周)의 세종(世宗) 때 영(瀛), 막(莫)의 2주를 회복하였으나, 송나라 때 역주(易州)를 다시 잃었으므로 15주가 되었다. 이밖에 장성 남쪽으로 일찍이 거란 영토가 된 평(平),난(滋), 영(營)의 3주는 여기에 포함되지 않는다.

연해주(沿海州)

시베리아의 동남부 헤이룽강, 우수리강, 동해에 둘러싸인 연해지방. 본래 숙신(肅愼) 말갈(靺鞨) 여진(女眞)의 땅으로 청나라가 관할하다가 1858년 아이훈(愛琿) 조약에 의해 청(淸) 러시아의 공동관리하에 놓였다가 1860년의 베이징(北京) 조약에 의해 러시아령이 되었다. 러시아는 연해주의 남단에 항구도시 블라디보스토크를 건설하여 군사, 무역의 중심지로 삼았으며 이후 블라디보스토크를 거점으로 남하정책을 추진하였다.

열자(列子, ?~?)

중국 고대의 도가(道家) 계열 사상가로 이름은 열어구(列禦寇). BC 400년경 정(鄭)나라에 살았다고 전하며 《장자(莊子)》, 〈소요유편(逍遙遊篇)〉에 몇 군데 그에 대한 언급이 나온다. 그의 책은 현재 8권 8편이 있으며 노자의 무위설을 이야기하고 있다. 도교(道敎)가 성행하면서 《노자》, 《장자》와 더불어 도교의 근본경전으로 중요시되었다.

영국 국교회(The Anglican Church)

1534년 헨리 8세가 이혼 문제로 수장령을 내려 스스로 영국 교회의 수장이 됨으로써 로마 카톨릭으로부터 독립한 영국의 국교회. 성공회라고도 부른다. 헨리 8세는 왕비 캐서린과의 결혼 무효소송을 교황 클레멘트 7세가 거부하자 카톨릭을 이탈하였다. 초기에는 카톨릭의 교리와 의식을 그대로 행하였으나 1549년 에드워드 6세가 통일령을 발표하고 캘빈파의 교의를 동입한 공동기도문을 채택하였다. 메리 여왕 때 잠시 카톨릭으로 복귀했으나 엘리자베스 1세가 다시 수장령과 통일령을 반포하고 '39개조'를 제정하여 국교회의 교리상 기초를 다졌다. 국교회는 캔터베리 대주교를 정점으로 하는 감독기구를 근간으로 하고 교회의 수장은 국왕이 된다.

▶ 1535년 헨리 8세는 수장권을 거부한 카르투지오 수도사들을 반역죄라는 죄목을 씌워 교수형을 시키고 그들의 내장을 모두 꺼냈다.

영국 연방(Commonwealth of Nations)

영국 본국과 식민지에서 독립한 53개국으로 구성된 연방. 제1차 세계대전 후 캐나다, 오스트레일리아, 뉴질랜드 등 자치령의 지위가 향상되자 1926년 밸푸어 보고서 및 1931년 웨스트민스터 헌장에 따라 본국과 자치령이 동등하며 국왕에 대한 충성으로 결합된 자유결합체인 브리티시 커먼웰스가 되었다. 그러나 제2차 세계대전 후 아시아, 아프리카 등 세계 각지의 영국식민지가 독립하면서 다민족국가 그룹인 제2차 커먼웰스가 이루어졌다. 이에 따라 현재 영국 국왕은 충성의 대상이 아니라 독립국가들의 자유로운 결합의 상징이 되었다.

영락대전(永樂大典)

명(明)나라 영락제(永樂帝, 成祖)의 명으로 만든 유서(類書). 전 22,877권, 목록 60권으로 이루어져 있다. 1403년 영락제가 해진(解縉) 등에게 명령하여 1404년에 완성하여 《문헌대성(文獻大成)》이라 하였으나 부족한 점이 있어 다시 대규모 편찬을 한 후 1407년에 《영락대전》으로 완성을 보았다. 이 유서는 일종의 백과사전으로 '홍무정운(洪武正韻)'의 문자 순서에 따라 경서, 사서, 시문, 불교, 도교, 의학, 천문등 모든 사항에 관련된 도서들을 총망라해서 여기에서 관련사항을 발췌하여 이를 내용별로 분류하여 배열하였다. 완성 당시 정본 1부를 만들고 1562년 부본 1부를 만들었는데 정본은 명왕조가 멸망할 때 소실되었고 부본은 청나라에 전해져 《사고전서(四庫全書)》 편찬에 이용되었으나 1860년 영국, 프랑스 연합군의 베이징 침공과 의화단 사건으로 상당수가 유실되었다.

영락제(永樂帝, 1360~1424)

명나라의 제3대 황제(재위 1402~1424). 태조 주원장의 넷째 아들. 처음에 연왕(燕王)으로 베이징에 있었으나 태조의 뒤를 이은 건문제(建文帝)가 왕들의 세력을 삭감하려 하자 1399년 군대를 일으켜 수도 난징을 함락하고 제위에 올랐다. 이를 정난(靖難)의 변이라 한다. 1421년 수도를 베이징으로 옮기고 운하를 개수하여 경제적 중심지 강남과 정치적 중심지 베이징을 연결하였다. 영락제는 대외정책을 적극적으로 추진하여 타타르, 오이라트 등 몽고 세력을 다섯 차례에 걸쳐 원정하였고 만주 지방의 여진족을 복속시켜 헤이룽강(黑龍江)까지 세력을 미쳤다. 서역으로는 티베트로부터 조공을 받았고 남방으로 윈난(雲南)을 중국화하고 1406년 베트남을 정복하여 직할지로 만들었으며 버마까지 진출하였다. 또한 1405년 이후 7차례에 걸쳐 환관 정화(鄭和)가 이끄는 대함대를 파견하여 인도양, 페르시아만, 아라비아, 아프리카 동해안까지 진출하였으며 자바, 수마트라, 실론까지 이르렀다. 문화적으로 대백과사전인 《영락대전(永樂大典)》을 편찬하고 성리학을 국가의 교학으로 삼아 《사서대전(四書大全)》, 《오경대전(五經大全)》, 《성리대전(性理大全)》을 편찬하였다.

이 시기부터 대학사(大學士)들로 이루어진 내각이 정치를 좌우하고 환관들이 지방을 순찰하고 비밀경찰인 동창(東廠)을 장악하는 등 세력을 얻기 시작하여 이후 명나라 정치에 큰 영향을 미쳤다.

영방국가(領邦國家, Territorialstaat)

독일에서 중세 말에서 근세 초에 걸쳐 영방군주가 주권을 행사한 지방국가. 독일(신성로마제국) 황제는 성직서임권 투쟁과 이탈리아 정책으로 치중하느라 국내적으로 힘을 잃고 각종 주권을 제후들에게 양보하여 영방군주들이 '국가내의 국가'라 할 자치적 영역을 확보하게 되었다. 13세기 이후 그 수가 300에 이르렀으며 종교개혁 시대 30년 전쟁의 결과인 베스트팔렌 조약(1648)으로 영방국가의 주권이 국제적으로 승인되었다. 오스트리아, 프로이센 등도 영방국가의 하나이다. 1871년 독일제국의 창건에 의해 영방국가들이 통합되었다.

영안(Young Plan, 1929)

제1차 세계대전 후 독일의 배상금 지불문제에 대하여 미국의 O.D. 영이 제출한 해결책. 1924년의 도스안이 배상총액 및 지불기한을 명시하지 않은 것이었기 때문에 배상문제의 최종 해결을 위하여 배상전문위원회가 구성되었다. 위원회는 1929년 헤이그회의에서 영안을 채택하여 독일의 지불능력을 고려하여 총액을 1/3정도인 358억 마르크로 줄여주고 지불기한도 1936년 6월까지 연장해 주었다. 그러나 1929년에 일어난 세계 대공황으로 독일 경제가 큰 타격을 받자 1932년 로잔회의에서 배상금을 30억 마르크로 대폭 경감해 주었다.

영·일동맹(英國日本同盟, Anglo-Japanese Alliance, 1901~1921)

러시아의 남진을 견제하기 위해 영국과 일본이 체결한 동맹. 1902년 체결되어 1905년과 1911년에 걸쳐 개정되었다. 제1차 동맹은 한 쪽이 제3국과 교전할 경우 다른 쪽이 중립을 지킨다는 방어동맹으로 러시아를 대상으로 한 것이며, 제2차 동맹은 러일전쟁 중에 갱신된 것으로 인도에 있어서 영국의 우월성, 조선에 있어서 일본의 우월성을 상호 승인하여 방어동맹에서 공수동맹(攻守) 동맹으로의 발전되었다. 1911년 맺은 제3차 동맹은 독일의 위협에 공동대처하기 위한 것이었으나 극동에서 미국과 일본의 대립으로 인하여 1921년 워싱턴 회의에서 미국의 압력으로 폐기되었다.

영토국가 ○ 민족국가

예니체리(Yeniçeri)

오스만 투르크의 보병 군단. 예니는 '새로운', 체리는 '병사'란 뜻이다. 오스만 투르크에 정복된 유럽 지역의 그리스도 교도 중에서 소년들을 뽑아 이슬람 교도로 개종시킨 후 군사훈련을 실시하여 술탄의 상비친위대로 만든 노예 군대이다. 14~15세기 오스만제국의 정복전쟁에서 큰 공훈을 세웠으나 이후 군기가 문란해지고 술탄의 지위에까지 간섭하게 되어 1826년 마호메트 2세에 의해 폐지되었다.

예루살렘(Jerusalem)

팔레스티나 지방에 있는 유대교, 그리스도교, 이슬람교의 성지. 지중해로부터 52.8킬로, 사해로부터 28.8 킬로, 요단강으로부터 28.8킬로미터 떨어진 3면이 산으로 둘러싸인 고원에 자리잡고 있어 일찍부터 이 일대의 요충지가 되었다. 고대부터 이집트 지방관이 주재했던 곳이며 다윗왕 때 유대인의 영토가 되어 솔로몬 왕 때 이곳에 여호와 신전과 궁전을 건설하였다. 유대국가가 유대와 이스라엘왕국으로 갈라졌다가 이스라엘왕국이 멸망한 후에는 유대교의 중심지가 되어 번영했다. 586년 네부카드네자르 2세에 의해 파괴되었고

▶ 예루살렘

이후 페르시아와 로마의 지배를 받았다. 637년 사라센인의 지배를 받다가 십자군 운동 때에는 십자군이 이곳에 예루살렘왕국을 건립하였다. 후에 오스만 투르크의 영토가 되었다가 1917년 영국의 위임통치령이 되었고 1948년 이스라엘 독립과 함께 도시 서쪽이 이스라엘 영토가 되었으며 1967년 6일 전쟁으로 전 도시가 이스라엘 영역이 되었다.

예루살렘왕국(Kingdom of Jerusalem, 1099~1187)

제1차 십자군이 예루살렘에 건설한 왕국. 1099년 예루살렘을 점령한 십자군은 고드프르와 드 부이용을 국왕으로 추대하여 예루살렘왕국을 세우고 기타 지방을 봉건 영지로 삼았다. 이 왕국은 서유럽 봉건제도를 본따 잔류한 십자군 기사들에게 봉토를 수여하고 국토방위에 임하였으며 영주의 대부분은 프랑스인 기사들이었다. 그러나 이슬람군에 포위된데다 내분이 일어 이를 구원하기 위해 제2회 십자군이 파견되었으나 실패하고 이집트 아유브왕조의 국왕

살리딘에 의해 멸망되었다. 이후 예루살렘왕국 수복을 위해 제3차 십자군이 파견되었으나 내부 불화로 실패하고 살라딘과 협정을 맺어 순례자의 안전을 보장받는 데 그쳤다.

예링(Jhering, Rudolf von, 1818~1892)

독일의 법철학자, 법률사가. 초기에는 전통적 역사학파의 영향을 받아 《로마법 연구》(1844)를 발표하였으나 이후 형식에 치중하는 법제도사 연구를 넘어서서 대표작 《로마법의 정신》(1852~1865)를 발표하고 로마법이 한 도시의 시민법에서 세계법, 만민법으로 발전해 나간 각 발전단계를 로마의 발전과 사회적 변화에 따라 깊이 통찰하였다. 이후 《법학희론》을 저술하여 전통적인 개념법학을 비판하고 《법에 있어서의 목적》을 통해 법의 사회적 실용성을 중시한 목적법학을 제시하여 현대 법학에 큰 영향을 미쳤다.

예수 그리스도(Jesus Christ, BC 4?~AD 30)

그리스도교의 시조. 예수라는 이름은 헤브라이어로 '여호와(야훼)가 구원하심'이란 뜻이며 그리스도(크리스트)는 '기름 부음을 받은 자', 곧 '구세주'를 의미한다. 역사적 인물로서 예수는 유대왕 헤롯의 치세 때 베들레헴에서 요셉과 마리아의 아들로 태어났다. 당시 유대국은 로마의 지배를 받았으며 유대인들 사이에서는 구세주 메시아의 도래를 기대하는 신앙이 널리 퍼져있었다. 예수는 30세에 메시아를 자처하고 갈릴리, 유다 등지에서 제자들을 모으기 시작했다. 예수가 대중들 사이에 추앙을 받자 이를 경계한 바리새인과 사두개인들의 고발로 로마 당국에 체포되어 십자가형에 처해졌다. 그 뒤 제자들과 사도 바울을 중심으로 교단이 형성되어 로마제국 각지에 그리스도교가 전파되었으며 유대인의 민족종교에서 보편성을 띤 세계종교로 발전하였다.

예수회(Society of Jesus)

로마 카톨릭 교회에 속한 교단. 1540년 에스파냐 출신의 이그나티우스 데 로욜라가 사비에르 등과 함께 파리에서 창설하였다. 종교개혁으로 인한 개신교의 도전에 대응하기 위해 교황의 명령에 절대복종하는 엄격한 군대식 규율로 조직되었다. 유럽 내에서 각종 학교를 설립하여 교육사업에 기여하는 한편 해외선교에 주력하였다. 1542년 사비에르의 인도 전도를 시작으로 마테오 리치, 아담 샬 등이 중국에서 포교활동을 하면서 유럽의 학문과 기술을 소개하였다.

예카테리나 2세(Ekaterina II, 1729~1796)

러시아의 여제(女帝, 재위 1762~1796). 프로이센 귀족의 딸로 1745년 표트르 3세와 결혼하였으나 1762년 남편을 폐위시키고 스스로 황제가 되어 대제 (大帝)라 불렸다. 서유럽 계몽사상에 심취하여 볼테르 등과 교류하였고 학문과 교육에 관심을 기울여 계몽전제군주로 불렸다. 치세 기간 동안 농노제를 강화하여 농노제 귀족국가의 전성기를 이루고 러시아의 절대왕정을 강화하였다. 농노제의 압박 때문에 푸가쵸프의 농민반란(1773~1775)이 일어나기도 했다. 대외적으로는 폴란드를 분할하였으며 투르크와 두 차례에 걸쳐 러시아 투르크 전쟁을 통해 흑해로 가는 출구를 열었다.

옐친(Yeltsin, Boris Nikolaevich, 1931. 2. 1~)

러시아의 정치가. 1961년 공산당에 입당하여 1981년 소련공산당 중앙위원이 되었으며 고르바초프와 친분을 쌓았다. 1985년 고르바초프가 공산당 서기장이 되자 모스크바 시당 제1서기와 당 정치국 후보위원이 되어 중앙정계에 진출하였다. 그러나 1987년 급진적 개혁을 요구하다 정치국에서 축출되었으며 이후 의회의 야당 지도자로 활약하다 1990년 러시아공화국 대통령에 당선되었다. 1991년 8월에 보수파 쿠데타가 일어나자 반쿠데타 세력을 이끌어 쿠데타를 기도를 좌절시켰다. 쿠데타로 고르바초프가 실권을 상실한 데 비해 옐친은 1991년 12월 소련연방의 11개 공화국이 참여한 독립국가연합(CIS)을 결성하고 실질적인 지도자가 되었다. 이후 심각한 경제난과 사회문제로 시달리다 1999년 블라디미르 푸틴을 대통령 권한 대행으로 지명하고 사임하였다.

▶ 옐친

오(吳, 222~280)

후한(後漢) 말에 황건적의 난을 계기로 각지에서 군웅들이 일어났을 때 위(魏), 촉(蜀)과 함께 천하를 3분하여 삼국시대를 이룬 국가. 손견(孫堅)의 아들 손권(孫權)이 강남을 세력권을 확보하였으며 208년에 촉의 유비(劉備)와 연합하여 위의 조조(曹操)가 이끈 대군을 적벽(赤壁) 싸움에서 대파하고 천하를 3분하게 되었다. 220년 조조의 아들 조비가 한나라를 폐하고 위나라의 황제가 되자 손권도 229년 제위에 올라 국호를 오라 하였다. 그러나 손권이 죽자 국력이 약화되어 210년 위를 계승한 진(晉)에 의해 수도 건업(남경)이 함락되어 멸명하였다.

오경대전(五經大全)

명나라 때 편찬된 유학 전집. 명나라 제3대 황제인 영락제(永樂帝, 1402~
1424)가 성리학을 국가이념으로 삼아 이를 장려하기 위해 《사서대전(四書大
全)》, 《성리대전(性理大全)》과 함께 《오경대전(五經大全)》 154권을 편찬하였
다. 그 내용은 오경의 원문과 그에 대한 주석을 집대성한 것으로 이후 관리를
등용하는 과거시험의 교재로서 널리 보급되었으며 한국과 일본에도 전해져
큰 영향을 미쳤다.

오경정의(五經正義)

중국 당나라 때 나온 오경에 대한 주석서. 638년 당 태종이 공영달(孔穎達)
안사고(顔師古) 등에게 오경에 대한 표준 해석서를 만들 것을 명하여 653년
에 반포되었다. 《주역(周易)》은 왕필(王弼) 한강백(韓康伯)의 주(注), 《상서(尙
書)》는 공안국(孔安國), 《시경》은 모형(毛亨)과 정현(鄭玄), 《예기(禮記)》는 정
현, 《춘추좌씨전(春秋左氏傳)》은 두예(杜預)의 해석을 채택하였다. 《오경정
의》가 완성됨으로써 오경의 해석이 표준화되어 과거시험의 교재로서 널리 사
용되었으나 학문 발전의 면에서 제약을 초래하기도 하였다.

오고타이(1186~1241)

몽골제국 제2대 황제(재위 1229~1241). 묘호 태종(太宗). 칭기즈칸의 셋째
아들로 아버지를 따라 서아시아 원정 등에 참전하여 공을 세웠다. 칭기즈칸
이 죽자 1229년 제2대 황제로 등극하여 중앙정부를 정비하고 복속한 지방에
감독관인 다루가치(達魯花赤)를 파견하여 통치체제를 확립하였다. 1235년 오
르콘 강변에 수도 카라코름(和林)를 건설하고 역전제도를 갖추어 제국의 교
통망을 완비하였다. 칭기즈칸의 정복사업을 계승하여 1234년 금나라를 멸망
시키고 1235년 바투를 총사령관으로 이란과 남러시아 원정군을 파견하여 헝
가리, 폴란드까지 원정하여 유럽 대륙을 위협하고 러시아에 킵차크한국을 건
설하였다.

오고타이한국(1218~1310)

칭기즈칸의 셋째 아들 오고타이를 시조로 하는 국가. 칭기즈칸이 중앙아시아
원정을 떠나기 전에 아들들에게 영지를 분봉하였는데 오고타이에게 서북 몽
고 에밀 지방을 주었다. 오고타이와 그 아들 구유크는 몽고제국의 황제인 대
칸(大汗)이 되었으나 이후 툴루이가(家)의 몽케(憲宗)와 그 자손이 대칸의 자
리를 차지하자 오고타이 가문이 이에 불만을 품게 되었다. 오고타이의 손자
카이두(海都)는 툴루이가의 쿠빌라이(世祖)가 대칸이 되자 중앙아시아의 차가
타이 한국과 킵차크 한국을 끌어들여 대칸에 추대되어 원나라와 대치하였다.

그러나 카이두가 죽자 그 아들 차바르(察八兒)는 1303년 원나라에 귀순하였으며 이후 오고타이 한국은 1310년 차가타이 한국에게 멸망되었다.

오광 ◐ 진승 오광의 난

▶ 오다 노부나가

오다 노부나가(織田信長, 1534~1582)
일본 전국시대(戰國時代), 아즈치모모야마(安土桃山)시대의 무장. 오와리(尾張)의 센고쿠다이묘오(戰國大名)로 전국 통일사업에 착수하였다. 1562년 미카와(三河) 지방의 도쿠가와 이에야스(德川家康)와 동맹을 맺고 타케다(武田) 및 호오죠(北條)세력과 대치하였다. 1568년 막부의 내분을 기회로 아시카가 요시아키(足利義昭)와 손잡고 교토로 올라가 그를 쇼군으로 추대했으나 1573년 아시카가를 추방하여 무로마치 막부(室町幕府)를 단절시켰다. 이후 통일에 반대하는 킨키(近畿) 지방 세력을 진압하며 통일을 이루다가 혼노사(本能寺)에서 부하인 아케치 미쓰히데(明智光秀)의 모반으로 죽었다. 그가 죽은 후 천하통일은 도요토미 히데요시와 도쿠가와 이에야스에게 계승되었다.

5대10국(五代十國, 907~979)

중국에서 당나라가 멸망한 907년부터 송나라가 중국을 통일한 979년까지 등장한 여러 나라와 그 시대. 오대는 중국 북부에서 일어난 양(梁), 당(唐), 진(晉), 한(漢), 주(周)의 5왕조인데 보통 후량, 후당, 후진, 후한, 후주라 부른다. 십국은 남부 및 기타 지방에서 일어난 오(吳), 남당(南唐), 오월(吳越), 민(閩), 형남(荊南), 초(楚), 남한(南漢), 전촉(前蜀), 후촉(後蜀), 북한(北漢)을 말한다. 당나라 말기에 각 지방의 절도사들이 군사, 민사, 재정의 3권을 장악하여 군벌화 되고 후량의 태조 주전충(朱全忠)이 당나라를 무너뜨린 것을 계기로 각자 황제를 자처하게 되었다. 오대십국시대는 후주의 근위군 총사령관이던 조광윤(趙匡胤)이 송나라를 세워 통일을 이룸으로써 끝이 났으며 북부에서는 사회질서의 와해와 농토의 황폐화로 인한 유민 증가 등으로 혼란을 겪은 시대였다. 남부에서는 상대적으로 안정된 정치에 북방으로부터의 피난민을 받아들여 문화가 발달하고 무역과 상업이 발전하여 송나라의 기반이 되었다.

오도아케르(Odoacer, 433~493)

게르만족 출신의 이탈리아왕(재위 476 493). 다뉴브강 유역의 게르만족인 스킬족 출신으로 로마 군대에 들어가 친위대장이 되었다. 용병대장 리키메르의 반란에 참여하였으며 476년 리키메르의 후계자 오레스테스가 아들 로물루스를 황제에 즉위시킬 때 용병들을 이끌고 지원하였다. 이어 로물루스가 토지 분배 약속을 지키지 않자 용병들을 이끌고 황제를 폐하고 서로마제국을 멸망시킨 후 스스로 이탈리아왕으로 칭하였다. 489년 이탈리아를 침공한 동고트족의 왕 테오도리쿠스에게 패배하여 쫓기다가 493년 라벤나에서 포위되어 항복하였으며 그 후 살해되었다.

오두미도(五斗米道)

중국 후한(後漢) 말에 장릉(張陵)이 쓰촨(四川) 지방에서 창시한 종교집단. 천사도(天師道)라고도 한다. 병을 고쳐준다는 민간신앙으로 태평도(太平道)와 함께 도교(道教)의 원류(源流)이다. 노자를 암송하고 기도에 의해 병을 고쳐주고 그 사례로 쌀 5두를 받는다 하여 오두미도라 불리게 되었다. 장릉의 손자 장노(張魯) 때 교단조직을 정비하여 산시(陝西), 쓰촨 등지로 세력을 확대하였으며 진대(晉代) 이후에는 지식층이나 귀족 중에도 이 교를 믿는 자가 많았다. 후에 도교의 정일교(正一教)가 되었다.

오디세이아(Odysseia)

고대 그리스의 시인 호메로스의 작품으로 전해지는 대서사시. 〈일리어드〉와 함께 호메로스가 지은 양대 서사시로 전해진다. 오디세이아는 '오디세우스의 노래'라는 뜻으로 전편 24권, 12,110행으로 되어 있다. 줄거리는 트로이 전쟁에 참전한 이타카의 왕 오디세우스가 10년에 걸친 해상 모험과 귀향과정을 다루고 있다. 〈일리어드〉와 함께 유럽문학에 큰 영향을 주었다.

오르도스(鄂爾多斯, Ordos)

중국 네이멍구(內蒙古) 자치구 남쪽 끝에 있는 지역. 일찍이 하남(河南), 하투(河套), 투중(套中)으로 불리다가 명나라 말엽에 내몽고의 한 부족인 오르도스부가 이곳을 차지하여 오르도스라 불리게 되었다. 이 지역은 몽고와 중국의 접경지로 유목과 수로 농경이 가능하기 때문에 옛부터 흉노, 한, 당, 서하, 몽고 등 유목민족과 한족제국이 번갈아 차지하였던 곳이다. 1635년 청나라에 복속하여 오늘날 내몽고 자치구를 이루고 있다.

오리엔트(Orient)

고대 문명이 형성된 서남아시아와 이집트 지역. 인류역사상 메소포타미아 문명과 이집트 문명이라는 가장 오래된 문명이 생겨난 곳이다. 서양에서는 동아시아(동양)을 가리키는 의미로도 쓰인다. 오리엔트란 말은 라틴어로 '해가 뜨는 방향, 동방'을 의미한다. 오리엔트 지역에 속한 메소포타미아의 비옥한 초승달 지대(티그리스, 유프라테스강 유역)를 중심으로 일찍부터 농경이 시작되었으며 도시국가가 출현하였다. 수메르인이 국가조직과, 설형문자, 법률을 만들었으며 바빌로니아, 앗시리아, 페르시아 등 대제국이 출현하였다. 오리엔트 문명은 각종 과학과 기술의 발상지이며 또한 매우 종교적인 문명으로 여러 종교가 창시되었다. 알렉산더 대왕의 원정 이후로는 헬레니즘 문명의 중심지로 동서문명 교류의 연결고리 역할을 하였으며 7세기 이후로는 이슬람 문화권의 중심지가 되었다.

500인 협의회 ○ 클레이스테네스

오비디우스(Ovidius, Naso Pubulius, BC 43~AD 17)

고대 로마의 시인. 중부 이탈리아의 기사 계급 출신으로 한때 관직에 올랐으나 모두 버리고 시작(詩作)에만 전념하였다. 연애 시인으로 명성을 얻었으나 아우구스투스 황제에 의하여 흑해 연안의 토미스로 추방되어 그곳에서 사망하였다. 그의 대표작은 그리스, 로마의 신화와 전설을 서사시 형식으로 쓴 《변신 이야기》(AD 8)로 풍부한 상상력과 생생한 묘사로 당시의 신화를 집대성하였다.

5 · 4운동(五四運動, 1919)

1919년 중국에서 일어난 반제국주의 운동. 1919년 5월 4일 베이징의 학생들이 일으킨 시위에서 시작되었다. 당시 일본이 중국에 21개조 요구를 강요하고 제1차 세계대전 후 파리 평화회의에서 독일이 조차하던 산둥반도를 일본에 이양하도록 승인하여 중국인의 반외세 감정이 격화되었다. 이에 5월 4일 베이징의 학생들이 21개조 조인 책임자인 차오 루린(曹汝淋)의 집을 습격하여 그를 구타하고 집을 방화하였다. 이에 베이징 군벌정부가 진압에 나서자 학생들이 휴업하고 전국적으로 반외세운동이 일어났다. 이에 군벌정부도 친일파 인사의 파면과 베르사유 강화조약 거부를 결정하였다. 5.4운동은 조선의 3.1운동과 러시아혁명의 영향을 받았으며 외국 열강의 침입에 대한 반외세운동일 뿐 아니라 신문화운동 등을 통해 발전해 온 반봉건주의와 중국 근대화를 위한 지식인 및 시민운동의 일환이었다.

오삼계 ○ 삼번의 난

오수전(五銖錢)

고대 중국의 화폐. '오수' 라는 두 글자가 표시되어 있다. 수는 무게의 단위로 약 0.65g으로 추정된다. 한나라 무제(武帝) 때 처음 주조된 것으로 보인다. 그 뒤 위진남북조시대를 거쳐 수나라 때까지 900년에 걸쳐 사용되었다. 한(漢)나라의 묘, 성지 등에서 수 십, 수백 개씩 출토되었으며 한반도에도 전해져 사용되었다. 여러 번 고쳐 만들었기 때문에 각 왕조별로 형식에 차이가 있으며 이를 통해서 시대구분을 할 수 있다.

오스만투르크제국(Osman Turk Empire, 1299~1922)

13세기 말 셀주크 투르크를 대신하여 소아시아를 중심으로 형성된 투르크족의 이슬람국가. 오스만 1세가 건국하였기 때문에 오스만 투르크라 부른다. 투르크족은 반유목 생활을 하다가 칭기스칸의 압박으로 서쪽으로 이동하여 소아시아로 들어와 셀주크 투르크의 종주권에서 벗어나 건국하였다. 건국한 이후 부르사, 아드리아노플을 점령하고 1389년 코소보 전투에서 발칸 여러 나라의 동맹군을 무찌르고 1396년 유럽국가들의 십자군을 격파하여 발칸 반도의 대부분을 차지하였다. 1453년에는 콘스탄티노플을 점령하여 비잔틴제국을 멸망시키고 수도를 이곳으로 옮겨 이스탄불이라 하였다. 이후 이란, 시리아, 아라비아, 이집트를 차례로 정복하고 아바스왕조 최후의 칼리프로부터 칼리프 칭호를 물려받아 이슬람교의 정치적, 종교적 주권을 모두 장악한 술탄 칼리프제도를 이룩하였다. 오스만투르크군은 1529년 오스트리아의 비인까지 진출하였으며 군사적 봉건제에 입각한 국가체제를 갖추고 각종 제도와 문화 부문에서 발전을 이루었으나 17세기 이후로 쇠퇴하였다. 18세기 이래로 유럽 열강에 헝가리, 흑해 북쪽연안을 빼앗겼으며 1877년 러시아-투르크 전쟁으로 유럽 영토 대부분을 상실하였다. 이에 근대화 운동이 일어나 1908년 청년 장교들이 청년투르크당을 결성하여 입헌왕정을 실시했으며 제1차 세계대전에 독일측으로 참전하였다가 패배하고 가혹한 세브르 조약을 강요당하였다. 이때 케말 아타튀르크가 이끄는 세력이 술탄정부를 폐지하고 터키 공화국을 수립함으로써 오스만투르크제국은 멸망하였다.

오스트랄로피테쿠스(Australopithecus)

아프리카에서 발견된 최초의 화석인류. 1925년 R.A.다트가 남아프리카에서 출토한 유아두골(幼兒頭骨)에 오스트랄로피테쿠스 아프리카누스라는 학명을 붙인데서 비롯되었다. 지질학상으로 선신세(플라이오세)에서 홍적세(플라이스토세)에 걸쳐 존재하였으며 두개골 용량이 작고 유인원과 흡사하다. 이후 리키 부부가 동아프리카 올두바이 협곡에서 오스트랄로피테쿠스의 후기 화석을 발견하여 진잔트로푸스라 명명하였고 그 후 진잔트로푸스보다 진화한 인

류화석을 발견하여 이를 호모 하빌리스라 명명하고 호모 사피엔스의 조상형이라고 규정하였다. 오스트랄로피테쿠스는 일반적으로 아파렌시스, 로부스투스, 아프리카누스의 3종으로 분류되며 이중 아프리카누스가 현생 인류와 가장 유사하며 이 아프리카누스의 일부가 사람속(屬)으로 진화한 것으로 보인다. 이들은 식물을 채집하거나 육식동물이 먹다 남긴 찌꺼기를 먹으며 작은 무리를 지어 생활한 것으로 보이며 의사소통과 석기의 사용 등 인간다운 특징을 가지고 있었다.

▶ 오스트랄로피테쿠스의 두개골

오스트리아 왕위계승 전쟁(War of the Austrian Succession, 1740~1748)

오스트리아의 왕위계승을 둘러싸고 벌어진 유럽국가간의 전쟁. 프로이센~오스트리아 사이에는 슐레지엔 전쟁, 아메리카 식민지에서의 전쟁은 조지왕 전쟁으로 불린다. 1740년 오스트리아 합스부르크가의 황제 카알 6세가 죽고 딸 마리아 테레지아가 즉위하자 바이에른 선제후, 에스파냐 왕, 작센후가 왕위계승권을 주장하였다. 이때 프로이센왕 프리드리히 2세가 마리아 테레지아의 왕위계승을 인정하는 대가로 슐레지엔을 요구하며 군대를 투입하자 전쟁이 일어났다. 오스트리아에 반대하는 프랑스, 바이에른, 에스파냐, 작센, 프로이센 간에 동맹이 체결되고 오스트리아는 영국의 원조를 받고 나중에는 러시아도 오스트리아 편으로 참전하였다. 1748년 아헨 조약으로 전쟁은 끝이 났으며 전쟁의 결과 프로이센은 슐레지엔을 차지하고 마리아 테레지아의 남편 프란츠 1세가 왕위에 올랐다(1745).

오언(Owen, Robert, 1771~1858)

영국의 공상적 사회주의자. 점원으로 사회생활을 시작하여 1797년 뉴 래너크에서 방적공장을 경영하게 되었다. 여기서 인도주의에 입각하여 노동자의 처우개선을 위한 진보적 경영을 시도하였다. 여기서의 경험을 바탕으로 《사회에 대한 새로운 견해》를 저술하여 노동자 처우 개선과 노동입법을 주장하였다. 1825년 미국으로 건너가 인디애나주 뉴 하모니에 이상 사회를 건설하려 했으나 실패하였다. 다시 귀국한 후에는 협동조합운동을 지도하였다. 오언의 사상은 인간의 성격은 환경의 산물이며 인간성 확립을 위해 사회개혁을 필요로 한다는 환경주의로서 이를 실현하기 위해 노동입법과 어린이 교육을 강조하였다. 오언은 이상 사회를 현실화하려는 일종의 사회주의를 지향했으며 생시몽, 푸리에 등과 같이 공상적 사회주의자로 분류된다.

오이라트(Oirat)

12세기에서 15세기에 걸쳐 몽고 서북부에 있었던 몽고계 부족. 일찍기 칭기 즈칸에 정복되었으며 원나라가 멸망한 후에는 원의 뒤를 이은 몽고 동부의 타타르와 싸웠다. 타타르가 약화됨에 따라 외몽고를 장악하고 타타르를 내몽 고로 몰아냈다. 이어 에센 칸시대에 만주, 중앙아시아, 시베리아 남부에서 명 의 북쪽에 이르는 광대한 영역을 지배하였다. 1449년에는 명나라의 북쪽 변 경을 침입하여 명나라 영종(英宗)을 사로잡는 토목의 변(土木의 變)까지 일으 켰다. 그러나 에센 칸이 암살된 후 세력을 잃고 타타르에게 밀려 쇠퇴하였다. 17세기 들어 다시 세력을 회복하여 중가르왕국을 세웠으나 청나라 건륭제에 게 토벌당하였다.

오웰(Orwell, George, 1903~1950)

영국의 소설가. 본명 블레어(Eric Arthur Blair). 인도 출신으로 영국에서 교 육을 받았다. 이튼 학교를 졸업하고 미얀마에서 경찰관 생활을 하다가 식민 지의 모순을 체험하고 사직한 후 유럽으로 돌아왔다. 1933년 파리와 런던의 빈민가 체험을 기록한 르포 〈파리와 런던의 바닥생활〉로 인정을 받았으며 사회주의의 영향을 받아 1937년 에스파냐 내란에 공화 국 의용군으로 참전하였다가 좌파 내부의 당파싸움에 환멸을 느끼고 귀국하였다. 이 때의 체험을 1938년 〈카탈루냐 찬가〉로 발 표하였다. 이어 1944년에는 러시아혁명과 스탈린을 풍자한 정치우화 《동물농장》을 발 표하였으며 결핵으로 입원 중 현대사회의 전체주의를 묘사한 미래소설 《1984년》을 발표하였다. 오웰은 일찍기 스탈린주의의 본질을 파악하고 전체주의의 문제를 날카 로운 풍자로써 지적하였다.

▶ 오웰

오자(吳子)

중국 전국시대의 병법서. 전 1권 6편으로 되어 있다. 《손자(孫子)》와 함께 양 대 병법서로 알려져 있다. 전국시대의 무장 오기(吳起 : 吳子, BC 440~BC 381) 또는 그 문인들이 편찬한 것으로 여겨진다. 그 내용은 도국(圖國), 요적 (料敵), 치병(治兵), 논장(論將), 응변(應變), 여사(勵士)의 6편으로 나누어 서 술하였다. 오기가 증자의 제자였기 때문에 예의를 존중하고 교훈을 밝힌 유 교(儒敎)를 곁들인 병법서이며 예로부터 널리 읽히고 있다.

오초 7국의 난(吳楚七國의 亂, BC 154)

중국 전한시대에 일곱 제후국이 일으킨 반란. 한왕조는 군현제와 병행하여 봉건제도를 부활시켜 채택하고 일족들을 각지의 왕으로 봉하였다. 제후국 중 오, 초(楚), 조(趙) 세 나라의 세력이 커지자 전한의 6대 황제인 경제(景帝)는 '추은(推恩)의 영(令)'을 시행하여 세 나라의 영토를 삭감하려 하였다. 이에 문제의 세 나라 및 교서, 교동, 치천, 제남이 합세하여 반란을 일으켰다. 한왕조는 주아부(周亞夫)가 반란의 주모자인 오왕을 물리침으로써 난을 진압하고 이를 계기로 제후의 세력이 약화되고 중앙정부의 통제권이 강화되었다.

오컴(Ockham, William of, 1285?~1349)

영국의 스콜라 철학자. 오컴 태생으로 프란체스코 교단에 들어가 옥스퍼드대학에서 공부하였다. 후기 스콜라 학파의 유명론(唯名論)을 창시하였다. 이단 혐의를 받아 아비뇽 교황청에 소환된 바 있으며 교황 요한 2세와 마찰을 빚어 바이에른 제후 루트비히의 보호를 받았다. 오컴의 유명론에 따르면 개별 사물이 실재하는 것이지 보편이 실재하는 것이 아니며 단지 우리들의 머리 속에서만 존재하는 개념이다. 신의 계시는 논리적 진리로 보아서는 안 되며 형이상학과 신학은 분리되어야 한다. 따라서 신앙과 이성의 분리가 필요하다고 주장하였다. 그의 사상은 중세 스콜라 철학이 해체되고 근세 영국의 경험론 사상으로 나가는 준비 단계로서 옥스퍼드의 과학적, 경험적 사조를 대표하였다.

오토 1세(Otto I, 912~973)

작센 왕가의 제2대 독일 국왕(재위 936~973), 초대 신성로마제국 황제(재위 962~973). 오토대제(大帝)라고도 불린다. 하인리히 1세의 뒤를 이어 독일 통일을 추진하였다. 덴마크인을 격퇴하고 마자르인(헝가리인)을 레히펠트에서 제압하여(955) 동독일 식민사업의 기초를 이룩했다. 독일 국내의 부족 대공들을 견제하기 위해 교회세력과 동맹을 시도하여 고위 성직자를 동맹세력으로 삼고 교회 영지를 물질적 토대로 하는 제국교회정책을 채택하였다. 961년 교황 요한 12세의 요청으로 이탈리아로 출정하여 962년 교황으로부터 신성로마제국 황제로 추대되었다. 이후 독일의 역대 황제들은 이탈리아 정책에 개입하느라 독일 국내를 소홀히 하였고 또 성직 서임권을 놓고 교황권과 대립하게 되었다. 비잔틴제국과도 교류를 가져 문학, 예술의 발전을 장려하였으므로 이를 오토의 문예부흥이라고 한다.

오행가 ◑ 음양오행설

5현제(五賢帝, Five Good Emperors), 96~180)

로마제국의 전성기를 이룬 5인의 훌륭한 황제. 네르바(재위 96~98), 트라야
누스(재위 98~117), 하드리아누스(재위 117~138), 안토니누스 피우스(재위
138~161), 마르쿠스 아우렐리우스(재위 161~180) 등 다섯 황제를 말한다.
각 황제는 제위를 세습하지 않고 원로원 의원 중에서 가장 뛰어난 인물을 황
제로 지명하였다. 이 시대에는 이전과 같이 프린켑스(원수)라는 칭호가 보존
되었으나 한편으로 임페라토르(황제)라는 호칭도 사용되어 5현제 이후부터
진정한 제정이 시작되었다. 정치적 안정과 평화를 바탕으로 각 속주마다 많
은 도시가 건설되고 시민생활이 번영하여 로마제국의 전성기를 이루었다.

5호16국(五胡十六國, 304~439)

유연(劉淵)의 건국에서 북위(北魏)의 통일까지 중국 화북지역에 침입한 이민
족 왕조 및 그 시대. 오호는 진(晉)나라 말기의 혼란기를 틈타 침입한 흉노(匈
奴), 갈(羯, 흉노의 별종), 선비(鮮卑, 터키계라는 설이 있다), 저(氐 : 티베트
계), 강(羌 : 티베트계)의 이민족을 말한다. 이들이 중국 북부에 세운 16개의
국가를 16국이라 한다. 그 중에는 한인이 세운 왕조도 있고 그 수도 16개국을
넘지만 일반적으로 5호 16국이라 부른다. 이민족들은 후한 말, 삼국시대부터
중국 내지로 이주하여 한민족과 섞여 살면서 일부는 농업을 하였다. 304년
흉노의 추장 유연이 산시성에서 독립하고 316년 그 아들 유총이 진왕조를 멸
망시키고 전조(前趙)를 건국하여 서진 왕조는 강남으로 피신하여 동진(東晉)
을 세웠다. 전조는 다시 갈족에게 멸망되어 후조가 수립되었으나 다시 선비
족의 전연(前燕)과 저족의 전진(前秦)으로 2분되었다. 이후 전진이 전연을 평
정하고 중국 북부를 통일하였으나 동진을 정복하려다 대패하여 전진은 다시
후연(後燕 : 鮮卑)과 후진(後秦 : 羌)으로 분열하였다가 새로이 선비탁발부(鮮
卑拓跋部)의 북위(北魏)가 다시 중국 북부를 통일하여 5호16국시대를 끝냈다.
한편 남쪽에서는 진나라 대신 송(宋)나라가 들어섰으며 이 이후를 남북조시
대라 부른다. 5호16국시대는 사회적 혼란기로서 많은 유민들이 강남으로 이
주하여 강남개발의 계기가 되었으며 이 시기에 불도징(佛圖澄), 구마라습(鳩
摩羅什) 등 서역승(西域僧)들이 중국에 불교를 전파하였다.

옥타비아누스 ◐ 아우구스투스

올림피아 제전(Olympic Games, BC 776~AD 393)

고대 그리스에서 그리스 민족 전체가 참여하는 4대 제전의 하나. BC 776년
에 제우스 신전이 있는 올림피아에서 제우스신에게 바치는 제전 경기로서 시
작되어 매 4년마다 7~9월 사이에 5일간 개최되었다. 경기종목은 단거리 달

▶ 올림피아 제전

리기 한 종목에서 단거리 달리기, 멀리뛰기, 창던지기, 원반던지기, 권투(이상을 5종경기라 부른다) 레슬링, 경마와 전차경주 등으로 늘어났다. 우승자는 신전에서 올리브 잎 관을 수여받았다. 로마제국이 그리스도교를 국교로 채택하자 393년 테오도시우스 황제의 이교 금지령에 따라 올림픽 제전도 중단되었다. 근대에 들어 프랑스의 쿠베르탱 남작에 의해 올림픽 경기가 부활되어 1896년 아테네에서 제1회 근대올림픽 경기를 시작으로 이후 현재까지 매 4년마다 개최되고 있다.

옴미아드왕조(Ommiad Dynasty, 661~1031)

사라센제국의 왕조. 전기 옴미아드왕조, 후기 옴미아드왕조가 있다. 마호메트가 죽고 제4대 칼리프인 알리의 시대에 시리아 총독이었던 무아위야 1세가 알리를 타도하고 세습 칼리프정권을 수립하였다. 옴미아드왕조는 서투르키스탄을 정복하여 중앙아시아로 진출하고 인도 북부에도 침입하였으며 비잔틴제국의 콘스탄티노플을 포위 공격하였다. 711년에는 에스파냐에 상륙하여 서고트왕국을 멸망시키고 피레네 산맥을 넘어 프랑크왕국에 침입하였다가 투르, 프와티에 전투에서 프랑크 군대에 패배하였으나 에스파냐는 계속 점령하였다. 이리하여 광대한 영토를 지배하고 역전제도와 사찰제도를 갖춘 칼리프 독재국가를 확립하였다. 그러나 무거운 세금으로 인해 피정복민의 반란이 속출하는 가운데 아바스왕조의 후예 사파흐에 의해 750년에 멸망하였다. 이때 옴미아드 왕가의 일족 압둘 라흐만 1세가 에스파냐로 피신하여 756년 코르도바를 수도로 후기 옴미아드왕조를 수립하였다. 이 왕조를 통하여 이슬람의 학예가 유럽으로 전파되어 유럽 문화 발전에 큰 영향을 미쳤다. 후기 옴미아드왕조는 11세기 중반 이후 쇠퇴하다가 각지에서 반란이 일어나 1031년 멸망하였다.

옹정제(雍正帝, 1678~1735)

청(淸)나라 제5대 황제(재위 1722~1735). 성명 애신각라 윤진(愛新覺羅胤禛). 묘호 세종(世宗). 시호 헌제(憲帝). 강희제의 넷째 아들로 형제들끼리의 권력암투 끝에 권좌에 올랐다. 황제가 된 후 경쟁자였던 형제들과 그를 지지했던 신하들을 제거하여 독재권력을 확립하였다. 기존의 내각과 별도로 신속한 정무처리를 위하여 황제 직속의 군기처(軍機處)를 설치하여 6부를 관장하고, 지방관에게 주접(奏摺)이라는 직접보고를 받아본 후 붉은 색으로 주비(硃批 : 비평)를 써서 반송하여 지시를 내렸다. 이와 같이 내정에 있어 황제절대권을 확립하고 대외적으로는 윈난(雲南), 칭하이(淸海) 티베트의 반란을 진압하여 다음 황제인 건륭제시대에 청나라의 전성기를 이룰 기반을 다졌다.

와트(Watt, James, 1736~1819)

영국의 기술자. 증기기관의 발명자. 1764년 뉴커먼 배수기관 모형의 수리를 의뢰받고 열효율 개선방법을 연구 끝에 1769년 증기기관에 대한 최초의 특허를 받았다. 이후 1775년 볼턴과 함께 버밍엄에 '볼턴-와트 상회'를 차리고 증기기관의 개량을 연구한 끝에 그와 관련된 여러 가지 장치를 발명하였다. 1781년 단동(單動) 증기기관을 발명하고 1784년 복동 증기기관을 발명하였다. 이를 통해 1795년부터 증기기관의 대량생산을 실현하였다. 이로써 산업혁명의 근간인 기술혁명에 최대의 기여를 하였다.

▶ 제임스 와트

와트 타일러의 난(Wat Tyler's Rebellion, 1381)

중세시대 영국 남동부 지역에서 발생한 대규모 농민반란. 영국정부가 백년전쟁의 전쟁비용을 마련하기 위해 15세 이상의 모든 주민에게 인두세를 부여한 것이 반란의 직접적 원인이었다. 이에 봉건 반동을 강화하고 노동자 조례를 실시하는 봉건 영주 계층에 불만을 가졌던 농민들이 와트 타일러와 존 볼을 지도자로 하여 농민반란을 일으켰다. 이 반란은 켄트, 에섹스, 이스트 앵글리아 지방을 중심으로 세력을 확장하여 잉글랜드의 절반이 반란에 말려들게 되었다. 농민 반란군은 수도 런던을 일시 점령하고 국왕 리처드 2세로 하여금 요구 조건을 수용하게 만드는 등, 힘을 과시하였으나 와트 타일러가 계략에 걸려 살해된 후 와해되었다. 와트타일러의 난은 비조직적 민중운동으로 실패할 수밖에 없었으나 영국 농노제 폐지에 결정적 기여를 하였다.

와프드당(Wafd party)

이집트 최초의 근대 민족주의 정당. 와프드란 이집트어로 '대표단'이란 뜻이다. 이집트는 제1차 세계대전 후 1918년 파리평화회의에 대표단을 파견하여 완전 독립을 이룩하려 하였다. 이때 이를 지지한 연합세력을 모체로 형성되었다. 1922년 이집트가 독립한 후로는 합법 정당으로 의회 정치의 중심세력이 되어 국왕 세력과 영국 식민주의에 대항하는 자유주의 정당으로 활동하였다. 제2차 세계대전 중에는 영국과 일시 화해하였다. 대전이 끝난 후 1950년 총선거에서 압승하여 당수인 나하스 파샤가 총리가 되었으나 1952년 영국에 반대하는 폭동을 조직하여 와프드 내각은 해산되었다. 1952년 7월, 나기브, 나세르를 중심으로 하는 군부 쿠데타가 일어나자 다른 정당들과 함께 혁명 정권에 의해 해산되었다.

와하브운동(Wahabi)

이슬람 복고주의 운동 및 그러한 운동을 하는 분파. 18세기 중엽부터 아라비아 반도를 중심으로 일어났다. 창시자는 무하마드 이븐 아브드 알 와하브로 아라비아 반도 네지드에서 태어나 메디나, 이라크, 이란 등지를 순방한 후 고향으로 돌아와 마호메트 예언 후 300년까지를 올바른 이슬람교가 행하여진 기간이라 하고, 그 이후의 신사조(新思潮)는 배척되어야 한다고 주장하였다. 원시 이슬람교로의 복귀를 주장하여 수니파(派)와 대립하고 극단적인 금욕주의를 주장하였다. 이 종파는 현재 사우디 아라비아의 국교로서 확고한 세력을 지니고 있다.

완복영(阮福暎, Nguyen Phuoc Anh, 1762~1820)

베트남 완조(阮朝, 구엔왕조)의 초대 황제(1802~1820)로 구엔푹안이라고 한다. 16세기 말부터 안남(安南) 지방을 장악한 광남왕조(廣南朝) 완씨의 후손이다. 12세 때인 1773년 타이손당(西山黨)의 난을 피해 베트남 남부의 코친차이나로 피신하였다. 1780년 사이공을 탈환하고 즉위하여 국호를 대월(大越)이라고 하였다. 그러나 다시 타이손당의 반격으로 피난길에 올랐다가 프랑스 세력의 도움을 얻어 1801년 위에를 점령하고 타이손당을 격멸한 후 베트남을 통일하여 1802년 완조를 열고 국호를 월남(越南)으로 고쳤다. 완조는 그 영토가 북부의 통킹에서 남부의 코친차이나에 이르는 베트남 역사상 최대규모였으며 외교에 있어서는 청나라와 친선을 도모하고 프랑스인과 우호관계를 맺어 그리스도교에도 관대한 정책을 실시하였다.

완조(구엔왕조, 阮朝, Nguyen Dynasty, 1802~1945)

베트남의 마지막 왕조. 1802년 완복영(구엔푹안, 阮福暎)이 타이손당(西山黨)을 물리치고 베트남을 통일하여 완조를 열었다. 이후 국호를 베트남(越南)이라 정하고, 중국의 정치제도를 받아들이는 한편 프랑스 세력과도 우호관계를 가졌다. 제2대인 명명제(明命帝) 때는 베트남 역사상 최대 규모의 제국을 이룩하였으며 국호를 다이남(大南)으로 고쳤다. 그러나 이후 그리스도교 탄압과 배외정책 때문에 프랑스 세력의 침략을 받아 사이공 조약(1862, 1874)을 맺고 남부 코친차이나를 프랑스에 식민지로 할양하였고, 위에(順化)조약(1883, 1884)으로 프랑스의 보호국이 되었다. 이에 청나라가 베트남에 대한 종주권을 주장하면서 청·프랑스 전쟁이 일어났고 이 전쟁에서 프랑스가 승리하여 1887년 베트남은 '프랑스령 인도차이나 연방'의 일부가 되었다. 이후 구엔왕조는 안남(安南)의 왕조정부(王朝政府)로서 존속하다가, 제2차 세계대전 후 1945년 베트남독립동맹(베트민)의 8월 혁명 때 제13대 바오다이제(帝)의 퇴위 선언으로 완전히 몰락하였다.

왕권신수설(王權神授說, divine right of kings)

절대주의시대의 통치이론. 국왕의 권력은 신으로부터 수여받은 것이기 때문에 국왕은 신에 대해서만 책임을 진다는 이론이다. 때문에 절대주의 국가의 왕은 국외적으로 로마 교황과 신성로마제국 황제의 간섭을 받을 이유가 없으며 국내적으로는 봉건 제후들을 억누를 수 있다는 주장의 이론적 근거가 되었다. 영국에서는 스튜어트왕조의 제임스 1세가 왕이 지상에서 신의 대리이고 왕권에는 제한이 없으며 의회의 권능은 권고하는 데 그치는 것이라고 주장하였다. 프

▶ 앙리 4세

랑스에서는 부르봉왕조의 창시자 앙리 4세 이래 절대주의 왕정이 확립되었고 루이 13세와 루이 14세 시대에 최고조에 달하였다. 이 시대에 보쉬에, 보댕 등이 왕권신수설을 이론적으로 확립하였다.

왕도정치(王道政治)

유교에서 주장하는 이상적 정치. 인(仁)과 덕(德)을 정치의 근본으로 삼는다. 요(堯), 순(舜) 이후의 옛 성왕들이 행한 도이며 법치주의에 반대한 덕치주의, 힘을 바탕으로 한 패도(覇道)에 반대하는 덕치주의(德治主義)를 말한다. 이러한 사상은 《서경(書經)》이나 《논어》 등에서도 이미 찾아볼 수 있으며 전국시대 맹자(孟子)가 왕도를 패도와 대비시켜 명확히 제시하였다. 맹자는 열강들의 부국강병 추구를 패도라 하여 비판하고 인의(仁義)라는 덕에 의하여 난세를 통일하고 사회에 질서와 안정을 이룬다는 왕도사상을 자신의 정치철학으로 제시하였다. 천자는 하늘의 명에 의해 왕이 되지만 그 직분을 다하지 못하면 천명은 다른 곳으로 옮겨가며 그 천명의 움직임이 민심을 통해 나타난다고 보았다. 맹자는 또한 왕도를 위해서는 경제적 안정과 학문의 진흥이라는

실천방안을 제시하고 이를 위해 토지를 골고루 분배하는 정전법(井田法)과 교육제도의 실시를 주장하였다.

왕망 ○ 신

왕샤조약 ○ 아편전쟁

왕수인(王守仁, 1472~1528)

중국 명나라 때의 유학자. 호는 양명(陽明), 자는 백안(伯安)이며 저장성(浙江省) 여요(餘姚) 출신이다. 28세에 진사에 합격하여 관직생활을 시작하였으며 문신이면서도 군사전략에 뛰어나 장시(江西), 푸젠(福建) 등지의 비적 토벌과 영왕(寧王) 신호(宸濠)의 난 평정에서 활약하였다. 학문적으로 주자학 및 선불교와 노장사상을 공부하였으며 환관 유근(劉瑾)의 미움을 사 구이저우(貴州)로 좌천되어 근무하던 중 37세 때에 심즉리(心卽理)라는 자신의 근본입장을 확립하였다. 그는 심즉리를 기본으로 지행합일(知行合一), 만물일체(萬物一體), 치량지(致良知), 격물치지(格物致知)라는 양명학의 기본 원리를 제시하였다. 지방관으로 관직생활을 하는 한편 각지에서 강학(講學)을 열어 후진 양성에 힘을 써 왕심재(王心齋) 전서산(錢緒山) 왕용계(王龍溪) 등의 제자가 입문하고 양명서원이 건립되었다. 이를 통해서 배출된 양명학파는 명대 사상계에 큰 영향을 미쳤다. 왕수인은 56때 광둥, 광시의 묘족 반란을 진압하고 돌아오다 과로로 사망하였다. 그가 사망한 후 양명학파는 스승의 사상에 대한 해석 차이로 좌파와 우파로 갈라졌으며 청나라 때 고증학이 유행하면서 부정되었다가 청말 개혁과 근대화가 시작되면서 재평가되기 시작하였다.

왕안석(王安石, 1021~1086)

중국 송나라 때의 정치가. 신법당(新法黨)의 영수. 장시성 린촨(臨川) 출신으로 자는 개보(介甫) 호는 반산(半山)이다. 일찍기 진사에 급제하여 오랫동안 지방관으로 근무하면서 능력을 인정받아 정치개혁을 원하던 신종(神宗) 황제에 의해 발탁되어 부국강병을 위한 개혁을 단행하였다. 한기(韓琦) 사마광(司馬光) 등 구법당(舊法黨) 인물들을 축출하고 이재에 능한 강남 출신 신진관료들을 대거 발탁하였다. 이들을 통해 신법이라 불리는 일련의 개혁입법을 단행하였다. 대표적으로 정부물자 조달체계를 합리화한 균수법(均輸法), 농민에 대한 금융정책인 청묘법(青苗法), 도시의 중소상인에 대한 금융정책인 시역법(市易法), 부역을 세금납부로 대신하는 모역법(募役法), 국민개병제를 지향한 보갑법(保甲法)과 보마법(保馬法), 정확한 토지조사를 위한 방전균세법(方田均稅法) 등을 실시하였다. 왕안석의 신법은 국가재정 확보와 국가행정의 효율성 증대라는 성과를 거두었으나 중소농민과 영세상인의 구제라는 면에서는 문제점을 낳았으며 대지주, 대상인, 황족, 관료 등 수구파의 반발을 사 구법당과 신법당의 당쟁이 격화되는 결과를 초래하였다.

왕유(王維, 699?~761?)

중국 당나라의 시인, 문인화가. 남송 문인화(南宋文人畵)의 시조로 불린다. 자는 마힐(摩詰)이며 산시성(山西省) 출생이다. 721년 진사가 되어 벼슬길에 올랐으며 안록산의 난 때 포로가 되었다가 난이 끝난 후에 다시 등용되어 벼슬이 상서우승(尙書右丞)에 이르렀다. 주로 자연의 정취를 노래한 오언시(五言詩)를 많이 지었으며 불교사상의 영향을 보여주었다. 그의 시문을 모은 문집 《왕우승집(王右丞集)》 28권이 전해진다. 그림에 있어서는 수묵으로 그린 산수화가 뛰어나 북종화(北宗畵)의 대표자 이사훈(李思訓)과 함께 '남왕북이(南王北李)'로 불린다.

왕정복고(Restoration)

혁명으로 폐지되었던 왕정이 다시 부활하는 것을 말한다. 1660년 영국 스튜어트왕조의 부활과 1814년 프랑스 부르봉왕조의 부활이 대표적이다. 영국은 청교도 혁명으로 왕정을 폐지하고 공화제를 채택하였다. 그러나 1658년 호국경 크롬웰이 죽자 의회와 군대 사이의 갈등으로 혼란을 겪은 끝에 망명 중이던 찰스 2세가 혁명파에게 보복하지 않을 것을 약속한 '브레다 선언'을 발표하고 귀국하여 왕위에 올랐다. 프랑스에서는 프랑스혁명으로 부르봉 왕가가 단절되었으나 나폴레옹이 몰락한 후 루이 16세의 아우 프로방스 백작이 루이 18세로 즉위하였으며 1824년에는 샤를 10세가 왕위를 계승하였다. 그러나 왕당파 귀족들의 반동정책으로 반발을 산 끝에 1930년 7월 혁명으로 부르봉 왕가는 단절되었다.

왕희지(王羲之, 307~365)

중국 동진(東晉) 때의 서예가. 자 일소(逸少). 우군장군(右軍將軍)의 벼슬을 하였기 때문에 왕우군으로 불린다. 관직을 그만두고 은거하면서 시와 서예에 몰두하였다. 예서(隸書)에 능하였으며 한(漢)나라 위(魏)나라의 비문을 연구하여 해서 행서 초서의 각 서체를 완성하여 서예를 예술로 격상시켰다. 그의 아들 왕헌지(王獻

▶ 왕희지의 〈쾌설시청첩(快雪時晴帖)〉

之)도 뛰어난 서예가로 아버지와 아들을 이왕(二王) 또는 희헌(羲獻)이라 부른다. 왕희지의 대표작으로 해서체로 쓴 〈악의론(樂毅論)〉, 〈황정경(黃庭經)〉, 행서체로 쓴 〈난정서(蘭亭序)〉, 초서체로 쓴 〈십칠첩(十七帖)〉 등이 유명하다.

요(遼, 916~1125)

거란족이 세운 정복 왕조. 거란족의 일파인 질라부(迭刺部)의 추장 야율아보기(耶律阿保機)가 916년에 요하(遼河) 상류의 시라무렌강 유역의 거란족을 통합하여 건국하였다. 926년 동으로 발해국을 멸하고 만주 전역을 장악하였으며 서로는 탕구트, 위그르 등을 제압하여 외몽골에서 동투르키스탄까지를 지배하였다. 당시 중국은 5대10국시대였는데 거란은 후당(後唐)의 장군 석경당(石敬人)을 도와 후진(後晉)을 세우게 하였고, 그 보상으로 만리장성 이남의 연운 16주(燕雲十六州)를 할양받아 국호를 요라 하였다(946). 이후 후진을 멸망시키고 제6대 성종(聖宗) 때인 1004년 송나라를 공격하여 유리한 조건으로 화약을 맺었다. 요나라의 정치는 유목민은 기존의 부족제로 통치하고 농경민은 중국식 군현제로 다스리는 2원적 체제를 운영했다. 이 때문에 유목민과 농경민이 대립하고 보수파와 혁신파간의 마찰로 국정운영의 문제가 많았으며 이 틈에 만주 동부에서 여진족의 완옌부(完顔部)가 여진족을 통합하여 1115년 그 추장 아구다(阿骨打)가 금(金)나라를 세웠다. 금은 송나라와 협약을 맺고 요나라를 협공하여 1125년 금은 멸망하였다.

요먼(yeoman)

영국의 독립 자영농. 15세기 봉건 사회 해체기에 등장하여 19세기 전반 제2차 인클로저 운동 시기에 사라졌다. 본래 연수입 40실링 이상의 토지 재산을 갖는 자유토지 보유농을 의미했으나 나중에는 젠트리와 영세농민 사이의 농민 상층부를 의미했다. 요먼은 14세기 중반부터 흑사병과 농민반란에 의해 지대의 금납화가 이루어지고 그에 따라 농민의 지위가 향상되는 농민해방 과정에서 생겨났다. 절대주의시대에는 의원 선출권과 배심원 자격을 부여받고 지방행정에 참여하였다. 또 요먼 가운데서 농업이나 상업 분야의 사업가로 진출하는 경우도 있었다. 그러나 18세기 후반부터 시작된 농업혁명과 제2차 인클로저 운동으로 인한 대규모 농업 경영의 확산으로 19세기 전반에 소멸하였다.

우르두어(Urdu)

인도유럽어족의 인도이란어파에 속하는 언어. 인도 힌디어의 서부 방언에 투르크계 이슬람 세력의 지배시대에 들어 온 페르시아어가 혼합되어 만들어진 언어. 아라비아 문자를 사용하며 페르시아 어휘가 많다. 현재 파키스탄의 제2

공용어이며 인도의 델리 지방을 중심으로 널리 쓰이고 있다. 처음에는 델리와 북인도의 이슬람 귀족들이 사용하였으나 점차 민간에 널리 보급되어 영국 통치시대에 공식 언어로 채용되었다.

우르반 2세(Urbanus II, 1042?~1099)

십자군 운동을 일으킨 로마 교황(재위 1088~1099). 프랑스 귀족 출신으로 클뤼니 수도원에 들어가 개혁적 교황 그레고리 7세 때 추기경에 서임되었다. 교황이 된 후 속인의 성직 서임, 매매, 성직자의 결혼을 금지시키기 위해 노력하였다. 신성로마제국 황제 하인리히를 압박하고 프랑스 왕 필립 1세도 파문하였다. 비잔틴제국 황제의 구원 요청으로 1095년 클레르몽에서 종교회의를 열고 성지 예루살렘 회복을 호소하여 십자군 운동을 일으켰다. 예루살렘이 탈환된 뒤 사망하였다.

우신예찬 ◐ 에라스무스

우즈베크족(Uzbek)

중앙아시아의 투르크계 민족. 원래 킵차크 한국 계열의 투르크족으로 14세기 후반 샤이바니 칸을 따라 아랄해 북방 초원지대에 모인 투르크 및 몽골족을 말한다. 이들은 샤이바니 칸을 따라 서투르키스탄에 침입하여 샤이바니왕조를 세우고 부하라 한국, 히바 한국, 호칸드 한국 등 중앙아시아 3한국을 세워 근세 중앙아시아를 지배하였다. 19세기 후반에 들어 3한국은 제정 러시아의 지배를 받게 되었고 1924년 혁명이 일어나 우즈베크 공화국(수도 타슈켄트)으로 소련 연방의 일원이 되었다. 1991년 소련에서 이탈하여 우즈베키스탄 공화국을 수립하였다. 현재 우즈베크인의 80%가 우즈베키스탄에 거주하며 투르크어 계통의 우즈베크어를 사용하고 이슬람교를 신봉한다.

우파니샤드(Upanisad)

고대 인도의 철학서. 바라문교의 성전인 베다의 부속문헌으로 시기적으로 가장 나중에 형성된 것이다. 성립시기와 내용에 따라 고(古) 우파니샤드와 신 우파니샤드로 나뉘어 진다. 우파니샤드는 산스크리트어로 '가까이 앉음' 이라는 뜻으로 스승과 제자가 마주 앉아 전수되는 '신비한 가르침' 이란 의미이다. 현재 약 200종이 전해진다. 이는 불교 발생 시기인 BC 4~5세기부터 형성되어 힌두교의 발전에 따라 여러 종파와 사상을 흡수하였기 때문에 수많은 우파니샤드가 나오게 된 것이다. 따라서 전체적인 통일성은 없으나 그 근본사상은 대우주의 본체인 브라만과 개인의 본질인 아트만이 일체라는 범아일여(梵我一如) 사상이라 할 수 있다.

우한정부(武漢政府, 1927)

1927년 중국공산당과 국민당 좌파가 우한에 세운 정부. 국민당은 1926년 장제스(蔣介石)를 총사령관으로 하여 북벌(北伐)을 개시하였으며 양쯔강 연안까지 진출하였다. 이에 정부 소재지를 광저우(廣州)에서 이전할 필요가 생겼다. 이때 국민당의 주도권을 잡는 데 실패한 공산당이 국민당 좌파와 결탁하여 1927년 2월 우한으로 천도하였다. 이에 장제스는 상해(上海)에서 4월 12일 반공 쿠데타를 일으키고, 4월 18일 난징(南京)에 국민정부를 수립하여 우한정부와 대립하였다. 우한 정부 내에서는 공산당의 폭동 정책에 반발한 국민당 좌파가 7월에 공산당을 우한에서 몰아내고 9월 국민당 임시중앙위원회를 개최하여 정부를 통합하고 난징을 국민정부의 소재지로 결정하여 우한정부는 소멸하였다.

울라마(Ulama)

이슬람의 신학자와 법학자를 가리키는 말. 원래는 지식이 있는 사람을 뜻하는 말이었으며 차차 학자층을 가리키게 되었다. 이슬람교는 원래 성직자 계층이 없으나 이슬람법이 발전하면서 그 해석을 전문으로 하는 울라마가 생겨났다. 이 울라마들이 이슬람의 가르침에 따라 이슬람 공동체를 이끌어간다. 이들은 역사적으로 11세기부터 신학교인 마드라사를 중심으로 이슬람법에 따라 사회를 유지하는 역할을 하였으며 20세기 들어서는 반제국주의 운동의 지도자로 나서는 경우가 많았다. 주로 신학교수, 모스크의 성직자, 법관 등이 울라마를 형성한다.

워드(Ward, Frederick Townsend, 1831~1862)

미국의 선원. 15세에 선원이 되어 태평천국의 난이 일어날 당시 샌프란시스코와 상해를 오가는 범선의 항해사였다. 1860년에 상해의 대상인 양방(楊坊)의 의뢰로 외국인 선원들로 의용군을 조직하여 태평군과 전투를 벌였다. 이후 외국인을 간부로 하는 중국인 군대를 새로이 조직하여 영국, 프랑스군과 함께 태평군을 공격하여 큰 전과를 올렸다. 이에 청나라 조정으로부터 장군 대우를 받고 상승군(常勝軍)이란 칭호를 부여받았다. 1862년 전투 중 부상으로 닝보(寧波)에서 죽었으며 이후 상승군은 영국군 소령 고든이 지휘하게 되었다.

워싱턴(Washington, George, 1732~1799)

미국의 군인, 정치가. 초대 대통령(재임 1789~1797)을 역임하였으며 '건국의 아버지'로 불린다. 버지니아주의 지주 집안 출신으로 측량기사가 되었다. 민병대 대령으로 1754년 7년 전쟁(아메리카에서는 프렌치~인디언 전쟁)에 참전하여 전공을 세웠다. 이후 담배농장을 경영하며 버지니아 의회 의원을 지냈으며 본국인 영국과의 불화로 1774년 대륙회의가 개최되었을 때 버지니아 대표로 참석하였고 1775년에 독립혁명군 총사령관에 임명되었다. 이후 식민지군을 이끌고 어려운 전투 끝에 프랑스군의 원조를 받아 1781년 요크타운 전투에서 결정적 승리를 거두고 독립전쟁을 끝냈다. 1789년 미합중국의 초대 대통령에 취임하였으며 국내 각 지방의 이해를 조정하고 외교정책에 있어 유럽의 분쟁에 개입하지 않는다는 고립주의 전통을 세웠다. 세 번째로 대통령에 추대되었으나 민주정치의 발전을 이유로 고사하였다.

워싱턴

워싱턴 회의(Washington Conference, 1921~1922)

1921~1922년에 걸쳐 워싱턴에서 열린 국제회의. 제1차 세계대전 후 베르사유 체제는 동아시아 문제를 해결하지 못했고 군비 감축의 필요성도 제기되어 이러한 문제를 해결하기 위해 미국의 제창으로 미국, 영국, 프랑스, 이탈리아, 중국, 벨기에, 네덜란드, 포르투갈, 일본 등 9개국이 참가하였다. 회의 결과 해군 군비 제한 조약이 체결되고 중국 및 태평양에 관한 조약이 체결되었다. 미국, 영국, 일본은 해군 주력함의 보유 총톤수 비율을 5 : 5 : 3으로 정했으며 영일동맹을 폐기하고 중국에 대한 21개조 요구도 폐기하였다. 이밖에 일본은 산둥반도 조차지를 중국에 반환하고 시베리아에서도 철수하기로 합의하였다. 이로써 '워싱턴 체제'가 성립되어 베르사유 체제와 더불어 제2차 세계대전이 일어날 때까지의 국제질서를 형성하였다.

워즈워스(Wordsworth, William, 1770~1850)

영국의 낭만파 시인. 잉글랜드 북부 컴벌랜드 출신으로 케임브리지대학을 졸업했다. 1791년 프랑스로 건너가 프랑스 혁명에 깊은 영향을 받았으며 1793년 《저녁의 산책》과 《소묘 풍경》을 출판하였다. 프랑스와 영국 사이가 악화되자 고민에 빠졌으며 이 시기에 출판한 비극 《변경 사람들》(1796~1797)에 혁명과 급진주의에 대한 반성이 보인다. 영국으로 귀국한 후 1798년 콜리지와 공동으로 《서정 가요집》을 출판하고 영문학사에 있어 낭만주의 부활을 알렸다. 그의 시는 농촌의 일상생활에 대한 묘사, 친근한 언어의 구사, 자연에 대한 사랑을 담은 범신론적 자연관을 보여주었으며 낭만주의와 자연주의의 조화를 이루었다. 1843년 계관시인(桂冠詩人)이 되었다.

워터게이트 사건(Watergate Affair, 1972)

1972년 6월 대통령 선거를 앞두고 현직 대통령인 리처드 닉슨(공화당)의 선거운동원들이 워싱턴의 워터게이트 빌딩에 있는 민주당 전국위원회 본부에 침입하여 도청장치를 설치하려다 발각되어 체포된 사건. 이 사건의 수사과정에서 닉슨 정권의 불법공작과 부정사건이 드러나 1974년 하원 사법위원회에서 대통령 탄핵결의가 가결되어 닉슨은 대통령직을 사임하였다. 이 사건의 미국 민주정치의 오점으로 남게 되었다.

워털루 전투(Battle of Waterloo, 1815)

영국과 프로이센 연합군이 나폴레옹군을 결정적으로 격파한 전투. 지중해의 엘바섬에 유배되었던 나폴레옹이 탈출하여 파리에 입성하자 유럽은 다시 전쟁에 휘말리게 되었다. 1815년 6월 나폴레옹은 12만 5천 명의 프랑스군을 이끌고 벨기에 남동쪽 워털루 교외에서 웰링턴이 지휘하는 9만 5천의 영국군 및 블뤼허가 지휘하는 프로이센군 약 12만과 대치하게 되었다. 6월 16일 나폴레옹은 프로이센군을 격파하고 18일에 영국군에 총공격을 개시하였으나 영국군이 끝까지 버티고 또 다른 프로이센 지원군이 가세하여 패배하였다. 이로써 나폴레옹은 다시 대서양의 세인트헬레나 섬으로 유배되고 유럽은 빈 체제로 접어들었다.

▶ 워털루 전투

원(元, 1271~1368)

중국 본토를 중심으로 동아시아를 지배한 몽고족의 제국. 칭기스칸이 사망한 후 몽고제국은 몽고의 대한국과 서방의 여러 한국이 연합정권을 이루었다. 1260년 대한(大汗)의 지위에 오른 쿠빌라이는 수도를 몽고 고원의 카라코룸에서 대도(大都, 베이징)으로 옮기고 대도와 내몽고의 상도(上都)를 중앙정부의 직할지로 하여 1271년 원왕조를 창시하고 중국 역대 왕조를 계승한 중앙집권적 관료국가를 이루고자 하였다. 이어 1279년에 남송을 멸망시켜 중국 전역을 통일하고 버마, 베트남, 참파, 자바, 일본에까지 원정군을 파견하였다. 그러나 쿠빌라이가 대한이 되자 서방의 킵차크, 차가타이, 오고타이, 일 한국은 이를 인정하지 않고 독립을 선언하였다. 오고타이왕국의 칸인 카이두는 차가타이, 킵차크 한국과 함께 반쿠빌라이 동맹을 결성하고 원나라와 전쟁을 벌였다. 이 전쟁은 1301년 카이두가 사망한 뒤에 끝났으며 이후 원나라는 몽고제국의 종주권을 회복하고 방대한 영토에 역참제도를 정비하여 동서교류의 국제무역이 활발하게 이루어졌다. 그러나 원나라는 정권 싸움과 라마교 숭배로 인한 낭비, 지배민족인 몽고인과 색목인(色目人, 서역인)에 대한 피지배민족인 한인(중국 북부인)과 남인(南人, 남송인)들의 반발로 인해 쇠퇴하다가 명나라에 의해 대도를 빼앗기고 몽고 본토로 쫓겨 갔다. 이후 몽고 본토에 자리잡은 원을 북원(北元)이라 한다.

원강 석굴(雲崗石窟)

중국 최대의 석굴 사원. 산시성(山西省) 다퉁(大同) 서쪽 15km 떨어진 강변의 낭떠러지에 위치하여 동서 1km에 걸쳐 42개의 석굴이 있다. 북위(北魏)시대에 사문통(沙門統 : 종교장관) 담요(曇曜)가 문성제(文成帝)에게 청원하여 460년 이른바 '담요 오굴(五窟)'로 불리는 다섯 굴을 조성하였다고 한다. 이후 석굴이 계속 조성되어 북조(北朝)시대의 조각 역사상 원강기(雲崗期, 460~493)를 형성하였다. 초기의 불상 양식은 둔황(敦煌) 천불동(千佛洞)에서 유래한 서방의 간다라 양식, 굽타 양식의 영향이 강하지만 후기로 갈수록 서방의 영향을 벗어나 중국 고유의 양식을 표현하게 되어 이후 룽먼(龍門), 천룽산(天龍山) 등 후대 석굴 사원에 영향을 미쳤다. 또한 한국과 일본에 인도, 중앙아시아 문화가 전파되는 계기를 제공하여 고대 아시아 문화 교류의 상징이 되었다.

원곡(元曲)

중국 원나라 때 베이징 지방을 중심으로 발달한 희곡. '잡극(雜劇)'이라고도 한다. 북방에서 발생한 가곡을 썼으므로 북곡(北曲)이라고도 부른다. 원극은 오늘날의 경극(京劇)의 원조가 되는 본격적 가극으로 그 특징은 4절(4막)로 이루어진 구성과 주역 1명의 독창이라는 두 가지 점이다. 원래는 막을 쓰지 않았으며 간단한 소도구만을 사용하여 상황설정은 모두 곡(曲 : 노래), 백(白 : 대사), 과(科 : 동작)로 나타낸다. 원곡은 모두 당시 북방에서 일상생활에 쓰이는 말(口語)로 쓰여져 활발한 리듬을 구사하였다. 대표작으로는 〈서상기(西廂記)〉, 〈한궁추(漢宮秋)〉 등이 있으며 대표적 원곡작가로는 관한경(關漢卿), 마치원(馬致遠), 왕실보(王實甫), 백박(白樸) 등이 있다. 원곡은 한문(漢文), 당시(唐詩), 송사(宋詞)와 같이 중국 문학의 한 시대를 대표한다.

원로원(Senatus)

고대 로마의 정치기구. 로마를 건국한 로물루스가 설치하였다고 전한다. 왕정시대에는 씨족의 장로들로 구성되었으며 정원은 최초 100명에서 공화정 때는 300명, 카이사르시대에는 900명, 아우구스투스시대에는 600명이 되었다. 왕이 임명하다가 공화정시대에 들어 집정관이나 감찰관에 의해 임명되었으며 의원의 자격은 처음에는 귀족(파트리키)으로 제한되었으나 점차 평민(플레브스)도 임명되었다. 원로원의 역할은 민회의 의결을 비준하는 것으로 이 비준 없이는 민회의 결의가 법적 효력을 가질 수 없었다. 또한 국가의 행정, 재정, 종교, 입법에 대한 정무관의 자문에 응하여 원로원 결의는 법률과 똑같은 효력을 가졌다. 아우구스투스의 원수정이 실시되면서 원로원의 권한도 제한되었으나 아우구스투스는 원로원과 협조관계를 유지하였다. 이후 오현제(五賢帝)시대에 이르기까지 황제와 원로원과의 협조관계가 유지되었으나 3세기 군인황제시대에는 유명무실해졌으며 디오클레티아누스(재위 284~308) 황제가 동방적 전제군주(도미나투스)정을 수립한 뒤로는 명예직에 그쳤다.

원명원(圓明園)

중국 베이징에 있는 청나라 황실의 정원. 베이징 서북부 서직문 밖에 있으며 원명원, 장춘원(長春園), 기춘원(綺春園) 3원을 통틀어 일컫는다. 1709년 강희제(康熙帝)가 네 번째 아들 윤진에게 하사하였으며 윤진이 옹정제(雍正帝)로 즉위하자 1725년 황궁의 정원으로 조성하였다. 그뒤 건륭제(乾隆帝)가 바로크식 건축양식을 더하여 원명원을 크게 넓혔고 장춘원과 기춘원을 새로 지었다. 이후 황제가 기거하며 정무를 처리하는 곳이 되었으나 1860년 제2차 아편전쟁 때 영국 프랑스 연합군의 방화로 지금은 폐허가 되었다.

원수정(프린키파투스, principate)

로마에서 제1인자인 원수(princeps)에 의해 이루어지는 정치. 본래는 로마인, 외국인에 관계없이 그 사회에서 권위와 실력이 출중한 정치 지도자를 프린켑스라 불렀다. 로마 공화정 말기시대에는 원로원 의원 중에 집정관(콘술)직을 거친 연장자를 가리키는 말이었다. 그러나 BC 1세기 후반에 로마가 제정이 되면서 초대 황제 아우구스투스가 공화정의 전통을 존중해 자신의 정치조직을 원수정이라 하였다. 이후 3세기 말까지 이러한 원수정 체제가 유지되다가 그 이후는 동방적 전제군주정(도미나투스)의 시대로 넘어간다.

원조비사(元朝秘史)

몽고제국의 역사서. 13세기 중기에 작성된 것으로 보이며 저자는 알 수 없다. 위그르식의 몽고 문자로 쓴 것을 명나라 초기(1380년대)에 한자로 음역하여 번역하였으며 책 제목도 이때 붙여진 것이다. 동북아시아 유목민족의 역사서로는 가장 오래된 것으로 그 내용은 몽고족과 칭기즈칸의 선조에 대한 전승과 계보, 칭기즈칸의 일생과 태종의 치세 등 몽고제국의 성립 과정 및 초기 역사를 기록한 것이다. 역사사로서 뿐만 아니라 중세 몽고어와 몽고문학에 대한 귀중한 연구자료이다.

원체화(院體畵)

중국 궁정의 화원(畵院)에서 그린 그림. 당나라 현종(玄宗)때부터 화원이 설치되어 청나라 때까지 이어졌다. 그 과정에서 궁중생활에 맞는 화풍을 채택, 발전시킨 것이 원체화가 되었다. 주로 화조(花鳥), 산수 인물 등 취미 관상(觀賞)용의 회화가 많았다. 특색은 첫째 사실적이고 정교 세밀하였으며, 둘째 전통적인 격(格)과 법(法)을 존중하였고, 셋째 장식적 효과를 중요시하였다. 북송 말기부터 남송 중기까지의 시대가 원체화의 전성기였으며 사대부들의 문인화(文人畵)와 함께 중국 회화의 2대 조류를 형성하였다.

월 스트리트(Wall Street)

미국의 금융 중심. 뉴욕 맨해튼 섬의 남쪽 끝에 위치한 세계 금융의 중심지이다. 1792년 창립된 뉴욕 주식(증권)거래소를 비롯하여 증권 회사, 은행들이 모여 있다. 월 스트리트란 이름은 1653년 당시 뉴암스테르담(뉴욕)에 이주한 네덜란드인들이 인디언의 침입을 막기 위한 장벽(월)에서 유래하였다. 미국 자본주의의 발전과 함께 성장하여 제1차 세계대전 이후부터 국제 금융시장이 되었다. 1930년대 세계공황으로 침체를 겪었으나 제2차 세계대전 후 미국이 국위상승에 따라 전세계 경제를 좌우하는 금융 중심지가 되었다.

웰링턴(Wellington, Arthur Wellesley, 1769~1852)

영국의 군인, 정치가. 아일랜드 출신으로 이튼 칼리지와 앤저스 사관학교를 졸업하고 보병 소위로 임관하였다. 이후 1797년부터 8년간 인도에서 마라타 동맹군과 싸웠으며 1809년 이베리아 반도 원정군 사령관으로 나폴레옹 군대

와 싸웠다. 1812년 나폴레옹이 러시아 원정에 나서자 프랑스군을 이베리아 반도에서 축출하고 1814년 파리에 입성하였다. 나폴레옹이 엘바섬을 탈출하자 연합군 사령관이 되어 나폴레옹을 워털루 전투에서 격파하였다. 이후 정치가로 변신하여 보수당(토리당)의 우익으로 활동하였으며 1828년 총리가 되었다. 1829년 카톨릭교도 해방령을 통과시켰다. 그러나 보수적 노선을 고집하여 선거법 개정에 반대하다 1830년 사임하였다.

▶ 웰링턴

위(魏, 225~265)

중국 삼국시대의 국가. 후한(後漢) 말 황건의 난으로 한나라 조정이 혼란해진 틈을 타 조조(曹操)가 세력을 키워 승상(丞相)이 되고 화북(華北)을 통일하였다. 당시 강남(江南)의 손권(孫權), 쓰촨(四川)의 유비(劉備)가 세력을 키워 천하는 이들 3인이 3분하는 형세가 되었다. 216년 조조는 위국왕(魏國王)이 되었으며, 220년 조조가 죽자 아들 조비(文帝)가 한나라 헌제로부터 제위를 넘겨받고 뤄양(洛陽)에 도읍하여 위나라를 세웠다. 위나라는 부국강병을 위해 대규모 둔전제(屯田制)를 실시하고 인재를 발탁하기 위하여 9품관인법(九品官人法)을 제정하였다. 이로 인해 명문 귀족 집안이 관직을 독점하여 중국 역사상 귀족제가 발달하는 계기가 되었다. 위는 손권이 세운 오(吳), 유비가 세운 촉(蜀)을 격파하고 요동 반도까지 점령하였으나 265년 권신 사마염(司馬炎 : 武帝)이 제위를 찬탈하여 진(晋)나라를 세움으로써 멸망하였다.

위고(Hugo, Victor‒Marie, 1802~1885)

프랑스의 낭만파 시인, 소설가, 극작가. 브장송 출신으로 나폴레옹 군대의 장군이었던 아버지를 따라 코르시카, 이탈리아, 에스파냐 등지를 전전하다가 파리에 정착하였다. 1817년 아카데미 프랑세즈 콩쿠르에 시를 공모하여 입상하고 문학활동을 시작하였다. 1827년 희곡 〈크롬웰〉을 발표하고 그 서문으로 '낭만주의 선언' 을 집필하여 고전주의를 비판하고 낭만주의 문학을 주장하였다. 이후 낭만주의 문학의 대표자로서 시, 소설, 희곡 등에서 활발한 문필활동을 하였으며 1848년 2월 혁명이 일어나자 정치에 관심을 가지고 공화주의 지지자가 되었다. 1851년 나폴레옹 3세가 쿠데타로 황제가 되자 이를 반대하다 망명하였다. 망명 중에 유명한 장편소설 《레 미제라블》을 집필하였다. 1870년 망명생활을 마치고 귀국하였으며 프랑스의 대문호로 추앙 받았다. 위고의 낭만주의는 감상주의에 치우치지 않고 인간에 대한 연민과 인류의 진보에 대한 확신을 바탕으로 풍부하고 웅대한 스케일의 상상력을 보여주었다.

위구르(Uighur)

몽고 및 중앙아시아에서 활약한 투르크계 민족. 바이칼 호 남쪽 지역에 거주하며 동돌궐(東突厥)의 지배를 받다가 744년 동돌궐을 멸망시키고 위구르제국을 건설하였다. 안사(安史)의 난 때 당나라 조정을 도와 난을 진압하였으며, 그 후 동투르키스탄으로 침입한 토번(吐蕃), 카를루크, 키르기스 등과 싸우다가 키르키스의 공격으로 840년 제국은 와해되었다. 그후 위구르족의 일부가 톈산산맥(天山山脈) 북쪽 기슭의 비슈발리크와 남쪽 기슭의 고창(高昌)을 거점으로 위구르왕국을 건설하여 동(東)투르키스탄을 지배하였다. 칭기스칸이 몽고제국을 세우자 차가타이 한국에 복속하였다. 위구르족은 서방으로 이동한 뒤 아리아, 이란계 문화를 받아들여 유목민에서 정착민으로 변하였으며 소그드문자를 기초로 한 위구르문자를 만들었고 불교와 네스토리우스파(派) 그리스도교를 믿다가 이슬람 세력의 동진(東進)에 따라 이슬람화하였다. 위구르족의 서방 이동은 중앙아시아의 투르크화를 일으켜 중앙아시아가 투르키스탄(투르크人의 땅이라는 뜻)으로 불리게 되었다.

위그노(Huguenot)

프랑스의 프로테스탄트를 부르는 이름. 프랑스에서는 16세기 초부터 교회개혁운동이 일어났고 1559년 파리에서 열린 프로테스탄트 교회회의에서 칼뱅파의 의견이 반영된 신앙 고백이 성립되었다. 위그노는 왕권에 저항하는 귀족, 전문직 종사자, 농민들이 많았다. 1562년 바시의 학살을 발단으로 위그노 전쟁이 일어났으며 1598년 앙리 4세의 낭트 칙령 반포로 신앙의 자유를 보장받았다. 그러나 1685년 루이 14세가 낭트 칙령을 폐기하면서 많은 수가 국외로 망명하였다.

위그노 전쟁(Huguenots Wars, 1562~1598)

프랑스의 종교 내전. 앙리 2세가 죽고 모후(母后) 카트린 드 메디시스가 섭정이 되어 정권을 장악하자 카톨릭파인 기즈공(公)이 정권을 위협하였다. 이에 1562년 카트린은 신교도인 위그노에게 종교의 자유를 인정하여 기즈공의 세력을 견제하려 하였다. 이에 카톨릭과 위그노 사이에 종교내전이 발생하였다. 기즈 가문(카톨릭)과 부르봉 가문과 콩데 가문(위그노)의 제후들을 지도자로 한 내전은 큰 전투만도 8회가 일어났으며 1572년에는 성 바르톨로뮤의 학살이 일어났다. 또한 에스파냐가 카톨릭을 후원하고 영국이 위그노를 후원하면서 전쟁이 국제적 성격을 띠었다. 이 전쟁은 1589년 위그노의 지도자인 부르봉 가문의 앙리 4세가 왕위에 올라 카톨릭으로 개종하고 1598년 낭트 칙령을 발표하여 위그노에게 신앙의 자유를 인정하면서 종식되었다.

▶ 성 바르톨로뮤의 학살

위안스카이(袁世凱), 1859~1916)

중국의 군인, 정치가. 북양 군벌의 지도자이자 중화민국의 초대 대총통(大總
統). 허난성(河南省) 출신으로 1884년 조선에서 동학농민전쟁이 일어나자 이
홍장(李鴻章)의 명으로 조선에 부임하여 조선의 내정과 외교를 간섭하고 일
본과 대립하여 청·일전쟁의 계기를 제공했다. 청·일전쟁에서 패한 후 직례
안찰사(直隷按察使)가 되어 톈진(天津) 부근에서 서양식 군대를 훈련시켜 북
양군벌(北洋軍閥)을 형성하였다. 1898년 무술변법(戊戌變法) 때에 서태후(西
太后)의 편에 서서 무술정변을 일으키고 직례총독(直隷總督), 북양대신이 되
었다. 그 후 1908년 선통제(宣統帝) 푸이가 즉위하자 정계를 은퇴했다가 1911
년 신해혁명이(제1혁명) 일어나자 내각 총리대신에 기용되어 혁명파와 협상
을 벌였다. 협상 끝에 황제를 퇴위시키고 1912년 2월 국민당 지도자 쑨원(孫
文)으로부터 임시총통직을 넘겨받았다. 1913년 쿠데타(제2혁명)를 일으켜 국
민당을 탄압하고 1913년 10월 중화민국의 초대 대총통에 취임하였다. 이후
황제가 되려는 야심을 품고 1915년 일본의 21개조 요구를 수락하고 1916년
황제로 즉위했으나 각지에서 반원(反袁)운동(제3혁명)이 일어나는 가운데 사
망했다.

위진남북조(魏晉南北朝, 221~589)

중국 역사상의 한 시대. 후한(後漢)이 멸망한 시기부터 수(隋)나라가 진(陳)을 멸망시키고 중국을 통일한 시기까지를 말한다. 이 시대는 진(秦)·한(漢) 통일제국과 수(隋)·당(唐) 통일제국 사이의 과도기로서 문화적 발전이 이루어진 시기이다. 후한 말기에 위(魏), 촉(蜀), 오(吳) 삼국이 일어나 위가 삼국을 통일하였으나 곧 진(晉)이 위를 대체하였다. 이후 진은 5호16국(五胡十六國)의 난으로 중국 북부를 잃고 남부로 내려온다. 남부에 자리잡은 진왕조를 동진(東晉)이라 부르고 그 이전을 서진(西晉)이라 한다. 이후 중국 남부에서 송(宋)·남제(南齊)·양(梁)·진(陳) 등 4국의 남조(南朝)가 차례로 건강(지금의 남경)을 수도로 성립했으며 이 남조국가들과 오, 동진을 합하여 육조(六朝)라 한다. 한편 5호 16국의 난으로 유목민족이 지배한 북부에서는 선비족의 일파인 탁발부(鮮卑拓跋部)가 세운 북위(北魏)가 439년 북쪽지방을 통일하였다. 6세기 중반 북위는 동위(東魏)·서위(西魏)로 갈라졌다가 동위는 북제(北齊), 서위는 북주(北周)가 되었다. 이어 북제, 북주, 후량(後梁), 진(晉)의 4국이 대립하다가 북주가 북조(北朝)를 통일했다가 다시 수(隋)에 멸망당하고 수나라가 남부까지 통일함으로써 위진남북조시대는 끝이 났다.

위클리프(Wycliffe, John, 1320~1384)

영국의 종교개혁 운동가. 옥스퍼드대학의 신학교수를 역임하였으며 에드워드 4세의 궁정 사제로 임명되었다. 신앙의 권위는 성서에 있다고 보아 교황권에 반대하는 입장을 표명하였다. 1378년 교회분열(시스마)을 계기로 카톨릭 교리를 비판하고 카톨릭 성사 가운데 성찬설(聖餐說)을 부인하였다. 또한 성서를 영어로 번역하는 작업에 착수하였다. 1381년 와트 타일러의 난이 일어나자 난의 원인이 그의 설교 때문이라는 비난을 받고 은퇴하였다. 위클리프의 주장은 30년 후 보히미아의 후스에게 계승되었다.

▶ 위클리프

위트레흐트 동맹(Union of Utrecht, 1579)

에스파냐의 지배를 벗어나 네덜란드의 독립을 이루기 위한 동맹. 1579년 네덜란드 독립전쟁이 일어나자 남부 10개주는 에스파냐 총독과 타협하였으나 북부 7개주는 위트레흐트에 모여 동맹을 결성하고 에스파냐와 싸우기로 결의하였다. 이 동맹을 기초로 1581년 네덜란드 연방공화국 독립이 선포되었으며 남부 10주는 나중에 벨기에가 되었다.

위트레흐트 조약(Treaty of Utrecht, 1713)

에스파냐 왕위계승 전쟁의 종결 조약. 프랑스, 에스파냐가 상대국인 영국, 네덜란드, 프로이센, 포르투갈, 사보이와 체결한 4개의 조약으로 되어 있다. 주요 내용은 다음과 같다. 펠리페 5세의 에스파냐 왕위를 인정하고 영국은 에스파냐로부터 지브롤터, 미노르카섬을, 프랑스로부터는 허드슨 만과 뉴펀들랜드, 아카디아 등 아메리카 식민지 일부를 넘겨받는다. 네덜란드는 에스파냐령 네덜란드의 몇 개 도시를 넘겨받는다. 프로이센의 왕위를 인정하며 사보이는 시칠리아를 얻는다. 이 조약으로 영국은 많은 영토를 얻었으며 프랑스의 대륙지배를 좌절시켜 우위를 확립하였다. 이 밖에 프랑스와 독일 황제 및 독일 제후(諸侯)는 별도로 라스타트 및 바덴 조약을 체결하여, 오스트리아의 에스파냐령 네덜란드 영유권을 인정하고 독일·프랑스의 국경을 확정하였다. 이 조약은 18세기 유럽의 국제관계를 규정한 중요한 조약이다.

윈저왕조 ○ 하노버왕조

윌리엄 1세(William I, 1027~1087)

영국 노르만왕조의 제1대 왕(재위 1066~1087). 정복왕이라고도 부른다. 아버지에 이어 노르망디 공이 되었으며 1066년 잉글랜드 웨섹스 왕가의 에드워드 참회왕이 죽고 그 아들 해럴드 2세가 즉위하자 참회왕이 생전에 왕위 상속을 약속했다고 주장하며 군대를 이끌고 잉글랜드에 상륙하였다. 이후 헤이스팅스 전투에서 해럴드를 죽이고 왕위에 올라 노르만왕조를 열었다. 앵글로색슨족의 반란을 진압하고 데인인의 침입을 막아내며 1070년에 잉글랜드를 통일하였다. 색슨족 귀족을 억압하고 노르만 기사들에게 토지를 나누어주어 노르만식 봉건제도를 도입하였다. 1085~1086년에 세금 징수를 위한 토지조사를 실시하여 전국적인 토지대장인 〈둠즈데이북〉을 작성하였다.

▶ 윌리엄 3세

윌리엄 3세(William III, 1650~1702)

영국 스튜어트왕조의 왕(재위 1689~1702). 아버지는 네덜란드왕 빌렘 2세이며 어머니는 영국왕 찰스 1세의 딸 메리다. 1672년 네덜란드의 총독이 되어 프랑스 국왕 루이 14세의 침입을 막아냈으며 1677년에 제임스 2세의 딸 메리와 결혼하였다. 1688년 영국에서 명예혁명이 일어나자 영국 의회의 요청으로 군대를 이끌고 영국에 상륙하였다. 1689년 의회가 제출한 '권리장전'을 승인하고 메리와 함께 영국 국왕으로 즉위하였다. 즉위한 후 '국왕은 군림하나 통치하지 않는다'는 영국 입헌군주제의 기초를 세웠다. 1701년 에스파냐 계승전쟁이 일어나자 프랑스왕 루이 14세의 유럽지배 계획에 맞선 개신교도 국가들의 지도자로서 활약하였다.

윌슨(Wilson, Thomas Woodrow, 1856~1924)

미국의 제28대 대통령(1913~1921). 버지니아주 출신으로 프린스턴대학을 졸업하고 여러 대학에서 정치학 교수로 재직하다 1902년 프린스턴대학 총장으로 선출되었다. 1911년 민주당 공천으로 뉴저지 주지사에 당선되어 정계에 입문하였고 1912년 민주당 대통령 후보로 추대되어 신자유주의(New Freedom)라는 슬로건을 내걸고 출마하여 당선되었다. 대통령에 당선된 후 언더우드 관세법안, 연방준비 법안, 클레이턴 반(反)트러스트 법안 등, 대자본을 견제하고 서민을 보호하는 혁신주의 정책을 폈다. 제1차 세계대전이 발발하자 중립을 선언하였고 1916년 대통령 선거에서는 미국의 전쟁 불참을 약속하여 당선되었다. 그러나 1917년 독일이 무제한 잠수함 작전을 실시하자 이를 이유로 연합국 측에 가담하여 참전하였다. 1918년 민족자결주의를 주창한 '14개조 평화원칙'을 발표하고 전쟁이 끝난 후 파리 평화회의에 참가하여 14개조에 따른 전후처리와 국제연맹 창설을 위해 노력하였다. 그러나 미국 상원이 베르사유 조약 비준을 거부하여 미국의 국제연맹 참가는 불가능해졌다. 윌슨은 조약의 비준을 위해 노력하다가 뇌출혈로 사망하였다.

유교(儒敎)

공자를 시조로 하는 중국의 대표적 사상, 윤리체계. 공교(孔敎), 공자교(孔子敎)라고도 한다. 공자는 주(周)나라 초기의 봉건제도를 이상향으로 삼고 그 실현을 위해 경서의 학습과 예(禮)의 실천을 강조하였다. 그는 인(仁)을 최고의 덕목으로 규정하고 수신(修身)·제가(齊家)·치국(治國)·평천하(平天下)의 실현을 목표로 하는 윤리학과 정치학 체계를 수립하였다. 공자의 사후 유교는 증자, 맹자, 순자 등에 의하여 발전되었다. 이후 한(漢)나라 때 국교로 제정되었으며 송나라 때 들어 선불교(禪佛敎)의 영향을 받은 신유학 사상인 성리학(性理學)이 성립되어 다시 활성화되었다. 중국에서 뿐만 아니라 한국, 일본 등 동아시아의 정치사상과 문화에 큰 영향을 미쳤다.

유대교(Judaism)

유대 민족의 종교. 야훼를 창조주인 유일신으로 숭배하며 자기 민족을 선택

받은 민족으로 간주하고 구세주 메시아의 도래와 그에 의한 지상천국 건설을 믿는 종교. 고대 유대민족의 지도자 아브라함을 시조로 여러 예언자들이 나타났으며 유대인의 바빌론 유수(BC 586~BC 536) 이후 '모세의 율법'을 바탕으로 제의와 율법을 중심으로 하는 종교로서 성립하였다. 바빌론 유수 이후 팔레스티나로 돌아온 일부가 예루살렘을 복구하고 BC 1세기경에 유대교의 경전인 《구약성서》가 완성되었다. 그리스도교는 처음에 유대인 사이에서 전파되었으나 보편종교를 지향하였기 때문에 민족종교인 유대교를 넘어섰으며 유대교에서는 예수를 신의 아들로 인정하지 않는다.

유대왕국(Judah, BC 10세기~BC 6세기)

팔레스티나 남부에 세워진 유대민족의 왕국. 헤브라이왕국이라고도 한다. 이집트에 살던 유대인들이 족장 모세의 인도로 팔레스티나로 건너가 종교연합 형태의 왕국을 건설한 후, 제3대왕인 솔로몬이 죽은 뒤인 BC 930년경 북쪽 이스라엘왕국과 남쪽 유대왕국으로 분열되었다. 유대왕국은 예루살렘을 수도로 하여 솔로몬의 아들 레호보암(재위 BC 928~BC 911) 이하 20명이 왕위를 계승하였다. 이후 이스라엘왕국은 BC 722년 아시리아에게 멸망당하고 유대왕국은 BC 597년 신바빌로니아에게 항거하다 공격을 받아 1만 명이 바빌로니아에 포로로 끌려갔다(제1회 바빌론유수). 마지막 왕 시드키야도 재차 항거했기 때문에, BC 587년 예루살렘은 네부카드네자르 왕에 의하여 완전히 파괴되고, 거의 모든 유대인이 바빌로니아로 끌려가 왕국은 멸망하였다(제2회 바빌론유수).

유대인(Jew)

BC 2000년경 메소포타미아에서 팔레스티나로 이주한 헤브루 민족. 헤브라이인 또는 이스라엘인이라고도 부른다. 일부는 이집트로 갔다가 BC 13세기경 모세를 따라 팔레스티나로 돌아와서 종교 연합 형태의 왕국을 세웠다. 이후 3대 솔로몬 왕 사후인 BC 10세기경 북쪽의 이스라엘왕국과 남쪽의 유대왕국으로 분열되었으며 이후 이스라엘왕국은 BC 722년 아시리아에게 멸망당하고 유대왕국은 BC 587년 신바빌로니아에게 멸망당하여 유대인 대부분이 바빌로니아로 끌려갔다(바빌론 유수). 바빌론 유수 후 고향으로 돌아온 유대인들은 로마 치하에서 유대 전쟁에 패하여 사방으로 흩어져 유랑민이 되었다(디아스포라). 중세 유럽에서 유대인은 그리스도교도의 주기적인 박해를 받았으며 게토라 불리는 집단 거주지에 살면서 주로 금융업에 종사하였다. 19세기 후반부터 동유럽을 중심으로 유대인 박해가 심해져 많은 유대인들이 미국으로 이주하였으며 20세기 초부터는 팔레스티나로 돌아가 유대인 국가를 건설하자는 시오니즘 운동이 활발해졌다. 나치 독일이 제2차 세계대전을 일으키면서 유럽의 유대인들은 대학살(홀로코스트)을 겪었으나 전쟁이 끝난 후인 1948년 이스라엘 공화국을 건설하였다. 그러나 주변 아랍국가들과의 갈등으로 현재까지 세계정세의 불안요인이 되고 있다.

유럽경제공동체(EEC : European Economic Community, 1958)

유럽의 지역경제 통합기구. 유럽공동시장(ECM)이라고도 한다. 1956년 유럽석탄철강 공동체(ECSC)에서 '유럽 경제공동체 조약' 초안이 발표되었고 1957년 프랑스 · 서독 · 이탈리아 · 벨기에 · 네덜란드 · 룩셈부르크의 유럽 6개국이 로마에서 조인한 유럽경제공동체 조약(로마조약)에 따라 창설되어 1958년 1월 1일 정식으로 발족하였다. 이후 영국, 아일랜드, 덴마크, 그리스, 에스파냐, 포르투갈 등이 가입하였다. 가맹국간의 관세동맹 결성, 수출입 제한 철폐, 물자, 서비스, 자본, 노동의 이동을 자유화하여 경제통합을 추구하고 유럽 국가 연합 등의 형태로 정치적 통합을 추구하였다.

유럽공동체(EC : European Community, 1967)

1967년 유럽 경제공동체(EEC), 유럽 원자력공동체(EURATOM), 유럽 석탄철강공동체(ECSC) 세 공동체가 통합하여 설립한 기구. 창립 회원국은 벨기에, 프랑스, 서독, 이탈리아, 룩셈부르크, 네덜란드이며 이후 덴마크, 아일랜드, 영국, 그리스, 포르투갈, 스페인, 스웨덴, 핀란드, 오스트리아가 가입하여 총 15개국으로 늘었다. 중심기관은 유럽회의, 유럽재판소, 각료이사회, EC위원회 등 4개 기구이며 지역 내의 경제 통합을 통한 유럽 단일시장을 만들어내었다. 1993년 마스트리히트조약 발효에 따라 1994년 1월 1일부터 EU(European Union, 유럽연합)로 공식명칭을 바꾸었다.

유럽연합(EU : European Union)

1993년 발효된 마스트리히트조약에 따라 유럽 12개국이 참가하여 출범한 연합기구이다. 이후 2000년까지 15개국이 가입하였다. 1950년 프랑스의 슈만 외무장관과 독일의 아데나워 총리가 유럽석탄철강공동체(ECSC) 구상을 발표하여 유럽 공동시장 형성을 위한 기초로서 1951년 ECSC가 발족하였다. 1957년에는 로마조약에 따라 유럽경제공동체(EEC)가 발족하였으며, 1967년 유럽경제공동체(EEC), 유럽 원자력공동체(EURATOM), 유럽 석탄철강공동체(ECSC) 세 공동체가 통합하여 유럽공동체(EC)를 결성하였다. 1993년 마스트리트조약으로 EC를 EU로 변경하여 유럽 단일시장과 통합을 이루었다.

유림외사(儒林外史, 1745~1749)

중국 청나라 때 오경재(吳敬梓, 1701~1754)가 지은 풍자소설. 청나라 유림세계의 허위와 출세욕을 풍자한 소설이다. 전체를 일관하는 줄거리는 없으며 중국의 통속 장편소설 형식인 장회소설(章回小說)의 형식에 따라 55회의 일화로 구성되어 있다. 각 회마다 독립된 이야기를 사제(師弟)간·친구간 등의 관계를 가진 주인공의 교체로 '열전(列傳)' 식으로 구성한 것이다. 《홍루몽(紅樓夢)》과 더불어 청나라 구어소설의 대표작이다.

유물사관(唯物史觀, historical materialism)

▶ 마르크스

마르크스주의 역사관. 사적 유물론(私的唯物論)이라고도 한다. 마르크스주의 철학인 변증법적 유물론에 입각하여 인류역사를 이해하는 역사관이다. 유물사관은 인간을 역사적 존재로 파악하며 역사의 실체는 자연을 변화시키는 인간의 노동에 의한 물질적 발전이다. 이 물질적 발전(생산력의 증대)의 과정에서 노동을 둘러싼 인간 상호간의 관계를 생산관계(예 : 노예-노예주, 농노-영주)라 한다. 이 생산관계가 한 사회의 토대를 형성하며 그 사회의 상부구조인 정치, 종교, 문화를 규정한다. 생산력의 발전은 생산관계의 변화를 일으키며 이에 따라 인류역사는 한 단계에서 다음 단계(시대)로 넘어간다. 유물사관에서는 인류역사를 원시공산제, 노예제, 봉건제, 자본주의, 사회주의로 시대구분을 하며 현대는 자본주의에서 사회주의로 넘어가는 시점으로 파악한다.

유방(劉邦, BC 247?~BC 195)

중국 한(漢)왕조의 제1대 황제(재위 BC 202~BC 195). 자 계(季). 묘호(廟號) 고조(高祖). 패(沛, 강소성) 지방 출신이다. 진시황(秦始皇)시대에 여산(驪山)의 황제릉(皇帝陵) 건설 공사에 부역할 인부들을 호송하는 책임을 맡았다가 도망자가 속출하자 자신도 도피하여 도적떼의 두목이 되었다. BC 209년 진시황이 사망하고 진승(陳勝)·오광(吳廣)이 반란을 일으키자 이를 따라 각지에서 반란이 일어났으며 유방도 무리를 이끌고 봉기하여 패공(沛公)이라 칭하였다. 유방은 세력을 확장하여 항우(項羽)의 군대와 연합하고 항우보다 앞서 진의 수도 함양(咸陽)을 점령하였다. 진나라가 멸망하자 항우는 서초패왕(西楚覇王)이라 칭하고 유방을 한왕(漢王)으로 봉하였다. 이후 5년에 걸친 전투 끝에 유방이 항우를 격파하고 BC 202년 황제에 올라 국호를 한이라 하였다. 유방은 급진적 변화를 피하고 봉건제와 군현제를 절충한 군국제(郡國制)를 실시하여 유씨 일족과 공신들을 제후왕에 봉하였다가 점차 공신들을 제거하고 유씨일족에 국한하였다.

유비(劉備, 161~223)

삼국시대 촉한(蜀漢)의 제1대 황제(재위 221~223). 자 현덕(玄德). 묘호 소열제(昭烈帝). 전한(前漢)왕조 경제(景帝)의 후손이다. 황건적의 난이 일어나자 토벌에 참가하여 벼슬길에 올랐다. 조조(曹操)의 밑에 있었으나 조조 암살계획에 참가했다 발각되어 탈출하였다. 이후 형주목(荊州牧) 유표(劉表)의 밑에서 지내다가 유표가 죽자 형주를 차지하고 손권(孫權)과 동맹하여 219년 적벽대전에서 조조군을 물리쳤다. 형주에 이어 사천 지방으로 진출하여 익주목(益州牧) 유장(劉璋)을 항복시키고 촉 지방을 점령하였다. 이로써 화북의 조조, 강남의 손권과 함께 천하를 3분하였다. 220년 조조의 아들 조비(曹丕)가 한(漢)왕조를 폐하고 위(魏)나라를 세워 황제가 되자, 221년 유비도 황제의 제위에 올랐다. 손권의 군대가 형주를 점령하자 이의 탈환을 위해 원정에 나섰다가 패배하고 백제성(白帝城)에서 병사하였다.

유스티니아누스 1세(Justinianus I, 483~565)

비잔틴제국의 황제(재위 527~565).마케도니아 출신으로 백부 유스티누스 1세의 뒤를 이어 황제가 되었다. 황비 테오도라와 장군 벨리사리우스, 환관 나르세스 등을 기용하여 게르만 민족의 대이동으로 5세기에 상실한 로마제국의 서방 영토를 탈환할 계획을 세우고 아프리카의 반달왕국과 이탈리아의 동고트왕국을 정복하였다. 또 페르시아와 2차례에 걸쳐 전쟁을 벌였으며 발칸 반도에서 훈족과 슬라브족의 남하를 저지하였다. 내정면에서는 당시까지의 로마법을 집대성한 《로마법 대전》을 편찬하고 그리스도교의 교리 통일을 위해 노력하였으며 수도 콘스탄티노플에 성 소피아 성당을 비롯한 여러 건축물을 세웠다.

▶ 유스티아누스 1세

유연(柔然)

5세기 초부터 6세기 중반까지 몽고를 지배한 몽고계 유목민족국가. 예예(芮芮), 여여(茹茹), 연연으로도 불린다. 3세기에 선비탁발부(鮮卑拓拔部)에 예속되어 있다가 4세기에 이탈하여 유연이라는 이름을 쓰기 시작하였다. 선비탁발부가 중국의 화북지방에 침입하여 위(魏)나라를 세운 틈을 타서 내몽고 지방을 장악하였다. 이후 오르콘강 유역으로 근거지를 옮겨 타림분지까지 세력을 넓혔다. 487년 유연의 지배를 받던 고차(高車)왕국이 배반하여 타림분지를 빼앗긴 다음부터 세력이 약화되어 552년 투르크족의 연합체인 돌궐(突厥)의 공격을 받고 와해되었다.

유종원(柳宗元, 773~819)

중국 당나라 때의 시인. 자는 자후(子厚)이며 하동(河東, 산동) 출신이다. 진사에 급제하여 관직생활을 시작하여 감찰어사가 되었다. 왕숙문(王叔文)의 밑에서 활약하였으나 그가 실각하자 변경지방으로 좌천을 당했다. 이후 13년간 변경에서 생활하다가 임지에서 사망하였다. 한유(韓愈)와 함께 전국시대와 전한시대의 문장으로 돌아가자는 고문운동(古文運動)을 폈으며 당송팔대가(唐宋八大家)의 한 사람으로 꼽힌다. 한유의 고문이 학술적 논문인데 비해 유종원은 풍자와 산수를 묘사하는 데 능했다. 대표작으로 《천설(天說)》, 《비국어(非國語)》, 《봉건론(封建論)》 등이 있으며 시문집 《유하동집(柳河東集)》 45권이 있다.

유지기 ○ 사통

유클리드(Euclid, BC 300년대?)

그리스의 수학자. 그리스어로는 에우클레이데스라 부른다. 프톨레마이오스 1세 시대(BC 306~BC 283)에 알렉산드리아에 살았던 것으로 알려져 있다. 플라톤의 수학론을 기초로 당시까지의 기하학을 집대성하고 여기에 이론적 체계를 갖춘 《기하학원본》 13권을 저술하였다. 이로써 유클리드 기하학이라 불리는 기하학 체계를 정립하였다.

유토피아 ○ 모어

유프라테스강(Euphrates River)

서아시아 최대의 강. 아르메니아에서 발원하여 카라강 및 무라트강과 합류하여 시리아와 이라크를 거쳐 페르시아만으로 흘러든다. 이라크에서 티그리스강과 함께 메소포타미아 평야를 형

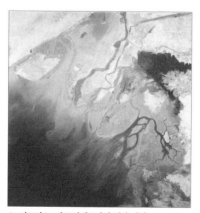

▶ 티그리스-유프라테스강의 델타 지역

성한다. 메소포타미아 평야는 잦은 범람으로 비옥한 초승달 지대를 형성하며 바빌로니아, 아시리아 등 고대 문명의 발상지가 되었다.

육구연(陸九淵, 1139~1192)

남송(南宋)시대의 신유학자. 호 존재(存齋)·상산(象山). 저장성(浙江省) 출신으로 1172년 진사 시험에 합격하였으나 곧 관직에서 물러나 강서성 귀계(貴溪)의 상산에 강당을 짓고 후학 양성에 전념하였다. 사상적으로 정호(程顥 : 明道)·정이(程顥 : 伊川)의 신유학 사상을 계승하였으며 주자(朱子)와 학문적 토론을 가졌으나 의견일치를 이루지 못하였다. 주자는 격물치지(格物致知)의 성즉이설(性卽理說)을 제창하였고, 상산은 치지(致知)를 주로 한 심즉이설(心卽理說)을 제창하였다. 그의 학설은 주자의 성리학에 가려 부각되지 못하다가 명대(明代)의 왕양명(王陽明)에 의하여 계승, 발전되었다. 《상산선생전집》 36권을 남겼다.

6유(六諭)

중국 명나라의 태조가 1397년에 반포한 여섯 가지 교훈. 유교에 입각하여 '부모에게 효순하라, 어른을 공경하라, 향리와 화목하라, 자손을 교훈하라, 각기 삶에 만족하라, 비위를 하지 말라'의 6개조로 되어있다. 동네의 노인들이 매월 6회 목탁을 치며 이를 외치게 하였다. 청나라 때에는 강희제(康熙帝)가 6유 대신 16조의 성유(聖諭)를 반포하였다.

육조문화(六朝文化)

중국 3국시대 오(吳)·동진(東晉) 및 남조(南朝)의 송(宋)·제(齊)·양(梁)·진(陳)을 합한 육조시대의 문화. 6조는 모두 난징(南京)을 도읍으로 삼아 중국 남부의 강남 지역을 세력권으로 하였다. 이 시대에는 북방에서 이민족의 침입을 피해 내려온 귀족들이 중심이 되어 화려한 귀족문화가 발전하였다. 문학에서 도연명(陶淵明), 그림에 고개지(顧愷之), 글씨에 왕희지(王羲之) 등의 대가들이 활약하였고 양나라의 소명태자(昭明太子)가 당시의 명문장을 모은 《문선(文選)》을 편찬하였다. 또한 불교와 도교가 성행하여 당시 문화에 많은 영향을 미쳤다.

6월폭동(1848. 6. 23~26)

프랑스 제2공화정 시대인 1848년 6월 파리의 사회주의자와 노동자들이 일으킨 폭동. 1848년 2월 혁명으로 '7월 왕정'의 루이 필립이 퇴위하고 라마르틴을 수반으로 하는 임시정부가 수립되었다. 2월혁명 직후 임시정부는 실업구제 대책으로 국립공장(國立工場)을 파리에 세우고, 실업자를 수용해서 일당을 지급하였다. 그러나 노동자들의 근로의욕 부진과 예산부족으로 인해 4월 선거에서 승리한 부르주아 공화파는 국립공장 해산을 결정하였다. 이에 불만을 품은 노동자들은 6월 23일 시내 동부에 바리케이드를 치고, 정부·의회에 항거하였다. 계엄사령관 카베냐크는 단호한 무력진압을 시도하여, 노동자에게 협력한 소시민·직업인 등을 포함한 수만 시민을 살상하였다. 이 폭동 이후 은행가, 대지주, 산업자본가 계층이 질서당을 결성하고 12월 10일 대통령 선거에서 나폴레옹 1세의 조카 루이 나폴레옹이 당선되었다.

율령격식(律令格式)

중국, 한국, 일본 등에서 시행된 법전 체계. 율(律)은 형벌법규이며 영(令)은 행정법규이다. 격(格)은 율령을 변경했을 때 개정된 법규를 모은 법전이며 식(式)은 율령을 시행하는 데 필요한 세칙(細則)을 정한 규정이다. 원래 율과 영은 구분이 없었으나 진(晉)나라 때 그 구분이 명확해졌다. 당나라 때 들어와 《당률소의(唐律疏議)》, 《당육전(唐六典)》 등의 법전이 편찬되었다. 당의 율령격식은 한국과 일본으로 전해졌으며 이후 송나라 때까지 당율이 계승되었다. 명나라 때 들어 명율령(明律令)이 제정되었으며 청나라 때까지 사용되었다.

융커(Junker)

독일, 특히 프로이센의 토지귀족. 원래 귀족의 젊은 아들을 가리키는 말이었으나 후에 토지귀족을 가리키는 말이 되었다. 16세기 이래 엘베강 동쪽 프로이센 동부에서는 대토지 소유제가 발달하여 예속 농민을 시켜 영주 직영지를 경작케 하는 구츠헤르샤프트가 생겨났다. 구츠헤르샤프트를 지배하는 귀족은 막강한 권한을 지녔으며 그 후예인 융커들은 고급관리와 군대의 고위장교로 진출하였다. 융커들은 보수주의 성향으로 자유주의 개혁에 반대하였으며 관료, 군부, 의회를 비롯하여 프로이센 국가기구의 중추를 이루어 19세기 독일제국 창건에 크게 기여하였다. 융커의 세력은 나치시대에도 군을 중심으로 남아 있었으며 제2차 세계대전 후 소련군의 점령으로 사라지게 되었다.

은(殷, BC1600~BC 1046)

고대 중국의 왕조. 전설에 의하면 하(夏)왕조의 17대 왕인 걸왕(桀王)이 폭정으로 민심을 잃자 탕왕(湯王 : 天乙)이 하왕조를 무너뜨리고 은왕조를 세웠다고 한다. 이 탕왕으로부터 29대의 왕이 중국을 통치하였다고 한다. 20세기 초에 허난성(河南省) 안양현(安陽縣) 샤오툰촌(小屯村)에서 은허(殷墟)로 불리는 은나라 수도의 유적이 발굴되면서 은왕조의 실체가 드러나게 되었다. 은허에서 갑골문자를 새겨 놓은 거북이 등딱지(귀갑)와 소뼈(우골)가 대량 출토되어 당시의 사회상을 파악하는 것이 가능해진 것이다. 은은 조상의 제사를 통해 유대를 가지는 씨족 조직으로 된 도시 국가군의 연합조직으로 국가를 형성하여 허난성(河南省) 지역을 중심으로 화북 중부 지방을 지배하였던 것으로 보인다. 경제적으로는 청동기 문화시대로서 농업을 주로 하고 연합국가들로부터 공물을 징수하며 거대한 유적의 크기와 화려한 청동기와 옥기(玉器) 등의 출토 유물로 볼 때 국민들을 조직화한 강대한 정치 조직과 권력자가 있었을 것으로 알 수 있다.

은대지제도(恩貸地制度, Benefizialwesen)

7~11세기에 프랑크왕국에서 국왕에 대한 봉사의 대가로 토지(은대지, 베네피키움)를 지급한 제도. 종사제도(從士制度)와 함께 유럽 봉건제도의 2대 구성요소를 이룬다. 은대지(베네피키움)는 원래 고대 로마제국에서 황제가 국경지대를 방비한 게르만인에게 내려준 토지이며 프랑크왕국의 카롤링거왕조시대에 국왕과 대귀족이 충성과 군사적 봉사의 대가로 가신들에게 하사한 토지이다. 이와 같이 하사된 은대지를 중심으로 7, 8세기부터 북(北)갈리아(라인강과 루아르강 사이의 지역) 지방을 중심으로 영주 직영지와 농민 보유지로 이루어진 고전장원이 형성되었다.

은허(殷墟)

중국 허난성(河南省), 안양현(安陽縣), 샤오툰촌(小屯村)에서 발견된 고대 은(殷)나라 수도의 유적. 이곳에서 나온 갑골문이 쓰여진 거북이 등딱지(귀갑)과 소뼈(우골)가 학자들의 주의를 끌면서 1928년부터 중화민국 정부에서 발굴을 시작하여 1936년까지 15차례에 걸쳐 발굴을 하였으며 1950~1962년에도 발굴을 실시하였다. 은허에는 궁전과, 종묘, 왕족의 주거지 및 일반 백성의 구덩이식(竪穴式) 거주유적이 나왔으며 부근에서 왕의 묘로 보이는 다수의 묘가 발견되었다. 왕족의 묘는 시종들이 순장되어 있었으며 청동기와 옥기로 만든 보물이 출토되었다.

음양오행설(陰陽五行說)

우주만물을 음과 양의 두 원리의 변화로 설명하는 음양설과 만물의 생성과 소멸을 오행의 변화로 설명하는 오행설을 한데 묶어 부르는 이름. 음양설은 모든 사물을 음과 양에 포함시키는 일종의 이원론으로 천지(天地), 일월(日月), 남여(男女), 상하(上下) 등과 같이 만물을 음양으로 이해하며 사물을 생성과 소멸을 음과 양의 변화로 이해한다. 오행설은 우주만물의 생성과 소멸을 목(木)·화(火)·토(土)·금(金)·수(水)의 원기(元氣)의 변화로 이해하며 이 오행이 서로 상생(相生)·상극(相剋)의 관계를 가진다고 보고 이에 따라 사물의 변화나 정치적 혁명을 설명하고자 하였다. 오행설은 다시 상승(相勝)

설과 상생(相生)설로 나뉘어진다. 음양설은 전국시대에 체계를 갖추었으며 오행설은 한나라 중기부터 상생설이 주가 되었다.

의정 ○ 남해기귀내법전

의화단운동(義和團運動, 1900)

청나라 말기의 반외세, 반그리스도교 운동. 북청사변(北淸事變), 단비(團匪)의 난, 권비(拳匪)의 난이라고도 한다. 1894년 청·일전쟁 후 제국주의 열강의 진출이 중국 내륙에 미쳐 값싼 상품의 유입으로 농민경제가 파괴되고 그리스도교가 전파되자 반그리스도교 운동이 일어났다. 이때 원나라 말에 성행했던 백련교(白蓮敎)의 한 분파인 의화권교(義和拳敎)가 산둥(山東)일대에서 성행하였는데 이들도 교회를 불태우고 선교사와 신도들을 살해하며 농민들을 규합하여 의화단이라 칭하고 세력을 확장하였다. 이들은 반그리스도교운동에서 반외세 운동으로 발전하여 '부청멸양(扶淸滅洋)'을 외치며 베이징과 톈진 일대에서 외국인을 살해하고 철도와 전신을 파괴하며 외국제품을 불태웠다. 서태후(西太后)를 중심으로 한 청조의 수구파는 의화단을 이용하여 1900년 6월 열강에 선전포고를 하였다. 이에 영국·러시아·독일·프랑스·미국·이탈리아·오스트리아·일본 등 8개국이 연합군을 결성하여 7월에 톈진을 함락시키고 8월에 베이징에 입성하자 서태후와 광서제(光緖帝)는 시안(西安)으로 피신하고 실각한 수구파에 대신해서 실권을 쥔 양무파가 연합국과 협상하여 1901년 베이징의정서(신축조약)를 체결하였다.

이갑제(里甲制)

중국 명나라 때와 청나라 초기의 향촌 조직. 1381년 호적 및 조세대장인 부역황책(賦役黃冊 : 戶籍·租稅臺帳)의 제정과 함께 설치되었다. 부역을 지는 110호(戶)를 1리(里)를 편성하고 그중 부유한 10호를 이장호(里長戶)로 하고 나머지 100호를 갑수호(甲首戶)로 해서 이를 10갑(甲)으로 나누고 1갑은 10호로 편성하였다. 이는 농촌의 경우이며 도시에서는 방(坊), 교외에서는 상(廂)이라 하였다. 이갑제의 목적은 조세징수, 치안유지 및 향촌 교화에 있으며 자치조직이라기 보다는 관의 보조기구였다. 명나라 중기 이후로는 일조편법(一條鞭法)의 실시로 인해 그 중요성이 감퇴되었다. 청나라에서도 이갑제를 실시하였으나 지정은제(地丁銀制)를 실시하면서 보갑제(保甲制)로 바뀌었다.

이공온(李公蘊, 974~1028)

베트남 리왕조(李王朝)의 창시자(재위 1009~1028). 묘호 태조(太祖)이며 하노이 근교의 바크닌 출신이다. 레왕조(黎王朝)의 신하로서 와조왕(臥朝王 :

龍鎬)에 의해 좌친위전전(左親衛殿前) 지휘사(指揮使)가 되었다. 와조왕이 죽은 후 제위에 올라 수도를 화루(華閭)에서 탄론(하노이)으로 옮기고, 세제(稅制)와 병제(兵制) 등 여러 제도를 정비하여 리왕조의 기초를 확립하였다. 불교를 숭상하여 많은 절을 창건, 중수하였다. 대외적으로는 중국의 송(宋)과 수호를 돈독히 하는 한편, 남쪽의 참파를 공격하였다.

이광리(李廣利, ?~BC 90)

중국 전한 무제 때의 장군. 여동생이 궁정의 악사로 무제의 총애를 받아 창읍왕(昌邑王) 박(髆)을 낳자 장군이 되었다. BC 104년 장건(張騫)의 원정으로 사정이 알려진 서역(西域) 대완(大宛)의 이사성(貳師城)을 공략하여 한혈마(汗血馬)를 얻어, 이사장군이라고 불리게 되었다. 이후 4년간 대완의 여러 성을 공격하고 서역제국으로의 통상로를 개척하여 해서후(海西侯)에 봉하여졌다. 흉노(匈奴)와의 전쟁 중에 전사하였다.

이라크(Iraq)

메소포타미아 지방에 세워진 아랍 국가. 이집트와 더불어 가장 오래된 문명의 발상지이다. 수메르, 바빌로니아, 아시리아 등의 고대 왕국이 이곳에서 생겨났으며 BC 6세기부터 페르시아제국의 영토가 되었다가 이슬람 세력이 확장되면서 사라센제국의 일부가 되었다. 8세기 아바스왕조 시대에는 티그리스강 유역의 바그다드가 수도가 되면서 이슬람 문화의 중심지가 되었다. 16세기부터 제1차 세계대전 때까지 오스만 투르크의 지배를 받았으며 전후에는 영국의 위임통치령이 되었다. 1932년 파이살을 국왕으로 독립하였으며 1958년 카셈 장군을 지도자로 한 군부 쿠데타로 공화정이 수립되었다. 1968년 바스당이 정권을 잡았고 1979년 사담 후세인이 대통령으로 취임하였다. 이후 후세인 정부는 1980년 이란을 침공하여 이란·이라크 전쟁을 벌였으며 1990년에는 쿠웨이트를 침공하여 걸프전쟁을 일으켰다. 걸프전쟁의 패배 이후 이라크 남부에 거주하는 시아파의 폭동과 이라크 북부에 거주하는 쿠르드족 자치운동 등으로 내정불안을 겪고 있으며 서방 국가들의 사찰과 경제제재로 인해 국정이 불안한 상태이다.

이란(Iran)

고대 페르시아로 불리던 지방에 세워진 이슬람 국가. BC 8세기에 메디나왕국이 최초로 성립되었으며 이후 아케메네스왕조 페르시아가 인도로부터 이집트까지를 지배하는 대제국을 세웠다. BC 331년 알렉산더 대왕의 원정으로 페르시아가 무너진 이후 셀레우코스왕조, 파르티아제국을 거쳐 사산왕조 페르시아가 성립하였다. 사산왕조는 651년 아라비아인의 침입으로 멸망하고 이후 이란은 아랍의 정치적 문화적 지배를 받기 시작했다. 9세기에는 사파르왕조, 사만왕조가 수립되었다가 10세기에는 가즈니왕조, 11세기부터는 셀주크 투르크왕조, 몽고의 일 한국, 티무르제국이 차례로 이란을 지배하였다. 1502년 사파비왕조가 이란민족의 민족국가를 부활시켰으나 18세기에는 투르크멘인이 세운 카자르왕조가 이란을 지배하였다. 이후 이란은 러시아와 영국 사이에서 압박을 당하였으며 1925년 팔레비왕조가 카자르왕조를 폐하고 성립하였다. 이후 이란은 근대화를 추구하다가 시아파 이슬람 세력의 반발로 1971년 팔레비 국왕이 망명하면서 이슬람 지도자 호메이니가 이끄는 이슬람 공화국이 수립되었다. 1980년 샤트 알 아랍 수로와 아트그섬 영유권을 둘러싸고 이라크와 전쟁이 일어났다. 이 전쟁(이란-이라크 전쟁)으로 이란은 막대한 손실을 입고 전쟁은 결정적 승패 없이 끝났다. 1989년 호메이니가 사망하고 1997년 하타미 대통령이 취임하면서 그동안의 국제적 고립에서 탈피하여 개혁, 개방을 추진하려는 시도가 일어나고 있다.

이리두 유적(二里頭遺蹟)

중국 은(殷)나라 전기의 유적. 1959년 허난성(河南省) 언사현(偃師縣) 얼리터우(二里頭)에서 발견되었으며 신석기시대 룽산문화(龍山文化)의 영향을 받았다. 허난성 중부에서 산시성(陝西省)에 이르는 황허(黃河)강 연변의 황토지대에 분포되어 있는 은나라 전기(前期)의 유적 가운데 고고학 상으로 가장 이른 시기에 속한다. 이 유적이 발견됨으로써 중국 역사상 전설의 국가인 하(夏)왕조의 실존 가능성이 제기되고 있다. 이리두와 그 주변 지역에서 궁궐터, 분묘 등의 유물과 유적이 발견됨으로써 당시에 이미 권력과 계급의 존재했음을 알 수 있다.

이반 3세(Ivan III, 1440~1505)

러시아의 모스크바 대공(재위 1462~1505). 당시 분열되어 있던 여러 공국을 통합하여 모스크바 대공국을 세우고 러시아 동북부를 통일하였다. 1480년에는 2세기 반 동안 계속된 킵차크 한국에 대한 공납을 중지하고 종속에서 독립하였다. 비잔틴제국이 멸망한 후에 비잔틴제국 마지막 황제의 조카딸 소피아 팔레올로가와 결혼하여 비잔틴제국의 계승자이자 그리스 정교의 보호자를 자처하였다. 교회의 신성불가침을 인정하고 왕권신수설을 주장하였으며 외교문서에 처음으로 '차르'란 칭호를 사용하였다. 1497년 농민의 자유이동을 '유리의 날' 전후 1주일로 제한하여 농노화(農奴化)를 시작하였다.

이반 4세(Ivan IV, 1530~1584)

러시아의 황제(재위 1533~1584). 러시아 절대왕정을 확립하였으며 이반뇌제

(雷帝)라고도 한다. 어린 나이에 즉위
하여 대귀족들의 횡포로 고초를 겪다
가 1547년 차르라 칭하며 친정(親政)
을 시작하였다. 이반 3세가 이룬 국가
통일을 이어받아 중앙집권적 독재국
가를 이룩하기 위해 노력하였다. 자신
의 측근으로 선발회의를 구성하여 정
치를 하였으며 1555년 지방행정을 개
혁하고 군사제도를 고쳐 스트렐리치
(총병대)를 조직하였다. 1565~1572년
오프리치나 제도를 실시하여 중앙
집권화에 반대하는 대귀족을 탄압하
는 공포정치를 시행했기 때문에 '뇌
제' 라는 이름을 얻었다. 대외적으로는

▶ 이반 4세

카잔 한국과 아스트라한 한국을 병합하고 볼가강의 전체 수로를 장악했으며,
라보니아 전쟁을 일으켜 발트해 진출을 시도했으나 실패하였다. 그러나 1553
년 북빙양(北永洋)의 내해인 백해(白海)를 통하여 영국과 통상을 시작하여 새
로운 경제적 가능성을 열었으며 이 시대에 시베리아 서부를 정복하여 동방
진출이 시작되었다.

이백(李白, 701~762)

중국 당나라 때의 시인. 자 태백(太白). 호 청련거사(靑蓮居士). 두보(杜甫)와
함께 '이두(李杜)' 라 불리는 중국 최대의 시인이며, 시선(詩仙)이라 불린다.
오늘날의 쓰촨성(四川省)인 촉(蜀)의 장밍현(彰明縣) 출신으로 이곳에서 성장
하였다. 25세 때 고향을 떠나 천하를 편력하면서 생활하였다. 협객들과 어울
리는가 하면 산둥(山東)에서 도교의 도사들과 수행하기도 하였다. 그의 작품
의 환상성은 이러한 산중에서의 도교수련 체험에서 나온 것이다. 43세 때 현
종(玄宗)의 부름을 받아 장안(長安)으로 가서 잠시 벼슬생활을 하였으나 3년
만에 쫓겨나 다시 방랑생활을 하였다. 안사의 난이 일어나자 이에 연루되어
투옥되었다가 간신히 풀려나 당도(當塗 : 安徽)의 친척 이양빙(李陽氷)에게
몸을 의지하다가 그 곳에서 병사하였다. 이백은 두보와 함께 성당(盛唐)시대
를 대표하는 시인으로 솔직하고 호방한 시풍으로 칠언절구(七言絕句)에 뛰어
났다.《이태백전집(李太白全集)》30권이 전해지고 있다.

이븐 바투타(Ibn Battutah, 1304~1368)

중세 이슬람의 여행가, 지리학자. 모로코의 탕헤르에서 태어나 1325년 22세

때 이집트, 시리아를 거쳐 메카 성지순례를 하였고 이어 이라크, 페르시아, 중앙아시아, 인도를 여행하였다. 1345년 중국의 원나라 말기에 바닷길로 자바를 거쳐 중국의 취안저우(泉州)에 상륙하였다. 취안저우에서 베이징까지 여행하고 1349년 다시 바닷길로 모로코로 돌아갔다. 이후 사하라 사막을 여행하여 나이저강까지 이르렀다. 30년에 걸쳐 12만 km를 여행하였으며 모로코 왕의 명령으로 여행기를 집필하여 1356년 《도시들의 진기함, 여행의 경이 등에 대하여 보는 사람들에게 주는 선물》을 집필하였다. 이 책은 당시 이슬람 세계와 중국의 정세를 자세히 묘사한 귀중한 자료이다.

이븐 할둔(Ibn Khaldun, Abd al-Rahman, 1332~1406)

사라센제국의 역사 철학자. 남아라비아에서 에스파냐로 이주한 할둔족 출신이며 북아프리카 튀니스에서 태어났다. 1400년 이집트 원정군에 종군하였다가 포로가 된 후 송환되어 여생을 카이로에서 보냈다. 이슬람제국의 세계사인 《이바르의 책》을 저술하여 아랍족, 페르시아인, 베르베르족 등의 흥망성쇠를 실례와 기록으로 서술하였다. 특히 이 책의 서문인 역사서설(歷史序說)로 통칭되는 '무캇다마'에서 인간 사회를 유목민과 도시 거주민으로 나누고 거친 자연환경에서 강한 단결력을 다진 유목민이 사치생활로 나약해진 도시에 침입하여 정복왕조를 세우고 다시 이 정복자들이 도시생활로 문명화되면 새로운 유목민에 의해 교체된다는 역사이론을 전개하였다. 이 밖에 이슬람국가의 정치조직, 기술, 학문에 대해 논하였으며 이슬람 세계 최고의 역사 철학자로 평가받고 있다.

이사(李斯, ?~BC 208)

중국 진(秦)나라의 정치가. 전국시대 초(楚)나라 상채(上蔡, 오늘날의 허난성)에서 태어났다. 순자(荀子)에게 법가(法家) 사상을 배웠으며 진나라로 가 여불위(呂不韋)에게 발탁되어 관직에 올랐다. 시황제(始皇帝)가 6국을 통일한 후에는 봉건제에 반대하고 군현제(郡縣制)를 진언하여 승상(丞相)으로 진급하였고, 분서갱유(焚書坑儒)를 단행시켰다. 시황제의 정책은 거의 이사가 계획한 것이며 시황제가 죽은 후 환관 조고(趙高)와 공모, 막내아들 호해(胡亥)를 2세 황제로 옹립하였으나 조고의 모함으로 투옥된 후 처형되었다.

이사벨 1세(Isabel I, 1451~1504)

카스티야의 여왕(재위 1474~1504). 1469년 아라곤의 왕자 페르난도와 결혼하였으며 오빠인 엔리케 4세가 죽자 1474년 카스타야 여왕에 즉위하였다. 1479년 페르난도가 아라곤 왕위에 오르자 카스티야와 아라곤을 통합하여 에스파냐를 통일하였다. 1480년부터 1492년까지 이베리아 반도 남부의 이슬람

국가인 그라나다를 공격하여 정복하였고 로마 교황으로부터 카톨릭 왕이라는 칭호를 받았다. 내정 면에서 군사제도와 징세제도를 개혁하여 중앙집권화를 이룩하였고 통일국가로서 에스파냐의 기틀을 다졌다. 종교재판과 이단 박해, 유대인 추방을 단행하였으며 콜럼버스의 신대륙 발견을 후원한 것으로도 유명하다.

▶ 이사벨 1세

이사훈(李思訓, 651~716)

중국 당나라 때의 화가. 동시대의 사람인 남종화(南宗畵)의 시조 왕유(王維)에 대하여 북종화(北宗畵)의 시조(始祖)로 불린다. 종실(宗室)의 일원으로 현종(玄宗) 때 좌무위대장군(左武衛大將軍)에 임명되었기 때문에 대이장군(大李將軍)이라고도 한다. 화가로서 산수화에 능하였고 특히 금벽산수(金碧山水)에 뛰어났으며 6조 이래의 전통적인 정교하고 주밀한 묘법을 구사하였다. 그의 아들 소도(昭道) 역시 그림을 잘 그려 소이장군(小李將軍)이라고 하였다.

이세민(李世民, 598~649)

당(唐)나라의 제2대 황제 태종(太宗, 재위 626~649). 당나라의 초대 황제인 이연(李淵)의 아들이다. 수(隋)나라의 국정이 혼란에 빠진 틈을 타 타이위안(太原) 방면 군사령관이었던 아버지를 설득하여 군대를 동원하여 장안을 점령하고 당나라를 수립하였다. 626년 현무문(玄武門)에서 형인 황태자 건성(建成)과 동생 원길(元吉)을 죽이고 아버지로부터 양위를 받아 황제에 즉위하였다. 대외적으로 630년 강적 동돌궐(東突厥)을 제압하고 토욕혼(吐谷渾), 토번(吐藩), 고창(高昌), 서돌궐(西突厥), 설연타(薛延陀)를 정복하여 중국의 북변, 서변, 서역을 모두 지배하였다. 남방제국으로부터 조공을 받았으며 기미정책(羈 政策)을 실시하여 여러 민족의 추장들로부터 천가한(天可汗)의 존호를 받았다. 내치면에서 부역과 형벌을 경감하고 학문과 문화를 장려하여 전대 각 왕조의 역사서를 편찬하고 《오경정의(五經正義)》를 편찬하게 하여 유학 해석을 통일하였다. 이와 같은 그의 치세는 '정관(貞觀)의 치(治)'로 불리며 역대 제왕들의 모범이 되었다. 그러나 만년에 고구려 원정을 실패하였으며, 그가 죽은 후에는 측천무후(則天武后)가 실권을 장악하게 되었다.

이소크라테스(Isokrates, BC 436~BC 338)

고대 그리스 아테네의 웅변가, 수사학자. 고르기아스에게 소피스트 교육을 받았으며 변론가로 활약하면서 BC 392년경 변론술 학교를 설립하였다. 이 학교는 폭넓은 교양과 도덕성을 강조하여 그리스 전역에서 학생들이 모여들었으며 로마시대로까지 이어진 변론술의 전통을 세웠다. 정치적으로는 도시국가(폴리스)들 간의 대립을 중지하고 전 그리스를 통일하여 아시아(페르시아)에 대항해야 한다고 주장하였다. 이를 위해 아테네 외의 도시국가 지도자들과 접촉하여 아테네의 국수주의파인 데모스테네스파와 대립하였다. BC 338년 아테네가 카이로네이아 전투에서 마케도니아의 필리포스 2세에게 패배할 무렵 죽었다. 현재 21편의 연설문과 9편의 서간이 전해진다.

이스라엘왕국(Kingdom of Israel)

BC 11 세기 말에 유대민족이 팔레스티나에 세운 왕국. 모세를 따라 이집트에서 탈출한 유대인들이 팔레스티나 지방으로 들어온 후 해안지방에 거주하고 있던 필리스티아인들에게 대항하기 위해 종교 연합 형태의 왕국을 건설하였다. 사울이 이 왕국의 초대 왕이었으며 제2대는 다비드, 제3대는 솔로몬으로, 솔로몬의 시대에 왕국의 전성기를 이루었다. 그러나 솔로몬의 아들 르호보암 시대에 북부의 이스라엘왕국과 남부의 유대왕국으로 분열되어 이스라엘왕국은 722년 아시리아에게 멸망당하고 유대왕국은 BC 597년과 BC 586년 두 차례에 걸쳐 신바빌로니아의 공격을 받아 국민 대부분이 바빌론으로 끌려갔다.

이스파한(Ispahan)

이란의 옛 수도. 테헤란, 테브리즈 다음으로 중요한 도시이다. 아케메네스왕조 페르시아 때 개발되었으며 이슬람 세력권이 된 후로는 상업도시로 번성하였다. 칭기스칸과 티무르에게 약탈당하기도 하였다. 1598년 아바스 대왕이 이 곳을 수도로 정한 이래 사파비왕조의 정치의 중심지이자 이란 이슬람 문화의 중심지가 되었다. 시내에는 고대 페르시아제국과 셀주크 투르크왕조, 사파비왕조시대의 많은 유적들이 남아있다.

이스탄불 ◐ 비잔티움

이슬람교(Islam)

7세기 초 예언자 마호메트(무하마드)가 유일신 알라의 말씀을 전파하여 생긴 일신교. 유럽에서는 마호메트교라고 부르고 중국에서는 회회교(回回敎) 또는 회교(回敎), 청진교(淸眞敎)라고 부른다. '이슬람'이란 유일하고 지고한 신 알라에게 절대귀의한다는 뜻이며 마호메트는 알라의 계시를 받은 예언자로 그가 신의 말씀을 전한 내용을 모은 것이 이슬람의 성경인 코란(쿠란)이다. 신도들은 이 코란을 읽음으로써 알라와 직접 접촉하며 알라와 인간 사이를 중개하는 성직자는 없다. 이슬람에 입교한 신자들을 '무슬림'이라 부르는데 무슬림은 신, 천사, 경전, 예언자, 내세, 천명을 믿고(六信), 고백, 예배, 단식, 희사, 순례를 행함으로써(五行) 참된 신자가 된다. 무슬림 사이에는 신분, 계급, 민족의 차이가 없으며 코란과 이슬람법(샤리아)에 따른 생활을 한다. 마호메트는 이슬람의 가르침으로 아라비아 반도를 통일하여 사라센제국을 건설하였으며 그 세력이 아프리

▶ 메카의 카바 신전

카, 유럽, 중앙아시아, 인도에까지 이르렀다. 오늘날에도 그리스도교, 불교와 함께 세계 3대 종교를 이루며 주로 중동, 북아프리카, 중앙아시아, 동남아시아 지역에서 전세계 인구의 약 25%인 12억의 신자가 있다.

이슬람 문화 ◐ 사라센 문화

이시진 ◐ 본초강목

이십일개조요구(二十一個條要求)

제1차 세계대전 중인 1915년 1월 18일 일본이 중국에 강요한 21개조의 요구사항. 일본은 1914년 8월에 독일에 선전포고를 하고 독일이 조차하고 있던 자오저우만(膠州灣)을 점령하고, 산둥성(山東省)의 독일 이권을 몰수하였다. 그리고 1915년에 중국정부에 21개조를 제출하였다. 그 내용은 산둥성의 독일 권익 양도와 철도부설권 요구, 남만주와 동부네이멍구(內蒙古)에서 일본의 특수 권익의 승인, 철·석탄 사업에 관한 이권 이양, 중국 연안과 도서지역의 불할양(不割讓) 요구, 중앙정부의 일본인 고문 초빙, 경찰의 공동관리, 병기 구입과 철도부설에 관한 요구 등이었다. 중국은 이 요구에 반발하였으며 미국과 영국도 이를 비난하였으나 5월 7일 일본이 최후통첩을 보내자 중국정부는 이를 승인하였다. 제1차 세계대전이 끝난 후 1919년 파리 평화회의에서 중국 대표가 21개조의 파기를 요구하였으나 묵살되었고 이 때문에 5.4운동이 일어났다. 1922년 워싱턴 회의에서 21개조는 결국 파기되었으나 일본의 강경정책은 향후 서구열강, 특히 미국의 대일본, 대중국 정책을 변화시켰다.

이연(李淵, 565~635)

당나라의 제1대 황제 고조(高祖, 재위 618~626). 조상은 선비족 계통으로 아버지 병(昞)이 일찍 죽자 7세 때 당국공(唐國公)의 작위를 이었다. 외숙모가 수(隋)나라 문제의 후비(后妃)여서, 수나라의 귀족으로 각지의 지방 장관을 역임하였다. 617년 북방의 군사적 요충인 태원(太原)에 파견되어 돌궐(突厥)에 대한 방비를 담당하다가 내란이 격화되자 그 지역의 호족을 규합하여 군대를 일으켜 수도 장안(長安)을 점령하였다. 양제(煬帝)의 손자를 추대하고 자신은 당왕(唐王)이 되었다가 618년 양제가 피살되자 스스로 제위(帝位)에 올라 당나라를 세웠다. 아들 이세민의 활약으로 각지의 군벌세력을 진압하고 새 왕조의 기틀을 다졌다. 626년 현무문(玄武門)의 변(變)이 일어나 이세민이 형과 아우를 죽이자 그에게 양위하였다.

이오니아인(Ionian)

고대 그리스 민족의 일파. 인도 유럽 계통으로 이오니아 방언을 사용하였으며 헬렌의 손자 이온을 전설상의 조상으로 모셨다. 아이올리스인, 도리스인과 함께 고대 그리스 세계를 형성하였다. BC 15세기 이후 남하하여 그리스 중부의 앗티카 지방에 정착하였는데 대표적인 도시국가(폴리스)로 아테네를 건설하였다. 이어 에게해 중부의 섬들에 진출하고 BC 1000년 전후에 에게해와 접한 소아시아 서해안 지방(이오니아)에 식민 도시를 건설하였다. BC 7, 6세기에 에페소스, 밀레토스, 포카에아 등 이오니아 식민도시들은 무역으로 큰 부를 축적하였으며 BC 500년경에 페르시아제국에 반란을 일으켜 페르시아 전쟁의 원인이 되었다. 페르시아의 지배에서 해방된 후로는 아테네가 주도하는 델로스 동맹에 들어갔으며 알렉산더 대왕 이후의 헬레니즘시대에도 발전하였다.

▶ 탈레스

이오니아학파(Ionian school)

고대 그리스의 철학 학파. BC 6세기경부터 소아시아 서해안 이오니아 지방의 그리스 식민 도시를 중심으로 발전하였다. 이 지역은 이집트, 메소포타미아 등 선진문명권과의 교역이 활발하여 새로운 문물이 일찍 전파되었다. 이와 같은 분위기에서 신화적 세계관을 벗어나 자연을 문제로 하는 자연철학이 등장하였다. 대표적인 철학자로는 밀레토스 출신의 탈레스, 아낙시만드로스, 아낙시메네스 등과 에페소스 출신의 헤라클레이토스 등이며 앞의 세 사람의 고향을 따서 밀레토스 학파라고도 부른다. 이 학파의 철학은 만물의 근원을 하나의 근본 물질에서 구하는 일원론으로 그 근본 물질에서 만물의 생성이 자연법칙에 따라 일어난 것으로 간주하는 물활론(物活論)이었다. 그리고 이 근본 물질에서 우주가 생성되었다고 보아 우주의 기원과 생성을 연구하는 우주론이었다.

2월혁명(Révolution de Février, 1848. 2)

프랑스에서 7월 왕정을 타도한 혁명. 1830년 7월혁명 후 루이 필립의 왕정이 소수 대자본가에 의해 좌우되면서 이에 대한 민중들의 불만이 높아지고 개혁연회가 자주 개최되었다. 1848년 2월 24일 개혁연회에 대한 탄압을 계기로 반정부 세력이 봉기함으로써 국왕 루이 필립이 영국으로 망명하고 라마르틴을 수반으로 하는 임시정부가 수립되었다. 임시정부에는 루이 블랑, 알베르 등의 사회주의자도 참여하여 보통선거권, 노동자의 권리와 조직 승인, 국립공장 설립 등을 결정하였다. 이후 임시정부 내에서 부르주아파와 사회주의파가 대립하다 6월 폭동 이후 부르주아 중심의 질서당이 정권을 잡았으며 1851년 루이 나폴레옹의 쿠데타로 인해 공화정은 폐지되고 제정이 부활하였다. 2월 혁명의 여파는 전유럽에 퍼져 독일의 3월 혁명, 이탈리아 통일운동, 폴란드 독립운동을 일으켰으며 메테르니히 체제를 종결시켰다는 역사적 의미가 있다.

이자성의 난(李自成의 亂, 1630~1640)

중국 명나라 말기에 일어난 농민반란. 1628년 산시(陝西) 지방에 대기근(大饑饉)이 일어나자 농민들이 폭동을 일으켜 이것이 농민반란으로 발전하였다. 명나라 조정에서 재정난을 해결하기 위해 전국의 역참(驛站)을 폐지하자 생계를 잃은 역졸과 군인들도 반란에 가담하였다. 초기의 반란 지도자는 왕가윤(王嘉胤)·고영상(高迎祥) 등으로, 3~4만의 무리를 이끌고 산시(山西)·허난성(河南省) 방면으로 진출하였다. 이후 역졸 출신인 이자성, 장헌충(張獻忠) 등이 반란 지도부를 장악하고 1641년 뤄양(洛陽)을 점령하였다. 이자성은 1644년 시안(西安)을 점령하고 이곳을 도읍으로 하여 나라를 세우고 국호를 대순(大順)이라 하였다. 그런 다음 명나라의 수도 베이징을 공격하였는데 당시 명군의 주력이 청나라의 침입에 대비하여 산하이관(山海關)에 있었기 때문에 베이징은 쉽게 함락되고 숭정제(崇禎帝)가 자살함으로써 명나라는 멸망하였다(1644). 그러나 산해관을 지키던 명나라 장군 오삼계(吳三桂)가 청군에 투항하여 베이징으로 진격하자 이자성군은 패배하여 시안으로 달아났고 이자성은 행방불명됨으로써 난은 끝이 났다.

이집트왕국(Kingdom of Egypt)

아프리카 북동부 나일강 유역을 중심으로 성립한 고대 왕국. BC 3000년경 나일강 상류의 상이집트와 나일강 하류 삼각주 지대의 하이집트가 메네스(나르메르)라는 왕에 의하여 통일되었다. 이후 BC 525년에 페르시아에 정복당하기까지 모두 26왕조가 이집트를 지배하였다. 이 26왕조는 고왕국(제3~6 왕조), 중왕국(제11~12왕조), 신왕국 또는 제국(제18~20왕조) 때에 최고의 전성기를 누렸다. 제4왕조 때에 수도 멤피스에서 가까운 기자에 대규모 피라미드가 들어섰으며 황제인 파라오는 절대권력을 행사하며 신으로 숭배되었다. 이후 파라오의 권한이 약화되고 내전이 일어나 제7~10왕조의 제1중간기를 겪고 제11왕조부터 중왕국 시기에 접어든다. 중왕국시대에는 이집트의 재통일이 이루어지고 누비아, 리비아, 시리아, 시나이 반도 등으로 세력을 확장하게 된다. 이 시대는 귀족의 권한이 증대하여 봉건제후 시대라고도 부른다. 중왕국시대 이후 아시아에서 온 힉소스가 BC 1780년부터 BC 1570년까지 이집트를 통치한다. 제13왕조 때부터 힉소스 지배가 끝날 때까지의 혼돈기를 제2중간기라 부르며 제18왕조부터 신왕국시대가 시작된다. 제18왕조는 과거 전성기의 이집트 세력권을 회복하여 누비아에서 시리아까지 이르는 대제국을 건설하였다. 이어 제19왕조의 세티 1세와 람세스 2세는 히타이트와 리비아와 전쟁을 벌이며 제국을 유지하였다. 이후 제21~25왕조의 제3중간기라 불리는 혼란기가 이어졌으며 여러 이민족의 침입을 받은 끝에 페르시아에 점령되었다. 알렉산더 대왕이 페르시아를 정복한 뒤에는 프톨레마이오스 왕가가 이집트를 지배하였으며 BC 30년 로마의 속주가 되었다.

이크타 제도

이슬람 사회의 토지 제도. 아라비아어로 '자르다, 나누다' 라는 말에서 나왔다. 7세기 사라센제국의 정복과정에서 몰수한 적국의 토지를 이슬람 교도에게 임대형식으로 분양한 것이 이크타이다. 이크타를 받은 사람은 1/10에 해당하는 조세를 바치도록 하였다. 이크타를 받은 사람들을 무크타라고 불렀으며 이들은 토지를 마음대로 처분할 수 있었으나 사후에 상속자가 없으면 국가에 귀속되었다. 아바스왕조 시대에는 이크타가 군인들에게 주는 영지가 되었으며 오스만 투르크 시대에는 점령지를 황제령과 분봉지로 나누고 각지의 조세를 총독들에게 종신 지급하여 사실상 봉건제가 실시되었다.

이탈리아 통일전쟁(Unity of Italy, 1848~1849, 1859~1860)

이탈리아의 국가 통일 과정에서 생긴 전쟁. 제1차는 1848년 밀라노에서 일어난 폭동과 오스트리아의 3월 혁명을 계기로 샤르데냐 왕 카를로 알베르토를 중심으로 통일전쟁이 일어났다. 그러나 이탈리아 다른 지역의 협력을 얻지 못하여 오스트리아군에게 패배하였다. 그 결과 알베르토왕은 퇴위하고 비토리오 에마누엘레 2세가 즉위하였다. 제2차는 국력을 회복한 샤르데냐가 수상 카부르의 노력으로 1859년 프랑스 황제 나폴레옹 3세의 원조를 얻어 마젠타, 솔페리노 전투에서 오스트리아군을 격파하고 롬바르디아를 확보하였으며 다음 해 자력으로 중부와 남부 지방에서 통일전쟁을 벌여 베네치아, 나폴리왕국, 교황령을 제외한 이탈리아 전역을 통일하였다.

인권선언(人權宣言, Déclaration des Droits de l' Homme et du Citoyen, 1789)

프랑스 혁명 당시 입법의회가 공표한 국민의 권리에 대한 선언. 정식 명칭은 '인간과 시민의 권리 선언'으로 라파예트 등이 초안을 작성하였다. 선언의 내용은 혁명의 성과를 확인하고 새로 수립될 질서의 이념과 방향을 제시한 것으로 전문과 17개조로 되어 있다. 제1조에서 '인간은 나면서부터 자유로우며 평등한 권리를 가진다' 라고 하여, 인간의 자유와 권리의 평등을 주장하였다. 그 밖에 압제에 대한 저항권(2조), 주권재민(主權在民 : 3조), 사상 · 언론의 자유(11조), 소유권의 신성불가침(17조) 등 인간의 기본권과 근대 시민사회의 정치이념을 명확히 표현하였다. 선언의 근본사상은 근세 자연법 사상과 계몽사상에서 발생한 인간해방의 이념으로 인간의 자연권(자유, 소유권, 압제에 대한 저항권)을 전제로 하고, 이를 보전하기 위한 정치적 결합으로서 국가의 형성을 인정하며, 국가 형성의 기본원칙으로 시민적 권리(주권재민 · 권력분립 · 법률제정권 등)를 보장하는 내용으로 구성되었다. 인권선언은 당시 유럽에 큰 영향을 미쳤을 뿐 아니라 근대적 인간해방을 지향한 점에서 세계사적 의의를 갖는다.

▶ 인권선언서

인노켄티우스 3세(Innocentius III, 1161~1216)

로마 교황(재위 1198~1216). 본명은 로사리오 디 세그니. 교황권의 신장에 크게 기여하였다. 이탈리아의 귀족 가문 출신으로 35세에 교황으로 선출되었다. 1202년 프랑스왕 필립 2세를 이혼 문제로 파문하고 1208년에는 신성로마제국 황제 오토 4세와 성직 서임권 문제로 대립한 끝에 파문하였다. 영국의 존 왕과도 캔터베리 대주교(大主敎) 임명권을 둘러싸고 대립하여, 파문을 선고하여 왕을 굴복시켰다. 프란체스코 수도회와 도미니쿠스 수도회를 공인하였으며 1215년 라테란 종교회의(공의회)를 열어 신부의 규율과 교의에 대한 제반 사항을 결정하였다. 그리스 정교회에도 세력을 뻗쳐 제4차 십자군(1202~1204) 결성을 부추겨 콘스탄티노플을 점령하게 하였다. 교황과 국왕의 관계를 해와 달에 비교한 것으로 유명하다.

인더스 문명(Indus civilization)

BC 2500년을 중심으로 약 1000년 동안 인더스강 유역을 중심으로 번영한 고대 문명. 나일 문명 및 메소포타미아 문명과 함께 인류 최초의 문명에 속한다. 1922년 인더스강 서안의 모헨조다로 유적이 발견되었으며 이어 상류의 하라파 유적지에서 대규모 발굴이 이루어졌다. 이곳에서 출토된 많은 인장에는 문자가 새겨져 있어 인더스 문자로 불린다. 이 문명은 잘 정비된 도로를 갖춘 도시를 건설하였으며 구운 벽돌을 사용하여 건물을 짓고 배수시설까지 갖추었다. 농경을 주로 하고 청동기를 사용하며 자연숭배가 있었던 것으로 보인다. 인더스 문명의 기원이나 전파 경로에는 논란이 있으며 수메르 문명 및 메소포타미아 문명과도 유사성이 있다.

인도국민의회(Indian National Congress, 1885~)

1885년에 결성된 인도의 보수 정당. 인도에서는 보통 회의당(Congress Party)이라고 한다. 1885년 12월 봄베이 출신의 정치가 다다바이 나오로지와 벵골 출신의 스렌드라나트 바네르지의 주선으로 봄베이(뭄바이)에서 창립되었다. 인도 중산층의 의사를 반영하는 민족정당으로서 20세기 초에는 스와라지(독립) 운동을 벌였으며 제1차 세계대전 이후 인도 전역을 대상으로 하는 전국정당으로 성장하였다. 이 시기부터 간디와 네루가 국민회의 지도부를 형성하였다. 제2차 세계대전 이후 인도가 독립하면서 현재까지 제1당으로 집권하고 있으며 1964년 초대 총리인 네루가 사망한 후 인디라 간디, 라지브 간디 등이 계속 총리가 되었다.

인도네시아(Indonesia)

동남아시아에 널리퍼진 섬들로 이루어진 세계 최대의 도서(島嶼)국가. 인도양과 태평양 사이, 아시아 대륙과 오세아니아 대륙을 연결하는 중간지대에 위치해 있다. 인도네시아라는 이름은 '인도의 섬들'이란 뜻으로 19세기 중엽 영국의 언어학자 로건이 명명한 것이다. 인도네시아인들은 '누산타라'라는 명칭을 많이 사용하는 데 '많은 섬들의 나라'란 뜻이다. 동서 교통의 요충지에 위치해 있기 때문에 많은 민족과 문화가 이곳을 거쳐갔다. 말레이 민족을 중심으로 인도, 중국, 이슬람, 서양의 문화가 유입되어 인도네시아 문화를 형성하였다. 2, 3세기경부터 인도문화의 영향으로 역사시대에 들어갔으며 7세기 후반 수마트라의 팔렘방을 중심으로 스리비자야왕국이 번영하였다. 이 왕국은 말래카 해협의 동서 해상 교통로를 장악하여 해상무역으로 번영하였다. 13세기 후반에 원나라의 침입을 받았으며 이후 마자파히트국이 강성해졌다. 16세기부터 포르투갈, 에스파냐, 영국, 네덜란드 세력이 진출하였으며 18세기부터 네덜란드의 식민지가 되었다. 1949년 독립하여 인도네시아 공화국으로 독립하였다.

인도차이나(Indochina)

넓은 의미로는 아시아 대륙의 동남부에 돌출한 반도를 가리키며 미얀마(버마), 타이, 라오스, 캄보디아(크메르), 베트남이 포함된다. 좁은 의미로는 19세기에 프랑스의 식민지가 된 베트남, 크메르, 라오스 3국을 가리킨다. 인도차이나란 이름은 인도와 중국 사이에 위치하여 일찍부터 양 문화의 영향을 받은 지역이기 때문에 붙여진 것이다. 중국은 한나라 때부터 통킹 삼각주 지역을 지배하였으며 이 지역을 안남(安南)이라 불렀다. 베트남인은 오랜 동안 중국의 지배를 받다가 10세기에 독립하였다. 이후 베트남인이 남부로 진출하여 참족이 세운 참파왕국을 정복하였으며 18세기에는 메콩 삼각주까지 지배하였다. 캄보디아에서는 크메르인이 부남(扶南)·진랍(眞臘) 등의 여러 왕조를 거쳐 9세기경부터 번영하여 12~13세기에는 전성기에 달했다. 이 시대에 앙코르 와트 등이 도시와 사원이 건설되었다. 그러나 이후 타이와 베트남의 협공을 받아 쇠퇴하였다. 라오스에서는 라오인이 14세기 중엽 모든 부족을 통일해서 란창왕국을 건설했으나 얼마 안 가서 베트남과 타이의 공격을 받다가 19세기에 들어 타이의 영향하에 놓였다. 1887년 프랑스가 인도차이나 총독부를 설치하고 직할 식민지인 코친차이나와 보호국인 크메르, 통킹, 베트남, 라오스 등을 통합하여 연방을 조직하고 인도차이나라고 명명하였다.

인두세(人頭稅, poll tax)

성인이 된 모든 주민이 똑같이 납부해야 하는 세금. 고대 그리스, 로마에서는 시민은 직접세를 납부하지 않았으며 거주외인(메토이코이)이나 시민권이 없는 속주민이 인두세를 납부하였다. 중세 유럽에서는 장원의 농노들이 영주에게 사람 숫자대로 현물 또는 현금으로 납부하였으며 이는 예속신분의 상징이었다. 14세기 후반 영국에서는 가혹한 인두세 때문에 와트 타일러의 난이 일어나기도 하였다. 근대국가가 성립하면서 점차 폐지되었으나 식민지 지배의 수단으로 사용되었다. 중국에서도 춘추시대의 부(賦)부터 당나라의 조용조(租庸調)에 이르기까지 인두세가 조세의 주를 이루었으며 명나라 시대 일조편법(一條鞭法)의 정은(丁銀)도 인두세였다. 청나라 시대에 이것이 지은(地銀)에 합병되고 지정은(地丁銀) 제도가 시행되면서 인두세가 소멸하였다.

인디오(Indio)

아메리카 대륙 원주민의 총칭. 에스파냐인이 아메리카 대륙을 발견하였을 때 그곳을 인도라고 착각했기 때문에 인디오란 이름이 나왔다. 좁은 의미로는 라틴 아메리카(중앙 아메리카·남아메리카)의 원주민을 인디오라 부르고, 앵글로 아메리카(북아메리카)의 원주민을 영어식으로 인디언이라 불러 구별한다. 이들은 제4빙하기 말 아시아에서 베링해협을 건너 아메리카 대륙으로 건너온 것으로 추정되며 마야 문명, 잉카 문명, 아스텍제국 등을 이룩하였다. 북아메리카 인디언의 경우는 유럽에서 온 개척자가 증가하면서 인디언들이 반발하였으나 무력에 의해 축출되어 1871년 인디언 보호구역을 설정하고 보호구역에 한해 거주를 허용하였다. 1934년 모든 인디언에게 미국 시민권이 부여되었다. 라틴아메리카에서는 유럽인들에 의해 노예노동력으로 혹사당해 인구가 감소했으며 백인과의 인종적, 문화적 혼혈로 메스티조라 불리는 집단이 출현하였다. 라틴아메리카의 인디오는 현재 멕시코, 과테말라의 산악지대나 페루, 볼리비아, 에콰도르(이 지역을 핵(核)아메리카라고 부른다)의 안데스 산악지대에 산다.

인문주의 ◐ 휴머니즘

인민전선(people's front)

1930년대 유럽에서 파시즘에 대항하기 위해 결성된 통일전선. 파시즘에 반대하는 여러 계층과 정당이 정치적으로 결합한 연합전선을 말한다. 원래는 1935년 코민테른 제7차 대회에서 공식화되어 공산당과 사회민주주의 정당이 협력하고 노동자계급과 지식인, 도시소시민, 농민을 결집하는 인민전선 결성을 시도하였다. 프랑스에서는 1935년 98개 단체가 '인민전선'을 결성하고 1936년 총선에서 승리하여 레옹 블룸을 수반으로 하는 인민전선 내각이 발족하였다. 에스파냐에서는 1936년 인민전선 협정이 성립하여 2월 총선거에서 승리하였으나 7월 프랑코 장군이 이끄는 군부 쿠데타로 내전이 발발하였다.

인민헌장(People's Charter, 1838)

영국 차티스트 운동의 정치강령. 런던노동자협회의 러베트 등이 의회에 대한 청원서를 기초로 하여 투쟁목표로 제시한 것이다. 주요 내용은 21세 이상 남자에 대한 보통 선거권 부여, 비밀 무기명 투표, 의원 선출에 있어 재산상의 자격제한 폐지, 의원에게 세비 지급, 선거구의 평등, 의회의 매년 소집 등 6개 항목으로 되어 있다. 이 사항들은 19세기 후반에 개별적으로 시행되었다.

인보동맹(隣保同盟, amphiktyonia)

고대 그리스에서 신전 관리와 유지를 위해 인근 폴리스들이 결성한 동맹. 그 중에서도 델포이의 아폴론 신전의 인보동맹이 중요하다. 이 동맹은 테살리아인, 이오니아인, 도리스인 등 그리스의 주요 폴리스들이 참여하여 1년에 2회 회의를 열었다. 그러나 결속력이 약하여 동맹국 간의 신성전쟁이 일어났으며 강대국에 의해 이용당하기도 하였다. 마케도니아의 필립 2세는 이 동맹을 그리스 통일의 수단으로 이용하였다. 델포이 인보동맹은 로마제정 시대까지도 존속하였다.

인상주의(印象主義, impressionism)

19세기 후반에서 20세기 초에 걸쳐 프랑스를 중심으로 발전한 근대 예술운동. 미술에서 시작하여 음악, 문학 분야로 확산되었다. 인상주의 미술은 전통적 회화기법을 거부하고 빛에 따른 색채의 변화 속에서 자연을 묘사하려고 하였다. 대표적인 인상파 화가로 마네, 모네, 피사로, 르느와르, 세잔, 고갱, 고호 등을 들 수 있다. 1874년에 열린 이들의 전람회는 여기에 출품한 모네의 〈해돋이 인상〉이라는 작품명을 따서 '인상파 전람회'라고 불리웠으며 이후 8회의 전람회를 가지면서 인상파 미술을 발전시켰다. 인상주의 음악은 극도로 절제

▶ 고갱의 〈자화상〉

한 표현의 섬세함과 자극적·색채적인 음의 효과, 모호한 분위기를 특징으로 하였다. 대표적인 인상주의 작곡가로는 드뷔시를 꼽을 수 있으며, 라벨·스트라빈스키·바르토크·코다이·레스피기·델리어스 등의 작곡가도 인상주의 양식을 채용하였다.

인신보호령(人身保護令, Habeas Corpus Act, 1679)

영국에서 찰스 2세 시대에 반포된 법률. 부당한 구금에 의한 인권침해를 방지하기 위해 제정되었다. 왕정복고로 즉위한 찰스 2세가 반동적이고 의회를 무시하는 정치를 하자 이를 견제하기 위해 의회에서 발포한 것이다. 그 내용은 이유를 명시하지 않는 체포는 위법이며 반드시 인신보호영장을 받는 동시에 대역범을 제외한 피구금자는 법정 기간 내에 신속하게 재판을 받도록 정하였다. 이로써 부당한 체포나 구금을 금지하여 인권 보장의 원칙을 확립하였다.

인지조례(印紙條例, Stamp Act, 1765)

영국정부가 북아메리카 식민지에 대해 실시한 최초의 강제 과세 법안. 7년 전쟁 후 영국은 프랑스와 인디언의 침입으로부터 식민지를 보호할 군대를 주둔시키고 그 비용의 일부를 식민지에서 마련하기 위해 각종 증서, 증권에서부터 신문, 광고 등의 인쇄물에 인지를 붙이도록 규정하였다. 이 조례는 식민지 의회를 무시한 본국 정부의 강제과세였기 때문에 식민지인들은 '대표 없이 조세 없다'라는 구호를 내걸고 인지조례의 무효를 결의하고(버지니아 결의), 인지조례 회의를 열어 식민지인의 권리를 선언하는 한편 비밀결사 '자유의 아들'은 이 법령의 시행을 실력으로써 방해하였다. 이 때문에 인지조례는 실시 후 3개월만에 폐지되었으나 본국 정부에 대한 식민지인들의 불만이 전체 식민지에서 표출된 사건이라는 점에서 중요성이 있다.

인클로저운동(enclosure)

미개간지, 공유지, 개방경지 등에 울타리나 담장 등 경계선을 쳐서 사유지로 만드는 일. 근대 초기 영국에서 토지경영을 현대화하는 과정에서 일어난 현상이다. 중세시대부터 시작되어 19세기까지 지속된 현상이지만 그 중에서도 15~16세기의 제1차 인클로저와 18~19세기의 제2차 인클로저로 구분한다. 제1차는 봉건 농촌이 해체되면서 근대적 지주가 곡물 생산보다 이익이 큰 양모 생산을 위해 경작지를 목초지로 전환하면서 일어났다. 이로 인해 농민층의 대규모 실업과 이농현상이 일어났다. 경작지를 잃은 농민들은 임금 노동자가 되어 매뉴팩처나 농장에서 일하게 되었다. 제2차 인클로저는 농업혁명의 일환으로 일어났으며 산업혁명으로 농산물 수요가 급증하면서 개방경지와 공유지 둘러싸기가 활발하게 일어났다. 이 결과로 중소 자영농(요먼) 계층이 몰락하여 농업 노동자나 공업 노동자가 되었다. 그리하여 영국에서는 지주·차지농(借地農) 농업자본가·농업노동자의 삼분할제(三分割制)가 18세기 후반 이후 점차 모습을 나타내어 19세기 중엽에 확립되었다.

인터내셔널(International)

사회주의자의 국제조직. 제1, 2, 3, 4 인터내셔널이 있다. 제1인터내셔널은 1864년 런던에서 결성된 최초의 노동자 국제조직이며 마르크스가 선언과 규약을 기초하였다. 그러나 프루동주의, 라살주의, 바쿠닌주의 등 각 유파가 서로 대립하다가 1871년 파리 코뮌이 실패한 후 1876년 해산되었다. 제2인터내셔널은 1889년 파리에서 결성되었으며 마르크스주의에 입각한 독일 사회민주당이 지도적 역할을 하였다. 그러나 1914년 제1차 세계대전이 일어나자 각국의 사회주의 정당이 계급투쟁 대신 애국적 입장에서 참전을 지지함에 따라 와해되었다. 제3인터내셔널은 코민테른이라고도 하며 1919년 러시아 혁명에 성공한 볼세비키의 주도로 모스크바에서 결성되었다. 마르크스-레닌주의에 입각한 세계 프롤레타리아 혁명을 목표로 했으며 러시아에 의해 조종되었다. 1943년 제2차 세계대전 중에 연합국의 전쟁협력에 장애가 된다는 이유로 해산되었다. 제4인터내셔널은 스탈린에 의해 러시아에서 추방된 트로츠키가 코민테른에 대항하기 위해 1938년에 결성하였다. 1940년 트로츠키가 암살 당하자 쇠퇴하였다.

일리아스(Ilias)

고대 그리스의 대서사시. 호메로스의 작품이라 전해지며 '일리온(트로이)의 노래'라는 뜻이다. 전 24권에 1만 5693행으로 이루어져 있다. 트로이의 왕자 파리스가 스파르타왕 메넬라오스의 왕비 헬레네를 납치하자 그리스인들은 아가멤논을 총사령관으로 하여 트로이를 공격한다. 〈일리아스〉는 이 그리스군의 10년간에 걸친 트로이 원정 마지막 해에 일어난 사건을 다루고 있다. 총사령관인 아가멤논과 그리스군의 용사 아킬레우스가 불화를 일으켜 아킬레우스는 전쟁에서 물러난다. 그리스군이 참패하자 아킬레우스의 친구 파트로클로스가 아킬레우스의 갑옷을 빌려 입고 출전했다가 트로이의 장수 헥토르에게 살해된다. 아킬레우스는 친구의 복수를 위해 출전하여 헥토르를 살해하고 시체를 욕보인다. 헥토르의 아버지인 트로이의 왕 프리아모스가 밤중에 아킬레우스의 막사로 가서 자식의 시체를 수습하여 돌아가는 데서 끝이 난다. 이 서사시는 BC 900년경의 작품으로 추정되며 그리스의 국민적 서사시일 뿐 아니라 유럽 문학에도 큰 영향을 끼쳤다.

일본서기(日本書紀, 720)

일본 나라(奈良)시대에 관찬(官撰)된 역사서. 고사기(古史記)와 함께 일본의 가장 오래된 역사서이다. 전 30권으로 되어 있으며 덴무(天武)천황의 명으로 도네리친왕(舍人親王)이 중심이 되어 680년경에 착수하여 720년에 완성된 것으로 추정한다. 일본 6국사(六國史) 중의 첫째로 꼽히는 정사(正史)로서 왕실을 중심으로 하여 순한문의 편년체(編年體)로 엮었으며, 제1~2권은 신대(神代), 제3권부터 진무(神武)천황(BC 660~585) 때부터 지토(持統) 천황(697)대까지 기술하였다. 그 사료의 신빙성에 대해서는 논란이 있다.

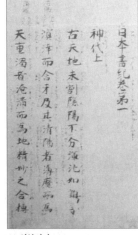

▶ 일본서기

일조편법(一條鞭法)

중국 명나라 후기부터 청나라 초기까지 시행된 세역(稅役) 제도. 당나라 중기에 양세법(兩稅法)이 실시된 이후로 농민들은 하세(夏稅)·추세(秋稅)의 양세와 각종 요역(徭役)을 기본으로 하였다. 명나라도 초기에는 양세법에 따라 하세, 추세를 곡물로 내고 이갑정역(里甲正役) 및 기타 잡역이 부과되었다. 그러나 15세기 중엽부터 조세를 은으로 내는 은납화(銀納化)가 진행되고 요역도 복잡해져갔다. 이에 조세와 요역을 각각 일조(一條)로 통일해서 납세자의 토지소유 면적과 정구수(丁口數)에 따라 결정된 세액을 은으로써 일괄 납부하게 하였다. 이렇게 하여 복잡한 절차를 간소화하고 국가의 화폐수입을 확보하였다. 이 제도는 1560~1570년경 강남 지방에서 먼저 시행되었고 점차 화북 지방으로 보급되었으며 청나라 때에 들어와 지정은(地丁銀) 제도로 발전하였다.

일한국(Il Khanate, 1256~1411)

이란의 몽고왕조. 칭기스칸의 손자이자 쿠빌라이 칸의 아우인 훌라구칸이 세운 왕조다. 훌라구는 1253년 이란 원정에 나서 1258년 바그다드를 점령하여 아바스왕조의 칼리프 정권을 무너뜨리고 1259년 타브리즈(아제르바이잔)를 수도로 하여 일한국을 건설하였다. 이후 페르시아와 소아시아를 세력권으로 하여 로마 교황 및 프랑스와 외교관계를 맺고 이슬람 국가인 이집트의 맘루크왕조와 싸웠다. 제7대 가잔 칸시대에 피지배 민족인 이란인과 융합을 시도하여 이슬람교를 국교로 정하고 이슬람 문화를 보호하였다. 1411년 서투르키스탄에서 일어난 티무르(帖木兒)왕조에 의해 멸망되었다.

입법의회(立法議會, **Assemblée Législative**, 1791. 10~1792. 9 / 1849~1851)

프랑스 혁명기와 제2공화국 시기의 의회. 국민의회가 제정한 1791년 헌법에 따라 입헌왕정 하에서 선거로 선출된 최초의 의회이다. 총원 745명 가운데 처음에는 입헌파인 푀이양파가 다수였으나 점차 지롱드파가 주도권을 잡았다. 지롱드파는 애국주의를 고취시켜 혁명을 유지하기 위해 1792년 4월 오스트리와 및 프로이센과 전쟁을 시작하였다. 그러나 연이은 패전으로 국민의 불만이 쌓이고 루이 16세가 프랑스를 탈출하려다 체포되어 입헌왕정이 마비되면서 입법의회도 기능을 상실하고 새 의회인 국민공회의 소집을 결의한 후 해산하였다. 1848년 프랑스 제2공화정 시대 입헌의회 해산 후에 성립한 의회도 입법의회라 부른다. 이 의회는 보수적인 질서당이 다수를 차지하였으며 1852년 선거를 앞두고 대통령 루이 보나파르트가 쿠데타를 일으켜 1851년 12월 의회를 해산하였다.

입체파(立體派, cubism)

1907년경부터 제1차 세계대전에 걸쳐 파리를 중심으로 일어난 예술유파. 피카소, 브라크, 레제, 비용 등이 대표적 인물이다. 회화에서 시작하여 건축, 조각, 공예 등으로 확산되었다. 세잔의 후기 작품이나 아프리카 흑인 미술에서 영향을 받았으며 색을 중시한 야수파와 달리 조형을 중시하였으며 물체의 형체를 강조하기 위한 다면적인 화풍을 보여주었다. 이 유파는 자연의 외관으로부터 회화를 해방시키는 것을 목표로 하였다.

잉카문명(Inca Civilization)

남아메리카 중앙 안데스 지방(페루, 볼리비아)의 고원지대에서 일어난 인디오 문명. 마야, 아즈텍 문명과 마찬가지로 아메리카 대륙의 자생 문명이다. 신석기시대 베링 해협을 통해 아시아에서 아메리카 대륙으로 건너온 농경문화에서 발전하였다. 티아후아나코, 트루히요, 나스카 등지의 거석 문화를 거쳐 1200년경부터 각 지방마다 작은 왕국이 형성되었으며 1400년경에는 잉카제국이 북으로는 에쿠아도르, 남으로는 칠레에 이르는 대제국을 건설하였다. '잉카'는 국왕이란 뜻이며 신의 화신이자 태양의 아들로 숭배되었다. 잉카제국은 고대 오리엔트와 같은 중앙집권적 전제정치를 실시하였으며 집단노동식 경제를 운영하였다. 고원지대이므로 계단식 경작지가 많고 옥수수, 감자, 고구마, 토마토, 담배를 주로 재배하였다. 철기와 문자는 사용되지 않았으나 청동기와 금은제품을 사용하였으며 신전, 궁전, 운하, 도로 등 대규모 토목건축 사업을 일으켰다. 1531년 프란시스코 피사로가 이끈 에스파냐의 정복으로 멸망하였다.

자금성(紫禁城)

중국 베이징에 있는 명, 청시대의 궁전. 자금(紫禁)이란 북두성(北斗星)의 북쪽에 위치한 자금성이 천자가 거처하는 곳이라는 데서 유래된 말이다. 1407년 명나라의 영락제(永樂帝)가 난징(南京)에서 베이징으로 천도하면서 공사를 시작하여 1420년에 완성하였다. 베이징의 내성(內城) 중앙에 위치해 있으며 남쪽과 북쪽의 두 구역으로 나누어져 있다. 남쪽은 공적인 장소인 외조(外祖)이며 북쪽은 황제의 거처인 내정(內廷)이다. 내정은 1925년 이래 고궁박물원(故宮博物院)으로서 일반인에게 공개되었다.

자글룰파샤(Zaghlul Pasah, Sa'd, 1857~1927)

근대 이집트 민족운동의 지도자. 대학 졸업 후 변호사와 관리로 명성을 얻었으며 1912년까지 교육부 장관과 법무부 장관을 역임하였으나 1913년부터 공직에서 사퇴하고 영국의 지배에 반대하는 민족운동에 전념하였다. 제1차 세계대전 후 영국이 이집트를 보호령으로 만들려 하자 1918년 이집트의 완전독립을 요구하기 위한 대표단 '와프드 알 미슬리'를 결성하였다. 이 때문에 영국정부에 의해 체포되어 몰타에 유배되었으나 그의 체포를 계기로 전국적인 반영 폭동이 발생하자 석방되었다. 석방된 후 대표단을 중심으로 이집트 국민을 결집하여 1923년 이집트에 입헌왕정을 수립시켰다. 1924년 이집트 최초의 근대 정당인 와프드당을 창당하고 총선거에서 승리하여 수상에 취임하였다. 수상으로서 영국의 간섭에 맞서 이집트의 자존을 지켰으며 '현대 이집트의 아버지'라 불린다.

자마전투(Battle of Zama, BC 202)

제2차 포에니 전쟁의 승패를 결정한 전투. 카르타고의 남서부 지방에 위치한 자마에서 벌어졌다. 카르타고의 장군 한니발은 에스파냐에 상륙하여 군대를 이끌고 알프스 산맥을 넘어 로마를 배후에서 공격하였다. 이 기습작전이 성공하여 칸나이 전투에서 로마군을 크게 무찔렀다(BC 216). 그러나 로마는 패전을 극복하고 장군 스키피오가 아프리카에 상륙하여 카르타고 본국을 공격하였다. 이에 한니발도 급히 귀국하여 자마에서 스키피오군과 격전을 벌였으나 패배하고 이로써 제2차 포에니 전쟁은 로마의 승리로 끝났다.

한니발

자바(Java Island)

인도네시아의 중심을 이루는 섬. 원시인류의 화석 인골이 발견된 데서 알 수 있듯이 선사시대부터 문화가 존재하였으며 인도네시아인은 신석기 후기부터 이 섬으로 이주하였다고 한다. 그 후 힌두교와 불교의 전파에 따라 인도의 영향을 받은 몇 개의 왕조가 성립하였으며 5세기 후반에 서부에 성립한 타루마왕국과 7세기에 중부에서 번영한 칼링가왕국 등의 힌두왕국이 성립하였다. 8세기 중엽부터는 대승불교를 신봉한 사이렌드라왕조가 자바를 지배하였으며 이후 수마트라의 스리비자야왕조가 지배권을 넘겨받았다. 14세기 후반에는 마자파히트왕국이 등장하여 주변 섬을 점령하고 인도문화와 토착문화가 결합된 인도자바 문화를 발전시켰다. 16세기부터는 이슬람 세력의 영향으로 이슬람왕조가 출현하였으며 포르투갈, 네덜란드 세력이 진출하여 자바는 19세기부터 네덜란드의 식민지가 되었다. 1945년 독립 이후로는 인도네시아 공화국의 정치, 경제, 문화의 중심지가 되었다.

자바원인(Pithecanthropus erectus)

1891~1892년에 자바섬에서 발견된 직립원인(直立猿人). 네덜란드의 의학자이자 고생물학자인 뒤부아가 자바섬의 트리닐에서 두개골과 대퇴골 등을 발견하고 피테칸트로푸스 에렉투스(직립원인)이라는 이름을 붙였다. 직립원인의 두개골은 원숭이와 비슷하지만 대퇴골은 직립보행에 적합한 형태를 갖추고 있었다. 이후 중국 저우커우뎬(周口店)의 동굴에서 북경원인(北京原人)의 뼈가 다수 발견되어 이것들이 피테칸트로푸스와 동류임이 밝혀짐으로써 화석인류로서의 지위가 확립되었다. 자바섬의 산출지층의 연대는 지금으로부터 약 50만 년 전이다.

자본가 계급(capitalist class)

마르크스주의의 기본 개념. 마르크스주의의 정의에 의하면 자본가 계급은 자본주의 사회에서 생산수단을 소유한 계급이며 생산수단을 소유하지 않은 노동자 계급을 착취하여 이윤을 얻는다. 역사적으로 자본가 계급은 중세 말기

의 상인과 매뉴팩처가 자본을 축적하고 산업혁명을 통하여 근대적 공장제도
가 확립됨에 따라 대규모 노동력을 고용하는 산업자본가로 발전한 것이다.
이후 자본이 대규모화됨에 따라 산업 자본가가 은행과 산업을 모두 장악한
독점 자본가로 발전하였다.

자본론(資本論, Das Kapital, 1867, 1885, 1894)

칼 마르크스의 대표작. 1867년 마르크스 생전에 제1권이 출간되었으며 제2권
(1885)과 제3권(1894)은 그의 사후에 엥겔스가 유고를 정리하여 출간하였다.
제1권은 자본의 생산과정, 제2권은 자본의 유통과정, 제3권은 자본제적 생산
의 총 과정으로 전체 17편 97장으로 되어 있다. 자본주의 사회의 경제적 운
동법칙을 밝히기 위해 제1권은 상품, 화폐, 자본, 잉여가치의 생산과정, 자본
주의적 축적에 대해 논하고, 제2권은 자본순환의 제 형태, 자본의 회전, 사회
총자본의 재생산과정, 제3권은 생산가격, 이윤, 이자, 토지 등의 형태를 한
잉여가치의 제 계급에의 분배법칙, 자본주의 사회의 제 계급 등을 다루고 있
다.

자본주의(資本主義 capitalism)

생산수단을 소유한 자본가가 이윤을 얻기 위해 생산수단을 소유하지 않은 노
동자(프롤레타리아트)를 고용하여 상품을 생산하는 생산양식(生産樣式) 및 이
를 기반으로 이루어진 사회경제 체제. 역사적으로 16세기에 서유럽에서 먼저
발생하였다. 18세기 후반 산업혁명과 함께 영국에서 유럽 및 미국으로 전파
되었고 19세기 말에는 러시아와 일본으로 확산되었다. 자본주의의 발전은 세
단계로 구분된다. 첫 번째 단계인 상업 자본주의 단계에서는 선대제나 매뉴
팩처를 통한 자본의 축적이 이루어진다. 두 번째는 자본의 확립과 지배 단계
로서 산업혁명으로 대규모 공장제도가 도입되고 기계생산이 이루어져 산업자
본이 경제를 주도한다. 세 번째 단계는 금융자본에 의한 독점 단계로서 자유
경쟁 끝에 자본이 소수 자본가에게 집중되고 이 소수 산업자본이 은행자본과
결합하여 금융자본이 됨으로써 산업 전체를 지배하게 된다. 마르크스주의 경
제학에서는 자본주의가 중세 봉건제를 타파한 데 역사적 의의가 있으며 이후
자체 모순 때문에 사회주의, 공산주의로 전환될 것이라고 주장하였다. 이와
달리 자유주의 경제학에서는 자본주의에서 사회주의로의 전환이 필연적인 것
이 아니며 자본주의가 스스로 모순을 극복해 나간다고 보고 있다.

자사(子思, BC 483?~BC 402?)

중국 전국시대의 철학자. 공자의 손자로 이름은 급(伋)이며 자사는 자(字)이
다. 노(魯)나라 출신으로 공자의 제자인 증자(曾子)에게 학문을 배웠으며 후

에 맹자에게 학문을 전하였다고 한다. 자사의 사상을 전하는 《자사자(子思子)》라는 책이 있었으나 현재는 《예기(禮記)》 속에 수록된 〈중용(中庸)〉을 비롯한 몇 편만이 전한다. 그의 학설은 증자가 공자의 인(仁)을 효(孝)로써 설명한 데 대해 이를 다시 중용이라는 말로 설명한 것이다. 중용의 도는 부모에게 효도하는 것이 우선이며 그 방법은 충서(忠恕)에 있다고 하여 충서설을 계승 발전시켰다.

자연법사상(自然法思想, Law of Nature)

근세 유럽에서 발전한 법사상. 현실의 법 위에 인간 뿐 아니라 자연계를 일관하는 이상법(理想法)이 존재한다는 사상이다. 플라톤이나 아리스토텔레스의 사상에서 그 기원을 찾아볼 수 있으며 헬레니즘 시대에 '이성이 우주의 본질이다'라고 한 스토아 학파에 의해서 정립되었다. 스토아 학파의 자연법 사상은 로마시대의 만민법에 영향을 끼쳤으며 중세시대의 스콜라 철학자 토마스 아퀴나스의 신학에도 영향을 미쳤다. 근세에 들어서는 그로티우스의 이성자족론(理性自足論)에서 출발한 합리주의를 기초로 하며, '신(神)일지라도 자연법을 변경할 수 없다'고 주장함으로써 인간의 이성을 신의(神意)보다도 위에 두었다. 이때 자연법의 핵심을 이루는 것은 계약이론으로서 이 계약이론은 곧 사회계약설로 발전하여 근대 유럽에서 일어난 시민혁명의 사상적 배경이 되었다. 홉스, 스피노자, 로크, 루소, 칸트 등이 자연법 사상의 발달에 기여하였다. 19세기 들어 역사법학파나 법실증주의가 발전하면서 자연법 사상은 쇠퇴하였으나 20세기 들어 신자연법론이란 이름으로 다시 주목받게 되었다.

자연주의(自然主義, naturalism)

19세기 후반 프랑스를 중심으로 일어난 문학 사조. 사실주의를 계승하고 자연과학 발전에 영향을 받아 형성되었다. 공쿠르 형제, 모파상, 에밀 졸라 등이 대표적 작가이다. 자연주의의 창시자로 불리는 졸라(1840~1902)는 플로베르와 공쿠르 형제의 관찰을 원리로 한 사실주의 작품에 영향을 받았으며 텐의 실증주의를 이론적 배경으로 하여 1880년 《실험소설론》을 발표하였다. 공쿠르가 '소설은 연구다'라고 사실주의 작가로서 주장한 데 대해 졸라는 '소설은 과학이다'라고 자연주의적 입장을 표명하였다. 자연주의 문학은 19세기 후반 자본주의의 모순이 드러나는 시대에 형성되었기 때문에 다분히 염세적이고 암울한 시대상을 면밀하게 묘사하였다.

자유당(Liberal Party, 1830)

영국의 자유주의 정당. 1830년경 신흥 상공업 계층의 이익을 대변하는 정당으로 결성되었다. 산업혁명으로 인한 사회 변동과 새로운 계층의 등장, 자유주의 사상의 보급으로 인하여 당시의 휘그당과 토리당이 재편되면서 휘그당의 후신으로 자유당이 결성되고 토리당의 후신으로 보수당이 결성되었다. 자유당은 글래드스턴 시대에 전성기를 맞아 자유주의를 신조로 의회개혁, 자유무역 실현, 국민교육제도 확립 등을 이룩하였고 대외적으로는 소(小)영국주의를 제창하였다. 그러나 1886년 아일랜드 문제로 인해 당이 분열되었고 제국주의의 발달과 노동당의 세력확장으로 인하여 어려움을 겪다가 제1차 세계대전 이후에 당내의 진보파는 노동당으로, 보수파는 보수당으로 흡수되어 제3당이 되었다.

▶ 아담 스미스

자유방임주의(自由放任主義, laissez~faire)

개인의 경제활동의 자유를 최대한 보장하고 이에 대한 국가의 간섭을 최소화하는 경제사상 및 경제정책. 경제적 자유주의와 유사하다. 튀르고를 비롯한 프랑스의 중농주의자(重農主義者)들이 중상주의(重商主義)에 반대하여 주장한 원칙이며 이 사상을 영국의 아담 스미스가 경제학설로 정립하였다. 스미스는 《국부론》(1776)에서 개인의 자유로운 경제활동이 사회적 부를 가져오며 그 활동은 시장의 '보이지 않는 손'이 개입하여 분배와 조화를 가져온다고 주장하였다. 이후 스미스의 학설은 리카도 등에게 계승되어 자유주의 경제학 이론으로 발전하였다.

자유주의(Liberalism)

근대 유럽에서 봉건사회와 종교의 구속으로부터 벗어나 개인의 인권과 시민권을 중심으로 자유를 추구한 사상 및 운동. 르네상스, 종교개혁 이래 등장한 자유주의는 절대주의 시대에 신흥 상공업 계층의 이념이었으며 시민혁명의 사상적 배경이 되었다. 영국에서는 벤담, 밀 부자가 자유주의를 이론적으로 체계화했으며 정치적으로 의회민주주의, 경제적으로는 아담 스미스의 자유주의 경제학 등이 등장하였다. 프랑스에서는 계몽사상가들이 이성주의에 입각한 자유와 평등을 보급하였으며 프랑스 혁명으로 신분제 사회를 타파하고 혁명의 이념을 전유럽으로 전파하였다. 19세기 후반부터는 독일, 이탈리아에서도 자유주의가 민족주의와 함께 국가통합의 원동력이 되었다.

자이나교(Jainism)

BC 5세기경에 동인도의 마가다왕국에서 일어난 종교. 시조 바르다마나가 지나란 존칭으로 불렸기 때문에 지나교 또는 자이나교란 이름이 나왔다. 지나는 석가와 마찬가지로 귀족 계급 출신의 출가자로 불교와 마찬가지로 브라만교의 한계를 벗어난 출가주의 종교를 세웠다. 지나는 바이샬리에서 태어나 30세에 출가하였으며 고행과 명상 끝에 42세에 득도하여 포교활동에 종사하다가 72세에 입적하였다. 자이나교의 교리는 일종의 무신론으로 이 세계가 생명과 비생명으로 이루어져 있다는 이원론을 주장하였다. 업(業)에 의한 윤회를 인정하고 불교와 유사한 오계와 여러 가지 고행에 의한 해탈을 이야기하였다. 극단적인 불살생을 강조하며 1세기말에 엄격한 계율을 강조하는 공의파(空衣派)와 보다 자유로운 백의파(白衣派)로 분열되어 각각 성전을 편찬하였다. 그 후로 많은 분파가 생겨났으며 현재 인도 전역에 걸쳐 180만명 정도의 신도가 있다. 이들은 상호부조적인 성격이 강하고 신도 중에 상인이나 금융업자가 많다.

자치통감 ○ 사마광

자카르타(Jakarta)

인도네시아 공화국의 수도. 네덜란드 식민지 시대에는 바타비아로 불렸다. 자바 섬 서북부에 위치한 동남 아시아 제1의 도시로 16세기부터 해상무역으로 유명하였는데 당시에는 순다 칼리파란 이름으로 불리웠으며 후추와 야자 무역의 중심지였다. 1527년 이슬람 국가인 반탐왕국이 이곳을 점령하여 자카르타로 이름을 바꾸었다. 16세기 말 자바에 진출한 네덜란드인들이 이곳을 동양 진출의 거점 도시로 삼았으며 바타비아란 이름으로 부르기 시작했다. 인도네시아 공화국의 독립 후에 다시 자카르타란 이름을 되찾았다.

자코뱅당(Jacobins)

프랑스 혁명 시대의 급진파. 국민공회 시대의 산악당(몽타냐르) 의원들과 동일시되지만 원래는 프랑스 혁명기 최대의 정치 클럽이었던 자코뱅 클럽에 속한 회원들을 모두 자코뱅이라 불렀다. 이 자코뱅 클럽에서 입헌왕정파가 탈퇴하여 푀이양 클럽을 결성하면서 자코뱅 클럽의 성격이 로베스피에르 등을 중심으로 급진개혁파가 된 것이다. 자코뱅 클럽은 파리의 소시민, 상퀼로트 등과 밀접한 관계를 가졌으며 1792년 파리 시민의 봉기를 계기로 당시까지 진행되던 혁명을 사회혁명으로 발전시킬 것을 결의하고 혁명전쟁 수행을 위하여 강력한 독재정치를 실시할 것을 주장하게 되었다. 이들은 파리의 자치시회(自治市會)와 각 구의 위원회를 장악하여 산악당 독재의 기반을 마련하였다. 1793년에 산악당 독재가 성립한 후에는 당내의 좌파인 에베르파와 우파인 당통파 사이에 대립이 생겨 결국 공안위원회와 보안위원회를 모두 장악한 로베스피에르, 생쥐스트 등의 관료파가 실권을 차지하였다. 로베스피에르 등이 주장한 자코뱅주의는 덕(德)을 공화정의 근간으로 하여 소농민과 소생산자 위주의 국가를 건설하는 것을 이상으로 삼았다. 1794년의 테르미도르 반동으로 로베스피에르가 처형된 후에도 잔존하여 종종 반란을 계획하였다.

자크리의 난(Jacquerie, 1358)

▶ 자크리의 난

백년전쟁 중에 프랑스 북부에서 일어난 농민반란. 자크리란 이름은 당시 프랑스 농민의 별명인 자크에서 유래한 것이다. 백년전쟁으로 인해 농촌이 황폐화되고 귀족층의 수탈이 심해지면서 1358년 5월 28일 보베 지방에서 농민반란이 일어났다. 이 농민반란은 1356년 프와티에에서 프랑스군이 영국군에게 패전한 후 유랑민과 용병들이 가세하여 북프랑스 전역으로 확산되었다. 한 때 파리에서 일어난 마르셀의 반란파와 제휴하기도 했으나 얼마 후 결별하였고 이후 보베의 클레르몽을 공격하다 실패하여 자크리의 수령 기욤 칼은 처형되고 귀족들의 보복으로 많은 희생자를 낸 후 진압되었다.

작(作)

중국 수공업자들의 동업직인조합(同業職人組合). 상인들의 동업조합을 '행(行)'이라 하며 수공업자 동업조합 또한 행이라 부르는 경우도 있으나 보통은 '작'이라 한다. 당나라 때에 수공업의 분업 과정을 작 또는 작방(作坊)이라 하였으며 국가기구인 장작감(將作監)·팔작사(八作司) 등에서 관리, 감독하였다. 송나라 시대 이후 도시가 발전하면서 상인이나 수공업자의 동업조합적인 성격을 가지게 되었다. 이러한 중국의 동업조합은 서양의 길드와 달리 내부적으로 크고 작은 조합이 병존하는 경우가 많으며 관청에 대한 의존도가 높은 것이 특징이다.

잔다르크(Jeanne d'Arc, 1412~1431)

백년전쟁 후기에 활약한 프랑스의 애국 소녀. 프랑스 동북부 동레미 마을의 농가에서 태어나 독실한 그리스도교 신앙을 가졌으며 1429년 '프랑스를 구하라'는 신의 음성을 듣고 루아르 강변의 시농성에 있던 황태자 샤를을 찾아갔다. 당시 프랑스는 북부지방을 영국군과 영국에 협력하는 부르고뉴파가 점령하고 있었다. 잔다르크는 샤를을 설득하여 군대를 일으켜 영국군에 포위되어 있던 오를레앙시를 구출하였다. 이어 랭스까지 진격하여 1429년 7월에 랭스 대성당에서 샤를 7세의 대관식이 이루어질 수 있었다. 1430년 5월에 콩피에뉴 전투를 지휘하다가 부르고뉴파 군사들에게 사로잡혀 영국군에 넘겨졌다. 1431년 루앙에서 열린 종교재판에서 이단자로 판결되어 화형을 당했다. 잔다르크는 백년전쟁을 계기로 싹트기 시작한 프랑스의 국민의식과 카톨릭 신앙을 결합한 상징적 인물로 사후인 1456년에 샤를 7세가 유죄판결을 파기하여 명예가 회복되었으며 1920년 카톨릭 성인으로 시성(諡聖)되었다.

잡극(雜劇)

중국의 고전극. 송나라 시대에는 1막으로 된 풍자극을 의미하였으며 원나라 이후에는 4막으로 된 가극을 의미하게 되었다. 원나라 시대의 잡극을 원곡(元曲)이라고 한다. 송대의 잡극은 당(唐)나라 때 궁중에서 행해진 참군희(參軍戲)가 발전한 것으로 4사람의 배역이 출연하여 익살과 해학을 주로 한 연기를 한다. 원나라 이후로는 가극에 삽입하여 상연되었으며 위선과 허위에 대한 풍자를 주로 하였다. 궁정에서 잡극을 상연하기도 하였는데 이를 금나라 시대에 원본(院本)이라고 개칭하였다.

장각(張角, ?~184)

황건적(黃巾賊)의 난의 지도자. 중국 후한(後漢) 말기에 태평도(太平道)를 창시하였다. 이 태평도는 오두미도(五斗米道)와 함께 후대의 도교의 기원이 되었다. 장각은 후한 말기 혼란스런 시대에 주술과 부적으로 병을 치료하여 많은 추종자를 모았다. 이들을 데리고 태평도를 창시하여 자신을 대현량사(大賢良師)라 자칭하였다. 태평도는 각지에서 세력을 확장한 끝에 184년에 한왕조의 타도를 목표로 반란을 일으켰다. 장각은 오행설에 입각해 땅(土)의 기운을 가진 새로운 세력이 일어난다고 주장하여 반란군들에게 땅의 색깔인 황색으로 된 천(黃巾)을 매게 하였으므로 이들을 황건적이라 불렀다. 그는 스스로 천공장군(天公將軍)이라 칭하며 두 동생과 함께 반란군을 이끌었다. 그러나 반란을 일으킨 해에 장각이 병으로 죽은 후 반란군의 기세가 꺾여 관군에게 진압되었다.

장거정(張居正, 1525~1582)

중국 명나라 때의 정치가. 자 숙대(叔大), 호 태악(太岳), 시호 문충(文忠). 후베이성(湖北省) 장링현(江陵縣) 출신으로 만력제(萬曆帝, 재위 1572~1620)의 신임을 얻어 재상으로써 국정을 주도하였다. 대외적으로 호시(互市 : 육상무역)를 재개하여 몽골인의 남침을 막았고, 동북지방을 정벌하여 만주족의 위협을 제거하였다. 또한 서남지방인 광시(廣西)의 야오족(搖族)과 좡족(壯族)을 평정하였다. 내정에 있어서는 행정을 정비하고 관료들의 기강을 바로잡았으며 궁정의 낭비를 줄였다. 이 밖에 황하의 대규모 치수사업을 실시하고 전국적으로 호구조사와 토지측량을 실시하였다. 이와 같은 혁신정치로 쇠퇴해 가던 명나라를 부흥시켰으나 가혹한 정치라는 원성도 많았다. 《서경직해(書經直解)》, 《태악집》, 《제감도설(帝鑑圖說)》 등의 저서를 남겼다.

장건(張騫, ?~BC 114)

중국 한나라 때 서역 교통로를 개척한 인물. 섬서성 출신이다. 무제(武帝)가 흉노를 협공하기 위해 대월지(大月氏)와 동맹을 맺을 목적으로 대월지에 파견할 사신을 구하자 이에 지원하여 BC 139년경에 장안을 출발하였다. 도중에 흉노에게 붙잡혀 11년간 억류되었다가 탈출하여 대완(大宛), 강거(康居)를 거쳐 일리강 유역에 도착하였다. 그러나 이미 대월지는 오손(烏孫)에게 쫓겨 아무다리아강 북안으로 이동한 뒤였다. 결국 BC 129년에 대월지에 도착하였으나 동맹을 맺는 데 실패하고 돌아오다가 다시 흉노의 포로가 되었다. 그후 1년만에 탈출하여 BC 126년경에 장안으로 귀환하였다. 그의 여행으로 중국인들이 서역에 대한 지식을 얻게 되었으며 서역 교통로가 개척되었다. BC 121년에 일리 지방의 오손과 동맹을 맺기 위해 파견되었다가 돌아온 후 사망하였다.

장로파(長老派, Presbyterians)

▶ 존 녹스

장로주의를 신봉하는 개신교(프로테스탄트)의 일파. 영국 청교도 혁명시대에 의회파 진영의 우파를 형성하였다. 장로주의란 감독을 두지 않고 신도 중에서 선발된 장로가 교회의 관리, 운영을 담당하는 조직을 말하며 종교개혁 이후 스위스, 네덜란드, 프랑스, 독일 등지에서 발전하여 16세기 중반 칼뱅의 제자 녹스가 스코틀랜드에 전파하였다. 그 결과 스코틀랜드에서 큰 세력을 형성하였으나 찰스 1세가 국교를 강제했기 때문에 장로파들은 1638년 국민맹약을 맺고 단결하여 이에 반대하였다. 이어 1639년에는 무력항쟁을 일으켜 청교도 혁명의 계기가 되었다. 이들은 혁명 초기에는 독립파와 협력하여 국왕파 타도에 나서고 의회의 다수파를 형성하였으나 런던의 특권적 대상인 및 자유주의적 지주 귀족을 지지기반으로 하였기 때문에 군대를 지지기반으로 한 독립파와 대립하였다. 이 과정에서 장로파들은 국왕과 타협을 시도하다가 1648년 프라이드 대령의 의해 무력으로 의회에서 쫓겨나 정치력을 상실하였다.

장릉(張陵, ?~?)

중국 후한(後漢) 말기의 도사. 장도릉(張道陵)이라고도 한다. 오두미도(五斗米道)의 창시자이다. 오두미도는 천사도(天師道)라고도 하며 태평도(太平道)와 함께 후대에 도교(道敎)로 발전하였다. 장릉은 패국(沛國)의 풍(豊 : 지금의 江蘇省 북변) 지방 출신으로 쓰촨의 구밍산(鵠鳴山)에서 선도(仙道)를 수련하였다고 한다. 기도로 질병을 치료해 주고 쌀 오두(五斗米)를 받는다 하여 오두미도로 불리게 되었으며 미적(米賊)이라고도 하였다. 이후 장릉의 교단은 손자 장노(張魯)의 시대에 정비되어 장릉을 천사(天師)라 칭하고 제정(祭政)일치의 종교 왕국을 세웠다. 이후 장노의 아들 장성(張盛) 때에 교단을 장시(江西)의 룽후산(龍虎山)으로 이전하였으며 진대(晉代) 이후로는 지식층이나 귀족계층에서도 많은 신자가 나와 후에 도교의 정일교(正一敎)가 되었다.

장미전쟁(薔薇戰爭, Wars of the Roses, 1455~1485)

영국의 왕위를 둘러싼 귀족가문 간의 내전. 대귀족인 랭카스터 가문과 요크 가문 사이의 왕위 계승 문제를 둘러싼 대립에서 비롯되었다. 장미전쟁이란 이름은 랭카스터 가문이 붉은 장미를 문장으로 삼고, 요크 가문이 흰 장미를 문장으로 삼은 데서 유래하였다. 귀족들간의 싸움으로 대귀족의 자멸을 초래하여 튜더 절대왕정 출현의 계기가 되었다. 랭카스터 가문 출신의 헨리 6세가 병으로 국사를 볼 수 없게 되자 랭카스터 가문과 요크 가문이 정권다툼을 벌인 끝에 1455년 전쟁이 일어났다. 1460년에 요크 가문의 에드워드가 랭카스터 가문을 격파하고 에드워드 4세로 즉위하였다. 그러나 자파의 워릭 백작으로 배반으로 프랑스로 망명했다가 1471년 귀국하여 헨리 6세를 죽이고 왕위를 탈환하였다. 에드워드 4세가 죽자 그 아우 리처드가 조카인 어린 에드워드 5세를 죽이고 왕위에 올라 리처드 3세가 되었으나 인심을 잃어 위기에 처했다. 이때 프랑스에 망명 중이던 랭카스터 가문의 헨리 튜더가 귀국하여 리처드 3세를 물리치고 헨리 7세가 되었으며 요크 가문의 엘리자베스와 결혼하여 전쟁을 끝내고 튜더왕조의 절대왕정이 시작되었다.

▶ 헨리 7세

장생전전기(長生殿傳奇, 1688)

중국 청나라 초기의 대표적 희곡. 홍승(洪昇, 1659~1704)이 당(唐)나라 현종(玄宗)과 양귀비(楊貴妃)의 사랑 이야기를 소재로 1679~1688년에 완성한 상하 2권, 전 50막의 곤곡(崑曲)이다. 곤곡은 명나라 말기에서 청나라 초기에 걸쳐 전성기를 맞은 희곡이다. 백거이(白居易)의 〈장한가(長恨歌)〉에서 소재를 가져오고 원나라 때 백박(白樸)이 지은 〈오동우(梧桐雨)〉, 왕백성(王伯成)의 〈천보유사(天寶遺事)〉 등의 내용을 부연하여 보충한 작품이다. 상권은 양귀비가 죽기 전까지 현종과의 애정생활을 그렸으며 하권은 죽은 후 두 사람이 선계(仙界)에서 다시 만나는 장면을 그렸다.

장쉐량(張學良, 1901~2001)

현대 중국의 군인, 정치가. 만주를 지배한 펑톈파(奉天派) 군벌 장쭤린(張作霖)의 장남이다. 1928년 장쭤린이 일본 관동군에 의해 폭사당한 후 장제스(蔣介石)의 국민정부를 지지하여 국민당이 만주를 관할하게 되었다. 1931년 만주사변으로 만주를 일본군에 빼앗기고 외국으로 나갔다가 1935년 만주의 동북군(東北軍)을 이끌고 서북초비(西北剿匪) 부사령관으로 시안(西安)에서 공산군 토벌에 나섰다. 그러나 내전보다는 항일(抗日)을 우선시하는 동북군을 배경으로 1936년 전쟁을 독려하기 위해 시안에 온 장제스(蔣介石)을 감금하는 시안사건을 일으켰다. 이 사건이 계기가 되어 내전이 중지되고 제2차 국공합작(國共合作)이 이루어졌다. 장쉐량은 사건 직후 국민당에 의해 구금되었고 1949년 타이완으로 옮겨져 연금생활을 하다가 1990년 연금에서 풀려났으며 이후 하와이로 이주하여 지내다가 2001년 사망하였다.

장안(長安)

고대 중국의 수도. 오늘날의 산시성(陝西省) 시안(西安)시이다. 시안은 주(周)나라 무왕(武王)이 세운 호경(鎬京)에서 비롯되며, 진나라 때에는 함양(咸陽)이라 불렸다. 한나라가 이곳에 도읍 하면서 장안으로 이름을 바꾸었다. 그 뒤 당나라 때까지 중국의 수도였으며 특히 한나라와 당나라 시대에 번영하였다. 당나라 시대의 장안은 유럽에까지 알려졌으며 서역을 비롯한 각국의 사절과 상인, 문화인들이 모이는 국제도시였다. 8세기 전반 현종(玄宗)의 치세에 절정기에 이르러 인구 100만을 헤아렸다고 한다.

장원(莊園, Manor)

봉건사회의 경제적 단위를 이루는 영주의 토지소유 형태. 중국에서는 한나라 때부터 장원이란 말이 나타나는데 이때는 별장(別莊)이란 뜻으로 쓰였다. 이후 당나라 중기부터 대토지 소유 형태로서 장원이란 말이 쓰였으며 균전법의 붕괴와 함께 발전하였다. 주로 귀족, 관료, 사원에서 장원을 소유하였는데 중국의 장원은 유럽과 달리 토지가 여러 곳에 분산되어 있고 소유주가 직영지를 관리하는 대신 관리인을 두었다. 장원의 경작은 전호(佃戶) 또는 노예였으며 서양의 장원과 달리 불수불입권이나 봉건영주권이 없었다. 유럽에서는 8~12세기에 걸쳐 장원제가 확산되었다. 장원의 성립은 8, 9세기 프랑크왕국 시기이며 게르만족의 공동체 사회가 해체되고 로마 시대의 콜로나투스 제도와 결합되어 형성된 것으로 보인다. 장원에는 영주의 저택과 교회를 중심으로 농가와 경지, 목초지 등이 있었으며 경작은 농노(農奴)들이 맡았다. 이들은 자신들의 보유지와 영주의 직영지를 경작하며 영주에게 봉건지대를 납부하였다. 영주는 장원의 최고 권력자로 재판권을 행사하였으며 각종 세금을 거두었다. 이러한 고전 장원제는 12~13세기 이후 봉건지대가 생산물지대나 화폐지대로 변함에 따라 영주와 농노의 관계가 지주와 소작인의 관계로 변하면서 해체되어갔다.

장의(張儀, ?~BC 309)

중국 전국시대의 제자백가 중 한 사람. 종횡가(縱橫家)로 유명하다. 위(魏)나라 출신으로 귀곡선생(鬼谷先生)에게 배웠다. 초(楚)나라로 갔다가 추방된 후 진(秦)나라로 가서 혜문왕(惠文王) 때 재상이 되었다. 귀곡 선생에게서 함께 배운 소진(蘇秦)이 합종책(合從策)을 구사하여 6국을 연합시키자 이에 대해 연횡책(連橫策)을 제시하여 합종책을 깨트렸다. 혜문왕이 죽은 뒤 실각하고 위나라로 돌아갔다가 곧 사망하였다.

장자(莊子, BC 369~BC 289?)

중국 전국시대에 활약한 도가(道家) 사상가. 이름은 주(周). 송(宋)의 몽읍(蒙邑) 출신이다. 맹자(孟子)와 거의 같은 시대의 사람으로 평생 벼슬을 하지 않고 10만 자에 달하는 저서를 남겼다. 그는 인위(人爲)를 배척하고 무위자연(無爲自然)으로 돌아가라는 노자(老子)의 설을 바탕으로 유가를 비판하였다고 한다. 그의 저서인 《장자》는 원래 52편(篇)이었다고 하는데, 현존하는 것은 진대(晉代)의 곽상(郭象)이 산수(刪修)한 33편(內篇 7, 外篇 15, 雜篇 11)이다. 이중 내편 7편이 장자의 저작이며 나머지는 제자들이 집필한 것이라 한다. 내편 중에서도 〈소요유(逍遙遊)〉와 〈제물론(齊物論)〉의 2편이 장자 사상의 핵심으로 꼽힌다. 〈제물론〉 편에서 장자는 노자와 마찬가지로 우주만물의 생성변화의 이치로서 '도(道)'를 제시하였고, 〈소요유〉 편에서는 이러한 도에 순응하여 편안하고 자유로운 생활을 하는 '유(遊)'를 제시하였다.

장정(長征, 1934~1936)

1934년 중국 장시성(江西省) 루이진(瑞金)에 주둔해 있던 중국 공산당 홍군(紅軍)이 국민당군의 토벌을 피해 1만 2000km를 이동하여 1936년 산시성(陝西省)의 북부에 이른 대행군. 대서천(大西遷) 대장정(大長征)이라고도 한다.

당시 장시성에 주둔하던 홍군은 국민당의 포위공격으로 위기에 처해 1934년 10월에 탈출을 시도하게 되었다. 장정 도중 구이저우성(貴州省) 쭌이(遵義)를 점령하고 1935년 1월 이곳에서 열린 중국 공산당 회의에서 마오쩌둥(毛澤東)이 공산당의 지도권을 장악하였다. 이후 홍군은 대운하를 넘고 다쉐산맥(大雪山脈)을 넘어 368일간의 행군 끝에 산시성 북부의 근거지에 도착하였다. 전군 30만의 병력이 장정이 끝났을 때에는 3만 밖에 남지 않았다고 한다. 장정을 통해 마오쩌둥이 공산당의 지도자로 부상하였으며 이후 홍군은 산시성 옌안(延安)을 근거지로 하여 강대한 세력을 구축하였다.

장제스(蔣介石, 1887~1975)

근대 중국의 군인, 정치가. 중화민국의 총통. 본명 중정(中正), 자(字) 개석. 저장성(浙江省) 펑화현(奉化縣) 출신으로 1906년 바오딩(保定)군관학교에 입학하고 다음해 일본 육군사관학교로 유학하였다. 이 시기에 중국혁명동맹회에 가입하고 1911년 신해혁명에 참가하였다. 쑨원(孫文)의 신임을 받아 1923년 제1차 국공합작(國共合作) 때는 소련으로 군사시찰을 갔으며 귀국 후 황푸군관학교 교장에 취임하였다. 1926년 국민혁명군 총사령관에 취임하여 북벌(北伐)을 시작하였으며 1927년 상해 쿠데타를 일으켜 공산당을 축출하고 1928년 베이징을 점령하였다. 이후 난징(南京) 국민정부 주석과 육·해·공군 총사령이 되어 당과 정부의 지배권을 확립하였다. 1930년부터 공산당 토벌에 나섰으며 이를 항일전쟁보다 우선하였다. 그러나 1936년 공산당 토벌작전을 독려하기 위해 시안(西安)에 갔다가 장쉐량(張學良)의 군대에 의해 감금당한 시안사건을 계기로 1937년 제2차 국공합작을 결성하여 공산당과 함께 항일전쟁에 나섰다. 중일전쟁이 끝난 후 1946년부터 다시 공산당과 내전을 벌였으며 1949년 공산군에 밀려 중국대륙의 본토를 포기하고 타이완으로 이전하였다. 중화민국 총통과 국민당 총재로 타이완을 지배하다가 1975년 사망하였다.

장쭤린(張作霖, 1883~1928)

근대 중국의 군벌(軍閥). 만주 랴오닝성(遼寧省) 출신으로 마적단의 일원이었다. 러·일전쟁 때는 일본군의 별동대로 활약하였고 그후 둥산성(東三省) 총독에게 귀순하여 1911년 28 사단장이 되었다. 1919년에 펑톈(奉天 : 현재의 瀋陽)을 장악하고 만주 동북삼성(東北三省)의 실권자가 되었다. 1920년 화북에서 즈리파(直隷派)와 안후이파(安徽派)의 군벌전쟁이 일어나자 즈리파에 가담하여 안후이파를 물리치고 베이징 중앙정계에 진출하였다. 이후 즈리파의 우페이푸(吳佩孚)와 화북 지방의 주도권을 놓고 대립하다 1922년 제1차 봉~직 전쟁의 패배로 만주로 후퇴하였다. 1924년 제2차 봉·직전쟁에서 승리하고 다시 베이징에 입성하였다. 1927년 군정부를 조직하여 국민혁명군에 대항하다가 1928년 장제스의 제2차 북벌로 인해 다시 만주로 퇴각하던 중 일본군의 음모에 의한 열차 폭발로 사망하였다.

잭슨(Jackson, Andrew, 1767~1845)

▶ 잭슨

미국의 군인, 정치가, 제7대 대통령(재임 1829~1837). 사우스캐롤라이나 출신으로 14세에 고아에 되어 자력으로 변호사가 되었다. 1788년 테네시로 이주하여 이후 테네시주 하원의원과 판사를 역임하였다. 1802년 테네시주 민병대 사령관이 되었으며 1812년 영~미 전쟁 때 민병대를 이끌고 인디언을 토벌하고 뉴올리언즈 공방전에서 영국군을 격퇴하여 유명해졌다. 1823년 상원의원이 되어 서부 농민층을 대변하여 내륙 개발을 적극 주장하였다. 1824년 대통령 선거에 출마했다 낙선하였으나 1828년 재도전하여 당선되었다. 서부 출신 최초의 대통령으로서 서부 농민층과 벤 뷰렌이 이끄는 북동부 지방의 노동자, 칼훈이 이끄는 남부 노예주 세력 등의 지지를 받았으며 1832년 재선되었다. 재임기간 중에 소농민과 노동자를 위한 정치를 펼쳐 '잭슨 민주주의'를 이룩하였다. 이 시기에 선거권 확대, 대통령 선거제도의 개선, 전당대회 제도의 채택, 교육의 보급 등으로 일반 대중의 정치참여 기회가 확대되었다.

저우언라이(周恩來, 1898~1976)

중국 공산당의 지도자. 장쑤성(江蘇省) 화이안(淮安)에서 출생하였다. 톈진(天津)의 난카이(南開)중학을 거쳐 일본 와세다대학(早稲田大學) 등에서 유학하였다. 난카이대학 재학 중 5.4운동에 참여하여 퇴학당하고 1920년 프랑스로 건너가 파리대학에서 정치학을 공부하였다. 1922년 중국 공산당 파리지부를 창설하고 귀국하여 1924년에 황푸(黃織)군관학교 정치부 대리가 되었다. 1927년 상해 봉기를 조직하고 난창(南昌) 폭동과 광저우(廣州) 코뮌을 주동하였다. 1936년 대장정에 참여하고 시안(西安)사건 때에는 공산당 대표로 국공합작을 이루어냈다. 이후 국민당과의 관계를 담당하였고 1949년 공산정권이 수립된 후 27년 간 총리와 외교부장으로서 중국의 대외관계를 주도하였다.

저우커우뎬 유적(周口店遺蹟)

중국 베이징 남서쪽 약 5km 지점에 있는 저우커우뎬 마을에 있는 구석기시대의 유적. 베이징원인(北京原人)으로 불리는 시난트로푸스 페키넨시스가 발견된 곳이다. 1918년 중국 정부의 고문으로 와 있던 스웨덴의 지질학자 안데르손이 계골산(鷄骨山)이라 불리는 채석장(採石場)에서 많은 화석을 발견하였으며 오스트리아의 즈단스키가 고인류의 어금니 2점을 발견하였다. 1927년부터 록펠러 재단 기금으로 학술조사가 시작되어 다시 1개의 어금니가 발견되어 '베이징 원인'으로 명명되었다. 이후 두개골, 안면골, 하악골, 이빨 등이 다수 출토되었다. 베이징 원인은 지질학상으로 중부(中部) 플라이스토세(홍적세)에, 고고학상으로 하부(또는 前期) 구석기시대에 생존했는데, 약 50만~12만 년 전의 일로 추정한다. 이들은 불을 이용할 줄 알았고 석기를 사용하였다.

적군(赤軍, Krasnaya armiya, 1918~1946)

10월 혁명으로 생겨난 소련 군대. 혁명 과정에서 결성된 무장 노동자 부대인 적위군(赤衛軍)을 모체로 결성되었다. 1918년 1월 인민위원회의 결정에 따라 의용병에 의한 노농적군(勞農赤軍)이 창설되었으며 백군(白軍)과의 내전 과정에서 차르시대의 장교들을 영입하여 조직을 정비하고 징병제를 실시하였다. 내전에서 승리한 후 독일-소련 군사협력에 의해 기계화를 추진하고 1935년부터는 혁명으로 폐지되었던 계급제도가 부활하였다. 제2차 세계대전 후인 1946년에 소비에트군으로 이름이 바뀌었다.

전국시대(戰國時代, BC 403~BC 221)

춘추시대(BC 770~BC 453)에 이어지는 중국 고대의 혼란기. 주(周) 왕실이 쇠퇴하면서 대제후국인 진(晉)을 유력 귀족인 한(韓)·위(魏)·조(趙) 3씨가 3분하고(BC 453) 정식으로 제후가 되었으며(BC 403), 전(田)씨가 제(齊)를 빼앗아 새로운 제후국이 되었다. 여기에 기존의 진(秦), 초(楚), 연(燕) 3국을 더하여 전국칠웅(戰國七雄)이라 하였다. 한, 위, 조 3국은 당시 문화가 가장 발달된 중원(中原)을 차지하였고 북쪽에 연, 동쪽에 제, 남쪽에 초, 서쪽에 진이 위치하였다. 이후 서쪽의 진이 법가사상에 입각한 부국강병책을 실시하여 세력을 확장하였다. 이에 다른 6국은 합종책(合從策)으로 한데 뭉쳐 진에 대항하거나 또는 연횡책(連橫策)으로 각자 진을 섬기거나 하였으나 결국 진이 천하를 통일하였다. 춘추시대 말기부터 철제 농기구가 사용되고 전국시대에 들어 우경(牛耕)이 시작되었으며, 치수관개(治水灌漑) 공사도 각국에서 시행되어 경지면적이 증대하였다. 이와 같은 경제적 발전으로 기존의 씨족 결합이 무너지고 가족단위로 경제생활을 하게 되었으며 교환경제의 발달로 화폐가 유통되었다. 이와 같은 발전을 바탕으로 각 제후들이 널리 인재를 등용함에 따라 제자백가(諸子百家)라 불리는 사상가 집단이 출현하여 중국 사상사의 대발전을 이룩하였다. 이와 같이 전국시대는 진한(秦漢) 통일제국으로 가는 과도기로서 중요한 시대이다. 일본 역사에서는 무로마치(室町) 시대 후기 오오닌(應仁)의 난(1467)부터 오다 노부나가(織田信長)가 교토에 입성할 때(1568) 까지를 전국시대라고 한다. 이 시대는 중앙정부인 무로마치 막부가 무력화되어 각지에서 신흥 다이묘(大名)들이 지방분권적인 영국(領國)을 형성하여 통일을 추구하던 시기로서 분권적 봉건사회에서 중앙집권적 봉건제로 옮겨지는 과도기이다.

전매제도(專賣制度)

중국의 전매사업은 한(漢)나라 무제(武帝)가 대외정벌로 재정이 부족해지자 소금과 철을 전매한 데서 시작되었다. 그 뒤 당나라 때 용병제도(傭兵制度)를 실시함에 따라 이 비용을 마련하기 위해 소금, 철, 차, 술, 명반(明礬) 등의 전매제도를 확립하였다. 특히 소금의 전매수입은 송나라 이후로 전제군주제 발달에 중요한 역할을 하였다. 전매품은 모두 생필품이기 때문에 전매제도가 시행되면서 가격이 급등하고 밀매조직과 비밀결사가 성행하여 사회혼란의 요인이 되었다. 송나라 이후로는 차와 소금의 전매권을 불하 받은 상인들이 정치에 개입하여 큰 영향을 미쳤다.

전연의 맹약(1004)

중국의 송(宋)나라와 거란족이 세운 요(遼)나라가 맺은 평화조약. 요나라 성종(聖宗)이 송나라에 침입하여 황하 유역에 있는 전주의 북성(北城)을 포위하였다. 이에 송나라 제3대 황제인 진종(眞宗)이 직접 군대를 이끌고 맞서자 요나라가 화의를 제기하여 강화조약을 체결하였다. 그 내용은 첫째, 송을 형으로 하고 요를 아우로 하는 형제관계를 맺고, 송나라에서 매년 은 10만 냥, 명주 20만 필을 요나라로 보낸다. 양국의 국경은 현상을 유지한다 등이다. 이 조약으로 양국간에 오랜 평화가 유지되고 교역이 활성화되어 요나라는 경제적, 문화적으로 발전한 끝에 동아시아 제1의 강국이 되었다.

전제군주(專制君主, Despot)

국가의 모든 권력을 장악하고 국가 기관을 자신의 의지 실현을 위한 도구로 삼는 군주. 서양에서는 고대 로마 제정기의 도미나투스, 17~18세기 유럽의 절대주의 시대의 군주들, 계몽사상의 영향을 받아 국가의 개조를 추구했던 계몽전제군주 등이 이에 해당되며 동양에서는 고대 오리엔트제국과 중국의 황제를 들 수 있다. 전제군주는 그 성격에 따라 몇 가지로 분류된다. 신정적

(神政的) 군주제는 군주의 독재권을 신의 뜻에 따른 것으로 합리화하며, 가부장적(家父長的) 군주제는 전제군주를 국민 전체의 가부장으로 설명한다. 가산적(家産的) 군주제는 영토와 국민을 군주 가문의 세습 재산으로 규정한다.

전진교(全眞敎, 1167~)

중국 금(金)나라 시대에 일어난 도교의 일파. 창시자는 왕중양(王重陽 : 1112~1170)이다. 왕중양이 48세 때 종남산(終南山)에서 4년 간 수련한 끝에 산둥성 영해(寧海)로 와서 금련당(金蓮堂)을 세우고 포교를 시작하였다. 이후 마단양(馬丹陽), 구장춘(丘長春) 등의 제자를 얻어 1167년 전진교를 창시하였다. 전진교는 도교, 불교, 유교 3교를 혼합하여 도교의 《도덕경》 유교의 《효경》 불교의 《반야심경》을 함께 채택하였다. 왕중양이 죽은 후 구장춘이 2대 교주가 되어 교세를 확장한 끝에 화북의 도교를 지배하게 되었다. 원나라 시대에 도교와 불교가 심한 대립을 벌이다가 1280년 전진교의 패배로 큰 타격을 받아 교세가 위축되었다.

▶ 파시즘 포스터

전체주의(全體主義, totalitarianism)

개인보다 민족이나 국가를 우선시 하여 국가가 국민을 철저히 통제하는 주의 또는 그러한 체제. 제1차 세계대전 후 등장한 이탈리아의 파시즘, 독일의 나치즘, 일본의 군국주의를 가리키는 말로 쓰이기 시작했으며 제2차 세계대전 후의 냉전 시대에는 공산주의를 가리키는 말로 쓰였다. 전체주의는 세계대전으로 인한 사회혼란과 대공황으로 인한 경제불황 속에서 형성되어 민주주의, 개인주의, 합리주의를 부정하고 사회주의에 반대하며 민족과 국가의 영광을 찬양하였다. 전체주의 정당은 제대군인, 실업자, 사회주의에 불안을 느낀 중산층과 실업가 계층으로부터 지지를 받아 정권을 장악하였으며 집권 후에는 당과 국가기구를 결합하여 일당독재를 실시하였다. 전체주의 국가에서는 국가가 국민의 생활을 통제, 감시하며 언론매체를 활용하여 국민을 오도한다. 또한 완벽한 이상사회 건설을 위한 세계정복을 외치며 영토확장을 시도하기 때문에 결국 제2차 세계대전이 발발하게 되었다.

전호(佃戶)

중국의 소작농. 전국시대 이후 소작농이 등장하였으며 호족의 대토지 소유와 장원의 발달로 인하여 위진남북조(魏晉南北朝)시대에 그 수가 급증하였다. 당시의 소작농을 전객(佃客)이라 하였으며 이들은 토지에 묶여 있는 가내노예(家內奴隸) 혹은 농노와 같은 존재였다. 당나라 중기 이후 균전법이 붕괴되면서 토지를 잃고 장원으로 들어간 소작농을 전호 또는 객호(客戶)라고 부르기 시작했다. 당말 오대(唐末五代) 이후로는 귀족이 몰락하고 송나라 시대에는 지방호족이 관료가 되었는데 이 시대의 전호는 지주에 비해 법적으로 불리하며 토지와 함께 매매되기도 하였다. 이런 면에서 전호는 중세 유럽의 농노와 비슷하나 전호의 경우에는 소작하는 토지를 반환하면 자유로운 신분이 되는 점이 농노와 다르다. 명나라 이후로는 인구가 집중되고 농업이 발전한 강남을 중심으로 전호의 지위가 향상되어 지주와 대등한 자유민으로 인정되었으며 청나라 이후로는 소작지에 대한 영구소작권을 보장받았다.

절대주의(絕對主義, absolutism)

근세 초기 유럽에서 나타난 전제군주정. 절대왕정이라고도 불린다. 봉건 사회에서 근대 시민사회로 넘어가는 과도기에 등장하였다. 절대왕정은 관료제와 상비군을 갖추고 중앙집권적 통치체제를 확립했으며 이러한 국가기구를 유지하기 위해 중상주의 정책을 실시하여 부국강병을 추구하였다. 절대왕정의 군주는 봉건귀족들을 제압했으며 시민계층에 대해서는 권리를 인정하지 않았다. 그리고 신분제를 유지하며 절대적 왕권을 행사하였으며 왕권신수설로써 국왕의 절대권력을 합리화하였다. 영국에서는 헨리 7세 때부터 비롯되어 엘리자베스 여왕 시대에 전성기를 이루었으며 프랑스에서는 루이 13세 시대에 시

▶ 에카테리나 여제

작되어 루이 14세 때 절정에 달하였다. 한편으로 당시 계몽사상을 받아들여 국가의 합리화를 추구한 프로이센의 프리드리히 2세, 러시아의 에카테리나 여제 등을 계몽전제군주라고 부른다. 절대주의는 영국의 명예혁명과 프랑스혁명 등 시민혁명으로 폐지되고 입헌군주정이나 공화정으로 대체되었으나 러시아와 일본 등에서는 19세기 이후에도 유지되었다.

절도사(節度使)

중국의 당(唐), 오대(五代) 시대의 지방 통치체제. 번진(藩鎭)이라고도 한다. 8세기초부터 부병제(府兵制)가 이완되면서 이민족의 침입을 막기 위해 국경지

대에 번진이란 군사령부를 설치하고 그 사령관을 절도사라 하였다. 710년 하서(河西) 번진이 처음으로 설치되었으며 안사의 난(755~763) 직전까지 변경에 10개가 설치되었고 난이 끝난 이후에도 늘어났다. 절도사들은 2개 이상의 주(州)를 그 관할구역으로 하였고 관내의 민정, 군사, 재정의 3권을 장악하여 점차 독립적 성격을 띠기 시작했다. 9세기 초에 당나라 헌종(憲宗)이 번진 억압정책을 실시하여 중앙에서 절도사를 파견해 안정을 이루었으나 황소의 난이 일어나면서 번진이 일제히 독립하여 당은 멸망하였다. 뒤이은 오대 시대에는 번진에 의거한 무인(武人)들이 권력을 장악함으로써 무인정치시대가 되었다. 송나라가 들어선 후 번진의 폐해를 시정하기 위해 절도사를 문신으로 대체하여 번진체제는 붕괴하였다.

점전법(占田法)

중국 서진(西晉)의 토지제도. 서진의 무제(武帝)가 천하를 통일한 직후에 발포한 토지제도이다. 서진 이전의 위(魏)나라 시대에는 관둔전(官屯田)을 두었으나 위나라 말기부터 이를 폐지하기 시작하였다. 점전법과 과전법(課田法)은 둔전제를 대신하여 등장한 것으로 점전은 기존의 호(戶)를 대상으로 하여 그 소유전을 관에 신고하고 토지소유에 제한을 두어 토지겸병을 억제한 것이며 과전법은 정(丁)을 대상으로 하여 관전을 할당하여 경작하게 한 규정이다. 이는 둔전 경작자가 새로 일반 서민 호적에 편입된 것을 대상으로 한 것이다.

정강의 변(靖康의 變, 1127)

중국의 북송(北宋)이 금(金)나라의 공격을 받아 멸망한 사건. 송의 휘종(徽宗) 황제는 금과 동맹을 맺어 요(遼)나라를 협공하여 연운(燕雲) 16주를 탈환하려다가 실패하고 흠종(欽宗)에게 양위하였다. 금이 1123년 송의 수도 카이펑(開封)을 공격하자 송은 금은재물을 제공하고 토지를 할양하는 조건으로 화의를 맺었다. 그러나 송이 약속을 지키지 않자 1126년 금이 다시 송을 침략하여 카이펑을 점령하고 상황(上皇)인 휘종과 흠종 두 황제 이하 종친 3,000명을 포로로 삼고 많은 재물을 약탈하여 만주로 돌아갔다. 이때가 정강 원년(1127)이므로 이 사건을 정강의 변이라 한다. 이후 송은 흠종의 아우 강왕(康王)이 고종(高宗)이 되어 난징(南京)에서 즉위하여 남송(南宋)이 성립하였다.

정관의 치 ○ 이세민

정성공(鄭成功, 1624~1662)

중국 명나라 말기에서 청나라 초기에 걸쳐 타이완(臺灣) 일대를 지배하며 명나라 부흥운동을 주도한 인물. 자 대목(大木)·명엄(明儼). 시호 충절(忠節).

그의 아버지 정지룡(鄭芝龍)은 푸젠성(福建省)의 해적 출신이며 어머니는 일본인이다. 일본에서 태어나 7세 때 명나라로 건너갔으며 명나라가 멸망하자 당왕(唐王) 융무제(隆武帝)를 옹립하였다. 이에 당왕으로부터 국성(國姓)을 하사받아 국성야(國姓爺)로 불렸다. 1646년 당왕이 붙잡히고 아버지 정지룡이 청나라에 항복한 후에도 계왕(桂王 : 永明王)을 옹립하여 진먼(金門)과 샤먼(廈門 : 아모이) 두 섬을 근거지로 해상무역으로 군비를 마련하고, 자주 본토의 연안을 공략하면서 반격을 시도하였다. 1657년 강남으로 진출하여 한때 난징(南京)을 점령하였으나 패배하여 다시 샤먼으로 후퇴하였다. 1661년에는 네덜란드인을 축출하고 타이완을 점령하여 반청운동을 벌이다 사망하였다. 타이완은 그의 손자 대인 1683년에 청나라에 항복하였다.

정전법(井田法)

고대 중국 주(周)나라에서 시행되었다는 토지제도. 후세 유가(儒家)들이 이상으로 생각한 토지제도이다. 《맹자(孟子)》에 따르면 주나라에는 '조법(助法)'이란 세제가 시행되었는데 사방 1리 900묘(畝)의 토지를 우물 정(井)자 형태로 9등분하여 사방의 8구획을 8가구(戶)가 사전(私田)으로 경작하고 가운데 1구획을 공전(公田)으로 공동 경작하여 여기서 나오는 수확물로 세금을 바치도록 하였다 한다. 이 제도가 소농민을 중심으로 한 유가적 정치사상의 이상이 되었다. 근대에 들어서는 정확한 토지구획의 가능성에 의문이 제기되면서 그 실존 가능성이 논란의 대상이 되고있다.

정토종(淨土宗)

중국에서 성립된 불교의 일파. 아미타불(阿彌陀佛)이 출현하는 서방정토(西方淨土)를 믿고 죽은 후에 정토에 태어나기를 비는 대승불교의 일파이다. 아축불(阿閦佛)·약사여래(藥師如來) 등의 정토도 여러 경전에서 언급되고 있으나, 아미타불의 서방정토가 대표적이다. 이를 미타정토(彌陀淨土)라고 하며 인도 서북부에서 발달한 것으로 보이며, 대승불교를 정립한 인도의 용수(龍樹)나 세친(世親)의 저서에서 언급된다. 정토사상은 후한(後漢) 때 중국에 전해진 것으로 보이며 중국 정토종의 시조라는 담란(曇鸞)에 의해 《무량수경(無量壽經)》, 《관무량수경(觀無量壽經)》, 《아미타경》 등의 정토삼부경(淨土三部經)이 번역되면서 널리 유포되었다. 이후 당나라 때에는 담란을 계승한 도작(道綽)과 그의 제자 선도(善導)에 의해 당시 말법(末法)사상과 결합하여 대중에게 큰 호응을 얻었다. 이후 한국과 일본에도 전해져 큰 종파를 형성하였다.

정통주의(正統主義, Legitimisme)

프랑스혁명 이전의 왕조를 정통으로 인정하여 이를 복고시키려는 주의. 1814

년 나폴레옹이 몰락한 후 제창되어 빈 회의(1814~1815) 이후 유럽 정치체제의 기초를 이룬 이념이다. 프랑스 혁명, 혁명전쟁, 나폴레옹 전쟁으로 일어난 변화를 부정하고 앙시앙 레짐(구체제)시대로 돌아가야 한다는 주장으로 메테르니히를 비롯한 정치가들의 지지를 받았다. 이에 따라 프랑스와 에스파냐의 부르봉 왕가가 복고되고 독일의 영방국가들과 이탈리아, 스위스도 과거 상태로 돌아갔다. 메테르니히는 정통주의를 독일 자유주의 운동의 억압에 이용하였다. 프랑스에서는 7월 혁명 이후 오를레앙파에 대항하여 루이 14세의 후손을 지지하는 왕정복고파를 정통주의라 불렀다.

정화(鄭和, 1371~1435?)

중국 명나라의 환관. 7차례에 걸친 해양 원정의 지휘자로 유명하다. 윈난성(雲南省) 쿤양(昆陽) 출신의 이슬람교도이다. 본성 마(馬)씨. 법명 복선(福善). 삼보태감(三保太監)이라 불린다. 1382년 윈난이 명나라에 정복되자 명나라 군대에 체포되어 연왕(燕王) 주태(朱棣)를 섬겼다. 1399~1402년 정난(靖難)의 변 때에 공을 세워 연왕이 황제(永樂帝)에 즉위한 뒤 환관의 장관인 태감(太監)에 발탁되었으며, 정(鄭)씨 성을 하사 받았다. 1405년에서 1433년까지 영락제의 명으로 7차례에 걸쳐 대규모 선단을 지휘하여 동남아시아를 거쳐 인도, 중동, 아프리카까지 항해하였다. 선단의 규모는 대선 62척에 병사 2만 7천(제1차, 7차 원정)의 대규모였다. 이 원정으로 중국인의 남해에 대한 지식을 넓히고 동남아 각지로 화교(華僑)들이 진출하는 계기가 되었다.

정현(鄭玄, 127~200)

중국 후한(後漢)시대의 유학자. 훈고학의 대가로 유명하다. 자는 강성(康成). 북해(北海 : 山東省) 고밀(高密) 출신이다. 벼슬을 하지 않고 학문에 정진하여 경학의 금문(今文)과 고문(古文)에 통달하였다. 뤄양(洛陽)으로 가서 태학(太學)에 입학하여 공부하였고 마융(馬融) 등에게 사사하여, 《역(易)》, 《서(書)》, 《춘추(春秋)》 등을 배우고 귀향하였다. 귀향 후 제자들을 가르치며 평생을 보냈다. 여러 유교경전에 주석을 달았으며 현재 전하는 것은 《모시(毛詩)》 중에서 전(箋)과 《주례(周禮)》, 《의례(儀禮)》, 《예기(禮記)》의 주석 등이다.

제국주의(帝國主義, imperialism)

한 국가가 다른 국가의 영토나 민족을 정치, 경제적으로 지배하는 것을 말한다. 고대 오리엔트와 중국에도 이미 제국이 존재하였으며 주변 국가들에게 영향력을 행사하였다. 그러나 제국의 의미를 좁게 정의할 때에는 19세기말부터 20세기초에 나타난 독점자본주의의 발전으로 원료공급지와 해외시장을 얻기 위해 식민지 획득에 나서게 된 정치, 경제적 구조를 말한다. 제국주의는 대개의 경우 무력을 동원한 침략에 의해 영토를 확장하기 때문에 팽창주의 또는 식민지주의와 동일한 의미로 쓰인다. 16세기 이후 지리상의 발견으로 유럽세력이 아시아, 아메리카, 아프리카로 진출하기 시작하였다. 이 시기 유럽세력의 진출은 대체로 무역을 위한 거점 확보에 국한되었으나 산업혁명으로 자본주의가 발전하면서 점차 식민지화가 시작되었다. 자본주의가 먼저 발달한 영국은 1880년 이후 인도를 중심으로 아프리카 대륙의 이집트, 수단, 남아프리카에 진출하여 3C 정책(카이로~케이프타운~캘커타)과 아프리카 종단정책(이집트에서 남아프리카까지)을 펼쳤다. 한편 프랑스는 아프리카 횡단정책을 시도했기 때문에 영국과 충돌하여 파쇼다 사건이 일어났다. 프랑스는 북아프리카를 장악하고 아시아에서는 인도차이나 반도를 식민지화하였다. 독일은 3B 정책(베를린~비잔티움~바그다드)을 실시하였고 러시아는 중동과 극동에서 남하(南下)정책을 추구하였다. 미국도 미~서 전쟁을 계기로 필리핀과 태평양 제도를 식민지로 만들었으며 일본은 한반도와 만주를 장악하고 중국 본토까지 진출하였다. 이러한 식민지 쟁탈전 속에서 먼저 식민지를 확보한 영국, 프랑스 등과 뒤늦게 뛰어든 러시아, 독일, 일본 등의 대립으로 인해 20세기에 일어난 세계대전의 한 원인이 되었다.

제너(Jenner, Edward, 1749~1823)

영국의 의학자. 종두법의 발견자이다. 글로스터셔주 버클리 출신으로 1773년 고향에서 병원을 개업하고 환자를 치료하면서 한편으로 동물에 대한 연구를 하였다. 우두(牛痘)에 걸렸던 사람은 천연두(天然痘)에 걸리지 않는다는 이야기를 듣고 1796년 우두 접종실험에 성공하였다. 1798년에 《우두의 원인과 효과에 관한 연구》를 출간하였고 이에 대해 영국과 유럽 각국에서 찬반양론이 일었다. 그러나 점차 그 효과가 인정되었으며 이로써 인공면역의 길을 열어 근대 예방의학의 선구자로 인정받았다.

▶ 제너

제네바 회의(Geneva Conference, 1954)

1954년 인도차이나 전쟁과 한국 통일 문제에 대해 관계국들이 스위스의 제네바에서 가진 회담. 1954년 4월 26일부터 7월 21일까지 26개국이 참가하였다. 이 회의에서 한국 문제는 해결을 보지 못하였으나 인도차이나 문제는 타협이 이루어져 7월 20일 휴전 협정이 조인되었다. 휴전 협정의 내용은 북위

17도선을 경계로 베트남을 남북으로 분할 독립시키고 2년 뒤 국민투표를 통해 남북 베트남을 통일시킨다. 라오스, 캄보디아를 중립화한다 등이다.

제민요술(齊民要術)

현존하는 중국 최고의 농업 기술서. 전 10권. 532~544년경에 북위(北魏)의 북양태수(北陽太守)였던 가사협(賈思陣)이 저술하였다고 한다. 제민은 서민을 뜻한다. 제1권은 총론으로 조의 경작법에 대한 내용이며, 제2권부터는 조 이외의 주요 곡물, 이어서 채소, 과수, 상마(桑麻) 재배법, 가축의 사육법, 술, 간장의 양조법을 차례로 다루고 제10권에서는 화북 이외 지역의 물산을 다루고 있다. 당시까지 나온 180여종의 참고문헌을 인용하였으며 조, 수수로 대표되는 화북지방의 건조농법에 대한 최고의 종합 기술서이다.

제3세계(Third World)

제2차 세계대전 이후 미국을 중심으로 한 서방 진영과 소련을 중심으로 한 동구권간의 냉전에서 어느 편도 들지 않고 독자노선을 추구한 개발도상국가들을 말한다. 서방 진영이 제1세계, 동구 사회주의권이 제2세계이며 이들로부터 자본, 기술, 이데올로기를 도입하여 산업화를 추구하는 국가가 제3세계이다. 지역적으로 라틴 아메리카, 아시아, 아프리카, 중동에 편중되어 있으며 과거 제1세계의 식민지였다가 독립한 국가들이 많다. 제1세계와 제3세계간에는 심각한 생활수준 격차가 존재하며 그 원인에 대해서는 여러 가지 설명이 있다. 일부 학자들은 제3세계의 높은 인구와 낮은 농업 생산성, 사회계층간 갈등, 정치지도자의 부패와 무능을 원인으로 설명한다. 다른 학자들은 제1세계의 성장은 제3세계를 착취한 결과이며 그 결과 제3세계는 빈곤과 저발전의 악순환을 거듭한다는 '종속이론'을 제시하였다.

제3제국(第三帝國, Drittes Reich, 1934~1945)

1933년 권력을 장악한 나치스 독일이 1934년 힌덴부르크 대통령의 죽음을 계기로 사용한 명칭. 나치스는 962~1806년의 신성로마제국을 제1제국, 1871~1918년의 독일제국을 제2제국, 1933~1945년의 나치스 지배체제를 제3제국이라 일컬었다. 나치스는 전체주의 실현을 목표로 일당독재국가를 수립하여 전국민을 조직화하였다. 이들은 게르만민족 지상주의를 주장하며 유대인의 공민권을 박탈하고 강제수용소에 수용한 다음 결국에는 인종학살까지 자행하였다. 대외적으로는 대독일의 건설과 생활권 확보를 목표로 자르지방을 되찾고 라인란트를 재무장하였으며 오스트리아를 병합하고 체코의 수데텐 지방을 병합하였다. 이어 폴란드를 침략하여 제2차 세계대전을 일으켰다. 독일이 제2차 세계대전에서 패배하면서 제3제국도 멸망하였다.

제2차 세계대전(Second World War, 1939~1945)

독일, 이탈리아, 일본을 중심으로 한 추축국(樞軸國)과 미국, 영국, 프랑스, 소련, 중국 등 연합국의 전쟁. 1939년 9월 1일 독일이 폴란드를 침입하고 이에 영국과 프랑스가 독일에 선전포고하면서 시작되었다. 독일은 폴란드를 점령하여 그 영토를 소련과 분할하고 1940년에는 덴마크, 노르웨이, 벨기에, 네덜란드를 점령하고 프랑스까지 항복시켰다. 이어 1941년에는 소련을 침공하였다. 독일의 동맹국인 일본은 1941년 12월 하와이 진주만의 미 해군과 육군 기지를 기습 공격하여 전쟁에 뛰어들었다. 이후 전쟁은 북아프리카와 유럽, 동남아시아와 태평양 등 전세계로 확산되었다. 개전 초기에는 추축국이 우세하였으나 1942년 미드웨이 해전에서 미 해군이 일본 해군을 격파하고, 그해 11월에 소련군이 반격을 시작하고, 미, 영군이 북아프리카에 상륙하면서 반전되었다. 1943년 9월에 이탈리아가 항복하고 1944년 6월에는 연합군이 프랑스의 노르망디 해안에 상륙하여 파리를 탈환하고 독일 본토로 진격하였다. 소련군도 동유럽을 거쳐 독일로 진입하여 1945년 4월 베를린에 들어갔다. 1945년 5월 5일 독일이 항복하였으며 그해 8월에 일본의 히로시마와 나가사키에 최초로 원자폭탄이 투하되었다. 그 결과 일본도 8월 15일에 항복하였다.

제1차 세계대전(First World War, 1914~1918)

영국, 프랑스, 러시아, 미국, 이탈리아 등의 협상국(연합국)과 독일, 오스트리아 등 동맹국의 전쟁. 이 전쟁의 직접적 원인은 1914년 6월 사라예보에서 오스트리아 황태자 부처가 세르비아 청년에게 암살 당한 사라예보 사건이다. 그러나 그 배경에는 발칸반도를 놓고 벌어진 오스트리아와 러시아의 대립, 영국과 독일의 제국주의 대립, 알사스, 로렌을 놓고 벌어진 프랑스와 독일의 대립 등이 있었다. 사라예보 사건으로 오스트리아가 세르비아에 선전포고하자 세르비아의 동맹국인 러시아가 참전하고, 이에 오스트리아의 동맹국 독일, 러시아의 동맹국 프랑스 등이 참전하면서 유럽 전체가 전쟁에 말려들었다. 독일은 서부전선에서 프랑스를 침공하여 영국, 프랑스 연합군과 참호전을 벌였으며 동부전선에서는 러시아와 대적하였다. 이밖에 이탈리아와 발칸반도에서도 전선이 형성되었다. 주력 전선인 서부전선이 참호전으로 장기화되면서 전쟁은 소강상태에 접어들었으나 1917년 4월 미국이 참전하면서 서부전선의 균형이 깨져 1918년 가을 동맹국의 휴전제의로 전쟁은 끝이 났다. 협상국측은 독일과 베르사유 조약, 오스트리아와 생제르맹 조약 등 동맹국과 개별조약을 체결하였다. 이 대전으로 유럽의 세계적 우위가 사라지고 미국이 국제무대의 주도권을 잡기 시작했으며 집단안전보장 체제로서 국제연맹이 결성되었다. 패전으로 독일과 오스트리아의 왕정이 폐지되고 러시아에서는 사회주의 혁명이 일어났으며 민족자결주의의 원칙에 따라 동유럽에 독립국가들

▶ 제1차 대전에 참전하는 독일인들

이 수립되었다. 그러나 독일에 대한 가혹한 전쟁배상금 조항과 영토조정 때문에 제2차 세계대전으로 이어질 불씨를 남겼다.

제임스 1세(James I, 1566~1625)

잉글랜드 왕(재위 1603~1625). 스코틀랜드 여왕 메리 스튜어트의 아들로 1567년 제임스 6세로 스코틀랜드 왕위에 올랐다. 1603년 엘리자베스 여왕이 사망하자 영국 왕위를 겸하여 스튜어트 왕가의 시조가 되었다. 영국 국교를 중시하여 카톨릭 교도와 청교도를 억압하였으며 왕권신수설을 주장하여 절대 왕정을 추구하였기 때문에 의회와 대립하여 22년의 치세 동안 의회를 4회밖에 개원하지 않았다. 대외적으로는 영국의 적국이던 에스파냐와의 우호정책을 취하여 불만을 샀으며 귀족들의 불만을 사 암살 당했다.

제임스 2세(James II, 1633~1701)

영국 스튜어트왕조의 왕(재위 1685~1688). 찰스 1세의 차남이며 찰스 2세의 동생이다. 청교도 혁명 때에 한동안 감금되었다가 대륙으로 망명하였다. 1660년 왕정복고로 귀국하여 1685년에 형 찰스 2세의 뒤를 이어 즉위하였다. 왕권신수설을 신봉하여 절대왕정을 추구하였고 카톨릭 신자로서 카톨릭 부활을 시도하였다. 1673년에 제정되어 국교도가 아닌 사람이 공직에 취임할 수 없도록 규정한 심사율(審査律)을 무시하고 1688년 관용선언을 발표하여 카톨릭 교도에게 관직을 주는 등 물의를 일으켰다. 이 때문에 의회와 갈등을 빚은 끝에 1688년 명예혁명이 일어나 프랑스로 망명하였다. 1689년에 프랑스 국왕 루이 14세의 지원으로 프랑스군을 이끌고 아일랜드에 상륙하여 왕위 탈환을 시도하다가 패배하고 프랑스로 돌아가 그곳에서 사망하였다.

제자백가(諸子百家)

중국 전국시대(BC 5세기~BC 3세기)에 활약한 여러 사상가와 그 학파. 제자란 여러 선생이란 뜻이며 백가는 많은 파벌을 뜻한다. 주(周)나라의 봉건 질서가 무너지면서 각 지방마다 새로운 실력자가 등장하여 유능한 인재를 등용하던 당시 시대 분위기에 따라 출현하였다. 이들은 무리를 이끌고 각 지방을 다니면서 자신의 사상을 유세하면서 유력자에게 기용되어 자신의 이상을 펼칠 기회를 찾았다. 《한서(漢書)》의 〈예문지(藝文志)〉에서 제자백가의 유파로 유가(儒家) · 도가(道家) · 음양가(陰陽家) · 법가(法家) · 명가(名家) · 묵가(墨家) · 종횡가(縱橫家) · 잡가(雜家) · 농가(農家) 등 9파에 소설가(小說家)를 추가하였다. 이 중에서 공자의 유가가 가장 먼저 일어나 인(仁)을 교의로 삼았고 묵자가 유가의 예악(禮樂)을 배척하고 겸애설(兼愛說)을 주장하였다. 이어 무위자연을 주장한 노자, 장자의 도가가 등장하여 유가와 함께 당시 사상계의 2대 조류를 이루었다. 그 뒤로 법치주의를 강조한 법가, 음양오행설에 입각하여 우주만물을 해석한 음양가, 병법을 연구하는 병가, 논리학파인 명가, 외교정책을 중시하는 종횡가, 신농(神農)의 도를 말하는 농가 등이 출현하였다. 이와 같은 제자백가의 출현으로 중국 사상사에 새로운 변화와 발전이 일어났으며 세계사적으로 고대 그리스 철학 학파의 형성과 비교된다.

제퍼슨(Jefferson, Thomas, 1743~1826)

미국의 제3대 대통령(1801~1809)인 정치가. 버지니아주 출신으로 윌리엄 & 메리대학을 졸업하고 변호사가 되었다. 1769년부터 버지니아 식민지 의회 하원의원으로 정계에 진출하였다. 1775년 버지니아 대표로 대륙회의에 참가하였고 1776년 독립선언문을 기초하였다. 이후 버지니아 주지사와 프랑스 공사를 거쳐 워싱턴 행정부의 초대 국무장관으로 취임하였다. 그러나 강력한 연방제를 주장하는 재무장관 해밀턴과 대립하여 1793년 사임하였다. 사임한 후 해밀턴의 연방파에 맞서기 위해 남부의 대지주, 서부의 소농민, 도시 수공업자를 지지기반으로 민주공화당을 결성하였으며 이것이 오늘날 민주당의 기원이

▶ 토마스 제퍼슨

되었다. 1800년 제3대 대통령에 당선되었으며 재임 중에 나폴레옹 정부로부터 루이지애나를 구매하여 미국의 영토를 거의 2배로 확장하였다. 정계에서 은퇴한 후에는 버지니아대학을 설립하여 교육사업에 힘썼다.

제후(諸侯)

중국 주(周)나라가 실시한 봉건제도에 따라 왕으로부터 각 지역을 하사 받은 왕족이나 공신. 주나라는 은(殷)나라를 정복한 후 각 지역을 분봉하여 그 지역을 실질적으로 다스리도록 하였다. 이를 봉건제도 또는 분봉(分封)제도라고 한다. 주나라의 봉건제도는 쌍무 계약관계로 이루어진 서양 중세의 봉건제도와는 달리 혈연을 중심으로 이루어졌다. 주나라 초기에는 모두 71개국이 분봉되었으며 그 중 53개국이 주 왕실과 같은 희(姬)성을 가진 동성제후국이었으며 18개국은 전쟁에서 공을 세운 공신들인 이성(異姓)제후국이었다. 제후는 주나라 왕실의 신하로서 천자의 명을 듣지 않는 자를 토벌하고 공납을 바치고 노동력을 제공하였으며 주기적으로 문안을 올렸다. 서주(西周) 시대 말기부터 봉토의 부족과 혈연의식의 결여로 인해 봉건제도는 붕괴되었으며 주나라 왕실보다 제후들의 세력이 커지면서 춘추전국시대로 넘어가게 되었다.

젠트리(gentry)

영국에서 귀족과 자영농(요먼)의 중간적 위치인 중소 지주. 젠틀맨 또는 향신(鄕紳)이라고도 한다. 신분상 귀족의 위계는 없으나 가문 휘장(徽章)의 사용을 허가 받은 자유민을 말한다. 원래는 지주가 중심을 이루었으나 점차 법률가, 성직자, 의사, 대상인 등 중산계급의 상층부가 주류를 이루었다. 16세기 이후 귀족이 몰락하고 요먼층이 쇠퇴하는 가운데 등장하여 지방의 유력 계층으로서 치안판사를 비롯한 사회적 지위를 장악하였다. 젠트리의 지배는 20세기 초까지 계속되었으며 영국 자본주의와 사회발전의 근간이 되었다.

조계(租界, International Settlement and Concession)

중국의 개항(開港) 도시에 설정된 외국인 거류지. 중국과 한국에서는 조계, 일본에서는 거류지라 불렸다. 아편전쟁의 결과 1842년 난징조약이 체결되어 중국의 항구를 개항하고 개항지의 거주, 무역권이 외국인에게 부여되었다. 이에 따라 1845년 영국이 상해(上海)에 최초의 조계를 설치하였으며 프랑스, 미국도 조계를 설치하였다. 이후 이 3국의 조계가 톈진(天津), 한커우(漢口), 광저우(廣州), 샤먼(廈門) 등 개항장에 설치되었다. 청·일전쟁 이후에는 영국, 프랑스, 독일, 일본 등 8개국의 조계가 28곳에 달하였다. 조계는 외국영토는 아니며 해당국이 행정권과 치외법권만을 가진다는 점에서 조차지(租借地)와 다르다. 주로 경제적 거점으로 활용되었으나 점차 외국의 행정권이 확대되면서 중국의 주권을 침해하고 침략의 거점이 되었다. 제1차 세계대전 후 중국에서 국권회복운동이 일어나면서 점차 회수되기 시작하여 제2차 세계대전 중에 전부 반환되었다.

조공(朝貢)

19세기까지 동아시아 국제관계에서 주변국들이 중국에 사절을 보내 예물을 바치는 행위. 중국 주(周)나라 때 제후가 방물(方物 : 지역 특산물)을 휴대하고 정기적으로 천자(天子)를 배알하여 신하의 예를 올렸다. 주나라 이후 제후국들 사이에 작은 나라는 큰 나라를 섬기고(事大), 큰 나라는 작은 나라를 아끼는(字小) 관례가 생겨났다. 이후 한나라 때 한족(漢族)의 중화사상을 근거로 주변 이민족을 통치하는 조공과 책봉(冊封)이라는 외교정책이 성립되었다. 주변 국가들은 중국의 황제에게 공물을 바치고 황제는 그 답례로 주변국의 왕을 정치적으로 인정하고 하사품을 내렸는데 이를 조공무역이라 한다. 이러한 조공관계는 동아시아 국제관계의 질서가 되었으며 중국은 서양국가들에 대해서도 이러한 관계를 요구하였다. 1842년 아편전쟁의 결과로 폐지되었다.

조광윤(趙匡胤, 927~976)

중국 송(宋)나라의 초대 황제(太祖, 960~976). 후주(後周)의 세종(世宗) 밑에서 금군(禁軍)의 장이 되었고, 거란(契丹), 남당(南唐)과의 싸움에서 공을 세워 금군총사령이 되었다. 세종의 사후 즉위한 공제(恭帝)가 어려 금군이 그를 황제로 옹립하였다. 즉위 후 형남(荊南), 호남(湖南), 후촉(後蜀), 남한(南漢), 남당 등을 병합하여 오월(吳越), 북한(北漢)을 제외하고 천하를 거의 통일하였다. 오대(五代) 시대에 왕조가 자주 바뀐 것은 군대의 반란이 잦았기 때문이었으므로 무인정치를 폐하고 문치주의에 의한 중앙집권적 관료제를 확립하였다. 중앙에 민정, 군정, 재정의 3권을 집중하고 신하들의 권력을 분산시켜 황제의 독재권을 강화하였으며 지방 절도사 체제를 폐지하고 중앙에서 파견된 문관이 지방장관을 맡도록 하였다. 관료의 채용을 위해 과거제도를 정비하고 관료제의 유지를 위해 차, 소금, 명반(明礬) 등을 국가전매로 하여 비용을 충당하였다. 이와 같이 내정을 개혁하고 대외적으로는 거란이나 서하(西夏)에 대한 방비를 엄중히 하여 송왕조의 기틀을 다졌다.

조닌(町人)

일본의 겐로쿠시대(元祿時代)에 형성된 도시 상인 계층. 겐로쿠시대는 에도(江戶)시대 중기에 5대 쇼군(五代將軍) 도쿠가와 쓰나요시(德川綱吉)가 다스린 시기(1688~1704)를 말한다. 이 시대에는 에도막부의 바쿠한(幕藩)체제가 확립된 시기로서 정치적 안정을 바탕으로 농촌의 번영과 상공업의 발전이 이

▶ 조닌 행렬

루어진 시기이다. 이 결과 산업의 발전 및 농촌의 상품 생산과 결부된 신흥 도시 상업자본이 형성되어 도매상, 중개상 등이 크게 성장하였다. 이러한 신흥 도시의 성장으로 나타난 이들을 조닌(町人)계층이라 하며 이들은 경제력을 바탕으로 자신들만의 독특한 도시문화인 조닌문화를 이룩하였다.

조로아스터교(Zoroastrianism)

고대 페르시아(이란)의 종교. BC 600년경 예언자 조로아스터가 창시하였다. 불을 신성시하고 유일신을 예배하는 종교이다. 조로아스터교도들은 광명의 신 아후라 마즈다를 숭배하기 때문에 마즈다 예배교(마즈다야스나)라고 부른다. 한자로는 배화교(拜火敎), 중국에서는 현교(祆敎)라고 하여 삼이교(三夷敎)의 하나로 꼽혔다. 원시 아리아인에게 공통된 불 숭배사상 및 선신(善神) 아후라와 악신(惡神) 다에바 신앙을 기초로 하여 성립한 종교이다. 이 종교의 경전 《아베스타》에 따르면 선의 신 아후라 마즈다와 악의 신 아리만의 대립에 따라 육체와 정신, 진실과 허위가 대립하는 이원론적 세계관을 제시하고 있다. 그리고 조로아스터가 가고 3000년이 되면 세상의 종말이 오는데, 그때 구세주가 나타나 죽은 사람들이 부활하고, 최후의 심판으로 악은 멸망한다고 전한다. 이러한 선악 이원론과 종말론, 구세주, 부활, 최후의 심판 등은 이후의 유대교와 그리스도교에 큰 영향을 주었다. 아케메네스조 페르시아와 사산조 페르시아에서 국교로 지정되어 성행하였으나 이슬람의 전파로 이란에서 추방되었다.

조맹부(1254~1322)

중국 원(元)나라 때의 서예가, 화가. 자 자앙(子昻). 호 집현(集賢) · 송설도인(松雪道人). 저장성(浙江省) 출신으로 송나라 종실 출신으로 원나라 세조(世祖)에게 발탁되어 높은 벼슬을 하였다. 시와 문장, 그림과 글씨에 모두 능하여 서예에서는 왕희지(王羲之) 글씨체로 돌아갈 것을 주장했으며 그림에서는 남송의 원체(院體) 화풍 대신 당, 북송의 문인화(文人畵)풍으로 돌아갈 것을 주장했다. 그림으로 〈중강첩장도(重江疊嶂圖)〉, 〈사마도권(飼馬圖卷)〉 등이, 글씨로는 〈여중봉명본척독(與中峰明本尺牘)〉 등이 전해진다. 그의 그림은 오진(吳鎭), 황공망(黃公望), 왕몽(王蒙)과 더불어 원대의 4대가로 손꼽힌다.

조몬문화(繩文文化)

일본의 선사문화. 약 1만 년 전에 시작된 일본 신석기 시대를 조몬식토기(繩文式土器)의 보급에서 연유하여 조몬(繩文)시대라고 부른다. 이 시대는 수렵과 어로, 채집 등을 주로 한 채집경제 시대로서 이 시대 사람들이 현대 일본인의 조상으로 여겨진다. 조몬식 토기가 지역에 따라 차이가 있는 것으로 볼 때 전국적인 결합관계는 없었던 것으로 보인다. 이 시대의 유적은 주로 혼슈(本州) 중부 이동(以東)의 동북일본에 많다. BC 3세기경 한반도에서 서남일본 지역으로 미작(米作)농업과 금속제 무기 등이 전파되어 야요이(彌生)시대가 시작되었다.

조슈번(長州藩)

일본 에도(江戶)시대에 혼슈(本州) 남서부 지역을 지배한 도자마다이묘(外樣大名). 하기번(萩藩), 야마구치번(山口藩)이라고도 하며 번주(藩主)는 모리(毛利) 가문이다. 전통적으로 규슈(九州)의 남부의 사쓰마번(薩摩藩)과 함께 도쿠가와 막부(德川幕府)에 적대적인 입장이었으며 1861년 이래 사쓰마번과 경합하면서 막부 타도와 존왕운동(尊王運動)을 주도하였다. 1863년 미국과 네덜란드 선박에 발포하여 전투를 벌였으며 다른 번과 막부군의 공격을 받았으나 물리쳤다. 1866년 사쓰마번과 연합하여 1868년 조정을 장악하고 왕정복고(王政復古)를 이루었다. 이후 사쓰마번과 함께 신정부를 주도하였으며 조슈번 출신의 이토 히로부미(伊藤博文)·이노우에 고와시(井上毅) 등은 근대 일본 정치를 주도하였다.

조용조(租庸調)

중국 수(隋), 당(唐)시대에 완성된 조세체계. 조(租)는 토지에 부과하여 곡물을 징수하고, 용(庸)은 사람에게 부과하여 역역(力役) 또는 그 대납물(代納物)을 내게 하고, 조(調)는 한 가구(戶)에 부과하여 토산품을 징수하였다. 이러한 조세방식은 위진시대(魏晉時代) 이래 널리 시행되었으며 한 가구(戶)를 징세 단위로 하였다. 이는 균전제(均田制)의 시행과 병행해서 이루어진 것으로 균전제와 조용조는 결합적 관계이다. 이후 이러한 징세 방식은 북제(北齊)와 북주(北周)로 계승되어 수나라까지 이어졌다. 당나라도 수나라의 조용조를 이어받았으며 조용조 외에 지방의 역역(力役)으로 잡요(雜徭)가 있었다. 당나라 중기 이후 균전제가 무너지면서 조용조도 양세법(兩稅法)으로 대체되었다.

조조(曹操, 155~220)

중국 삼국시대 위(魏)나라의 시조. 자 맹덕(孟德). 묘호(廟號) 태조(太祖). 시호는 무황제(武皇帝)라 추존되었다. 패국(沛國) 출신으로 황건적 토벌에 공을 세웠으며 헌제(獻帝)를 옹립하고 정권을 장악하여 화북지방을 거의 평정하였다. 이후 강남 진출을 시도하다가 208년 손권(孫權), 유비(劉備)의 연합군과 적벽(赤壁)에서 싸워 크게 패하였다. 이후 강남의 손권, 촉(蜀)의 유비와 함께 천하를 3분하였다. 208년에 승상이 되었으며 둔전제(屯田制)를 경제의 기본으로 하고 인재를 등용하여 부국강병에 힘썼다. 216년 위왕(魏王)이 되었으며 그의 아들 조비(曹丕)가 헌제를 폐하고 위왕조를 창건하였다.

존 볼(John Ball, ?~1381)

영국의 성직자. 농민반란인 와트 타일러의 난의 사상적 지도자. 하트퍼드셔 출신으로 성직자가 되어 방랑하면서 민중을 대상으로 귀족을 비판하고 평등주의, 공산주의, 계급 타파를 설교하여 1366년경 파문되고 여러 차례 투옥되었다. 1381년 와트 타일러의 난이 일어날 당시 옥중에 있으면서 무장봉기를 촉구하였고 6월에 농민군에 의해 구출되어 런던으로 가서 '아담이 밭을 갈고 이브가 베를 짜던 때에 누가 귀족이었는가' 라는 설교를 하며 농민을 선동하였다. 반란군이 흩어진 후 체포되어 처형되었다.

존왕(John Lackland, 1167~1216)

영국의 왕(재위 1199~1216). 헨리 2세의 막내아들로 형 리처드 1세가 전사한 뒤 조카인 아서를 살해하고 즉위하였다. 이 때문에 프랑스 왕 필립 2세와 싸워 프랑스에 있는 영토의 대부분을 상실하였다(1204~1206). 이어 캔터베리 대주교(大主敎) 선임 문제로 교황 이노센트 3세와 맞서다가 1209년에 파문

▶ 존왕

당하였고, 1211년에 왕위 박탈 처분을 받았다. 1213년에 교황에게 굴복하여 영국 전체를 교황에게 바치고 봉신의 예를 취하여 영국을 봉토로 다시 받는다는 굴욕적 의식을 치렀다. 이후 프랑스 영토를 회복하려고 출정하였으나 귀족들이 군대를 동원하지도 군자금을 지원하지도 않는 바람에 프랑스 왕에게 패배하고 돌아왔다. 1215년 귀족과 런던 시민의 강요로 대헌장(마그나 카르타)에 서명하였으나 곧 무효를 선언하여 내란이 일어났다. 내란의 와중에 병사하였다.

존왕양이운동(尊王攘夷運動)

일본 에도(江戸)시대 말기에 일어난 정치운동. 존왕이란 막부를 타도하고 천황의 권력을 되찾는다는 뜻이며 양이란 외세를 배격하자는 뜻이다. 1853년

미국의 해군 제독 페리가 군함을 이끌고 일본에 도착하여 통상을 요구하자 막부는 천황의 허가를 기다리지 않고 1854년 미일 화친조약을 체결하였다. 이에 존왕양이파는 이를 공격하다가 '안세이(安政)의 대옥(大獄)'이 일어나 심한 탄압을 받았다. 이후 막부는 유화정책을 실시하여 공무합체론(公武合體論)을 제시하여 반대파를 회유하려 하였다. 그러나 조슈번(長州藩)을 중심으로 한 존왕양이파는 교토(京都)에서 테러를 통해 막부파를 공격하는 한편 외국선박을 공격하였다가 1864년 외국 연합함대의 공격으로 패배하였다. 이어 사쓰마번(薩摩藩)도 영국 군함의 공격을 받아 양이론은 기세가 꺾이고 이후 외국 문물을 받아들여 근대화를 이루자는 방향으로 변화하였다. 이후 조슈와 사쓰마가 연합하여 1866년 동맹을 체결하여 막부를 해체하고 1867년 왕정복고를 성공시켰다. 이를 메이지유신(明治維新)이라 하며 이로써 존왕론은 성공을 거두었다.

졸라(Zola, Emile, 1840~1902)

프랑스의 소설가. 파리 출신으로 처음에는 비평가로 활동하면서 인상파 미술과 공쿠르 형제의 작품을 높이 평가하였다. 당시 유행하던 자연과학의 발전에 영향을 받아 인간의 삶을 과학적으로 관찰하는 수법의 자연주의 소설을 구상하게 되었다. 그 결과 《루공 마카르 총서》를 집필하기 시작하였다. 이 작품은 푸크라는 여자와 루공과 마카르라는 두 남자 사이에 태어난 자손들이 제2제정시대의 사회 각 분야에서 살아가는 모습을 그린 작품으로 '제2제정하의

▶ 졸라

일가족의 자연적·사회적 역사'라는 부제가 붙었다. 1869년 제1권을 출간한 이래 《목로주점》(1877), 《여배우 나나》(1880), 《제르미날》(1885), 《대지(大地)》(1887) 등의 작품이 이 총서의 일부로 출간되었다. 1880년에는 《실험소설론》을 발표하여 자연주의 문학이론을 확립하였다. 만년에는 사회주의 사상을 가져 드레퓌스 사건이 일어나자 드레퓌스의 무죄를 적극 옹호하였다. 당시 대통령에게 〈나는 탄핵한다〉(1898)란 공개장을 보낸 것으로도 유명하다.

종교개혁(宗敎改革, Reformation)

16~17세기에 유럽에서 일어난 그리스도교 교회 개혁 운동. 이 운동의 결과로 프로테스탄트(개신교) 교회가 생겨났다. 1517년 독일의 신학자 마르틴 루터가 교황의 면죄부 판매를 비판한 '95개조 반박문'을 발표하면서 확산되었다. 루

터는 1519년 라이프치히에서 교황과 종교회의(공의회)를 부인하였고 황제 칼 5세는 루터를 보름스 국회로 불러 소신을 철회하도록 하였으나 루터는 이를 거부하였다. 그의 사상은 성서를 신앙의 유일한 권위로 삼고 모든 사람이 내면적으로 신과 소통한다는 만인사제주의(萬人司祭主義)였다. 이후 루터는 작센 선제후(選帝侯) 프리드리히의 보호를 받으며 성서를 독일어로 번역하였다. 독일에서는 루터의 도전에 자극을 받아 농민전쟁이 일어났으며 프로테스탄트 제후와 도시들이 카톨릭파인 황제와 맞서 전쟁이 벌어졌다. 결국 1548년 아우크스부르크 화의로 제후들의 신앙의 자유가 인정되었다. 스위스에서는 1520년대부터 취리히와 제네바를 중심으로 츠빙글리와 칼뱅의 개혁운동이 일어났다. 칼뱅의 사상은 '예정설'을 근본으로 한 것으로 루터파 보다 더 넓게 전파되었다. 프랑스에서도 칼뱅파의 영향으로 '위그노'라 불리는 신교도들이 나타났으며 카톨릭 세력과 위그노 전쟁을 치른 끝에 1598년 앙리 4세가 낭트 칙령을 반포하여 신앙의 자유를 인정받았으나 루이 14세 시대에 폐지되었다. 영국은 국왕 헨리 8세가 교황과의 불화로 카톨릭을 이탈하여 1534년 수장령을 발포하고 국교회를 설립하였다. 이후 1559년 엘리자베스 여왕의 통일령 반포로 국교회가 확립되었다. 이와 같은 국가 주도의 국교회에 대립하여 시민계급을 기반으로 한 청교도 세력은 청교도 혁명을 일으켜 공인을 받았다. 종교 개혁의 배경은 교황권이 쇠퇴하면서 로마 카톨릭의 문제점이 노출되고 여기에 유럽 각지의 군주들이 교황의 권위에 도전하는 시대상황 속에서 형성되었다. 따라서 종교개혁은 본질적으로는 교회 개혁 운동이지만 유럽 근대 국가의 성립이라는 정치적 측면과도 관련이 있다. 또한 문화적으로 르네상스와 함께 근대 유럽 사상의 2대 원천으로 불린다.

종두법 ○ 제너

종법(宗法)
중국 중국 주(周)나라 때 성립한 종족(宗族)의 조직규정. 특히 종가(宗家)의 제사를 누구에게 계승할 것인가를 정한 법규이다. 종족은 총본가인 대종(大宗)을 중심으로 단결하며 대종의 상속권은 맏아들인 적장자(嫡長子)가 계승한다. 맏아들 이외의 아들들은 대종에서 갈라져 나와 소종(小宗)을 형성한다. 소종은 5대가 한 소종집단을 이루며 대종은 맏아들에게 계속 이어진다. 대종에 남자가 없을 때 여자는 상속권이 없으며 가까운 소종에서 상속자를 맞이한다. 여자는 모두 동성 불혼(同姓不婚)의 원칙으로 타성 가정으로 출가한다. 주나라의 봉건제도는 이 종법에 입각했다고 하며 주나라 왕실과 제후, 제후와 경대부(卿大夫)의 관계도 이와 유사하여 주나라 왕은 대종이며 제후는 소종이 된다. 제후권의 상속도 적장자에게만 계승되며 기타 아들들은 소종으로 경, 대부가 된다. 그러나 대종인 주나라 왕실은 계속 이어지기 때문에 왕과 제후의 관계는 변하지 않는다. 이로써 주나라 왕실은 혈연적, 신분적 종법제도로서 지배질서를 확립하였다.

종사제도(從士制度, Gefolgschaft)

고대 게르만의 주종제도(主從制度). 프랑크왕국시대 이후로 봉건 가신제도로 발전하였다. 종사 제도는 자유민 대 자유민의 관계로 주인과 종사는 상호 의무의 성실한 이행을 서약하며 이 관계는 전시 뿐 아니라 평시에도 장기간 지속한다. 자유민의 미성년 아들이 종사가 되며 그 지위는 명예로운 것이다. 종사는 어릴 때 주인의 집에 들어가 무예를 연마하고 주인으로부터 숙식과 무기, 말을 지급 받으며 전사(戰士)로 활동하다가 어른이 되어 가정을 가지면 주인으로부터 독립하여 주종관계가 해소되었던 것으로 보인다. 이 시대에는 봉건제도와 달리 토지는 지급하지 않았다. 게르만 민족의 대이동 후에 부족국가가 성립하면서 주인집을 떠난 후에도 주종관계가 지속되었으며 유력자들은 자신의 세력을 과시하기 위해 점차 많은 종사를 거느리게 되었다. 메로빙거왕조 시대에는 왕권이 강화되면서 안트루스티오네스라는 국왕의 종사들이 공적인 권위를 가지게 되었고 그 밖에 레우데스라는 제도로도 계승되었다. 이러한 종사제도가 발전하여 봉토의 지급과 군사적 봉사라는 쌍무적 계약관계에 입각한 중세 봉건제도가 되었다.

종횡가(縱橫家)

중국 전국시대 제자백가의 일파. 외교술을 통한 국제교섭을 전문으로 하였다. 소진(蘇秦)이나 장의(張儀)로 대표되는 합종연횡(合縱連衡)의 책략이 그 중심을 이루었으므로 이 이름이 생겼다. 소진은 각국을 다니며 당시의 강대국인 서방의 진(秦)나라에 대항하기 위해서는 동방의 연(燕)·초(楚)·한(韓)·위(魏)·조(趙)·제(齊)의 6국이 연합해야 한다는 합종책을 제시하였다. 이에 대해 장의는 연횡책을 제시하여 진나라와 각국이 교섭하게 만들어 합종책을 깼다고 한다. 이 유파의 사상을 담은 책으로 《전국책(戰國策)》이 있다.

좌종당(左宗棠, 1812~1885)

중국 청나라 말기의 정치가. 자 계고(季高). 시호 문양(文襄). 후난성(湖南省) 출신이다. 1825년 태평천국군(太平天國軍)의 후난 침입을 방어하는 데 공을 세웠으며 증국번(曾國藩)의 상군(湘軍)에 가담하여 공을 세우고 저장 순무(浙江巡撫)로 발탁되었다. 이때 해군의 중요성을 인식하고 프랑스의 기술원조로 푸저우(福州)에 조선소를 건설하여 양무운동(洋務運動)의 선구자가 되었다. 그 후 서북지방의 염군(捻軍)과 이슬람교도들의 반란을 진압하고 다시 신장

(新疆) 지방의 위구르족의 난을 평정하였다. 러시아의 이리(伊犁/利犁) 점령에 무력대응할 것을 건의하다가 소환되었고 청~프랑스 전쟁으로 청 해군이 패배하자 실망 속에 병사하였다.

주(周, BC 1046~BC 771)

고대 중국의 고대 왕조. 은(殷)나라 다음의 왕조이며, 이전의 하(夏)·은과 더불어 삼대(三代)라 한다. 주왕조(周王朝)의 시조는 후직(后稷)이며, 유목생활을 하다가 BC 11~12 세기경 13대 고공단부(古公亶父) 때에, 산시성(陝西省) 기산(岐山)에 정주(定住)하고, 국호를 주(周)라 하였다. 주는 당시 황허 하류를 중심으로 번성하던 은왕조(殷王朝)에 조공하고 서부 변경의 제후가 되었다. 이후 문왕(文王) 시대에 태공망(太公望) 등을 기용하여 세력을 확장했으며 무왕(武王) 때 은을 멸하고 호경(鎬京)을 도읍으로 하였다. 무왕의 뒤를 이어 어린 성왕(成王)이 즉위하자 주공(周公)이 보좌하여 은나라 백성의 반란을 진압하고 주나라 왕족과 공신을 각 지방의 제후로 봉하는 봉건제도를 실시하였다. 이후 소왕(昭王)·목왕(穆王) 시대에 전성기를 구가했으나 BC 9세기부터 제후들의 반란과 북방 견융(犬戎)의 침입으로 국력이 쇠퇴하였다. BC 771년 유왕(幽王) 때 견융의 침입으로 수도가 함락되고 유왕은 살해되었다. 이에 유왕의 아들로 대를 이은 평왕(平王)이 수도를 성주(成周)로 이전하여 주왕조를 부흥시켰다. 이 이전을 서주(西周)라 하며, 그 이후를 동주(東周)라 불러 구별한다. 동주시대는 춘추(春秋)시대와 전국(戰國)시대로 나뉘어진다. 춘추시대에는 각 지방의 제후들이 패자(覇者, 대제후)로 군림했으나 명목상으로는 주왕실을 존중하고 봉건제도의 틀을 유지하였다. 그러나 BC 5세기부터 전국시대에 들어서자 여러 제후국에서 하극상(下克上)이 일어나고 각 지방에서 새로운 실력자들이 등장한 끝에 BC 256년 진(秦)에 항복하였다.

주공(周公, ?~?)

중국 주(周)나라의 정치가. BC 1000년 전후의 사람이다. 이름은 단(旦). 주왕조를 세운 문왕(文王)의 아들이며 무왕(武王)의 동생. 무왕과 무왕의 아들 성왕(成王)을 도와 주왕조의 기초를 확립하였다. 어린 성왕을 대신해서 섭정이 되었으며 은나라 세력의 반란과 동이(東夷)의 반란을 진압하였다. 주나라 왕족과 공신들에게 각지의 영토를 분봉하여 봉건제도(封建制度)를 실시하였으며 예악(禮樂)과 법도(法度)를 제정하였다. 이로써 공자를 비롯한 유가(儒家)들에게 이상적 정치가로 존경받았다. 저서에 《주례(周禮)》가 있다.

주돈이(周敦燎, 1017~1073)

중국 송(宋)나라의 유학자. 송대 신유학(新儒學 또는 宋學, 道學)의 개조(開

祖)로 불린다. 자 무숙(茂叔). 호 염계(濂溪). 후난성 도주(道州) 출신이다. 지방관으로 활동하다가 은퇴한 후 루산(廬山) 기슭의 염계서당(濂溪書堂)에서 제자들을 길러 염계선생이라 불렸다. 도가사상(道家思想)과 불교의 선종(禪宗) 및 화엄종(華嚴宗)의 영향을 받아 새로운 유학체계를 창시하였다. 그의 저서 《태극도설(太極圖說)》에서 우주의 근원인 태극(太極 : 無極)으로부터 만물이 생성하는 과정을 태극도(太極圖)로 표시하였다. 이에 따르면 태극이 음양(陰陽)을 낳고 음양이 오행(五行)을 낳고 오행에서 우주만물이 나온다고 주장하였다. 그리고 이러한 우주생성의 원리와 인간의 도덕원리는 하나이기 때문에 인간은 중정(中正) 인의(仁義)의 도를 지켜 성인(聖人)이 되어야 한다고 주장하였다. 그의 학설은 정호(程顥)·정이(程頤) 형제에게 계승되었고 남송의 주희(朱熹)에 의해 집대성되었다.

주원장(朱元璋, 1328~1398)

중국 명(明)나라의 초대 황제(재위 1368~1398). 묘호(廟號)는 태조(太祖). 홍무제(洪武帝)라고도 한다. 안후이성 호주(濠州)의 빈농 출신으로, 17세에 고아가 되어 탁발승(托鉢僧)으로 지내다가 홍건적(紅巾賊)의 부장 곽자흥(郭子興)의 부하가 되면서 두각을 나타내어 강남(江南)의 거점인 난징(南京)을 점령하였다. 그 뒤 경쟁세력을 물리치고 1368년 명나라를 세웠다. 원나라를 몽고로 몰아내고 유교에 입각한 한민족(漢民族)의 왕조를 부활시켰으며 중앙집권적 독재체제를 수립하였다. 중앙에서는 중서성(中書省)을 폐지하여 육부(六部)를 독립시키고 황제 직속으로 감찰을 담당하는 도찰원(都察院)과 군대를 담당하는 오군도독부(五軍都督府)를 설치하였다. 지방에는 각 성마다 행정을 담당하는 포정사사(布政使司)와 군사를 담당하는 도지휘사사(都指揮使司) 및 검찰을 담당하는 안찰사사(按察使司)를 두어 지방권력을 3분하고 황제가 직접 관리하였다. 또한 24명의 아들들(皇子)을 만리장성과 황허 유역에 분봉하였는데 이는 중앙집권 체제와 모순을 일으켜 후일 연왕(燕王)이 정난(靖難)의 변을 일으키는 원인이 되었다. 이밖에 농촌에 이갑제(里甲制)를 설치하고 부역황책(賦役黃册)과 어린도책(魚鱗圖册)을 만들어 지방행정을 정비했으며 대명률(大明律)을 제정하였다.

주자(朱子, 1130~1200)

중국 송(宋)나라 때의 유학자. 자 원회(元晦), 중회(仲晦). 호 회암(晦庵), 회옹(晦翁), 운곡산인(雲谷山人), 창주병수(滄洲病戒), 둔옹(遯翁). 이름 희(熹). 푸젠성(福建省) 우계(尤溪) 출신. 송대 신유학(新儒學, 宋學, 道學, 理學, 程朱學, 性理學이라고도 부른다)을 집대성하였기 때문에 신유학을 주자학(朱子學)이라고도 부른다. 14세 때 부친이 죽은 후 여러 선생을 만나 공부하면서 불교와 도가 사상에도 관심을 가졌으며 이러한 영향으로 유학을 새롭게 정립하고자 하였다. 19세 때 진사가 되어 지방관으로 활약하였으며 제자들을 모아 학문을 가르쳤다. 학문적으로 북송시대의 신유학자인 주염계(周濂溪)·장횡거(張橫渠)·정명도(程明道)·정이천(程伊川)의 사상을 계승하였으며 육상산(陸象山)과 논쟁하면서 자신의 사상을 확립해 나갔다. 이후 고대 유가경전에 새로운 주석(新註)을 단 《사서집주(四書集注)》를 펴내고 오경(五經)보다 사서(四書)를 중시하여 공자 이래 도학의 계보를 정리하였다. 주자학은 이후 유학의 정통이 되었으며 중국 뿐 아니라 한국, 일본 등 동아시아 각지로 전파되어 큰 영향을 미쳤다. 그의 저서로는 많은 경전 주석 외에 《주문공문집(朱文公文集)》 121권과 《주자어류(朱子語類)》 141권이 있다.

주전충(朱全忠, 852~912)

중국 오대(五代)시대 후량(後梁)의 건국자(재위 907~912). 본명 주온(朱溫). 묘호 태조(太祖). 안후이성(安徽省) 출신이다. 당나라 말기 황소(黃巢)의 난에 참여했다가 관군에 항복한 후 절도사가 되어 난을 평정하였다. 그 공으로 양왕(梁王)에 봉해지고 화북 지방의 실력자가 되었다. 그 후 당의 소종(昭宗)을 살해한 뒤 애제(哀帝)를 세우고, 다시 907년에 애제로부터 제위를 넘겨 받아 양(梁)나라를 세우고 카이펑(開封)을 수도로 정함으로써 당왕조를 멸망시켰다. 이리하여 이후 50년에 걸친 오대십국(五代十國)의 분쟁이 시작되었다. 즉위 6년만에 아들 주우규(朱友珪)에게 살해되었다.

주현제도(州縣制度)

중국 및 동아시아의 지방 행정제도. 고대 중국의 하(夏)나라는 전국을 9주로 나누었으며, 전한(前漢) 시대에는 전국을 13주로 구획하였다. 후한(後漢)에 이르러 각 주에 군(郡 : 國)과 현을 두어 주·군·현의 3급 제도가 성립하였다. 이후 주부군현(州府郡縣)이라 하여 상하의 관계가 뚜렷해져, 현은 언제나 지방행정구역의 최하단위가 되었다. 현에는 또 여러 등급이 있어, 한(漢)나라에서는 1만 호를 기준으로 그 이상 되는 현에는 영(令)을, 그 이하에는 장(長)을 두었다. 수(隋)나라가 남북을 통일한 뒤 주의 수가 241주에 이르러 군(郡)과 별 차이가 없게 되었으므로, 군을 폐지하고 주가 직접 현을 관장하는 2급제가 되었다. 당(唐)나라 때 주 위에 도(道)를 두어 다시 3급제가 되었다.

죽림칠현(竹林七賢)

중국 위(魏)·진(晉)의 정권교체기에 정치를 멀리하고 죽림에 모여 청담(淸談)을 즐긴 7명의 선비를 말한다. 완적(阮籍), 혜강(嵆康), 산도(山濤), 향수(向秀), 유영(劉伶), 완함(阮咸), 왕융(王戎) 등 7명은 한(漢)나라가 무너지면서 국교였던 유교가 쇠퇴하고 각지에서 지방 호족들이 득세하면서 새로운 사상적 기풍이 일어나는 시대를 살았다. 이들은 개인주의적이고 무정부주의적인 노장사상(老莊思想)에 입각하여 유교적 질서를 부정하였다. 이들이 한데 모인 것은 일시적인 것이었으며 그후 흩어졌으나 수많은 일화를 남겼다.

중가르(Jungar)

17세기 초반부터 18세기 중반까지 몽고 서북 지방에 존속한 오이라트 몽고족의 일파 및 그 국가. 준가얼(準恩爾) 또는 준부(準部)라고도 하였다. 오이라트족은 4부족으로 구성되어 있었는데 이중 중가르 부족 가운데 에센(명대 오이라트의 대족장)의 후예인 초로스부(綽羅斯部)의 부장 카라쿠라가 오이라트족을 통일하여 유목민족국가를 세웠다. 중가르란 본래의 부족명이 아니라 오이라트족 가운데 좌익(서방)의 집단이란 뜻이다. 중가르는 일리 지방을 본거지로 법전과 문자를 만들고 라마교를 전파하였다. 이후 초로스 왕가의 3대인 갈단 시대에 티벳과 중앙아시아를 장악하고 외몽고에까지 침입했으나 청나라 강희제(康熙帝)가 직접 원정에 나서 중가르군은 격파되고 갈단은 자살하였다(1697). 이후 갈단 체링 시대에 청조와 화의를 맺었으나 건륭제(乾隆帝) 시대인 1755년과 1758년 청나라의 공격을 받고 멸망하였다.

중농주의(重農主義, physiocracy)

18세기 중상주의에 이어 형성된 경제사상. 국가의 부의 기초가 농업에 있다고 주장하였다. 이 학파의 대표자는 프랑스의 케네로, 그는 18세기 후반 루이 15세의 신임을 얻어 베르사유 궁전에 살면서 경제학 연구에 전념하였다. 그는 국민의 대다수인 농민을 희생시키는 중상주의 정책에 반대하고 농업의 자본주의화로 절대왕정의 재정 위기를 극복하고자 하였으며 농업을 유일한 생산적 산업이자 경제발전의 원천으로 파악하였다. 경제의 자유와 사유재산을 기초로 하는 사회는 생산계급인 농민, 비생산적인 상공업자, 농민의 잉여를 지대(地代)로 가져가는 지주 등의 3대 계급으로 구분되며 이들 사이의 부의 순환을 파악한 분석이 그의 대표작《경제표(經濟表)》이다. 케네의 사상은 지주와 관료 가운데서 많은 지지자를 얻어 중농학파가 형성되었으며 튀르고에 의해 절대왕정에 적용되었다. 그러나 생산

▶ 케네

일반이 아니라 농업생산만을 중시했기 때문에 고전 경제학파로부터 비판을 받고 영향력을 상실하였다.

중동전쟁(中東戰爭, Middle East War, 1948, 1956, 1967, 1973)

이스라엘과 아랍국가들 사이에 4차례에 걸친 분쟁. 제1차 중동전쟁은 1948년 이스라엘의 독립을 계기로 이에 반대하는 아랍 국가들과 이스라엘 사이에 일어났다. 이 전쟁으로 아랍측은 영토를 상실하고 많은 난민이 발생하여 이후 중동전의 불씨가 되었다. 제2차 중동전쟁은 1956년 이집트의 수에즈 운하 국유화를 계기로 이스라엘, 영국, 프랑스가 이집트를 침공한 전쟁이다. 이스라엘은 군사적으로는 성공을 거두었으나 국제여론에 밀려 철수하였다. 제3차 중동전은 '6일 전쟁'이라고도 불리며 1967년 이스라엘이 주변 아랍국을 선제 공격하여 시나이 반도 전체와, 가자지구, 요르단강 서안, 골란고원 등을 점령하고 예루살렘을 단독 통치하게 되었다. 제4차 전쟁은 '욤 키푸르 전쟁'이라고도 불리며 1973년 10월 6일 이집트가 유대교의 성일(聖日)인 욤 키푸르(속죄의 날)에 수에즈 운하를 건너 시나이 반도로 진격하였다. 이와 함께 시리아군도 골란 고원쪽에서 공격을 개시하였다. 아랍군의 기습공격으로 초반에 고전하던 이스라엘군은 반격에 나서 전세를 역전시켰으며 국제연합의 중재로 휴전이 성립되었다.

중상주의(重商主義, mercantilism)

초기 자본주의의 경제이론. 16세기에서 18세기에 걸쳐 유럽 국가들이 취한 자국의 상업 및 산업에 대한 보호정책. 형성기에 있는 산업자본을 보호, 육성하기 위해 국내시장을 확보하고 국외시장을 개척하기 위하여 외국 완제품 수입금지 또는 제한, 외국산 원료의 수입장려, 국내 상품의 수출 장려, 국내원료의 수출금지 등의 조치를 실시하였다. 중상주의자들은 이윤이 생산이 아닌 유통에서 발생한다고 보았다. 따라서 일반적 등가(等價)로서의 귀금속이야말로 부(富)의 본원적 형태라고 보았으며 귀금속을 확보하기 위해서 외국무역에서 흑자를 내는 것을 목표로 삼았다. 영국에서는 튜더왕조의 성립기부터 산업혁명 직전까지 중상주의 정책이 시행되었으며 프랑스에서는 부르봉 절대왕정 시대의 재상 콜베르의 이름을 따 콜베르티슴이라고 하였다. 독일의 영방국가들은 관방주의(官房主義)라는 절대주의적 중상주의를 실시하였다. 중상주의는 시민혁명과 산업혁명, 고전 경제학파의 등장으로 영향력을 상실하였다.

중서성 ○ 3성6부

중왕국(中王國, BC 2050?~BC 1750?)

고대 이집트의 역사시대. 제11~12왕조 시대를 말한다. 고왕국 시대가 끝나고 제1중간기를 거쳐 멘투호테프 2세가 이집트를 다시 통일하였다. 또한 이집트 남쪽 국경을 넘어 누비아를 공격하고 동쪽으로 시나이 반도와 푼트 지방에 거점을 마련하였다. 제11왕조가 쇠퇴하자 아메넴헤트 1세가 제12왕조를 열고 세소스트리스 3세 때 국내를 통일하고 누비아와 팔레스티나에 원정하였으며 시리아, 크레타까지 교역을 하였다. BC 18세기경 중왕국 시대는 끝나고 시나이 반도를 거쳐 침입해 온 힉소스가 이집트를 지배하였다.

중·일전쟁(中日戰爭, 1937~1945)

일본이 일으킨 중국 침략전쟁. 1937년 7월 베이징 교외의 루거우차오(蘆溝橋)에서 일어난 일본군과 중국군의 무력충돌을 계기로 발발하였다. 일본군은 베이징과 톈진(天津)을 점령하고 8월에는 상해로 진격하였으며 12월에는 국민정부의 수도 난징(南京)을 점령하였다. 이후에도 일본군은 공격을 계속하여 광둥에서 산시에 이르는 남북 10개 성과 주요도시를 대부분 점령하였다. 국민정부는 공산당과 제2차 국공합작을 결성하여 일본에 맞섰으나 일본군의 무력에 밀려 후퇴를 거듭하다가 충칭(重慶)으로 수도를 옮겼다. 또한 왕자오밍(汪兆銘) 등은 일본에 협조하여 난징에 괴뢰정부를 세웠다. 전쟁이 장기화되자 일본은 돌파구를 찾기 위해 1941년 진주만 기습공격을 감행하여 태평양전쟁을 일으켰다. 이에 중국은 연합국의 일원으로 일본과 대치하였으며 1945년 일본이 항복함으로써 중·일전쟁은 끝났다. 그러나 국민정부는 일본과의 장기간에 걸친 전쟁으로 세력을 잃고 공산당이 세력을 확장하게 되었다.

중장보병(重裝步兵, Phalanx)

고대 그리스 도시국가의 중무장 보병. 갑옷과 무기를 마련할 수 있는 시민이 중장보병이 되었으며 솔론의 시민 구분에서 제우기타이 계급이 이에 해당되었다. 방패와 긴 창을 이용하여 보통 8열의 밀집대열을 형성하여 적을 공격

▶ 그리스의 중장보병

하는 중장보병 전술을 구사하였다. 정면 공격의 위력은 강하였으나 대열의 옆과 뒤가 취약하여 기병과 경보병으로 보호하였다. 페르시아 전쟁과 펠로폰 네소스 전쟁에서 크게 활약하였으며 알렉산더 대왕의 동방원정에서도 중장보 병이 기병 및 경보병과 함께 활약하였다.

중체서용 ○ 양무운동

중화민국(中華民國, 1912~)

1911년 중국에서 일어난 신해혁명(辛亥革命)의 결과로 1912년 1월에 쑨원(孫文)의 삼민주의(三民主義)를 강령으로 수립된 공화국. 쑨원이 임시 대총통으로 취임하였다가 북양군벌(北洋軍閥) 위안스카이(袁世凱)와 타협하여 위안스카이가 대총통에 취임하였다. 이후 위안스카이는 군주제를 시도하다가 실각하고 북양군벌들이 정권을 좌우하였다. 이에 1923년 쑨원이 이끄는 중국 국민당은 공산당과 제1차 국공합작(國共合作)을 결성하여 광둥정부를 수립하고 1926년 북벌(北伐)을 시작하였다. 북벌군 사령관 장제스(蔣介石)는 상해 쿠데타를 일으켜 공산당을 축출하고 난징(南京)정부를 수립하였다. 이후 북벌을 계속하여 1928년 중국 전역을 장악하였다. 그러나 1931년 만주사변으로 일본에 만주를 빼앗기고 1937년 중·일전쟁으로 일본군에게 중국 본토의 대부분을 점령당하였다. 국민당은 1936년 시안사건을 계기로 공산당과 제2차 국공합작을 결성하여 함께 항일전쟁을 벌였다. 그러나 1945년 종전과 함께 국공내전이 다시 발발하여 1949년 국민당이 타이완으로 퇴각하면서 중국 본토에는 중화인민공화국이 수립되고 중화민국은 타이완에 국한되었다.

증국번(曾國藩, 1811~1872)

중국 청나라 말기의 정치가. 자 백함(伯涵). 호 척정(滌正). 시호 문정(文正). 의용군을 조직하여 태평천국(太平天國)을 진압하였으며 양무운동(洋務運動)을 추진하였다. 관직생활을 하던 중 태평천국의 난이 일어나자 황제로부터 후난(湖南)을 방위하라는 명령을 받고, 농민과 병사를 의용군(湘軍)으로 조직하고, 장강수군(長江水軍)을 편성하여 태평천국 진압을 주도하였다. 1860년 양강총독(兩江總督)에 임명되어 양쯔강(揚子江) 유역에서의 태평천국 토벌의 전권을 수여 받았다. 그는 이홍장(李鴻章)에게 회군(淮軍)을 조직하도록 하고, 영국과 프랑스군의 원조를 받아 난징(南京)을 탈환하였다. 이후 염군(捻軍) 등 화북지방의 농민폭동을 진압하고 서양 국가들에 대한 유화정책을 실시하는 등 동치중흥(同治中興)을 이룩하였다. 정치가 안정되자 유럽의 군사기술과 무기도입을 위해 유학생을 파견하고 서양식 무기공장을 수립하는 등 양무운동을 추진하였다.

증자(曾子, BC 506~BC 436)

중국 춘추시대의 유학자. 이름은 삼(參). 자 자여(子輿). 산둥성(山東省) 출생. 공자의 제자로 효성이 지극하여 공자의 신임을 얻었다. 《효경(孝經)》의 작자로 전해진다. 증자는 유교의 근본이 되는 인(仁)으로 가는 길은 효제(孝悌)에 있다고 보고 효로써 모든 덕을 설명하려 하였다. 공자가 '나의 도는 하나로써 일관한다(吾道一以貫之)'고 말했을 때 '부자(夫子)의 도는 충서(忠恕)뿐'이라고 해설했다고 한다. 이때 일관(一貫)은 인(仁)이며 충서는 인을 구하는 방법이란 뜻이다. 그의 사상은 《증자(曾子)》 18편(篇) 가운데 10편이 《대대례기(大戴禮記)》에 실려 전해진다. 공자에게서 증자로 계승된 유가의 도는 증자에게서 공자의 손자 자사(子思)를 거쳐 맹자(孟子)에게 전해졌다. 따라서 증자는 유가 사상의 전승에 있어 중요한 위치를 차지한다.

지구라트(Ziggurat)

메소포타미아 지역에서 발견되는 햇볕에 말린 벽돌로 축조된 거대한 계단형 탑. 바빌로니아와 아시리아 시대에 하늘의 신들과 지상을 연결하기 위해 지어진 것으로 성탑(聖塔) 또는 단탑(段塔)이라고도 한다. 지구라트란 '높은 곳'이란 뜻이다. 수메르시대 초기에 신전(神殿)의 기단(基壇)에서 발달하였는데, 그 전형적인

▶ 지구라트

형식은 점점 작아지는 사각형의 테라스를 겹쳐 기단으로 하고(때로는 7층에 이른다), 그 최상부에 직사각형 신전을 안치하였다. 각 도시마다 중심부에 지구라트가 있었으나 현재는 원형을 유지하는 것이 거의 없다. 구약성서에 나오는 '바벨탑'은 바빌론의 지구라트를 가리키는 것이다.

지동설(地動說, heliocentric theory)

지구가 행성의 하나로 자전하면서 태양 주위를 공전한다는 우주관. 태양중심설이라고도 한다. 150년경 그리스의 프톨레마이오스가 태양이 지구 주위를 돈다는 천동설을 제시한 이래 이 학설이 중세유럽까지 계승되었다. 이에 대해 1543년 폴란드의 코페르니쿠스가 《천구의 회전에 관하여》란 책을 발표하고 태양중심설을 제창하였다. 이후 케플러가 지동설을 바탕으로 천체 운행의 세 가지 법칙을 정립하였으며 이탈리아의 갈릴레이도 같은 시기에 《프톨레마이오스와 코페르니쿠스의 두 대우주 체계에 관한 대화》에서 코페르니쿠스의

지동설을 지지하면서 점차 지동설이 정설로 자리잡았다. 지동설은 근대적 우주관을 정립하여 중세에서 근대로의 사상적 변화에 한 축이 되었다.

지롱드당(Girondins)

프랑스 혁명 당시의 온건파. 입법의회와 국민 공회에서 상공업 부르주아지를 대표하였다. 의회주의, 사유재산의 보호, 통제경제의 반대, 연방주의를 주장하였다. 지롱드 출신 의원이 많아 지롱드란 이름이 붙었다. 1791년 입법의회의 좌파 의원 중에서 브리소, 베르니오, 가데, 장소네, 롤랑 부부 등이 자코뱅당과 결별하여 형성하였다. 이들은 혁명전쟁을 주장하여 1792년 3월에 정권을 장악한 후 오스트리아와 프로이센에 선전포고를 하였다. 그러나 전세가 불리해지고 8월 10일 파리민중의 봉기에도 반대하다가 상퀼로트의 지지를 받는 자코뱅당과 대립하였다. 국민공회의 초기에는 우세하였으나 1793년 6월 자코뱅당이 파리 시민을 동원하여 지롱드당 의원들을 국민공회에서 제명하면서 영향력을 상실하였다. 그러나 로베스피에르 실각에 일익을 담당했고 이후 테르미도르파에 합류하였다.

지리상의 발견(geographical discoveries)

15~16세기에 유럽인에 의한 인도 항로와 아메리카 대륙의 발견. 대항해시대(大航海時代)라고도 한다. 15세기 초 포르투갈의 항해왕 엔리케의 후원으로 아프리카 서해안 탐사가 시작되었다. 그 결과 1486년에 바르돌로뮤 디아스가 희망봉에 도달하여 아프리카 남단 우회에 성공하였다. 이로부터 아프리카 동해안, 페르시아, 인도 진출이 시작되어 1498년 바스코 다 가마가 희망봉을 돌아 인도의 캘커타에 도착하여 인도 항로의 발견에 성공하였다. 한편 이탈리아 출신의 콜럼버스는 에스파냐의 이사벨라 여왕의 후원으로 1492년 에스파냐를 출발하여 아메리카 대륙의 서인도 제도에 도착하였다. 이후 에스파냐에 의해 아메리카 대륙 진출이 활발하게 이루어졌으며 이곳에서 발견된 금과 은이 유럽으로 유입되면서 가격혁명이 일어났다. 이후 영국, 네덜란드, 프랑스 등도 인도, 동남아, 아메리카, 오세아니아 등 세계 각지로 진출하였다. 지리상의 발견은 유럽의 근대국가 형성 과정에 새로운 지식과 경험을 제공하였으며 비서구지역에 대한 교역과 정치적 지배의 계기가 되었다.

지브롤터(Gibraltar)

이베리아 반도 남단에서 지브롤터 해협으로 뻗은 반도. 영국의 직할 식민지이다. 그리스, 로마 시대에는 '헤라클레스의 기둥'으로 알려졌다. 페니키아의 식민지가 되었다가 카르타고의 지배를 받았으며 711년에는 사라센제국의 타리크가 이곳을 거점으로 에스파냐에 침입하였다. 1469년에 에스파냐군이 점령하였으며 1704년 에스파냐 계승전쟁에 개입한 영국이 이곳을 점령하였다. 20세기 초 영국은 이곳을 요새화하여 몰타, 수에즈, 인도를 연결하는 전략적 요충지로 삼았다. 제2차 세계대전 중에는 아프리카 작전기지로 활용되었다.

▶ 지브롤터 해협

지정은제(地丁銀制)

중국 청나라 때의 징세제도. 토지세와 인정세(요역)를 합쳐 토지에만 부과하여 은(銀)으로 징수하는 제도이다. 명나라 후기에 일조편법(一條鞭法)을 시행하여 지세와 정세를 모두 은으로 징수하였다. 그런데 호구조사가 어렵고 탈세가 많아 정세를 지세에 합쳐 징수하는 방법을 실시하여 1716년 광동성(廣東省)에서 실시하였고 1723년 이후에는 전국적으로 실시했다. 이 제도로 중국 역사상 오랫동안 시행되던 요역이 사라지고 토지세만이 남게 되었다.

지즈야(jizyah)

이슬람제국이 이교도 피정복민에게 부과한 인두세(人頭稅). 이슬람 세력이 서아시아와 북아프리카를 점령하면서 유대교나 그리스도교도에게는 개종을 강요하지 않고 지즈야나 하라즈라는 세금을 내게 했다. 이후 정복이 확대되면서 다른 이교도에게도 같은 조치가 적용되었으며 오스만 투르크제국에서도 시행되었다. 애초에는 지즈야와 하라즈의 구분이 없었으나 이후 지즈야는 인두세가 되고, 하라즈는 이슬람교도에게도 부과되는 토지세가 되었다. 후대에 가서 이슬람 개종자가 늘어나면서 재정적 의미를 상실하였고 1855년 크림전쟁 당시에 징병 면역세로 변하였다가 터키 공화국이 수립되면서 폐지되었다.

지하드(Jihad)

이슬람교도가 이교도를 개종시키기 위하여 종교적 의무로써 행하는 무력행사. '성전(聖戰)'이라고 번역한다. 지하드는 이슬람법에 따라 부과된 의무이며 자유신분으로 성년에 이른 건강한 이슬람 남자는 이맘의 명령이 있으면 지하드에 참가해야 한다. 지하드는 반드시 무력행사를 의미하는 것은 아니며 마음에 의한, 펜에 의한, 지배에 의한, 검에 의한 4종류의 지하드로 나뉜다. 지하드의 참가자에게는 전리품의 분배와 순교자에게는 천국이 약속된다. 현재 이슬람 테러 세력들이 자신들의 행위를 지하드라고 주장하고 있다.

직인 ● 도제제도

직용의 변(織傭의 變)

명나라 때 도시 노동자들이 일으킨 난. 상공업이 발달하면서 명의 대도시에는 수 만 명의 수공업 노동자들이 모이게 되었다. 이들은 주로 고공(雇工)이나 용공(傭工) 등의 고용 노무자로서 민변(民變)이라 불린 반세운동(反稅運動)을 일으켰다. 또한 소작인의 반지대투쟁(反地代鬪爭)인 항조(抗租)운동과 연대하는 경우가 많았기 때문에 항조노변(抗租奴變)이라 한다. 노변과 민변은 15세기 후반 등무칠(鄧茂七) 등이 일으킨 농민반란과 함께 하층민이 농공일체가 되어 사회적 자각을 표출한 것으로 시대의 변화를 나타낸 현상이다.

진(秦, ?~BC 207)

중국 주(周)나라 때 제후국의 하나로 중국 최초로 통일제국(BC 221~BC 207)을 건설한 국가. 시조인 대구(大丘)의 비자(非子)가 BC 10세기에 주나라 효왕(孝王)으로부터 진읍(秦邑 : 甘肅省 淸水縣)에 봉해져 서융(西戎)의 방위를 맡음으로써 진을 일으켰다. BC 8세기 초, 주나라가 견융(犬戎)의 공격을 받을 때 유왕(幽王)을 도왔고, BC 771년 평왕(平王)이 동쪽 낙읍(洛邑)으로 천도하였을 때에는 이를 호위한 공으로 산시성(陝西省)의 서부 지역을 맡아 제후(諸侯)로 승격하였다. 이후 진은 전국시대에 전국칠웅(戰國七雄)의 하나로 상앙 등을 기용하여 부국강병을 추진하였다. 혜문왕(惠文王) 때 함양(咸陽)으로 천도한 후 동방 6국과 대결하여 BC 247년 진왕 정(政, 시황제)이 등극한 후로 6국을 차례로 멸망시키고 BC 221년 중국 전역을 통일하였다. 통일을 이룬 후 봉건제를 폐지하고 군현제를 실시하여 전국을 36군으로 나누고 중앙에서 관리를 파견하여 통치하였으며 사상의 통일을 위해 분서갱유(焚書坑儒)를 단행하고 화폐와 도량형, 문자를 통일하였다. 북방의 흉노를 몰아내고 만리장성을 축조하였으며 남으로는 남월(南越)을 토벌하였다. BC 206년 시황제가 사망하자 각지에서 반란이 일어나 BC 206년 항우(項羽)와 유방(劉邦)에 의하여 멸망하였다.

진나(Jinnah, Muhammad Ali, 1876~1948)

파키스탄의 정치가. 카라치에서 변호사로 활동하다가 1916년 인도 무슬림 교도연맹의 총재가 되었다. 제1, 2차 영국·인도 원탁회의에서 이슬람 대표로 활약하였으며 힌두 교도와 이슬람 교도의 분리 선거제를 확립하였다. 제2차 세계대전 후 인도가 독립하자 파키스탄을 이슬람 국가로 분리 독립시켰다. 이후 파키스탄 자치령의 초대 총독이 되었다.

진랍(眞臘)

6세기 이후 캄보디아를 지배한 크메르(캄보디아)족의 왕국. 메콩강 중류지방에 거주하면서 남쪽의 부남(扶南)에 예속되어 있었으나 6세기 중반부터 독립하여 7세기 초반에는 부남을 멸망시키고 인도차이나 반도의 대국이 되었다. 8세기초에 북방의 육진랍(陸眞臘)과 남쪽의 수진랍(水眞臘)으로 분열된 뒤, 9세기초 자야바르만 2세(재위 802~850) 이후 통일을 이루었다. 이후 앙코르 지방에 도읍을 정하고 북방의 라오스와 서쪽의 타이, 동쪽의 참파 방면까지 세력을 뻗쳤다. 인도문화의 영향을 받으면서도 독자적인 캄보디아 문화를 발전시켜 앙코르 와트 사원을 비롯한 문화유적을 남겼다. 타이족의 공격으로 15세기 전반에 앙코르를 포기하고 수도를 남쪽으로 옮겼으며 점차 영역이 축소되어 크메르에 국한되었다.

진승·오광의 난(陳勝·吳廣의 亂, BC 211)

중국 진(秦)나라 말기에 시황제(始皇帝)가 죽은 뒤 일어난 농민반란. BC 210년 시황제의 막내아들 호해(胡亥)가 즉위하자 각지에서 혼란이 일어났다. 다음해 7월 진승(陳勝)과 오광(吳廣)은 만리장성의 수비를 위해 군대를 이끌고 베이징 방면으로 이동하다가 큰 비를 만나 정해진 기한 내에 도착할 수 없게 되자 반란을 일으켰다. 이들은 여러 현을 공격하면서 농민들을 모여 옛 진(陳)나라 땅(허난성 화이양현)을 점령, 진승이 왕이 되고 오광이 가왕(假王)이 되어 국호를 장초(張楚)라 하였다. 이에 자극 받아 각지에서 반란이 일어났다. 이들의 반란은 내분이 일어나 진승과 오광이 부하들에게 살해되어 6개월 만에 끝났으나 이로 인하여 진나라가 유방(劉邦)과 항우(項羽)에게 멸망당하는 계기가 되었다.

진조(陳朝, 1225~1414)

베트남의 왕조. 진경이 하노이를 수도로 하여 수립하였다. 이 시대에 세 차례에 걸쳐 몽고군이 침입하였으나 모두 물리쳐 베트남의 독립을 유지하였다. 또한 남쪽의 참파를 복속시키고 1306년에는 지금의 위에 지방에 해당되는 참파 북부를 할양받았다. 그러나 14세기 중반 이후 국세가 약해져 1400년에 장군 여계리가 왕위를 찬탈하였다. 이때 명나라의 영락제가 진조 부흥을 구실로 베트남을 침공하여 1407년 여계리를 축출하였다. 이후 명은 베트남을 병합하여 교지포정사사를 두고 직할 지배하였다.

진주만(眞珠灣, Pearl Harbor)

미국 하와이주 오아후 섬에 있는 미해군 군항. 만의 입구가 좁고 내부가 넓어 천연의 요새를 이루며 미군 태평양 사령부가 위치하고 있다. 1941년 12월 7

일 일본 연합함대가 이곳에 주둔한 미 해군 함정과 육군 기지를 공격하여 큰 타격을 입힘으로써 미국이 태평양 전쟁에 참전하는 계기가 되었다.

진화론(進化論)

생물의 진화에 관한 학설. 18세기 후반 라마르크가 체계적인 진화론을 제시하면서 발전하였다. 그는 무기물에서 자연발생한 원시생물이 스스로 발달하여 복잡하게 된다는 전진적(前進的) 발달설과 습성에 의해 획득된 형질이 유전하여 발달한다는 용불용설(用不用說)을 함께 주장하였다. 1830년에는 라이엘이 지질학적 견지에서 유물론적 세계관을 제시하였다. 이후 찰스 다윈이 1859년에 《종의 기원》을 발표하고 자연선택설을 핵심으로 하여 새로운 종이 탄생하는 과정을 설명하였다. 다윈은 라마르크의 용불용설은 채용하였으나 전진적 발달설은 배격하고 적자생존과 생존경쟁이라는 요소를 강조하였다. 이러한 다윈의 진화론은 자유경쟁에 의한 번영을 추구하던 당시 영국의 사회 분위기에서 큰 호응을 받았으며 허버트 스펜서의 사회진화론(사회 다윈주의)로 이어졌다. 이는 생존경쟁의 논리로 인종차별이나 제국주의 정책을 합리화하는 데 이용되었다. 다윈 이후로 진화론은 멘델의 유전법칙과 드 프리스의 돌연변이설 등이 제기되면서 발전을 계속하고 있다.

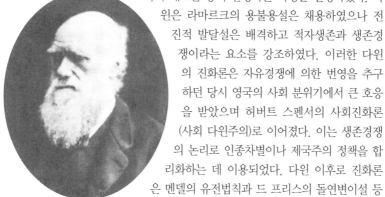

다윈

집정관(Archon, Consul)

고대 그리스(아르콘)와 로마(콘술)의 선출직 최고 행정관을 번역한 용어. 아르콘은 그리스어로 제1인자, 지배자, 고관을 뜻하며 폴리스의 성립과 함께 만들어져 민주정 시대까지 이어졌다. 아테네에서는 처음에 왕가 출신의 3명이 아르콘이 되었으나 점차 개방되어 민주정 시대에는 9명의 아르콘이 있었다. 솔론의 개혁 시대에는 재산등급 4등급 중 1등급에 해당하는 사람만이 아르콘에 출마할 자격이 있었다. 페르시아 전쟁 후에는 모든 시민이 출마자격이 있었으나 487년부터 추첨으로 선출하게 되어 실권은 10명의 스트라테고스(장군)에게 넘어갔다. 콘술은 로마 공화정 시대의 최고 행정, 군사 장관으로 정원은 2명이며 임기는 1년이다. 민회의 하나인 병사회(코미티아)에서 선출하였다. 원래 귀족만이 될 수 있었으나 BC 367년 리키니우스섹스티우스법에 의해 평민도 취임이 가능하게 되었다. 그러나 실제로는 소수 가문이 독점하였다. 제정 시대에는 관직과 직권을 분리하여 황제가 직권을 장악했다. 로마의 속주가 늘어나면서 전 집정관(프로콘술)이 속주의 전권을 가진 총독이 되었다.

집주(集住, Synoikismos)

고대 그리스의 주거형태. 고대 그리스의 폴리스 중심도시는 집주에 의해 일시에 형성되었다고 한다. 전설의 인물인 아테네의 테세우스왕은 몇 개의 씨족 촌락을 하나로 합쳐 아테네를 중심도시로 한 폴리스를 형성하였다고 한다. 집주는 이전부터 있던 촌락 중 중요한 곳을 중심으로 이루어지거나 전혀 새로운 곳을 중심도시로 한 경우도 있었다. 집주가 이루어진 시기는 대부분 전사단(戰士團)의 형성 시기와 일치하였으므로, 이들의 거주지를 기본으로 한 중심도시는 방어가 용이한 곳이 선택되었다.

세계역사사전

차가타이한국(察合台汗國, Chaghatai Khanate, 1227~1360)

중앙 아시아의 몽고왕조. 칭기즈칸의 둘째 아들 차가타이가 아버지로부터 8,000아일(유목가족)의 백성과 비시발리크에서 사마르칸트에 이르는 톈산(天山)의 계곡지대를 받아 세운 한국이다. 일리강 분지의 알말리크를 중심지로 하였다. 처음에는 오고타이, 몽케 등 대칸(大汗)의 통제를 받았으나 1260년 쿠빌라이가 원(元)나라를 세우면서 오고타이 한국의 하이두에게 복속하여 킵차크 한국과 함께 하이두를 중앙아시아의 대칸으로 추대하였다. 1301년 하이두가 죽자 차가타이 한국의 두와(1274~1306) 칸이 원나라와 화해하고 오고타이 한국을 병합하여 중앙아시아를 지배하였으며 아프가니스탄과 인도까지 진출하였다. 그러나 두와의 아들들이 권력투쟁을 벌인 끝에 톈산 방면의 동부 한국과 서부 투르키스탄의 서부 한국으로 분열되었다. 서부 한국은 투르크 이슬람화되어 1369년 티무르가 티무르제국을 세웠으며 동부 한국은 몽고의 유목생활을 유지하면서 16세기초까지 톈산지방에 거주하였다.

차르(Tsar)

러시아 황제의 칭호. 라틴어의 '카이제르'에서 나온 말이다. 고대 러시아에서는 비잔틴 황제, 킵차크 칸을 가리켰으며 중세 슬라브 문헌에서는 국왕을 의미했다. 1453년 비잔틴제국이 멸망한 뒤 1472년 이반 3세가 비잔틴제국 마지막 황제의 조카 소피아와 결혼하면서 이 칭호를 사용하였다. 이는 모스크바 대공의 지위가 격상되었음을 의미했다. 공식적으로는 1547년 이반 4세의 대관식부터 사용되었다. 1721년 표트르 대제가 원로원으로부터 임페라토르라는 칭호를 받으면서 이것이 러시아 군주의 정식 명칭이 되었으나 차르란 용어도 함께 사용되었다. 이후 러시아 혁명 때까지 황제의 칭호로 사용되었다.

차이코프스키(Chaikovskii, Pyotr Il'ich, 1840~1893)

러시아의 음악가. 우랄지방 출신으로 법률학교를 졸업하고 관리가 되었으나

1860년 페테르스부르크 음악학교에 들어갔으며 모스크바 음악원의 교사로 재직하다가 1877년부터는 후원자 폰 메크 부인의 도움으로 창작에 전념하였다. 그의 음악은 18~19세기 초반에 걸친 러시아 고전주의 음악의 완성으로 여겨진다. 독일 음악의 양식을 받아들였으나 러시아적인 선율을 사용하여 호평을 받았다. 오페라 〈예브게니 오네긴〉, 발레음악 〈백조의 호수〉, 〈잠자는 숲속의 미녀〉, 〈호두까기 인형〉, 현악 4중주곡을 비롯한 실내악곡, 6곡의 교향곡을 남겼다. 교향곡 제6번 〈비창〉의 초연 후 10일만에 사망하였다.

차조례(茶條例, Tea Act, 1773)

영국의 아메리카 식민지 무역규제법. 영국 정부가 동인도 회사의 차에 특별면세조치를 취해 차 판매를 독점하고자 시행한 조치이다. 이 조치로 인해 식민지 무역업자와 상인들이 반발하고 아메리카 식민지 전역에서 반대운동이 일어났다. 이 때문에 1773년 연말에는 식민지인들이 보스턴 항구에 정박중인 선박에 난입하여 차를 바다에 던진 보스턴 차 사건이 일어났다. 이로써 본국과 식민지의 관계가 악화되어 미국 독립전쟁의 한 계기가 되었다.

차크리왕조(Chakri Dynasty, 1782~)

타이(태국)의 현 왕조. 정식으로는 크룽텝왕조, 창립자의 이름을 따 차크리왕조, 방콕왕조, 라타나코신왕조라고도 한다. 아유타야왕조의 뒤를 이어 피야타크신이 톤부리왕조(1767~1782)를 세웠다가 폭정으로 몰락하고 1782년 차오프라야 차크리가 즉위하여 라마 1세(재위 1782~1809)라 칭하고 방콕을 수도로 왕조를 창시하였다. 이 시대에 유럽 열강과의 교류가 활발해졌다. 라마 5세 출랄롱코른(재위 1868~1901) 때 근대화에 나서 계몽적 전제왕정을 시행하여 노예제를 폐지하고 유럽의 제도를 도입하였다. 이후 영국, 프랑스 세력의 압박으로 영토를 잠식당했으나 독립은 유지하였다. 20세기초에 유럽 자본과 화교 상인들의 경제권 독점으로 인해 국민 생활이 어려워지자 민족주의가 대두하여 1932년 혁명으로 입헌왕정국가가 되었다. 제2차 세계대전 당시에는 일본, 독일, 이탈리아 등 추축국의 일원으로 참전하였고 전후에는 미국과 긴밀한 관계를 맺고 있다.

차티스트운동(Chartism, 1838~1848)

영국 노동자 계급의 정치적 운동. 1832년 선거법 개정에서 선거권을 얻지 못한 노동자들의 불만이 표출한 운동이다. 1836년 런던에서 러벳이 런던 노동자협회를 결성하였고 버밍엄에서는 버밍엄 정치동맹이 결성되었으며 북부에서는 오코너가 활약하는 등 각지에서 노동자 조직이 생겨났다. 이를 바탕으로 1837년 초에 러벗 등이 '인민헌장(People's Charter)'을 작성하고 1838년

▶ 차티스트 운동

부터 이 헌장의 실현을 위한 국민청원 서명운동을 시작했다. 1839년에는 런던과 버밍엄에서 대규모 집회를 열고 120만 명의 청원서를 의회에 제출하였다. 그러나 청원은 거부되고 러벗 등이 체포되면서 청원 운동은 와해되었다. 이후 1840년부터 오코너가 전국헌장협회를 설립하고 청원과 파업을 주도하였으나 모두 진압되었다. 1848년 프랑스 2월혁명으로 다시 청원 서명운동과 대규모 시위가 일어났으나 역시 성과를 거두지 못하지 소멸되었다. 이 운동은 노동자 계급의 최초의 정치적 운동이라는 점에서 중요성을 띤다.

찬드라굽타(Chandragupta, ?~?)

인도 마우리아왕조의 창건자(재위 BC 317?~BC 296?). 한문으로는 旃陀羅堀多라고 하며 그리스 문헌에는 산드로코토스라고 되어 있다. 북부 인도 마가다국 출신으로 BC 317년 서북 인도에서 군대를 일으켜 마가다국 난다왕조의 다나난다왕을 살해하고 마우리아왕조를 창건하였다. BC 305년 알렉산더 대왕의 후계자 중 한 사람인 시리아의 셀레우코스가 인더스강을 넘어 침공하자 대군을 동원하여 반격하였다. 이로써 서북 인도의 그리스 세력을 몰아내고 히말라야 산맥 너머까지 진출하였다. 이때 셀레우코스가 찬드라굽타에게 파견한 사절 메가스테네스가 쓴 《인도지(誌)》에 당시의 상황이 기록되어 있다. 찬드라굽타는 불교를 보호하였으며 자이나교의 신자로 퇴위 후 고행생활을 하였다고 전한다.

찬드라굽타 2세(Chandragupta II)

인도 굽타왕조의 제3대 왕(재위 385?~413?). 부왕(父王) 사무드라굽타를 계승하여 굽타왕조의 최전성기를 이루었다. 비크라마디티아(武勇의 태양)라는 별칭이 있는데, 한역으로는 초일왕(超日王)이라고 한다. 말라바와 사타왕국을 병합하고 서부 인도에까지 진출하였다. 이로써 인도 서해안의 항구를 통하여 서아시아와 교역하여 서아시아 문화의 영향을 받았다. 이 시대는 산스크리트 문학의 황금기로 시인 칼리다사가 우자인 궁정에서 활약하였다. 중국 동진(東晉)의 승려 법현(法顯)의 여행기에 당시의 모습이 나타나 있다.

찰스 1세(Charles I, 1600~1649)

영국 스튜어트왕조의 왕(재위 1625~1649). 제임스 1세의 둘째 아들로 부왕과 같이 왕권신수설의 신봉자였다. 영국 국교주의를 강화하여 청교도를 억압하였으며 무리한 대외 전쟁으로 국가 재정을 탕진하였다. 이 때문에 국민에게 무거운 세금이 부과되자 1628년 의회가 권리청원을 제출하여 폭정을 비난하였다. 찰스 1세는 어쩔 수 없이 이를 승인하였으나 다음 해 의회를 해산하고 이후 11년 간 의회를 소집하지 않았다. 그러나 1640년 스코틀랜드에 국교(國敎)를 시행하려다가 반란이 일어나자 진압 비용을 마련하기 위해 단기의회를 소집하였다가 곧 해산한 후 이어 장기의회를 소집하였다. 1642년 의회와의 마찰로 청교도 혁명이 일어났으며 1646년 네이즈비 전투에서 크롬웰이 이끄는 청교도군에게 패하여 스코틀랜드로 피신하였다. 이후 의회파가 분열하자 1648년 다시 군대를 일으켰다가 패배한 뒤 체포되어 1949년에 '반역자, 국민의 적'으로 처형당하였다.

찰스 2세(Charles II, 1630~1685)

영국 스튜어트왕조의 제3대 왕(재위 1660~1685). 찰스 1세의 아들이다. 청교도 혁명 중인 1646년 국왕파의 패배로 프랑스로 피신하였다. 1650년에 스코틀랜드에서 공화국에 반대하는 반란이 일어나자 1651년 스코틀랜드에 상륙하여 국왕으로 즉위하였다. 그러나 크롬웰의 군대에 패배하여 다시 프랑스로 피신한 뒤 유럽 각지를 전전하였다. 크롬웰이 죽자 정치보복을 않겠다는 브레다 선언을 발표하고 귀국하여 왕정복고를 실현하였다. 치세 초기에는 클래런던을 중용하여 《클래런던 법전》에 따라 비(非)국교도를 탄압하였다. 1670년에는 카톨릭 국가인 프랑스의 루이 14세와 도버조약을 체결하고 1672년에는 신앙자유 선언을 발표하여 카톨릭의 부활을 시도하고 프로테스탄트 국가인 네덜란드와 전쟁을 벌였다(제2, 3차 영국·네덜란드 전쟁). 찰스 2세가 이러한 카톨릭 전제정치를 실시하자 의회는 심사율(審査律)과 인신보호법(人身保護法)을 제정하여 대항하였다. 또한 1680년에는 카톨릭교도인 왕의 아우 요크 공작(후의 제임스 2세)을 왕위 계승권에서 제외시키고자 왕위배제 법안을 상정시키기도 하였다. 이와 같은 찰스 2세 시대의 국왕과 의회와의 대립 때문에 이후 제임스 2세 때 명예혁명이 일어나는 계기가 되었다.

참위설(讖緯說)

중국 고대의 예언설. 참과 위는 별개의 사상이었으나 후세에 한데 묶여서 불리게 되었다. 참은 예언으로 진(秦)나라 시대 이전부터 행해졌고 위는 경서(經書)에 대비되는 위서(緯書)를 말하는 것으로 경서를 보충하고 미래에 대한 예언이 포함되어 있다. 참위설의 연원은 미래예언서로 알려진 하도낙서(河圖洛書)에 비롯되었는데 여기에는 음양오행설(陰陽五行說)에 바탕을 두고 일식·월식·지진 등의 천지이변(天地異變)이나 은어(隱語)에 의하여 인간사회의 길흉화복을 예언하고 있다. 전한(前漢) 말에 왕망(王莽)이 참위설을 이용하여 왕위를 찬탈하였고 후한의 광무제(光武帝)도 이를 정치에 이용하였다. 진(晉)나라 이후 참위설이 민심을 현혹한다 하여 금지되었다.

참주정(僭主政, Tyrannos)

고대 그리스에서 참주가 국가를 지배하는 정치형태. 원래는 폭군이란 뜻이 없었으나 민주정 시대에 들어 무력에 의한 비합법적 지배라는 뜻으로 사용되었다. 귀족정이 쇠퇴한 BC 7~BC 3세기 사이에 그리스 각지에서 출현하였으며 코린토스의 페리안드로스, 사모스의 폴리크라테스, 시키온의 클레이스테네스, 아테네의 페이시스트라토스 등이 이 시대의 대표적 참주이다. 이후 시라쿠사의 참주 히에론이 사망한 때 (BC 467 또는 BC 466)로부터 디오니시오스 1세가 출현한 때(BC 405)까지의 약 반세기 동안은 참주가 없는 시대였기 때문에 이 시기를 경계로 전기(前期) 참주정과 후기(後期) 참주정으로 구분한다. 전기 참주정은 귀족정에서 민주정으로 넘어가는 과도기에 출현하였으며 이때의 참주들은 화폐경제의 발달로 사회적 변동이 일어나는 시기에 귀족에 대항한 평민의 지도자들이었다. 후기 참주정은 펠레폰네소스전쟁 후 민주정이 와해된 틈을 타 군사력을 바탕으로 한 독재정치였다. 이때의 참주로는 시라쿠사의 디오니시오스 1세·2세, 아가토클레스, 히에론 2세 등이 유명하다. 참주정은 세습되었으나 대부분 2대째에 타도되었다.

아가토클레스

참파(Champa)

베트남 중남부에 인도네시아계 참족이 세운 국가. 참족은 인도 문화의 영향을 받았으며 192년경 후한(後漢)의 지배에서 독립해 중국인이 임읍(林邑)이라고 부른 참파를 건국하였다. 중국이 베트남 북부 지역을 지배하던 시기에 중국과 대립하였고 이후 남조(南朝)의 송(宋)나라와 수(隋)나라의 침략을 받아 국력이 약화되었다. 10세기 이후 중국에서 독립한 베트남왕조와 전쟁을 거듭하였으며 전례(前黎)왕조의 압박으로 수도를 인드라푸라(다낭 부근)에서 남부의 비자야로 옮겼다. 15세기에는 베트남 레(黎)왕조가 비자야를 점령하여 참족은 메콩 델타로 밀려났으며 17세기 말 다시 베트남인이 메콩 델타로 진출하면서 이마저도 상실하였다. 현재는 소수민족을 이루고 있다.

채도(彩陶)

선사시대 토기의 일종. 채색 장식 문양이 있어 채도 또는 채문토기(彩文土器)라고 부른다. 유라시아 대륙과 아메리카 대륙에 걸쳐 발견되었으며, 오리엔트(메소포타미아)의 농경문화 발전과 관련이 있는 것으로 보인다. 오리엔트를 중심으로 소아시아, 에게해, 그리스, 흑토지대, 투르키스탄, 시칠리아, 이탈리아, 파키스탄, 중국까지 전파되었다. 아메리카 대륙의 마야 문명과 잉카 문명도 채도를 사용하였다. 초기에는 항아리나 사발 등과 같은 그릇에 단순한 무늬를 넣다가 시간이 지나면서 인물이나 동물, 소용돌이 무늬나 물결 무늬로 전체를 채색하게 되었다. 동아시아에서는 중국의 허난성 양사오촌에서 발견된 양사오(仰韶) 문화기에 출현하였으며 랴오둥(遼東)반도까지 전파된 것으로 보인다.

채륜(蔡倫, ?~121?)

중국 후한(後漢) 중기의 환관. 종이의 발명자로 알려져 있다. 후난(湖南) 출신으로 명제(明帝) 때 궁중에 들어가 궁중의 집기를 제조, 관리하는 상방령(尚方令)이 되었다. 97년에 검(劍)을 만들었고, 그 후 나무껍질, 헝겊, 풀 등을 소재로 종이를 만들어 105년에 화제(和帝)에게 헌납하였다. 그 뒤 이것이 널리 쓰여면서 '채후지(蔡侯紙)'로 불리게 되었다. 이후 당나라 현종(玄宗) 때 서방에 전해져 세계적으로 사용되었다.

처칠(Churchill, Winston Leonard Spencer, 1874~1965)

영국의 정치가. 1895년 샌드허스트 육군사관학교를 졸업하고 인도에서 근무하였다. 1898년 수단 원정, 1899년 보어 전쟁에 종군 기자로 참전하였다. 보어전쟁에서 포로가 되었다가 탈출하여 유명해졌다. 1900년 보수당 소속으로 하원의원에 당선되어 정계에 들어갔다. 1904년 체임벌린의 국세 개혁론에 반대하여 자유당으로 당적을 옮겼다. 이후 자유당 내각의 통상장관, 식민장관, 해군장관을 역임하였으며 제1차 세계대전 때는 해군장관, 군수장관, 육군장관 겸 공군장관을 역임하였고 1921년에는 식민장관이 되었다. 1922년 총선거 패배로 사퇴한 후 소련에 대한 반감과 노동운동에 대한 위기감에서 보수당으로 복귀하였다. 1924년 재무장관이 되어 자유무역을 주장하고 금본위제를 부

▶ 처칠

활시켰다. 1929년 내각 총사퇴 이후 인도자치론에 반대하고 나치 독일에 대한 강경론을 주장하여 보수당 주류파로부터 소외되었다. 제2차 세계대전이 일어나자 처칠의 주장의 정당성이 입증되어 1940년 거국내각의 총리에 취임하여 미국의 루스벨트, 소련의 스탈린과 공조하여 연합국의 승리에 기여하였다. 1945년 총선거에서 보수당에 패해 사퇴하였으며 1951년 다시 총리에 취임하였다가 1955년 은퇴하였다. 작가로서도 탁월한 역량을 보여 1953년 《제2차 세계대전 회고록》으로 노벨상을 수상하였다.

천공개물 ◑ 송응성

천동설(天動說, Geocentric Theory)

지구가 우주의 중심이며 달과 태양 등의 행성이 지구 주위를 회전한다는 우주론. 지구 중심설이라고도 한다. 고대 그리스 시대부터 철학적, 기하학적으로 정립되었으며 그리스의 천문학자 프톨레마이오스는 《알마게스트》란 저서로써 천동설을 집대성했다. 중세 유럽에서는 그리스도교와 결부되어 신학적 진리를 입증하는 이론으로 활용되었다. 이 이론은 15세기 코페르니쿠스가 지동설을 제기할 때까지 절대적 권위를 누렸으나 지동설의 등장으로 그 허구성이 입증되었다.

천두슈(陳獨秀, 1879~1942)

근대 중국의 사상가. 중국공산당의 초기 지도자이다. 자는 중푸(仲甫). 호는 스옌(實庵). 안후이성(安徽省) 화이닝(懷寧) 출신이다. 일본과 프랑스에 유학했으며 1916년 상하이에서 문학잡지 〈신청년〉을 발간하고 문학혁명을 촉구하여 5·4운동의 사상적 기반을 제시했다. 1917년 베이징대학 문과대 학장에 취임하여 후스(胡適)와 함께 백화문(白話文)을 제창하고 〈신청년〉을 통하여 유교사상을 비판하고 신문화운동을 추진하였다. 이 시기부터 리다자오(李大釗) 등과 함께 마르크스주의자가 되어 1921년 중국공산당을 창당하고 중앙서기가 되었다. 이후 국민당과의 국공합작(國共合作)을 주도하였으며 1927년 국공합작이 깨지자 1929년 당적을 박탈당하였다. 1933년 상하이에서 국민당에 의해 체포되어 투옥되었다가 1939년 출옥하였으며 1942년에 병으로 사망하였다.

천명사상(天命思想)

고대 중국의 주(周)나라가 은(殷)나라 정복을 합리화하고 정통성을 세우기 위해 만든 이념. 서주(西周) 초기에 주공(周公)이 만들었다는 최고신 '천(天)' 개념에 의거한 것이다. 주나라의 지배층은 문화적으로 우월한 은나라를 통치하기 위해 천 개념을 도입하여 덕을 쌓은 인간이 천과 통하여 천명을 받는다고 제시하고 주나라 왕이 천명을 받은 천자(天子)라고 주장하였다. 이러한 논리에 따르면 천명은 원래 하(夏)왕조에 있었으나 걸왕(桀王)의 실정(失政)으로 덕을 잃음으로써 천명이 은나라로 넘어갔다. 그후 은나라 주왕(紂王)의 실정으로 천명이 다시 주나라로 넘어갔다는 것이다. 주나라는 천명사상으로 은나라의 유민들을 회유했을 뿐 아니라 주나라 왕은 천자이므로 천하를 지배해야 한다는 중국인의 제왕사상과 천하관을 형성하였다. 전국시대 맹자(孟子)의 왕도사상(王道思想)도 천명사상에 근거하고 있다.

천조전무제도(天朝田畝制度)

중국 청나라 말기에 일어난 태평천국(太平天國, 1851~1864)의 국가제도. 홍수전(洪秀全)이 이끄는 태평천국군이 난징(南京)을 점령한 뒤 발표한 토지, 사회, 행정, 군사제도이다. 이에 따르면 모든 재물은 상제(上帝)의 소유이며 개인의 사유재산이 될 수 없고, 모든 남녀는 상제의 자녀이므로 평등하다. 따라서 토지를 남녀 구분 없이 일률적으로 분배하고 잉여생산물은 25가(家)를 단위로 하는 공동체의 공유물로 한다. 또 관혼상제와 노약자의 보호 및 어린이 교육은 공동으로 실시한다. 이러한 평등사상은 중국의 전통적인 대동(大同)사상과 그리스도교의 신관이 혼합된 것이다.

천태종(天台宗)

중국 수(隋)나라의 천태대사(天台大師) 지의(智顗, 538~597)가 창시한 불교 종파. 지의는 광주(光州) 대소산(大蘇山)에서 혜사(慧思)에게 배운 후 진릉(金陵 : 南京)에서 포교하여 많은 제자를 두었다. 이후 575년 38세 때 저장성(浙江省)의 천태산(天台山)에 은거하여 천태종을 세우고 《법화경(法華經)》에 따라 불교를 체계화한 《법화현의(法華玄義)》, 천태의 관법(觀法)인 지관(止觀) 수행을 정립한 《마하지관(摩訶止觀)》, 《법화경》을 독자적인 사상으로 해석한 《법화문구(法華文句)》, 《법화삼대부경(三大部經)》을 편찬하였다. 천태종은 인도의 불교를 중국 불교로 재편하였으며 이를 한국, 일본 등으로 전파하였다. 이로써 당나라 말기에 쇠퇴했던 불교를 북송 시대에 크게 부흥시켰다.

▶ 1812년 전쟁

1812년 전쟁(War of 1812)

나폴레옹 전쟁 중에 벌어진 미국과 영국의 전쟁. 나폴레옹 전쟁 때 미국은 중립을 선언하였으나 베를린 칙령 발포 후 미국의 선박과 선원이 영국 해군에 나포되는 일이 자주 생기자 미국민의 대영 감정이 악화되었다. 이에 주전파인 워호크(전쟁매)파가 득세하여 1812년 6월 영국에 선전 포고하였다. 선전포고 후 미국은 캐나다를 침공하였으나 실패하고 영국군에 의해 수도 워싱턴이 함락되었다. 그러자 영국과의 무역이 활발한 뉴욕 등 북동부지역에서 전쟁반대 요구가 커지고 유럽에서 나폴레옹 전쟁이 종결됨에 따라 1814년 강(Ghnt)조약으로 화평을 맺었다. 그러나 조약 조인 직후인 1815년 초 뉴올리언즈에서 잭슨이 이끄는 미국군이 영국군을 크게 물리쳐 미국민의 자긍심을 높이고 유럽으로부터의 독립을 확인하였다. 이후 미국의 고립주의 외교와 국가 통일주의가 강화되고 서부 개척이 활발해졌다.

철기대(鐵騎隊, Ironsides)

1643년 영국의 청교도혁명 때 의회파의 올리버 크롬웰이 조직한 기병대. 크롬웰은 혁명 초기에 의회군이 열세에 몰린 이유가 기병의 부족과 민병들의 전투 의욕 부진이라고 판단하고 동부 지방에서 헌신적인 요먼(독립 자영농)들로 구성된 기병대를 조직하였다. 이 부대는 출신 성분 대신 공적에 따라 승진을 보장하고 군사 훈련과 신앙을 결합하였다. 이로써 강한 기병대를 육성하여 1644년 7월 마스턴 무어 전투에서 루퍼트공의 군대를 격파하였다. 이어 1645년 초 의회군이 신형군(뉴 모델 아미)으로 재편될 때 그 핵심이 되었다.

철기시대(鐵器時代, Iron Age)

고고학적으로 인류가 사용한 도구에 따른 시대 구분의 하나. 석기 시대와 청동기 시대에 등장하였다. 이 시대에는 철의 야금술이 발명되어 무기와 농기구가 철로 제작되었다. 이집트에서는 BC 4000년경에 철제 장신구가 출토되었으며 BC 2000년대 중반부터 각지로 전파되었다. BC 1000년대에는 유럽으로 전파되어 할시타트, 라텐 문화가 등장하였다. 인도에도 이 시기에 철기 문화가 등장하였으며 중국에서는 춘추전국 시대에 시작되어 전한(前漢)시대에 널리 보급되었다. 그러나 아메리카 대륙의 문명은 고도의 독자적 문화를 발전시켰음에도 철기는 사용하지 않았다.

철혈정책(鐵血政策, Blut und Eisen Politik)

프로이센 수상 비스마르크의 독일 통일정책. 1862년 비스마르크는 프로이센 수상에 임명되었으며 의회에서 '현재의 대문제는 언론이나 다수결이 아니라 철과 피에 의해서만 해결할 수 있다'고 주장하였다. 이는 의회의 자유주의자에 맞서 군비를 확장하고 무력을 통하여 독일 통일을 이루겠다는 의지를 표현이었다. 이어 그는 의회의 동의를 얻지 않고 군비 확장 예산을 집행하여 헌법 투쟁을 일으켰다. 이 정책으로 프로이센은 1866년 프로이센·오스트리아 전쟁에서 승리하였으며 1870년 프로이센·프랑스전쟁에서도 승리하여 독일 제국이 수립되었다. 또한 비스마르크는 '철혈재상'으로 불리게 되었다.

청(淸, 1616~1911)

중국에서 명(明)나라 이후 만주족(滿洲族) 누르하치(奴兒哈赤)가 세운 정복왕조. 누르하치는 건주(建州) 여진의 추장으로 여진의 여러 부족을 통일하고 1616년 스스로 한(汗)이 되어 국호를 후금(後金)이라 하고 태조가 되었다. 이어 누르하치는 명나라 군대를 물리치고 랴오둥 반도에 진출하여 선양(瀋陽)으로 도읍을 옮겼다. 이후 후금은 1619년 사르후 전투에서 명나라 군대를 물리치고 랴오둥 반도를 장악하였으며 태조의 아들 태종은 두 차례에 걸쳐 조선을 침입하고(1627, 1636), 내몽고를 장악한 후 1636년 황제의 지위에 오르고 나라 이름을 대청(大淸)으로 고쳤다. 청은 태조 이래의 군사, 행정 제도인 팔기(八旗)를 확충하고 중국인을 등용하여 국가제도를 정비하였다. 1644년 이자성(李自成)이 이끄는 농민반란군이 베이징에 진입하여 명나라를 멸망시키자 태종의 아들 순치제(順治帝)는 중국 본토로 진출하여 베이징을 수도로 정하였다. 이후 강남 지방의 명나라 세력을 진압하고 삼번(三藩)의 난과 타이완의 정성공(鄭成功) 세력을 성공적으로 진압함으로써 제4대 황제 강희제(康熙帝) 시대에 전 중국을 통일하였다. 청은 1689년 러시아와 네르친스크 조약을 맺어 러시아의 남하를 막고 중앙아시아의 중가르부(準部), 위구르(回紇), 티베트를 장악하였다. 이로써 동아시아 대부분을 장악한 대제국을 건설하였다. 그러나 18세기 말부터 변경의 이슬람교도와 먀오족(苗族)의 반란, 백련교(白蓮敎)의 난(1796~1804)이 잇달아 일어났으며 1840년 아편전쟁에서 영국에 패한 후로는 서양 열강의 압박을 받았다. 여기에 1851년 일어난 태평천국(太平天國)의 난으로 청왕조의 구체제는 힘을 잃었다. 이에 태평천국의 난을 진압한 증국번(曾國藩), 이홍장(李鴻章) 등 한인 관료를 중심으로 근대화를 시도한 양무운동(洋務運動)이 추진되었으며 이는 다시 입헌군주제를 시도한 캉유웨이(康有爲) 등의 변법자강운동(變法自强運動)으로 이어졌다. 그러나 서태후(西太后) 등 수구파의 반대로 개혁은 실패하고 수구파 또한 1900년 의화단(義和團)의 난 이후 서구 열강에 제압 당해 무력화되었다. 결국 1911년 쑨원(孫文)이 이끄는 중국혁명동맹회(中國革命同盟會)가 신해혁명(辛亥革命 : 1911)을 일으키고 이에 1912년 선통제(宣統帝) 푸이(溥儀)가 퇴위하여 청왕조는 멸망하였다.

청교도혁명(淸敎徒革命, Puritan Revolution, 1642~1660)

영국에서 청교도가 중심이 되어 일으킨 최초의 시민 혁명. 스튜어트왕조의 찰스 1세(재위 1625~1649)는 절대주의를 강화하여 의회와 마찰을 빚어 오다가 권리청원 사건 이후로 11년간 의회를 소집하지 않았다. 1639년 스코틀랜드에 영국 국교회를 강요한 것이 원인이 되어 스코틀랜드군이 반란을 일으키자 찰스 1세는 이의 진압에 필요한 군자금을 조달하기 위해 장기 의회를 소집하였다. 의회가 그 동안의 폭정에 항의하자 왕당파와 의회파간의 무력 대

▶ 크롬웰

립을 피할 수 없게 되었다. 이에 1642년 8월 제1차 내란이 발생하였다. 처음에는 왕당파가 우세하였으나 크롬웰이 이끄는 철기대와 신모범군의 등장으로 의회파가 역전에 성공하였다. 1646년 찰스 1세는 의회파와 동맹한 스코틀랜드군에 투항하였다. 이때 권력을 장악한 의회파에서 내분이 일어나자 찰스 1세는 탈출하여 1648년 2월 제2차 내란을 일으켰다. 이에 크롬웰이 장악한 군대가 의회를 제압하고 왕당파를 진압하여 1649년 1월 찰스 1세는 국가의 적으로 처형되고 영국은 공화국이

되었다. 이후 크롬웰은 1653년에 의회를 해산하고 호국경이 되어 독재정치를 시작했으며 1658년 크롬웰이 죽은 후 1660년 찰스 2세가 즉위하여 왕정복고가 이루어졌다.

청년이탈리아당(Giovane Italia, 1831)

이탈리아 통일운동(리소르지멘트)을 위해 마치니가 결성한 조직. 마치니는 프랑스 마르세유에 망명 중 1831년 카르보나리 당에 의한 혁명이 실패하는 것을 보고 소수의 혁명가 집단에 의한 혁명이 아닌 이탈리아 대중에 의한 혁명을 지향하게 되었다. 이를 위해서는 대중, 특히 청년층의 신앙심과 인간성에 대한 각성이 필요하다고 보고 1831년 청년 이탈리아당을 결성하였다. 이 당은 이탈리아의 통일과 외세로부터의 독립, 공화제 정부를 목표로 중산층의 지지를 받아 5만 명이 넘는 회원을 모았다. 이후 스위스의 베른, 런던, 파리 등지에서 활동하였다. 1848년 이후 카부르의 현실주의 노선이 주류가 되면서 마치니의 이상적 공화주의는 쇠퇴하였으나 이탈리아 통일운동의 국민적 기초를 세우는 데 크게 기여하였다.

청년투르크당(Young Turkish Party)

19세기 말에 오스만 투르크제국의 개혁을 목표로 결성된 진보적 혁신 집단의 통칭. 1891년 제네바에서 결성된 '통일진보위원회'가 모체이다. 터키에서는 19세기 중반부터 문학 운동을 통한 사회 개혁이 추진되고 있었으며 1876년에 미드하트 파샤의 노력으로 헌법이 제정되었다. 그러나 술탄이 터키−러시아 전쟁(1877~1878)을 이유로 헌법을 중지시키자, 헌법을 부활시키고 전제정치를 폐지하기 위해 비밀결사인 통일진보위원회가 결성되었다. 이 조직은 학생, 청년 장교, 지식인들 사이에서 큰 호응을 얻었다. 1980년 이 조직 소속의 엔베르 파샤 등이 살로니카에서 혁명을 일으켜 입헌정치를 선언하였으며

▶ 케말 아타튀르크

1909년 정권을 장악하였다. 정권을 잡은 청년 터키당은 제1차 세계대전에서 독일측에 가담하였다가 패배하여 소멸하였다. 그러나 이후 청년 터키당의 급진파였던 케말 아타튀르크에 의해 터키 공화국이 수립되었다.

청담(淸談)

중국의 위(魏), 진(晉), 육조(六朝) 시대에 유행한 노장(老莊)사상 및 불교에 기초한 철학적 담론(談論). 원래 후한(後漢) 말기에 정치 비판, 인물 평론을 중심으로 한 청의(淸議)에서 비롯되었다. 그러던 것이 위(魏)나라에 들어와 정치 비판이 탄압되고 유학이 쇠퇴하면서 노장 사상에 바탕한 청담, 또는 청언(淸言)이 등장하였다. 대표적 청담 사상가로는 위나라의 하안(何晏)과 왕필(王弼), 위에서 진(晉)으로 넘어가는 교체기의 죽림칠현(竹林七賢) 등이 있다. 죽림칠현은 노장 사상에 기반 한 개인주의와 무(無)의 사상을 표방했기 때문에 당시 지방 호족들의 자율주의와 어울려 큰 인기를 끌었다. 그 후 서진(西晉) 시대에는 왕연(王衍), 악광(樂廣) 등이 유명하다. 동진(東晉)시대에 들어서면 귀족 사회가 확립되면서 청담은 귀족들의 교양이자 관직 진출의 길이 되었다. 또한 이 시대부터는 불교 사상도 청담에 수용하여 발전하였다.

청동기시대(靑銅器時代, Bronze Age)

고고학적으로 인류가 사용한 도구에 따른 시대 구분의 하나. 석기 시대와 철기 시대 사이에 위치하며 무기, 농기구, 집기, 장신구 등이 청동(구리와 주석의 합금)으로 제작되었다. 청동의 야금술은 BC 4000년 말부터 메소포타미아 북부에서 발견되었으며 오리엔트 지역에서 청동기의 사용은 문자의 발명, 국가 조직의 성립과 일치하며 역사 시대의 시작을 알린다. 이후 오리엔트에서는 BC 2000년대 중반부터 철기가 사용되기 시작하여 미타니, 히타이트인에 의해 전파되었다. 이로써 청동기 시대에서 철기 시대로 이행하게 되었으며 아시리아제국은 철기 문명을 바탕으로 세워졌다. 유럽에서는 청동의 원료인 주석을 구하기 어려워 널리 쓰이지 못했으며 아메리카 대륙은 에스파냐 세력이 진출할 때까지 청동기 시대에 머물러 있었다. 중국에서는 은나라 때 청동기가 들어왔으나 이때는 의식용이나 무기로 사용되고 농업, 공업 도구는 석기가 사용되었다. 인도에서는 인더스강 유역의 도시 문명에서 청동기를 사용하였다.

청묘법(靑苗法)

중국 북송(北宋)시대 왕안석(王安石)의 신법(新法)의 일환으로 실시된 농민에 대한 저리(低利) 금융정책. 대지주의 고리대로부터 빈농을 구제하며 동시에 군량미 확보를 목표로 하였다. 이는 국가가 중간 상인을 거치지 않고 직접 생산자인 농민과 거래하여 대상인의 곡물시장 지배를 차단하기 위한 것이었다. 이 법은 왕안석의 신법 개혁 중 제1차로 실시된 것이었기 때문에 이에 대한 반대파의 반발이 격렬하였으며 대부의 강제 할당 등 부작용도 발생하였다.

청·일전쟁(淸日戰爭, 1894~1895)

청나라와 일본이 조선의 지배권을 놓고 벌인 전쟁. 일본은 1871년 청과 수호
조약을 체결하고 1876년에 조선과 강화도 조약을 체결하여 조선이 자주국임
을 확인하고 부산, 인천, 원산 등을 개항시켰다. 이에 청은 일본의 진출을 견
제하고자 조선과 서양 각국의 수교를 주선하고 1882년 임오군란이 일어나자
조선에 군대를 파견하였다. 일본도 제물포 조약을 체결하여 군대를 주둔시켰
으며 1884년에는 김옥균, 박영효 등 개화파를 지원하여 갑신정변을 일으켰으
나 서울에 주둔하던 청군의 개입으로 실패하였다. 1885년 양국은 텐진조약을
체결하여 군대를 철수하고 조선에 출병할 경우 상호 통고하기로 약속하였다.
1894년 조선에서 동학 농민전쟁이 일어나 5월에 농민군이 전주를 점령하자
조선왕조는 청에 원병을 요청하였다. 이에 6월에 청군이 출병하자 일본도 군
대를 파견하였으며 8월 1일에 청에 선전포고하였다. 일본군은 육상과 해상에
서 청군을 압도하여 청의 북양(北洋)함대를 격멸하였다. 이에 미국의 조정으
로 1895년 4월 시모노세키(下關)조약을 체결하였다. 이 조약으로 일본은 조
선에 대한 청의 종주권을 파
기하고 랴오둥 반도와 타이완
을 획득하였으나 러시아, 독
일, 프랑스의 3국 간섭으로
랴오둥 반도는 반환하였다.
이 전쟁으로 조선은 청나라
대신 일본과 러시아의 각축장
이 되었고 청은 제국주의 열
강의 본격적 침략을 받게 되
었다.

▶ 청·일전쟁

청·프전쟁(淸佛戰爭, 1884~1885)

베트남의 종주권을 놓고 청과 프랑스 사이에 벌어진 전쟁. 청·불(淸佛)전쟁
이라고도 한다. 베트남은 18세기 말 이래로 청나라의 속국이었으나 19세기
초 구엔(阮)왕조가 독립하면서 프랑스 선교사의 도움을 받은 것이 계기가 되
어 프랑스 세력이 인도차이나에 진출하게 되었다. 프랑스는 1862년과 1874
년에 사이공 조약을 맺어 베트남 남부의 코친차이나를 식민지로 할양받았다.
이후 통킹 지방에 진출한 프랑스 세력과 베트남 정부의 충돌이 자주 일어나
자 베트남 정부는 태평천국의 잔당인 흑기군(黑旗軍)을 이용하여 프랑스에
대항하려 하였다. 이에 프랑스군이 출동하여 1882년 하노이를 점령하고
1883년에는 수도 위에(順化)를 위협하여 베트남을 보호국으로 만들었다. 이
에 청은 통킹 지방에 군대를 파견하였으며 1884년 무력충돌이 시작되었다.

프랑스군은 해전에서 청군 함대를 격파하고 타이완을 봉쇄하였으며 청군은 육상에서 프랑스군을 격퇴하였다. 1886년 청국 정부는 톈진에서 강화조약을 체결하여 베트남에 대한 종주권을 포기하였으며 프랑스는 1887년 코친차이나와 통킹 등 2대 직할지와 베트남, 캄보디아 등 속국으로 프랑스령 인도차이나를 구성하고 1893년에는 라오스까지 병합하였다.

초원길(Steppe Route)

중앙 아시아 북부의 초원지대(스텝지대)를 거치는 동서 교역로. 스텝 루트라고도 한다. 몽고, 중가리아 등의 유목민 집단을 거쳐 물자와 인력이 교류되었다. 흑해 북부 연안에 살고 있던 스키타이인(人)의 예술양식이 BC 5세기 이후 동방에 전해져 이 루트의 오랜 연혁을 말해준다. 몽고, 중가리아 등의 알타이계 유목 국가들은 시베리아의 모피와 중국의 비단을 이 길을 통해 서방으로 수출하였다.

초현실주의 ⟴ 쉬르레알리즘

촉(蜀, 220~263)

중국 삼국시대에 위(魏), 오(吳)와 대립한 국가. 촉한(蜀漢)이라고도 한다. 후한 말기에 황건적의 난 이후 세력을 확장한 유비(劉備)가 촉(蜀 : 四川省) 지방에서 수립한 왕조로 정식 명칭은 한(漢). 계한(季漢)이라고 한다. 유비는 형주(荊州) 목사 유표(劉表) 밑에 있다가 형주를 차지하고 손권(孫權)과 동맹하여 적벽(赤壁) 전투에서 조조를 격파하였다. 이로써 양쯔강(揚子江) 중류 유역을 거의 장악하고 이어 익주(益州 : 成都) 목사 유장(劉璋)을 공략하여 익주를 장악하였다. 이로써 219년 한중왕(漢中王)이라 칭하였다. 220년에 조조의 아들 조비(曹丕)가 한나라 황제의 양위를 받아 제위에 오르자, 221년 유비도 또한 제위에 올라 수도를 청두(成都)로 정하고, 고조(高祖) 이하의 종묘를 세워 한(漢)의 정통성을 명백히 하였다. 이후 촉은 중원으로 진출해 위나라와 전투를 벌였으나 성공하지 못하고 263년 위군의 공격으로 멸망하였다.

촐라왕조(Cholas)

9세기부터 13세기 중반까지 남인도를 지배한 타밀족(族)의 왕조. BC 3세기 아소카 왕의 조칙(詔勅)에 따르면 체라왕조, 판디아왕조, 촐라왕조 등이 인도 남부에 존재했음을 알 수 있다. 이 중 촐라왕조는 팔라바왕조가 쇠퇴하면서 독립하여 탄졸을 수도로 하였다. 라자라카 대왕(재위 985~1005) 시대에 마드라스 지방 대부분을 정복하고 라젠드라 왕(재위 1012~1042) 시대에는 북부의 팔라왕조를 정복하고 갠지스강 유역까지 진출하였다. 또한 해상으로 말

레이 반도까지 원정하였다. 이후 12세기 초에 마이솔의 호이살라왕조의 침공
을 받았으며 13세기 중반에 판디아왕조에 복속되었다.

총리아문(總理各國通商事務衙門)

중국 청나라 말기에 외교를 담당한 기관. 정식 명칭은 '총리각국통상사무아
문'이며 총리아문(總理衙門) 또는 총서(總署)라고 약칭한다. 청나라 말기까지
중국의 외교 업무는 예부(禮部)와 이번원(理藩院)의 관할로서 모든 외국을 조
공국으로 취급하였다. 그러나 1860년에 베이징 조약을 체결하면서 베이징에
외국 공사들이 주재하게 되자 베이징 조약 체결의 교섭을 맡았던 공친왕(恭
親王) 혁흔(奕訢)을 중심으로 총리아문이 개설되었다. 총리아문 대신은 거의
가 군기대신(軍機大臣) 고위 관리가 겸임하였으며 나중에는 외교 외에 해관
(海關), 해군(海軍), 전신, 철도, 광산을 관할하게 되었다. 1901년 외교부가 개
설되면서 총리아문은 폐지되었다.

총재정부(總裁政府, Directoire, 1795~1799)

프랑스 혁명기에 테르미도르 반동으로 로베스피에르가 몰락한 때부터 브뤼메
르 쿠데타로 나폴레옹이 집권할 때까지 존속했던 정부. 로베스피에르가 몰락
한 후 1795년 8월 선거에서 하원인 500인회와 상원인 원로원의 상하 양원
입법부와 5인의 총재로 이루어진 행정부로 수립되었다. 총재 정부는 부르주
아와 토지 보유 농민을 지지 기반으로 하여 혁명의 성과를 안정시키는 것을
목표로 하였으나 좌, 우파의 쿠데타 시도와 극심한 인플레이션으로 혁명 정

▶ 나폴레옹의 쿠데타

부가 발행한 아시냐 지폐가 폭락하면서 재정난을 겪었다. 정권이 불안한 상황에서도 외국과의 혁명전쟁은 계속되고 있었기 때문에 군대의 발언권이 강화되어 결국 보나파르트 나폴레옹의 쿠데타로 통령정부(統領政府)가 수립되면서 총재정부는 와해되었다.

최혜국(最惠國, most-favored-nation)

두 국가간의 통상에 있어 한 나라가 제3국에 부여하는 가장 유리한 대우를 상대국에게도 부여하는 제도. 그리하여 모든 국가에 균등한 통상 기회를 제공하는 통상 기회 균등주의에 입각한 제도이다. 1842년 영국과 청나라기 맺은 난징 조약의 결과로 최혜국 대우가 실시되었으며 이후 청과 서구 열강이 맺은 조약에는 전부 최혜국 대우 조항이 삽입되었다. 그 의도는 중국 시장을 모든 나라에 대해 평등한 조건으로 개방시키는 데 있었으나 결과적으로는 서구 열강이 중국에 대해 여러 가지 요구를 제시하는 공동 전선 형성 수단이 되고 말았다.

추놈문자(Chu Nom)

베트남에서 한자의 음을 빌리거나, 한자의 음과 뜻을 합성하거나, 한자의 의미를 합성해서 베트남어를 표기한 문자. 추놈이란 남방의 문자란 뜻이다. 추놈 문자의 기원은 BC 8세기까지 거슬러 올라가며 몽고의 침입을 격퇴하고 민족 의식이 고양되었던 쩐왕조(陳王朝 : 1225~1400) 시대부터 널리 쓰이기 시작하였다. 이 시대에 국어시(國語詩)라는 추놈문자로 쓰인 시가 발달하였으며 17~18세기에는 더욱 발달하여 《정부음곡(征婦吟曲)》 같은 작품이 나타났고, 19세기초에는 구엔주(阮攸)에 의해 베트남 문학의 대표작 《낌번끼어우(金雲翹)》가 쓰여졌다. 그러나 추놈문자는 속자(俗字)로 취급되어 공식 문서는 모두 한자로 기록되었다. 20세기 들어 꾸옥구(quoc ngu : 國語)라 부르는 로마자 표기법이 보편화되면서 한자도 자남도 베트남 사회에서는 더 이상 쓰지 않고 있다.

추연(鄒衍, ?~?)

중국 전국시대의 사상가. 추연(騶衍)이라고도 한다. 맹자보다 약간 늦게 등장하여 음양오행설(陰陽五行說)을 제창하였다. 이 학설은 토(土), 목(木), 금(金), 화(火), 수(水)의 오행의 상승작용으로 우주만물의 생성과 변천을 설명하고 미래를 예견하였다. 이러한 음양오행설은 후대에 전해져 중국의 전통 사상 형성에 큰 영향을 미쳤다. 저서로 《추자(鄒子)》 49편, 《추자시종(鄒子始終)》 56편 등을 남겼다 하나 현재는 전해지지 않는다.

추축국(樞軸國, Axis-Powers)

제2차 세계대전 당시 독일, 이탈리아, 일본을 중심으로 한 파시즘 국가들. 3국 외에 알바니아, 불가리아, 핀란드, 헝가리, 루마니아, 에스파냐, 체코슬로바키아 등이 포함된다. 1936년 독일의 히틀러와 이탈리아의 무솔리니가 체결한 협정에서 비롯되어 베를린~로마 추축으로 불렸다. 이후 그 해 11월에 독일과 일본간에 방공협정(防共協定)이 체결되고, 이것이 1937년 11월 독일, 이탈리아, 일본의 3국 방공협정으로 확대되었으며, 1940년 9월에는 3국 군사동맹이 체결됨으로써 베를린~로마~도쿄 추축이 형성되었다. 이 추축국들은 파시즘과 군국주의 성향을 보이며 베르사유 체제와 공산주의에 반대하는 공통점이 있다.

춘추(春秋)

유교 경전의 하나. 원래 중국 노(魯)나라에 전해오는 사관의 기록을 바탕으로 공자가 정리, 편찬하였다고 한다. BC 722년, 즉 노나라 은공(隱公) 원년에서 BC 481년(애공 14)에 이르는 사이의 중요한 기록을 편년체로 엮어 놓은 사서이다. 중국 최초의 편년사이며 간략하지만 공자의 역사관과 역사비판이 담겨 있다. 이 책에 기록된 시대를 춘추시대라 한다. 《춘추》는 육경(六經)의 하나로서 《상서(尙書)》와 함께 중국 산문을 새로이 정립하는 주요한 문헌이며 단행본으로 간행되는 일은 거의 없고 《좌씨전(左氏傳)》, 《공양전(公羊傳)》, 《곡량전(穀梁傳)》 등의 보충해설본과 함께 간행된다.

춘추전국시대(春秋戰國時代, BC 770~BC 221)

중국 역사에서 주(周)왕조가 뤄양(洛陽)으로 천도한 시기(BC 770)부터 진(秦)나라 시황제(始皇帝)가 중국을 통일한 때(BC 221)까지의 시대를 말한다. 이 시대는 다시 진(晉)나라의 대 귀족인 한(韓), 위(魏), 조(趙)씨가 실권을 잡은 해(BC 453), 또는 이 3씨가 정식 제후(諸侯)로 승격한 해(BC 403)를 기준으로 하여 그 이전을 춘추시대, 그 이후를 전국시대로 나눈다. 이 시대는 주 왕실의 지배력이 약화되어 봉건제도가 해체되고 진(秦), 한(漢)의 중앙집권적 군현제로 넘어가는 과도기이다. 춘추시대에 주 왕실이 약화되자 강한 제후국이 인접 제후국을 병합하여 140여 제후국이 10여 개 국으로 줄어들었다. 전국시대에는 진(秦)·초(楚)·연(燕)·제(齊)·한(韓)·위(魏)·조(趙)의 이른바 전국칠웅(戰國七雄)이 패권을 다툰 끝에 부국강병을 실시한 진이 통일을 이룩하였다. 이 시대는 정치적으로는 혼란기였으나 경제적으로는 우경(牛耕)과 철제 농기구의 사용, 관개사업으로 농업이 발전하고 상공업 또한 발전하여 대도시가 형성되고 청동 화폐가 사용되었다. 이로써 전통적 사회조직이 무너지고 일반 서민들도 능력에 따라 출세하는 분위기가 형성되었다. 사상적으로도 이러한 사회변화를 반영하여 제자백가(諸子百家)라 불리는 사상가 집단이 출현하였다. 이중 유가(儒家), 법가(法家), 도가(道家) 등은 후대 중국 사상에 큰 영향을 끼쳤다.

출랄롱코른(Chulalongkorn, 1853~1910)

타이의 방콕왕조 제5대 왕인 라마 5세(재위 1868~1910). 본명은 Phrachunlachomklao이지만 출랄롱코른이라는 이름으로 더 널리 알려져 있다. 부왕 라마 4세의 뒤를 이어 1868년에 즉위한 후 유럽의 문물제도를 받아들여 행정, 사법, 철도, 우편 제도를 개혁하고 1905년에는 노예제를 폐지하였다. 대외적으로 외국과의 불평등 조약을 개정하기 위해 노력하고 영국과 프랑스의 대립을 이용하여 타이의 독립을 보존하였다. 한편 미국과 유럽에 유학생을 보내고 자신도 2회에 걸쳐 외유에 나서 근대화 정책을 적극 추진하였다. 이와 같이 타이 근대화에 기여하여 '대왕'으로 불린다.

취안저우(泉州)

중국 푸젠성(福建省) 중동부에 있는 항구 도시. 옛 이름은 무영, 청원(淸源)이며 당(唐)나라 중기부터 외국무역이 성하여 장푸라는 이름으로 서아시아 여러 나라에 알려져 있었다. 당나라 이후 취안저우로 불렸으며 송(宋)나라 때인 1087년에는 외국무역을 통제·관리하는 시박사(市舶司)가 설치되어 있어 자이툰이라는 이름으로 유럽에까지 알려졌다. 남송과 원나라를 거치면서 중국 해외 무역의 중심지가 되었으며 도시 남부에는 아라비아 상인들의 거주지가 생겼다. 이탈리아의 상인으로 원나라 초기에 중국을 다녀 간 마르코 폴로는 이곳을 세계 최대의 상업 항구로 소개하였다. 명(明)나라 중기 이후에는 부근의 푸저우(福州)·아모이(廈門) 등이 개항됨으로써 차츰 쇠퇴하였다.

▶ 츠빙글리

츠빙글리(Zwingli, Huldreich(Ulrich), 1484~1531)

스위스의 종교 개혁가. 베른, 빈, 바젤 등지에서 인문주의를 공부하였으며 1516년 네덜란드의 인문주의자 에라스무스를 만나 깊은 영향을 받고 점차 복음주의자가 되었다. 1506년부터 목사로 생활하였으며 1519년 취리히 대성당의 설교자가 되어 성경강독으로 큰 호응을 얻었다. 그는 청년들의 용병 지원이나 면죄부 판매에 반대하였으며 마르틴 루터의 영향으로 종교 개혁에 나서게 되었다. 1523년 취리히 시 당국을 설득하여 로마 교회로부터의 분리를 선언하게 하였으며 이후 베른과 독일 남부까지 영향력을 미쳤으나 스위스의 카톨릭 주(州)들이 반발하였기 때문에 마르틴 루터와의 제휴를 모색하였다. 그러나 1529년 루터와의 마르부르크 토론에서 성찬식에 대한 견해 차이 때문에 결별하고 1531년에는 카톨릭파인 원시(原始) 5주(州)와의 전쟁에 종군 목사로 참전하였다가 카펠 전투에서 전사하였다. 그의 신학사상은 인문주의의 영향으로 루터보다 합리적이었으며 정치적 개혁에 대해서도 실천적이었다. 그의 사후 스위스의 종교개혁 운동은 제네바의 칼뱅에게로 넘겨졌다.

측천무후(則天武后, 624?~705)

당나라의 제3대 고종(高宗)의 황후. 본명은 무조(武曌). 원래 14세에 태종의 후궁이 되었으며 태종이 죽은 후 비구니가 되었다가 고종의 눈에 들어 다시 후궁이 되었다. 그후 655년 황후가 되었으며 고종이 병석에 눕자 스스로 정무를 맡아 독재 권력을 장악하였다. 능력 있는 신흥 관료를 등용하여 구 귀족층을 배척하고 683년에 고종이 죽자 자신의 아들 중종(中宗)·예종(睿宗)을 차례로 즉위시켰다가 폐위시키고, 반란을 일으킨 이경업(李敬業)과 당나라의 황족, 공신 등을 탄압하였다. 이어 690년에는 국호를 주(周)로 개칭하고 스스로 황제가 되었다. 당시 유행하던 미륵 신앙을 이용하여 자신을 미륵이라 자처하고 신흥 관료를 등용하여 기존 문벌을 타파하려 하였다. 705년 장간지(張柬之) 등이 정변을 일으켜 중종이 복위되고 당왕조가 부흥하였다. 측천무후는 그 해 병사하였다.

치안판사(治安判事, justice of the peace)

영국 국왕이 임명하는 지방 관리. 1360년 에드워드 3세 때 창시되어 튜더왕조 시대에 활성화되었다. 14세기 노동자 조례의 실시와 함께 제도화되었고 재판권이 부여되는 치안판사로서 주(州)의 사법권과 행정권을 장악하였다. 튜더왕조의 중앙집권화와 지방 행정 재편성에 따라 그 기능이 강화되어 사법관, 물가 통제, 도량형 감독 등 국왕의 지방 통치를 담당하였다. 주로 지방의 젠트리 중에서 선발되었으며, 18세기에는 지방자치의 수호자로 활약하였으나 19세기 이후 주 의회가 성립하면서 쇠퇴하였다.

▶ 에드워드 3세

치외법권(治外法權, extraterritoriality)

한 국가 내에서 외국인에게 부여 하는 영토외적(領土外的) 특권을 말한다. 주로 영사 재판권(領事裁判權)을 중심으로 행정, 군사, 과세, 통신상의 여러 특권이 있다. 원래는 외교 사절에게 부여되는 특권이었으나 점차 확장되어 국가 원수나 군대, 군함이 외국의 영토나 해역에서 가지는 특권이 포함되었다. 근대 중국에서 1843년 5항 통상조약(五港通商條約)으로 영사 재판 제도가 설정되었으며 1844년 왕샤 조약(望廈條約)과 황푸조약으로 치외법권이 확립되었다. 이후 열강의 중국 진출이 본격화되면서 모두 19개국과 조약을 체결하였으나 제2차 세계대전 중에 모두 소멸하였다.

7년전쟁(Seven Years' War, 1756~1763)

유럽에서 오스트리아와 프로이센의 슐레지엔 쟁탈전을 중심으로 한 전쟁과 영국, 프랑스의 식민지 전쟁. 제3차 슐레지엔 전쟁이라고도 한다. 오스트리아 왕위계승전쟁에서 프로이센에게 슐레지엔을 빼앗긴 오스트리아의 여제(女帝) 마리아 테레지아는 프랑스, 러시아, 스웨덴, 작센 등과 동맹을 맺어 프로이센을 압박하였다. 이에 프로이센의 프리드리히 2세는 영국과 동맹을 맺고 1756년 작센을 선제공격 하였다. 프로이센은 초반에 전격전으로 승리를 거두었으나 병력의 열세로 1759년 베를린을 점령당하는 등 수세에 몰렸다. 그러나 1762년 표트르 3세가 러시아의 황제로 즉위하여 프로이센과 강화를 맺으면서 전세가 변하여 1763년 후베르투스부르크 화약 체결로 프로이센의 슐레지엔 영유가 확인되었다. 이로써 프로이센은 유럽의 강대국으로 성장하였다. 한편 해외 식민지에서는 영국과 프랑스가 전쟁을 벌여 아메리카 대륙에서 프렌치, 인디언 전쟁으로 영국이 퀘벡을 점령하고 대서양, 서인도 제도에서 프랑스 해군을 제압하였다. 인도에서도 영국이 플랏시 전투에서 승리하였다. 이로써 프랑스는 북아메리카와 인도 식민지를 상실하였고 영국은 식민지 경쟁에서 승리하고 세계제국으로 성장하였다.

7월왕정(七月王政, Monarchie de Juillet, 1830~1848)

프랑스에서 7월혁명으로 성립한 루이 필립의 왕정. 루이 필립은 '인민의 왕'으로 불렸으며 선거법 개정으로 유권자 수가 배로 늘어 20만을 넘었다. 그러나 선거권이 직접세 납부액에 따라 제한되었기 때문에 상층 부르주아만이 혜택을 받았으며 정권은 은행가와 대산업가가 주도하였다. 이에 따라 소외된 소시민과 노동자층의 불만이 증가하여 1831년 리옹 노동자 폭동, 1834년 파리 공화파 폭동 등이 일어났다. 이어 1847년부터 전국적으로 개혁 연회가 열려 선거법 개정운동이 일어났으며 정부가 이를 탄압하자 1848년 2월 혁명이 일어나 7월 왕정은 무너졌다.

7월혁명(七月革命, Révolution de Juillet, 1830)

1830년 7월 파리에서 일어난 부르주아 혁명. 1824년 루이 16세의 동생 샤를 10세가 왕위에 오른 후 반동정책을 실시하자 부르주아 세력의 불만이 커졌으며 1830년 총선거에서 반대파가 대거 진출하자 국왕이 의회를 해산하고 1830년 7월 25일 7월 칙령을 발표하였다. 이 칙령은 출판 자유의 정지, 하원의 해산, 선거자격의 제한 등을 포함하였기 때문에 7월 27일 파리에서 공화파의 주도로 바리케이드가 설치되고 혁명이 일어났다. 29일에는 민중이 왕궁으로 침입하여 정부는 패배하였다. 이에 샤를 10세가 퇴위하여 부르봉 왕가는 단절되고 오를레앙공 루이 필립이 국왕으로 추대되어 7월 왕정이 시작되었다. 7월 혁명은 보수적 입헌 왕정을 자유주의적 입헌왕정으로 교체하여 민주주의 발전을 이루었으며 벨기에 독립 등 유럽의 자유주의 운동에도 영향을 미쳤다.

칭기즈칸(成吉思汗, Chingiz Khan, 1155?~1227)

몽골제국의 창시자(재위 1206~1227). 원(元)나라의 태조(太祖). 아명 테무친(鐵木眞). 몽고 보르치긴 씨족 출신으로 바이칼호 근처에서 태어났다. 어려서 부친이 타타르 부족에게 독살되어 부족이 흩어진 가운데 게레이트 부족의 완 칸 아래에서 자랐다. 1189년 몽고 씨족 연합의 맹주에 추대되었으며 1201년 자다란 부족의 자무카를 격파하고, 1203년에는 타타르, 케레이트를 토벌하여 동부 몽골을 평정하였다. 이어 1204년에는 서방 알타이 방면의 나이만 부족을 격멸하고 몽골 초원을 통일하였다. 1206년 오논 강변의 평원에서 몽골제국의 칸에 올라 칭기즈칸이 되었다. 이후 기존의 씨족 집단을 해체하고 군사 조직에 바탕을 둔 천호(千戶)라고 하는 95개의 유목민집단을 편성하여 자신에게 충성을 맹세한 자를 천호장에 임명해 유목 영주제를 확립하였다. 1207년에 서하(西夏)를 점령하고, 금(金)나라를 공격하여 1215년에 그 수도인 중도(中都 : 지금의 베이징)에 입성하였다.

1219년부터는 서아시아 이슬람 세계의 지배자인 호라즘을 정벌하기 위해 서방 원정에 나섰다. 1220년에 호라즘을 정복한 후에는 별동대를 파견하여 카프카스 산맥을 넘어 러시아 남부로 진입하여 러시아 귀족 연합군을 격파하게 하고 호라즘 잔존세력을 인더스 강변에서 격파하였다(1221). 이때 정복한 영토를 아들들에게 나누어주어 여러 한국(汗國)을 세우게 하였다. 서방 원정에서 돌아온 후

▶ 칭기즈칸

1226년 서하를 공격하던 중에 부상을 입어 1227년 간쑤성(甘肅省) 칭수이현(淸水縣) 시장강(西江) 강변에서 병사하였다. 위구르 문자를 국가의 공식 문자로 받아들여 이로부터 몽고 문자와 만주 문자가 나왔으며, 이민족의 종교와 문화를 보호하고, 여러 민족 출신의 인재를 등용하여 국가 제도를 정비하여 유목 사회를 국가 수준으로 향상시켰다.

칭다오(靑島)

중국 산둥성(山東省) 동부 산둥반도 남안 자오저우만(膠川灣)에 위치한 항구 도시. 1891년부터 북양함대(北洋艦隊)의 중심지가 되었으며 1897년 선교사 살해 사건을 구실로 독일이 이곳을 점령하고 1898년 자오저우만을 조차하여 독일 동양 함대의 근거지로 개발하였다. 제1차 세계대전 중에 일본군이 점령하였다가 워싱턴 회의 결과 중국에 반환하였다.

카

카노사의 굴욕(Humiliation at Canossa, 1077)

성직자 서임권을 놓고 교황과 황제와의 대립에서 교황이 승리한 사건. 1076년 교황 그레고리우스 7세와 신성로마제국 황제 하인리히 4세가 주교 서임권을 둘러싸고 대립하다가 그레고리우스 7세가 하인리히 4세를 파문하였다. 이에 황제에 반대하는 독일 제후들이 황제 폐위를 결의하였다. 이로써 위기에 처한 하인리히 4세는 1077년 교황이 머물고 있는 이탈리아 북부 카노사 성으로 가서 1월 25일~27일까지 3일간 눈 위에 서서 사죄하여 사면을 받았다. 그러나 이 사건으로 교황은 독일의 반황제파 제후들과 동맹할 기회를 놓쳤으며 황제는 시간을 벌게 되어 후일 그레고리우스 7세를 축출하였다.

▶ 카노사의 굴욕

카니시카(Kanishka, ?~?)

인도 쿠샨왕조의 제3대 왕. 2세기에 살았던 것으로 알려져 있다. 푸루샤푸라(페샤와르)를 수도로 하여 간다라 지방을 중심으로 인도 서북부를 장악하여 마가다국과 카슈미르까지 세력을 뻗쳤으며 파미르 고원과 타림 분지 지역까지 진출하여 실크 로드를 지배하였다. 로마와도 사절을 보내 친선관계를 맺었으며 불교 신자로서 아쇼카 왕과 함께 불교의 보호자로 알려졌다. 그의 시대에 인도 국내에서 불경의 결집, 대탑(大塔) 건조 등이 이루어졌다. 또한 간다라를 중심으로 그리스 조각의 영향을 받은 불교 미술이 발전하였으며 불교의 중국 전파도 이 시대에 이루어졌다.

카네기(Carnegie, Andrew, 1835~1919)

미국의 철강 산업가. 스코틀랜드 출신으로 1848년 가족과 함께 미국으로 이주하였다. 1853년 펜실베이니아 철도회사에 취직하여 1865년까지 근무하였으며 침대차회사에 투자하여 큰 이익을 얻었다. 1865년부터 철강업을 시작하여 1872년 베세머 제강법을 도입한 홈스테드 제강소를 설립하였다. 이후 석탄, 철광석, 선박 등을 포함하는 철강 트러스트를 형성하여 1892년 세계 최대의 철강 트러스트인 카네기 철강회사를 설립하고 미국 철강 생산의 1/4 이상을 차지하였다. 1901년 이 회사를 J. P. 모건 계열의 제강회사와 합병하여 US 스틸사를 설립하였다. 이후 은퇴하여 교육과 문화 사업에 3억 달러 이상을 투자하였다.

▶ 카네기

카다피(Qaddafi, Muammar al, 1942~)

리비아의 통치자. 벵가지의 리비아대학과 육군 사관학교를 졸업하고 이집트의 나세르를 본받아 자유장교단을 결성하였다. 1969년 쿠데타를 감행하여 혁명평의회 의장에 취임하고 군사령관을 겸하였다. 영국과 미국의 군사 기지를 철수시키고 석유 회사를 국유화하여 독자적인 이슬람 국가 건설에 나섰다. 1972년 이집트의 사다트 대통령과 아랍 연합 결성을 합의하였으나 사다트의 이스라엘 평화 정책에 반대하여 결렬되었으며 1980년대에는 서방 세계에 대한 테러 지원으로 미국의 공격을 받기도 하였다. 그의 사상은 저서 《녹색의 서(The Green Book, 1976)》에 나타나 있다.

카라칼라(Caracalla, 188~217)

로마의 황제(재위 211~217).정식 명칭은 마르크스 아우렐리우스 세베루스 안토니누스이다. 카라칼라는 그가 즐겨 입은 갈리아인의 두건 달린 긴 외투를 말한다. 셉티미우스 세베루스의 아들이며 군인 황제로서 군대를 통해 통치하였다. 아버지의 사후 공동 통치자인 동생 게타를 죽이고 독재자가 되었으며 재정상의 이유로 212년 안토니누스 칙령을 발포하여 로마제국 내의 전체 자유민에게 로마 시민권을 부여하였다. 이로써 로마와 속주의 평등화가 이루어졌다. 제2의 알렉산더를 자처하여 여러 번 원정에 나섰으며 217년 동방의 파르티아 원정 중에 메소포타미아 북부의 카라에 부근에서 암살되었다. 로마에는 지금도 그가 지은 대규모 공동 목욕탕의 유적이 남아 있다.

카라코룸(喀喇和林, Kharakorum)

몽고제국의 수도. 각라화림(喀喇和林) 또는 화림(和林), 화령(和寧) 등으로 쓰인다. 1235년 몽고왕조의 제2대 황제 태종(太宗) 오고타이가 몽고 고원의 중앙부에 해당하는 오르강(江) 상류에 건설하였다. 그 후 정종(定宗)과 헌종(憲宗) 때까지 20년에 걸쳐 제국의 수도로 번성하였으며 중국과 서역 각국의 사절과 상인 등이 오갔다. 그러나 쿠빌라이 칸이 수도를 대도(大都 : 北京)로 옮긴 뒤에는 쇠퇴하였다. 원나라가 멸망하고 북원(北元)이 일어났을 때 수도가 되었으나 그 후 다시 쇠퇴하였다.

카라한 선언(Karakhan Declaration, 1919)

소련의 외무인민위원장 대리 카라한의 명의로 중국 국민 및 남북 양중국 정부에 보낸 선언. 1919년과 1920년 2차례에 걸쳐 보냈다. 제1차 카라한 선언은 제정 러시아가 중국에 강요한 일체의 불평등 조약을 철폐한다는 내용이며 제2차 선언은 제1차 선언을 조문화한 것이다. 이후 1924년 체결한 중국 최초의 평등조약인 중·소 협정의 기초가 되었다. 당시 광둥(廣東) 정부는 이를 즉시 받아들여 연소용공(聯蘇容共)을 표방하였으나 베이징의 군벌 정부는 1924년까지 이를 수용하지 않았다.

카롤루스 대제(Charlemagne, 742~814)

프랑크왕국 카롤링거왕조의 제2대 국왕(재위 768~814). 카를 대제 또는 샤를마뉴라고도 부른다. 부왕 피핀이 죽은 후 동생 카를만과 공동 통치하다 771년에 카를만이 죽은 후 프랑크왕국을 단독 통치하였다. 772년부터 804년까지 작센을 공격하여 병합하고, 774년에는 교황의 요청으로 북이탈리아의 랑고바르트왕국을 정복하였으며 778년에는 이베리아 반도의 사라센족을 토벌하고 에스파냐 국경에 변경령(邊境領)을 설치하였다. 또한 778년에 바이에른, 케른텐, 791~803년에는 동방

▶ 샤를마뉴의 대관식

의 아바르, 벤드족을 정복하여 서유럽의 정치적 통일을 이룩하였다. 이로써 거의 모든 게르만 부족이 프랑크왕국과 그리스도교라는 하나의 국가와 하나의 종교로 통합되었다. 광대한 영토에 중앙집권적 통치를 실시하기 위해 중앙에서 그라프(변경 백작), 순찰사 등을 파견하였으며 한편으로 봉건제도를 활용하여 중세 봉건국가 수립의 기반이 되었다. 이탈리아 영토 일부를 교황

에게 헌납하여 800년에 교황 레오 3세로부터 서로마 황제로 대관되었으며 이를 통해 서유럽이 동로마(비잔틴)제국의 영향에서 벗어났다. 또한 아헨의 궁정에 궁정학교를 설립하고 앨퀸 등의 학자를 초빙하여 카롤링 르네상스라 불리는 문예부흥을 일으켰다. 이로써 유럽을 형성한 3대 문화요소인 고전 문화, 그리스도교, 게르만 민족정신의 융합을 완성하였다.

카롤루스 마르텔(Karl Martell, 688~741)

프랑크왕국의 궁재(재직 714~741). 샤를 마르텔, 카를 마르텔이라고도 한다. 피핀의 아들이며 아버지가 이루지 못한 작센, 알라만, 바이에른 등 게르만 부족을 정복하였다. 719년 이후 통일 프랑크왕국의 궁재로서 주도권을 잡았으며 732년에는 에스파냐로부터 침입해 온 사라센 군대를 투르, 프와티에 전투에서 격퇴하여 프랑크왕국을 지켰다. 737년 이후 메로빙거 왕가가 단절되자 프랑크왕국의 실권을 장악하여 아들 소(小)피핀이 왕위에 올라 카롤링거왕조를 수립할 기반을 만들었다.

카롤링거 르네상스(Carolingian Renaissance)

프랑크왕국 시대인 8세기 말 카롤루스 대제의 궁정이 있던 아헨을 중심으로 한 고전 문화 부흥 운동. 원래는 성직자에게 라틴어 교육을 실시하여 교양을 높이려는 목적에서 실시된 그리스도교 운동이었다. 이를 위해 카롤루스 대제가 아헨의 궁정학교 및 각 지방에 수도원 학교와 교회 학자를 설립하고 영국의 앨퀸, 피사의 페트루스, 에스파냐의 테오돌프 등 여러 학자를 초빙하여 문법, 수사(修辭), 논리, 산술, 기하, 음악, 천문 등 자유(교양) 7예를 가르쳤다. 카롤링거 르네상스는 독창적 측면보다는 고전 문화의 보존을 위주로 했으며 프랑크왕국의 붕괴와 함께 사라졌다.

카롤링거왕조(Carolingian dynasty)

메로빙거왕조의 뒤를 이어 프랑크왕국을 통치한 왕조. 왕가의 계보가 한쪽은 대(大) 피핀, 다른 한쪽은 메츠의 주교 아르눌프에서 유래하기 때문에 아르눌핑가(家)라고도 한다. 원래 마스강, 모젤강 유역의 대토지 소유자로 메로빙거왕조 후반기인 7세기에 대 피핀이 아우스트라시아의 궁재(宮宰)가 되면서 그 자손이 궁재직을 계승하였다. 그후 카롤루스 마르텔 때 다른 분국(分國)의 궁재도 겸하게 되면서 프랑크왕국의 실권을 장악하였고 그 아들 소 피핀이 751년 쿠데타를 일으켜 카롤링거왕조를 열었다. 피핀의 아들 카롤루스 대제는 서유럽의 정치적 통일을 이룩하여 로마 황제의 제관을 받았다. 그러나 대제의 사후 843년의 베르덩 조약과 870년의 메르센 조약을 거쳐 왕국은 3개로 분열되었고 이탈리아계(系)는 875년에, 동프랑크계는 911년에, 서프랑크계는

987년에 각각 단절되었다. 그 뒤 동프랑크에서는 작센왕조의 독일왕국이 성립되고, 서프랑크에서는 카페왕조의 프랑스왕국이 성립되었다.

카르보나리(Carbonari)

19세기 초 이탈리아의 독립을 위해 결성된 비밀결사. 이탈리아어로 '숯 굽는 사람'이란 뜻이다. 남부 이탈리아에서 프랑스의 지배에 항거하여 조직되었으며 교황을 중심으로 한 이탈리아 독립과 통일을 목표로 하였다. 그리스도교에 바탕을 둔 신비적 성격의 급진주의 운동을 벌여 이탈리아 남부에서 북부로 세력을 확장하고 중산층과 군인, 학생, 공무원 등으로부터 호응을 얻었다. 1820년 나폴리 혁명, 1821년 피에몬테 혁명, 1831년 중부 이탈리아의 혁명을 주동했으나 비밀결사였기 때문에 대중적 호응을 얻지 못하였다. 이 때문에 이후 마치니가 대중운동을 위해 결성한 청년 이탈리아 당이 이탈리아 독립운동의 주도권을 장악하였다.

카르타고(Carthago)

페니키아인이 북아프리카에 세운 식민 도시. 카르타고라는 이름은 고대 로마인들이 부른 것으로서 페니키아어(語)로는 콰르트하다쉬트(새로운 도시)이며, 그리스인은 칼케돈이라 불렀다. BC 8세기경에 페니키아 상인들에 의해 튀니스 만 북부 연안에 건설된 것으로 추정된다. 시칠리아와 마주 보며 에스파냐와 아프리카를 잇는 지중해 교통의 요충지이다. 때문에 무역으로 번영하였고 상업 귀족들이 도시를 지배하였다. BC 600년경에 서지중해의 무역권을 장악하고 코르시카, 사르데냐, 에스파냐 등지로 진출하였으며 BC 6세기 중반에는 시칠리아 전역을 장악하였다. 처음에는 시칠리아의 패권을 놓고 그리스와 항

▶ 카르타고의 항구 유적

쟁하였으며 이후 로마의 세력이 커지자 BC 264~BC 146년 사이에 3차에 걸친 포에니전쟁이 일어났다. 제1차 포에니 전쟁(BC 264~BC 241)으로 카르타고는 시칠리아를 빼앗겼다. 이어 제2차(BC 218~BC 201) 전쟁 때는 카르타고의 명장 한니발이 군대를 이끌고 에스파냐에 상륙하여 알프스 산맥 너머 로마의 배후를 공격하였다. 한니발은 칸나이 전투에서 로마군을 격파하였으나 아프리카 본토를 공격한 대(大)스키피오의 로마군에게 자마 전투에서 패배하여 굴욕적인 강화를 맺었다. 제3차(BC 149~BC 146)에서는 로마의 장군 소(小)스키피오에 의해 도시는 완전히 파괴되고 카르타고도 멸망하였다. 이후 카르타고는 로마의 아프리카 속주의 중심지가 되었으며 3세기에는 그리스도교 신앙의 중심지가 되었다. 439년에 반달인에게 점령당했다가 동로마 황제 유스티니아누스가 탈환하였으며 698년 이슬람 세력의 침입으로 완전히 파괴되었다.

카르텔(cartel)

같은 업종 또는 유사 업종의 기업들이 결성하는 기업 결합 형태. 기업연합(企業聯合)이라고도 한다. 카르텔 협정을 통해 결성되며 참가하는 기업들은 법률적, 경제적 독립성을 유지하기 때문에 독점 통합 형태 중에서 결속력이 가장 약하다. 협정 내용에 따라 구매 카르텔, 생산 카르텔, 판매 카르텔로 구분되며, 구체적으로는 판매가격, 생산수량, 판매지역 분할, 조업단축, 설비투자제한, 과잉설비폐기, 재고동결 등에 관하여 협정을 맺게 된다. 1870년대 이래 기업간 경쟁의 제한이나 완화를 위해 유럽, 특히 독일에서 발달하였다. 카르텔로 인하여 경제의 비효율화와 국민경제발전 저해 등의 부작용이 일어나가 때문에 일반적으로 금지되고 있다.

카르피니(Carpini, Giovanni de Piano, 1182?~1252)

이탈리아 프란체스코 교단의 수도사. 교황 이노센트 4세의 명령으로 몽고인에게 그리스도교를 포교하고 정세를 살피기 위해 몽고 사절로 파견되었다. 1245년 리옹을 출발하여 폴란드, 키예프, 드네프르, 돈, 볼가강을 따라 카스피해와 아랄해를 지나 텐산산맥 북쪽 기슭을 넘어 몽고제국의 수도 카라코룸에 도착하였다. 카라코룸에서 구유크칸의 즉위식에 참석하고, 그의 회신을 받아 1247년 아비뇽으로 귀환하였다. 그가 교황에게 제출한 보고서는 뤼브뤼키의 여행기와 함께 몽고의 사정을 최초로 유럽에 전한 중요한 기록이다.

카를 4세(Karl IV, 1316~1378)

신성로마 황제(재위 1347~1378). 룩셈부르크 왕가의 보헤미아 왕 요한의 아들로 프라하에서 태어났다. 1346년 황제 루트비히의 대립왕으로 선정되어

1347년 루트비히가 사망한 후 즉위하였다. 1355년과 1368년 2차에 걸쳐 로마를 원정하였으나, 이탈리아 내정에는 간섭하지 않았다. 1377년 아비뇽에서 유수(幽囚) 중인 교황을 로마로 귀환시켰으며 1356년 금인칙서(金印勅書)를 공포하여 황제를 선출하는 선제후(選帝侯)의 수와 권한을 규정하였다. 보헤미아의 경제, 문화적 발전을 이룩하여 프라하를 제국의 정치, 문화 중심지로 만들었다.

카링가왕국(Kalinga)

BC 4세기 및 BC 2세기에 인도 남동부 해안 지방에서 번영한 왕국. 오리사주와 마드라스 주에 걸친 지역을 영역으로 하였으며 BC 3세기 마우리아왕조 제3대 아소카왕에 의해 정복되었다. 이 전쟁으로 10만 명이 살육되고 15만 명이 포로로 끌려갔다고 한다. 이 이후로 아소카 왕은 전쟁의 참혹함을 뉘우치고 불교에 귀의하여 '법의 지배'로서 제국을 통치했다고 한다. 마우리아왕조가 약해지자 독립하여 BC 2세기에는 체티왕조가 성립되고 제3대 카라벨라왕 때에 번영하였는데, 이 왕은 자이나교의 보호자로 유명하다. 그 후 안드라왕국에 정복되어 멸망하였다.

카보우르(Cavour, Conte di, 1810~1861)

이탈리아의 정치가. 사르데냐왕국의 수상으로 이탈리아 통일에 기여하였다. 이탈리아 북부 피에몬테 지방의 토리노 출신으로 사관학교를 졸업하고 1832년까지 군 생활을 하였으며 이후 토리노에서 〈일 리소르지멘트〉라는 신문을 발간하고 온건 입헌주의를 주장하였다. 1848년 사르데냐왕국의 의원이 되었고 1852년 수상에 취임하였다. 1859년 프랑스의 나폴레옹 3세의 지원을 받아 오스트리아를 격파하고 롬바르디아, 토스카나, 파르마를 얻었으나 나폴레옹 3세의 배신으로 사임하였다. 1860년 복귀하여 사르데냐왕국을 중심으로 하는 점진적 통일을 추진하였다. 가리발디가 시칠리아, 나폴리를 점령하자 군대를 움직여 베네치아와 로마를 제외한 이탈리아 중부와 남부를 통일하였다. 1861년 이탈리아 통일을 이룩하고 2개월 후에 사망하였다.

카불(Kabul)

아프가니스탄의 수도. 힌두쿠시 산맥 남쪽 기슭의 카불 분지에 위치하며 중앙아시아, 이란 등지에서 카이바르 고개를 넘어 인도로 가는 동서 교통의 요충지이기 때문에 역사적 의미가 큰 도시이다. 알렉산더 대왕의 정복이 있은 후 1세기경에 쿠샨왕조가 이곳을 지배하였으며 7세기 후반 이슬람 세력이 침입하여 11세기 가즈니왕조의 마하무드 이래 이슬람왕조의 수도가 되었다. 이후 칭기즈칸과 티무르가 이곳을 점령하였으며 1540년 바부르가 점령한 뒤 무

▶ 카불

굴제국의 중요 도시가 되었다. 1738년 나디르 샤와 아흐마드 샤가 이곳을 점령하여 아프카니스탄왕국의 수도로 삼았다. 1842년 영국이 점령하였으며 1919년 아프가니스탄 독립과 함께 수도가 되었다.

카사블랑카 회담(Casablanca Conference, 1943)

제2차 세계대전 중인 1943년 1월 14~26일 북아프리카의 프랑스령(領) 모로코의 카사블랑카에서 열린 연합국 지도자의 전쟁회의. 미국 대통령 프랭클린 루스벨트와 영국 수상 처칠의 제3차 회담으로 연합국의 공동 작전을 논의하였다. 이 회담에서 시칠리아 및 이탈리아 본토 상륙을 결정하고 추축국, 특히 독일의 무조건 항복으로 전쟁을 종결시킬 것을 결정하였다.

카스트제도(Caste)

인도의 계급제도. 카스트라는 말은 '종', '혈통'을 의미하는 포르투갈어 카스타(casta)가 와전된 것으로 포르투갈인들이 이 제도에 붙인 이름이다. 아리안족이 인도로 이주하면서 원주민을 정복하는 과정에서 발전하였다고 한다. 이 제도에 따라 바라문 또는 브라만(神官), 크샤트리아(武士), 바이샤(庶民), 수드라(奴婢) 등의 4성(姓)으로 나누어지는데, 사람은 태어나면서부터 각기의 카스트에 속하며 결혼·직업 등은 동일한 카스트 내에서 행해진다. 카스트의 구분은 크게 4성으로 구분되지만 그 안에 다시 수많은 분파가 있어 그 수는 2천에서 3천에 이른다고 한다. 그 밖에 위의 4성에 속하지 않는 불가촉천민

(不可觸賤民)이 있으며 이들은 거주, 직업 등에서 많은 차별을 받고 있다. 역사적으로 소수의 브라만 상층 카스트가 다수의 하층 카스트를 지배하여 왔으며 현재는 법적으로는 카스트 제도가 부인되지만 인도인의 실생활에서는 고수되고 있다.

카스트로(Castro (Ruz), Fidel, 1927~)

▶ 카스트로

쿠바의 혁명가, 정치가. 1945년 아바나 대학을 졸업하고 변호사가 되었으며 반정부 활동을 벌였다. 1953년 산티아고데 쿠바의 몬카다 병영을 습격하였다가 실패하여 체포되었다. 1955년 특사로 풀려난 후 멕시코로 망명하여 혁명군을 조직하고 1956년 쿠바 남부 오리엔테 주의 산악지대에 잠입하여 게릴라전을 시작했다. 1959년 1월 바티스타 정권을 무너뜨리고 수상에 취임하였다. 이후 토지개혁을 실시하고 미국계의 사탕수수와 석유회사를 국유화하여 미국과 적대적 관계가 되었다. 1961년 미국 정부가 지원하는 반군이 피그스만에 상륙하였으나 이를 격퇴하였고 이후 사회주의를 지향하여 소련과 손을 잡았다. 1962년에는 소련이 쿠바에 중거리 미사일 기지를 건설하면서 미·소 간 핵전쟁 위기가 일어났으나 소련이 미사일 기지를 철수하고 미국이 카스트로 정권의 전복을 시도하지 않는다는 조건으로 무마되었다. 현재까지 사회주의 공화국의 수상으로 독재통치를 하고 있다.

카스티야왕국(Castilla)

에스파냐 중앙부의 메세타 고지(高地)를 중심으로 한 왕국. 카스티야는 성(城)을 의미한다. 이 지역은 서고트왕국을 계승한 레온왕국의 남쪽 국경지대로 이베리아 반도를 침공한 무어인 세력과의 경계선이었다. 9세기 이후부터 그리스도교도의 국토회복운동의 전초기지였으며 10세기 중반에 변경백(邊境伯) 페르난 곤살레스가 독립하여 카스티야왕국을 세웠다. 이후 국토회복운동의 중심세력으로 영토를 확장하여 13세기에는 그라나다를 제외한 안달루시아 전체를 정복하고 1479년에 카스티야 여왕 이사벨라의 남편 페르난도가 아라곤의 왕으로 즉위하면서 아라곤과 병합하여 에스파냐 통일의 기반이 되었다.

카스틸리오네(Castiglione, Baldassare, 1478~1529)

이탈리아의 시인, 외교관. 만토바 출신으로 밀라노, 만토바, 우르비노의 궁정에서 국왕들을 섬겼으며 교황 클레멘스 7세의 명령으로 에스파냐 대사에 임명되었다가 후에 톨레도에서 병으로 죽었다. 자신의 궁정 생활을 바탕으로 지은 《정신론(廷臣論)》(1513~1518)을 저술하여 이상적인 궁정생활을 논하였다. 이 작품은 16세기 이탈리아 산문 문학의 대표작이며 교양을 중시하는 르네상스시대의 이상적 인간형을 보여준다.

카슈미르 문제(Kashmir Struggle)

카슈미르 지방의 영유권을 둘러싼 인도와 파키스탄 사이의 분쟁. 잠무와 카슈미르 지역은 인도, 중국, 파키스탄과 접한 험준한 산악 지역으로 인더스강의 발원지이다. 이 지역은 인도 평야에서 신장(新疆)과 티베트로 들어가는 통상로에 해당하며, 중앙아시아에 불교를 전한 경로로 추정된다. 16세기 후반 이슬람 무굴제국의 일부가 되었다가 1846년 이후 영국령 인도의 번왕국(藩王國)이 되었다. 주민의 대부분이 이슬람교도이지만 번왕(藩王)이 힌두교도였기 때문에 이 지방의 귀속 문제를 놓고 1947년 인도와 파키스탄이 영국으로부터 분리 독립하면서 양국간에 충돌이 일어났다. 국제연합의 조정으로 1949년 정전하였으나 인도 정부는 주민투표로 귀속문제를 결정하라는 국제연합의 권고를 거부하고 있다. 이후 현재까지 소규모 무력 충돌이 계속되고 있으며 양국간 대규모 전쟁으로 확대될 위험성이 큰 지역이다.

카이로회담(Cairo Conference, 1943)

제2차 세계대전 중에 이집트의 카이로에서 루스벨트, 처칠, 장제스 등 연합국 지도자들이 가진 회담. 대일본 전쟁의 협력 방안 및 일본 영토 문제에 대한 연합국 기본 방침을 확정하여 이를 '카이로 선언'으로 발표하였다. 선언의 내용은 제1차 세계대전 후 일본이 탈취한 태평양 제도(諸島)를 박탈하고, 또한 만주, 타이완(臺灣), 펑후제도(澎湖諸島) 등을 중국에 반환할 것을 명시하였다. 그 밖에 한국을 장차 자유독립국가로 만든다는 특별조항을 넣어 최초로 한국의 독립을 국제적으로 보장하였다. 이 회담에 이어 소련의 지도자 스탈린과 이란의 테헤란에서 '테헤란 회담'이 열렸다.

카이사르(Caesar, Gaius Julius, BC 100~BC 44)

로마 공화정 말기의 군인, 정치가. 시저라고도 한다. 로마의 귀족 가문 출신이다. 마리우스의 처조카였기 때문에 마리우스의 정적 술라가 집권한 시기에는 소아시아 등지를 전전하였다. 술라가 죽은 후 BC 69년 재무관, BC 65년 안찰관(按察官), BC 63년 법무관 등 여러 관직을 역임하면서 정치적 명성을 얻었다. BC 60년 폼페이우스, 크라수스와 함께 제1차 3두정치를 결성하고 BC 59년에 집정관에 취임하였다. BC 58년부터 속주 갈리아의 지방장관으로서 BC 50년까지 갈리아 전쟁을 치르고 라인강 너머 게르만족의 영토 및 영국 해협 건너 브리튼 섬까지 진출하였다. BC 52년에 베르킨게토릭스가 이끄는 갈리아인의 반란을 진압하여 갈리아 전쟁을 종결지었다. BC 53년에 크라수스가 메소포타미아에서 전사하자 제1차 3두정치는 붕괴하고 카이사르는 폼페이우스와 대립하게 되었다. BC 49년 원로원의 소환을 받자 '주사위는 던져졌다'라는 말과 함께 군대를 이끌고 갈리아와 이탈리아의 경계선인 루비콘강을 건너 로마로 진격하였다. 이후 BC 48년 그리스의 파르살로스에서 폼페이우스 군을 격파하고 도망치는 폼페이우스를 쫓아 이집트로 진격하였다. 이집트에서 클레오파트라를 왕위에 앉혔으며 다시 아프리카와 에스파냐의 폼페이우스 잔당을 토벌하여 BC 45년에 내란을 종식하고 로마 영토를 통일하였다. BC 46년부터는 독재관(딕타토르)에 취임하였으나 왕이 되려 한다는 의심을 받아 BC 44년에 암살되었다. 카이사르는 로마가 도시국가에서 세계제국으로 발전하는 과정에서 강력한 권력자의 필요성을 보여주었으며 그의 사후 양자 옥타비아누스가 이를 실현하였다. 그는 문학에도 뛰어나 《갈리아 전기(戰記)》 등의 작품을 남겼다.

카이펑(開封)

중국 허난성(河南省) 북동부에 있는 도시. 춘추전국시대 위(魏), 5대 10국의 양(梁), 진(晉), 한(漢), 주(周) 및 북송(北宋), 금(金) 등의 왕조가 이곳에 수도를 건립하였다. 위나라 때에는 대량(大梁)이라 불리웠으며 이후 양주(梁州), 카이펑, 변주 등으로 불렸다. 수나라 때 강남으로 통하는 대운하의 간선이 되면서 황하와 대운하의 교차점이 되어 발전하였다. 이후 수, 당 시대에 번영하였으며 당이 망한 후 5대 10국 시대에도 후량(後梁), 후진(後晉), 후한(後漢), 후주(後周)의 수도가 되었다. 5대 10국 이후 중국을 통일한 송나라 때에도 도읍이 되었으며 금나라 초기에는 변경이라 불리다가 남경(南京)으로 바뀐 뒤 1214년부터 수도가 되었다. 원나라 이후로도 허난 지방의 행정 중심지로 중요시되었다.

카자르조(Kajar Dynasty, 1779~1925)

근대 이란의 왕조. 이란 북부의 투르크 계통인 카자르족의 족장 아가 모하메드가 젠드왕조를 무너뜨리고 창시하였다. 건국 이래 영국과 러시아 세력의 압박을 받아 러시아에 북방 영토를 빼앗기고 영국에게 석유, 철도 이권과 동남 방향으로의 출구를 봉쇄 당하였다. 이로써 이란의 식민지화가 시작되었으며 이에 대한 반발로 민족주의와 근대화 운동이 일어났다. 1906년 입헌 군주제가 실시되고 헌법이 제정되었으나 1912년 영국과 러시아로부터 이란 분할 협정의 승인을 강요당해 반식민지가 되었다. 1925년 레자 샤 팔레비를 중심으로 한 혁명으로 멸망하고 이후 팔레비왕조가 이란을 지배하였다.

카자크(Kazak)

15~16세기에 러시아의 남방 변경 지대인 돈, 야이크, 자포로제 등지로 도망친 농노와 빈농들이 형성한 자치 군사집단. 코사크라고도 한다. 이들은 선거에 의해 지도자를 선출하고 중요한 문제를 합의로 결성하는 민주적 공동체였으며 16~17세기에는 타타르 및 투르크의 침입으로부터 남쪽 국경을 지키고자 하는 러시아, 폴란드, 리투아니아 정부로부터 지원을 받으며 자치적 군사 공동체로 성장하였다. 이들은 평시에는 목축, 수렵, 어로, 상업에 종사하였으며 17세기 이후로는 지도부가 차르와 결탁하여 귀족화되면서 이에 하층 카자크들이 반발하여 17세기 후반의 스텐가 라진 및 18세기 후반의 푸가쵸프 등의 농민반란이 일어났다. 이후 카자크는 토지를 영유하는 대신 제정 러시아의 비정규 특수부대로 활약하였으며 러시아 혁명 이후로는 해체되었다.

카토(Cato, Marcus Porcius, BC 234~BC 149)

로마의 군인, 정치가, 작가. 대(大)카토로 불린다. 제2차 포에니전쟁에서 공을 세웠으며 BC 204년에 재무관을 시작으로 법무관을 거쳐 BC 195년에 집정관

이 되었다. 당시 스키피오 가문을 중심으로 화려한 헬레니즘 문화가 로마에 유입되자 이에 반발하여 고대 로마의 실용적이고 소박한 생활로 돌아갈 것을 역설하였다. BC 184년에는 감찰관(켄소르)이 되어 사치를 단속하고 도덕적 생활을 강조하였다. 작가로서 라틴 산문의 시조로 여겨지며 고대 로마의 역사를 다룬 《기원론》과 자신의 농업 경험을 바탕으로 쓴 《농업론》 등을 저술하였다. 그의 증손자 카토는(BC 95~BC 46) 소(小)카토로 불리며 스토아 철학자이자 공화주의자로 카이사르에 반대하여 폼페이우스파에서 활약하였다.

▶ 카토

카톨릭교도 해방령(Catholic Emancipation Act, 1829)

영국에서 카톨릭 교도에 대한 권리와 자격상의 제한을 철폐한 법령. 영국의 카톨릭 교도는 엘리자베스 여왕 이래로 차별을 받았으며 1673년의 심사율로

국회의원에 선출되거나 공무원에 임명될 자격을 박탈당하였다. 이러한 차별과 박해는 특히 아일랜드에서 심하였다. 이 때문에 18세기 이래로 반대운동이 일어났으며 1810년 아일랜드가 영국에 합병된 뒤로는 더욱 거세졌다. 1828년 아일랜드의 카톨릭 교도 협회 지도자 오코늘이 하원의원에 당선되었으나 심사율에 의하여 의원이 될 수 없었다. 이에 카톨릭 교도의 대규모 시위가 일어나자 정부는 1829년 카톨릭 교도 해방령을 실시하였다. 이에 따라 카톨릭 교도는 국회의원의 피선거권을 획득하였고, 공직에도 취임할 수 있게 되었으며, 기타의 제한도 1926년까지 점차 해제되었다.

카톨릭 종교개혁(Counter Reformation)

종교개혁으로 프로테스탄트(신교) 세력이 등장하자 이에 대응하여 카톨릭 교회 내부에서 추진한 개혁운동. 반동 종교개혁 또는 대항 종교개혁이라고도 한다. 1534년 에스파냐 출신의 이그나티우스 데 로욜라에 의해 예수회 교단이 설립되어 교황에 대한 절대 복종을 규율로 삼아 해외 포교에 주력하였다. 이어 1542년에는 종교 재판소가 설치되어 교회에 대한 감독을 강화하였다. 1545년에서 1563년에 걸친 트리엔트 종교회의에서는 카톨릭의 기본 교리를 재확인하고 카톨릭 성직자의 기강 쇄신과 종교 재판 실시 등이 결의되었다. 이러한 개혁과 함께 카톨릭 교회는 합스부르크 왕가를 중심으로 하는 카톨릭 정치세력과 결탁하여 30년 전쟁, 위그노 전쟁 등 종교전쟁의 한 축이 되었으나 1648년 베스트팔렌 조약으로 종교전쟁이 끝나면서 카톨릭 개혁운동의 정치적 성향은 사라지고 교회 개혁이 중심이 되었다.

▶ 트리엔트 종교회의

카트린드 메디치(Caterina de' Medici, 1519~1589)

프랑스 국왕 앙리 2세의 왕비. 피렌체의 메디치 가문 출신이다. 남편이 죽은 후 장남 프랑스와 2세와 차남 샤를 9세를 차례로 즉위시키고 자신은 섭정이 되었다. 카톨릭파인 기즈 공의 세력을 견제하기 위해 신교도와 접촉하여 위그노 전쟁의 계기를 만들었다. 1572년에는 기즈 공과 결탁하여 파리에서 성 바르톨로메오의 학살을 일으켜 신교도를 학살하였다. 3남인 앙리 3세가 즉위하면서 은퇴하였다.

카페왕조(Capétiens, 987~1328)

중세 프랑스의 왕가. 넓은 의미로는 발루아 왕가(1328~1498, 7대) 및 부르봉 왕가(1589~1793, 1814~1830, 7대) 등도 포함한다. 카페 가문은 앙주 백작 로베르 르 포르의 후예로 그 아들 외드와 로베르 1세가 카롤링거왕조가 약해진 틈을 타서 프랑스 왕을 자칭하였다. 이후 로베르 1세의 손자인 파리 백작 위그 카페가 제후들에게 추대되어 987년 정식으로 카페왕조를 열었다. 초기에는 대제후들의 압박으로 왕권이 약했으나 12세기 초반의 루이 6세 시대 이후부터 왕권이 강화되기 시작했다. 필립 2세 때에는 영국의 존 왕을 격파하여 프랑스 내 영국영토를 차지하였으며 14세기 필립 4세 때에는 교황권을 압박할 정도로 성장하였으며 프랑스의 국가통일을 실현하였다. 1328년 샤를 4세가 죽은 후 단절되어 발루아 왕가가 들어섰다.

카흐타 조약(Treaty of Kyakhta, 1727)

청나라와 러시아가 체결한 조약. 이 조약으로 러시아의 몽고 방면 남하가 저지되었다. 카흐타는 몽고 국경에 위치한 러시아의 소도시다. 1689년 네르친스크 조약으로 청과 러시아 국민의 교역이 자유화됨에 따라 17세기 초반 이후 러시아 상인들의 통상 기지가 되었다. 당시 이 지역의 국경이 확정되지 않았고 교역에 관련된 분쟁이 늘어남에 따라 이를 해결하기 위해 조약을 체결하였다. 이 조약으로 러시아~청국 간 교역을 카흐타에서만 하기로 규정하고 국경선을 확정하여 현재도 러시아와 몽고 국경으로 유지되고 있다.

칸나이전투(Battle of Cannae, BC 216)

제2차 포에니 전쟁의 중요 전투. 한니발이 이끈 카르타고 군은 아프리카에서 지중해를 건너 에스파냐에 상륙한 후 알프스 산맥을 너머 로마의 배후로 침입하였다. 이후 이탈리아 남부의 칸나이에서 루키우스 파울루스와 가이우스 바로가 지휘하는 8만 명의 로마군을 맞아 결전을 벌이게 되었다. 한니발은 5만의 병력 중 1만의 기병을 활용하여 적의 정면을 우회한 다음 측면을 포위 공격하는 전술로 로마군을 괴멸시켰다. 로마군은 7만 명이 전사하였으며 이

전투는 전쟁사에 있어 포위 섬멸 작전의 전형이 되었다.

칸딘스키(Kandinskiy, Wasily, 1866~1944)

프랑스에서 활약한 러시아 출신의 화가. 현대 추상미술의 창시자. 모스크바에서 태어나 뮌헨에서 공부했으며 1910년경부터 추상화를 그리기 시작하였다. 1911년 뮌헨에서 예술가 집단인 '청기사'를 조직하여 비구상 회화의 선구자가 되었다. 러시아 혁명 후 소비에트 예술원 부원장이 되었으나 1921년 베를린으로 이주하여 이후 바우하우스의 미술교수로 재직하였다. 1933년부터는 파리에 거주하였다. 그는 기하학적인 공간 구성으로 현대 추상회화의 선구자로 불린다.

칸트(Kant, Immanuel, 1724~1804)

독일의 철학자. 동 프로이센의 수도 쾨니히스베르크에서 태어나 일생을 쾨니히스베르크대학 교수로 보냈다. 프랑스 혁명 시대에 서유럽 근대 철학을 집대성한 것으로 유명하다. 처음에는 뉴턴 역학과 천문학을 공부하다가 점차 철학으로 관심을 기울여 루소와 데이비드 흄의 철학에 영향을 받았다. 이후 대륙의 합리주의 철학과 영국의 경험론 철학을 종합하여 자신의 비판 철학을 완성하고 《순수이성비판》(1781), 《실천이성비판》(1788), 《판단력비판》(1790)의 3부작을 저술하였다. 칸트의 철학은 그의 당대에 큰 영향을 미

▶ 칸트

친 것은 물론 이후 피히테, 헤겔, 쇼펜하우어로 이어지는 독일 관념론 철학을 형성하였으며 19세기 후반에는 코헨, 빈델반트, 리케르트 등이 신칸트 학파를 이루어 그의 사상을 부흥시켰다.

칼데아(Chaldea)

고대 바빌로니아의 지명. 구약성서에는 칼데아를 바빌로니아와 동의어로 사용하고 있다. 일반적으로는 신바빌로니아 시대의 바빌로니아를 말한다. 칼데아인은 BC 1000년기(紀) 전반에 바빌로니아 남부에서 활약한 셈계(系)의 한 종족이며 아시리아의 지배를 받다가 메디아와 협력하여 아시리아를 멸망시키고 신바빌로니아왕국을 세웠다. 네부카드네자르 왕 시대에 전성기를 맞이하였으며 수도 바빌론을 중심으로 번영하였다. 이후 나보니도스 왕 시대(BC

625~605) 시대에 페르시아군의 침입으로 멸망하여 BC 538년부터 페르시아의 한 주가 되었다.

칼리굴라(Caligula, 12~41)

고대 로마의 제3대 황제(재위 37~41). 정식 이름은 Gaius Caesar Germanicus. 본명은 Gaius Caesar이다. 칼리굴라는 병사의 군화를 의미한다. 티베리우스 황제의 양자인 게르마니쿠스의 3남으로 게르마니아의 병영에서 자랐다. 티베리우스 황제의 뒤를 이어 즉위하였으며, 즉위 초에는 중용의 정치를 펼쳤으나 점차 정신이상에 사로잡혀 독재 정치를 실시하였다. 41년에 궁정에서 친위병에게 암살되었다.

칼리다사 ⊙ 샤쿤탈라

칼리프 ⊙ 술탄칼리프

▶ 칼뱅

칼뱅(Calvin, Jean, 1509~1564)

스위스의 종교개혁가. 프랑스 북부 피카르디에서 태어났다. 파리에서 신학을 공부하고 이후 오를레앙에서 법학을 공부했으며 그리스 고전에 심취하여 당시 인문주의의 영향을 받았다. 1533년 '돌연한 회심'을 경험하고 프로테스탄트로 돌아섰다. 이 때문에 파리에서 추방되어 스위스의 바젤로 피신하였다. 바젤에서 복음주의의 고전인 《그리스도교 강요》를 저술하고 1541년 이후에는 제네바에서 종교개혁에 참여하였다. 제네바에서 칼뱅은 신권정치를 구현한 엄격한 개혁을 추진하다가 추방되었다. 이후 프랑스의 스트라스부르로 갔다가 3년 후 다시 제네바로 초빙되어 교회규율을 제정하고 신정정치를 구현하였다. 그는 루터와 같이 성서주의 입장에서 카톨릭을 비판하였다. 인문주의의 영향을 받아 루터보다 더 합리적인 개신교 신학을 정립하였으며 신학이론 중에서 특히 '예정설'이 유명하다.

캄보디아 ⊙ 진랍

캉유웨이(康有爲, 1858~1927)

근대 중국의 학자, 정치인. 자 광하(廣夏). 호 장소(長素). 별명 조이(祖詒). 광둥성 난하이현(南海縣) 출생. 학자로서 공양학(公羊學)을 배워 고문(古文)을 배척하고 금문(今文)을 높이 평가하였다. 이러한 유교 사상에 불교와 서양 사상을 혼합하여 독자적인 대동설(大同說)을 주장하고 인류 평등의 대동사회가 온다고 믿었다. 또한 유럽의 정세를 연구한 끝에 일본의 메이지유신(明治維新)과 같이 입헌군주제로의 정치개혁을 촉구하는 변법자강론(變法自疆論)을 주장하게 되었다. 이후 베이징, 상해 등지에서 강학회를 열고 자신의 주장을 폈으며 베이징에서 '보국회(保國會)'를 설립하고 변법자강운동을 폈다. 이러한 노력이 광서제(光緖帝)의 인정을 받아 1898년 무술변법이라 불리는 개혁운동의 지도자로 등용되었다. 이 개혁은 과거제도를 개혁하고 산업을 장려하는 등의 내용을 담고 있었으나 무술정변으로 인해 광서제가 폐위되면서 100일만에 실패로 끝났다. 캉유웨이는 해외로 망명하였다가 보황회(保皇會)를 설립하여 광서제를 복위시키고자 했으며 신해혁명 이후에는 청나라 왕조의 복위를 주장했기 때문에 쑨원(孫文) 등의 혁명파에게 밀려났다. 저서에 《신학위경고(新學僞經考)》, 《공자개제고(孔子改制考)》, 《대동서(大同書)》 등이 있다.

켄터베리이야기(The Canterbury Tales, 1387~1400)

중세 영국의 시인이며 '영시(英詩)의 아버지'로 불리는 초서(Geoffrey Chaucer, 1342~1400)의 작품이다. 1387년부터 집필에 들어가 1400년 작가가 사망하면서 중단되었다. 영국 남부의 캔터베리 대성당을 참배하는 사회 각층에서 온 31명의 순례자가 여관에서 각자 번갈아 이야기를 하는 형식으로 된 23편의 이야기로 중세 설화문학을 집대성한 작품이다. 순례자들은 기사와 그의 종자, 수녀원장과 사제, 법률가, 시골 사제, 탁발 수도사, 학생, 방앗간 주인, 목수 등 당시 영국 사회의 각계각층을 망라하였으며 당시 영국의 사회상과 중세인들의 종교관, 인생관 등을 선명하게 묘사한 걸작이다.

케네(Quesnay, François, 1694~1774)

프랑스의 경제학자. 중농주의(重農主義)의 창시자이다. 파리에서 태어나 파리대학 의학부에서 공부하고 외과의사로서 명성을 얻었다. 1749년부터 루이 15세의 주치의가 되었으며 이후 귀족이 되었다. 59세부터 경제학을 연구하여 《경제표》(1758), 《차지농론》, 《곡물론》 등을 저술하였다. 《경제표》에서 농업이 부를 창조하는 유일한 부문이며 상업과 공업은 필요하긴 하지만 비생산적인 것으로 규정하였다. 그는 사회계층을 지주계급, 생산적 계급, 비생산적 계급으로 분류하고 상품과 소득의 순환을 통한 농업자본의 재생산 과정을 도표로써 제시하였다. 이로써 중농주의 학설을 정립하였으며 국내시장 확장을 위한 자유방임 정책과 세제 개혁을 주장하였다.

케네디(Kennedy, John Fitzgerald, 1917~1963)

미국의 제35대 대통령(재임 1961~1963). 메사추세츠 주 브루클린에서 아일 랜드계 카톨릭 은행가의 아들로 태어났다. 하버드대학에서 정치학을 공부하 였으며 제2차 세계대전 중에는 해군에서 어뢰정 정장으로 근무하였다. 1946 년 메사추세츠에서 하원의원에 당선되었고 1952년에는 상원의원에 당선되었 다. 1958년에 상원의원에 재선되었으며 1960년 대통령 선거에 민주당 후보 로 출마하여 '뉴 프런티어'를 슬로건으로 한 선거운동을 펼친 끝에 공화당 후보이자 현직 부통령이던 리처드 닉슨을 누

르고 당선되었다. 취임 직후에 반(反)카스트 로파의 쿠바 침공을 지원하였다가 실패를 겪 었으며 이후 흑인 민권운동 지원, 중남미 국 가들과 '진보를 위한 동맹'의 결성, 평화봉 사단 창설 등 국제교류를 장려하는 정책을 폈다. 1962년 소련이 쿠바에 중거리 미사일 기지를 건설하자 쿠바 주변 해역을 봉쇄하여 핵전쟁 위기가 일어났으나 극적인 타협으로 해결한 후 소련과 핵실험 금지조약을 체결하 여 미~소 간 해빙 무드를 조성하였다. 1963 년 11월 12일 재선을 위한 유세 여행 중 텍사 스 주 댈러스에 암살되었다.

▶ 케네디

케렌스키(Kerenskii, Aleksandr Fyodorovich, 1881~1970)

러시아의 정치가. 심비르스크에서 태어나 상트페테르부르크대학을 졸업하고 변호사로 활동하였다. 1912년 제4대 의회의원으로 선출되었으며 근로당 당수 로 사회혁명당의 온건좌파에 속하였다. 제1차 세계대전이 발발하자 전쟁을 지지하였으며 1917년 2월혁명이 일어나자 상트페테르부르크 노동자, 병사 소 비에트의 부의장이 되었다. 임시정부가 수립되자 법무장관, 육군장관 등을 거쳐 1917년 7월에 총리 겸 군 총사령관이 되었다. 전쟁을 계속 수행하는 한 편 볼세비키를 견제하면서 온건 개혁을 시도하려 했으나 사령관인 코르닐로 프의 반란으로 혼란이 일어난 와중에 볼세비키가 일으킨 10월혁명으로 실각 하였다. 이후 프랑스, 미국 등지에서 망명생활을 하다가 사망하였다.

케말 아타튀르크(Kemal Atatürk, Mustafa, 1881~1938

터키의 군인, 정치가, 초대 대통령(재임 1923~1938). 본명은 무스타파 케말 이며 케말 파샤라고도 한다. 파샤는 군사령관이나 고급관료의 호칭이며 아타 튀르크란 호칭은 '터키의 아버지'란 뜻으로 터키 의회가 바친 칭호이다. 그리

스의 살로니카 출신으로 이스탄불 육군대학에서 공부한 후 직업군인 생활을 하였다. 당시 터키의 혁명운동에 가담하여 1908년 청년 터키당의 혁명을 지지하였다. 이후 1911년의 트리폴리 전쟁과 1912년의 발칸 전쟁, 그리고 제1차 세계대전에서 뛰어난 활약으로 명성을 떨쳤다. 대전이 끝난 후 독일편에 가담했다가 패전한 터키에게 연합국이 가혹한 세브르 조약을 강요하자 1920년 앙카라에서 대국민회의를 열어 술탄~칼리프 정부를 무너뜨리고 그리스군의 침입을 격퇴하였다. 1922년 술탄제도를 폐지하고 연합국과 세브르 조약을 완화한 로잔 조약을 체결하였다. 1923년 터키 공화국을 수립하여 3회에 걸쳐 대통령에 선출되었다. 집권기간 동안 정치와 종교의 분리, 남녀 평등 실시 등 터키 근대화를 추진하였다.

케이(Kay, John, 1704~1764)

산업혁명 시대 영국의 발명가. 산업혁명 초기에 직물의 수요가 증가하자 방추기(紡錘機)를 혁신한 플라잉셔틀(flying shuttle)을 발명하여 1733년 특허를 얻었다. 이 장치의 발명으로 직조 속도가 2배로 증가하고 한 사람이 폭이 넓은 천을 짤 수 있게 되어 생산량이 3배로 증가하였다. 이로써 기존의 도구를 사용한 직조업에서 기계 생산으로 넘어가는 계기가 되었다. 1745년에는 다시 폭이 좁은 직조기를 만들어 특허를 얻었다. 그러나 이 발명으로 실직할 위기에 처한 노동자들의 반발로 기계가 파괴되고 집이 습격 당하자 프랑스로 피신하여 그곳에서 생을 마쳤다.

케인즈(Keynes, John Maynard, 1883~1946)

영국의 경제학자. 케임브리지셔 출신으로 이튼 학교와 케임브리지대학을 졸업하였다. 공무원으로 생활하다 1909년부터 케임브리지대학의 강사가 되었다. 이후 케임브리지 경제학파의 대표적 인물이자 케인즈학파의 창시자가 되었으며 경제학 뿐 아니라 문학과 철학에도 크게 기여하였다. 1919년 《평화의 경제적 귀결》을 저술하여 자유 방임주의의 시대적 역할이 끝났음을 주장하였고 1936년에는 대표작인 《고용, 이자 및 화폐의 일반이론》을 저술하여 완전고용을 실현하기 위해서는 자유방임주의 대신 소비와 투자를 이끌어내기 위한 정부의 공공지출이 필요하다고 주장하였다. 이 이론은 대공황시대 미국의 뉴딜정책에 받아들여졌으며 케인즈가 일으킨 경제학상의 변화는 케인즈 혁명으로 불린다.

케플러(Kepler, Johannes, 1571~1630)

독일의 천문학자. 튀빙겐대학에서 신학을 공부하다가 코페르니쿠스의 지동설에 영향을 받아 천문학을 공부하기 시작하였다. 1594년부터 오스트리아의 그

▶ 케플러

라츠대학에서 수학과 천문학을 강의하였으며 1596년 《우주구조의 신비》를 출판하여 행성의 수와 크기, 배열간격을 논하였다. 당시 30년 전쟁의 와중에서 신교도였기 때문에 구교도로부터 배척을 받아 1600년 체코의 프라하로 옮긴 후 천문학자 티코 브라헤의 조수가 되었으며 1601년 브라헤의 후임으로 궁정 수학자가 되었다. 1604년 행성을 연구하던 중 초신성(케플러 신성)을 발견하였고 1609년에는 화성을 관측하여 《신천문학》이란 저서를 출판하였다. 여기서 행성의 운동에 관한 제1법칙인 '타원궤도의 법칙'과 제2법칙인 '면적속도(面積速度) 일정의 법칙'을 발표하여 코페르니쿠스의 지동설을 수정·발전시켰다. 다시 1619년에는 《우주의 조화》를 출판하여, 행성의 공전주기와 공전궤도의 반지름과의 관계를 설명한 행성운동의 제3법칙을 발표하였다. 이 세 가지 법칙을 케플러의 3법칙이라 한다. 그의 연구는 천문학에 일대 혁신을 일으켰으며 유럽인의 우주관을 근본적으로 변화시켰으나, 한편으로는 점성술에 의지하는 등 중세적 신비주의 사상도 포함하고 있어 중세에서 근대적 세계관으로 넘어가는 과도기라 할 수 있다.

켈로그브리앙조약(Kellogg~Briand Pact, 1928)

1928년 파리에서 미국, 영국, 프랑스 등이 체결한 전쟁 포기 조약. '파리 부전(不戰)조약'이라고도 한다. 정식 명칭은 '전쟁 포기에 관한 조약'이다. 프랑스의 외무 장관 브리앙이 미국 국무 장관 켈로그에게 양국간의 부전조약 체결을 제의한 데서 비롯되어 다른 나라도 포함하는 일반 조약으로 발전하였다. 1928년 파리에서 미국, 프랑스, 영국, 독일, 이탈리아, 일본 등 15개국이 조인하였고 이후 소련 등 63개국이 가입하였다. 조약의 내용은 국제 분쟁을 전쟁으로 해결하는 것을 금지하는 것이었으나 자위수단으로서의 전쟁은 인정하였으며 조약 위반에 대한 제재 규정이 없어 실효성이 없었다. 그러나 전쟁의 불법화를 명문화 한 조약으로서 당시의 집단안전보장 사상을 대표하는 것이며 이후 국제연맹규약과 국제연합헌장으로 발전하였다.

켈트족(Celts)

고대 유럽 및 소아시아에 거주했던 아리아계 민족. 로마인이 갈리아인으로 부르던 종족으로 원 거주지는 독일 남부의 라인강, 엘베강, 도나우강 유역으로 BC 10세기부터 이동하기 시작하여 BC 7세기 무렵에는 오늘날의 프랑스에 해당하는 갈리아 지방을 점령하고 다시 브리튼 섬과 이베리아 반도로 진출하였다. BC 4세기에는 이탈리아에 침입하여 로마를 약탈하였으며 다시 동쪽으로 다뉴브강을 따라 소아시아까지 진출하였다. 켈트족은 철기를 사용한 호전적인 기마민족으로 목축경제 사회를 이루었으며 이는 이들이 남긴 라텐 문화의 유적에서 확인해 볼 수 있다.. 정치적으로는 귀족이 지배하는 부족제 사회였으며 정치적 통일은 이루지 못하고 대신 드루이드교라는 종교에 의해 통합되었다. 한 때 프랑스를 중심으로 유럽과 소아시아까지 지배했으나 BC 1세기부터 갈리아는 로마인의 지배에 들어갔으며 브리튼 섬은 1세기에 로마에 정복되었다.

코란(Koran)

이슬람교의 성경. 아랍어로 '읽어야 할 것' 또는 '읽혀야 할 것'이라는 뜻이다. 유일신 알라가 천사 가브리엘을 통하여 이슬람교의 창시자인 예언자 마호메트에게 내린 계시를 모은 것이다. 마호메트가 40세경에 사우디아라비아의 메카 근교 히라 산의 동굴에서 계시를 받았다고 한다. 이를 마호메트의 말을 직접 들은 초기 신자들이 낙

▶ 코란

타의 뼛조각, 야자 잎, 암석 조각 등에 기록하여 전해지다가 제1대 칼리프 아부 바크루(632~634)가 경전의 결집을 시작하여 제3대 칼리프 오스만이 646년에 완성하였다. 전체 114장(수라)에 6,342구절(아야)로 구성되어 있으며 아랍어의 메카 방언으로 기록되었다. 그 내용은 종교적인 것 외에 생활상의 율법도 포함되어 있어 이에 대한 해석이 이슬람 신학자와 법학자의 주요 과제이다. 《코란》은 신의 말씀을 기록한 것이므로 번역이 금지되었으나 16세기 이후로 라틴어를 비롯한 각 언어로 번역되었다. 이슬람교도(무슬림)는 《코란》을 낭독할 종교적 의무가 있다.

코르네유(Corneille, Pierre, 1606~1684)

프랑스의 고전주의 극작가. 루앙의 법률가 집안에서 태어나 변호사와 판사로 재직하였다. 1629년 희곡 〈멜리트〉를 써서 성공을 거두고 이후 통속적 희곡을 집필하여 명성을 얻었다. 1630년경부터 고전 비극을 연구하여 1636년 《르 시드》를 집필, 상연하였다. 이 작품에 대한 평가를 놓고 '르 시드 논쟁'이 벌

어질 정도로 주목을 받았으며 이후 남녀간의 애정보다는 영웅주의를 묘사한 작품을 주로 썼다. 프롱드의 반란 이후 후배 라신에 밀려 인기를 상실하였으며 종교생활에 전념하다 파리에서 사망하였다.

코르도바(Curdoba)

에스파냐 남부 코르도바주의 주도(州都). 안달루시아 지방의 중앙에 위치해 있다. 페니키아, 카르타고의 식민지를 거쳐 로마 속주가 되었으며 711년 사라센 군대의 침입으로 파괴되었다가 756년 후기 옴미아드왕조의 수도로 재건되었다. 이후 12세기까지 중세 유럽에서 최대의 도시이자 과학과 예술의 중심지로서 번영하였으며 고대 그리스의 철학, 지리학 등을 보존하여 유럽의 스콜라 철학 및 르네상스의 원천이 되었다. 11세기부터 쇠퇴하여 1236년 카스티야의 페르난도 3세에 의해 점령되었다.

코르비노(Monte Corvino, Giovanni da, 1247~1328)

원나라 말기에 중국에서 활동한 프란체스코회 수도사. 이탈리아 남부의 몬테 코르비노 출신으로 1294년 교황 니콜라스 4세의 명령으로 일 한국을 거쳐 호르무즈 해협에 도착하였다. 그곳에서 배를 타고 바닷길로 원나라의 수도 대도(베이징)에 도착하였으며 이후 그리스도교 포교 활동에 종사하여 대도에 성당을 건립하고 5,000명의 신도를 개종시켰다. 1307년에는 동아시아 최초의 카톨릭 대주교이자 동양 전체의 대주교로 임명되었다. 그의 사후 중국의 그리스도교 교세는 쇠퇴하였다.

코르테스(Cortéz, Hernán, 1485~1547)

멕시코를 정복한 에스파냐의 군인. 콘키스타도레스(정복자)의 대표적 인물이다. 하급 귀족 출신으로 1504년 대서양을 건너 산토 도밍고와 쿠바에서 근무하였다. 1519년 쿠바 총독의 명령으로 아즈텍 원정대를 지휘하여 유카탄 반도에 상륙하였다. 이어 1521년 아즈텍제국의 황제 몬테수마 2세를 제압하고 수도를 파괴하였다. 1523년 총독에 임명되어 원주민에 대한 학대와 착취로 악명을 떨쳤다. 1526년 월권혐의로 파면되어 본국에 송환되었다가 국왕을 설득하여 다시 멕시코로 파견되었다. 이후 캘리포니아 만(灣)을 발견하는 등 탐험을 계속하였다. 1540년 에스파냐로 귀국한 후 정치적으로 소외된 채 여생을 보내다 사망하였다.

코메콘(COMECON : Council for Mutual Economic Assistance)

소련을 중심으로 한 동유럽 공산권의 경제협력 기구. '경제상호원조회의'라고 부른다. 1947년 미국이 유럽부흥계획으로 마셜 플랜을 제안하자 소련은 동유럽 국가들의 동요를 막기 위해 1949년 1월 불가리아·헝가리·폴란드·루마니아·체코 등 6개국이 참가한 경제통합 조직을 창립하였다. 이어 알바니아, 동독, 몽골이 가입하고 1970년대에는 쿠바, 베트남 등이 가입하였다. 이 밖에 북한, 중국 등이 옵서버로 참석하였다. 1989년 이후 동유럽의 민주화로 인해 시장경제가 도입되면서 유명무실해 졌으며 1991년 해체되었다.

코민테른(Comintern : Communist International, 1919~1943)

사회주의자의 국제조직인 인터내셔널 중에 제3차 인터내셔널을 가리킨다. 제1차 세계대전으로 제2인터내셔널이 와해된 후 1919년 소련의 주도로 모스크바에서 창립되었다. 프롤레타리아 독재를 통한 사회주의 달성이라는 노선을 가졌으며 1930년대 파시즘이 세력을 얻자 이를 저지하기 위해 온건 사회주의 세력과의 '통일전선'을 시도하였다. 소련이 연합국과 협력하면서 1943년에 해체되었다.

코민포름(Cominform : Communist Information Bureau, 1947~1956)

국제 공산당 및 노동자당 정보국의 약칭. 소련은 제2차 세계대전 중 연합국과 협력하게 되면서 프롤레타리아 국제혁명을 목표로 했던 코민테른을 1943년에 해체하였다. 그러나 2차 대전이 끝난 후 미·소 대립이 격화되면서 냉전이 시작되자 유럽 공산당의 제휴와 정보, 경험의 교류를 목적으로 1947년 폴란드의 바르샤바에서 소련을 비롯한 9개국 공산당, 노동자당 대표가 모여 코민포름을 결성하였다. 이후 1953년에 스탈린이 죽고 흐루시초프가 집권한 후로 각국의 공산주의 운동에 대한 통제가 완화되고 평화공존이 제창되면서 1956년 해체되었다.

코소보 사태(Kosovo Crisis, 1998)

신유고연방 내 코소보 지역의 알바니아계 주민들이 분리 독립을 요구하는 과정에서 세르비아 정부군과 일으킨 유혈충돌. 코소보는 신유고연방의 자치주로 주민의 80%가 알바니아계이다. 1998년 3월 알바니아계 분리주의 반군들이 세르비아 경찰을 공격하면서 유혈충돌이 시작되었다. 세르비아 경찰이 반군과 주민을 학살하자 알바니아계 주민들은 코소보 해방군(UCK)을 중심으로 게릴라전을 벌였다. 이에 세르비아 정부가 알바니아계 주민들을 대상으로 인종청소작전을 실시하자 많은 주민들이 코소보를 탈출하였으며 미국과 유럽연합은 1998년 6월 코소보 주변에 나토(NATO) 병력을 배치하고 10월 무력사용을 결정하였다. 나토는 1999년 3월부터 유고연방에 대한 공습을 개시하였으며 6월 3일 세르비아 의회가 국제연합의 평화계획을 승인함으로써 코소보 사태는 평화적 수습의 단계로 접어들었다.

코친차이나(Cochinchina)

베트남 남부의 메콩강 삼각주를 중심으로 한 지역. 주로 유럽인들이 베트남 남부를 가리켜 부른 이름이다. 메콩강 하류의 충적 평야 지대로 중심 도시는 호치민시(사이공)이다. 원래 참족이 참파왕국을 건설했던 지역으로 12세기에 캄보디아의 크메르왕국이 정복하였다가 17~18세기에 베트남인이 남하하여 점령하였다. 교지(交趾)라는 이름은 중국인이 베트남을 가리킨 이름이었으나 16세기 포르투갈인에 의해 코친으로 불려지게 되었으며 인도의 코친과 구분하기 위해 코친차이나로 불려지게 되었다. 1862년 사이공 조약으로 프랑스의 직할 식민지가 되어 이후 1949년까지 프랑스의 지배를 받았다.

코페르니쿠스(Copernicus, Nicolaus, 1473~1543)

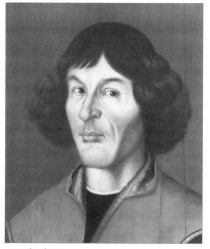
▶ 코페르니쿠스

지동설을 주장한 폴란드의 천문학자. 르네상스 시대에 태어나 이탈리아 볼로냐대학에 유학하여 철학과 천문학을 공부하였다. 귀국한 후 성직자로 일하면서 계속 천문학을 연구하였으며 다시 로마와 파도바대학에 유학하여 수학, 천문학, 의학, 교회법 등을 공부하였다. 이후 사제 겸 의사로 활동하면서 천동설과 율리우스력의 문제점을 인식하게 되었다. 1525년에서 1530년 사이 《천체의 회전에 관하여》란 저서를 집필하였으나 종교적 이단으로 몰릴 위험을 피하기 위해 출판은 보류하였다. 이후 〈천체의 운동과 그 배열에 관한 주해서〉란 논문을 출판하여 배포하였다. 코페르니쿠스의 지동설을 시작으로 한 천문학 연구는 뉴튼 시대까지 계속되었으며 이로써 자연과학 뿐 아니라 유럽인의 우주관과 세계관을 변화시켰다.

코흐(Koch, Heinrich Hermann Robert, 1843~1910)

독일의 세균학자. 괴팅겐대학에서 의학을 공부한 후 개업의사로 활동하면서 한편으로 현미경을 이용한 연구를 시작하였다. 1872년 박테리아의 염색배양에 성공하고 현미경 사진촬영에 성공하였다. 이로써 세균학의 기초를 확립하였으며 1882년에는 결핵균, 1885년에는 콜레라균을 발견하였다. 이 해부터 베를린대학의 위생학 교수로 임명되어 결핵 치료약 연구에 몰두한 끝에 1890

년 투베르쿨린을 만들었다. 1891년 베를린의 전염병 연구소 소장으로 임명되었으며 1904년부터는 아프리카로 가서 열대 전염병을 연구하였다. 1905년 결핵균을 발견한 공로로 노벨의학상을 수상하였다.

콘도티에리(condottieri)

르네상스 시대 이탈리아의 용병대장. 중세 봉건 군사제도가 해체되어 절대주의 국가의 상비군으로 발전하는 과도기에 나타난 용병군대의 지휘자를 말한다. 15세기 르네상스 시대의 이탈리아는 도시국가나 소규모 왕국이 난립하는 항쟁기였기 때문에 콘도티에리들은 용병부대를 이끌고 고용주를 위해 봉사하였다. 이들의 출신은 봉건 영주나 도시 귀족부터 농민까지 다양하였으며 무력과 통솔력을 발휘하여 군대를 이끌었기 때문에 때로는 고용주를 제치고 자신이 직접 군주가 되는 경우도 있었다. 이들은 수익원인 전쟁을 지속시키기 위해 결정적 대결을 피하고 소규모 전투를 주로 벌였다. 대표적인 콘도티에리로는 밀라노 공국(公國)의 신하로 밀라노 공위(公位)를 빼앗은 스포르차 가문, 베네치아의 가타멜라타와 코레오니, 메디치 등이 유명하다.

콘스탄츠 공의회(Council of Konstanz, 1414~1418)

중세 그리스도교 최대의 공의회(종교회의). 1409년 피사 공의회에서 교황권 분열 문제를 해결하려다 실패한 뒤 신성로마제국 황제 지기스문트의 제안으로 교황 요한 23세가 소집하여 1414년 독일 남부의 콘스탄츠에서 개최되었다. 중세 최대의 공의회로 300명 이상의 주교와 100명 이상의 대수도원장, 고위 성직자, 신학자, 교회법학자, 각국의 군주들이 참석하였다. 당시 카톨릭 교회는 로마의 그레고리우스 12세, 아비뇽의 베네딕투스 13세, 공의회가 선출한 요한 23세의 3파로 분열되어 있었다. 이에 공의회에서는 교황권보다 공의회의 권한이 상위에 있음을 확인하고 교황도 교회 개혁 및 신앙 문제에서는 공의회에 복종해야 한다고 결정하였다. 이에 따라 카톨릭 교회의 통일을 위해 베네딕투스 13세를 폐위하고 그레고리우스 12세를 자진퇴위 시켰다. 그리고 후임으로 마르티누스 5세를 통일 교황으로 선출하여 교회의 대분열(시스마)을 종식시켰다. 이밖에 위클리프와 후스를 이단으로 판정하고 후스를 화형에 처하였는데 이것이 후스 전쟁의 원인이 되었다.

콘스탄티노플 ❏ 비잔티움

콘스탄티노플 공의회(Council of Constantinople, 381, 553, 680~681, 869~870)

콘스탄티노플(이스탄불)에서 열린 고대 그리스도교의 제2, 5, 6, 8회 공의회

(종교회의). 381년의 제2회 공의회는 테오도시우스 1세가 소집하여 삼위일체의 교의를 확립하고 아리우스파를 이단으로 판정한 니케아 공의회의 결정을 재확인하였다. 553년의 제5회 공의회는 동로마제국 황제 유스티니아누스가 소집하여 단성설(單性說)로 대표되는 그리스 신학과 정통 신앙과의 조화를 모색했으나 결국 로마 교황과의 대립으로 교회분열(시스마)이 일어났다. 680년의 제6회 공의회는 콘스탄티누스 4세가 소집하였으며 제국의 정치적 통일을 위해 단성설을 부정하고 로마 카톨릭 교회와 화해하였다. 869년의 제8회 공의회는 성화상(이콘) 논쟁을 둘러싼 동·서 교회의 대립을 해결하기 위해 소집되어 교회의 통합을 확인하였다.

콘스탄티누스 1세(Constantinus I, 274~337)

로마 황제(재위 306~337). 정식 명칭은 플라비우스 발레리우스 콘스탄티누스이며 콘스탄티누스 대제(大帝)라고도 불린다. 콘스탄티우스 1세의 아들로 디오클레티아누스 황제를 따라 페르시아 원정에 참여하였다. 306년, 아버지가 죽자 군대에 의해 황제로 추대되었으며 로마를 장악하고 황제를 자칭한 막센티우스와 대립한 끝에 312년 막센티우스를 격파하고 323년에는 로마제국 동부를 차지한 리키니우스 황제를 격파하여 로마제국을 통일하였다. 디오클레티아누스의 동방적 전제군주정을 계승하여 황제권을 신성화하였으며 동·서로마를 통치하기 위해 330년에 수도를 콘스탄티노플(비잔티움, 이스탄불)로 이전하였다. 그리스도교를 제국 통치에 활용하고자 313년 밀라노 칙령을 공포하여 신앙의 자유를 인정하였으며 교회를 육성하였다. 325년에는 니케아 공의회를 개최하여 교회의 분쟁과 교리 논쟁에도 개입하였다.

콘체른(Konzern)

여러 종류의 기업을 동일한 자본 밑에 결합시킨 독점 형태. 기업결합이라고도 한다. 카르텔이 개별 기업의 독립성을 보장하고 트러스트가 동일 산업 내의 기업합동이라면 콘체른은 은행 또는 대기업이 주식참여나 자회사 신설을 통해 각종 산업에 걸쳐 많은 기업을 금융적으로 통일지배하는 거대한 기업집단이다. 카르텔이나 트러스트처럼 시장의 독점지배를 목적으로 하는 것은 아니나 참여 기업의 법률적 독립성은 형식적인 것에 불과하고 주식의 상호소유, 융자, 임원 파견 등에 의해 중앙의 모회사에 완전히 종속된다. 이에는 금융자본형 콘체른과 산업자본형 콘체른이 있으며 전자는 금융기관, 후자는 산업자본이 거대화된 것으로 기업 독점의 가장 철저한 형태이다.

콘키스타도레스(Conquistadores)

16세기 초 아메리카 대륙에 침입한 에스파냐의 모험가, 군인들. 정복자란 뜻의 '콘키스타도르(Conquistardor)' 의 복수형이다. 이들은 주로 몰락해 가는 하급 귀족 출신으로 소수의 병력을 이끌고 대포와 말을 이용하여 멕시코의 아즈텍제국, 페루의 잉카제국 등을 정복하고 원주민 학살과 금, 은의 약탈을 자행하였다. 또한 자신들끼리 싸움을 벌이기도 하는 등 행정 능력이 없었기 때문에 에스파냐 본국의 식민정책이 확립되어 군사와 행정이 분리되면서 사라지게 되었다. 대표적인 콘키스타도레스로는 아즈텍제국을 침략한 코르테스와 잉카제국을 공격한 피사로 등이 있다.

콜로누스(Colonus)

로마 공화정 말기부터 제정 시대에 걸쳐 나타난 소작농. 원래는 '경작자' 란 뜻의 라틴어 단어였으나 점차 소작농이란 뜻으로 한정되었다. 제정 말기에는 경작지를 떠나는 것이 금지된 소작인이 되었으며 이 제도를 콜로나투스라 하였다. 이들은 신분상으로는 자유민이었으나 경작지를 떠나는 일과 다른 신분과의 결혼이 금지되었다. 소작료는 처음에는 금납(金納)이었으나 점차 현물지대로 바뀌었으며 아프리카 대영지의 소작농은 소작료 외에도 부역의 부담을 졌다. 이 제도는 중세 농노제의 선구적 형태로 여겨진다.

콜로세움(Colosseum)

로마의 원형극장. 정식 명칭은 '플라비우스 원형극장' 이다. 베스파시아누스

▶ 콜로세움

황제가 네로 시대에 문란해진 국가 기강을 회복한 후 네로의 황금 저택을 파괴한 자리에 착공하여 AD 80년에 그의 아들 티투스 황제 때 완성된 원형 경기장이다. 옆에 네로의 거상(巨像)이 있어 중세 말기부터 콜로세움이라 불렸다. 약 5만 명을 수용하는 대극장으로 검투사(글라디아토르)의 시합과 맹수와의 싸움이 행해졌다. 검투는 400년경에 금지되었으며 맹수의 싸움은 6세기 테오도리크 대왕 때까지 계속되었다. 제정 초기에는 그리스도교 신도들이 이곳에서 살육당하였다.

콜럼버스(Columbus, Christopher, 1451~1506)

에스파냐의 뱃사람, 탐험가. 대서양을 건너 아메리카 대륙에 도착하여 유럽인의 아메리카 대륙 진출을 이끈 선구자이다. 이탈리아 제노바 출신으로 뱃사람이 되었으며 1477년 이후 리스본에서 해도(海圖) 제작에 종사하였다. 피렌체의 지리학자 토스카넬리의 서방 항해설에 영향을 받아 유럽 대륙에서 서쪽으로 항해하면 인도에 도착한다고 생각하게 되었다. 1485년 에스파냐 여왕 이사벨에게 이 항해 계획을 제시하여 후원을 약속 받고 1492년 8월 3척의 배와 120명의 선원을 이끌고 팔로스 항을 출발하였다. 약 2개월간의 항해 끝에 아메리카 대륙의 바하마 제도, 쿠바, 아이티에 도착하였다. 이후 제2차 항해(1493~1495) 때는 도미니카, 과달루페, 자메이카에 도달하고 제3차 항해(1498~1500) 때는 트리니다드와 오리노코강 하구에 이르렀다. 이 항해에서 식민지의 반란으로 총독의 지위를 박탈당하고 송환되었으며 이후 석방되어 제4차 항해(1502~1504)에 나섰다. 온두라스와 파나마 지협을 발견하였으나 귀국한 후 이사벨 여왕이 사망함으로써 후원자를 잃고 소외된 채 생활하다 사망하였다.

콜롬보계획(Colombo Plan, 1950)

정식 명칭은 '남아시아 및 동남 아시아 경제 개발 협력을 위한 콜롬보 계획'이다. 1950년 1월 스리랑카의 수도 콜롬보에서 열린 영연방 외무장관 회의에서 캐나다의 제안으로 채택되어 콜롬보 계획이라 부른다. 당초에는 영연방만이 참가하여 아시아 지역 참가국을 지원하는 6개년 계획(1951~1957)으로 발전하였다. 이후 기간을 연장하고 미국과 일본 등도 참가하였다. 이 계획은 국제적 차원의 조직적인 단일 계획이 아니라 원조를 받는 국가가 개발계획을 제시하면 그에 대해 지원국에서 원조를 하는 방식이었다.

콜베르(Colbert, Jean-Baptiste, 1619~1683)

프랑스 중상주의의 대표적 정치인. 루이 13세 시대 재상 마자랭에게 발탁되었으며 루이 14세가 친정에 나서자 1664년 재무장관에 임명되었다. 이후 재정 외에도 상공업, 농업, 토목, 식민, 해군 업무도 전담하여 재상과 같은 권력을 가졌다. 국부를 증대시키기 위해서는 귀금속의 보유량을 늘려야 하며 이를 위해 무역과 산업을 진흥시켜 한다는 중상주의를 적극 추진하였다. 이러한 콜베르주의(콜베르티슴)에 입각하여 수입을 억제하고 수출 증가와 생산 증대를 위해 노력하였다. 특히 해외 무역과 해군력 증강에 노력하여 동인도 회사, 서인도 회사 등의 특권 무역 회사를 설립하고 보호주의 관세정책을 실시하였으며 해외 식민지 획득을 적극 추진하였다. 이를 통해 프랑스 절대주의의 위신을 높이는 데 기여하였으나 국가의 지나친 규제 정책으로 상업의 발전을 저해하게 되어 그의 사후 콜베르주의는 무산되었다.

콩도르세(Condorcet, Marquis de, 1743~1794)

프랑스의 계몽사상가. 수학자, 사상가, 정치가로 활약하였다. 나바르대학에서 수학을 공부하였으며 적분에 대한 연구로 26세에 과학아카데미 회원이 되었다. 달랑베르, 볼테르, 튀르고 등과 교류하면서 《백과전서》 편찬작업에 참여하였다. 1789년 프랑스혁명이 일어나자 입법의회와 국민공회 의원으로 선출되었다. 의원으로서 지롱드당의 지지자였으며 국민교육 법안과 헌법 개혁안을 작성하였으나 1793년의 정변으로 채택되지 못하였다. 이후 자코뱅당을 피해 도피생활을 하면서 인류의 무한한 진보에 대한 낙관론을 담은 《인간정신 진보의 역사》를 저술하였다. 1794년 체포되어 옥중에서 음독 자살하였다.

콩트(Comte, Auguste, 1798~1857)

프랑스의 철학자, 사회학자. 실증주의 철학과 사회학의 창시자. 파리의 에콜 폴리테크니크(국립 이과대)를 다니다 중퇴하고 자연과학 뿐 아니라 정치, 도덕 등 여러 분야를 공부하였다. 1818년 생시몽의 비서가 되어 영향을 받았으며 사회, 역사적 문제를 과학적으로 설명하고자 시도하였다. 그 결과 절대적, 초월적 진리를 추구하는 형이상학 대신 과학적이며 실증적인 상대주의를 주장하게 되었다. 이러한 입장에서 인류 사회의 발전을 지식의 발전으로 보는 3단계 법칙을 제시하였다. 그에 따르면 인류 역사

▶ 콩트

는 신학, 형이상학, 실증의 3단계로 구분되며 종교, 철학, 과학이 각 시대를 지배한다. 프랑스 혁명은 형이상학 단계의 마지막이며 그 후에 등장한 시민

사회는 실증의 단계이다. 이 실증 과학은 대상의 복잡성에 따라 수학, 천문학, 물리학, 화학, 생물학, 사회학의 순서로 정립된다. 그러나 만년에는 인간성을 숭배하는 인류교를 창시하고 자신이 교주가 되어 주관적, 종교적 상징주의자로 변신하였다.

쿠르드족(Kurd)

터키, 이라크, 이란에 걸친 쿠르디스탄 지역에 거주하는 아리아 계통의 종족. 종교적으로 이슬람 수니파에 속하며 소수의 시아파도 있다. 전통적 종족사회를 유지하며 산악지대에서는 유목, 평야에서는 농경에 종사하고 쿠르만주 또는 키루다시라고 불리는 이란어계의 방언을 쓴다. 중세에는 사라센제국의 지배를 받다가 11~12세기에 독립하여 아이유브왕조(1169~1250)가 성립하였다. 16세기 초반부터 오스만 투르크제국에 속하였다가 17세기에 오스만 투르크와 이란의 사파비왕조 양국에 분할되었다. 20세기 들어 이라크가 오스만 투르크로부터 독립하면서 이라크 영토로도 나뉘어졌다. 이에 따라 이란, 이라크의 쿠르드족들은 독립과 자치를 요구하며 무력항쟁을 벌이고 있다.

쿠르베(Courbet, Gustave, 1819~1877)

프랑스의 사실주의 화가. 파리에서 미술을 공부하면서 루브르 미술관에서 벨라스케스와 렘브란트 등의 작품을 연구하였다. 1844년 살롱에 출품하여 입선하고 1849년 〈오르낭의 매장〉 등의 사실적묘사를 담은 작품을 발표하여 찬반 양론을 일으켰다. 이후 〈돌 깨는 사람〉(1849), 〈화가의 아틀리에〉(1855) 등에서 이러한 사실주의 경향을 더욱 발전시켰다. 2월 혁명 이후로 민중 미술과 유물론에 심취하여 회화는 동시대를 묘사하고 비판해야 한다고 주장하였다. 1871년 파리코뮌에 참여하였다가 투옥되었다. 석방된 후 스위스로 망명하여 여생을 보냈다. 고전주의와 낭만주의를 배격하고 현실을 있는 그대로 직시한 사실주의를 주창하여 미술사에 큰 영향을 미쳤다.

쿠릴타이(Khuriltai)

몽고족을 비롯한 북방 유목민의 합의제도. 몽고어로 '집회'를 뜻한다. 씨족이나 부족의 장로들이 모여 최고지도자인 선우(單于) 또는 가한(可汗)을 추대하고 국사를 결정하는 모임이다. 쿠릴타이에서 선출된 가한의 권한이 강화되면 가한의 지위가 세습화되어 본연의 기능을 상실하고 가한의 지시를 받드는 회의로 전락한다. 그러나 가한의 권위가 약해지면 다시 쿠릴타이가 본연의 기능을 회복하게 된다. 흉노(凶奴), 선비(鮮卑), 오환(烏桓) 등이 이러한 풍습을 행하였으며 칭기즈칸의 몽고제국도 쿠릴타이를 실시하였다. 킵차크한국이나 일한국에서도 시행되었으며 원(元)제국에서는 형식적인 것이 되었다.

쿠바(Cuba)

아메리카 대륙 서인도 제도에서 가장 큰 섬. 1492년 콜럼버스가 발견하였으며 19세기말까지 에스파냐 영토였다. 1868년과 1895년에 1, 2차 독립전쟁이 일어났으며 1898년 미국 · 에스파냐전쟁의 결과로 1902년 독립하였으나 이후 미국의 영향을 받았다. 1933년부터 1958년까지 바티스타 장군의 군사독재가 실시되었으며 1959년 1월 카스트로가 이끄는 반군들이 바티스타 정권을 무너뜨리고 혁명 정권을 수립하였다. 혁명정부는 농지개혁과 미국계 사탕수수 회사의 국유화 등으로 대미관계가 악화되면서 1961년 미국과 단교하였다. 1961년 3월 미국의 지원을 받은 반카스트로 세력이 쿠바에 상륙하였다가 격퇴된 피그스 만 사건이 일어났으며 이 사건 이후 쿠바는 소련에 접근하게 되었다. 1962년 10월 소련이 쿠바에 중거리 미사일 기지를 건설중이라는 사실을 발견한 미국은 쿠바 주변 해역을 봉쇄하였고 이 때문에 핵전쟁 위기가 발생하였으나 미~소간 극적인 타협으로 해결되었다. 이후 쿠바는 현재까지 카스트로의 사회주의 정권 치하에 있다.

쿠베르탱(Coubertin, Pierre de, 1863~1937)

프랑스의 교육자, 근대 올림픽 경기의 창시자. 청소년 교육에 있어 스포츠의 중요성을 절감하고 1892년부터 고대 올림픽 경기의 부흥운동을 시작하였다. 1894년 국제올림픽 위원회(IOC)를 창설하여 위원장에 취임하였으며 1896년 아테네에서 제1회 근대 올림픽 대회를 개최하였다. 이후 IOC 위원장으로서 올림픽 발전에 공헌하였으며 또한 국제 교육학회를 창설하여 스포츠와 교육의 연관성을 역설하였다.

쿠빌라이(忽必烈, Khubilai, 1215~1294)

몽골제국 제5대 칸(汗)이며, 중국 원(元)나라의 시조(재위 1260~1294). 칭기즈칸의 손자이며 형 몽케가 제4대 칸이 되자 중국 방면 대총독에 임명되었다. 이후 중국 윈난성(雲南省) 지역의 대리국(大理國)을 정복하고 이어 티베트와 베트남까지 진출하였다. 유학을 비롯한 중국 문화를 받아들이고 중국의 자원과 인재를 활용하여 기반을 쌓았으며 1259년 몽케칸이 남송(南宋)을 공략하던 중 사망하자 1260년 카이펑부(開平府)에서 대칸(大汗)에 즉위하였다. 즉위한 후 동생 아리크부카의 반란을 진압한 다음

▶ 쿠빌라이

수도를 대도(베이징)로 옮기고 1271년 나라 이름을 원이라 하였다. 1279년 남송을 멸망시켜 이민족으로는 최초로 중국을 통일하였다. 또한 고려, 안남, 버마, 자바를 복속 시키고 일본까지 공격하는 등 동아시아의 대제국을 건설하였다. 국내 정책에 있어서는 중국의 제도를 받아들여 중앙집권제를 실시하면서도 몽고인을 우대하고 색목인들을 기용하여 재정을 담당하게 하였다.

쿠산왕조(Kushan Dynasty)

BC 20년경부터 5세기 중반까지 인도 북서부와 중앙 아시아를 지배한 이란계 왕조. 대월지(大月氏)가 서쪽으로 이동하여 서(西)투르키스탄과 아프가니스탄 북반부를 지배할 당시 그 영토 안의 5제후(諸侯) 가운데 하나인 귀상(貴霜 : 쿠산)에서 발전하였다. 이후 기원 전후에 다른 4제후를 무너뜨리고 힌두쿠시 남쪽으로 진출하여 간다라를 지배하였다. 쿠산왕조의 역사는 4기로 구분되는데 제1 왕조는 동북방 타림 분지에서 후한(後漢)과 대립하였으며 인도 서북부 편잡 지방을 점령하였다. 제2왕조의 카니시카 왕 때 북인도 전역을 지배하는 전성기를 이루었으며 간다라 미술과 대승 불교가 발전하였다. 이 시대 쿠산왕조는 동서 문화 교류에 중요한 역할을 담당하였다. 그러나 제3왕조 시대에는 226년 파르티아 대신 이란을 장악한 사산왕조가 아프가니스탄까지 장악함으로서 그 속국이 되었다. 이후 사산왕조가 동로마제국과의 싸움으로 약화되면서 제4왕조가 등장하였으나 5세기 중반 에프탈에 의해 멸망되었다.

쿠차(庫車, 龜玆, Kucha)

타림 분지 북쪽 변경의 오아시스 도시국가. 한(漢)나라 때부터 톈산 산맥의 철 생산과 중계무역으로 번영하였다. 주민은 아리아계의 일파로 불교를 신봉하여 천불동과 벽화를 비롯한 많은 불교 유적을 남겼다. 6세기 말부터 돌궐과 당나라의 지배를 받았으며 9세기 중엽부터 위구르가 투르키스탄으로 이동하면서 쿠차도 그 영향을 받아 투르크계 이슬람화 되었다.

쿠투조프(Kutuzov(Golenishchev-Kutuzov), Mikhail Illarionovich, 1745~1813)

러시아의 군인. 1764~1769년 폴란드전쟁, 1768~1774, 1787~1791년 러시아·투르크전쟁에 참전하였으며 콘스탄티노플 주재 대사와 페테르스부르크 총독을 역임하였다. 1805년 러시아·오스트리아 연합군 총사령관으로 아우스터리츠 전투에 임하였다. 1811년 투르크 전쟁의 총사령관을 거쳐 1812년 나폴레옹 전쟁의 총사령관에 임명되어 프랑스군의 보급로를 차단하는 전략을 구사하였다. 8월에 보로디노 전투에서 프랑스군에 반격을 가하고 초토 작전을 실시하면서 퇴각하여 프랑스군을 추위와 굶주림에 시달리게 만들어 격퇴시켰다. 퇴각하는 프랑스군을 추격하여 큰 전과를 올렸으며 이후 유럽 각지에서 나폴레옹 세력을 일소하는데 기여하였다.

쿡(Cook, James, 1728~1779)

영국의 해군 장교, 탐험가. '캡틴 쿡(Captain Cook)'이라 불린다. 수병으로 해군에 입대하여 프랑스와의 7년 전쟁 중 캐나다 퀘벡 공격에 참전하였다.

이후 뉴펀들랜드, 래브라도 해역의 측량, 해도 제작, 일식 관측 등에 종사하여 해군 대위로 승진하였다. 1768~1779년 세 차례에 걸쳐 태평양을 탐험하고 타히티 섬에서 금성의 태양면 통과 관측을 실시하였다. 뉴질랜드 및 오스트레일리아를 탐험한 후 이 지역을 영국 영토로 선포하였으며 그 밖에 소시에테 제도, 뉴 칼레도니아 섬, 크리스마스 섬 등을 발견하였다. 이후 남극권 탐사에 나서 남위 71도까지 진출하였으며 북태평양 탐사에 나섰다가 하와이에서 원주민과의 분쟁으로 피살되었다.

▶ 쿡

쿨리(苦力, Coolie)

중국과 인도의 저임금 육체노동자. 특히 짐꾼, 광부, 인력거꾼 등을 가리킨다. 쿨리의 어원은 인도 서부에서 카스트 계급의 하나인 쿨리 종족이 운반업 등에 종사한 데서 나온 것으로 보인다. 이것이 영어화 되어 동양 일대에 퍼졌으며 중국의 홍콩, 마카오를 중심으로 중국인 쿨리들이 미국, 서인도, 남아프리카, 호주 등지에 대규모로 이주했다. 특히 미국에서는 1860년대 노예해방 이후 노예를 대체할 인력으로 활용되어 서부 철도 건설 등에 종사하였다.

퀴리부인(Curie, Marie, 1867~1934)

폴란드 출신의 프랑스 물리학자. 폴란드의 바르샤바 출신으로 파리 소르본대학에서 수학과 물리학을 공부하였다. 1895년 피에르 퀴리와 결혼한 후 공동 연구를 시작하였으며 뢴트겐의 X선 발견에 자극 받아 방사능 연구를 시작하였다. 1898년 방사성 원소인 폴로늄과 라듐을 최초로 발견하였으며 이 공로로 1903년 노벨 물리학상을 수상하였다. 남편이 교통사고로 사망한 후 혼자서 연구를 계속하여 1910년에 금속 라듐의 분리에 성공하고 소르본대학 교수가 되었으며 라듐연구소를 설립하였다. 1911년 노벨 화학상을 수상하였다.

크노소스(Knossos)

고대 그리스 크레타 문명의 중심지. 크레타 섬 북쪽 해안 중간 지대에 위치해 있다. 1900년 영국의 고고학자 에반스가 이곳에서 거대한 궁전의 유적을 발견하여 크레타 문명의 실체를 확인하였다. 이 유적은 신석기 시대부터 대규모 주거지였으며 청동기 시대 말기부터 번성하여 궁전이 들어섰다. BC 1600~BC 1500년 사이에는 크레타 섬을 통일한 미노스 왕이 이룩한 해상왕국의 수도로서 지중해 동부의 해상 교역을 독점하였다. 미노스 왕의 궁전은 그리스 신화에 나오는 라비린토스(미궁)의 원형으로 알려져 있다. BC 1500년경 그리스 본토에서 온 미케네인들이 이곳을 장악하였으며 기존의 문화를 계승하였다. 이후 BC 1400년 그리스 본토로부터 아카이아인들의 침공으로 멸망하였다.

크레믈린(Kremlin)

중세 러시아의 성벽, 성채. 러시아어(語)로는 크레믈리(kreml')이다. 현재는 주위 약 3 킬로미터의 성벽으로 둘러싸인 모스크바의 중심부를 말한다. 1156

년 모스크바의 창건자 유리 돌고루키 공이 작은 언덕 위에 설치한 목책이 그 기원이라고 한다. 이 목책을 14세기에 대공 디미트리 돈스코이가 타타르족의 침입을 막기 위해 석조 성벽으로 개축하였다고 한다. 오랫동안 러시아 황제인 차르의 거처였으며 18세기 수도가 페테르스부르크로 옮겨지면서 궁성으로서의 기능은 상실했다. 1917년 러시아 혁명으로 모스크바가 다시 수도가 되면서 소련 정부의 주요 기관과 요인 저택이 크레믈린 안에 자리잡았으며 이 때문에 구 소련 시대에 소련 정부와 공산당을 가리키는 말로 쓰였다. 북동쪽 성벽에 맞닿은 '붉은 광장'에는 레닌의 묘소가 있다.

▶ 크레믈린궁

크레시전투(Battle of Crécy, 1346)

백년전쟁 초반에 영국군이 프랑스군을 크게 격파한 전투. 1346년 영국왕 에드워드 3세와 그의 아들 에드워드 흑태자가 지휘하는 9,000명의 영국군은 프랑스 노르망디에 상륙하여 플랑드르를 향해 진격하였다. 프랑스 왕 필립 6세는 대병력을 거느리고 이를 추격하여 아미앵 북서쪽 크레시에서 영국군과 일전을 벌이게 되었다. 자영농으로 구성된 영국의 장궁 궁수 부대는 봉건 기사들로 구성된 프랑스의 중무장 기병대를 격파하였다. 이 전투로 영국은 프랑스 북부에서 우위를 차지하고 그 여세를 몰아 1347년 칼레를 포위 공격하여 백년 전쟁 초반에 승기를 잡았다. 또한 농민군이 기사로 이루어진 기병대를 격파함으로써 전쟁의 역사에 큰 변화를 일으켰다.

크레타문명(Cretan Civilization)

에게문명 전반기의 문명. 미노아문명이라고도 한다. 크레타 섬은 지중해 동부 중앙에 위치하여 일찍부터 이집트를 비롯한 오리엔트 세계와 교류가 있었으며 규모가 큰 섬으로 넓은 평야가 있어 문명 발생의 조건을 갖추었다. 때문에 오리엔트에 가까운 크레타 섬 동해안의 항구 도시를 중심으로 문명이 발전하였다. BC 2000년경부터 크노소스를 중심으로 하여 섬 전체가 중앙집권 체제에 들어갔으며 미노스라 불리는 왕이 동부 지중해의 교역을 독점한 해상 왕국을 건설하였다고 한다. BC 1700년 대지진으로 재난을 입었으나 그 뒤 2세기 동안 전성기를 누렸으며 라비린토스(미궁)라 불리는 대규모 궁전을 비롯하여 각종 건축물을 건조하였다. 크레타 문명의 종교는 자연숭배나 주물숭배 단계로 체계적 종교나 신관계급은 존재하지 않았으며 언어는 그림문자(상형문자)와 선(線)문자 A·B가 있다. 이중 선문자 B만이 1953년 영국의 고고학자 벤트리스에 의해 거의 해독되었다. BC 1500년경 그리스 본토로부터 미케네인들이 침입하였으나 곧 미노아 문명을 계승하였다. 그러나 BC 1400년경 그리스 본토에서 온 아카이아인들의 침입으로 멸망하고 이후 에게문명의 중심은 그리스 본토로 이동하였다.

크로마뇽인(Cro-Magnon man)

1868년 프랑스 크로마뇽의 바위 밑에서 발견된 화석 인류. 후기 홍적세의 화석 인류이며 키가 크고 머리가 긴 장두형에 두개골의 용량이 크다. 입은 돌출하였고 턱이 발달되었다. 또한상지(上肢)가 하지(下肢)보다 현저하게 길다. 유럽과 북아프리카에 널리 퍼져 살았으며 후기 구석기 시대 오리냐크, 솔뤼트레, 마들렌 문화의 주역으로 여겨진다. 1901년 이탈리아와 프랑스 국경 지중해 연안의 그리말디 동굴에서는 크로마뇽인의 유골과 함께 다른 특징을 가진 호모 사피엔스 유골이 나와 당시의 인종적 다양성을 보여주었으며 이 유골은 그리말디인이라 불린다.

크로체(Croce, Benedetto, 1866~1952)

이탈리아의 철학자, 역사가. 나폴리대학의 교수로 재직하였으며 상원의원을 거쳐 1920년 교육부 장관을 역임하였다. 파시즘 정권이 들어서자 공직에서

사퇴하여 저술에 전념하였으며 파시즘에 반대하여 자유주의를 옹호하였다. 파시즘 정권이 무너진 후 자유당을 설립하여 정계에 복귀하였다가 만년에는 연구생활로 돌아갔다. 크로체는 예술, 문학, 정치 등 문화 전반에 걸쳐 관심을 가졌으며 비코의 역사철학에 심취하여 그를 재평가하였다. 자신의 철학을 정신의 철학이라 부르고 역사연구는 과거의 재현이 아니라 현실에 대한 철학적 인식이며 철학은 역사 속에서 형성되는 것이라는 역사주의를 주장하였다. 이러한 주장으로 20세기 역사철학에 새로운 관점을 제시하였다.

▶ 크로체

크롬웰(Cromwell, Oliver, 1599~1658)

영국의 군인, 정치가. 청교도 혁명을 승리로 이끈 군인이며 이후 독재 정치로 영국을 통치한 인물. 잉글랜드 동부 헌팅턴의 젠틀먼 가문 출신으로 청교도의 영향을 받았다. 고향에서 영지를 경영하다가 1628년 헌팅턴의 하원의원으로 정치에 입문하였으며 1640년 단기의회와 장기의회의 의원으로 활약하였다. 1642년 내전이 일어나자 의회군의 기병대를 지휘하였으며 1644년 마스턴무어 전투에서 승리하여 그의 부대는 철기대(아이언사이드)라는 이름을 얻었다. 1645년에는 철기대를 바탕으로 신모범군(뉴모델 아미)을 창설하여 네이즈비 전투에서 국왕군을 격파하였으며 1647년 찰스 1세를 사로잡았다. 1648년 의회파의 내분을 틈타 탈주한 찰스 1세가 제2차 내전을 일으키자 이를 격파하고 1649년 국왕을 처형하였다. 이후 권력을 장악한 크롬웰은 왕정을 폐지하고 공화정을 실시하였으며 급진개혁파인 수평파의 반란을 진압하였다. 1653년에는 의회를 해산하고 자신이 호국경(로드 프로텍터)의 지위에 올라 군사독재를 실시하였다.

크리스트교(Christianity)

1세기에 활동한 예수를 그리스도(구세주, 메시아)로 믿는 일신교. 불교, 이슬람교와 함께 세계 3대 종교의 하나다. 유대교의 일신교 사상과 구세주 신앙을 바탕으로 하였으나 유대교의 민족종교적 성격을 넘어서 모든 사람을 대상으로 하는 보편적 세계종교를 지향하였다. 초기에는 로마제국의 박해를 받았으나 313년 콘스탄티누스 황제의 밀라노 칙령으로 공인되었으며 392년 테오도시우스 황제에 의해 국교로 공인되었다. 서로마제국이 몰락한 후에 서유럽은 로마 카톨릭 교회, 동로마(비잔틴)제국은 그리스 정교회로 분열되었으며

16세기 초 서유럽의 종교개혁운동으로 로마 카톨릭에서 루터와 캘빈 등이 주창한 프로테스탄트(개신교)가 분리되었다. 현재 세계적으로 이 3대 교파의 여러 분파들이 퍼져 있다.

크림전쟁(Crimean War, 1853~1856)

크림 반도와 흑해의 영유권을 놓고 러시아와 이에 맞선 오스만 투르크, 영국, 프랑스, 프로이센, 사르데냐 연합군이 벌인 전쟁. 남하 정책을 추진하던 러시아의 니콜라이 1세가 투르크 영토 안에 거주하는 그리스 정교도의 보호를 요구하며 투르크 영토를 침범하면서 시작되었다. 이에 대해 영국과 프랑스가 투르크를 지지하면서 전쟁이 확대되었다. 1854년 영국, 프랑스, 투르크 연합군은 크림 반도에 상륙하여 세바스토폴을 포위하였으며 1855년에 이 도시를 함락시켰다. 이에 니콜라이 1세의 뒤를 이어 러시아 황제에 등극한 알렉산드르 2세가 1856년 파리 조약을 체결하여 전쟁을 종결지었다. 이 전쟁으로 러시아의 남하 정책이 좌절되었으며 러시아의 허약함이 드러나 이로써 농노 해방 등 러시아 근대화가 본격적으로 추진되는 계기가 되었다.

▶ 크림전쟁

크메르 ○ 진랍

크세노폰(Xenophon, BC 430?~BC 355?)

그리스의 군인, 역사가. 아테네에서 태어나 소크라테스의 제자가 되었다. BC

401년 페르시아 왕 아타크세르크세스의 아우 키로스가 일으킨 반란에 용병으로 참여하였다. 키로스가 전사한 후에는 1만 명의 그리스 용병을 인솔하여 2년 만에 귀국한 후 당시의 탈출기를 수기 형식으로 쓴 《아나바시스》를 저술하였다. BC 399년 소크라테스가 처형된 후 스파르타 왕 아게실라오스의 신하가 되었으며 이 때문에 아테네에서 추방되어 스킬루스와 코린토스에 거주하였다. 추방된 후 저술에 전념하여 《소크라테스의 추억》 등을 저술하였으며 이 밖에 BC 411~BC 362년의 그리스 역사를 다룬 《헬레니카》를 저술하였다.

크세르크세스 1세(Xerxes I, BC 519?~BC 465)

페르시아제국 제4대 왕(재위 BC 486~BC 465). 다리우스 1세의 아들이며 크세르크세스 대왕이라고도 불린다. 아버지의 뒤를 이어 그리스 원정에 나서 BC 480년 제3차 페르시아 전쟁을 일으켰다. 헬레스폰트(다다넬즈) 해협에 배다리(주교)를 놓아 군대를 이동시킨 후 그리스 본토를 침입하였으나 살라미스 해전에서 패하여 귀국하였다. 이후 페르시아군은 육지에서 벌어진 플라타이아이 전투와 미카레 전투에서도 연패하여 그리스 원정을 포기하였다. 만년에 궁정의 내분으로 암살 당했다.

크테시폰(Ctesiphon)

고대 파르티아제국의 유적. 이라크 바그다드 남동쪽 티그리스강 좌안에 있다. 티그리스강 건너편에 그리스인이 세운 도시 셀레우키아에 맞서기 위한 전진 기지로 세워졌다. 파르티아가 메소포타미아를 장악한 후에는 왕궁이 건설되어 겨울철 수도가 되었다. 2세기에 로마제국의 공격을 받아 파괴되어 폐허가 되었다.

클라우제비츠(Clausewitz, Karl von, 1780~1831)

프로이센의 장군. 군사학자. 베를린 사관 학교에 입학하여 샤른호르스트에게 군사학을 배웠다. 1806년 예나 전투에 참전하였으며 이후 샤른호스트의 군대 개혁에 참여하였다. 1812년 러시아로 가서 러시아군 편에 서서 나폴레옹의 원정군에 맞서 싸웠다. 1815년 귀국하여 사관학교 교장과 군사행정관으로 활약하면서 전략가로 인정받았다. 그의 사후에 출판된 저서 《전쟁론》에서 근대적 전략, 전술을 체계화하였다. 이 책에서 '전쟁은 또다른 형태의 정치다'라고 주장하여 근대 전쟁을 수행하기 위해서는 국가의 역량을 총동원해야 한다고 역설하였다.

클라이브(Clive, Robert, 1725~1774)

영국의 군인, 정치인. 동인도 회사의 초대 벵골 총독으로 인도를 영국 식민지로 만드는 데 크게 기여하였다. 18세 때 동인도 회사의 직원으로 인도에 갔으며 이후 군에 들어가 당시 인도 동남부를 장악하고 있던 프랑스 세력에 맞섰다. 1757년 영국과 프랑스의 식민지 전쟁인 제2차 카르나타카 전쟁에서 프랑스의 근거지를 탈취하고 이어 플라시 전투에서 벵골 영주의 군대를 격파하여 영국 동인도 회사의 벵골 지배를 확고히 하였다. 이후 무굴제국의 황제로부터 벵골, 비하르, 오리사 주의 세금 징수권을 넘겨받고 토착 세력의 내분을 활용하여 영국의 지배권을 확장해 나갔다. 초대 벵골 총독을 거쳐 1762년 남작에 서훈되었다. 1767년 귀국한 후에 부정부패 혐의로 조사를 받았으며 1774년 자살하였다.

클레(Klee, Paul, 1879~1940)

스위스의 화가. 현대 추상미술의 선구자이다. 음악에도 뛰어난 재능을 보였으며 뮌헨에서 그림공부를 하였다. 1911년부터 칸딘스키, 마르크, 마케 등과 교류하고 1912년 '청기사' 전시회에 참여하였으며 아프리카 여행에서 색채에 대한 감각을 개발하였다. 1921년부터는 바이마르에 있는 미술, 디자인 학교인 바우하우스의 교수가 되었다. 나치스가 집권한 후 예술 탄압을 당한 후 스위스로 돌아갔다. 독일 추상 미술의 대표적 작가로서 인간의 잠재의식과 환상을 묘사하여 현대 미술에 큰 영향을 미쳤다.

클레르몽공의회(Council of Clermont)

프랑스 중부 클레르몽에서 열린 공의회(종교회의). 1130년까지 모두 7회에 걸쳐 열렸으며 그중 가장 중요한 것은 1095년의 공의회이다. 교황 우르바누스 2세가 소집한 이 공의회에서 교황이 직접 나서 성지 회복을 위한 제1회 십자군 결성을 촉구하였다. 이에 따라 1906년 여름에 십자군을 출정시키기로 결의하였으나 그 이전에 농민을 비롯한 민중들로 이루어진 십자군이 이미 출발하였다.

클레오파트라(Cleopatra VII, BC 69~BC 30)

이집트의 프톨레마이오스왕조 최후의 여왕(재위 BC 51~BC 30). 프톨레마이오스 12세의 딸로 부친의 유언으로 남동생인 프톨레마이오스 13세와 결혼하여 이집트를 공동 통치하였다. 동생에 의해 왕위에서 밀려났다가 폼페이우스를 추격하다 이집트까지 온 카이사르의 힘을

▶ 클레오파트라

빌려 BC 47년 왕위에 복귀하였다. 한 때 로마에 거주하면서 카이사르의 아들을 낳았으며 그가 암살된 후 이집트로 돌아왔다. 이후 카이사르의 부장이었던 안토니우스와 결혼하였으며 BC 31년 옥타비아누스 파와 악티움 해전을 벌였다. 이 해전에서 클레오파트라와 안토니우스 연합군은 패배하였으며 BC 30년 옥타비아누스군의 공격을 받고 자살하였다. 이로써 로마는 지중해 세계를 완전 제패하였으며 로마 제정시대가 시작되었다.

클레이스테네스(Kleisthenes, BC 570?~BC 508?)

고대 그리스 아테네의 정치인. 명문인 알크마이온 가문 출신이다. 알크마이온 가문은 참주 페이시스트라토스에 반대해 추방당했으나 BC 510년 페이시스트라토스 가문이 몰락한 후 귀국하였다. 그 후 과두파인 이사고라스와 권력투쟁을 벌인 끝에 BC 508년 승리하고 '클레이스테네스 개혁'으로 알려진 민주적 개혁을 단행하였다. 기존의 씨족제에 입각한 4부족을 해체하고 새로운 정치·군사 단위로서 10부족을 만들었는데 이 10부족은 데모스(구)라는 단위를 만들어 모든 아테네인을 여기에 소속시키고 서로 다른 지역의 데모스들을 모아 하나의 부족으로 만든 것이다. 이를 통해 귀족 지배나 지역에 따른 당파를 무력화시키고 중장보병 시민에 의한 민주정을 확립하였다. 솔론이 설치한 400인회는 500인회로 대체되었으며 각 부족에서 1명씩 10명의 장군을 선출하였다. 이 밖에 참주의 재현을 막기 위해 도편추방제도(오스트라키스모스)를 만들었다. 이러한 개혁을 통해 아테네는 민주정의 기초를 확립하였다.

클로비스(Clovis, 465?~511)

프랑크왕국의 초대 국왕(재위 481~510). 메로빙거왕조의 창시자. 아버지 힐데리히 1세의 뒤를 이어 프랑크족의 일파인 살리족의 족장이 되었으며 486년 로마 총독 시아그리우스를 공격하여 갈리아 북부의 솜강에서 르와르강에 이르는 지역을 차지하였다. 496년에는 알라마니(알라만)족을 정복하고 마인강에서 알프스에 이르는 영토를 획득하였다. 이후 랭스의 주교 레미기우스로부터 세례를 받아 로마 카톨릭으로 개종하였다. 이는 이단인 아리우스파 그리스도교를 신봉하는 다른 게르만 부족들과 달리 로마 교황과의 우호관계를 가져와 프랑크왕국 발전의 토대가 되었다. 이어 507년 서고트족의 알라리크 2세를 격파하여 르와르강에서 가론강에 이르는 지역을 차지하였으며 전 프랑크족을 통합한 프랑크왕국을 세우고 파리를 수도로 정하였다. 그가 죽은 후 왕국은 게르만의 관습에 따라 4명의 왕자에게 분할상속 되었다.

클뤼니수도원(L'Abbaye de Cluny)

중세 교회 개혁에서 중요한 역할을 한 베네딕투스파 수도원. 910년 아키텐공

(公) 기욤이 부르고뉴에 세운 수도원이다. 당시 문란한 성직자 기강을 바로잡기 위해 베네딕투스 계율을 엄수하였으며 10, 11세기에 '클뤼니 개혁'으로 알려진 수도원 개혁운동의 중심이 되었다. 이 개혁운동은 프랑스 전역으로 확대되었으며 에스파냐, 이탈리아, 독일까지 파급되었다. 클뤼니 수도원 출신의 교황 그레고리우스 7세는 이 운동을 적극 추진하였으며 세속 권력에 대한 교회 권력의 우위, 성직 매매나 성직자의 결혼 금지 등을 촉구하였다.

키에르케고르(Kierkeggard, Søren Aabye, 1813~1855)

▶ 키에르케고르

덴마크의 철학자. 코펜하겐대학에서 신학과 철학을 공부하였으며 베를린에 유학하여 철학자 셸링의 강연을 들었다. 그리스도교의 영향과 낭만주의의 영향을 받아 불안과 절망 속에서 개인의 주체적 진리를 탐구하는 독자적 사상을 형성하였으며 실존주의 철학의 선구자로 불린다. 《이것이냐 저것이냐》(1843), 《불안의 개념》(1844) 등의 저서에서는 불안과 절망을 철학적 문제로 탐구하여 진리와 실존을 파악하였고, 《죽음에 이르는 병》(1849), 《그리스도교의 수련》(1850)에서는 그리스도교에 대한 탐구를 통해 종교적 실존을 추구하였다.

키예프공국(Kievskaya)

키예프 대공(大公)이 지배한 9~13세기의 러시아. 키예프 러시아 또는 키예프국이라고도 부른다. 창시자는 올레크 공이며 야로슬라프 1세(재위 1019~1054)때 전성기를 이루었다. 이후 여러 공국으로 분열되고 흑해 연안 유목민의 침입을 받아 쇠퇴하였다. 블라디미르 모노마흐(재위 1113~1125)에 의하여 재통일되었으나 13세기 중엽에 몽골에게 정복을 당하였다. 경제적으로 10세기경부터 슬라브 민족의 베르비(지연 공동체)가 붕괴되면서 토지 사유화가 진척되어 봉건적 관계가 생겨났으며 11세기에는 하층농민(스메르드)은 대토지 소유자에게 종속되고 자쿠프(부채 농민)는 반자유민이 되었다. 한편으로는 도시와 상업이 발달하고 비잔틴제국과 활발한 교역을 하였으며 10세기 말부터 비잔틴제국의 그리스 정교를 국교로 받아들이는 한편 비잔틴의 학문과 예술을 받아들여 문화적으로도 발전을 이루었다. 이와 같이 키예프 공국은 슬라브 민족의 정치적, 문화적 근원으로 여겨진다.

킬 폭동(Kiel Munity, 1918)

제1차 세계대전의 막바지인 1918년 11월 3일 독일 발트해 킬 만(灣)에 있는

킬 군항(軍港)에서 일어난 수병들의 반란. 이 반란을 시작으로 독일 혁명(11월 혁명)이 일어났다. 킬 군항의 수병들이 해군 지휘부의 전투 계획에 반대하여 반란을 일으키자 노동자들이 합세하여 노동자, 병사 평의회를 구성하고 권력을 장악하였다. 이 혁명은 곧 독일 북부에서 서부 및 남부로 확대되었으며 11월 9일에는 수도 베를린에서 혁명이 일어나 사회민주당 당수 에베르트가 임시정부의 대통령에 선출되었다.

키케로(Cicero, Marcus Tullius, BC 106~BC 43)

▶ 키케로

로마의 웅변가, 정치가, 사상가. 아르피눔 지방의 기사 가문 출신이다. 로마에서 수사학과 법학을 공부하였으며 변호사로 활약하였다. 웅변가로 성공한 후 BC 75년에 재무관으로 시칠리아에 부임하였으며 이후 법무관을 거쳐 BC 63년에 집정관이 되었다. 집정관으로서 카틸리나의 음모를 폭로하여 '국부'의 칭호를 받았다. 카이사르와 대립하여 추방당하였으며 폼페이우스를 지지하였다가 BC 47년 카이사르의 사면을 받고 은퇴하여 저술에 전념하였다. 카이사르가 암살된 후 정계에 복귀하였으나 안토니우스가 보낸 자객에 의해 암살되었다. 수사학의 달인이자 고전 라틴 산문의 완성자라 불린다. 그리스 사상을 로마에 도입하고 라틴어로 번역하는 데 기여하였으며 《국가론》, 《법률론》, 《의무론》 등 많은 저서와 58편의 연설문을 남겼다.

킵차크한국(Kipchak Khanate, 金帳汗國, 1243~1502)

남러시아 킵차크 초원에 성립한 몽고왕조. 금장한국이라고도 한다. 칭기즈칸은 맏아들 주치(求赤 : 拙赤)에게 이르티슈강(江) 이서(以西)의 스텝을 영지로 하사하였으며 주치의 둘째 아들 바투는 몽고 원정군의 사령관으로 러시아와 동유럽에 원정하고 남러시아를 장악하여 킵차크한국을 세우고 볼가 강변 시라이를 수도로 정하였다. 이후 바투의 형 오르다는 아랄해(海) 북방에 백장(白帳) 한국, 동생 셰이반은 우랄 방면에 청장(靑帳)한국을 세워 킵차크 한국을 종가(宗家)로 받들었다. 킵차크한국은 원나라와 우호관계를 유지하면서 북쪽의 불가르, 서쪽의 슬라브 및 동로마, 동남의 이슬람권 사이에서 동, 서 중계 무역으로 번영하면서 투르크 이슬람화 되었다. 그러나 14세기 말 동방에서 일어난 티무르 군에게 침략당하고 카잔·크림·아스트라한의 3한국으로 분열되어 서로 항쟁하다가 모스크바 대공 이반 3세에 의해 멸망되었다.

세계역사사전

타고르(Tagore, Rabindranath, 1861~1941)

▶ 타고르

인도의 시인, 사상가. 근대 인도의 종교 개혁가인 데벤트라나트 타고르의 아들이다. 캘커타 출신으로 영국에 유학하였으며 귀국 후 벵골어로 작품을 발표하면서 자신의 작품을 영어로 번역하였다. 시 이외에 산문, 희곡, 평론도 집필하였다. 1909년 출판한 시집 《기탄잘리》로 1913년 노벨 문학상을 받았다. 이후 세계 각국을 순방하면서 동서문화 융합을 위해 노력하였다. 1921년 캘커타 근교에 타고르 국제대학(비시바바라티)을 설립하고 교육 사업에 전념하였으며 인도의 독립을 위해서 노력하였다.

타림분지(Tarim Basin)

중국 신장웨이우얼(新疆維吾爾)자치구 서쪽에 있는 분지. 평균 해발고도가 800~1,200m에 이르는 지역으로 남쪽은 쿤룬(崑崙)산맥과 카라코룸, 서쪽은 파미르 고원, 북쪽은 톈산(天山)산맥으로 둘러싸였으며 동쪽만 간쑤(甘肅) 회랑을 통해 황하 상류 지역과 연결되는 내륙 건조 지대이다. 만년설을 이룬 산맥으로 둘러싸여 있기 때문에 산기슭에는 오아시스 촌락이 형성되지만('타림'은 물을 모으는 곳이라는 뜻이다) 중앙 부분은 타클라마칸 사막이다. 오아시스 지대는 농업이 발달하여 도시국가가 성립하였으며 타클라마칸 사막의 북쪽 변경과 남쪽 변경으로 오아시스를 연결하는 교통로는 실크로드라 하여 중국과 인도 및 서아시아와의 교역이 이루어진 곳이다. 중국인들은 이 지역을 서역이라 불렀으며 청나라 때에는 이 지역이 이슬람화 되어 회강(回疆)이라 불렀다.

타슈켄트(Tashkent)

중앙아시아 우즈베키스탄의 수도. 당나라 시대에 석국(石國)으로 불렸으며 한때 당나라가 진출하였던 곳이다. 7~8세기에 북방 투르크 유목민이 지배하면서 이슬람화 되어 이슬람 세력의 전진기지가 되었다. 10세기에는 사만왕조가 지배하였으며 이어 투르크 계통의 카라한왕조가 차지하였다가 몽고의 세력이 커지면서 차가타이 한국을 거쳐 티무르왕조가 지배하였다. 16세기부터 우즈베크 세력의 남하로 인해 셰이바니왕조가 들어섰으며 이후 우즈베크인과 카자크인이 이곳을 놓고 세력 다툼을 벌였다. 1865년 러시아군이 점령하여 러시아의 중앙 아시아 지배의 중심지가 되었다. 러시아 혁명 후인 1934년에 우즈베크 공화국의 수도가 되었다.

타운센드법(Townshend Acts, 1767)

영국의 재무장관 타운센드의 제안으로 의회에서 제정한 식민지 규제 입법. 뉴욕 식민지의회의 권한 정지, 종이, 유리, 차 등에 대한 수입세 신설, 수입세 징수를 위한 세관의 설치, 영국에서 아메리카로 수출하는 동인도회사의 차에 대한 영국내 수입세 면제 등의 4가지 법률로 이루어져 있다. 이 법안은 아메리카 식민지인들의 격렬한 반대에 부딪쳐 1770년 차세만 남기고 철폐되었으나 차세에 대한 반대운동이 계속되어 미국 독립전쟁의 한 원인이 되었다.

▶ 타운센트

타이(Thai)

동남 아시아 반도의 왕국. 시암(暹羅)이라고도 부른다. 타이족은 원래 중국의 양쯔강 남부에 거주하다가 한족(漢族)에 밀려 인도차이나 반도로 이동하였다고 한다. '타이'란 말은 자유를 의미한다. 타이족은 13세기에 중국의 윈난(雲南) 변경에서 남방으로 이동하여 원주민인 몬족과 크메르족을 제치고 치앙마이를 수도로 한 북부 타이의 랑나타이왕국(타이유안족), 수코타이를 수도로 한 중부 타이의 수코타이왕국(시암족), 라오스와 동북 타이에 걸친 란산왕국(라오족) 등을 세웠다. 이중 수코타이왕조(1257~1350)가 세력을 확장하여 영토를 넓히고 크메르 문자를 본떠 타이 문자를 만들었다. 수코타이왕조에 이어 성립한 아유타야왕조(1350~1767)는 강력한 중앙집권 체제를 갖추고 서양 각국 및 중국, 일본과 교역하였으며 미얀마(버마)와 싸우면서 크메르로 진출하였다. 아유타야왕조는 16세기 후반 미얀마군의 침입으로 멸망하고 아유티아왕조의 장군 프라야 탁신이 미얀마군을 격퇴하고 톤부리왕조를 세웠다. 그러나 톤부리왕조는 단명하고 1782년 차크리왕조가 방콕을 수도로 성립하였다. 차크리왕조는 영국과 프랑스의 압박으로 한 때 위기에 처했으나 출랄롱코른(라마 5세) 왕의 개혁으로 위기에서 벗어났으며 1932년 무혈 혁명으로 입헌군주국이 되었다. 제2차 세계대전 때는 추축국의 일원으로 참전했으며 전후 여러 차례의 쿠데타와 군부의 정치 개입이 일어났다.

타이손 농민운동(西山農民運動, 1773~1802)

18세기 말 베트남의 레(黎)왕조 말기에 타이손(西山) 지방의 구엔 반약(阮文岳) 삼형제가 일으킨 농민전쟁. 이 시대는 레왕조가 무력화되어 구엔(阮)씨 가문과 쩐(鄭)씨 가문이 남북 대립하고 있었다. 이때 남방을 지배하던 구엔씨의 광난국(廣南國) 영내인 퀴논 부근 타이손에서 구엔 반약, 구엔 반르(阮文呂), 구엔 반후에(阮文惠) 삼형제가 구엔씨에 반발하여 농민들을 규합, 봉기하였다. 이들은 퀴논성을 점령하여 본거지로 삼고 구엔씨 일족을 무너뜨리고 북방의 쩐씨와 레왕조도 멸망시켰으며 레왕조 구원을 구실로 침공한 청나라 군대도 격퇴하였다. 삼형제는 1787년 베트남 전체를 통일하고 국토를 3분하여 다스렸다. 그러나 타이손당을 피해 탈출한 구엔 가문의 구엔 푹안(阮福映)이 프랑스 세력의 원조를 얻어 타이손당을 격파하고 구엔왕조를 세웠다. 그리고 이를 계기로 프랑스 세력은 베트남의 식민지화에 나서게 된다.

타이완(臺灣, Taiwan)

중국 푸젠성(福建省) 맞은 편에 위치한 섬. 원주민은 고산족(高山族)이며 7세기 초 수(隋)나라 때부터 한족(漢族)이 진출한 것으로 보인다. 원나라 때 2 차례 타이완 원정을 시도하였으며 명나라 이후 왜구와 중국인 해적의 근거지가 되었다. 1509년 포르투갈인이 이곳에 도착하여 '아름다운 섬'이란 뜻의 '포모사'란 이름을 붙였다. 이후 네덜란드, 에스파냐가 이곳에 진출하였다. 1661년 중국인 해적 정성공(鄭成功)이 네덜란드인을 물리치고 타이완을 점령하여 명나라 부흥운동의 기지로 삼아 반청운동을 벌였다. 그러나 1683년 청나라 군대가 상륙하여 정성공 일당을 제압하고 타이완을 청나라에 귀속시켰다. 청·일전쟁(淸日戰爭) 후 시모노세키조약(下關條約)에 의하여 일본의 식민지가 되었으며 1945년 중국에 반환되었다. 1949년 중국 본토의 국공내전에서 패배한 국민당(國民黨)의 장제스(蔣介石)정권이 200만 명의 군인과 민간인을 데리고 타이완으로 탈출하여 중화민국을 이어가고 있다.

타지마할(Taj Mahal)

인도의 아그라시(市) 교외 자무나 강변에 있는 궁전 형식의 묘소. 타지마할이란 '마할의 왕관'이란 뜻으로 무굴제국의 제5대 황제 샤 자한이 그의 왕비 뭄타즈 마할을 위해 만든 궁전 형식의 묘소와 정원이다. 1630년부터 1653년까지 20여 년간의 기간에 걸쳐 멀리 바그다드, 사마르칸드까지 장인과 재료를 들여오고 거액의 국가 재정을 들여 만든 이슬람 건축물의 대표작이며 무굴 미술을 대표하는 작품이다.

타키투스 ✪ 게르마니아

타타르(Tatar)

몽고 계통의 유목민족. 나중에는 중국 북방에 사는 유목민족의 통칭이 되었으며 오늘날에는 러시아 남부에서 시베리아 중부에 걸쳐 거주하는 투르크계 민족을 말한다. 주로 홀룬 부이르 지방에서 유목 생활을 하였으며 거란의 지배를 받다가 이후 칭기즈칸에 의해 정복되었다. 송나라 역사가들은 몽고, 투르크계 민족을 모두 타타르라고 불렀지만 몽고인 자신들은 타타르라고 부르지 않았다. 명나라 시대에는 이 계통을 타타르라 불러 서방의 오이라트(瓦剌)와 구분하였다. 유럽인들은 몽고 및 투르크계 유목민족은 모두 타타르라고 불렀다.

탄지마트(Tanziamt, 1839~1876)

오스만 투르크제국의 근대화 개혁. 제31대 술탄 아브뒬메즈드 1세가 실시한 일련의 개혁 조치를 말한다. 당시 투르크는 국력이 약화되어 유럽 국가들의 압박을 받고 있었으며 국내적으로도 그리스도교 소수 민족의 독립운동으로 분열 위기에 처한 상태였다. 1839년에 실시한 제1차 개혁으로 정부의 행정을 이슬람교와 분리하여 세속화하고 징세제도와 징병제도를 개혁하였다. 또한 국민의 생명과 재산을 보장하고 인종과 신앙에 따른 차별을 철폐하였다. 1856년의 개혁에서는 이슬람교에서 탈피한 교육 제도를 수립하고 새로운 법률을 제정하였으며 정부의 권한을 강화시켜 모든 권한을 술탄에 집중시켰다.

탈라스전투(Talas, 751)

중국의 당나라와 이슬람제국이 소그디아나 지역(오늘날의 우즈베키스탄)의 탈라스 강변에서 벌인 전투. 탈라스강은 동서 교통의 요충지이며 탈라스성은 톈산(天山) 북방의 중요한 무역 중계지였다. 서돌궐(西突厥)이 이 지역을 본거지로 세력을 떨쳤으나 당나라에 패해 멸망하였으며 이로써 당나라는 파미르 고원 너머 서쪽까지 세력을 미쳤다. 한편 당시 이슬람 세력은 사산왕조 페르시아를 멸망시키고 동쪽으로 세력을 확장하고 있었다. 당의 안서절도사(安西節度使) 고선지(高仙芝)가 이 지역의 석국(石國)을 공격하자 당의 지배에 반발한 소그디아나 세력이 아바스왕조에 지원을 요청하여 동, 서 양제국의 군대가 최전선에서 충돌하게 되었다. 이 싸움은 당나라군의 대패로 끝나고 당나라 세력은 소그디아나에서 물러갔다. 또한 이 싸움에서 이슬람 군대의 포로가 된 중국인 기술자에 의해 종이 제조법이 이슬람 세계에 전해지게 되었다.

탈레스(Thales, BC 624?~BC 546?)

그리스 최초의 철학자. 소아시아의 그리스 식민시인 밀레토스 출신으로 7현인(七賢人)의 한 사람이며 밀레토스 학파의 창시자이다. 상인 출신으로 이집트에 유학하여 수학과 천문학을 배웠다. 이집트의 측량술을 도입하여 기하학의 기초를 확립하였으며 자석이 금석을 끌어당기는 현상을 발견하였다. 그는 만물의 근원을 탐구한 그리스 자연철학의 창시자이며 만물의 근원을 물이라고 보아 '물의 철학자'라 불렸다. 이로써 그리스인들은 신화적 세계관에서 탈피하여 과학적, 철학적 세계관을 추구하게 되었다.

탕구트(Tangut)

6세기부터 14세기 사이에 중국 북서부에서 활약한 티베트계 강족(羌族)에 속하는 민족. 원래 쓰촨(四川) 서북부의 시캉(西康)에서 칭하이(靑海)성에 걸친 산악 지대에 거주하였다. 처음에는 당나라에 복속하였다가 토번(吐蕃 : 티베트)이 강성해지자 토번에 복속하였으며 일부는 토번의 지배를 피해 간쑤(甘肅)성 동쪽 변경과 오르도스, 산시(陝西)성 북부로 이주하였다. 오르도스로 이주한 탕구트족은 이곳에서 중계 무역으로 번성하여 그 일파인 탁발부(拓跋部)가 1038년에 서하(西夏)를 건국하였다. 서하가 멸망한 후 탕구트족은 원나라의 통치를 받았으며 몽고인들은 티베트를 탕구트라 부르게 되어 이후 탕구트는 티베트를 가리키게 되었다.

태평도 ◯ 장각

태평양전쟁 ◯ 제2차 세계대전

태평어람(太平御覽, 983)

중국 송(宋)나라 때 이방(李昉)이 편찬한 백과사서(百科辭書). 처음 이름은 《태평총류(太平總類)》이며 줄여서 '어람(御覽)'이라고도 한다. '태평어람'이란 뜻은 황제가 살펴보도록 편찬하였다는 뜻이다. 송나라 태종(太宗)의 명으로 977년에 착수하여 983년에 완성하였으며 전 1,000권에 이른다. 그 내용은 자연, 역사, 제도, 신화 등을 55개 부문으로 나누고 각 부를 다시 수십 항목으로 세분하여 전부 5천 항목에 이른다. 현재는 사라진 송나라 이전의 옛 책들을 다수 인용하여 중국의 고전 백과사전 중 대표적 작품으로 꼽힌다.

태평천국의 난(太平天國의 亂, 1851~1866)

청(淸)나라 말기 홍수전(洪秀全)을 지도자로 한 농민반란. 장발적(長髮賊), 월비(豆匪), 발역(髮逆)의 난 등으로도 불린다. 청나라는 1840년 일어난 아편전쟁에서 영국에 패한 후 사회불안이 심화되었으며 이러한 분위기 속에서 1843년 홍수전이 그리스도교의 영향을 받아 광둥성(廣東省)에서 배상제회(拜上帝會)를 창시하였다. 상제회는 우상을 부정하고 유교와 공자를 부정하면서 광동과 광시(廣西) 지역에서 유민과 빈농을 끌어들여 세력을 확대하였다. 1851년 초 홍수전은 광시성 구이핑현(桂平縣)에서 무리 1만을 이끌고 봉기하여 청조(淸朝)를 타도하고 태평천국의 수립을 목표로 하였다. 이후 태평군은 광시에서 후난(湖南)으로 진출하였으며 후난에서 양쯔강을 따라 내려가 1853년 난징(南京)을 점령하고 이곳을 태평천국의 수도로 정하여 천경(天京)이라 하였다. 태평천국은 '천조전묘제도(天朝田畝制度)'를 내세워 대동사상에 입각한 토지균분과 남녀평등을 선전하였으나 이를 실행하지는 않았다. 1856년부터는 지도부의 내분이 일어나 동왕(東王) 양수청(楊秀淸)과 천왕(天王) 홍수전이 대립하면서 태평군의 군기도 흔들리기 시작했다. 이러한 틈을 타 한족 관료인 증국번(曾國藩) 등이 조직한 지방 의용군인 향용(鄕勇)이 반격에 나서고 영국과 프랑스가 청 조정을 지원하면서 1864년 난징을 함락하고 홍수전은 자살함으로서 난은 끝났다. 이후 증국번 등은 서양의 과학기술을 받아들여 중국을 근대화하려는 양무운동(洋務運動)을 추진하였다.

증국번

티브이에이(TVA : Tennessee Valley Authority, 1933)

테네시강 유역 개발 공사. 미국 남부의 종합적 개발을 위해 설립된 공사로서 뉴딜 정책의 일환으로 연방 정부가 설립하였다. 7개 주에 걸쳐 인구 300만이 거주하는 테네시 유역에 26개의 댐을 건설하여, 발전, 전력, 공업, 수운, 관개, 홍수 방지 등을 추구한 다목적 국토 개발계획이다. 이에 따라 지역 발전 효과를 가져왔으나 1980년대 들어 발전의 효율성 문제와 안정 문제 등으로 축소되었다.

▶ 테네시강 개발

테르모필레전투(Battle of Thermopylae, BC 480)

제3차 페르시아전쟁 중에 벌어진 육상 전투. 테르모필레는 테살리아와 로크리스 사이의 산과 바다 사이에 있는 좁은 산길이다. 이곳에서 스파르타 왕 레오니다스가 이끄는 스파르트군이 테살리아로 침입해 온 크세르크세스 왕 휘하의 페르시아 군을 맞아 전투를 벌였다. 스파르타 군은 지리적 잇점을 활용해 3일을 버텼으나 지역 주민의 협조를 얻은 페르시아군이 우회로를 통해 스파르타군을 포위하면서 전멸하였다. 이 싸움에서 전사한 스파르타군은 그리스의 민족적 영웅으로 추앙 받았다.

테르미도르 반동(Thermidor coup d'Etat, 1794)

프랑스혁명 때 산악파(山岳派), 특히 로베스피에르 독재를 무너뜨린 쿠데타. 혁명력으로 테르미도르(熱月 : 革命曆의 11월) 9일(1794. 7. 27)에 일어났기 때문에 테르미도르 반동이라 부른다. 산악파가 주도한 혁명정부는 공안위원회를 중심으로 공포정치를 실시하였기 때문에 공안위원회의 핵심 인물인 로베스피에르에 대한 반발이 많았다. 때문에 산악파 내부에서 로베스피에르에 반대하는 파벌과 의회 내의 부르조아 당파인 소택파 및 지롱드파가 결탁하여 로베스피에르와 생 쥐스트 등을 국민공회에서 규탄하기에 이르렀다. 발라스, 탈리앙, 프레롱 등이 주도한 반(反)로베스피에르파는 쿠데타를 일으킨 후 공안 위원회와 보안 위원회를 해산하고 통제 경제를 해제하였으며 이후 왕당파와 하층민 사이에서 타협적인 중도 정치를 실시하였다.

테미스토클레스(Themistocles, BC 528?~BC 462?)

고대 그리스 아테네의 군인, 정치가. 아테네의 명문가 출신으로 BC 493년에 집정관(아르콘)으로 선출되었다. 이후 페르시아의 위협에 대비하여 페이라이에우스 군항 건설과 해군 우선주의를 실시하였다. BC 490년 마라톤 전쟁 때는 육군 우선주의자인 밀티아데스에 밀려 이를 실현하지 못하였으나 BC 489년 밀티아데스가 죽은 후 정적을 숙청하고 본격적인 해군 증강에 나서 아테네를 그리스 제일의 해군 국가로 만들었다. BC 480년 페르시아의 크세르크세스 왕이 그리스를 침공하자 장군(스트라테고스)으로서 함대를 지휘하여 살라미스에서 페르시아 해군을 격파하였다. 이후 스파르타의 반대에도 불구하고 아테네 성벽을 재건하다가 친스파르타파의 반발로 BC 470년경 도편추방을 당했다. 추방 중에 페르시아와 공모하였다는 혐의로 궐석 재판에서 사형 판결을 받자 페르시아로 망명하여 그곳에서 여생을 보냈다.

테베(Thebes)

고대 그리스 중부 보이오티아 지방의 도시국가. 그리스어로는 '테바이 (Thebai)'라고 한다. 미케네 시대부터 지역의 중심지였으며 보이오티아 동맹의 중심 도시로 성장하였다. 지리적 위치로 인해 아테네와 적대관계였으며 스파르타와 가까웠다. 페르시아 전쟁 중에는 페르시아에 협력하였고 펠레폰네소스 전쟁 뒤에는 아테네 편을 들어 스파르타와 대립하였다. BC 371년 레욱트라 전투에서 테베의 명장 에파미논다스가 스파르타를 격파함으로써 테베는 그리스의 지배자가 되었다. 이후 북방으로 진출하여 테살리아 일부를 차지하였으나 마케도니아의 세력에 밀려 BC 362년 만티네아 전투 이후 쇠퇴하였으며 알렉산더 대왕에 의해 완전히 파괴되었다.

테오도시우스(Theodosius I, 346~395)

로마제국의 황제(재위 379~395). 테오도시우스 대제라고도 한다. 에스파냐 출신의 군인으로 무공을 세워 서로마제국의 그라티아누스 황제에 의해 동로마 정제(正帝, 아우구스투스)로 책봉되었다. 훈족에 밀려 다뉴브강 너머로 침입한 게르만족을 무력과 회유책으로 달랬으며 383년 그라티아누스가 암살되자 서로마제국을 공략하여 394년 로마제국을 재통일하였다. 381년 콘스탄티노플에서 제2차 공의회(종교회의)를 열고 니케아 공의회에서 결정되었던 아리우스파의 이단 판결을 재확인하고 아타나시우스파 교리를

테오도시우스

정통 신앙으로 인정하였다. 이어 392년에는 그리스도교를 국교로 정하여 이교 신앙을 금지하였으며 394년에는 올림픽 경기를 폐지시켰다. 죽기 직전에 제국을 다시 동서로 나누어 두 아들에게 상속하였다.

테헤란회담(Teheran Conference, 1943)

제2차 세계대전 중인 1943년 11월 28일에서 12월 1일까지 이란의 수도 테헤란에서 열린 미국, 영국, 소련 3국 수뇌 회담. 미국 대통령 루스벨트, 영국 수상 처칠, 소련 수상 스탈린이 최초로 모인 회담이다. 이 회담에서 3국의 전쟁 수행 협력, 이란의 독립과 영토 보존, 러시아의 대(對) 독일 시상전에 호응하여 유럽에 제2전선 형성을 결정하였다. 제2전선 문제를 놓고 처칠은 지중해 작전을 주장하였으나 결국 스탈린의 주장대로 미군과 영국군이 북프랑스에 상륙하기로 결정되었다. 이 회담에서 스탈린은 루스벨트에게 독일을 물리친 후 소련이 대일(對日) 전쟁에 참전할 것이라는 의사를 밝혔다.

▶ 테헤란 회담에 모인 3국 정상

텔루구어(Telugu language)

드라비다 어족에 속하는 인도의 언어. 안드라프라데시 주와 타밀나두 주 북부 일대에서 사용된다. 11세기 이후 텔루구어로 된 문학 작품이 나오기 시작했으며 처음에는 산스크리트어 작품의 번역이었으나 15세기 후반 이후 독자적 문학이 발달하였다. 비자야나가르왕국의 시대가 텔루구문학의 최성기이며 특히 크리슈나데바 라야왕(재위 1509~25)의 궁정시인 알라사니 페다나가 유명하다.

텐산남북로(天山南北路)

파미르 고원 북쪽에서부터 신장(新疆)성 중앙까지 이르는 텐산 산맥의 남쪽 기슭과 북쪽 기슭을 따라 뻗친 교통로. 산맥 서쪽은 키르키스탄이며 동쪽은 타림 분지와 중가르 초원이 남북으로 펼쳐져 있다. 예로부터 동서 교역의 현장이자 유목 민족의 침략 통로였다. 텐산 북로는 텐산 산맥의 북쪽 기슭을 따라 펼쳐진 오아시스를 연결하는 도로로 청대에 이 지방이 중가르부(部)의 거점이었기 때문에 약칭하여 준부(準部)라고도 한다. 청(淸)나라 때에는 현재의 신장웨이우얼(新疆維吾爾) 자치구 북반(北半)을 가리켰으며 중가리아 분지에 해당한다. 텐산 남로는 텐산 산맥 남쪽 기슭의 교통로로 청(淸)나라 때에는 타림 분지를 가리켰다.

톈안문사건(天安門事件, 1989)

1989년 6월 4일 중국 베이징의 톈안먼 광장에서 시위를 벌이던 학생과 시민을 중국군이 무력으로 진압한 사건. 이 해 4월 15일 후야오방(胡耀邦)이 사망한 후, 그에 대한 명예회복과 민주화를 요구하는 학생 시위가 베이징대학을 중심으로 일어났으며 5월에는 대규모 시위로 발전하였다.

▶ 톈안문사건

이에 공산당 지도부 내에서 개혁파인 자오쯔양(趙紫陽) 총서기가 실각하고 양상쿤(楊尙昆) 국가주석과 리펑(李鵬) 국무원 부총리 등 강경파가 주도권을 잡으면서 6월 3일 밤부터 군대를 투입하여 무력으로 시위 군중을 해산시켰다. 이 과정에서 수 천 명이 사망한 것으로 알려졌다. 이 사건 이후 중국 공산당 지도부는 정치적으로는 공산당 독재 체제를 유지하면서 경제적인 면에서만 개혁, 개방을 추진하고 있다.

토르데시야스조약(Treaty of Tordesillas, 1494)

에스파냐와 스페인 사이의 체결된 해외 영토에 관한 조약. 아프리카 서쪽 끝 케이프 베르데섬 서방 370리그(약 1,500km) 지점에 교황자오선(敎皇子午線)이라는 남북 직선을 긋고 그 서쪽 신발견지를 에스파냐 영토, 동쪽을 포르투갈 영토로 정하였다. 1493년에 교황청의 중재로 양국의 해외 영토가 일단 확정되었으나 포르투갈이 이에 불복하여 직접 에스파냐와 교섭한 끝에 이 협정을 체결하였다. 이로써 양국간의 분쟁이 해결되었으며 브라질이 포르투갈 영토가 되었다.

토리당(Tory Party)

영국의 정당. 휘그당과 함께 양당제 의회 정치를 구현하였다. 토리란 원래 아일랜드의 도적, 무뢰한을 가리키는 말이다. 1679년 찰스 2세의 동생인 요크공(후일의 제임스 2세)가 카톨릭 신자이기 때문에 그를 왕위에서 배제시키는 법안을 놓고 의회 내에서 이에 찬성하는 민권파와 반대하는 기사파의 대립이 발생하였다. 이때 민권파가 왕당파인 기사파를 경멸하여 토리란 이름으로 부른 데서 토리당의 명칭이 유래하였다. 토리당은 왕당파인 귀족과 지방의 지주들을 중심으로 국교 옹호와 비국교도를 배척하는 입장을 취하였다. 명예혁명 후 50년간은 휘그당에 눌렸으나 이후 조지 3세 시대부터 득세하여 18세기 말 소(小)피트의 지도하에 근대적 의회 정당으로 쇄신하였고 이후 프랑스

혁명, 빈 체제 시대의 보수적 분위기 속에서 1830년대까지 50여 년간 정권을 잡았다. 1820년대 이후 산업 혁명의 여파로 자유주의가 득세하면서 당이 분열될 위기에 처하였으나 피일의 주도로 보수당으로 변신하였다.

토번(吐蕃)

중국인들이 티베트를 부르는 호칭. 티베트에는 7세기초부터 통일 국가가 등장하였으며 티베트인들은 스스로를 보에(Bod)라고 불렀다. 토번의 조상은 원래 네팔 북서부에서부터 카슈미르 동쪽 사이에 거주하였으며 이후 티베트로 이동하여 7세기 초 송첸감포가 라사를 수도로 하는 통일 국가를 세웠다. 토번이 당나라의 서북 변경을 위협하자 당 태종은 641년 문성공주를 시집보내어 화친을 도모하였다. 그러나 이후에도 토번은 토욕혼(吐谷渾)의 귀속을 둘러싸고 당나라와 싸웠으며 유목 민족으로서의 기동력을 활용하여 당을 괴롭혀 8세기 후반 이후에는 당나라로부터 서역(西域)의 지배권을 빼앗았다. 그러나 북방의 위구르와 남방의 남조(南詔)가 모두 당에 우호적이었기 때문에 822년 평화조약을 맺었다. 이후 중국과 네팔을 거쳐 들어온 불교가 성행하였으며 점차 밀교화 하였다. 846년 토번왕국은 와해되었으나 중국에서는 이후에도 티베트를 토번이라 불렀다.

토욕혼(吐谷渾)

4세기 초반 랴오둥(遼東)의 선비족(鮮卑族) 일부가 서방으로 이동하여 7세기까지 칭하이성(青海省) 및 간쑤성(甘肅省) 남부에서 원주민인 티베트인을 지배하여 세운 국가. 타림 분지의 오아시스 국가 및 중국의 남북조 국가들, 북방 유목민 국가인 유연(柔然)이나 남방 티베트가 세운 여국(女國), 오르도스, 서역과의 중계 무역으로 번영하였다. 7세기 초반에 수나라의 정벌을 받았고 635년에 당(唐)나라에 항복하여 예속상태에 놓였다가 663년 토번(吐蕃)에게 멸망당하였다.

토이토부르그 숲 전투(Schlacht im Teutoburger Wald, AD 9)

로마군과 게르만족의 전투. 토이토부르그 숲은 독일의 베젤강과 엠스강 사이의 오스나브뤼크 부근으로 추정된다. 아우구스투스 황제 치하의 게르만 방면 로마군 사령관 바루스가 게르만족을 가혹하게 통치하자 케루스키족의 족장 아르미니우스를 중심으로 한 게르만 연합군이 이곳에서 로마군을 섬멸하였다. 로마군은 3개 군단 2만 명을 잃었고, 바루스는 전사하였다. 이 전투 이후 아우구스투스는 엘베강 서쪽의 게르마니아 진출을 단념하고 게르만 정책을 수비 위주로 전환하였다. 이는 팍스 로마나(로마의 평화)를 이루는 데 중요한 계기가 되었다.

토인비(Toynbee, Arnold Joseph, 1889~1975)

영국의 역사학자이자 문명 비평가. 옥스포드대학에서 고전학을 전공하고 옥스포드대학 강사, 외무성 정보부, 런던대학 교수, 왕립국제문제연구소 연구부장, 외무성 조사부장을 역임하였다. 그리스와 투르크 역사를 연구하여 《그리스 역사관》(1924) 등의 저서를 출간하였다. 그의 대표작은 《역사의 연구》로서 1934년부터 1961년에 걸쳐 전 12권으로 출간하였다. 이 책에서 토인비는 고대와 현대를 아우르는 거시적 입장에서 세계사를 포괄적으로 다룬 독자적 문명사관을 제시하였다. 그는 역사 속의 여러 문명의 생성, 발전, 붕괴 과정을 비교 연구하여 문명 발전의 일반적 법칙을 밝히고자 시도하였다. 이를 위해 전부 26개의 문명권을 대상으로 하여 이들이 모두 규칙적인 주기에 따라 흥망성쇠 하였음을 밝혀 내고 문명의 추진력은 문명간의 도전과 응전의 상호작용에 있다고 주장하였다.

톨스토이(Tolstoi, Lev Nikolaevich, 1828~1910)

러시아의 소설가, 사상가. 도스토예프스키와 함께 19세기 러시아 문학을 대표하는 작가다. 명문가 출신으로 1851년 군에 입대하여 1853년 크림 전쟁에 참전하였다. 《유년시대》(1852), 《소년시대》(1854), 《세바스토폴 이야기》(1854 ~1856) 등의 작품을 군에 복무하면서 집필하였다. 1855년 제대한 후 유럽 여행에 나섰다가 귀국한 후 학교 설립, 교과서 편찬에 종사하면서 대표작 《전쟁과 평화》(1864~1869), 《안나 카레니나》(1873~1876) 등을 발표하였다. 이후 종교적 번민 끝에 1882년 《참회》를 발표하고 사랑과 무저항주의에 입각한 원시 그리스도교로의 복귀를 표방하였다. 1899년 《부활》을 발표하였으며 1910년 가정 불화로 가출하였다가 객사하였다.

▶ 톨스토이

통감강목(通鑑綱目)

송(宋)나라 주희(朱熹, 1130~1200)가 쓴 역사서. 정식 명칭은 '자치통감강목(資治通鑑綱目)'이며 줄여서 '강목'이라고도 한다. 전 294권에 달하는 《자치통감》을 59권으로 요약한 책이다. BC 403년에서부터 960년에 이르기까지 1362년간의 중국 역사를 정통과 비정통으로 구분하고 이를 다시 대요와 세목으로 나누어 정리하였다. 주희는 대요만을 썼고, 그의 제자 조사연(趙師淵)이 세목을 완성하였다. 이 책은 송나라 성리학의 도덕적 사관에 입각하여 실제

역사 서술보다는 의리에 입각한 이상주의를 강조하였다.

통감기사본말(通鑑記事本末)

중국 최초로 기사본말체(記事本末體)에 따라 쓰여진 역사서. 전 42권이며 남송(南宋)의 원추(袁樞)가 편저하였다. 《자치통감(資治通鑑)》의 기사를 항목별로 분류하여 편집한 것이다. 종래 중국의 기전체(紀傳體)나 편년체(編年體) 역사 서술 방식은 한 사건의 진행 과정을 파악하는 데 불편한 점이 있어 이를 보완하기 위해 기사본말체가 생겨났다. 이 방식은 사건별로 그 발생, 경과, 결과를 자세히 기록한 것으로서 이후 중국의 역사 서술에 큰 영향을 미쳤다.

통일령(統一令, Act of Uniformity, 1549, 1552, 1559, 1562)

영국 종교 개혁 때 국교회의 기도와 의식을 통일하기 위해 4차에 걸쳐 제정한 법률. '예배통일법'이라고도 한다. 헨리 8세의 수장령으로 영국 국교회는 로마 카톨릭으로부터 독립하였으나 그 교리는 카톨릭과 유사하였다. 이에 헨리 8세의 뒤를 이은 에드워드 6세가 1549년 루타파의 교의를 받아들인 '일반 기도서(공도문)' 제정을 위한 통일령을 반포하였다. 이후 1552년에 일반 기도서를 개정하여 제2차 통일령이 반포되었으며 메리 1세 시대에는 카톨릭 반동 정책에 따라 폐지되었다가 엘리자베스 여왕이 즉위하면서 1559년 제3차 통일령을 반포하였다. 이후 청교도 혁명과 왕정복고 후인 1562년 카톨릭 세력을 누르기 위해 《클레런던 법전》의 일환으로 공포되었다.

통전(通典, 801)

당(唐)나라의 재상(宰相) 두우(杜佑, 735~812)가 편찬한 중국의 역대 제도사(制度史). 전 200권. 상고 시대부터 당나라 때까지 여러 제도를 시대별로 통괄한 책으로 766년에 착수하여 30년에 걸쳐 완성되었다. 현종(玄宗, 재위 712~756) 시대에 유질(劉秩)이 편찬한 《정전(政典)》 35권을 보충하기 위하여 만들었다고 한다. 그 내용은 식화(食貨 : 경제), 선거(選舉 : 관리의 등용), 직관(職官), 예(禮), 악(樂), 병(兵), 형(刑), 주군(州郡), 변방(邊防) 등의 부문에 대하여 정사(正史)의 '지(志)' 항목을 뽑아 통사적으로 편찬한 것이다. 이 책은 남송(南宋)의 정초(鄭樵)가 편찬한 《통지(通志)》, 원(元)나라 마단림(馬端臨)이 편찬한 《문헌통고(文獻通考)》와 함께 '삼통(三通)'이라 불린다.

투르크(Turk)

알타이 어족에 속하는 민족. BC 3세기부터 정령(丁零)이라는 이름으로 중국 사료에 나타난다. 바이칼 호수 남쪽에서 알타이 산맥 북쪽에 걸쳐 거주하였으며 5세기 초 몽고에 유연(柔然)이 들어서자 그에 복종하여 고차(高車)란 이름으로 불렸다. 이후 5세기 말 독립하여 중가르 지방에 고차국을 세웠다. 중국 사료에 따르면 바이칼 호 남쪽에서 카스피 해 서쪽에 걸쳐 거주하는 민족을 철륵(鐵勒)이라 하였는데 이는 투르크의 음역(音譯)이다. 6세기 중엽 알타이 산맥 기슭의 철륵 부족 중에서 돌궐(突厥)이 일어나 몽고와 중앙 아시아를 지배하였다. 돌궐은 내분이 일어나 와해되고 이후 투르크 족은 서쪽으로 이동하여 유목생활 대신 정착 생활을 하면서 중앙 아시아의 이란, 아리안 민족을 투르크화 하여 투르키스탄이 형성되었다. 투르크족은 용병이나 노예로 이슬람 세계에 들어가 아바스왕조 이후 각지에서 독립왕조를 세웠다. 그 중 셀주크 투르크는 11세기 중반 이란, 소아시아, 시리아까지 장악하였으며 13세기 말부터는 소아시아를 기반으로 한 오스만 투르크가 일어나 1453년 비잔틴제국을 멸망시키고 발칸 반도와 이집트까지 장악하였으며 16세기 초에는 칼리프의 지위까지 획득하였다. 현재 오스만 투르크는 터키 공화국이며 중앙 아시아의 카프카즈, 키르키즈, 우즈베크, 투르크멘, 아제르바이잔 등지의 주민 대부분이 투르크족이다.

투르키스탄(Turkistan)

파미르 고원을 중심으로 한 좁은 뜻의 중앙 아시아 지역. 투르키스탄이란 '터키인의 땅'을 뜻하는 페르시아어이다. 이 지역은 북부 파미르를 경계로 동, 서로 나뉘며 동투르키스탄은 타림 분지로 중국의 신장웨이우얼(新疆維吾爾) 자치구에 해당된다. 서투르키스탄은 투란 저지(低地)로 카자흐스탄, 키르키스스탄, 타지키스탄, 우즈베키스탄, 투르크메니스탄, 아프가니스탄 등이 포함된다. 이 지역은 동서 교통의 요충지로 원래 이란, 아리안 인종이 거주하였으나 동투르키스탄은 돌궐의 지배 이후 투르크화 되었으며 서투르키스탄은 우즈베크족이 정착한 이후 투르크화 되었다.

투르푸와티에 전투(Battle of Tours-Poitier, 732)

프랑크왕국의 궁재(宮宰) 카롤루스 마르텔(카를 마르텔, 샤를 마르텔)이 피레네 산맥을 넘어 프랑크왕국에 침입한 이슬람군을 물리친 전투. 732년 8월 사라센제국의 에스파냐 총독 압두르 라하만이 지휘하는 이슬람군이 피레네 산맥을 넘어 보르도를 함락시키고 아키텐 공 에우데스를 격파한 후 서프랑스의 투르 근방으로 진출하였다. 에우데스의 요청을 받은 카롤루스 마르텔은 아우스트라시아 귀족을 중심으로 한 군대를 거느리고 출정하여 10월에 투르와 푸와티에 근처에서 이슬람군을 격파하였다. 이 전투로 인해 이슬람 세력의 유럽 진출이 중단되었으며 향후 그리스도교 세계가 이슬람의 침입으로부터 보존될 수 있었다.

투키디데스(Thukydides, BC 460?~BC 400?)

고대 그리스의 역사가. 아테네의 명문가 출신으로 펠로폰네소스 전쟁에 참전하였고 BC 424년 장군이 되었다. 장군으로서 암피폴리스의 수비를 맡았다가 실패하여 추방당하였다. 이후 20년 간 망명생활을 하다가 아테네가 멸망한 후 귀국한 것으로 보인다. 망명 생활 도중 아테네와 스파르타 양측의 자료를 수집하여 《펠로폰네소스 전쟁사》 8권을 저술하였다. 헤로도토스와 달리 대상을 전쟁사에 한정하였으며, 종교나 도덕에 구애받지 않고 정치적 관점에서 인과 관계를 서술하였다. 또한 객관적인 사료 비판과 공문서 이용 등을 통해 역사적 진실성을 높였다.

튀르고(Turgot, Anne-Robert-Jacques, 1727~1781)

프랑스의 정치인, 경제학자. 파리의 귀족 가문 출신으로 파리대학 신학부를 졸업하였다. 수도원 생활을 하다가 볼테르의 저서를 읽고 신앙 생활에 회의를 느껴 정치에 입문하였다. 고등 법원에 근무하면서 《백과전서》의 집필에 참

여하였으며 중농주의 경제학자인 케네와 친분을 맺었다. 이후 리모쥬 지방 감찰관, 해군 장관을 거쳐 1774년 루이 16세의 재정 총감으로 발탁되었다. 재정 총감으로서 파산과 증세와 차관을 없애겠다는 구호를 내걸고 길드의 폐지, 부역, 곡물 지방세 폐지, 곡물 자유 거래, 국내 관세 폐지 등의 조치를 실시하였다. 또한 특권 계급의 면세 폐지를 시도하였으나 봉건 특권 계층의 반발로 파면되고 그의 개혁 조치도 실패로 돌아갔다. 저서에 《부의 형성과 분배에 대한 고찰》(1769~1770)가 있다.

▶ 튀르고

튜더왕조(House of Tudor, 1485~1603)

절대주의 시대 영국의 왕가. 5대 118년에 걸쳐 통치하였다. 이 가문은 본래 웨일스 출신이며 리치먼드 백작 헨리 튜더가 장미전쟁을 종결짓고 헨리 7세로 즉위하여 튜더왕조를 열었다. 이후 헨리 8세, 에드워드 6세, 메리 여왕, 엘리자베스 여왕이 나와 강력한 중앙 집중화 및 종교적 독립, 경제적 진보 등의 업적을 이루었다. 헨리7세는 장미전쟁으로 대귀족이 몰락한 기회를 이용하여 성실청 재판소를 설치하여 왕권을 강화하였으며 헨리 8세는 수장령을 발표하여 로마 카톨릭으로부터 영국 국교회를 독립시켰다. 메리 여왕 때 카톨릭 반동 정책을 실시하였으나 엘리자베스 여왕 때 통일령 반포로 다시 국

교회를 확립하였다. 엘리자베스 시대에 또한 에스파냐의 무적함대(아르마다)를 격파하여 영국이 해양 대국으로 발전할 기초를 다졌다. 엘리자베스 여왕이 후손 없이 죽은 후 스튜어트 왕가가 영국의 통치권을 이어 받았다.

트라야누스(Trajanus, Marcus Ulpius, 53~117)

로마 황제(재위 98~117). 에스파냐 출신으로 로마 오현제(五賢帝) 중 두 번째 황제이다. 부친이 시리아 주둔군 사령관이었기 때문에 시리아에서 관리 생활을 하였으며 도미티아누스 황제 때 상(上) 게르마니아의 태수가 되어 게르만 방벽(리메스)을 완성하였다. 97년 네르바 황제의 양자가 되어 네르바 사후에 즉위하였으며 이것이 양자 황제의 시초이다. 대내적으로 도로, 운하, 교량, 항만, 역참 등을 정비하여 상업과 교역을 발전시키고 대내적으로 도나우강을 건너 다키아를 정복하였으며 남으로는 아프리카 사하라 사막까지 진출하였다. 동방으로는 파르티아 세력을 물리치고 아르메니아, 아시리아, 메소포타미아를 속주로 삼고 티그리스강을 국경선으로 정하였다. 이때 로마제국의 최대 판도를 이룩하였다.

▶ 트라야누스

트라팔가 해전(Battle of Trafalgar, 1805)

넬슨 제독이 지휘하는 영국 함대가 에스파냐의 트라팔가 앞바다에서 프랑스와 에스파냐 연합 함대를 격파한 해전. 1803년 영국이 제3차 대(對) 프랑스 동맹을 결성하자 나폴레옹은 영국 본토 상륙을 결심하고 영국 함대를 멀리 유인하고자 하였으나 실패하였다. 넬슨 제독이 이끄는 27척의 영국 함대는 트라팔가 곶 앞바다에서 프랑스-에스파냐 연합함대 33척을 기습하여 침몰 5척, 나포 17척, 적 전사자 8,000명이라는 대승을 거두었다. 영국측의 전사자는 넬슨 이하 1,663명이었다. 이 전투로 영국은 제해권을 확고히 하였으며 나폴레옹은 영국 상륙을 단념하고 대륙 봉쇄령을 강행하게 되었다.

트러스트(Trust)

동일 산업 분야에서 자본 결합을 축으로 한 독점적 기업 결합. 기업 합동 또는 기업 합병이라고도 한다. 각 기업이 경제적 독립성을 상실한 채 합동하기 때문에 카르텔이나 신디케이트보다 강력한 형태의 기업 집중이다. 참가 기업

사이에는 주식의 수탁이나 매수 등에 의해 핵심 자본이 참가 기업을 지배하며 생산의 합리화와 시장 독점을 추구한다. 트러스트는 미국에서 가장 먼저 등장하고 발전하였다. 1869년 설립된 스탠더드 석유 트러스트가 최초이며 미국 정부는 1890년 셔먼 반 트러스트법을 제정한 이래 여러 차례 트러스트 해체 정책을 실시하였다.

트로이(Troy)

터키 서부 소아시아의 마르마라 해 연안 히살리크 언덕에 위치한 고대 도시의 유적. 호메로스가 지은 〈일리아스〉에서는 '일리오스' 라 하였다. 흑해와 에게 해, 유럽과 아시아가 접하는 위치로 교역의 중심지이자 부근에 평야와 광산이 있어 농공업 또한 발전하였다. 1870년부터 독일의 고고학자 슐리만이 이곳을 발굴하면서 그 유적이 드러나기 시작했다. 도시의 유적은 9층으로 이루어져 있으며 제2층에서 미케네 시대의 주거 형식인 메가론식 왕궁과 금, 은 유물이 출토되어 이 시대가 호메로스 시대의 것으로 간주된다. 그러나 1930년대 미국의 블레겐이 발굴한 바로는 제7층 A가 호메로스 시대의 것으로 간주되고 있다.

▶ 트로이 유적

트로츠키(Trotskii, Leon, 1879~1940)

러시아의 혁명가. 본명은 Leib(Lev) Davidovich Bronstein. 우크라이나 남부에서 유대인 부농의 아들로 태어났다. 오데사대학에 입학한 뒤 마르크스주의 운동에 가담했다가 1898년 체포되어 시베리아로 유배되었다. 1902년 탈출하여 영국으로 망명하였으며 1905년 혁명 때 러시아로 돌아와 상트페테르부르크 소비에트 의장이 되었다. 1906년 체포되었다가 탈출하여 해외에서 망명 생활을 하였다. 1917년 2월 혁명 후 귀국하여 볼셰비키에 가담하였으며 군사 혁명 위원으로 10월 혁명에 참여하였다. 혁명 후 외무 인민 위원으로 독일과 브레스트 리토프스크 조약을 체결하였으며 이후 군사 인민 위원과 정치국원이 되었다. 레닌이 죽은 후 러시아 혁명을 유지하기 위해서는 유럽을 비롯한 세계 혁명이 필요하다는 영구 혁명론을 주장하여 일국 사회주의론을 제기한 스탈린과 대립하다가 1927년 제명되었다. 1929년 국외로 추방된 후 각국을 전전하다가 1940년 멕시코에서 암살되었다.

트루먼(Truman, Harry Shippe, 1884~1972)

미국 제33대 대통령(재임 1945~1953). 미주리 주에서 농부의 아들로 태어났다. 농장에서 일하다가 제1차 세계대전에 포병 장교로 참전하였다. 전후에는 법조인으로 지방 판사를 역임했으며 1934년 미주리 주 연방 상원 의원에 선출되었고 1940년 재선되었다. 1944년 프랭클린 루스벨트 대통령의 부통령으로 당선되었으며 1945년 루스벨트의 사망으로 대통령직을 승계하였다. 대통령으로서 제2차 세계대전을 종결지었으며 1947년 트루먼 독트린을 선언하여 반소, 반공 노선을 천명하였다. 1948년에는 이를 구체화한 마셜 플랜을 발표하였다. 이 해에 대통령에 재선되었다. 1949년에는 뉴딜을 계승한 '페어 딜' 정책을 발표하여 사회 복지 향상에 기여하였으며 같은 해 북대서양 조약기구(나토)를 창설하였다. 1950년 한국전쟁이 발발하자 국제연합군의 출동을 요청하고 미군을 그 일원으로 파견하였다.

▶ 트루먼

트루바두르(Troubadour)

중세 프랑스 남부에서 서정시를 노래한 음유시인. 트루바두르란 '노래를 찾아내는 사람', '시가를 짓는 사람'이란 뜻이다. 이들은 12세기 초반부터 프랑스 남부 프로방스 지방을 중심으로 봉건 제후들의 궁정에서 귀부인을 대상으로 한 연애시를 주로 노래했다. 그 밖에 자연의 아름다움을 대상으로 하거나 풍자적인 작품도 있었다. 이러한 경향은 프랑스 북부로도 전파되어 '트루베르'라 불리는 음유시인들이 나타났으며 독일에서는 '민네징거', 이탈리아에서는 '트로바토레'란 음유시인들이 나타났다.

트리엔트공의회(Council of Trient, 1545~1563)

신성로마제국 황제 칼 5세의 요청으로 북이탈리아의 트리엔트에서 열린 공의회. 1545년부터 1563년까지 총 19차에 걸쳐 열렸다. 종교 개혁에 대응하기 위한 카톨릭 진영의 개혁을 논의한 공의회이다. 공의회에서는 성서만을 신앙의 전거로 삼는 프로테스탄트에 대해 성서와 교회의 전승이 동등한 가치가 있다고 규정하였다. 그에 따라 교회의 일곱 가지 성사를 재확인하고 카톨릭 교회 내부의 쇄신과 이단에 대한 단속, 금서 목록의 작성, 종교 재판을 엄격히 시행할 것 등을 결정하였다. 이러한 결정은 결과적으로 프로테스탄트와 카톨릭의 타협 가능성을 완전히 배제시키게 만들었으며, 이 공의회를 계기로 교황과 신성로마제국 황제도 서로 대립하게 되었다.

특권 매뉴팩쳐

절대주의 시대에 국가로부터 영업상의 특권을 부여받았던 공장제 수공업(매뉴팩쳐). 프랑스 절대주의 시대 콜베르 치하에서 많이 설립되었다. 특권에는 면세, 설립 및 영업에 대한 보조금 지급, 생산 독점권 부여, 외국인 기술자에 대한 우대, 토지나 원료의 제공 등이 있다. 이러한 제도는 자본주의적 생산이라기보다는 농촌 공업의 자유로운 발달을 억제하거나, 산업혁명을 이룩한 선진국에 대항하기 위해 반봉건적인 국가가 인위적으로 만든 것이다. 특권 매뉴팩쳐의 생산품도 군사용품이거나 사치품 등이었기 때문에 이 제도가 자본주의 발전과 반드시 결부되는 것은 아니다. 이 제도는 유럽 각국에서 시민 혁명이 일어나면서 사라졌으나 독일과 같이 확실한 시민 혁명을 거치지 않은 국가에서는 이 제도가 자본주의 발전의 기초가 되었다.

티린스(Tiryns)

고대 그리스 미케네 시대의 성채. 펠로폰네소스 반도의 아르고스 만 동쪽 연안에 있다. 미케네 시대에 미케네와 함께 번영한 유적으로 아르고스 평양의 농업 중심지인 요충지이다. BC 16~13세기부터 키클로페스식 성벽을 두른 성채가 들어섰으며 그 안에 메가론식 왕궁이 위치하였다. 왕궁의 벽화나 바닥 장식 무늬는 미케네 미술의 대표적인 작품들이다. 1884년부터 독일의 고고학자 슐리만이 이곳을 발굴하였다.

티무르(Timur, 1336~1405)

중앙아시아 티무르제국(1369~1500)의 건설자(재위 1369~1405). 중앙 아시

티무르

609

아 사마르칸드 남쪽의 게시(현재 샤흐리사브즈)에서 태어났다. 그의 가문은 칭기즈칸의 혈통이라고 한다. 1369년 서(西) 차가타이 한국이 쇠퇴하자 군대를 일으켜 1370년 사마르칸드를 수도로 새 왕조를 일으켰다. 몽고제국의 재건이라는 기치를 내걸고 동 차가타이 한국, 일 한국, 킵차크 한국을 병합하여 서로는 이란, 이라크 지역, 북으로는 모스크바 부근까지 진출하였다. 1398년 인도에 침입하여 델리를 점령하고 약탈하였다. 1402년에는 앙카라 전투에서 오스만 투르크군을 격파하고 오스만 황제 바야지트 1세를 사로잡았다. 이리하여 중앙 아시아와 서아시아를 아우르는 대제국을 건설하였다. 그의 제국은 동서 무역의 최대 중계 시장이 되었으며 이란풍의 이슬람 문화가 발전하였다. 그 밖에 유럽 각국과도 외교 관계를 맺었다. 이후 중국의 명나라를 정벌하기 위해 출정하였다가 도중에 오트라르에서 병사하였다.

티베트 ◐ 토번

티토(Tito, 1892~1980)

유고슬라비아의 정치가. 초대 대통령(재임 1953~1980). 티토라는 이름은 당원명이다. 크로아티아 출신으로 사회민주당에 입당하여 활동하였다. 1913년 제1차 세계대전에 오스트리아군으로 징집되었다가 1915년 러시아군의 포로가 되었다. 그 후 러시아 혁명에 참여하고 귀국한 후 공산당 활동을 주도하였다. 이후 체포되어 1928~1934년 투옥되었다가 1935년부터 모스크바의 코민테른에서 일하면서 에스파냐 내전에도 참전하였다. 제2차 세계대전 중인 1941년 독일군과 이탈리아군이 유고슬라비아를 점령하자 빨치산(유격대)을 조직하여 항전하였으며 종전 후에는 1945년부터

▶ 티토

총리와 국방장관을 겸임하고, 1953년 초대 대통령에 취임하였다. 1948년 유고공산당은 민족주의적이라는 이유로 코민포름에서 제명되었다. 이후 유고는 티토주의라는 독자 사회주의 노선에 입각하여 비동맹중립외교를 지향하였다. 그의 사후 인종적, 종교적으로 복잡하게 얽힌 유고 연방은 분열하였다.

틸라크(Tilak, 1856~1920)

인도의 정치가, 사상가, 언론인. 라트나기리 출신으로 법률을 공부하였고 이

후 교육과 언론 사업에 종사하면서 20세기초의 인도 민족운동을 지도하였다. 1905~1908년의 벵골 분할독립 반대투쟁에서는 국민회의파 내의 민족파 지도자로서 스와라지(독립) 이념을 제기하였다. 이 때문에 대규모 군중 시위가 일어나자 소요죄로 1908~1914년 사이에 투옥되었으며 출옥한 후 1916년 인도 자치 연맹을 설립하였다. 러시아 혁명 이후에는 인도 노동운동에 참여하였으며 전국적인 노동조합을 결성하기 위해 노력하였다.

틸지트조약(Treaties of Tilsit, 1807)

프랑스의 나폴레옹 1세와 프로이센의 프리드리히 빌헬름 3세 및 러시아의 알렉산드르 1세 사이에 체결된 조약. 틸지트는 러시아 연방 칼리닌그라드 주 네만강 좌안에 있는 도시이다. 나폴레옹이 아우스터리츠 전투와 예나, 아우에르시테드 전투에서 오스트리아 군과 프로이센 군을 격파하고 이어 아일라우, 프리틀란트 전투에서 러시아 군을 격파한 뒤 전후 처리를 위해 이 조약을 체결하였다. 이 조약에 따라 엘베강과 라인강 사이에 베스트팔렌 공국이 수립되어 나폴레옹의 아우 제롬이 원수로 취임하였으며 프로이센령 폴란드에 바르샤바 공국이 건설되고 단치히는 자유시가 되었다. 이로써 프로이센 영토는 분할되고 인구가 반 이하로 줄었으며 막대한 배상금과 함께 군비도 제약되었다. 러시아는 대륙봉쇄에 가맹할 것을 요구받았다. 이 조약으로 나폴레옹의 유럽 대륙 지배가 완성되었다.

파

파간왕조(Pagan, 1044~1287)

파간을 수도로 하여 최초로 미얀마(버마)를 통일한 불교 왕조. 초대 왕 아나 우라타는 동방의 샨족을 공격하여 곡창지대인 상(上)미얀마의 차우세를 확보 하고 이어 북방의 남조(南詔), 남방의 탈라잉, 서방의 아라칸을 장악하였다. 이 왕조는 탈라잉을 통해 남방 불교를 받아 들여 많은 사원과 불탑을 지었기 때문에 불탑 왕조라고도 불린다. 12세기 초 중국의 송나라에 조공하여 포감 (蒲甘) 또는 면(緬)으로 알려졌다. 1287년 원나라의 침입을 받아 수도 파간을 점령당하였다가 신하의 예를 취할 것을 약속하고 위기를 모면하였다. 그러나 이 위기를 틈타 이 왕조를 섬기던 샨족의 티하투에게 왕위를 빼앗겨 250여 년만에 멸망하였다.

파라오(Pharaoh)

고대 이집트의 왕. 유대인들이 부른 이름으로 《구약성서》에 자주 나온다. 어 원은 '큰 집'이라는 뜻의 '페르 오'이며 나중에는 일반적으로 국왕을 뜻하게 되었다. 파라오는 신이기 때문에 그를 직접 가리키지 않고 그가 사는 집을 경 칭으로 사용한 것이다. 파라오는 이밖에 호루스(太陽神), 2여신(女神), 황금의 호루스, 상·하 이집트왕(卽位名), 태양의 아들(誕生名) 등의 호칭으로 불린 다. 신의 화신인 파라오는 혈통의 순수성을 유지하기 위해 같은 혈족 내에서 만 결혼하였으며 사후에는 신으로 숭배된다.

파르테논 신전(Parthenon)

그리스 아테네의 아크로폴리스 언덕 위에 있는 신전. 아테네의 전성기인 페 리클레스 시대에 조각가 페이디아스가 총감독을 맡고 건축가 익티노스와 칼 리크라테스가 설계와 공사를 맡아 BC 447년부터 건설하여 BC 438년에 완 공하였다. 페르시아인이 파괴한 옛 신전 자리에 아테네의 수호신인 아테나 여신을 위해 지은 신전으로 페이디아스가 직접 조각한 아테나 여신의 신상을

▶ 파르테논 신전

비롯한 각종 조각, 부조로 장식되어 있다. 중세시대에는 회교 사원으로 개축되었으며 1687년 베네치아와 투르크와의 전쟁 중에 폭파되었다.

파르티아(Parthia, BC 247~AD 226)

이란 고원 동북부의 파르티아를 기반으로 이란 및 메소포타미아를 지배했던 파르니족의 왕조. 파르니족의 아르사케스가 셀레우코스왕조의 총독을 살해하고 독립하여 왕조를 세웠다. 이 아르사케스의 이름을 따서 아르사크왕조라고도 하며 중국에서는 이를 음역하여 '안식'이라고 불렀다. 미트리다테스 1세(BC 170~138)시대부터 셀레우코스왕조와 박트리아왕국이 쇠퇴한 틈을 타 서쪽으로는 유프라테스강, 동쪽으로는 갠지스강에 이르는 대제국을 건설하였다. 이어 미트리다테스 2세(BC 124~BC 88) 시대에는 아르메니아와 인도 북부를 병합하였다. 이때부터 서아시아의 주도권을 놓고 로마와 치열한 싸움을 계속하다가 BC 19년에 로마 황제 아우구스투스와 조약을 맺고 중국 및 인도를 연결하는 교통로를 재개하기로 약속하였다. 이 왕조는 동방의 대국인 중국과 서방의 대국인 로마 사이에 위치하여 중계무역으로 번영하였으며 특히 비단무역으로 막대한 이익을 올렸다. 말기에는 내분이 일어나 226년 사산왕조 페르시아의 공격을 받고 멸망하였다.

파리조약(Treaties of Paris)

유럽 각국의 외교 역사상 파리에서 체결된 국제 조약. 1) 1763년 2월 7년 전쟁의 강화조약. 이 조약으로 프랑스는 북아메리카와 인도 식민지를 대부분 상실하고 영국은 플로리다, 에스파냐는 루이지애나를 얻었다. 2) 1783년 미국 독립전쟁의 강화조약. 이 조약으로 미국의 독립이 승인되었다. 3) 1814년 나폴레옹이 패배한 후 유럽 각국과 루이 18세 사이에 체결된 조약. 프랑스 영토를 나폴레옹 이전으로 돌리고 빈 회의의 개최를 규정하였다. 이후 나폴레옹의 엘바섬 탈출과 백일천하로 1815년 다시 조약을 체결하여 프랑스 영토를 혁명 이전으로 돌리고 배상금 지불 및 동맹군의 프랑스 북부 주둔을 규정하였다. 4) 1856년 크림전쟁의 종결 조약. 이 조약으로 러시아의 남하정책은 좌절되고 투르크 영내의 슬라브 민족 문제 해결의 계기가 되었다. 5) 1898년 미국·에스파냐전쟁의 강화조약. 에스파냐가 쿠바 독립을 인정하고 푸에르토리코섬과 기타 서인도 제도의 섬들, 괌도·필리핀 제도 등을 미국에 양도하였다. 이로써 미국은 먼로주의 정책을 버리고 적극적인 대외 정책으로 전환하였다. 6) 1947년 제2차 세계대전에서 추축국 편에 선 이탈리아·루마니아·불가리아·핀란드·헝가리의 5개국과 연합국 21개국이 체결한 강화조약.

파리코뮌(Commune de Paris, 1871.3.18~5.28)

프로이센-프랑스 전쟁의 와중에 파리에서 생겨난 노동자 정권. 1870년 7월 발발한 이 전쟁은 프로이센군이 프랑스군을 초반부터 압도한 끝에 1871년 1월 28일 휴전 조약이 체결되었다. 프랑스 국방 정부가 강화조약을 준비하는 사이 파리에서는 군중 폭동으로 티에르 임시정부가 와해되고 3월 26일 파리 시민의 선거로 인민정부(코뮌)가 수립되었다. 코뮌은 입법권과 행정권을 모두 장악한 정부 형태로서 상비군 대신 시민군을 설치하고 경찰 폐지, 노동자에 의한 공장 관리 등의 혁명 정책을 발표하였다. 그러나 통일된 이념이 없고 군사적으로 무력하였기 때문에 5월 21일 정부군의 공격을 받고 1주일간의 시가전 끝에 와해되었다.

파리 평화회의(Paris Peace Conference, 1919~1920)

제1차 세계대전을 종결짓기 위해 파리에서 열린 강화회의. 협상국 국가인 미국, 영국, 프랑스, 이탈리아, 일본 등 5개국이 참가하였다. 그러나 일본은 유럽 문제에 무관심하였고, 이탈리아는 피우메 문제에 대한 불만 때문에 철수하여 결국 미국 대통령 윌슨, 영국 수상 로이드조지, 프랑스 수상 클레망소 등 3인이 회의를 주도하였다. 이 회의에서 독일에 대한 베르사유 조약, 오스트리아에 대한 생 제르맹 조약, 불가리아에 대한 뇌이 조약, 헝가리에 대한 트리아농 조약, 터키에 대한 세브르 조약 등이 결정되었다. 윌슨 대통령이 주장한 무병합, 무배상 원칙은 채택되지 못하고 패전국에 대한 가혹한 제재가 가해졌다. 또한 국제 연맹의 설립이 결의되었다.

▶ 파리 평화회의

파쇼다사건(Fashoda Incident, 1898)

프랑스의 아프리카 횡단 정책과 영국의 아프리카 종단 정책이 충돌한 사건. 마르샹 대령이 지휘하는 프랑스군이 수단 남부의 파쇼다에 도착하여 프랑스 국기를 게양하자 키치너 장군이 이끄는 영국군이 이곳에 진주하여 군사적 긴장이 조성되었다. 영국과 프랑스 양국은 외교 교섭을 벌인 끝에 1899년 영국이 이집트를 세력권으로 하고 프랑스가 모로코를 세력권으로 하는 데 합의하여 이 문제를 해결하였다. 이후 프랑스는 영국에 대항하기 위해 러시아와의 동맹 관계를 강화하였으며 영국은 카이로(이집트), 케이프타운(남아프리카), 캘커타(인도)를 연결하는 3C 정책을 확고히 추진하게 되었다.

파스칼(Pascal, Blaise, 1623~1662)

프랑스의 수학자, 물리학자, 철학자. 법관의 아들로 태어나 어린 시절부터 수학과 과학을 독학으로 공부하였다. 16세에 '원뿔 곡선론'을 발표하여 주목을 받았으며 1604년에는 아버지의 세무 업무를 돕기 위해 계산기를 고안, 제작하였다. 23세 때부터 얀센주의(장세니즘)의 신앙혁신운동에 관심을 가지게 되어 종교와 인생 문제를 고민하게 되었다. 사교계 생활을 하면서 수의 순열, 조합, 확률과 이항식 등을 정리하였으며 물리 실험을 통하여 대기의 기압과 진공, 유체역학에 대한 논문을 발표하였다. 1654년부터 사교계 생활에 회의를 느끼고 수도원에 들어가 성경과 아우구스티누스의 저서를 연구하였으며 종교적 논문을 발표하는 한편 수학의 적분법을 창안하였다. 그가 39세로 사망한 후 친구들이 유고를 정리하여 발표한 것이 종교적 명상록인 《팡세》이다.

파스퇴르(Pasteur, Louis, 1822~1895)

프랑스의 화학자, 미생물학자. 파리 에 콜 노르말에서 물리와 화학을 공부하고 이후 릴 이과대학과 파리 사범대학, 소르본대학의 교수를 역임하였다. 발효 현상이 미생물의 작용 때문이라는 것을 밝혀내어 자연발생설을 부인하였으며, 포도주가 산패하는 것을 막기 위해 저온 살균법인 '파스퇴르법'을 개발하였다. 그 밖에 누에의 질병과 탄저병, 패혈증, 산욕열 등의 병원균을 발견하였으며 닭콜레라 예방 접종에 성공하여 백신 접종에 의한 전염병 예방을 일반화하는 데 성공하였다. 이후 광견병의 예방 접종에 성공하는 등 축산 의학 발전에 큰 기여를 하였다. 만년에는 파스퇴르 연구소의 초대 소장에 취임하였다.

▶ 파스퇴르

파스파문자(八思巴文字)

1269년 중국 원나라의 국사인 티벳 승려 파스파(八思巴)가 세조(世祖) 쿠빌라이의 명을 받아 만든 몽고 문자. 몽고 신자(新字), 방형 몽고 문자(方形蒙古文字)라고도 한다. 티벳 문자를 원형으로 하여 사각형 문자를 만들고 왼편에서부터 세로로 쓰도록 만들었다. 이것을 이후 성종(成宗)의 국사인 츄크 오세르가 개량하여 자음 31자, 모음 8자, 기호 9개로 만들었다. 쿠빌라이에 의해 공용 문자로 채택되었으나 빨리 쓰기에 적합치 않아 널리 보급되지 못하였으며 원나라의 멸망과 함께 사라졌다.

파시즘(Fascism)

20세기 전반에 등장한 군국주의적 우익 독재 정치. 파시즘이란 용어는 로마시대 사법관의 권위를 상징한 나무 묶음을 뜻하는 이탈리아어 '파쇼'에서 나왔다. 제1차 세계대전 후 유럽 각국의 불안한 정세를 틈타 등장하였다. 파시즘은 이탈리아에서 먼저 등장하였는데 1919년 무솔리니가 제대 군인을 중심으로 파시스타 당을 결성하고 1924년 선거에서 과반수를 차지하여 정권을 장악하였다. 이후 파시스트 당 이외의 모든 정당을 해체하고 언론과 반정부 세력을 탄압하는 독재 정치를 실시하였다. 한편 독일에서는 파시즘의 일종인 히틀러의 나치즘이 1920년대부터 등장하여 1930년대 들어 정권을 장악하였다. 나치즘은 인종주의적 경향을 보여 아리안 민족의 우월성을 강조하고 유태인 탄압 정책을 실시하였다. 이밖에 프랑스를 비롯한 유럽 각국에서 파시즘이 정치세력으로 등장하였다. 파시즘은 세계대전에 따른 정치, 사회적 불안과 공황, 실업 등의 경제적 위기, 의회 민주주의 제도의 문제점, 사회주의 세력의 성장에 따른 중산층의 불안감과 사회 계층간의 대립과 갈등 등을 기존 정치 체제로 해결할 수 없을 때 폭력적인 방식으로 기성 정치를 타파하면서 등장하였다. 파시즘 정권은 군국주의적 성향으로 인해 제국주의적 침략 정책을 추구한 끝에 제2차 세계대전을 초래하였으며 전쟁이 끝난 후에는 몰락하였다.

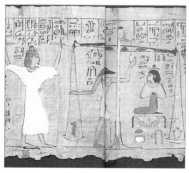
▶ 파피루스

파피루스(Papyrus)
고대 이집트에서 파피루스 풀의 줄기로 만든 종이. 고대 나일 강변에서 많이 자라던 이 풀의 줄기 껍질을 벗겨내고 속을 가늘게 찢은 뒤 엮어 말려서 매끄럽게 하여 종이로 만들었다. 상형문자를 비롯하여 데모틱, 콥트 문자, 그리스 문자도 파피루스 두루마리에 기록하였다. 파피루스는 그 밖에 보트, 돛대, 매트, 의류, 끈을 만드는 데도 사용하였다.

판디아왕조(Pandya Dynasty)
인도 최남단을 지배했던 왕조. BC 3세기 아쇼카 대왕의 비문에 이 왕조에 대한 언급이 나타난다. 1~3세기에 해외 무역으로 번영하였으며 그후 6세기에 다시 부흥하여 팔라바왕조, 찰루키아왕조와 경합하였으며 후에는 촐라왕조와 대립하였다. 11세기에 촐라왕조에 병합되었다가 다시 부흥하여 13세기에는 남인도의 최강국이 되었다. 마르코 폴로도 이 왕국의 카야르 항구를 두 차례 방문하였다. 3세기 중반에 멸망하여 비자야나가르왕조에 병합되었다.

판테온(Pantheon)
로마시대에 로마에 지어진 신전. BC 27~BC 25년 사이에 마르쿠스 아그립파가 건립하였다. 110년에 소실된 것을 115~125년 하드리아누스 황제가 재건하였으며 세베루스가 복원하였다. 본당 내부에는 제우스, 아폴론, 아르테미

▶ 판테온 신전

스, 메르쿠리우스 등의 일곱 지상신을 모신 것으로 생각된다. 로마 최대의 원형 건조물로 서양 건축 역사상 대표적 명작으로 꼽힌다. 로마 시대 이후 7세기 초 소유권이 교황에게 넘어가면서 그리스도교 교회가 되었으며 나중에는 국가적인 묘소로서 국왕이나 유명 예술가들의 묘소로 쓰였다. 파리의 생 마들렌 성당 또한 판테온이라 부른다.

팔기군(八旗)

청나라의 군사, 행정 제도. 청 태조가 즉위하기 전 해인 1614~1615년에 군대 조직을 정비하여 전군을 8 부대로 나누고 황색, 백색, 홍색, 남색의 4가지 색깔 및 각 색깔에 선을 두른 군기(軍旗)로 각 부대를 표시하였다. 이중 선을 두른 군기를 양기라 하고 선이 없는 군기를 정기라 하였으며 각 부대를 합쳐 팔기라 하였다. 1기는 5잘란(甲喇), 1 잘란은 5니루(牛矸)로 구성되고 각 니루는 300명으로 구성되었다. 이 제도의 기원은 만주족의 몰이 사냥 제도에서 기원한 것으로 보이며 각 기에 소속된 병사를 기인(旗人)이라 불렀다. 초기에는 만주인 위주로 구성되었으며 1635년에 몽고 팔기, 1642년에 한군 팔기(漢軍八旗)가 창설되었다. 만주족은 모두 8기에 속하며 그 지위는 세습되고 그 밖에 여러 가지 특권을 누렸다. 18세기 들어 상품경제가 발전하면서 기인들의 생활 기반이 붕괴하고 군기가 와해되어 청나라 몰락의 한 원인이 되었다.

팔랑크스 ◐ 중장보병

팔레스타인(Palestine)

시리아와 이집트 중간에 위치한 지중해 동쪽 연안의 남부 지대. 현재 대부분 지역이 이스라엘 영토이다. BC 3000년경 셈족이 이주하여 가나안 지방이라 불렀으며 BC 12세기에 팔레스타인인들이 정착하면서 팔레스티나라 불리게 되었다. BC 11세기에 유대인들이 이 지역에 이스라엘왕국을 건설하였다. 이스라엘왕국은 솔로몬 왕 시대에 번영하였으나 그의 사후 이스라엘과 유대로 분열하였다. 이후 이스라엘은 BC 8세기에 아시리아에게 멸망당하고 유대는 BC 6세기에 신바빌로니아에 멸망당하였다. BC 1세기부터 로마제국의 속주가 되었으며 비잔틴제국을 거쳐 이슬람 세력이 이 지역을 지배하였다. 1096년 제1차 십자군이 이곳에 원정하여 예루살렘왕국을 건설하기도 했으나 다시 이슬람 세력에 의해 탈환되었으며 20세기 초까지 오스만 투르크제국의 영토로 남았다. 제1차 세계대전 이후 영국의 위임통치령이 되었다가 1948년 유대인들이 이스라엘 공화국을 수립하였다. 그러나 유대인과 아랍인 사이의 종교적, 민족적, 정치적 갈등으로 여러 차례에 걸쳐 중동전쟁이 일어났다. 오늘날에도 유대인과 팔레스타인인 사이의 갈등과 대립이 계속되고 있다.

팔레스타인해방기구(PLO : Palestine Liberation Organization)

이스라엘에 맞서 팔레스타인의 해방을 추구하는 정치 조직. 1946년 이스라엘이 수립되기 이전부터 팔레스타인에 거주하던 아랍인들에 의해 1964년 결성되었다. 결성 당시 이 조직은 이스라엘을 제거하고 팔레스타인 국가의 수립을 목표로 하였다. 1967년 '6일 전쟁'에서 아랍국가들이 패배한 후 테러활동을 통해 팔레스타인 해방을 실현하고자 하였으며 이 때문에 본거지였던 요르단에서 추방되어 레바논으로 근거지를 옮겼다. 1974년 이 조직의 의장 야세르 아라파트는 PLO가 국제 테러리즘에 더 이상 개입하지 않을 것이며 국제사회가 PLO를 팔레스타인 국민의 대표체로 인정해 줄 것을 요청하였다. 이어 1988년 PLO는 팔레스타인 독립국가 수립을 천명하고 이스라엘의 존재를 인정하였다. 그에 따라 1993년 이스라엘과 평화협정을 맺고 PLO 의장 아라파트가 팔레스타인 자치기구의 의장으로 취임하였으며 1996년 총선거를 통해 아라파트가 자치정부의 초대 행정수반이 되었다.

팔렘방(Palembang)

수마트라 섬 동남부의 도시. 고대부터 수마트라의 중심지였으며 7~11세기에 스리비자야왕국의 수도로 번영하였다. 당시 중국의 기록에는 파림빙(巴林憑)으로 기록되어 있다. 명나라 초기에 광둥과 푸젠 지역에서 많은 중국인이 이 지역으로 이주하였다. 진조의(陳祖義)가 이들의 지도자였으나 정화(鄭和)의 원정군에게 처형되었다. 이후 마자파히트왕조가 번성할 때에는 그 지배를 받앉았으며 17세기부터 네덜란드인들이 이곳에 무역소를 설치하였고 이후 네덜란드령 동인도에 편입되었다. 제2차 세계대전 이후에는 인도네시아 영토가 되었다.

팔레비(Mohammad Reza Shah Pahlevi, 1919~1980)

이란 팔레비왕조의 제2대 황제(재위 1941~1979). 레자 샤 팔라비의 장남으로 1941년 아버지가 퇴위하자 그 뒤를 이어 즉위하였다. 석유 국유화를 추진하던 총리 모사데그와 대립한 끝에 1953년 로마로 망명하였다가 3일 후 군부 쿠데타가 일어나 귀국하였다. 1958년 미국과 군사 협정을 체결하여 친미외교 노선을 채택하고 1963년부터 석유수출을 바탕으로 이란 근대화 정책인 '백색혁명'을 실시하여 농지개혁, 여성 참정권 부여 등의 개혁을 단행하였다. 그러나 중공업 위주의 산업정책으로 인한 경제불안과 보수적 종교세력과의 갈등으로 인해 1979년 이란 혁명이 일어나자 이집트로 망명하였다. 이후 세계 각국을 전전하다가 이집트의 카이로에서 사망하였다.

팔리어(Pali)

중기 인도-아리아어의 일종. 프라크리트어 가운데 고어(古語)에 속한다. 인도 중부 지방의 언어를 기초로 BC 2세기에서 AD 2세기 사이에 발달하였다. '팔리'란 '경전'이란 뜻이며 산스크리트어와 함께 인도 북서부에서 널리 쓰였다. 그 문법은 산스크리트어와 비슷하지만 훨씬 단순화되어 있으며 자음 동화의 경향이 강하다. 아소카 왕 이후 불교 교리가 이 언어로 설파되었으며 불경을 기록하는 언어로 사용되었다. 이 언어는 인도 뿐 아니라 스리랑카, 미얀마, 타이, 캄보디아 등에 전해진 남방 소승불교의 기록 용어로 사용되었다.

패화(貝貨)

조개 껍질로 만든 화폐. BC 16세기경부터 중국에서 조개껍질을 교환의 매개수단으로 사용하기 시작하였다. 이 패화는 주로 열대 지방의 해안에서 나는 자안패(子安貝)가 사용되었다. 이후 경제 규모의 발달로 자안패가 부족해지자 짐승의 뼈나 돌, 금속으로 된 패화가 나타났다. 패화는 중국에서 포전(布錢)이나 도전(刀錢)이 나오기 전에 화폐로 사용되었으며 한자의 매(賣)·매(買)·재(財)·화(貨) 등 경제에 관계가 있는 문자가 '패(貝)'자를 가지고 있는 데서 패화를 화폐로 사용한 흔적을 찾아볼 수 있다.

페니키아(Phoenicia)

고대 지중해 시리아 연안 중부, 레바논 산맥 서쪽 해안 지역 및 그 지역에 거주하던 주민. 헤브라이인과 같이 셈족의 가나안 계통에 속한다. 고대 그리스 인들은 이들이 붉은 색 외투를 입은 데서 'Phoinikes'라고 불렀다. 이들은 BC 3000년대에 비블로스 등의 해안 도시를 건설하였으며 우가리트, 비블로스, 베리토스(베이루트), 시돈, 티루스 등의 항구 도시를 중심으로 한 도시 연맹의 형태를 취하였다. BC 13세기경부터 해상 무역에 나서 BC 10세기경에 지중해 해상 무역을 지배하였다. 지리적으로 메소포타미아와 이집트가 만나는 지역에 위치하였으며 크레타 문명과도 교류하였다. BC 8세기에 아시리아에 정복당했으며 이후 해상 무역은 그리스인들이 장악하였다. 이후 이집트, 페르시아의 지배를 받다가 로마의 속주가 되었다. 페니키아 인들은 각종 공예품과 목재를 수출하였으며 지중해 여러 곳에 식민지나 무역 중계지를 건설하였는데 특히 카르타고가 유명하다. 교역을 통해 각지의 문명을 받아들였으며 가장 오래된 형태의 알파벳을 고안하여 그리스인들에게 전하였다.

▶ 고르바초프

페레스트로이카(Perestroyka)

1985년 4월에 선언된 소련의 사회주의 개혁 이데올로기. 고르바초프가 주도한 사회주의 개혁 운동을 말하며 사회주의 몰락을 가져온 계기가 되었다. '페레스트로이카'란 러시아어로 고쳐 세운다, 재건, 개편'에 해당한다. 이는 사회주의 경제 체제의 문제점을 전면적으로 변혁하고자 하는 대개혁이라 할 수 있다. 페레스트로이카는 글라스노스트와 함께 소련의 개혁, 개방의 대명사로 알려져 있다. 글라스노스트는 러시아어로 '소리를 내다, 자유로이 발언하다'란 뜻으로 언론의 자유와 검열의 폐지, 서구 문물에 대한 개방을 의미한다. 당초 고르바초프의 의도는 사회주의 체제를 유지하면서 시장 경제의 장점을 도입하자는 것이었다. 그러나 개혁은 그의 통제를 벗어나 소련 연방의 해체, 사회주의 포기, 시장경제로의 전환과 같은 대변혁을 초래하였다.

페르비스트(Verbiest, Ferdinand, 1623~1688)

중국에서 활약한 벨기에 출신의 예수회 선교사. 중국 이름은 남회인(南懷仁), 자는 돈백(敦伯)이다. 1641년 예수회에 입회하였으며 1659년 마르티니를 따라 마카오에 도착하여 이후 시안(西安)에서 포교하였다. 1660년 강희제(康熙帝)의 명으로 베이징(北京)에 와서 흠천감 (欽天監) 아담 샬을 보좌하였다. 1665년 그리스도교 배척 운동으로 추방, 투옥되었다가 1666년 복직하여 아담 샬을 이어 흠천감을 맡았다. 서양의 역법을 도입하여 중국의 달력을 고치고 천문 관측 기계를 도입하였으며 지리학, 지질학, 세계지도 등을 제작하였다. 오삼계(吳三桂)를 비롯한 삼번(三藩)의 난(亂) 때에는 대포를 제작하여 그 공으로 공부시랑(工部侍郎)이 되었다. 그의 노력으로 1692년 그리스도교를 공인 받았으며 중국에서 그리스도교 포교의 기반을 다졌다. 세계지도인 〈곤여전도(坤輿全圖)〉(1674)와 이의 해설서인 《곤여도설(坤輿圖說)》(1672), 《영년역법(永年曆法)》 등을 남겼다.

페르시아전쟁(Persian Wars, BC 492, BC 490, BC 480, BC 479)

BC 5세기에 페르시아제국이 4차례에 걸쳐 그리스를 침공하여 발생한 전쟁. BC 6세기에 페르시아는 오리엔트 전역을 통일하였으며 소아시아 연안 이오니아 지방의 그리스 식민 도시들도 페르시아의 지배하에 들어갔다. 무역 활동에 제약을 받은 그리스 식민 도시들은 BC 499년 밀레토스를 중심으로 반란을 일으켰으나 진압되었다. 이 반란을 아테네를 비롯한 그리스 국가들이 지원한 것이 페르시아전쟁의 원인이 되었다고 한다. BC 492년의 제1차 페르시아전쟁은 다리우스왕이 보낸 페르시아 함대가 그리스 북쪽의 트리키아 지방을 침공하였다. BC 490년의 제2차 전쟁에서 페르시아 원정군은 그리스 본토를 침공하여 아테네 북동쪽 마라톤 평야에 상륙하였다. 그러나 밀티아데스가 지휘하는 아테네의 중장보병대에 패해 아테네 공략을 포기하고 철수하였다. BC 480년의 제3차 전쟁은 다리우스의 뒤를 이어 즉위한 크세르크세스가 직접 지휘하여 헬레스폰트 해협에 배다리를 설치하여 그리스로 진격하였다. 이에 레오니다스왕이 이끄는 스파르타군이 중부 그리스의 길목인 테르모필라

▶ 페르시아 전사

이 협로에서 페르시아군을 저지하였으나 전멸당하고 페르시아군은 아테네에 침입하여 도시를 불태웠다. 그러나 테미스토클레스가 이끄는 아테네 함대는 살라미스 해전에서 페르시아 함대를 격파하여 페르시아군은 텟살리아로 철수하였다. BC 479년의 제4차 전쟁은 귀국한 크세르크세스의 뒤를 이은 원정군 사령관 마르도니오스가 플라타이아 전투에서 그리스 연합군에 패하여 본국으로 철수하였다. 이 전쟁으로 아테네는 델로스동맹을 결성하고 그 맹주가 되어 그리스의 패권을 장악하였다.

페리오이코이(Perioikoi)

고대 그리스의 반자유민(半自由民). 페리오이코이란 '변두리에 사는 사람들'이란 뜻으로 변경 마을에 거주하였기 때문에 그와 같은 이름이 생긴 것으로 보인다. 도리스 계통의 도시 국가에 많았으며 특히 스파르트의 페리오이코이가 유명하다. 이들은 도리스인의 침략 이전에 거주하던 원주민으로 스파르타에 반항하지 않고 복속하여 반자유민의 지위를 얻은 것으로 보인다. 참정권은 없으나 재산 소유권과 지방 자치권, 군사와 납세의 의무가 있었다. 이들은 주로 상공업에 종사하였으나 토지 보유자도 있었다.

페리클레스(Perikles, BC 495?~BC 429)

고대 그리스 아테네의 정치가. 명문 출신으로 소피스트 교육을 받았으며 웅변에 능하였다. 철학자 아낙사고라스, 극작가 소포클레스 등과 교류하였으며 정계에 들어가 민주파의 지도자가 되었다. BC 462년 에피알테스와 함께 귀족 세력의 중심인 아레오스파고스 회의를 무력화시키고 정적 키몬을 도편추방하여 권력을 장악하였다. 이후 파르테논 신전을 축조하는 등 아테네의 미화를 위해 노력하였다. 외교적으로 페르시아와 '카리아스의 화약'을 맺고 BC 446년 스파르타와 30년간 평화 조약을 맺는 등 평화를 유지하면서 델로스 동맹 내에서 아테네의 주도권을 강화하였다. BC 454년에는 델로스 동맹의 금고를 델로스 섬에서 아테네로 옮겼으며 이때부터 델로스 동맹국들은 아테네의 속국이나 다를 바 없이 되었고 아테네는 제국으로 불리게 되었다. BC 443년에는 정적인 투키디데스를 추방하여 1인 독재나 다름 없는 권력을 차지하고 그 후 죽을 때까지 스트라테고스(장군)에 계속 선출되었다. BC 431년 펠로폰네소스전쟁이 시작된 직후 전염병으로 사망하였다. 그의 시대는 아테네의 최전성기로 불린다.

페이시스트라토스(Peisistratos, BC 600?~BC 527)

고대 그리스 아테네의 참주. 귀족 출신으로 솔론의 친척이다. 솔론의 은퇴 후 과두 정치를 원하는 평지당과 중간파인 해안당에 맞서 산악당의 지도자가 되었다. BC 565년 메가라와의 전쟁에서 명성을 얻었으며 BC 561년 아크로폴리스를 점령하여 참주가 되었다가 반대파에 의해 추방되었다. 이후 트라키아의 금광에서 자금을 축적, 용병을 거느리고 귀국하여 무력으로 참주정을 수립하였다. 망명 귀족으로부터 몰수한 토지를 농민에게 분배하여 빈부 격차를 해소하고 솔론 시대의 법과 제도를 유지하였다. 이 시기에 아테네가 그리스의 강대국으로 성장하였기 때문에 그의 치세를 '황금시대'라 부른다. 그의 사후 아들 히피아스가 뒤를 참주가 되었다.

페탱(Pétain, Henri Philippe, 1856~1951)

프랑스의 군인, 정치가. 생시르 사관학교를 졸업하고 직업군인이 되었으며 제1차 세계대전에서 크게 활약하여 소장으로 진급하였다. 1916년 베르됭 전투에서 독일군의 공격을 막아내어 명성을 얻었으며 1918년 육군 원수로 진급하였다. 전후 프랑스군 사령관, 국방장관 등을 역임하였다. 제2차 세계대전이 발발하자 레노 내각의 부총리에 취임하였다가 1940년 5월 파리가 함락당하고 레노 수상이 사임하자 총리에 취임하여 독일과 휴전 협정을 체결하였다. 이어 비시 정부를 수립하여 국가주석이 되었으며 독일에 협력 정책을 취하였다. 1945년 연합군에 체포되어 사형 선고를 받았다가 종신형으로 감형되어 복역 중에 사망하였다.

▶ 페탱

페테르부르크(Peterburg)

러시아 북서부 핀란드만(灣) 안쪽에 위치한 도시. 1703년 표트르 대제가 북방 전쟁 중 스웨덴으로부터 탈환한 뒤 제정 러시아의 새로운 수도로 건설하였다. 1712년 수도를 모스크바에서 이곳으로 이전하여 이후 '유럽으로 열린 창'으로서 서구 문화를 받아들이는 창구가 되었다. 18세기 후반부터 러시아 최대의 무역항으로서 산업 중심지가 되었다. 1825년 데카브리스트의 난을 비롯하여 혁명운동과 노동운동의 중심지가 되어 1905년 피의 일요일 사건, 1917년 러시아 혁명이 모두 이곳에서 시작되었다. 1914년 페트로그라드로 개명하였다가 1924년 레닌그라드로 바뀌었으며, 소련 연방 해체 후인 1991년부터는 상트 페테르부르크(페테르부르크)로 불린다.

페트라르카(Petrarca, Francesco, 1304~1374)
이탈리아의 시인, 인문주의자. 토스카나 지방 아레초 출신이다. 몽펠리에대학과 볼로냐대학에서 법학을 공부했으며 이후 아비뇽의 교황청에서 근무하였다. 1327년 아비뇽에서 라우라란 여성과 만나면서 시를 쓰기 시작하였다. 1330년부터 인문주의 운동에 심취하여 그리스, 로마 고전 문헌을 발굴하는데 노력하였다. 1337년 라틴어 서사시 〈아프리카〉와 〈위인전〉 등을 발표했으며 1341년 로마에서 계관시인으로 추대되었다. 1342년부터 라틴어가 아닌 이탈리아어로 서정시 〈칸초니에레〉를 집필하기 시작하여 이후의 르네상스 문학에 큰 영향을 미쳤다. 1353년부터는 밀라노의 비스콘티 밑에서 일하였으며 1373년 파도바와 베네치아의 분쟁을 해결하기 위한 강화 사절로 활약하다가 병으로 사망하였다.

▶ 페트라르카

페트로니우스 ⊙ 사티리콘

펠로폰네소스전쟁(Peloponnesian War, BC 431~BC 404)
고대 그리스의 아테네와 스파르타가 각자의 동맹 도시들을 이끌고 싸운 전쟁. 페르시아 전쟁 이후 아테네가 델로스 동맹을 주도하면서 강성해지자 전통적으로 강한 군사력을 보유하였던 스파르타가 이에 반발한 것이 전쟁의 원인이었다. 전쟁 발발의 직접적 계기는 아테네가 해상 지배권을 장악하면서 상업 무역으로 발전하던 코린토스와 대립한 것이었다. 아테네에 불만을 품은 코린토스 등은 펠로폰네소스 동맹회의를 열고 동맹의 맹주인 스파르타에 호소하여 전쟁을 촉구하였다. 이에 스파르타가 BC 431년에 육군을 동원하여 앗티카 반도에 침입하면서 전쟁이 시작되었다. 아테네의 지도자 페리클레스는 육지에서는 성벽을 지키면서 장기전을 펼치고 해군을 이용하여 적에게 타격을 주는 전술을 구사하였다. 그러나 BC 430년부터 아테네에 전염병이 돌아 페리클레스를 비롯한 인구의 1/4이 사망하여 아테네는 크게 위축되었다. 이후 전쟁은 소강 상태를 유지하다가 BC 421년에 아테네의 클레온, 스파르타의 브라시다스 등 강경파가 사망하면서 BC 421년에 니카아스의 화약이 체결되어 전쟁은 일단 끝났다. 그러나 이후 아테네에서는 알키비아데스가 반(反)스파르타 노선을 주장하면서 BC 415년부터 시칠리아 원정을 시도하였다가 실패하여 해군력을 상실하였다. 이때 스파르타가 BC 413년 아테네를 침

▶ 펠로폰네소스전쟁

공하면서 전쟁이 다시 일어났다. 아테네는 식량난과 동맹 도시들의 이탈로 곤경에 처하였으며 BC 405년 아이고스포타미 해전에서 스파르타 해군에 참패하여 BC 404년 스파르타에 항복하였다. 이 전쟁은 스파르타의 승리로 끝났으며 그리스 도시국가들의 쇠퇴의 원인이 되었다.

펠리페 2세(Felipe II, 1527~1598)

에스파냐의 왕(재위 1556~1598). 신성 로마제국 황제인 합스부르크 왕가의 카를 5세의 아들이다. 포르투갈의 마리아, 영국 여왕 메리 튜더, 프랑스 왕 앙리 2세의 딸 엘리자베스, 막시밀리안 2세의 딸 안나 등과 차례로 결혼하였다. 이를 통해 포르투갈 왕(재위 1580~1598)이 되었으며 영국의 카톨릭 반동을 후원하고 프랑스 종교전쟁에도 개입하였다. 그의 영토는 유럽 각지를 비롯하여 아메리카 신대륙까지 미쳤다. 그러나 엄격한 카톨릭 수호 정책으로 네덜란드 식민지의 반발을 일으켜 네덜란드 독립전쟁이 일어났으며 아메리카 신대륙에서 얻은 부를 낭비하게 되었다. 1571년에는 레판토 해전에서 오스만 투르크 해군을 격파하여 지중해를 장악하였으나 1588년 영국을 침공하다가 에스파냐의 무적함대(아르마다)가 영국과 네덜란드 연합 함대에 패배하여 이후 신대륙 무역 경쟁에서 영국에게 밀리는 계기가 되었다. 그의 치세는 정치, 경제, 문화에 걸쳐 에스파냐의 전성기였으나 그 이후부터는 신흥 해양 국가인 영국과 네덜란드에 추격 당하게 되었다.

편년체(編年體)

세월(年月)의 흐름을 따라 사건의 발생과 경과를 기술하는 역사 서술 방식. 중국에서 《춘추(春秋)》와 그 주석서인 《좌씨전(左氏傳)》 등에 이런 방식이 처음으로 사용되었다. 이후 한나라 때 사마천(司馬遷)이 《사기(史記)》를 저술하면서 기전체(紀傳體) 방식을 사용한 뒤부터는 기전체가 중국 정사(正史) 서술 방식이 되었으나 이후에도 후한(後漢) 시대 순열(荀悅)이 편저한 《한기(漢紀)》 등의 편년체 역사서가 나왔다. 또한 북송(北宋) 시대에 사마 광(司馬光)이 통사(通史)로서 《자치통감(資治通鑑)》과 같은 우수한 편년체 역사서를 저술하는 등 편년체는 계속 사용되었으며 편년체의 단점을 보충하기 위한 기사본말체(紀事本末體) 서술 방식도 등장하였다.

편무역(片貿易, lopsided trade)

국가들 사이의 무역에서 어느 한쪽이 수출이나 수입에만 치중하는 편도무역(片道貿易)을 말한다. 이러한 편무역은 국가 사이의 마찰과 분쟁의 원인이 되며 역사적으로 영국과 중국 사이의 무역 관계를 들어 볼 수 있다. 중국은 외국무역을 광저우 항 한 곳으로 국한하였고 차와 생사(生絲) 수출을 주로 하는 편무역을 실시하였다. 이를 통해 19세기초에는 연간 4,500만 달러의 은이 중국으로 유입되었다. 영국은 중국으로부터 차를 수입하면서 발생한 적자를 메꾸기 위해 인도의 아편을 중국에 수출함으로써 중국에 은의 유출로 인한 심각한 통화 위기를 일으켰다. 이 때문에 아편 전쟁이 발발하게 되었다.

평민회 ◐ 민회

평준법(平準法, BC 110)

중국의 전한(前漢) 시대에 무제(武帝)가 시행한 경제 정책. 균수법(均輸法)과 함께 실시되었다. 물가 조정을 위하여 BC 110년에 치속도위(治粟都尉) 상홍양(桑弘羊)이 입안하여 시행되었다. 그 내용은 대사농(大司農)에 평준령(平準令)이란 관서를 설치하고 균수법에 따라 지방에서 올라온 물자를 비축하였다가 물가가 오를 때 이를 방출하고 물가가 내릴 때는 이를 회수하여 물가 안정을 이룬다는 법령이다. 이는 상업을 국가가 통제하여 대상인을 억압하고 소농민을 보호하려는 취지에서 시행된 것이다. 그러나 대상인층의 반발과 이 제도를 악용하는 관리들의 부정 때문에 다음 황제인 소제(昭帝) 때 폐지되었다. 송(宋)나라 왕안석(王安石)의 신법(新法) 중 시역법(市易法)이 이에 해당한다.

포에니전쟁(Poeni War, BC 264~241, BC 218~201, BC 149~146)

로마와 카르타고 사이에 3차에 걸친 전쟁. 포에니는 라틴어로 페니키아인을 뜻하며 카르타고는 페니키아인이 북아프리카에 건설한 식민도시이기 때문에 이와 같은 이름이 붙은 것이다. 제1차 전쟁은 로마가 시칠리아의 반란에 개입

▶ 포에니전쟁에서 활약한 코끼리 부대

하여 카르타고와 충돌하면서 시작되었다. 처음에 로마 해군은 카르타고와 시라쿠사 연합 해군에 압도당하였으나 이후 해군력을 길러 BC 241년 시칠리아 서단의 아에가테스 제도 해전에서 승리를 거두어 카르타고의 항복을 받았다. 이로써 로마는 거액의 배상금을 받아 내고 시칠리아를 최초의 해외 속주(프로빈키아)로 삼은 데 이어 사르데냐와 코르시카까지 속주로 삼았다. 제2차 전쟁은 한니발 전쟁이라고도 하며 카르타고의 장군 한니발이 알프스 산맥을 넘어 이탈리아를 공격하면서 시작되었다. 한니발은 BC 216년 칸나에 전투에서 로마군을 섬멸하였으나 로마를 항복시키지는 못하였다. 이후 로마는 지구전으로 맞서다가 스키피오 아프리카누스(대(大)스키피오)가 카르타고 본국을 기습하여 이에 급히 귀국한 한니발을 자마 전투에서 물리쳤다. 이로써 카르타고는 해외 영토를 모두 잃고 거액의 배상금을 지불하였다. 제3차 전쟁은 카르타고의 부흥을 경계한 로마가 카르타고와 누미디아의 전쟁에 개입하여 벌어졌다. 스키피오 아에밀리아누스(소(小)스키피오)가 이끄는 로마군은 3년에 걸쳐 카르타고의 수도를 공격한 끝에 카르타고를 완전히 멸망시키고 그 땅을 로마의 아프리카 속주로 삼았다. 이로써 로마는 지중해 서부의 제해권을 장악하여 패권 국가로 성장하였다.

포전(布錢)

중국에서 사용한 농기구 모양의 청동제 화폐. 춘추 시대 중기부터 전국시대 말기까지 유통되었다. 왕망(王莽)이 전한(前漢)을 멸망시키고 신(新)왕조를 세운 후 한 때 이 화폐를 부활시켰다. 쟁기 또는 괭이에서 진화한 것으로 보이며 손잡이를 끼우는 부분이 비어 있는 공수포(空首布)라고 하는 것이 가장 오랜 것이다. 표면에는 모두 지명(地名)이 새겨져 있는데 이는 도시 상인들이 다른 도시 상인과 협약을 맺고 규격을 맞추어 발행하였음을 의미한다.

포츠담선언(Potsdam Declaration, 1945)

제2차 세계대전에서 독일이 항복한 후 미국, 영국, 중국 지도자가 베를린 교외의 포츠담에서 가진 수뇌회담의 결과 발표한 선언. 이 선언에서 일본의 무조건 항복을 권고하고 전후 일본에 대한 처리 방침을 발표하였다. 처음에는 미국 대통령 트루먼, 영국 총리 처칠, 중국 총통 장제스 3인이 참석하였다가 소련이 일본에 대해 선전포고하면서 소련의 공산당 서기장 스탈린도 참가하여 함께 서명하였다. 주요 내용은 일본 군국주의의 배제, 카이로 선언의 이행, 연합국의 일본 점령 및 일본 영토의 한정, 무장해제 및 전쟁 범죄자의 처벌, 민주주의와 인권의 부활, 일본군의 무조건 항복 요구 등이다. 일본이 이 선언을 거부하였기 때문에 히로시마와 나가사키에 원자탄이 투하되었으며 소련도 8월 8일에 참전하여 결국 8월 10일 일본은 이 선언을 수락하고 8월 14일 제2차 세계대전은 종결되었다.

포츠머스조약(Treaty of Portsmouth, 1905)

러·일전쟁의 강화조약. 미국 대통령 루즈벨트의 중재로 미국 포츠머드에서 일본과 러시아 사이에 체결되었다. 중요 내용은 일본이 한국에서 정치, 경제, 군사상의 우월권을 가지고 한국을 지도, 보호한다. 러시아와 일본은 만주에서 군대를 철수시킨다. 러시아는 만주의 조차지와 철도를 일본에게 양도한다. 사할린 제도는 일본에 귀속된다, 등이다.

폴리비오스(Polybios, BC 204~BC 125)

헬레니즘 시대 로마에서 활약한 그리스 출신의 역사가. 메갈로폴리스 출신으로 아카이아 동맹에 속하는 정치가로 활동하였다. BC 166년 제3차 마케도니아 전쟁 중에 취한 메갈로폴리스의 입장 때문에 1천 명의 아카이아 사람들과 함께 인질로 로마에 보내져 이후 16년간 로마에 머물렀다. 로마에서 소(小) 스키피오에게 인정을 받아 스키피오 그룹의 일원이 되었으며 스키피오를 따라 제3차 포에니 전쟁에 종군하여 카르타고의 멸망을 목격하였다. 이후 로마가 지중해 세계를 제패하게 된 배경과 역사적 의의를 밝힌 《세계사》 40권을 저술하였다. 이 책은 제1차 포에니 전쟁에서 BC 144년까지의 로마 역사를 다룬 것이다. 이 책에서 폴리비오스는 역사적으로 군주정, 귀족정, 민주정 등의 정치 체제는 순환한다는 정체순환사관(政體循環史觀)에 입각하여 로마가 발전한 이유는 혼합 정치체제를 택한 국가제도의 우수성에 있다고 주장하였다.

폴리스(Polis)

고대 그리스의 도시국가. 왕정에서 귀족정으로 옮겨갈 무렵 촌락 집주(시노이키스모스) 형태에서 발전한 것이라고 한다. 그리스 세계에 걸쳐 수백의 폴리스가 존재하였으며 그 규모는 아테네와 같이 인구 30만에 달한 것도 있었으나 대부분은 수만 내지 수천이었다. 폴리스는 도시지역과 교외로 나뉘며 도시 지역은 성벽을 중심으로 하여 그 안에 높은 언덕에 세워진 성채인 아크로폴리스와 도시의 수호신을 모신 신전, 아고라(시장 또는 광장)와 정치 기관이 위치하였다. 이는 폴리스가 원래 전사 계층의 사회였기 때문에 수비하기 용이한 성채를 중심으로 발전한 것이다. 폴리스에는 씨족 및 종교 공동체의 일원으로 참정권을 가진 시민과 노예, 거류 외국인(메토이코이) 등이 거주하였다. 폴리스는 자치와 자급자족을 이상으로 삼았으며 점차 민주정으로 발전하였으나 헬레니즘 시대 이후에는 정치적 자치권을 상실하게 문화 중심지로서의 역할만 담당하였다.

폼페이우스(Pompeius Magnus, Gnaeus, BC 106~BC 48)

로마 공화정 말기의 군인, 정치가. 이탈리아 피케눔 지방의 실력자였던 아버지를 계승하여 BC 83년에 술라를 지지하면서 정계에 진출하였다. 북아프리카에서 마리우스파의 잔당을 토벌하여 술라로부터 '마그누스(위대한 자)'란 칭호를 받았다. 술라 사후에는 원로원 보수파인 귀족 세력을 지지하여 이베리아 반도에서 세르토리우스를 토벌하고 스파르타쿠스의 반란을 진압하였다. BC 70년에 크라수스와 함께 집정관이 된 후에는 평민파로 돌아섰으며 지중해의 해적을 소탕하고 소아시아 폰투스의 미트리다테스 왕을 토벌하였다. BC 60년 크라수스, 카이사르와 함께 제1회 3두정치를 결성하였다가 점차 대립하게 되었고 BC 49년 루비콘 강을 건너 남하해 오는 카이사르 군대에 쫓겨 동방으로 피신하였다. 동방에서 다시 세력을 결집하였으나 BC 48년 파르사로스 전투에서 카이사르 군대에 패배하고 이집트로 도피했다가 그곳에서 암살되었다.

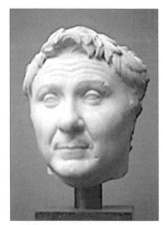

▶ 폼페이우스

표트르 대제(Pyotr I, 1672~1725)

러시아 로마노프왕조 제4대의 황제(재위 1682~1725). 알렉세이 황제의 아들로 태어나 1682년에 즉위하였다. 1689년 실권을 쥐고 있던 이복 누이 소피아를 꺾고 정권을 장악하였으며 1697년 사절단의 일원으로 서유럽 각국을 여행하면서 조선술과 포술을 익히는 한편 서유럽 각국의 문물과 제도를 시찰하였다. 귀국한 후 귀족들에게 유럽식 풍속을 받아들이게 하는 등 개혁을 주도하였다. 한편 대외적으로 발트해 진출을 위해 1700년부터 스웨덴과 북방 전쟁을 벌였으며 1721년 나스타트 조약으로 발트해 연안을 획득하였다. 이어 1722년에는 카스피해 서안을 병합하였으며 네바강 하구에 새로운 수도 상트페테르부르크를 건설하였다. 이후 이곳을 중심으로 하여 러시아 절대주의 왕정을 확립하고 국가 권력의 강화 및 근대화를 추구하였다.

푸가초프의 난(Pugachov Rebellion, 1773~1775)

▶ 푸가초프

러시아에서 푸가초프(1742~1775)를 지도자로 하여 일어난 농민 반란. 푸가초프는 돈 카자크 출신으로 7년 전쟁, 폴란드 전쟁, 러시아~터키 전쟁 등에 참전하였다. 이후 각지를 방랑하다가 야이크강의 카자크 지도자가 되어 자신이 살해당한 표트르 3세라고 참칭하면서 농노제에 반대하는 농민 반란을 일으켰다. 이 반란에는 볼가강 연안의 카자크, 농민, 도망 노동자 등이 가담하여 카잔, 펜자, 사라토프 등의 도시를 함락시켰다. 푸가초프의 군대는 지주를 체포하여 재판하고 그 토지를 농민에게 분배하여 농민층의 환심을 샀으나 1774년 살렙타에서 정부군에게 패배하였으며 푸가초프는 카자크 장로들의 배신으로 체포되어 모스크바에서 처형되었다.

푸거가(Fugger family)

중세 말기에 독일 남부의 아우크스부르크를 중심으로 활약했던 대상인 가문. 창업주 한스가 1367년 아우크스부르크로 이주하면서 모직물 거래를 시작하였다. 그의 아들 야콥(1412~1469) 때부터 베네치아를 통해 향료, 후추 등의 동방 물산을 거래하였고 야콥 2세(1459~1525) 때에는 금융업, 은(銀) 광산업 등으로 전성기를 이루었다. 이때 푸거가는 황제 막시밀리안 1세, 카를 5세에게 많은 자금을 빌려주었으며 교황청의 재정에도 깊이 관여하였다. 특히 카를 5세는 푸거 가문에서 빌린 돈을 자금으로 사용하여 황제에 선출되었으며 마인츠의 대주교 알브레히트는 푸거가에서 빌린 돈을 갚기 위해 면죄부 판매를 실시하여 종교 개혁의 계기가 되었다. 푸거가는 전유럽에 지점을 설치하였으며 1507년 제후에 봉해졌으나 16세기 말 에스파냐 정부에 막대한 대부금을 빌려주었다가 에스파냐 국고가 파산하면서 몰락하였다.

푸리에(Fourier, François Marie Charles, 1772~1837)

프랑스의 공상적 사회주의자. 브장송에서 상인의 아들로 태어났다. 1808년에 《4개의 운동》이란 저서를 발표하여 프랑스 혁명 후의 사회를 '상업적 봉건제도'라 칭하였다. 그는 사회적 부가 늘어나는 데도 많은 노동자들이 빈곤한 생활을 한다고 지적하면서 자본주의적 상업이 사회악의 근원이라고 주장하였다. 이어 1829년에는 《산업적, 조합적 세계》라는 저서를 발표하면서 '팔랑주(phalange)'라 불리는 생산자 중심으로 상업이 존재하지 않는 농촌적 협동조합 사회를 실현할 것을 촉구하였다. 그는 이러한 이상사회가 사회의 평화적 개조에 의해 실현될 수 있다고 믿었으며 계급투쟁을 부정하였기 때문에 이후의 마르크스주의자들로부터 공상적이란 비판을 받았다.

푸슈킨(Pushkin, Aleksandr Sergeevich, 1799~1837)

러시아의 시인, 작가. 모스크바의 귀족 가문 출신으로 러시아 리얼리즘 문학을 확립한 작가이다. 상트페테르부르크에서 학교를 다니면서 낭만주의 문학 그룹에 참여하였고 졸업 후에는 외무성에 근무하면서 데카브리스트 운동에 참여하였다. 1820년 서사시 〈루슬란과 류드밀라〉를 발표하면서 리얼리즘과 자유주의에 입각하여 옛 전설과 민요에서 취한 소재를 평이한 언어로 구사하였다. 이후 데카브리스트 운동 경력과 〈농촌〉 등의 시가 문제가 되어 남부 러시아로 유배되어 오데사 등지에서 생활하였다. 이 시기에 《카프카스의 포로》(1822), 《바흐치사라이의 샘》(1823) 등 낭만주의 경향을 작품을 썼다. 1825년 데카브리스트 운동이 소멸된 후 상트페테르부르크로 돌아왔으며 1832년에는 운문 소설 《예프게니 오네긴》을 발표하고 1836년 《대위의 딸》을 발표하였다. 1837년 결투에서 입은 부상으로 사망하였다. 그의 작품은 19세기 러시아 리얼리즘 문학을 확립한 것으로 평가받으며 농노제 시대 러시아의 현실을 정확히 묘사하였다.

▶ 푸슈킨

풀턴(Fulton, Robert, 1765~1815)

미국의 발명가. 펜실베이니아 주 출신으로 그림 및 기계와 수학을 독학하였다. 1786년 런던으로 건너가 그림을 공부하면서 운하와 선박의 개량 문제를 연구하였으며 1797년부터는 파리에 머물면서 잠수정, 수뢰정에 대해서 연구하였다. 1806년 귀국한 후 1807년 증기선 크러먼트호를 허드슨강에 진수시켜 뉴욕과 올버니 사이 150마일을 32시간에 항해하였다. 이 항해는 증기선 항해를 상업적으로 성공시킨 최초의 항해로 기록되었다.

프라하조약 ◐ 프로이센·오스트리아전쟁

프란체스코(Francesco d'Assisi, 1182~1226)

중세 이탈리아의 카톨릭 수도사. 프란체스코 교단의 창립자이며 카톨릭 성인이다. 중부 이탈리아 아시시에서 대상인의 아들로 태어났다. 젊었을 때는 기사가 되고자 하였으며 전쟁에 참가하기도 하였다. 후에 세속적 욕망을 버리고 재산을 포기한 후 청빈한 생활을 할 것을 서약하고 가난한 이를 돕는 수도 생활에 들어갔다. 1209년 로마에서 교황 인노켄티우스 3세로부터 청빈을 취지로 한 '소형제회(작은 형제의 모임)'의 설립과 포교를 인가 받았다. 그 후 이탈리아 뿐 아니라 프랑스, 에스파냐 등지에까지 전도하였다. 프란체스코는 '신의 음유시인'이라 불릴 정도로 시인으로서도 뛰어나서 〈태양의 찬가〉를 비롯한 작품을 남겼다.

프랑스혁명(French Revolution, 1789~1999)

근대 프랑스의 시민 혁명. 유럽의 대표적 시민혁명으로 불린다. 이 혁명은 몽테스키외, 볼테르, 루소 등의 계몽사상가들이 주장한 계몽사상의 이념을 바탕으로 하여 절대왕정 및 귀족과 성직자의 특권 지배에 대한 시민계층의 반발에서 비롯되었다. 혁명의 직접적 계기는 루이 16세가 재정난을 해결하기 위해 1789년 5월에 개최한 삼부회에서 시작되었다. 삼부회에 참여한 제3신분은 차별적 회의 운영에 항의하여 테니스 코트의 서약을 통해 독자적으로 국민의회를 구성하였다. 이에 국왕이 무력 진압을 시도하자 파리 시민이 봉기하여 바스티유 감옥을 습격하면서 혁명은 시작되었다. 1789년 8월 정권을 장악한 국민의회는 봉건제의 폐지와 인권 선언을 발표하였으며 1791년 헌법 제정과 함께 해산하고 입법의회가 출범하였다. 입법의회는 안으로는 내분에 시달리고 밖으로는 유럽 각국과 혁명 전쟁을 벌이며 난국에 처했다. 이에 1792년 국민공회가 성립하여 1793년 루이 16세를 처형하고 국민공회내의 강경파인 산악당이 온건파인 지롱드당을 추방하면서 권력을 장악하였다. 로베스피에르 등 산악당의 지도자들은 공안 위원회를 중심으로 공포 정치를 시행하면

▶ 프랑스혁명(1792년 파리 학살)

서 독재정치를 실시하였다. 그러나 1794년 7월 테르미도르 반동으로 로베스
피에르 등이 실각하고 지롱드파가 다시 권력을 장악하였다. 이후 1799년까지
총재 정부가 집권하였으나 좌파와 우파 양측으로부터의 도전에 시달리다가
결국 나폴레옹의 군사 쿠데타로 혁명은 종결되었다.

프랑코(Franco, Francisco, 1892~1975)

에스파냐의 군인, 정치가. 사관학교를 졸업한 후 주로 에스파냐령 모로코에
주둔하면서 모로코의 민족운동을 진압하는 데 기여하였다. 1921년 장군이 되
었으며 1935년 참모총장이 되었다. 1936년 인민전선 내각이 수립되자 이에
반발하여 반정부 쿠데타를 준비하였다. 1936년 7월 모로코에서 쿠데타를 일
으켜 에스파냐에 상륙하였다. 프랑코의 쿠데타 세력은 독일과 이탈리아 등
추축국가들의 지원을 받았으며 미국과 영국 등은 불간섭으로 일관하였다. 프
랑코 군은 인민전선 정부와 2년 반에 걸친 내전을 치른 끝에 1939년 마드리
드를 점령하였다. 내전을 끝낸 후 프랑코는 팔랑헤 당의 당수로서 1당 독재의
파시즘 국가를 수립하였다. 제2차 세계대전 중에는 중립을 지켰으며 1950년
대에는 반공을 표방하며 국제연합에 가입하였다. 이후 1975년 사망할 때까지
권력을 유지하였고 그의 사후 부르봉 왕가의 후안 카를로스가 입헌 군주로서
에스파냐 왕위에 올랐다.

프랑크왕국(Frankenreich, 481~843)

게르만 족의 일파인 프랑크족이 5세기말에 갈리아에 건설한 국가. 로마 카톨릭 교회와 제휴하여 민족 대이동의 혼란을 수습하고 오늘날 이탈리아, 프랑스, 독일의 대부분을 포함하는 대제국을 이룩하였다. 또한 이 시기에 중세 시대의 여러 제도가 성립하였다. 프랑크왕국은 메로빙거 왕가의 클로비스가 5세기 말 살리족, 리부아리족, 상(上)프랑크족의 3 부족을 통일하면서 수립되었다. 이후 메로빙거 왕가는 751년까지 지속하였으나 게르만족의 분할 상속 제도 때문에 왕권은 약화되고 귀족 세력이 대두되었다. 이 과정에서 정권은 점차 궁재(宮宰)를 세습한 카롤링거 가문으로 옮겨가고 이 가문에서 피핀, 카롤루스 마르텔 등의 뛰어난 지도자가 출현하였으며 결국 751년 피핀이 왕위를 넘겨받아 카롤링거 왕가를 열었다. 피핀의 아들 카롤루스 대제는 서유럽의 대부분을 정복하고 로마 교황과 제휴하여 800년에 서로마 황제의 제위에 올랐다. 이후 프랑크왕국에서는 봉건 제도의 초기 형태가 나타났으며 대제가 죽은 후에 베르덩 조약과 메르센 조약을 거쳐 동프랑크, 서프랑크, 이탈리아로 3분되었다. 이들 왕국은 마자르족과 사라센, 노르만족의 침입으로 시달리다가 각기 911, 987, 877년에 멸망하였으나 오늘날 독일, 프랑스, 이탈리아의 기초가 되었으며 이후 유럽의 정치와 문화의 모체가 되었다.

프랑크푸르트국민의회(Deutsche Nationalversammlung, 1848~1850)

1848년 독일 3월 혁명 중에 개최된 독일의 의회. 독일 국민의회라고도 하며 독일에서 최초로 개최된 민주적 의회이다. 3월혁명이 일어난 뒤 5월에 프랑크푸르트 암마인에서 개최되었으며 통일 독일의 헌법 제정을 목표로 하였다. 그러나 헌법 제정을 위한 심의 과정에서 프로이센 중심의 소독일주의와 오스트리아 중심의 대독일주의가 대립하여 갈등을 겪었다. 논란 끝에 1849년 3월 연방제에 입각한 독일국 헌법(프랑크푸르트 헌법)을 공포하고 프로이센 국왕을 독일의 황제로 선출하였으나 프로이센 국왕의 거부로 무산되었다. 이후 온건파 의원은 의회를 떠나고 급진파는 5월 말 슈투트가르트에서 '잔존 의회'를 개최하였으나 1850년에 강제 해산되었다.

프래그머티즘(Pragmatism)

현대 미국의 철학 사조. 실용주의(實用主義)라고 부른다. 1877년 미국의 철학자 퍼스가 관념의 의미와 중요성은 그 관념의 대상에 실험을 가함으로서 발생하는 결과에 따라 결정된다고 주장하면서 형성되었다. 이러한 실용주의는 절대주의와 일원론 대신 상대주의와 다원론을 강조하는 입장을 취한다. 이후 실용주의는 19세기말의 제임스, 20세기 전반의 듀이에 의해 더욱 발전하였다. 제임스는 관념의 의미는 그 유용성에 있다고 주장하였으며 듀이는 관념은 확실한 결과를 얻기 위한 실험적인 가설이라고 생각하였다. 이밖에 이론 사회학자 미드, 논리학자 콰인 등도 프래그머티즘을 각자의 학문 분야에 적용하여 발전시켰다.

프랭클린(Franklin, Benjamin, 1706~1790)

▶ 프랭클린

미국의 정치가, 과학자, 저술가. 보스턴 출신으로 인쇄업에 종사하였으며 1729년부터 《펜실베니아 가제트》지의 편집장으로 활약하였다. 그 밖에 도서관 설립, 미국 철학협회 창립 등 문화 활동에 관여하였으며 자연과학에도 관심을 가져 1749년에는 피뢰침을 발명하였고 1752년에는 전기유기체설을 제시하였다. 펜실베니아 대표로서 영국에 건너가 인지조례 철폐를 성사시켰으며 대륙회의 대표를 거쳐 1776년 독립선언서 기초 위원으로 활약하였다. 미국 독립전쟁 중에는 프랑스 대사로서 미국과 프랑스의 협력을 위해 노력하였다.

프런티어(Frontier)

미국 역사에 있어 서부의 개척지대를 말한다. 원래는 경계선, 변경이란 뜻이며 1평방 마일의 땅에 인구 2~60명의 인구 밀도를 갖는 개척지를 뜻했다. 이를 19세기 말의 미국사학자 터너가 미국사를 이해하기 위한 개념으로 제시하였다. 프런티어는 아메리카 식민지 시대부터 점차 동부에서 서부로 확장되어 갔으며 18세기에는 엘레게니 산맥, 19세기 초에는 미시시피강 유역, 19세기 중엽에는 태평양 연안, 19세기 후반에는 로키 산맥 지대까지 개척되었다. 1890년 미국 정부의 인구조사에 의해 공식적으로 소멸된 것으로 확인되었다. 프런티어 이론에 따르면 미국의 역사는 프런티어 개척의 역사이며, 개척민의 프런티어 정신이 청교도 정신과 함께 미국의 민주주의 정신을 형성하였다고 한다.

프로이센(Preussen)

독일 북부의 프로이센 지방 및 그 곳에서 성립한 공국 및 왕국. 고대에는 슬라브계의 프로이센인이 살았으며 이들은 11세기부터 폴란드의 지배를 받게 되자 자주 반란을 일으켰다. 이에 폴란드 영주가 1226년 독일 기사단을 불러들여 이후 기사단이 이 지역에 정착하면서 프로이센은 독일화 되었다. 기사단은 동독일 지역의 식민운동을 통해 재판농노제(구츠헤르샤프트)라 불리는 봉건적 장원제를 이곳에 도입하였으며 1511년 기사단이 신교로 개종하면서 프로이센 공국이 되었다. 1618년에는 브란덴부르크 선제후가 프로이센 공을 겸하게 되면서 브란덴부르크와 프로이센은 모두 호엔촐레른 가문의 지배를 받게 되었다. 이후 1701년 프리드리히 1세가 즉위하면서 프로이센왕국으로 승격하였으며 프리드리히 빌헬름 1세 시대에 상비군과 관료제를 갖춘 절대주의 국가 체제를 확립하였다. 이를 바탕으로 프리드리히 2세는 오스트리아 계승전쟁, 7년 전쟁 등을 통해 슐레지엔과 서프로이센을 병합하여 유럽의 강대국으로 성장하였다. 나폴레옹 시대에는 1807년 틸지트 화약을 맺고 나폴레옹의 지배를 받았으나 국력을 결집한 끝에 결국 나폴레옹에 맞선 해방전쟁에서 주역을 담당하였다. 이후 프로이센은 비스마르크 총리시대에 프로이센~오스트리아 전쟁(1866)과 프로이센~프랑스 전쟁(1870)에서 잇달아 승리하면서 1871년 독일제국을 수립하였다. 그러나 제1차 세계대전의 패전으로 독일제국은 무너지고 프로이센도 바이마르 공화국의 일부가 되었다.

프로이센 · 오스트리아전쟁(Seven Week's War, 1866)

독일 통일의 주도권을 놓고 프로이센과 오스트리아가 벌인 전쟁. 7주 전쟁이라고도 한다. 독일 총리 비스마르크는 철혈정책을 실시하여 군비를 증강하고 외교적으로 프랑스와 이탈리아를 끌어들여 오스트리아와 맞설 준비를 갖추었다. 결국 1866년 6월 프로이센은 슐레스비히－홀스타인 문제를 구실로 오스트리아령 홀스타인에 침입하였다. 프로이센군은 참모총장 몰트케의 전략에 따라 자도바 전투에서 오스트리아군을 격파하여 승리를 굳혔다. 이에 8월에 프라하 조약을 체결하여 오스트리아를 독일 연방에서 탈퇴시키고 프로이센을 맹주로 하는 북독일연방이 결성되어 독일 통일의 기초가 되었다.

프로이센 · 프랑스전쟁(Franco－Prussian War, 1870~1871)

독일 통일을 주도하려는 프로이센과 통일을 저지하려는 프랑스 사이의 전쟁. 1870년 호엔촐레른 왕가의 레오폴트 왕자가 에스파냐 왕위에 오르자 프랑스의 나폴레옹 3세가 이를 반대하면서 양국의 갈등이 악화되었다. 이 과정에서 엠스 전보 사건으로 프랑스의 국민 감정이 격앙되면서 1870년 7월 19일 프랑스가 먼저 선전포고를 하였다. 군사력이 우월한 프로이센군은 메츠와 스당 전투에서 연승을 거두고 나폴레옹 3세는 스당에서 포로가 되어 9월 2일에 항복하였다. 이에 파리에서는 임시 국방정부가 성립되어 계속 항전했으나 결국 1871년 1월 28일 독일군이 파리에 입성하였다. 동년 2월 양국은 베르사유에서 조약을 체결하고 프랑스는 독일에 배상금과 함께 알자스－로렌지방의 대부분을 할양하였으며, 프로이센의 빌헬름 1세가 베르사유 궁전에서 독일제국의 황제로 등극함으로써 독일 통일이 완성되었다.

프로이트(Freud, Sigmund, 1856~1939)

오스트리아의 신경학자. 정신분석학의 창시자. 빈대학 의학부를 졸업하고 파리의 사르베토리에르 정신병원에서 히스테리 환자를 연구하였다. 히스테리 환자 치료 과정에서 최면술을 접하면서 인간 마음속의 무의식의 존재를 깨닫게 되었다. 1896년 최면술 대신 자유연상법을 사용하여 히스테리를 치료하는 방법을 개발하고 이 치료법을 '정신분석'이라고 명명하였다. 이후 히스테리 치료에서 꿈, 성욕과 같은 정상적 심리까지 연구를 확대하였으며 그의 정신분석학에 공감하는 사람들이 늘면서 국제적으로 연구되기 시작하였다. 1938년 오스트리아가 독일에 합병되자 나치스에 의해 추방되어 런던으로 망명하였으며 그곳에서 사망하였다. 그가 창시한 정신분석학은 20세기 사상에 큰 영향을 미쳤으며 심리학과 정신의학 뿐 아니라 사회학, 문화인류학, 교육학, 범죄학, 문학에도 큰 영향을 미쳤다. 대표작으로 《히스테리의 연구》(1895), 《꿈의 해석》(1900), 《일상생활의 정신병리학》(1904), 《토템과 터부》(1913), 《정신분석학 입문》(1917), 《자아와 이드》(1923) 등이 있다.

▶ 프로이트

프로타고라스(Protagoras, BC 485?~BC 414?)

고대 그리스의 소피스트. 소피스트로 자처한 최초의 인물이다. 트라키아의 아브데라 출신으로 아테네 등지에서 활약하였다. 아테네에서는 페리클레스와 교류하였으며 BC 444년에 아테네가 남이탈리아에 식민시 투리오이를 건설할 때 그 헌법을 기초하였다. '인간은 만물의 척도이다'라는 유명한 말을 남겼으며 이는 진리의 기준을 개개인의 주관적 판단에서 찾고자 한 것으로 해석된다. 따라서 절대적 진리 대신에 상대주의를 표방했던 것으로 보인다. 또한 신에 대해서는 인간의 힘으로는 알 수 없는 것이라 하여 불가지론적 입장을 표명했다.

프로테스탄트(Protestant Church)

16세기 유럽에서 종교개혁운동을 통해 성립한 그리스도교의 일파. 로마 카톨릭 교회 및 동방 정교회와 함께 그리스도교의 3대 교파를 이룬다. 프로테스탄트 교회는 1517년 독일에서 마르틴 루터가 카톨릭 교회의 면죄부 판매를 논박한 95개조문을 발표하면서 시작된 종교개혁 운동으로 형성되었으며 1529년 슈파이어 국회에서 황제 카를 5세의 강압적 정책에 대해 루터를 지지하는 제후들이 항의서를 제출한 데서 프로테스탄트란 이름이 유래하였다. 프로테스탄트 교회는 루터와 칼뱅의 교리를 중심으로 청교도, 침례교파, 감리교파, 장로교파 등 여러 교파가 형성되었으며 그 근본 교의는 성서 중심주의, 만인 사제주의, 신앙의 내면성, 예정설 등이다.

프롤레타리아트(Proletariat)

자본주의 사회의 유산계급(有産階級)인 부르주아지(자본가 계급)와 달리 무산계급(無産階級)인 산업노동자 계급을 가리킨다. 이 용어는 원래는 고대 로마에서 재산에 따라 시민층을 구분한 5등급에 속하지 못한 최하층민 프롤레타리우스에서 유래하였다. 이것이 근대에 와서 마르크스가 자본주의 사회에서 생산의 담당자이자 역사 변혁의 주체란 의미로 노동자 계급에 대해 이 용어를 사용하였다. 마르크스에 따르면 프롤레타리아트는 생산수단을 소유하지 못했기 때문에 자신의 노동력을 자본가에게 상품으로 팔아 그 대가로 임금을 받아 살아갈 수밖에 없다. 이 과정에서 노동자는 자신이 제공한 노동력보다 낮은 임금을 받기 때문에 자본가에게 착취당하며 살아가게 된다. 또한 이러한 구조가 지속되어 사회는 점차 소수의 자본가와 다수의 노동자로 나뉘어진다. 이렇게 되면 생산은 증대하는 반면 구매력은 떨어지기 때문에 자본주의적 생산관계는 붕괴되며 노동자 계급의 정치적 각성을 통해 새로운 사회로 넘어간다는 것이 마르크스의 주장이다.

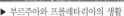
▶ 부르주아와 프롤레타리아의 생활

639

프리드리히 2세(Friedrich II, 1712~1786)

프로이센의 국왕(재위 1740~1786). 프리드리히 대왕이라고도 불리며 계몽전제군주의 한 사람으로 꼽힌다. 어린 시절 프랑스인 가정교사로부터 문학과 음악을 배웠으며 국왕으로 즉위한 후에는 부친 프리드리히 빌헬름 1세가 남긴 군사력과 국고를 활용하여 적극적인 대외정책을 구사하였다. 즉위하던 해 오스트리아의 왕위계승 분쟁에 개입하여 슐레지엔 전쟁을 일으킨 끝에 슐레지엔을 병합하였으며 1756년 영국과 동맹을 맺고 7년 전쟁을 개시하였다. 프로이센군은 오스트리아, 프랑스, 러시아군을 맞아 고전하였으나 러시아가 동맹을 이탈하면서 오스트리아와 화약을 맺고 전쟁을 종결지었다. 이 밖에 1772년의 폴란드 분할과 1778년의 바바리아 계승전쟁에도 참전하였다. 대왕은 자신을 '국가 제1의 공복'이라 자처하였으며 베를린의 학사원을 부흥시키고 계몽사상가 볼테르와 교류하는 등 문화 발전에도 기여하였다.

프린켑스(Princeps)

로마 제정시대 초기의 황제를 가리키는 말. 라틴어로 '제1인자'를 뜻하며 '원수(元首)'로 번역된다. 본래는 로마인, 외국인의 구별 없이 뛰어난 정치 지도자를 가리키는 말이었으며 로마 공화정 시대에는 원로원 의원 중에 집정관직을 거친 사람을 가리키는 말로 쓰였다. 공화정 말기에 카이사르의 양자인 옥타비아누스가 안토니우스를 격파한 후 최고의 프린켑스가 되어 원수정을 실시하면서 황제와 동일한 말이 되었으며 이후 로마 제정의 황제들에게 계승되다가 디오클레티아누스 시대에 동방적 전제군주 제도로 변화하였다.

프톨레마이오스(Ptolemaeos, Klaudios, 85?~165?)

고대 그리스의 천문학자, 지리학자. 127~145년경에 이집트의 알렉산드리아에서 천문관측에 종사하였다. 그리스 천문학자 히파르코스의 학설을 이어받고 여기에 자신의 연구를 더하여 《천문학 집대성》을 출판하였으며 이 책은 아랍어 번역본인 《알마게스트》로 더 널리 알려지게 되었다. 그는 지구를 중심으로 천체가 회전한다는 천동설을 주장하고 이에 따라 해, 달, 행성의 운행을 설명하였다. 이는 아랍 천문학에 큰 영향을 주었으며 코페르니쿠스의 천동설이 나올 때까지 유럽에서도 받아들여졌다. 이 밖에 지구의 표면을 경도, 위도로 나누어 위치를 측정한 《지리학》과 《광학》 등의 저서를 남겼다.

플라톤(Platon, BC 429?~BC 347)

고대 그리스의 철학자. 아테네의 명문가 출신으로 젊었을 때는 정치에 뜻을 두었으나 BC 399년 스승 소크라테스가 처형당하는 것을 보고 철학 연구에만 전념하였다. 스승이 죽은 후 그리스와 이탈리아 각지를 여행하고 40세 때 귀

▶ 아리스토텔레스(좌)와 플라톤(우)

국하여 BC 385년경 아테네 근교에 아카데메이아란 학원을 개설하여 연구와 교육에 전념하였다. 약 30여 편의 저서를 남겼으며 대부분 현재까지 전해지고 있다. 그의 작품은 일종의 희곡작품으로 여러 가지 논제에 대한 철학적 논의를 담은 것이기 때문에 〈대화편〉이라 불리며 소크라테스가 주요 등장인물이다. 그는 불완전하며 시간의 흐름에 따라 생성 소멸하는 현실 세계와 달리 영원불변의 참된 진리의 존재로서 이데아를 설정하고 이 이데아를 인식하는 것이 바로 필로소피아(愛知, 철학)이며 그 필로소피아의 방법론으로서 대화법을 중시하였다. 대표작으로 《소크라테스의 변명》, 《파이돈》, 《향연》, 《국가론》, 《티마이오스》 등이 있다.

플라시전투(Battle of Plassey, 1757)

인도에서 영국의 동인도 회사 군대가 벵골 태수와 프랑스의 연합군을 격파한 전투. 플라시는 서벵골 주 북부 바기라티강 주변 지역이다. 벵골 태수 웃다울라가 동인도 회사의 밀무역에 항의하여 영국인들을 캘커타에서 추방한 것이 계기가 되어 전투가 벌어지게 되었다. 클라이브가 이끄는 영국군 3천은 1757년 6월 플라시에서 태수군 및 프랑스군의 연합군 7만명을 맞아 승리를 거두었다. 이로써 영국은 벵골지방을 완전히 장악하였으며 토착세력 및 프랑스 세력을 물리치고 인도 지배의 주도권을 잡았다.

플랑드르(Flandre)

오늘날의 벨기에를 중심으로 한 프랑스 북부 일부 및 네덜란드 남쪽 일부를 포함한 지역. 북해 연안에 위치하여 북유럽과 지중해, 영국과 라인 지방을 잇는 교통의 십자로로서 무역과 군사 전략의 요충지이며 유럽 최대의 모직공업 지대였다. 플랑드르 변경백의 영지였다가 1482년부터 합스부르크가의 영토가 되었으며 18세기초까지 에스파냐령 네덜란드의 일부로 에스파냐의 지배를 받다가 1830년 벨기에 독립전쟁으로 네덜란드에서 분리되어 동, 서 플랑드르의 2개 주가 성립하였다.

플랜테이션(Plantation)

근대 식민지 제도의 일환으로 주로 열대 지역에서 이루어지는 농업 생산 형태 및 조직. 처음에는 영국인 식민자들의 집단 또는 식민지에 붙인 이름이었으나 나중에는 식민지에 있는 대규모 농장을 가리키는 말이 되었다. 이러한 대농장은 서양인 농장주가 자본과 기술을 투입하고 원주민이나 다른 식민지에서 데려온 이주 노동자들의 값싼 노동력을 이용하여 단일 작물을 재배하는 기업적 농업경영을 하였다. 주요 플랜테이션 지역은 아메리카 대륙의 서인도제도, 미국 남부, 말레이지아, 인도네시아 등 동남 아시아 등지였으며 사탕수수, 면화, 고무, 차, 커피, 담배 등의 작물을 주로 경작하였다.

플로베르(Flaubert, Gustave, 1821~1880)

프랑스의 소설가. 루앙 출신으로 젊은 시절에는 낭만주의의 영향을 받았으나 이를 탈피하여 사실주의 문학을 확립하였다. 그는 철저한 자료수집과 현지조사를 통하여 작품을 집필하였으며 작가의 주관이나 선입관을 배제하고 객관적인 사실적 묘사에 전념하였다. 그가 문체를 다듬기 위해 고심한 일화는 문학을 언어예술로 인식한 선구자적 노력으로 평가되어 현대 '누보 로망'의 선구자로 불린다. 대표작으로 《보바리 부인》(1857), 《감정교육》(1869), 《부바르와 페퀴세》(1881) 등이 있다.

▶ 플로베르

플루타르코스(Plutarchos, 46?~120?)

로마 제정 시대에 활약한 그리스 역사가. 플루타크라고도 부른다. 그리스의 카이로네이아 출신으로 아테네의 아카데메이아에서 공부하였으며 로마에 사절로 파견되어 로마 황제의 신임을 얻었다. 이후 하드리아누스 황제 때 아카이아(그리스 본토)의 지사에 임명되었다. 그는 그리스 고전에 통달한 지식인으로 문학, 전기, 철학, 자연과학 등 여러 분야에 걸쳐 250종의 저술을 남겼다. 그의 대표작은 《영웅전》으로 46편이 남아 있다. 이 작품은 그리스와 로마의 영웅 중에서 비슷한 사람을 골라 23쌍을 비교하여 그들의 도덕성, 업적 등에 대해 후세의 교훈으로 전한 것이다. 그 밖에 《전기》, 《윤리론집》 등의 저술을 남겼다.

플리니우스 ◐ 박물지

피라미드(Pyramid)

고대에 돌 또는 벽돌로 지은 방추형 건조물. 이집트, 수단, 에티오피아, 멕시코 등지에 건조되었다. 고대 이집트에서는 왕족의 무덤으로 지어졌으며 제1왕조 이후 왕과 귀족의 분묘였던 마스타바에서 발전한 것이다. 무덤 주인의 미이라를 안치한 석실은 보통 지하에 설치된다. 대개 고왕국의 수도 멤피스 근처인 나일강 서쪽의 석회암 지대에 건축되었으며 80여기의 유적이 남아있다. 그중 특히 유명한 것은 기제에 있는 4왕조 시대의 피라미드로 쿠푸, 카프레, 멘카우레의 3대 피라미드가 유명하다. 이 중 쿠푸 왕의 피라미드는 높이 146미터, 밑변 228미터에 달하며 '대피라미드'로 불린다.

피의 일요일(Krovavoe Voskresene, 1905)

1905년 1월 22일 제1차 러시아 혁명의 계기가 된 상트 페테르부르크에서의 노동자 학살 사건. 러일 전쟁의 패배로 사회 분위기가 어수선한 가운데 프티로프 공장 노동자들의 파업이 확산된 것이 발단이 되었다. 노동자들은 경찰 후원하의 어용조합을 조직한 가폰 신부의 지도 아래 정치, 경제적 요구를 적은 청원서를 가지고 1월 22일 아침 동궁을 향해 행진하였다. 이에 대해 경찰과 군대가 발포를 시작하여 5~600명의 사망자가 발생하였다. 이로써 차르에 대한 노동자층의 신뢰가 무너지면서 사태는 혁명으로 발전하였다.

피카소(Picasso, Pablo Ruizy, 1881~1973)

에스파냐의 화가. 말라가 출신으로 바르셀로나 미술학교와 마드리드 왕립 미술학교에서 공부하였다. 1900년부터 파리로 진출하여 몽마르트에 거주하는 젊은 예술가들과 교류하였으며 청색을 주조로 하여 인근의 가난한 사람들의 생활을 묘사한 작품들을 그렸다. 이 시기의 작품들을 '청색시대'라 부른다. 1907년 〈아비뇽의 아가씨들〉이란 작품에서부터는 아프리카 조각의 영향과 함께 형태분석을 적용하기 시작하였으며 1910년경부터는 브라크 등과 함께 입체파 미술운동을 일으켰다. 이후 1917년 이탈리아 여행을 계기로 신고전주의 계열을 작품을 그리기 시작했으며 1925년부터는 초현실주의적 경향을 보였다. 1936년 에스파냐 내전이 발발하자 독일 공군의 게르니카 마을 폭격을 소재로 그린 〈게르니카〉란 대벽화를 제작하였다. 1946년 이후로는 남프랑스 해안에 거주하면서 도자기와 석판화 제작에 몰두하였다.

피코델라미란돌라(Pico della Mirandola, Giovanni, 1463~1494)

이탈리아의 인문주의자. 귀족 가문 출신으로 볼로냐대학, 파도바대학, 파리대학에서 법학, 아리스토텔레스 철학, 천문학, 유대 신비철학 등을 공부하였다. 1484년부터는 피렌체에서 철학자 마르실리오 피치노와 교류하고 피렌체의 지배자 로렌초 데 메디치의 후원을 받았다. 1486년 〈인간의 존엄에 관하여〉 란 논문을 발표하였다가 교황청으로부터 이단으로 몰렸으며 1493년 이단혐의가 풀릴 때까지 프랑스와 피렌체에서 은둔생활을 하였다. 그의 철학은 아리스토텔레스와 신플라톤주의를 융합하고 여기에 동방 신학이나 아베로이즘, 유대 철학인 카발라를 흡수한 것이었으며 인간만이 자유의지를 가진 유일한 존재라고 주장하였다. 이 때문에 르네상스 인문주의자의 전형으로 평가받고 있다.

피타고라스(Pythagoras, BC582?~BC497?)

고대 그리스의 종교가, 철학자, 수학자. 에게해의 사모스 섬 출신이다. BC 530년경 남이탈리아의 그리스 식민지 크로톤에 이주하여 그곳에서 비밀교단을 결성하였다. 그러나 정치적 분쟁에 휘말려 메타폰티온으로 도피했다가 그곳에서 사망하였다. 그가 만든 교단은 아폴론 신을 숭배하였으며 영혼 불멸과 윤회, 죽은 뒤의 응보를 믿었고 정신의 정화를 위한 계율 엄수를 강조하였다. 특히 영혼의 정화를 위해 음악과 수학을 중요시하여 이 분야에 많은 연구를 하였다. 그는 음률이 갖는 수학적 비례를 발견하였으며 수를 만물의 근본으로 생각하였다. 그 밖에 '피타고라스의 정리'를 비롯한 많은 수학적 법칙을 발견하였고 천문학에 있어 지구 구체설과 지동설을 주장하였다.

피테칸트로푸스 에렉투스(Pithecanthropus Erectus)

원시 화석인류의 하나. 1891년 자바 섬의 트리닐에서 E. 뒤브와가 발견하여 '직립원인(直立猿人)'이라 명명하였다. 약 50만년 전, 홍적세 중기 초반에 서식하였던 것으로 보이며 신장 165~170 센티미터 정도에 두개골은 원숭이와 비슷하나 대퇴골은 직립보행에 적합한 형태로 유인원과 인류의 중간적 특징을 가지고 있다. 이후 20세기 초반에 중국 저우커우뎬(周口店)의 동굴에서 북경원인(北京原人)의 뼈가 다수 발견되어 이것들이 피테칸트로푸스와 동류임이 밝혀짐으로써 화석인류로서 인정되었다.

피핀(Pippin der Kleine, 714~768)

프랑크왕국 카롤링거왕조의 초대왕(재위 751~768). 소(小)피핀. 피핀 단구왕(短軀王)이라고도 한다. 그의 가문은 할아버지인 중(中)피핀(?~714) 때 이후로 프랑크왕국의 궁재 지위를 독점하였으며 피핀도 741년 아버지 카롤루스 마르텔이 사망한 후 형 카를만과 함께 각기 아우스트라시아, 네우스트리아의 궁재가 되었다. 이후 747년 형이 수도사가 되자 피핀이 왕국 전체의 궁재가 되었으며 751년 교황 자카리아스의 승인을 얻어 왕을 폐하고 스스로 왕위에 올라 카롤링거왕조를 수립하였다. 이후 754년과 756년 두 차례에 걸쳐 이탈리아에 원정하여 랑고바르드족을 토벌하고 이탈리아 중부의 라벤나 지방과 아드리아해 연안의 펜타폴리스 지방을 교황에게 기진하여 교황과 협조 관계를 구축하였다. 이로써 교황령이 공인되었으며 또한 바이에른을 공격하여 동방 진출을 시도하였다.

피히테(Fichte, Johann Gottlieb, 1762~1814)

▶ 피히테

독일의 철학자. 작센주 라메나우 출신. 예나대학과 라이프치히대학에서 공부하였으며 졸업 후 가정교사 생활을 하였다. 가정교사로 일하면서 1792년 《계시 비판 시론》을 출판하여 칸트로부터 인정을 받으면서 명성을 얻었다. 1792년 예나대학의 교수가 되었으며 1798년 무신론 논쟁에 휘말려 예나대학을 사직하였다. 1807년 프랑스군이 독일을 침공한 상태에서 '독일 국민에게 고함'이란 대국민 강연에 나서 국민의 도덕적 각성을 촉구하였다. 그의 철학은 칸트의 실천이성을 주관적 관념론으로 발전시킨 것이며 당시 낭만주의에 큰 영향을 주었고 이후 셸링, 헤겔로 이어지는 독일 관념론 발전의 기초가 되었다.

핀다로스(Pindaros, BC 518?~BC 438?)

고대 그리스의 서정시인. 테베 근교에서 출생하여 아테네에서 공부하였으며 그리스 각지의 귀족과 참주의 손님으로 머물면서 합창대용 서정시를 지었다. 특히 우승을 찬미하는 경기 축승가가 유명하다. 작품 17권을 남겼으며 〈파이안〉, 〈디티람보스〉, 〈행진가〉, 〈처녀가〉, 〈무도가〉, 〈만가〉, 〈경기 축승가〉 등이 담겨있다. 귀족적 전통과 그에 따른 참다운 인간상을 찬미한 작품으로 유명하다.

필리프 4세(Philippe IV, 1268~1314)

프랑스 카페왕조의 제11대 왕(재위 1285~1314). 단려왕(端麗王, le Bel)이라고도 한다. 필리프 3세의 아들로 결혼에 의해 나바르 왕을 겸하였으며 플랑드르의 일부를 할양 받았다. 프랑스 국내의 교회령에 대한 과세 문제로 로마교황 보니파티우스 8세와 분쟁이 일어나자 국민의 지지를 얻기 위해 1302년 파리의 노트르담에서 최초의 3부회를 소집하였다. 이후 프랑스 출신의 교황 클레멘스 5세를 세우고 1309년 교황청을 아비뇽으로 옮겼다. 이로부터 교황청은 1377년까지 아비뇽에 위치하여 소위 교황의 바빌론 포수 시대가 시작되었다. 그 밖에 왕실의 재정난을 해결하기 위해 부유한 유대인을 박해하고 1307년에는 루이 9세 이후로 재정을 담당하였던 성당 기사단을 해산시켜 그 재산을 몰수하였다. 그의 치세에 프랑스는 통일국가로서의 체제를 갖추고 행정, 사법, 재정 제도를 개혁하였다.

하(夏)

중국 전설상의 최초의 왕조. 하, 은(殷)·주(周)를 합하여 3대라고 부른다. 그
러나 역사적으로 확인되는 것은 은왕조부터이다. 하왕조의 시조 우(禹)는 성
이 사 씨로서 천자(天子)요(堯) 밑에서 일한 곤의 아들이라고 한다. 우는 순
(舜)에게 등용되어 황허(黃河)강의 홍수를 막는 치수사업에 종사하였고 중국
을 9주(州)로 나눈 후 전, 부, 공(田賦貢)을 정하는 등 많은 공적을 쌓았다. 이
로써 순으로부터 천자의 지위를 선양(禪讓)받았다고 한다. 우는 국호를 하후
(夏后)라 칭하였으며 그 또한 천자의 지위를 선양하려 하였으나 제후들이 우
의 아들 계(啓)를 추대하여 이때부터 상속에 의한 왕조가 시작되었다고 한다.
하왕조는 이후 17명의 왕이 471년 간 통치하다가 17대 걸왕(桀王)의 실정으
로 은나라 탕왕(湯王)에게 멸망하였다. 하왕조의 위치는 오늘날 산시성(山西
省)의 황토지대였을 것으로 보인다.

하노버왕조(House of Hanover, 1714~1901)

영국의 왕가. 앤 여왕이 죽은 후 1701년의 왕위계승법에 의해 스튜어트 왕가
의 자손이며 신교도인 하노버 선제후의 장남 조지가 영국 왕위에 올라 조지
1세(1714~1727)가 되었다. 조지 1세와 뒤를 이은 조지 2세는 독일 출신으로
영어가 서투르고 영국 정치에 관심이 적어 의회정치 발전의 계기가 되었다.
이로부터 '국왕은 군림하나 통치하지 않는다' 는 관행이 생겼다. 조지 3세는
정치에 개입하였으나 아메리카 식민지를 상실하였다. 이후 조지 4세, 윌리엄
4세를 거쳐 왕위에 오른 빅토리아 여왕(1837~1901)은 64년간 통치하면서 영
국의 전성기를 누렸다. 다음에 즉위한 에드워드 7세부터는 빅토리아 여왕의
부군의 이름을 따서 색스 코버그 고타왕조라 부르다가 제1차 세계대전으로
독일이 적국이 됨에 따라 1917년 조지 5세 때에 윈저왕조로 개칭하여 현재까
지 왕가가 이어지고 있다.

하노이(Hanoi, 河內)

베트남의 수도. 통킹 삼각주의 송코이강(紅河) 하류 우안에 위치해 있으며 통킹 평야의 중심지이다. 중국 당나라 때 안남 도호부(安南都護府)가 이곳에 설치되었으며 안남 독립 후 1010년에 이 태조(李公蘊)가 이곳에 도읍하여 승룡(昇龍)이라 하였다. 이후 18세기말까지 역대 왕조가 이곳을 도읍으로 삼았으며 19세기 말 프랑스가 인도차이나를 식민지로 만든 후에는 총독의 주재지가 되었다. 1945년 베트남이 독립을 선언한 뒤 수도가 되었으며 1954년 제네바 협정으로 베트남이 남북으로 분단된 뒤에는 북베트남의 수도가 되었다가 1975년 베트남이 통일되면서 다시 수도가 되었다.

하드리아누스(Hadrianus, Publius Aelius, 76~138)

로마제국 황제(재위 117~138). 오현제(五賢帝)의 한 사람. 에스파냐의 이탈리카에서 태어났다. 트라야누스 황제의 조카로 요직을 거쳐 시리아 총독으로 있다가 트라야누스 황제가 임종시에 그를 양자로 삼자 현지에서 즉위하였다. 트라야누스 황제의 대외 정벌 정책을 포기하고 제국의 유지와 번영에 노력하였다. 게르마니아와 브리타니아에 게르만족을 방어하기 위한 리메스(장벽)을 설치하였으며 이는 하드리아누스의 성벽이라 불린다. 많은 속주를 직접 시찰하였으며 속주의 통치조직과 제국의 행정, 군사제도의 정비에 힘썼다. 문화적으로는 그리스적 학문과 예술을 옹호하여 시, 음악, 학문을 보호하고 학자들을 궁정에 초청하였다.

하라파(Harappa)

인더스 문명의 도시 유적. 인더스강 상류의 라비강 남쪽에 위치하여 있으며 오늘날의 파키스탄 펀잡 지방에 해당한다. 1921년 영국 고고학 탐사단에 의해 처음으로 발굴되었으며 유적의 서부는 성채, 동부는 시가지로 되어 있다. 성벽은 벽돌을 쌓아 만들었으며 높이 9미터에 달한다. 그 밖에 창고와 작업장, 제분공장, 주택 유적이 발굴되었으며 청동기와 함께 문자가 새겨진 인장이 발견되었다. 이 문화의 연대는 BC 2500~ BC 2000년 정도로 추정되며 페르시아, 이란 방면과 문화적 교류가 많았던 것으로 보인다.

▶ 하라파에서 출토된 토우

하룬알라시드(Harun al~Rashid, 763~809)

사라센제국 아바스왕조의 제5대 칼리프(재위 786~809). 아바스왕조 전성기의 칼리프로서 고대 페르시아 식의 전제 군주와 같은 위세를 떨쳤다. 《아라비안 나이트(천일야화)》의 등장인물로도 유명하다. 비잔틴제국에 대한 압박정책을 구사하여 797년과 806년 2차례에 걸쳐 직접 비잔틴제국에 원정하였으며 조공을 바치게 하였다. 프랑크왕국의 카를 대제와도 사절을 교환하였으며 수도 바그다드를 중심으로 문화 예술을 육성하였다. 그러나 국내적으로는 시리아의 아라비아 부족간 분쟁이나 아프리카와 호라산 등지에서 일어난 반란 등으로 내정에 문제점이 많았다.

하르샤바르다나(Harsavardhana, 590?~647?)

고대 인도 바르다나왕조의 왕(재위 606~647). 실라디트야(戒日王)라는 별칭으로 불렸다. 이 왕조는 굽타왕조가 쇠퇴한 후 서북 인도에서 성립하였으며 그의 아버지 프라바카라바르다나 때 갠지스강 유역까지 진출하였다. 하르샤바르다나는 형 라지아바르다나 왕의 뒤를 이어 즉위하였으며 갠지스강 유역을 중심으로 서인도의 구자라트까지 정복하였다. 이후 찰루키야왕조가 지배하는 남인도를 제외한 북인도 전역을 통일하였다. 이 시대에 당나라와 사절을 교환하여 왕현책(王玄策) 등이 사절로 인도에 왔으며 당나라 승려 현장(玄奘)도 《대당서역기》 등에서 이 나라에 대한 기록을 남겼다. 왕은 불교에 귀의하여 북인도를 다스렸으며 산스크리트어 희곡 작가이자 시인으로서도 뛰어났다. 그의 작품으로 《라트나바리 공주》, 《프리야다르시카 공주》, 《나가난다》 등이 전한다.

▶ 하이네

하이네(Heine, Heinrich, 1797~1856)

독일의 시인. 뒤셀도르프의 가난한 유대인 가정에서 태어났다. 본대학, 괴팅겐대학, 베를린대학 등에서 법학을 공부하면서 철학과 문학 강의를 수강하였다. 1822년 〈시집〉을 발표하고 1824년에는 《하르츠 기행》으로 널리 알려지게 되었다. 이어 시집 《여행 그림》(1826~1831)과 《노래책》(1827) 등을 발표하였다. 1830년 프랑스 7월 혁명에 자극을 받아 파리로 이주하였으며 파리에서 문인들과 사귀고 공상적 사회주의자인 생시몽의 그룹에도 참여하였다. 이 시기에 《프랑스의 상태》(1832), 《낭만파》(1833), 《독일의 종교와 철학의 역사》(1834) 등을 저술하였다. 1835년 독일 연방의회로부터 추방을 선고 받고 파리에 남았으며, 풍자 서사시 〈아타 트롤〉(1843), 혁명적 장편 운문서 사시 〈독일, 겨울 동화〉(1844) 등을 발표하였다. 이어 대시집 《로만체로》 (1851), 르포르타주 《루티치아》(1854) 등을 간행하였다. 그는 낭만주의와 고전 주의에 충실한 서정시인이면서도 정치와 혁명에 대한 열정을 보였으며 예술 과 혁명 사이의 모순 때문에 고뇌하였다.

하이데거(Heidegger, Martin, 1889~1976)

독일의 실존주의 철학자. 프라이부르크대 학에서 후설에게 현상학을 배웠다. 마르 부르크대학의 교수를 거쳐 1928년 후설 의 뒤를 이어 프라이부르크대학 교수가 되었다. 제2차 세계대전 후 나치스에 협 력했다는 이후로 추방되었다가 다시 복 직하였다. 그의 철학은 후설의 현상학에 서 출발하여 해석학적 존재론의 체계 수 립을 시도하였고 이를 통해서 실존적 존 재분석에까지 이르렀기 때문에 20세기 실존 철학의 대표자 가운데 한 사람으로 꼽힌다. 주요 저서로는 《존재와 시간》 (1927), 《칸트와 형이상학의 문제》(1929), 《형이상학이란 무엇인가》(1929), 《휴머니

▶ 하이데거

즘에 관하여》(1947), 《숲속의 길》(1950), 《니체》(1961) 등이 있다.

하이델베르크인(Homo heidelbergensis)

원시 인류의 하나. 1907년 독일의 하이델베르크 근교 마우엘 지하 24미터 지 점에서 발견된 완전한 하악골(下顎骨)에 붙여진 명칭이다. 이 하악골은 앞쪽 이 돌출한 모양이 현생 인류와 다르지만 이의 모양과 배열은 유사하다. 처음 에는 구인(舊人)에 포함시켰으나, 오늘날에는 원인(原人)으로 분류하고 있다. 시대적으로는 피테칸트로푸스 에렉투스, 시난트로푸스 페키넨시스와 그 뒤에 출현한 네안데르탈인 사이의 중간단계에 위치하여 민델빙기(氷期)의 아간빙 기(亞間氷期)로 출현하였던 것으로 보인다.

하이든(Haydn, Franz Joseph, 1732~1809)

오스트리아의 작곡가. 18세기 후반 빈 고전파의 대표적 작곡가이며 교향곡의 아버지로 불린다. 104곡의 교향곡을 비롯하여 77곡의 실내악곡 등으로 고전

파 기악곡의 전형을 완성하였으며 특히 기악곡의 고전적 연관 형식인 소나타 형식을 도입하여 기악의 수준을 높였다. 이밖에 〈천지창조〉, 〈사계〉 등의 오라토리오풍의 교회음악과 수많은 악곡을 남겼다. 오스트리아 로라우 출신으로 8세 때 빈에 나가 소년 합창단원에 들어갔으며 변성기에 들어선 후 합창단에서 나와 이탈리아의 오페라 작곡가인 포르포라 밑에서 작곡을 공부하며 음악 교사나 연주자로 생활하였다. 1757년 보헤미아의 모르친 백작 가문의 악사가 되었으며 교향곡과 관악합주곡을 작곡하기 시작하였다. 이후 헝가리의 에스테르하지 후작 가문의 부악장이 되었다가 악장으로 승진하였으며 이곳에서 30여 년을 근무하면서 교향곡, 현악 4중주곡, 오페라 등을 작곡하였다. 1790년 악장에서 물러난 뒤 1791년과 1794년에 영국에 공연여행을 떠나 큰 성공을 거두었으며 귀국한 후에는 대작 오라토리오 〈천지창조〉와 〈사계〉를 작곡하였다.

하인리히 4세(Heinrich IV, 1050~1106)

독일 잘리에르 왕가의 제3대 국왕이자 신성로마제국 황제(재위 1057~1106). 부친 하인리히 3세의 뒤를 이어 6세의 나이로 제위에 올랐다. 이후 모후 아그네스가 섭정을 하다가 16세 때부터 친정에 나섰다. 친정한 이래 대귀족을 배제하고 왕권을 강화하기 위해 노력했으며 그 결과 1073년 작센 대반란 때 귀족과 제후들은 배신했으나 라인지역 시민들의 지지를 얻어 1076년 이를 진압하였다. 그러나 다시 황제에 대한 제후들의 반감을 이용한 교황 그레고리우스 7세의 교권 확장 정책에 휘말려 교황과 성직 서임권 투쟁에 말려들게 되었다. 교황으로부터 파문을 당하고 1077년 카노사의 굴욕을 통해 사면을 받는 수모를 겪었으나 이후 시민과 농민들의 지지를 받아 제후들의 세력을 꺾고 로마로 진군하여 그레고리우스를 추방하고 1084년에 클레멘스 3세를 교황으로 옹립하였다. 만년인 1105년에 대귀족과 결탁한 아들 하인리히 5세의 배반으로 감금되었다가 사망하였다.

한(漢, 전한 BC 202~AD 8, 후한 25~221)

진(秦)에 이어지는 중국의 통일왕조. 진나라 말기에 각지에서 반란이 일어났을 때 반란 지도자 중 한 명인 유방(劉邦 : 高祖)이 BC 202년 경쟁자인 항우(項羽)를 물리치고 장안(長安)에서 즉위하여 성립한 왕조이다. 중간에 외척 왕망(王莽)이 세운 신(新, 8~22)에 의해 단절되었다가 다시 부흥하였기 때문에 전한(前漢 : 西漢)과 후한(後漢 : 東漢)으로 구분한다. 한은 진을 계승한 통일제국으로서 기본적으로 진나라의 국가체제를 계승했으나 군현제 대신 군현제와 봉건제를 절충한 군국제(郡國制)를 실시하였다. 그러나 이후 오초 7국(吳楚七國)의 난 등을 거치면서 제후왕의 권한이 유명무실한 것이 되어 실질적으로는 군현제와 다를 바 없는 중앙집권적 전제통치 체제를 갖추게 되었다. 대외적으로는 제7대 무제(武帝) 때부터 영토 확장에 나서 북방의 흉노를 고비사막 이북으로 몰아내고 동방으로는 한반도에 진출하여 한사군(漢四郡)을 설치하였다. 남방으로는 베트남 지역까지 진출하였으며 서방으로는 장건(張騫)의 원정을 계기로 서역(西域)제국을 복속시키고, 중국과 서방과의 교통로인 이른바 '실크로드(비단길)'가 개척되었다. 사상적으로도 무제 때 유교를 국교로 정하여 문화적 통일을 시도하였다. 그러나 이러한 대외원정과 토목사업을 위한 재정부담 때문에 화폐제도의 개선, 소금. 철, 술의 전매제, 균수법(均輸法)과 평준법(平準法) 등을 실시하게 되었다. 이에 따른 농민층의 부담과 외척과 환관들이 정치를 장악하면서 국정의 혼란을 초래한 끝에 외척 왕망에 의해 전한은 멸망하게 되었다. 이후 왕망에 대해 반란을 일으킨 전한의 왕족 유수(劉秀)가 25년에 뤼양(洛陽)을 수도로 하여 후한(後漢)을 재건하였다. 그가 곧 광무제(光武帝)이다. 후한은 다시 대외진출을 시도하여 파미르고원 너머 카스피해 이동의 동서 투르키스탄까지 세력을 미쳤다. 그러나 다시 외척과 환관이 득세하면서 이에 반발하는 유교 관료층에 대해 '당고(黨錮)의 옥(獄)' 등 탄압사건이 일어나고 화북 지방에서 '황건(黃巾)의 난'과 같은 대규모 농민 반란이 일어나는 가운데 반란 진압에 공을 세운 조조(曹操)가 정치적 실권을 잡았으며 조조의 아들 비(丕)는 220년 제위를 선양 받음으로서 후한은 멸망하고 삼국시대가 시작되었다.

한국전쟁(Korean War, 1950~1953)

북한군의 침입에 대하여 한국군과 유엔군, 그리고 북한을 지원한 중국군 사이에 벌어진 전쟁. 제2차 세계대전이 끝난 후 일본의 식민지였던 한국은 북위 38도선을 경계로 북쪽에는 소련군, 남쪽에는 미군이 진주하였다. 이후 1946~1947년에 걸쳐 미·소 공동위원회에서 추진한 통일정부 수립 시도가 실패하면서 1948년 남북에 각기 독자정부가 수립되었으며 미군과 소련군은 철수하였다. 1950년 6월 25일 북한군이 남한을 침공하자 유엔 안전보장 이사회는 무력침략을 규탄하는 결의안을 채택하고 맥아더를 총사령관으로 하

▶ 인천상륙작전

여 16개국 군대가 참여한 유엔군을 파견하였다. 유엔군은 낙동강 유역까지 후퇴한 방어선을 지키면서 그 해 9월 13일 인천 상륙작전을 감행하여 전세를 역전시켰다. 이후 유엔군은 북진하여 압록강까지 이르렀으나 10월 하순 중국 군이 참전함으로써 다시 후퇴하여 전쟁은 중부전선에서 교착상태에 빠졌다. 1951년 10월 25일 판문점에서 정전회담이 시작되어 2년간의 협상 끝에 1953년 7월 27일 휴전 협정이 체결되었다. 이 전쟁으로 인해 한반도의 분단 구도가 고착되었으며 국제적 냉전구도가 확립되었으며 미국과 소련의 군비경쟁이 강화되었다. 또한 신생 중화인민공화국 정부가 국제적으로 주목받게 되었다.

한니발(Hannibal, BC 247~BC 183)

카르타고의 군인. 제2차 포에니 전쟁에서 카르타고군을 지휘하였으며 고대 세계의 대전술가로 불린다. 카르타고의 장군 하밀카르 바르카의 아들로 아버지를 따라 에스파냐로 건너갔으며 BC 221년 26세의 나이로 에스파냐 주둔군의 총사령관이 되었다. BC 219년 로마의 동맹도시인 에스파냐의 사군툼을 공격하여 제2차 포에니전쟁(한니발 전쟁)을 시작하였다. BC 218년 피레네 산맥을 넘어 남프랑스를 장악하고 이어 알프스 산맥을 넘어 이탈리아로 침입하였다. BC 217년 트라시메누스 호반의 전투에서 승리하였고 BC 216년에는 칸나이 전투에서 대승을 거두었다. 그러나 로마에 결정적 타격을 입히는데 실패하여 전쟁은 소강상태에 빠졌다. 이후 로마의 장군 대(大)스키피오가 에스파냐를 정복하고 카르타고에 기습 상륙하자 급히 귀국하였으나 BC 202년 자마전투에서 스키피오에게 패배하여 제2차 포에니 전쟁도 카르타고의 패배로 끝났다. 한니발은 이후 시리아, 비타니아로 도피했다가 비타니아에서 자살하였다.

한비자(韓非子, BC 280?~BC 233)

중국 전국시대의 법가(法家) 사상가 한비 또는 그의 저서를 가리킨다. 한비는 한(韓)의 왕족 출신으로 이사(李斯)와 함께 순자(荀子) 밑에서 배우고 이후 한나라에서 벼슬을 했으나 크게 중용되지 못하였다. 이 때문에 자신의 정치관을 저술로서 발표하게 되었다. 그는 순자가 예(禮)를 근간으로 삼은 데 대하여 법률적 강제를 주장하여 법가의 대표적 사상가가 되었다. 한나라가 진(秦)나라의 공격을 받자 화평의 사절로 진나라로 갔다가 진시황이 그의 재주를 아끼자 이를 질시한 이사에 의해 독살되었다고 한다. 저서로 20권 55편을 남겼다.

한서(漢書)

중국 후한(後漢)시대의 역사가 반고(班固)가 지은 기전체(紀傳體) 역사서. 전

120권으로 되어 있으며 《전한서(前漢書)》 또는 《서한서(西漢書)》라고도 한다. 반고의 아버지 반표(班彪)가 《사기(史記)》의 부족한 점을 보충하고 그 이후의 역사를 기록하기 위해 《후전(後傳)》 65편의 편집을 시작하였다가 중간에 사망하고 반고가 그 뒤를 이어 저작에 나섰다가 다시 누이동생 반소(班昭)와 마속(馬續)이 보완하여 완성하였다. 이 책은 한고조(漢高祖) 유방(劉邦)부터 왕망(王莽)의 난(亂)까지 전한 시대를 다루고 있으며 12제기(帝紀), 8표(表), 10지(志), 70열전(列傳)으로 구성되어 있다. 《사기》와 함께 중국의 대표적 역사서로 꼽히며 이후 중국 정사(正史) 편집의 전형으로 답습되었다.

한유(韓愈, 768~824)

중국 당나라 중기의 문학가. 자는 퇴지(退之), 시호는 문공(文公), 창리(昌黎 : 하북성) 출신이다. 792년에 진사가 되어 벼슬길에 나섰으며 감찰어사(監察御使), 이부시랑(吏部侍郎)을 거쳐 어사대부(御史大夫)가 되었다. 그러나 직언을 하다가 여러 차례 좌천을 당하여 정치적으로 뜻을 펴지 못하였다. 문학 분야에서는 육조(六朝)시대 이래의 사륙변려체를 타파하고 고문(古文)을 부흥시키는 산문 문체개혁을 주도하였다. 이로써 고문이 송나라 이후의 중국 산문 문체의 표준이 되었고 한유의 문장이 그 모범이 되어 당송팔대가(唐宋八大家)의 1인자가 되었다. 사상적으로는 도교와 불교를 비판하고 유교의 부흥을 위하여 《원인(原人)》, 《원도(原道)》, 《원성(原性)》 등의 저서를 지었으며 송대 도학(道學)의 선구자가 되었다. 저서로 《창려선생집(昌黎先生集)》(40권), 《외집(外集)》(10권), 《유문(遺文)》(1권) 등의 문집이 있다.

한자동맹(Hanseatic League)

중세 유럽에서 발트해 연안에 위치한 독일의 여러 도시가 상업을 위해 결성한 동맹. 한자란 '상인조합' 이란 뜻으로 뤼베크를 중심 도시로 하여 북부 독일의 많은 도시들이 참여했기 때문에 '독일 한자' 라고도 한다. 이들은 12세기 초반 이후로 러시아, 스칸디나비아, 영국, 네덜란드 등지에서 한자를 결성하였다. 이후 14세기 중엽에 플랑드르에서 독일 상인들이 압박을 받은 것이 계기가 되어 외지 한

▶ 중세의 도시 풍경

자와 본국 도시를 포함하는 동맹조직이 결성되었다. 이 동맹은 전성기인 1370년대에는 77곳의 도시가 가맹할 정도로 확장되었다. 동맹은 가맹 도시 상인이 외국과 거래할 때 이를 보호하고 외지에서 특권의 확보 및 확장을 목표로 하였으며, 뤼베크를 맹주로 하여 브레멘, 함부르크, 쾰른 등이 4대 주요 도시로서 매 3년마다 뤼베크에서 한자회의를 개최하여 동맹의 정책을 결정하였다. 그러나 15세기 이후 근대국가의 중상주의 정책이 발전하고 독일 국내에서 영방국가의 성장으로 도시가 압박을 받으면서 30년 전쟁의 결과로 맺어진 베스트팔렌 조약에 따라 해산되었다.

한전법(限田法)

중국에서 토지의 소유를 제한한 법령. 한(漢)나라와 송(宋)나라의 한전법이 대표적이다. 한나라의 것은 전한 말기인 BC 7년 애제(哀帝)가 공포한 것으로 관료나 부유층의 토지소유를 최고 30경(頃 : 1경이 당시의 농가 1호의 표준)으로 제한한 것이다. 이는 대토지 소유를 억제하고 소농민의 몰락을 방지하기 위한 것이었으나 정치적 반대로 인하여 실현되지 못하였다. 송나라의 한전법은 1022년 인종(仁宗) 때 시행한 것으로 관리 계층(관호)이 소유한 일정 한도 이상의 토지에도 요역을 부과하는 제도였다. 이로써 일반인이 요역을 피하기 위해 토지를 관호에게 전매하고 전호(佃戶 : 소작인)가 되는 일을 방지하고자 한 것이다.

함무라비(Hammurabi, ?~BC 1750)

바빌론 제1왕조(BC 1728~BC 1686) 제6대 왕(재위 BC 1792~BC 1750). 바빌로니아를 통일한 고대 오리엔트의 대군주이다. 그는 엘람의 세력을 수메르 지역에서 몰아내고 엘람 고원에서 시리아에 이르는 통일국가를 건설하였다. 지방에는 총독을 두고 전통적인 각 도시 중심의 지방 분권제 대신 중앙집권제를 강화하였으며 이를 위해 군사, 행정, 사법 기구를 정비하였다. 또한 함무라비 법전을 제정하고 바빌론의 지방신이던 마루둑을 최고신으로 격상시켜 종교 면에서도 중앙집권적 통일을 시도하였다. 문화면에서는 아카드어를 국어로 채용하여 이후 아카드어가 오리엔트 세계의 국제어가 되는 등 문화적으로 바빌로니아 세계가 성립되었다.

합스부르크 왕가(Habsburg Haus)

신성로마제국의 오스트리아 왕가. 합스부르크란 이름은 스위스에 있는 산성(山城) 하비하츠부르크(매의 성)에서 유래한다. 이 가문은 11세기 스위스에 이 성을 쌓은 후로 알사스, 라인강 상류 지역으로 영역을 확장하였으며 13세기에는 독일 남부에서 가장 강력한 제후가 되었다. 1273년 이 가문의 루돌프 1

세가 독일 국왕으로 선출되었으며 이후 가문의 영지를 늘려나갔다. 1308년 알브레히트 1세가 암살된 이후로 왕위에서 멀어졌다가 1438년 알브레히트 2세 이후로 독일 왕위와 신성로마제국 황제의 제위를 세습하였다. 15세기 말의 막시밀리안 1세는 에스파냐 왕실과의 결혼으로 네덜란드, 헝가리, 보헤미아를 영지로 만들었고 그의 손자 카를 5세는 에스파냐 왕위를 겸하여 전성기를 맞이하였다. 카를 5세 이후로 가문은 오스트리아계와 에스파냐계로 분리되었고 에스파냐계는 1700년에 단절되었다. 오스트리아 합스부르크가는 나폴레옹에게 패배하여 신성로마제국 황제의 칭호를 버리고 오스트리아 황제로 불리게 되었으며 19세기에는 프로이센에 독일 통일의 주도권을 빼앗겨 독일제국에서 벗어나게 되었다. 이후 제1차 세계대전에서 오스트리아가 패전하면서 카알 1세가 퇴위하여 500년 역사의 황제 가문은 종말을 맞이하였다.

합종연횡 ● 종횡가

항우(項羽, BC 232~BC 202)

중국 진(秦)나라 말기에 유방(劉邦)과 천하를 놓고 겨룬 무장. 이름은 적(籍), 우(羽)는 자이다. 임회군 하상현(臨淮郡 下相縣 : 江蘇省) 출신이다. BC 209년 진승(陳勝), 오광(吳廣)의 난이 일어나자 숙부인 항량(項梁)과 함께 8천의 무리를 이끌고 봉기하였다. 회계군에서 태수를 살해한 후 북상하는 과정에서 세력을 늘려 그 수가 6, 7만에 이르렀으며 진승의 부하가 되었다. 이후 항우는 패(沛, 강소) 지방에서 일어난 유방과 연합을 맺고 각지에서 진군을 격파하였다. 마침내 진나라 장군 장한(章邯)이 이끄는 군대를 격파하고 함곡관(函谷關)을 넘어 관중(關中)으로 들어갔다. 이어 앞서 들어와 있던 유방과 홍문(鴻門)에서 만나 유방을 복속시켜 한왕(漢王)에 봉하였다. 그리고 자신은 팽성(彭城 : 徐州)에 도읍하여 서초패왕(西楚覇王)이라 칭하였다. 그러나 유방이 각지의 불만세력을 부추겨 초나라에 도전한 끝에 BC 202년 항우는 해하(垓下)에서 유방의 군대에 포위되어 자살하였다.

항조운동(抗租運動)

중국 명나라 시대 이후 발생한 소작농들의 농민운동. 명나라 시대는 상업과 도시 경제가 발전하면서 농촌 노동력이 도시로 유입되어 노동자층을 형성하였다. 한편 농촌에서는 도시에 사는 상인이나 관료 등의 부재지주가 토지를 차지하면서 이들의 토지를 경작하는 전호(佃戶 : 소작인)들이 생존권을 위하여 항조 운동을 일으키게 되었다. 이러한 항조운동은 주로 강남 지방을 중심으로 일어났으며 농민들은 고공(雇工), 용공(傭工) 등의 고용 노무자와 연대하여 노변(奴變)을 일으키는 경우도 많았다. 또한 도시의 수공업 노동자들도 민변(民變)이라 불린 반세운동(反稅運動)을 일으켰는데, 노변과 민변은 15세기 후반 등무칠(鄧茂七) 등이 일으킨 농민반란과 함께 하층민의 사회적 진출을 상징하게 되었다.

항해조례(Navigation Act, 1651)

영국에서 크롬웰의 공화제 정부 시대에 선포한 해운 정책. 해외 무역에서 외국 선박을 배제하려는 의도로 시행되었으며 왕정 복고 후인 1660, 1663년에도 반포되었다. 크롬웰이 선포한 항해조례의 내용은 영국 및 식민지로 수입되는 유럽 이외 지역의 산물은 영국이나 영국 식민지 선박으로 수송하여야 한다. 유럽의 산물을 영국이나 그 식민지로 수입할 경우에는 영국 선박이나 상품 생산국, 또는 최초 선적국의 선박으로 수송하여야 한다. 해안 무역에서 외국 선박을 배제한다 등이다. 이 조례의 목적은 당시 유럽의 해운 강국이던 네덜란드의 중계무역을 방해하고 영국의 해운 무역을 증대시키기 위한 것이었다. 이 때문에 다음 해에 네덜란드와 무력 충돌이 발생하게 되었다(제1차 영국·네덜란드전쟁). 이 조례는 영국의 식민지 지배 체제 구축에 큰 역할을 했으며 19세기 이후로 자유주의 경제가 구현되면서 1849년 폐지되었다.

행(行)

중국 당, 송 시대의 상인 동업조합. 진, 한 시대부터 도시의 상업구역인 시(市)에 같은 업종의 상점들이 모여 열(列 : 肆)을 형성하였는데 당나라 시대부터 이 동업 점포의 열 및 동업 상인들의 조직을 행이라 불렀다. 당의 수도 장안(長安)에는 동시(東市)와 서시(西市)가 있고 그 밑으로 220개의 행이 있었으며 뤄양(洛陽)에는 120행이 있었다고 한다. 행에는 행두(行頭), 행로(行老)라는 장이 있고 구성원들은 행인(行人), 행상(行商), 행호(行戶) 등으로 불렀다. 북송 시대 중기부터는 시 제도가 무너지면서 시간과 장소의 제한 없이 자유로이 영업할 수 있게 되었다. 이렇게 되자 각지에 분산하여 영업하는 동업 상인들이 모여서 조합을 만들게 되었다. 이 시기의 행은 지역적인 의미가 사라지고 동업 조합(상인 길드)로서의 성격이 강해졌다. 한편 수공업자의 동업 직인조합(同業職人組合)은 작(作)이라고 하였다. 중화민국이 수립한 뒤로는 소멸하였다.

향거리선제(鄕擧里選制)

중국 한나라 때 지방에서 추천에 의해 중앙정부의 관리를 임명한 제도. 한나라는 유교를 국가 이념으로 하였으며 지방의 향촌 공동체를 중시하여 공동체의 여론 수렴을 통해 인재를 선출하고자 하였다. 효렴(孝廉)을 비롯한 현량(賢良), 방정(方正) 등 과목에 적합한 인재를 향론에 의해 추천하고, 이들 유덕자들이 관료로서 국정을 담당하게 되어 있었다. 그러나 실지로는 지방에서 세력을 떨치는 호족들이 여론을 좌우하여 자신들의 세력을 확장시키고 호족 세력이 중앙 정계로 진출하는 계기가 되었다.

향료무역(spice trade)

근대 초까지 인도를 중심으로 유럽과 아시아를 연결한 향신료 중계무역. 향신료란 열대 아시아 지역인 인도, 스리랑카, 수마트라, 자바, 몰루카 제도 등지에서 생산되는 후추, 육계, 정향, 육두구 등을 말한다. 향료 무역로(스파이스 루트)는 BC 1세기까지 홍해 및 페르시아만과 인더스강 방면을 연결하는 항해로였으며 이 항로를 통해 그리스, 로마인들은 인도양의 계절풍(몬순)을 이용하여 후추를 가져갔다. 4, 5세기경에는 중국인이 남해에 진출하여 동남아 지역과 교류하였으며 7세기에 이르러 이슬람이 융성하자 서남 아시아가 향료의 소비 지역으로 부각되면서 무역이 활발하게 이루어졌다. 유럽에서는 이보다 늦은 11세기 말에서 13세기 말에 걸친 십자군운동을 통하여 향료에 대한 수요가 늘어나게 되었다. 당시 비잔틴제국의 수도 콘스탄티노플을 중계지로 하여 이탈리아 상인들이 유럽에 향료를 수입하면서 향료 뿐 아니라 동양에 대한 관심도 높아지게 되었다.

향신(鄕紳)

중국의 신사(紳士) 중에서 벼슬을 하지 않고 향리에 머무른 사람들을 말한다. 대체로 지주 계층이며 향촌에서 존경받는 명망가로서 실질적으로 향촌을 지배하였다. 법적으로는 과거 시험 중 적어도 한 종목에 합격하여야 향신이 되며 현직 관리와 같은 계급으로 평민과 구별되는 특권을 가졌다. 이들은 때로는 향촌의 여론을 대변하여 지방관과 대립하였고 경우에 따라서는 지방관의 편에 서기도 하였다. 이들은 관료 제도가 발달한 송나라 시대부터 출현하여 명, 청 시대를 거치며 정치적, 사회적으로 확고한 세력을 구축하였다. 청나라 말에 태평천국의 난이 일어났을 때 이를 실질적으로 진압한 것이 향신들이 각지에서 조직한 의용군인 향용(鄕勇)이었으며 이를 계기로 향신들은 양무운동의 주역으로 성장하였다.

향용(鄕勇)

중국의 지방 의용군. 관군을 보조하여 외적과 내란으로부터 향촌을 지키기 위해 결성한 조직이다. 무기와 식량을 관으로부터 지원 받거나 자급자족하는 등의 여러 가지 성격의 향용이 있었다. 송나라 시대에는 향병(鄕兵)이라 불리웠으며 명대의 민장(民壯)도 정부 주도의 향용의 일종이었다. 이밖에 단련(團練), 연용(練勇), 민단(民團), 단장(團壯)이라고도 불리웠다. 청나라 시대 중기부터 정부군의 힘이 약화되자 18세기 말 백련교의 난, 19세기 중엽 태평천국의 난 등을 향용이 나서 진압하게 되었다. 특히 태평천국의 난 때는 증국번(曾國藩)이 조직한 상용(湘勇), 이홍장(李鴻章)이 조직한 회용(淮勇), 좌종당(左宗堂)이 조직한 초용(楚勇)이 유명하였다.

허무주의 ● 니힐리즘

헤겔(Hegel, Georg Wilhelm Friedrich, 1770~1831)

독일의 철학자. 칸트로부터 시작된 독일 관념론을 체계화하였다. 경건한 프로테스탄트 가정에서 태어나 튀빙겐대학에서 철학과 신학을 공부하였다. 이때 휠덜린, 셸링 등과 교류하였다. 졸업 후 가정교사 생활을 하다 예나대학의 강사가 되었다. 처음에는 예나대학의 교수이던 셸링의 영향을 받았으나 자신만의 독자적 입장을 추구하여 1807년 《정신현상학》을 출간하였다. 나폴레옹 군대의 침입으로 예나대학이 폐쇄되자 뉘른베르크의 김나지움 교장이 되었으며 이 시기에 《논리학》(1812~1816)을 저술하였다. 1816년 하이델베르크대학 교수가 되었으며 1818년에는 피히테의 뒤를 이어 베를린대학 교수가 되면서 이로부터 헤겔 학파가 독일 철학계를 장악하게 되었다. 그의 철학은 변증법과 이성주의를 근본으로 한 것으로서 절대정신으로서의 이성이 변증법에 의하여 역사를 이끌어 나간다고 규정하였다. 이러한 헤겔의 철학은 독일 관념론을 변증법적으로 완성한 것으로 그의 역사관은 이후의 역사 철학에 큰 영향을 주었다.

헤로도토스(Herodotos, BC 484?~BC 425?)

고대 그리스의 역사가. '역사의 아버지'로 불린다. 소아시아의 그리스 식민도시인 할리카르나소스에서 태어났다. 고국에서 정치적 분쟁에 휘말려 사모스섬으로 망명했다가 BC 455년경 아테네로 이주하였다. 아테네에서 페리클레스, 소포클레스 등과 사귀었으며 시를 낭송하여 큰 인기를 얻었다. 이후 BC 444년 아테네가 이탈리아 남부에 건설한 식민 도시 투리오이로 이주하여 그곳에서 사망하였다. 그의 저서 《역사》(9권)를 보면 그가 북으로는 스키타이인이 거주하는 흑해 연안, 남으로는 이집트 남단, 서로는 이탈리아, 동으로는 바빌론에 이르는 대여행을 하였음을 알 수 있다. 《역사》는 그리스와 페르시아 양국이 충돌한 페르시아 전쟁을 주제로 한 것으로 전쟁의 배경으로부터 경과에 이르기까지 사이사이에 수많은 일화, 각 민족의 풍습, 환경에 대하여 기술하고 있다. 이러한 서술 때문에 서사시로서가 아닌 탐구의 대상으로서 역사를 대한 그리스 최초의 작품으로 평가받고 있다.

헤시오도스(Hesiod, BC 700년경)

고대 그리스의 서사시인. 호메로스가 중심 인물인 이오니아파의 서사시와 대립되는 성향을 가진 보이오티아파의 대표적 서사시인이다. 이오니아파가 오락성이 짙고 화려한 반면 보이오티아파는 종교적, 교훈적, 실용적이다. 소아시아 키메 출신으로 보이오티아의 헬리콘 산 밑에서 농업과 목축에 종사하였다. 아버지의 사후 동생 페르세스가 유산을 가로채려 하자 그를 훈계하기 위해 《노동과 나날》을 저술하였다고 한다. 이 작품에는 농경 기술과 노동의 소중함을 강조하고 있으며 이오니아 귀족 문화와 보이오티아 농민의 생활상이 사실적으로 묘사되어 있다. 이

▶ 헤시오도스

밖에 프로메테우스와 판도라의 이야기, 인류 역사상 금, 은, 동, 영웅, 철의 다섯 시대 이야기 등도 포함되어 있다. 그의 또 다른 저술인 《신통기》에서는 천지 창조와 올림포스 신들의 탄생의 계보를 밝히고 있다.

헤이룽강(黑龍江)

중국 동북부와 러시아령 시베리아를 가르는 큰 강. 중국에서는 헤이룽강 또는 흑수(黑水)라고 부르며 러시아인들은 아무르강, 몽골인과 퉁구스인들은 하라무렌(검은 강)이라 부른다. 외몽고의 아르군강(江), 실카강 오논강을 원류로 하여 동쪽으로 흐른다. 도중에 쑹화(松花)강, 우수리강을 합쳐 하바로프스크 부근에서 북동쪽으로 방향을 틀어 오호츠크해(海)로 흘러든다. 역사적으로 17세기 이후 러시아의 극동 진출의 핵심 교통로로 사용되었다. 아이훈 조약으로 러시아가 이 강의 항행권을 가지게 되었다.

헤이스팅스전투(Battle of Hastings, 1066)

1066년 10월 14일 잉글랜드에 상륙한 노르망디공(公) 윌리엄(정복왕)의 군대가 앵글로색슨의 왕 해럴드 2세의 군대를 서섹스주의 항구 도시 헤이스팅스 근교에서 격파한 전투. 해럴드 2세의 군대는 앵글로 색슨 농민을 중심으로 한 7,000의 보병이었으며 윌리엄의 군대는 노르만 기사를 주력으로 한 기병 위주였다. 앵글로 색슨 군대는 해질 무렵까지 분투하였으나 해럴드가 전사하면서 패주하였다. 이 전투의 승리로 노르만인이 영국을 정복하였으며 윌리엄이 영국의 왕으로 등극하였다.

헤이안시대(平安時代, 784~1185)

일본 역사상의 한 시대. 일본 역사에서 고대의 말기에 해당하며 나라(奈良)시대와 가마쿠라(鎌倉)시대 사이이다. 794년 간무천왕(桓武天王)이 헤이안쿄(平安京 : 京都)로 천도한 때부터 미나모토노 요리토모(源賴朝)가 가마쿠라에 바쿠후(幕府)를 개설한 약 400년간을 말한다. 이 시대는 귀족계급이 지배한 시대로서 정치적으로는 율령체제의 개편으로 여러 가지 제도와 관직이 정비되었다. 한편으로 정치적 실권을 셋쇼(攝政)나 간파구(關白)와 같은 관직을 독점한 집안이 좌우하거나 또는 인세이(院政) 정치라 하여 왕의 아버지인 상왕(上王)이 주도하였기 때문에 정치적 혼란이 일어난 시대이다. 사회·경제적으로는 장원이 발달하였고 신흥 무사계층이 성장하였다. 신흥 무사층은 1156년 도바상왕(鳥羽上王)이 죽고 귀족들 사이에 호겡(保元)의 난이 일어나자 이를 무력으로 해결하였고 이때부터 무가(武家)정치가 시작되었다. 처음에는 다이라노 기요모리(平淸盛)가 실권을 잡고 족벌정치를 행하였으나, 미나모토노

요리토모가 헤이지(平氏) 일족을 멸하고 실권을 잡았다. 요리토모가 가마쿠라에 바쿠후를 개설하여 무가정치를 행함으로써 천왕에 의한 친정제(親政制)는 막을 내렸다. 이로써 헤이안시대가 끝나고 가마쿠라 시대가 시작되었다. 이 시기에는 귀족문화가 발달하였으며 신흥 무사계급이 주도층으로 등장하기 시작하였다.

▶ 헤이안 시대의 궁녀

헤지라(Hegira, 622)

이슬람의 창시자인 예언자 마호메트가 메카에서 메디나(당시의 야드리브)로 옮겨간 것을 말한다. 헤지라란 말은 '이주' 또는 '이탈'을 의미하며 중국의 이슬람교도들은 이를 '성천(聖遷)'이라 부른다. 마호메트는 자신의 포교 활동이 메카의 유력자인 쿠리이시족으로부터 박해를 받자 622년 7월 16일 신도들과 함께 고향 메카를 떠나 메디나로 이주하였다. 당시 메디나는 상업적으로 메카에게 압박을 받고 있었고 또 내전으로 시달리던 중이었기 때문에 마호메트를 중재자로 받아들였다. 메디나에 도착한 마호메트는 메디나를 이슬람 사회로 만들고 주변의 아랍인과 유대인을 정복하면서 이슬람 국가를 건설하였다. 이 때문에 이슬람교도는 이 해를 이슬람력의 기원 원년으로 삼는다.

헨델(Händel, Georg Freidrich, 1685~1759)

독일의 음악가. 할레 출신으로 9세 때부터 오르간을 연주하였다. 이후 함부르

크와 베네치아에서 오페라 작가로 성공하였으며 하노버 궁정의 악장으로 일하다가 1712년부터 런던으로 건너가 활약하였다. 런던에서 이탈리아풍의 오페라를 작곡, 상연하여 명성을 얻었으며 1719년에는 왕립음악아카데미를 설립하였다. 이 시기에 〈리날도〉, 〈아그립피나〉 등을 발표하여 인기를 얻었다. 그러나 1730년대부터 이탈리아 오페라의 인기가 떨어지면서 곤경에 처한 끝에 오페라 작곡과 극장 경영에서 물러났다. 이후 1732년부터 오리토리오를 작곡하기 시작하여 〈메시아〉, 〈알렉산더의 향연〉, 〈사울〉, 〈삼손〉 등을 작곡하였다. 그는 주로 대규모 극음악을 위주로 작곡을 하였으나 기악 부문에도 뛰어나서 관현악 모음곡 〈수상 음악〉, 〈왕궁의 불꽃놀이〉 등을 작곡하였다.

헨리 7세(Henry VII, 1457~1509)

잉글랜드의 왕(재위 1485~1509). 튜더왕조의 창시자이다. 리치먼드 백작의 아들로 헨리 6세가 죽은 뒤 랭커스터 가문의 왕위 계승자로 인정되었다. 프랑스로 망명했다가 1485년 웨일스에 상륙하여 보즈워스 전투에서 리처드 3세를 물리치고 즉위하였다. 이어 에드워드 4세의 딸 엘리자베스와 결혼하여 랭커스터 가문과 요크 가문 사이의 장미 전쟁을 종식시켰다. 요크 가문의 영토를 몰수하여 왕령지를 확대하고 귀족 세력을 약화시켰으며 성실청 재판소를 강화하여 왕권을 확대시킴으로써 영국 절대왕정의 기초를 다졌다.

헨리 8세(Henry VIII, 1491~1547)

잉글랜드의 왕(재위 1509~1547). 헨리 7세의 둘째 아들로 형 아더가 일찍 죽었기 때문에 왕위를 계승하였다. 과부가 된 형수 캐서린과 결혼하였으며 에라스무스, 토머스 모어 등과 교류하며 르네상스 군주로 알려졌다. 캐서린과의 사이에 아들이 없었기 때문에 이혼하고 1527년 궁녀 앤 불린과 결혼하려 하였으나 로마 교황의 반대에 부딪혔다. 이에 카톨릭 교회와 결별하고 1534년 수장령(首長令)을 발동하여 영국 국교회(國教會)를 설립하였다. 이어 1536년과 1539년에 수도원을 해산하고 그 토지를 몰수하였다. 1536년 아들을 낳지 못한 앤 불린을 간통죄로 처형한 뒤에도 4명의 왕비를 맞이하였다가 이들을 처형하거나 이혼하였다. 그러나 절대주의 군주로서 영국 절대왕정을 확고히 하였으며 그가 다진 기반은 이후 엘리자베스 여왕 시대로 계승되어 영국 절대주의의 전성기를 맞이하게 되었다.

▶ 헨리 8세

헬레니즘(Hellenism)

그리스적이라는 의미이며 세계사 시대 구분의 하나이다. 그리스 문화와 정신 및 그러한 경향의 보편적 확산을 뜻하며 헤브라이즘과 함께 서양 문명의 2대 조류로 불린다. 시대적으로 BC 334년 알렉산더 대왕의 동방 원정으로부터 BC 30년 로마의 이집트 병합까지를 헬레니즘 시대라 한다. 그러나 로마 제정기까지도 문화적으로는 헬레니즘의 영향을 강하게 받은 시기라 할 수 있다. 지리적으로는 마케도니아, 그리스를 중심으로 알렉산더 대왕이 정복한 이집트, 소아시아, 메소포타미아, 페르시아, 인더스강 유역까지를 포함한다. 헬레니즘 시대에는 그리스 문명이 세계적으로 전파되었고 오리엔트 문화와 융합되어 국제적이고 세계시민적인 보편문화가 탄생하였다는 데서 역사적 의의가 있다. 이는 그때까지 각 지역에 국한되어 있던 지역 문화가 정치적 대제국의 등장으로 서로 교류하게 되면서 새로운 문화가 탄생하였음을 말한다. 이 시기는 인류 역사상 보편 문명이 광대한 지역을 아우른 시기로서 고급 문화와 예술, 자연과학의 발전이 이룩된 시기이다. 또한 뒤이은 로마제국에도 문화적 영향을 전파하였다.

헬로트(Helots)

스파르타의 예농, 농노. 그리스어로는 헤일로타이라고 한다. 라코니아, 메세니아 지방의 원주민들로서 스파르타인이 침입하면서 농노가 되었다. 이들은 개인의 노예가 아니라 국가의 소유로서 스파르타인들에게 배당되어 토지를 경작하고 생산물의 반을 바쳤다. 이들은 참정권이 없으며 전쟁시에는 경보병으로 참여하였다. 이들을 해방시킬 권한은 국가만이 가지고 있었기 때문에 노예와는 달랐다. 그들의 수가 스파르타인보다 압도적으로 많았기 때문에 스파르타인들은 철저한 감시와 가혹한 억압정책을 실시하였으나 그럼에도 불구하고 헬로트들은 종종 반란을 일으켰다.

현물지대 ◐ 생산물지대

현장 ◐ 대당서역기

현종(玄宗, 685~762)

중국 당나라의 제6대 황제(재위 712~756). 본명은 이융기(李隆基). 예종(睿宗)의 세째 아들이다. 26세 때 위후(韋后)가 딸 안락공주(安樂公主)와 짜고 중종(中宗)을 암살한 뒤, 중종의 아들 온왕(溫王)을 제위(帝位)에 앉히자 위후 일당을 물리친 뒤 아버지를 제위에 옹립하고 자신이 황태자가 되었다. 이어 28세에 아버지의 양위로 즉위한 후 당시 실력자였던 누이동생 태평공주(太平

公主) 일파를 타도하여 실권을 잡았다. 즉위한 후 요숭(姚崇), 송경(宋璟), 장열(張說), 장구령(張九齡) 등 능력있는 재상을 기용하여 측천무후 시대의 혼란을 수습하고 밖으로 돌궐, 토번, 거란과의 국경지대를 튼튼히 방비하여 그의 치세는 '개원(開元)의 치(治)'라 불리며 칭송을 받았다. 그러나 노년에는 정치에 흥미를 잃고 양귀비(楊貴妃)와 궁중 생활에 몰두하였으며 실권은 이임보(李林甫), 양국충(楊國忠) 등이 장악하였다. 결국 755년 안녹산(安祿山)의 난이 일어나 쓰촨(四川)으로 피난하던 중 양귀비는 병사들에게 살해되고, 이듬해 아들 숙종(肅宗)에게 양위하고 상황(上皇)으로 은거하였다. 시호는 명황(明皇)이라 한다.

형세호(形勢戶)

중국 송나라 시대의 신흥 지주 또는 관료층을 말한다. 형세관호(形勢官戶)라고도 한다. 당나라 말기와 오대(五代) 시대에는 지방의 실력자를 가리키는 말이었으며 송나라 시대에 들어와 지방의 호족으로 관료가 된 자들도 많았기 때문에 형세관호라고 부르게 되었다. 이들은 대토지를 소유한 향촌의 실력자로서 소작농인 전호(佃戶)를 지배하였으며 징세와 치안 유지의 직분을 맡았다. 그 중에 관료가 된 자는 직역(職役)을 면제받고 양세(兩稅)만 납부하였다. 송나라 조정은 형세호의 토지겸병을 막기 위해 방전균세법(方田均稅法), 경계법(經界法) 등을 실시하였다.

호라티우스(Horatius Flaccus, Quintus, BC 65~BC 8)

고대 로마의 시인. 남이탈리아 베누시아에서 해방노예의 아들로 태어났다. 로마에서 교육을 받고 그리스로 건너가 아테네의 아카데미아에서 공부하였다. 카이사르가 암살된 후 부르투스 진영에 가담하였다가 BC 42년 필리피 전투에서 패하자 도주하였다. 그 후 은사를 받아 로마로 돌아왔으며 서기관으로 일하면서 시를 쓰기 시작했다. 시인 베르길리우스의 소개로 당시 문필가를 후원하던 마에케나스를 만나 그로부터 토지를 기증 받고 시를 쓰는 데 전념하게 되었다. 그가 처음으로 내놓은 시집《에포디(長短格詩)》는 BC 7세기 중엽의 시인 아르킬로쿠스를 모방하여 장구(長句)와 단구(短句)를 일절로 하는 형식을 띤 일종의 조롱시이다. 이후 사포, 알카이오스, 아나크레온 등의 그리스 서정 시인을 모방하여《서정시집》4권을 발간하였는데 그 내

▶ 호라티우스

용은 연애, 술자리, 우정, 여자, 전원생활을 소재로 하였으며 아우구스투스의 치세나 신에 대해서도 노래하였다. 또한 《서간시》 2권은 풍자 기법을 사용한 수상시(隨想詩)로서 이 시집에 실린 〈시론〉은 근세에 이르기까지 시 쓰기의 교범으로 평가받았다.

호르텐시우스법(Lex Hortensia, BC 287)

고대 로마의 독재관 호르텐시우스가 제정한 법. 평민회의 의결이 곧 법률이 된다고 규정한 법이다. 이 법으로 인하여 귀족과 평민 사이의 불평등이 정치적, 법적으로는 해결되었으며 이로써 귀족과 평민의 신분투쟁이 끝나게 되었다. 원래 평민회의 의결은 평민만을 구속하는 것으로 귀족에게는 효력이 없었다. BC 449년의 발레리아~호라티아 법에 의해 평민회의 의결이 전체 시민을 구속할 수 있게 되었으나 이를 위해서는 원로원의 협조가 필요하였다. 호르텐시우스 법은 원로원의 협조 없이 평민회의 의결이 곧 법이 되게끔 제정한 것이다. 이로써 평민회는 로마의 정식 민회(民會)의 하나로 인정되었다.

호메로스(Homeros, BC 800?~BC 750)

▶ 호메로스

고대 그리스의 서사시인. 트로이 전쟁과 영웅 오딧세우스의 모험을 각각 다룬 서사시 〈일리아스〉와 〈오디세이아〉의 작자로 전해진다. 그의 출생 연도와 장소에 대해서는 여러 가지 이론이 있지만 대략 BC 9세기에서 8세기 중반 사이에 소아시아의 스미르나 또는 키오스 섬에서 태어난 것으로 보인다. 그 밖의 행적에 대해서는 알려진 바가 없으며 일설에는 그가 장님이었다고도 한다. 그가 지은 것으로 전해지는 양대 서사시는 그리스 최초의 문학 작품이며 최고의 걸작으로서 그리스의 국민 문학으로 불릴 뿐 아니라 이후의 유럽문학에 큰 영향을 미쳤다.

호메이니(Khomeini, Ayatollah Ruhollah, 1900~1989)

이란의 종교인, 정치 지도자. 테헤란 남서쪽 호메인에서 태어났다. 소년 시절에 종교 학교에서 공부하였으며 이후 이슬람 학교에서 강의하였다. 1930년대 후반부터 팔레비 국왕의 근대화 정책에 반발하여 반정부 활동에 가담하였다. 1941년 《비밀의 폭로》를 저술하여 팔레비 국왕이 추구하는 이란의 근대화 정책을 공격하였고, 1950년대 후반에는 아야톨라(이슬람 지도자)란 칭호를 받았다. 이 시기부터 이슬람 시아파의 지도자로 성장하였으며 반정부 활동을 주도하다가 1963년 체포되었다. 이후 터키, 이라크 등지에서 망명생활을 하다가 1978년 프랑스로 이주하여 이란의 혁명운동을 배후에서 조종하였다. 이란에서 혁명이 일어나자 1978년 귀국하여 임시혁명정부를 수립하고 이란을 이슬람 공화국으로 만들었다. 그로부터 1989년까지 국가 최고지도자로 이란을 통치하다가 사망하였다.

▶ 호메이니

호모 사피엔스(Homo Sapiens)

현생 인류(호모 사피엔스 사피엔스)의 전 단계인 화석 인류를 말한다. 호모 사피엔스란 '지혜로운 인간'이란 뜻이며 '슬기 사람'이라고도 번역한다. 고생인류(古生人類)인 팔레오안트로푸스와 함께 화석 인류라 부르며 그 화석은 홍적세 후기에 나타난다. 인류의 진화단계를 원인(猿人), 원인(原人), 구인(舊人), 신인(新人)으로 분류하여 볼 때 호모 사피엔스는 구인에 해당하며, 대표적인 호모 사피엔스로는 네안데르탈인을 들 수 있다. 이들은 현생 인류인 호모 사피엔스 사피엔스보다 두개골의 크기가 크며 턱의 구조가 잘 발달되어 있었다. 체격 또한 이들보다 더 컸으며 불과 석기를 사용하였다. 그리고 시체를 매장하는 풍습과 원시적인 종교관념을 가지고 있었다. 약 20만 년 전부터 지구상에 출현한 이들은 한동안 현생 인류인 크로마뇽인과 공존하였으나 그 후 멸종하였다.

호모 사피엔스 사피엔스(Homo Sapiens Sapiens)

인류 진화의 최종 단계인 현생인류(現生人類). '슬기 슬기사람'이라고도 번역한다. 인류의 진화단계를 원인(猿人), 원인(原人), 구인(舊人), 신인(新人)으로 분류하여 볼 때 신인에 해당한다. 현재 지구상에 사는 인류는 모두 신인에 해당한다. 대표적인 신인으로는 유럽에서 발견된 크로마뇽인과 그리말디인이 있다. 이들은 약 4만 년 전부터 지구상에 출현하였으며 구인인 네안데르탈인(호모 사피엔스)보다 발달된 문화를 가지고 있었다. 특히 발달된 언어를 사용하였다는 점에서 네안데르탈인과 달랐으며 알타미라 동굴에 그려진 벽화로 볼 때 예술활동을 하였던 것으로 보인다. 기술적으로 구석기 문화에 그친 네안데르탈인에 비해 신석기를 사용하였으며 사냥과 채집 경제 단계에서 농경과 목축으로 전환함으로써 인류 문명의 발전을 시작하였다.

호모 에렉투스(Homo Erectus)

화석인류의 일종. 호모 하빌리스(손쓴 사람)와 호모사피엔스(슬기 사람)의 중간 단계에 출현한 화석인류로 '직립 원인' 또는 '곧선 사람'으로 번역된다. 인류의 진화단계를 원인(猿人), 원인(原人), 구인(舊人), 신인(新人)으로 분류하여 볼 때 두 번째 단계인 원인(原人)에 해당한다. 이들은 약 160만 년 전부터 지구상에 출현하였으며 대표적인 호모 에렉투스로는 인도네시아에서 발견된 자바 인, 중국 베이징 근교 저우커우뎬(周口店)에서 발견된 베이징원인, 독일에서 발견된 하이델베르크인, 아프리카 탄자니아의 올두바이 협곡에서 발견된 올두바이 원인 등이 있다. 호모 에렉투스라는 이름은 1891년 자바에서 자바원인의 화석 유골이 발견되면서 명명되었다. 이들은 원인(猿人)에 해당하는 오스트랄로피테쿠스보다 큰 두뇌 용량을 가졌으며 서서 걷는 직립보행을 하였기 때문에 해부학적으로 현생인류에 보다 가깝다. 이들은 무리를 지어 사냥을 하였으며 사냥을 위해 석기를 사용하고 원시적인 언어로 의사소통을 하였다. 또한 불을 사용하였다는 점에서 인류 진화의 역사에서 중요한 의미를 가진다.

호모 하빌리스(Homo Habilis)

화석 인류의 일종. 1963년 동(東)아프리카의 탄자니아 올두바이 협곡에서 리처드 리키 박사가 발견하였다. '손쓴 사람'이라고 번역된다. 원인(猿人)에 해당하는 진잔트로푸스를 발견했던 리키 박사는 보다 진보된 화석인류의 뼈와 가장 단순한 석기인 역기(礫器)를 발견하고 '손재주가 있는 사람' 또는 '능력 있는 사람(能人)'이란 뜻에서 이를 호모 하빌리스라고 명명하였다. 호모 하빌리스는 약 200만년 전에 출현하였던 것으로 보이며 신장은 현생인류보다 작고 직립 보행하며 도구를 사용하였을 것으로 추정된다.

호민관(護民官, tribunus plebis)

로마 공화정 시대에 평민의 권리를 옹호하기 위해 설치한 관직. BC 494년 귀족과 평민 사이의 신분 투쟁으로 인하여 생겼다고 한다. BC 449년 이후 매년 10명이 선출되어 평민의 생명과 재산을 보호하였다. 호민관의 신분은 신성불가침이며 정무관의 행정, 선거, 입법 및 원로원의 의결에 대하여 거부권을 발동할 수 있었다. 또 평민회를 소집하여 의결을 하며 BC 287년에 호르텐시우스법이 제정된 뒤부터는 그 의결이 법적 구속력을 가지게 되었다. 호민관은 다른 호민관에 대하여 거부권을 가졌기 때문에 공화정 말기에는 원로원에서 호민관 중의 한 사람을 매수하여 다른 호민관의 제안에 거부권을 행사하도록 하였다. 이 때문에 호민관의 지위는 정치적 투쟁의 도구가 되었으며 그라쿠스 형제는 호민관의 지위를 이용하여 개혁을 시도하였다. 이후 군인정치 시대에 술라에 의해 권한이 제한되었으며 제정 시대에 들어서는 관직은 존속되었으나 본래의 기능은 상실하였다.

호족(豪族)

중국에서 대토지 소유와 종족 결합을 통해 지방에서 세력을 떨치는 가문을 말한다. 호족이라는 개념은 귀족과 달리 중앙 정권과 결탁한 것이 아니라 지방을 중심으로 한 토착성에 뿌리를 둔 것이기 때문에 토호(土豪)라고도 한다. 따라서 중앙의 귀족들로부터 무시를 당하기도 하지만 지방에 세력 기반을 둔 지방귀족으로서 중앙정부의 권위가 흔들릴 때에는 정치적으로 진출할 기회를 가지게 된다. 중국에서 호족의 발생은 전한(前漢)시대 중기부터 부유한 농민이나 상인이 지주가 되면서 호족으로 발전하였고 뒤이은 후한, 삼국, 남북조 시대에 정치가 혼란스러워 지면서 향촌에서 자체적으로 무장을 갖춘 지방정치세력으로 발전하였다. 이후 호족은 향촌 사회의 질서를 실질적으로 유지하는 존재가 되었기 때문에 중앙정부로서도 이들을 무시할 수 없게 되었으며 호족 중에 관직에 오르는 자들도 많아지게 되었다.

호치민(胡志明, Ho Chi Minh, 1890~1969)

베트남의 혁명가. 본명은 Nguyen Tat Thanh. 중부 베트남의 게친주(州)에서 태어났다. 1911년 프랑스로 건너가 식민지 민족해방운동을 시작했으며 제1차 세계대전 후 베르사유 회의에 베트남 대표로 참석하였다. 1920년 프랑스 공산당에 가입하였으며 1930년 코민테른의 허가를 받고 인도차이나 공산당을 조직하였다. 1941년 베트남에서 베트민(베트남독립동맹회)을 조직하여 독립 전쟁에 나섰고 제2차 세계대전이 종결되자 1945년 하노이에서 베트남 민주공화국의 독립을 선언하고 대통령(정부 주석)에 취임하였다. 1946년부터 프랑스와의 전쟁을 지휘하였고 1954년 디엔비엔푸 전투에서 승리하여 독립을 쟁취하였다. 이후 1969년까지 대통령직을 유지하면서 소련과 중국의 지원을 받아 베트남 공산화를 위한 전쟁을 계속하다가 심장병으로 사망하였다.

▶ 호치민

홉스(Hobbes, Thomas, 1588~1679)

영국의 철학자. 옥스포드대학에서 스콜라 철학을 공부하였으며 왕당파로 지

▶ 홉스

목되어 청교도 혁명이 일어나기 직전에 프랑스로 망명하였다. 프랑스에서는 데카르트 등과 교류하면서 수학과 자연과학을 연구하였다. 크롬웰 정권이 들어선 후 런던으로 돌아와 학문연구에만 전념하였으며 왕정복고가 이루어진 뒤에는 찰스 2세의 스승이 되어 그의 후원을 받았다. 홉스는 베이컨의 유물론적 기계관의 영향을 받았으나 베이컨과 달리 귀납법만을 중시하지 않고 연역법도 채택하여 두 방법의 상호보완을 통해 이성의 올바른 추리인 철학이 성립한다고 생각하였다. 그는 대표작인 《리바이어던》(1651)에서 사회계약설의 입장에서 절대왕정을 옹호하였다. 그의 주장에 따르면 자연 상태의 인간은 '만인에 대한 만인의 투쟁 상태'가 되기 때문에 개인의 자유 추구가 오히려 개인의 안전을 상실하게 되는 결과를 가져온다. 때문에 이성은 보편적인 자연법의 실현을 요구하며 개인들은 각자의 이익을 위하여 계약으로서 국가를 만들어 자신들의 자연권을 군주에게 이양한다. 따라서 이상적인 정치형태는 전제군주제일수 밖에 없다. 이 밖에 《자연법과 국가의 원리》(1640), 《철학원리》(1642~1658)등의 저서를 남겼다.

홍건적의 난(紅巾賊의 亂, 1351)

원나라 말기에 일어난 종교적 농민반란. 반란의 중심세력은 백련교(白蓮敎)와 미륵교(彌勒敎)교도들로서 이들이 붉은 두건을 둘렀기 때문에 홍건적이라 부르게 되었다. 이 양 교단은 원래 별개로 발생하였으나 원나라 말기에 이르러 백련교로 통합되었다. 백련교는 허베이성(河北省)을 근거지로 활동하였으며 그 수령 한산동(韓山童)은 미륵불의 환생이라 자처하면서 허베이, 허난(河南), 안후이(安徽) 등지에서 많은 신도를 확보하였다. 1351년 황허강이 범람하여 치수사업을 위해 조정에서 많은 농민과 노동자를 징발하게 되었는데 이 때문에 민심이 동요하자 백련교는 이 틈을 타 난을 일으켰다. 백련교의 수령 한산동은 조정의 탄압으로 사망하였으나 교도들이 그의 아들 한림아(林兒)를 황제로 추대하고 송(宋)이라는 국호를 내세웠다. 이어 후베이(湖北)의 서수휘(徐壽輝), 안후이의 곽자흥(郭子興), 주원장(朱元璋) 등이 이에 호응하여 봉기하였다. 이로써 홍건적의 세력은 화북(華北)과 화중(華中) 일대를 장악할 정도로 커졌으나 내부 분열로 인해 원나라 군대에 패퇴하였다. 그 잔당 일부는 만주로 이동하였다가 2차에 걸쳐 고려를 침범하였다가 전멸하였다. 그러나 주원장은 이후에도 세력을 유지하면서 훗날 명(明)왕조를 창건하였다.

홍군(紅軍)

중국 공산당의 군대. 1927년 8월의 난창(南昌) 폭동 봉기세력을 중심으로 결성되었다. 이후 국민당군의 토벌이 시작되자 징강산(井岡山)등 산악지대로 도피하여 현지의 도적과 유민을 규합하여 곳곳에 혁명근거지(소비에트)를 건설하였다. 이 시기에는 '노농(勞農) 홍군'이라는 명칭으로 불렸다. 이후 중국 공산당이 장정에 나서면서 마오쩌둥이 당권을 장악하자 홍군도 그의 지휘를 받게 되었다. 제2차 국공합작으로 국민당과 공산당이 함께 항일전쟁을 수행했던 시기에는 팔로군(八路軍), 신사군(新四軍)이라고 불리웠으며, 일본이 항복한 후에는 인민해방군이라 불리게 되었다.

홍수전(洪秀全, 1814~1864)

청나라 말기의 중국에서 태평천국의 난을 주동한 인물. 광둥성 화현(花縣) 출신으로 과거에 여러 차례 응시하였으나 낙방하였다. 그러던 중에 그리스도교의 영향을 받아 배상제회(拜上帝會)라는 종교결사를 결성하였다. 배상제회는 중국의 기성종교와 우상숭배를 부정하고 만민 평등을 지향하였다. 이들은 청나라 조정을 타도하고 지상천국 건설을 목표로 하여 1851년 봉기하여 나라 이름을 태평천국이라 하고 홍수전은 천왕(天王)이라 칭하였다. 태평군은 승승장구하며 1853년에 난징(南京)을 점령하였다. 그러나 난징을 점령한 이후 홍수전은 정무에서 은퇴하여 은둔하였으며 청군이 난징을 탈환하기 직전에 음독 자살하였다.

홍루몽(紅樓夢, 1715?~1763?)

중국 청(淸)나라 때 조설근(曹雪芹)이 지은 장편소설.《석두기(石頭記)》,《금옥연(金玉緣)》,《금릉십이차(金陵十二釵)》,《정승록(情僧錄)》,《풍월보감(風月寶鑑)》)이라고도 한다. 줄거리는 금릉(金陵 : 南京)에 있는 가씨(賈氏) 집안을 무대로 주인공 가보옥(賈寶玉)과 그를 둘러싼 두 여인인 사촌 누이동생 임대옥(林黛玉)과 설보채(薛寶釵)라는 세 남녀의 애정관계를 다루고 있다. 가보옥은 두 여인 사이에서 우여곡절 끝에 설보채와 결혼하고 임대옥은 쓸쓸히 죽는다. 인생무상을 느낀 보옥은 집을 나와 사라진다는 것이 이 소설의 중심 줄거리이다. 이 작품은 500명이 넘는 등장인물에 대한 세밀한 성격묘사와 뛰어난 구성으로 청나라 시대의 대표적 소설작품으로 꼽힌다.

홍무제 ◐ 주원장

홍위병 ◐ 문화대혁명

▶ 바다에서 바라본 홍콩

홍콩(香港, Hong Kong)

중국 대륙의 동남부에 위치한 특별 행정구. 원래 주장강(珠江) 하구의 동쪽 연안에 있는 작은 섬이었으며 1941년 아편 전쟁이 일어나자 영국이 점령하였다가 1842년 난징조약으로 정식으로 영국에 할양되었다. 이어 1860년 베이징 조약으로 홍콩 섬 맞은 편의 주룽반도(九龍半島) 남단부가 할양되었으며 1898년에는 주룽반도의 심천하 남쪽지역과 부근의 만, 도서, 해면을 99년간 조차하는 계약이 체결되었다. 이후 영국 식민지무역의 중개항구로서 아편무역과 중국인 노동자(쿨리) 인력 수출로 번성하였다. 태평양전쟁 중에는 일본이 점령하였으며 중국이 공산화된 후에는 국제 정치와 무역의 중계기지로서 발전하였다. 1997년 중국에 반환되었으며 현재는 중화인민공화국 홍콩특별행정구(SAR)이다.

화교(華僑)

중국 본토에서 해외로 이주한 중국인 및 그 자손을 말한다. 이들은 현지에서 동향단체를 결성하여 동질성을 유지하면서 주로 상업에 종사하고있으며 주로 중국 남부의 3성(광둥, 광시, 푸젠) 출신이 많다. 화교의 발생 원인은 중국 본토의 생활난, 전쟁을 피해 이주한 사람들과, 상업상의 필요 또는 보다 나은 생활을 위해서라고 할 수 있다. 이미 당나라, 송나라 시대부터 동남아의 수마트라 등지에 화교가 진출하였으며 명, 청 시대에 들어서면서 필리핀, 보르네오, 캄보디아, 타이 등지에서 현지의 경제권을 장악할 정도의 세력으로 성장하였다. 19세기 중반부터는 아메리카 대륙과 오스트레일리아의 노동력 부족을 해소하기 위해 중국인 육체노동자(쿨리)들이 대거 진출하였다. 이들은 아메리카 대륙 횡단철도의 건설, 광산 노동에 종사하였다. 현재 전 세계의 화교는 동남아에 가장 많이 거주하고 있으며 그 수가 1,000만 이상이다.

화폐지대(Money Rent)

▶ 농노들의 생활

화폐로 납부하는 봉건지대. 원래 중세 유럽의 장원 경제에서는 지대를 농노의 부역을 통한 노동지대나 농노가 생산한 생산물을 바치는 생산물지대로 징수하였다. 그러나 도시와 상업의 발달로 인하여 장원에도 상품경제의 영향이 미치면서 점차 생산물지대가 화폐지대로 바뀌게 되었다. 농민은 영주에게 화폐지대를 내기 위해서는 화폐가 필요하기 때문에 자신의 생산물 일부를 내다 팔게 됨으로써 상품경제에 참여하게 되었다. 이로 인해 종래의 자급자족적 농민 경제의 변화가 시작되었으며 종래의 영주-농노 관계가 계약관계로 변하기 시작했다. 화폐 지대는 영국에서는 14세기 말부터 자리잡았으며 이를 통해 영국의 독립 자영농층이 등장할 수 있었다.

황건적의 난(黃巾賊의 亂)

중국에서 2세기 후한(後漢)시대 말기에 일어난 종교적 농민반란. 반란 세력이 머리에 누런 수건을 썼기 때문에 황건적이라 불리게 되었다. 후한 말기에 사회가 혼란스럽고 기근이 계속되던 시기에 장각(張角)이 태평도(太平道)라는 종교를 창시하고 교세를 확장하였다. 태평도는 화북, 화중 지역은 물론 강남까지 세력을 뻗쳐 10만 명의 신도를 모은 끝에 184년 군사를 일으켜 봉기하였다. 한나라 조정에서는 군대를 파견하고 지방 호족들의 협력을 얻어 그 해 말까지 반란 세을 거의 진압하였다. 주동자인 장각이 죽자 그 무리는 흩어졌으나 이후 각지에서 흑산(黑山), 백파(白派), 뇌공(雷公), 부운(浮雲), 비연(飛燕)과 같은 도적 무리들이 횡행하고 황건적을 진압하기 위해 조직된 토벌군의 장수들이 각지에서 할거하여 한왕조 멸망의 원인이 되었다.

황소의 난(黃巢의 亂, 875~884)

중국 당나라 말기에 일어난 농민 반란. 당나라 희종(僖宗) 시대에 산둥(山東)성에서 소금 밀매상을 하던 왕선지(王仙芝), 황소(黃巢) 등이 반란을 주동하였다. 당시 당나라 사회는 환관의 전횡과 절도사들의 독자 세력화, 대외 전쟁과 기근으로 인하여 각종 세금 부담이 늘고 소금이 전매되는 등 서민의 생활고가 극심하여 많은 농민들이 토지를 잃고 유랑하게 되었다. 이들이 소금 밀매상들과 결탁하여 염적(鹽賊) 또는 초적(草賊)이라 불리우는 반체제 세력을 형성하였다. 황소는 바로 이러한 염적의 세력을 바탕으로 여러 지방으로 이동하며 약탈활동을 벌였다. 이들은 허난(河南), 산둥 및 장시(江西), 푸젠(福建), 광둥(廣東), 광시(廣西), 후난(湖南), 후베이(湖北) 등지로 이동하며 중국 본토를 종단한 끝에 880년에는 뤄양(洛陽), 창안(長安) 등을 함락시켰다. 이에 희종은 쓰촨(四川)으로 망명하였다. 황소는 장안에서 나라를 세우고 국호를 대제(大齊)라 하였다. 그러나 내분이 일어난 데다 당나라 조정을 지원한 투르크계 이극용(李克用)의 군대에 밀려 장안을 버리고 다시 중국 각지를 이동하며 약탈을 벌이다가 884년 황소가 산둥에서 자살함으로써 난은 평정되었다. 황소의 난으로 당나라 조정의 권위는 땅에 떨어지고 각 지방의 절도사들이 군벌이 되면서 당왕조는 무너지고 오대십국(五代十國)의 혼란기로 넘어가게 되었다.

황여전람도(皇輿全覽圖, 1717)

중국 청나라 시대에 만든 중국 전도. 서양인 선교사 J. B. 레지스 등이 강희제 시대인 1717년에 제작하였다. 이후 유럽에서 제작된 중국 지도는 모두 이 지도를 바탕으로 하여 제작되었다. 원본은 프랑스 외무부 문서관에 소장되어 있었으나 현재는 행방을 찾을 수 없다. 1735년에 간행된 당빌의 시나아틀라스도 이 지도를 바탕으로 제작되었으며, 1927년에 진량(金梁)이 출판한 만한합벽청내부일통여지비도(滿漢合璧淸內府一統輿地秘圖)는 황여전람도의 옛 모습을 그대로 나타내고 있다.

황제당(Ghibellines)

중세 말기의 유럽에서 로마 교황과 신성로마제국 황제가 대립했을 때 황제를 지지했던 당파. 독일의 제후들은 황제 선출을 둘러싸고 종종 대립하였다. 1138년 호엔시타우펜 가문의 콘라드 3세가 바이에른 공 하인리히 10세를 물리치고 황제에 즉위하였다. 이때 호엔시타우펜 가문을 지지한 당파를 기벨린(황제당)이라 부르고 반대파를 겔프(교황당)라 부르게 되었다. 이러한 대립은 프리드리히 1세 바르바로사(재위 1152~1190)의 이탈리아 정책에 따라 이탈리아로 파급되면서 이탈리아 도시국가 사이의 대립으로 확산되었다. 교황청이 프랑스의 아비뇽으로 옮긴 후에도 이탈리아 도시국가들 사이에서 교황당과 황제당의 대립은 계속되었으며 15세기말부터는 독일, 프랑스, 에스파니아 등 외국 세력까지 이 대립에 개입하여 이탈리아의 정치는 혼란에 빠지게 되었다.

▶ 황제당의 문장(紋章)

황종희(黃宗羲, 1610~1695)

중국 명나라 말기, 청나라 초기의 학자, 사상가. 호 남뢰(南雷), 이주(梨洲). 자 태충(太冲). 저장성(浙江省) 위야오(餘姚) 출신이다. 그의 아버지 황존소(黃尊素)는 동림당(東林黨)의 대표적 인물로 1626년 위충현(魏忠賢)이 동림당을 탄압할 때 옥에서 사망하였다. 황종희도 동림당의 자제들이 결성하였기 때문에 소동림(小東林)으로 불린 '복사(復社)'에 가입하였다. 그는 복사에서 활동하면서 환관 세력에 맞서 정치운동에 참여하였으며 1644년 명나라가 망하자 의용군을 조직하고 명나라 유왕(遺王)인 노왕(魯王)을 따라 만주(滿洲)에서 청군(淸軍)에 저항하였다. 그후 청나라 조정에서 그를 관직에 기용하려 하였으나 이를 거절하고 고향에서 독서와 저술에 전념하여 명대(明代)의 철학사(哲學史)라고 할 《명유학안(明儒學案)》 등을 저술하였다. 그의 학문은 박람(博覽)과 실증(實證)을 존중하여 이후 청대 고증학에 큰 영향을 미쳤다. 동림당과 복사의 영향을 받은 그의 정치사상은 민주주의, 합리주의, 인간 해방을 추구하였기 때문에 계몽사상가라는 평을 받았으며 특히 군주독재제도를 비판한 《명이대방록(明夷待訪錄)》은 청나라 말기의 혁명사상에 영향을 미쳤다.

황허문명(黃河文明)

중국 황허강 중·하류 유역에서 발생한 문명. 세계 4대 문명의 하나이다. 황허 유역은 잦은 범람으로 농경에 적합한 비옥한 옥토 지대가 형성되어 일찌기 신석기 시대부터 문명의 중심지로 부각되었다. 황허강 유역을 중심으로 하여 양사오(仰韶, BC 4000~BC 2000년경) 문화와, 그로부터 발전한 룽산(龍山, BC 2500~BC 1500년경) 문화와 같은 신석기문화가 등장하였고 이로부터 많은 농경 촌락이 형성되었다. 신석기 시대에서 청동기 시대로 넘어가면서 청동제 무기로 무장한 세력이 왕조를 건설하여 국가를 수립하였는데 이시기에 황하 문명권에서는 은(殷)나라가 수립되었다. 이후 은나라를 뒤이은 주(周)나라 시대까지도 황하 유역은 중국 문명의 중심지였으며 전한(前漢)의 무제(武帝 : 재위 BC 171~BC 87) 시대에 철기가 널리 보급되고 생산력의 지역차가 줄어들자 문화도 전국적으로 평균화되었다.

회관(공소)會館

중국에서 고향이 같거나, 업종이 같은 상인들끼리 단합과, 친목, 상호부조를 목적으로 세운 건물. 공소(公所)라고도 한다. 주로 타향이나 외국에서 활동하는 상인들의 상호부조 조직으로 설립되었다. 회관이라는 명칭은 명나라 중기부터 등장하지만 각 지방에 다양한 회관이 설립된 것은 청나라 시대에 들어와서부터다. 회관의 규모는 여러 종류이지만 공통점은 정기적으로 제사를 모시며 회원 총회를 열어 회관을 운영했다는 점이다. 회관의 운영자금은 회원의 기부에 의존하거나, 대회관의 경우는 자체의 자산을 가지고 운영하며 회원들의 숙소, 창고, 사망한 회원의 시신을 고향에 보낼 때까지 안치하는 안치소와 공동 묘지, 임대 주택과 점포 등을 경영하였다. 이러한 회관은 근대 이후 중국 화교들이 동남아 각지와 아메리카 대륙, 유럽 등지로 진출하면서 해외의 각 도시에도 등장하였으며 외국에서 중국인의 권익을 대표하는 조직으로 성장하였다.

회도(灰陶)

중국에서 신석기 시대부터 철기 시대 초기까지 사용된 청회색을 띤 토기. 주로 물을 끓일 때나 취사할 때 쓰였으며 신석기시대의 양사오문화기(仰韶文化期)에 처음 나타났다. 이후 청동기시대인 은(殷), 주(周)시대에 이르면 여러 가지 형태와 종류가 등장하면서 전성기를 이루었다. 처음에는 손으로 주물러 만들었으나 룽산문화(龍山文化)의 말기에는 고패를 사용한 것이 많아졌다. 일반적으로 표면에 꼰무늬(繩文)가 있으며 이를 장식적으로 표현한 종류도 있다. 철기시대인 한대(漢代)에 들어서면서 점차 토기에서 본격적인 도기(陶器)로 발전한다.

회자(會子)

중국 송나라 시대 사용된 어음의 명칭. 때로는 지폐라는 뜻으로도 쓰인다. 북송 시대부터 대도시의 상인이나 금융업자가 발행한 약속 어음이나 송금 어음을 회자라고 불렀으며 그 중에 신용이 있는 것은 지폐의 대용으로 쓰이기도 하였다. 이것이 남송 시대에 들어와서 1160년 정부가 민간의 회자를 금지하고 국가에서 직접 태환기한(兌換期限)이 있는 회자를 발행하면서 본격적으로 지폐로 사용되기 시작하였다. 지폐로서의 회자는 3년을 1계(界)로 하여 신·구회자의 교환이 이루어지고, 액면은 3관(貫), 2관, 1관, 500문(文), 300문, 200문 등이었다. 당초의 발행액은 1계 1000만 관이었으나, 군사비의 증대에 따라 동전 대신 계속 증대하였다. 그러나 발행량이 늘어나면서 회자를 현금

으로 교환할 수 없게 됨에 따라 회자의 가치가 하락하여 국가경제가 큰 혼란
에 빠지게 되었다.

효문제(孝文帝, 467~499)

중국 북위(北魏)의 제6대 황제(재위 471~499). 성 탁발(拓跋). 이름 굉(宏).
묘호(廟號) 고조(高祖). 471년 5세의 나이로 즉위하여 490년까지 조모 풍태후
(馮太后)가 섭정을 맡았으며 직접 정사를 본 지 10년 만인 33세에 사망하였
다. 짧은 기간 국정을 운영하였으나 북위를 중흥시킨 뛰어난 군주로 평가받
았다. 태후의 섭정 시기에 처음으로 관리에게 봉록을 지급하고 삼장제(三長
制)를 시행하여 백성의 호적을 정비하고 균전제(均田制)를 창설하였다. 친정
(親政) 후에는 율령을 개정하고 북방민족의 풍습을 버리고 중국의 제도를 채
택하는 한화정책(漢化政策)을 실시하였다. 한인(漢人)을 관료로 채용하고 남
조(南朝)의 구품제(九品制)와 귀족제를 채택하여 한인과 호인(胡人) 귀족이
공존하는 북조(北朝) 귀족제도를 수립하였다. 그러나 한화정책과 귀족문화의
성행하면서 정권의 기반인 호인 하급 군인들의 불만이 누적되어 효문제의 사
후에 육진(六鎭)의 난이 일어나게 되었다.

후세인-맥마흔 협정(Husain-McMahon Agreements, 1915)

제1차 세계대전 중 아라비아인이 오스만 투르크제국으로부터 독립하는 데 대
하여 영국과 아라비아인 지도자가 체결한 협정. 메카의 샤리프로 마호메트의
후손인 후세인은 이집트 및 수단의 영국 고등 판무관 맥마흔과 밀서를 교환
하여 시리아의 서부를 제외한 오스만제국 영토의 독립을 지지한다는 약속을
받았다. 그러나 영국은 1916년 러시아의 상트페테르부르크에서 영국이 메소
포타미아 남부를 차지하고, 프랑스는 시리아, 러시아는 흑해 남동 지역을 차
지하여 오스만 투르크제국을 분할한다는 '사이크스 피코 협정'을 체결하였
다. 또한 1917년에는 팔레스티나에 유대인 국가의 건설을 지지한다는 밸푸어
선언을 발표하였다. 이처럼 영국이 모순되는 정책을 그때그때 전쟁수행의 필
요에 따라 발표함으로써 전후 중동의 혼란을 가중시키게 되었다.

후스(Huss, Johannes, 1369?~1415)

보헤미아(체코)의 종교 개혁가. 프라하대학에서 신학을 공부하고 프라하대학
의 교수를 거쳐 총장이 되었다. 학자로 활동하는 한편 카톨릭 사제로서 성당
의 주임신부를 겸하였다. 당시 보헤미아에 전파된 영국의 종교개혁가 위클리
프의 설을 받아들여 성서를 유일한 권위로 인정하고 예정설을 받아들였으며,
교황을 비롯하여 고위성직자의 성직매매와 교회의 세속화를 비난하였다. 그
는 또한 체코 민족운동의 지도자로 보헤미아의 독일화에 반대하였다. 이 때

문에 1411년 카톨릭교회는 그를 파문하고 1414년 콘스탄츠 공의회에 소환하였다. 공의회에서 카톨릭 교회는 후스에게 이단사상을 철회할 것을 요구하였으나 후스는 이를 거절하였다. 이 때문에 후스는 1415년 콘스탄츠 교외에서 화형을 당하였다. 후스가 처형된 후에도 보헤미아인들의 저항은 계속되어 1419~1434년의 후스전쟁이 발발하게 되었다.

후베르투스부르크조약 ● 7년 전쟁

훈고학

중국에서 한나라로부터 당나라 때까지 유행하던 유학의 일파. 훈고는 고훈(訓)이라고도 하며 고금의 상이한 말을 해석하는 것을 '고'라 하고 사물의 형용을 설명하는 것을 '훈'이라 하므로 문자의 해석을 뜻한다. 이 훈고학은 춘추전국시대에 활동한 공자나 맹자의 저서가 진시황의 분서갱유나 한자의 변화로 인하여 이해하기 어려워짐에 따라 전한(前漢)시대부터 등장하였다. 전한시대 말기에 《이아(爾雅)》와 같이 경전의 낱말을 풀이한 일종의 자전이 나타났으며 후한 시대에 들어 허신(許愼), 마융(馬融), 정현(鄭玄), 유희(劉熙) 등의 훈고학자가 나타났다. 이중 허신이 지은 《설문해자(說文解字)》와 유희의 《석명(釋名)》 같은 대표적인 훈고학 저작이 등장하였다. 이후 훈고학은 당나라 시대까지 계승되어 공영달(孔穎達) 등이 《오경정의(五經正義)》와 같은 저서를 편찬하여 학문의 통일에 기여하였다. 송나라와 명나라 시대에는 성리학이 성행하여 훈고학은 쇠퇴하였으나 청나라 시대 실증적인 고증학이 유행하면서 고증학의 한 분야로서 훈고학과 음운학이 발달하였다. 이 시기의 대표적 훈고학자로 대진(戴震), 단옥재(段玉裁), 왕염손(王念孫), 왕인지(王引之), 유월(俞荳) 등이 있다.

훈족(Hun)

▶ 훈족 기병

중앙아시아의 스텝 지대에 거주하던 투르크 계통의 유목민족. 중국 고대사에 나오는 흉노(匈奴)와 관계가 있다는 설도 있으나 불분명하다. 이들은 4세기에 유럽으로 이동하여 다뉴브강과 타이스강 사이에 50여 년 정도 머물다가 375년 흑해 북안의 동고트족을 정복하고 이어서 다뉴브강 하류의 서고트족을 압박하여 게르만 민족의 대이동을 촉발시켰다. 4세기말의 루아스왕 시대에는 현재의 헝가리, 트랜실베니아 일대를 지배하고 그 뒤를 이은 아틸라 왕 시대에는 주변의 게르만 부족을 전부 복속시켜 대제국을 이룩하였다. 이때 훈족의 영역은 헝가리를 중심으로 서로는 라인강, 남으로는 다뉴브강, 북으로는 스칸디나비아 남부, 동으로는 이란에까지 미쳤다. 아틸라가 이끈 훈족은 갈리아에 침입하여 로마제국을 압박하다가 451년 카탈라우눔전투에서 로마군에 패배하였다. 그러나 이후에도 훈족은 이탈리아 침입을 시도하다가 453년 아틸라가 갑작스럽게 죽음으로써 훈족의 대제국도 와해되었다. 이후 훈족은 다뉴브강 하류지방으로 후퇴하여 그곳에서 다른 민족과 동화되어 민족으로서는 소멸하였다.

훌라구(旭烈兀, Hulagu, 1218~1265)

일한국(汗國)의 창시자(재위 1258~1265). 칭기즈칸의 막내아들인 툴루이의 셋째아들. 몽케칸과 쿠빌라이 칸의 아우이다. 1251년 형 몽케칸의 명령으로 이란을 정벌하기 위해 서아시아 원정에 나섰다. 1256년 아무다리아를 건너 카스피 해 남안에 이르러 암살단으로 유명한 이스마일파 이슬람교도를 물리치고 이라크로 진입하였다. 이어 1258년 아바스왕조의 수도 바그다드를 점령하고 폐허로 만들었다. 이후 시리아를 공격하여 수도 다마스커스를 함락시키고 이란 서북부의 타브리즈와 마라가를 도읍으로 하여 일 한국을 건설하였다. 그는 그리스도교인을 우대하고 이슬람 지식인들을 등용하여 정부를 구성하였으며 몽골제국의 칸의 종주권을 인정하여 우호관계를 가졌다. 그러나 킵차크한국 및 다른 두 한국과는 영토 문제로 자주 다툼을 벌였다.

휘그당(Whig Party)

토리 당과 함께 근대 영국의 양당 정치를 이룩한 정당. 휘그란 말은 본래 17세기 중반 스코틀랜드의 폭도를 의미했다. 1679년 찰스 2세의 후계자 문제를 놓고 국왕의 동생인 요크공(후일의 제임스 2세)을 왕위계승권에서 배제하는 문제를 놓고 기사파와 민권파가 대립하게 되었다. 이때 요크공의 왕위 계승 배제에 찬성한 민권파에 대해 기사파가 그들을 경멸적인 의미로 휘그라 부른 것이 휘그당이란 이름의 시초가 되었다. 휘그당은 귀족을 지도자로 하였으나 상인이나 비국교도 세력의 지지를 받아 왕권에 반대하는 성향이 강하였다. 명예혁명의 성공은 휘그당 노선의 승리를 뜻하였으며 1714년 하노버 왕가가 성립한 후에는 월폴, 대(大)피트 등의 뛰어난 지도자 하에서 근대적 내각 책임제와 의회정치를 이룩하였다. 조지 3세 시대에는 토리 당에 정권을 빼앗겼으나 19세기에 들어서는 산업혁명으로 성장한 시민층을 지지기반으로 선거법 개혁운동에 나섰다. 1768년 글래드스턴이 당권을 장악한 뒤부터는 실질적인 자유당으로 다시 탄생하게 되었다.

휴머니즘(Hhumanism)

넓은 의미로는 인간성을 존중하고 인간의 해방을 지향하는 사상을 말한다. 좁은 의미로는 르네상스 시기의 근대 유럽에서 신학 위주의 학문체계에 반발하여 보다 인간다운 학문과 예술을 표방한 근대 정신의 일환을 뜻한다. 휴머니즘이란 말은 고대 로마의 문필가 키케로가 처음 사용한 라틴어의 humanitas(보다 인간다운)에서 비롯하였다. 이것은 보다 문화적이고 기품과 교양을 갖춘 '더 나은 인간'을 뜻하는 말이었다. 고대의 휴머니즘은 헬레니즘 시대에 이르러 세계시민주의(코스모폴리타니즘)와 함께 인간의 보편성을 강조하는 방향으로 발전하였다. 중세 유럽에서는 인간보다 신을 우위에 두었으나 그러한 가운데서도 휴머니즘은 그리스도교의 박애주의에 결부되어 명맥을 유지하였다. 휴머니즘은 르네상스 시대에 와서 고전 고대의 학문과 예술에 대한 관심이 부활하면서 새로운 국면을 맞이하였으며 봉건적 정치, 종교 관습으로부터 벗어나고자 하던 시민계급의 사상이 되었다. 이탈리아의 페트라르카, 네덜란드의 에라스무스, 프랑스의 몽테뉴 같은 인문주의자들은 고전을 연구하여 완전한 인간상을 찾아내고 자연적 인간성에서 지혜를 찾아내어 중세적 가치관을 벗어나고자 하였다. 이후 18세기 계몽사상가들은 휴머니즘과 과학기술의 합리성을 결부시켜 자연과학 뿐 아니라 사회, 정치, 문화 분야에서도 과학적 합리성을 철저하게 추구하는 것이 인간성을 확충하는 길이라고 주장하였다. 그럼으로써 이들은 인간성의 구현이 바로 '진보'라는 개념을 제시하였다. 그러나 이미 18세기 후반부터 기계적 합리성과 무조건적인 진보에 인간성을 국한시키는데 반발하여 새로운 휴머니즘을 추구하는 사조가 발생하였다. 독일의 빙켈만, 헤르더, 괴테, 실러 등은 추상적 합리주의를 배격하고 고전 고대의 보다 인간다운 인간의 추구라는 이상을 택하였다. 이와 같이 휴머니즘은 각 시대와 사람에 따라 다양한 의미로 사용되었다. 그러나 여러 휴머니즘의 공통점은 인간에 대한 존중, 인간다움에 대한 추구라고 할 수 있다.

▶ 흄

흄(Hume, David, 1711~1776)

영국의 철학자, 역사학자, 경제학자. 스코틀랜드의 에든버러에서 태어나 에든버러대학에서 법학을 공부하였다. 졸업 후 상업에 종사하다가 문학과 철학에 뜻을 두고 1734년 프랑스로 건너갔다. 프랑스에서 《인성론》을 집필하기 시작하여 1739년에 제1권 《오성(悟性)》편(篇)과 제2권 《감정》편을, 1740년에 제3권 《도덕》편을 출간하였다. 1737년에 귀국한 후 에든버러 도서관의 사서, 프랑스 주재 영국대사의 비서

등을 지냈다. 그의 인성론은 로크의 경험론을 더욱 발전시켜 '지각(知覺)은 곧 사물'이며 '자아(自我)는 지각의 묶음'이라고 주장하였으며 불변의 실체나 비물질적인 혼(魂), 인과성 등은 주관적인 것이라 하여 과학의 보편성을 부정하였다. 독일의 철학자 칸트는 흄의 저서를 통해 이성론의 독단에서 깨어날 수 있었다고 하였다. 흄은 도덕에 있어서는 공리주의를, 종교에 있어서는 이신론을 제시했으며 경제적으로는 중상주의에 반대하여 이후 아담 스미스의 자유주의 경제학에 큰 영향을 미쳤다.

흉노(匈奴)

BC 4세기말부터 AD 1세기말까지 몽고에서 번성한 기마민족 및 그들이 세운 국가. 전국시대에는 오르도스 지방에 거주하면서 중국의 북부를 자주 위협하였다. 진시황이 중국을 통일할 무렵(BC 221)에 흉노 연제(連題) 씨족의 족장(族長) 두만(頭曼)의 아들 묵돌(冒頓, ?~BC 174)이 몽고 고원의 여러 부족을 통일하고 스스로 선우(單于, 유목국가의 군주)라 칭하였다. 이후 묵돌은 몽고 전체를 장악하고 중국에 침입하였다. 한(漢)나라 고조(高祖)가 직접 흉노에 맞섰으나 백등산(白登山)에서 패배하여 간신히 탈출하였다. 이에 한나라는 공주를 선우에게 시집보내고 많은 공물을 보내어 평화를 유지하였다. 이후 흉노는 동투르키스탄의 오아시스 국가들을 정복하여 많은 재화를 징수하여 국력을 늘렸다. 이 때문에 한나라 무제(武帝)는 흉노를 동서 양쪽에서 협공하기 위해 장건(張騫)을 서역의 월지(月氏)에 파견하였다(BC 139~BC 126). 후한시대에 들어 흉노에 내분이 일어나면서 5명의 선우가 난립한 끝에 호한야(呼韓邪)선우가 후한(後漢)에 투항함으로써 호한야가 이끄는 남(南)흉노와 북(北)흉노로 분열하였다(48). 이후 남흉노는 중국에 동화되고 북흉노는 선비족, 남흉노, 한나라의 공격을 받아 2세기 중엽에 몽고를 벗어나 키르키즈 방면으로 이주하였다. 일설에는 4세기에 유럽을 휩쓴 훈족이 이 북흉노의 후손이라고 한다. 흉노는 인종적으로 투르크계에 속하며 연제, 호연(呼衍), 수복(須卜), 난(蘭), 구림(丘林) 등의 씨족으로 이루어진 부족 연합체로서 선우의 지위는 연제 씨족에서만 나왔다. 이들은 유목생활을 하였으며 스키토 시베리아계 문화에 중국과 이란의 문화를 받아들였음을 유물을 통해서 알 수 있다.

흐루시초프(Nikita Sergeevich Khrushchyov, 1894~1971)

소련의 정치가. 크루스크주에서 광부의 아들로 태어났으며 1918년 공산당에 입당하여 모스크바 당위원회 서기, 당 중앙위원 등을 거쳐 1929년 당 정치국원이 되었다. 1941년 나치 독일군이 소련을 침공하자 우크라이나 방면에서 군사위원으로 공훈을 세웠다. 전후에는 모스크바시 제1서기를 거쳐 공산당 중앙위원회 서기국원에 임명되었다. 1953년 스탈린이 사망하자 당 제1서기를

▶ 흐루시초프

거쳐 말렌코프와 몰로토프 등의 경쟁자를 물리치고 실권을 장악하였다. 이 과정에서 1955년 당대회에서 유명한 '스탈린 비판' 연설을 감행하였다. 1958년 권력을 독점하여 수상이 되었으며 정치범을 석방하고 스탈린주의자를 숙청하면서 국제적으로도 긴장완화의 분위기를 조성하였다. 1962년 쿠바 위기를 겪었으나 이후 1963년 핵실험 중단 협정을 체결하는 등 동·서 대립을 종식시키고 평화공존 노선을 추구하였다. 그러나 이로 인해 중국으로부터 수정주의라는 비판을 받았으며 국내의 반발과 경제 문제로 인해 1964년 실각하였다.

흑기군 ○ 유영복

흑사병(Black Death)

14세기 중엽 유럽 전역에 만연했던 페스트성 전염병. 원래는 야생 설치류(다람쥐, 쥐 등)의 전염병이며 벼룩을 통해 전염된다. 발생지는 불분명하나 1346년 크림 반도 흑해 연안의 카파에서 이탈리아 상인이 타타르족에게 포위되었을 때 처음 발생하였다. 일단 발병한 후에는 배편으로 지중해를 건너 남유럽으로 전염되었다. 복카치오는 이탈리아 피렌체에서 흑사병이 퍼진 사건을 소재로 하여 《데카메론》을 지었다. 흑사병으로 인해 유럽 인구의 1/3이 감소하였다고 추정된다. 이로 인한 사회경제적 충격은 심각하여 농업 노동력의 부족과 노동자의 임금 인상을 초래하였다. 이 때문에 봉건 장원의 영주 직영지 경작이 마비되었으며 14세기 후반에는 여러 차례 노동자 조례를 반포하여 임금과 노동자의 이주를 제한했으나 성과가 없었다. 특히 영국에서는 영주 직영지가 소작지로 넘어가면서 자영농이 등장할 수 있는 배경이 형성되었다.

흥중회 ○ 쑨원

희망봉(喜望峰, Cape of Good Hope)

아프리카 대륙의 최남단에 있는 곶(串). 케이프 타운에 가까운 반도의 맨 끝에 위치하여 케이프 포인트라고도 불린다. 15세기 유럽의 지리상의 발견시대(대항해 시대)인 1488년 포르투갈의 바르톨로뮤 디아스가 발견하였다. 처음에는 '폭풍우의 곶'으로 불렸으며 1497년 바스코 다 가마가 이곳을 통과하여 인도로 가는 항로를 개척하였기 때문에 당시 포르투갈의 국왕 주앙 2세가 인도 항로 발견을 기념하여 '희망봉'이라 명명하였다. 이후 희망봉은 동양 무역의 중계지로서 남아프리카 케이프 식민지의 중심이 되었다. 현재는 남아프리카 공화국에 속하며 관광지화 되었다.

히타이트(Hittite)

고대 오리엔트 지역에서 활약한 민족 및 그들이 세운 왕국. 이들은 BC 2000년경에 소아시아, 시리아 북부를 무대로 활약하였으며 고대 설형문자 문헌에는 '하티'라고 표기되어 있다. 하티는 원래 아르메노이드 계통 언어의 명칭이었으나 뒤에 이 언어를 사용하는 사람들이 사는 소아시아 할리스강 유역으로 이주한 인도 유럽계 민족의 명칭이 되었다. 이들은 BC 2000년대에 발칸에서 소아시아로 이동하였으며 토착민을 정복하고 중부 소아시아를 지배하였다. BC 17세기 후반에는 시리아까지 침입하고 이어서 바빌로니아까지 원정하였다. 이후 1세기 동안은 암흑시대로 혼란기를 맞았으나 BC 14~13세기에 다시 소아시아를 통일하고 대제국을 건설하였다. 이때 철제 무기와 말, 2륜 전차 등의 신무기를 사용하였다. 이후 히타이트는 시리아의 종주권을 놓고 이집트의 람세스 2세와 오론테스 강변의 카데시에서 전투를 벌였다(BC 1286). 전투 후 양국은 우호조약을 맺고 평화를 추구하였으나 BC 12세기경부터 서방에서 침입해온 해양민족의 공격으로 쇠퇴하였다.

히틀러(Hitler, Adolf, 1889~1945)

독일 제3제국의 총통, 나치스 당의 지도자. 오스트리아에서 태어나 빈에서 그림을 공부하며 미술학교에 지원했다가 실패하고 그림을 팔아 생활하였다. 이 시기부터 독일민족 우월주의 및 반유대주의, 반사회주의 사상을 가지게 되었다. 1913년에 뮌헨으로 이주하였으며 제1차 세계대전이 일어나자 독일군에 자원입대하여 육군 하사로 참전하였다. 전장에서의 공로로 1급 철십자 훈장을 받고 제대하였으며 1919년 후일의 국가사회주의독일노동당(나치스)으로 발전한 독일 노동자당에 입당하였다. 히틀러는 웅변과 선동술에 능하여 곧 당수가 되었으며 굴욕적인 베르사유조약 파기와 의회정치를 타도하고 독일민족 중심의 강한 독일을 재건하자는 주장을 내세워 지지자를 모았다. 1923년에는 뮌헨에서 공화국 타도 쿠데타를 일으키고자 봉기했으나 군부와 관료의 지지를 얻지 못해 실패하였다. 이 사건으로 1924년 12월까지 투옥되었으며 옥중에서 《나의 투쟁》을 저술하여 동유럽을 정복하고 게르만 민족의 생존권을 동방으로 확장한다는 계획을 제시하였다. 출옥한 후 히틀러는 합법적 방법을 통한 세력 확장을 택하여 의회에 진출하기 위해 노력하였다. 1929년부터 나치스 당의 득표율이 높아지기 시작하여 1933년 힌덴부르크 대통령은 히틀러를 수상으로 임명하였다. 수상에 취임한 히틀러는 곧 일당독재 체제를 확립하고 1934년 힌덴부르크가 죽자 그 지위를 넘겨받아 총통이 되었다. 이후 독일군의 재무장을 시작하고 군비를 확장한 끝에 결국 1939년 제2차 세계대전을 일으켰다. 전쟁 초반에는 프랑스를 점령하면서 승리를 거듭하였으나 1941년 소련을 침공하면서 군사력이 양분되었고 스탈린그라드 전투 패배를 계기로 전세는 독일에 불리하게 돌아갔다. 1944년에는 군의 일부 장군들이 주동한 히틀러 암살시도가 있었으나 히틀러가 암살을 모면함에 따라 실패하였다. 그러나 이미 전세가 기울어 1945년 4월 30일 소련군이 베를린을 함락하기 직전에 자살하였다.

히포크라테스(Hippokrates, BC 460?~BC 377)

▶ 히포크라테스

고대 그리스의 의학자. 코스 섬의 의사 집안에서 태어나 부친 헤라클리데스로부터 의술을 배웠으며 이후 트라키아의 아브데라에 유학에서 철학, 수사학, 외과의학을 공부하였다. 그 후 소아시아와 이집트 각지를 여행하였으며 여행 중에 토질 조건을 비롯한 환경과 건강과의 관계를 연구하였다. 고향으로 돌아온 후에는 환자를 진료하는 한편 연구결과를 책으로 발표하였다. 그의 저작은 BC 3세기에 알렉산드리아에서 편집되어 《히포크라테스 전집》으로 발간되었다. 그의 의학관은 체액론(體液論)을 바탕으로 한 것으로 인체는 불, 물, 공기, 흙의 4대 원소로 구성되어 있으며 인간의 건강은 혈액, 점액, 황담즙(黃膽汁), 흑담즙(黑膽汁)의 4가지 체액의 조화에 달려 있다고 주장하였다. 이 체액의 조화가 깨질 때 병이 생기며 인체는 병에 대한 자연적 치유력을 가지고 있기 때문에 이러한 자연 치유를 돕는 것이 치료의 원칙이라고 주장하였다. 그는 이러한 치료관 및 병의 증후에 대한 세심한 관찰을 통하여 의술을 주술과 종교로부터 분리시켜 경험에 기초한 기술로 정립하였다. 이러한 공적으로 '의학의 아버지'로 불린다.

히피아스(Hippias, BC 560?~BC 490)

고대 그리스 아테네의 제2대 참주(재위 BC 527~BC 510). 참주 페이시스트라토스의 장남이며 후계자이다. 아우 히파르코스와 함께 아테네를 지배하면서 경제, 문화면에서 발전을 이루었다. 그러나 BC 514년 아우 히파르코스가 암살되자 강압적 독재자로 돌변하였다. 이에 BC 510년 알크메온 가문의 설득으로 스파르타의 클레오메네스왕이 무력 개입에 나서게 되었다. 스파르타군이 아크로폴리스를 포위한 끝에 히피아스는 아테네에서 추방되었다. 아테네에서 추방된 후에는 소아시아로 건너가 페르시아의 다리우스 대왕에게 귀순하였다. 다리우스 대왕이 그리스 침공을 결정하자 페르시아군의 안내자가 되어 마라톤 들판에 상륙하였다가 페르시아군이 아테네군에게 참패한 직후 사망한 것으로 추정된다.

힉소스(Hyksos)

고대 오리엔트에서 활약한 민족. '힉소스'란 고대 이집트어로 '외국인 지배자'란 뜻이다. 이들은 셈어족(語族), 후르리인(人), 인도유럽어족의 혼합민족으로 보이며 BC 2000년대 초에 시리아와 팔레스티나에 침입하였고 고대 이집트의 중왕국(中王國)이 멸망한 후 BC 1730년에서 BC 1570년까지 이집트를 지배하여 제15, 16왕조를 건설하였다. 이들은 유목민 출신으로 말과 전차를 이용한 기동성 있는 전술을 구사하였으며, 시나이 반도를 통해 델타 북부에 침입한 후 아바리스에 견고한 성채를 구축하여 정치 중심지로 삼았다. 이후 테베의 호족들이 이들의 신전술을 받아들여 세력을 확장한 끝에 결국 힉소스는 제18왕조를 창건한 아하메스에 의해 델타에서 축출되고 힉소스가 시리아와 팔레스타인 등 서남 아시아에 구축한 거점도 이집트로 넘어갔다.

힌덴부르크(Hindenburg, Paul von, 1847~1934)

독일의 군인, 대통령(재임 1925~1934). 서프로이센의 포즈난에서 융커 집안의 아들로 태어났다. 1866년의 프로이센~오스트리아 전쟁과 1870년의 프로이센~프랑스 전쟁에 참전하였으며 1911년 퇴역 후 동부 독일의 지형지세를 조사하여 장차 있을 전쟁에 대비하였다.

1914년 제1차 세계대전이 일어나자 제8군 사령관에 임명되어 참모장 루덴도르프의 도움을 받아 탄넨베르크 전투에서 제정 러시아군을 대파하였다. 이에 계속해서 동부 전선 최고 사령관으로써 러시아군을 몰아붙였으며 1916년에는 야전군 참모총장으로 승진하였다. 이후 참모차장 루덴도로프의 계획에 따라 1918년 봄부터 여름까지 서부전선에서 최후의 중앙돌파를 시도하였으나 성공하지 못했기 때문에 독일은 휴전협정을 제의할 수밖에 없게 되었다. 베르사유 조약 체결 후 은퇴하였다가 1925년에 보수파의 지지를 받아 바이마르 공화

▶ 힌덴부르크

국의 제2대 대통령에 당선되었다. 대통령에 취임한 후에는 사회민주당을 비롯한 온건 좌파 및 중도파의 지지를 받아 1932년 대통령 선거에서 히틀러를 물리치고 재선되었다. 그러나 경제위기 및 좌우파 대립의 정치위기를 극복하기 위해 1933년 히틀러를 수상에 임명하였고 이로써 바이마르 공화국은 종말을 맞이하고 제3제국이 출현하게 되었다.

힌두교(Hinduism)

인도의 민족 종교. 고대 인도에서 아리안족 중심의 브라만교가 인도의 토착 민간신앙과 융화되어 형성된 종교이다. 특정한 창시자나 교단 조직이 없으며 다양한 신화, 전설, 의식, 관습을 포함한다. 여기에는 브라만교의 경전인 《베다》와 〈우파니샤드〉, 〈마하바라타〉, 〈라마야나〉 등의 서사시, 《프라나》, 《탄트라》 등의 경전이 중심이 된다. 따라서 힌두교는 태고시대부터 인도인들 사이에서 형성된 여러 가지 종교관의 산물이며 애니미즘에서 다신교, 일신교, 범신론 등의 다양한 측면을 보인다. 그리고 사회적으로는 카스트제도에 입각한 전통적 사회구조가 힌두교와 얽혀 인도사회를 떠받치는 2대 지주로 작용한다. 힌두교에는 여러 신이 등장하지만 궁극적으로는 우주의 창조신 브라만, 우주를 유지하는 신인 비시누, 파괴의 신 시바가 숭배의 중심에 있다. 또 이 3신은 최고신의 한 측면을 나타낸 것이라 하여 일신교적인 모습도 보인다. 현재 힌두교의 분파는 비시누를 숭배하는 비시누파와 시바를 숭배하는 시바파가 대종파를 이루고 있으며 이 밖에 샤크타파, 스마르타파 등 여러 분파가 있다. 이들 분파에 공통된 힌두교의 중심 사상은 영혼불멸과 윤회, 인과응보와 해탈의 추구라고 할 수 있다. 인간의 영혼은 불멸의 존재로써 한 세상에서 다음 세상으로 끊임없이 윤회한다. 이 윤회로부터 벗어나는 길, 즉 해탈이 궁극의 목표로 제시되며 해탈을 위한 방법으로 제사, 선행, 방랑, 고행, 요가 등을 수행한다 힌두교는 인도의 민족종교로서 모든 인도인은 힌두교도로 태어난다고 한다. 또한 힌두교는 그리스도교 및 이슬람교로부터도 많은 영향을 받았으며 근세에 들어서는 브라마 사마즈(1828년 창립), 아리아 사마즈(1875년 창립) 등의 종교개혁운동이 일어났다. 특히 비베카난다(1863~1902)가 세운 라마크리슈나 교단은 민족종교로서의 성격을 벗어나 보편종교로서의 새로운 모습을 보여주고 있다.

• 부 록

세계문화유산
세계사연표
세기별 개괄사

세계유산 등록기준

■ 문화유산

세계문화유산이란 세계 각국에 있는 여러 문화유산 가운데 현저하게 보편성이 있다고 인정하여 유네스코가 세계유산 리스트에 등재한 것을 말한다. 이들은 유네스코 세계유산 위원회가 정한 몇 가지 등록조건 중 하나 이상을 충족시키고 있다. 그것은 창조적 재능에 의한 걸작품이거나, 특정 시대 또는 특정 문화를 공유하는 지역에서 건축·기념비적 예술·도시 계획·조경의 발전에 큰 영향을 미쳤거나, 소멸된 문명이나 문화적 전통에 관한 독특하거나 뛰어난 증거가 되거나, 인류 역사의 발전단계를 보여주는 뛰어난 유형의 건축물 또는 건조물군이거나, 전통적인 취락 또는 토지 이용을 보여주는 것이거나, 뛰어난 세계적 의의를 가진 역사적인 사건이나 사상·신앙·예술과 직접적으로 또는 실체적으로 연관된 것들이다.

■ 국가별 세계유산 등록현황(2003년 9월 현재)

총 등록건수 : 754건(128개국)으로 문화유산 582건, 자연유산 149건, 복합유산 23건이다.

■ 세계유산 보는 방법

세계유산 명칭에 표기하지 않은 것은 '문화유산'이며, (자)는 '자연유산', (복)은 '복합유산'이다.

세계문화유산

국가	세계유산
가나(2건)	가나의 성채, 아샨티 전통건축물
과테말라(3건)	안티구아시, 귀리구아 고고유적 공원
	티칼 국립공원(복)
구유고연방/마케도니아공화국(1건)	오흐리드 지방의 역사건축물과 자연(복)
그루지야(3건)	츠헤타 중세교회, 바그라티 성당과 겔라티 수도원,
	어퍼 스배네티
그리스(16건)	밧새의 아폴로 에피큐리우스 신전, 델피 고고유적지,
	아테네의 아크로폴리스, 에피다우루스 고고유적,
	테살로니카지역의 고대 그리스도교 및 비잔틴 기념물군,
	로데스 중세도시, 올림피아 고고유적, 델로스 섬,
	다프니 · 호시오스 루카스 · 키오스의 비잔틴 중기 수도원,
	사모스섬의 피타고리온과 헤라신전, 미스트라스의 중세도시,
	베르기나 고고유적, 미키네와 티린의 고고유적,
	역사센터(성 요한 수도원과 파트모스섬 요한계시록 동굴)
	아토스 산(복), 메테오라(복),
기니/코트디브와르(1건)	님바산의 자연보호지역(자)

▲ 아테네 아크로폴리스

▲귀리구아 고고공원

▲ 델피 유적

국가	세계유산
나이제리아(1건)	수쿠 문화조경
남아프리카공화국(4건)	스텍폰테인·스와트크란·그롬드라이 화석 호미니드 지역, 로벤섬
	성 루시아 습지공원(자)
	우카람바/드라켄스버그 공원(복)
네덜란드(7건)	쇼클란트와 그 주변지역, 암스텔담 방어선, 킨더디지크-엘슈트 풍차망, 윌렘스타드 내륙지방, 역사지역과 항구, D.F Wouda 증기기관 양수장, 벰스터 간척지, 리에트벨드 슈로더 하우스
네팔(4건)	룸비니 석가탄신지, 카트만두 계곡, 사가르마타 국립공원(자), 왕립 시트완 국립공원(자)
노르웨이(4건)	베르겐의 브리겐지역, 우르네스 목조교회, 로로스 광산 도시, 알타의 암석화
뉴질랜드(3건)	테 와히포우나무 공원(자), 남극연안 섬(자), 통가리로 국립공원(복)
니제르(2건)	아이르·테네레 자연보호지역(자), W 국립공원(자)
니카라과(1건)	레온 비에즈 유적
덴마크(3건)	옐링의 흙으로 쌓은 보루·비석·성당, 로스킬드 대성당, 크론보르그성
도미니카 연방(1건)	모르네 트로이 피통 국립공원(자)
도미니카 공화국(1건)	산토도밍고 식민도시

▲ 카트만두

▲ 통가리로 국립공원

▲ 산토도밍고

국가	세계유산
독일(27건)	아헨 대성당, 슈파이어 대성당, 뷔르츠부르크 궁전, 비스 순례 교회, 브륄의 아우구스투스부르크성, 와트버그성, 성 마리아 대성당과 성 미카엘 교회, 뤼베크 한자도시, 트리에르의 로마시대 기념물·성당과 라이브 프로엔 교회, 베를린과 포츠담의 궁전과 공원들, 밤베르크 중세도시 유적, 로쉬의 수도원과 알텐 뮌스터, 람마울브론 수도원 지구, 멜스부르크광산과 고슬라 역사지구, 메셀 피트의 화석 유적, 퀘들린부르크의 협동교회·성·구 시가지, 푀크링겐 제철소, 꼴로뉴 성당, 바이마르와 뎃소 소재 바우하우스 유적, 아이슬레벤과 비텐베르크 소재 루터 기념관, 바이마르 지역, 뮤지엄신셀(박물관 섬), 라이체노이의 수도원 섬, 뎃소 뵐리츠의 정원, 에센의 졸버레인 탄광지, 슈트랄준트와 비스마르의 역사지구, 중북부 라인 계곡
라오스(2건)	루앙 프라방시, 참파삭 문화경관 내의 벳 포우와 인접고대마을
라트비아(1건)	리가 역사지구
러시아(16건)	상트 페테르스부르그 역사지구와 관련 기념물군, 키지섬, 모스크바의 크레믈린궁과 붉은광장, 트리니디 세르기우스 수도원, 콜로멘스코예 교회, 브고로드 역사기념물군과 주변지역, 노솔로베츠키섬, 블라디미르와 수즈달의 백색 기념물군, 훼라폰토프 수도원, 카잔 크렘린 역사건축물,

▲ 크렘린

▲ 아헨 대성당

국가	세계유산
루마니아(7건)	버진 코미 삼림지대(자), 바이칼호(자), 캄차카반도의 화산군(자), 알타이 황금산(자), 코카서스 서부지역(자), 씨커트 알린(자) 마라무레스 목조교회, 몰다비아 교회, 오라스티산 다시안 요새, 시기소아라 역사지구, 트랜실바니아 요새교회, 호레주 수도원 다뉴브강 삼각주(자),
레바논(5건)	안자르 유적, 바알벡, 비블로스, 티르 고고유적, 콰디사 계곡 및 삼목숲
룩셈부르크(1건)	룩셈부르크 중세요새도시
리비아(5건)	시레네 고고유적, 렙티스마그나 고고유적, 사브라타, 타드라트 아카쿠스의 암각예술 유적, 가다메스 구 도시
리투아니아(1건)	빌니우스 역사지구
리투아니아/러시아(1건)	크로니안 스피트
마다가스카르(2건)	암보히만가 언덕, 베마라하 자연보호구역(자)
말라위(1건)	말라위 호수 국립공원(자)
말레이시아(2건)	키나바루 공원(자), 구눙물루 국립공원(자)
말리(3건)	제네의 구 시가지, 팀북투 반디아가라 절벽(복)
말타(3건)	발레타 구 시가지, 할 사플리에니 지하신전, 巨石 사원

▲ 바이칼호

▲ 렙티스마그나 고고유적

국가	세계유산
멕시코(22건)	멕시코 시티 역사지구, 테오티와칸의 선 스페인 도시,
	푸에블라 역사지구, 팔렝케의 선 스페인 도시와 국립공원,
	옥사카 역사지구 및 몬테 알반 고고유적지,
	치첸이트사의 선 스페인도시, 모렐리아 역사지구,
	구아나후아토 타운과 주변 광산지대, 자카테카스 역사지구,
	엘 타진 선 스페인도시, 궤레타로 역사 기념물 지대,
	시에라 데 샌프란시스코 암벽화, 포포카테페틀의 16C 수도원,
	욱스말 선–스페인도시, 과달라하라의 호스피시오 카바나스,
	파큄 카사스 그란데스 고고유적지, 캄페체 요새도시,
	티아코탈판 역사기념물지역, 소치칼코 고고학 기념지역,
	클라크물 · 캄페체의 고대 마야도시
	시안 카안 생물권 보호지역(자),
	엘 비즈카이노 고래보호 지역(자),
모로코(7건)	페즈의 메디나, 마라케쉬의 메디나, 아이트–벤–하도우,
	메크네스 역사도시, 볼루빌리스 고고학지역,
	테투안의 메디나, 에사우이라의 메디나
모리타니아(2건)	오우아데인 · 칭게티 · 티치트 · 오왈래타 고대도시
	방 다르긴 국립공원(자),
모잠비크(1건)	모잠비크 섬
미국(18건)	메사 베르데, 독립기념관, 카호키아 역사유적,
	자유의 여신상, 몬티셀로와 버지니아 대학,

▲ 테오티와칸

▲ 자유의 여신상

국가	세계유산
	푸에르토리코 소재 라 포탈레자 · 산후안 역사지구,
	차코 문화역사공원, 푸에블로 데 타오스,
	옐로우스톤 국립공원(자), 그랜드 캐년(자),
	에버글래드 국립공원(자), 레드우드 국립공원(자),
	올림픽 국립공원(자), 맘모스 동굴 국립공원(자),
	그레이트 스모키 산맥 공원(자), 요세미티 국립공원(자),
	하와이 화산공원(자), 칼스배드 동굴 국립공원(자),
미국/캐나다(2건)	알래스카 · 캐나다 국경의 산악 공원군,
	워터톤 글래시아 국제 평화공원(자)
방글라데시(3건)	바게르하트의 모스크 도시, 파하르푸르의 불교유적,
	순다르반(자)
베네수엘라(3건)	코로항구, 카라카스 대학 건축물
	카나이마 국립공원(자)
베냉(1건)	아보메이 왕궁
베트남(4건)	후에 기념물 집중지대, 회안 고 도시, 성자 신전
	하롱 만(자),
벨기에(8건)	브르셀의 라 그랑뿔라스, 베긴 수녀원,
	중앙운하의 다리와 그 주변, 플랑드르와 왈로니아 종루,
	브루거 역사지구, 건축가 빅토르 호르타의 마을,
	스피엔네스의 플린트 광산, 뚜르나이의 노트르 데임 성당
벨라루스(1건)	미르성

▲ 카나이마 국립공원

▲ 그랜드 캐년

국가	세계유산
벨라루스/폴란드(1건)	벨로베즈스카야 푸시차/바이알로비에자 삼림지대(자)
불가리아(9건)	이바노보의 암석 교회군, 마다라 기수상, 보야나 교회, 카잔락의 트라키안 무덤, 네세바르 구 도시, 릴라 수도원, 스베시타리의 트라키안 무덤
	피린 국립공원(자), 스레바르나 자연보호구역(자),
벨리즈(1건)	벨리즈 산호초 보호지역(자)
보스와나(1건)	초딜로
볼리비아(6건)	포토시 광산도시, 치키토스의 예수회 선교단 시설, 수크레 역사도시, 사마이파타 암벽화, 티와나쿠 오우로 프레토 역사도시, 올린다 역사지구, 브라질리아,
브라질(16건)	살바도르 데 바이아 역사지구, 콩고나스의 봉 제수스 성역, 세라 다 카피바라 국립공원, 세인트 루이스 역사지구, 디아만티나시 역사지구, 고이시 역사센터, 노엘 캠프 메르카도 국립공원(자), 자우 국립공원(자), 남동부 대서양림 보호지역(자), 판타날 보존지구(자), 브라질 대서양 섬 : 페르난도 드 노론하와 아톨 다스 로카스 보호구역(자), 세라도 보호지역 : 차파다 도스 비데이로스와 에마스 국립공원(자), 디스커버리 해안 대서양림 보호지역(자), 이과수 국립공원(자),
사이프러스(3건)	파포스의 고고유적, 트루도스 지역의 벽화 교회군, 크로코티아 고고유적

▲ 피린 국립공원

▲ 이과수 국립공원

국가	세계유산
성 크리스토퍼와 네비스(1건)	유황산 요새 국립공원설물의 표본
세네갈(4건)	고레 섬, 세인트루이스 섬
	주드 조류 보호지(자), 니오콜로-코바 국립공원(자),
세이셸(2건)	알다브라(자), 마이 자연보호 지역(자)
솔로몬제도(1건)	동 렌넬(자)
수리남(2건)	파라마리보의 역사적 내부 도시, 수리남 자연보존지구(자)
스리랑카(7건)	시기리야 고대도시, 폴로나루바 고대도시,
	담불라의 황금사원, 칸디 신성도시
	아누라드하푸라 신성도시, 갈레 구 도시 및 요새
	신하라자 삼림보호지역(자),
스웨덴(12건)	드로트닝홀름 왕실 영지, 비르카와 호브가르덴,
	엥겔스버그 제철소, 비스비 한자동맹 도시,
	파룬 구리산의 탄광지, 타눔 암각화,
	남부 올랜드 경관, 스코그스키르코가르덴 묘지공원,
	가멜스태드 · 룰리아의 교회마을, 칼스크로나 항구,
	하이 코스트(자),
	라포니안 지역(복),
스위스(5건)	베른 구 시가지, 세인트 갤 수도원,
	뮤스테르의 성 요한 베네딕트 수도원,
	베린존 시장마을의 성과 성벽,
	융프라우-알레츠-비츠혼(자)

▲ 융프라우

▲ 담불라

국가	세계유산
스페인(36건)	브르고스 대성당, 코르도바 역사지구, 구엘공원 및 성곽, 마드리드의 에스큐리알 수도원 유적, 알타미라 동굴, 알함브라 · 알바이진 · 그라나다, 아빌라 구 시가지, 산티아고 데 콤포스텔라 구 시가지, 톨레도 구 시가지, 오비에도 및 아스투리아스 왕국 기념물군, 세고비아 구 시가지와 수로, 테루엘의 무데야르 건축, 카세레스 구 시가지, 세빌리아 지역 대성당 · 성채, 살라만카 구 도시, 포블렛트 수도원, 메리다 고고유적군, 산티아고 데 콤포스텔라 순례길, 쿠엔카 구 성곽도시, 산타마리아 과달루페의 왕립 수도원, 라스 메둘라스, 라 론야 데 라 세다 데 발렌시아, 산 밀란 유소–수소 사원, 뮤지카 카탈라나 팔라우와 바르셀로나 산트 파우 병원, 이베리아 반도 지중해연안 암벽화지역, 타라코 고고유적, 알카라 드 헤나레스 대학 및 역사지구, 아란주에즈 문화경관, 성 라구나 그리스탈, 엘체시의 야자수림 경관, 루고 성벽, 발드보와의 카탈란 로마네스크 교회, 아타푸에카 고고유적, 가라호네이 국립공원(자), 도나 국립공원(자) 이비자 생물다양성과 문화(복)
슬로바키아(4건)	반스카 스티아브니카, 블콜리넥 전통건축물 보존지구, 스피시키 흐라드 문화기념물군, 바르데조프 도시보존지구
슬로베니아(1건)	스코얀 동굴(자)

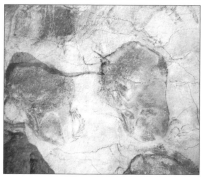

▲ 알타미라 동굴벽화

▲ 산타마리아 과달루페의 왕립수도원

국가	세계유산
시리아(4건)	다마스커스 구 시가지, 보스라 구 시가지, 팔미라 유적, 알레포 구 시가지
아르메니아(3건)	하흐파트 수도원, 게하르트의 수도원과 아자계곡, 에크미아신의 교회와 쯔바르트노츠의 고고유적
아르헨티나(6건)	리오 핀투라스 암각화, 코르도바의 예수회 수사 유적 로스 글래시아레스 국립공원(자), 이구아수 국립공원(자), 발데스 반도(자), 이치구알라스토 타람파야 자연공원(자)
아르헨티나/브라질(1건)	과라니족의 예수회 선교단 시설
아이티(1건)	국립역사공원–시터들 · 상수시 · 라미에르
아일랜드(2건)	보인 굴곡부의 고고학 유적, 스켈리그 마이클
아제르바이젠(1건)	바쿠 성곽도시
아프가니스탄(1건)	얌의 첨탑과 고고학적 유적
알바니아(1건)	부트린티의 고고유적
알제리(7건)	베니 하마드 요새, 지에밀라 고고유적, 팀가드 고고유적, 티파사 고고유적, 므자브 계곡, 알제의 카스바 타실리 나제르(복)
에티오피아(7건)	라리벨라 암굴교회, 파실 게비 · 곤다르 유적, 악숨 고고유적, 티야 비석군, 아와시 계곡, 오모 계곡 시멘 국립공원(자)
에스토니아(1건)	탈린역사지구
에콰도르(4건)	키토 구 도시, 쿠엔카 역사지구

▲ 다마스커스

▲ 바쿠 성곽도시

국가	세계유산
	갈라파고스 섬(자), 산가이 국립공원(자)
엘살바도르(1건)	호야 데 세렌 고고유적지
영국(24건)	더햄 성 과 대성당, 아이언 브리지 계곡, 블래나본 산업경관,
	파운틴 수도원 유적을 포함한 스터들리 왕립공원,
	에드워드1세 시대의 성과 읍성들, 오크니 제도 신석기 유적,
	블렌하임 궁전, 그리니치 해변, 더웬트 계곡 제조소, 배쓰 시,
	캔터베리 대성당 · 성 오거스틴 수도원 및 성 마틴교회,
	웨스트민스터 궁/수도원과 세인트 마가렛 교회, 스톤헨지 유적,
	뉴래날크 마을, 헤이드리안 성벽, 에딘버러 신 · 구 도시,
	샐타이어 마을, 런던타워, 성 조지 역사마을과 버뮤다 방어물
	돌셋과 동 데본 해안(자), 성 킬다섬(자), 대방죽 연안(자),
	핸더슨 섬(자), 고우섬 야생 생물 보호 지역(자),
예멘(3건)	시밤 고대성곽도시, 사나 구 시가지, 자비드 역사도시
오만(4건)	바트 · 알쿠틈 · 알아윈 고고유적,
	프란킨센스 유적, 바흐라 요새
	아라비아 오릭스 보호지역(자),
오스트레일리아(14건)	대보초(자), 로드하우 군도(자), 중동부 열대우림지대(자),
	퀸즐랜드 열대습윤지역(자), 샤크 만(자), 프래이저 섬(자),
	호주 포유류 화석 보존지구(자), 허드와 맥도날드 제도(자),
	맥커리 섬(자), 블루마운틴 산악지대(자)
	윌랜드라 호수지역(복), 카카두 국립공원(복),

▲ 스톤헨지

▲ 갈라파고스 군도

국가	세계유산
오스트리아(7건)	타즈매니안 야생지대(복), 울루루 카타 추타 국립공원(복), 잘츠부르크시 역사지구, 쉔브룬 궁전과 정원, 할스타트–다슈타인 문화경관, 젬머링 철도, 그라쯔시 역사지구, 와차우 문화경관, 비엔나 역사센터
헝가리/오스트리아(1건)	퍼트 누시들러시 문화경관
온두라스(2건)	코판의 마야 유적
	리오 플래타노 생물권보호지역(자)
요르단(2건)	퀴세이르 아므라, 페트라
우간다(3건)	카수비의 부간다 왕릉
	르웬조리 국립공원(자), 브윈디 천연 국립공원(자)
우루과이(1건)	콜로니아 델 새크라멘토 역사지구
우즈베키스탄(4건)	이찬 칼라, 부카라 역사지구, 샤크리스얍즈 역사지구, 사마르칸트 역사도시–문화의 기로
우크라이나(2건)	키에프의 성 소피아 대 성당과 수도원 건물들 · 키에프–페체르스크 라브라, 리비브 유적지구
유고슬라비아(4건)	스타리 라스와 소포카니, 코토르지역의 자연문화 유적지, 스튜데니카 수도원
	두르미토르 국립공원(자),
이라크(1건)	하트라
이란(3건)	메이던 에맘 · 에스파한, 페르세폴리스, 초가잔빌
이스라엘(3건)	마사다 국립공원, 에어커 역사도시, 예루살렘

▲ 사마르칸트

▲ 잘츠부르크

국가	세계유산
이집트(6건)	아부 메나 그리스도교 유적, 고대 테베와 네크로폴리스, 이슬람도시 카이로, 누비아 유적 : 아부 심벨에서 필래까지, 멤피스와 네크로폴리스 : 기자에서 다 쉬르까지의 피라미드 지역, 성캐더린 지구
이탈리아(35건)	플로렌스 역사센터, 크레스피 다다, 발카모니카 암각화, 산타마리아의 교회와 도미니카 수도원 및 레오나르도 다 빈치의 〈최후의 만찬〉, 베니스와 석호(潟湖), 피사의 두오모 광장, 산 지미냐노 역사지구, 이 사시 디 마테라 주거지, 몬테 성, 비센자 시와 팔라디안 건축물, 티볼리의 에스테 별장, 르네상스 도시 페라라와 포 삼각주, 나폴리 역사지구, 알베로벨로의 트룰리, 피엔자 시 역사지구, 베로나 도시, 라베나의 초기 그리스도교 기념물, 사보이 궁중저택, 까세르따 18세기 궁전과 공원 · 반비텔리 수로 및 산 루치오, 파두아 식물원, 모데나의 토레 씨비카와 피아짜 그란데 성당, 폼페이 및 허큐라네움 고고학 지역과 토레 아눈치아타, 카잘레의 빌라 로마나, 수 누락시 디 바루미니, 포르토베네레 · 생케 테레와 섬들, 울비노 역사유적지, 코스티에라 아말피타라, 아그리젠토 고고학 지역, 아퀴레이아 고고유적지 및 카톨릭교회, 시에나 역사지구, 아씨시 · 성 프란체스코의 바실리카 유적, 발 디 노토의 후기 바로크 도시, 안드리아나 고대건축

▲ 두오모 광장

▲ 아부심벨 신전

국가	세계유산
이탈리아/홀리시(1건)	시렌토 · 발로 · 디 디아노 국립공원(자), 에올리안 섬(자) 로마 역사지구
인도(23건)	아그라 요새, 타지 마할, 엘로라 동굴, 아잔타 동굴, 코나라크의 태양신 사원, 마하발리푸람 기념물군, 카주라호 기념물군, 파테푸르 시크리, 고아의 교회와 수도원, 함피 기념물군, 브리하디스바라 사원 · 탄자브르, 엘레판타 동굴, 파타다칼 기념물군, 산치의 불교기념물군, 델리의 구트브 미나르 유적지, 델리의 후마윤 묘지, 다르질링 히말라야 철도, 보드 가야의 마하 보디 사원 단지 케올라디오 국립공원(자), 카지랑가 국립공원(자), 마나스 야생동물 보호지역(자), 순다르반스 국립공원(자), 난다 데비 국립공원(자),
인도네시아(6건)	보로부두르 불교사원, 프람바난 힌두사원, 생기란 초기 인류 유적지 로렌쯔 국립공원(자), 코모도 국립공원(자), 우중쿨론 국립공원(자),
일본(11건)	히메지죠, 호류사의 불교기념물군, 고대 교토의 역사기념물, 시라가와고와 고카야마의 역사 마을, 니코 사당과 사원, 히로시마 평화기념관 : 원폭돔, 규슈큐 유적 및 류큐 왕국 유적, 이쯔쿠시마 신사, 나라 역사기념물, 시라카미 산치(자), 야쿠시마(자),

▲ 카주라호

▲ 보로부두르 불교사원

국가	세계유산
잠비아/짐바브웨(1건)	모시 오아 툰야 : 빅토리아 폭포(자)
중국(28건)	명·청대 궁전 : 자금성, 주구점의 북경원인유적, 용문석굴, 만리장성, 진시황릉, 돈황의 막고 굴, 천단, 청대의 유하산장, 라사의 포탈라 궁, 곡부의 공자 유적, 무당산의 고대 건축물군, 노산 국립공원, 이화원, 핑야오 고대도시, 소주 전통정원, 리지앙 고대마을, 대족 암각화, 친청산과 듀쟝안 용수로 시스템, 안휘−시디와 홍춘 고대마을, 명과 청 시대의 황릉, 운강굴 무릉원의 자연경관 및 역사지구(자), 구채구 자연경관 및 역사지구(자), 황룡 자연경관 및 역사지구(자), 태산복), 황산(복), 무이산(복), 아미산과 낙산 대불(복),
중앙아프리카공화국(1건)	마노브−군다 성 플로리스 국립공원(자)
짐바브웨(3건)	카미유적, 짐바브웨 유적 마나풀스 국립공원 : 사피·츄어수렵지역(자),
체코(11건)	프라하 역사지구, 체스키 크루믈로프 역사센터, 리토미슬 성, 텔치 역사센터, 젤레나 호라의 성 요한 순례교회, 쿠트나 호라 역사타운, 레드니스−발티스 문화경관, 홀라소비스 역사마을 보존지구, 크로메리즈의 정원과 성, 올로모크의 삼위일체 석주, 브르노의 튜겐핫 별장

▲ 이화원

▲ 포탈라 궁

국가	세계유산
칠레(2건)	라파 누이 국립공원, 칠로에 교회
카메룬(1건)	드야의 동물 보호구역(자)
캄보디아(1건)	앙코르
캐나다(11건)	란세오 메도스 국립역사공원, 헤드-스매쉬드 버팔로 지대,
	앤소니 섬, 퀘벡 역사지구, 루넨버그 구시가지
	그로스 몬 국립공원(자), 나하니 국립공원(자),
	알버타주 공룡공원(자), 우드 버팔로 국립공원(자),
	캐나디언 록키산맥공원(자), 미구아사 공원(자)
케냐(3건)	라무 고대 도시
	케냐 국립공원(자), 시빌로이/중앙섬 국립공원(자),
코스타리카(2건)	코코스 섬 국립공원(자), 구아나카스트 보호지역(자)
코스타리카/파나마(1건)	라 아미스테드 보호지역 및 국립공원(자)
코트디브와르(2건)	타이 국립공원(자), 코모에 국립공원(자)
콜롬비아(5건)	카타제나의 항구 · 요새 역사기념물군,
	산 아구스틴 고고학 공원, 티에라덴트로 국립고고공원,
	산타 크루즈 데 몸포 역사지구
	로스 카티오스 국립공원(자),
콩고(5건)	비룽가 국립공원(자), 가람바 국립공원(자),
	카후지-비에가 국립공원(자),
	살롱가 국립공원(자),
	오카피 야생생물 보존지구(자)

▲ 케냐 국립공원

▲ 앙코르와트

국가	세계유산
쿠바(7건)	트리니다드와 로스 인제니오스 계곡, 산티아고 로타성, 비날레스 계곡, 구 하바나시와 요새, 쿠바 동남부의 최초 커피 재배지 고고학적 경관 데셈바르코 델 그란마 국립공원(자), 알레잔드로 드 훔볼트 국립공원(자)
크로아티아(6건)	스플리트의 디오클레티아누스 궁전과 역사 건축물, 포렉역사지구 성공회 건축물, 트로지르 역사도시, 두브로브니크 구 시가지, 시베닉의 성야고보 성당 플리트비스 호수 국립공원(자)
탄자니아(5건)	잔비아 석조(石造) 해양도시 느고론고로 자연보호지역(자), 세렝게티 국립공원(자), 킬와 키시와니/송고므나라 유적, 셀로스 동물 보호지역(자), 킬리만자로 국립공원(자)
태국(4건)	아유타야 역사도시, 수코타이 역사도시, 반 치앙 고고유적 툰야이 후아이 카켕 동물 보호구역(자),
터키(9건)	이스탄불 역사지구, 대모스크와 디브리지 병원, 하츄샤, 넴루트 댁 고고유적, 크산토스–레툰, 트로이 고고유적지, 사프란볼루 시 궤레메 국립공원과 카파도키아 바위유적(복), 히에라폴리스–파무칼레(복),
투르크메니스탄(1건)	고대 메르프 역사문화공원

▲ 킬리만자로

▲ 이스탄불

국가	세계유산
튀니지(8건)	엘 젬의 원형 극장, 카르타고 고고유적, 튀니스의 메디나, 케르쿠안의 카르타고 유적 및 대규모 공동묘지, 수스의 메디나, 카이로우안 고대도시, 두가/투가 이츠케울 국립공원(자),
파나마(3건)	포토벨로와 산 로렌조 요새, 살롱 볼리바르와 파나마 역사구역 다리엔 국립공원(자)
파라과이(1건)	라 산티시마 데 파라나 제수스 데 타바란게 제수이트 선교단 시설
파키스탄(6건)	모헨조다로 고고유적, 탁실라 고고유적, 탁티바이 불교유적과 사리바롤 주변도시 유적, 라오르의 성채와 샬라마르 정원, 타타기념물, 로타스 요새
페루(10건)	차빈 고고유적지, 찬찬 고고 유적지대, 리마 역사 지구, 아레큐파 역사도시, 나스카와 후마나 평원, 쿠스코 시 후아스카란 국립공원(자), 마누 국립공원(자)
포르투갈(12건)	마추 피추 역사 보호지구(복), 리오 아비세오 국립공원(복), 앙고라 도 헤로이스모 시 중앙지역, 알코바샤 수도원, 토마르의 그리스도 수도원, 바탈하 수도원, 기마스 역사센터, 하이에로니미테스 수도원과 리스본의 벨렘탑, 에보라 역사 지구, 신트라 문화 경관, 오포르토 역사 센터, 코아계곡 선사시대 암벽화, 알토 두로 와인 생산지, 마데이라의 라우리실바(자)

▲ 쿠스코

▲ 카르타고

국가	세계유산
폴란드(9건)	크라코프 역사 지구, 비에리치카 소금광산, 바르샤바 역사 지구, 토룬 중세마을, 말보크의 게르만양식 성, 자모스치 구 시가지, 칼아리아 제브르지도우카, 자워와 스위드니카의 자유교회, 아우슈비츠 수용소
프랑스(27건)	베르사유 궁원, 몽셀미셀 만, 샤르트르 대성당, 리용 유적지, 베제레 계곡의 동굴벽화, 베젤레 교회와 언덕, 아미엥 대성당 퐁텐블로 궁전과 정원, 샹보르 성, 퐁테네의 시토파 수도원, 오랑쥬지방의 로마시대 극장과 개선문, 파리의 세느강변, 아를르의 로마시대 기념물, 아르크 에 세낭 왕립 제염소, 낭시의 스태니슬라스 광장 · 캐리에르와 알리앙스광장, 생 사벵 쉬르 가르탕페 교회, 퐁뒤가르—로마시대 수로, 노트르담 성당과 상트레미 수도원 및 타우 궁전, 미디 운하, 부르쥬 대성당, 아비뇽 역사 지구, 스트라스부르 구 시가지, 까르까손느 역사도시, 프라빈스 · 중세무역도시 꽁포스텔라의 쌍띠아쥬 길, 생때밀리옹 포도 재배 지구, 지롤라타 곶과 포르토만 · 스캔돌라 자연보호지역(자),
프랑스/스페인(1건)	피레네—몽 페르 뒤(복)
핀란드(5건)	라우마 구 시가지, 수오멘리나 요새, 페타야베시 교회, 벨라의 제재 · 판지 공장, 사말라덴마키 청동기 시대 매장지
필리핀(5건)	필리핀 바로크양식 교회, 비간 역사도시 필리핀의 계단식 벼 경작지 · 코르디레라스,

▲ 아미엥 성당

▲ 아비뇽

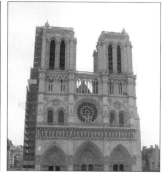

▲ 노트르담 성당

국가	세계유산
한국(7건)	푸에르토-프린세사 지하강 국립공원(자), 투바타 암초 해양공원(자) 석굴암과 불국사, 종묘, 해인사 장경판전, 창덕궁, 수원 화성, 경주 역사유적지구, 고창 · 화순 · 강화 고인돌유적
헝가리(6건)	안드레시 애비뉴와 밀레니엄 언더그라운드, 홀로 퀘 전통마을, 토카지 와인 지역 문화 유산, 파논할마의 베네딕트 천년 왕국 수도원과 자연환경, 호르토바기 국립공원, 소피아나 초기 기독교 묘지
헝가리/슬로바키아(1건)	애그텔레크 동굴과 슬로바크의 카르스트 지형(자)
홀리시(1건)	바티칸 시티

▲ 부다페스트 시

▲ 바티칸시티

세계사 연표

B.C. 3000년경 ~ B.C. 133년

B.C. 3000년경	이집트 문명, 메소포타미아 문명 시작
2500년경	인더스 문명, 황하 문명 시작
1800년경	함무라비 왕이 메소포타미아 통일
1700년경	함무라비 법전 편찬
1400년경	그리스, 미케네 문명 전성기
1000년경	인도에서 《리그 베다》 성립
850년경	호메로스 《일리아스》, 《오디세이》 지음
770년	중국, 주나라의 동천(춘추 전국 시대)
700년경	인도, 석가 탄생
551년경	중국, 공자 탄생
525년	페르시아가 오리엔트 지역 통일
492년	페르시아의 그리스 침공으로 페르시아 전쟁 발발(~479)
451년	로마에서 12표법 성립(~450)
432년	그리스의 역사가 헤로도토스 《역사》 완성
431년	펠로폰네소스 전쟁 발발(~404)
334년	알렉산더 대왕의 동방원정(~323)
272년	로마, 이탈리아 반도 통일
261년	아쇼카 왕, 인도 통일
221년	중국, 진(秦)나라의 중국 통일
218년	제 2차 포에니 전쟁(한니발 전쟁) 발발(~201)
202년	중국, 전한(前漢) 건국(~A.D. 8)
146년	제 3차 포에니 전쟁으로 로마에 의해 카르타고 멸망
133년	로마, 그라쿠스 형제의 개혁(~121)

B.C. 97년 ~ A.D. 449년

97년	사마천 《사기》 완성
60년	로마, 삼두정치 시작
31년	악티움 해전
27년	아우구스투스 즉위로 로마 제정 시작
4년	예수 탄생
A.D. 8년	중국, 왕망이 전한을 무너뜨리고 신 건국
25	중국, 광무제 즉위, 후한 건국(~220)
82	반고, 《한서》 완성
100	플루타르크, 《영웅전》 완성
105	중국, 채륜이 제지법 발명
184	중국, 황건적의 난 발발
220	중국, 후한 멸망, 삼국시대 시작
226	중동, 사산조 페르시아 건국(~642)
280	중국, 진(晉)나라의 중국 통일
313	콘스탄티누스 대제, 밀라노 칙령으로 크리스트교 공인
316	중국, 5호 16국 시대(~439)
317	중국, 동진 성립(~419)
320	인도, 굽타 왕조 성립(~550)
325	니케아 공의회
330	로마, 콘스탄티노플로 천도
366	중국, 둔황 천불동 축조
375	유럽, 게르만족의 대이동
392	로마, 크리스트교를 국교로 승인
395	로마 제국, 동 · 서로 분열
420	중국, 남북조시대 성립(~589)
426	아우구스티누스 《신국론》 완성
449	영국, 앵글로 색슨 왕국 건국

476년 ~ 910년

476	서로마 제국 멸망
484	유럽, 동·서 교회 분리
486	유럽, 메로빙거 왕조가 프랑크 왕국 건국
529	동로마, 유스티니아누스 법전 편찬
552	돌궐 제국 성립
570	마호메트 탄생
589	수의 중국 통일
610	마호메트, 이슬람교 창시
618	중국, 당(唐) 건국(~907)
622	마호메트의 헤지라(이슬람의 기원 원년)
637	당, 율령 제정
645	일본, 다이카 개신
646	현장 《대당서역기》 저술
661	이슬람 세계, 옴미아드 왕조 성립(~750)
732	프랑크 왕국, 투르, 푸아티에 전투로 이슬람 세력의 침입 저지
750	아바스 왕조 성립(~1258)
751	당과 이슬람 세력의 탈라스 전투, 제지법 전파
	프랑크 왕국, 카롤링거 왕조 성립
755	중국, 안사의 난(~763)
771	카롤루스 대제 프랑크 왕국 통일
829	잉글랜드 왕국 성립
843	프랑크 왕국, 베르덴 조약으로 분열
862	러시아, 노브고로트 공국 건국
870	메르센 조약으로 독일, 프랑스, 이탈리아의 기틀 성립
875	중국, 황소의 난 발생(~884)
907	중국, 당 멸망, 5대 10국 시작(~960)
910	유럽, 클뤼니 수도원 설립

911년 ~ 1321년

911	유럽, 노르망디 공국 성립(~960)
916	거란족, 요 건국(~1125)
960	중국, 송 건국(~1279)
	아프가니스탄, 가즈니 왕조 성립(~1186)
962	유럽, 신성 로마 제국 성립(~1806)
987	프랑스, 카페 왕조 시작
1037	중동, 셀주크 투르크 건국(~1157)
1066	유럽, 노르망디 공 윌리엄, 잉글랜드 정복
1069	중국, 왕안석의 변법개혁 실시
1077	유럽, 카노사의 굴욕 사건 발생
1095	유럽, 클레르몽 공의회
1096	유럽, 십자군 전쟁 시작(~1270)
1115	여진족, 금 건국(~1234)
1127	중국, 북송 멸망, 남송 시작(~1279)
1170	옥스퍼드 대학 설립
1180	파리 대학 설립
1192	일본, 가마쿠라 막부 수립
1206	테무진, 몽골을 통일하고 칭기즈칸으로 즉위(~1368)
1215	영국, 대헌장(마그나 카르타) 제정
1241	한자 동맹 성립
1256	유럽, 대공위 시대(~1273)
1271	중국, 원 제국 성립(~1393)
1299	중동, 오스만 제국 수립(~1922)
	마르코 폴로, 《동방견문록》 지음
1302	프랑스, 삼부회 성립
1309	유럽, 교황의 아비뇽 유수(~1377)
1321	단테 《신곡》 출간

1328년 ~ 1543년

1328	프랑스, 발루아 왕조 성립(~1389)
1337	영국-프랑스, 백년전쟁 시작(~1453)
	일본, 무로마치 막부 수립
1347	유럽, 흑사병 유행
1351	중국, 홍건적의 난 발생
1368	중국, 원 멸망, 명 건국(~1644)
1370	중앙 아시아, 티무르 제국 성립
1381	영국, 와트 타일러의 농민 반란
1405	중국, 정화의 남해 원정(~1433)
1414	유럽, 콘스탄츠 공의회
1450	유럽, 구텐베르크가 활판 인쇄술 발명
1453	비잔틴 제국 멸망
1455	영국, 장미전쟁 발발(~1485)
1467	일본, 전국시대 시작
1485	영국, 튜더 왕조 시작(~1603)
1492	콜럼버스, 아메리카 항로 발견
1498	바스코 다 가마, 인도 항로 발견
1502	이란, 사파비 왕조 성립
1509	에라스무스, 《우신예찬》 저술
1517	독일, 마틴 루터의 종교 개혁
1519	마젤란의 세계일주(~1522)
1524	독일 농민 전쟁 발발(~1525)
1526	인도, 무굴 제국 성립(~1858)
1532	마키아벨리 《군주론》 저술
1534	영국 국교회 성립(수장령)
1536	스위스, 칼뱅의 종교개혁
1543	코페르니쿠스, 지동설 주장

1545년 ~ 1701년

1545	트리엔트 공의회(~1563)
1555	아우크스부르크 화의
1558	영국, 엘리자베스 여왕 즉위
1562	프랑스, 위그노 전쟁 발발(~1598)
1571	에스파냐, 레판토 해전에서 오스만 제국 격파
1588	영국, 에스파냐의 무적 함대(아르마다) 격파
1589	프랑스, 부르봉 왕조 성립
1590	도요토미 히데요시, 일본 통일
1598	프랑스, 앙리 4세가 낭트 칙령 발표
1600	영국, 동인도 회사 설립
1603	영국, 스튜어트 왕조 성립(~1714)
	일본, 에도 막부(도쿠가와 막부) 성립
1613	러시아, 로마노프 왕조 성립(~1917)
1616	만주에서 후금 건국
1618	독일, 30년 전쟁 발발(~1648)
1620	영국 청교도, 아메리카 대륙으로 이주
1628	영국, 권리청원 제출
1632	갈릴레이, 지동설 주장
1637	데카르트 《방법서설》 출판
1642	영국, 청교도 혁명(~1649)
1644	중국, 이자성의 난으로 명 멸망, 청의 중국 통일
1648	독일, 베스트팔렌 조약 체결
1665	뉴턴, 만유인력의 법칙 발견
1688	영국, 명예혁명 발발
1689	청과 러시아가 네르친스크 조약 체결
	영국, 권리장전 발표
1701	에스파냐, 왕위계승 전쟁 발발 (~1714)

1713년 ~ 1842년

1713	위트레흐트 조약
1714	영국, 하노버 왕가 성립(~1901)
1727	청과 러시아가 캬흐타 조약 체결
1733	북아메리카에 13 식민지 성립
1748	몽테스키외, 《법의 정신》 출판
1740	유럽, 오스트리아 계승 전쟁 발발(~1748)
1756	7년 전쟁 발발(~1763)
1757	인도에서 영국과 프랑스의 플라시 전투 발발
1762	루소, 《사회계약론》 출판
1769	와트, 증기기관 발명
1775	미국 독립전쟁 발발(~1783)
1776	미국, 독립 선언
1785	영국, 카트라이트가 역직기 발명
1789	프랑스 혁명 발발, 인권선언 발표
1804	프랑스, 나폴레옹 황제 즉위, 나폴레옹 법전 편찬
1807	풀턴, 증기선 발명
1814	유럽, 나폴레옹 엘바 섬 유배, 빈 회의 개최
1815	중국, 청 왕조가 아편 밀수 엄금
	나폴레옹, 워털루 전투 패배, 신성동맹 결성
1823	미국, 먼로주의 선언
1829	그리스 독립
1830	프랑스, 7월 혁명 발발
	영국, 세계 최초 철도 개설
1834	독일, 관세동맹 성립
1838	영국, 차티스트 운동
1840	중국과 영국의 아편전쟁 발발(~1842)
1842	난징 조약 체결

1846년 ~ 1884년

1846	영국, 곡물법 폐지, 자유무역 확립
1848	프랑스, 2월 혁명. 독일 3월 혁명 발발,
	마르크스, 《공산당 선언》 발표
1850	중국, 태평천국운동 시작(~1864)
1853	유럽, 크림 전쟁 발발(~1856)
1854	일본, 개국(문호 개방)
1856	중국, 애로 호 사건 발발
1857	인도, 세포이 항쟁 발발(~1859)
1859	다윈, 《종의 기원》 출판
1858	인도, 무굴 제국 멸망
1860	중국, 베이징 조약 체결
1861	미국, 남북전쟁 발발(~1865)
	이탈리아 왕국 성립
1862	중국, 양무운동 시작
1863	미국, 링컨 대통령의 노예 해방 선언
1866	프로이센·오스트리아 전쟁 발발
1868	일본, 메이지 유신
1869	미국에서 대륙 횡단 철도 개통
	이집트의 수에즈 운하 개통
1870	프로이센·프랑스 전쟁 발발(~1871)
1871	독일 제국 성립
1877	인도 제국 성립, 러시아·투르크 전쟁 발발(~1878)
1878	베를린 회의 개최
1882	유럽, 삼국동맹(독일, 오스트리아, 이탈리아) 성립
1884	청·프랑스 전쟁 발발(~1885)
1884	청·일, 톈진조약 체결
	인도, 국민회의파 결성

1887년 ~ 1919년

1887	프랑스령 인도차이나 성립
1894	청 · 일 전쟁 발발(~1895)
1895	뢴트겐, X선 발명, 마르코니, 무선 전신 발명
1898	중국, 무술정변 발생
	아프리카, 파쇼다 사건 발생
1898	미국 · 에스파냐 전쟁 발발
	퀴리 부부, 라듐 발견
1899	유럽, 헤이그 평화회의 개최
	중국, 의화단운동 발생
	남아프리카에서 보어 전쟁 발발
1902	영 · 일 동맹 결성
1903	라이트 형제, 비행기 제작. 포드, 자동차 회사 설립
1904	러 · 일 전쟁(~1905)
1905	중국 혁명 동지회 결성, 러시아, 피의 일요일 사건 발생
	아프리카에서 제 1차 모로코 사건 발생
	아인슈타인, 〈상대성 원리〉 발표
1906	인도, 스와데시, 스와라지 운동
1907	유럽, 삼국협상(영국, 프랑스, 러시아) 성립
1910	프로이트, 《정신분석학 입문》 출판
1911	중국, 신해혁명 발발
	제 2차 모로코 사건
1912	중국, 중화민국 성립
1914	제 1차 세계 대전 발발(~1918)
	파나마 운하 개통
1917	러시아 혁명 발발
1918	미국의 윌슨 대통령이 14개조 평화원칙 발표
1919	파리 강화회의, 베르사유 조약 체결

1920년 ~ 1950년

	중국, 5·4 운동 발발
1920	국제 연맹 발족
1921	워싱턴 회의, 중국 공산당 성립
1922	이탈리아, 무솔리니 집권
	로카르노 조약 체결
1924	중국, 제1차 국·공 합작
1927	중국, 국민당 정부 수립
1928	부전 조약(켈로그-브리앙 조약) 체결
1929	세계 경제 공황
1931	만주 사변 발발
1933	독일, 나치스의 정권 장악
1936	에스파냐 내란 발발(~1939)
	중국, 시안 사건 발생
1937	중·일 전쟁 발발(~1945), 제2차 국공 합작
1938	뮌헨 회의
1939	독일의 폴란드 침공으로 제2차 세계 대전 발발(~1945)
1941	일본군 진주만 공습으로 태평양 전쟁 발발(~1945)
1943	연합국 카이로 선언 발표, 테헤란 회담 개최
1944	연합국, 노르망디 상륙, 파리 해방
1945	연합국 포츠담 선언, 얄타 회담, 독일 항복
	히로시마·나가사키에 원자폭탄 투하, 일본 항복
	국제연합 성립
1946	파리 평화회의 개최
1947	마셜 플랜 발표, 코민포름 결성, 인도, 독립 선언
1948	이스라엘 공화국 수립, 제1차 중동 전쟁 발발
1949	나토(북대서양 조약기구) 성립, 중화인민공화국 수립
1950	한국 전쟁 발발, 유엔, 한국 파병 결의

1955년 ~ 1986년

1955	바르샤바 조약 체결
1956	이집트 수에즈 운하 국유화,
	수에즈 사태 발생(제 2차 중동 전쟁)
	헝가리, 폴란드 반공 봉기 발생
1957	소련, 세계 최초로 인공 위성 스푸트니크 1호 발사
1961	소련, 유인 우주선 발사
1962	미국, 쿠바 해역 봉쇄
1963	말레이시아 연방 발족,
	미 · 영 · 소 부분 핵실험 금지 조약 체결
1966	중국, 문화대혁명 시작
1967	제 3차 중동 전쟁 발발, EC 발족
1968	체코슬로바키아 사태 발생
1969	아폴로 11호 달 착륙
1971	중국, 유엔 가입
1972	미국의 닉슨 대통령, 중국 방문
1973	제 4차 중동 전쟁 발발, 전세계 석유 파동 발생
1975	남베트남 패망, 베트남 전쟁 종결
1978	미 · 중 국교 정상화
1979	중동 평화 조약 조인.
	소련, 아프가니스탄 침공(~1988)
	이란, 혁명 발생
1980	이란 · 이라크 전쟁 발발
	폴란드, 자유 노조 사태
1981	중동, 레바논 사태
1982	포클랜드 전쟁
1985	고르바초프, 소련 공산당 서기장 취임
1986	필리핀, 민주 혁명

1987년 ~ 2003년

1987	소련, 페레스트로이카(개혁) 시작
1988	미얀마, 민주 혁명
	팔레스타인, 독립국 선언
1989	베를린 장벽 붕괴, 루마니아 공산 정권 붕괴
	중국, 천안문 사태
1990	독일 통일, WWW(World Wide Web) 출현
1991	유고 내전 발발, 발트 3국 독립
	걸프 전쟁 발발
1992	소련 해체 후 독립 국가 연합(CSI) 탄생
	유럽연합(EU) 창설
1993	팔레스타인, 자치 실시. 우루과이 라운드 타결
	유럽연합, 마스트리히트 조약 발효
1994	남아공, 만델라 대통령 당선, 르완다 내전,
	북미 자유무역협정(NAFTA) 발효
	러시아, 체첸 사태 발생
1995	GATT 해체, WTO 체제 발족
1997	영국, 중국에 홍콩 반환
1998	아시아 경제 위기 발생
1999	유럽 연합(EU), 단일 통화 '유로' 사용,
	마카오, 중국 반환. 파나마 운하, 파나마 반환
2001	9·11 사태 발생, 아프간 전쟁 발발
2003	이라크 전쟁 발발

인류 최초의 문명지 이집트와 메소포타미아,
서양 고전문명의 양대산맥, 그리스와 로마

 기원전 시대의 세계사, 그 주인공들은 이집트와 메소포타미아, 그리스와 로마로 대변된다. 인류 최초 문명의 주인공인 이집트와 메소포타미아, 서양 고전문명의 원류인 그리스와 로마의 역사를 되짚어가다 보면 기원전, 서양사의 커다란 원류를 만나게 되는 것이다.

 B.C. 3500년경 인류 최초의 문명은 이집트와 메소포타미아 지방을 중심으로 생성되기 시작했다. 두 문명은 공통점과 차이점을 지니고 있는데 공통점은 두 문명 모두 하천과 비옥한 토지를 중심으로 형성되었다는 점이다. 차이점은 이집트는 지리적 환경에 의해 단일국가로 유지된 반면 메소포타미아 지방은 수메르인의 지배를 필두로 바빌로니아, 앗시리아, 헤브라이, 페니키아, 페르시아 등 다양한 민족에 의해 여러 국가들이 생성되다 소멸되었다는 점이다. 메소포타미아의 최종 패권자인 페르시아는 그리스와의 페르시아전쟁에서 패함으로써 완전히 사라졌다.

 고대 서양문명의 기원인 그리스와 로마, 그리스는 B.C. 1200년경에 인도-유럽어족의 이동으로부터 태동되기 시작해 B.C. 800년경엔 도시국가의 형태로 발전되었고 로마 역시 B.C. 750년 이탈리아 반도의 도시국가로 시작되었다.

 그리스는 이후 아테네와 스파르타로 대변되는 폴리스가 성립되면서 발전을 거듭하다가 마케도니아의 침공으로 쇠퇴하게 되었고 이후 서양의 고전문명은 동방의 문화와 그리스문화가 혼합된 헬레니즘문화의 시대를 맞게 된다.

 이탈리아의 로마는 카르타고와의 포에니전쟁에서 승리한 후 지중해를 장악, 새로운 맹주가 되어 B.C. 143년엔 그리스를, B.C. 31년엔 이집트마저 아우르고 고대문명의 주인공이 되었다. 그러나 케사르의 독재정치 등 정치적 변화를 겪으며 기원전 시대를 마감하게 된다.

몰락하는 로마제국

지중해 전체를 지배했던 거대한 로마제국도 쇠퇴의 길목에 들어서게 되었다. 5현제 시대의 마지막 마르쿠스 아우렐리우스가 그동안 이어져온 양자계승을 거부하고 자신의 아들인 코모두스에게 황위를 세습해줌으로써 로마의 비극은 막이 오르게 되었다.

코모두스는 갖은 폭정을 일삼는 패륜아로 재위 12년 만에 교살당했고 이후 로마는 수많은 군인황제들이 황위에 올랐다가 사라지는 지독한 혼란기에 빠져들게 되었다. 이른바 병영황제 시대의 도래였다.

이같은 혼란은 디오클레티아누스라는 뛰어난 군인황제의 출현으로 일단락되었으나 그의 은퇴 후엔 다시 재연되었고, 콘스탄티누스 황제의 등극으로 잠시 숨을 멈추었다가 그가 자신의 세 아들에게 나라를 나누어줌으로써 황위를 둘러싼 내부의 분열은 이루 설명할 수 없을 정도였다. 이후 제국의 마지막 통일을 이룬 테오도시우스 1세가 등극했지만 그 역시 폭정을 일삼는 폭군이었으므로 로마 재건에 이바지하진 못했다.

디오클레티아누스가 자신의 친구인 막시미아누스와 로마를 양분하여 다스리게 된 이후 로마제국은 동로마와 서로마라는 2분의 형태를 띠기 시작했다. 이후 테오도시우스 황제가 그의 두 아들인 아카디우스에게 동로마제국을, 호노리우스에게 서로마제국을 다스리게 함으로써 분열은 기정 사실화되었고 로마제국은 이후 다시 통일되지 못한 채 서로마제국은 476년에, 동로마제국은 1453년에 멸망했다.

서양의 고대문명인 그리스문명과 헬레니즘문명, 그리고 이집트 등의 지역문명까지를 아우르는 절충형 문명으로 평가받고 있는 로마문화는 그리스문명을 유럽문명으로 이어주는 교량 역할을 담당함으로써 서양문명 발달사에 중요한 위치를 차지하고 있다.

게르만민족의 대이동, 어둠의 천 년, 중세의 시작

로마제국 내부까지 깊숙이 진출해 있던 게르만 민족이 역사의 주인공으로 등장하여 고대를 끝내고 중세라고 하는 새로운 시대를 여는 일을 담당했다. 테오도시우스 황제가 자신의 두 아들에게 로마제국을 양분해 준 이후, 동로마제국은 계속 이어져 비잔틴제국이라는 이름으로 15세기까지 생명력을 이어갔지만 서로마제국은 게르만 민족 출신인 오도아케르라는 장군에 의해 마지막 황제 아우구스툴루스가 폐위됨으로써 476년 문을 닫고 말았다.

이제 유럽의 주인은 게르만 민족들로 그들은 각자의 지역에 안착하여 현재까지 이어져온 유럽 국가의 지리적, 역사적 출발을 기했다.

그중 가장 주목할 만한 국가는 갈리아 지방에 자리잡은 프랑크 왕국으로 클로비스가 이끄는 메로빙거왕조를 시작으로 9세기에 독일, 프랑스, 이탈리아로 삼분될 때까지 지속되었다. 이들 게르만 민족은 유럽문명권의 주인공이 되었다.

비잔틴제국의 부흥, 빛과 그림자

서유럽이 게르만 민족에 의해 분할되어 여러 왕국의 출현을 보고 있는 사이, 콘스탄티노플을 중심으로 여전히 세력을 유지하고 있던 동로마제국, 즉 비잔틴제국은 유스티니아누스라고 하는 걸출한 황제의 출현으로 옛 로마제국의 명성을 되찾는 듯했다. 그는 서북아프리카의 반달 왕국을 비롯하여 이탈리아 반도의 새로운 주인 역할을 하고 있던 동고트족, 에스파니아의 서고트족을 잇달아 물리치면서 지중해를 다시 한 번 로마의 호수로 만드는 데 성공하였다. 그러나 이같은 정복전쟁이 상당한 무리수 위에 진행되었으므로 그의 사후엔 비잔틴제국이 쇠망하는 요인으로 작용하게 되었다.

이탈리아 반도의 동고트족은 테오도리크라는 황제에 의해 로마문명을 흡수하고 관용적인 종교정책을 펴면서 토착 주민과의 동화를 꾀했으나 카톨릭을 믿고 있던 지역주민들과는 달리 아리우스파의 기독교인이라는 한계점을 갖고 있어 이같은 동화정책은 성공하지 못하였다.

아울러 그의 사후 뛰어난 경영자가 등극하지 못함으로써 동고트족은 비잔틴제국의 침입으로 멸망하였고 이후 서유럽의 판세는 프랑크 왕국이 주도하게 되었다.

새롭게 일어나는 이슬람문명

중세역사의 큰 축인 이슬람문명이 탄생하는 600년대의 세계사는 이슬람 종교 창시와 포교전쟁이라는 커다란 소용돌이 속에 휘말려 혹은 발전하고 혹은 퇴보하게 된다.

611년 아라비아의 부유한 상인이었던 마호메트는 메카 시 근처의 산에서 알라신의 부름을 받고 예언자로서의 사명을 부여받아 이슬람교를 창시하였다. 그후 그는 시민들의 박해를 피해 메디나로 종교의 근원지를 옮겼는데(622년) 이를 '헤지라' 라 하며 이 해가 이슬람교의 원년이 된다.

마호메트는 624년 메카 시에 대한 포교전쟁을 시작으로 하여 인접지역에 대한 포교전쟁을 활발히 전개했다. 이같은 전쟁의 결과 마호메트가 사망한 632년엔 아라비아 전역이 이슬람교 아래 무릎을 꿇었다.

그의 뒤를 이은 '칼리프(예언자의 후계자)' 들은 활발한 포교전쟁을 벌여 시리아, 예루살렘 같은 메소포타미아 지방을 비롯하여 전 페르시아를 굴복시켰고 비잔틴제국으로부터 이집트를 빼앗았으며 한 세기를 건너 8세기에 이르러서는 북부아프리카는 물론 서유럽의 심장부까지 그 위세를 떨치게 되었다.

그러나 칼리프의 계승문제를 두고 내부 분열로 한때 혼란의 한가운데 놓이게 되지만 661년 우마야드왕조가 칼리프를 계승하여 압바스왕조에게 그 권위를 물려주는 750년까지 지속적인 통치를 하게 되었다.

우마야드왕조는 비잔틴제국의 영토였던 시리아에 수도를 정하고 비잔틴의 후계자로서의 성격을 지니며 콘스탄티노플 점령에 심혈을 기울였지만 711년, 공격에서 실패함으로써 그 기운이 쇠퇴하는 비운을 맞이하게 되었다.

한편, 이슬람 세력 확장의 한 모퉁이에 있던 비잔틴제국은 헤라클리우스라는 황제의 즉위로 마지막 불꽃을 피우게 되어 그 동안 골칫거리 같았던 페르시아 세력을 완전히 떨쳐버리고 그들에게 빼앗겼던 아시아제국들을 되찾아오기도 하였으나 기울어가는 국운을 되살리기엔 너무 미미한 불꽃이었다.

서유럽엔 프랑크의 재건, 이슬람엔 압바스왕조의 등장

클로비스라고 하는 인물에 의해 세워진 프랑크 왕국은 200여 년에 걸친 왕위를 둘러싼 내란을 종식시킨 궁재 피핀에 의해 다시 한번 재건의 길을 걷게 된다. 피핀의 아들 샤를 마르텔은 한창 맹위를 떨치던 이슬람 세력과의 한판 전쟁에서 승리하여 프랑크 제2의 건설자라는 칭호까지 얻으며 이름을 날리더니 그를 이은 아들 피핀(위에 언급한 피핀의 손자이다)은 로마교황의 도움으로 흔적만 남은 메로빙거왕조를 무너뜨리고 왕위에 올라 새로운 카롤링거왕조를 열었다.

그는 로마교황청에 대한 보답으로 롬바르드족의 지배하에 있던 로마에서 라벤나에 이르는 지역을 빼앗아 교황청의 몫으로 돌려주는가 하면 프랑크 왕국 내에서의 크리스트교 보급에 앞장섰다. 프랑크의 전성기는 피핀의 아들인 샤를마뉴의 등극으로 더욱 빛을 발하게 되는데 그는 '카롤링거왕조의 르네상스'로 불리우는 학문의 부흥과 문화의 진흥을 이루어내었을 뿐 아니라 남부이탈리아를 제외한 전유럽을 프랑크의 영토로 복속시킴으로써 명실공히 프랑크를 유럽의 지배자로 불리게 했다.

서유럽에 등장한 또 하나의 제국, 그러나 아쉬운 몰락

프랑크의 샤를마뉴는 로마 교황청의 지지 아래 황제의 지위에 오르게 되었고, 서유럽 대부분을 아우를 만큼 광대한 영토를 획득하여 비잔틴제국에 버금가는 수준이었다. 문화 수준 역시 기독교와 라틴문화를 통합한 독특한 문화권을 형성하고 있었으므로 그가 황제의 칭호를 갖지 못할 사유는 아무것도 없었다.

세계 유일의 황제였던 비잔틴제국의 황제와 필적할 만한 서유럽의 황제가 등장함으로써 이제 서유럽인들은 자신감과 독립성을 확보하게 되었고 이를 계기로 서유럽문명의 형성이 가능하게 되었다. 샤를마뉴의 황제 등극은 그에게 실질적인 이득을 주진 못했지만 서유럽의 역사에 중요한 한 획을 긋는 상징적인 의미만큼은 간과할 수 없다. 그러나 그의 사후 등극한 아들 루이는 거대한 제국을 관리할 능력을 갖추지 못하였고 설상가상으로 아들들에게 제국을 3분하여 상속해줌으로써 황위계승을 둘러싼 끝없는 내분의 실마리를 제공하였다. 프랑크 왕국이 바이킹족, 마자르족, 이슬람족 등의 침입으로 쇠퇴할 갈 무렵 잉글랜드와 독일은 국가발전을 위한 초석을 닦고 있었다.

중세 서유럽의 기본구조, 봉건제도
신성로마제국의 탄생

중세를 대표하는 봉건제도는 이미 9세기 중반부터 형성되기 시작하여 11세기에 이르러서 유럽 전역에 퍼져 중세 유럽을 규정짓는 중요한 잣대가 되었다.

봉건제도라 함은 봉토를 주고받는 관계 여하에 따라 주군과 종신의 관계가 성립되어 이들 사이에 계약이 체결되고 봉토를 받는 종신들이 주군에 대해 군사의 의무나 재판에 참여할 의무, 금전이나 특산물 등을 받칠 의무를 지니는 제도를 말한다.

이같은 봉건제도의 확장으로 이제 국가의 공권력은 점차 축소되었고 제후들은 자신의 봉토 안에서 사법권을 행사하며 하나의 독립된 국가처럼 이를 다스렸다.

봉건체제의 가장 윗부분을 차지하고 있던 지배층은 대부분 귀족과 군사계급, 교회 성직자들에 의해 독점되었고 피지배층은 농민을 비롯하여 도시민과 그밖의 사람들로 구성되었는데 인구의 대부분이 여기에 해당되었다.

아울러 10세기엔 오늘날 독일이라고 부를 수 있는 동프랑크 지방에서 신성로마제국이 탄생하였다. 오토 1세는 봉건 제후세력들과 맞서 왕권확립에 전력을 기울이면서 이탈리아에 관심을 두고 로마에 진격, 당시 교황이었던 요한 12세에 의해 황제 제관식을 올리고 신성로마제국을 출범시켰다. 그러나 신성로마제국은 수많은 봉건 제후들의 난립을 극복하지 못하였고 로마 교황과의 다툼이 끊이지 않았으며 유럽 각지에 흩어져 있는 봉토의 관리에만 급급할 뿐 제국 내부의 통합문제를 언제나 경원시 하였으므로 오래 지속할 수 없는 한계점을 지니고 있었다.

봉건국가들의 재편성과 교황과의 갈등
그리고 십자군운동의 시작

　카롤링거왕조의 프랑크 왕국이 분열된 이후 서유럽의 왕권은 영주권을 상징하는 정도로 축소되어 있었지만 11세기의 터널을 통과하면서 독일·영국·프랑스로 대별되는 주도국가의 군주들은 왕령(왕이 지배하는 영토)을 확장해가면서 자신의 세력을 구축해 나가기 시작했다.

　이러한 봉건국가의 재편성의 과정은 몇 가지 특징적인 면을 가지고 있는데 첫번째는 이같은 왕령의 확장이 군사력이나 혼인정책에 의해 시행되었다는 점이다. 즉 민족의 통일을 근간으로 한 민족국가의 출현이 아닌 왕 개인의 영지를 확장하는 왕령국가의 형태로 이루어졌다는 것이다.

　두 번째 특징은 왕이 봉건귀족들의 세력을 억누르려는 시도를 보인 것은 사실이지만 현실적으로 그들은 여전히 주종관계라는 구도하에서 유지되었다는 것이다. 즉 봉건국가라는 커다란 테두리를 벗어나지 못하였다는 것이다.

　아울러 이제 중세를 관통하는 보편종교로서의 권위를 갖게 된 기독교는 그 동안 밀월관계에 있던 세속군주들과의 분쟁을 피할 수 없게 되었다. 과거에 군주들의 군사력이 절대적으로 필요했던 교황은 이제 그들의 도움 없이도 자립할 수 있을 만큼의 영향력을 쌓았던 것이다.

　이 두 세력간의 갈등은 격심한 충돌과 갈등을 엮어내었지만 궁극적으로는 교황의 세력이 군주의 세력에 대해 우월성을 갖게 되었다.

　이로 인해 수세기에 걸쳐 지속된 십자군운동이 1096년, 그 출발을 보게 되어 전세계는 '성지회복'이라는 기독교적인 명분하에 움직이게 되었다.

두 번의 십자군운동과 성장하는 왕권

1차 십자군운동의 성공으로 한층 고무되었던 유럽은 1147년에 계속된 2차 십자군운동에선 어이없는 내분으로 인해 쓰디쓴 실패를 맛보아야 했다.

이후 투르크족은 살라딘이라는 걸출한 지도자의 출현으로 그 세력이 강해지자 1189년 다시 성전을 일으켰다. 이에 대항하기 위해 유럽에선 3차 십자군이 편성되었지만 이 전쟁을 주도했던 영국왕 리처드와 프랑스왕 필립 간의 반목이 끊이지 않아 휴전하고 말았다.

이런 종교투쟁의 와중에서 영국과 프랑스는 착실하게 왕권강화책을 시행해가며 봉건영주들의 권리를 제한해 나갔다. 아울러 군주들은 교황들과의 관계에서도 종래의 종속적 관계에서 탈피하여 강력하게 대항하는 모습을 보였다.

영국엔 헨리 2세가, 프랑스엔 필립 2세가 이 시대를 다스렸는데 헨리 2세는 영국의 사법제도를 혁신시킨 점에서, 필립 2세는 프랑스의 영토를 3배 이상 확장시키고 중앙통치를 가능하게 하는 통치기구의 완성을 보게 했다는 점에서 역사학자들로부터 긍정적인 평가를 받고 있다.

중앙정부의 행정을 능률적으로 담당한 관료조직과 통치기구의 형성은 새로운 군사제도의 확립과 더불어 봉건영주들을 물리치고 왕권을 강화하는 데 결정적인 역할을 하는 요소가 되었으므로 필립 2세의 통치는 그만큼 중요한 의의를 가지는 것이었다.

변질된 십자군운동, 더욱 강해진 왕권

12세기 유럽을 들끓게 했던 십자군운동은 13세기에 들어서서는 점차 기본적인 취지를 상실한 채 변질되어 가거나 보다 무모한 형태로 진행되다가 점차 사그라들게 되었다.

1202년에 일어났던 4차 십자군운동은 베네치아 상인집단의 사주로 이슬람교도들이 아닌 같은 기독교 도시를 침공하는 어처구니 없는 결과를 낳았고 심지어는 콘스탄티노플을 무차별 약탈하는 지경에까지 이르렀다. 이후에도 몇 차례의 십자군운동이 일었으나 그 취지를 제대로 수행해낸 것은 아무것도 없었다.

200여 년이라는 긴 시간을 걸쳐 진행된 십자군 운동은 여러 가지 사회·경제적 변화를 유럽에 안겨주었다.

가장 먼저 지적되는 것은 동방무역의 활성화였다. 그 동안 꾸준히 성장해온 동방무역은 십자군의 이동경로를 따라 더불어 발전함으로써 그 동안 소수계층에게만 보급되어 온 동방물품들이 대량으로 수입되고 따라서 이젠 생활용품으로 자리잡게 되었다.

아울러 십자군운동으로 군주와의 순위다툼을 벌이던 교황은 그 권위를 한층 높일 수 있었고 봉건영주들은 십자군 운동에 참여하느라 영지를 돌보지 못한 데다 전쟁수용 비용으로 막대한 적자를 안게 되었으므로 자연스럽게 그 세력이 약화되었다. 군주국가 탄생을 위한 기본 여건들이 마련되어 가는 셈이었다.

이런 추세를 반영하듯 영국에선 에드워드 1세가 의회를 구성하여 성직자-귀족회의에 도시민들을 참석시키는가 하면 프랑스에선 군주의 칙령공포가 제도화되어 이젠 정책결정을 펼치는 데 봉건영주의 동의를 일일이 구해야 하는 불편을 덜게 되었다. 이 모든 것이 민족을 기본단위로 하는 군주국가의 탄생을 잉태하는 중간과정이 되었다.

백년전쟁에 휩싸인 유럽

1300년대 유럽은 영국, 프랑스 간에 무려 백년 동안 이어진 '백년전쟁'의 소용돌이에 휩싸이게 되었다. 두 나라 모두 착실하게 왕권강화와 국력신장을 위해 노력해왔으므로 다른 욕심을 부려볼 때가 된 것이었다.

영국은 프랑스 내에 있는 자신의 영토가 점점 줄어드는 것이 불만이었다. 존왕의 실정으로 프랑스 내 영국령을 대부분 상실한 데다가 형식상이나마 프랑스의 종신 신분이 못내 불만스러웠던 것이다.

프랑스는 프랑스대로 자신의 영토 내에 아직도 남아있는 영국령이 못마땅했다. 이젠 이 영토를 찾아오고 싶었다.

이런 두 나라의 다른 속셈은 프랑스 왕위계승 문제를 기폭제로 하여 촉발되었다. 프랑스의 공주를 어머니로 둔 영국의 에드워드 3세가 새로운 프랑스 국왕보다 자신이 왕위계승권에서 우선순위임을 주장하면서 전쟁을 불러일으켰던 것이다.

이렇게 발발한 전쟁은 처음에는 영국의 우세로 일관되었다. 무능한 국왕들로 인해 프랑스는 연전연패의 치욕을 맛보아야 했고 영국에 볼모로 잡혀간 왕 '존 2세'를 구해내기 위해 막대한 돈을 지불해야 했다. 엎친 데 덮친 격으로 전국을 휩쓴 흑사병이 프랑스의 발목을 잡았다.

그러나 전세는 점점 프랑스 쪽으로 기울었다. 프랑스가 승리하게 된 주요원인에는 농촌소녀 잔다르크의 출현도 한몫을 했다. 비록 마녀로 몰려 화형을 당하는 비운을 겪었지만 잔다르크는 무참히 짓밟혔던 프랑스 군인들의 가슴에 애국심과 용기를 불러일으켰던 것이다.

백년전쟁으로 이제 양국의 봉건제후들은 거의 모든 힘을 상실했다. 따라서 백년전쟁의 후미, 왕권은 영주들을 억누르고도 남음이 있었다.

르네상스의 전성기 그리고 지리상의 발견

세계사의 1400년대, 즉 15세기는 '르네상스'와 '지리상의 발견'이라는 거대한 두 개의 물줄기가 흐른 시대로 중세에서 근세로의 이완이 진행되던 시기이기도 하다.

십자군의 전쟁 이후 로마 교황청의 세력은 급격히 쇠퇴해갔고 군주를 중심으로 한 강력한 중앙집권국가가 유럽 각국에 생겨났다. 그들은 중세 전반에 걸쳐 막강한 세력을 형성했던 교황청의 지배를 거절하고 홀로서기를 시도했으며 이를 위해 중앙집권적 통치기구를 창설하게 되었다.

사회경제면에 있어서도 도시의 인구가 급격히 증가하면서 경제의 무게중심도 농업에서 상공업으로 서서히 방향을 전환해가고 있었다. 이런 사회변화와 때를 같이 하여 인간의 자의식은 더욱 강해지기 시작했으며 종교 역시 교회를 통한 구원이 아닌 개인의 신앙심에 의존하는 형태로 변모되어 갔다. 그리고 이런 변화의 중심에는 마르틴 루터라는 인물이 있었다.

전 유럽을 흔든 종교개혁과 종교동란의 회오리
그리고 절대주의 시대의 도래

16세기 서양사는 종교적 격동의 시기였다. 독일과 스위스를 중심으로 종교적 개혁의 목소리가 높아졌고 이같은 개혁은 카톨릭파와의 분쟁을 일으켜 나라별로 종교를 둘러싼 전쟁, 즉 종교동란이 일어났다.

이같은 와중에서 각국의 왕들은 강력한 절대주의시대를 시작하였다.

종교개혁의 첫 포성은 독일의 성직자 마르틴 루터에 의해 시작되었다. 그는 교황 레오 10세의 면죄부 판매를 강력히 비판하는 '95개조'의 반박문을 대학교회문에 붙임으로써 카톨릭 교회와의 전면전을 선포했다. 그는 이후 자신의 의지를 담은 3개의 팜플릿을 작성해 배포, 형식에 치우쳐 있는 현재의 크리스트교를 비판, 오직 신앙에 의해서만이 구제받을 수 있음을 강력 주장했다.

그를 지지하는 독일의 루터파들은 종교적 자유를 얻기 위해 카톨릭파와 전쟁을 벌이고 이 소용돌이는 아우구스부르크화의를 통해 일단락되었다. 아우구스부르크화의로 인해 기독교 역사상 처음으로 종교적 자유가 인정되었다.

한편 스위스에서는 츠빙글리라는 인물에 의해 루터파보다 과격한 형태의 개혁운동이 일어나고 있었고 이같은 운동을 발판으로 삼아 프랑스에서 건너온 칼빈의 종교개혁이 일어났다.

프랑스 내에서도 위그노전쟁으로 불리는 종교동란이 일어났고 1598년 낭트칙령에 의해 종교의 자유가 허용되었다.

이같은 종교개혁과 동란을 기회로 각국의 국왕들은 절대주의국가를 건설해 나가기 시작했다. 이같은 시도가 가능했던 것은 종교개혁으로 교황의 권위가 급속히 쇠락한 데다가 16세기 들어 급성장세를 보인 상업의 발달로 왕권강화에 필요한 재원이 충분히 확보되었기 때문이었다.

절대주의 시대는 '왕의 모든 권력이 신에 의해 주어졌다'는 '왕권신수설'을 그 근간으로 하고 있으나 봉건적 정치체제나 경제체제를 완전히 탈피한 것은 아니었다. 절대주의 시대는 이후 시민세력의 대두로 왕권이 무너지는 18세기까지 이어졌다.

유럽의 패권을 차지한 프랑스 루이 14세의 전제정치
혁명에 휩싸인 영국

프랑스와 영국, 17세기 유럽을 주름잡은 두 왕국은 같으나 또 다른 역사의 길을 걷게 되었다. 프랑스는 루이 14세로 대표되는 강력한 전제정치의 원론적 길을 걷게 되었고 영국은 전제정치를 꿈꾸었던 왕들이 의회세력에 무릎을 꿇는 일대 혁명들이 연이어 발발해 왕과 의회가 정권을 나란히 나누어갖는 형태의 정치가 이루어졌다.

16세기 튜더왕조에 의해 절대군주정치를 폈던 영국은 스튜어트왕조가 들어선 이후 왕권신수설에 입각한 지나친 독재와 의회를 무시한 자의적인 과세, 그리고 카톨릭교로 회귀하려는 친 카톨릭 정책이 의회와 부딪치면서 청교도혁명과 명예혁명이라는 두 차례 혁명과 내란을 겪었다.

이 와중에 크롬웰이라는 인물이 두각을 나타내어 청교도혁명을 승리로 이끌면서 호국경이라는 직함으로 스튜어트왕조보다 더 강한 형태의 전제정치를 펼쳤다. 이에 국민들은 왕정으로의 복귀를 원했고 크롬웰의 사후, 이같은 바람은 이루어졌다.

그러나 연이어 등극한 제임스 2세의 폭정이 계속되었다. 영국 의회는 명예혁명을 일으켜 영국 내에서의 절대왕정을 종식시켰다.

한편 프랑스에서는 루이 14세라고 하는 군주가 등장하여 유럽 국가의 여러 왕들이 샘플로 삼고 싶어 하는 강력한 절대왕정을 펼쳤다.

루이 14세 뒤에는 콜베르라고 하는 걸출한 재무담당관이 경제적 버팀목이 되어주었으며 마자랭, 리슐리와 같은 현명한 정치인들이 그를 뒷받침했다.

프랑스대혁명과 아메리카혁명
러시아와 프로이센의 가세로 더욱 어지러워진 유럽

  1700년대 세계사를 일목요연하게 정리하기란 역부족이라는 생각이 든다. 아메리카는 영국과의 독립전쟁을 벌여 독립에 성공하고 프랑스에선 프랑스대혁명이 발발하여 왕정이 끝나고 공화정이 수립되는가 싶더니 18세기 말미를 나폴레옹 보나파르트의 쿠데타로 마감하는 등 18세기는 그야말로 혁명의 시대였다.

  이같은 혁명은 중세 이래로 계속되어 온 구체제의 모순이 폭발한 것으로 이 혁명의 주체세력은 새롭게 등장한 부르조아 계급이었다. 프랑스 · 영국 · 오스트리아로 대표되던 서양열강의 대열에 러시아와 프로이센이 가세하면서 유럽은 혼란과 약탈, 연합과 반목의 어지러운 급류에 휩쓸렸고 이같은 혼란은 7년전쟁, 오스트리아 왕위계승전쟁 등 다양한 전쟁의 형태로 나타났다. 이들은 '힘의 대결'과 '외교적 막후교섭' 등의 이중책을 쓰면서 각자 자신들의 세력확장과 방어에 최선을 다했다.

  영국은 7년전쟁으로 재정적 부담이 늘어나자 이를 타개하기 위한 아메리카 대륙에 대한 탄압과 약탈을 일삼게 되고 이에 항거하기 위해 아메리카에선 독립전쟁이 일어난다. 이 전쟁에 참전한 프랑스는 막대한 전쟁비용으로 인해 재정적 어려움을 겪게 되고 이같은 어려움은 프랑스대혁명을 촉발하게 된다.

  이처럼 세계는 각국 역사에 막대한 영향을 끼치며 왕정의 몰락이라는 시대적 대세를 따르게 된다.

나폴레옹 시대와 왕정복고의 움직임
그러나 아무도 막지 못한 자유주의, 민족주의 물결
19세기 말을 잠식한 새로운 제국주의 탄생

19세기 초는 나폴레옹의 시대였다. 쿠데타로 정권을 잡은 후 두 번에 걸친 헌법개정으로 종신통령의 지위에까지 오른 나폴레옹은 이어 황제의 지위에 올라 제정 시대를 다시 열었다. 그는 서양열강들을 잇달아 정복하였고 마지막 적수인 영국을 억압하기 위해 대륙봉쇄령을 내리기도 하였으나 러시아원정의 실패를 계기로 몰락하기 시작하여 워터루 전투에서의 패배로 세인트 헬레나 섬에서 쓸쓸하게 죽어갔다.

나폴레옹 시대가 끝나면서 빈에 모인 열국들은 이미 성장한 주권재민 이념이나 입헌주의 이념들을 억누르고 계몽군주제나 전제정치로의 회귀를 도모하였다. 이같은 빈체제는 각국의 정치적 자유주의를 탄압함으로써 각국의 민중봉기와 혁명을 유발하였다

프랑스의 7월혁명, 2월혁명, 오스트리아의 3월혁명으로 이제 자유주의와 내셔널리즘의 물결은 전 유럽을 압도하게 되었다.

이같은 내셔널리즘의 성과로 가장 주목할 만한 일이 유럽 내부에서 일어났는데 1870년대에 완성된 이탈리아와 독일의 통일이었다. 이들은 각기 사르디니아와 프로이센이라는 통일의 핵을 가지고 있었고 카부르와 비스마르크란 뛰어난 영도자의 지휘를 받고 있었다. 이들은 가장 강력한 방해꾼인 오스트리아의 지배에서 벗어나 독립을 쟁취하게 되었고 이후 유럽의 강대국으로 재탄생하게 되었다.

한편 산업혁명으로 부를 쌓은 세계의 열강들은 경제이윤을 높여줄 새로운 식민지를 필요로 했고 이런 경제적 이유와 함께 무력적 국수주의나 민족중심적 사고 등이 원인이 되어 제국주의를 발전시켰다.

제국주의의 발달로 중국에 대한 유럽열강들의 빈번한 침탈이 시작되었고 한반도에 대한 일본의 수탈이나 아프리카 분할 등이 행해졌다.

제국주의는 19세기 말을 피로 얼룩지게 만들었을 뿐 아니라 급기야는 20세기 초 전세계를 하나의 전쟁터로 몰아넣는 미증유의 세계대전을 양산하게 되었다.

세계역사의 나침반을 돌려놓은 러시아혁명
전세계를 휩쓴 1, 2차 세계대전과 동서냉전

이제 20세기 세계의 역사는 급속한 변화를 겪게 되었다. 전세계는 하나의 국가처럼 정치적·경제적으로 밀접하게 움직이고 서로에게 영향을 끼치게 되었다.

20세기 초 역사의 나침반을 돌려놓은 것은 러시아의 혁명과 이탈리아·독일의 파시즘, 그리고 두 번에 걸친 세계전쟁과 대공황이었다.

독일측과 동맹군측 등 27개국이 참전해 1914년부터 18년까지 계속된 1차 세계대전은 동맹군측의 승리로 돌아갔고 독일은 막대한 배상금과 더불어 대부분의 영토와 군비를 잃게 되었다.

한편 러시아는 1차 세계대전 중 레닌이 이끄는 마르크스주의 집단인 볼셰비키가 혁명을 일으켜 제정을 무너뜨리고 새 정부를 구성했으며 1924년엔 소비에트사회주의연방공화국(소련)이 정식으로 탄생되었다.

승전국측이었던 이탈리아는 전쟁 중 막대한 경제적 피해를 입었음에도 불구하고 배상 대상국에서 빠짐으로써 민족적 감정을 샀고 국내에서도 극좌·극우파들의 선동으로 인한 혼란이 가중되자 이를 틈타 강력한 파시스트 정당이 득세, 무솔리니가 수상에 임명되면서 독재정권을 키워나갔다. 독일 역시 국민들의 열렬한 지지 속에 독일 나찌당의 히틀러가 정권을 잡았다.

이때 전세계를 휩쓴 대공황은 독재자들에겐 좋은 기회였다. 히틀러는 제3국의 영토를 확장시켜 나갔고 일본은 '대동아공영권'이라는 헛된 망상을 꿈꾸며 만주를 침략했으며 이탈리아는 에티오피아를 점령해 나갔다. 이때 영국과 프랑스는 이런 제국들의 침략행위에 대해 유화정책을 쓰고 있었고 소련은 국내 재건에 몰두하고 있었으며 미국은 고립주의의 울타리 안에 은거하고 있었다.

그러나 이들의 침략행위가 극단에 이르게 되자 유럽의 민주주의 국가를 비롯, 소련과 미국이 군사력을 동원하여 세계평화 유지에 나서게 되니 이것이 바로 2차 세계대전의 발발이었다.

2차대전의 승리는 역시 연합국측에 돌아갔다. 이후 전세계는 지역적 안보기구를 창설하며 자국의 안전확보에 들어갔고 미국과 소련으로 대표되는 두 강국은 냉전과 화해를 반복하며 세계역사를 압도해갔다.